NomosKommentar

Andreas Hamacher | Günter Krings
Sven-Joachim Otto [Hrsg.]

Glücksspiel-recht

Handkommentar

Matthias Beier, Steuerberater, Düsseldorf | **Jörg Bittscheidt**, Rechtsanwalt, Düsseldorf | **Dr. Marius Boewe**, Rechtsanwalt, Düsseldorf | **Dr. h.c. Knud Holger Brandis**, MBA, Rechtsanwalt, Berlin | **Dr. Georg Dietlein**, Rechtsanwalt, Köln | **Prof. Dr. Thomas Dünchheim**, Rechtsanwalt, Düsseldorf | **Dr. Jörg Geerlings**, MdL, Landtag NRW | **Jürgen Häfner**, Geschäftsführer Lotto Rheinland-Pfalz | **Dr. Tim Hagenbruch**, Rechtsanwalt, Mannheim | **Dr. Andreas Hamacher**, Rechtsanwalt, Köln | **Andreas Haupt**, Rechtsanwalt, Köln | **Dr. Jochen Heide**, Rechtsanwalt, Düsseldorf | **Dr. Sebastian Helmes**, Rechtsanwalt, Berlin | **Kristin Kattwinkel**, Rechtsanwältin, Düsseldorf | **Kristin Kleinert**, Juristische Mitarbeiterin, Stadt Eschweiler | **Prof. Dr. Günter Krings**, LL.M., MdB, Berlin | **Dr. Simon Meyer**, Rechtsanwalt, Düsseldorf | **Lars S. Otto**, LL.M. (LSE), Rechtsanwalt, Berlin | **Prof. Dr. Sven-Joachim Otto**, Rechtsanwalt, Düsseldorf | **Mareike Rohde**, LL.M., Rechtsanwältin, Berlin | **Dr. René Schmelting**, Rechtsanwalt, Düsseldorf | **Dr. Stefan Schmidt**, Rechtsanwalt, Düsseldorf | **Torsten Schmitz**, LL.M., Rechtsanwalt, Düsseldorf | **Maximilian Stephan**, Referent Recht beim ZIA Zentraler Immobilien Ausschuss e.V.

Nomos

Zitiervorschlag: HK-GlücksspielR/Bearbeiter RennwLottG § 1 Rn. 1
HK-GlücksspielR/Bearbeiter A Rn. 1

Die Deutsche Nationalbibliothek verzeichnet diese Publikation in der Deutschen Nationalbibliografie; detaillierte bibliografische Daten sind im Internet über http://dnb.d-nb.de abrufbar.

ISBN 978-3-8487-7934-5

1. Auflage 2022

Vorwort

Am 1.7.2021 ist der neue Glücksspielstaatsvertrag (GlüStV 2021) – auf der Grundlage zuvor erfolgreich durchlaufener Ratifizierungsverfahren in den Landesparlamenten – zwischen allen Bundesländern in Kraft getreten. Vor dem Hintergrund der bekannten Genese der Glücksspielregulierung in Deutschland ist dieser Befund durchaus bemerkenswert, da das Bundesland Schleswig-Holstein einst durch seinen früheren Sonderweg in der Glücksspielgesetzgebung zu einem Pionier in der positiven Regulierung des Online-Glücksspiels avanciert war.

Den Staatsvertragsparteien ist es mit der Errichtung des GlüStV 2021 gelungen, Bewährtes zu bewahren, wenn etwa die Ziele des Staatsvertrags nach § 1 GlüStV inhaltlich unverändert aus der Vorgängerfassung übernommen worden sind, ohne jedoch auch den an anderer Stelle nötigen Reformwillen vermissen zu lassen. Letzteres gilt in regulatorischer Hinsicht in Sonderheit für die (längst überfällige) Aufgabe des zuvor recht weitreichenden prinzipiellen Internet-Glücksspielverbots nach § 4 Abs. 4 GlüStV aF. Strukturell erweist sich die Errichtung einer gemeinsamen Glücksspielbehörde der Länder nach §§ 27a ff. GlüStV als Novum. Ob letztere dem ihr zugewiesenen Aufgabenkreis als „Erlaubnis- und Aufsichtsbehörde" (§ 27a Abs. 1 GlüStV) vollumfänglich gerecht werden kann, wird sich ebenso noch zu erweisen haben, wie abzuwarten bleibt, wann mit einer organisatorisch-strukturellen Festigung in der Aufgabenwahrnehmung zu rechnen ist.

Mit einem fein ausziselierten Regelungsregime nimmt der GlüStV 2021 die Herausforderung an, das Spannungsverhältnis zwischen der signifikanten wirtschaftlichen und gesellschaftlichen Bedeutung des Glücksspiels als Ausdruck grundrechtlicher Freiheitsentfaltung auf der einen Seite und dem sich aus den positiven grundrechtlichen Schutzpflichten ergebenden Anspruch des Staates, die mit dem Glücksspiel verbundenen Sucht- und Kriminalitätsgefahren weitestgehend einzuhegen, auf der anderen Seite in einen möglichst schonenden Ausgleich zu bringen.

Da mit dem GlüStV 2021 eine wichtige Zäsur in der Regulierung des deutschen Glücksspielrechts – zumindest im Hinblick auf den Online-Glücksspielmarkt – einhergeht, hat es sich der vorliegende, neu konzipierte Handkommentar zur Aufgabe gemacht, die wesentlichen rechtlichen Vorschriften im Rahmen der Glücksspielregulierung im Mehrebenensystem unter Berücksichtigung jüngster Entwicklungen für Praxis und Rechtswissenschaft prägnant zu erläutern. Die Autoren des Kommentars kommen aus verschiedenen Bereichen der Praxis und der Wissenschaft und richten sich mit dem vorliegenden Werk an Glücksspielunternehmen, (Syndikus-)Rechtsanwälte, Behörden, Gerichte und Beratung.

Der Aufbau des Kommentars folgt dabei der Logik der verfügbaren Rechtsebenen und setzt jenseits des allgemeinen Völkerrechts auf der Ebene des Rechts der Europäischen Union an. Über das deutsche Verfassungsrecht und das einschlägige einfache Bundesrecht gelangt die Kommentierung in ihrem Aufbau zur Ebene der im Glücksspielrecht zentralen staatsvertraglichen Regelungen in Gestalt des

GlüStV und des MStV. Abgerundet wird das vorliegende Kommentarwerk – lediglich beispielgebend – durch insofern als besonders relevant erkannte spezifische Regelungen im nordrhein-westfälischen Landesrecht.

Eine neue Ära in der deutschen Glückspielregulierung hat begonnen. Ob der novellierte Regulierungsrahmen dazu befähigen wird, mit den dynamischen Entwicklungen im (Online-)Glücksspielmarkt zur Erreichung der Zielsetzungen nach § 1 GlüStV Schritt zu halten, wird durch die Rechtsprechung und die interdisziplinäre wissenschaftliche Literatur sorgfältig zu beobachten bleiben.

Mai 2022

Prof. Dr. Günter Krings
Prof. Dr. Sven-Joachim Otto
Dr. Andreas Hamacher

Inhaltsverzeichnis

Bearbeiterverzeichnis

Matthias Beier, Ernst & Young Law
(zusammen mit *Bittscheidt*: §§ 19-27 SpielbG NRW)

Jörg Bittscheidt, Ernst & Young Law
(zusammen mit *Beier*: §§ 19-27 SpielbG NRW)

Dr. Marius Boewe, Herbert Smith Freehills LLP
(zusammen mit *Kattwinkel*: §§ 9, 9a, 19, 20 GlüStV)

Dr. h.c. Knud Holger Brandis, MBA, Ernst & Young Law
(§§ 6f, 6g, 8d, 23, 27n, 27o GlüStV)

Dr. Georg Dietlein, CMS Hasche Sigle
(§§ 11–18, 20 SpielV, § 27, 27p GlüStV, § 14 SpielbG NRW)

Prof. Dr. Thomas Dünchheim, Hogan Lovells International LLP
(§§ 1–8 SpielbG NRW)

Dr. Jörg Geerlings, MdL, Landtag NRW
(§§ 12–18 GlüStV)

Jürgen Häfner, Lotto Rheinland-Pfalz
(Rennwett- und Lotteriegesetz, §§ 10, 22 GlüStV)

Dr. Tim Hagenbruch, Ernst & Young Law
(§§ 3–10 TMG, §§ 24–26 GlüStV)

Dr. Andreas Hamacher, PAULY Rechtsanwälte
(D., §§ 1–3, 22a-22c GlüStV, §§ 11, 22, 74 MedienStV)

Andreas Haupt, CBH Rechtsanwälte
(§§ 16–18 SpielbG NRW)

Dr. Jochen Heide, Patt Rechtsanwälte
(§§ 1–3a SpielV, Baurecht, §§ 12, 13 SpielbG NRW)

Dr. Sebastian Helmes, Ernst & Young Law
(zusammen mit *Rohde*: §§ 4–10d, 19 SpielV;
zusammen mit *L. S. Otto*: §§ 4–4d, 21, 21a, 33 GlüStV)

Kristin Kattwinkel, Herbert Smith Freehills
(zusammen mit *Boewe*: §§ 9, 9a, 19, 20 GlüStV)

Kristin Kleinert, Stadt Eschweiler
(§ 11 TMG, §§ 284–287 StGB, § 6 JuSchG,
§ 28a GlüStV, § 15 SpielbG NRW)

Prof. Dr. Günter Krings, LL.M., MdB
(C.)

Dr. Simon Meyer, Ernst & Young Law
(zusammen mit *Schmelting*: §§ 33c–i GewO, §§ 27a-27m GlüStV)

Lars S. Otto, LL.M. (LSE), Ernst & Young Law
(zusammen mit *Helmes*: §§ 4–4d, 21, 21a, 33 GlüStV)

Prof. Dr. Sven-Joachim Otto, Ernst & Young Law
(A., B., §§ 28, 29–32, 34, 35 GlüStV)

Mareike Rohde, LL.M., Ernst & Young Law
(zusammen mit *Helmes*: §§ 4–10d, 19 SpielV)

Dr. René Schmelting, Ernst & Young Law
(zusammen mit *Meyer*: §§ 33c–i GewO, §§ 27a-27m GlüStV)

Dr. Stefan Schmidt, Ernst & Young Law
(§§ 28–35 SpielbG NRW)

Torsten Schmitz, Deloitte Legal
(§§ 5–6e, 6h–8c GlüStV, § 10 SpielbG NRW)

Maximilian Stephan, Zentraler Immobilien Ausschuss e.V.
(§ 11 GlüStV, §§ 9, 11 SpielbG NRW)

Abkürzungsverzeichnis

aA	**andere(r) Ansicht/Auffassung**
AA	Auswärtiges Amt
Abb.	Abbildung
abgedr.	abgedruckt
Abh.	Abhandlung(en)
Abk.	Abkommen
ABl.	Amtsblatt
abl.	ablehnend
Abs.	Absatz
abschl.	abschließend
Abschn.	Abschnitt
Abt.	Abteilung
abw.	abweichend
abwM	abweichende Meinung
abzgl.	abzüglich
AdoptionsR	Adoptionsrecht
AdR	Ausschuss der Regionen
aE	am Ende
aF	alte Fassung
aG	auf Gegenseitigkeit
AG	Aktiengesellschaft; Amtsgericht
AGH	Anwaltsgerichtshof
AgrarR	Agrarrecht
AktR	Aktienrecht
allg.	allgemein
allgA	allgemeine Ansicht
allgM	allgemeine Meinung
Alt.	Alternative
aM	andere Meinung
amtl.	amtlich
Änd.	Änderung
ÄndG	Änderungsgesetz
ÄndVO	Änderungsverordnung
Anh.	Anhang
Anl.	Anlage
Anm.	Anmerkung
AnwG	Anwaltsgericht
AöR	Anstalt des öffentlichen Rechts
AR	Aufsichtsrat
ArbeitskampfR	Arbeitskampfrecht
ArbG	Arbeitsgericht
ArbR	Arbeitsrecht
Arch.	Archiv
ArchitektenR	Architektenrecht
Arg.	Argumentation
Art.	Artikel
ArzneimittelR	Arzneimittelrecht

ArztR	Arztrecht
AsylR	Asylrecht
AT	Allgemeiner Teil
AufenthaltsR	Aufenthaltsrecht
Auff.	Auffassung
aufgeh.	aufgehoben
Aufl.	Auflage
Aufs.	Aufsatz
ausdr.	ausdrücklich
ausf.	ausführlich
ausl.	ausländisch
AuslR	Ausländerrecht
ausschl.	ausschließlich
Az.	Aktenzeichen
Bad.	**Baden**
bad.	badisch
BAG	Bundesarbeitsgericht
BankR	Bankrecht
BAnz.	Bundesanzeiger
BArbBl.	Bundesarbeitsblatt
BauR	Baurecht
BauVertrR	Bauvertragsrecht
Bay.	Bayern
bay.	bayerisch
Bbg.	Brandenburg
bbg.	brandenburgisch
Bd.	Band
Bde.	Bände
BDiG	Bundesdisziplinargericht
BeamtenDisziplinarR	Beamtendisziplinarrecht
BeamtenR	Beamtenrecht
BeamtenStrafR	Beamtenstrafrecht
Bearb.	Bearbeiter, Bearbeitung
bearb.	bearbeitet
Begr.	Begründung
begr.	begründet
BehindertenR	Behindertenrecht
BeihilfenR	Beihilfenrecht
Beil.	Beilage
Bek.	Bekanntmachung
Bekl.	Beklagte(r)
bekl.	beklagt
Belg.	Belgien
belg.	Belgisch
Bem.	Bemerkung
Ber.	Berichtigung
ber.	berichtigt
BerufsR	Berufsrecht

bes.	besonders
Beschl.	Beschluss
beschr.	beschränkt, beschrieben, beschreibend
Bespr.	Besprechung
bespr.	besprochen
bestr.	bestritten
Bet.	Beteiligte(r)
bet.	beteiligt
Betr.	Betreff
betr.	betrifft, betreffend
BetreuungsR	Betreuungsrecht
BetrKostR	Betriebskostenrecht
BetrVR	Betriebsverfassungsrecht
BezG	Bezirksgericht
BFH	Bundesfinanzhof
BGBl.	Bundesgesetzblatt
BGH	Bundesgerichtshof
BilanzR	Bilanzrecht
Bl.	Blatt
Bln.	Berlin
bln.	berlinerisch
BMAS	Bundesministerium für Arbeit und Soziales
BMBF	Bundesministerium für Bildung und Forschung
BMEL	Bundesministerium für Ernährung und Landwirtschaft
BMF	Bundesministerium der Finanzen
BMFSFJ	Bundesministerium für Familie, Senioren, Frauen und Jugend
BMG	Bundesministerium für Gesundheit
BMI	Bundesministerium des Innern
BMJV	Bundesministerium der Justiz und für Verbraucherschutz
BMUB	Bundesministerium für Umwelt, Naturschutz, Bau und Reaktorsicherheit
BMVg	Bundesministerium der Verteidigung
BMVI	Bundesministerium für Verkehr und digitale Infrastruktur
BMWi	Bundesministerium für Wirtschaft und Energie
BMZ	Bundesministerium für wirtschaftliche Zusammenarbeit und Entwicklung
BPatG	Bundespatentgericht
BR	Bundesrat
BRD	Bundesrepublik Deutschland
BR-Drs.	Bundesrats-Drucksache
Brem.	Bremen
brem.	bremisch
brit.	britisch
BR-Prot.	Bundesrats-Protokoll
BSG	Bundessozialgericht
Bsp.	Beispiel

bspw.	beispielsweise
BStBl.	Bundessteuerblatt
BT	Bundestag; Besonderer Teil
BT-Drs.	Bundestags-Drucksache
BT-Prot.	Bundestags-Protokoll
Buchst.	Buchstabe
BürgerlR	Bürgerliches Recht
BVerfG	Bundesverfassungsgericht
BVerwG	Bundesverwaltungsgericht
BW	Baden-Württemberg
bw.	baden-württembergisch
bzgl.	bezüglich
bzw.	beziehungsweise
ca.	circa
cic	culpa in contrahendo
d.	der/die/das/den/des/durch
Darst.	Darstellung
DatenschutzR	Datenschutzrecht
DDR	Deutsche Demokratische Republik
ders.	derselbe
DesignR	Designrecht
dgl.	dergleichen, desgleichen
dh	das heißt
dies.	dieselbe
diesbzgl.	diesbezüglich
diff.	differenziert, differenzierend
Dig.	Digesten
Diss.	Dissertation
div.	diverse
Dok.	Dokument
Drs.	Drucksache
dt.	deutsch
DVO	Durchführungsverordnung
E	Entwurf
ebd.	ebenda
Ed.	Edition
eG	eingetragene Genossenschaft
EGMR	Europäischer Gerichtshof für Menschenrechte
ehem.	ehemalig/e/er/es
EheR	Eherecht
Einf.	Einführung
einf.	einführend
eing.	eingehend
einhM	einhellige Meinung
Einl.	Einleitung
einschl.	einschließlich

eK	eingetragener Kaufmann
EL	Ergänzungslieferung
Empf.	Empfehlung
endg.	endgültig
EnergieR	Energierecht
engl.	englisch
Entsch.	Entscheidung
Entschl.	Entschluss
entspr.	entspricht, entsprechend
EP	Europäisches Parlament
ER	Europäischer Rat
ErbbauR	Erbbaurecht
ErbR	Erbrecht
Erg.	Ergebnis, Ergänzung
erg.	ergänzend
Ergbd.	Ergänzungsband
Erkl.	Erklärung
Erl.	Erlass, Erläuterung
EStR	Einkommensteuerrecht, Einkommensteuerrichtlinie
etc	et cetera (und so weiter)
EuG	Gericht erster Instanz der Europäischen Gemeinschaften
EuGH	Europäischer Gerichtshof
europ.	europäisch
EuropaR	Europarecht
eV	eingetragener Verein
ev.	evangelisch
evtl.	eventuell
EWIV	Europäische wirtschaftliche Interessenvereinigung
EZB	Europäische Zentralbank
f., ff.	**folgende Seite bzw. Seiten**
FamR	Familienrecht
FamStR	Familiensteuerrecht
FG	Finanzgericht; Festgabe
FinanzR	Finanzrecht
FinanzVerfR	Finanzverfassungsrecht
FMBl.	Finanzministerialblatt
Fn.	Fußnote
Frankr.	Frankreich
frz.	französisch
FS	Festschrift
G	**Gesetz**
GA	Generalanwalt/Generalanwältin
gAG	Gemeinnützige Aktiengesellschaft
GBA	Generalbundesanwalt/Generalbundesanwältin
GBl.	Gesetzblatt
GbR	Gesellschaft bürgerlichen Rechts

GE	Gesetzesentwurf
geänd.	geändert
geb.	geboren
GebührenR	Gebührenrecht
gem.	gemäß
ges.	gesetzlich
GeschmacksmusterR	Geschmacksmusterrecht
GesR	Gesellschaftsrecht
GesundhR	Gesundheitsrecht
gewöhnl.	gewöhnlich
GewR	Gewerberecht
GewRS	Gewerblicher Rechtsschutz
ggf.	gegebenenfalls
gGmbH	gemeinnützige Gesellschaft mit beschränkter Haftung
ggü.	gegenüber
glA	gleicher Ansicht
GLE	Gleichlautendende Ländererlasse
GlücksspielR	Glücksspielrecht
GmbH	Gesellschaft mit beschränkter Haftung
GmbH & Atypisch Still	Gesellschaft mit beschränkter Haftung und atypische stille Gesellschafter
GmbH & Co. KG	Gesellschaft mit beschränkter Haftung und Compagnie Kommanditgesellschaft
GmbH & Still	Gesellschaft mit beschränkter Haftung und stille Gesellschafter
GmbHR	GmbH-Recht
GMBl.	Gemeinsames Ministerialblatt
GmS-OBG	Gemeinsamer Senat der obersten Gerichtshöfe des Bundes
Grdl.	Grundlage
grdl.	grundlegend
grds.	grundsätzlich
Griech.	Griechenland
GrundstücksR	Grundstücksrecht
GS	Gedenkschrift, Gedächtnisschrift
GüterR	Güterrecht
GVBl.	Gesetz- und Verordnungsblatt
GVO	Gruppenfreistellungsverordnung; Grundverordnung
GVOBl.	Gesetz- und Verordnungsblatt
GVR	Gerichtsverfassungsrecht
hA	**herrschende Ansicht/Auffassung**
HaftpflichtR	Haftpflichtrecht
Halbbd.	Halbband
HandelsR	Handelsrecht
HandelsvertreterR	Handelsvertreterrecht
HaushaltsR	Haushaltsrecht
HdB	Handbuch
Hess.	Hessen

hess.	hessisch
hins.	hinsichtlich
hL	herrschende Lehre
hM	herrschende Meinung
Hmb.	Hamburg
hmb.	hamburgisch
HochschulR	Hochschulrecht
Hrsg.	Herausgeber
hrsg.	herausgegeben
Hs.	Halbsatz
HV	Hauptversammlung; Handelsvertreter; Hauptverhandlung
ic	**in concreto/in casu**
idF	in der Fassung
idR	in der Regel
idS	in diesem Sinne
iE	im Einzelnen
iErg	im Ergebnis
ieS	im engeren Sinne
IGH	Internationaler Gerichtshof
iGr	in Gründung
iHd	in Höhe des/der
iHv	in Höhe von
iJ	im Jahre
iL	in Liquidation
ImSchR	Immissionsschutzrecht
Inf.	Information
InfoR	Informationsrecht
insbes.	insbesondere
insges.	insgesamt
InsR	Insolvenzrecht
int.	international
InternetR	Internetrecht
IntWirtschaftsR	Internationales Wirtschaftsrecht
IntZivVerfR	Internationales Zivilverfahrensrecht
InvAG	Investmentaktiengesellschaft
IPR	Internationales Privatrecht
iRd	im Rahmen des/der
iS	im Sinne
iSd	im Sinne des/der
ISG	Internationaler Seegerichtshof
IStGH	Internationaler Strafgerichtshof
iSv	im Sinne von
it.	italienisch
IT-R	IT-Recht
iÜ	im Übrigen
iVm	in Verbindung mit
iW	im Wesentlichen

iwS	im weiteren Sinne
iZw	Im Zweifel
jew.	**jeweils**
Jg.	Jahrgang
Jge.	Jahrgänge
Jh.	Jahrhundert
JMBl.	Justizministerialblatt
JugendschutzR	Jugendschutzrecht
JugendStrafR	Jugendstrafrecht
jur.	juristisch
Kap.	**Kapitel, Kapital**
KapAnlR	Kapitalanlagerecht
KapGesR	Kapitalgesellschaftsrecht
KapMarktR	Kapitalmarktrecht
KapMarktStrafR	Kapitalmarktstrafrecht
KartellR	Kartellrecht
kath.	katholisch
Kfz	Kraftfahrzeug
KG	Kommanditgesellschaft; Kammergericht
KGaA	Kommanditgesellschaft auf Aktien
KirchenR	Kirchenrecht
Kj.	Kalenderjahr
Kl.	Kläger
kl.	klagend
Kom.	Komitee, Kommission
Komm.	Kommentar
KommunalR	Kommunalrecht
KonzernR	Konzernrecht
KonzernStR	Konzernsteuerrecht
KöR	Körperschaft des öffentlichen Rechts
KostR	Kostenrecht
KrankenhausR	Krankenhausrecht
KreditR	Kreditrecht
krit.	kritisch
LAG	**Landesarbeitsgericht**
LandwR	Landwirtschaftsrecht
lat.	lateinisch
LeasingR	Leasingrecht
LebensmittelR	Lebensmittelrecht
lfd.	laufend
Lfg.	Lieferung
LG	Landgericht
li.	links, linke(r)
Liecht.	Liechtenstein
liecht.	liechtensteinisch
Lit.	Literatur

lit.	litera
Lkw	Lastkraftwagen
Ls.	Leitsatz
LSA	Sachsen-Anhalt
LSG	Landessozialgericht
LStR	Lohnsteuerrecht
lt.	laut
Ltd.	Limited (englische Unternehmensform)
LT-Drs.	Landtags-Drucksache
LT-Prot.	Landtags-Protokoll
Lux.	Luxemburg
lux.	luxemburgisch
mÄnd	**mit Änderungen**
mAnm	mit Anmerkung
MarkenR	Markenrecht
Mat.	Materialien
maW	mit anderen Worten
max.	maximal
MBl.	Ministerialblatt
mE	meines Erachtens
MedienR	Medienrecht
MedR	Medizinrecht
MietR	Mietrecht
MigR	Migrationsrecht
mind.	mindestens
Mio.	Million(en)
Mitt.	Mitteilung(en)
mN	mit Nachweisen
Mot.	Motive
Mrd.	Milliarde(n)
mtl.	monatlich
MultimediaR	Multimediarecht
MV	Mecklenburg-Vorpommern
mv.	mecklenburg-vorpommerisch
mwH	mit weiteren Hinweisen
mwN	mit weiteren Nachweisen
mWv	mit Wirkung vom
NachbarR	**Nachbarrecht**
nachf.	nachfolgend
Nachw.	Nachweise
Nds.	Niedersachsen
nds.	niedersächsisch
NebengüterR	Nebengüterrecht
NebenStrafR	Nebenstrafrecht
nF	neue Fassung
Nov.	Novelle
Nr.	Nummer

nrkr	nicht rechtskräftig
NRW	Nordrhein-Westfalen
nrw.	nordrhein-westfälisch
nv	nicht veröffentlicht
o.	**oben, oder**
oÄ	oder Ähnliche/s.
ÖffBauR	Öffentliches Baurecht
öffentl.	öffentlich
ÖffR	Öffentliches Recht
ÖffTarifR	Öffentliches Tarifrecht
og	oben genannte(r, s.)
OHG	Offene Handelsgesellschaft
oJ	ohne Jahrgang
OLG	Oberlandesgericht
Öst.	Österreich
öst.	österreichisch
oV	ohne Verfasser
OVG	Oberverwaltungsgericht
OWiR	Ordnungswidrigkeitenrecht
PachtR	**Pachtrecht**
ParlamentsR	Parlamentsrecht
PatR	Patentrecht
PersGesR	Personengesellschaftsrecht
PersSchadensR	Personenschadensrecht
PflichtteilsR	Pflichtteilsrecht
PharmaR	Pharmarecht
Pkw	Personenkraftwagen
Pol.	Polen
poln.	polnisch
PolR	Polizeirecht
POR	Polizei- und Ordnungsrecht
port.	portugiesisch
Port.	Portugal
PresseR	Presserecht
Preuß.	Preußen
preuß.	preußisch
PrivBauR	Privates Baurecht
PrivVersR	Privatversicherungsrecht
ProdHaftR	Produkthaftungsrecht
Prot.	Protokoll
ProviderR	Providerrecht
ProzR	Prozessrecht
pVV	Positive Vertragsverletzung
RAnz.	**Reichsanzeiger**
rd.	rund
RdErl.	Runderlass

RdSchr.	Rundschreiben
re.	rechts, rechte(r)
RegE	Regierungsentwurf
RegisterR	Registerrecht
ReiseR	Reiserecht
REIT-AG	Real-Estate-Investment-Trust Aktiengesellschaft
RGBl.	Reichsgesetzblatt
RhPf.	Rheinland-Pfalz
rhpf.	rheinland-pfälzisch
rkr.	rechtskräftig
RL	Richtlinie
Rn.	Randnummer
Rs.	Rechtssache
Rspr.	Rechtsprechung
RT	Reichstag
RT-Drs.	Reichstags-Drucksache
RT-Prot.	Reichstags-Protokoll
russ.	russisch
Russl.	Russland
RVO	Rechtsverordnung; Reichsversicherungsordnung (SozR)
S.	**Seite(n), Satz**
s.	siehe
s. o.	siehe oben
s. u.	siehe unten
sa	siehe auch
Saarl.	Saarland
saarl.	saarländisch
SachenR	Sachenrecht
Sachs.	Sachsen
sächs.	sächsisch
sachsanh.	sachsen-anhaltinisch
SchadensR	Schadensrecht
ScheidungsR	Scheidungsrecht
SchifffahrtsR	Schifffahrtsrecht
SchlA	Schlussantrag
SchlH	Schleswig-Holstein
schlh.	schleswig-holsteinisch
Schr.	Schrifttum, Schreiben
SchuldR	Schuldrecht
schweiz.	schweizerisch
SE	Europäische Aktiengesellschaft (Societas Europaea)
SeeR	Seerecht
Sen.	Senat
SG	Sozialgericht
Slg.	Sammlung
sog	so genannt
SorgeR	Sorgerecht
SozR	Sozialrecht

SozVersR	Sozialversicherungsrecht
Sp.	Spalte
span.	spanisch
Span.	Spanien
SpeditionsR	Speditionsrecht
st.	ständig
StaatsHaftungsR	Staatshaftungsrecht
StaatsKirchenR	Staatskirchenrecht
StaatsR	Staatsrecht
Stellungn.	Stellungnahme
SteuerR	Steuerrecht
StGH	Staatsgerichtshof
Stichw.	Stichwort
StiftungsR	Stiftungsrecht
StPR	Strafprozessrecht
str.	streitig, strittig
StrafR	Strafrecht
stRspr	ständige Rechtsprechung
stv.	stellvertretend
StVerfR	Strafverfahrensrecht
StVollstrR	Strafvollstreckungsrecht
StVollzR	Strafvollzugsrecht
StVR	Straßenverkehrsrecht
Suppl.	Supplement
TarifR	**Tarifrecht**
teilw.	teilweise
Thür.	Thüringen
thür.	thüringisch
TierR	Tierrecht
TKR	Telekommunikationsrecht
TransportR	Transportrecht
türk.	türkisch
Türk.	Türkei
TV	Testamentsvollstrecker; Testamentsvollstreckung; Tarifvertrag
Tz.	Textziffer
u.	**und, unter, unten**
UA	Untersuchungsausschuss
ua	und andere, unter anderem
uÄ	und Ähnliches
UAbs.	Unterabsatz
UAbschn.	Unterabschnitt
uam	und anderes mehr
uÄm	und Ähnliches mehr
überarb.	überarbeitet
Überbl.	Überblick
überw.	überwiegend

Übk.	Übereinkommen
uE	unseres Erachtens
UG	Unternehmergesellschaft
Umf.	Umfang
umfangr.	umfangreich
umstr.	umstritten
UmweltR	Umweltrecht
UmweltStR	Umweltstrafrecht
UmwR	Umwandlungsrecht
UmwStR	Umwandlungssteuerrecht
ung.	ungarisch
Ung.	Ungarn
unstr.	unstreitig
UnterhaltsR	Unterhaltsrecht
UnternehmensR	Unternehmensrecht
UnternehmensStR	Unternehmenssteuerrecht
UnternehmensStrafR	Unternehmensstrafrecht
unv.	unverändert, unveränderte Auflage
unveröff.	unveröffentlicht
unzutr.	unzutreffend
UrhR	Urheberrecht
Urk.	Urkunde
Urt.	Urteil
usw	und so weiter
uU	unter Umständen
uvam	und vieles anderes mehr
uvm	und viele mehr
v.	**vom, von**
va	vor allem
Var.	Variante
vAw	von Amts wegen
VerbrKrR	Verbraucherkreditrecht
VerbrR	Verbraucherrecht
VerbrStR	Verbrauchersteuerrecht
VereinsR	Vereinsrecht
Verf.	Verfasser, Verfassung, Verfahren
VerfassungsR	Verfassungsrecht
VerfG	Verfassungsgericht
VerfGH	Verfassungsgerichtshof
VerfProzR	Verfassungsprozessrecht
VerfR	Verfahrensrecht
VergabeR	Vergaberecht
VergütungsR	Vergütungsrecht
Verh.	Verhandlung
VerkehrsR	Verkehrsrecht
Veröff.	Veröffentlichung
Vers.	Versicherung
VersAufsR	Versicherungsaufsichtsrecht

VersR	Versicherungsrecht
VersVertrR	Versicherungsvertragsrecht
Vertr.	Vertrag
vertragl.	vertraglich
VertriebsR	Vertriebsrecht
VertrR	Vertragsrecht
Verw.	Verwaltung
VerwProzR	Verwaltungsprozessrecht
VerwR	Verwaltungsrecht
VerwVerfR	Verwaltungsverfahrensrecht
Vfg.	Verfügung
VG	Verwaltungsgericht
VGH	Verwaltungsgerichtshof
vgl.	vergleiche
vH	von Hundert
VO	Verordnung
Vol., vol.	volume (Band)
VölkerR	Völkerrecht
Voraufl.	Vorauflage
Vorb.	Vorbemerkung
vorl.	vorläufig
VormundschaftsR	Vormundschaftsrecht
Vorschr.	Vorschrift
VorstandsR	Vorstandsrecht
vs.	versus
VU	Versäumnisurteil
WasserR	**Wasserrecht**
WEG-R	Wohnungseigentumsrecht
WertpapierR	Wertpapierrecht
WettbR	Wettbewerbsrecht
WirtschaftsR	Wirtschaftsrecht
WirtschaftsStR	Wirtschaftsstrafrecht
Wiss.	Wissenschaft
wiss.	wissenschaftlich
Wj.	Wirtschaftsjahr
wN	weitere Nachweise
Württ.	Württemberg
württ.	württembergisch
zahlr.	**zahlreich**
zB	zum Beispiel
Ziff.	Ziffer
zit.	zitiert
ZivilProzR	Zivilprozessrecht
ZivilR	Zivilrecht
ZivilVerfR	Zivilverfahrensrecht
zT	zum Teil
zul.	zuletzt

zusf.	zusammenfassend
zust.	zustimmend
zutr.	zutreffend
ZuwanderungsR	Zuwanderungsrecht
ZV	Zwangsvollstreckung; Zwangsversteigerung
zVb	zur Veröffentlichung bestimmt
ZVR	Zwangsvollstreckungsrecht
zw.	zweifelhaft
zzgl.	zuzüglich
zzt.	zurzeit

Literaturverzeichnis

Battis, Ulrich/Krautzberger, Michael/Löhr, Rolf-Peter, Baugesetzbuch, 14. Aufl. 2019 (zit. Battis/Krautzberger/Löhr/*Bearbeiter*).

Becker, Florian/Hilf, Juliane/Nolte, Martin/Uwer, Dirk, Glücksspielregulierung, 2016 (zit. Becker/Hilf/Nolte/Uwer/*Bearbeiter*).

Borges, Georg/Hilber, Marc, BeckOK IT-Recht, 5. Ed., Stand: 1.2.2022 (zit. BeckOK IT-Recht/*Bearbeiter*).

Calliess/Ruffert EUV/AEUV, 5. Aufl., 2016

Dietlein, Johannes/Hecker, Manfred/Ruttig, Markus, Glücksspielrecht, 2. Aufl. 2013 (zit. Dietlein/Hecker/Ruttig/*Bearbeiter*).

Ennuschat, Jörg/Wank, Rolf/Winkler, Daniela, Gewerbeordnung, 9. Aufl. 2020 (zit. Ennuschat/Wank/Winkler/*Bearbeiter*).

Epping, Volker/Hillgruber, Christian, BeckOK Grundgesetz, 46. Ed., Stand: 15.02.2021, München

Gersdorf, Hubertus/Paal, Boris P., BeckOK Informations- und Medienrecht, 35. Ed., Stand: 1.2.2022 (zit. BeckOK InfoMedienR/*Bearbeiter*).

von Heintschel-Heinegg, Bernd, BeckOK StGB, 50. Ed., Stand: 01.05.2021, München

Mann, Thomas/Sennekamp, Christoph/Uechtritz, Michael, Verwaltungsverfahrensgesetz. Großkommentar, 2. Auflage, 2019, Baden-Baden

Marcks, Peter ua, Landmann/Rohmer Gewerbeordnung und ergänzende Vorschriften, 86. EL, Stand: Februar 2021 (zit. Landmann/Rohmer/*Bearbeiter*).

Müller-Broich, Jan D., Telemediengesetz, 2012 (zit. Nomos-BR/Müller-Broich TMG).

von Münch, Ingo/Kunig, Philip, Grundgesetz. Kommentar, Band 1: Präambel bis Art. 69, 7. Aufl. 2021, München

Paschke, Marian/Berlit, Wolfgang/Meyer, Claus/Kröner, Lars, Hamburger Kommentar Gesamtes Medienrecht, 4. Aufl. 2021 (zit. NK-MedienR/*Bearbeiter*).

Roßnagel, Alexander, Beck'scher Kommentar zum Recht der Telemediendienste, 2013 (zit. Beck TMD/*Bearbeiter*).

Sachs, Michael, Grundgesetz. Kommentar, 9. Aufl., 2021, München

Spindler, Gerald/Schmitz, Peter/Liesching, Marc, Telemediengesetz mit Netzwerkdurchsetzungsgesetz, 2. Aufl. 2018 (zit. Spindler/Schmitz/*Bearbeiter*).

Spindler, Gerald/Schuster, Fabian, Recht der elektronischen Medien, 4. Aufl. 2019 (zit. Spindler/Schuster/*Bearbeiter*).

Stern, Klaus, Das Staatsrecht der Bundesrepublik Deutschland. Die einzelnen Grundrechte, Band IV/2, 2011, München

Stern, Klaus/Becker, Florian, Grundrechte-Kommentar. Die Grundrechte des Grundgesetzes mit ihren europäischen Bezügen, 3. Aufl., 2019, Köln

Streinz, Rudolf, EUV/AEUV. Vertrag über die Europäische Union. Vertrag über die Arbeitsweise der Europäischen Union. Charta der Grundrechte der Europäischen Union, 3. Aufl., 2018, München

Streinz, Rudolf/Liesching, Marc/Hambach, Wulf, Glücks- und Gewinnspielrecht in den Medien. Kommentar, 2014, München

1. Teil: Grundlagen

A. Einführung und regulatorische Entwicklungslinien

Literatur: *Brüggemann*, Das Rechtfertigungsdefizit der Konzessionsabgabe nach Inkrafttreten des Dritten Glücksspieländerungsstaatsvertrages, ZfWG 2020, 81; *Brüggemann*, Der Glücksspielbegriff: Neue Herausforderungen für ein überkommenes Verständnis, ZfWG 2021, 229; *Dietlein/Hecker/Ruttig*, Glücksspielrecht, 2. Aufl., 2013; *Ennuschat/Wank/Winkler*, Gewerbeordnung: GewO, 9. Aufl., 2020; *Fuchs*, Das neue Glücksspielrecht unter besonderer Berücksichtigung von Online-Glücksspielen, Dissertation, 2017; *Gebhardt/Korte*, Glücksspiel, 2. Aufl., 2018; *Grünwald/Koch*, Nichts geht mehr? Sportwetten im Internet, MMR 2008, 711 (714); *Hartmann/Barczak*, Kanalisierungspflicht und Kohärenzgebot in Zeiten des Online-Glücksspiels, ZfWG 2020, Heft 2, Beilage, 8; *Hartmann/Kemper*, Befristung und Fortgelten des Glücksspielstaatsvertrags, ZfWG 2020, 8; *Ineichen*, Würfel und Wahrscheinlichkeit: Stochastisches Denken in der Antike, 1996; *Lüder*, Der Dritte Glücksspieländerungsstaatsvertrag, NVwZ 2020, 190; *Lüder/Walisko*, Die behördliche Duldung im Glücksspielrecht, ZfWG 2021, 23; *Mentgen*, Alltagsgeschichte und Geschichte der Juden. Die Juden und das Glücksspiel im Mittelalter, Historische Zeitschrift (274) 2002, 25; *Meyer/Bachmann*, Spielsucht, 2017; *Schenke*, Online-Casinospiele: Rien ne va plus?, ZfWG 2015, 170; *Schippel*, Glücksspielrecht im Spiegel der digitalen Transformation, DSRITB 2018, 605.

Das Glücksspiel beschäftigt die Menschheit schon seit ihren Anfängen. Zwar ist ein genauer Beginn nicht exakt ermittelbar, jedoch fanden sich bereits 3000 v. Chr. die ersten sechsseitigen Würfel in Pakistan sowie im nördlichen Irak..[1] Die Ursprünge des Glücksspiels liegen mithin rund 5000 Jahre zurück. Schon im Römischen Reich gab es Ansätze, das Glücksspiel zu **reglementieren.** So waren Würfelspiele in der römischen Antike grundsätzlich **mit Strafe bedroht** und lediglich an den Saturnalien (Festtag zu Ehren von Saturn) erlaubt.[2] Auch der griechische Feldherr Themistokles forderte um 525 v. Chr. öffentlich, dass das Glücksspiel allen Staatsbeamten zu **verbieten** sei.[3] Aufgrund der schädlichen Auswirkungen des Glücksspiels kam es im Römischen Reich zu Widerstand und Protesten, in Folge derer der römische Kaiser Justinian (482–527 n. Chr.) sämtliche Arten des Glücksspiels **verbot.**[4] 1

In Deutschland gilt das Mittelalter als die Epoche, in der das Glücksspiel einen erheblichen Aufschwung zu verzeichnen hatte.[5] Damals wurden Verbote des Glücksspiels noch damit begründet, dass es zu verhüten gelte, dass Teilnehmer durch Fluchen im Zuge des Spielens ihr Seelenheil gefährden könnten.[6] Zudem sollte verhindert werden, dass Spieler Haus und Hof verspielten oder dass es im Zuge der Spiele zu gewalttätigen Auseinandersetzungen kam.[7] Die **Zielsetzungen** der Reglementierung des Glücksspiels sind heute andere. So steht mittlerweile die Verhinderung der **Glücksspielsucht** und deren Bekämpfung im Fokus der Glücksspielreglementierung, vgl. § 1 S. 1 Nr. 1 GlüStV 2021. 2

Am 7.11.1611 wurde vom Rat der Stadt Hamburg auf Vorschlag seiner Bürger die **erste Staatslotterie** auf deutschem Territorium beschlossen. Dabei konnte zum ersten Mal auch Geld gewonnen werden und nicht – wie zuvor – lediglich 3

1 *Ineichen* Würfel und Wahrscheinlichkeit S. 41.
2 *Ineichen* Würfel und Wahrscheinlichkeit S. 41.
3 Meyer/Bachmann/*Meyer* Spielsucht S. 10.
4 Meyer/Bachmann/*Meyer* Spielsucht S. 10.
5 Vgl. Meyer/Bachmann/*Meyer* Spielsucht S. 10.
6 *Mentgen* Die Juden und das Glücksspiel im Mittelalter S. 28; vgl. Speyrer Ratsordnung vom 23.7.1347.
7 *Mentgen* Die Juden und das Glücksspiel im Mittelalter S. 32.

Sachwerte. Die Überschüsse wurden in dieser Zeit für gemeinnützige **öffentliche Zwecke** verwendet.[8] Anfang des 19. Jahrhunderts war das Lottospiel in den meisten Staaten Europas jedoch wieder verboten (Ausnahmen: Bayern, Österreich und einige italienische Staaten). Als Grund dafür wurde insbesondere der niedrige Mindesteinsatz angeführt, der eine Teilnahme für jede Bevölkerungsschicht möglich machte. Dies begünstige eine **Ablenkung** der finanziell schlecht aufgestellten Schichten von der Arbeit.[9]

4 Spielbanken wurden auf Anordnung des Norddeutschen Bundes per Gesetz vom 1.7.1868 geschlossen.[10] Allerdings hoben die Nationalsozialisten dieses **Spielbankverbot** am 14.7.1933 unter gewissen einschränkenden Bedingungen wie etwa der Anknüpfung der Erlaubnis an eine Verortung in einem Kur- oder Badeort wieder auf.[11]

5 Nach § 3 Abs. 1 S. 1 GlüStV 2021 liegt ein **Glücksspiel** vor, wenn im Rahmen eines Spiels für den Erwerb einer Gewinnchance ein Entgelt verlangt wird und die Entscheidung über den Gewinn ganz oder überwiegend vom Zufall abhängt. Erfasst sind somit unter anderem Lotterien, Roulette, Spielautomaten, viele Kartenspiele wie Black Jack, oder auch Sportwetten.[12] Die Einordnung des **Pokerspiels** als Glücksspiel ist deutlich komplizierter. Dies ergibt sich daraus, dass beim Poker der Spieler keinen Einfluss auf die Auswahl der ausgehändigten Karten hat, jedoch durch strategische Elemente wie Täuschungsmanöver und Berechnung von Wahrscheinlichkeiten den Spielausgang erheblich beeinflussen kann. Dennoch überwiegt nach Ansicht der Gerichte das Glückselement, weshalb Poker dem Glücksspiel zuzuordnen ist.[13]

6 Das Glücksspiel ist vom **Geschicklichkeitsspiel** abzugrenzen. Bei letzterem kann das Ergebnis des Spiels insbesondere durch geistige Fähigkeiten, körperliche Geschicklichkeit oder etwa Spielerfahrung beeinflusst werden.[14] So liegt beim Schach- oder Damenspiel etwa aufgrund des maßgeblichen Einsatzes geistiger Fähigkeiten und wegen des immer gleichen Spielaufbaus kein Glücksspiel, sondern ein Geschicklichkeitsspiel vor.

7 Erste Ansätze für eine **Wandlung des Glücksspielbegriffs** lassen sich bereits in den Erläuterungen des GlüStV 2021 erkennen. So differenziert der Gesetzgeber zwischen „echtem“ und „simuliertem“ Glücksspiel und unausgesprochen auch zwischen „echtem“ und unechtem“.[15]

8 Das deutsche Glücksspielverwaltungsrecht hat in den letzten zwei Jahrzehnten einen signifikanten **Wandel** erfahren. So gab es bis zum 1.7.2004 keinen einheitlichen Staatsvertrag zum Glücksspielrecht. Alle 16 Bundesländer hatten eigene, heterogene Glücksspielgesetze.[16]

9 Dies änderte sich mit dem LottStV, der am 18.3.2003 von den Ländern beschlossen wurde und am 1.7.2004 in Kraft trat. Darin war sowohl ein **staatliches Sportwetten- als auch Lotteriemonopol** geregelt. Der Internetvertrieb und die Werbung für Glücksspiel in Fernsehen und Internet war nicht verboten.[17]

---

8 Gebhardt/Korte/*Gebhardt/Korte* Glücksspiel S. 18.
9 Meyer/Bachmann/*Meyer* Spielsucht S. 11.
10 BGBl. 2021 I 367; vgl. Meyer/Bachmann/*Meyer* Spielsucht S. 11 f.
11 RGBl I 480 f.; vgl. Meyer/Bachmann/*Meyer* Spielsucht S. 12.
12 BVerfG NJW 2006, 1261 (1263); BVerwG GewArch 2018, 191 (192).
13 BVerwG ZfWG 2014, 201 (204); OVG NRW ZfWG 2008, 204 (205).
14 Vgl. *Ennuschat/Wank/Ennuschat/Winkler* GewO § 33d Rn. 5.
15 Vgl. *Brüggemann* ZfWG 2021, 229.
16 *Fuchs* Das neue Glücksspielrecht S. 25; Dietlein/Hecker/Ruttig/*Dietlein* Glücksspielrecht Einleitung Rn. 1.
17 *Fuchs* Das neue Glücksspielrecht S. 27.

Jedoch erklärte das BVerfG das Sportwettenmonopol des LottStV in seiner Oddset-Entscheidung[18] für verfassungswidrig. Gründe dafür waren ua die allgegenwärtige Verfügbarkeit des staatlich veranstalteten Oddset-Angebots aufgrund der unbegrenzten Anzahl von Annahmestellen sowie das Fehlen einer aktiven Aufklärung über die Risiken der Glücksspielsucht.[19]

Infolgedessen beschlossen die Länder den **GlüStV 2008**, der am 1.1.2008 in Kraft trat und damit den **LottStV** ablöste. Insbesondere enthielt der GlüStV 2008 das generelle staatliche Veranstaltermonopol für Sportwetten und Lotterien.[20] Der Staatsvertrag folgte den Vorgaben des BVerfG, welches für eine Rechtfertigung des staatlichen Glücksspielmonopols insbesondere eine glaubhafte und konsequente Erfüllung der staatlichen **Suchtprävention** forderte.[21] Dies wurde in § 7 GlüStV 2008 für Glücksspielveranstalter und -vermittler verpflichtend festgesetzt. Auch fanden insbesondere Änderungen im Bereich der Werbung statt. Diese war für das Glücksspiel in Fernsehen, Internet und über Telekommunikationsanlagen ohne Möglichkeit der Beantragung einer Ausnahmegenehmigung verboten, § 5 Abs. 2 GlüStV 2008. Der Staatsvertrag führte auch zu einem ausnahmslosen Verbot des im Internet angebotenen Glücksspiels (**sog. Totalverbots- oder Prohibitionsmodell**).[22] Der EuGH erklärte das Monopol im Bereich der Sportwetten des GlüStV 2008 jedoch in seiner Entscheidung vom 8.9.2010 mangels Gesamtkohärenz für europarechtswidrig.[23] Dies hatte eine erneute Überarbeitung des GlüStV zur Folge (1. GlüÄndStV). 10

Im Zuge des **Ersten Glücksspieländerungsstaatsvertrag (1. GlüÄndStV – GlüStV 2012)** wurde das Totalverbot in den Bereichen der Sportwetten, Lotterien und Pferdewetten wieder gelockert (§ 4 Abs. 5, § 27 Abs. 2 GlüStV 2012), während es für Online-Glücksspiele hingegen weiterhin Bestand hatte.[24] Es wurden verstärkt Glücksspielarten integriert, die zuvor rein bundesrechtlich geregelt waren. So fanden erstmals auch Teile des Rechts der Pferdewetten sowie der Betrieb von Spielhallen Berücksichtigung.[25] Insbesondere sah der GlüStV 2012 eine Änderung im Sportwettensektor vor. So enthielt § 10a GlüStV 2012 eine sog. **„Experimentierklausel"**, die eine zeitweise Aussetzung – für die Dauer von sieben Jahren – des Staatsmonopols in diesem Bereich durch Zulassung von maximal 20 Konzessionen für staatliche und private Sportwettenanbieter bestimmte.[26] 11

Das Land Schleswig-Holstein beteiligte sich als einziges Bundesland nicht und erließ stattdessen ein eigenes **Glücksspielgesetz.**[27] Schleswig-Holstein löste sich somit vom Konzept der länderübergreifend koordinierten Regulierung durch das eigene Gesetz zur Neuordnung des Glücksspiels (GlücksspielG). Dieses Gesetz galt jedoch nur vom 1.1.2012 bis zum 7.2.2013.[28] Schleswig-Holstein trat schließlich dem Glücksspielstaatsvertrag bei.[29] Allerdings gelten die auf Grund- 12

18 BVerfG 28.3.2006 – 1 BvR 1054/01, NJW 2006, 1261 ff.
19 *Fuchs* Das neue Glücksspielrecht S. 28.
20 Vgl. *Schippel* DSRITB 2018, 605.
21 BVerfG 28.3.2006 – 1 BvR 1054/01, NJW 2006, 1261.
22 *Hartmann/Barczak* ZfWG 2020, Heft 2, Beilage, 8; *Grünwald/Koch* MMR 2008, 711 (713 f.); *Schenke* ZfWG 2015, 170 (171).
23 EuGH 8.9.2010 – C 316/07; C 358/07 bis C 360/07; C 409/07 und C 410/07, ECLI:EU:C:2010:504 – Markus Stoß u.a.
24 *Hartmann/Barczak* ZfWG 2020, Heft 2, Beilage, 8.
25 Dietlein/Hecker/Ruttig/*Dietlein* Glücksspielrecht Einführung Rn. 1.
26 *Lüder* NVwZ 2020, 190 (191).
27 Schleswig-Holsteinischer Landtag, Drs. 17/1785 vom 14.9.2011.
28 Gesetz zur Aufhebung des Glücksspielgesetzes v. 1.2.2013, GVOBl. Schl.-H. S. 64.
29 Gesetz zum Ersten Staatsvertrag zur Änderung des Staatsvertrages zum Glücksspielwesen in Deutschland v. 1.2.2013, GVOBl. Schl.-H. S. 51.

lage des GlücksspielG erteilten Genehmigungen für Sportwetten, Lotterien und Online-Casinospiele bis maximal zum 31.12.2024 fort. Diese Genehmigungen behalten auch mit Inkrafttreten des **GlüStV 2021** weiterhin übergangsweise ihre Gültigkeit bis eine Erlaubnis nach dem neuen Staatsvertrag erteilt wird, § 29 Abs. 7 GlüStV 2021.

13 Der **Zweite Glücksspieländerungsstaatsvertrag** (**2. GlüÄndStV – GlüStV 2018**), dessen Inkrafttreten zum 1.1.2018 geplant war, scheiterte an der fehlenden Ratifizierung durch Nordrhein-Westfalen, Schleswig-Holstein und Hessen.[30]

14 Der **Dritte Glücksspieländerungsstaatsvertrag** (**3. GlüÄndStV – GlüStV 2020**) trat am 1.1.2020 nach erfolgreicher Ratifizierung durch alle Länder im Laufe des Jahres 2019 in Kraft. Die Befristungsregelung des ursprünglichen § 35 GlüStV 2012 blieb unberührt, weshalb der GlüStV 2012/2020 mit Ablauf des 31.6.2021 außer Kraft trat. Es handelte sich beim 3. GlüÄndStV mithin lediglich um eine Übergangslösung mit punktuellen Änderungen zum Sportwettenrecht.[31] Inhaltlich entsprachen die Änderungen weitgehend denen, die bereits im gescheiterten GlüStV 2018 vorgesehen waren.[32] Insbesondere entfielen im Sportwettensektor sowohl die Befristung der Experimentierklausel gem. § 10a Abs. 1 GlüStV 2012 als auch die gem. § 10a Abs. 3 GlüStV 2012 eingeführte Begrenzung der Konzessionen auf 20. Zwar war dieses zahlenmäßig beschränkte Konzessionsmodell im GlüStV 2012 rechtlich vorgesehen, praktisch bestand aufgrund fehlender Zulassungen das ursprüngliche Staatsmonopol jedoch fort. Es kam zu keiner Erteilung der geplanten 20 Konzessionen.[33] Dies führte zu einem Ausweichen der privaten Anbieter in einen nicht offiziell genehmigten, geduldeten „grauen" Bereich, der durch das Wegfallen der Konzessionen aufgelöst werden sollte.[34] Durch die mit dem GlüStV 2020 einhergehenden Änderungen war nunmehr jedem privaten Veranstalter von Sportwetten die Nutzung des Markts bei Erfüllung der gesetzlichen Voraussetzungen erlaubt. Somit bestand ein gebundener Anspruch auf Zulassung und es bedurfte keines Auswahlverfahrens mehr.[35]

15 Am 12.3.2020 beschloss die Ministerpräsidentenkonferenz (MPK) auf ihrer Sitzung den Entwurf eines Staatsvertrages zur **Neuregulierung des Glücksspielwesens in Deutschland** (**Glücksspielstaatsvertrag 2021 – GlüStV 2021**).[36] Dieser ersetzt seit dem 1.7.2021 den vorherigen Glücksspielstaatsvertrag, der mit Ablauf des 31.6.2021 planmäßig ausgelaufen ist, § 35 Abs. 2 GlüStV 2020.

16 Der GlüStV 2021 ist nach dem LottStV, dem GlüStV 2008, dem GlüStV 2012, dem GlüStV 2018 und dem GlüStV 2020 das fünfte Vertragswerk zur länderübergreifend koordinierten Regulierung des Glücksspiels. Erstmals in der deutschen Glücksspielgesetzgebung verzichtete die EU-Kommission im Zuge des **Notifizierungsverfahrens** auf eine Stellungnahme. Jedoch gaben Malta sowie fünf Interessenvertreter der Glücksspielindustrie, der Kreditwirtschaft und der Spielsuchtforschung Stellungnahmen ab, in denen verschiedene Regelungen des neuen Glücksspielstaatsvertrages als unionsrechtswidrig kritisiert wurden.[37]

---

30 PlenProt. SH 19/9, 515 ff.; Vorlage Staatskanzlei NRW 17/277; HessLT-Drs. 19/5769.
31 *Hartmann/Kemper* ZfWG 2020, 8 (9).
32 *Lüder* NVwZ 2020, 190 (193).
33 *Schippel* DSRITB 2018, 605 (606).
34 *Lüder* NVwZ 2020, 190; vgl. Gebhardt/Korte/*Albers/Rebegianni* Glücksspiel S. 61, 65 ff.
35 *Brüggemann* ZfWG 2020, 81 (82).
36 Landtag NRW, Vorlage 17/3157 vom 19.3.2020.
37 Notifizierungsnummer 2020/304/D; *Ruttig* ZfWG 2020, 405.

Die wohl bedeutendste Änderung betrifft die Öffnung des Online-Glücksspielmarktes. Damit stellt der GlüStV 2021 in Bezug auf die Regulierung des Internet-Glücksspiels eine fundamentale Kehrtwende dar. Bisher war gemäß § 4 Abs. 4 GlüStV 2020 die Veranstaltung und Vermittlung von öffentlichen Glücksspielen im Internet grundsätzlich verboten. § 4 Abs. 5 GlüStV 2020 gewährte unter bestimmten Voraussetzungen Ausnahmen für den Bereich der Lotterien und Sportwetten. Lediglich in Schleswig-Holstein war das Online-Casinospiel auf Grundlage des Gesetzes zur Neuordnung des Glücksspiels[38] bereits genehmigt worden. Diese bestehen übergangsweise fort.[39] 17

Durch die Änderungen des GlüStV 2021 sind nun erstmals **virtuelle Automatenspiele, Online-Poker** und **Online-Casinospiele** erlaubnisfähig. Trotz bundesweit übertragener Werbung im Fernsehen waren diese bislang lediglich für Personen mit Wohnsitz oder gewöhnlichem Aufenthaltsort in Schleswig-Holstein legal nutzbar. Der Landtag NRW beispielsweise begründet den Sinneswandel mit der Erkenntnis, dass in eher liberalen Regulierungssystemen der Anteil des Schwarzmarktes am Gesamtmarkt tendenziell niedriger ist als in restriktiveren Regulierungsmodellen.[40] Durch die Öffnung des Marktes für **Online-Glücksspiel** „soll spielwilligen Personen, deren Nachfrage sich nicht in weniger gefährliche Spielformen kanalisieren lässt, eine weniger gefährliche Alternative zum bisherigen Schwarzmarkt geboten werden".[41] 18

In einer Übergangsphase ab dem 15.10.2020 konnten bereits von Inhabern von Sportwettenkonzessionen oder verbundenen Unternehmen Sportwetten, Automatenspiele oder Online-Poker angeboten werden, die nach dem GlüStV 2020 zwar noch verboten waren, hingegen nach dem GlüStV 2021 lediglich erlaubnispflichtig sind.[42] Auch konzentrierte sich in dieser Phase der Vollzug gegen unerlaubte Glücksspielangebote lediglich auf solche Anbieter, die den Anschein erweckten, sich auch den Regelungen des GlüStV 2021 entziehen zu wollen.[43] 19

Zudem soll eine **„Gemeinsame Glücksspielbehörde"** der Länder errichtet werden, die als Erlaubnis- und Aufsichtsbehörde für länderübergreifende Glücksspielangebote konzipiert ist, § 27e GlüStV 2021. 20

Der GlüStV 2021 ist in zehn Abschnitte unterteilt. Neu eingefügt ist der neunte Abschnitt (Gemeinsame Glücksspielbehörde der Länder), der in §§ 27a–27p die Vorschriften zur neu zu schaffenden, zentralen Glücksspielaufsichtsbehörde enthält. Der aktuelle Glücksspielstaatsvertrag ist im Gegensatz zu den Altfassungen gerade nicht befristet, sondern wurde auf unbestimmte Zeit geschlossen, § 35 Abs. 4 S. 1 GlüStV 2021. Eine ordentliche Kündigung durch die einzelnen Länder ist allerdings möglich, frühestens jedoch zum 31.12.2028, § 35 Abs. 4 S. 2 GlüStV 2021. 21

---

38 Schleswig-Holsteinischer Landtag, Drs. 17/1785 vom 14.9.2011.
39 *Lüder/Walisko* ZfWG 2021, 23 (24).
40 Landtag NRW, Vorlage 17/3443 vom 29.5.2020, Erläuterungen S. 2.
41 Landtag NRW, Vorlage 17/3443 vom 29.5.2020, Erläuterungen S. 7.
42 Umlaufbeschluss der Chefinnen und Chefs der Staats- und Senatskanzleien der Länder vom 8.9.2020, Nr. 4 (abrufbar unter: https://t1p.de/j4x3).
43 Umlaufbeschluss der Chefinnen und Chefs der Staats- und Senatskanzleien der Länder vom 8.9.2020, Nr. 5 (abrufbar unter: https://t1p.de/j4x3).

B. Europarechtliche Rahmenbedingungen

Literatur: *Becker/Hilf/Nolte/Uwer* Glücksspielregulierung, 1. Aufl., 2016; *Calliess/Ruffert* EUV/AEUV, 5. Aufl., 2016; *Dietlein/Hecker/Ruttig* Glücksspielrecht, 2. Aufl., 2013; *Hertwig*, Grundfreiheiten und Glücksspiel, NZBau 2016, 152; *Hilf/Umbach*, Neue EuGH-Rechtsprechung zum Glücksspielrecht, ZfWG 2020, 211; *Hilf/Umbach*, Die Rechtsprechung des EuGH zum Glücksspielrecht seit 2012 und ihre Auswirkungen auf Deutschland, ZfWG 2015, 308; *Jarass*, Rechtfertigung von Beschränkungen der Dienstleistungsfreiheit und damit verbundene Nachweispflichten, NVwZ 2018, 1665; *Kubiciel*, Unionsrechtliche Anforderungen an die Rechtfertigung des Verbots von Online-Casinos, EuZW 2017, 494; *Reichert*, Irrungen und Wirrungen im Umgang mit der Kohärenz, ZfWG 2021, 14; *Schenke*, Das Verbot von Online-Casino- und Pokerspielen im Lichte der neueren Rechtsprechung des BVerwG, ZfWG 2018, Heft 5, Beilage, 21; *Streinz* EUV/AEUV, 3. Aufl., 2018.

1 Die Regulierung von Glücksspielen durch Mitgliedstaaten unterliegt sowohl **formellen als auch materiellen europarechtlichen Vorgaben.** Weil es kein europaweit harmonisiertes Glücksspielrecht gibt, muss die mitgliedstaatliche Glücksspielregulierung an den Vorgaben der **RL 2015/1535/EG** als Verfahrensnorm und **den Grundfreiheiten** aus dem EU-Primärrecht ausgerichtet werden.

2 Die Richtlinie 2015/1535/EG enthält eine Pflicht der Mitgliedstaaten, die **Kommission über Gesetzesvorhaben zu unterrichten,** die Regelungen zu „technischen

Vorschriften", wie zum Beispiel digitale Dienstleistungen, beabsichtigen.[1] Da der Online-Glücksspielsektor im Rahmen der allgemeinen Digitalisierung stark an Bedeutung gewonnen hat, ist eine sinnvolle Glücksspielregulierung ohne Bezug zu Online-Diensten kaum vorstellbar. Auch die Spielautomatenregulierung beinhaltet regelmäßig technische Vorschriften[2], so dass wohl jedes umfassende Gesetzesvorhaben zur Glücksspielregulierung unter den Tatbestand der sog. **Notifizierungs-Richtlinie** fällt.

Darüber hinaus trifft das **EU-Sekundärrecht keine spezifischen Regelungen zum Glücksspielrecht.** So wurde das Glücksspielwesen explizit aus der Richtlinie über Dienstleistungen im Binnenmarkt[3] ausgenommen, um den Mitgliedsstaaten Raum zu geben, eigene politische Ansätze zum Schutz der öffentlichen Ordnung und zum Schutz der Verbraucher zu verfolgen. Auch die europäische allgemeine Vergaberichtlinie[4] umfasst nicht die Vergabe von Dienstleistungskonzessionen in der Glücksspielregulierung, weil glücksspielrechtliche Konzessionen keine entgeltlichen Verträge und somit keine „öffentlichen Aufträge" im Sinne der Richtlinie sind.[5] 3

Die primärrechtlichen Grundfreiheiten enthalten weitreichende **Beschränkungs- und Diskriminierungsverbote**, um einen freien Binnenmarkt zu gewährleisten. Mitgliedsstaatliche Eingriffe in diese Grundfreiheiten unterliegen einer **umfassenden Rechtfertigungsprüfung.** 4

Im Folgenden werden zunächst die **sekundärrechtlichen Vorgaben der RL 2015/1535/EG** betrachtet, die für das nationale Gesetzgebungsverfahren relevant sind. Anschließend wird auf die Voraussetzungen der materiellen Rechtmäßigkeit glücksspielrechtlicher Normen im Lichte der Grundfreiheiten eingegangen. In der Vergangenheit war das Glücksspielrecht im Allgemeinen und dabei auch das deutsche Glücksspielrecht im Besonderen häufig Gegenstand der Rechtsprechung des EuGH. Dabei zeigte sich, dass **Konzessionssysteme, Monopole und unionsrechtswidrige nationale Übergangsregelungen** im Hinblick auf die Grundfreiheiten eingehend zu prüfen sind. 5

I. Bedeutung des Europarechts für das Glücksspielrecht

Allgemein anerkannt ist mittlerweile der **Anwendungsvorrang des Unionsrechts gegenüber dem nationalen Recht der Mitgliedstaaten.**[6] Dieser führt dazu, dass das Unionsrecht **automatisch eine Sperrwirkung** dahin gehend entfaltet, dass unionsrechtswidriges nationales Recht, ohne dass es dazu einer Vorlage an ein nationales oder europäisches Gericht bedarf, von den Mitgliedsstaaten nicht angewendet werden darf.[7] Ein nationales Gericht selbst hat nicht die Kompetenz, 6

1 Art. 1 Abs. 1 f.) und Art. 1 Abs. 1 b), e) der Richtlinie 2015/1535/EG des europäischen Parlaments und des Rates vom 9.9.2015.
2 Beispielsweise „Vorgaben für bestimmte Schnittstellen an Spielautomaten als technische Spezifikationen" nach Art. 1 Abs. 1c) oder quantitative Vorgaben zur Aufstellung solcher Automaten als „sonstige Vorschriften" nach Art. 1 Abs. 1 d) derRichtlinie 2015/1535/EG des europäischen Parlaments und des Rates vom 9.9.2015.
3 Richtlinie 2006/123/EG des europäischen Parlaments und des Rates vom 12.12.2006 über Dienstleistungen im Binnenmarkt.
4 Richtlinie 2004/18/EG des europäischen Parlaments und des Rates vom 31.3.2004 über die Koordinierung der Verfahren zur Vergabe öffentlicher Bauaufträge, Lieferaufträge und Dienstleistungsaufträge.
5 Dietlein/Hecker/Ruttig/*Hertwig* GlüStV § 4b Rn. 6.
6 Streinz/*Streinz* EUV Art. 4 Rn. 35.
7 Streinz/*Streinz* EUV Art. 4 Rn. 39.

eine gesetzliche Bestimmung als unionsrechtskonform zu bestätigen.[8] Hat das Gericht Zweifel an der Konformität einer nationalen Norm mit Unionsrecht, kann es den Sachverhalt dem EuGH vorlegen. Wenn gegen die gegenständliche nationale Gerichtsentscheidung keine Rechtsmittel erhoben werden können, ist das Gericht zur Vorlage an den EuGH sogar verpflichtet (Art. 267 Abs. 2, Abs. 3 AEUV).

7 Bei Dienstleistungen im Glücksspielsektor handelt es sich um eine **wirtschaftliche Tätigkeit** im Sinne des Art. 3 Abs. 3 EUV, die als solche **vom Anwendungsbereich des Unionsrechts umfasst ist.** In der Vergangenheit wurde teilweise angeführt, bei Glücksspiel läge kein wirtschaftliches Leistungsverhältnis zu Grunde, da es in der Regel auf Zufall beruhe, lediglich der Erholung diene und somit keine wirtschaftliche Tätigkeit sei.[9] Da es bei der Erbringung von Glücksspieldienstleistungen jedoch regelmäßig um die Niederlassung von Unternehmen in anderen Mitgliedsstaaten geht und entgeltliche Dienstleistungen erbracht werden, weist das Glücksspielrecht – abhängig vom jeweiligen Sachverhalt – Bezüge zur Dienstleistungs-, Niederlassungs- oder Zahlungsverkehrsfreiheit auf.

II. RL 2015/1535/EG – Bedeutung für die Glücksspielregulierung

8 Die Pflicht zur Notifizierung der EU-Kommission vor Erlass „technischer Vorschriften" aufgrund der Richtlinie 2015/1535/EG[10] ist eine **Verfahrensnorm,** deren Beachtung wegen des Anwendungsvorrangs des Unionsrechts **Voraussetzung der Anwendbarkeit einschlägiger nationaler Rechtsakte** ist.[11] Sie hat für die Glücksspielregulierung eine hohe Relevanz.[12] Der Tatbestand der Richtlinie ist in sprachlicher Hinsicht sperrig formuliert und deswegen nicht leicht zu durchdringen. Im Kern betrifft die Richtlinie neben klassischen technischen Vorschriften wie technischen Spezifikationen auch alle digitalen Dienstleistungen. Betroffen sind somit Regelungen zum Online-Glücksspiel, aber etwa auch Vorschriften zur „Lebensdauer" von Spielautomaten oder deren Vermarktung.[13]

9 Gesetzesvorhaben, die unter den Tatbestand der RL 2015/1535/EG fallen, müssen im Rahmen des Gesetzgebungsprozesses an die EU-Kommission übermittelt werden. Nach der Übermittlung hat der Mitgliedsstaat eine **Stillhaltepflicht,** in der er das entsprechende Gesetzesvorhaben nicht umsetzen darf, um der Kommission, anderen Mitgliedstaaten und Dritten die **Möglichkeit zu geben, das Gesetzesvorhaben zu prüfen und Stellungnahmen dazu abzugeben.** Damit wird anderen Mitgliedsstaaten, der Kommission und sonstigen Interessenvertretern schon im legislativen Prozess die Möglichkeit gegeben, die Bestimmungen auf ihre Vereinbarkeit mit Unionsrecht zu überprüfen und dem notifizierenden Mitgliedsstaat Gelegenheit gegeben, die Bestimmung gegebenenfalls anzupassen.

10 Ein **Verstoß des deutschen Gesetzgebers** gegen diese Notifizierungspflicht war bereits Gegenstand der Rechtsprechung des EuGH und führt dazu, dass der hiervon betroffene **nationale Rechtsakt unanwendbar** ist und Dritten nicht entgegengehalten werden kann.[14] Unanwendbar ist aber nicht der gesamte Rechts-

8 EuGH 7.6.2018 – C-589/16, ECLI:EU:C:2018:417 Rn. 35 f. mwN; *Hilf/Umbach* ZfWG 2020, 211 (215).
9 EuGH 24.3.1994 – C-275/92, ECLI:EU:C:1994:119 – Schindler.
10 Vorgängerrichtlinie: RL 98/34/EG.
11 *Hilf/Umbach* ZfWG 2015, 308 (311), vgl. etwa Vorlageverfahren EuGH 4.2.2016 – C-336/14, ECLI:EU:C:2016:72 – Sebat Ince; vgl. jüngst auch EuGH 11.6.2015 – C-98/14, ECLI:EU:C:2015:386 – Berlington Hungary.
12 *Hilf/Umbach* ZfWG 2015, 308 (311).
13 *Hilf/Umbach* ZfWG 2015, 308 (311).
14 EuGH 4.2.2016 – C 336/14, ECLI:EU:C:2016:72 Rn. 67 – Sebat Ince.

akt, sondern unanwendbar sind nur die darin enthaltenen Regelungen, die **technische Vorschriften** im Sinne der RL 2015/1535/EG betreffen.[15]

Im Hinblick auf das deutsche Glücksspielrecht ist hierbei zu beachten, dass nicht nur der den **rechtlichen Rahmen bildende Staatsvertrag** zwischen den Ländern dieser Pflicht unterliegen kann, sondern auch die **landesrechtlichen Umsetzungsakte** dieser Pflicht unterliegen können. Hierbei ist zu unterscheiden, ob der landesrechtliche Rechtsakt einen Staatsvertrag, der unter Einhaltung der Notifizierungspflicht rechtmäßig zu Stande gekommen ist, **inhaltsgleich umsetzt** oder ob der landesrechtliche Umsetzungsakt eine **über den übermittelten Rechtsakt hinausgehende Regelung** trifft. Im ersten Fall ist eine **erneute Notifizierung der Kommission nicht erforderlich**, weil die Bestimmungen bereits im Rahmen eines Notifizierungsverfahrens geprüft worden sind.[16] Im zweiten Fall ist eine **erneute Notifizierung** im Hinblick auf die von der RL 2015/1535/EG verfolgten Ziele[17] erforderlich.[18] Das ist auch dann der Fall, wenn Landesrecht inhaltsgleiche Regelungen eines durch Zeitablauf nicht mehr geltenden Staatsvertrages enthält, weil sich der Rechtsakt und der zuvor notifizierte Staatsvertrag hinsichtlich ihres zeitlichen und räumlichen Geltungsbereichs unterscheiden.[19] 11

1. Der Tatbestand der RL 2015/1535/EG. Nach der RL 2015/1535/EG ist der Kommission jeder Entwurf **einer technischen Vorschrift** mitzuteilen, sofern nicht lediglich internationale oder europäische Normen in nationales Recht übertragen werden. Weil das EU-Recht außerhalb der primärrechtlichen Grundfreiheiten keine sekundärrechtlichen Vorgaben zum Glücksspielrecht enthält, muss de facto jeder Entwurf glücksspielrechtlicher Regulatorik, der technische Vorschriften im Sinne der Richtlinie enthält, der Kommission übermittelt werden.[20] 12

Technische Vorschriften sind neben **„technischen Spezifikationen"**[21] und **„sonstigen Vorschriften"**[22] auch **„Vorschriften betreffend Dienste"**. „Dienst" iSv Art. 1 Abs. 1 e) RL 2015/1535/EG meint ua jede **Dienstleistung der Informationsgesellschaft**, also jede in der Regel gegen Entgelt elektronisch im Fernabsatz und auf individuellen Abruf eines Empfängers erbrachte Dienstleistung. Eine Norm, die beispielsweise das Anbieten und Bewerben von Glücksspielen im Internet betrifft, ist somit eine „Vorschrift betreffend Dienste" und unterliegt der Notifizierungspflicht des Art. 8 Abs. 1 Richtlinie 2015/1535/EG.[23] 13

2. Das Notifizierungsverfahren zum GlüStV 2021. Der GlüStV 2021 war unter der Notifizierungsnummer 2020/304/D – H10 im Notifizierungsverfahren nach der RL 2015/1535/EG anhängig. Der Text des GlüStV 2021 wurde am 18.5.2020 an die Kommission übermittelt und die Stillhaltefrist endete ursprünglich am 19.8.2020, verlängerte sich aber aufgrund einer „Ausführlichen Stellungnahme" Maltas zum Entwurf des GlüStV 2021 bis zum 18.9.2020. 14

15 EuGH 4.2.2016 – C 336/14 ECLI:EU:C:2016:72 Rn. 68 – Sebat Ince.
16 Becker/Hilf/Nolte/Uwer/*Hilf/Umbach* GlüStV Unionsrechtliche Aspekte Rn. 11.
17 Die Ziele der Richtlinie sind das reibungslose Funktionieren des Binnenmarkts und eine vorbeugende Kontrolle einschlägiger nationaler Rechtsakte durch die Kommission und andere Mitgliedsstaaten – Bewegungsgründe 3, 4 und 6 der Richtlinie 2015/1535/EG des europäischen Parlaments und des Rates vom 9.9.2015.
18 EuGH 4.2.2016 – C-336/14, ECLI:EU:C:2016:72 Rn. 82 – Sebat Ince.
19 EuGH 4.2.2016 – C-336/14, ECLI:EU:C:2016:72 Rn. 81 ff. – Sebat Ince.
20 Auf sekundärer Ebene gibt es iRd Glücksspielrechts eine (unverbindliche) Empfehlung der Kommission iSd Art. 292 S. 1 iVm Art. 288 Abs. 4 AEUV (2014/478/EU).
21 Art. 1 Abs. 1 c) der Richtlinie 2015/1535/EG des europäischen Parlaments und des Rates vom 9.9.2015.
22 Art. 1 Abs. 1 d) der Richtlinie 2015/1535/EG des europäischen Parlaments und des Rates vom 9.9.2015.
23 EuGH 4.2.2016 – C 336/14, ECLI:EU:C:2016:72 Rn. 74 – Sebat Ince.

Abgesehen von der Stellungnahme der maltesischen Regierung wurden noch fünf weitere Beiträge von Interessenvertretern der Glücksspielindustrie, Kreditwirtschaft und Forschenden zur Spielsucht eingereicht.

15 Die Beiträge kritisieren den Entwurf zum GlüStV 2021 als in **bedeutenden Teilen unionsrechtswidrig**, weil die vom Gesetzgeber proklamierten **Ziele nicht in systematischer und kohärenter Weise verfolgt** würden und die vorliegenden Eingriffe in die Grundfreiheiten somit nicht zu rechtfertigen seien. So sei beispielsweise die in § 22c GlüStV 2021 eingeführte Konzessionsvergabe für Online-Casinospiele inkonsistent geregelt, weil sie Online-Casinospiele anders regele als andere Onlineprodukte und den einzelnen Ländern für Online-Casinospiele ein Regelungsspielraum vom Monopol bis hin zum vollständigen Verbot verbleibe, wodurch eine bundesweit kohärente Rechtfertigung der vorliegenden Eingriffe in die Grundfreiheiten unmöglich sei.[24] Ein weiterer Aspekt, der kritisiert wird, ist das im Glücksspielstaatsvertrag enthaltene Mitwirkungsverbot bei der Durchführung von Zahlungsdienstleistungen in Bezug auf illegale Glücksspiele.[25] Die Zahlungsdienstleister könnten nicht erkennen, ob bestimmte Zahlungen illegalen Glücksspielen zuzurechnen seien, wodurch die Zahlungsverkehrsfreiheit unzulässig beschränkt würde.[26]

III. Glücksspielregulierung im Lichte der EU-Grundfreiheiten

16 Mangels einschlägiger spezieller Vorschriften des EU-Primärrechts sind die mitgliedsstaatlichen Regelungen zum Glücksspiel am Maßstab der Grundfreiheiten, konkret der **Dienstleistungs- und Niederlassungsfreiheit nach Art. 49 und Art. 56 AEUV** sowie der **Zahlungsverkehrsfreiheit nach Art. 63 Abs. 2 AEUV**, zu messen.

17 Gemeinsame Voraussetzung für die Anwendbarkeit der Grundfreiheiten auf die glücksspielrechtliche Regulierung ist das **Vorliegen eines grenzüberschreitenden Sachverhalts.**[27] Konkret bedeutet das, dass **Dienstleistungen von einem Mitgliedsstaat heraus in einem anderen angeboten oder erbracht** werden müssen, bzw. ein in **einem Mitgliedsstaat niedergelassenes Unternehmen sich auch in einem anderen Mitgliedsstaat niederlassen** möchte. In der EU gibt es Mitgliedstaaten, wie zB Malta, in denen der Glücksspielsektor verhältnismäßig liberal ausgestaltet ist. In diesen Mitgliedsstaaten gibt es Anbieter von Glücksspielen, die regelmäßig Glücksspieldienstleistungen in Deutschland anbieten und erbringen. Somit hat die glücksspielrechtliche Regulierung de facto einen grundsätzlich grenzüberschreitenden Bezug.

18 Die Prüfung der Rechtmäßigkeit eines Eingriffs in die Grundfreiheiten folgt dem aus dem Verfassungsrecht bekannten Schema **Schutzbereich, Eingriff und Rechtfertigung,** wobei die Rechtfertigungsprüfung nicht einer so fein ziselierten, dogmatisch sauberen Technik folgt wie das deutsche Verfassungsrecht.[28] So ist beispielsweise nicht abschließend geklärt, auf welcher Ebene der Rechtfertigung die Kohärenz einer konkreten Bestimmung zu prüfen ist.

---

24 Maltas Stellungnahme zum Notifizierungsverfahren 2020/304/D Nr. 2, online nicht abrufbar.

25 Stellungnahme der Interessenvertretung der Deutschen Kreditwirtschaft, zu finden unter https://www.ec.europa.eu/growth/tools-databases/tris/de/search/?trisaction=search.detail&year=2020&num=304 (zuletzt abgerufen am 21.7.2021).

26 Stellungnahme der Interessenvertretung der Deutschen Kreditwirtschaft, zu finden unter https://www.ec.europa.eu/growth/tools-databases/tris/de/search/?trisaction=search.detail&year=2020&num=304 (zuletzt abgerufen am 21.7.2021).

27 Streinz/*Müller-Graff* AEUV Art. 56 Rn. 20, 31.

28 Vgl. etwa BVerfG 5.5.2020 – 2 BvR 859/15, NJW 2020, 1647.

1. Der Schutzbereich der Grundfreiheiten. Der Schutzbereich der Grundfreiheiten hat eine persönliche und eine sachliche Dimension. Die örtliche Komponente umfasst das bereits oben dargestellte Erfordernis des grenzüberschreitenden Sachverhalts innerhalb der Europäischen Union. 19

a) Persönlicher Schutzbereich. aa) Niederlassungs- und Dienstleistungsfreiheit. Der persönliche Schutzbereich der Niederlassungsfreiheit ist für alle Unionsbürger, mithin für alle Personen, die die Staatsangehörigkeit eines Mitgliedsstaates der EU nach Art. 20 Abs. 1 AEUV besitzen, gemäß Art. 49 Abs. 1 AEUV eröffnet. Juristische Personen in Form von Gesellschaften, die in Art. 54 Abs. 2 AEUV aufgelistet sind und die ihren satzungsmäßigen Sitz, ihre Hauptverwaltung oder ihre Hauptniederlassung innerhalb der EU haben, sind nach Art. 54 AEUV vom persönlichen Schutzbereich der Niederlassungsfreiheit umfasst. 20

Für den persönlichen Schutzbereich der Dienstleistungsfreiheit gilt das zur Niederlassungsfreiheit Gesagte in Anwendung des Art. 20 Abs. 1 AEUV für Unionsbürger. Nach Art. 54 Abs. 2 iVm Art. 62 AEUV sind juristische Personen in den Schutzbereich miteinbezogen. 21

bb) Zahlungsverkehrsfreiheit. Der persönliche Schutzbereich der Zahlungsverkehrsfreiheit aus Art. 63 II AEUV ist nicht so eindeutig niedergelegt wie bei den vorangegangenen Grundfreiheiten. Aus dem Sinn und Zweck sowie der Entstehungsgeschichte der Norm lässt sich schließen, dass **Hauptadressat der Norm die Mitgliedsstaaten und die Union** sind[29]. Diese sollen sicherstellen, dass der Zahlungsverkehr nicht beschränkt wird. Von der Zahlungsverkehrsfreiheit persönlich geschützt sind **alle natürlichen und juristischen Personen**, wobei, anders als bei den vorgenannten Grundfreiheiten, **nicht auf die Staatsangehörigkeit abgestellt** wird. Somit sind alle in der Union ansässigen natürlichen und juristischen Personen aus der Zahlungsverkehrsfreiheit berechtigt, jedoch unter der Voraussetzung, dass auf sachlicher Ebene Auslandberührung gegeben ist.[30] 22

b) Sachlicher Schutzbereich. aa) Niederlassungsfreiheit, Art. 49 AEUV. Der sachliche Schutzbereich der Niederlassungsfreiheit umfasst **grenzüberschreitende selbstständige wirtschaftliche Tätigkeiten** mit einer **festen Einrichtung** im Staat, welcher Geschehensort für die Nachfrage der Kunden ist.[31] 23

Der Schutzbereich ist demnach eröffnet, wenn ein **bestimmter Geschäftssitz** einer vorhandenen oder geplanten Agentur oder einer **Zweigstelle als feste Einrichtung** von glücksspielrechtlicher Regulierung betroffen ist. Ausreichend hierfür kann bereits das Vorhandensein **eines Büros mit einem Mitarbeiter** in dem anderen Staat sein.[32] Der Geschäftssitz muss zudem derart ausgestaltet sein, dass in der Beziehung zwischen den Wirtschaftsteilnehmern, namentlich dem Veranstalter und dem Kunden, die Kunden stetig am Wirtschaftsleben im Aufnahmemitgliedsstaat teilnehmen. Den Aufnahmemitgliedsstaat stellt hierbei der Mitgliedsstaat dar, in dem sich der weitere Geschäftssitz des Veranstalters des Glücksspiels befindet.[33] Konkret geschützt ist somit die Erbringung von Glücksspielen durch eine Niederlassung eines Glücksspielanbieters, der bereits in einem anderen Mitgliedsstaat legal seine Dienstleistungen erbringt und dort seinen Sitz hat. 24

---

29 Streinz/*Sedlaczek*/*Züger* AEUV Art. 63 Rn. 10.
30 Streinz/*Sedlaczek*/*Züger* AEUV Art. 63 Rn. 17, 26.
31 Callies/Ruffert/*Korte* AEUV Art. 49 Rn. 12 ff., 25.
32 EuGH 8.9.2010 – C-316/07, ECLI:EU:C:2010:504 Rn 59 – Markus Stoß.
33 EuGH 15.9.2011 – C-347/09, ECLI:EU:C:2011:582 Rn. 35 – Dickinger und Ömer; Becker/Hilf/Nolte/Uwer/*Hilf*/*Umbach* GlüStV Unionsrechtliche Aspekte Rn. 21.

25 **bb) Dienstleistungsfreiheit, Art. 56 AEUV.** Der sachliche Schutzbereich der Dienstleistungsfreiheit ist nach Art. 56, 57 AEUV für jede **entgeltlich erbrachte Leistung mit einem grenzüberschreitenden Sachverhalt** eröffnet.[34] Hierzu kann die **Bereitstellung** (aktive Dienstleistungsfreiheit) und **Nutzung** (passive Dienstleistungsfreiheit) **von Glücksspielen**[35] sowie dessen **selbstständige Vermittlung und Bewerbung**[36] zählen. Ein grenzüberschreitender Sachverhalt liegt vor, wenn Glücksspieldienstleistungen in einem anderen Mitgliedsstaat angeboten oder erbracht werden, als der Glücksspielanbieter seinen Sitz hat. Praktisch relevant hierfür sind beispielsweise Fälle, in denen Online-Glücksspieldienstleistungen aus einem Mitgliedsstaat, in dem diese legal sind, in einem anderen erbracht werden.[37]

26 **cc) Zahlungsverkehrsfreiheit, Art. 63 Abs. 2 AEUV.** Art. 63 Abs. 2 AEUV schützt die Zahlungsverkehrsfreiheit, also die **Übertragung von Zahlungsmitteln zur Erfüllung einer synallagmatischen Zahlungspflicht,** an der ein Angehöriger eines anderen Mitgliedsstaates beteiligt ist.[38]

27 Bietet ein Zahlungsdienstleister, der in einem Mitgliedsstaat ansässig ist, die **Übertragung von Zahlungsmitteln** im Rahmen der Abwicklung von Verträgen betreffend Glücksspiele in einem anderen Mitgliedsstaat an, ist dieses Verhalten vom Schutzbereich des Art. 63 Abs. 2 AEUV erfasst.

28 Der Schutzbereich von Art. 63. Abs. 2 AEUV ist oft mittelbar berührt, wenn etwa die Dienstleistungs- oder Niederlassungsfreiheit betroffen ist, und spielt wegen dem weitgehenden Gleichlauf der Rechtfertigung keine große Rolle. Anders ist es, wenn eine Regelung den Zahlungsverkehr unmittelbar betrifft, wie § 4 Abs. 1 GlüStV 2021, der ein Mitwirkungsverbot an Zahlungen im Rahmen von illegalem Glücksspiel enthält. Bei einem solchen Eingriff ist der Schutzbereich des Art. 63 Abs. 2 AEUV direkt eröffnet.[39]

29 **2. Eingriff.** Im Glücksspielsektor gibt es drei Regulierungsansätze, die als Eingriffe in die Grundfreiheiten besonders relevant sind. Diese problemträchtigen Bereiche sind die Regelung der Erbringung von Glücksspielleistungen über **Monopole** oder **Erlaubnissysteme mit zahlenmäßiger Beschränkung (Konzessionssysteme)** sowie **Übergangsregelungen,** die unionsrechtswidrige Glücksspielregulierung weiter anwenden.[40]

30 Eingriffe in Grundfreiheiten können in einer Diskriminierung (**Diskriminierungsverbot**) oder einer Beschränkung (**Beschränkungsverbot**) erfolgen. Im Glücksspielsektor sind neben faktischen Diskriminierungen[41] vor allem Beschränkungen praktisch relevant, weil das Motiv glücksspielrechtlicher Regulierung oft eine Verknappung und quantitative Kontrolle des Angebots ist.

31 Eine **Diskriminierung** liegt vor, wenn ein Unionsbürger gegenüber einem Bürger eines anderen Mitgliedsstaates nicht unterschiedslos behandelt wird.[42] Eine grundsätzlich verbotene **Beschränkung** einer Grundfreiheit liegt vor, wenn der

---

34 Calliess/Ruffert/*Kluth* AEUV Art. 57 Rn. 7 ff.
35 EuGH 24.3.1994 – C-275/92, ECLI:EU:C:1994:119 Rn 25 – Schindler.
36 EuGH 8.9.2010 – C-316/07, ECLI:EU:C:2010:504 Rn 56 – Markus Stoß; EuGH 12.7.2012 – C-176/11 ECLI:EU:C:2012:454 Rn 17 – HIT.
37 Becker/Hilf/Nolte/Uwer/*Hilf/Umbach* GlüStV Unionsrechtliche Aspekte Rn. 20.
38 Streinz/*Sedlaczek/Züger* AEUV Art. 63 Rn. 22, 26.
39 Vgl. auch Becker/Hilf/Nolte/Uwer/*Hilf/Umbach* GlüStV Unionsrechtliche Aspekte Rn. 25.
40 EuGH 24.1.2013 – C-186/11, ECLI:EU:C:2013:33 – Stanleybet International.
41 Wie bspw. in EuGH 22.6.2017 – C-49/16, ECLI:EU:C:2017:491 – Unibet.
42 Calliess/Ruffert/*Korte* AEUV Art. 49 Rn. 46 f.; Calliess/Ruffert/*Kluth* AEUV Art. 57 Rn. 54 ff.

Geschützte durch eine unterschiedslos anwendbare Maßnahme betroffen ist, die die Ausübung der Grundfreiheit potenziell oder tatsächlich, mittelbar oder unmittelbar erheblich beeinträchtigt oder weniger attraktiv macht.[43] Eine Beschränkung liegt somit vor, wenn ein bestimmtes Glücksspiel gänzlich verboten oder die Erlaubnis zum Glücksspielbetrieb insgesamt oder in bestimmten Sektoren des Glücksspiels auf einen oder einige wenige Betreiber begrenzt wird. Im engeren Sinne meint dies beispielsweise die Beschränkung der Bewerbungsmöglichkeiten für die Erlaubnis zur Erbringung einer Glücksspielart, die in einem anderen Mitgliedsstaat erlaubt ist.[44] Dies ist bei den Regulierungsansätzen der Monopolisierung[45] und Konzessionierung[46] regelmäßig der Fall.

3. Rechtfertigung. Liegt ein Eingriff in den Schutzbereich einer Grundfreiheit 32
vor, kann dieser **gerechtfertigt** sein, weil die Grundfreiheiten **nicht vorbehaltlos** gelten. Die Rechtfertigung erfordert zunächst einen **legitimen Rechtfertigungsgrund.** Zudem hat sich die Eingriffsrechtfertigung im Rahmen der **Schranken-Schranken** an die **Verhältnismäßigkeit,** hier konkret die **Kohärenz,** das **Transparenzgebot** und das **Gleichbehandlungsgebot** zu halten.

Die Prüfung der Rechtfertigung ist hier nicht so streng dogmatisch wie im 33
deutschen Verfassungsrecht. Zentrale Anforderungen an die Rechtfertigung im Rahmen der Glücksspielregulierung ist regelmäßig die **Kohärenz-Prüfung.** Dabei ist in der Literatur umstritten, an welcher Stelle die Kohärenz zu prüfen ist.[47] Dies ist insofern problematisch, als dass die Kohärenz Elemente der Geeignetheit, Erforderlichkeit und Angemessenheit in sich vereint.

Grundsätzlich steht den einzelnen Mitgliedsstaaten mangels einer unionsrechtli- 34
chen Harmonisierung der Glücksspielregulierung ein weiter **Ermessensspielraum** in Form einer **Einschätzungsprärogative** zu. Die Einschätzungsprärogative erlangt Bedeutung bei der Beurteilung der Gefährlichkeit und der Wahl der Mittel, die zur Regulierung des Glücksspielsektors eingesetzt werden. Insbesondere mit Blick auf die sittlichen, religiösen und kulturellen Besonderheiten des jeweiligen Mitgliedsstaates bedarf es eines solchen weiten Ermessensspielraums.[48] Die Anforderungen an den Nachweis des tatsächlichen Vorliegens der vom Mitgliedsstaat gewählten Rechtfertigungsgründe dürfen somit nicht überhöht werden. Jedoch muss die vom Mitgliedsstaat erkannte Problematik, beispielsweise die Spielsucht, objektiv statistisch unter Zuhilfenahme von wissenschaftlichen Erhebungen beurteilt werden.[49] Die Mitgliedsstaaten sind verpflichtet, ihre **Erwägun-**

43 EuGH 11.7.1974 – C-8/74, ECLI:EU:C:1974:82 – Dassonville; EUGH 30.11.1995 – C-55/94, ECLI:EU:C:1995:411 – Gebhard; Calliess/Ruffert/*Korte* AEUV Art. 49 Rn. 49; Calliess/Ruffert/*Kluth* AEUV Art. 57 Rn. 57.

44 EuGH 12.7.2012 – C-176/11, ECLI:EU:C:2012:454 – HIT.

45 EuGH 15.9.2011 – C-347/09, ECLI:EU:C:2011:582 Rn. 41 – Dickinger und Ömer; EuGH 3.6.2010 – C-203/08, ECLI:EU:C:2010:307 Rn. 24 – Sporting Exchange; EuGH 8.9.2009 – C-42/07, ECLI:EU:C:2009:519 Rn. 52 – Liga Portuguesa; EuGH 3.6.2010 – C-258/08, ECLI:EU:C:2010:308 Rn. 16 – Ladbrokes.

46 EuGH 6.3.2007 – C-338/04, ECLI:EU:C:2007:133 Rn. 42, 51 – Placanica; EuGH 28.1.2016 – C-375/14, ECLI:EU:C:2016:60 Rn. 21 ff. – Laezza.; Dietlein/Hecker/Ruttig/*Hertwig* GlüStV § 4b Rn. 6.

47 Siehe Becker/Hilf/Nolte/Uwer/*Hilf/Umbach* GlüStV Unionsrechtliche Aspekte Rn. 53 auch zu den anderen Ansichten zur Verortung der Prüfung der Kohärenz.

48 EuGH 21.9.1999 – C-124/97, ECLI:EU:C:1999:435 – Läärä; EuGH 3.6.2010 – C-258/08, ECLI:EU:C:2010:308 Rn. 19 – Ladbrokes.

49 EuGH 8.9.2010 – C-316/07 ECLI:EU:C:2010:504 Rn. 71 – Markus Stoß; EuGH 30.6.2011, C-212/08, ECLI:EU:C:2011:437 Rn. 70 – Zeturf.

gen im Rahmen der Regulierung im Hinblick auf die Kohärenz **darzulegen** und die zu Grunde liegenden Sachverhalte zu **beweisen.**[50]

35 a) **Rechtfertigungsgrund / legitimes Ziel.** Unterschieden wird zwischen **geschriebenen** und **ungeschriebenen Rechtfertigungsgründen.** Die geschriebenen Rechtfertigungsgründe sind bei den einzelnen Grundfreiheiten verortet. Dazu zählen Art. 36, 45 Abs. 3, 51, 52, 62, 65 AEUV. Im Bereich der Dienstleistungs- und Niederlassungsfreiheit können somit die Art. 52, 62 AEUV Eingriffe in die Schutzbereiche der Freiheiten rechtfertigen. Häufig finden sie bei diskriminierenden Eingriffen Anwendung. Bei Beschränkungen ist die Rechtfertigung – im Gegensatz zu Diskriminierungen aufgrund der Staatsangehörigkeit, wo lediglich geschriebene Rechtfertigungsgründe Anwendung finden[51] – auch aus „zwingenden Gründen des Allgemeinwohls" anerkannt.[52] Diese Grundsätze hat der EuGH auch auf die Glücksspielregulierung übertragen.[53]

36 Die geschriebenen Rechtfertigungsgründe wie etwa die **„öffentliche Ordnung, Sicherheit oder Gesundheit"** (Art. 52 iVm Art. 62 AEUV) bedürfen einer **engen Auslegung.**[54] In glücksspielrechtlichen Entscheidungen des EuGH sind die Art. 52, 62 AEUV bislang in der Praxis ohne Bedeutung, weil nicht offene Diskriminierungen, sondern Beschränkungen im Rahmen der Glücksspielregulierung bisher Gegenstand der Rechtsprechung waren. Es bleibt somit offen, ob das Ziel der Suchtprävention unter den Schutz der öffentlichen Gesundheit fällt.[55] Die Bekämpfung von Straftaten im Zusammenhang mit Glücksspielen stellt jedenfalls keinen geschriebenen Rechtfertigungsgrund dar.[56]

37 Der EuGH wandte bisher ausnahmslos den ungeschriebenen Rechtfertigungsgrund der **„zwingenden Gründe des Allgemeinwohls"** als Rechtfertigungsgrund für Restriktionen im Glücksspielbereich an.[57]

38 b) **Verhältnismäßigkeit und Kohärenz.** Für die Prüfung der Verhältnismäßigkeit hat der EuGH im Rahmen der **Geeignetheitsprüfung**[58] das Kriterium der **Kohärenz als Schranken-Schranke** etabliert. Andere Ansätze sind die Prüfung der Kohärenz als eine Art Rechtsmissbrauchskontrolle oder eine Ausformung des Gleichbehandlungsgebots.[59] Da es für die Rechtfertigungsprüfung zu Eingriffen in die Grundfreiheiten kein allgemein verbindliches und streng dogmatisches Schema gibt, sind letztlich alle Ansichten vertretbar. Wichtig dabei ist aber, dass dem Gesetzgeber im Rahmen der Kohärenzkontrolle **kein eigenes Ermessen** oder eine **weitere Einschätzungsprärogative** zugestanden wird. Die Kohärenzkontrolle dient dazu, dem grundsätzlich weiten Ermessen der Mitgliedstaaten ein **Kor-**

50 EuGH 23.1.2014 – C-296/12, ECLI:EU:C:2014:24 – Kommission/Belgien.
51 EuGH 16.1.2003 – C-388/01 ECLI:EU:C:2014:24 Rn. 19 – Kommission/Italien.
52 Grundlegend: EuGH 30.11.1995 – C-55/94 ECLI:EU:C:1995:411 Rn. 37 – Gebhard.
53 EuGH 21.9.1999 – C-124/97, ECLI:EU:C:1999:435 Rn. 31 – Läärä; EuGH 21.10.1999 – C-67/98, ECLI:EU:C:1999:514 Rn. 29 – Zenatti; EuGH 8.9.2009 – C42/07, ECLI:EU:C:2009:519 Rn. 55 f. – Liga Portuguesa; EuGH 30.6.2011 – C-212/08, ECLI:EU:C:2011:437 Rn. 37 – Zeturf; EuGH 15.9.2011 – C-347/09, ECLI:EU:C:2011:582 Rn. 42 – Dickinger & Ömer.
54 EuGH 19.1.1999 – C-348/96, ECLI:EU:C:1999:6 – Rn. 23 Calfa; EuGH 26.2.1975 – C-67/74, ECLI:EU:C:1975:34 Rn. 6 – Bonsignore.
55 EuGH 22.10.2014 – C-344/13, ECLI:EU:C:2014:2311 – Bianco und Fabretti.
56 EuGH 28.1.2016 – C-375/14, ECLI:EU:C:2016:60 Rn. 26 – Laezza.
57 Vgl. EuGH 15.9.2011 – C-347/09, ECLI:EU:C:2011:582 Rn. 42 – Dickinger & Ömer; EuGH 8.9.2009 – C42/07, ECLI:EU:C:2009:519 Rn. 55 f. – Liga Portuguesa.
58 Becker/Hilf/Nolte/Uwer/*Hilf/Umbach* GlüStV Unionsrechtliche Aspekte Rn. 53.
59 Becker/Hilf/Nolte/Uwer/*Hilf/Umbach* GlüStV Unionsrechtliche Aspekte Rn. 53.

rektiv gegenüber zu stellen, das eine **weitgehende Kontrolldichte** beinhaltet.[60] Das bedeutet: Hat der Gesetzgeber im Rahmen seiner Einschätzungsprärogative einen bestimmten Regulierungsansatz gewählt, muss er diesen in sich kohärent verfolgen. Er hat also eine Einschätzungsprärogative, wie er etwas grundsätzlich regelt, aber keinen Spielraum dahin gehend, selbst zu bestimmen, was Kohärenz in dem Zusammenhang bedeutet. Die Kohärenz ist somit ein **objektives Kriterium**, das der **vollen gerichtlichen Kontrolle** unterliegt.

Der EuGH legt auf die Kohärenz als Kriterium im Rahmen der Verhältnismäßigkeit einen besonderen Schwerpunkt in der Rechtmäßigkeitsprüfung, weil die Mitgliedsstaaten bei der Festlegung der „zwingenden Gründe des Allgemeinwohls" einen weiten Ermessensspielraum haben.[61] In der Prüfung der Kohärenz eines mitgliedsstaatlichen Eingriffs erfolgt also nicht lediglich eine bloße Kontrolle von Ermessensfehlern, sondern es wird nachträglich die Verwirklichung der auf der Grundlage des den Mitgliedstaaten eingeräumten Ermessens gesetzten Ziele überprüft.[62] 39

aa) **Historische Entwicklung.** Erste Ansätze des Kohärenzgebots finden sich bereits im **Zenatti-Urteil.** Dort führte der EuGH an, dass die von einem Mitgliedsstaat zur Rechtfertigung herangezogenen Ziele die „wirklichen" Ziele sein müssten.[63] Die Begrenzung der Grundfreiheiten muss somit tatsächlich den vom Gesetzgeber genannten Zielen genügen. 40

Spätestens mit dem **Gambelli-Urteil**[64], welches sich inhaltlich mit staatlicher Werbung für Glücksspiel befasste, erlangte das Kohärenzgebot Relevanz in der Rechtsprechung zur Glücksspielregulierung. Damit kam es zu einer Erweiterung und Verschärfung des Prüfungsprogramms, indem der EuGH die Kontrolldichte bei Beschränkungen von Grundfreiheiten erheblich vertiefte. Beschränkungen mussten fortan „kohärent und systematisch" zur Begrenzung des Glücksspiels beitragen.[65] 41

Das BVerfG richtete sich bei seiner Rechtsprechung schon 2006 an dem Kohärenzgebot aus, ohne jedoch explizit den Begriff der Kohärenz zu übernehmen. Es wurde eine „konsequente" Ausrichtung am verfolgten Ziel gefordert.[66] 42

bb) **Kohärenz und Beurteilungsspielraum des Gesetzgebers.** Der nationale Gesetzgeber hat bei der **Zielbestimmung** – wie bereits angesprochen – einen sehr weiten **Gestaltungsspielraum.**[67] Aus Sicht des EuGH obliegen die Zielfestlegung und das angestrebte Schutzniveau den einzelnen Mitgliedstaaten.[68] Allerdings dürfen die Mitgliedstaaten sich nur auf legitime Ziele stützen. Dazu zählen vor allem der **Spielerschutz**, aber auch **andere Gemeinwohlbelange** wie etwa der **Ver-** 43

60 Becker/Hilf/Nolte/Uwer/*Hilf/Umbach* GlüStV Unionsrechtliche Aspekte Rn. 53.
61 Dietlein/Hecker/Ruttig/*Dietlein* GlüStV Einführung in das Glücksspielrecht Rn. 44.
62 Becker/Hilf/Nolte/Uwer/*Hilf/Umbach* GlüStV Unionsrechtliche Aspekte Rn. 38, 55; Dietlein/Hecker/Ruttig/*Dietlein/Hüsken* GlüStV § 1 Rn. 7; *Reichert* ZfWG 2021, 14 (16).
63 EuGH 21.10.1999 – C-67/98, ECLI:EU:C:1999:514 – Zenatti; im Ansatz auch bereits EuGH 21.9.1999 – C-124/97, ECLI:EU:C:1999:435 Rn. 37 – Läärä,; vgl. *Reichert* ZfWG 2021, 14; *Schenke* ZfWG 2018, Heft 5, Beilage, 21 (24).
64 EuGH 6.11.2003 – C-243/01, ECLI:EU:C:2003:597 – Gambelli.
65 *Schenke* ZfWG 2018, Heft 5, Beilage, 21; EuGH 6.11.2003 – C-243/01, ECLI:EU:C:2003:597 – Gambelli.
66 BVerfG 28.3.2006 – 1 BvR 1054/01, NJW 2006, 1261 (1265) – Katzinger-Göth.
67 EuGH 6.3.2007 – C-338/04, ECLI:EU:C:2007:133 – Placanica.
68 EuGH 8.9.2010 – C-316/07, ECLI:EU:C:2007:133 – Markus Stoß; EuGH 8.9.2009 – C-42/07, ECLI:EU:C:2009:519 Rn. 59 – Liga Portuguesa des Futebol.

braucherschutz oder die **Betrugsbekämpfung.**[69] Grundsätzlich dürfen Rechtfertigungsgründe auch gegenläufig sein. Beispielsweise, wenn die Spielmöglichkeiten von staatlicher Seite kontrolliert expandiert würden, um vorläufig die Spieler in den regulierten Markt zu überführen, um dann in Folge mit dem Ziel der Spielsuchtbekämpfung regulierend einzugreifen.[70]

44 Gerade nicht legitim und folglich nicht zulässig ist die Begründung der Maßnahmen mit fiskalischen oder wirtschaftlichen Zielen, mit reiner Verwaltungspraktikabilität oder mit der Vermehrung von Steuereinnahmen.[71] **Fiskalische Aspekte** dürfen lediglich ein **Nebenaspekt zu einem legitimen Hauptaspekt** sein. So darf etwa bei einer Untersagung des Marktzugangs für Private durch den nationalen Gesetzgeber der Staat das Glücksspielmonopol nur unterhalten, um einen **Kanalisierungseffekt** in Richtung **der legalen staatlichen Angebote** auszulösen.[72] Verschiedene mitgliedstaatliche Kontrollformen wurden vom EuGH zur Regulierung des Glücksspielsektors – abhängig von der konkreten Ausgestaltung – grundsätzlich anerkannt. Dazu zählen insbesondere die Errichtung eines staatlichen Monopols[73] oder die Zulassung privater Anbieter, die auf bestimmte Kontingente beschränkt ist.[74]

45 Von der soeben erörterten Frage nach der **zulässigen Zielsetzung** der Mitgliedstaaten ist – wie bereits angesprochen – klar die Frage zu unterscheiden, ob die Mitgliedstaaten in Ausübung des ihnen eingeräumten Ermessens das zulässige Ziel auch **verhältnismäßig, kohärent** und **systematisch verfolgen.** Lediglich bei Erfüllung dieser Voraussetzungen ist ihnen die Berufung auf die ausgegebenen Ziele zur Einschränkung der Grundfreiheiten – insbesondere der Dienstleistungsfreiheit, Art. 54 AEUV, und der Niederlassungsfreiheit, Art. 49 AEUV – möglich. Das Kriterium der Kohärenz erfüllt somit die Funktion einer **Missbrauchs- und Motivkontrolle des mitgliedsstaatlichen Gesetzgebers.**[75] Dabei wird überprüft, ob sich der mitgliedstaatliche Gesetzgeber tatsächlich von den selbst aufgeführten Zielen hat leiten lassen oder ob er gerade nur legitime Ziele vorgeschoben hat und tatsächlich aus nicht zulässigen Zwecken gehandelt hat. Generalanwalt *Mengozzi* sprach diesbezüglich von einem **„hypocrisy test"**

---

69 EuGH 9.11.2003 – C-243/01, ECLI:EU:C:2003:597 – Gambelli; EuGH 8.9.2010 – C-316/07, ECLI:EU:C:2010:504 – Markus Stoß.

70 EuGH 15.9.2011 – C-347/09 ECLI:EU:C:2011:582 – Dickinger & Ömer; EuGH 8.9.2010 – C-316/07, ECLI:EU:C:2010:504 Rn. 107 – Markus Stoß; Vgl. Becker/Hilf/Nolte/Uwer/*Hilf/Umbach* GlüStV Unionsrechtliche Aspekte Rn. 80.

71 EuGH 16.2.2012 – C-72/10, ECLI:EU:C:2012:80Rn. 59 – Costa und Cifone; EuGH 30.6.2011 – C-212/08, ECLI:EU:C:2011:437 Rn. 48 – Zeturf; *Reichert* ZfWG 2021, 14 (16); EuGH 24.3.1994 – C-275/92, ECLI:EU:C:1994:119 Rn. 60 – Schindler; EuGH 21.10.1999 – C-67/98, ECLI:EU:C:1999:514 Rn. 36 – Zenatti; vgl. *Jarass* NVwZ 2018, 1665 (1669).

72 *Schenke* ZfWG 2018, Heft 5, Beilage, 21 (22); EuGH 8.9.2010 – C-46/08,ECLI:EU:C:2010:505 Rn. 103 – Carmen Media.

73 EuGH 8.9.2009 – C-42/07, ECLI:EU:C:2009:519 Rn. 64 – Liga Portuguesa. EuGH 3.6.2010 – C-203/08, ECLI:EU:C:2010:307 Rn. 30 f. – Sporting Exchange; EuGH 8.9.2010 – C-46/08, ECLI:EU:C:2010:505 Rn. 57 – Carmen Media; EuGH 21.9.1999 – C-124/97, ECLI:EU:C:1999:435- Rn. 39 – Läärä; EuGH 15.9.2011 – C-347/09, ECLI:EU:C:2011:582 Rn. 48 – Dickinger & Ömer; EuGH 21.10.1999 – C-67/98, ECLI:EU:C:1999:514 Rn. 35 – Zenatti.

74 EuGH 6.3.2007 – C-338/04, ECLI:EU:C:2007:133 Rn. 53, 57 – Placanica; EuGH 8.9.2010 – C-46/08, ECLI:EU:C:2010:505 Rn. 59 – Carmen Media; EuGH 9.9.2010 – C-64/08, ECLI:EU:C:2010:506 Rn. 44 ff. – Engelmann.

75 *Reichert* ZfWG 2021, 14 (16).

(„Test der Scheinheiligkeit").[76] So liegt etwa eine Verletzung des Kohärenzgebots vor, wenn die Begründung eines Glücksspielmonopols tatsächlich nicht auf die **Kriminalitätsbekämpfung** oder die Verbesserung des **Spielerschutzes** zielt, sondern allein dazu dient, dass die **Einnahmen des Staates erhöht** werden.[77]

Folglich ist die Auswahl der Zielverfolgung Aufgabe des Gesetzgebers, wohingegen das Kohärenzerfordernis darüber entscheidet, wie er dieses Ziel zu verfolgen hat. Somit wird nicht die Kohärenzprüfung durch den Beurteilungsspielraum der einzelnen nationalen Gesetzgeber beschränkt[78], sondern die Kohärenz begrenzt die Ausübung des Beurteilungsspielraums.[79] 46

cc) **Inhaltliche Reichweite der Kohärenz (sektorübergreifende Kohärenz).** Es stellt sich die Frage, inwieweit beispielsweise eine Regelung im Bereich der Sportwetten Auswirkungen auf Regelungen im Online-Poker-Sektor hat; mithin, ob die Kohärenz nur innerhalb der einzelnen Glücksspielsektoren oder gerade sektorübergreifend vorzuliegen hat. 47

Diese Fragestellung war bereits in Teilen im **Gambelli-Urteil** des EuGH von Bedeutung. Der Gerichtshof entschied, dass ein Glücksspielmonopol, welches private Anbieter am Markt ausschließt, nicht mit dem Ziel der Spielsuchtbekämpfung gerechtfertigt werden kann, wenn zeitgleich spielformübergreifend eine Anregung zum Glücksspiel stattfindet.[80] Ausgangspunkt des Rechtsstreits war eine Regulierung, die Lotterien, Wetten und andere Arten des Glücksspiels einheitlich behandelte und unter der gleichen Zielsetzung beschränkte. 48

Der EuGH legte in seiner Rechtsprechung im **Markus Stoß- und Carmen Media**-Verfahren fest, dass eine Beschränkung einer Grundfreiheit durch ein Monopol in einem Glücksspielsegment nicht gerechtfertigt werden kann, wenn dessen Rechtfertigungsgrund durch gegenläufige Maßnahmen und Regelungen in anderen Glücksspielsektoren konterkariert werden, wenn also die Rechtfertigungsziele in verschiedenen Sektoren nicht mehr wirksam verfolgt werden können.[81] 49

Allerdings sei zu beachten, dass verschiedene Glücksspielsektoren mit ihren Eigenschaften auch differenziert betrachtet werden müssen.[82] So ist eine **gleichlaufende Regulierung** zwischen **On- und Offline-Glücksspielen** gerade nicht zwingend erforderlich zur Wahrung des Kohärenzgebots.[83] Der EuGH hat eine Differenzierung in diesem Bereich stets als gerechtfertigt und kohärent beurteilt, weil zwischen On- und Offline-Glücksspielen ein sachlicher Differenzierungsgrund vorläge. Sogar bei gleichen Spielformen bestätigte er diesbezüglich seine Rechtsprechung.[84] 50

76 Schlussanträge des Generalanwalts Mengozzi im Markus-Stoß-Verfahren C-316/07, ECLI:EU:C:2010:109 Rn. 50.
77 EuGH 30.4.2014 – C-390/12,ECLI:EU:C:2014:281 Rn. 54 – Robert Pfleger; *Schenke* ZfWg 2018, Heft 5, Beilage, 21 (25).
78 Dies wurde teilweise vertreten, vgl. BVerwG 20.6.2013 – 8 C 10/12, ZfWG 2013, 396 (406).
79 *Reichert* ZfWG 2021, 14 (16).
80 EuGH 6.11.2003 – C-243/01, ECLI:EU:C:2003:597 Rn. 69 – Gambelli; vgl. *Reichert* ZfWG 2021, 14 (17).
81 EuGH 8.9.2010 – C-316/08, Rn. 106 – Markus Stoß; EuGH 8.9.2010 – C-46/08, ECLI:EU:C:2010:505 Rn. 68, 71 – Carmen Media.
82 EuGH 8.9.2010 – C-316/07, ECLI:EU:C:2010:504 Rn. 95 f., 107 – Markus Stoß; EuGH 8.9.2010 – C-46/08, ECLI:EU:C:2010:505 Rn. 71 – Carmen Media.
83 Hierzu kritisch: *Reichert* ZfWG 2021, 14 (21 ff.).
84 EuGH 8.9.2009 – C-42/07, ECLI:EU:C:2009:519 – Liga Portuguesa; EuGH 20.6.2011 – C-212/08, ECLI:EU:C:2011:437 – Zeturf.

51 Das **BVerwG** verstand die EuGH-Urteile so, dass die **Wirksamkeit eines Monopols** durch eine expansive Glücksspielpolitik in einem anderen Sektor lediglich dann in Frage gestellt sei, wenn ein Nachweis vorläge, dass die Expansionspolitik das Ziel der Spielsuchtbekämpfung im Monopolbereich konterkariere.[85] Somit führte das BVerwG mit der Folgenbetrachtung ein zusätzliches Prüfungserfordernis ein. Gegen die nachteilige Folgenbetrachtung als Indiz der Inkohärenz spricht jedoch, dass dieses Untersuchungserfordernis eindeutig dem Nachweiserfordernis der ständigen Rechtsprechung des Gerichtshofs widerspricht. Denn danach obliegt dem Mitgliedsstaat einseitig und vollumfänglich die **Beweis- und Darlegungslast für die Rechtfertigung**[86], wohingegen nach dem Verständnis des BVerwG diese bei demjenigen liegt, der sich auf die Inkohärenz beruft.[87] Des Weiteren widerspricht die Ansicht des BVerwG der Funktion der Kohärenzprüfung, welche unter anderem in einer Motivkontrolle aus ex-ante-Sicht liegt. Somit kann es nicht auf eine nachträgliche Betrachtung ankommen, ob es etwa zu einer Aufhebung der Zielerreichung im Bereich des Monopols durch eine Wanderungsbewegung in einen anderen Glücksspielbereich komme.[88] Dennoch verzichtete das BVerwG diesbezüglich auf eine Vorlage an den EuGH.

52 **dd) Räumliche Reichweite der Kohärenz (Kohärenz und Föderalismus).** Neben der **sektoriellen Dimension** hat die Kohärenzfrage auch eine **räumliche Dimension**. Insbesondere handelt es sich um Fragen der Einbeziehung von Gesetzgebung und Staatspraxis. Fraglich ist hierbei, inwiefern unterschiedliche Gesetzgebung zum selben Regelungskomplex in den einzelnen Bundesländern kohärent möglich ist. Der Bund kann sich nicht einfach auf das Föderalismusprinzip berufen, weil die Kohärenz trotz einer föderalen Kompetenzverteilung vorliegen muss.[89] Somit kann er paradoxe Regelungen zwischen den Ländern nicht ignorieren, sondern muss hierfür Lösungen finden.[90]

53 Eine Gesamtkohärenz ist hingegen nicht erforderlich. Sofern beispielsweise ein kleiner Teilbereich der nationalen Glücksspielpolitik im Widerspruch zu den Anforderungen des Unionsrechts steht, folgt daraus gerade nicht ein unmittelbarer „Dominoeffekt", der die gesamte mitgliedstaatliche Glücksspielpolitik umwirft.[91] Dies bestätigte der EuGH zuletzt in der Entscheidung *Sporting Odds*. So sei grundsätzlich für jede mit einer nationalen Rechtsvorschrift auferlegte Beschränkung gesondert zu prüfen, ob diese geeignet, verhältnismäßig und insbesondere kohärent ist.[92]

54 **c) Das Gleichbehandlungs- und Transparenzgebot.** Als Schranken-Schranke sind auch die unionsrechtlichen Prinzipien der Transparenz und der **Gleichbehandlung** relevant. Bedeutung erlangen diese Grundsätze insbesondere für die Vergabe von Konzessionen, bei Monopolen sowie der Beurteilung von Erlaub-

---

85 BVerwG 20.3.2013 – 8 C 10/12, ZfWG 2013, 396 (406); *Reichert* ZfWG 2021, 14 (17).
86 EuGH 23.1.2014 – C-296/12, ECLI:EU:C:2014:24 – Kommission/Belgien; *Jarass* NVwZ 2018, 1665 (1671); *Kubiciel* EuZW 2017, 494; *Reichert* ZfWG 2021, 14 (19).
87 *Reichert* ZfWG 2021, 14 (19).
88 *Reichert* ZfWG 2021, 14 (19).
89 *Reichert* ZfWG 2021, 14 (20); vgl. EuGH 12.6.2014 – C-156/13, ECLI:EU:C:2014:1756 – Digibet.
90 *Reichert* ZfWG 2021, 14 (20).
91 *Schenke* ZfWG 2018, Heft 5, Beilage, 21 (28).
92 EuGH 28.2.2018 – C-3/17, ECLI:EU:C:2018:130 Rn. 22 – Sporting Odds Ltd; zuvor bereits: EuGH 8.9.2010 – C-46/08, ECLI:EU:C:2010:505 Rn. 60 – Carmen Media.

nissystemen.[93] Die nationale Regelung muss dabei mit dem Grundsatz der Gleichbehandlung vereinbar und transparent sein. Alle potenziellen Bieter müssen die **gleichen Chancen** haben, was impliziert, dass sie denselben Bedingungen unterliegen.[94] Dies ist beispielsweise gerade nicht der Fall, wenn Betreibern von Glücksspiel, die bereits auf dem Markt vertreten sind, gegenüber neuen Konzessionären weitere Wettbewerbsvorteile eingeräumt würden.[95] Erforderlich ist weiter, dass beispielsweise ein Erlaubnisverfahren nach objektiven Kriterien erfolgt, die vor dem Verfahren offen gelegt werden, so dass die Grenzen des behördlichen Ermessens klar erkennbar sind.[96]

Das Erfordernis der Wahrung dieser Grundsätze fand in vielen unionsrechtlichen Entscheidungen mit glücksspielrechtlichem Bezug Anklang. So sind neben der Rechtssache **„Costa und Cifone“** auch die Urteile **„Sporting Exchange“** und **„Engelmann“** beispielhaft zu nennen.[97] Im Urteil „Engelmann“ sah es der EuGH explizit als Ungleichbehandlung und damit als gegen den Grundsatz der Gleichbehandlung und Transparenz verstoßend an, wenn eine „ohne jede Transparenz erfolgende Vergabe einer Konzession an einen Wirtschaftsteilnehmer, der in dem Mitgliedsstaat niedergelassen ist, dem der öffentliche Auftraggeber zugehört“[98], vorliegt, weil in anderen Mitgliedsstaaten niedergelassene Wirtschaftsteilnehmer keine reale Möglichkeit haben, ihr Interesse an der fraglichen Konzession zu bekunden. 55

d) Die glücksspielrechtlichen Regulierungsansätze und die Rechtfertigungsprüfung. Die mitgliedsstaatlichen Ansätze zur Regulierung des Glücksspiels in Form des Verbotes von Glücksspielen, der Konzessionierung und Monopolisierung unterliegen einer von der jeweiligen Eingriffsintensität abhängigen Rechtfertigungsprüfung. 56

aa) **Verbot bestimmter Glücksspielformen.** Einem Mitgliedsstaat steht es frei, bestimmte Formen des **Glücksspiels aufgrund zwingender Gründe des Allgemeinwohls**, beispielsweise zur Suchtprävention, **auf seinem Hoheitsgebiet ganz zu verbieten.** Wird als Rechtfertigungsgrund die Suchtprävention angeführt, dürfen im Lichte der Kohärenz jedoch Glücksspiele, die suchtgefährdender als die verbotene Spielform sind, nicht erlaubt bleiben.[99] Von besonderer Bedeutung ist **im Fall des Totalverbots** folglich der **Gleichbehandlungsgrundsatz**[100]: Der Gesetzgeber muss in einem ersten Schritt beurteilen, welche Bedeutung der gewählte Rechtfertigungsgrund für alle Formen des Glücksspiele hat und dann diejenigen, bei denen er einen Rechtfertigungsgrund gleichen Ranges annimmt, gleich behandeln. Verbietet er ein Glücksspiel ganz, kann er auch **das Verbot unterstützende Regelungen** treffen, beispielsweise die Einfuhr von Werbematerial betreffend legale Angebote der verbotenen Glücksspielart in einem anderen Mitgliedsstaat verbieten.[101] 57

93 Vgl. Streinz/Liesching/Hambach/*Streinz/Michl* AEUV Art. 34 ff. Rn. 130 ff.; Becker/Hilf/Nolte/Uwer/*Hilf/Umbach* GlüStV Unionsrechtliche Aspekte Rn. 68, 90.
94 EuGH 16.2.2012 – C-72/10, ECLI:EU:C:2012:80 Rn. 57 – Costa und Cifone.
95 Vgl. *Hertwig* NZBau 2016, 152 (153).
96 Becker/Hilf/Nolte/Uwer/*Hilf/Umbach* GlüStV Unionsrechtliche Aspekte Rn. 90.
97 EuGH 16.2.2012 – C-72/10, ECLI:EU:C:2012:80 – Costa und Cifone; EuGH 3.6.2010 – C-203/08, ECLI:EU:C:2010:307 Rn. 39 – Sporting Exchange; EuGH 9.9.2010 – C-64/08, ECLI:EU:C:2010:506 Rn. 49 – Engelmann.
98 EuGH 9.9.2010 – C-64/08, ECLI:EU:C:2010:506 Rn. 49 – Engelmann.
99 Becker/Hilf/Nolte/Uwer/*Hilf/Umbach* GlüStV Unionsrechtliche Aspekte Rn. 71; EuGH 24.3.1994 – C 275/92 Rn. 50.
100 EuGH 24.3.1994 – C 275/92, ECLI:EU:C:1994:119 Rn. 61 – Engelmann.
101 EuGH 24.3.1994 – C 275/92, ECLI:EU:C:1994:119 Rn. 62 – Engelmann.

58 **bb) Monopolisierung von Glücksspielen.** Auch die **Monopolisierung** von Glücksspielen, welche in der Praxis häufig die Ausrichtung von Glücksspielen zumindest mittelbar in staatliche Hände legt, kann im Hinblick auf die Grundfreiheiten grundsätzlich gerechtfertigt werden.[102] Die **Anforderungen** im Rahmen der Rechtmäßigkeitsprüfung an eine Monopolisierung sind jedoch **sehr hoch** und stellen **hohe Ansprüche an die Kohärenz.**[103] Ein legitimer Rechtfertigungsgrund kann hierbei nur in der tatsächlichen Verfolgung eines **„besonders hohen Verbraucherschutzniveaus"**[104] vorliegen. Für die Frage, ob der angeführte Rechtfertigungsgrund tatsächlich verfolgt wird, ist insbesondere auch einzubeziehen, wie das Monopol tatsächlich ausgeübt wird.[105]. Außerdem muss der Monopolist, egal ob in privater oder öffentlicher Hand, **intensiv staatlich kontrolliert bzw. überwacht** werden.[106] Zeigt sich, dass der Monopolist das Geschäft stark expandiert, kann dies nahelegen, dass der angeführte Rechtfertigungsgrund lediglich zur Rechtfertigung vorgeschoben wurde und die wahren gesetzgeberischen Motive in der (als Rechtfertigungsgrund unzulässigen) Generierung von Einnahmen liegen.[107]

59 Zulässig ist es jedoch, die Nachfrage nach Glücksspielen durch **Werbung für das legale Glücksspielangebot** in dieses zu kanalisieren.[108] Der Gesetzgeber hat hierbei einerseits nachzuweisen, dass Tatsachen vorliegen, die ein Handeln im Sinne des Rechtfertigungsgrundes erforderlich machen. So muss er beispielsweise, wenn die Suchtprävention als Grund angeführt wird, überzeugend darlegen, dass die Spielsucht ein tatsächliches Problem darstellt und die ergriffene Maßnahme tatsächlich geeignet ist, dem entgegen zu wirken.[109] Andererseits ist die Werbung nur insoweit zulässig, wie es zur Erreichung des gesetzten Ziels erforderlich ist.[110] So ist es beispielsweise inkohärent, wenn der Gesetzgeber ein bestimmtes Glücksspiel mit relativ geringem Suchtpotenzial, wie Sportwetten, monopolisiert, aber ebenfalls monopolisierte Lotterien extensiv zu Zwecken der Finanzierung sozio-kultureller Aktivitäten bewirbt und eine expansive Politik der Ausweitung von Casino- und Automatenspielen, welche ein relativ höheres Suchtpotential haben, betreibt.[111]

60 **cc) Exklusivrechte für Glücksspielanbieter.** Sowohl im Rahmen von Monopol- wie auch Konzessionssystemen, welche als Eingriffe in die Dienstleistungs- und Niederlassungsfreiheit grundsätzlich gerechtfertigt sein können, muss die Vergabe von Exklusivrechten in einem **offenen Wettbewerb** erfolgen, damit auch dies

102 EuGH 24.3.1994 – C 275/92, ECLI:EU:C:1994:119 Rn. 72 – Engelmann; Becker/Hilf/Nolte/Uwer/*Hilf/Umbach* GlüStV Unionsrechtliche Aspekte Rn. 71.

103 Becker/Hilf/Nolte/Uwer/*Hilf/Umbach* GlüStV Unionsrechtliche Aspekte Rn. 74.

104 Becker/Hilf/Nolte/Uwer/*Hilf/Umbach* GlüStV Unionsrechtliche Aspekte Rn. 76.

105 EuGH 15.9.2011 – C-347/09 Rn. 71; Becker/Hilf/Nolte/Uwer/*Hilf/Umbach* GlüStV Unionsrechtliche Aspekte Rn. 74, 77.

106 EuGH 8.9.2010 – C-316/07, ECLI:EU:C:2010:504Rn. 81 mwN – Markus Stoß; Becker/Hilf/Nolte/Uwer/*Hilf/Umbach* Unionsrechtliche Aspekte Rn. 76.

107 EuGH 15.9.2011 – C-347/09 ECLI:EU:C:2011:582 Rn. 61 – Dickinger & Ömer; Becker/Hilf/Nolte/Uwer/*Hilf/Umbach* GlüStV Unionsrechtliche Aspekte Rn. 80.

108 EuGH 15.9.2011 – C-347/09, ECLI:EU:C:2011:582 Rn. 68 – Dickinger & Ömer; EuGH 8.9.2010 – C-316/07, ECLI:EU:C:2010:504 Rn. 107 – Markus Stoß Becker/Hilf/Nolte/Uwer/*Hilf/Umbach* GlüStV Unionsrechtliche Aspekte Rn. 80.

109 EuGH 30.6.2011 – C-212/08, ECLI:EU:C:2011:437 Rn. 70 – Zeturf; EuGH 3.6.2010 – C-258/08, ECLI:EU:C:2010:308 Rn. 30 – Ladbrokes; Becker/Hilf/Nolte/Uwer/*Hilf/Umbach* GlüStV Unionsrechtliche Aspekte Rn. 81.

110 EuGH 15.9.2011 – C-347/09 ECLI:EU:C:2011:582 Rn. 68 – Dickinger & Ömer; EuGH 8.9.2010 – C-316/07 ECLI:EU:C:2010:504 Rn. 107 – Markus Stoß; Becker/Hilf/Nolte/Uwer/*Hilf/Umbach* GlüStV Unionsrechtliche Aspekte Rn. 81.

111 EuGH 8.9.2010 – C-316/07 ECLI:EU:C:2010:504 Rn. 100, 106 – Markus Stoß.

als potenzieller Eingriff gerechtfertigt ist.[112] Für die Vergabe der Exklusivrechte sind insbesondere die oben bereits angesprochenen **Gleichbehandlungs- und Transparenzgebote** zu beachten, aus denen folgt, dass der Vergabeprozess ein gewisses Maß an **Öffentlichkeit und Wettbewerb** gewährleisten muss, welches auch im Nachhinein **transparent nachvollzogen** werden kann.[113] Der EuGH hat in seinem „**Sporting Exchange**"-Urteil entschieden, dass ein solches Verfahren jedoch entbehrlich ist, wenn das Exklusivrecht in öffentlicher Hand bleibt, weil es einer unmittelbar staatlich kontrollierten Stelle übertragen wird oder der Empfänger des Exklusivrechts von den Behören genau überwacht werden kann.[114] Die Rechtsprechung hat allerdings noch keine genauen Vorgaben entwickelt, inwieweit der Grad der Kontrolle konkret ausgestaltet sein muss. Der „Sporting Exchange"-Entscheidung lässt sich entnehmen, dass Exklusivrechte auch an Unternehmen in privater Hand vergeben werden können. Eine Mischung sowohl aus unternehmerischer als auch aus regulatorischer Kontrolle über ein solches Unternehmen dürfte erforderlich sein.[115]

dd) **Erlaubnisverfahren.** Wenn bestimmte Erlaubnisse für Glücksspielanbieter erforderlich sind, ist dies ein potenzieller Eingriff in die Dienst- und Niederlassungsfreiheit, der nach dem Grundsatz der Verhältnismäßigkeit erfolgen muss, um gerechtfertigt zu sein. Daraus folgt, dass ein Erlaubnisverfahren **objektiv erfolgen** muss und die Vergabekriterien sowohl **transparent** als auch **nicht diskriminierend** sein müssen, damit das Ermessen der Erlaubnisstelle klaren Grenzen unterliegt.[116] Problematisch ist dabei die Situation, wenn Anbieter eine Erlaubnis erhalten haben, die auf einer unionsrechtswidrigen Regulatorik beruht. In diesem Fall muss der Mitgliedsstaat bei einer erneuten Vergabe sicherstellen, dass die bisher erlaubten Anbieter keine Vorteile gegenüber neuen Wettbewerbern haben.[117] 61

e) **Materielle Rechtmäßigkeit des GlüStV im Lichte des multipolaren europäischen Grundrechtsschutzes auf der Grundlage der EU-GrCh.** Die Unionsgrundrechte der Grundrechtecharta der EU (GrCh) haben nach Art. 6 AEUV **Rang von Primärrecht.** Konkret enthalten die Grundrechte subjektive Rechtspositionen, die für die von einem Grundfreiheitseingriff Betroffenen relevant sein können. Sie bilden dadurch letztlich eine **weitere Schranken-Schranke** im Rahmen der Rechtfertigung von Eingriffen in die Grundfreiheiten. So ist zum Beispiel durch Werbeverbote die Meinungsäußerungs- und Informationsfreiheit aus Art. 12 GrCh betroffen. Durch das Verbot von bestimmten Glücksspielen oder eine Konzessionierung können die unternehmerische Freiheit aus Art. 16 GrCh oder das Eigentumsrecht aus Art. 17 GrCh betroffen sein. Jedoch ist hierbei die Spiegelbildlichkeit zu den Einschränkungsmöglichkeiten der Grundfreiheiten zu beachten. Das bedeutet, ein nach dem AEUV nicht zu rechtfertigender Eingriff in die Grundfreiheiten wird in der Regel in gleicher Weise auch eine Grenze in den Grundrechten der GrCh finden.[118] 62

---

112 EuGH 14.5.2008 – C-203/08 Rn. 41 mwN; Becker/Hilf/Nolte/Uwer/*Hilf/Umbach* GlüStV Unionsrechtliche Aspekte Rn. 87.

113 Becker/Hilf/Nolte/Uwer/*Hilf/Umbach* GlüStV Unionsrechtliche Aspekte Rn. 87.

114 EuGH 14.5.2008 – C-203/08, ECLI:EU:C:2010:307 Rn. 62 – Sporting Exchange; Becker/Hilf/Nolte/Uwer/*Hilf/Umbach* GlüStV Unionsrechtliche Aspekte Rn. 88.

115 Becker/Hilf/Nolte/Uwer/*Hilf/Umbach* GlüStV Unionsrechtliche Aspekte Rn. 89.

116 Vgl. etwa EuGH 14.5.2008 – C-203/08 ECLI:EU:C:2010:307 Rn. 42 – Sporting Exchange; *Hilf/Umbach* ZfWG 2015, 308 (311); Becker/Hilf/Nolte/Uwer/*Hilf/Umbach* GlüStV Unionsrechtliche Aspekte Rn. 90.

117 Ausführlich hierzu und mwN: Becker/Hilf/Nolte/Uwer/*Hilf/Umbach* GlüStV Unionsrechtliche Aspekte Rn. 92.

118 EuGH 30.4.2014 – C-390/12, ECLI:EU:C:2014:281 Rn. 34 – Robert Pfleger; Becker/Hilf/Nolte/Uwer/*Hilf/Umbach* GlüStV Unionsrechtliche Aspekte Rn. 69.

C. Glücksspielrecht in europäischer Judikatur

Literatur: *Alber*, Freier Dienstleistungsverkehr auch für Glücksspiele? Zur Rechtsprechung des EuGH zum Glücksspielbereich, ERA Forum 8 (2007), 321; *Alber*, Anmerkungen zum Urteil in der Sache Liga Portuguesa, ZfWG 2009, 325; *Alber*, Glücksspiele und Europarecht – Ausgewählte mitgliedstaatliche Glücksspielregelungen unter besonderer Berücksichtigung der Rechtsprechung des EuGH, 2017; *Alber*, Die Rechtsprechung des Gerichtshofs der Europäischen Union (EuGH) zu Glücksspielen, FS Becker 2019, 201; *Albrecht/Gabriel*, Die aktuelle Entwicklung im Glücksspielrecht, WRP 2007, 616; *Alter/Meunier-Aitsahalia*, Judicial Politics in the European Community. European Integration and the Pathbreaking Cassis de Dijon Decision, Comparative Political Studies 26 (1994), 535; *Banz/Becker*, Glücksspielsucht in Deutschland: Häufigkeit und Bedeutung bei den einzelnen Glücksspielformen, ZfWG 2019, 212; *Barbist/Pinggera*, Zur Zulässigkeit des österreichischen Glücksspielmonopols – Kurzbesprechung der Schlussanträge des Generalanwalts Ján Mazák vom 23.2.2010 in der Rechtssache C-64/08 (Engelmann), EuZW 2010, 285; *Becker*, Wie weit geht der Ermessenspielraum des Gesetzgebers bei der Regulierung des Glücksspielmarktes?, ZfWG 2009, 1; *Becker*, Der Staatsvertrag zum Glücksspielwesen und dessen Umsetzung, 2009; *Becker/Lippert*, Handbuch Europäische Union, 2020; *Breuer*, „Wasch mir den Pelz, aber mach mich nicht nass!“: Das zweite Gutachten des EuGH zum EMRK-Beitritt der Europäischen Union, EuR 2015, 330; *Brüning*, Möglichkeiten einer unionsrechtlichen Regulierung des Glücksspiels im europäischen Binnenmarkt, NVwZ 2013, 23; *Bumke*, Die Pflicht zur konsistenten Gesetzgebung. Am Beispiel des Ausschlusses privater Vermittlung staatlicher Lotterien und ihrer bundesverfassungsgerichtlichen Kontrolle, Der Staat 49 (2010), 77; *Dammann*, Materielles Recht und Beweisrecht im System der Grundfreiheiten, 2007; *Dawes/Struckmann*, Rien ne va plus? Mutual recognition and the free movement of services in the gambling sector after the Santa Casa judgement, European Law Review 35 (2010), 236; *Dederer*, Konsistente Glücksspielregulierung – Eckpunkte aus den Sportwettenurteilen des EuGH vom 8.9.2010, EuZW 2010, 771; Deutsche Hauptstelle für Suchtfragen eV, Jahrbuch Sucht 2020; *Dietlein*, Anmerkungen zum Urteil des EuGH in Sachen Liga Portuguesa, ZfWG 2009, 327; *Dietlein/Peters*, Unionsrechtliche Anforderungen an den Übergang zum Konzessionsmodell für die Veranstaltung von Sportwetten nach dem GlüStV 2012, ZfWG 2016, 78; *Dünchheim*, Online-Glücksspiel: Verbot oder Regulierung?, ZfWG 2019, 418; *Ennuschat*, Das Lotteriemonopol – steht es stabil oder beginnt es zu wanken?, ZfWG 2019, 2; *Ennuschat*, Das staatliche Lotteriemonopol – Was sagen eigentlich EMRK und EGMR dazu, FS Becker 2019, 237; *Ennuschat*, Die Verteidigung der digitalen Souveränität im Bereich des Online-Glücksspiels, ZfWG 2020, 2; *Fiedler/Krumma/Zanconato ua*, Das Geldwäscherisiko verschiedener Glücksspielarten, 2017; *Gebhardt/Grüsser-Sinopoli*, Glücksspiel in Deutschland, 2008; *Gebhardt/Korte*, Glücksspiel, 2. Aufl., 2018; *Geiger/Khan/Kotzur*, EUV/AEUV, Kommentar, 6. Aufl., 2017; *Grabitz/Hilf*, Das Recht der Europäischen Union, Kommentar, Band I, 39. EL (Stand: 07/2009); *Hecker*, Der EuGH konkretisiert seine Rechtsprechung zu den Voraussetzungen und Folgen einer europarechtlichen Inkohärenz und präzisiert die Rechtslage in der Übergangsfrist nach der Winner Wetten Entscheidung!, ZfWG 2013, 91; *Heinze*, Nichtöffentliches zerstört kein Vertrauen, ZfWG 2014, 7; *Hilf/Umbach*, Neue Rechtsprechung des EuGH zum Glücksspielrecht, ZfWG 2017, 353; *Hilf/Umbach*, Neue Rechtsprechung des EuGH zum Glücksspielrecht, ZfWG 2018, 519; *Hilf/Umbach*, Neue EuGH-Rechtsprechung zum Glücksspielrecht, ZfWG 2020, 211; *Jarass*, Charta der Grundrechte der EU, 4. Aufl. 2021; *Kläner*, EuGH ante portas? Zur Anwendbarkeit unionsrechtlicher Grundfreiheiten im Bereich inländischer Spielhallenregulierung, ZfWG 2018, 241; *Klöck/Klein*, Anmerkungen zu den Urteilen des EuGH in der Rs. Carmen Media und Markus Stoß, ZfWG 2010, 356; *Koenig/Bache*, Zur Anwendbarkeit der vermittlerbezogenen Vorschriften und Auflagen gemäß dem deutschen Glücksspielrecht im Lichte der Urteile des Europäischen Gerichtshofs vom 8.9.2010, ZfWG 2011, 7; *König*, Der Äquivalenz- und Effektivitätsgrundsatz in der Rechtsprechung des Europäischen Gerichtshofs, 2010; *Mailänder*, Aus aktuellem Anlass: Kartellrechtliche Überlegungen zur Kohärenzdebatte – Anmerkungen zum Urteil des EuGH vom 8.9.2009 – Rs. C-42/07 Liga Portuguesa, ZfWG 2009, 334; *Mailänder*, Kartellrechtliche Überlegungen zum Glücksspieländerungsstaatsvertrag, ZfWG 2012, 314; *Meyer/Rumpf/Kreuzer ua*, Pathologisches Glücksspiel und Epidemiologie (PAGE): Entstehung, Komorbidität, Remission und Behandlung, 2011; *Michl*, Das Kohärenzkriterium in der Rechtsprechung des Europäischen Gerichtshofs, ZfWG 2016, 113; *Schulte*, Zur Übertragbarkeit der Margin-of-appreciation-Doktrin des EGMR auf die Rechtsprechung des EuGH im Bereich der Grundfreiheiten, 2018; *Stein*, Anmerkung zum Urteil des EuGH im Fall „Placanica" U.A., ZfWG 2007, 133; *Steinmetz/Fiedler*, Konzept eines staatlichen Blockchain-basierten Systems zur transparenten Zahlungsabwicklung bei Online-Glücksspielen, ZfWG 2019, 456; *Streinz/Kruis*, Unionsrechtliche Vorgaben und mitgliedstaatliche Gestaltungsspielräume im Bereich des Glücksspielrechts, NJW 2010, 3745.

I. Rechtsprechung des Europäischen Gerichtshofs (EuGH) und ihre Bedeutung für das Glücksspielrecht

Die Rechtsprechung des EuGH ist für das Glücksspielrecht seit Mitte der 1990er Jahre insofern bedeutsam, als es **kein europaweit harmonisiertes Glücksspielrecht** gibt und der Gerichtshof sich daher in zahlreichen Vorabentscheidungsersuchen und in einigen wenigen Vertragsverletzungsverfahren vor allem mit der Auslegung der europäischen Verträge nach Art. 267 Abs. 1 lit. a AEUV bzw. einer Verletzung des Unionsrechts nach Art. 258 AEUV in Bezug auf mitgliedschaftliche Glücksspielregulierungen beschäftigt und dabei Grundsätze aufgestellt hat, welche sich auf die nationalen Glücksspielmärkte auswirken. Dabei befasste sich der EuGH bisher mit glücksspielrechtlichen Fällen, die einen bin- 1 nenmarktrelevanten und ordnungspolitischen, aber auch einen steuer- und abgabenrechtlichen Einschlag haben. Nach der Entscheidung der Europäischen Kommission, Vertragsverletzungsverfahren im Zusammenhang des Glücksspielsektors und diesbezügliche Beschwerdeverfahren einzustellen,[1] hat die Bedeutung der **Vorabentscheidungsverfahren** vor dem EuGH nunmehr als Überprüfungsinstanz nationaler Glücksspielregulierung zugenommen.

Im Folgenden wird anhand **ausgewählter Judikatur** ein Überblick über europarechtliche Tendenzen und Grundsätze für das Glücksspielrecht gegeben und eine Einordnung versucht.

2 **1. Vorrangwirkung des Unionsrechts und Zuständigkeit des EuGH im Glücksspielbereich.** Aus gefestigter Rechtsprechung des Gerichtshofs,[2] bestätigt durch das BVerfG,[3] ergibt sich der **Anwendungsvorrang des europäischen Rechts** gegenüber kollidierendem mitgliedstaatlichem Recht. Dieser Grundsatz führt laut EuGH dazu, dass ein nationales Instanzgericht aus eigener Entscheidungsbefugnis heraus eine aus seiner Sicht mit Unionsrecht unvereinbare nationale (Glücksspiel-) Bestimmung unangewendet zu lassen hat, selbst wenn das nationale Verfassungsgericht deren Unionsrechtskonformität bekräftigt hat.[4] Einer Aufhebung des nationalen Rechts bedarf es aber nicht.[5] Auch folgt aus dem im Widerspruch zum EU-Recht stehenden Gesetz nicht dessen Nichtigkeit. Ausgehend von dem Urteil *Schindler* fallen Glücksspiele in den Anwendungsbereich des Unionsrechts. Es handelt sich bei diesen um eine wirtschaftliche Tätigkeit iSd Art. 2 EG,[6] dessen Inhalt sich nun im Wesentlichen in Art. 3 Abs. 3 EUV wiederfindet. Als solche fällt die Tätigkeit, den Nutzern gegen Entgelt die Teilnahme an einem Glücksspiel zu vermitteln, je nach Ausgestaltung des Sachverhalts entweder unter die **Dienstleistungs- oder die Niederlassungsfreiheit.**[7] Dabei ist es Sache des nationalen Gerichts, zu ermitteln, welche Grundfreiheit im Einzelfall einschlägig ist.[8]

3 Unabhängig von der Frage, ob sich der Gerichtshof mit der Verletzung oder Auslegung von primärem und sekundärem EU-Recht beschäftigt, hängen die Anwendung und Überprüfbarkeit der für den Glücksspielbereich so relevanten Grundfreiheiten davon ab, ob ein **grenzüberschreitender** und nicht bloß interner **Sachverhalt** streitgegenständlich ist.[9] Der EuGH hatte schon in der Rechtssache *Garkalns* über Beschränkungen des lettischen Glücksspielmarktes geurteilt, nationale Regelungen zur Glücksspielbeschränkung ausschließlich an den im AEUV verankerten Grundfreiheiten zu bemessen, wenn es dabei um einen mitgliedstaatübergreifenden Handel gehe.[10] Einen solchen Zusammenhang nimmt der Gerichtshof seit der Rechtssache *Berlington Hungary* großzügig dann schon

1 Vgl. dazu die Pressemitteilung der Europäischen Kommission, abrufbar unter: https://ec.europa.eu/commission/presscorner/detail/de/IP_17_5109 (zuletzt abgerufen am 5.3.2022).
2 EuGH 17.12.1970 – C-11/70, ECLI:EU:C:1970:114 Rn. 3, Slg 1970 01125; EuGH 9.3.1978 – C-106/77, ECLI:EU:C:1978:49 Rn. 18, Slg 1978 00629; EuGH 14.1.2010 – C-304/08, ECLI:EU:C:2010:12 Rn. 55, Slg 2010 I-00217.
3 BVerfG NJW 1971, 2121 (2124).
4 EuGH 7.6.2018 – C-589/16, ECLI:EU:C:2018:417 Rn. 35 f. mwN; *Hilf/Umbach* ZfWG 2020, 211 (215).
5 EuGH 9.9.1978 – C-106/77, ECLI:EU:C:1978:49, Slg 1978 00629.
6 EuGH 11.9.2003 – C-6/01, ECLI:EU:C:2003:597 Rn. 48, Slg 2003 I-8621.
7 *Streinz/Kruis* NJW 2010, 3745 (3746).
8 EuGH 8.9.2010 – C-316/07, ECLLI:EU:C:2007:602 Rn. 63, Slg. 2010 I-08069.
9 *Kläner* ZfWG 2018, 241 (242).
10 EuGH 19.7.2012 – C-470/11, ECLI:EU:C:2012:505 Rn. 21, ZfWG 2012, 342 (347).

an, wenn allein das mögliche Interesse von Glücksspielanbietern aus anderen Mitgliedstaaten besteht, auf dem betreffenden Markt tätig werden zu wollen.[11] Ausreichend ist dafür auch, wenn Unionsbürger Glücksspieldienstleistungen in einem anderen Mitgliedstaat nachfragen.[12] Angesichts eines zunehmend vernetzten und onlinebasierten europäischen Glücksspielmarkts erscheint die weite Eröffnung der Zuständigkeit des EuGH für die Prüfung unionsrechtlicher Grundfreiheiten auch aufgrund des Interesses an grenzüberschreitendem Glücksspielkonsum im Binnenmarkt folgerichtig.[13]

2. Zwingende Erfordernisse im Allgemeininteresse. a) Rechtfertigungsgründe zur Beschränkung von Glücksspielen. Neben primärrechtlich genannten Rechtfertigungsgründen für die Beschränkung von Grundfreiheiten, insbesondere aller Freizügigkeiten des Binnenmarktes, hat der EuGH im Lauf seiner Rechtsprechung zusätzlich die sog. „zwingenden Erfordernisse im Allgemeininteresse" entwickelt. Zum ersten Mal legte der EuGH solche zwingenden Erfordernisse im Allgemeininteresse im Urteil *Cassis de Dijon* aus.[14] Hintergrund war, dass nicht alle **Beschränkungen binnenmarktrechtlicher Freizügigkeiten** diskriminierend sind, wenn diese für In- wie auch für Ausländer gleich gelten.[15] Konkretisiert hat der Gerichtshof die zwingenden Erfordernisse als Rechtfertigung für die Beschneidung von Grundfreiheiten im Urteil *Gebhard*: nationale Maßnahmen müssen danach in nichtdiskriminierender Weise angewendet werden, sie müssen aus zwingenden Gründen des Allgemeininteresses gerechtfertigt sein, müssen geeignet sein, die Verwirklichung des mit ihnen verfolgten Ziels zu ermöglichen und dürfen nicht über das für die Zielerreichung Erforderliche hinausgehen.[16] Es muss also stets die Verhältnismäßigkeit garantiert werden und eine Beschränkung von Grundfreiheiten die Ausnahme bleiben. 4

So ging es im **ersten glücksspielrelevanten Urteil** im Zusammenhang des Binnenmarkts um die Frage, ob ein britisches Verbot von Werbematerial und Losen für eine große ausländische Lotterie in Großbritannien als Beschränkung der Dienstleistungsfreiheit gerechtfertigt war, wobei große Lotterien damals in Großbritannien generell verboten waren.[17] Die Gebrüder *Schindler* hatten als Bevollmächtigte der Süddeutschen Klassenlotterie (SKL) Massenschreiben mit Losen an britische Staatsangehörige versandt, die vom englischen Zoll beschlagnahmt wurden. 5

Abgesehen von der Feststellung des EuGH, dass die Einfuhr von Werbematerial und Losen in einen Mitgliedstaat für die Teilnahme an einer Lotterie in einem anderen Mitgliedstaat als Dienstleistung nach Art. 59, 60 EWG-Vertrag[18] und nicht als Waren im Sinne des Art. 30 EWG-Vertrag[19] zu werten war,[20] bestätigte der EuGH auf der Grundlage des Urteils *Gebhard*[21] die Rechtfertigung der Beschränkung der Dienstleistungsfreiheit und verwies auf zwingende Gründe des Allgemeininteresses.[22] Konkret zielten die britischen Verbotsregeln auf die Ver- 6

11 EuGH 11.6.2011 – C-98/14, ECLI:EU:C:2015:386 Rn. 27, ZfWG 2015, 336 (346).
12 *Hilf/Umbach* ZfWG 2018, 519 (522).
13 *Kläner* ZfWG 2018, 241 (244, 246) auch zur ablehnenden Haltung und zu den entsprechenden Entscheidungen deutscher Verwaltungsgerichte.
14 EuGH 20.2.1979 – C-120/78, ECLI:EU:C:1979:42 Rn. 8, Slg 1979 00649.
15 Geiger/Khan/Kotzur/*Kotzur*, 6. Aufl. 2017, AEUV Art. 34 Rn. 15 ff.
16 EuGH 30.11.1995 – C-55/94, ECLI:EU:C:1995:411 Rn. 37, Slg 1995 I-04165.
17 EuGH 24.3.1994 – C-275/92, ECLI:EU:C:1994:119 Rn. 3 f., Slg 1994 I-01039.
18 Heute Art. 49, 50 AEUV.
19 EuGH 10.12.1968 – C-7/68, BeckRS 2004, 73554; vgl. heute Art. 28 Abs. 2 AEUV.
20 EuGH 24.3.1994 – C-275/92, ECLI:EU:C:1994:119 Rn. 25, Slg 1994 I-01039.
21 EuGH 30.11.1995 – C-55/94, ECLI:EU:C:1995:411 Rn. 37, Slg 1995 I-04165.
22 EuGH 24.3.1994 – C-275/92, ECLI:EU:C:1994:119 Rn. 57, Slg 1994 I-01039.

hinderung von Straftaten, die regelmäßig mit Glücksspiel einhergingen, den **Schutz der Sozialordnung und der Verbraucher** sowie auf die **Suchtprävention** ab,[23] die der Gerichtshof als zwingende Gründe des Allgemeininteresses akzeptierte. Dabei hielt er fest, eine Rechtfertigung ergebe sich aus **„sittlichen, religiösen oder kulturellen Erwägungen"** hinsichtlich der Beschränkung von Glücksspielen,[24] was sich fortan wörtlich in den meisten ordnungspolitischen und binnenmarktrelevanten Glücksspielurteilen niederschlug.[25] Diese Bemerkungen überraschen allerdings angesichts der gleichzeitigen Feststellung in der Rechtssache *Schindler*, der EuGH entziehe sich einer moralischen oder sittlichen Bewertung glücksspielrechtlicher Maßnahmen, die er ganz den Mitgliedstaaten überlasse.[26]

7 Für die vollständige Rechtfertigung einer Beschränkung der (binnenmarktrelevanten) Grundfreiheiten bedarf es im Übrigen der vom Gerichtshof überprüfbaren Würdigung sämtlicher Rechtfertigungsgründe,[27] wobei der EuGH die **Gewichtung der einzelnen Rechtfertigungsgründe offen** lässt.

8 Hinzuweisen ist auf die inzwischen generelle Annahme des EuGH, dass **Einnahmen aus Glücksspielen** oder damit erzielte Steuern jedenfalls nur eine „erfreuliche Nebenfolge", aber niemals alleiniger Rechtfertigungsgrund sein können.[28] Widersprüchlich erscheint hier lediglich, dass der EuGH im Fall *Engelmann* das Ziel der Amortisation von Investitionen bei der Errichtung von Spielbanken anerkannt hat.[29] Als alleinigen Rechtfertigungsgrund schließt der Gerichtshof außerdem die von manchen Mitgliedstaaten vorgetragene Rechtfertigung einer binnenmarktrechtlichen Beschränkung im Glücksspielbereich aus verwaltungspraktischen Gründen aus.[30] Die angestrebten Ziele mitgliedstaatlicher Regelungen müssen sich stets auch tatsächlich in der Beschränkungsmaßnahme spiegeln und nicht bloß von den Mitgliedstaaten behauptet werden.[31]

9 **b) Schutzniveau.** Nichtsdestotrotz überlässt der EuGH den nationalen Gerichten die Aufgabe, nationale Beschränkungsmaßnahmen hinsichtlich zwingender Erfordernisse im Allgemeininteresse zu überprüfen.[32] Damit bleibt es den **Mitgliedstaaten überlassen,** ihr Schutzniveau im Glücksspielbereich zu beschreiben, also den eigenen **Glücksspielmarkt** zu liberalisieren, über Konzessionen zu beschränken, Monopole einzuführen oder gänzlich zu verbieten,[33] was der Gerichtshof in den Urteilen *Läärä*, *Zenatti*, *Liga Portuguesa* und *Stanley Interna-*

23 EuGH 24.3.1994 – C-275/92, ECLI:EU:C:1994:119 Rn. 58, Slg 1994 I-01039.
24 EuGH 24.3.1994 – C-275/92, ECLI:EU:C:1994:119 Rn. 60, Slg 1994 I-01039.
25 EuGH 15.9.2011 – C-347/09, ECLI:EU:C:2011:582 Rn. 45, Slg 2011 I-8185-8261.
26 EuGH 24.3.1994 – C-275/92; ECLI:EU:C:1994:119 Rn. 32, Slg 1994 I-01039.
27 EuGH 24.3.1994 – C-275/92; ECLI:EU:C:1994:119 Rn. 58, Slg 1994 I-01039; EuGH 21.10.1999 – C-67/98, ECLI:EU:C:1999:514 Rn. 35, Slg 1999 I-07289; EuGH 8.9.2009 – C-42/07, ECLI:EU:C:2009:519 Rn. 60, Slg 2009 I-07633.
28 EuGH 21.10.1999 – C-67/98, ECLI:EU:C:1999:514 Rn. 36, Slg 1999 I-07289; EuGH 8.9.2009 – C-42/07, ECLI:EU:C:2009:519 Rn. 69, Slg 2009 I-07633; EuGH 30.6.2011 – C-212/08, EU:C:2014:281, Rn. 47, Slg 2011 I-05633.
29 EuGH 9.9.2010 – C-64/08, ECLI:EU:C:2010:506 Rn. 46 ff., Slg 2010 I-08219.
30 EuGH 30.6.2011 – C-212/08, ECLI:EU:C:2011:437 Rn. 48, Slg 2011 I-05633; EuGH 19.12.2018 – C-375/17, ZfWG 2019, 27 (32).
31 *Alber* in *Becker* Der Staatsvertrag zum Glücksspielwesen und dessen Umsetzung S. 5 f.
32 *Schulte* Zur Übertragbarkeit der Margin-of-appreciation-Doktrin des EGMR auf die Rechtsprechung des EuGHs im Bereich der Grundfreiheiten S. 307.
33 *Dammann* Materielles Recht und Beweisrecht im System der Grundfreiheiten S. 133.

tional Betting ausführlich bekräftigte.[34] Dabei sieht der EuGH davon ab, Gründe, die aus Sicht eines Mitgliedstaates zwingend für das Allgemeininteresse sind, am Schutzniveau und an Verhältnismäßigkeitserwägungen anderer Mitgliedstaaten zu messen.[35] Es kommt dem Gerichtshof lediglich darauf an, ob die Glücksspielregulierungen eines Mitgliedstaats in sich schlüssig sind.

c) „Duale Systeme" im Glücksspielsektor. Das Nebeneinander von einem **Monopol** in einem Glücksspielbereich und Systemen mit mehreren **Erlaubnissen** in anderen Glücksspielbereichen hat der EuGH „duales System" genannt und dessen Zulässigkeit in fortlaufender Rechtsprechung herausgestellt.[36] 10

aa) Monopole. Strebt ein Mitgliedstaat bspw. mit der Verfolgung der Spielsucht ein besonders **hohes Schutzniveau** an, fällt die Wahl zur Ausgestaltung von Glücksspielen in der Regel auf staatliche Monopole.[37] Dass ein Monopol in der Praxis, insbesondere aufgrund besonderer technischer Umstände, unterlaufen werden kann, schließt die Geeignetheit und damit die Verhältnismäßigkeit eines Monopolsystems nicht per se aus.[38] Daher darf ein Staat die Veranstaltung von Glücksspielen auch dann monopolisieren, wenn das Internet ermöglicht, vergleichbare Glückspielangebote anderer (ausländischer) Veranstalter als die des allein zugelassenen (inländischen) Monopolinhabers wahrzunehmen.[39] 11

Auch wenn der EuGH nationale Monopollösungen zur Durchsetzung zwingender Allgemeininteressen als legitim erachtet, müssen die damit verfolgten regulatorischen Ziele auch **systematisch und kohärent** verfolgt werden, insbesondere im Hinblick auf die Glücksspiele, für die das Monopol nicht gilt → Rn. 21. Nähere Ausführungen, wann ein Monopol jedenfalls verhältnismäßig ist, hat der EuGH bisher unterlassen. So gibt der Gerichtshof keinen Aufschluss darüber, unter welchen Umständen auch mildere Mittel zur Erreichung der Rechtfertigungsziele, etwa durch Zulassung privater Anbieter über ein Konzessionssystem, in Betracht kommen, was vor allem als Orientierungshilfe für die Mitgliedstaaten wünschenswert wäre.[40] 12

bb) Konzessionssysteme. Entscheidet sich ein Mitgliedstaat wie in der Rechtssache *Pfleger* dafür, Glücksspieltätigkeit von einer staatlichen Erlaubnis bzw. einer Konzession abhängig zu machen, ist die **Konzessionsvergabe** dann unionsrechtskonform und steht vor allem Art. 56 AEUV nicht entgegen, wenn sie **verhältnismäßig** ist und „wirklich das Ziel des Spielerschutzes oder der Kriminalitätsbekämpfung verfolgt und tatsächlich dem Anliegen entspricht, in kohärenter und systematischer Weise die Gelegenheit zum Spiel zu verringern."[41] Außerdem sind die Kriterien im Rahmen des Transparenzgrundsatzes bei der Vergabe von Konzessionen zu beachten → Rn. 36. Der EuGH sprach einer ungarischen Rege- 13

---

34 EuGH 21.9.1999 – C-124/97, ECLI:EU:C:1999:435 Rn. 37, Slg 1999 I-06067; EuGH 21.10.1999 – C-67/98, ECLI:EU:C:1999:514 Rn. 19 ff., Slg 1999 I-07289; EuGH 8.9.2009 – C-42/07, ECLI:EU:C:2009:519 Rn. 56 f., Slg 2009 I-07633; EuGH 19.12.2018 – C-375/17, ZfWG 2019, 27 (31).

35 EuGH 21.9.1999 – C-124/97, ECLI:EU:C:1999:435 Rn. 36, Slg 1999 I-06067; EuGH 8.9.2009 – C-42/07, ECLI:EU:C:2009:519 Rn. 58, Slg C-42/07.

36 EuGH 19.12.2018 – C-375/17, ECLI:EU:C:2018:1026 Rn. 50 ff., ZfWG 2019, 27 (32).

37 EuGH 8.9.2010 – C-316/07, ECLI:EU:C:2010:504 Rn. 81, Slg 2010 I-08069; EuGH 15.9.2011 – C-347/09, ECLI:EU:C:2011:582 Rn. 49, Slg 2011 I-08185; *Dünchheim* ZfWG 2019, 418 (420) mwN; kritisch zum Lotterieveranstaltungsmonopol: *Hilf/Umbach* ZfWG 2020, 211 (212).

38 EuGH 8.9.2010 – C-316/07, ECLI:EU:C:2010:504 Rn. 40, 84 ff., Slg 2010 I-08069.

39 *Dederer* EuZW 2010, 771 (773).

40 *Alber* Glücksspiele und Europarecht S. 416.

41 EuGH 30.4.2014 – C-390/12, ECLI:EU:C:2014:281 Rn. 40 ff. mwN.

lung jüngst die Verhältnismäßigkeit ab, nach der ausschließlich inländische Casinos mit einer Konzession auch eine Online-Glücksspiellizenz erhalten konnten.[42] Nach den Rechtssachen *Unibet* und *Sporting Odds* entfallen mitgliedstaatliche Sanktionen bei Verstößen gegen unionsrechtswidrige Konzessions- und Erlaubnisvoraussetzungen.[43]

14 Konsequenz einer nationalen Konzessionsvergabe ist eine **Öffnung des Marktes** auch für Anbieter aus dem EU-Ausland, die wohl schwerlich zu Zweckabgaben herangezogen werden können, wie es unter einem staatlichen Monopol für gemeinnützige Zwecke der Fall ist.[44] So stellen bspw. deutsche (Lotterie-) Monopolisten knapp die Hälfte ihrer Einnahmen der Allgemeinheit zur Verfügung.[45] Das staatliche Interesse an Gewinnerzielung durch Monopole streitet also tatsächlich regelmäßig mit den Binnenmarktfreiheiten, auch wenn laut EuGH fiskalische Erwägungen nur untergeordnet sein dürfen[46] → Rn. 9. Insofern werden Monopole künftig mit der Begründung, hohe Allgemeinwohlziele wie die Suchtprävention zu verfolgen, aus staatlicher Sicht weiterhin attraktiv bleiben.

15 **3. Kohärenz.** Im Zusammenhang mit den zwingenden Erfordernissen der Allgemeininteressen, insbesondere im Rahmen der vom Gerichtshof vorgenommenen Verhältnismäßigkeitsprüfungen bei Glücksspielfällen, hat der Gerichtshof das Kriterium der Kohärenz entwickelt.[47] Dieses ist **Voraussetzung**, damit die mit den Beschränkungen der Dienst- und Niederlassungsfreiheit verfolgten **Ziele der Mitgliedstaaten** gerechtfertigt sein können.

16 **a) Allgemeine Bedeutung.** Der Begriff der Kohärenz wird im Zusammenhang europäischer Judikatur definiert als „das Bemühen um ein aufeinander **abgestimmtes, zusammenhängendes, widerspruchsfreies Verhalten**, das die **gleiche Zielsetzung in verschiedenen Bereichen** verfolgt".[48] Die Widerspruchsfreiheit bezieht sich dabei zum einen auf das Abstimmungsverhalten zwischen verschiedenen Bereichen im Sinne einer horizontalen Kohärenz und erfasst damit das gesamte Glücksspielwesen. Zum anderen verlangt es auch eine konsequente widerspruchsfreie Stringenz innerhalb einer einzelnen Glücksspielart im Sinne einer vertikalen Kohärenz.[49] Neben der Unterscheidung in **horizontale und vertikale Kohärenz** wird eine Aufteilung in eine innere und äußere vertreten, nach der es zu einer Unionsrechtswidrigkeit kommt, wenn Vorschriften in der Praxis unsystematisch und inkohärent umgesetzt werden (**innere Kohärenz**) oder wenn sie sich nicht systematisch in den mitgliedstaatlichen Regulierungsrahmen zur Erreichung der geltend gemachten Schutzziele auf dem angestrebten Schutzniveau einfügen (**äußere Kohärenz**).[50]

17 **b) Vertikale Kohärenz im Glücksspielbereich.** In der Rechtssache *Gambelli* verwendete der EuGH **zum ersten Mal den Begriff** der Kohärenz, indem er neben die Anerkennung binnenmarktrechtlicher Beschränkungen aus zwingenden Gründen des Allgemeininteresses das Erfordernis setzte, diese zwingenden All-

42 *Hilf/Umbach* ZfWG 2018, 519 (520).
43 EuGH 22.6.2017 – C-49/16, ECLI:EU:C:2017:491 Rn. 49 ff., ZfWG 2017, 388; EuGH 22.2.2018 – C-3/17, ECLI:EU:C:2018:130 Rn. 66 ff., ZfWG 2018, 253.
44 *Stein* ZfWG 2007, 133 (134).
45 *Ennuschat* ZfWG 2019, 2 (2).
46 *Albrecht/Gabriel* WRP 2007, 616 (620).
47 *Barbist/Pinggera* EuZW 2010, 285 (286).
48 Grabitz/Hilf/*Hilf* Das Recht der Europäischen Union Art. 1 EUV, Rn. 29.
49 *Mailänder* ZfWG 2009, 334 (335).
50 *Koenig/Bache* ZfWG 2011, 7 (12).

gemeinwohlziele auch kohärent und systematisch zur Begrenzung der Wetttätigkeit umzusetzen.[51]

Fallbezogen stand ein strafbewehrtes Verbot für das Sammeln, die Bestellung und die Übertragung von (Sport-)Wetten ohne staatliche Genehmigung in Italien im Vordergrund. Dem Beschuldigten *Gambelli* wurde vorgeworfen, beim Sammeln von Wetten eines ausländischen Buchmachers ohne italienische Genehmigung beteiligt gewesen zu sein und sich daher strafbar gemacht zu haben. Der EuGH sah in dem strafbewehrten Verbot eine Beschränkung der Dienstleistungs- und Niederlassungsfreiheit und erkannte als rechtfertigenden zwingenden Grund des Allgemeininteresses an, Störungen der sozialen Ordnung vorzubeugen.[52] Der Gerichtshof stellte auch klar, dass die Vorbeugung der Störung der sozialen Ordnung als Rechtfertigung für Verbote verfangen kann, wenn ein Staat gleichzeitig das Angebot an Spielen und Wetten fördert,[53] sich also auf der **Ebene einer einzelnen Spielart widersprüchlich** verhält und so eine vertikale Kohärenz nicht gewährleistet. Im Fall *Ladbrokes* präzisierte der EuGH diese Aussage, indem er Werbung für eine umfangreiche Ausweitung eines staatlichen Glücksspielangebots im Hinblick auf Spielsuchtprävention und Verbraucherschutz billigte, sofern damit Spielende von illegalen Angeboten abgehalten würden.[54] 18

IÜ ist teilweise auch von einer **sektoriellen Kohärenz** die Rede, wenn gleichartige Spiele unterschiedlich geregelt werden, abhängig davon, wo sie angeboten werden.[55] Zu nennen sind Automatenspiele, die in Casinos, Spielhallen oder Gaststätten anders behandelt werden. 19

c) **Horizontale Kohärenz im Glücksspielbereich.** Sobald verschiedene Glücksspielarten durch den EuGH miteinander verglichen werden, also das gesamte Glücksspielwesen im Fokus steht, geht es um die Überprüfung der sog. horizontalen Kohärenz.[56] In diesem Zusammenhang ist neben der Rechtssache *Carmen Media*[57] der vergleichbare Fall *Markus Stoß* besonders bedeutend, denn der EuGH statuierte dort den Maßstab für den **Vergleich von Glücksspielarten untereinander** und verfolgt seitdem einen eher horizontalen Ansatz.[58] 20

Inhaltlich ging es hinsichtlich des deutschen staatlichen Monopols für die Veranstaltung von Sportwetten um die Frage, ob ein Monopol als besonders restriktive Maßnahme **tatsächlich** und **effektiv die Spielsucht bekämpfte** und das Glücksspiel in systematischer und kohärenter Weise begrenzen konnte. Der Monopolbetreiber warb intensiv für sein Angebot, während zugleich andere Glücksspielarten wie **Automatenspiele**, die mit einem besonders **hohen Suchtpotential** verbunden sind,[59] von Privatanbietern veranstaltet werden durften → Rn. 10. 21

Der EuGH urteilte, Glücksspiele nicht nach ihrer Beschaffenheit und Durchführung im kartellrechtlichen Sinn zu vergleichen,[60] um mitgliedstaatliche Regelungen zur Beschränkung von Binnenmarktfreiheiten auf eine systematische 22

51 EuGH 8.11.2003 – C-243/01, ECLI:EU:C:2003:597 Rn. 67, Slg 2003 I-13031; EuGH 8.9.2010 – C-46/08, ECLI:EU:C:2010:505 Rn. 64, Slg 2010 I-08149.
52 EuGH 8.9.2010 – C-46/08, ECLI:EU:C:2010:505 Rn. 64 f., Slg 2010 I-08149.
53 EuGH 8.9.2010 – C-46/08, ECLI:EU:C:2010:505 Rn. 26, Slg 2010 I-08149.
54 EuGH 3.6.2010 – C-258/08, ECLI:EU:C:2010:308, Slg 2010 I-04757.
55 *Alber* Glücksspiele und Europarecht S. 84.
56 *Michl* ZfWG 2016, 113 (115).
57 EuGH 8.9.2010 – C-46/08, ECLI:EU:C:2010:505 Rn. 68, Slg 2010 I-08149.
58 *Klöck/Klein* ZfWG 2010, 356 (356).
59 *Meyer* in *Deutsche Hauptstelle für Suchtfragen eV*, Jahrbuch Sucht 2020, 129 ff.
60 So aber *Mailänder* ZfWG 2012, 314 (316).

Kohärenz hin zu überprüfen. Maßgeblich seien allein die den mitgliedstaatlichen Regulierungen zugrundeliegenden **Allgemeinwohlziele.**[61] Geht es also um die Bekämpfung der Spielsucht, können unterschiedliche Spielarten je nach Suchtgefahr entsprechend anders reguliert werden, wobei das **Regulierungssystem** insgesamt kohärent sein muss. Ein System, in dem einer staatlichen Stelle ein Ausschließlichkeitsrecht für das Betreiben und Vermitteln von Sportwetten zugesprochen wird und (statistisch) nachweisbar besonders suchtgefährdende Automatenspiele durch private Anbieter möglich sind,[62] ist somit inkohärent.[63] In diesem Fall führt die fehlende Kohärenz zur Ungeeignetheit der nationalen Maßnahme. Ein staatliches Glücksspielmonopol ist zur kohärenten und systematischen Bekämpfung der Spielsucht jedenfalls ungeeignet, wenn Werbemaßnahmen des Monopolinhabers zur Teilnahme ermunterten, um staatliche Gewinne aus der Monopoltätigkeit zu maximieren, während andere Arten von Glücksspielen mit hohem Suchtpotential von privaten Veranstaltern betrieben werden dürfen und damit in eine Art Wettstreit um die Gunst der Spieler treten.[64]

23 Der Gerichtshof ließ die konkrete **Tauglichkeit der Monopollösung** in der Rechtssache *Markus Stoß* aber letztlich weitgehend offen. Vorsichtig formulierte er lediglich, ein Monopol müsse aus Sicht der Mitgliedstaaten jedenfalls geeignet sein, die verfolgten Ziele zu erreichen.[65] Voneinander abweichende Regelungen zwischen den Mitgliedstaaten änderten als solche nichts an der grundsätzlichen Eignung eines staatlichen Monopols zur Vermeidung von Überschuldung der Spieler oder zur Bekämpfung der Spielsucht.[66] Innerhalb eines Mitgliedstaates dürfen die Rechtfertigungsziele zur Beschränkung binnenmarktrechtlicher Freiheiten aber nicht durch widersprüchliche Regelungen behindert werden. Es ist anzunehmen, dass ein rein abstrakter Rechtfertigungsgrund nicht ausreicht und die Notwendigkeit für eine Monopollösung möglichst konkret ersichtlich sein muss,[67] etwa über die Ermittlung eines **Hypokrisie-Tests.**[68] Überdies hat der EuGH in der Rechtssache *Admiral* die Anforderungen an die Überprüfung der Kohärenz im Rahmen der Rechtfertigung von nationalen glücksspielrechtlichen Beschränkungen genauer gefasst, indem er betonte, dass es nicht nur auf die Zielsetzung der Regelungen im Zeitpunkt ihres Erlasses, sondern auch auf die nach ihrem Erlass zu bewertenden Auswirkungen ankomme.[69]

24 d) **Kohärenz innerhalb der Mitgliedstaaten.** In föderal strukturierten Mitgliedstaaten wie Deutschland ergeben sich unterschiedliche Glücksspielregulierungen durch **Bundes- und Landesrecht** und zwischen den Ländern. So sind vor allem das Rennwett- und Lotteriegesetz sowie die Gewerbeordnung im Rahmen der

61 EuGH 8.9.2010 – C-316/07, ECLI:EU:C:2010:504 Rn. 91, Slg 2010 I-08069.

62 *Banz/Becker* ZfWG 2019, 212; vgl. auch *Meyer/Rumpf/Kreuzer ua* Pathologisches Glücksspiel und Epidemiologie (PAGE-Studie) S. 67 f., 72.

63 EuGH. 8.9.2010 – C-316/07, ECLI:EU:C:2010:504 Rn. 98 ff., Slg 2010 I-08069.

64 Vgl. *Klöck/Klein* ZfWG 2010, 356 (357).

65 EuGH 8.9.2010 – C-316/07, ECLI:EU:C:2010:504 Rn. 107, Slg 2010I-8069-8148; EuGH 19.12.2018 – C-375/17, ECLI:EU:C:2018:1026 Rn. 47, Slg 2010 I-08069.

66 EuGH 8.9.2010 – C-46/08, ECLI:EU:C:2010:505 Rn. 63; EuGH 28.2.2018 – C-3/17, ECLI:EU:C:2018:130 Rn. 23, Slg 2010 I-08149.

67 *Alber* Glücksspiele und Europarecht S. 211.

68 Schlussanträge des GA Mengozzi, 4.3.2012, Nr. 50 iVm EuGH 8.9.2010 – C-46/08, ECLI:EU:C:2010:110, Slg 2010 I-08149; Hypokrisie steht für Heuchelei oder Scheinheiligkeit. Zuweilen erscheinen die Verhältnismäßigkeit von Beschränkungsmaßnahmen und die damit verbundenen Allgemeinwohlziele von den Mitgliedstaaten tatsächlich nicht ernsthaft verfolgt zu werden.

69 EuGH 30.6.2016 – C-464/15, ECLI:EU:C:2016:500 Rn. 37; *Hilf/Umbach* ZfWG 2017, 353 (355).

konkurrierenden Gesetzgebung nach Art. 72 Abs. 1, 74 Abs. 1 Nr. 11 GG bundesrechtlich geregelt, während zB die Kompetenz zur Regulierung der Spielhallen den Ländern zufällt.[70] Für die Wahrung der Kohärenz bedeutet ein föderales System die Pflicht des Mitgliedstaats, zentrale, regionale und lokale **Zuständigkeiten abzustimmen**, wie der EuGH in der Rechtssache *Carmen Media* betont hat.[71] Einzelne sehen darin eine Nichtbeachtung mitgliedstaatlicher föderaler Strukturen.[72] Dem ist zuzustimmen. Mangels fortgesetzter höchstgerichtlicher Kasuistik auf europäischer Ebene ist dieser problematische Ansatz bislang aber nicht weiter ins Gewicht gefallen.

4. Grundsatz der gegenseitigen Anerkennung im Glücksspielbereich ohne Anwendung. a) Allgemeines zum Grundsatz der gegenseitigen Anerkennung. Seinen Ursprung hat der Grundsatz der gegenseitigen Anerkennung im *Cassis-Urteil* des EuGH, nach dem sich voneinander unterscheidende Regeln für die Produktion und die Verkehrsfähigkeit von Gütern zwischen mind. zwei Mitgliedstaaten in einem insgesamt noch nicht harmonisierten Bereich hingenommen werden müssen.[73] Ein Mitgliedstaat ist also in diesen Bereichen gehalten, von ihm **abweichende Regelungen anderer Mitgliedstaaten** sogar in Form von Handelshemmnissen grundsätzlich zu respektieren, wenn diese zwingenden Erfordernissen wie Verbraucherschutz, steuerliche Kontrolle oder öffentliche Gesundheit zu dienen bestimmt sind → Rn. 7. Damit wird gewährleistet, dass den grenzüberschreitend tätigen Händlern nicht mehr zugemutet wird, neben den Produkt- und Handelsstandards des Herkunftslandes auch noch die des Ziellandes berücksichtigen zu müssen. Ohne den Grundsatz der gegenseitigen Anerkennung wäre es nicht möglich gewesen, einen **Binnenmarkt** ohne umfassende Harmonisierungsregeln zu schaffen.[74] 25

b) Glücksspielbereich als Sonderfall. In Bezug auf Glücksspiele hat der EuGH den **Grundsatz gegenseitiger Anerkennung** jedoch stets **abgelehnt**, obwohl der gesamte Glücksspielsektor innerhalb der EU nicht harmonisiert ist. Insbesondere wenn es wie zB im Fall *Placanica* um eine strafbewehrte Glücksspielaktivität in einem Mitgliedstaat geht, die in einem anderen erlaubt ist,[75] sieht der EuGH von einer gegenseitigen Anerkennung ab, da die Mitgliedstaaten andernfalls in ihrer **Regelungsfreiheit** im Glücksspielbereich **beschränkt** seien und Monopole oder gar Verbote zum Zwecke der Spielsuchtbekämpfung und zur Vermeidung von Anreizen zu übermäßigen Ausgaben für das Spielen wirkungslos würden.[76] 26

Daran anknüpfend führte der Gerichtshof in der Rechtssache *Sporting Exchange* aus, dass er die Anerkennung einer ausländischen Erlaubnis für Online-Glücksspiele ablehnt, weil **unterschiedliche Verbraucherschutzniveaus** unterschiedlich zu behandeln seien. Schließlich seien staatliche Kontrollen von Glücksspielen, die in einem Mitgliedstaat dem Verbraucherschutz dienten, noch kein Beleg für den tatsächlichen Schutz vor Betrug oder anderen Straftaten in einem anderen Mitgliedstaat.[77] Der EuGH stärkte hier die **Unabhängigkeit der Mitgliedstaaten** hinsichtlich der Ausgestaltung des eigenen Schutzniveaus und stellte zugleich, wie im Fall *Liga Portuguesa,* wiederholend fest, ein Mit- 27

70 *Gebhardt* in *Gebhardt/Grüsser-Sinopoli* Glücksspiel in Deutschland S. 394 ff.
71 EuGH 9.9.2010 – C-46/08, ECLI:EU:C:2010:505 Rn. 70, Slg 2010 I-08149.
72 *Becker* ZfWG 2009, 1 (1).
73 *Alter/Meunier-Aitsahalia*, Comparative Political Studies 26, 535 ff.
74 *Busch/Matthes* in *Becker/Lippert* Handbuch Europäische Union S. 704.
75 EuGH 6.3.2007 – C-360/04, ECLI:EU:C:2006:71 Rn. 73, Slg 2007 I-1891-1964.
76 EuGH 8.9.2010 – C-316/07, ECLI:EU:C:2010:504 Rn. 111, Slg 2010 I-08069; EuGH 8.9.2009 – C-42/07, ECLI:EU:C:2009:519 Rn. 58, Slg 2009 I-07633.
77 EuGH 3.6.2010 – C-203/08, ECLI:EU:C:2010:307 Rn. 33, Slg 2010 I-04695.

gliedstaat könne die Voraussetzungen für eine glücksspielrechtliche Erlaubnis in einem anderen Mitgliedstaat nicht angemessen beurteilen.[78] Hat ein Glücksspielanbieter in einem EU-Staat also eine Glücksspielerlaubnis bekommen, kann er sich in anderen EU-Staaten zwar auf die Grundfreiheiten sogar dann berufen, wenn es sich um eine Offshore-Erlaubnis handelt, die im Sitzstaat gerade nicht gilt. Allerdings folgt aus dem Wegfall des Grundsatzes gegenseitiger Anerkennung im Glücksspielereich, dass ein EU-Staat ungeachtet des Vorliegens einer EU-ausländischen Erlaubnis eine inländische verlangen kann.[79]

28 aa) **Kritik am Wegfall des Grundsatzes der gegenseitigen Anerkennung im Glücksspielbereich.** Der Ausschluss des Grundsatzes der gegenseitigen Anerkennung im Glücksspielbereich wird in der Literatur als zu weitreichend und auch widersprüchlich kritisiert. Der Gerichtshof macht den Grundsatz der gegenseitigen Anerkennung im Glücksspielbereich letztlich von einer vorherigen europäischen Harmonisierung abhängig. Durch eine solche würden aber Unterschiede ohnehin beseitigt. Die Aussage sei insofern ohne Wirkung.[80] Vielmehr sei eine gegenseitige Anerkennung gerade dann geboten, wenn noch **keine Harmonisierung** vorliege.[81] Außerdem sei es in der Regel für einen Mitgliedstaat eben nicht unmöglich, das verbraucherrechtliche Schutzniveau und die damit verbundenen Auflagen an Glücksspielanbieter in einem anderen Mitgliedstaat zu erfassen.[82] Auch sei es für einen Mitgliedstaat nicht per se unmöglich zu prüfen, inwiefern die Existenz einer Glücksspielerlaubnis in einem anderen Mitgliedstaat tatsächlich die damit bezweckte Eindämmung der Begleitkriminalität fördere.[83] Indem der EuGH den **Spielraum der Mitgliedstaaten** zur **Maxime** erhebe, verstoße er schließlich empfindlich gegen das sich unmittelbar aus der Anwendung der Marktfreiheiten ergebende Prinzip der gegenseitigen Anerkennung und verhalte sich damit in diesem Sinne seinerseits **systemwidrig.**[84]

29 **bb) Online-Glücksspiel und Internetverbot.** Erstmals ging es um Online-Glücksspiele in der Rechtssache *Liga Portuguesa.* Dabei hatten private Wettanbieter aus dem EU-Ausland das Monopol einer staatlichen portugiesischen Einrichtung für Internetwetten im Inland erfolglos angegriffen. Glücksspiele im Internet böten wegen des **fehlenden unmittelbaren Kontakts** zwischen Verbraucher und Anbieter größere Betrugsgefahren als im herkömmlichen Glücksspielmarkt und seien wegen der fehlenden sozialen Kontrollen auch suchtgefährdender.[85] Insofern sei erst recht Raum für eine **nationale Monopollösung** in der Online-Glücksspielregulierung, die mit besseren Kontrollmöglichkeiten einherginge.[86] Dies gelte, auch wenn es anderen Online-Glücksspiel-Veranstaltern nach dem Recht ihrer Sitzstaaten erlaubt sei, im gesamten EU-Binnenmarkt rechtmäßig tätig zu sein.[87] Zwar erhebt der EuGH gegen ein Internetverbot von Glücksspiel als schwerste Einschränkung keine Einwände und setzt Regulierungsmöglichkeiten des terrestrischen Bereichs mit denen des virtuellen gleich,[88] schweigt aber

78 EuGH 8.9.2009 – C-42/07, ECLI:EU:C:2009:519 Rn. 69, Slg 2009 I-07633.
79 *Ennuschat* ZfWG 2020, 2 (4).
80 *Alber* Glücksspiele und Europarecht S. 87.
81 Schlussanträge des GA Bot, 31.3.2011, Nr. 137 iVm EuGH 15.9.2011 – C-347/09. ECLI:EU:C:2011:195, Slg 2011 I-8185-8261.
82 *Dawes/Struckmann* European Law Review 35 (2010), 236 (260).
83 *Alber* ZfWG 2009, 325 (326).
84 Vgl. *Brüning* NVwZ 2013, 23 (27).
85 EuGH 8.9.2009 – C-42/07, ECLI:EU:C:2009:519 Rn. 69, Slg 2009 I-07633; EuGH 3.6.2010 – C-203/08, ECLI:EU:C:2010:307 Rn. 34, Slg 2010 I-04695.
86 *Hecker* ZfWG 2013, 91 (93).
87 EuGH 8.9.2009 – C-42/07, ECLI:EU:C:2009:519 Rn. 70, 2009 I-07633.
88 *Dietlein* ZfWG 2009, 327 (328).

über eine mögliche Konkretisierung eines Verbots und gibt auch in keiner vergleichbaren Rechtssache Anhaltspunkte zur Verhältnismäßigkeit entsprechender nationaler Maßnahmen.

Nach vereinzelter Ansicht spreche gegen ein Internetverbot und die andernfalls gegebene Gefahr **steigender Begleitkriminalität** durch Online-Glücksspiel die technisch leichtere Überprüfbarkeit von Internetvorgängen über die IP-Adressen der Nutzer.[89] Begleitkriminalität könne zu illegalen Anbietern zurückverfolgt werden, da diese in der Regel zwecks maximaler Gewinnerzielung dauerhafte Internetadressen verwendeten. Andererseits können Zahlungsströme und Glücksspielanbieter inzwischen so schnell verschleiert und verändert werden, dass eine Nachverfolgung von illegalen Aktivitäten immer schwerer wird. Selbst wenn kriminelle Anbieter über eine „Blacklist" gespeichert würden, würden die Daten im Zuge permanenter Firmenneugründungen und versteckter Zahlungsflüsse schnell veralten.[90] Online-Glücksspiele sind überdies für Geldwäscheaktivitäten deshalb so attraktiv, weil die Vielzahl der Geldflüsse beim Glücksspiel die Tarnung für illegale Transaktionen begünstigt und mangels eines physischen Produkts ein Abgleich zwischen angegebenen und tatsächlichen Transaktionen schwer vorzunehmen ist.[91] Eine mögliche Lösung für eine transparentere Zahlungsabwicklung über die Blockchain-Technologie ist derzeit noch nicht in Sicht.[92] Daher ist dem Ansatz des EuGH, das europäische Recht so auszulegen, dass es einem Verbot von Online-Glücksspiel und der Werbung dafür grundsätzlich nicht entgegensteht, zuzustimmen. 30

5. Darlegungs- und Beweislast. Die Darlegungs- und Beweislast trifft jeden Mitgliedstaat dahin gehend, dass sein die Grundfreiheiten beschränkendes nationales Recht „zwingenden Gründen des Allgemeininteresses" dienen und insoweit verhältnismäßig sein muss, dh insbesondere kein milderes Mittel als die Beschränkungsmaßnahme existiert.[93] Schon im Glücksspiel-Urteil *Lindman* hat der EuGH dargelegt, dass die Rechtfertigungsgründe, die von einem Mitgliedstaat geltend gemacht werden, von einer **Untersuchung zur Zweck- und Verhältnismäßigkeit** der von diesem Staat erlassenen beschränkenden Maßnahme begleitet werden müssen, um das Vorliegen rechtfertigender Ziele und die Verhältnismäßigkeit der Maßnahme darzutun.[94] Seit der Rechtssache *Markus Stoß* verlangt der EuGH zur Begründung der Erforderlichkeit einer Beschränkungsmaßnahme eine solche Untersuchung nicht notwendigerweise vor Erlass der Maßnahme, sondern lässt es ausreichen, eine sachverständige Untersuchung im Verfahren vor dem (nationalen) Gericht durch den die Beschränkungsmaßnahme Erlassenden nachzuschieben.[95] Soweit nationale Gerichtsverfahren nach dem Amtsermittlungsgrundsatz durchgeführt werden, ändert sich diese Beweislastverteilung nicht.[96] Nationale Gerichte dürfen sich dabei aber nicht mit einem Verweis auf weite Einschätzungs- und Bewertungsspielräume des nationalen Ge- 31

89 *Bumke* Der Staat 49 (2010), 77 (104).
90 *Steinmetz/Fiedler* ZfWG 2019, 456 (457).
91 *Fiedler/Krumma/Zanconato ua* Das Geldwäscherisiko verschiedener Glücksspielarten S. 149.
92 *Steinmetz/Fiedler* ZfWG 2019, 456 (459).
93 *Dederer* EuZW 2010, 771 (773).
94 EuGH 13.11.2003 – C-42/02, ECLI:EU:C:2003:613 Rn. 25, Slg 2003 I-13519; EuGH 28.2.2018 – C-3/17, ECLI:EU:C:2018:130 Rn. 59 ff., ZfWG 2018, 253.
95 EuGH 8.9.2010 – C-316/07, ECLI:EU:C:2010:504 Rn. 71 f. und Leitsatz 1.a), Slg 2010 I-08069; EuGH 28.2.2018 – C-3/17, ECLI:EU:C:2018:130 Rn. 61 f., ZfWG 2018, 253.
96 EuGH 28.2.2018 – C-3/17, ECLI:EU:C:2018:130 Rn. 54, Leitsätze 4 und 5, ZfWG 2018, 253.

setzgebers begnügen, sondern müssen vielmehr eine umfassende Verhältnismäßigkeitsprüfung auch unter dem Kohärenzaspekt → Rn. 17. durchführen.[97] Verfolgt die Maßnahme das Ziel der Suchtprävention, trifft den Mitgliedstaat dafür eine besondere Begründungspflicht im Zuge der Darlegungs- und Beweislast.[98] Was der EuGH darunter genau versteht, lässt er bislang offen.

32 **6. Grundsätze der Ermessensausübung.** Mehrfach hat der EuGH dargelegt, dass mitgliedstaatlichen Behörden ein ausreichendes Ermessen zusteht, wenn die Ausübung von Glücksspielen von der Genehmigung staatlicher Stellen abhängt.[99] Die **Grenze** der Ermessensausübung ist allerdings dann überschritten, sobald es um **willkürliche und diskriminierende Regelungen** geht oder auch **kein effektiver gerichtlicher Rechtsschutz** ermöglicht wird.[100] Dies bedeutet spätestens seit dem Fall *Sporting Exchange*, dass eine im Ermessen einer Behörde stehende glücksspielrechtliche Genehmigung für den Beantragenden leicht zugänglich sein muss sowie objektiv und unverzüglich beschieden werden muss.[101] Andernfalls ist die behördliche Entscheidung unionsrechtswidrig.

33 **7. Effektivitäts- und Äquivalenzgrundsatz.** Mit der Feststellung, dass die Ausübung der durch die Unionsrechtsordnung verliehenen Rechte nicht praktisch unmöglich gemacht oder übermäßig erschwert werden darf, hat der EuGH den Effektivitätsgrundsatz aufgestellt, der mehrfach auch in glücksspielrechtlichen Entscheidungen auftaucht.[102] In diesem Zusammenhang hat der Gerichtshof außerdem den Äquivalenzgrundsatz herausgebildet, nach dem der Einzelne innerstaatlichen **Rechtsschutz** für die unmittelbar aus dem Unionsrecht erwachsenden Rechte genauso erhalten muss, wie es für innerstaatliches Recht der Fall ist. So befand der Gerichtshof im Fall *Costa und Cifone* die expansive italienische Konzessionsvergabe für Sportwetten für europarechtswidrig, da Besitzer bereits erteilter Konzessionen ua durch das Vorschreiben von Mindestabständen zu neuen Sportwettbüros besonders geschützt würden, während neue Anbieter dadurch in der effektiven Durchsetzung ihrer Dienstleistungsfreiheit beschwert seien.[103] Zuvor hatten nur wenige Unternehmen Sportwetten anbieten dürfen, was ebenfalls als europarechtswidrig gewertet wurde.[104]

34 Unter Hinweis auf das Urteil im Fall *Placanica* stellte der Gerichtshof fest, dass es Aufgabe des innerstaatlichen Rechts sei, **Verfahrensmodalitäten** vorzusehen, damit diejenigen Wirtschaftsteilnehmer geschützt würden, die schon von der ersten Ausschreibung der Konzessionen ausgeschlossen gewesen waren, wobei diese Modalitäten nicht weniger günstig ausgestaltet sein dürften als für entsprechende Sachverhalte innerstaatlicher Art.[105] In anderen Worten: Der Kläger, der eine gemeinschaftliche Rechtsposition einklagt, darf nicht schlechter gestellt

97 *Hilf/Umbach* ZfWG 2018, 519 (520).
98 *Dederer* EuZW 2010, 771 (773).
99 EuGH 24.3.1994 – C-275/92, ECLI:EU:C:1994:119 Rn. 61, Slg 1994 I-01039; EuGH 8.9.2010 – C-46/08, ECLI:EU:C:2010:505 Rn. 86, Slg 2010 I-08149.
100 EuGH 8.9.2010 – C-46/08, ECLI:EU:C:2010:505 Rn. 87, Slg 2010 I-08149.
101 Schlussanträge des GA Ruiz-Jarabo Colomer, 16.5.2006, Nr. 123 iVm EuGH 6.3.2007 – C-360/04, ECLI:EU:C:2006:71 Rn. 67, Slg 2007 I-1891-1964; EuGH 3.6.2010 – C-203/08, Rn. 41 f., Slg 2010 I-04695; EuGH 9.9.2010 – C-64/08, ECLI:EU:C:2010:506 Rn. 55, Slg 2010 I-08219.
102 EuGH 28.1.2016 – C-375/14, ECLI:EU:2016:60 Rn. 43; EuGH 6.3.2007 – C-360/04, ECLI:EU:C:2006:71 Rn. 63; EuGH 16.2.2012 – C-72/10, ECLI:EU:C:2012:80 Rn. 51; EuGH 13.3.2007 – C-432/05, ECLI:EU:C:2007:163 Rn. 82, Slg 2007 I-02271.
103 EuGH 16.2.2012 – C-72/10, ECLI:EU:C:2012:80 Rn. 48, ZfWG 2012, 105.
104 EuGH 16.2.2012 – C-72/10, ECLI:EU:C:2012:80 Rn. 50, ZfWG 2012, 105.
105 EuGH 16.2.2012 – C-72/10, ECLI:EU:C:2012:80 Rn. 51, ZfWG 2012, 105.

werden als derjenige, der ein mitgliedstaatliches Recht geltend macht.[106] Der Grundsatz effektiven gerichtlichen Rechtsschutzes als solcher erfordert keinen eigenständigen Rechtsbehelf, sofern im Rahmen des Systems der nationalen Rechtsbehelfe sichergestellt ist, dass die Grundsätze der Gleichwertigkeit und der Effektivität gewahrt sind.[107]

8. Gleichbehandlungs- und Transparenzgrundsatz. Auf den Fall *Costa und Cifone* folgend ging es im Vertragsverletzungsverfahren *UNIRE* um eine von der Kommission beanstandete, automatische Verlängerung von italienischen Konzessionen zur Veranstaltung von Pferderennwetten, die ohne vorherige Bekanntmachung erfolgt war. Der Gerichtshof bestätigte die Rüge der Kommission und konstatierte neben einer Verletzung von Art. 49, 59 AEUV einen Verstoß gegen den allgemeinen Transparenzgrundsatz, der dazu verpflichte, zugunsten potenzieller Bewerber einen **angemessenen Grad an Öffentlichkeit** für die Verlängerung von Konzessionen sicherzustellen, da kein Ausschreibungsverfahren durchgeführt worden war.[108] Schon existente Vergaberegulierungen durch Richtlinien seien dabei unerheblich.[109] Bis zu dieser Entscheidung war der EuGH jahrelang noch davon ausgegangen, eine Ausschreibungspflicht könne sich nur aus einschlägigen Richtlinien ergeben.[110] Dabei sieht der EuGH den Transparenzgrundsatz inzwischen als Ausfluss des Gleichbehandlungsgebots, den insbesondere öffentliche Stellen zu beachten haben und wiederholte in den Rechtssachen *Sporting Exchange* und *Ince* die Pflicht jeder konzessionserteilenden Stelle, mindestens so viel Öffentlichkeit zu gewähren, dass eine Öffnung der Dienstleistungskonzessionen für den Wettbewerb und eine damit verbundene **Nachprüfung** dahin gehend ermöglicht werde, ob die **Vergabeverfahren unparteiisch** durchgeführt worden seien.[111] Alle interessierten Wirtschaftsteilnehmer sollen also dieselben Chancen haben, an Ausschreibungen teilnehmen zu können. 35

9. Rechtssicherheit und zeitliche Wirkung einer EuGH-Entscheidung. Der Fall *Winner Wetten* bezog sich auf die **Vorrangwirkung des Unionsrechts in zeitlicher Hinsicht.** Hier hatte das OVG Münster unter Bezugnahme auf einen Beschluss des BVerfG[112] nämlich geurteilt, eine Schließungsverfügung für den Betrieb eines in Nordrhein-Westfalen ansässigen Vermittlers von maltesischen Sportwetten aufzuheben, da das der Schließungsverfügung zugrundeliegende staatliche Sportwetten-Monopol nach § 1 Sportwetten-Gesetz NRW rechtswidrig sei und auch gegen Art. 49, 59 AEUV verstoße. Aus Gründen der Rechtssicherheit und zur **Vermeidung von Gesetzeslücken** gelte der rechtswidrige Zustand während einer Übergangsfrist bis zur Neuregelung jedoch weiter fort.[113] Der EuGH widersprach und betonte, ein europarechtswidriges Sportwetten-Monopol dürfe auch nicht für eine **Übergangszeit** Geltung beanspruchen.[114] Es gebe auch keine zwingenden Erwägungen, die eine befristete Aussetzung der Verdrän- 36

---

106 *König* Der Äquivalenz- und Effektivitätsgrundsatz in der Rechtsprechung des Europäischen Gerichtshofs S. 92.
107 EuGH 13.3.2007 – C-432/05, ECLI:EU:C:2007:163 Rn. 47, Slg 2007 I-02271.
108 EuGH 13.9.2007 – C-260/04, ECLI:EU:C:2007:508 Rn. 24, Slg 2007 I-07083.
109 EuGH 13.10.2005 – C-458/03, ECLI:EU:C:2005:605 Rn. 46 ff., Slg 2005 I-08585.
110 EuGH 26.4.1994 – C-272/91, ECLI:EU:C:1994:167 Rn. 18 ff., Slg 1994 I-01409.
111 EuGH 3.6.2010 – C-203/08, ECLI:EU:C:2010:307 Rn. 38 ff., Slg 2010 I-04695; EuGH 9.9.2010 – C-64/08, ECLI:EU:C:2010:506 Rn. 49, Slg 2010 I-08219; EuGH 4.2.2016 – C-336714, ZfWG 2016, 115 (126); vgl. dazu *Dietlein/Peters* ZfWG 2016, 78 (85).
112 BVerfG NVwZ 2008, 301 (303).
113 OVG Münster DVBl 2006, 1462.
114 EuGH 8.9.2010 – C-409/06, ECLI:EU:C:2010:503 Rn. 71, Slg 2010 I-08015.

gungswirkung des Unionsrechts gegenüber dem hier einschlägigen deutschen Recht rechtfertigen könnten.[115] Hintergrund war, dass die befristete Weitergeltung einer europarechtswidrigen nationalstaatlichen Regelung in diesem Vorabentscheidungsverfahren ganz allgemein in Rede stand und damit Rechtssicherheit bzw. Vertrauensschutz für konkret Betroffene nicht von Belang war.[116]

37 Anders verhielt es sich im Fall *Carmen Media*, in dem es ua um eine **befristete Weitergeltung** eines inzwischen untersagten Internetangebots für die Annahme von Sportwetten ging. Denn dort waren nach Auffassung des Gerichtshofs die Anbieter besonders schutzwürdig, da den Spielanbietern ohne die Fortgeltung des inzwischen festgestellten rechtswidrigen Zustands die Wirtschaftsgrundlage unmittelbar entzogen worden wäre.[117] Für eine besondere Schutzwürdigkeit sprach in diesem Einzelfall außerdem, dass die Anbieter bereits während der Übergangsfrist einige Vorgaben hinsichtlich des Jugendschutzes und der Suchtprävention einhalten mussten.[118]

38 Mithin erlaubt der EuGH die **Fortgeltung europarechtswidriger Rechtsakte übergangsweise** und räumt somit Zeit zur Anpassung ein, wenn Betroffene im Vertrauen auf die Rechtslage Maßnahmen getroffen haben, deren sofortige Aufhebung oder Änderung sie unverhältnismäßig beeinträchtigen würden.

39 **10. Grundsatz steuerlicher Neutralität.** Bei Glücksspiel-Urteilen des Gerichtshofs in steuerrechtlichen Zusammenhängen geht es vornehmlich um die Auslegung von Bestimmungen der **Sechsten Richtlinie über das gemeinsame Mehrwertsteuersystem.**[119] Da die Mehrwertsteuer bisher die einzige harmonisierte Steuer innerhalb der EU ist, war nur sie bisher mehrfach beim EuGH streitgegenständlich.

40 Zur Besteuerung gewerblicher Geldgewinnspiele hat der EuGH erstmals in der Rechtssache *Glawe* erklärt, für die **unionsrechtskonforme Ermittlung der Mehrwertsteuer** komme nur die tatsächlich erhaltene Gegenleistung für die erbrachte Leistung in Betracht, so dass bei Geldspielautomaten mit Gewinnmöglichkeit der gesetzlich zur Gewinnausschüttung zwingend festgelegte Teil der Gesamtheit der Spieleinsätze nicht in die Besteuerungsgrundlage einfließt.[120]

41 In den Entscheidungen *Fischer* und *Linneweber* hatte der Gerichtshof den Grundsatz der steuerlichen Neutralität erstmals im Glücksspielkontext eingeführt und damit zum Ausdruck gebracht, gleichartige und deshalb miteinander im Wettbewerb stehende Waren oder Dienstleistungen hinsichtlich der Mehrwertsteuer nicht unterschiedlich zu behandeln.[121] Vielmehr sei auf solche Waren und Dienstleistungen ein einheitlicher Steuersatz anzuwenden.[122] Für die Prüfung der **Gleichartigkeit** der Waren oder Dienstleistungen komme es nicht auf die Identität des Herstellers oder des Dienstleistungserbringers und dessen Rechtsform an. Damit erteilte der Gerichtshof dem Umstand, dass in Deutschland staatliche Spielbanken von der Umsatzsteuer (UStG) befreit waren, während private Geldspielgerätanbieter in den Anwendungsbereich des Umsatzsteuergesetzes fielen, eine Absage.[123] Der Gerichtshof erinnerte daran, dass sich aus

115 EuGH 8.9.2010 – C-409/06, ECLI:EU:C:2010:503 Rn. 67, Slg 2010 I-08015.
116 *Alber* FS Becker, 2019, 201 (219).
117 EuGH 8.9.2010 – C-46/08, ECLI:EU:C:2010:505 Rn. 91, Slg 2010 I-08149.
118 EuGH 8.9.2010 – C-46/08, ECLI:EU:C:2010:505 Rn. 106, Slg 2010 I-08149.
119 Richtlinie 2006/112/EG des Rates v. 28.11.2006 über das Gemeinsame Mehrwertsteuersystem, ABl. EU 2006, L 347, S. 1.
120 EuGH 5.5.1994 – C-38/93, ECLI:EU:C:1994:188 Rn. 9, Slg 1994 I-01679.
121 *Heinze* ZfWG 2014, 7 (8).
122 EuGH 17.2.2005 – C-453/02, ECLI:EU:C:2005:92 Rn. 24, Slg 2005 I 1151.
123 EuGH 17.2.2005 – C-453/02, ECLI:EU:C:2005:92 Rn. 29, Slg 2005 I 1151.

Art. 13 Teil B lit. f der Sechsten RL ergebe, dass die Veranstaltung und der Betrieb von Glücksspielen und Glücksspielgeräten grundsätzlich von der Mehrwertsteuer zu befreien seien, wobei die Mitgliedstaaten Grenzen und Bedingungen der Befreiungen festzulegen hätten.[124] Nach dem Urteil im Fall *Fischer* steht im Sinne des Grundsatzes der steuerlichen Neutralität bei der Erhebung der Mehrwertsteuer überdies fest, nicht zwischen erlaubten Umsätzen und illegalen Geschäften zu unterscheiden.[125] Daraus ergibt sich, dass Mitgliedstaaten **Steuerbefreiungen** nicht nur den erlaubten Glücksspielen vorbehalten dürfen.[126]

Zusammenfassend zählt der EuGH in der Rechtssache *The Rank Group* auf, zwei Dienstleistungen seien gleichartig, wenn sie aus **Sicht eines Durchschnittsverbrauchers** ähnliche Eigenschaften aufwiesen und dieselben Bedürfnisse des Verbrauchers befriedigten, wobei bestehende Unterschiede für die Wahl der Dienstleistung durch den Verbraucher nicht erheblich sein dürften.[127] Daher sei der Grundsatz der steuerlichen Neutralität nicht so zu verstehen, dass Wetten, Lotterien und sämtliche andere Glücksspiele mit unterschiedlichen Mindest- und Höchsteinsätzen, Gewinnchancen und Suchtpotentialen sämtlich als gleichartige Leistungen angesehen werden dürften.[128] Eine Vergleichbarkeit sei nicht schon deswegen ausgeschlossen, weil Glücksspiele unterschiedlichen nicht harmonisierten Abgaben unterlägen oder rechtlich verschieden reguliert seien oder in unterschiedlichen Räumlichkeiten angeboten würden wie es bei Automatenspielen in Casinos oder Gaststätten der Fall sei.[129] Die in dieser Rechtssache aufgeführten Punkte zur Unvergleichbarkeit von Glücksspielen können als **Auslegungshilfe für die Beurteilung der Kohärenz** herangezogen werden → Rn. 16 ff.[130] 42

Im Vorabentscheidungsverfahren *Leo-Liberia*, in dem es um eine verweigerte Steuerbefreiung für die Umsätze aus dem Betrieb von Geldspielautomaten auf der Grundlage des § 4 Nr. 9 b UStG ging,[131] stellte der EuGH die **Bedingungen und Beschränkungen** für die **Befreiung** von der **Mehrwertsteuer** bei Glücksspielen in ein **weites Ermessen** der Mitgliedstaaten.[132] Die Zielsetzung der Befreiung stellte der Gerichtshof an dieser Stelle ebenfalls in ein weites Ermessen der Mitgliedstaaten und bezog sich damit auf die Urteile *Schindler* und *Läärä* → Rn. 5 f., → Rn. 9.[133] 43

II. Rechtsprechung des Europäischen Gerichtshofs für Menschenrechte (EGMR) und seine Bedeutung für das Glückspielrecht

Als **Organ des Europarates** prüft der EGMR die Verletzung der Grundrechte aus der Konvention zum Schutze der Menschenrechte und Grundfreiheiten (EMRK) nebst Protokollen durch die diesem Vertrag beigetretenen Mitgliedstaaten.[134] 44

124 EuGH 17.2.2005 – C-453/02, ECLI:EU:C:2005:92 Rn. 25, Slg 2005 I 1151.
125 EuGH 11.6.1998 – C-283/95, ECLI:EU:C:1998:276 Rn. 21, Slg 1998 I-03369.
126 EuGH 11.6.1998 – C-283/95, ECLI:EU:C:1998:276 Rn. 28, Slg 1998 I-03369.
127 EuGH 10.11.2011 – C-260/10, ECLI:EU:C:2011:719 Rn. 44, Slg 2011 I-10947.
128 EuGH 10.11.2011 – C-260/10, ECLI:EU:C:2011:719 Rn. 53 ff., Slg 2011 I-10947.
129 EuGH 10.11.2011 – C-260/10, ECLI:EU:C:2011:719 Rn. 49, Slg 2011 I-10947.
130 *Alber* Glücksspiele und Europarecht S. 350.
131 EuGH 10.6.2010 – C-58/09, ECLI:EU:C:2010:333 Rn. 24 ff., Slg 2010 I-05189; EuGH 17.2.2005 – C-453/02, ECLI:EU:C:2005:92, Rn. 23, Slg 2005 I-01131.
132 *Heinze* ZfWG 2014, 7 (9).
133 *Alber* Glücksspiele und Europarecht S. 341.
134 Insgesamt wurde die EMRK von 47 Staaten unterzeichnet, ua von allen 28 Mitgliedstaaten der EU. Eine Liste der Mitgliedstaaten findet sich unter https://www.coe.int/de/web/portal/47-members-states (zuletzt aufgerufen am 5.3.2022).

45 **1. Verhältnis EGMR und EuGH.** Hinzuweisen ist zunächst auf den geplanten, aber noch nicht vollzogenen **Beitritt der EU zur EMRK**, welcher im Vertrag von Lissabon als Zielbestimmung in Art. 6 Abs. 2 EUV festgeschrieben und von der Kommission durch einen Beitrittsentwurf im Jahr 2013 aufgenommen wurde. Der EuGH lehnte jedoch in einem Gutachten von 2014 einen Beitritt der EU zur EMRK ab.[135] Die Kommission ist zu Recht der Überzeugung, dass ein Beitritt der EU das Menschenrechtssystem in Europa und die EU-Politik im Bereich der Außenbeziehungen stärken würde, indem die gesamte Aktivität der EU einer gerichtlichen Kontrolle in Bezug auf Menschenrechte unterworfen würde.[136] Außerdem hätten EU-Bürger ein weiteres Rechtsmittel, eine Verletzung ihrer Grundrechte zu verhindern. Die Stellung des EuGH im Verhältnis zum EGMR werde vergleichbar sein mit der eines nationalen Verfassungsgerichts oder Obersten Gerichtshofs. Ein für die EU gewählter Richter brächte dem Straßburger Gericht zudem zusätzliche Sachkenntnis bezüglich des EU-Rechtssystems. Dies würde der Einheitlichkeit der Rechtsprechung beider Gerichte zugutekommen und die Entwicklung eines Grundrechtsschutzsystems für ganz Europa erleichtern.[137]

46 Während die Rechtsprechung des EGMR auch für die Auslegung derjenigen Grundrechte aus der EU-Grundrechtecharta, die parallel zu denen der EMRK stehen, grundsätzlich maßgeblich ist,[138] ist die Rechtsprechung des EGMR als **Orientierungshilfe für den EuGH** von Bedeutung, auch wenn mangels Beitritt der EU zur EMRK bislang keine strikte Bindung gegeben ist.[139] Umgekehrt hat der EGMR in der Rechtssache *Monedero*, in der es beiläufig um Besteuerungsfragen im Zusammenhang mit Glücksspielen ging, Grundsätze der EuGH-Rechtsprechung aus den Urteilen *Schindler* und *Liga Portuguesa* herangezogen.[140] Insofern stehen sich EuGH und EGMR in einem Verhältnis gegenseitiger Beeinflussung gegenüber, wie auch die Entscheidung des EGMR in der Rechtssache *Tipp 24 AG* näher verdeutlicht.

47 **2. Tipp 24 AG.** Bisher hat sich der EGMR in nur einem Fall unmittelbar mit der Beurteilung der Grundrechte aus der EMRK im Zusammenhang mit Glücksspielen beschäftigt. Der Fall *Tipp 24 AG* ist für Deutschland auch deswegen so relevant, da das **BVerfG** in seiner späteren Rechtsprechung immer wieder **Bezug** auf ihn nahm.[141] Anlass für das Verfahren vor dem EGMR war eine Individualbeschwerde der Lotterievermittlerin *Tipp 24 AG* gegen Deutschland. *Tipp 24* machte geltend, dass sie durch einige Vorschriften des Glücksspielstaatsvertrages (GlüStV) von 2008 in ihren Grundrechten aus der EMRK verletzt worden sei – vor allem wegen des Verbots der Vermittlung von öffentlichen Glücksspielen im Internet, welches sie in der Eigentumsgarantie aus Art. 1 Zusatzprotokoll zur EMRK (ZP-EMRK) und der Meinungsfreiheit aus Art. 10 EMRK verletze und

135 Gutachten 2/13 des EuGH vom 18.12.2014, ECLI:EU:C:2014:2454, online abrufbar unter http://curia.europa.eu/juris/document/document.jsf?docid=160882&doclang=DE (zuletzt aufgerufen am 5.3.2022).

136 Europäische Kommission, MEMO/10/84, abrufbar unter: https://ec.europa.eu/commission/presscorner/detail/de/MEMO_10_84 (zuletzt aufgerufen am 5.3.2022).

137 Europäische Kommission, MEMO/10/84, abrufbar unter: https://ec.europa.eu/commission/presscorner/detail/de/MEMO_10_84 (zuletzt aufgerufen am 5.3.2022).

138 *Jarass* GRCh Art. 52 Rn. 60.

139 *Ennuschat* FS Becker, 2019, 237 (247).

140 EGMR 2.2.2010 – 32798/06, zuletzt abgerufen am 5.3.2022 unter: https://hudoc.echr.coe.int/fre#{%22itemid%22:[%22001-97281%22]}; *Breuer* EuR 2015, 330 (350).

141 BVerfG ZfWG 2014, 24 (26).

eine verbotene Diskriminierung nach Art. 14 EMRK darstelle.[142] Da die EMRK keinen ausdrücklichen Schutz der Berufs- und Gewerbefreiheit kennt, spielte in der Rechtssache *Tipp 24 AG* der **Eigentumsschutz** über Art. 1 ZP-EMRK eine entscheidende Rolle. Der EGMR urteilte nämlich, dass das Geschäftsvermögen die Klientel von etwa zweieinhalb Mio. registrierten Kunden enthalte und „Eigentum" im Sinne dieser Vorschrift sei.[143] Das Internetvermittlungsverbot von (Lotto-) Glücksspielen sei ein Eingriff in diese Rechtsposition. Dessen Rechtfertigung ergebe sich aber aus der Verfolgung von Allgemeinwohlzielen, die in einem weiten Ermessen der Vertragsstaaten stünden.[144] Insofern verneinte der EGMR eine Verletzung von Art. 1 ZP-EMRK. Auch stellten die **Werbebeschränkungen des GlüStV von 2008** wegen des weiten Ermessens der Staaten keine Verletzung der Meinungsfreiheit nach Art. 10 EMRK dar.[145] Damit positionierte sich der EGMR gegen Stimmen aus der Literatur, welche die Werbung für staatliche Lotterien wegen fehlender Kohärenz → Rn. 18 für unionsrechtswidrig halten,[146] auch wenn er die Rechtsprechung des EuGH zur Kohärenz zur Kenntnis nahm.[147] Einer unzulässigen Diskriminierung wegen Verstoßes gegen Art. 14 EMRK erteilte der EGMR ebenfalls eine Absage, da das Online-Glücksspiel mit größeren Gefahren verbunden sei als das analoge und sich daher eine Ungleichbehandlung rechtfertige.[148] Zusammenfassend wiederholte der EGMR die vom EuGH aufgestellten Grundsätze zum **Internetverbot** → Rn. 30.[149]

III. Rechtsprechung des EFTA-Gerichtshofs und seine Bedeutung für das Glücksspielrecht

Der EFTA-Gerichtshof ist als **supranationaler Gerichtshof** für die Länder der Europäischen **Freihandelsassoziation** (EFTA) im Rahmen der Auslegung europäischen Rechts bisher dreimal mit glücksspielrelevanten Rechtssachen befasst gewesen. Dabei befindet sich der EFTA-Gerichtshof vollständig auf der Rechtsprechungslinie des EuGH in Glücksspielrechtssachen. 48

Es ist davon auszugehen, dass es in nächster Zeit **keine weiteren Glücksspiel-Verfahren** vor dem EFTA-Gerichtshof geben wird, da die EFTA-Aufsichtsbehörde (ESA) dazu anhält, derartige Verfahren auf nationaler Gerichtsebene zu führen.[150] 49

1. Urteil ESA/Norwegen. In dieser Rechtssache des EFTA-Gerichtshofs ging es darum, dass die ESA gegen Norwegen eine Vertragsverletzungsklage wegen Verletzung der Art. 31, 36 des Abkommens über den europäischen Wirtschaftsraum (EEA), die Art. 49 und 56 AEUV entsprechen, anstrengte.[151] Hintergrund war eine Abkehr vom offenen Markt für private Anbieter von Glücksspielautomaten hin zu einem staatlichen **Monopol mit begrenzter Anzahl an landesweiten Glücksspielautomaten** in Norwegen. 50

142 EGMR NVwZ 2014, 355 (358).
143 EGMR NVwZ 2014, 355 (356).
144 EGMR NVwZ 2014, 355 (356); *Ennuschat/Güldner* in *Gebhardt/Korte* Glücksspiel S. 241.
145 EGMR NVwZ 2014, 355 (357).
146 *Ennuschat* FS Becker, 2019, 237 (243) mwN.
147 EGMR 27.11.2012 – 21252/09, NVwZ 2014, 355.
148 *Ennuschat* FS Becker, 2019, 237 (244).
149 Vgl. EuGH 8.9.2010 – C-46/08, ECLLI:EU:C:2010:505 Rn. 105, Slg 2010 I-08149.
150 ESA-Statement vom 10.2.2021, abrufbar unter: https://www.eftasurv.int/newsroom/updates/esa-announces-new-policy-gambling-complaints (zuletzt abgerufen am 5.3.2022).
151 EFTA-Gerichtshof 14.3.2007 – E-1/06, BeckRS 2016, 80990.

51 Der EFTA-Gerichtshof prüfte die Rechtfertigungsgründe für das norwegische Monopol anhand der **Rechtsprechung des EuGH** und ging davon aus, dass ein Monopol grundsätzlich zur Bekämpfung der Spielsucht und Verhinderung von Begleitkriminalität besser geeignet sei als vergleichbare Angebote durch private Glücksspielanbieter. Die Rechtfertigungsgründe müssten aber tatsächlich und konsequent verfolgt werden → Rn. 23.[152]

52 **2. Urteil Ladbrokes.** Auch in diesem norwegischen Verfahren ging es um die Auslegung der Art. 31 und 36 EWR im Rahmen einer vom britischen Glücksspielunternehmen Ladbrokes beantragten Zulassung zum Betrieb von Sportwetten, die dem Staat bzw. nicht-gewinnorientierten sozialen Organisationen vorbehalten sind.[153] Der EFTA-Gerichtshof erklärte das **Monopol** für zulässig, wenn die **Bekämpfung der Spielsucht und die Aufrechterhaltung der öffentlichen Ordnung** damit tatsächlich und in verhältnismäßigen Grenzen verfolgt würden. Die Erlöse aus der staatlichen Glücksspieltätigkeit zur Finanzierung sozialer Zwecke dürften nur Nebenfolge und nicht Kern der Begründung für das Monopol sein. Jeder EFTA-Staat könne ausländischen Anbietern die Zulassung versagen, selbst wenn deren Tätigkeit in ihrem Heimatstaat legal sei → Rn. 27.

53 **3. Urteil Casino Admiral AG/Wolfgang Egger s.o.** Auf Antrag des Staatsgerichtshofs des Fürstentums Liechtenstein setzte sich der EFTA-Gerichtshof mit dem Verfahren zur Vergabe von Spielbankkonzessionen auseinander.[154] Die zuständige liechtensteinische Behörde bewertete die Anträge auf Vergabe einer **Spielbankkonzession** anhand eines internen Punktesystems, das nicht veröffentlicht wurde. Der EFTA-Gerichtshof führte aus, dass es zwar **keine allgemeine Verpflichtung zur Veröffentlichung der Bewertungsmaßstäbe** gebe, jedoch auch intern das Diskriminierungsverbot zu beachten sei. Wenn eine Verletzung des Diskriminierungsverbots feststehe, sei die getroffene Entscheidung zwar nicht automatisch wirkungslos. Das nationale Recht müsse für die unterlegene Partei insoweit aber Rechtsmittel vorsehen.[155]

152 *Alber* ERA-Forum 8 (2007), 347.
153 EFTA-Gerichtshof, 30.5.2007 – E-3/06, ZfWG 2007, 218 (219).
154 EFTA-Gerichtshof 29.8.2014 – E-24/13, ZfWG 2014, 155.
155 Vgl. *Ennuschat/Güldner* in *Gebhardt/Korte* Glücksspiel S. 241.

D. Verfassungsrecht

Literatur: *Brüning/Thomsen*, Das Online-Glücksspiel nach dem Glücksspiel-Staatsvertrag 2021. Ein Überblick über Regelungen, Systematik und offene Fragen, NVwZ 2021, 11; *Dietlein/Hecker/Ruttig*, Glücksspielrecht. Glücksspielstaatsvertrag. §§ 33c ff. GewO SpielV RennwLottG. Kommentar, 2. Aufl., 2013; *Dittmann*, Glücksspielregulierung durch Rechtsverordnungen der Gemeinsamen Glücksspielbehörde der Länder. Ein Vorschlag de lege ferenda, ZfWG 2020, 302; *Ennuschat*, Der neue Glücksspielstaatsvertrag auf dem Prüfstand des Verfassungsrechts, ZfWG 2012, 305; *Epping/Hillgruber*, BeckOK Grundgesetz, 47. Ed., Stand: 15.5.2021; *Gersdorf*, Einsatzlimit des § 4 Abs. 5 Nr. 2 GlüStV im Spannungsfeld zwischen dem Grundrecht auf Glücksspiel und dem Schutz vor Spielsucht, ZfWG 2021, Heft 1 Sonderbeilage 1, S. 1; *Hatje/Schwarze*, Der Zusammenhalt der Europäischen Union, EuR 2019, 153; *Kläner*, Per aspera ad absurdum – Bruchlinien der Dualen Ordnung des Deutschen Glücksspielrechts. Am Beispiel des Freistaates Sachsen, ZfWG 2020, 339; *Krewer*, Die Restriktionen des GlüStV 2012 für Spielhallen im Spiegel der Grundrechte, ZfWG 2014, 77; *Makswit*, Verfassungsrechtliche Schranken der Kompetenzwahrnehmung im Glücksspielrecht unter besonderer Berücksichtigung des Konsistenzgebotes, ZfWG 2015, 430; *Mann/Sennekamp/Uechtritz*, Verwaltungsverfahrensgesetz. Großkommentar, 2. Aufl., 2019 (zit. NK-VwVfG); *Mayer*, Die Europäische Union als Rechtsgemeinschaft. Europäische Integration und 70 Jahre, NJW 2017, 3631; *Pagenkopf*, Glücksspielrechtliche Variationen. Urteile des BVerwG vom 24.11.2010, NVwZ 2011, 513; *Palm/Gaibler*, Wetten auf die Ziehungsergebnisse staatlich erlaubter Lotterien: „Zweitlotterien" oder „Schwarzes Glücksspiel"?, ZfWG 2019, 330; *Pielow*, BeckOK GewO, 53. Ed., Stand: 1.3.2021 (zit.: BeckOK GewO); *Sachs*, Grundgesetz. Kommentar, 9. Aufl., 2021; *Schenke*, Online-Casinospiele: Rien ne va plus? Das Verbot des § 4 Abs. 4 GlüStV auf dem Prüfstein des Europa- und Verfassungsrechts, ZfWG 2015, 170; *Stern*, Die Schutzpflichtenfunktion der Grundrechte: Eine juristische Entdeckung, DÖV 2010, 241; *Streinz/Liesching/Hambach*, Glücks- und Gewinnspielrecht in den Medien. Kommentar, 2014; *Ukrow*, Aktuelle Entwicklungen an der Schnittstelle von Medien- und Glücksspielrecht, ZfWG 2016, 31; *Voßkuhle/Kaiser*, Grundwissen – Öffentliches Recht: Funktionen der Grundrechte, JuS 2011, 411.

I. Kompetentielle Ausgestaltung des Regulierungsrahmens

1 Art. 70 Abs. 1 GG trifft bzgl. der **Verteilung der Gesetzgebungskompetenz** im föderalen Staatsaufbau der Bundesrepublik Deutschland eine Grundlagenentscheidung zugunsten einer Gesetzgebungskompetenz der Bundesländer.[1] Diese Kompetenzzuweisung gilt allerdings nach dem in Art. 70 Abs. 1 GG zusätzlich aufgenommenen – inhaltlich einschränkenden – Gliedsatz nur, „soweit dieses Grundgesetz nicht dem Bunde Gesetzgebungsbefugnisse verleiht".[2]

2 Eine Schlüsselfunktion kommt in diesem Rahmen dem in Art. 74 Abs. 1 Nr. 11 GG ausgewiesenen, der **konkurrierenden Gesetzgebungskompetenz** zwischen Bund und Ländern unterfallenden **„Recht der Wirtschaft"** zu.[3] Im Falle der konkurrierenden Gesetzgebung steht den Ländern die Gesetzgebungsbefugnis nach Art. 72 Abs. 1 GG auf dieser Basis nur zu, „solange und soweit der Bund von

1 Vgl. hierzu BeckOK GG/*Seiler* GG Art. 70 Rn. 11; in kritischer Würdigung Sachs/*Degenhart* GG Art. 70 Rn. 7 ff.
2 Hierin ist das sog. „Enumerationsprinzip" angelegt, so der Begriff bei BeckOK GG/*Seiler* GG Art. 70 Rn. 11.
3 Vgl. hierzu *Pagenkopf* NVwZ 2011, 513 (518 f.); *Kläner* ZfWG 2020, 339 (339); eingehend hierzu Sachs/*Degenhart* GG Art. 74 Rn. 44 ff.

seiner Gesetzgebungszuständigkeit nicht durch Gesetz Gebrauch gemacht hat".[4] Die Bundesgesetzgebung kann also etwaig vorhandene Landesgesetzgebung im Bereich der konkurrierenden Gesetzgebung grundsätzlich zu jeder Zeit gewissermaßen übertrumpfen.[5]

3 Traditionell zählte originär zum „Recht der Wirtschaft" auch das **„gewerbliche Spiel"** in den Spielhallen.[6] Dies änderte sich jedoch im Zuge der sog. **„Föderalismusreform" (2006)**, nach Maßgabe derer die Benennung des „Rechts der Wirtschaft" in Art. 74 Abs. 1 Nr. 11 GG durch eine Bereichsausnahme für Spielhallen eingegrenzt worden ist.[7] Für künftige Regulierungen soll dieser Bereich des gewerblichen Spiels also nunmehr auch den Bundesländern überantwortet werden, bei denen bislang schon der Kernbereich glücksspielrechtlicher **Regulierungskompetenzen** ua für „das Recht der Spielbanken, Sportwetten und Lotterien"[8] angesiedelt war, da man diesbezüglich schon nach dem zugrunde liegenden traditionellen Verständnis eine Verortung im länderrechtlich geprägten „Ordnungsrecht" angenommen hatte.[9] Das Ende der bislang bestehenden „Dualen Ordnung"[10] in der Glücksspielregelung wurde auf dieser Grundlage jedenfalls eingeleitet.[11] Fortan waren einzelne Bundesländer bemüht, verbliebene „Mischlagen"[12] durch eigene **landesrechtliche Folgeregelungen** zu beheben.[13] Ob im Einzelfall jedoch tatsächlich vom Vorliegen einer solchen „Mischlage" auszugehen ist oder ob sich die betreffenden bundes- und landesrechtlichen Regelungen als lediglich komplementär zueinander erweisen, ist zuweilen ungewiss und bedarf einer exakten Analyse der jeweils maßgeblichen Konstellation.[14]

4 Relativ jung ist die Diskussion um eine sog. „dritte Ebene",[15] die im Zusammenhang mit einer unter anderem durch die juristische Literatur aufgegriffenen verfassungsrechtlichen Kontroverse um eine **Rechtsverordnungskompetenz** der neu durch §§ 27a ff. GlüStV 2021 geschaffenen **„Gemeinsamen Glücksspielbe-**

---

4 Siehe zu den hiermit verbundenen Rechtswirkungen die Darlegungen bei BeckOK GG/*Seiler* GG Art. 72 Rn. 3; die durch die Gesetzgebung des Bundes ausgelöste „Sperrwirkung" erläutert Sachs/*Degenhart* GG Art. 72 Rn. 24 ff.

5 Zu der Sonderfrage, ob auch „verfassungswidriges Bundesrecht" im Rahmen des Art. 72 GG die Sperrwirkung auslösen kann Sachs/*Degenhart* GG Art. 72 Rn. 34.

6 Vgl. hierzu und zu den verfassungsrechtlichen Entwicklungslinien *Kläner* ZfWG 2020, 339 (339).

7 Vgl. hierzu *Pagenkopf* NVwZ 2011, 513 (518 f.); *Kläner* ZfWG 2020, 339 (339); eine synoptische Darstellung der Grundgesetzanpassung findet sich unter https://dejure.org/grundgesetz-synopse.php; ausführlich hierzu auch Dietlein/Hecker/Ruttig/*Dietlein* GlücksspielR Einf. Rn. 13.

8 So treffend BeckOK GewO/*Ennuschat* GewO § 33h Rn. 1.

9 Vgl. hierzu BeckOK GewO/*Ennuschat* GewO § 33h Rn. 1 mwN in der Rechtsprechung des BVerfG; ferner auch *Kläner* ZfWG 2020, 339.

10 So und hierzu *Kläner* ZfWG 2020, 339 (339); auf die „duale Ordnung der Spielrechtsmaterie" nimmt in diesem Zusammenhang mit näheren Erläuterungen BeckOK GewO/*Ennuschat* GewO § 33h Rn. 1, Bezug (Hervorhebungen durch Verfasser entfernt).

11 *Kläner* spricht insofern lediglich von einer „Aufweichung", so *Kläner* ZfWG 2020, 339 (339, 344); mwN in dortiger Fn. 69.

12 Der Begriff findet etwa Verwendung bei OVG Münster 16.4.2018 – 4 A 589/17, Rn. 34; ferner auch bei *Kläner* ZfWG 2020, 339 (339).

13 Hierzu OVG Münster 16.4.2018 – 4 A 589/17, Rn. 34.

14 Vgl. hierzu im Hinblick auf die Rechtslage in Sachsen und unter Beachtung der maßgeblichen Judikatur durch das Bundesverwaltungsgericht und der nachrangigen Gerichte *Kläner* ZfWG 2020, 339 (342 f.) mwN.

15 Diesen Begriff verwendet *Dittmann* ZfWG 2020, 302 (302), wobei er die Entität dieser „dritten Ebene" in diesem Rahmen zugleich eher negiert.

hörde der Länder" mit Sitz in Sachsen-Anhalt geführt wird.[16] Soweit ersichtlich, hat die Diskussion derweil noch nicht zu einer letztgültigen Klärung der Angelegenheit geführt; die Kontroverse dauert somit an.

II. Grundgesetzliche Leitlinien der Glücksspielregulierung

Ob verfassungsrechtliche Fragestellungen im Glücksspielrecht und ihre qualitative Einstufung auf der Basis des Grundgesetzes der Bundesrepublik Deutschland bereits zu der Herausbildung eines spezifischen **„Glücksspielverfassungsrechts"** als Sonderdisziplin des deutschen Verfassungsrechts geführt haben mögen, erweist sich jedenfalls als diskutabel und keineswegs als abwegig. Im Kern handelt es sich in diesem Rahmen allerdings eher um eine begriffsdogmatische Diskussion, die sich letzten Endes in der Bewertung erschöpft, ob ein faktischer verfassungsrechtlicher Befund einer gesonderten begrifflichen Abgrenzung und damit einer Zuweisung als **verfassungsrechtliche Sonderdisziplin** bedarf. Die zunehmend fein ausziselierte, das staatsvertragliche und einfachgesetzliche Glücksspielrecht überwölbende grund- und verfassungsrechtliche Dimension der Glücksspielregulierung lässt allerdings in wertender Betrachtung die Anerkennung eines speziell geprägten „Glücksspielverfassungsrechts" als durchaus gerechtfertigt erscheinen. 5

Die **Vorgaben des Verfassungsrechts** – grundrechtliche Schutzpositionen wie auch allgemeine Verfassungsprinzipien gleichermaßen – haben die heutige **Regulierung des Glücksspielrechts** in der Bundesrepublik Deutschland entscheidend geprägt. 6

Gem. § 4 Abs. 1 S. 1 GlüStV 2021 dürfen öffentliche Glücksspiele „nur mit **Erlaubnis der zuständigen Behörde** des jeweiligen Landes veranstaltet oder vermittelt werden". Hierin ist in wertender Betrachtung ein sog. **„präventives Verbot mit Erlaubnisvorbehalt"** zu erblicken.[17] Das ursprünglich mit wenigen Ausnahmen bestehende prinzipielle Verbot für **Online-Glücksspiele**[18] ist durch den am 1.7.2021 in Kraft getretenen GlüStV 2021 indes aufgehoben und de facto ebenfalls zu einem „präventiven Verbot mit Erlaubnisvorbehalt" herabgestuft worden. Dies war aus verfassungsrechtlichen Gründen auch dringend geboten.[19] 7

16 Vgl. hierzu die instruktiven Darlegungen bei *Dittmann* ZfWG 2020, 302.

17 Das OVG Münster verwendet in diesem Zusammenhang – bezogen auf eine Vorgängerregelung des heutigen § 4 GlüStV 2021 – den Begriff „eines präventiven Erlaubnisverfahrens", so OVG Münster 22.3.2011 – 4 B 48/11, Rn. 96; der „Erlaubnisvorbehalt des GlüStV" wird nähergehend auch bei *Palm/Gaibler* ZfWG 2019, 330 (331 f.), erläutert; siehe in diesem Zusammenhang auch die Ausführungen zur „Experimentierklausel" für Sportwetten auf der Basis des ehedem prinzipiellen Verbots für Online-Glücksspiele nach § 4 Abs. 4 GlüStV aF (2012) bei *Gersdorf* ZfWG 2021, Heft 1 Sonderbeil. 1, 1 (3); siehe hierzu auch jüngst *Brüning/Thomsen* NVwZ 2021, 11 ff.

18 Vgl. hierzu nochmals *Gersdorf* ZfWG 2021, Heft 1 Sonderbeil. 1, 1 ff. (3); siehe hierzu auch jüngst *Brüning/Thomsen* NVwZ 2021, 11 ff.

19 Eingehend zu verfassungsrechtlichen Bedenken, die durch das frühere „generelle Internetverbot für Online-Casinospiele" nach § 4 Abs. 4 GlüStV aF begründet worden waren Streinz/Liesching/Hambach/*Liesching/Berberich* Glücks- und Gewinnspielrecht in den Medien GG Art. 12 Rn. 80 ff.; hierzu auch *Schenke* ZfWG 2015, 170 ff.

8 So bildet die Gewährleistung einer umfassenden **Konsistenz**[20] der sich als besonders grundrechtssensibel erweisenden **Glücksspielregulierung** ein entscheidendes verfassungsrechtliches Postulat.[21] Konsistenz meint auf der Grundlage einer wertenden Gesamtbetrachtung, dass sich die Regulierung insgesamt als stimmig, folgerichtig und widerspruchsfrei erweisen muss.[22]

9 Abgesehen von bestimmten **Ausnahmen**, die für gewisse Übergangszeiten bei neuen Entwicklungen in der Glücksspielregulierung akzeptiert werden, dringt das Bundesverfassungsgericht im Übrigen „auf eine vollständige Konsistenz'".[23]

10 Besonders intensive **Rechtfertigungs- und Konsistenzanforderungen** bestehen im Rahmen der „Normierung glücksspielrechtlicher **Staatsvorbehalte**"[24]. In diesem Rahmen sind auf der Grundlage der einschlägigen Judikatur des Bundesverfassungsgerichts durch *J. Dietlein* in Sonderheit die „Ziele der Suchtbekämpfung und -vermeidung als legitimer Zweck"[25] einer entsprechenden Rechtfertigung identifiziert worden.[26] Ob über die Sichtweise des Bundesverfassungsgerichts hinausgehend auch eine Rechtfertigung unter dem Gesichtspunkt der „**Kriminalprävention**" erfolgen kann,[27] scheint zweifelhaft. Ein solcher Rechtfertigungsansatz könnte allenfalls dann als tragfähig zu qualifizieren sein, wenn zweifelsfrei nachgewiesen werden könnte, dass derselbe Grad an (positiven) kriminalpräventiven Effekten auf der Grundlage ggf. engmaschiger Vollzugskontrollen entsprechend regulierter privater Glücksspielangebote *nicht* erreicht werden könnte. Dieser Nachweis dürfte indes kaum gelingen. Dies gilt erst recht vor dem Hintergrund, dass die regulatorische Infrastruktur auf der Grundlage des Glücksspielstaatsvertrags 2021 – nicht zuletzt auch durch die Errichtung der „**Gemeinsamen Glücksspielbehörde der Länder**" gem. §§ 27a ff. GlüStV 2021 – erheblich nachgeschärft worden ist.

20 Siehe zur Abgrenzung des verfassungsrechtlich determinierten Konsistenzgebots vom unionsrechtlichen Erfordernis der „Kohärenz" in der Glücksspielregulierung die Darlegungen bei Streinz/Liesching/Hambach/*Liesching/Berberich* Glücks- und Gewinnspielrecht in den Medien GG Art. 12 Rn. 68 ff.

21 Eingehend Streinz/Liesching/Hambach/*Liesching/Berberich* Glücks- und Gewinnspielrecht in den Medien GG Art. 12 Rn. 80 ff.; das insoweit maßgebliche „verfassungsrechtliche Gebot der Konsistenz" beleuchtet *Makswit* ZfWG 2015, 430 (432 ff.).

22 Auf die drei Merkmale „Stimmigkeit, Folgerichtigkeit oder Widerspruchsfreiheit" stellt im Wortlaut *Ennuschat* ZfWG 2012, 305 (307) ab, wobei nicht ganz deutlich wird, weshalb er diese drei Merkmale nicht kumulativ durch „und" verbindet, sondern sie vielmehr durch das Wort „oder" in ein Variantenverhältnis stellt; im Anschluss an die Ausführungen von *Ennuschat* auch Streinz/Liesching/Hambach/*Liesching/Berberich* Glücks- und Gewinnspielrecht in den Medien GG Art. 12 Rn. 57 mwN.

23 So BVerfG 20.3.2009 – 1 BvR 2410/08, Rn. 24 = ECLI:DE:BVerfG:2009:rk20090320.1bvr241008; vgl. hierzu Streinz/Liesching/Hambach/*Liesching/Berberich* Glücks- und Gewinnspielrecht in den Medien GG Art. 12 Rn. 60 m. dortiger Fn. 87.

24 So und hierzu Dietlein/Hecker/Ruttig/*Dietlein* GlücksspielR Einf. Rn. 16 ff. (insbes. auch Rn. 16) (Hervorhebung durch Verfasser hinzugefügt).

25 So Dietlein/Hecker/Ruttig/*Dietlein* GlücksspielR Einf. Rn. 17 (Hervorhebungen durch Verfasser entfernt).

26 Vgl. nochmals Dietlein/Hecker/Ruttig/*Dietlein* GlücksspielR Einf. Rn. 17 mwN und unter Verweis auf das sog. „Sportwetten-Urteil des BVerfG vom 28.3.2006".

27 Dieser Auffassung offenbar zugeneigt Dietlein/Hecker/Ruttig/*Dietlein* GlücksspielR Einf. Rn. 17.

Liegt ein anerkennungsfähiger Zweck für einen „Staatsvorbehalt“[28], ein prinzipielles Verbot ohne Erlaubnis- bzw. Ausnahmevorbehalt oder auch für eine weniger einschneidende Regulierungsmaßnahme vor, bildet das **Konsistenzerfordernis** einen zentralen Prüfungsbestandteil im Rahmen der **Verhältnismäßigkeitsprüfung** – genau genommen bei der Verhältnismäßigkeit im engeren Sinne bzw. der Beurteilung der „Zumutbarkeit“ der betreffenden legislativen Maßnahme.[29] Die Konsistenz fehlt, wenn sich der verfolgte Zweck als ein „**Etikettenschwindel**“ entpuppt, tatsächlich also vom Staat mit der grundrechtseinschränkenden gesetzgeberischen Maßnahme ein anderes Ziel (zB ein **fiskalisches Interesse** statt der vorgeblichen **Suchtprävention**)[30] verfolgt wird, als von ihm behauptet.[31] 11

Ein gesteigertes – nicht nur dogmatisch motiviertes – Interesse kommt der Frage nach dem Verhältnis zwischen dem für die Verhältnismäßigkeitsprüfung nach deutschem Verfassungsrecht bedeutsamen Konsistenzerfordernis[32] und dem **Kohärenzprinzip** nach dem EU-rechtlichen Prüfprogramm zu.[33] Gemeinsam ist beiden Anforderungsdirektiven, dass sie Gegenstand der **Verhältnismäßigkeitsprüfung** grundrechtseinschränkender, zumeist auch legislativer Maßnahmen sind.[34] Sie bilden beide ein **verfassungsimmanentes Korrektiv** zu der grundsätzlich als weit verstandenen „**Einschätzungsprärogative**“ des regulierenden Gesetz- und Verordnungsgebers.[35] Während die „Konsistenz“ erst im Rahmen der Verhältnismäßigkeit im engeren Sinne überprüft wird,[36] setzt das Kohärenzerfordernis früher an und bildet einen Gegenstand der Geeignetheitsprüfung, fragt also, „ob die gewählten Mittel auch wirklich geeignet sind, die legitimen Ziele zu erreichen“.[37] 12

Im Ergebnis sind zwei gegenläufige Entwicklungen denkbar: Im Zuge der fortschreitenden Rechtsprechungsentwicklung können die Konturen des verfas- 13

---

28 Pluralisch wird dieser Rechtsbegriff von Dietlein/Hecker/Ruttig/*Dietlein* GlücksspielR Einf. Rn. 19 verwendet.

29 Vgl. Dietlein/Hecker/Ruttig/*Dietlein* GlücksspielR Einf. Rn. 19.

30 Seitens des Staates dürfen mit den Worten von *Dietlein* „ordnungsrechtlich begründete Staatsvorbehalte“ *nicht* „zu fiskalischen Zwecken missbraucht“ werden, so Dietlein/Hecker/Ruttig/*Dietlein* GlücksspielR Einf. Rn. 19.

31 Siehe nochmals Dietlein/Hecker/Ruttig/*Dietlein* GlücksspielR Einf. Rn. 19.

32 Die einschlägige Rechtsprechung des BVerfG hierzu betrachtet *Ennuschat* ZfWG 2012, 305 (308).

33 Vgl. hierzu die Einordnung bei Dietlein/Hecker/Ruttig/*Dietlein* GlücksspielR Einf. Rn. 20; nach der „Konvergenz von Konsistenz und Kohärenz?“ fragt in diesem Zusammenhang mit eingehenden Erörterungen Streinz/Liesching/Hambach/*Liesching/Berberich* Glücks- und Gewinnspielrecht in den Medien GG Art. 12 Rn. 57 ff.

34 Vgl. hierzu Streinz/Liesching/Hambach/*Liesching/Berberich* Glücks- und Gewinnspielrecht in den Medien GG Art. 12 Rn. 68.

35 Vgl. treffend Streinz/Liesching/Hambach/*Liesching/Berberich* Glücks- und Gewinnspielrecht in den Medien GG Art. 12 Rn. 68; *Dietlein* weist in diesem Zusammenhang auf die eingeschränkte Überprüfbarkeit der Einschätzungsprärogative durch die Gerichtsbarkeit hin, vgl. Dietlein/Hecker/Ruttig/*Dietlein* GlücksspielR Einf. Rn. 18.

36 Vgl. hierzu *Ennuschat* ZfWG 2012, 305 (307), der als relevante Prüfungsebene die „Angemessenheit“ benennt. Diese ist mit der Verhältnismäßigkeit im engeren Sinne gleichbedeutend; *Dietlein* rekurriert auf die „Zumutbarkeit“, so und hierzu Dietlein/Hecker/Ruttig/*Dietlein* GlücksspielR Einf. Rn. 19. Auch hiermit sind inhaltliche Abweichungen *nicht* verbunden.

37 So und hierzu Streinz/Liesching/Hambach/*Liesching/Berberich* Glücks- und Gewinnspielrecht in den Medien GG Art. 12 Rn. 64 mwN (Hervorhebung durch Verfasser entfernt); ausführlich zur Verortung der Kohärenzprüfung im Rahmen der „Geeignetheit“ Dietlein/Hecker/Ruttig/*Dietlein* GlücksspielR Einf. Rn. 20, 44; vgl. auch *Ennuschat* ZfWG 2012, 305 (307).

sungsrechtlichen Konsistenzerfordernisses und des unionalen Kohärenzgebots entweder in Abgrenzung zueinander geschärft werden[38] oder die von *Liesching/Berberich* in der juristischen Literatur bereits aufgeworfene Frage nach der „**Konvergenz**"[39] beider Anforderungsdirektiven wird zu einem künftigen Zeitpunkt womöglich tatsächlich bejaht werden können. Ein weiteres Kapitel im **verfassungsrechtlichen Dialog** zwischen dem **Bundesverfassungsgericht** und dem **Gerichtshof der Europäischen Union** ist insoweit jedenfalls aufgeschlagen.[40] Sollte das **Glücksspielrecht** im Zuge der weiteren Integration der Europäischen Union[41] einst teilweise oder vollständig **harmonisiert** werden, erwiese sich eine Klärung dieser dogmatischen Kalamität als überaus dienlich.

III. Grundgesetzimmanenter Schutz von Freiheits- und Gleichheitsrechten im Glücksspielmarkt

14 In grundrechtlicher, insbesondere in grundfreiheitsrechtlicher Hinsicht schließt sich an die Frage der Herausbildung eines eigenständigen **Glücksspielverfassungsrechts** in der Bundesrepublik Deutschland ein Diskurs an, ob ein „**Grundrecht auf Glücksspiel**"[42] anzuerkennen ist.[43] Expressis verbis findet sich ein solches Grundrecht im Text des Grundgesetzes zunächst nicht. Dies bedeutet allerdings noch nicht, dass eine entsprechende grundrechtliche Verbürgung in tatsächlicher Hinsicht nicht anzuerkennen wäre. In der juristischen Literatur wird die Herleitung eines „Grundrechts auf Glückspiel"[44] in hermeneutisch überzeugender Weise durch einen Rückgriff auf die allgemeine Handlungsfreiheit iSd Art. 2 Abs. 1 GG und – spezieller – unter Heranziehung der grundrechtlichen Garantie aus Art. 12 GG bewirkt.[45]

15 Ihren verfassungsrechtlichen Gegenspieler finden die **grundrechtlichen Freiheitsverbürgungen** im Kontext des Glücksspielrechts dabei in den **positivierten grundrechtlichen Schutzpflichten,**[46] die auf einen Schutz derjenigen ausgerichtet sind, die Glücksspielangebote nutzen, wobei die Schutzrichtung insbesondere auf „den Schwachen, den in seiner Rationalität eingeschränkten Glücksspielkonsumenten"[47] zielt. Ein besonderes **verfassungsimmanentes Spannungsverhältnis** besteht insofern im Hinblick auf die ebenfalls grundsätzlich aus dem Grundrechtskatalog des Grundgesetzes zu gewinnende „**Freiheit auf Selbstge-**

38 Um eine detaillierte, einander abgrenzende Analyse beider Rechtsbegriffe ist *Ennuschat* ZfWG 2012, 305 (307 f.) bemüht.

39 So und hierzu nochmals Streinz/Liesching/Hambach/*Liesching/Berberich* Glücks- und Gewinnspielrecht in den Medien GG Art. 12 Rn. 57 ff. (Hervorhebung durch Verfasser hinzugefügt).

40 *Ennuschat* sieht die fehlende Deckungsgleichheit beider Begriffe vor allen Dingen auch als in „der Handhabung durch das jeweils zuständige Gericht" begründet, so *Ennuschat* ZfWG 2012, 305 (307).

41 Einen Überblick über die wesentlichen Leitlinien der Genese des europäischen Integrationsprozesses verschafft *Mayer* NJW 2017, 3631 ff.; zum „Fortschreiten der Integration" *Hatje/Schwarze* EuR 2019, 153 (158).

42 So und hierzu *Gersdorf* ZfWG 2021, Heft 1 Sonderbeil. 1, 1 (4 ff.) (Hervorhebung durch Verfasser hinzugefügt).

43 Eine ausführliche Herleitung findet sich bei *Gersdorf* ZfWG 2021, Heft 1 Sonderbeil. 1, 1 (4 ff.).

44 So und hierzu nochmals *Gersdorf* ZfWG 2021, Heft 1 Sonderbeil. 1, 1 (4 ff.).

45 Vgl. hierzu die eingehende Herleitung bei *Gersdorf* ZfWG 2021, Heft 1 Sonderbeil. 1, 1 (4 ff.).

46 Zu ihnen *Stern* DÖV 2010, 241 ff.; vgl. hierzu auch *Voßkuhle/Kaiser* JuS 2011, 411 (412); NK-VwVfG/*Uechtritz* § 42a Rn. 15 f.; *Krewer* ZfWG 2014, 77 (79).

47 So die treffenden Ausführungen bei *Krewer* ZfWG 2014, 77 (79).

fährdung"[48]. Eine etwaig verfassungsrechtlich determinierte, dem Staat zustehende „‚Vernunfthoheit' über den Grundrechtsträger"[49] ist – wie es *Gersdorf*[50] treffend feststellt – ausdrücklich *nicht* anzuerkennen. Soweit in diesem Rahmen bestimmte Werteüberzeugungen einer gesellschaftlichen Mehrheit als Momentaufnahme ins Feld geführt werden, bleibt zu beachten, dass der betroffene Grundrechtsträger durch das Grundgesetz auch „vor einem Oktroi von Mehrheitsüberzeugungen"[51] geschützt ist.

Festzuhalten bleibt, dass ein bestimmter Zyklus an grundrechtlichen **Freiheits- und Gleichheitsverbürgungen** im Rahmen des Glücksspielrechts immer wieder **Bedeutung** erlangt. Im Fokus stehen dabei zumeist nicht so sehr die Perspektive des Glücksspielers und seine **Freiheitsverwirklichung** selbst, wie sie wohl zum Kernbestand eines sich etwaig herausbildenden „Grundrechts auf Glücksspiel"[52], das vor allen Dingen an die allgemeine Handlungsfreiheit aus Art. 2 Abs. 1 GG anknüpft, zählen müssten.[53] Vielmehr kommt der **wirtschaftlichen Perspektive des Glücksspiels** auch im Rahmen des maßgeblich zu betrachtenden Grundrechtsschutzes eine zentrale Bedeutung zu. Gesetzgeberische oder behördliche Maßnahmen, die einen **Eingriff in die Berufswahl** oder – insoweit nachrangig – in die **Berufsausübung** bezogen auf einen glücksspielspezifischen oder jedenfalls glücksspielaffinen Beruf bedeuten, bedürfen einer **Rechtfertigung nach Art. 12 Abs. 1 GG** (Berufsfreiheit).[54] Soweit gleichheitsrechtliche Gesichtspunkte betroffen sind, steht dem betroffenen Grundrechtsträger der **allgemeine Gleichheitssatz** auf der Basis des Art. 3 Abs. 1 GG zur Seite.[55] Zusammen mit **Art. 5 Abs. 1 S. 2, Abs. 2 GG**, der bei Hinzutreten **massenmedialer Implikationen des Glücksspielangebots** als solchem oder etwa auch bzgl. seiner **medienspezifischen Bewerbung** ergänzenden grundrechtlichen Schutz gewährt,[56] bilden die genannten grundgesetzlichen Verbürgungen eine **Grundrechte-Trias des glücksspielrechtlichen Wirtschaftsverfassungsrechts**. 16

48 So und hierzu *Krewer* ZfWG 2014, 77 (79) (Hervorhebung durch Verfasser hinzugefügt); vgl. hierzu auch die tieflotende Erörterung bei *Gersdorf* ZfWG 2021, Heft 1 Sonderbeil. 1, 1 (5 f.).

49 So *Gersdorf* ZfWG 2021, Heft 1 Sonderbeil. 1, 1 (6).

50 Vgl. nochmals *Gersdorf* ZfWG 2021, Heft 1 Sonderbeil. 1, 1 (6).

51 So die treffende Formulierung von *Gersdorf* ZfWG 2021, Heft 1 Sonderbeil. 1, 1 (6).

52 So und hierzu nochmals *Gersdorf* ZfWG 2021, Heft 1 Sonderbeil. 1, 1 (4 ff.).

53 Vgl. hierzu und für eine differenzierende Herleitung nochmals *Gersdorf* ZfWG 2021, Heft 1 Sonderbeil. 1, 1 (4 ff.).

54 Vgl. hierzu Dietlein/Hecker/Ruttig/*Dietlein* GlücksspielR Einf. Rn. 16; grundlegend auch Streinz/Liesching/Hambach/*Liesching/Berberich* Glücks- und Gewinnspielrecht in den Medien GG Art. 12 Rn. 26 ff.

55 Siehe hierzu im Zusammenhang mit der glücksspielrechtlichen Regulierung durch die Bundesländer Dietlein/Hecker/Ruttig/*Dietlein* GlücksspielR Einf. Rn. 20; instruktiv die tieflotenden Darlegungen bei Streinz/Liesching/Hambach/*Berberich* Glücks- und Gewinnspielrecht in den Medien GG Art. 3 Rn. 1 ff.

56 Eingehend Streinz/Liesching/Hambach/*Berberich* Glücks- und Gewinnspielrecht in den Medien GG Art. 3 Rn. 1 ff.; zu den „Schnittstellen von Medien- und Glücksspielrecht" *Ukrow* ZfWG 2016, 31 ff.; eine Überprüfung anhand des Art. 5 Abs. 1 S. 2 GG hat jüngst im Hinblick auf „Werbespots für Online-Casino- und Automatenspiele" im Fernsehen das OLG Köln 30.10.2020 – I-6 U47/20, ZfWG 2021, 105 (109), vorgenommen.

Artikel 3 GG [Gleichheit vor dem Gesetz]

(1) Alle Menschen sind vor dem Gesetz gleich.

(2) [1]Männer und Frauen sind gleichberechtigt. [2]Der Staat fördert die tatsächliche Durchsetzung der Gleichberechtigung von Frauen und Männern und wirkt auf die Beseitigung bestehender Nachteile hin.

(3) [1]Niemand darf wegen seines Geschlechtes, seiner Abstammung, seiner Rasse, seiner Sprache, seiner Heimat und Herkunft, seines Glaubens, seiner religiösen oder politischen Anschauungen benachteiligt oder bevorzugt werden. [2]Niemand darf wegen seiner Behinderung benachteiligt werden.

Literatur: *Britz*, Der allgemeine Gleichheitssatz in der Rechtsprechung des BVerfG. Anforderungen an die Rechtfertigung von Ungleichbehandlungen durch Gesetz, NJW 2014, 346; *Britz*, Kooperativer Grundrechtsschutz in der EU. Aktuelle Entwicklungen im Lichte neuerer Rechtsprechung des BVerfG, NJW 2021, 1489; *Dreier*, Dimensionen der Grundrechte. Von der Wertordnungsjudikatur zu den objektiv-rechtlichen Grundrechtsgehalten, 1993; *Epping/Hillgruber*, BeckOK Grundgesetz, 46. Ed., Stand: 15.2.2021 (zit.: BeckOK GG); *Gostomzyk*, Grundrechte als objektiv-rechtliche Ordnungsidee, JuS 2004, 949; *Groß*, Die Ableitung von Klimaschutzmaßnahmen aus grundrechtlichen Schutzpflichten, NVwZ 2020, 337; *Gusy*, Neutralität staatlicher Öffentlichkeitsarbeit – Voraussetzungen und Grenzen, NVwZ 2015, 700; *Hamacher*, Der Rundfunkbegriff im Wandel des deutschen und europäischen Rechts, 2015; *Hambach/Berberich*, Eckpfeiler für Neuordnung des Internet-Glücksspiels auf Basis der EU-Kommission, ZfWG 2019, 463; *Hecker*, Verfassungsrechtliche Fragen der neueren Paritätsgesetzgebung, ZRP 2020, 226; *Hüsken*, Das Verhältnis zwischen glücksspielstaatsvertraglichem Glücksspielbegriff gemäß § 3 Abs. 1 GlüStV und rundfunkstaatsvertraglichem Gewinnspielbegriff gemäß § 8 Abs. 1 RStV – Echte Konkurrenz oder kollisionsloser Gleichlauf?, ZfWG 2009, 153; *Jobst*, Konsequenzen einer unmittelbaren Grundrechtsbindung Privater, NJW 2020, 11; *Koenig*, Besteuerung der Spieleinsätze bei Online-Casinoangeboten im Vergleich zu einer auf den Bruttospielertrag bezogenen Besteuerung terrestrischer Glücksspiele – EU-beihilferechtliche Fallstricke, ZfWG 2021, 230; *Kühling*, Das „Recht auf Vergessenwerden“ vor dem BVerfG – November(r)evolution für die Grundrechtsarchitektur im Mehrebenensystem, NJW 2020, 275; *Lampert*, Die wahlrechtlichen Gleichheitssätze, JuS 2011, 884; *Liesching*, 50 Cent-Games im Internet und im Rundfunk – Straf- und ordnungswidrige Glücksspiele oder zulässige Medien-Gewinnspiele?, ZfWG 2009, 320; *Lischer*, Das Gefährdungspotenzial von Internet-Glücksspielen und Möglichkeiten des Spielerschutzes, ZfWG 2018, Beilage Heft 5, 2; *Ludwigs/Friedmann*, Die Grundrechtsberechtigung staatlich beherrschter Unternehmen und juristischer Personen des öffentlichen Rechts, NVwZ 2018, 22; *Lücke*, Zur Europarechtskonformität der Deutschen-Grundrechte. Europarechtskonforme Auslegung oder Rechtsfortbildung der Grundrechte?, EuR 2001, 112; *Makoski*, Kooperativer Grundrechtsschutz im europäischen Mehrebenensystem. Teil II: (Vertiefter) Kooperativer Grundrechtsschutz, EuZW 2020, 1053; *Mann/Sennekamp/Uechtritz*, Verwaltungsverfahrensgesetz. Großkommentar, 2. Aufl., 2019 (zit.: NK-VwVfG); *Merten*, Das konfuse Konfusionsargument – Zu einem dogmatischen Irrtum des Bundesverfassungsgerichts, DÖV 2019, 41; *Muckel*, Grundrechtsberechtigung und Grundrechtsverpflichtung – Wer kann sich auf Grundrechte berufen und wer wird durch sie verpflichtet? Neue Aspekte zu scheinbar gefestigten Kategorien der allgemeinen Grundrechtslehren, JA 2020, 411; *von Münch/Kunig*, Grundgesetz. Kommentar, Band 1: Präambel bis Art. 69, 7. Aufl. 2021; *Neuner*, Das BVerfG im Labyrinth der Drittwirkung, NJW 2020, 1851; *Preßlein*, Grundgesetz vs. Grundrechtecharta? Zur „europäisierten Grundrechtsprüfung“ des BVerfG nach den Beschlüssen zum „Recht auf Vergessen“ und „Europäischer Haftbefehl III“, EuR 2021, 247; *Reeckmann*, Der Glücksspielstaatsvertrag 2021, (GlüStV 2021) – Und sie bewegt sich doch!, ZfWG 2020, 345; *Ruffert*, Privatrechtswirkung der Grundrechte. Von Lüth zum Stadionverbot – und darüber hinaus?, JuS 2020, 1; *Sachs*, Grundgesetz. Kommentar, 9. Aufl. 2021; *Sachs/Jasper*, Der allgemeine Gleichheitssatz. Das Eingriffsmodell zu Art. 3 I GG als Abwehrrecht, JuS 2016, 769; *Schmittmann*, Update: Besteuerung von Umsätzen und Gewinnen aus Glücks- und Geschicklichkeitsspielen 2020, ZfWG 2021, 150; *Stern*, Die Schutzpflichtenfunktion der Grundrechte: Eine juristische Entdeckung, DÖV 2010, 241; *Stern*, Das Staatsrecht der Bundesrepublik Deutschland. Die einzelnen Grundrechte, Band IV/2, 2011; *Stern/Becker*, Grundrechte-Kommentar. Die Grundrechte des Grundgesetzes mit ihren europäischen Bezügen, 3. Aufl. 2019; *Streinz*, EUV/AEUV. Vertrag über die Europäische Union. Vertrag über die Arbeitsweise der Europäischen Union. Charta der Grundrechte der Europäischen Union, 3. Aufl. 2018; *Streinz/Liesching/Hambach*, Glücks- und Gewinnspielrecht in den Medien. Kommentar, 2014; *Voßkuhle/Kaiser*, Grundwissen – Öffentliches Recht: Funktionen der Grundrechte, JuS 2011, 411.

I. Grundlagen

Neben den in den Grundrechtskatalog des Grundgesetzes aufgenommenen Freiheitsgrundrechten kommt den in Art. 3 des Grundgesetzes verbürgten, differenziert ausgestalteten **Gleichheitssätzen** und den ebenfalls dort verorteten **flankierenden Gewährleistungen** erhebliche Bedeutung im verfassungsrechtlichen Kanon der als Grundrechte ausgestalteten Freiheits- und Gleichheitsrechte zu.[1] 1

Art. 3 GG ist in drei Absätze gegliedert. Art. 3 Abs. 1 GG enthält den sogenannten „**Allgemeinen Gleichheitssatz**“[2], während Art. 3 Abs. 2 GG die **Gleichberechtigung von Mann und Frau** an prominenter Position verfassungsrechtlich statuiert und ihre wirksame Durchsetzung durch ein spezielles, dem „Staat“ obliegendes „Förderungsgebot“[3] flankiert. Schließlich ordnet Art. 3 Abs. 3 S. 1 GG ein striktes **Verbot** im Hinblick auf solche **Benachteiligungen und Bevorzugungen** an, die ihren Grund im Geschlecht einer Person,[4] ihrer Abstammung, Rasse, Sprache, Heimat und Herkunft, ihres Glaubens und ihrer religiösen oder politischen Anschauungen finden.[5] Nach Art. 3 Abs. 3 S. 2 GG darf zudem niemand wegen seiner Behinderung benachteiligt werden.[6] 2

---

1 Einen hilfreichen Überblick zu den einzelnen Gewährleistungen verschafft in diesem Rahmen BeckOK GG/*Kischel* GG Art. 3 Vor Rn. 1.

2 Zu ihm stv. für viele *Britz* NJW 2014, 346 ff.; Sachs/*Nußberger* GG Art. 3 Rn. 1 ff.; ferner *Sachs/Jasper* JuS 2016, 769 ff.; siehe weitergehend auch zum „Allgemeinen Gleichheitssatz“ im Recht der Europäischen Union Streinz/*Streinz* AEUV Art. 18 Rn. 13.

3 Vgl. zu diesem Förderungsgebot die instruktiven Darlegungen bei BeckOK GG/*Kischel* GG Art. 3 Rn. 196 ff.

4 Zur Frage nach Überschneidungen mit dem Anwendungsbereich des Art. 3 Abs. 2 GG Sachs/*Nußberger* GG Art. 3 Rn. 223a; ein „einheitlicher Regelungskomplex“ wird insofern auch von BeckOK GG/*Kischel* GG Art. 3 Rn. 183 angenommen.

5 Hierbei handelt es sich um spezifische „Diskriminierungsverbote“, vgl. hierzu Streinz/Liesching/Hambach/*Berberich*, Glücks- und Gewinnspielrecht in den Medien, GG Art. 3 Rn. 1; einen guten Überblick zum Bedeutungsgehalt der einzelnen „Merkmale“ verschafft BeckOK GG/*Kischel* GG Art. 3 Rn. 219 ff.

6 Siehe zu den „Anwendungsvoraussetzungen“ die eingehenden Ausführungen bei Sachs/*Nußberger* GG Art. 3 Rn. 313 ff.

II. Erläuterungen

3 **1. Geschützte Grundrechtsträger.** Eine exakte Bestimmung der durch Art. 3 GG **geschützten Grundrechtsträger** gibt Aufschluss über Umfang und Reichweite des persönlichen Schutzbereichs der in dieser Verfassungsbestimmung festgeschriebenen Gleichheitsgarantien.[7] Während Art. 3 Abs. 1 GG insoweit „alle Menschen" adressiert, nimmt Art. 3 Abs. 2 GG ausdrücklich „Männer und Frauen" in den Blick. Die speziellen Benachteiligungs- und Bevorzugungsverbote in Art. 3 Abs. 3 GG adressieren in ihren Postulaten auf der Grundlage einer negativen Formulierung die Bezeichnung „niemand". Vor diesem Hintergrund dürfte ohne Weiteres feststehen, dass die Gleichheitsverbürgungen des Art. 3 GG verfassungskonzeptionell zunächst auf den Rechtsstatus und Schutz „natürlicher Personen" ausgerichtet sind.[8] Die Nationalität der natürlichen Person spielt insofern **keine** Rolle, da es sich bei Art. 3 GG nicht um ein sog. „Deutschen-Grundrecht"[9] handelt.[10]

4 Der persönliche Schutz- und Geltungsanspruch des Art. 3 GG erstreckt sich jedoch über seinen prima facie erkennbaren Wortlaut hinaus auch auf **weitere Grundrechtsträger.**[11] Insbesondere kann in diesem Rahmen – und das ist gerade auch für den Bedeutungsgehalt des Art. 3 GG im Bereich des Glücksspielrechts entscheidend – schutzbereichserweiternd Art. 19 Abs. 3 GG eingreifen, wonach die Grundrechte „auch für inländische juristische Personen" gelten, „soweit sie ihrem Wesen nach auf diese anwendbar sind".[12] Der adjektivische Zusatz „inländische", der den Anwendungsbereich im Wortlaut des Art. 19 Abs. 3 GG näher eingrenzt, läuft Gefahr, im Hinblick auf die Reichweite des Geltungsbereichs zu Fehlschlüssen zu verleiten. Zur Meidung fehlerhafter Vorstellungen bleibt in diesem Rahmen zu beachten, dass der Geltungsbereich des Art. 19 Abs. 3 GG „aufgrund des Anwendungsvorrangs der Grundfreiheiten im Binnenmarkt (Art. 26 Abs. 2 AEUV) und des allgemeinen Diskriminierungsverbots aus Gründen der Staatsangehörigkeit (Art. 18 AEUV)"[13] einer europarechtskonformen Auslegung bedarf.[14] Vor diesem Hintergrund kommen auch solche juristische Personen in den Genuss der Grundrechtserstreckung durch Art. 19 Abs. 3 GG, die ihren Sitz in einem anderen Mitgliedstaat der Europäischen Union haben.[15]

---

7 Von einem Verständnis der „Gleichheitsechte des Grundgesetzes als Garantien der Gleichbehandlung" geht etwa *Gusy* NVwZ 2015, 700 (701) aus.

8 Vgl. insoweit treffend Streinz/Liesching/Hambach/*Berberich*, Glücks- und Gewinnspielrecht in den Medien, GG Art. 3 Rn. 3.

9 Ein solches liegt etwa bei Art. 8 GG vor, vgl. hierzu eingehend BeckOK GG/*Schneider* GG Art. 8 Rn. 23; siehe zur Frage der „Europarechtskonformität der Deutschen-Grundrechte" die Ausführungen bei *Lücke* EuR 2001, 112.

10 Vgl. Streinz/Liesching/Hambach/*Berberich*, Glücks- und Gewinnspielrecht in den Medien, GG Art. 3 Rn. 3.

11 Vgl. hierzu nochmals Streinz/Liesching/Hambach/*Berberich*, Glücks- und Gewinnspielrecht in den Medien, GG Art. 3 Rn. 3.

12 Vgl. hierzu Streinz/Liesching/Hambach/*Berberich*, Glücks- und Gewinnspielrecht in den Medien, GG Art. 3 Rn. 3; grundlegend auch Sachs/*Sachs* GG Art. 19 Rn. 48 ff.; ferner BeckOK GG/*Enders* GG Art. 19 Rn. 34 ff.

13 So treffend Streinz/Liesching/Hambach/*Berberich*, Glücks- und Gewinnspielrecht in den Medien, GG Art. 3 Rn. 4.

14 Vgl. nochmals Streinz/Liesching/Hambach/*Berberich*, Glücks- und Gewinnspielrecht in den Medien, GG Art. 3 Rn. 4; eingehend auch BeckOK GG/*Enders* GG Art. 19 Rn. 37, der unter Regress auf die Rspr. des BVerfG insoweit „eine – zulässige – Verfassungsdurchbrechung" annimmt, ebd. mwN.

15 Vgl. insofern die zustimmungswürdigen Darlegungen bei Streinz/Liesching/Hambach/*Berberich*, Glücks- und Gewinnspielrecht in den Medien, GG Art. 3 Rn. 3 f.

Wenn auch **öffentlich-rechtlich strukturierte juristische Personen** grundsätzlich nicht zum Kreis der Grundrechtsträger zählen,[16] gewinnt die von diesem Grundsatz etwa zugunsten öffentlich-rechtlicher Rundfunkanstalten anerkannte Ausnahme[17] auch im Kontext des Glücksspielrechts Bedeutung, da auch im Programm der öffentlich-rechtlichen Rundfunkanstalten regelmäßig Gewinnspiele[18] veranstaltet werden dürfen. Zu beachten bleibt in diesem Rahmen allerdings, dass sich die Grundrechtsfähigkeit der öffentlich-rechtlichen Rundfunkanstalten auf die ihnen zuzuordnende Rundfunkfreiheit als „dienende Freiheit"[19] beschränken soll.[20] Eine Berufung auf weitere Grundrechte, mithin auch auf Art. 3 GG, soll den öffentlich-rechtlichen Rundfunkanstalten hingegen verwehrt sein.[21] Soweit sich das konkrete gleichheitsrechtliche Schutzbedürfnis jedoch aus dem Inbegriff durch Art. 5 Abs. 1 S. 2 GG geschützter rundfunkrechtlicher Freiheitsbetätigung ergeben sollte, überzeugt ein starrer Ausschluss vom Freiheitsgenuss des Art. 3 GG insoweit nicht, als die freiheitliche Grundrechtsgewährleistung der Sache nach einer gleichheitsrechtlichen Flankierung bedarf. Die hiermit einhergehende weitergehende Eingrenzung der inhaltlichen Reichweite des sog. „Konfusionsarguments"[22] dürfte insoweit in Kauf zu nehmen sein. 5

Ein zunehmend ausdifferenziertes und vom Wandel der Rechtsprechung gekennzeichnetes Bild ergibt sich bei der Betrachtung der **Grundrechtsfähigkeit von juristischen Personen des Privatrechts**, die – etwa als staatliche oder kommunale Tochter- oder Beteiligungsgesellschaften – (überwiegend) durch die öffentliche Hand beherrscht werden.[23] 6

Mit Ausnahme der sog. „Lotterien mit geringem Gefährdungspotenzial" wird das dem Staat zugewiesene **„Lotterieveranstaltungsmonopol"** auch auf der 7

16 Vgl. Streinz/Liesching/Hambach/*Berberich*, Glücks- und Gewinnspielrecht in den Medien, GG Art. 3 Rn. 4; die fehlende Grundrechtsfähigkeit von „juristischen Personen des öffentlichen Rechts" liegt darin begründet, dass es insofern an einer wesensmäßigen Anwendbarkeit iSd Art. 19 Abs. 3 GG fehlt, vgl. hierzu BeckOK GG/*Enders* GG Art. 19 Rn. 45 mwN.

17 Vgl. hierzu BeckOK GG/*Enders* GG Art. 19 Rn. 45 f. m. entspr. Nachw. in der Rspr. durch das BVerfG; man spricht in diesem Zusammenhang von einer sog. „Ausnahmetrias", die neben Rundfunkanstalten auch staatliche Hochschulen und körperschaftlich strukturierte Religionsgemeinschaften erfasst, so und hierzu *Ludwigs/Friedmann* NVwZ 2018, 22 ff. (22); siehe zur „Ausnahmetrias" auch die Darlegungen bei Sachs/*Sachs* GG Art. 19 Rn. 93 ff.

18 Vgl. zur begrifflichen Abgrenzung von Glücksspielen und im Medienrecht bedeutsamen Gewinnspielen unter Bezugnahme auf die damalige Rechtslage nach § 8a RStV aF *Hüsken* ZfWG 2009, 153 ff.; ferner auch *Liesching* ZfWG 2009, 320 ff.

19 BVerfGE 57, 295 (319); BVerfGE 83, 238 (295 f.); BVerfGE 87, 181 (197); BVerfGE 90, 60 (87), stRspr; siehe zum verfassungsrechtlichen Rundfunkbegriff und zur Konzeption der Rundfunkfreiheit als „dienende" Freiheit die Darlegungen bei *Hamacher* Der Rundfunkbegriff im Wandel des deutschen und europäischen Rechts S. 35 ff. mwN.

20 Vgl. hierzu Sachs/*Bethge* GG Art. 5 Rn. 106 ff.

21 Vgl. Sachs/*Bethge* GG Art. 5 Rn. 108, der insofern darauf verweist, dass dieser Befund „eine extensive inhaltliche Handhabung des Art. 5 I 2" bedinge.

22 Zu ihm *Ludwigs/Friedmann* NVwZ 2018, 22 (22); *Merten* DÖV 2019, 41 ff.; zu den Grenzen des Konfusionsarguments BVerfG 6.12.2016 – 1 BvR 2821/11, 1 BvR 321/12, 1 BvR 1456/12, Rn. 111, 192.

23 Vgl. hierzu eingehend BeckOK GG/*Enders* GG Art. 19 Rn. 48 unter Verweis ua auf BVerfG 16.5.1989 – 1 BvR 705/99; zur maßgeblichen Differenzierung „zwischen gemischtwirtschaftlichen Unternehmen und Eigengesellschaften" *Ludwigs/Friedmann* NVwZ 2018, 22 (22).

Grundlage des neuen Glücksspielstaatsvertrags 2021 aufrechterhalten.[24] Vor diesem Hintergrund stellt sich die Frage nach der Grundrechtsfähigkeit der in privatrechtlicher Rechtsform (etwa einer GmbH) strukturierten, aber staatlich beherrschten Lottogesellschaften. So handelt es sich bei der Betreibergesellschaft von „WestLotto“ beispielsweise um die Westdeutsche Lotterie GmbH & Co. OHG, die wiederum ihrerseits – mittelbar strukturiert – eine 100-prozentige Tochtergesellschaft des Landes Nordrhein-Westfalen bildet.[25] Bei dieser Ausgestaltung ist von einer umfassenden öffentlich-rechtlichen Beherrschung der Lotteriegesellschaft auszugehen. Das Beispiel der Lotto Rheinland-Pfalz GmbH zeigt allerdings, dass die Gesellschafterverhältnisse auch anders strukturiert sein können. Hier hält das Land Rheinland-Pfalz 51 % der Gesellschafteranteile, der Sportbund Rheinland und der Sportbund Pfalz jeweils 19,60 % sowie der Sportbund Rheinhessen 9,80 %.[26] Im Hinblick auf die Frage nach der möglichen Grundrechtsfähigkeit der Lottogesellschaften ist auf die allgemein anerkannten Regeln abzustellen. Auf der Grundlage der höchstrichterlichen Judikatur sind dabei für eine rechtliche Bewertung stets „das Konfusionsargument sowie die Lehre vom personalen Substrat“[27] fruchtbar zu machen.[28]

8 In diesem Zusammenhang wurde in der Vergangenheit insbesondere auch über die **Grundrechtsfähigkeit** des staatlich beherrschten, aber in privatrechtlicher Rechtsform ausgestalteten **Anbieters von Sportwettangeboten** „Oddset“ diskutiert und in der juristischen Literatur für eine Grundrechtsfähigkeit – jedenfalls im Hinblick auf die Freiheitsgewährleistungen nach Art. 12 GG – plädiert.[29] Im Hinblick auf die Einstufung der Grundrechtsfähigkeit dieser staatlich beherrschten Betreibergesellschaft der Sportwette „Oddset“ bleibt indes kaum Raum für die Zuerkennung einer rechtlichen Sonderstellung, so dass auch insofern auf die allgemeinen Wertungskriterien zurückzugreifen ist. Aus verfassungsrechtlichen Gründen ist eine gesonderte Zuerkennung einer partiellen Grundrechtsfähigkeit, wie sie für Rundfunkanstalten, staatliche Hochschulen und als Körperschaft des öffentlichen Rechts strukturierte Religionsgemeinschaften angenommen wird,[30] jedenfalls *nicht* geboten. Gleichwohl ist eine entsprechende Zuerkennung im Wege der Fortentwicklung der Grundrechtsdogmatik auch nicht a priori ausgeschlossen.[31]

---

24 Bremische Bürgerschaft Drs. 20/448 vom 16.6.2020, Mitteilung des Senats, Staatsvertrag zur Neuregulierung des Glücksspielwesens in Deutschland (Glücksspielstaatsvertrag 2021 – GlüStV 2021), Erläuterungen zum Glücksspielstaatsvertrag 2021, S. 25.

25 Vgl. hierzu die Angaben auf der Internet-Präsenz von „WestLotto“ unter URL https://www.westlotto.de/unternehmen/ueber-westlotto/ueber-westlotto.html;jsessionid=N9RzW83w2jkP8VaOd4gr5viC.infocus3a#unser_auftrag.

26 Diese Informationen ergeben sich ua aus dem Compliance-Bericht der Lotto Rheinland-Pfalz GmbH 2017, S. 4, abrufbar unter URL http://tpp-i.typo3web03.rlp.de/tppi-upload/new/generische_dokumente/lotto_rheinland_pfalz_gmbh_unternehmensdaten_2017/lotto_rheinland_pfalz_gmbh_pcgk_bericht_2017.pdf.

27 So treffend unter Bezugnahme auf die Entwicklungslinien in der höchstrichterlichen Judikatur *Ludwigs/Friedmann* NVwZ 2018, 22 ff. (23).

28 Vgl. nochmals *Ludwigs/Friedmann* NVwZ 2018, 22 ff. (23).

29 Vgl. hierzu die entsprechende Positionierung Streinz/Liesching/Hambach/*Liesching-Berberich*, Glücks- und Gewinnspielrecht in den Medien, GG Art. 12 Rn. 22.

30 Vgl. hierzu *Ludwigs/Friedmann* NVwZ 2018, 22 (22); siehe zur „Ausnahmetrias“ auch die Darlegungen bei Sachs/*Sachs* GG Art. 19 Rn. 93 ff.

31 Entsprechend ausgreifende Tendenzen sogar im Hinblick auf klassische juristische Personen des öffentlichen Rechts werden in der Analyse der jüngeren Grundrechtsdogmatik bei *Stern*, Das Staatsrecht der Bundesrepublik Deutschland, Bd. IV/2, S. 1497 f. mwN beschrieben.

Entsprechendes gilt auch für die staatlich beherrschten, privatrechtlich strukturierten **Betreibergesellschaften der Spielbanken.** 9

2. Grundrechtsadressaten. Durch Art. 3 GG werden die maßgeblichen **Grundrechtsadressaten** *nicht* ausdrücklich benannt. Losgelöst von bestimmten Sonderkonstellationen, zu denen insbesondere auch die rechtliche Figur der sog. „mittelbaren Drittwirkung von Grundrechten"[32] zählt, hat sich eine Bestimmung der verantwortlichen Grundrechtsadressaten an einem Rückgriff auf die verfassungsrechtlichen Vorgaben aus Art. 1 Abs. 3 GG und Art. 20 Abs. 3 GG zu orientieren.[33] Demnach ist jegliche Staatsgewalt ganz unabhängig davon an die im Grundgesetz verbürgten Grundrechte gebunden, ob sie dem Bereich der Legislative, der Exekutive – einschließlich der Gubernative[34] – oder der Judikative zugeordnet ist.[35] 10

3. Dimensionen des Grundrechtsschutzes. Nicht nur in der grundlegenden Konzeption des Grundrechtsschutzes im deutschen, europäischen und internationalen Recht werden **verschiedene Grundrechtsebenen** erkennbar.[36] Vielmehr entfalten die einzelnen Grundrechte selbst verschiedene Dimensionen in ihrem jeweiligen Schutzgehalt.[37] Grundlegend ist etwa unter Bezugnahme auf den allgemeinen Gleichheitssatz des Art. 3 Abs. 1 GG insofern zunächst zwischen seinem objektiv-rechtlichen Bedeutungsgehalt und den subjektiv-rechtlichen Gewährleistungen zu differenzieren.[38] In der Rechtsprechung des Bundesverfassungsgerichts wird traditionell dem sog. „Lüth-Urteil"[39] für die hermeneutische Herausbildung der objektiv-rechtlichen Grundrechtsfunktionen herausragende Bedeutung beigemessen.[40] Gerade im jüngeren Grundrechtsdiskurs kommt in diesem 11

32 Vgl. hierzu *Ruffert* JuS 2020, 1 ff.; kritisch hierzu *Neuner* NJW 2020, 1851 ff.; speziell zur Drittwirkung des allgemeinen Gleichheitssatzes nach Art. 3 Abs. 1 GG im Hinblick auf jüngere Tendenzen in der Grundrechtsrechtsprechung auch *Jobst* NJW 2020, 11 ff. mwN; ein „systematisierendes Zwischenfazit" legte jüngst *Muckel* JA 2020, 411 ff. vor; unter Bezugnahme auf Art. 5 GG auch Sachs/*Bethge* GG Art. 5 Rn. 30a.

33 Vgl. hierzu Streinz/Liesching/Hambach/*Berberich*, Glücks- und Gewinnspielrecht in den Medien, GG Art. 3 Rn. 2.

34 Vgl. zur Unterscheidung zwischen der Gubernative und der Administrative im Rahmen der Exekutivgewalt die Darlegungen bei NK-VwVfG/*Schönenbroicher* VwVfG § 1 Rn. 37 f.

35 Vgl. hierzu mit der treffenden Differenzierung zwischen „Rechtanwendungsgleichheit" und „Rechtssetzungsgleichheit" die Ausführungen bei Streinz/Liesching/Hambach/*Berberich*, Glücks- und Gewinnspielrecht in den Medien, GG Art. 3 Rn. 2 (Hervorhebungen durch Verfasser entfernt).

36 Vgl. zur „Grundrechtsarchitektur im Mehrebenensystem" die Darlegungen bei *Kühling* NJW 2020, 275 ff.; unter Bezugnahme auf die jüngste Rspr. des BVerfG spricht *Makoski* „von sich verschränkenden Grundrechtssphären", so *Makoski* EuZW 2020, 1053 (1053); jüngst auch *Preßlein* EuR 2021, 247 ff.; die „Zusammenarbeit des EuGH und des BVerfG beim Grundrechtsschutz" würdigte stv. für viele kürzlich *Britz* NJW 2021, 1489 ff. (insbesondere auch 1489).

37 Zu ihnen *Dreier* Dimensionen der Grundrechte S. 10 ff.; vgl. hierzu unter näherer Beleuchtung der sog. „objektiv-rechtlichen Dimension" auch die Darlegungen bei *Gostomzyk* JuS 2004, 949 ff.

38 Instruktiv zu dieser Differenzierung *Stern*, Das Staatsrecht der Bundesrepublik Deutschland, Bd. IV/2, S. 1469; siehe zu der sog. „Wertordnungsrechtsprechung des Bundesverfassungsgerichts" die Ausführungen bei *Dreier* Dimensionen der Grundrechte S. 10 ff.

39 BVerfG 15.1.1958 – 1 BvR 400/51 = BVerfGE 7, 198 = NJW 1958, 257.

40 Vgl. hierzu *Dreier* Dimensionen der Grundrechte S. 10 ff.; *Voßkuhle/Kaiser* JuS 2011, 411 (411).

Rahmen der Lehre von den (positiven) grundrechtlichen Schutzpflichten[41] eine herausgehobene Bedeutung zu, auf die nicht zuletzt auch im Bereich des Umweltschutzrechts zunehmend rekurriert wird.[42] Im Hinblick auf die verfassungsrechtlich determinierten Gleichheitsanforderungen im Bereich des Glücksspielrechts können grundrechtliche Schutzpflichten bei der Vergabe von Glücksspielkonzessionen Bedeutung erlangen, dies insbesondere gerade auch dann, wenn es die Vorgaben aus der Dienstleistungsrichtlinie der Europäischen Union[43] im Rahmen der Konzessionsverfahren zu beachten gilt.[44]

12 Im Rahmen der subjektiv-rechtlichen Kernfunktion der Grundrechtsgewährleistungen wird allgemein zwischen ihrer **abwehrrechtlichen Bedeutung** (sog. „status negativus")[45] und ihrer **Leistungs- und Teilhabefunktion** (sog. „status positivus")[46] unterschieden. Weitere **grundrechtliche Spezialfunktionen** sind im Hinblick auf Art. 3 GG von eher untergeordneter Bedeutung.[47]

13 **4. Allgemeiner Gleichheitssatz (Art. 3 Abs. 1 GG).** Nach ständiger Rechtsprechung des Bundesverfassungsgerichts und der herrschenden Meinung in der juristischen Literatur besteht das grundlegende **Postulat des allgemeinen Gleichheitssatzes** nach Art. 3 Abs. 1 GG darin, dass „wesentlich Gleiches gleich und wesentlich Ungleiches ungleich zu behandeln"[48] sein soll.

14 In diesem Rahmen bereitet schon die grundlegende Anforderung, verlässlich zu ermitteln, ob zwei Sachverhalte im Wege der Herausbildung einer gemeinsamen **Oberkategorie**[49] miteinander vergleichbar sind und damit eine „Gleichbehandlung" zu Gebote steht, nicht nur unerhebliche Schwierigkeiten.[50]

15 Erschwerend tritt hinzu, dass sich auch die **verfassungsrechtlichen Überprüfungsmaßstäbe** des Bundesverfassungsgerichts bzgl. der Rechtfertigung einer

41 Zu ihnen *Stern* DÖV 2010, 241 ff.; vgl. hierzu auch *Voßkuhle/Kaiser* JuS 2011, 411 (412); NK-VwVfG/*Uechtritz* VwVfG § 42a Rn. 15 f.

42 Vgl. hierzu NK-VwVfG/*Uechtritz* VwVfG § 42a Rn. 15; *Groß* NVwZ 2020, 337 ff.

43 Richtlinie 2006/123/EG des Europäischen Parlaments und des Rates vom 12.12.2006 über Dienstleistungen im Binnenmarkt, ABl. Nr. L 376, S. 36 ff.

44 Allgemein zur Bedeutung der grundrechtlichen Schutzpflichten im Hinblick auf den Anwendungsbereich der Richtlinie 2006/123/EG NK-VwVfG/*Uechtritz* VwVfG § 42a Rn. 16.

45 Vgl. hierzu *Voßkuhle/Kaiser* JuS 2011, 411 (411).

46 Vgl. hierzu *Voßkuhle/Kaiser* JuS 2011, 411 (411).

47 Zu nennen sind hier die unter dem sog. „status activus" kategorisierten „Mitwirkungsrechte", zu ihnen *Voßkuhle/Kaiser* JuS 2011, 411 (412).

48 So BVerfG 26.7.2010 – 2 BvR 2227/08 sowie 2 BvR 2228/08, ECLI:DE:BVerfG:2010:rk20100726.2bvr222708, Rn. 3 unter Verweis auf BVerfGE 116, 164 (180); BVerfGE 122, 210 (230); stRspr; Streinz/Liesching/Hambach/*Berberich*, Glücks- und Gewinnspielrecht in den Medien, GG Art. 3 Rn. 6 mwN; hierzu auch BeckOK GG/*Kischel* GG Art. 3 Rn. 15 ff.; zur negatorischen Entsprechung dieses Postulats mit identischem Ergebnis v. Münch/Kunig /*Boysen* GG Art. 3 Rn. 64.

49 Die relevanten Vergleichsgesichtspunkte werden als „tertium comparationis" bezeichnet, so stv. für viele Sachs/*Nußberger* GG Art. 3 Rn. 1; kritisch hierzu BeckOK GG/*Kischel* GG Art. 3 Rn. 15a.

50 AA wohl BeckOK GG/*Kischel* GG Art. 3 Rn. 15, der insoweit jedenfalls dahin gehend ausführt, dass die „Feststellung, inwiefern Gleiches ungleich oder Ungleiches gleich behandelt wird", „in der Praxis kaum zu Problemen" führe (Hervorhebungen durch Verfasser entfernt); insoweit lehnt er auch ein Abstellen auf ein sog. „tertium comparationis" ab, vgl. BeckOK GG/*Kischel* GG Art. 3 Rn. 15a; vgl. zu den Anforderungen an eine Vergleichbarkeit zweier Sachverhalte Streinz/Liesching/Hambach/*Berberich*, Glücks- und Gewinnspielrecht in den Medien, GG Art. 3 Rn. 6.

Ungleichbehandlung nach Art. 3 Abs. 1 GG durchaus als polypolar erweisen.[51] Betrachtet man die grundsätzlichen Entwicklungslinien, hat sich ein Dualismus in den maßgeblichen Überprüfungsansätzen zwischen der klassischen „Willkürformel“[52] und der sog. „Neuen Formel“[53] herausgebildet.[54] Darüber hinaus werden im Zuge der Rechtsprechungsgenese weitere Differenzierungsansätze herausgebildet und teilweise auch eine im Superlativ stehende „Neueste Formel“ sowie eine „Stufenlos-Formel“ unterschieden,[55] wobei letztere durch *Kischel* „als Versuch einer Bereinigung der eigenen Rechtsprechung“ seitens des Bundesverfassungsgerichts bewertet wird.[56] Im ersten Leitsatz seines Beschlusses vom 21.6.2011[57] bringt das Bundesverfassungsgericht das verfassungsrechtliche Anforderungsprofil der Rechtfertigungsprüfung für eine (un)gerechtfertigte Ungleichbehandlung von wesentlich Gleichem nach der „Stufenlos-Formel“[58] prägnant auf den Punkt, wenn es im Wortlaut wie folgt formuliert:

„Aus dem allgemeinen Gleichheitssatz ergeben sich je nach Regelungsgegenstand und Differenzierungsmerkmalen unterschiedliche Grenzen für den Gesetzgeber, die stufenlos von gelockerten, auf das Willkürgebot beschränkten Bindungen bis hin zu strengen Verhältnismäßigkeitsanforderungen reichen können“.[59]

Zu beachten bleibt, dass eine Prüfung des allgemeinen Gleichheitssatzes aus **Spezialitätserwägungen** ausscheidet, wenn das konkret zu beurteilende Differenzierungsmerkmal bereits Gegenstand einer spezielleren verfassungsrechtlichen Regelung, beispielsweise – aber nicht ausschließlich – der speziellen Benachteiligungs- und Bevorzugungsverbote nach Art. 3 Abs. 3 GG, ist.[60] Andere Differenzierungsmerkmale, deren verfassungsrechtliche Einstufung sich einer spezifischen Sonderregelung entzieht, bleiben jedoch einer Überprüfung am Maßstab des allgemeinen Gleichheitssatzes nach Art. 3 Abs. 1 GG weiterhin überantwortet.[61] 16

5. Besondere Gleichheitssätze und spezielle Diskriminierungsverbote. Den **besonderen Gleichheitssätzen und speziellen Diskriminierungsverboten**, die in Art. 3 Abs. 2 und 3 GG ihre verfassungsrechtliche Verankerung gefunden haben, kommt im Hinblick auf das Glücksspielrecht **keine** spezifische Bedeutung zu, die etwaig über den allgemeinen Rahmen ihrer inhaltlichen Geltungskraft hinausreichen würde. Vor diesem Hintergrund erweist sich insofern eine vertiefende Erörterung zu den inhaltlichen Details ihrer Gewährleistungen in diesem Rahmen als 17

51 Vgl. hierzu Streinz/Liesching/Hambach/*Berberich*, Glücks- und Gewinnspielrecht in den Medien, GG Art. 3 Rn. 9.

52 Grundlegend BVerfGE 1, 14 (52); zuletzt etwa BVerfGE 152, 274 ff. (Rn. 96); vgl. zur „Willkürformel“ stv. für viele die Darlegungen bei Streinz/Liesching/Hambach/*Berberich*, Glücks- und Gewinnspielrecht in den Medien, GG Art. 3 Rn. 9; ferner Sachs/*Nußberger* GG Art. 3 Rn. 8 ff. mit teilweise weiterführenden Nachweisen in der Rspr. des BVerfG in dortiger Fn. 16.

53 BVerfGE 55, 72 (88); hierauf verweisen mit näheren Ausführungen auch Streinz/Liesching/Hambach/*Berberich*, Glücks- und Gewinnspielrecht in den Medien, GG Art. 3 Rn. 9; ferner BeckOK GG/*Kischel* GG Art. 3 Rn. 28.

54 Vgl. hierzu unter Bezugnahme auf beide Formeln Streinz/Liesching/Hambach/*Berberich*, Glücks- und Gewinnspielrecht in den Medien, GG Art. 3 Rn. 9.

55 Vgl. insbesondere zu den beiden zuletzt genannten Formeln die erhellenden Darlegungen bei BeckOK GG/*Kischel* Art. 3 GG Rn. 28.

56 So und hierzu BeckOK GG/*Kischel* GG Art. 3 Rn. 28.

57 BVerfG 21.6.2011 – 1 BvR 2035/07.

58 Vgl. zu ihr nochmals BeckOK GG/*Kischel* GG Art. 3 Rn. 28.

59 So BVerfG 21.6.2011 – 1 BvR 2035/07, 1. Leitsatz; dieser Leitsatz wird auch ausdrücklich zitiert bei BeckOK GG/*Kischel* GG Art. 3 Rn. 28.

60 Vgl. insoweit die treffenden Ausführungen bei Sachs/*Nußberger* GG Art. 3 Rn. 78.

61 Vgl. hierzu Sachs/*Nußberger* GG Art. 3 Rn. 78.

obsolet, so dass an dieser Stelle auf die einschlägigen Kommentierungen in der juristischen Literatur, die auch entsprechende Bezugnahmen auf die maßgebliche Rechtsprechung enthalten, zu verweisen ist.[62]

18 Es genügt vor diesem Hintergrund anzumerken, dass die Überprüfung eines Sachverhalts anhand der Maßstäbe des Allgemeinen Gleichheitssatzes nach Art. 3 Abs. 1 GG stets dann nicht stattfindet, wenn und soweit der betreffende Sachverhalt „Differenzierungskriterien" betrifft, die durch Art. 3 Abs. 2 und 3 GG eine **speziellere gleichheitsrechtliche Justierung** erfahren haben.[63]

19 **6. Gleichheitsgrundrechtliche Implikationen im Bereich des Glücksspielrechts.** Der neue Glücksspielstaatsvertrag 2021 ist gem. § 35 Abs. 1 S. 1 GlüStV zum 1.7.2021 in Kraft getreten. Er steht trotz wesentlicher Änderungen und Erweiterungen im Detail in der Tradition der Vorgängerverträge und setzt auch bzgl. der in **§ 1 GlüStV definierten Ziele** weiterhin auf **Kontinuität.**[64] Versuche, eine noch grundlegendere Neufassung zu errichten, die eine vollständige Loslösung von der bisherigen Normenarchitektur der Vorgängerstaatsverträge bedeutet hätte, haben sich im Zuge der Vertragsverhandlungen zwischen den Bundesländern **nicht** durchsetzen können.[65]

20 Der Glücksspielstaatsvertrag 2021 umfasst im Gegensatz zu seinen Vorgängerstaatsverträgen auch eine umfassendere grundsätzliche **Legalisierung verschiedener Online-Glücksspielangebote**[66], wobei der Regulierungsrahmen insbesondere um eine detailreich ausziselierte Regelung von „Virtuellen Automatenspielen" (§ 22a GlüStV), „Online-Poker" (§ 22b GlüStV) und „Online-Casinospiele" (§ 22c GlüStV) erweitert worden ist. Sie unterfallen den Regulierungszielen des § 1 GlüStV ebenso wie alle anderen Glücksspielformen, die durch den Regelungsgehalt des Glücksspielstaatsvertrags erfasst werden. Diese einheitliche Zieldefinition in § 1 GlüStV für alle von der Regulierung erfassten Glücksspielformen ist schon im Hinblick auf den Glücksspielstaatsvertrag aF in der juristischen Literatur treffend als Beleg dafür herangezogen worden, „dass es sich bei allen im GlüStV regulierten Glücksspielarten jedenfalls im Kern zunächst um ‚wesentlich Gleiches' im Lichte des Art. 3 Abs. 1 handelt".[67]

21 Durch die vorerwähnte grundsätzliche Öffnung für weitere **Glücksspielangebote im Online-Bereich** ist im Hinblick auf die gleichheitsrechtlichen Anforderungen aus Art. 3 Abs. 1 GG – jedenfalls partiell – auf der Grundlage des Glücksspielstaatsvertrags 2021 verfassungsrechtliche Entspannung eingetreten.

---

62 Vgl. insofern etwa die tieflotenden Darlegungen bei Stern/Becker/*Englisch* GG Art. 3 Rn. 66 ff.; v. Münch/Kunig/*Boysen* GG Art. 3 Rn. 115 ff.; BeckOK GG/*Kischel* GG Art. 3 Rn. 178 ff.; ferner Sachs/*Nußberger* GG Art. 3 Rn. 222 ff.; zur „Paritätsgesetzgebung" im Hinblick auf die Vorgaben aus Art. 3 Abs. 2 GG *Hecker* ZRP 2020, 226 ff.; siehe weitergehend zu den über Art. 3 GG hinausgehenden „wahlrechtlichen" Gleichheitssätzen instruktiv *Lampert* JuS 2011, 884 ff.

63 Vgl. hierzu mit eingehenden Ausführungen zum „Vorrangverhältnis" Sachs/*Nußberger* GG Art. 3 Rn. 77 ff.

64 Siehe hierzu LT NRW-Drs. 17/11683, 75; vgl. hierzu *Reeckmann* ZfWG 2020, 345 (346).

65 Auf eine weitgehende Entsprechung der Gliederungsstruktur des GlüStV gegenüber seiner Vorfassung weist *Reeckmann* ZfWG 2020, 345 (345) hin.

66 Im Glücksspielstaatsvertrag aF vom 15.12.2011 hatte es lediglich erste zögerliche Versuche einer Öffnung für einzelne Angebote im Online-Bereich für bestimmte Sportwetten im Rahmen einer entsprechenden Experimentierklausel gegeben, vgl. hierzu die Darlegungen bei Streinz/Liesching/Hambach/*Berberich*, Glücks- und Gewinnspielrecht in den Medien, GG Art. 3 Rn. 16 ff.

67 So Streinz/Liesching/Hambach/*Berberich*, Glücks- und Gewinnspielrecht in den Medien, GG Art. 3 Rn. 15.

Zuletzt war der sich aus den gleichheitsrechtlichen Verbürgungen des Grundgesetzes erwachsende **Rechtfertigungsdruck** für die bislang – mit Ausnahme des Bundeslandes Schleswig-Holstein[68] – fehlende Öffnung für Online-Glücksspielangebote jenseits von Sportwetten und Lotterien[69] erheblich gestiegen[70] und gipfelte schließlich darin, dass sich die Europäische Kommission in Reaktion auf den dritten Glücksspieländerungsstaatsvertrag, der zum 1.1.2020 in Kraft getreten war und zwischenzeitlich wieder außer Kraft getreten ist, veranlasst sah, „Bemerkungen“ nach Maßgabe des Art. 5 Abs. 2 der RL (EU) 2015/1535 vorzulegen,[71] in denen ua die fehlende wissenschaftliche Fundierung des im Hinblick auf das grundsätzliche Verbot von Online-Glücksspielen behauptete besondere Gefährdungspotential[72] im Hinblick auf die Entstehung und Förderung von Spielsucht angemahnt worden war.[73] 22

Auch in der juristischen Literatur ist bereits nach Errichtung des Glücksspielstaatsvertrags aF vom 15.12.2011 deutlich kritisiert worden, dass zur **Verteidigung des staatlichen Monopols und des Internetverbots** für klassische Casino-Spiele lediglich „pauschaliert und ohne irgendeinen Beleg zu benennen die,hohe Manipulationsanfälligkeit‘, das,herausragende Suchtpotential‘ sowie die,Anfälligkeit für Geldwäsche‘ […] angeführt“[74] werde. 23

Verstöße gegen den Allgemeinen Gleichheitssatz nach Art. 3 Abs. 1 GG kommen jedoch nicht nur dann in Betracht, wenn eine entsprechende Diskriminierung von speziellen Glücksspielangeboten dadurch erfolgt, dass sie im Gegensatz zu anderen Glücksspielformen mit einem nicht zu rechtfertigenden vollständigen oder partiellen Verbot belegt werden. Entsprechende gleichheitsrechtliche Verletzungen können sich vielmehr auch daraus ergeben, dass wesentlich gleiche Glücksspielangebote einer **unterschiedlichen Besteuerung** zugeführt werden.[75] 24

Neben der **Bemessung der Steuerhöhe** können gleichheitsrechtliche Verstöße auch dann auftreten, wenn Kommunen sich im Rahmen des kommunalen Steuerfindungsrechts dazu entschließen, aus einer Gruppe wesentlich gleicher Glücksspieltatbestände (etwa im Hinblick auf den gewerblichen Betrieb von 25

---

68 Hierzu LT NRW-Drs. 17/11683, 73.

69 Siehe hierzu LT NRW-Drs. 17/11683, 72.

70 Vgl. hierzu Streinz/Liesching/Hambach/*Berberich*, Glücks- und Gewinnspielrecht in den Medien, GG Art. 3 Rn. 18 f.

71 Siehe hierzu auch die Antwort der nordrhein-westfälischen Landesregierung vom 15.10.2019 auf die Kleine Anfrage der SPD-Abgeordneten Elisabeth Müller-Witt, LT NRW-Drs. 17/7654.

72 Vgl. hierzu eingehend *Lischer* ZfWG 2018, Beil. zu Heft 5, dort S. 2 ff.

73 Vgl. hierzu *Hambach/Berberich* in LTO online, Glücksspiel im Internet, Blauer Brief der EU setzt die Länder unter Druck, Gastbeitrag vom 28.8.2019 auf der Internetseite https://www.lto.de/recht/hintergruende/h/gluecksspiel-im-internet-eu-laender-muessen-sich-auf-regulierung-einigen/; *Hambach/Berberich* ZfWG 2019, 463 ff.; siehe ferner auch *Willmroth*, Blauer Brief aus Brüssel. EU-Kommission kritisiert die Regeln für das Glücksspiel, Süddeutsche Zeitung (online), Artikel vom 25.8.2019, abrufbar unter https://www.sueddeutsche.de/wirtschaft/sportwetten-blauer-brief-aus-bruessel-1.4575423.

74 So Streinz/Liesching/Hambach/*Berberich*, Glücks- und Gewinnspielrecht in den Medien, Art. 3 GG Rn. 19 (Hervorhebungen durch Verfasser entfernt); *Berberich* weist in diesem Zusammenhang auch auf ein „immanentes Darlegungsmissverhältnis“ in den amtlichen Erläuterungen zu den Regelungen im „Sportwettenbereich“ einerseits und für Casinospiele andererseits hin, so und hierzu Streinz/Liesching/Hambach/*Berberich*, Glücks- und Gewinnspielrecht in den Medien, Art. 3 GG Rn. 20.

75 Vgl. hierzu auch die Übersicht zur aktuellen Rechtsprechungsentwicklung bei *Schmittmann* ZfWG 2021, 150 (154); jüngst zur Spieleinsatzbesteuerung von „Online-Casinoangeboten“ *Koenig* ZfWG 2021, 230 ff.

Geldspielautomaten) nur bestimmte Angebote der Bemessung einer **Vergnügungssteuer** bzw. – binnendifferenzierend – einer Spielgerätesteuer zuzuführen, andere Angebote steuerrechtlich jedoch zugleich zu verschonen.[76] Eine Verletzung des Allgemeinen Gleichheitssatzes nach Art. 3 Abs. 1 GG wird jedoch auch in diesem Falle solange nicht festzustellen sein, „wie die Differenzierung auf sachgerechten Erwägungen, insbesondere finanzpolitischer, volkswirtschaftlicher, sozialpolitischer oder steuertechnischer Natur, beruht".[77] Wie immer sind hier die maßgeblichen Umstände des konkret betroffenen Einzelfalls einer umfassenden verfassungsrechtlichen Würdigung zu unterziehen.

26 Ein Verstoß gegen Art. 3 Abs. 1 GG soll *nicht* vorliegen, wenn sich eine Kommune im Rahmen einer sog. **„Wettbürosteuer"** dazu entscheidet, nur Wetten in Wettbüros, nicht jedoch zugleich auch in Wettannahmestellen entgegengenommene Wetten mit einer kommunalrechtlich determinierten Aufwandsteuer zu belegen.[78]

27 Jüngst wurde im Zusammenhang mit der Novelle zum Rennwett- und Lotteriegesetz die Frage der **Besteuerung von Virtuellen Automatenspielen und Online-Poker**, die durch den Glücksspielstaatsvertrag 2021 gemeinsam mit den sog. Online-Casinospielen erstmals in bewusster Abkehr vom generellen Glücksspielverbot im Internet erlaubnisfähig geworden sind, diskutiert. Auf Betreiben des Bundesrates ist letzten Endes eine Einigung dahin gehend zustande gekommen, dass eine Besteuerung von Virtuellem Automatenspiel und Online-Poker iHv 5,3 % erfolgen soll,[79] wobei als maßgebliche Bemessungsgrundlage gem. § 37 Abs. 1 S. 1 bzw. § 47 Abs. 1 S. 1 RennwLottG der getätigte Spieleinsatz abzüglich der virtuellen Automatensteuer bzw. der Online-Poker-Steuer dient.[80] Zuvor hatten die Finanzminister der Bundesländer insofern sogar eine Besteuerung iHv 8 % vorgeschlagen, die sich im Ergebnis jedoch *nicht* durchsetzen konnte.[81]

28 Unabhängig von der Herabsetzung des in Aussicht genommenen Steuersatzes wird in der geplanten **spieleinsatzbasierten Steuerbemessung** jedenfalls seitens der beteiligten Branchenverbände eine erhebliche **Steuerbenachteiligung** von Virtuellen Automatenspielen und Online-Poker gegenüber ihren terrestrischen Pendants gesehen, die nicht nur in verfassungsrechtlicher Hinsicht die Frage nach einem möglichen Verstoß gegen Art. 3 Abs. 1 GG aufwirft,[82] sondern auch europarechtlich unter maßgeblicher Beteiligung der European Gaming and Betting Association (EGBA) im Hinblick auf eine möglicherweise festzustellende verbo-

76 Vgl. hierzu *Schmittmann* ZfWG 2021, 150 ff. (154).

77 So treffend *Schmittmann* ZfWG 2021, 150 ff. (154).

78 Vgl. hierzu *Schmittmann* ZfWG 2021, 150 ff. (156) unter Verweis in dortiger Fn. 64 auf VG Düsseldorf 12.4.2019 – 25 K 6279/18.

79 Vgl. hierzu die Pressemitteilung des Deutschen Bundestags vom 14.4.2021 mit dem Titel „Steuer auf Online-Poker und Virtuelles Automatenspiel" – abrufbar unter https://www.bundestag.de/presse/hib/834332-834332.

80 BT-Drs. 19/28400, Gesetzentwurf des Bundesrates „Entwurf eines Gesetzes zur Änderung des Rennwett- und Lotteriegesetzes und der Ausführungsbestimmungen zum Rennwett- und Lotteriegesetz" mit Stand vom 13.4.2021.

81 Siehe hierzu den Beitrag „Besteuerung des Online-Glücksspiels. Auswirkungen der Einsatzbesteuerung in Zahlen" in Beiträge zum Glücksspielwesen. Eine Fachreihe des Behörden Spiegel, Ausgabe 1/2021 – Vorabdruck, S. 4.

82 Die Frage, „ob es dem Staat gelingen wird, im Rahmen der Teilliberalisierung **alle Anbieter**, insbesondere private und staatliche, **wirklich gleich zu behandeln**", wurde insoweit im Wortlaut schon mit Blick auf den GlüStV aF durch Streinz/Liesching/Hambach/*Berberich*, Glücks- und Gewinnspielrecht in den Medien, GG Art. 3 Rn. 23, aufgeworfen.

tene Beihilfe diskutiert wird.[83] Bei der Europäischen Kommission sind vor diesem Hintergrund entsprechende Beihilfenbeschwerden eingereicht worden.[84] Die weitere Entwicklung bleibt in diesem Rahmen zunächst abzuwarten. Möglicherweise werden entsprechende höchst- und verfassungsgerichtliche Judikate Aufschluss darüber geben, ob sich die neuen steuerrechtlichen Vorschriften für bestimmte Glücksspielarten im Onlinebereich auf der Grundlage einer wertenden Gesamtbetrachtung verfassungs- und europarechtlich bewähren werden.

In der Vergangenheit ist die Einhaltung des Allgemeinen Gleichheitssatzes nach Art. 3 Abs. 1 GG zudem Gegenstand verschiedener gerichtlicher Verfahren im Rahmen der **glücksspielrechtlichen Werberegulierung** geworden.[85] Es steht durchaus zu erwarten, dass die maßgebliche Rechtsprechung zu diesem Themenkreis in Zukunft eine weitere verfassungsrechtliche Ausdifferenzierung erfahren wird. 29

Auch **glücksspielrechtliche Konzessionsverfahren** erweisen sich im Hinblick auf Art. 3 Abs. 1 GG als in erheblicher Weise gleichheitsrechtssensibel, so dass bei künftigen Konzessionierungen der verfahrensmäßigen Ausgestaltung ein besonderes verfassungsrechtliches Augenmerk zu widmen ist.[86] 30

Artikel 5 GG [Recht der freien Meinungsäußerung, Medienfreiheit, Kunst- und Wissenschaftsfreiheit]

(1) [1]Jeder hat das Recht, seine Meinung in Wort, Schrift und Bild frei zu äußern und zu verbreiten und sich aus allgemein zugänglichen Quellen ungehindert zu unterrichten. [2]Die Pressefreiheit und die Freiheit der Berichterstattung durch Rundfunk und Film werden gewährleistet. [3]Eine Zensur findet nicht statt.

(2) Diese Rechte finden ihre Schranken in den Vorschriften der allgemeinen Gesetze, den gesetzlichen Bestimmungen zum Schutze der Jugend und in dem Recht der persönlichen Ehre.

(3) [1]Kunst und Wissenschaft, Forschung und Lehre sind frei. [2]Die Freiheit der Lehre entbindet nicht von der Treue zur Verfassung.

Literatur: *Beaujean*, Gewinner und Verlierer der Medienkonvergenz. Rückt ein Level-Playing-Field wieder in weite Ferne?, MMR 2018, 3; *Binder*, Mehr Vielfalt durch Abschaffung des öffentlich-rechtlichen Rundfunks?, ZUM 2015, 674; *von Coelln*, Die Rundfunkrechtsordnung Deutschlands – eine entwicklungsoffene Ordnung, AfP 2008, 433; *Drexl*, Bedrohung der Meinungsvielfalt durch Algorithmen, ZUM 2017, 529; *Epping/Hillgruber*, BeckOK Grundgesetz, 46. Ed., Stand: 15.2.2021; *Gersdorf*, Der verfassungsrechtliche Rundfunkbegriff im Lichte der Digitalisierung der Telekommunikation. Ein Rechtsgutachten im Auftrag der Hamburgischen Anstalt für neue Medien, 1995;

83 Vgl. hierzu die Pressemitteilung der EGBA mit dem (in rechtlicher Hinsicht etwas unscharfen) Titel „Geplante Online-Casino-Steuer in Deutschland würde stationäre Anbieter begünstigen und gegen EU-Beihilfevorschriften verstoßen" vom 4.5.2021 – abrufbar unter https://www.presseportal.de/pm/65869/4906410.

84 Vgl. hierzu den auf der Online-Präsenz der Süddeutschen Zeitung erschienenen Online-Presseartikel von *Willmroth*, „Virtuelle Casinospiele. Der Staat spielt mit" vom 11.5.2021 – abrufbar unter https://www.sueddeutsche.de/wirtschaft/casino-poker-steuer-1.5291820.

85 Vgl. hierzu eingehend Streinz/Liesching/Hambach/*Berberich*, Glücks- und Gewinnspielrecht in den Medien, GG Art. 3 Rn. 24 ff.

86 Entsprechende Konfliktlinien unter Geltung der Vorgängerregelungen skizziert Streinz/Liesching/Hambach/*Berberich*, Glücks- und Gewinnspielrecht in den Medien, GG Art. 3 Rn. 27 ff.

Hain, Rundfunkfreiheit und Rundfunkordnung, 1. Aufl., 1993; *Hain*, Ist die Etablierung einer Internetdienstefreiheit sinnvoll?, K&R 2012, 98; *Hamacher*, Der Rundfunkbegriff im Wandel des deutschen und europäischen Rechts, 2015; *Holznagel*, Konvergenz der Medien – Herausforderungen an das Recht, NJW 2002, 2351; *Jarass/Pieroth*, Grundgesetz für die Bundesrepublik Deutschland. Kommentar, 9. Aufl., 2007; *Kahl/Waldhoff/Walter*, Bonner Kommentar zum Grundgesetz, Stand: 210. Aktualisierung, Februar 2021; *Kuhlmann*, Strukturdefizite privater Rundfunkfinanzierung. Einfluss des Werbemarkts auf Existenz und Beschaffenheit von privaten Rundfunkangeboten, MMR 2021, 298; *Leibholz/Rinck*, Grundgesetz. Rechtsprechung des BVerfG, Band 1, Ergänzungslieferung 83 v. Juni 2021; *Loeb*, Werbung als Finanzierungsquelle des öffentlich-rechtlichen Rundfunks, ZUM 2004, 290; *Löber/Roßnagel*, Das Netzdurchsetzungsgesetz in der Umsetzung. Bilanz nach den ersten Transparenzberichten, MMR 2019, 71; *von Münch/Kunig*, Grundgesetz. Kommentar, Band 1: Präambel bis Art. 69, 7. Aufl. 2021; *Sachs*, Grundgesetz. Kommentar, 9. Aufl., 2021; *Schiff*, Meinungsfreiheit in mediatisierten digitalen Räumen. Das NetzDG auf dem Prüfstand des Verfassungsrechts, MMR 2018, 366; *Schliesky*, Digitalisierung – Herausforderung für den demokratischen Verfassungsstaat. Ein Beitrag zur Zukunftsfähigkeit des Grundgesetzes am Vorabend des 70. Geburtstags, NVwZ 2019, 693; *Schütze/Kalke*, Jugendschutz und jugendspezifische Suchtprävention im Glücksspielbereich, ZfWG 2015, 206; *Schulz*, Gewährleistung kommunikativer Chancengleichheit als Freiheitsverwirklichung, 1998; *Stern*, Das Staatsrecht der Bundesrepublik Deutschland, Band IV/1, Die einzelnen Grundrechte. Der Schutz und die freiheitliche Entfaltung des Individuums, 2006; *Stern/Becker*, Grundrechte-Kommentar. Die Grundrechte des Grundgesetzes mit ihren europäischen Bezügen, 3. Aufl., 2019; *Streinz/Liesching/Hambach*, Glücks- und Gewinnspielrecht in den Medien. Kommentar, 2014;*Stern/Peifer/Hain*, Publizistischer und ökonomischer Wettbewerb unter den Bedingungen der neuen Medienwelt. Vortragsveranstaltung des Instituts für Rundfunkrecht an der Universität zu Köln vom 15.5.2009, 2010.

I. Grundlagen

1 Während die durch Art. 5 Abs. 3 GG geschützte Kunstfreiheit sowie die Freiheit der „Wissenschaft, Forschung und Lehre" keine oder jedenfalls nur untergeordnete Verbindungslinien zum Glücksspielrecht aufweisen, kommt den Freiheitsgewährleistungen in Art. 5 Abs. 1 GG, insbesondere der in Art. 5 Abs. 1 S. 2 GG geregelten **Pressefreiheit** sowie der **Freiheit der Berichterstattung durch Rundfunk** in ihren spezifischen Ausformungen insofern eine ganz erhebliche Bedeutung zu.

2 Durch die in den letzten Jahrzehnten zunehmend festzustellende **Konvergenz** verschiedener Medien,[1] die nach wie vor durch eine beachtliche Dynamik gekennzeichnet ist, ist die im Grundgesetz angelegte Binnendifferenzierung der einzelnen **besonderen Medienfreiheiten** zwar noch nicht überholt, jedoch in ihren herkömmlichen Konturen jedenfalls zur Disposition gestellt worden.[2] In der juristischen Literatur ist es üblich geworden, verallgemeinernd von der **„Me-**

1 Grundlegend zur „Konvergenz der Medien" *Holznagel* NJW 2002, 2351 ff.; vgl. hierzu auch in Stern/Becker/*Fechner* GG Art. 5 Rn. 58; „Gewinner und Verlierer der Medienkonvergenz" analysiert *Beaujean* MMR 2018, 3 ff.

2 Vgl. nur stv. für viele Stern/Becker/*Fechner* GG Art. 5 Rn. 58; gegen eine Aufgabe der „einzelnen Teilfreiheiten des Art. 5 Abs. 1" v. Münch/Kunig/*Wendt* Bd. 1 GG Art. 5 Rn. 16.

dienfreiheit" zu sprechen.[3] Auf staatsvertraglicher Ebene hat diese Tendenz in der Ablösung des zuvor mehrfach geänderten Rundfunkstaatsvertrags durch den sog. **Medienstaatsvertrag** eine weitere Stütze erfahren, auch wenn der Staatsvertrag spezifische Regelungen für einzelne Medienarten (etwa Rundfunk, Telemedien, aber auch Medienplattformen, Medienintermediäre oder Video-Sharing-Dienste) enthält.

Die **Individual-**[4] **und Massenkommunikationsfreiheiten**[5] sind trotz ihrer herausragenden Bedeutung für den Kommunikationsprozess **nicht schrankenlos** gewährleistet. Vielmehr findet sich in Art. 5 Abs. 2 GG eine sog. „Schranken-Trias"[6], die sich ausweislich des Wortlauts der grundgesetzlichen Bestimmung auf „diese Rechte", also auf die Rechte aus Art. 5 Abs. 1 GG, bezieht. 3

II. Erläuterungen

1. Geschützte Grundrechtsträger. Der Kreis der geschützten **Grundrechtsträger der Meinungsfreiheit** iSd Art. 5 Abs. 1 S. 1 Hs. 1 GG („jeder") bemisst sich vor dem Hintergrund der offenen Formulierung der Grundrechtsnorm an der tatsächlichen Ausübung des geschützten Verhaltens.[7] Entsprechendes gilt auch für die durch Art. 5 Abs. 1 S. 1 Hs. 2 GG gewährleistete **Informationsfreiheit**, die zugunsten von jedem garantiert ist, der „sich informieren will".[8] Die Grundrechtsträgerschaft ist damit nicht auf Deutsche im Sinne des Grundgesetzes und auch nicht auf Bürgerinnen und Bürger eines Mitgliedstaats der Europäischen Union beschränkt, sondern erstreckt sich vielmehr auch auf Ausländer aus Drittstaaten.[9] 4

Auch die Bestimmung der **Grundrechtsträger der durch Art. 5 Abs. 1 S. 2 GG garantierten Massenkommunikationsfreiheiten** erweist sich als in ähnlicher Weise offen und nimmt auch insofern Regress auf die Inanspruchnahme bzw. Ausführung der jeweils gesondert geschützten medialen Tätigkeit.[10] Nichts anderes gilt insoweit auch für die Bestimmung der Grundrechtsträger einer aus einem Konvergenzverständnis zu gewinnenden **allgemeinen Medienfreiheit.**[11] 5

---

3 Vgl. zum Bedeutungsgehalt der Medienfreiheit die Darlegungen bei Stern/Becker/*Fechner* GG Art. 5 Rn. 177; *Liesching* hat in diesem Zusammenhang darauf hingewiesen, dass auch seitens des BVerfG „mehrfach generell die ‚Freiheit der Medien'" ohne nähere Differenzierung in Bezug genommen worden sei, so und hierzu Streinz/Liesching/Hambach/*Liesching* Glücks- und Gewinnspielrecht in den Medien GG Art. 5 Rn. 9 (Hervorhebungen durch Verfasser entfernt); vor einer Aufgabe der „einzelnen Teilfreiheiten des Art. 5 Abs. 1" „zugunsten einer diffusen ‚allgemeinen Medienfreiheit'" warnt zu Recht v. Münch/Kunig/*Wendt* Bd. 1 GG Art. 5 Rn. 16.

4 Vgl. zu ihrer „Einordnung" die näheren Darlegungen bei Stern/Becker/*Fechner* GG Art. 5 Rn. 83.

5 Vgl. hierzu Stern/Becker/*Fechner* GG Art. 5 Rn. 57; Sachs/*Bethge* GG Art. 5 Rn. 73a; zur Bedeutung des Internets für die Massenkommunikation *Binder* ZUM 2015, 674 ff.; zum Verhältnis von Individual- und Massenkommunikationsfreiheiten bei der Beurteilung neuer medialer Phänomene *Hamacher* Der Rundfunkbegriff im Wandel des deutschen und europäischen Rechts S. 395 ff. m. zahlr. wN.

6 Den Begriff einer „Schrankentrias" verwendet in diesem Rahmen ausdrücklich Streinz/Liesching/Hambach/*Liesching* Glücks- und Gewinnspielrecht in den Medien GG Art. 5 Rn. 12.

7 Vgl. Jarass/Pieroth/*Jarass*, 9. Aufl. 2007, GG Art. 5 Rn. 8 mwN.

8 So Jarass/Pieroth/*Jarass*, 9. Aufl. 2007, GG Art. 5 Rn. 18.

9 Vgl. Stern/Becker/*Fechner* GG Art. 5 Rn. 108.

10 Vgl. hierzu die treffenden Ausführungen bei Jarass/Pieroth/*Jarass*, 9. Aufl. 2007, GG Art. 5 Rn. 28 in Bezug auf die Pressefreiheit, Rn. 41 in Bezug auf die Rundfunkfreiheit und Rn. 52 in Bezug auf die Filmfreiheit.

11 Vgl. Stern/Becker/*Fechner* GG Art. 5 Rn. 58.

6 Die Freiheitsgewährleistungen des Art. 5 Abs. 1 GG stehen unter den Voraussetzungen des Art. 19 Abs. 3 GG auch **„inländischen juristischen Personen"** zu.[12] Dies gilt in den meisten Fällen – wie üblich – allerdings nur für „inländische juristische Personen" des privaten Rechts.

7 Als Spezifikum der Rundfunkfreiheit bleibt in diesem Rahmen indes die sog. **„partielle Grundrechtsfähigkeit"** öffentlich-rechtlich strukturierter Rundfunkanstalten zu beachten, die auf der vom Bundesverfassungsgericht begründeten und im Zuge seiner fortschreitenden Rechtsprechung näher ausgestalteten verfassungsrechtlichen Struktur der Rundfunkfreiheit als in nuce „dienender Freiheit"[13] gründet.[14] Zu diesem Zwecke können sich damit auch **öffentlich-rechtlich verfasste Rundfunkanstalten** und ihre oftmals in privater Rechtsform ausgestalteten **Tochterunternehmen** in einschlägigen Konstellationen auf die Rundfunkfreiheit nach Art. 5 Abs. 1 S. 2 GG berufen.[15] Über die eigentliche Rundfunkfreiheit hinaus wird in der juristischen Literatur teilweise davon ausgegangen, dass zugunsten der Rundfunkanstalten auch die (übergeordnete) Medienfreiheit fruchtbar gemacht werden könne, jedenfalls, „soweit es um die Rechte der Rundfunkjournalisten geht".[16]

8 **2. Grundrechtsadressaten. Grundrechtsadressat** ist wie üblich der **Staat**. Eingriffe in die durch Art. 5 Abs. 1 GG geschützten Grundrechtspositionen können in solchen Maßnahmen erkannt werden, die durch den Staat gezielt veranlasst werden, wobei auch lediglich „faktische Beeinträchtigungen" erfasst sind.[17] Eine besondere Konstellation liegt dann vor, wenn entsprechende Eingriffe von **Privaten** ausgehen, sie aber in wertender Betrachtung dem Staat als „mittelbare Eingriffe" zuzurechnen sind.[18] Gerade in solchen Fallgestaltungen können Private gewissermaßen als **Intermediäre der eigentlichen Grundrechtsadressaten** fungieren. Vom grundrechtsverpflichteten Staat ist in diesem Zusammenhang die Errichtung eines gesetzlichen Rahmens zu verlangen, der dem Schutz der Grundrechte

12 Siehe hierzu die Darlegungen bei Stern/Becker/*Fechner* GG Art. 5 Rn. 113 mit einschränkenden Anmerkungen zur wesensmäßigen Anwendbarkeit der Informationsfreiheit.

13 BVerfG 16.6.1981 – 1 BvL 89/78, Rn. 114 = BVerfGE 57, 295; vgl. hierzu *Gersdorf* Der verfassungsrechtliche Rundfunkbegriff im Lichte der Digitalisierung der Telekommunikation S. 89 ff.; stv. für viele *v. Coelln* AfP 2008, 433 (434 f.); *v. Coelln* in Stern/Peifer/Hain Publizistischer und ökonomischer Wettbewerb unter den Bedingungen der neuen Medienwelt S. 17 (20) mwN; die Konzeption einer „dienenden Freiheit" ablehnend *Hain*, Rundfunkfreiheit und Rundfunkordnung, S. 41 ff., 179; zuletzt *Hain* K&R 2012, 98 (103); siehe hierzu mwN bereits *Hamacher*, Der Rundfunkbegriff im Wandel des deutschen und europäischen Rechts, S. 32 f. mit dortiger Fn. 54; ferner Sachs/*Bethge* GG Art. 5 Rn. 92 f.

14 Vgl. hierzu Stern/Becker/*Fechner* GG Art. 5 Rn. 195.

15 Vgl. Stern/Becker/*Fechner* GG Art. 5 Rn. 194; ferner BeckOK GG/*Schemmer* GG Art. 5 Rn. 62; als „verfassungsrechtliche Basisnorm für den öffentlich-rechtlichen Anstaltsfunk" wird Art. 5 Abs. 1 S. 2 GG treffend durch Sachs/*Bethge* GG Art. 5 Rn. 99 (Hervorhebungen durch Verfasser entfernt) bewertet, ferner allgemein zur Grundrechtsträgerschaft des öffentlich-rechtlichen Rundfunks dort Rn. 107.

16 So Stern/Becker/*Fechner* GG Art. 5 Rn. 194.

17 So und hierzu Stern/Becker/*Fechner* GG Art. 5 Rn. 118 f.

18 Vgl. hierzu Stern/Becker/*Fechner* GG Art. 5 Rn. 119 mit dortiger Bezugnahme auf die mit dem Netzdurchsetzungsgesetz verbundenen Eingriffswirkungen; zur „Vereinbarkeit" der Regelungen im Netzdurchsetzungsgesetz mit den verfassungsrechtlichen Anforderungen des Art. 5 Abs. 1 GG *Schiff* MMR 2018, 366 (367 ff.); eine Verletzung der „Meinungs- und Informationsfreiheit der Nutzer" im Rahmen des sog. „Overblocking" sehen *Löber/Roßnagel* MMR 2019, 71 (73) als nicht empirisch belegt an.

aus Art. 5 Abs. 1 GG zu einer möglichst weitreichenden Entfaltung und rechtlichen Durchsetzung verhilft.[19]

In Art. 5 Abs. 1 S. 3 GG findet sich die verfassungsrechtliche Anordnung, dass eine Zensur **nicht** stattfindet. Gemeint ist in diesem Rahmen allerdings allein das Verbot einer „Vorzensur".[20] Mit diesem als sog. **„Schranken-Schranke"** ausgestalteten Verbot[21] wird der Staat als Grundrechtsverpflichteter ebenfalls unmittelbar adressiert. 9

3. Einzelne Freiheitsgewährleistungen. Die in Art. 5 Abs. 1 S. 1 GG garantierten Freiheiten, also die Meinungsfreiheit einschließlich ihrer Untervarianten und die Informationsfreiheit, bilden den **Kernbestand der grundrechtlichen Garantien** des Art. 5 GG – jedenfalls, soweit die **Individualkommunikationsfreiheiten** in den Blick genommen werden.[22] 10

Von größerer glücksspielrechtlicher **Relevanz** erweisen sich indes die **Massenkommunikationsfreiheiten**, deren Schutz Art. 5 Abs. 1 S. 2 GG gewährleistet.[23] 11

In nuce wird durch den Wortlaut des Grundgesetzes ausdrücklich der **Schutzdreiklang** der Pressefreiheit sowie „der Berichterstattung durch Rundfunk und Film" benannt.[24] Die einzelnen Freiheiten wurden aufgrund der in praxi zu beobachtenden medialen Entwicklungen längst darüber hinaus zu einer allgemeinen Medienfreiheit konvergiert, wobei allerdings überaus zweifelhaft ist, ob eine neu entstehende „Medienfreiheit" lediglich als **„Zusatzfreiheit"** zu verstehen ist oder ein **Verdrängungseffekt** bzgl. der ursprünglichen massenmedialen Freiheitsgewährleistungen eintritt.[25] Eine sich herauskristallisierende allgemeine Medienfreiheit dürfte sich aufgrund ihrer **begrifflichen „Hochzonung"** dabei nicht nur als geeignet erweisen, wechselseitige mediale Verbindungslinien in einer **einheitlichen Grundfreiheit von Verfassungsrang** abzubilden, sondern darüber hinaus auch dort Lücken zu schließen, wo eine trennscharfe Zuordnung eines Mediums zu einer der klassischen drei Massenmedienfreiheiten nicht (mehr) möglich erscheint, gleichwohl jedoch in tatsächlicher Hinsicht ein vergleichbares verfas- 12

19 Kritik entzündet sich in diesem Zusammenhang beispielswese an der fehlenden rechtlichen Sanktionierung im Falle des „Overblocking" im Kontext des sog. Netzdurchsetzungsgesetzes, vgl. hierzu Stern/Becker/*Fechner* GG Art. 5 Rn. 120; keinen Nachweis einer Verletzung der Freiheitsgewährleistungen aus Art. 5 Abs. 1 S. 1 GG erkennen bislang *Löber/Roßnagel* MMR 2019, 71 (73); zum „Overblocking" auch *Schiff* MMR 2018, 366 (370 f.).

20 Vgl. Stern/Becker/*Fechner* GG Art. 5 Rn. 241.

21 Vgl. hierzu Stern/Becker/*Fechner* GG Art. 5 Rn. 241 mwN; ferner Sachs/*Bethge* GG Art. 5 Rn. 129; weiterhin auch BeckOK GG/*Schemmer* GG Art. 5 Rn. 114.

22 Grundlegend zum „Begriff der Kommunikationsfreiheiten" und zu der zumindest ansatzweisen Fortgeltung der „Unterscheidung von Individual- und Massenkommunikation" Stern/Becker/*Fechner* GG Art. 5 Rn. 54 ff. (insbes. Rn. 54 und 57) (Hervorhebungen durch Verfasser entfernt); Schnittstellen „zwischen Individual- und Massenkommunikation" im Bereich neuer medialer Phänomene beleuchtet *Hamacher* Der Rundfunkbegriff im Wandel des deutschen und europäischen Rechts S. 395 ff.

23 Zur „Gewährleistung der Massenkommunikationsfreiheiten" *Schulz*, Gewährleistung kommunikativer Chancengleichheit als Freiheitsverwirklichung, S. 46 ff.; die „Gewährleistung der massenkommunikativen Vermittlungsleistung" betont unter Rückgriff auf die Rechtsprechung des BVerfG insofern BeckOK GG/*Schemmer* GG Art. 5 Rn. 56.

24 Von einer historisch bedingten „Dreiheit" der Freiheiten des Art. 5 Abs. 1 S. 2 GG spricht in diesem Zusammenhang Stern/Becker/*Fechner* GG Art. 5 Rn. 58.

25 Vgl. nur stv. für viele Stern/Becker/*Fechner* GG Art. 5 Rn. 58; gegen eine Aufgabe der „einzelnen Teilfreiheiten des Art. 5 Abs. 1" v. Münch/Kunig/*Wendt* Bd. 1 GG Art. 5 Rn. 16.

sungsrechtliches Schutzbedürfnis für das betreffende Medium unter Berücksichtigung seiner spezifischen funktionalen Bedeutung im **Meinungsbildungsprozess** besteht.

13 Die Gewährleistung der **Pressefreiheit** knüpft an die klassische Einteilung der verschiedenen Massenkommunikationsfreiheiten an. Die zunehmende Konvergenz der einst mehr oder weniger klar voneinander unterscheidbaren Massenkommunikationsmedien hat zu einem Wandel des Begriffsverständnisses des verfassungsrechtlichen **Pressebegriffs** geführt.[26] Das historische Verständnis des verfassungsrechtlichen Pressebegriffs war dadurch geprägt, dass verkörperte massenmediale Inhalte von ihm erfasst wurden und der Schutz unverkörperter Medieninhalte der Rundfunkfreiheit vorbehalten war.[27] Für die Anwendbarkeit der Rundfunkfreiheit wurde traditionell insofern entscheidend auf die „Informationsübermittlung auf fernmeldetechnischem Wege“[28] abgestellt.

14 Stand früher im Rahmen der **Schutzbereichsbestimmung der Pressefreiheit** die „Herstellungstechnik“[29] im Vordergrund, fokussiert eine im Vordringen befindliche und in erster Linie durch die Judikatur durch das Bundesverwaltungsgericht begründete Sichtweise auf „die institutionelle Eigenständigkeit der Presse“.[30] In diesem Rahmen bleibt zu beachten, dass der Schutz der Pressefreiheit nicht allein auf redaktionelle Inhalte beschränkt ist, sondern vielmehr etwa auch Werbebotschaften in Publikationen der Presse durch die Pressefreiheit nach Art. 5 Abs. 1 S. 2 Var. 1 GG geschützt werden.[31]

15 Wegen der **medialen Implikationen des Glücksspielstaatsvertrags,** beispielsweise zur Glückspielwerbung in Rundfunk und Internet gem. § 5 Abs. 3 GlüStV 2021 und den gewinnspielbezogenen Vorschriften im Medienstaatsvertrag, kommt der durch die Judikate des Bundesverfassungsgerichts[32] entscheidend geprägten Rundfunkfreiheit für das deutsche Glücksspielrecht erhebliche Bedeutung zu. Der Rundfunkbegriff stellt hierbei einen durchaus schillernden Rechtsbegriff dar, dessen exakte Definition zwischen den einzelnen Rechtsebenen variiert.[33] In diesem Rahmen erweisen sich insbesondere einerseits der verfassungsrechtliche

---

26 Vgl. hierzu Stern/Becker/*Fechner* GG Art. 5 Rn. 166 f.

27 Vgl. zu dieser Abgrenzung die Darlegungen bei Stern/Becker/*Fechner* GG Art. 5 Rn. 166. Kennzeichnend für den Pressebegriff einerseits und den Filmbegriff andererseits und für die Anwendung der hierauf bezogenen spezifischen Massenkommunikationsfreiheiten war stets „die (stoffliche) Verkörperung des Kommunikationsinhalts“, so und hierzu *Hamacher*, Der Rundfunkbegriff im Wandel des deutschen und europäischen Rechts, S. 51 f. mwN; *Degenhart* rekurriert auf einen „technologieneutralen Pressebegriff“ und konstatiert, dass „am Erfordernis der stofflichen Verkörperung nicht mehr festzuhalten“ sei, so BK-GG/*Degenhart*, 185. AL, Juli 2017, GG Art. 5 Abs. 1 und 2 Rn. 198.

28 So und hierzu instruktiv *Hamacher*, Der Rundfunkbegriff im Wandel des deutschen und europäischen Rechts, S. 50 ff. m. zahlr. wN.

29 So Stern/Becker/*Fechner* GG Art. 5 Rn. 166 mwN.

30 So und hierzu Stern/Becker/*Fechner* GG Art. 5 Rn. 167 (Hervorhebungen durch Verfasser entfernt) unter dortigem Verweis auf das wörtliche Zitat aus der Rechtsprechung des BVerwG 9.10.1991 – 1 BvR 1555/88 = BVerfGE 85, 1 (12).

31 Vgl. Streinz/Liesching/Hambach/*Liesching* Glücks- und Gewinnspielrecht in den Medien GG Art. 5 Rn. 4.

32 Näher hierzu *Hamacher* Der Rundfunkbegriff im Wandel des deutschen und europäischen Rechts S. 55 ff. mwN.

33 Eine umfassende Analyse zum Rundfunkbegriff unter der Geltung des inzwischen durch den Medienstaatsvertrag abgelösten alten Rundfunkstaatsvertrags auf den verschiedenen Rechtsebenen findet sich bei *Hamacher* Der Rundfunkbegriff im Wandel des deutschen und europäischen Rechts.

Rundfunkbegriff[34], andererseits der Rundfunkbegriff nach Maßgabe des § 2 Abs. 1 MStV als prägend.

Eine besonders prägnante Zusammenfassung der wesentlichen drei **Kernelemente des verfassungsrechtlichen Rundfunks** ist *Klaus Stern* gelungen, wenn er den dem Grundgesetz zugrunde liegenden Rundfunkbegriff „als die Veranstaltung und Verbreitung akustischer und/oder visueller Darbietungen aller Art für die Allgemeinheit mithilfe drahtlos oder kabelgebunden verbreiteter elektrischer Schwingungen“[35] definiert. 16

Die **Legaldefinition des Rundfunkbegriffs** in § 2 Abs. 1 S. 1 und 2 des Medienstaatsvertrags (MStV) lautet demgegenüber im Wortlaut wie folgt: 17

„Rundfunk ist ein linearer Informations- und Kommunikationsdienst; er ist die für die Allgemeinheit und zum zeitgleichen Empfang bestimmte Veranstaltung und Verbreitung von journalistisch-redaktionell gestalteten Angeboten in Bewegtbild oder Ton entlang eines Sendeplans mittels Telekommunikation. Der Begriff schließt Angebote ein, die verschlüsselt verbreitet werden oder gegen besonderes Entgelt empfangbar sind.“

Die positive Begriffsbestimmung wird durch eine **Negativabgrenzung** in § 2 Abs. 3 MStV wie folgt ergänzt: 18

„Kein Rundfunk sind Angebote, die aus Sendungen bestehen, die jeweils gegen Einzelentgelt freigeschaltet werden.“

Der **Begriff der „Telemedien“** findet auf staatsvertraglicher Ebene in § 2 Abs. 1 S. 3 MStV eine gesonderte Legaldefinition, während entsprechende Angebote im verfassungsrechtlichen Begriffsverständnis nebst weiteren neuen medialen Angeboten wohl – je nach ihrer Konzipierung und massenkommunikativen Ausrichtung – zumeist dem Rundfunkbegriff zugewiesen sein dürften.[36] Internetbasierte Telemedien erweisen sich im Hinblick auf dort vorgehaltene Gewinnspielangebote – differenzierend ua nach Gewinnspielen in Telemedien (§ 22 MStV) und Gewinnspielen in rundfunkähnlichen Telemedien (§ 74 MStV) – als glücksspielrechtlich höchst relevant.[37] 19

Die große Diskrepanz zwischen der verfassungsrechtlichen und der staatsvertraglichen Kategorisierung der Massenmedien lässt es jedenfalls als diskussionswürdig erscheinen, ob der herkömmliche Dreiklang der Massenmedienfreiheiten des Art. 5 Abs. 1 S. 2 GG[38] nach wie vor ausreichend ist oder angesichts der 20

34 Hierzu *Hamacher* Der Rundfunkbegriff im Wandel des deutschen und europäischen Rechts S. 35 ff. m. zahlr. wN.

35 So *Stern* Das Staatsrecht der Bundesrepublik Deutschland, Bd. IV/1 § 110 S. 1660 mwN und unter Regress auf die maßgeblichen Judikate des BVerfG; Bezug nehmend hierauf verbunden mit einer Einzelanalyse der einzelnen Begriffsmerkmale *Hamacher* Der Rundfunkbegriff im Wandel des deutschen und europäischen Rechts S. 42 (55).

36 Für eine Erstreckung „der Rundfunkfreiheit auch auf Telemedien“ sprach sich auch schon Streinz/Liesching/ Hambach/*Liesching* Glücks- und Gewinnspielrecht in den Medien GG Art. 5 Rn. 8 f. (9) aus; vgl. hierzu mit Einzelbeispielen Sachs/*Bethge* GG Art. 5 Rn. 90b; ferner BeckOK GG/*Schemmer* GG Art. 5 Rn. 67.

37 Vgl. hierzu bereits unter Bezugnahme auf die zwischenzeitlich außer Kraft getretene Regelung in § 58 Abs. 4 RStV aF Streinz/Liesching/Hambach/*Liesching* Glücks- und Gewinnspielrecht in den Medien GG Art. 5 Rn. 8.

38 Von einer historisch bedingten „Dreiheit“ der Freiheiten des Art. 5 Abs. 1 S. 2 GG spricht in diesem Zusammenhang Stern/Becker/*Fechner* GG Art. 5 Rn. 58.

zahlreichen neuen Medien einer **grundlegenden begrifflichen Modernisierung** bedarf.[39]

21 Für eine nähere Bestimmung der **inhaltlichen Reichweite des verfassungsrechtlichen Rundfunkbegriffs** hat sich die Rechtsprechung des Bundesverfassungsgerichts als hilfreich erwiesen, die im Sinne eines normativen Wertungsmaßstabs zur Beurteilung einer etwaigen rundfunkrechtlichen Regulierungsbedürftigkeit auf die „Breitenwirkung, Aktualität und Suggestivkraft“[40] eines womöglich als Rundfunk zu qualifizierenden Mediums abstellt.[41] Der besondere verfassungsrechtliche Bedeutungsgehalt der Rundfunkfreiheit gründet dabei auf der ihr zuzuschreibenden **„dienenden Funktion“**[42] für die durch Art. 5 Abs. 1 S. 1 GG geschützte Meinungsfreiheit und die Meinungsbildungsfreiheit[43] – insbesondere zur Gewährleistung einer möglichst weitreichenden Pluralität.[44]

22 Keine signifikante glücksspielrechtliche Relevanz kommt hingegen der **Filmfreiheit** zu.

23 **4. Grundrechtsschranken.** Art. 5 Abs. 2 GG enthält eine „Schrankentrias“[45]. Hiernach finden „diese Rechte“, also diejenigen nach Art. 5 Abs. 1 GG, „ihre **Schranken** in den Vorschriften der allgemeinen Gesetze, den gesetzlichen Bestimmungen zum Schutze der Jugend und in dem Recht der persönlichen Ehre“.[46]

---

39 Sinngemäß wird diese Frage bereits bei *Hamacher* Der Rundfunkbegriff im Wandel des deutschen und europäischen Rechts S. 41, aufgeworfen; für „ein einheitliches Grundrecht der »Medienfreiheit«“ wirbt Stern/Becker/*Fechner* GG Art. 5 Rn. 58 (Hervorhebungen durch Verfasser entfernt); gegen eine Aufgabe der „einzelnen Teilfreiheiten des Art. 5 Abs. 1“ v. Münch/Kunig/*Wendt* GG Art. 5 Rn. 16.

40 Grundlegend BVerfGE 90, 60 (87); hierzu *Hamacher* Der Rundfunkbegriff im Wandel des deutschen und europäischen Rechts S. 41; ferner Stern/Becker/*Fechner* GG Art. 5 Rn. 172.

41 Vgl. *Hamacher* Der Rundfunkbegriff im Wandel des deutschen und europäischen Rechts S. 41; hierzu auch Sachs/*Bethge* GG Art. 5 Rn. 95.

42 BVerfG 16.6.1981 – 1 BvL 89/78, Rn. 114 = BVerfGE 57, 295; vgl. hierzu *Gersdorf* Der verfassungsrechtliche Rundfunkbegriff im Lichte der Digitalisierung der Telekommunikation S. 89 ff.; stv. für viele *v. Coelln* AfP 2008, 433 (434 f.); *v. Coelln* in Stern/Peifer/Hain Publizistischer und ökonomischer Wettbewerb unter den Bedingungen der neuen Medienwelt S. 17 (20) mwN; die Konzeption einer „dienenden Freiheit“ ablehnend *Hain* Rundfunkfreiheit und Rundfunkordnung S. 41 ff., 179; zuletzt *Hain* K&R 2012, 98 (103); siehe hierzu mwN bereits *Hamacher* Der Rundfunkbegriff im Wandel des deutschen und europäischen Rechts S. 32 f. mit dortiger Fn. 54, S. 35; von einer „dienenden und fiduziarischen Funktion der Rundfunkfreiheit“ spricht insofern Sachs/*Bethge* GG Art. 5 Rn. 100.

43 BVerfG 16.6.1981 – 1 BvL 89/78 Rn. 114 ff., stRspr; vgl. hierzu BK-GG/*Degenhart*, 185. AL Juli 2017, Ordner 3, GG Art. 5 Abs. 1 und 2 Rn. 42; *Gersdorf* Der verfassungsrechtliche Rundfunkbegriff im Lichte der Digitalisierung der Telekommunikation S. 90 ff.; *Leibholz/Rinck* Grundgesetz. Rechtsprechung des BVerfG, Stand: Lfg. 52, Januar 2010, GG Art. 5 Rn. 351; hierzu bereits auch *Hamacher* Der Rundfunkbegriff im Wandel des deutschen und europäischen Rechts S. 35 mwN in der Rechtsprechung des BVerfG; ferner Sachs/*Bethge* GG Art. 5 Rn. 18, 93.

44 Zur Pluralitätssicherung „im Rundfunk“ auch *Drexl* ZUM 2017, 529 (539) mwN in dortiger Fn. 54; eine „Explosion der Pluralität“ als Folge der „Digitalisierung“ erkennt *Schliesky* NVwZ 2019, 693 (694); zur Bedeutung des privaten Rundfunks für die „Meinungspluralität“ Stern/Becker/*Fechner* GG Art. 5 Rn. 233.

45 Diesen Begriff verwendet in diesem Zusammenhang etwa Streinz/Liesching/Hambach/*Liesching* Glücks- und Gewinnspielrecht in den Medien GG Art. 5 Rn. 12; ebenfalls wird der Begriff von Stern/Becker/*Fechner* GG Art. 5 Rn. 131 genutzt; ferner auch bei Sachs/*Bethge* GG Art. 5 Rn. 136.

46 Als „Schranke im grundrechtlichen Sinne“ erkennt *Fechner* im Hinblick auf die „Medienfreiheit“ wohl nur die „allgemeinen Gesetze“ an, vgl. hierzu Stern/Becker/*Fechner* GG Art. 5 Rn. 231 ff. (insbesondere auch 240).

Eine erste grundlegende Klärung der ehedem höchst umstrittenen Frage, was genau unter einem „**allgemeinen Gesetz**" zu verstehen sein soll, hat das Bundesverfassungsgericht in seinem prominenten *Lüth*-Urteil herbeigeführt.[47] Es schließt sich dabei wohl einer in der damaligen juristischen Literatur im Vordringen befindlichen Auffassung an, wonach unter dem Begriff der allgemeinen Gesetze „alle Gesetze zu verstehen sind, die ‚nicht eine Meinung als solche verbieten, die sich nicht gegen die Äußerung der Meinung als solche richten', die vielmehr ‚dem Schutze eines schlechthin, ohne Rücksicht auf eine bestimmte Meinung, zu schützenden Rechtsguts dienen', dem Schutze eines Gemeinschaftswerts, der gegenüber der Betätigung der Meinungsfreiheit den Vorrang hat".[48] 24

Als grundsätzlich zustimmungswürdig erweist sich die Rechtsauffassung, dass es sich bei bestimmten **Vorschriften des Strafgesetzbuchs**, nach denen etwa auch die „Unerlaubte Veranstaltung von Glücksspiel" nach § 284 StGB, die „Beteiligung am unerlaubten Glücksspiel" nach § 285 StGB sowie die „Unerlaubte Veranstaltung einer Lotterie oder einer Ausspielung" nach § 287 StGB pönalisiert sind, im Zusammenhang mit bestimmten massenmedialen Angeboten um „allgemeine Vorschriften" in diesem Sinne handelt.[49] 25

Abweichende Auffassungen bestehen indes in der **schrankenrechtlichen Beurteilung des früheren Rundfunkstaatsvertrags**, der zwischenzeitlich durch den **Medienstaatsvertrag** der Bundesländer abgelöst worden ist, und zu weiteren landesrechtlich determinierten **Mediengesetzen**. Während teilweise ohne nähere Differenzierung jedenfalls implizit schlicht davon ausgegangen wird, dass es sich insoweit um eine Schrankenbestimmung handelt,[50] wird beispielsweise durch *Liesching* treffend darauf hingewiesen, dass entsprechende Regelungen in wertender Betrachtung wohl nicht als Schranken im Sinne des Art. 5 Abs. 2 GG zu bewerten sind, sondern vielmehr Ausdruck der verfassungsrechtlich geforderten „Ausgestaltung der Rundfunkfreiheit" sind.[51] Ihre Grundlage bildet das durch das Bundesverfassungsgericht aufgestellte Postulat nach der Schaffung einer „positiven Ordnung"[52] für den Rundfunk. 26

Als besonders relevante „**allgemeine Gesetze**" im Sinne des verfassungsrechtlichen Schrankenvorbehalts nach Art. 5 Abs. 2 GG erweisen sich die **materiellen** 27

47 BVerfG 15.1.1958 – 1 BvR 400/51 – *Lüth*; hierzu Streinz/Liesching/Hambach/*Liesching* Glücks- und Gewinnspielrecht in den Medien GG Art. 5 Rn. 12; ferner auch Sachs/*Bethge* GG Art. 5 Rn. 143 mwN in dortiger Fn. 543.

48 So BVerfG 15.1.1958 – 1 BvR 400/51 – *Lüth*, Rn. 38 mwN aus der damaligen juristischen Literatur; siehe hierzu auch die Wiedergabe der Kernelemente dieser Begriffsdefinition bei Streinz/Liesching/Hambach/*Liesching* Glücks- und Gewinnspielrecht in den Medien GG Art. 5 Rn. 12; ferner auch bei Sachs/*Bethge* GG Art. 5 Rn. 143.

49 Vgl. Streinz/Liesching/Hambach/*Liesching* Glücks- und Gewinnspielrecht in den Medien GG Art. 5 Rn. 13; nicht erwähnt werden die §§ 284 ff. StGB hingegen in der Zusammenstellung relevanter Straftatbestände bei Stern/Becker/*Fechner* GG Art. 5 Rn. 236 f. Ob die Auslassung insoweit bewusst erfolgt ist, kann hier nicht mit letzter Sicherheit geklärt werden.

50 Vgl. insofern die Darstellung bei Stern/Becker/*Fechner* GG Art. 5 Rn. 233 ff.

51 So und hierzu Streinz/Liesching/Hambach/*Liesching* Glücks- und Gewinnspielrecht in den Medien GG Art. 5 Rn. 14 mwN.

52 Grundlegend BVerfG 16.6.1981 – 1 BvL 89/78 Rn. 116 – st. Rspr.; vgl. hierzu *v. Coelln* AfP 2008, 433 (435); *v. Coelln* in Stern/Peifer/Hain Publizistischer und ökonomischer Wettbewerb unter den Bedingungen der neuen Medienwelt S. 17 ff. (20 f.); Streinz/Liesching/Hambach/*Liesching* Glücks- und Gewinnspielrecht in den Medien GG Art. 5 Rn. 14; hierauf Bezug nehmend bereits *Hamacher* Der Rundfunkbegriff im Wandel des deutschen und europäischen Rechts S. 37.

Regelungen zum Glücksspielrecht selbst.[53] Dies gilt sowohl für durch die einzelnen Landesgesetzgeber angenommene staatsvertragliche Regelungen – aktuell nach Maßgabe des GlüStV 2021[54] – als auch für individuelles glücksspielspezifisches Landesrecht[55] und – unter Beachtung der maßgeblichen Gesetzgebungskompetenzen – auch für bundesgesetzliche Vorgaben, denen glücksspielrechtliche Relevanz zukommt.[56] Selbstverständlich gilt das Vorstehende nur für den Fall, dass die betreffenden Regelungen einen spezifischen Bezug zu den massenkommunikativen Freiheitsgewährleistungen des Art. 5 Abs. 1 S. 2 GG aufweisen.[57]

28 Auch wenn „dem Recht der persönlichen Ehre“[58] nach Art. 5 Abs. 2 Var. 3 GG als Schranke sicherlich eine nachgeordnete Bedeutung im Zusammenhang mit medienrechtlichen Implikationen des deutschen Glücksspielrechts zukommen mag, gilt anderes insofern sicherlich für die **„Bestimmungen zum Schutze der Jugend“**[59] gem. Art. 5 Abs. 2 Var. 2 GG.[60] In qualitativer Hinsicht wird auf der Grundlage der Rechtsprechung des Bundesverfassungsgerichts insofern gefordert, dass die betreffenden Bestimmungen den Anforderungen an „allgemeine Gesetze“ genügen müssen,[61] wobei eine Beschränkung auf formelle Gesetze **nicht** erfolgt, sondern vielmehr auch **Gesetze im materiellen Sinne**, zu denen auch untergesetzliche Rechtsnormen zählen, miterfasst sind.

29 Zu nennen sind in diesem Rahmen im Falle von nach Art. 5 Abs. 1 S. 2 GG zu beurteilenden **medienfreiheitlichen Implikationen** insbesondere § 6 des Jugendschutzgesetzes (JuSchG), der in dessen Abs. 2 die Teilnahme von Kindern und Jugendlichen „an Spielen mit Gewinnmöglichkeit in der Öffentlichkeit“ regelt,[62] § 6e GlüStV 2021 mit Bestimmungen ua zum Jugendschutz „bei Glücksspielen im Internet“, bzgl. derer bereits originär eine Verbindung zum Schutzbereich des Art. 5 Abs. 1 S. 2 GG besteht, sowie § 11 Abs. 1 S. 5 ggf. iVm § 74 MStV bzgl.

---

53 Vgl. hierzu die zutreffende Einordnung bei Streinz/Liesching/Hambach/*Liesching* Glücks- und Gewinnspielrecht in den Medien GG Art. 5 Rn. 13.

54 Vgl. hierzu im Hinblick auf den GlüStV aF bereits die Ausführungen bei Streinz/Liesching/Hambach/*Liesching* Glücks- und Gewinnspielrecht in den Medien GG Art. 5 Rn. 13.

55 Vgl. Streinz/Liesching/Hambach/*Liesching* Glücks- und Gewinnspielrecht in den Medien GG Art. 5 Rn. 13, der insoweit auf die länderspezifischen „Ausführungsgesetze“ und das ehedem wegen seiner Sonderposition besonders bedeutsame Glücksspielgesetz des Landes Schleswig-Holstein abstellt.

56 Treffend benennt *Liesching* in diesem Rahmen das „Gewerberecht“, so Streinz/Liesching/Hambach/*Liesching* Glücks- und Gewinnspielrecht in den Medien GG Art. 5 Rn. 13 (Hervorhebung durch Verfasser entfernt).

57 Auf das Erfordernis, dass „der Schutzbereich der Medienfreiheiten nach Art. 5 Abs. 1 S. 2 GG betroffen“ sein muss, weist hierbei wörtlich Streinz/Liesching/Hambach/*Liesching* Glücks- und Gewinnspielrecht in den Medien GG Art. 5 Rn. 13, treffend hin.

58 Als „Wert mit Verfassungsrang“ wird das „Recht der persönlichen Ehre“ treffend qualifiziert bei BeckOK GG/*Schemmer* GG Art. 5 Rn. 111.

59 Einen Überblick zu den gesetzlichen Bestimmungen zum Schutze der Jugend de lege lata verschaffen *Schütze/Kalke* ZfWG 2015, 206 (208 f.); hierbei handelt es sich um eine „selbständige Grundrechtsschranke“, so treffend BeckOK GG/*Schemmer* GG Art. 5 Rn. 108 (Hervorhebung durch Verfasser entfernt).

60 Vgl. zur früheren Rechtslage unter Geltung des GlüStV aF bereits Streinz/Liesching/Hambach/*Liesching* Glücks- und Gewinnspielrecht in den Medien GG Art. 5 Rn. 17.

61 Vgl. hierzu BeckOK GG/*Schemmer* GG Art. 5 Rn. 108 f. unter Verweis auf BVerfG 4.11.2009 – 1 BvR 2150/08 (dort insbes. Rn. 65 ff.).

62 Vgl. hierzu bereits Streinz/Liesching/Hambach/*Liesching* Glücks- und Gewinnspielrecht in den Medien GG Art. 5 Rn. 17.

der Wahrung der Belange des Jugendschutzes bei **Gewinnspielen in Rundfunk und Telemedien.** Ergänzend wird in der juristischen Literatur in diesem Rahmen noch auf bestimmte Vorschriften aus dem **Jugendmedienschutz-Staatsvertrag** hingewiesen.[63]

5. Bezüge zum Glücksspielrecht. Einzelne **Verbindungslinien des Glücksspielrechts** zu den kommunikationsspezifischen Freiheitsgewährleistungen (insbesondere) aus Art. 5 Abs. 1 S. 2 GG ergeben sich bereits aus den vorstehenden Darstellungen. 30

Durch die im GlüStV 2021 vorgesehene **Öffnung des deutschen Glücksspielrechts** für bestimmte **Formen des onlinebasierten Glücksspiels,** zu denen „Virtuelle Automatenspiele" gem. § 22a GlüStV, „Online-Poker" nach § 22b GlüStV und „Online-Casinospiele" nach § 22c GlüStV gleichermaßen zählen, steht zu erwarten, dass die Bedeutung der Freiheitsgewährleistungen aus Art. 5 Abs. 1 S. 2 GG weiter zunehmen wird. 31

In diesem Rahmen werden nicht nur die **rundfunkverfassungsrechtlichen Implikationen** konkreter onlinebasierter Glücksspielangebote auf der Grundlage der Freiheitsgewährleistung aus Art. 5 Abs. 1 S. 2 Var. 2 GG weiter zu klären sein.[64] Vielmehr dürfte auch der **massenmedialen Werbung** für nunmehr im gesamten Geltungsbereich des Rechts der Bundesrepublik Deutschland und ihrer 16 Bundesländer legale onlinebasiere Glücksspielangebote – weit über die bislang bekannte Thematik der „Internetwerbung für Sportwetten"[65] hinaus – eine noch deutlich zunehmende Bedeutung zukommen, deren Regulierung sich innerhalb des von Art. 5 Abs. 1 und 2 GG abgesteckten verfassungsrechtlichen Rahmens bewegen muss. 32

Es ist anzunehmen, dass sich hierzu eine **feinjustierte forensische Kasuistik** herausbilden wird, die letzten Endes zu einer nähergehenden, durch Ober- und Höchstgerichte zu bewirkenden **Konturierung der grundfreiheitsrechtlichen Rahmenbedingungen** führen wird. Eine Beurteilung anhand des Maßstabs der durch Art. 5 Abs. 1 S. 2 GG geschützten Massenkommunikationsfreiheiten tritt hierzu in **grundrechtliche Konkurrenz** mit anderen Freiheitsgewährleistungen, wobei in der Vergangenheit bereits Tendenzen dahin gehend zu erkennen waren, die grundrechtliche Beurteilung auf eine Prüfung des Art. 12 Abs. 1 GG (Berufsfreiheit) im Wege der **Grundrechtsspezialität** zu begrenzen.[66] Eine Spezialität des Art. 12 Abs. 1 GG gegenüber Art. 5 Abs. 1 S. 2 GG dürfte jedenfalls dann ausscheiden, wenn der entsprechenden Werbebotschaft ein „meinungsbildender Inhalt" innewohnt[67] oder etwa auch die verfassungsrechtliche Perspektive der 33

63 Vgl. hierzu Streinz/Liesching/Hambach/*Liesching* Glücks- und Gewinnspielrecht in den Medien GG Art. 5 Rn. 17.

64 Auf einen entsprechend ausgedehnten „Schutzbereich der Rundfunkfreiheit durch das Internet" hatte in diesem Zusammenhang zu Recht bereits Streinz/Liesching/Hambach/*Liesching* Glücks- und Gewinnspielrecht in den Medien GG Art. 5 Rn. 8 mwN in Rechtsprechung und juristischer Literatur, hingewiesen.

65 So und hierzu Streinz/Liesching/Hambach/*Liesching* Glücks- und Gewinnspielrecht in den Medien GG Art. 5 Rn. 10 (Hervorhebung durch Verfasser entfernt).

66 Vgl. hierzu die Darlegungen bei Streinz/Liesching/Hambach/*Liesching* Glücks- und Gewinnspielrecht in den Medien GG Art. 5 Rn. 10 unter Verweis in dortiger Fn. 16 auf BayVGH 20.11.2008 – 10 CS 08.2069 Rn. 56.

67 Dies entspricht offenbar auch der Auffassung des BayVGH, vgl. BayVGH 20.11.2008 – 10 CS 08.2069 Rn. 56 unter Verweis auf die einschlägige Rechtsprechung des BVerfG mwN; hierzu auch Streinz/Liesching/Hambach/*Liesching* Glücks- und Gewinnspielrecht in den Medien GG Art. 5 Rn. 10.

Rundfunkfinanzierung[68] durch Werbung im Fokus steht.[69] Häufig dürfte von einer „verfassungsrechtlichen Idealkonkurrenz“[70] beider Grundrechtsverbürgungen auszugehen sein.

Artikel 12 GG [Berufsfreiheit]

(1) [1]Alle Deutschen haben das Recht, Beruf, Arbeitsplatz und Ausbildungsstätte frei zu wählen. [2]Die Berufsausübung kann durch Gesetz oder auf Grund eines Gesetzes geregelt werden.

(2) Niemand darf zu einer bestimmten Arbeit gezwungen werden, außer im Rahmen einer herkömmlichen allgemeinen, für alle gleichen öffentlichen Dienstleistungspflicht.

(3) Zwangsarbeit ist nur bei einer gerichtlich angeordneten Freiheitsentziehung zulässig.

Literatur: *Dietlein/Hecker/Ruttig*, Glücksspielrecht. Glücksspielstaatsvertrag. §§ 33c ff. GewO SpielV RennwLottG. Kommentar, 2. Aufl., 2013; *Epping/Hillgruber*, BeckOK Grundgesetz, 47. Ed., Stand: 15.5.2021; *Hamacher*, Der Rundfunkbegriff im Wandel des deutschen und europäischen Rechts, 2015; *Hufen*, Berufsfreiheit – Erinnerung an ein Grundrecht, NJW 1994, 2913; *Kämmerer/Kotzur*, Vollendung des Grundrechtsverbunds oder Heimholung des Grundrechtsschutzes? Die BVerfG-Beschlüsse zum „Recht auf Vergessenwerden“ als Fanal, NVwZ 2020, 177; *Kleine-Cosack*, Verfassungsbeschwerden und Menschenrechtsbeschwerde. Tipps und Taktik, 2. Aufl., 2007; *Koenig/Bovelet-Schober*, Das für Poker- und Casinospiele nach dem am 1. Juli 2012 in Kraft getretenen Glücksspieländerungsstaatsvertrag (GlüÄndStV) geltende Internetverbot auf dem EU-rechtlichen Prüfstand, ZfWG 2012, 381; *Koenig/Mezey*, EU-rechtliche Einordnung des BGH-Urteils zur Strafbarkeit eines Spielhallenbetreibers nach § 284 StGB im Hinblick auf Online-Casinoangebote, ZfWG 2020, 406; *Kopp*, Grundrechtliche Schutz- und Förderungspflichten der öffentlichen Hand, NJW 1994, 1753; *Krewer*, Die Restriktionen des GlüStV 2012 für Spielhallen im Spiegel der Grundrechte, ZfWG 2014, 77; *Ludwigs/Friedmann*, Die Grundrechtsberechtigung staatlich beherrschter Unternehmen und juristischer Personen des öffentlichen Rechts, NVwZ 2018, 22; *Makswit*, Verfassungsrechtliche Schranken der Kompetenzwahrnehmung im Glücksspielrecht unter besonderer Berücksichtigung des Konsistenzgebots, ZfWG 2015, 430; *Merten*, Das konfuse Konfusionsargument – Zu einem dogmatischen Irrtum des Bundesverfassungsgerichts, DÖV 2019, 41; *von Münch/Kunig*, Grundgesetz. Kommentar, Band 1: Präambel bis Art. 69, 7. Aufl. 2021; *Pagenkopf*, Zur Überprüfung des Ermessens bei Dauerverwaltungsakten im Glücksspielrecht – Anmerkungen zu den Urteilen des OVG NRW vom 25.2.2014 – 13 A 2018/11 –, ZfWG 2014, 209 und – 13 A 351/12 – ZfWG 2014, 260 (Ls.) –, ZfWG 2014, 185; *Plebuch*, Die Wiederentdeckung grundrechtlicher Schutzbereiche in der Pandemie, JuS 2021, 316; *Rock/Becker*, Aktuelle Rechtsprechung zum Glücksspielrecht, ZfWG 2021, 137; *Sachs*, Grundgesetz. Kommentar, 9. Aufl., 2021; *Schmidt/Kollmann/Karl*, Rasanter Aufstieg der Influencer – Neue Berufsgruppe im Fokus der Finanzverwaltung, DStR 2021, 765; *Schumacher*, Rückzug landeinwärts? Ein Beitrag zur rechtlichen Zulässigkeit eines Siedlungsrückzugs als Reaktion auf den stei-

68 Siehe in diesem Zusammenhang auch die Darlegungen zu den Werbeeinflüssen im Hinblick auf die Programmgestaltung des privaten Rundfunks bei *Kuhlmann* MMR 2021, 298 (300 ff.).

69 Vgl. hierzu die treffenden Ausführungen zur Werbefinanzierung des Rundfunks, von Telemedien und Presseerzeugnissen bei Streinz/Liesching/Hambach/*Liesching* Glücks- und Gewinnspielrecht in den Medien GG Art. 5 Rn. 11; die Werbefinanzierung der Rundfunkanstalten beleuchtet *Loeb* ZUM 2004, 290 ff.

70 Von einer „Idealkonkurrenz der Grundrechte“ sprechen in diesem Zusammenhang in Abgrenzung zu einer „lex-specialis-Stellung des Art. 12“ Streinz/Liesching/Hambach/*Liesching/Berberich* Glücks- und Gewinnspielrecht in den Medien GG Art. 12 Rn. 25.

genden Meeresspiegel, ZUM 2020, 340; *Stelkens/Bonk/Sachs ua*, Verwaltungsverfahrensgesetz. Kommentar, 9. Aufl., 2018; *Stern*, Die Schutzpflichtenfunktion der Grundrechte: Eine juristische Entdeckung, DÖV 2010, 241; *Stern*, Das Staatsrecht der Bundesrepublik Deutschland. Die einzelnen Grundrechte, Band IV/2, 2011; *Stern/Becker*, Grundrechte-Kommentar. Die Grundrechte des Grundgesetzes mit ihren europäischen Bezügen, 3. Aufl., 2019; *Streinz*, EUV/AEUV. Vertrag über die Europäische Union. Vertrag über die Arbeitsweise der Europäischen Union. Charta der Grundrechte der Europäischen Union, 3. Aufl., 2018; *Streinz/Liesching/Hambach*, Glücks- und Gewinnspielrecht in den Medien. Kommentar, 2014; *Willems* Influencer als Unternehmer. Überlegungen zu § 2 Abs. 1 Nr. 6 UWG und §§ 14, 112 BGB, MMR 2018, 707.

I. Grundlagen

Der in Art. 12 GG in ihren verschiedenen Schattierungen verbürgten **Berufsfreiheit**[1] kommt im Rahmen der Regulierung des deutschen Glücksspielrechts eine herausgehobene Position zu,[2] wenn es die Verfassungskonformität einzelner gesetzlicher bzw. staatsvertraglicher Regelungen zu beurteilen gilt. Auch wenn der Wortlaut des Art. 12 Abs. 1 GG prima facie einen abweichenden Eindruck erwecken mag, ist längst geklärt, dass insoweit vom Vorliegen eines **„einheitlichen Grundrechts“** auszugehen ist.[3] Der so verstandene Gewährleistungsgehalt bezieht sich dabei auf die Berufswahl – in objektiver und subjektiver Perspektive – und nachgelagert auch auf die Ausübung des zuvor gewählten Berufs.[4] Entgegen dem Wortlaut des Art. 12 Abs. 1 S. 2 GG sind die Regelungsoptionen des Gesetz- und Verordnungsgebers im Umgriff möglicher Einschränkungen der Be- 1

1 Vgl. hierzu stv. für viele Streinz/Liesching/Hambach/*Liesching/Berberich* Glücks- und Gewinnspielrecht in den Medien GG Art. 12 Rn. 1; zur Genese Stern/Becker/*Nolte* GG Art. 12 Rn. 4 ff.; Einbußen in der „Geltungskraft“ der Berufsfreiheit erkannte im Jahre 1994 bereits *Hufen* NJW 1994, 2913 ff.

2 Vgl. zur Bedeutung des Art. 12 GG in diesem Kontext die Ausführungen bei Streinz/Liesching/Hambach/*Liesching/Berberich* Glücks- und Gewinnspielrecht in den Medien GG Art. 12 Rn. 8.

3 Unter Verweis auf die Rechtsprechung des BVerfG erweisen sich insofern die Darlegungen bei Streinz/Liesching/Hambach/*Liesching/Berberich* Glücks- und Gewinnspielrecht in den Medien GG Art. 12 Rn. 1, als treffend; ferner Sachs/*Mann* GG Art. 12 Rn. 14 f.; vgl. auch BeckOK GG/*Ruffert* GG Art. 12 Rn. 18.

4 Vgl. Streinz/Liesching/Hambach/*Liesching/Berberich* Glücks- und Gewinnspielrecht in den Medien GG Art. 12 Rn. 1; siehe auch v. Münch/Kunig/*Kämmerer* GG Art. 12 Rn. 3, der ausdrücklich darauf verweist, dass auch „die Wahl von Arbeitsplatz und Ausbildungsstätte“ vom Grundrecht des Art. 12 Abs. 1 GG eingeschlossen ist. Entsprechende Hinweise finden sich auch bei den vorzitierten *Liesching/Berberich*, die die „Wahl des Arbeitsplatzes“ der „Berufsfreiheit ieS“ und „die freie Wahl der Ausbildungsstätte“ der „Berufsfreiheit iwS“ zuordnen (Hervorhebungen durch Verfasser entfernt), siehe Streinz/Liesching/Hambach/*Liesching/Berberich* Glücks- und Gewinnspielrecht in den Medien GG Art. 12 Rn. 1 f.

rufsfreiheit – dem Geiste der Einheitlichkeit dieser Grundrechtsverbürgung entsprechend – nicht auf den Teilaspekt der „Berufsausübung“ beschränkt.[5]

II. Erläuterungen

2 **1. Geschützte Grundrechtsträger.** Der Wortlaut des Art. 12 Abs. 1 S. 1 GG benennt als **Grundrechtsberechtigte** „alle Deutschen“.[6] Diese Eingrenzung des Kreises der Schutzberechtigten bedarf jedenfalls auf der Grundlage einer modernen Verfassungsexegese, die auch im Staatenverbund[7] der Europäischen Union wurzelnde Rechtseinflüsse zu berücksichtigen hat, einer hermeneutischen Korrektur.

3 Die unionsrechtlich determinierten **Diskriminierungsverbote** bedingen in diesem Rahmen eine entsprechende **Erstreckung des Begriffs der Deutschen** auf alle EU-Bürgerinnen und EU-Bürger.[8] Das Art. 18 Abs. 1 AEUV entstammende Allgemeine Diskriminierungsverbot[9] wird dabei durch weitere, näher spezifizierte besondere Diskriminierungsverbote im Kontext der europäischen Grundfreiheiten flankiert.[10] Der **Anwendungsvorrang** des Europäischen Unionsrechts greift insoweit Platz.[11]

4 Dritte jenseits des EU-Bürgerstatus kommen verfassungskonzeptionell nicht in den Genuss der Schutzwirkungen des Art. 12 GG.[12] Eine etwaig zu beachtende völkerrechtliche Verpflichtung zu einer entsprechenden Erstreckung der Grundrechtswirkungen besteht insoweit jedenfalls nicht. Insofern fallen **Drittstaatsangehörige** auf den für jedermann verfügbaren Grundrechtsschutz nach Maßgabe

5 Vgl. hierzu Streinz/Liesching/Hambach/*Liesching/Berberich* Glücks- und Gewinnspielrecht in den Medien GG Art. 12 Rn. 27 mit einem Verweis auf relevante Besonderheiten in der Verhältnismäßigkeitsprüfung.

6 Siehe hierzu die Ausführungen bei Stern/Becker/*Nolte* GG Art. 12 Rn. 56 ff.

7 Der Begriff des Staatenverbundes hat neben seiner Provenienz in der juristischen Literatur insbesondere durch die Rechtsprechung des BVerfG reüssiert, grundlegend etwa BVerfGE 89, 155 ff. Rn. 90 – Maastricht; BVerfGE 123, 267 ff. Rn. 228 – Lissabon; siehe hierzu und zu in diesem Zusammenhang stehenden jüngeren Entwicklungslinien im Spiegel der jüngsten Rechtsprechung zum „Recht auf Vergessenwerden“ die Darlegungen bei *Kämmerer/Kotzur* NVwZ 2020, 177 ff. (insbesondere auch 177 mit entsprechenden Verweisen in dortiger Fn. 2).

8 Vgl. Streinz/Liesching/Hambach/*Liesching/Berberich* Glücks- und Gewinnspielrecht in den Medien GG Art. 12 Rn. 15, die zu Recht darauf hinweisen, dass insoweit allen „EU-Bürgern dasselbe Schutzniveau innerhalb der Union einzuräumen“ sei, ebd. mwN zum Streitstand.

9 Näher zu seinem inhaltlichen Bedeutungsgehalt Streinz/*Streinz* AEUV Art. 18 Rn. 45 ff.

10 Vgl. hierzu Streinz/Liesching/Hambach/*Liesching/Berberich* Glücks- und Gewinnspielrecht in den Medien GG Art. 12 Rn. 15; siehe für eine „Abgrenzung“ die Darlegungen bei Streinz/*Streinz* AEUV Art. 18 Rn. 14 ff.

11 Vgl. hierzu mit einem ergänzenden Hinweis auf die Wirkungen des „Effet-utile-Prinzips“ Streinz/Liesching/Hambach/*Liesching/Berberich* Glücks- und Gewinnspielrecht in den Medien GG Art. 12 Rn. 15; siehe zum „Anwendungsvorrang“ im Verwaltungsrecht auch Stelkens/Bonk/Sachs/*Schmitz* VwVfG § 1 Rn. 218.

12 Im Ergebnis ebenso, aber mit kritischer Würdigung zur Rechtfertigung dieses Befundes Streinz/Liesching/Hambach/*Liesching/Berberich* Glücks- und Gewinnspielrecht in den Medien GG Art. 12 Rn. 16 f.

der in Art. 2 Abs. 1 GG gewährleisteten **allgemeinen Handlungsfreiheit** zurück.[13]

5 Zur **wesensmäßigen Anwendbarkeit des Grundrechts** aus Art. 12 GG gelten nach Maßgabe des Art. 19 Abs. 3 GG bezüglich einer Einbindung von **juristischen Personen** in die grundrechtlichen Schutzwirkungen die allgemeinen Anforderungen.[14] Auch insoweit besteht allerdings im Kern zunächst eine Beschränkung der Grundrechtsfähigkeit auf solche juristische Personen des Privatrechts, die ihren Sitz innerhalb der Bundesrepublik Deutschland oder jedenfalls in einem anderen Mitgliedstaat der Europäischen Union haben.[15]

6 Diskutiert wird eine Grundrechtserstreckung auch auf (inländische und ihnen gleichgestellte) **juristische Personen des öffentlichen Rechts.**[16] Das die Grundrechtsdogmatik in besonderer Weise prägende sog. „Konfusionsargument“[17], durch das eine Janusköpfigkeit von öffentlich-rechtlichen Institutionen in der Rolle als Grundrechtsverpflichtete und Grundrechtsberechtigte im selben Bezugspunkt verhindert werden soll, duldet allerdings nur äußerst selektiv Ausnahmen vom generellen Ausschluss der Grundrechtsberechtigung öffentlich-rechtlicher Entitäten.[18] Solche Ausnahmen betreffen weit überwiegend anerkannte partielle Grundrechtsfähigkeiten[19] der öffentlich-rechtlich strukturierten Rundfunkanstalten, der als Körperschaften des öffentlichen Rechts verfassten Religionsgemeinschaften und der staatlichen Hochschulen[20] jeweils bezogen auf ihre Referenzgrundrechte und dem Vorliegen einer – insbesondere beim öffentlich-rechtlichen Rundfunk auch durch eine gewisse Staatsferne[21] bedingt –

---

13 Vgl. hierzu treffend Streinz/Liesching/Hambach/*Liesching/Berberich* Glücks- und Gewinnspielrecht in den Medien GG Art. 12 Rn. 16; zum inhaltlichen Bedeutungsgehalt der „allgemeinen Handlungsfreiheit“ nach Art. 2 Abs. 1 GG nähergehend Stern/Becker/*Horn* GG Art. 2 Rn. 20 ff.; ferner auch unter Hinweis auf die zwischenzeitlich nach hM anerkannte Weite des Schutzbereichs Sachs/*Rixen* GG Art. 2 Rn. 42 ff.

14 Näher hierzu Streinz/Liesching/Hambach/*Liesching/Berberich* Glücks- und Gewinnspielrecht in den Medien GG Art. 12 Rn. 18 ff.

15 Vgl. hierzu Streinz/Liesching/Hambach/*Liesching/Berberich* Glücks- und Gewinnspielrecht in den Medien GG Art. 12 Rn. 18 ff. (insbes. auch Rn. 19 f.).

16 Siehe hierzu nur Streinz/Liesching/Hambach/*Liesching/Berberich* Glücks- und Gewinnspielrecht in den Medien GG Art. 12 Rn. 21 f.

17 Zu ihm Streinz/Liesching/Hambach/*Liesching/Berberich* Glücks- und Gewinnspielrecht in den Medien GG Art. 12 Rn. 21 mwN; ferner *Ludwigs/Friedmann* NVwZ 2018, 22; *Merten* DÖV 2019, 41 ff.; zu den Grenzen des Konfusionsarguments BVerfG 6.12.2016 – verbundene Rechtssachen 1 BvR 2821/11, 1 BvR 321/12, 1 BvR 1456/12, Rn. 111, 192.

18 Siehe hierzu Streinz/Liesching/Hambach/*Liesching/Berberich* Glücks- und Gewinnspielrecht in den Medien GG Art. 12 Rn. 21.

19 Vgl. hierzu die Darlegungen bei *Kleine-Cosack* Verfassungsbeschwerden und Menschenrechtsbeschwerden, 2. Aufl. 2007, § 6 Rn. 279.

20 Vgl. zu den genannten Ausnahmen einer partiellen Grundrechtsfähigkeit die ausführliche Darstellung bei Stern/Becker/*Brüning* GG Art. 19 Rn. 69 ff.; siehe zu dieser „Ausnahmetrias“ die Darlegungen bei v. Münch/Kunig/*Ernst* GG Art. 19 Rn. 79 ff.; die „Ausnahmetrias“ analysiert nähergehend auch Sachs/*Sachs* GG Art. 19 Rn. 93 ff.

21 Zum „Gebot der Staatsferne“ BVerfG 25.3.2014 – 1 BvF 1/11, 1 BvF 4/11, Rn. 43 ff.; die Staatsferne ist auch „ein fester Bestandteil der Gemeinschaftsordnung“, so *Hamacher* Der Rundfunkbegriff im Wandel des deutschen und europäischen Rechts S. 207 mwN.

gegenüber Privaten „gleichen grundrechtstypischen Gefahrenlage“[22] als weitere wesentliche Grundvoraussetzung.

7 Ob die in der Judikatur anerkannten Ausnahmetatbestände einer **partiellen Grundrechtsfähigkeit** bestimmter Körperschaften des öffentlichen Rechts im Zusammenhang mit dem Glücksspielrecht erweitert und ggf. zu einem Ausnahmequartett ausgebaut werden müssen, ist zweifelhaft, auch wenn in der juristischen Literatur bereits die Anerkennung einer Grundrechtsfähigkeit von „Oddset“ als staatlich dominiertem Anbieter von Sportwetten im Hinblick auf die Berufsfreiheit nach Art. 12 GG gefordert worden ist.[23]

8 Doch selbst unter der Annahme, dass im Hinblick auf die Grundrechtsberechtigung somit zwischen staatlichen und nichtstaatlichen Anbietern ein Gleichlauf erzielt werden könnte, drängen sich keine hinreichend belastbaren Argumente auf, die eine Ausnahme von der regelmäßig **fehlenden Grundrechtsfähigkeit öffentlich-rechtlicher Entitäten** in ausreichendem Maße rechtfertigen könnten.[24]

9 **Verfassungsrechtlich determinierte Sondersituationen**, wie sie für Rundfunkanstalten, staatliche Hochschulen und als Körperschaft des öffentlichen Rechts strukturierte Religionsgemeinschaften anzunehmen sind,[25] werden durch die Betätigung staatlicher oder staatlich dominierter Wettanbieter jedenfalls **nicht** begründet. Auch wenn sich die Fortentwicklung der Grundrechtsdogmatik derzeit als offen erweist,[26] sprechen in der Analyse der grundsätzlichen Entwicklungslinien im Glücksspielrecht überwiegende Gründe dafür, dass das Rückzugsgefecht des Staates als Anbieter bestimmter Wett- und Glücksspielangebote längst begonnen hat. Auch vor diesem Hintergrund besteht derzeit wohl kein hinreichender Anlass, einen zusätzlichen grundrechtlich determinierten Schutzstatus für staatliche Wett- und Glücksspielunternehmungen zu begründen. Insbesondere kommt staatlichen Wett- und Glücksspielangeboten keine etwaig dienende Rolle für die Grundrechtsentfaltung Dritter zu. Sie erfüllen in verfassungsdogmatischer Betrachtung allenfalls objektiv-rechtlich geprägte Schutzfunktionen im Sinne der staatlichen Wahrnehmung „positiver Schutzpflichten“[27], wenn es um die Abwehr von Gefahren geht, die mit dem Angebot von Glücksspiel für den Einzelnen einhergehen (können).[28]

---

22 So Streinz/Liesching/Hambach/*Liesching/Berberich* Glücks- und Gewinnspielrecht in den Medien GG Art. 12 Rn. 21; die „grundrechtstypische Gefährdungslage“ für die Anwendbarkeit von Grundrechten „auf juristische Personen“ im Allgemeinen analysiert Stern/Becker/*Brüning* GG Art. 19 Rn. 59; die „grundrechtstypische Gefährdungslage“ im Hinblick auf den öffentlich-rechtlichen Rundfunk betrachtet nähergehend v. Münch/Kunig/*Ernst* GG Art. 19 Rn. 81.

23 Vgl. Streinz/Liesching/Hambach/*Liesching/Berberich* Glücks- und Gewinnspielrecht in den Medien GG Art. 12 Rn. 22.

24 Vor diesem Hintergrund geht *Dietlein* unter Bezugnahme auf jüngere Entwicklungen in der Rechtsprechung des BVerfG wohl zu Recht davon aus, dass „den staatlichen (sic!) getragenen oder ‚maßgeblich‘ dominierten Anbietern“ „ein grundrechtlicher Schutz“ zu versagen sei, so Dietlein/Hecker/Ruttig/*Dietlein* GlücksspielR Einf. Rn. 15.

25 Vgl. hierzu *Ludwigs/Friedmann* NVwZ 2018, 22 (22); siehe zur „Ausnahmetrias“ auch die Darlegungen bei Sachs/*Sachs* GG Art. 19 Rn. 93 ff.

26 Entsprechend ausgreifende Tendenzen sogar im Hinblick auf klassische juristische Personen des öffentlichen Rechts werden in der Analyse der jüngeren Grundrechtsdogmatik bei *Stern* StaatsR IV/2 S. 1497 f. mwN beschrieben.

27 Zu ihnen *Kopp* NJW 1994, 1753 ff.; grundlegend *Stern* DÖV 2010, 241 ff.; *Schumacher* ZUM 2020, 350 (354); Sachs/*Sachs* GG Vorb. zu Abschn. 1 Rn. 35 ff.

28 Vgl. zu dieser Funktion der „Schutzpflichten“ Sachs/*Sachs* GG Vorb. zu Abschn. 1 Rn. 37 f.

2. Grundrechtsadressaten. Zuallererst betrifft die **Grundrechtsbindung** aus Art. 12 GG „alle staatliche Gewalt“[29], die in nuce der in Art. 1 Abs. 3 GG formulierten Binnendifferenzierung unterzogen werden kann.[30] Durch die Wahl einer bestimmten (etwa privatrechtlichen) Organisationsform kann sich die öffentliche Gewalt ihrer Grundrechtsbindung **nicht** entziehen.[31] 10

Die **grundrechtliche Schutzfunktion** der Berufsfreiheit beschränkt sich indes nicht nur auf das Verhältnis des Staates gegenüber dem Grundrechtsberechtigten, sondern entfaltet vielmehr auch unter „Privaten“ eine **„mittelbare Drittwirkung“**.[32] Diese Grundrechtwirkung liegt darin begründet, dass der Berufsfreiheit „eine objektive Wertentscheidung des Verfassungsgebers“[33] beigemessen wird. Ursprünglich in der Rechtsprechung vertretene Ansätze einer „unmittelbaren Drittwirkung“ im Hinblick auf rein privatrechtlich strukturierte Arbeitsverhältnisse sind zwischenzeitlich zu Recht revidiert worden.[34] 11

3. Materieller Schutzgehalt der Berufsfreiheit und relevante Eingriffe. Unter dem **„Beruf“ als Rechtsbegriff**[35] ist „jede auf Dauer angelegte Tätigkeit zur Schaffung und Erhaltung einer Lebensgrundlage“[36] zu verstehen.[37] Dies gilt im Hinblick auf den Spielbankbetrieb jedenfalls, „solange diese Tätigkeit nicht gesetzlich verboten und privaten Unternehmen zugänglich ist“.[38] Das seitens des Bundesverfassungsgerichts herangezogene negative Definitionskriterium der „Nicht-Verbotenheit“ findet in verschiedenen Schattierungen auch einen entsprechenden Widerhall in der juristischen Literatur.[39] 12

---

29 *Nolte* nimmt insofern „die gesamte öffentliche Gewalt“ in Bezug, so Stern/Becker/*Nolte* GG Art. 12 Rn. 63; „Alle Gewalten in Bund und Ländern“ benennen in diesem Zusammenhang v. Münch/Kunig/*Kunig/Kotzur* Bd. 1 GG Art. 1 Rn. 71 (Hervorhebungen durch Verfasser entfernt).

30 Ausführlich hierzu v. Münch/Kunig/*Kunig/Kotzur* GG Art. 1 Rn. 71 ff.

31 *Nolte* weist insoweit treffend darauf hin, dass die Grundrechtsbindung „ungeachtet ihrer jeweiligen Organisations- und Handlungsform“ gilt, so Stern/Becker/*Nolte* GG Art. 12 Rn. 63.

32 Vgl. hierzu die treffenden Darlegungen bei Stern/Becker/*Nolte* GG Art. 12 Rn. 63.

33 So Stern/Becker/*Nolte* GG Art. 12 Rn. 63 unter dortigem Verweis auf die näheren Erläuterungen unter ebd., Rn. 10.

34 Vgl. hierzu v. Münch/Kunig/*Kämmerer* GG Art. 12 Rn. 6 mit entsprechen Nachweisen in der Rechtsprechung des Bundesarbeitsgerichts in den dortigen Fn. 23 und 24; auf die fehlende „unmittelbare Drittwirkung“ der Berufsfreiheit wird auch bei Sachs/*Mann* GG Art. 12 Rn. 101 mwN hingewiesen.

35 Siehe zu seiner Historie die Darlegungen bei BeckOK GG/*Ruffert* GG Art. 12 Rn. 40.

36 So BeckOK GG/*Ruffert* GG Art. 12 Rn. 40 m. zahlreichen Nachw. in Rechtsprechung und in der juristischen Literatur (Hervorhebungen durch Verfasser entfernt); ähnlich auch Streinz/Liesching/Hambach/*Liesching/Berberich* Glücks- und Gewinnspielrecht in den Medien GG Art. 12 Rn. 9; ferner auch v. Münch/Kunig/*Kämmerer* GG Art. 12 Rn. 27.

37 StRspr. des BVerfG; vgl. im Kontext des Glücksspielrechts zum „Betreiben einer öffentlichen Spielbank“ BVerfG 19.7.2000 – 1 BvR 539/96, Ls. 1 und Rn. 65, BVerfGE 102, 197 ff.

38 So BVerfG 19.7.2000 – 1 BvR 539/96, Ls. 1, BVerfGE 102, 197 ff.; siehe zu dem sog. „Spielbankenbeschluss“ auch die Ausführungen bei Streinz/Liesching/Hambach/*Liesching/Berberich* Glücks- und Gewinnspielrecht in den Medien GG Art. 12 Rn. 39 ff.

39 Vgl. hierzu Streinz/Liesching/Hambach/*Liesching/Berberich* Glücks- und Gewinnspielrecht in den Medien GG Art. 12 Rn. 9; der Streitstand zu einem diesbezüglichen „Korrektiv“ wird auch von v. Münch/Kunig/*Kämmerer* GG, Art. 12 Rn. 27, thematisiert.

13 Im Bereich des Wett- und Glücksspielrechts besteht ein **bunter Strauß an beruflichen Betätigungsformen**, die durch die Berufsfreiheit nach Art. 12 Abs. 1 GG verfassungsrechtlich geschützt sind. Hierzu zählt neben der berufsmäßigen Veranstaltung von Glücksspielen[40] und der Platzierung von Glücksspielwerbung[41] beispielsweise auch „die Vermittlung von Oddset-Wetten durch Private“[42]. Die Entwicklungen im Berufsbild erweisen sich zudem unter Berücksichtigung des technischen Fortschritts und der Schaffung neuer Glücksspielarten als dynamisch.

14 Auf der Grundlage des nach herrschender Meinung in Rechtsprechung und juristischer Literatur einheitlichen Grundrechtsverständnisses des Art. 12 Abs. 1 GG[43] erwiese sich eine entsprechende Differenzierung bei der **Bestimmung des materiellen Schutzgehalts** als eher akademische Übung. Die durch Art. 12 Abs. 1 S. 1 GG ausdrücklich garantierte „Wahlfreiheit“ bezieht sich dabei gleichermaßen auf die Komponenten „Beruf, Arbeitsplatz und Ausbildungsstätte“.[44] Auf der Grundlage des heutigen Erkenntnisstands der Verfassungsexegese ist in diese Freiheitsgewährleistung auch der Schutz der freien Berufsausübung hineinzulesen.[45] In der Nachschau hätte der verfassungsgebende Gesetzgeber womöglich gut daran getan, auf eine Auskopplung des Begriffs der „Berufsausübung“ in Art. 12 Abs. 1 S. 2 GG zu verzichten.[46]

15 In das verfassungsrechtlich für unser wirtschaftliches Grundverständnis so bedeutsame Grundrecht der Berufsfreiheit wird durch hoheitliches Handeln stets dann **eingegriffen**, wenn etwaige Einschränkungen in der Berufswahl oder in der Berufsausübung oder womöglich auch in beiden zu besorgen stehen.[47]

16 Wegen der hiermit verbundenen Weite denkbarer Eingriffe bedarf es eines **regulierenden Korrektivs**, das insofern in der Überprüfung der „berufsregelnden Ten-

40 Vgl. hierzu unter ausdrücklicher Bezugnahme auf die Möglichkeit, „Glücksspiel in den Medien zu veranstalten“, Streinz/Liesching/Hambach/*Liesching/Berberich* Glücks- und Gewinnspielrecht in den Medien GG Art. 12 Rn. 24.

41 Vgl. hierzu Streinz/Liesching/Hambach/*Liesching/Berberich* Glücks- und Gewinnspielrecht in den Medien GG Art. 12 Rn. 24 mit entsprechenden Binnendifferenzierungen und Ausführungen zu möglichen Grundrechtsüberschneidungen mit Art. 5 GG.

42 So Stern/Becker/*Nolte* GG Art. 12 Rn. 24 unter Bezugnahme auf die einschlägige Rechtsprechung des BVerfG in dortiger Fn. 81 mwN.

43 Vgl. nochmals unter Verweis auf die Rechtsprechung des BVerfG die zutreffenden Darlegungen bei Streinz/Liesching/Hambach/*Liesching/Berberich* Glücks- und Gewinnspielrecht in den Medien GG Art. 12 Rn. 1; ferner Sachs/*Mann* GG Art. 12 Rn. 14 f.; vgl. auch BeckOK GG/*Ruffert* GG Art. 12 Rn. 18.

44 Vgl. hierzu ausführlich Stern/Becker/*Nolte* GG Art. 12 Rn. 33, 35 ff.; ferner BeckOK GG/*Ruffert* GG Art. 12 Rn. 40 ff.

45 Vgl. zur Überwindung der „begrifflichen Trennung“ von Berufswahl und Berufsausübung unter Bezugnahme auf das sog. „Apotheken-Urteil“ des BVerfG die Darlegungen bei Stern/Becker/*Nolte* GG Art. 12 Rn. 37.

46 Vgl. zum einheitlichen Schutzbereichs- und Schrankenverständnis die Ausführungen bei Streinz/Liesching/Hambach/*Liesching/Berberich* Glücks- und Gewinnspielrecht in den Medien GG Art. 12 Rn. 1, 23 und 27.

47 Vgl. hierzu Streinz/Liesching/Hambach/*Liesching/Berberich* Glücks- und Gewinnspielrecht in den Medien GG Art. 12 Rn. 23; der Befund liegt vor, wenn „ein durch Art. 12 Abs. 1 GG geschütztes Verhalten ganz oder teilweise unmöglich“ gemacht wird, so und hierzu Stern/Becker/*Nolte* GG Art. 12 Rn. 78.

denz" des betreffenden Eingriffs zur – in praxi häufig allzu sehr diskretionären – Bewertung seiner grundrechtsspezifischen Erheblichkeit gesehen wird.[48]

In der juristischen Literatur wird dieses Kriterium teilweise als „Rückkehr zu den klassischen Eingriffsmerkmalen der Finalität und Unmittelbarkeit"[49] gewertet. Je deutlicher die **Finalität eines Eingriffs** in das durch Art. 12 Abs. 1 GG geschützte Verfassungsgut in den Vordergrund tritt, desto weniger Raum verbleibt für ein Eingreifen des zuvor bezeichneten normativen Regulativs, wobei gerade die grundlegende Finalität eines Eingriffs im Zusammenhang mit der Glücksspielregulierung zumeist nicht in Zweifel steht.[50] 17

4. Grundrechtsschranken. Entgegen dem ersten Anschein erweisen sich die **Einschränkungsmöglichkeiten** im Hinblick auf die Berufsfreiheit als durchaus vielfältig.[51] Im Zusammenhang mit dem Glücksspielrecht können die sich aus Art. 12a GG ergebenden besonderen Beschränkungen der Berufsfreiheit im Hinblick auf „Wehr- und andere Dienstverpflichtungen"[52] ausgeblendet werden. Sie bilden insofern „qualifizierte Gesetzesvorbehalte".[53] 18

Als wesentlich relevanter stellt sich insofern die ausdrücklich in den Text des Grundgesetzes aufgenommene **Schrankenregelung in Art. 12 Abs. 1 S. 2 GG** dar, der teilweise die Qualität „eines allgemeinen Gesetzes- bzw. Regelungsvorbehaltes"[54] zugesprochen, teilweise aber auch in ausdrücklicher Abkehr von der zuletzt genannten Zuordnung ein Verständnis als „Eingriffsvorbehalt"[55] zugrunde gelegt wird. Auf der Grundlage wertender Hermeneutik ist es zwischenzeitlich als geklärt anzusehen, dass sich die Schrankenregelung über ihren Wortlaut hinaus („Die Berufsausübung kann [...] geregelt werden") auch auf eine Regelungsbefugnis bzgl. der Berufswahl erstreckt, so dass auch in diesem Rahmen die Einheitlichkeit des Grundrechtsverständnisses gewahrt bleibt.[56] 19

48 Vgl. hierzu Streinz/Liesching/Hambach/*Liesching/Berberich* Glücks- und Gewinnspielrecht in den Medien GG Art. 12 Rn. 23, die insoweit im Wortlaut auf die Überprüfung der „Relevanz des Eingriffs" abstellen; *Nolte* weist in diesem Zusammenhang auf jüngere Judikate des BVerfG hin, die die „berufsregelnde Tendenz" im Hinblick auf „öffentliche Abgaben" und ihre damit verbundene Grundrechtsrelevanz zum Gegenstand haben, vgl. Stern/Becker/*Nolte* GG Art. 12 Rn. 81 mwN in dortiger Fn. 249.

49 So wörtlich Stern/Becker/*Nolte* GG Art. 12 Rn. 81.

50 Vgl. hierzu die treffenden Annahmen bei Streinz/Liesching/Hambach/*Liesching/Berberich* Glücks- und Gewinnspielrecht in den Medien GG Art. 12 Rn. 23 mit der zustimmungswürdigen Feststellung, dass im Hinblick auf die „Glücksspielregulierung" „das eingrenzende Merkmal der berufsregelnden Tendenz [...] keine Rolle" spiele.

51 Einen guten Überblick verschafft insofern Stern/Becker/*Nolte* GG Art. 12 Rn. 82 ff. (insbes. Rn. 82).

52 Instruktiv insofern Stern/Becker/*Nolte* GG Art. 12 Rn. 82 und Art. 12a Rn. 1 ff.; siehe hierzu auch v. Münch/Kunig/*Kämmerer* GG Art. 12a Rn. 1 ff.

53 So treffend Stern/Becker/*Nolte* GG Art. 12 Rn. 82 und Art. 12a Rn. 5.

54 So ausdrücklich Stern/Becker/*Nolte* GG Art. 12 Rn. 82; in diesem Sinne auch Streinz/Liesching/Hambach/*Liesching/Berberich* Glücks- und Gewinnspielrecht in den Medien GG Art. 12 Rn. 27.

55 So und hierzu v. Münch/Kunig/*Kämmerer* GG Art. 12 Rn. 78 f.

56 Vgl. hierzu Streinz/Liesching/Hambach/*Liesching/Berberich* Glücks- und Gewinnspielrecht in den Medien GG Art. 12 Rn. 27 mwN.

20 Zuletzt können Einschränkungen der Berufsfreiheit noch durch sog. „verfassungsunmittelbare Schranken“[57], also durch **kollidierendes Verfassungsrecht**, bewirkt werden.[58]

21 Eine prominente Prägung hat die Eingriffsrechtfertigung durch die sog. „**Drei-Stufen-Lehre**“[59] des Bundesverfassungsgerichts erhalten, die wegen ihres Bedeutungsgehalts erst zu einem geflügelten Wort in der Grundrechtslehre reüssierte, sich jedoch gerade auch in jüngerer Zeit einer zunehmenden Kritik ausgesetzt sieht.[60] Im Kern geht es in dieser Doktrin – ohne an dieser Stelle facettenreiche Details entspinnen zu müssen – um ein **differenzierendes Rechtfertigungssystem**, das an die „Intensität“[61] des zu rechtfertigenden Eingriffs – bemessen an den Ebenen Berufsausübung, subjektive und objektive Berufswahl – anknüpft.[62]

22 In der vorbeschriebenen Reihenfolge steigen auch die **Anforderungen an eine** entsprechende **Rechtfertigung** an, wobei auf der niedrigsten Eingriffsstufe „vernünftige Erwägungen des Gemeinwohls“[63] ausreichen sollen, auf der zweiten Stufe „der Schutz besonders gewichtiger Gemeinschaftsgüter“[64] gefordert wird und auf der intensivsten Eingriffsstufe nur eine Rechtfertigung anzunehmen ist, wenn entsprechende Maßnahmen der „Abwehr nachweisbarer oder höchstwahrscheinlicher schwerer Gefahren für ein überragend wichtiges Gemeinschaftsgut“[65] dienen.

23 In der juristischen Literatur findet sich der auf einer intensiven Analyse der insoweit ergangenen Judikate gründende Hinweis, dass sich die **Rechtsprechungslinie** des Bundesverfassungsgerichts mittlerweile **gewandelt** habe und in Ablösung der klassischen Leitlinien auf eine „flexiblere Formel“[66] zurückgegriffen wer-

57 So und hierzu Stern/Becker/*Nolte* GG Art. 12 Rn. 82; siehe zu ihnen auch unter Bezugnahme auf Art. 5 GG BeckOK GG/*Schemmer* GG Art. 5 Rn. 113.

58 Vgl. hierzu Stern/Becker/*Nolte* GG Art. 12 Rn. 82.

59 Grundlegend BVerfG 11.6.1958 – 1 BvR 596/56– Apothekenurteil; hierzu Streinz/Liesching/Hambach/*Liesching/Berberich* Glücks- und Gewinnspielrecht in den Medien GG Art. 12 Rn. 28; zu ihr auch BeckOK GG/*Ruffert* GG Art. 12 Rn. 93 ff. mwN; zur „Dreistufentheorie“ eingehend auch Stern/Becker/*Nolte* GG Art. 12 Rn. 86 ff.; hierzu und zu den weiteren Entwicklungslinien in der Rezeption durch das BVerfG instruktiv Sachs/*Mann* GG Art. 12 Rn. 137 ff.

60 Vgl. hierzu Stern/Becker/*Nolte* GG Art. 12 Rn. 89; ferner grundlegend Sachs/*Mann* GG Art. 12 Rn. 152 ff.; zum Bedeutungsverlust in der Rechtsprechung jüngst *Plebuch* JuS 2021, 316 (318) mwN in dortiger Fn. 33.

61 So und hierzu auch v. Münch/Kunig/*Kämmerer* GG Art. 12 Rn. 110 (dort mit Hervorhebung).

62 Vgl. hierzu mit einem guten Überblick Streinz/Liesching/Hambach/*Liesching/Berberich* Glücks- und Gewinnspielrecht in den Medien GG Art. 12 Rn. 28.

63 So BVerfG 11.6.1958 – 1 BvR 596/56, Ls. 6 lit. a) – Apothekenurteil; vgl. hierzu Streinz/Liesching/Hambach/*Liesching/Berberich* Glücks- und Gewinnspielrecht in den Medien GG Art. 12 Rn. 28; ferner Stern/Becker/*Nolte* GG Art. 12 Rn. 88 mit zahlreichen Einzelbeispielen.

64 So BVerfG 11.6.1958 – 1 BvR 596/56, Ls. 6 lit. b – Apothekenurteil; vgl. hierzu ebenfalls Streinz/Liesching/Hambach/*Liesching/Berberich* Glücks- und Gewinnspielrecht in den Medien GG Art. 12 Rn. 28; vgl. hierzu mit Einzelbeispielen auch Stern/Becker/*Nolte* GG Art. 12 Rn. 88.

65 So BVerfG 11.6.1958 – 1 BvR 596/56, Ls. 6 lit. c – Apothekenurteil; hierzu mit entsprechendem Zitat auch Streinz/Liesching/Hambach/*Liesching/Berberich* Glücks- und Gewinnspielrecht in den Medien GG Art. 12 Rn. 28; auch hierzu benennt Stern/Becker/*Nolte* GG Art. 12 Rn. 88, einschlägige Beispiele.

66 So v. Münch/Kunig/*Kämmerer* GG Art. 12 Rn. 110 (Hervorhebung durch Verfasser entfernt).

de.[67] Ob hierin allerdings bereits ein endgültiger Wandel in den maßgeblichen Leitlinien zu erkennen ist, darf indes bezweifelt werden, da das Bundesverfassungsgericht in seiner Judikatur nach wie vor Rückgriff auf seine klassische Stufen-Doktrin nimmt und jedenfalls die Beurteilungsansätze miteinander in nahezu freier Schöpfung verbindet.[68] Vor diesem Hintergrund verdient die Bewertung Zustimmung, dass es sich in nuce nicht um einen „differenten, sondern nur um einen entformalisierten Prüfungsansatz" handele.[69]

Ganz unabhängig hiervon muss der jeweilige Grundrechtseingriff auch im Übrigen dem **Verhältnismäßigkeitsgrundsatz** genügen.[70] 24

5. Bezüge zum Glücksspielrecht. Die **Bezüge** der durch Art. 12 GG gewährleisteten **Berufsfreiheit zum Bereich des Glücksspielrechts** sind vielfältig und haben in der Rechtsprechung[71] und in der juristischen Literatur[72] bereits eine breite Würdigung erfahren. Ihren Ausgangspunkt finden die starken verfassungsrechtlichen Implikationen des Glücksspielrechts im Hinblick auf die Berufsfreiheit vor allem in der nach Maßgabe der Ziele des § 1 GlüStV geschuldeten stringenten Regulierung von Glücksspielangeboten.[73] Instrumente der verfassungsrechtlichen Einhegung der Glücksspielregulierung sind nicht zuletzt die durch das Bundesverfassungsgericht im Hinblick auf gesetzgeberische Maßnahmen maßgeblich geprägten Konsistenzanforderungen.[74] 25

Der Schutz der Berufsfreiheit nach Art. 12 GG entfaltet dabei nicht nur im Rahmen der Regulierung einer **berufsmäßigen Veranstaltung von Glücksspielen** Be- 26

---

67 Vgl. v. Münch/Kunig/*Kämmerer* GG Art. 12 Rn. 110; siehe hierzu unter spezifischer Bezugnahme auf das Glücksspielrecht Streinz/Liesching/Hambach/*Liesching/Berberich* Glücks- und Gewinnspielrecht in den Medien GG Art. 12 Rn. 52.

68 Hierauf weist zu Recht v. Münch/Kunig/*Kämmerer* GG Art. 12 Rn. 110 (dort Fn. 489), hin.

69 So treffend v. Münch/Kunig/*Kämmerer* GG Art. 12 Rn. 110.

70 Vgl. hierzu v. Münch/Kunig/*Kämmerer* 1 GG Art. 12 Rn. 110; eingehend hierzu Sachs/*Mann* GG Art. 12 Rn. 142 ff.; hierbei handele es sich mit den Worten von *Nolte* um „die wichtigste Schranken-Schranke bei Art. 12 Abs. 1 GG", so Stern/Becker/*Nolte* GG Art. 12 Rn. 86.

71 Beispielgebend zum staatlichen **Spielbankenmonopol** BVerfG 19.7.2000 – 1 BvR 539/96, NVwZ 2001, 790; hierzu eingehend Streinz/Liesching/Hambach/*Liesching/Berberich* Glücks- und Gewinnspielrecht in den Medien GG Art. 12 Rn. 39 ff.; für den Bereich der **Sportwetten** etwa BVerfG 28.3.2006 – 1 BvR 1054/01, BVerfGE 115, 276; hierzu Streinz/Liesching/Hambach/*Liesching/Berberich* Glücks- und Gewinnspielrecht in den Medien GG Art. 12 Rn. 46 ff.; ferner auch *Koenig/Mezey* ZfWG 2020, 406 (406); BVerfG 20.3.2009 – 1 BvR 2410/08, NVwZ 2009, 1221; hierzu auch Streinz/Liesching/Hambach/*Liesching/Berberich* Glücks- und Gewinnspielrecht in den Medien GG Art. 12 Rn. 51; zur Erlaubnispflicht einer privatwirtschaftlichen **Vermittlung staatlicher Glücksspiele** BVerfG 30.11.2010 – 1 BvL 3/07, BeckRS 2011, 48084; zur **Untersagung von Online-Glücksspielen** OVG NRW 25.2.2014 – 13 A 2018/11, BeckRS 2014, 47930; siehe hierzu auch *Pagenkopf* ZfWG 2014, 185 ff.; jüngste Entwicklungen in der Judikatur werden von *Rock/Becker* ZfWG 2021, 137 ff. analysiert.

72 Siehe nur Streinz/Liesching/Hambach/*Liesching/Berberich* Glücks- und Gewinnspielrecht in den Medien GG Art. 12 Rn. 24 ff.; ferner *Krewer* ZfWG 2014, 77 (79 ff.); in diesem Zusammenhang das der Verfassung entstammende „Gebot einer konsistenten Glücksspielgesetzgebung" in den Blick nehmend *Makswit* ZfWG 2015, 430 (433).

73 Eine verfassungsrechtliche Analyse der „Restriktionen des GlüStV 2012 für Spielhallen" nach altem Recht unternimmt *Krewer* ZfWG 2014, 77 ff.

74 Vgl. zu ihnen die instruktiven Darlegungen bei Streinz/Liesching/Hambach/*Liesching/Berberich* Glücks- und Gewinnspielrecht in den Medien GG Art. 12 Rn. 47 ff. mwN sowie in Abgrenzung zu den europarechtlichen Vorgaben der „Kohärenz" Rn. 57 ff.; zu den Konsistenzanforderungen ebenfalls *Krewer* ZfWG 2014, 77 (78).

deutung.[75] Vielmehr sind auch **anverwandte Bereiche** am Maßstab des Art. 12 GG zu messen, die von den glücksspielrechtlichen Regulierungsvorgaben ebenfalls erfasst sind. Dies gilt insbesondere auch für die berufsmäßige Vermittlung von Glücksspielen und für die Glücksspielwerbung.[76] Letztere erweist sich in ihrer Schutzbedürftigkeit als mehrdimensional. Zum einen mag sie Agenturen, Werbefirmen oder auch Influencer[77] betreffen, die ggf. über eine entsprechende Spezialisierung für den Bereich der Glücksspielwerbung verfügen oder für die die Glücksspielwerbung jedenfalls einen bedeutsamen Markt darstellt.[78] Zum anderen weist Glücksspielwerbung jedoch auch einen in besonderer Weise „dienenden“[79] Charakter auf, da sie auf eine bessere Marktausschöpfung und optimierte „Gewinnerzielung“ der vorgehaltenen Glücksspielangebote ausgerichtet ist.[80]

27 Der **Grundrechtsschutz des Art. 12 GG** ist dabei selbstverständlich nicht auf den klassischen Bereich des terrestrischen Glücksspiels eingegrenzt, sondern entfaltet seine verfassungsrechtlichen Wirkungen selbstverständlich auch **im Onlinebereich.**[81] Dies gilt selbstredend für die gesamte **glücksspielrechtliche Wertschöpfungskette.** Die Entscheidung, ob ein Glücksspiel terrestrisch oder medial veranstaltet werden soll, unterliegt unter dem Aspekt der grundsätzlich freien Berufsausübung zunächst dem jeweiligen Veranstalter des Glücksspiels.[82]

28 Einen grundrechtlichen und damit zugleich **verfassungsrechtlichen Mehrwert** bedeutet daher die mit dem GlüStV 2021 einhergehende, durchaus als weitreichend zu bewertende **Abkehr vom** ehedem nach § 4 Abs. 4 GlüStV aF bestehenden (grundsätzlichen) **glücksspielspezifischen „Internetverbot“**[83].

29 So sind **„virtuelle Automatenspiele“, „Online-Poker“** und **„Online-Casinospiele“** in den §§ 4 ff., 22a-22c GlüStV 2021 erstmalig einer **positiven Regulierung** zugeführt worden.[84] Hierdurch werden Defizite behoben, die die **Konsistenz der Glücksspielregulierung** – jedenfalls an der Schnittstelle zwischen terrestrischen

---

75 Vgl. hierzu Streinz/Liesching/Hambach/*Liesching/Berberich* Glücks- und Gewinnspielrecht in den Medien GG Art. 12 Rn. 24, die in diesem Rahmen auf die Betroffenheit der Eingriffsebene „der Berufswahl“ hinweisen.

76 Vgl. hierzu die treffenden Darlegungen bei Streinz/Liesching/Hambach/*Liesching/Berberich*, Glücks- und Gewinnspielrecht in den Medien, GG Art. 12 Rn. 24 f.

77 Dieses Berufsbild beleuchtet *Willems* MMR 2018, 707 ff.; näher zur enormen Bedeutung des Influencer-Marketings jüngst etwa *Schmidt/Kollmann/Karl* DStR 2021, 765 ff.

78 Diesen Bereich sehen Streinz/Liesching/Hambach/*Liesching/Berberich*, Glücks- und Gewinnspielrecht in den Medien, GG Art. 12 Rn. 25, allerdings offenbar nicht im Vordergrund, indem sie im Wortlaut davon ausgehen, dass „üblicherweise nicht die werbende Tätigkeit als solche ‚Beruf‘ ist“.

79 So Streinz/Liesching/Hambach/*Liesching/Berberich*, Glücks- und Gewinnspielrecht in den Medien, GG Art. 12 Rn. 25.

80 Vgl. zu diesem Aspekt insbesondere Streinz/Liesching/Hambach/*Liesching/Berberich* Glücks- und Gewinnspielrecht in den Medien GG Art. 12 Rn. 25.

81 Vgl. hierzu bereits Streinz/Liesching/Hambach/*Liesching/Berberich* Glücks- und Gewinnspielrecht in den Medien GG Art. 12 Rn. 24.

82 Vgl. hierzu die treffenden Darlegungen bei Streinz/Liesching/Hambach/*Liesching/Berberich* Glücks- und Gewinnspielrecht in den Medien GG Art. 12 Rn. 24.

83 Eingehend zum damaligen „Internetverbot“ Streinz/Liesching/Hambach/*Bolay/Pfütze* Glücks- und Gewinnspielrecht in den Medien GlüStV § 4 Rn. 83 ff.

84 Hierzu die „Erläuterungen zum Glücksspielstaatsvertrag 2021“ in Ltg. NRW-Drs. 17/11683, 96.

und onlinebasierten Angeboten – insgesamt zu unterminieren drohten.[85] Von Seiten der Europäischen Union ist im Zuge des Inkrafttretens des GlüStV aF bereits frühzeitig gegenüber der Bundesrepublik Deutschland deutlich gemacht worden, dass in der deutschen Regulierungskonzeption Defizite bzgl. „der mitgliedstaatlichen Darlegungs- und Nachweispflicht zur Erforderlichkeit und Kohärenz eines kategorischen Internetverbots für Poker- und Casinospiele“[86] erkannt werden.[87]

Auch wenn der Glücksspielregulierung unter dem GlüStV 2021 im Vergleich zu seiner Vorgängerfassung im Hinblick auf Art. 12 GG **deutliche Fortschritte in der Verfassungskonformität** attestiert werden müssen, hat der GlüStV 2021 seine **verfassungsrechtliche Bewährungsprobe** indes noch nicht bestanden. Sie steht ihm vielmehr noch bevor und wird sicherlich nicht zuletzt an seiner Praxistauglichkeit und an der Überprüfung seiner Gesamtkonsistenz zu bemessen sein. Wichtige Prüfsteine stellen dabei die in § 1 GlüStV 2021 niedergelegten Zielsetzungen dar, die allerdings ihrerseits den Maßstäben des überwölbenden Verfassungsrechts lückenlos genügen müssen. 30

85 Ausführlich zu den bereits unter Geltung des GlüStV aF (2012) erkannten Defiziten in der gesetzgeberischen „Darlegungspflicht“ zum damals noch bestehenden Verbot von „Online-Casinospielen“ uÄ Streinz/Liesching/Hambach/*Liesching/Berberich* Glücks- und Gewinnspielrecht in den Medien GG Art. 12 Rn. 85 ff. (87 f.).

86 So *Koenig/Bovelet-Schober* ZfWG 2012, 381 (381) mwN.

87 Vgl. hierzu nochmals *Koenig/Bovelet-Schober* ZfWG 2012, 381 (381).

2. Teil: Die Regulierung des Glückspiels in der Bundesrepublik Deutschland – Einzelkommentierung

I. Bundesrecht

1. Gewerbeordnung

§ 33c GewO Spielgeräte mit Gewinnmöglichkeit

(1) [1]Wer gewerbsmäßig Spielgeräte, die mit einer den Spielausgang beeinflussenden technischen Vorrichtung ausgestattet sind, und die die Möglichkeit eines Gewinnes bieten, aufstellen will, bedarf der Erlaubnis der zuständigen Behörde. [2]Die Erlaubnis berechtigt nur zur Aufstellung von Spielgeräten, deren Bauart von der Physikalisch-Technischen Bundesanstalt zugelassen ist. [3]Sie kann mit Auflagen, auch im Hinblick auf den Aufstellungsort, verbunden werden, soweit dies zum Schutze der Allgemeinheit, der Gäste oder der Bewohner des jeweiligen Betriebsgrundstücks oder der Nachbargrundstücke oder im Interesse des Jugendschutzes erforderlich ist; unter denselben Voraussetzungen ist auch die nachträgliche Aufnahme, Änderung und Ergänzung von Auflagen zulässig.

(2) Die Erlaubnis ist zu versagen, wenn

1. Tatsachen die Annahme rechtfertigen, dass der Antragsteller die für die Aufstellung von Spielgeräten erforderliche Zuverlässigkeit nicht besitzt; die erforderliche Zuverlässigkeit besitzt in der Regel nicht, wer in den letzten drei Jahren vor Stellung des Antrages wegen eines Verbrechens, wegen Diebstahls, Unterschlagung, Erpressung, Hehlerei, Geldwäsche, Betruges, Untreue, unerlaubter Veranstaltung eines Glücksspiels, Beteiligung am unerlaubten Glücksspiel oder wegen eines Vergehens nach § 27 des Jugendschutzgesetzes rechtskräftig verurteilt worden ist,
2. der Antragsteller nicht durch eine Bescheinigung einer Industrie- und Handelskammer nachweist, dass er über die für die Ausübung des Gewerbes notwendigen Kenntnisse zum Spieler- und Jugendschutz unterrichtet worden ist, oder
3. der Antragsteller nicht nachweist, dass er über ein Sozialkonzept einer öffentlich anerkannten Institution verfügt, in dem dargelegt wird, mit welchen Maßnahmen den sozialschädlichen Auswirkungen des Glücksspiels vorgebeugt werden soll.

(3) [1]Der Gewerbetreibende darf Spielgeräte im Sinne des Absatzes 1 nur aufstellen, wenn ihm die zuständige Behörde schriftlich bestätigt hat, daß der Aufstellungsort den auf der Grundlage des § 33f Abs. 1 Nr. 1 erlassenen Durchführungsvorschriften entspricht. [2]Sollen Spielgeräte in einer Gaststätte aufgestellt werden, so ist in der Bestätigung anzugeben, ob dies in einer Schank- oder Speisewirtschaft oder in einem Beherbergungsbetrieb erfolgen soll. [3]Gegenüber dem Gewerbetreibenden und demjenigen, in dessen Betrieb ein Spielgerät aufgestellt worden ist, können von der zuständigen Behörde, in deren Bezirk das Spielgerät aufgestellt worden ist, Anordnungen nach Maßgabe des Absatzes 1 Satz 3 erlassen werden. [4]Der Aufsteller darf mit der Aufstellung von Spielgeräten nur Personen beschäftigen, die die Voraussetzungen nach Absatz 2 Nummer 2 erfüllen.

Literatur: *BeckOK* Gewerbeordnung, 54. Edition (Stand: 06/2021); *Ennuschat/Wank/Winkler* (Hrsg.), Gewerbeordnung – Kommentar, 9. Aufl. 2020; *Kläner*, Zum Widerruf der Erlaubnisse nach §§ 33c, 33i GewO – Annäherung an einen „Klassiker“ des deutschen Glücksspielrechts, ZfWG 2017, 248; *Landmann/Rohmer*, Gewerbeordnung – Loseblatt-Komm., Bd. I, 86. EL 2021.

I. Genese/Gesetzesentwicklung

1 Die Vorschrift wurde durch das Änderungsgesetz v. 12.2.1979[1] in die Gewerbeordnung eingeführt und gilt in den damaligen Grundzügen fort. Die Regelung intendiert im Vergleich zur vorherigen Rechtslage eine Vereinfachung, da dem Aufsteller seitdem eine allgemeine Erlaubnis erteilt wird.[2] Zuletzt angepasst wurde die Regelung durch Art. 1 des Gesetzes v. 5.2.2012.[3]

II. Erläuterungen

2 **1. Vorbemerkung.** Das gewerbsmäßige Aufstellen von Spielgeräten mit Gewinnmöglichkeit steht unter Erlaubnisvorbehalt. **Erlaubnispflichtiger Aufsteller** ist, wer für das Gerät das Unternehmerrisiko trägt.[4] Beantragt und gehalten werden kann die Erlaubnis von natürlichen und juristischen Personen. Bei Personengesellschaften ohne eigene Rechtspersönlichkeit (zB OHG) benötigt jeder geschäftsführende Gesellschafter eine Erlaubnis.[5]

3 Es besteht ein **Rechtsanspruch auf Erteilung der Erlaubnis,** wenn die Voraussetzungen der Norm erfüllt sind. Die Erlaubnis ist schriftlich zu erteilen, auch wenn es insoweit an einer eindeutigen gesetzlichen Regelung fehlt.[6] Als **gewerberechtliche Personalkonzession** ist die Erlaubnis an den Inhaber gebunden.[7]

4 Durch die Erlaubnis werden aufgrund sonstiger Bestimmungen erforderliche Genehmigungen/Erlaubnisse nicht aufkonzentriert. So bestehen insbesondere die Pflichten aus § 14 (Gewerbeanmeldung) und § 33i (Spielhallen) vollumfänglich neben § 33c.[8] Ein **Widerruf oder** eine **Rücknahme** der Erlaubnis ist nach den §§ 48 und 49 VwVfG möglich.[9] Anders als bei der Erlaubnis für andere Spiele mit Gewinnmöglichkeit sind keine speziellen Widerrufs-/Rücknahmegründe vorgesehen; zu den dortigen Gründen (→ § 33d Rn. 22 f.).

5 Werden Spielgeräte unter Missachtung des § 33c oder der SpieleV aufgestellt und betrieben, kann die zuständige Behörde diese Gewerbeausübung untersagen. **Beseitigungs-** und **Schließungsanordnungen** sind möglich.[10] Diese können im Einzelfall auch für sofort vollziehbar erklärt werden. Ein fahrlässiger/vorsätzlicher Verstoß gegen die Erlaubnispflicht stellt ferner eine bußgeldbewährte **Ordnungswidrigkeit** dar (§ 144 Abs. 1 Nr. 1 lit. d, Abs. 4). Beharrlich wiederholte Zuwiderhandlungen gegen § 33c werden als **Straftat** verfolgt (§ 148

1 BGBl. 1979 I 149.
2 BT-Drs. 8/1863, 1.
3 BGBl. 2012 I 2415.
4 Ennuschat/Wank/Winkler/*Ennuschat* GewO § 33c Rn. 20.
5 Landmann/Rohmer GewO/*Marcks* § 33c Rn. 13 mwN.
6 Landmann/Rohmer GewO/*Marcks* § 33c Rn. 31; Ennuschat/Wank/Winkler/*Ennuschat* GewO § 33c Rn. 30.
7 BeckOK GewO/*Meßerschmidt* § 33c Rn. 2.
8 Ennuschat/Wank/Winkler/*Ennuschat* GewO § 33c Rn. 32.
9 Ausführlich zum Widerruf *Kläner* ZfWG 2017, 248 ff.
10 BeckOK GewO/*Meßerschmidt* § 33c Rn. 32.

Nr. 1). Werden nicht zulassungsfähige Glücksspielgeräte aufgestellt, kommt eine Strafbarkeit gem. § 284 StGB (→ StGB § 284 Rn. 16 f.) in Betracht.[11]

2. Erlaubnispflichtige Tätigkeit (Abs. 1). Die Erlaubnispflicht des § 33c hat einen **beschränkten Anwendungsbereich**. Sie betrifft in ihrer originären Anwendung nur das gewerbsmäßige Aufstellen bestimmter Spielgeräte. 6

Ein **Spielgerät** im Sinne des § 33c setzt dabei voraus, dass das Gerät eine den Spielausgang beeinflussende technische Einrichtung aufweist und eine Gewinnmöglichkeit bietet. Eine den Spielausgang beeinflussende **technische Vorrichtung** liegt vor, wenn der Spielausgang (also Gewinn und Verlust) nicht allein von den allgemeinen physikalischen Gesetzen abhängig ist, sondern auch von einem eigengesetzlichen Ablauf (mechanisch oder elektronisch), der selbstwirkend den Spielerfolg ausschlaggebend beeinflusst.[12] Es muss sich also um ein **Glücksspielgerät** handeln, was dann nicht (mehr) der Fall ist, wenn die Geschicklichkeit des Spielers ausschlaggebend für den Spielausgang ist.[13] Sachlicher Gegenstand einer Erlaubnis können nur Spielgeräte sein, für die eine **Bauartzulassung** der Physikalisch-Technischen Bundesanstalt besteht. 7

Das so verstandene Spielgerät muss eine **Gewinnmöglichkeit** eröffnen. Erfolgen soll eine Abgrenzung zu sog. Unterhaltungsspielen, wobei die Abgrenzung im Einzelfall problematisch ist, was zu einer reichhaltigen Judikatur in diesem Bereich geführt hat.[14] In Summe der Entscheidungen wird immer dann von einer Gewinnmöglichkeit auszugehen sein, wenn das Spiel die Chance eröffnet, irgendeinen **geldwerten Vorteil** (Geld- und Sachpreise sind möglich) zu erlangen.[15] Einer Gewinnmöglichkeit steht nicht entgegen, wenn der Spieleinsatz nicht erreicht oder übertroffen werden kann.[16] 8

Das Merkmal der **Gewerbsmäßigkeit** setzt voraus, dass das Aufstellen berufsmäßig erfolgt und auf Erwerb ausgerichtet ist. Im Einzelfall kann auch das Aufstellen eines Spielgerätes im Rahmen einer Wohltätigkeitsveranstaltung gewerbsmäßig sein.[17] Unter dem Begriff **„Aufstellen"** ist sodann nicht schon die räumliche Positionierung des Spielgeräts zu verstehen. Hinzukommen muss der beabsichtigte Betrieb des positionierten Spielgeräts.[18] 9

3. Versagung der Erlaubnis (Abs. 2). § 33c Abs. 2 nennt **gleichrangig** nebeneinanderstehende **Versagungsgründe**. Verfassungsrechtlich handelt es sich um **Berufswahlregelungen**.[19] 10

Der erste zu einer Versagung führende Grund ist die **Unzuverlässigkeit des Antragstellers** (Abs. 2 Nr. 1). Nach allgemeiner Ansicht ist gewerberechtlich unzuverlässig, wer keine Gewähr dafür bietet, dass er in Zukunft sein Gewerbe ordnungsgemäß ausüben wird. Zu beurteilen ist dies mittels einer an Tatsachen (Bezug: Vergangenheit oder Gegenwart) anknüpfenden Prognose.[20] Der Versa- 11

11 BGH 8.8.2017 – 1 StR 519/16, NStZ 2018, 335.
12 BeckOK GewO/*Meßerschmidt* § 33c Rn. 2; grundlegend BVerwG 9.6.1960 – I C 137/57, NJW 1960, 1684 (1685).
13 BeckOK GewO/*Meßerschmidt* § 33c Rn. 4.
14 Zum Begriff und mit einem Rechtsprechungsüberblick Ennuschat/Wank/Winkler/*Ennuschat* GewO § 33c Rn. 10.
15 Ennuschat/Wank/Winkler/*Ennuschat* GewO § 33c Rn. 10.
16 BVerwG 23.11.2005 – 6 C 8/05, NVwZ 2006, 600 (602).
17 Landmann/Rohmer GewO/*Marcks* § 33c Rn. 9.
18 Ennuschat/Wank/Winkler/*Ennuschat* GewO § 33c Rn. 20.
19 Landmann/Rohmer GewO/*Marcks* § 33c Rn. 12.
20 Zur Prognose und deren Anknüpfungspunkten nur VGH Mannheim 8.6.2021 – 6 S 506/21, GewArch 2021, 331 (332).

gungsgrund ist insbesondere erfüllt, wenn eines der im Katalog der Nr. 1 genannten **Regelbeispiele** verwirklicht ist.[21]

12 Zweiter Versagungsgrund ist das Fehlen einer IHK-Bescheinigung über **Kenntnisse zum Spieler- und Jugendschutz** (Abs. 2 Nr. 2). Dieser Versagungsgrund gilt nur für Erlaubnisse, die ab dem 1.9.2013 erteilt werden/wurden.[22] Die **Bescheinigung einer IHK** hat bundesweite Wirkung. Die Anerkennung ausländischer Nachweise ist grundsätzlich möglich. Sie richtet sich nach § 13c.[23]

13 Der dritte Versagungsgrund ist die Nichtvorlage eines **Sozialkonzeptes** einer öffentlich anerkannten Institution (Abs. 2 Nr. 3), in dem Maßnahmen zur Vorbeugung von sozialschädlichen Auswirkungen des Glücksspiels darzulegen sind. Vorgaben zu nötigen Inhalten des Sozialkonzeptes enthalten weder die GewO noch die SpielV. Die sich mit der Regelung befassende juristische Literatur verweist diesbezüglich unisono auf die Gesetzesbegründung,[24] wonach in dem Konzept ua auf Beratungsangebote für suchtgefährdete Spieler hinzuweisen ist.[25]

14 **4. Weitere Anforderungen (Abs. 3).** Nach § 33c Abs. 3 S. 1–3 dürfen Spielgeräte nur an **Orten** aufgestellt werden, deren **Geeignetheit** durch die zuständige Behörde schriftlich bestätigt wurde. Verfassungsrechtlich ist dies eine Berufsausübungsregelung.[26] Durch diese Bestätigung sollen Zweifelsfälle an der Geeignetheit eines Aufstellungsortes schon vor Aufstellung mittels feststellenden **Verwaltungsakts** ausgeräumt werden.[27] Da die Bestätigung ein Verwaltungsakt ist, sind die §§ 48 ff. VwVfG anwendbar. Anknüpfungspunkt für die Geeignetheitsbestätigung sind bestimmte tatsächliche Gegebenheiten, so dass die Bestätigung erlischt, wenn sich die Gegebenheiten wesentlich ändern, ohne dass es eines gesonderten Widerrufs bedarf.[28]

15 Ferner verpflichtet § 33c Abs. 3 S. 4 den Aufsteller dazu, mit Aufstellung von Spielgeräten nur Personen zu beschäftigen, die durch eine **Bescheinigung** einer **Industrie- und Handelskammer** nachweisen, dass sie über die für die Ausübung des Gewerbes notwendigen Kenntnisse zum Spieler- und Jugendschutz unterrichtet worden sind. Hintergrund dieser Regelung ist, dass die mit der tatsächlichen Aufstellung betrauten Personen „die Einhaltung des Jugendschutzes im Auge behalten“[29] sollen.

§ 33d GewO Andere Spiele mit Gewinnmöglichkeit

(1) [1]Wer gewerbsmäßig ein anderes Spiel mit Gewinnmöglichkeit veranstalten will, bedarf der Erlaubnis der zuständigen Behörde. [2]Die Erlaubnis kann mit einer Befristung erteilt und mit Auflagen verbunden werden, soweit dies zum Schutze der Allgemeinheit, der Gäste oder der Bewohner des Betriebsgrundstücks oder der Nachbargrundstücke oder im Interesse des Jugendschutzes erfor-

21 Zum Merkmal „Unzuverlässigkeit“ nur Ennuschat/Wank/Winkler/*Ennuschat* GewO § 33c Rn. 35 ff. mwN.
22 BR-Drs. 437/13, 19.
23 Zum Merkmal „Bescheinigung einer IHK“ Ennuschat/Wank/Winkler/*Ennuschat* GewO § 33c Rn. 47a mwN.
24 Beispielhaft: Landmann/Rohmer GewO/*Marcks* § 33c Rn. 30b.
25 BT-Drs. 17/10961, 11 f.
26 Ennuschat/Wank/Winkler/*Ennuschat* GewO § 33c Rn. 48.
27 BT-Drs. 8/1863, 8.
28 OVG Berlin-Brandenburg 12.4.2019 – OVG 1 S 24.19, ZfWG 2019, 295.
29 BT-Drs. 17/10961, 12.

derlich ist; unter denselben Voraussetzungen ist auch die nachträgliche Aufnahme, Änderung und Ergänzung von Auflagen zulässig.

(2) Die Erlaubnis darf nur erteilt werden, wenn der Antragsteller im Besitz einer von dem Bundeskriminalamt erteilten Unbedenklichkeitsbescheinigung oder eines Abdruckes der Unbedenklichkeitsbescheinigung ist.

(3) [1]Die Erlaubnis ist zu versagen, wenn Tatsachen die Annahme rechtfertigen, daß der Antragsteller oder der Gewerbetreibende, in dessen Betrieb das Spiel veranstaltet werden soll, die für die Veranstaltung von anderen Spielen erforderliche Zuverlässigkeit nicht besitzt. [2]§ 33c Absatz 2 Nummer 1 zweiter Halbsatz gilt entsprechend.

(4) [1]Die Erlaubnis ist zurückzunehmen, wenn bei ihrer Erteilung nicht bekannt war, daß Tatsachen der in Absatz 3 bezeichneten Art vorlagen. [2]Die Erlaubnis ist zu widerrufen, wenn

1. nach ihrer Erteilung Tatsachen der in Absatz 3 bezeichneten Art eingetreten sind,
2. das Spiel abweichend von den genehmigten Bedingungen veranstaltet wird oder
3. die Unbedenklichkeitsbescheinigung zurückgenommen oder widerrufen worden ist.

(5) Die Erlaubnis kann widerrufen werden, wenn bei der Veranstaltung des Spieles eine der in der Erlaubnis enthaltenen Auflagen nicht beachtet oder gegen § 6 des Jugendschutzgesetzes verstoßen worden ist.

Literatur: *BeckOK* Gewerbeordnung, 54. Edition (Stand: 06/2021); *Ennuschat/Wank/Winkler* [Hrsg.] Gewerbeordnung – Kommentar, 9. Aufl. 2020; *Landmann/Rohmer*, Gewerbeordnung – Loseblatt-Komm., Bd. I, 86. EL 2021.

I. Genese/Gesetzesentwicklung

§ 33d nF ist aus § 33d aF hervorgegangen.[1] Dabei ist die Rechtslage für die in § 33d bezeichneten anderen Spiele weitgehend erhalten geblieben mit der Folge, dass der Gewerbetreibende auch weiterhin für die Veranstaltung jedes einzelnen anderen Spieles im Sinne der Regelung des § 33d eine Erlaubnis benötigt. § 33d Abs. 1 S. 2 ist durch das ÄndG v. 18.2.1986[2] neu gefasst worden. Die Erweiterung des § 33d Abs. 2 durch das ÄndG v. 23.11.1994[3] erfolgte daraus, dass das Bundeskriminalamt (nachfolgend auch BKA) für Nachbauten von Serienspielen nunmehr auch Abdrucke der Unbedenklichkeitsbescheinigung (UB) erteilen 1

1 Vgl. Änderungsgesetz v. 12.2.1979, BGBl. 1979 I 149.
2 Änderungsgesetz v. 18.2.1986, BGBl. 1986 I 265.
3 Änderungsgesetz v. 23.11.1994, BGBl. 1994 I 3475.

kann. Artikel 1 Nr. 3 des ÄndG v. 5.12.2013[4] hat Verweisungen in § 33d Abs. 3 und 5 richtiggestellt.[5]

II. Erläuterungen

2 **1. Vorbemerkung.** Nach § 33d Abs. 1 S. 1 bedarf der **Erlaubnis** der zuständigen Behörde, wer gewerbsmäßig ein anderes Spiel mit **Gewinnmöglichkeit** veranstalten will. § 33d Abs. 1, der die Tatbestandsvoraussetzungen für die Erlaubnispflicht festlegt, wird ergänzt durch die §§ 33g und 33h.[6]

3 **2. Veranstaltung eines anderen Spiels mit Gewinnmöglichkeit (Abs. 1).** Als andere **Spiele** mit Gewinnmöglichkeit im Sinne des § 33d werden grundsätzlich **Geschicklichkeitsspiele** ohne technische Spieleinrichtung der in § 33c erwähnten Art angesehen (→ § 33c Rn. 9). Zum einen folgt dies aus dem Auffangcharakter des Begriffs „andere Spiele mit Gewinnmöglichkeit", zum anderen daraus, dass nach § 33h Nr. 3 die §§ 33c bis 33g auf andere Spiele, die **Glücksspiele** im Sinne des § 284 StGB sind, keine Anwendung finden.[7] Als Beispiel kommen ua Karten- oder Wurfspiele, bei denen der Spielausgang überwiegend von der **Geschicklichkeit** des Spielers abhängt, in Betracht. Keine „Veranstaltung anderer Spiele" im Sinne des §§ 33d Abs. 1 liegt hingegen vor, soweit es sich um die Ausübung eines Sports handelt. Zur Ausübung eines Sports in diesem Sinne zählen bspw. in der Regel auch Bowling- und Minigolfanlagen sowie Billardstudios.[8]

4 Weitere Voraussetzung des § 33d Abs. 1 ist, dass das Spiel die Möglichkeit eines Gewinnes bieten muss. Der **Gewinn** besteht in Geld oder Waren. Spiele mit Geldgewinnen dürfen nach § 4 SpielV nur in Spielhallen oder ähnlichen Unternehmen veranstaltet werden, Spiele mit Warengewinnen nach § 5 SpielV nur auf Volksfesten, Schützenfesten oder ähnlichen Veranstaltungen, Jahrmärkten, Spezialmärkten sowie in Schank- oder Speisewirtschaften und Beherbergungsbetrieben. Der Gewinn braucht nicht vom Veranstalter geboten zu werden.[9]

5 Adressat einer Erlaubnis nach § 33d Abs. 1 ist, wer das andere Spiel mit Gewinnmöglichkeit veranstalten will. **Veranstalter** ist, wer als Unternehmer oder Mitunternehmer Erfolg und Risiko des Spieles trägt und auf dessen Namen das Gewerbe betrieben wird. Dies ist in den Fällen, in denen der Inhaber eines geeigneten Raumes (§§ 4, 5 SpielV) einem anderen diesen Raum auf Zeit oder Dauer zum Veranstalten der Spiele überlässt (zB zur Einrichtung einer Spielhalle oder zur Benutzung der Räume einer Gastwirtschaft für Preisskatveranstaltungen), der andere und in den Fällen, in denen der Rauminhaber das Spiel selbst veranstaltet, dieser selbst.[10]

6 **3. Gewerbsmäßigkeit.** Die Veranstaltung anderer Spiele muss darüber hinaus, um eine Erlaubnispflicht nach § 33d Abs. 1 zu begründen, **gewerbsmäßig** erfolgen. Die Tätigkeit muss daher auf Erwerb gerichtet sein und berufsmäßig ausge-

4 Änderungsgesetz v. 5.12.2013, BGBl. 2013 I 415.
5 Landmann/Rohmer GewO/*Marcks* § 33d Rn. 1; vgl. hierzu auch BeckOK GewO/*Meßerschmidt* § 33d Rn. 1.
6 Siehe hierzu auch BeckOK GewO/*Meßerschmidt* § 33d Rn. 3.
7 Vgl. hierzu auch Landmann/Rohmer GewO/*Marcks* § 33d Rn. 3; BeckOK GewO/*Meßerschmidt* § 33d Rn. 4.
8 Siehe zu den voranstehenden Ausführungen Landmann/Rohmer GewO/*Marcks* § 33d Rn. 3 ff.; vgl. hierzu auch BeckOK GewO/*Meßerschmidt* § 33d Rn. 5 sowie Ennuschat/Wank/Winkler/*Ennuschat* GewO § 33d Rn. 12.
9 Landmann/Rohmer GewO/*Marcks* § 33d Rn. 5; vgl. hierzu auch BeckOK GewO/*Meßerschmidt* § 33d Rn. 8.
10 Landmann/Rohmer GewO/*Marcks* § 33d Rn. 6; vgl. hierzu auch BeckOK GewO/*Meßerschmidt* § 33d Rn. 9.

übt werden. Bspw. fällt das Veranstalten von Spielen durch einen Verein im Rahmen eines Wohltätigkeitsfestes nicht unter die Erlaubnispflicht, sondern unterliegt allein etwaigen landesrechtlichen Vorschriften.[11] Das Merkmal „gewerbsmäßig“ kann demgegenüber erfüllt sein, wenn ein Verein Pokerturniere der Spielvariante „Texas Hold`em“ durchführt.[12]

4. Entsprechende Anwendung der Vorschriften auf das Reisegewerbe, Internet. Die §§ 33c–h gelten unmittelbar nur für die Aufstellung von Spielgeräten und Veranstaltungen anderer Spiele im stehenden Gewerbe. Aufgrund der Verweisung in § 60a Abs. 2 gelten sie allerdings entsprechend auch bei der Veranstaltung dieser Spiele im **Reisegewerbe.** Für den Veranstalter solcher Spiele im Reisegewerbe bedeutet dies, dass er bspw. eine Reisegewerbekarte nach § 55 benötigt. Ob er darüber hinaus auch der speziellen spielrechtlichen Erlaubnis nach § 60a Abs. 2 S. 2 bedarf, richtet sich nach der Art der von ihm veranstalteten Spiele. Zu berücksichtigen ist aber, dass die Erlaubnispflicht auf solche Spiele reduziert ist, die nicht von § 5a SpielV begünstigt sind.[13] 7

Ob der Anwendungsbereich des § 33c–i auch im **Internet** angebotene andere Spiele erfasst, ist fraglich. Dies ist aber aus zwei Gründen zu verneinen: 1. die Vorschrift ist für stationär veranstaltete andere Spiele konzipiert, was die körperliche Anwesenheit des Spielers voraussetzt, 2. die Zulassungs- und Kontrollvorschriften durch das BKA bzw. die örtlichen Ordnungsbehörden lassen sich nicht auf Veranstaltungen im Internet anwenden, so dass Verstöße, sofern sie überhaupt bemerkt werden, nicht verfolgt werden könnten.[14] 8

5. Inhalt der Erlaubnis. § 33d betrifft im Gegensatz zu § 33c nur die **Berufsausübung,** da lediglich die Veranstaltung jeweils eines Spieles zugelassen und demnach keine Regelung über die Zulassung zum Beruf des Veranstalters anderer Spiele getroffen wird.[15] 9

Die Vorschrift des § 33d bezieht sich zudem nur auf den **selbstständigen Gewerbetreibenden.** Als selbstständiger Gewerbetreibender ist derjenige anzusehen, der das Gewerbe auf eigene Rechnung und unter eigener Verantwortlichkeit ausüben will. Andere Spiele können demzufolge von natürlichen und juristischen Personen veranstaltet werden. Bei Personengesellschaften ohne eigene Rechtspersönlichkeit (zB oHG, KG) ist allerdings zu beachten, dass eine Erlaubnis für jeden geschäftsführenden Gesellschafter erforderlich ist. Dies gilt auch hinsichtlich der Kommanditisten, sofern sie Geschäftsführungsbefugnis besitzen und damit als Gewerbetreibende anzusehen sind. Diese Gesellschaften als solche können im Gegensatz zur juristischen Person keine Erlaubnis erhalten.[16] 10

Die Erlaubnis berechtigt den Gewerbetreibenden lediglich zur Veranstaltung eines bestimmten anderen Spieles. Sie ist **persönlicher Natur.** Daher erlischt sie mit der Betriebsaufgabe, dem Tode des Inhabers (vorbehaltlich des § 46) als auch beim Wegfall der juristischen Person und dem Verzicht. Eine Übertragung auf einen anderen ist nicht möglich. Möglich ist aber die Bestellung eines Stellvertre- 11

---

11 Landmann/Rohmer GewO/*Marcks* § 33d Rn. 7; siehe hierzu auch BeckOK GewO/*Meßerschmidt* § 33d Rn. 10.
12 Etwa OVG Bautzen 7.6.2021 – 6 B 324/20, BeckRS 2021, 19984 Rn. 14 f.
13 Landmann/Rohmer GewO/*Marcks* § 33d Rn. 8.
14 So zutreffend auch Landmann/Rohmer GewO/*Marcks* § 33d Rn. 8a; vgl. hierzu und zum Meinungsstand auch Ennuschat/Wank/Winkler/*Ennuschat* GewO § 33d Rn. 13 f.
15 Landmann/Rohmer GewO/*Marcks* § 33d Rn. 11; so auch BeckOK GewO/*Meßerschmidt* § 33d Rn. 11 und Ennuschat/Wank/Winkler/*Ennuschat* GewO § 33d Rn. 20.
16 Landmann/Rohmer GewO/*Marcks* § 33d Rn. 12.

ters durch den Gewerbetreibenden selbst (§ 45) oder, im Falle seines Todes, für Rechnung seines Ehegatten, Lebenspartners oder seiner Kinder (§ 46). Darüber hinaus weist die Erlaubnis durch die objektiven Zulassungsvoraussetzungen (→ Rn. 15 ff.) gleichzeitig auch ein **sachliches Element** auf. Die Erlaubnis knüpft hierauf bezogen an die Person des Veranstalters und des Gewerbetreibenden, in dessen Betrieb das Spiel veranstaltet wird, sowie an das Spiel und an den Veranstaltungsort an. Daraus folgt, dass die Erlaubnis nur so lange wirksam bleibt, als keine der vorgenannten **Bezugsgrößen** geändert wird. Eine neue Erlaubnis ist daher erforderlich, wenn der Veranstalter oder der Betriebsinhaber wechseln, wenn ein Spiel gegen ein anderes ausgetauscht oder wenn ein Spiel in einem anderen **Betrieb** veranstaltet wird.[17]

12 § 33d Abs. 1 S. 2 lässt als **Nebenbestimmungen** zur Erlaubnis ausdrücklich die Befristung und die Auflage, auch als nachträgliche Auflage, zu. Nebenbestimmungen zu **Verwaltungsakten** spielen in der Verwaltungspraxis eine große Rolle. Insbesondere bei der **Auflage** handelt es sich um ein in der Gewerbepraxis häufig genutztes Instrument, das in einer Vielzahl von Vorschriften der Gewerbeordnung enthalten ist (zB §§ 33a, 33c, 33e, 33i, 34 bis 34f, 34h).[18]

13 Als **Befristung** der Erlaubnis kommt bspw. die Geltungsdauer der Unbedenklichkeitsbescheinigung in Betracht, sofern nicht der Antragsteller die Erlaubnis für einen kürzeren Zeitraum beantragt oder ein sonstiger Anlass für eine kürzere Befristung besteht. Gegenstand einer Auflage können zB die Bestimmung des Veranstaltungsraums, die Verpflichtung zur ständigen Kontrolle der Spiele durch eine Aufsichtsperson sowie die zeitliche Beschränkung von Kartenspielveranstaltungen im Wege der Festsetzung einer Sperrstunde sein. Daneben gilt § 36 VwVfG, da § 33d die Nebenbestimmungen nicht auf die vorstehend behandelten beschränkt. Ein Anwendungsbereich für eine **aufschiebende Bedingung** ist bspw. in dem Fall vorstellbar, bei dem die Wirksamkeit der Erlaubnis von der Durchführung baulicher Maßnahmen abhängig gemacht wird. Für einen **Widerrufsvorbehalt** wie eine **auflösende Bedingung** dürfte dagegen kein Raum sein, da Regelungen hierzu ausdrücklich und insoweit abschließend in § 33d Abs. 4, 5 getroffen werden.[19]

14 Die Erlaubnis nach § 33d steht selbstständig und unabhängig neben etwaigen sonstigen Erlaubnissen. Demzufolge ist ggfs. eine Erlaubnis auch dann erforderlich, wenn der Veranstalter gleichzeitig Rauminhaber ist und als solcher eine **Gaststättenerlaubnis** oder Erlaubnis für das Betreiben einer **Spielhalle** (§ 33i) besitzt bzw. besitzen muss.[20]

15 **6. Voraussetzungen für die Erteilung der Erlaubnis (Abs. 2).** Nach § 33d Abs. 2 ist als objektive Zulassungsvoraussetzung **die Unbedenklichkeitsbescheinigung** des **Bundeskriminalamtes** (Abs. 2) explizit angeführt. Darüber hinaus gelten hierfür aber auch die Bestimmungen der **SpielV**.

16 So darf nach Abs. 2 die Erlaubnis für die Veranstaltung eines anderen Spiels nur dann erteilt werden, wenn der Veranstalter im Besitz einer vom BKA erteilten Unbedenklichkeitsbescheinigung oder eines **Abdruckes der UB** (→ § 33e Rn. 14)

17 Siehe zu den voranstehenden Ausführungen Landmann/Rohmer GewO/*Marcks* § 33d Rn. 13; vgl. hierzu auch Ennuschat/Wank/Winkler/*Ennuschat* GewO § 33d Rn. 22.

18 Landmann/Rohmer GewO/*Marcks* § 33d Rn. 14.

19 So im Ergebnis auch Landmann/Rohmer GewO/*Marcks* § 33d Rn. 15; vgl. hierzu auch BeckOK GewO/*Meßerschmidt* § 33d Rn. 13.

20 Vgl. hierzu auch Landmann/Rohmer GewO/*Marcks* § 33d Rn. 16 sowie Ennuschat/Wank/Winkler/*Ennuschat* GewO § 33d Rn. 26.

ist. Die Unbedenklichkeitsbescheinigung enthält: 1. die Bezeichnung des Spiels; 2. a) bei serienmäßig hergestellten Spielen Firmenbezeichnung und Sitz des Herstellers, sonst gem. 2. b) Name, Geburtsdatum, Geburts- und Wohnort des Veranstalters; 3. Beschreibung des Spiels, des Spielablaufs und, soweit erforderlich, Abbildungen oder Übersichtszeichnungen; 4. Spielregeln und Gewinnplan; 5. Bezeichnung der zulässigen Veranstaltungsplätze; 6. Angabe der Geltungsdauer; 7. Nebenbestimmungen. Bei Spielen, die nach § 5a SpielV begünstigt sind, entfällt die Erlaubnispflicht und somit auch die Verpflichtung zur Beibringung der Unbedenklichkeitsbescheinigung.[21]

Voraussetzung für die **Erteilung der Erlaubnis** ist darüber hinaus, dass die Ver- 17
anstaltung der Spiele mit den Vorschriften des Abschn. II SpielV im Einklang steht. Nach § 4 SpielV darf die Erlaubnis für die Veranstaltung eines anderen Spiels im Sinne des § 33d Abs. 1 S. 1, bei dem der Gewinn in Geld besteht, nur erteilt werden, wenn das Spiel in Spielhallen oder ähnlichen Unternehmen (→ § 33i Rn. 3) veranstaltet werden soll. Andere Spiele mit Geldgewinnen dürfen daher nicht in Schank- oder Speisewirtschaften oder Beherbergungsbetrieben stattfinden. In diesem Fall kommen nur Warengewinne in Betracht. Werden in einem Raum Spiele veranstaltet und Speisen oder Getränke ausgegeben, ist maßgeblich, welche Betätigung als überwiegend anzusehen ist. Nach § 4 S. 2 SpielV dürfen darüber hinaus in einer Spielhalle oder einem ähnlichen Unternehmen **höchstens drei andere Spiele** veranstaltet werden. Für die Veranstaltung eines Spiels, bei dem der Gewinn in Waren besteht, darf die Erlaubnis des Weiteren nur dann erteilt werden, wenn das Spiel auf Volksfesten, Schützenfesten oä Veranstaltungen, Jahrmärkten oder Spezialmärkten, in Schank- oder Speisewirtschaften oder Beherbergungsbetrieben mit Ausnahme der in § 1 Abs. 2 Nr. 2 und 3 SpielV genannten Betriebe veranstaltet werden soll (§ 5 SpielV). Durch die Verweisung des § 5 S. 2 SpielV auf § 3 Abs. 1 SpielV wird klargestellt, dass in Schank- oder Speisewirtschaften oder Beherbergungsbetrieben lediglich drei andere Spiele mit Warengewinn veranstaltet werden dürfen, während ihre Zahl auf Volksfesten, Schützenfesten oä Veranstaltungen, Jahrmärkten und Spezialmärkten nicht begrenzt ist.[22]

7. Versagung der Erlaubnis (Abs. 3). Als subjektive Zulassungsvoraussetzung 18
für die Erteilung der Erlaubnis sind die Anforderungen nach § 33d Abs. 3 zu beachten. So ist nach Abs. 3 S. 1 die Erlaubnis zu versagen, wenn Tatsachen die Annahme rechtfertigen, dass der Antragsteller oder der Gewerbetreibende, in dessen Betrieb das Spiel veranstaltet werden soll, die für die Veranstaltung von anderen Spielen erforderliche **Zuverlässigkeit** nicht besitzt. Über die entsprechende Anwendung des § 33c Abs. 2 Nr. 1 Hs. 2 über S. 2 wird die fehlende Zuverlässigkeit näher erläutert (→ § 33c Rn. 11).[23]

Eine Besonderheit besteht allerdings darin, dass als Voraussetzung für die Ertei- 19
lung der Erlaubnis neben der Zuverlässigkeit des die Erlaubnis beantragenden Veranstalters der Spiele auch die Zuverlässigkeit des Inhabers des Betriebs vorliegen muss, in dem die Spiele veranstaltet werden sollen, soweit dieser nicht mit dem Veranstalter identisch ist. Diese Ausweitung des Anwendungsbereiches resultiert daraus, dass nicht nur der Veranstalter der Spiele, sondern auch der

21 Landmann/Rohmer GewO/*Marcks* § 33d Rn. 17; vgl. hierzu auch BeckOK GewO/*Meßerschmidt* § 33d Rn. 15.
22 Landmann/Rohmer GewO/*Marcks* § 33d Rn. 18 ff.
23 Landmann/Rohmer GewO/*Marcks* § 33d Rn. 21.

Rauminhaber, selbst wenn er nicht als Spielunternehmer auftritt, auf die Betriebsführung bestimmenden Einfluss nehmen kann.[24]

20 Bei einer Versagung der Erlaubnis aufgrund fehlender Zuverlässigkeit sind die Gründe für die Unzuverlässigkeit im Bescheid anzugeben. Sowohl der Antragsteller selbst (als verhinderter Veranstalter) als auch der **Inhaber der Betriebsstätte** können hiergegen mit den üblichen Rechtsmitteln vorgehen. So kann der Antragsteller Widerspruch einlegen und, sofern diesem nicht abgeholfen wird, Verpflichtungsklage erheben. Der Inhaber der Betriebsstätte ist zwar nicht Adressat des Verwaltungsaktes und kann demgemäß nicht verlangen, dass dieser dem Antragsteller zu erteilen ist. Durch die Versagung der Erlaubnis wird ihm aber die Möglichkeit genommen, durch Vermietung seiner Räume an den Spielunternehmer Einnahmen zu erzielen. Dadurch wird in sein Grundrecht auf Berufsfreiheit sowie in die Gewerbefreiheit als konkrete Rechtspositionen eingegriffen. Seine rechtlichen und wirtschaftlichen Interessen sind folglich berührt. Diese Eingriffe können ein Feststellungsinteresse iSd § 43 Abs. 1 VwGO begründen als Voraussetzung für die Erhebung einer Feststellungsklage mit dem Ziel, die Rechtswidrigkeit der Ablehnung festzustellen.[25]

21 **8. Rechtsanspruch auf Erteilung der Erlaubnis.** Liegen die objektiven und subjektiven Voraussetzungen für die Erteilung der Erlaubnis vor, so besteht ein Rechtsanspruch auf Erteilung der Erlaubnis. Die Erlaubnis wird durch die zuständige Behörde (untere Verwaltungsbehörde) erteilt. Die **Erteilung** muss **schriftlich** erfolgen, da der Veranstalter der Spiele verpflichtet ist, den Erlaubnisbescheid am Veranstaltungsort zur Einsichtnahme bereitzuhalten (§ 6 Abs. 2 SpielV). Der Inhalt des Erlaubnisbescheids wird durch Anlage 3 SpielVwV festgelegt.[26]

22 **9. Rücknahme und Widerruf der Erlaubnis (Abs. 4, 5), Gewerbeuntersagung.** Abs. 4 und 5 legen die Rücknahme- und Widerrufsgründe für die nach Abs. 1 erteilten Erlaubnisse fest, wobei zwischen zwingenden (Abs. 4) und fakultativen (Abs. 5) Rücknahme- und Widerrufsgründen unterschieden wird.[27]

23 Unter den Voraussetzungen des Abs. 4 muss die zuständige Behörde die Erlaubnis zurücknehmen bzw. widerrufen. Hierdurch werden solche Fälle erfasst, bei denen die in den Abs. 2 und 3 niedergelegten Voraussetzungen für die Erteilung der Erlaubnis entweder von vornherein fehlten oder doch zumindest nachträglich weggefallen sind. Nach S. 1 ist die Erlaubnis zurückzunehmen, wenn der zuständigen Behörde bei Erteilung der Erlaubnis nicht bekannt war, dass Tatsachen der in Abs. 3 bezeichneten Art vorlagen. Nach S. 2 Nr. 1 ist sie zu widerrufen, wenn nach ihrer Erteilung derartige Tatsachen eingetreten sind. Mit dem Begriff „**Tatsachen**“ ist die Unzuverlässigkeit des Gewerbetreibenden oder Rauminhabers gemeint. Neben diesen „berufsspezifischen“ Verfehlungen kann die Unzuverlässigkeit auch aus anderen Gründen hergeleitet werden, wofür Abs. 3 S. 1 die Rechtsgrundlage gibt.[28] Neben den dort genannten Unzuverlässigkeitsgründen der mangelnden wirtschaftlichen Leistungsfähigkeit, Steuer-

---

24 Landmann/Rohmer GewO/*Marcks* § 33d Rn. 22; siehe hierzu auch BeckOK GewO/*Meßerschmidt* § 33d Rn. 18.

25 Siehe hierzu auch Landmann/Rohmer GewO/*Marcks* § 33d Rn. 23; vgl. hierzu auch BeckOK GewO/*Meßerschmidt* § 33d Rn. 19 sowie Ennuschat/Wank/Winkler/*Ennuschat* GewO § 33d Rn. 32.

26 Landmann/Rohmer GewO/*Marcks* § 33d Rn. 24.

27 Landmann/Rohmer GewO/*Marcks* § 33d Rn. 25.

28 Landmann/Rohmer GewO/*Marcks* § 33d Rn. 26; siehe hierzu auch BeckOK GewO/*Meßerschmidt* § 33d Rn. 23 sowie Ennuschat/Wank/Winkler/*Ennuschat* GewO § 33d Rn. 39 f.

schulden, Verletzung sozialversicherungsrechtlicher Vorschriften, Gewerbeuntersagungen und Rücknahmen bzw. Widerrufe von Erlaubnissen kommen weitere gewerberechtliche Straftaten und Ordnungswidrigkeiten in Betracht, etwa die **Bußgeldvorschriften** des § 28 JuSchG. Nach S. 2 Nr. 2 ist die Erlaubnis darüber hinaus zu widerrufen, wenn das Spiel abweichend von den genehmigten Bedingungen veranstaltet wird. Die Merkmale und Bedingungen ergeben sich aus der Unbedenklichkeitsbescheinigung. Die Notwendigkeit des **Widerrufs** folgt daraus, dass wegen der Änderung das Spiel nicht mehr dem genehmigten Spiel entspricht. S. 2 Nr. 3 ordnet den Widerruf der Erlaubnis bei Rücknahme oder Widerruf der Unbedenklichkeitsbescheinigung an, was sich dann auf die Inhaber von Abdrucken der UB entsprechend auswirken muss. Die **Rücknahme** und der Widerruf der Unbedenklichkeitsbescheinigung richten sich nach § 33e Abs. 2 (→ § 33e Rn. 11 f.). S. 2 Nr. 3 findet keine Anwendung, wenn die Gültigkeitsdauer der Unbedenklichkeitsbescheinigung durch Zeitablauf (§ 33e Abs. 3) erlischt.[29]

24 Nach Abs. 5 kann die Erlaubnis widerrufen werden, wenn eine in der Erlaubnis enthaltene Auflage nicht beachtet oder gegen § 6 JuSchG verstoßen worden ist. Im Unterschied zu den Fällen des Abs. 4 handelt es sich hier um Verstöße, die nicht notwendig so schwerwiegend sind, dass sie die Voraussetzungen der Abs. 2 und 3 für die Erteilung der Erlaubnis entfallen lassen. Die Entscheidung über den Widerruf wurde deshalb in das **pflichtgemäße Ermessen** der Behörde gelegt.[30]

25 Die Regelung in den Abs. 4 und 5 ist nicht abschließend. Insoweit können die Grundsätze des **allgemeinen Verwaltungsrechts** über die Rücknahme (den Widerruf) von Verwaltungsakten herangezogen werden. § 48 Abs. 1 VwVfG lässt hiernach die Rücknahme eines rechtswidrigen und § 49 VwVfG den Widerruf eines rechtmäßigen Verwaltungsaktes zu.[31]

26 Eine **Gewerbeuntersagung** nach § 35 kommt bei erlaubnispflichtigen Gewerben mit speziellen Rücknahme- oder Widerrufsvorschriften in Betracht, wenn das Gewerbe im konkreten Fall ohne Erlaubnis betrieben wird, da es in diesem Fall mangels Erlaubnis an der Voraussetzung für eine Rücknahme oder einen Widerruf fehlt.[32]

§ 33e GewO Bauartzulassung und Unbedenklichkeitsbescheinigung

(1) [1]Die Zulassung der Bauart eines Spielgerätes oder ihrer Nachbaugeräte und die Unbedenklichkeitsbescheinigung für andere Spiele (§§ 33c und 33d) sind zu versagen, wenn die Gefahr besteht, daß der Spieler unangemessen hohe Verluste in kurzer Zeit erleidet. [2]Für andere Spiele im Sinne des § 33d kann die Unbedenklichkeitsbescheinigung auch versagt werden, wenn das Spiel durch Verände-

29 Landmann/Rohmer GewO/*Marcks* § 33d Rn. 26; siehe hierzu auch BeckOK GewO/*Meßerschmidt* § 33d Rn. 23 sowie Ennuschat/Wank/Winkler/*Ennuschat* GewO § 33d Rn. 39 f.

30 Landmann/Rohmer GewO/*Marcks* § 33d Rn. 27; siehe hierzu auch Ennuschat/Wank/Winkler/*Ennuschat* GewO § 33d Rn. 41.

31 Landmann/Rohmer GewO/*Marcks* § 33d Rn. 28; vgl. hierzu auch BeckOK GewO/*Meßerschmidt* § 33d Rn. 21 sowie Ennuschat/Wank/Winkler/*Ennuschat* GewO § 33d Rn. 45.

32 So auch zutreffend Landmann/Rohmer GewO /*Marcks* § 33d Rn. 29; vgl. hierzu auch BeckOK GewO/*Meßerschmidt* § 33d Rn. 31 sowie Ennuschat/Wank/Winkler/*Ennuschat* GewO § 33d Rn. 46.

rung der Spielbedingungen oder durch Veränderung der Spieleinrichtung mit einfachen Mitteln als Glücksspiel im Sinne des § 284 des Strafgesetzbuches veranstaltet werden kann. [3]Ein Versagungsgrund im Sinne des Satzes 2 liegt insbesondere dann vor, wenn

1. es sich um ein Karten-, Würfel- oder Kugelspiel handelt, das von einem Glücksspiel im Sinne des § 284 des Strafgesetzbuches abgeleitet ist, oder
2. das Spiel nach den zur Prüfung eingereichten Bedingungen nicht wirtschaftlich betrieben werden kann.

(2) Die Zulassung ist ganz oder teilweise, die Unbedenklichkeitsbescheinigung ist ganz zurückzunehmen oder zu widerrufen, wenn Tatsachen bekannt werden, die ihre Versagung rechtfertigen würden, oder wenn der Antragsteller zugelassene Spielgeräte an den in dem Zulassungsschein bezeichneten Merkmalen verändert oder ein für unbedenklich erklärtes Spiel unter nicht genehmigten Bedingungen veranstaltet.

(3) Die Zulassung und die Unbedenklichkeitsbescheinigung können mit einer Befristung erteilt und mit Auflagen verbunden werden.

(4) Bei serienmäßig hergestellten Spielen nach § 33d genügt es, wenn die Unbedenklichkeitsbescheinigung für das eingereichte Spiel und für Nachbauten ein Abdruck der Unbedenklichkeitsbescheinigung erteilt wird.

Literatur: *Ennuschat/Wank/Winkler* [Hrsg.] Gewerbeordnung – Kommentar, 9. Aufl. (2020); *BeckOK* Gewerbeordnung, 54. Edition (Stand: 06/2021); *Schönleiter* [Hrsg.] *Landmann/Rohmer*, Gewerbeordnung – Loseblatt-Komm., Bd. I, 85. EL: 86. Aufl. (2021); *Schoch/Schneider* [Hrsg.], Verwaltungsrecht – VwVfG, Bd. 3, 41. Aufl. 2021.

I. Genese/Gesetzesentwicklung

1 § 33e legt zusammen mit der aufgrund des § 33f erlassenen **Verordnung über Spielgeräte und andere Spiele mit Gewinnmöglichkeit** (SpielV) die Voraussetzungen für die Erteilung und Rücknahme bzw. den Widerruf der Zulassung und der Unbedenklichkeitsbescheinigung fest. Dabei ist § 33e Abs. 1 S. 1 darauf beschränkt, die für alle Spielgeräte und Spiele in gleicher Weise geltende Norm aufzustellen, dass der Spieler keine unangemessen hohen Verluste in kurzer Zeit erleiden darf, während die durch das ÄndG v. 20.12.1993[1] angefügten S. 2, 3 spezielle Gründe für die Versagung der UB aufstellen. Die §§ 13, 14 und 18 SpielV treffen hierzu weitere Detailregelungen. § 33e Abs. 2 regelt die Voraussetzungen für die Rücknahme und den Widerruf der Zulassung oder Unbedenklichkeitsbescheinigung, wobei nach der Änderung durch Art. 1 Nr. 4 des ÄndG v. 5.12.2012[2] die Zulassung auch teilweise zurückgenommen bzw. widerrufen

1 Änderungsgesetz v. 20.12.1993, BGBl. I 2415.
2 Änderungsgesetz v. 5.12.2012, BGBl. I 2415.

werden kann. § 33e Abs. 3 bestimmt, dass die Zulassung und die Unbedenklichkeitsbescheinigung mit einer Befristung erteilt und mit Auflagen verbunden werden können. Der durch Art. 1 Nr. 4 des Gesetzes zur Änderung der Gewerbeordnung und sonstiger gewerberechtlicher Vorschriften v. 23.11.1994[3] eingefügte § 33e Abs. 4 ermöglicht es, für Nachbauten serienmäßig hergestellter anderer Spiele anstelle der UB einen Abdruck hiervon zu erteilen.[4]

II. Erläuterungen

1. Vorbemerkung. § 33e steht in Zusammenhang mit den §§ 33c Abs. 1 S. 2, 33d Abs. 2 und 33f. Die allgemeine **Aufstellererlaubnis** des § 33c Abs. 1 S. 1 berechtigt den Gewerbetreibenden nach S. 2 dieser Vorschrift nur zur Aufstellung von Spielgeräten, deren Bauart von der **Physikalisch-Technischen Bundesanstalt** (PTB) zugelassen ist (→ § 33c Rn. 7). Nach § 33d Abs. 2 ist Voraussetzung für die Erteilung der Erlaubnis für das Veranstalten eines anderen Spiels durch die zuständige Behörde, dass der Veranstalter im Besitz einer vom Bundeskriminalamt (BKA) erteilten Unbedenklichkeitsbescheinigung oder eines Abdruckes ist. Die Zulassung und die Erteilung der Unbedenklichkeitsbescheinigung erfolgen auf **Antrag**, den bei Spielgeräten nur der Hersteller, nicht der Aufsteller des Geräts, stellen kann. Bei anderen Spielen muss zwischen Serienspielen und Unikaten unterschieden werden. Für erstere lässt Abs. 4 – entsprechend der Regelung bei Geldspielgeräten – eine Bauartunbedenklichkeitsbescheinigung mit der Konsequenz zu, dass für Nachbauten (ohne erneute Prüfung) nur noch Abdrucke der UB erteilt werden müssen.[5] 2

2. Versagung der Zulassung (Abs. 1). Die Zulassung und die Erteilung der Unbedenklichkeitsbescheinigung sind zu versagen, wenn die **Gefahr** besteht, dass der Spieler **unangemessen hohe Verluste** in **kurzer Zeit** erleidet (§ 33e Abs. 1 S. 1). Die Begriffe „Gefahr“, „unangemessen hohe Verluste“ und „kurze Zeit“ sind **unbestimmte Rechtsbegriffe**. Was als unangemessen hoher Verlust in kurzer Zeit anzusehen ist, richtet sich nach der allgemeinen Verkehrsauffassung, nicht nach der Auffassung einzelner Spielerkreise. Ob die unangemessen hohe Verlustgefahr besteht, ist von der Art des Spielverlaufs, den Spielregeln und dem Gewinnplan (Auszahlungsergebnis) abhängig.[6] 3

Die Frage, ob eine **Gefahr** im Sinne des § 33e Abs. 1 S. 1 besteht, kann das BKA offenlassen, wenn es zu dem Ergebnis gelangt, dass es sich um ein Glücksspiel iSd § 284 StGB handelt. Denn in diesem Falle finden nach § 33h Nr. 3 die Vorschriften der §§ 33c bis 33g keine Anwendung. Umgekehrt kann das BKA die Frage, ob ein Glücks- oder ein Geschicklichkeitsspiel vorliegt, unentschieden lassen, wenn die Unbedenklichkeitsbescheinigung nach § 33e Abs. 1 S. 1 versagt werden muss.[7] 4

Der generelle Versagungsgrund des S. 1 wird durch die S. 2, 3 konkretisiert, wonach die UB auch dann versagt werden kann, wenn das Spiel durch Verände- 5

3 Gesetz zur Änderung der Gewerbeordnung und sonstiger gewerberechtlicher Vorschriften v. 23.11.1994, BGBl. I 3475.
4 Landmann/Rohmer GewO/*Marcks* § 33e Rn. 1.
5 Landmann/Rohmer GewO/*Marcks* § 33e Rn. 2.
6 Landmann/Rohmer GewO/*Marcks* § 33e Rn. 3; vgl. hierzu auch BeckOK GewO/*Meßerschmidt* § 33e Rn. 13.
7 Landmann/Rohmer GewO/*Marcks* § 33e Rn. 4; vgl. hierzu auch BeckOK GewO/*Meßerschmidt* § 33e Rn. 9; siehe auch Ennuschat/Wank/Winkler/*Ennuschat* GewO § 33e Rn. 11.

rung der Spielbedingungen oder der Spieleinrichtung als Glücksspiel veranstaltet werden kann.[8]

6 Nach S. 2 ist eine Versagung der UB gerechtfertigt, wenn das andere Spiel durch **Veränderung der Spielbedingungen** oder der Spieleinrichtung mit einfachen Mitteln als Glücksspiel iSd § 284 StGB veranstaltet werden kann, dh wenn die Spielbedingungen oder -einrichtungen, die vorgeschoben wurden, um aus dem eigentlichen Glücksspiel ein Geschicklichkeitsspiel zu machen, nach der Genehmigung ganz oder teilweise rückgängig gemacht werden können.

7 S. 3 stellt zwei **unwiderlegliche Regelbeispiele** für das Vorliegen des Versagungsgrundes des S. 2 auf: 1. Es handelt sich um ein Karten-, Würfel- oder Kugelspiel, das von einem Glücksspiel iSd § 284 StGB abgeleitet ist, zB von Roulette, Black Jack, Baccara, 2. das Spiel kann nach den zur Prüfung eingereichten Bedingungen nicht wirtschaftlich betrieben werden.[9] Die genannten Beispiele sind nicht abschließend („insbesondere").[10]

8 Genehmigungsfähig sind aber, sofern nicht ohnehin von § 5a SpielV nebst Anlage begünstigt, reine Geschicklichkeitsspiele, ferner aus Glücksspielen entwickelte Geschicklichkeitsspiele, die **manipulationssicher** sind und deren **Spieleinrichtung** nicht iSd S. 2 mit einfachen Mitteln verändert werden kann.[11]

9 **3. Einhaltung der Anforderungen der §§ 13, 14 und 18 SpielV.** Die Zulassung und die Erteilung der Unbedenklichkeitsbescheinigung dürfen ferner nur erfolgen, wenn die Spielgeräte und Spiele den aufgrund der Ermächtigung des § 33f Abs. 1 Nr. 3 normierten Anforderungen der §§ 13, 14 und 18 SpielV genügen. Bei der Anwendung dieser Bestimmungen ist zu beachten, dass sich diese Durchführungsvorschriften im Rahmen des § 33e Abs. 1 halten müssen, wonach ein **Rechtsanspruch** auf Zulassung der Bauart eines Spielgerätes bzw. auf Erteilung der Unbedenklichkeitsbescheinigung für ein anderes Spiel gegeben ist, wenn keine Gefahr besteht, dass der Spieler unangemessen hohe Verluste in kurzer Zeit erleidet.[12]

10 **4. Rechtsanspruch auf Erteilung bei Erfüllung der Voraussetzungen.** Liegen die Voraussetzungen für die Zulassung oder die Erteilung der Unbedenklichkeitsbescheinigung vor, so besteht ein Rechtsanspruch auf Zulassung oder Erteilung der Unbedenklichkeitsbescheinigung.[13] Die Entscheidung über den Antrag auf Zulassung oder Erteilung der Unbedenklichkeitsbescheinigung erfolgt schriftlich (§ 37 Abs. 2 VwVfG). Sie ist ein Verwaltungsakt, gegen den der Verwaltungsrechtsweg nach den Vorschriften der VwGO gegeben ist.[14]

11 **5. Rücknahme bzw. Widerruf der Zulassung und der Unbedenklichkeitsbescheinigung (Abs. 2).** § 33e Abs. 2 enthält zwei Tatbestände, bei deren Vorliegen die PTB bzw. das BKA zur Rücknahme oder zum Widerruf der Zulassung bzw. Unbedenklichkeitsbescheinigung verpflichtet sind, wobei Rücknahme und Widerruf der Zulassung auch teilweise erfolgen können. Der Zwang zur Rücknahme bzw. zum Widerruf besteht einmal, wenn Tatsachen bekannt werden, welche die

8 Landmann/Rohmer GewO/*Marcks* § 33e Rn. 5; vgl. hierzu auch Gesetzesbegründung BT-Drs. 12/4488; siehe hierzu auch Ennuschat/Wank/Winkler/*Ennuschat* GewO § 33e Rn. 14.
9 Landmann/Rohmer GewO/*Marcks* § 33e Rn. 6; siehe hierzu BeckOK GewO/*Meßerschmidt* § 33e Rn. 17.
10 Landmann/Rohmer GewO/*Marcks* § 33e Rn. 6; BeckOK GewO/*Meßerschmidt* § 33e Rn. 19; Ennuschat/Wank/Winkler/*Ennuschat* GewO § 33e Rn. 17 f.
11 Landmann/Rohmer GewO/*Marcks* § 33e Rn. 6a.
12 Landmann/Rohmer GewO/*Marcks* § 33e Rn. 7.
13 BVerwG 11.3.1997 – 1 C 26/96, NVwZ-RR 1997, 534 (535).
14 Landmann/Rohmer GewO/*Marcks* § 33e Rn. 10.

Versagung der Zulassung oder der Unbedenklichkeitsbescheinigung rechtfertigen würden. Dies ist der Fall, wenn eine der Voraussetzungen für die Zulassung oder Erteilung der Unbedenklichkeitsbescheinigung nach § 33e Abs. 1 und §§ 13, 14 und 18 SpielV nicht gegeben war oder nicht mehr gegeben ist. Der zweite zwingende Widerrufsgrund liegt vor, wenn der Antragsteller Spielgeräte an den im **Zulassungsschein** bezeichneten Merkmalen verändert oder ein für unbedenklich erklärtes Spiel unter nicht genehmigten Bedingungen veranstaltet.[15]

Abgesehen von den in Abs. 2 gesetzlich normierten Gründen können die Zulassung und die Unbedenklichkeitsbescheinigung auch aus den im Verwaltungsverfahrensgesetz anerkannten Gründen zurückgenommen bzw. widerrufen werden. Dies ist ua von Bedeutung, wenn der Antragsteller einer der Zulassung oder Unbedenklichkeitsbescheinigung gem. Abs. 3 beigefügten Auflage zuwiderhandelt. Es handelt sich in diesem Falle nicht um eine Änderung der Merkmale oder um ein Abweichen von genehmigten Bedingungen, so dass Zulassung und Unbedenklichkeitsbescheinigung wegen Zuwiderhandlung gegen die Auflage nach § 49 Abs. 2 Nr. 2 VwVfG widerrufen werden können.[16] 12

6. Befristung, Auflagen (Abs. 3). Der Begriff der **Befristung** und **Auflage** in Abs. 3 ist an die Regelungen des Verwaltungsverfahrensgesetzes angelehnt. Der Begriff der Befristung stellt eine Bestimmung dar, nach der eine Vergünstigung oder Belastung zu einem bestimmten Zeitpunkt beginnt, endet oder für einen bestimmten Zeitraum gilt.[17] Aufforderungen, eine Handlung innerhalb einer Frist vorzunehmen, oder Ankündigungen der Behörde, erst nach Ablauf einer Frist tätig zu werden, stellen indes keine Befristung des Hauptverwaltungsakts dar.[18] Die Auflage als praktisch wohl die wichtigste **Nebenbestimmung** ist definiert als Bestimmung, durch die dem Begünstigten ein Tun, Dulden oder Unterlassen vorgeschrieben wird.[19] 13

7. Abdruck der Unbedenklichkeitsbescheinigung (Abs. 4). Abs. 4 dient der Verwaltungsvereinfachung. Zuvor musste das BKA für jedes einzelne andere Spiel eine UB erteilen. Für **Nachbauten** erhält der Hersteller Kopien der UB, die wiederum Voraussetzung für die Erteilung der Erlaubnis nach § 33d sind.[20] 14

§ 33f GewO Ermächtigung zum Erlass von Durchführungsvorschriften

(1) Das Bundesministerium für Wirtschaft und Energie kann zur Durchführung der §§ 33c, 33d, 33e und 33i im Einvernehmen mit dem Bundesministerium des Innern, für Bau und Heimat, dem Bundesministerium für Gesundheit und dem Bundesministerium für Familie, Senioren, Frauen und Jugend und mit Zustimmung des Bundesrates durch Rechtsverordnung zur Eindämmung der Betäti-

15 Landmann/Rohmer GewO/*Marcks* § 33e Rn. 12; vgl. hierzu auch BeckOK GewO/*Meßerschmidt* § 33e Rn. 23 sowie Ennuschat/Wank/Winkler/*Ennuschat* GewO § 33e Rn. 28.
16 Landmann/Rohmer GewO/*Marcks* § 33e Rn. 13; so auch BeckOK GewO/*Meßerschmidt* § 33e Rn. 24.
17 Siehe hierzu auch Schoch/Schneider/*Schröder* VwVfG § 36 Rn. 46.
18 Schoch/Schneider/*Schröder* VwVfG § 36 Rn. 49.
19 Vgl. Schoch/Schneider/*Schröder* VwVfG § 36 Rn. 76.
20 Landmann/Rohmer GewO/*Marcks* § 33d Rn. 16; vgl. hierzu auch Gesetzesbegründung, BT-Drs. 12/5826, 17; siehe hierzu auch BeckOK GewO/*Meßerschmidt* § 33e Rn. 27.

gung des Spieltriebs, zum Schutze der Allgemeinheit und der Spieler sowie im Interesse des Jugendschutzes

1. die Aufstellung von Spielgeräten oder die Veranstaltung von anderen Spielen auf bestimmte Gewerbezweige, Betriebe oder Veranstaltungen beschränken und die Zahl der jeweils in einem Betrieb aufgestellten Spielgeräte oder veranstalteten anderen Spiele begrenzen,
2. Vorschriften über den Umfang der Befugnisse und Verpflichtungen bei der Ausübung des Gewerbes erlassen,
3. für die Zulassung oder die Erteilung der Unbedenklichkeitsbescheinigung bestimmte Anforderungen stellen an
   a) die Art und Weise des Spielvorgangs,
   b) die Art des Gewinns,
   c) den Höchsteinsatz und den Höchstgewinn,
   d) das Verhältnis der Anzahl der gewonnenen Spiele zur Anzahl der verlorenen Spiele,
   e) das Verhältnis des Einsatzes zum Gewinn bei einer bestimmten Anzahl von Spielen,
   f) die Mindestdauer eines Spiels,
   g) die technische Konstruktion und die Kennzeichnung der Spielgeräte,
   h) personenungebundene Identifikationsmittel, die der Spieler einsetzen muss, um den Spielbetrieb an einem Spielgerät zu ermöglichen, insbesondere an deren Ausgabe, Aktivierung, Gültigkeit und Sicherheitsmerkmale,
   i) die Bekanntgabe der Spielregeln und des Gewinnplans sowie die Bereithaltung des Zulassungsscheines oder des Abdruckes des Zulassungsscheines, des Zulassungsbeleges, der Unbedenklichkeitsbescheinigung oder des Abdruckes der Unbedenklichkeitsbescheinigung,
4. Vorschriften über den Umfang der Verpflichtungen des Gewerbetreibenden erlassen, in dessen Betrieb das Spielgerät aufgestellt oder das Spiel veranstaltet werden soll,
5. die Anforderungen an den Unterrichtungsnachweis nach § 33c Absatz 2 Nummer 2 und das Verfahren für diesen Nachweis sowie Ausnahmen von der Nachweispflicht festlegen.

(2) Durch Rechtsverordnung können ferner

[Nr. 1 bis 30.9.2021:]

1. das Bundesministerium für Wirtschaft und Energie im Einvernehmen mit dem Bundesministerium des Innern, für Bau und Heimat und mit Zustimmung des Bundesrates
   a) das Verfahren der Physikalisch-Technischen Bundesanstalt bei der Prüfung und Zulassung der Bauart von Spielgeräten sowie bei der Verlängerung der Aufstelldauer von Warenspielgeräten, die auf Volksfesten, Schützenfesten oder ähnlichen Veranstaltungen aufgestellt werden sollen, und die ihrer Konstruktion nach keine statistischen Prüfmethoden erforderlich machen, regeln und
   b) Vorschriften über die Gebühren und Auslagen für Amtshandlungen der Physikalisch-Technischen Bundesanstalt erlassen;

[Nr. 1 ab 1.10.2021:]

1. das Bundesministerium für Wirtschaft und Energie im Einvernehmen mit dem Bundesministerium des Innern, für Bau und Heimat und mit Zustimmung des Bundesrates das Verfahren der Physikalisch-Technischen Bundesanstalt bei der Prüfung und Zulassung der Bauart von Spielgeräten sowie bei

der Verlängerung der Aufstelldauer von Warenspielgeräten, die auf Volksfesten, Schützenfesten oder ähnlichen Veranstaltungen aufgestellt werden sollen, und die ihrer Konstruktion nach keine statistischen Prüfmethoden erforderlich machen, regeln.

2. **das Bundesministerium des Innern, für Bau und Heimat im Einvernehmen mit dem Bundesministerium für Wirtschaft und Energie und mit Zustimmung des Bundesrates das Verfahren des Bundeskriminalamtes bei der Erteilung von Unbedenklichkeitsbescheinigungen regeln.**

Literatur: *BeckOK* Gewerbeordnung, 54. Edition (Stand: 06/2021); *Ennuschat/Wank/Winkler* [Hrsg.] Gewerbeordnung – Kommentar, 9. Aufl. 2020; *Landmann/Rohmer*, Gewerbeordnung – Loseblatt-Komm., Bd. I, 85. EL: 86. Aufl. 2021.

I. Genese/Gesetzesentwicklung

§ 33f Abs. 1 ermächtigt das BMWi im Einvernehmen mit den genannten Bundesministerien, durch Rechtsverordnung die Voraussetzungen für die Aufstellung von Spielgeräten und die Veranstaltung anderer Spiele festzulegen. Wegen der Verweisung in § 60a Abs. 2 S. 4 gilt die Vorschrift auch für derartige Tätigkeiten im Reisegewerbe. Die Ermächtigung erstreckte sich ursprünglich auf drei Regelungsbereiche, nämlich auf die Befugnis, die geeigneten Aufstellorte und die Höchstzahl der dort zugelassenen Spielgeräte und anderen Spiele festzulegen (Nr. 1), allgemeine Berufsausübungsvorschriften für die Gewerbetreibenden zu erlassen (Nr. 2) und die Anforderungen an die Zulassung und Erteilung der **Unbedenklichkeitsbescheinigung** im Einzelnen zu bestimmen (Nr. 3), wodurch die Gefahr ausgeschlossen werden soll, dass der Spieler **unangemessen hohe Verluste in kurzer Zeit** erleidet. Durch das ÄndG v. 12.2.1979[1] wurde diese Befugnis um die Nr. 4 zum Umfang der Verpflichtungen des Gewerbetreibenden erweitert. Dies war eine Konsequenz aus der Einführung der allgemeinen Aufstellererlaubnis in § 33c Abs. 1 S. 1.[2] 1

Art. 1 Nr. 5 des ÄndG v. 5.12.2012[3] hat die Ermächtigungsgrundlage des § 33f Abs. 1 Nr. 3 um den Buchstaben h erweitert (der alte Buchstabe h wurde dadurch zum neuen Buchstaben i), wonach Anforderungen an personenungebundene Identifikationsmittel des Spielers, die sog. Spielerkarte, gestellt werden können. Erweitert wurde § 33f Abs. 1 zudem um die neue Nr. 5, womit Anforderungen an den Unterrichtungsnachweis und das Verfahren für diesen Nachweis festgelegt werden können, der durch Art. 1 Nr. 2 lit. a) und b) des Gesetzes in § 33c Abs. 2 Nr. 2 und Abs. 3 S. 4 eingeführt wurde. Hiervon wurde in den §§ 10a bis 10d SpielV Gebrauch gemacht.[4] 2

§ 33f Abs. 2 war durch Art. 13 Nr. 2 des Gesetzes zur Änderung von Kostenermächtigungen sozialversicherungsrechtlicher und anderer Vorschriften v. 3

1 Änderungsgesetz v. 12.2.1979, BGBl. 1979 I 149.
2 Landmann/Rohmer GewO/*Marcks* § 33f Rn. 1.
3 Änderungsgesetz v. 5.12.2020, BGBl. 2020 I 2415.
4 Landmann/Rohmer GewO/*Marcks* § 33f Rn. 1; vgl. hierzu auch BeckOK GewO/*Meßerschmidt* § 33f Rn. 9.

23.6.1970[5] zur Rechtsgrundlage für den Erlass von Verfahrens- und Gebührenvorschriften für die **Bauartzulassung** von Spielgeräten und die Erteilung der Unbedenklichkeitsbescheinigung für sog. andere Spiele ausgestaltet worden. Art. 3 Nr. 10 legte mit Wirkung v. 1.10.2019 den Wortlaut des § 33f Abs. 2 Nr. 2 neu fest, wobei der bisherige Buchstabe b über die Ermächtigung zum Erlass von Gebühren bei der Erteilung von Unbedenklichkeitsbescheinigungen durch das BKA entfiel. Zeitgleich wurde durch Art. 3 Nr. 11 des Gesetzes § 6 UnbBeschErtV aufgehoben. Entsprechendes gilt nach Art. 4 Nr. 58 des Gesetzes ab 1.10.2021 für die Neufassung des § 33f Abs. 2 Nr. 1. Die Ermächtigung des Buchstaben b zum Erlass von Gebührenvorschriften bei der Zulassung von **Geldspielgeräten** durch die PTB wird ab diesem Datum aufgehoben sowie zeitgleich nach Art. 4 Nr. 61 § 17 SpielV. An die Stelle dieser Vorschriften treten die aufgrund des § 22 Abs. 3 BGebG erlassene Allgemeine Gebührenverordnung des Bundes v. 11.2.2015[6] bzw. nach § 22 Abs. 4 BGebG erlassene Besondere Gebührenverordnungen der Fachministerien.[7]

II. Erläuterungen

4 **1. Vorbemerkung.** Von der Ermächtigung des § 33f wurde **verschiedentlich Gebrauch gemacht** und zwar zumeist getrennt nach den jeweiligen Absätzen. Aufgrund des § 33f Abs. 1 und des § 60a Abs. 2 S. 4 erging die Verordnung über Spielgeräte und andere Spiele mit Gewinnmöglichkeit (Spielverordnung – SpielV) v. 6.2.1962[8], aufgrund des § 33f Abs. 2 Nr. 1 und des § 60a Abs. 2 S. 4 die Verordnung über das Verfahren bei der Zulassung der Bauart von Spielgeräten (Spielgerätezulassungsverordnung, SpielGerZulV)[9].Beide Verordnungen wurden mehrfach geändert und neu bekanntgemacht. Aufgrund des § 33f Abs. 2 Nr. 2 erging wiederum die Verordnung über das Verfahren bei der Erteilung von Unbedenklichkeitsbescheinigungen für andere Spiele iSd § 33d der Gewerbeordnung (Verordnung zur Erteilung von Unbedenklichkeitsbescheinigungen, UnbBeschErtV) v. 6.2.1962[10]. Aufgrund des § 33g Nr. 1 und des § 60a Abs. 2 S. 4 wurde die Verordnung über die gewerbsmäßige Veranstaltung unbedenklicher Spiele (Verordnung über unbedenkliche Spiele, UnbSpielV) v. 26.11.1963[11] erlassen (→ § 33g Rn. 2). Die UnbSpielV und die SpielGerZulV wurden inzwischen im Interesse des Abbaus von Rechtsvorschriften und der Rechtsvereinfachung unter Überführung ihrer unverzichtbaren Vorschriften in die SpielV aufgehoben, so dass nunmehr nur noch die SpielV sowie die UnbBeschErtV gelten.[12]

5 Gesetz zur Änderung von Kostenermächtigungen sozialversicherungsrechtlicher und anderer Vorschriften v. 23.6.1970, BGBl. 1970 I 805.
6 Allgemeine Gebührenverordnung des Bundes v. 11.2.2015, BGBl. 2015 I 130, zuletzt geändert durch VO v. 17.10.2018, BGBl. 2018 I 1701.
7 Landmann/Rohmer GewO/*Marcks* § 33f Rn. 2.
8 Verordnung über Spielgeräte und andere Spiele mit Gewinnmöglichkeit (Spielverordnung – SpielV) v. 6.2.1962, BGBl. I 153.
9 Verordnung über das Verfahren bei der Zulassung der Bauart von Spielgeräten (Spielgerätezulassungsverordnung, SpielGerZulV) v. 6.2.1962, BGBl. 1962 I 156.
10 Verordnung über das Verfahren bei der Erteilung von Unbedenklichkeitsbescheinigungen für andere Spiele iSd § 33d der Gewerbeordnung (Verordnung zur Erteilung von Unbedenklichkeitsbescheinigungen, UnbBeschErtV) v. 6.2.1962, BGBl. 1962 I 152, idF der Bekanntmachung v. 10.4.1995, BGBl. 1995 I 510.
11 Verordnung über die gewerbsmäßige Veranstaltung unbedenklicher Spiele (Verordnung über unbedenkliche Spiele, UnbSpielV) v. 26.11.1963, BGBl. 1963 I 849, zuletzt geändert durch VO v. 28.11.1979, BGBl. 1979 I 1986.
12 Landmann/Rohmer GewO/*Marcks* § 33f Rn. 3.

2. Rechtsverordnungen zur Durchführung der §§ 33c, d, e, i (Abs. 1). Die Durchführungsbestimmungen zu den §§ 33c, 33d, 33e und 33i enthält die SpielV. Die Bestimmungen des Abschn. I legen für den Aufsteller bindend die geeigneten Aufstellplätze fest (§§ 1, 2 SpielV), für die demgemäß die Bestätigung nach § 33c Abs. 3 S. 1 zu erteilen ist, und bestimmen die Höchstzahl der an einem Aufstellungsort zulässigen Spielgeräte (§ 3 SpielV). Nach dem Föderalismusreform-Gesetz v. 28.6.2006[13] ist die Gesetzgebungszuständigkeit für Spielhallen weitgehend auf die Bundesländer übergegangen. Einzelheiten sind in den landesrechtlichen Glücksspiel- und Spielhallengesetzen geregelt. § 3 Abs. 2 SpielV hat daher nur noch Bedeutung, soweit er nicht durch eine landesrechtliche Spezialvorschrift ersetzt wurde. Die Vorschriften des Abschn. II 1 (§§ 4, 5 SpielV) richten sich an die Erlaubnisbehörde und bestimmen die Plätze und Höchstzahl der anderen Spiele, für die eine Erlaubnis erteilt werden darf. Abschn. II 2 (§ 5a SpielV) regelt die erlaubnisfreien Spiele (Ermächtigungsgrundlage: § 33g Nr. 1). Abschn. III (§§ 6 bis 10d SpielV) enthält die von den Gewerbetreibenden bei der Ausübung des Spielgewerbes zu beachtenden Vorschriften. In den §§ 13, 14 und 18 SpielV der Abschn. IV und V sind die Voraussetzungen festgelegt, unter denen die PTB die Bauart von Spielgeräten zulassen und das BKA sowie die LKA die Unbedenklichkeitsbescheinigung für Ausspielungen, die nicht durch § 5a SpielV begünstigt sind, erteilen dürfen. Abschn. VI (§ 19 SpielV) enthält die Bußgeldvorschriften für Verstöße gegen die den Aufsteller, Dritten (im Falle des § 3a SpielV) und Veranstalter bei der Ausübung des Gewerbes treffenden Verpflichtungen.[14] 5

Die dem Aufsteller und dem Veranstalter in Abschn. III bei der Ausübung des **Spielgewerbes** auferlegten Verpflichtungen zielen darauf ab, dem Spieler und den Überwachungsbehörden die Feststellung zu ermöglichen, ob es sich um ein zugelassenes Spielgerät oder um ein für unbedenklich erklärtes Spiel handelt, sowie die Spieler vor Übervorteilung und ungezügelter Betätigung ihres Spieltriebs zu schützen. Gem. § 6 Abs. 1 SpielV dürfen nur Geld- oder Warenspielgeräte aufgestellt werden, an denen das Zulassungszeichen deutlich sichtbar angebracht ist. § 6 Abs. 2 SpielV verpflichtet den Veranstalter anderer Spiele, am Veranstaltungsort die Spielregeln und den Gewinnplan deutlich sichtbar anzubringen. Er hat dort die Unbedenklichkeitsbescheinigung oder deren Abdruck und den **Erlaubnisbescheid** nach § 33d zur Einsichtnahme bereitzuhalten. Gem. § 6 Abs. 3 S. 2 SpielV dürfen lebende Tiere nicht als Gewinn ausgesetzt werden. § 6 Abs. 4 SpielV sieht vor, dass an **Geldspielgeräten** in der Nähe des Münzeinwurfs deutlich sichtbare sich auf das übermäßige Spielen und auf den Jugendschutz beziehende Warnhinweise sowie Hinweise auf Beratungsmöglichkeiten bei pathologischem Spielverhalten anzubringen sind. Darüber hinaus ist Informationsmaterial über die Risiken des übermäßigen Spielens sichtbar auszulegen. § 6a SpielV verbietet die Aufstellung und den Betrieb sog. Punktespielgeräte, soweit sie Gewinne ausloben. § 7 Abs. 1 bis 3 SpielV regelt den „Geräte-TÜV", der unter den dortigen Voraussetzungen eine einmalige Verlängerung der 2-jährigen Aufstelldauer der Geldspielgeräte um weitere 2 Jahre bis zur höchstzulässigen Aufstelldauer von 4 Jahren zulässt (§ 16 Abs. 1 Nr. 7 SpielV). In § 7 Abs. 4 SpielV wurde der frühere Text der Vorschrift, erweitert um die Konsequenzen des Geräte-TÜVs, niedergelegt. Nach § 8 Abs. 1 S. 1 SpielV ist dem Spielunternehmer die persönliche Teilnahme oder die Teilnahme durch Mittelsmänner an dem Spiel nur gestattet, wenn im Zulassungsschein oder in der Unbedenklichkeitsbescheinigung Ausnahmen zugelassen sind. Damit soll verhindert werden, dass der Un- 6

13 Föderalismusreform-Gesetz v. 28.6.2006› BGBl. 2006 I 2034.
14 Landmann/Rohmer GewO/*Marcks* § 33f Rn. 4.

ternehmer den Ausgang des Spiels in seinem Sinne beeinflusst und sich auf diese Weise ungerechtfertigte Vorteile verschafft. § 8 Abs. 1 S. 2 SpielV soll das sog. Vorheizen von Geldspielgeräten verhindern. § 8 Abs. 2 SpielV, der dem Veranstalter anderer Spiele verbietet, dem Spieler Kredit zu gewähren oder gewähren zu lassen, und § 9 SpielV, wonach dem Spieler für weitere Spiele hinsichtlich der Höhe des Einsatzes keine Vergünstigungen gewährt werden und gewonnene Gegenstände nicht zurückgekauft werden dürfen, sollen einer Förderung des Spieltriebs durch den Spielunternehmer entgegenwirken. § 10 SpielV soll verhindern, dass Kinder und Jugendliche Spielhallen betreten, in denen andere Spiele mit Geldgewinnen veranstaltet werden. Weitergehende Verpflichtungen der Gewerbetreibenden enthält § 6 JuSchG. Die §§ 10a bis 10d SpielV setzen die Ermächtigung des § 33f Abs. 1 Nr. 5 über den Unterrichtungsnachweis um.[15]

7 **3. Regelung der Verfahren bei der Physikalisch-Technischen Bundesanstalt und dem Bundeskriminalamt (Abs. 2).** Anfangs bestanden zwei Verfahrensordnungen, nämlich die Spielgerätezulassungsverordnung und die Verordnung zur Erteilung von Unbedenklichkeitsbescheinigungen. Die Erstere wurde in die SpielV übernommen. Inhaltlich stimmen die jeweiligen verfahrensrechtlichen Vorschriften jedoch noch weitgehend überein. So bestimmen § 11 SpielV und § 1 UnbBeschErtV die für die Entscheidung über die Zulassung und den Antrag auf Erteilung der Unbedenklichkeitsbescheinigung zuständigen Stellen, § 12 SpielV bzw. § 2 UnbBeschErtV die dem Antrag beizufügenden Unterlagen bzw. abzugebenden Erklärungen, § 15 Abs. 1 SpielV bzw. § 3 UnbBeschErtV die Art der dem Antragsteller auszuhändigenden Unterlagen und § 16 SpielV bzw. § 4 UnbBeschErtV deren Inhalt, § 15 Abs. 2 SpielV und § 5 UnbBeschErtV die Art der Veröffentlichung der von den beiden Behörden getroffenen Entscheidungen.[16]

§ 33g GewO Einschränkung und Ausdehnung der Erlaubnispflicht

Das Bundesministerium für Wirtschaft und Energie kann im Einvernehmen mit den Bundesministerien des Innern, für Bau und Heimat und für Familie, Senioren, Frauen und Jugend mit Zustimmung des Bundesrates durch Rechtsverordnung bestimmen, daß

1. **für die Veranstaltung bestimmter anderer Spiele im Sinne des § 33d Abs. 1 Satz 1 eine Erlaubnis nicht erforderlich ist, wenn diese Spiele überwiegend der Unterhaltung dienen und kein öffentliches Interesse an einer Erlaubnispflicht besteht,**
2. **die Vorschriften der §§ 33c und 33d auch für die nicht gewerbsmäßige Aufstellung von Spielgeräten und für die nicht gewerbsmäßige Veranstaltung anderer Spiele in Vereinen und geschlossenen Gesellschaften gelten, in denen gewohnheitsmäßig gespielt wird, wenn für eine solche Regelung ein öffentliches Interesse besteht.**

Literatur: *BeckOK* Gewerbeordnung, 54. Edition (Stand: 06/2021); *Ennuschat/Wank/Winkler* [Hrsg.] Gewerbeordnung – Kommentar, 9. Aufl. 2020; *Landmann/Rohmer*, Gewerbeordnung – Loseblatt-Komm., Bd. I, 86. Aufl. 2021.

15 Landmann/Rohmer GewO/*Marcks* § 33f Rn. 5.
16 Landmann/Rohmer GewO/*Marcks* § 33f Rn. 6.

I. Genese/Gesetzesentwicklung

§ 33g ergänzt die in § 33f enthaltene **Verordnungsermächtigung.** Die Regelung ermöglicht es, einerseits den Kreis der erlaubnispflichtigen Spiele iSv § 33d einzuschränken, andererseits auch die nicht gewerbsmäßige Aufstellung von Spielgeräten oder Veranstaltung von Spielen dem Regime der §§ 33c und 33d zu unterwerfen. Während von der ersten Verordnungsermächtigung in Gestalt von § 5a SpielV Gebrauch gemacht wurde, ist mit einer Ausdehnung der Erlaubnispflicht aufgrund der zweiten Ermächtigung vorerst nicht zu rechnen.[1] 1

II. Erläuterungen

1. Vorbemerkung. § 33g ermöglicht für bestimmte Fallgruppen die **Einschränkung** (Nr. 1) bzw. **Ausdehnung** (Nr. 2) der Erlaubnispflicht durch Rechtsverordnung. § 33g genügt den Anforderungen des Art. 80 Abs. 1 S. 2 GG.[2] Die Bezeichnung des Ministeriums wurde mehrfach geändert, zuletzt durch Art. 275 Nr. 3 10 ZustAnpVO vom 31.8.2015[3]. 2

2. Einschränkung der Erlaubnispflicht (Nr. 1). Nach § 33g Nr. 1 kann durch Rechtsverordnung des BMWi unter den gleichen formellen Voraussetzungen wie in § 33f Abs. 1 (im Einvernehmen mit dem BMI, dem BMFSFJ sowie mit Zustimmung des BR) die Erlaubnispflicht nach § 33d Abs. 1 für das Veranstalten anderer Spiele eingeschränkt werden, wenn diese Spiele überwiegend der **Unterhaltung** dienen und kein **öffentliches Interesse** an der Erlaubnispflicht besteht. Die Verordnungsermächtigung ist nach Inhalt, Zweck und Ausmaß hinreichend bestimmt gefasst, da bei ihrer Auslegung auch der **Regelungszusammenhang** mit §§ 33c, 33d und 33e zu berücksichtigen ist.[4] 3

Als Unterhaltungsspiele kommen **Geschicklichkeitsspiele** und **Ausspielungen,** hingegen von vornherein keine **Glücksspiele** iSv § 284 StGB in Betracht. Das öffentliche Interesse an der Erlaubnispflicht entfällt, wenn auch ohne Erlaubnispflicht gewährleistet werden kann, dass Spieler nicht übervorteilt werden und keine **unangemessen hohen Verluste in kurzer Zeit** (→ § 33e Rn. 3) erleiden.[5] 4

Von dieser Verordnungsermächtigung wurde zunächst in Gestalt einer eigenen Verordnung über die gewerbsmäßige Veranstaltung unbedenklicher Spiele Gebrauch gemacht (1971), deren unverzichtbare Teile im Zeichen der Entbürokratisierung 1984 in den neuen § 5a SpielV überführt wurden. Wegen der Verweisung in § 60a Abs. 2 S. 4 konnte die Begünstigung auch auf Spiele erstreckt werden, die im **Reisegewerbe** veranstaltet werden. Zu beachten ist, dass § 5a SpielV nur gewerbliche Spiele erfasst. **Nichtgewerbliche Spiele** sind gewerberechtlich unbeachtlich und grundsätzlich erlaubt.[6] 5

1 Landmann/Rohmer GewO/*Marcks* § 33g Rn. 2; vgl. hierzu auch BeckOK GewO/*Meßerschmidt* § 33g Rn. 1 und Ennuschat/Wank/Winkler/*Ennuschat* GewO § 33g Rn. 1.
2 Landmann/Rohmer GewO/*Marcks* § 33g Rn. 2.
3 ZustAnpVO v. 31.8.2015, BGBl. 2015 I 1474.
4 Landmann/Rohmer GewO/*Marcks* § 33g Rn. 2.
5 Siehe Landmann/Rohmer GewO/*Marcks* § 33g Rn. 2; so auch BeckOK GewO/*Meßerschmidt* § 33g Rn. 2.
6 Vgl. hierzu auch Landmann/Rohmer GewO/*Marcks* § 33g Rn. 4.

6 **3. Ausdehnung der Erlaubnispflicht** (Nr. 2). Nach § 33g Nr. 2 kann durch Rechtsverordnung des Bundesministeriums unter den vorgenannten prozeduralen Voraussetzungen die Erlaubnispflicht ausgedehnt werden auf die nicht gewerbsmäßige Aufstellung von **Spielgeräten** und **Veranstaltung anderer Spiele** in Vereinen und geschlossenen Gesellschaften, in denen gewohnheitsmäßig gespielt wird. Hier muss nun umgekehrt ein **öffentliches Interesse** für die Ausdehnung der Erlaubnispflicht angeführt werden können. **Gewohnheitsmäßig** erfolgt eine Tätigkeit, wenn sie zu einer dauernden oder wenigstens regelmäßig wiederkehrenden Beschäftigung führt, aber ohne **Gewinnabsicht** ausgeführt wird.[7]

7 Der Erlass einer entsprechenden Verordnung gilt nach wie vor als unwahrscheinlich. Entgegen dem ersten Anschein ist dies für Spielinteressenten allerdings nicht nur vorteilhaft. Der Verzicht auf die Einführung einer Erlaubnispflicht etwa für nicht gewerbsmäßig betriebene Geldspielgeräte belässt es nämlich beim bisherigen Rechtszustand, wonach das Aufstellen und Betreiben von Geldspielgeräten als unzulässiges, sogar strafbares Glücksspiel gilt, sofern es nicht ausnahmsweise zugelassen wird. Für Vereine bleibt daher nur der Ausweg, einen **Gewerbetreibenden** mit der Aufstellung des Geldspielgeräts zu beauftragen.[8]

§ 33h GewO Spielbanken, Lotterien, Glücksspiele

Die §§ 33c bis 33g finden keine Anwendung auf
1. **die Zulassung und den Betrieb von Spielbanken,**
2. **die Veranstaltung von Lotterien und Ausspielungen, mit Ausnahme der gewerbsmäßig betriebenen Ausspielungen auf Volksfesten, Schützenfesten oder ähnlichen Veranstaltungen, bei denen der Gewinn in geringwertigen Gegenständen besteht,**
3. **die Veranstaltung anderer Spiele im Sinne des § 33d Abs. 1 Satz 1, die Glücksspiele im Sinne des § 284 des Strafgesetzbuches sind.**

Literatur: *BeckOK* Gewerbeordnung, 54. Edition (Stand: 06/2021); *Ennuschat/Wank/Winkler* (Hrsg.) Gewerbeordnung – Kommentar, 9. Aufl. 2020; *Landmann/Rohmer*, Gewerbeordnung – Loseblatt-Komm., Bd. I, 86. Aufl. 2021.

I. Genese/Gesetzesentwicklung

1 Die Bedeutung des § 33h liegt in der Abgrenzung des Anwendungsbereichs der §§ 33c bis 33g von sonstigen bundes- und landesrechtlichen Vorschriften. Dies wurde durch § 33h aF, der durch das 4. ÄndG v. 5.2.1960 eingefügt worden war, in der Weise geregelt, dass die Erlaubnisvorschriften der §§ 33d ff. nicht für den Betrieb von Spielbanken gegolten haben, für die Veranstaltung von Lotterien und Ausspielungen, soweit sie in anderen Rechtsvorschriften geregelt waren,

---

7 Siehe hierzu auch Landmann/Rohmer GewO/*Marcks* § 33g Rn. 5; vgl. hierzu auch BeckOK GewO/*Meßerschmidt* § 33g Rn. 4.

8 Landmann/Rohmer GewO/*Marcks* § 33g Rn. 5; so auch BeckOK GewO/*Meßerschmidt* § 33g Rn. 5.

sowie für die Veranstaltung anderer Spiele iSd § 33d Abs. 1 S. 1, soweit diese Spiele als Glücksspiele unter die §§ 284 ff. StGB fielen.[1]

2 Zur vorstehend erwähnten Abgrenzung der bundesrechtlich geregelten Spiele von den landesrechtlich zulässigen Glücksspielen sind daher die landesrechtlichen Normen heranzuziehen. Für die **Spielbanken** sind das die Spielbankengesetze der Länder, für **Lotterien** und **Ausspielungen** sowie die im Gesetzestext nicht erwähnten, aber gleich zu behandelnden **Sportwetten** ist es – nach einer längeren Entwicklungsgeschichte – der Glücksspielstaatsvertrag der Länder.[2]

II. Erläuterungen

3 **1. Vorbemerkung.** Die §§ 33c–g finden nach der Nr. 1 keine Anwendung auf die Zulassung und den Betrieb von Spielbanken. Sie waren zunächst im Gesetz über die Zulassung öffentlicher Spielbanken v. 14.7.1933[3] und der Verordnung über öffentliche Spielbanken v. 27.7.1938[4] geregelt, die später von landesrechtlichen Spielbankengesetzen abgelöst wurden.[5]

4 **2. Spielbanken (Nr. 1).** Nach Nr. 1 finden die §§ 33c–g keine Anwendung auf Spielbanken. Spielbanken sind **öffentlich zugängliche Einrichtungen**, in der **staatlich konzessioniertes Glücksspiel** betrieben wird.[6]

5 **3. Lotterien und Ausspielungen, Sportwetten (Nr. 2).** Die §§ 33c–g finden nach der Nr. 2 keine Anwendung auf die Veranstaltung von Lotterien und Ausspielungen mit Ausnahme der gewerbsmäßig betriebenen Ausspielungen auf Volksfesten, Schützenfesten oder ähnlichen Veranstaltungen, bei denen der Gewinn in **geringwertigen Gegenständen** besteht. Nr. 2 ist eine Ausnahme des in der Nr. 3 niedergelegten Grundsatzes, dass die §§ 33c ff. nicht für andere Spiele gelten, die Glücksspiele sind. Bei den hiernach zulässigen Ausspielungen handelt es sich in erster Linie um die Spiele, die nach Nrn. 1 b, 4 und 5 der Anlage zu § 5a SpielV begünstigt sind (zB Fadenziehen, Lostopfspiele, Jahrmarktspielgeräte). Darüber hinaus kommen ähnliche Ausspielungen auf Volksfesten, Schützenfesten usw in Betracht, die noch nicht so verbreitet sind, dass eine Üblichkeit iSd Nr. 4 (Abgrenzungskriterium!) angenommen werden kann. Im letzteren Falle benötigt der Aufsteller allerdings die Erlaubnis und Unbedenklichkeitsbescheinigung nach § 60a Abs. 2 S. 2, 3. Nicht erfasst von § 33h Nr. 2 ist die Ausspielung von **Kleintieren** anlässlich der Veranstaltung von Kleintiermärkten und die Veranstaltung einer Tombola durch einen Reiterverein anlässlich eines Vereinsfestes, da es an der **Öffentlichkeit** iSd § 287 Abs. 1 StGB fehlt.[7]

6 Eine **Lotterie** oder **Ausspielung** liegt vor, wenn eine Mehrzahl von Personen vertragsmäßig die Möglichkeit hat, nach einem bestimmten Spielplan gegen bestimmten Einsatz einen bestimmten **Gewinn** zu erhalten, der vom **Zufall** abhängt und bei der Lotterie in Geld, bei der Ausspielung in sonstigen vermögenswerten Gegenständen besteht. Im Gegensatz zum Begriff der „Lotterie“ sind jedoch unter den Begriff „Ausspielung“ nicht nur **Glücksspiele** zu fassen, bei denen mehrere Spieler teilnehmen und untereinander in Konkurrenz um den Gewinn treten, sondern auch Spiele, wie sie auf Volksfesten usw in sog. „Glücksbuden“ um Gegenstände von geringem Wert veranstaltet werden, bei denen sich

1 Landmann/Rohmer GewO/*Marcks* § 33h Rn. 1.
2 Landmann/Rohmer GewO/*Marcks* § 33h Rn. 1.
3 Gesetz über die Zulassung öffentlicher Spielbanken v. 14.7.1933, RGBl. 1933 I 480.
4 Verordnung über öffentliche Spielbanken v. 27.7.1938, RGBl. 1938 I 955.
5 Landmann/Rohmer GewO/*Marcks* § 33h Rn. 2.
6 Vgl. hierzu auch Landmann/Rohmer GewO/*Marcks* § 33h Rn. 3 ff.
7 Landmann/Rohmer GewO/*Marcks* § 33h Rn. 6.

die Spiele lediglich zwischen dem Unternehmer und je einem Spieler vollziehen. **Geldspielgeräte** und **Lotterien** bzw. **Ausspielungen** sind sich gegenseitig ausschließende Alternativen, die auf der strengen Zweiteilung des gewerberechtlich geregelten **Spielrechts** in den §§ 33c und 33d beruhen. Der Einsatz eines Geldspielgeräts im Rahmen einer Lotterie entbindet den Veranstalter nicht von der Vorschrift des § 33c. Der in der Ausspielung ausgesetzte Gewinn muss in geringwertigen Gegenständen bestehen. Inzwischen beträgt der Höchstgewinn 60 Euro (Nr. 4, 5 der Anlage zu § 5a, § 18 SpielV).[8]

7 **Sportwetten** sind Glückspiele.[9] Sportwetten können nach § 21 Abs. 1 S. 1 als Kombinations- oder Einzelwetten auf den Ausgang von Sportereignissen (Sportwetten) erlaubt werden. Gegenstand der Wetten dürfen nur Sportereignisse sein, nicht andere Ereignisse, zB kultureller, politischer oder allgemeiner gesellschaftlicher Art. Die Wetten dürfen einerseits – wie bisher – auf den Ausgang von Sportereignissen oder von Abschnitten von Sportereignissen („Ergebniswetten") abgeschlossen werden. Beschränkt sind sie auf Kombinationswetten, dh Sportwetten, die miteinander kombiniert werden, bzw. Einzelwetten, die auf den Ausgang eines konkreten Wettkampfes setzen. Gegenstand der Sportwetten müssen Ereignisse sein, die im Gebiet der Bundesrepublik Deutschland oder sogar nur in einem Bundesland stattfinden.[10] In eingeschränktem Umfang möglich sind andererseits auf Grundlage des GlüStV 2021 nun auch Ereigniswetten, also Wetten auf einzelne Vorgänge (zB Tor) während des Sportereignisses (→ GlüStV § 21 Rn. 10).

8 **4. Glücksspiele im Sinne des § 284 StGB (Nr. 3).** Nachdem § 33h Nr. 1 und 2 schon Spielbanken (und die in ihnen veranstalteten Spiele) sowie Lotterien und Ausspielungen, mit Ausnahme der gewerbsmäßig betriebenen Ausspielungen auf Volksfesten usw, bei denen der Gewinn in geringwertigen Gegenständen besteht, von den gewerberechtlichen Erlaubnisvorschriften ausgenommen hat, zieht die Nr. 3 eine entscheidende Grenzlinie für den Regelungsbereich des § 33d. Hiernach finden die §§ 33c bis 33g (in erster Linie ist allerdings § 33d angesprochen) keine Anwendung auf die Veranstaltung anderer Spiele iSd § 33d Abs. 1 S. 1, die Glücksspiele iSd § 284 StGB sind. Damit kann für derartige Glücksspiele keine Erlaubnis nach § 33d erteilt werden. Die Vorschrift stellt klar, dass andere Spiele – bis auf die ausdrücklich durch § 33h Nr. 2 zugelassenen Ausspielungen – Geschicklichkeitsspiele sein müssen. Zum Begriff des Glücksspiels (→ § 33d Rn. 3).[11]

§ 33i GewO Spielhallen und ähnliche Unternehmen

(1) [1]Wer gewerbsmäßig eine Spielhalle oder ein ähnliches Unternehmen betreiben will, das ausschließlich oder überwiegend der Aufstellung von Spielgeräten oder der Veranstaltung anderer Spiele im Sinne des § 33c Abs. 1 Satz 1 oder des § 33d Abs. 1 Satz 1 dient, bedarf der Erlaubnis der zuständigen Behörde. [2]Die Erlaubnis kann mit einer Befristung erteilt und mit Auflagen verbunden werden, soweit dies zum Schutze der Allgemeinheit, der Gäste oder der Bewohner des Betriebsgrundstücks oder der Nachbargrundstücke vor Gefahren, erheblichen

8 Landmann/Rohmer GewO/*Marcks* § 33h Rn. 7 f.; vgl. hierzu auch BeckOK GewO/*Meßerschmidt* § 33h Rn. 31 sowie Ennuschat/Wank/Winkler/*Ennuschat* GewO § 33h Rn. 32.
9 BVerwG 26.10.2017 – 8 C 18.16, GewA 2018, 191 (194).
10 Landmann/Rohmer GewO/*Marcks* § 33h Rn. 14.
11 Landmann/Rohmer GewO/*Marcks* § 33h Rn. 19 f.

Nachteilen oder erheblichen Belästigungen erforderlich ist; unter denselben Voraussetzungen ist auch die nachträgliche Aufnahme, Änderung und Ergänzung von Auflagen zulässig.

(2) Die Erlaubnis ist zu versagen, wenn

1. **die in § 33c Absatz 2 Nummer 1 oder § 33d Absatz 3 genannten Versagungsgründe vorliegen,**
2. **die zum Betrieb des Gewerbes bestimmten Räume wegen ihrer Beschaffenheit oder Lage den polizeilichen Anforderungen nicht genügen oder**
3. **der Betrieb des Gewerbes eine Gefährdung der Jugend, eine übermäßige Ausnutzung des Spieltriebs, schädliche Umwelteinwirkungen im Sinne des Bundes-Immissionsschutzgesetzes oder sonst eine nicht zumutbare Belästigung der Allgemeinheit, der Nachbarn oder einer im öffentlichen Interesse bestehenden Einrichtung befürchten läßt.**

Literatur: *Ennuschat/Wank/Winkler* [Hrsg.] Gewerbeordnung – Kommentar, 9. Aufl. (2020); *BeckOK* Gewerbeordnung, 54. Edition (Stand: 06/2021); *Schönleiter* [Hrsg.] *Landmann/Rohmer*, Gewerbeordnung – Loseblatt-Komm., Bd. I, 86. Aufl. (2021).

I. Genese/Gesetzesentwicklung

1 Durch das 4. Gesetz zur Änderung der Gewerbeordnung vom 5.2.1960[1] ist § 33i auf Vorschlag der Bundesregierung eingefügt worden. Die Regelung begründet eine Erlaubnispflicht für den gewerbsmäßigen Betrieb einer Spielhalle oder eines ähnlichen Unternehmens, nachdem bis zu diesem Zeitpunkt für die Eröffnung oder den Betrieb einer Spielhalle im Allgemeinen keine eigene Erlaubnis (Ausnahme: Art. 20 BayLStVG, inzwischen aufgehoben) erforderlich war. Die Erlaubnispflicht ist mit Art. 12 GG vereinbar, um Spieler, Kinder, Jugendliche und die Allgemeinheit vor Gefahren zu schützen, die ihren Niederschlag in den Versagungsgründen des § 33i Abs. 2 gefunden haben. Für Unternehmer, die bereits vor Einführung der Erlaubnispflicht nach § 33i eine Spielhalle oder ein ähnliches Unternehmen betrieben haben, wurde durch Art. 6 des Änderungsgesetzes vom 5.2.1960[2] eine Sonderregelung getroffen. Diese Übergangsregelung ist mittlerweile durch Zeitablauf kaum noch von Bedeutung.[3]

II. Erläuterungen

2 **1. Vorbemerkung.** Nach § 33 Abs. 1 S. 1 bedarf der Erlaubnis der zuständigen Behörde, wer gewerbsmäßig eine Spielhalle oder ein ähnliches Unternehmen betreiben will, das ausschließlich oder überwiegend der Aufstellung von Spielgeräten oder der Veranstaltung anderer Spiele im Sinne des § 33c Abs. 1 S. 1 oder

1 4. Gesetz zur Änderung der Gewerbeordnung v. 5.2.1960, BGBl. I 61.
2 4. Gesetz zur Änderung der Gewerbeordnung v. 5.2.1960, BGBl. I 61.
3 Landmann/Rohmer GewO/*Marcks* § 33i Rn. 1 f.

des § 33d Abs. 1 S. 1 dient.[4] Entsprechende Formulierungen enthalten die **Landesspielhallengesetze.**[5]

3 **2. Tatbestandsvoraussetzungen der Erlaubnispflicht (Abs. 1).** Voraussetzung der Erlaubnispflicht ist zunächst, dass eine Spielhalle oder ein ähnliches Unternehmen betrieben wird. Der Begriff **Spielhalle** umfasst zunächst einen selbstständigen Betrieb. Vom Begriff der Spielhalle umfasst sein kann aber auch ein einzelner Raum, der ausschließlich oder überwiegend der Aufstellung der in § 33i Abs. 1 S. 1 genannten Spielgeräte oder der Veranstaltung der dort genannten Spiele dient.[6] Durch den Zusatz „oder ein ähnliches Unternehmen" soll verhindert werden, dass die Erlaubnispflicht durch eine abweichende Bezeichnung umgangen wird. Von dem Begriff werden in erster Linie sog. Spielkasinos erfasst, dh Räume, in denen ausschließlich oder überwiegend andere Spiele iSd § 33d Abs. 1 S. 1 veranstaltet werden.[7]

4 Die in einer Spielhalle oder einem ähnlichen Unternehmen **zulässigen Spiele** werden in § 33i Abs. 1 S. 1 aufgezählt: Spielgeräte iSd § 33c Abs. 1 S. 1 und andere Spiele iSd § 33d Abs. 1 S. 1. Die Zahl der Gewinnspielgeräte bemisst sich nach der Grundfläche der Spielhalle. Gestattet sind 12 qm/Gerät, höchstens jedoch 12 Gewinnspielgeräte. Zulässig sind Geld- und Warenspielgeräte, in der Praxis werden allerdings nur Geldspielgeräte aufgestellt. Die Höchstzahl der anderen Spiele ist auf 3 beschränkt. Sie dürfen nur mit Geldgewinnen veranstaltet werden. Spielhallen, in denen Unterhaltungsspiele ohne Gewinnmöglichkeiten aufgestellt sind, sind von der Erlaubnispflicht freigestellt. Derartige Unterhaltungsspielgeräte werden aber auch weiterhin in erlaubnispflichtigen Spielhallen aufgestellt. Sofern es sich bei ihnen um verbotene Spiele handelt, kann dies den Fortbestand der Erlaubnis gefährden. Aber auch bei allein auf Unterhaltungsspiele ohne Gewinnmöglichkeit spezialisierten Spielhallen kann dies zu einer Gewerbeuntersagung nach § 35 führen, sofern sich der Gewerbetreibende durch deren Aufstellung als unzuverlässig erweist.[8]

5 Als **Unterhaltungsspiele ohne Gewinnmöglichkeit** kommen elektrische Schießstände, Ballautomaten, Tischfußball- und Tischhockeyspiele, Flipper, Billard, TV-Spiele usw in Betracht. Bei Kriegsspielautomaten uä kann es sich dagegen um unerlaubte Spiele handeln.[9]

6 Voraussetzung für die Erlaubnispflicht ist ferner, dass die Spielhalle **gewerbsmäßig** betrieben wird. **Gewerbe** ist jede nicht sozial unwertige (generell nicht verbotene = erlaubte), auf **Gewinnerzielung** gerichtete und auf Dauer angelegte selbstständige Tätigkeit, ausgenommen Urproduktion, freie Berufe (freie wissenschaftliche, künstlerische und schriftstellerische Tätigkeit höherer Art sowie persönliche Dienstleistungen höherer Art, die eine höhere Bildung erfordern) und bloße Verwaltung eigenen Vermögens. Betreiber der Spielhalle ist, auf wessen Rechnung und Namen die Spielhalle geführt wird. Der Betreiber wird in der Regel zugleich Aufsteller oder Veranstalter sein. Notwendig ist dies aber nicht.[10]

7 **3. Inhalt der Erlaubnis.** Die Erlaubnis nach § 33i betrifft die Zulassung zum Beruf, also die **Berufswahl**. Sie ist mit Art. 12 GG vereinbar, um Spieler, Kinder, Ju-

4 Zur verfassungs- und unionsrechtlichen Zulässigkeit des Erlaubnisvorbehalts nur VGH München 7.6.2021 – 23 ZB 19.1858, BeckRS 2021, 16289 Rn. 7 mwN.
5 BeckOK GewO/*Reeckmann* § 33i Rn. 4.
6 Landmann/Rohmer GewO/*Marcks* § 33i Rn. 6.
7 Landmann/Rohmer GewO/*Marcks* § 33i Rn. 11; siehe hierzu auch Ennuschat/Wank/Winkler/*Ennuschat* GewO § 33i Rn. 61.
8 Landmann/Rohmer GewO/*Marcks* § 33i Rn. 13.
9 Landmann/Rohmer GewO/*Marcks* § 33i Rn. 13a f.
10 Landmann/Rohmer GewO*Marcks* § 33i Rn. 15.

gendliche und die Allgemeinheit vor Gefahren zu schützen, die ihren Niederschlag in den Versagungsgründen des § 33i Abs. 2 gefunden haben.[11]

Die Vorschrift bezieht sich nur auf den **selbstständigen Gewerbetreibenden.** Das 8
Gewerbe kann von natürlichen und juristischen Personen ausgeübt werden. Bei Personengesellschaften ohne eigene Rechtspersönlichkeit (zB OHG, KG) ist eine Erlaubnis für jeden geschäftsführenden Gesellschafter erforderlich; dies gilt auch hinsichtlich der Kommanditisten, sofern sie Geschäftsführungsbefugnis besitzen und damit als Gewerbetreibende anzusehen sind. Die Gesellschaften als solche können im Gegensatz zur juristischen Person keine Erlaubnis erhalten.[12]

Die Erlaubnis nach § 33i ist **persönlicher** und **sachlicher Natur,** dh sie ist an eine 9
bestimmte Person, an bestimmte Räume und an eine bestimmte Betriebsart (Spielhalle oder ähnliches Unternehmen) gebunden. Für den Bestand der Erlaubnis folgt hieraus, dass sie nur so lange wirksam bleibt, als keine dieser Bezugsgrößen geändert wird. Sie erlischt daher mit der Betriebsaufgabe, mit dem Tode des Inhabers (vorbehaltlich des § 46) bzw. Wegfall der juristischen Person, der Veränderung der Räume, zB durch Hinzunahme weiterer oder Umbau der vorhandenen oder wenn das Unternehmen ein Jahr nicht weiter betrieben wird. Die Erlaubnis kann nicht auf einen anderen übertragen werden. Dies gilt auch dann, wenn das von einer natürlichen Person oder Personengesellschaft geführte Gewerbe in eine juristische Person, vornehmlich also in eine GmbH, unter Beibehaltung der Inhaber umgewandelt werden soll, da das Gewerbe nunmehr von einem neuen Rechtsträger ausgeübt werden soll. Dasselbe gilt im umgekehrten Fall, also wenn eine Kapitalgesellschaft in eine Personengesellschaft umgewandelt wird. Keine Auswirkungen auf die Erlaubnis hat allerdings die Auswechslung des Geschäftsführers, da nicht er, sondern die Gesellschaft Inhaber der Erlaubnis ist. Von der durch die Erlaubnis begründeten Befugnis zum Betrieb einer Spielhalle darf grundsätzlich nur durch den Erlaubnisinhaber persönlich Gebrauch gemacht werden. Die allgemeine **Zulässigkeit** der Stellvertretung (§ 45) und die Fortführungsbefugnis des Ehegatten/Lebenspartners und Erben bei Tod des Gewerbetreibenden (§ 46) sind für den Betrieb von Spielhallen durch § 47 beschränkt. Unberührt bleiben die Verpflichtungen des Spielhallenbetreibers, ggf. die Erlaubnis nach § 33c Abs. 1, die Bestätigung nach § 33c Abs. 3 und die Erlaubnis nach § 33d Abs. 1 einzuholen.[13]

Abs. 1 S. 2 lässt als **Nebenbestimmungen** ausdrücklich die **Befristung** und **Aufla-** 10
ge, auch als nachträgliche Auflage, zu, soweit diese zum Schutze der Allgemeinheit, der Gäste oder der Bewohner des Betriebsgrundstücks oder der Nachbargrundstücke vor Gefahren, erheblichen Nachteilen oder erheblichen Belästigungen erforderlich sind. Nebenbestimmungen sind zulässig, wenn sie dem Zweck des Verwaltungsaktes in der Hauptsache bzw. der gesetzlichen Regelung, die für den Erlass des Verwaltungsaktes maßgeblich ist, dienen. Sie müssen ihre Rechtfertigung in dem Zweck des Gesetzes und der vom Gesetzgeber gewollten Ordnung der Rechtsmaterie finden. Sie sind nur dann zulässig, wenn und soweit sie der Verhinderung, Beseitigung oder Minderung von Nachteilen dienen, die sich sonst aus dem Verwaltungsakt bzw. dem Gebrauch, den der Adressat oder Dritte davon machen können, für die Allgemeinheit oder Einzelne ergeben können.[14]

---

11 Landmann/Rohmer GewO/*Marcks* § 33i Rn. 18.
12 Landmann/Rohmer GewO/*Marcks* § 33i Rn. 19.
13 Zu den voranstehenden Ausführungen siehe Landmann/Rohmer GewO/*Marcks* § 33i Rn. 20.
14 Landmann/Rohmer GewO/*Marcks* § 33i Rn. 21 ff.; siehe hierzu auch hierzu auch BeckOK GewO/*Reeckmann* § 33i Rn. 24.

11 Eine **Befristung** kommt in Betracht,[15] wenn sich im Einzelfall noch nicht abschließend beurteilen lässt, ob durch den Betrieb der Spielhalle der Eintritt eines der Versagungsgründe des Abs. 2 Nr. 3 befürchtet werden muss, andererseits aber wegen der Art und Lage des Unternehmens eine solche Befürchtung auch durch entsprechende Auflagen nicht völlig ausgeschlossen werden kann. Eine Befristung kann bei der erstmaligen Erteilung der Erlaubnis an eine ortsfremde Person zulässig sein. Eine wiederholte Befristung kann in Betracht kommen, wenn Vorfälle mit Besuchern der Spielhalle in der Vergangenheit nur durch Polizeieinsatz beigelegt werden konnten und ähnliches für die Zukunft zu befürchten ist.[16]

12 **Auflagen** kommen zur Regelung verschiedener Sachverhalte in Betracht; sie können isoliert durch Anfechtungsklage angegriffen werden. Zu nennen sind hier bspw. Sperrzeitregelungen, die erhebliche Auswirkungen entfalten können.[17]

13 **4. Versagungsgründe der Erlaubnis (Abs. 2).** Nach Abs. 2 ist die Erlaubnis zu versagen, wenn einer der unter Nr. 1 – 3 genannten Gründe vorliegt. Die **Aufzählung** dieser Versagungsgründe ist **abschließend.** Daraus folgt, dass umgekehrt die Erlaubnis erteilt werden muss, wenn keiner der Versagungsgründe einschlägig ist. Auf die Erteilung der Erlaubnis besteht ein Rechtsanspruch, was allerdings nicht ausschließt, dass die Erlaubnis befristet und mit Auflagen erteilt werden kann.[18]

14 Nach Abs. 2 Nr. 1 ist Voraussetzung für die Erteilung der Erlaubnis, dass nicht die in § 33c Abs. 2 Nr. 1 oder § 33d Abs. 3 genannten Versagungsgründe, dh Tatsachen vorliegen, die die Annahme rechtfertigen, dass der Unternehmer die für den Betrieb der Spielhalle erforderliche **Zuverlässigkeit** nicht besitzt. Die Verweisung auf § 33d Abs. 3 neben derjenigen auf § 33c Abs. 2 ist erforderlich, um bei der Veranstaltung anderer Spiele auch die Zuverlässigkeitsüberprüfung des Inhabers des Betriebes, sofern keine Identität mit dem Veranstalter des Spieles besteht, einbeziehen zu können.[19]

15 Nach Abs. 2 Nr. 2 müssen die zum Betrieb des Gewerbes bestimmten Räume in ihrer Beschaffenheit und Lage den polizeilichen Anforderungen genügen. Es handelt sich bei der Erlaubnis nach § 33i Abs. 1 um eine an die Person (Zuverlässigkeit) und an den Raum gebundene Erlaubnis, ähnlich der nach § 4 Abs. 1 Nr. 2 und 3 GastG. Die Erlaubnis nach § 33i wird daher jeweils nur für bestimmte Räume erteilt, so dass bei einem Wechsel oder einer Veränderung der als Spielhalle benutzten Räume eine neue Erlaubnis erforderlich wird. Es sind polizeiliche Anforderungen jeder Art (bau-, feuer-, gesundheits-, sitten-, sicherheitspolizeiliche usw) gemeint und zwar sowohl in Bezug auf die Beschaffenheit als auch in Bezug auf die Lage der Räume. Maßgeblich sind die einschlägigen bundes- und landesrechtlichen Bestimmungen. Für die Anwendung des Abs. 2 Nr. 2 genügt das Vorhandensein einer abstrakten (potenziellen) Gefahrenlage. Sie braucht also nicht konkret gegeben zu sein. Die Beschaffenheit stellt auf den Raum als solchen ab, es muss also sichergestellt sein, dass er den o.a. polizeili-

15 Zur Zulässigkeit einer Befristung nur VGH München 7.6.2021 – 23 ZB 19.1858, BeckRS 2021, 16289 Rn. 7 mwN.

16 Landmann/Rohmer GewO/*Marcks* § 33i Rn. 22; siehe hierzu auch hierzu auch BeckOK GewO/*Reeckmann* § 33i Rn. 28.

17 Landmann/Rohmer GewO/*Marcks* § 33i Rn. 23; siehe hierzu auch hierzu auch BeckOK GewO/*Reeckmann* § 33i Rn. 25.

18 Landmann/Rohmer GewO/*Marcks* § 33i Rn. 24; siehe hierzu auch Ennuschat/Wank/Winkler/*Ennuschat* GewO § 33i Rn. 76.

19 Landmann/Rohmer GewO/*Marcks* § 33i Rn. 25; siehe hierzu auch BeckOK GewO/*Reeckmann* § 33i Rn. 30a.

chen **Anforderungen** im Hinblick auf **Besucher und Personal** genügt. So wird es erforderlich sein, dass die Räume leicht zugänglich, genügend groß und ausreichend belüftet und beleuchtet sind. Die Lage der Räume betrifft dagegen den Standort der Spielhalle in einer bestimmten Umgebung. Es ist daher zu prüfen, ob die beabsichtigte Spielhalle etwa in Verbindung mit anderen bereits vorhandenen Einrichtungen einen potenziellen Gefahrenzustand herbeiführen kann.[20]

Abs. 2 Nr. 3 fasst mehrere Versagungsgründe zusammen. Die Erlaubnis darf danach nicht erteilt werden, wenn der Betrieb des Gewerbes eine **Gefährdung der Jugend** befürchten lässt. Kindern und Jugendlichen darf nach § 6 Abs. 1 JuSchG die Anwesenheit in öffentlichen Spielhallen oder ähnlichen vorwiegend dem Spielbetrieb dienenden Räumen nicht gestattet werden. Der Versagungsgrund der übermäßigen Ausnutzung des Spieltriebs gestattet es nicht, benachbarte Spielhallen in die Betrachtung einzubeziehen. Es sollte nicht die noch so ausgedehnte spielerische Unterhaltung, sondern die in wirtschaftlichem Sinne ausbeuterische Ausnutzung eines durch übersteigerte Gewinnerwartung geschaffenen Anreizes verhindert werden, sich mit unkontrollierter Risikobereitschaft einer großen Verlustgefahr auszusetzen.[21] Die Erlaubnis ist nach Abs. 2 Nr. 3 weiter zu versagen, wenn der Betrieb **schädliche Umwelteinwirkungen** iSd Immissionsschutzgesetzes oder eine sonst nicht zumutbare Belästigung der Allgemeinheit, der Nachbarn oder einer im öffentlichen Interesse bestehenden Einrichtung befürchten lässt. Zu den im öffentlichen Interesse bestehenden Einrichtungen gehören Schulen, Kirchen, Krankenhäuser, Einrichtungen der Jugendwohlfahrt und der öffentlichen Fürsorge. Zu diesen Einrichtungen muss allerdings ein räumlicher Kontakt bestehen. Der Versagungsgrund ist zum Beispiel nicht gegeben, wenn sich eine Kirche und Spielhalle an einem geräumigen Platz gegenüberliegen und daher nur eine Blickverbindung zwischen beiden Gebäuden besteht. Die Entfernung ist in diesem Fall zu groß, als dass von der Spielhalle eine gleichsam provozierende Wirkung auf die Kirchenbesucher oder auf die von vielen Menschen mit der Kirche verbundenen Sinn- und Wertvorstellungen ausginge.[22] 16

5. Anspruch auf Erteilung der Erlaubnis. Liegen die Voraussetzungen für die Erteilung einer Erlaubnis vor, besteht ein **Rechtsanspruch** auf Erteilung. Sofern dem Antragsteller die Erlaubnis zu Unrecht vorenthalten wird und er im Hauptverfahren erst nach Jahren eine Entscheidung und damit Rechtsschutz erlangen kann, kann er seinen Anspruch vorläufig durch einstweilige Anordnung nach § 123 VwGO durchsetzen. Die Erlaubnis wird durch die zuständige Behörde (untere Verwaltungsbehörde) schriftlich erteilt. Das Erfordernis der Schriftform ist im Gesetzestext – wie auch in dem der benachbarten Bestimmungen der §§ 33c, 33d, 34 bis 34f, 34h – nicht ausdrücklich erwähnt, da es sich um eine Selbstverständlichkeit handelt. Demgemäß wird die Schriftform in Nr. 3.2.2.1 der 226. SpielVwV vorgeschrieben. Der Inhalt des Erlaubnisbescheids wird durch die Anlage 4 SpielVwV festgelegt. Nach § 49 Abs. 2 erlischt ua die Erlaubnis nach § 33i, wenn der Inhaber innerhalb eines Jahres nach deren Erteilung den Betrieb nicht begonnen oder während eines Zeitraums von einem Jahr nicht mehr ausgeübt hat.[23] 17

---

20 Landmann/Rohmer GewO/*Marcks* § 33i Rn. 26; vgl. hierzu auch hierzu auch BeckOK GewO/*Reeckmann* § 33i Rn. 32.
21 Landmann/Rohmer GewO/*Marcks* § 33i Rn. 28.
22 Landmann/Rohmer GewO/*Marcks* § 33i Rn. 30; vgl. hierzu auch hierzu auch BeckOK GewO/*Reeckmann* § 33i Rn. 33.
23 Landmann/Rohmer GewO/*Marcks* § 33i Rn. 31; so auch Ennuschat/Wank/Winkler/*Ennuschat* GewO § 33i Rn. 76.

18 **6. Rücknahme und Widerruf der Erlaubnis.** § 48 VwVfG gestattet die **Rücknahme** eines rechtswidrigen Verwaltungsaktes, die eines rechtswidrigen begünstigenden allerdings nur unter den Einschränkungen der Abs. 2 bis 4. Die Rücknahme eines rechtswidrigen begünstigenden Verwaltungsaktes kann in Betracht kommen, wenn das im Zeitpunkt seines Erlasses geltende Recht unrichtig angewendet oder bei der Entscheidung von einem Sachverhalt ausgegangen worden ist, der sich als unrichtig erweist, zB weil ein Versagungsgrund vorlag.[24]

19 Die Gründe für den **Widerruf** eines rechtmäßigen begünstigenden Verwaltungsaktes sind in § 49 Abs. 2 S. 1 VwVfG abschließend aufgezählt. Der Widerruf ist nach der Nr. 1 zulässig, wenn er im Verwaltungsakt vorbehalten ist. Der Widerruf ist nach der Nr. 2 zulässig, wenn mit dem Verwaltungsakt eine Auflage verbunden ist und der Begünstigte diese nicht oder nicht innerhalb einer ihm gesetzten Frist erfüllt hat. Die Erlaubnis kann ferner unter den Voraussetzungen des § 49 Abs. 2 S. 1 Nr. 3 VwVfG widerrufen werden, wenn die Behörde aufgrund nachträglich eingetretener Tatsachen berechtigt wäre, ihn nicht zu erlassen, dh, wenn der Gewerbetreibende einen Versagungsgrund verwirklicht hat, dh unzuverlässig geworden ist. Darüber hinaus ist ein Widerruf in den Fällen des § 49 Abs. 2 S. 1 Nr. 4, 5 VwVfG denkbar. Rücknahme und Widerruf (nicht in den Fällen des § 49 Abs. 2 S. 1 Nr. 1, 2 VwVfG) können uU eine Entschädigungspflicht der Behörde auslösen. Diese setzt allerdings voraus, dass der Gewerbetreibende auf den Bestand des Verwaltungsaktes vertraut hat und sein Vertrauen schutzwürdig ist, was zu verneinen ist, wenn er den Widerrufsgrund zu vertreten hat. Rücknahme und Widerruf sind gem. §§ 48 Abs. 4 und 49 Abs. 2 S. 2 iVm § 48 Abs. 4 VwVfG nur innerhalb eines Jahres nach Kenntnisnahme des Grundes zulässig.[25]

---

24 Landmann/Rohmer GewO/*Marcks* § 33i Rn. 32.
25 Landmann/Rohmer GewO/*Marcks* § 33i Rn. 33.

2. Spielverordnung

I. Aufstellung von Geldspielgeräten

§ 1 SpielV [Geldspielgeräte]

(1) Ein Spielgerät, bei dem der Gewinn in Geld besteht (Geldspielgerät), darf nur aufgestellt werden in

1. Räumen von Schank- oder Speisewirtschaften, in denen Getränke oder zubereitete Speisen zum Verzehr an Ort und Stelle verabreicht werden, oder in Beherbergungsbetrieben,
2. Spielhallen oder ähnlichen Unternehmen oder
3. Wettannahmestellen der konzessionierten Buchmacher nach § 2 des Rennwett- und Lotteriegesetzes, es sei denn, in der Wettannahmestelle werden Sportwetten vermittelt.

(2) Ein Geldspielgerät darf nicht aufgestellt werden in

1. Betrieben auf Volksfesten, Schützenfesten oder ähnlichen Veranstaltungen, Jahrmärkten oder Spezialmärkten,
2. Trinkhallen, Speiseeiswirtschaften, Milchstuben, Betrieben, in denen die Verabreichung von Speisen oder Getränken nur eine untergeordnete Rolle spielt,
3. Schank- oder Speisewirtschaften oder Beherbergungsbetrieben, die sich auf Sportplätzen, in Sporthallen, Tanzschulen, Badeanstalten, Sport- oder Jugendheimen oder Jugendherbergen befinden, oder in anderen Schank- oder Speisewirtschaften oder Beherbergungsbetrieben, die ihrer Art nach oder tatsächlich vorwiegend von Kindern oder Jugendlichen besucht werden oder
4. Betriebsformen, die unter Betriebe im Sinne von § 2 Absatz 2 des Gaststättengesetzes in der Fassung der Bekanntmachung vom 20. November 1998 (BGBl. I S. 3418), das zuletzt durch Artikel 10 des Gesetzes vom 7. September 2007 (BGBl. I S. 2246) geändert worden ist, fallen.

I. Anwendungsbereich nach der Föderalismusreform

Mit dem Gesetz zur Änderung des Grundgesetzes vom 28.6.2006[1] änderte der Verfassungsgesetzgeber ua die Gesetzgebungskompetenz für das Recht der Spielhallen. Aus dem Katalog der konkurrierenden Gesetzgebung des Art. 74 Abs. 1 Nr. 11 GG wurde durch Art. 1 Nr. 7. a) gg) des Föderalismusreformgesetzes das Recht der Spielhallen ausdrücklich ausgenommen, so dass die **ausschließliche Gesetzgebungskompetenz** der Länder gem. Art. 70 Abs. 1 GG begründet war. 1

In der Folgezeit entstand in der rechtswissenschaftlichen Literatur eine lebhafte Auseinandersetzung darüber, ob und welche Auswirkungen die geänderte Kompetenzzuweisung auf den Anwendungsbereich insbesondere des § 33i GewO und damit auf die für den Erlass der SpielV maßgeblichen Ermächtigungsgrund- 2

1 BGBl. 2006 I 2034.

lage des § 33f Abs. 1 Nr. 1 GewO hat.[2] Das Bundesverwaltungsgericht beendete mit seinem Urteil vom 16.12.2016[3] diese Diskussion, indem es entschied, dass der **Kompetenztitel** für das Recht der Spielhallen „die **Länder** zur Regelung sämtlicher Voraussetzungen für die Erlaubnis von Spielhallen und die Art und Weise ihres Betriebes einschließlich der räumlichen Bezüge in ihrem Umfeld" ermächtigt (Leitsatz 1). Die Gesetzgebungskompetenz des **Bundes** beschränkt sich danach auf die „produktbezogenen, *nicht* vom Aufstellungsort abhängigen Anforderungen an die Beschaffenheit, die Vermarktung und die Aufstellung von Spielgeräten und der Voraussetzung für die ortsübergreifende Aufstellerlaubnis" (Leitsatz 1).

3 Bestätigt wurde diese Rechtsprechung des Bundesverwaltungsgerichts letztlich auch durch das Bundesverfassungsgericht in seinem Beschluss vom 7.3.2017,[4] so dass geklärt ist, dass infolge der Neufassung des Art. 74 Abs. 1 Nr. 11 GG ***keine* Gesetzgebungskompetenz** des Bundes für die in Abschnitt I. SpielV geregelte Aufstellung von **Spielgeräten** mehr besteht.

4 Gem. Art. 125a Abs. 1 GG gilt Recht, das als Bundesrecht erlassen worden ist, aber wegen der hier einschlägigen Änderung des Art. 74 Abs. 1 GG nicht mehr als Bundesrecht erlassen werden könnte, als Bundesrecht fort.[5] Es kann nach Maßgabe dieser Bestimmung durch Landesrecht ersetzt werden. Die Landesgesetzgeber haben – soweit erkennbar – von dieser Möglichkeit jedenfalls in Bezug auf die SpielV keinen umfassenden Gebrauch gemacht. Sie haben vielmehr für die Spielhallen und damit einen Teilbereich des Anwendungsbereichs der SpielV in den Spielhallengesetzen oder Ausführungsgesetzen zum GlüStV zum Teil ausdrücklich bestimmt, dass die SpielV fortgilt (Vgl. § 14 Abs. 2 Nr. 3 SpielhG HE, § 21 Abs. 2 AG GlüStV NRW). In anderen landesrechtlichen Bestimmungen finden sich Modifikationen zu einzelnen Bestimmungen der SpielV und die gesetzliche Anordnung, dass die SpielV in der Bekanntmachung vom 27.1.2006 im Übrigen weiterhin Anwendung findet, häufig mit dem der Bestimmtheit nicht förderlichen Zusatz „soweit nicht in diesem Gesetz abweichende Bestimmungen getroffen worden sind" (§ 9 Abs. 1, 2 SpielhG Bln).

5 Für die Rechtsanwendung ist daher für den I. Abschnitt der SpielV von Bedeutung, dass die Regelungen, die Spielhallen und ähnliche Betriebe betreffen, je nach Bundesland unterschiedlich ausfallen können – je nachdem, ob die Regelungen der SpielV des Bundes gem. Art. 125a Abs. 1 GG weitergelten, deren Geltung ausdrücklich landesrechtlich bestimmt wurde oder – wie in Berlin – zT abweichende Regelungen getroffen wurden. Für alle anderen Betriebe gelten die Regelungen der SpielV ohne Einschränkungen und Besonderheiten in allen Ländern unmittelbar als Bundesrecht.

2 Ausführlich zu den verschiedenen Auffassungen Landmann/Rohmer GewO/*Marcks* GewO § 33i Rn. 2a–f., 86. Aufl. (2021); v. Münch/Kunig/*Broemel* GG Art. 74 Rn. 46; v. Mangoldt/Klein/Starck/*Oeter* GG Art. 74 Rn. 91; Jarass/Pieroth GG Art. 74 Rn. 31a; BeckOK GG/*Seiler* GG Art. 74 Rn. 44.

3 BVerwG 16.12.2016 – 8 C 6.15, BVerwGE 157, 126.

4 BVerfG 7.3.2017 – 1 BvR 1314/12; 1 BvR 1874/13; 1 BvR 1694/13; 1 BvR 1630/12, BVerfGE 145, 20, 105.

5 Kritisch: *Peters* ZRP 2011, 134, der aber offensichtlich übersieht, dass der Anwendungsbereich des Art. 125a Abs. 1 GG auch untergesetzliche Normen und damit auch Rechtsverordnungen des Bundes erfasst; zutreffend: Maunz/Dürig/*Uhle* GG Art. 125a Rn. 20.

II. Systematik

6 Die im I. Abschnitt der SpielV zusammengefassten Regelungen, somit die §§ 1–3a, sind Grundlage der gem. § 33c Abs. 3 GewO erforderlichen Bestätigungen der Behörde über die Geeignetheit des **Aufstellungsortes.** Entspricht der Aufstellort nicht diesen Vorgaben, so ist die entsprechende Bestätigung zu versagen, somit Aufstellen und Betreiben des Spielgerätes unzulässig. Darüber hinaus können Regelungen der SpielV sog. **Marktverhaltensregelungen** im Sinne des § 4 Nr. 11 UWG darstellen, so dass außerhalb der gewerberechtlichen Ahndung Unterlassungsansprüche drohen.[6]

7 Die Regelungssystematik des § 1 erschließt sich erst auf den zweiten Blick. In Abs. 1 werden enumerativ die geeigneten Aufstellorte definiert. Diese Regelung ist auch durchaus als abschließend zu verstehen, wie sich bereits aus dem Wortlaut „nur" ergibt. Die sich aufdrängende Frage, warum es dann noch bestimmter Ausschlusstatbestände in § 1 Abs. 2 bedarf, dürfte sich nur im historischen Kontext beantworten. Zum einen hat der Verordnungsgeber versucht, auf bestimmte unerwünschte Entwicklungen in einem sehr dynamischen Markt zu reagieren. Zum anderen sind die Ausschlusstatbestände in § 1 Abs. 2 als Konkretisierungen der als geeignet definierten Aufstellungsorte des Abs. 1 zu verstehen, wie sich insbesondere am Beispiel der Schank- und Speisewirtschaften im Sinne des § 1 Abs. 1 Nr. 1 im Verhältnis zu den als Ausschlusstatbestände formulierten Konkretisierungen in § 1 Abs. 2 Nr. 2, 3 u. 4 zeigt.

Infolge dieser Systematik bietet es sich an, die geeigneten Aufstellorte in der Reihenfolge des Abs. 1 näher zu definieren und die jeweiligen Ausschlusstatbestände als Konkretisierungen heranzuziehen.

III. Gaststätten (§ 1 Abs. 1 Nr. 1)

8 Der Verordnungsgeber definiert als geeignete Orte für das Aufstellen von Geldspielgeräten die *Räume von Schank- oder Speisewirtschaften, in denen Getränke oder zubereitete Speisen zum Verzehr an Ort und Stelle verabreicht werden […].* Nach Abs. 2 Nr. 2 gilt das nicht für die dort genannten Trinkhallen, Speiseeiswirtschaften und Milchstuben sowie alle Betriebe, in denen die Verabreichung von Speisen oder Getränken nur eine untergeordnete Rolle spielt. Weiterhin gelten Räume von Schank- und Speisewirtschaften als ungeeignet, die vorwiegend von Kindern und Jugendlichen besucht werden. Das dürfte deckungsgleich mit den in Abs. 2 Nr. 3 genannten Sport- oder Jugendheimen oder Jugendherbergen sein. Bei den weiterhin als ungeeignet definierten Gaststätten auf Sportplätzen, in Sporthallen, Tanzschulen und Badeanstalten dürfte gegenüber dem generellen Ausschluss bei dem überwiegenden Besuch durch Kinder und Jugendliche eine überschießende Tendenz bestehen (→ Rn. 17).

9 Schließlich werden solche Gaststätten ausgenommen, die Betrieb im Sinne von § 2 Abs. 2 GastG sind (Abs. 2 Nr. 4). Damit sind die Betriebe nicht geeignet, die keiner Gaststättenerlaubnis bedürfen, insbesondere, weil sie nur alkoholfreie Getränke ausschenken oder im Rahmen eines Beherbergungsbetriebes nur die eigenen Gäste bewirten.

---

6 Zur Überschreitung der max. zulässigen Anzahl von Spielgeräten: OLG Hamm 3.3.2009 – 4 U 186/08, BeckRS 2009, 12031; Harte-Bavendamm/Henning-Bodewig/ *v. Jagow* UWG § 3a Rn. 117.

10 Es ergibt sich daher für die Gaststätten folgende Prüfungsreihenfolge:

- Zunächst ist zu klären, ob es sich um eine Gaststätte handelt, die nicht nach § 2 Abs. 2 GastG keiner Erlaubnis bedarf *und* bei der zudem die Bewirtung keine Unterrolle spielt.
- Im Anschluss ist zu prüfen, ob einer der besonderen Ausschlusstatbestände vorliegt, namentlich die Ausschlüsse nach Abs. 2 Nr. 3 wegen der möglichen oder tatsächlichen Frequentierung durch Kinder und Jugendliche sowie einer der genannten Ausschlusstatbestände sowie der weiteren, spezielleren Ausschlusstatbestände des Abs. 2 Nr. 1 und Nr. 2, wobei diese sich nicht sämtlich auf Gaststätten im rechtlichen Sinne beschränken.

11 Bereits auf der Ebene der Definition der Gaststätte sind die Betriebe auszusondern, die ohne Erlaubnis gem. § 2 Abs. 2 GastG betrieben werden dürfen oder bei denen die Bewirtung eine untergeordnete Rolle spielt. Während sich anhand der gaststättenrechtlichen Erlaubnis oder dem Fehlen dieser gaststättenrechtlichen Erlaubnis recht einfach feststellen lässt, ob die Voraussetzungen des § 2 Abs. 2 GastG iVm § 1 Abs. 2 Nr. 4 erfüllt sind, erfordert die Feststellung, ob die Bewirtung der maßgebliche oder nur ein untergeordneter Zweck ist, eine wertende Betrachtung, die zu zahlreichen gerichtlichen Entscheidungen geführt hat. Gelegentlich wird danach unterschieden, ob es sich um **„Gaststätten im eigentlichen Sinne“** oder **„Vollgaststätten“**[7] handelt. Maßgeblich wurde diese Unterscheidung zB für sog. Tankstellenshops mit Gaststättenerlaubnis, die zu Recht nicht als Gaststätten und damit nicht als geeignete Aufstellorte im Sinne des § 1 Abs. 1 Nr. 1 angesehen werden,[8] da sie im Wesentlichen anderen Zwecken dienen.

12 Das Vorliegen einer gaststättenrechtlichen Erlaubnis reicht im Übrigen isoliert nicht. Eine Gaststätte muss auch tatsächlich als **„Vollgaststätte“** betrieben werden. Dort wo nur der Name und die Gaststättenerlaubnis vorhanden sind, aber kein tatsächliches **gastronomisches Angebot**, handelt es sich auch *nicht* um eine Schank- oder Speisewirtschaft im Sinne des § 1 Abs. 1.[9]

13 Unter Zugrundelegung dieser Kriterien sind – bei typischer Betriebsweise – auch Internet-Cafés,[10] Shisha-Bars[11] und Back-Shops ausgeschlossen, soweit diese nicht ohnehin gem. Abs. 2 Nr. 4 iVm § 2 Abs. 2 GastG als ungeeignet ausgenommen sind. Derartige Typisierungen unter bestimmten Betriebsbezeichnungen sollten nicht zu dem Fehlschluss verleiten, dass es auf die Bezeichnung des jeweiligen Betriebes ankommt. Entscheidend sind Einrichtung und Ausstattung sowie das beschriebene und gelebte Betriebskonzept.[12]

14 Für das Restaurant eines Warenhauses, das eigenständig über eine gaststättenrechtliche Erlaubnis verfügt, hat der VGH Baden-Württemberg in einem Urteil vom 29.4.1997[13] die Geeignetheit mit der Begründung verneint, die Gaststätte

7 Landmann/Rohmer GewO/*Marcks* SpielV § 1 Rn. 2a, 2b aktuell: 86. Aufl. (2021).

8 OVG NRW 10.11.2016 – 4 A 466/14, openJur2017, 572, Rn. 43 f.; OVG Bremen 12.7.2012 – 1 B 139/12, juris, Rn. 10; VG Kassel 26.2.2010 – 3 K 153/09.KS, juris, Rn. 20.

9 OVG Saarland 19.6.2017 – B 346/17, juris Rn. 33 zur „Scheingastronomie“.

10 VG Bremen 14.2.2012 – 5 V 1710/11, juris Rn. 16 f.; VG Schwerin 28.1.2020 – 7 B 2101/19 SN, juris Rn. 20 ff.; OVG NRW 31.1.2017 – 4 A 2108/14, juris Rn. 7; VG Darmstadt 8.10.2013 – 7 L 646/13.DA, juris Rn. 28, der nicht von einem grundsätzlichen Ausschluss von Internetcafés ausgeht.

11 OVG NRW 12.8.2020 – 4 B 954/20, juris Rn. 8; VG Berlin 3.5.2021 – 4 K 123/20, juris Rn. 19; VG Saarland, 21.9.2020 – 1 K 949/19, juris Rn. 54 ff.

12 Vgl. VG Gießen 18.8.2008 – 8 K 4083/09.GI, GewA 2010, 452.

13 VGH 29.4.1997 – 14 S 1920/96, BeckRS 1997, 21491.

stelle sich nach den gesamten Umständen als Nebenleistung des Warenhauses dar, zudem fehle es an einem eigenständig abgegrenzten Raum im Sinne von § 1 Abs. 1 Nr. 1. Eine solche Differenzierung lässt der Wortlaut des § 1 nicht zu. Wenn es sich um einen gaststättenrechtlich eigenständigen Betrieb handelt, dann hängt die Eignung nach § 1 nicht davon ab, ob die Gaststätte Bestandteil eines übergeordneten Gewerbebetriebes, hier eines Warenhauses, ist oder nicht.[14] Andernfalls müsste man auch Gaststätten in Einkaufzentren danach beurteilen, wie die Eingangssituation gestaltet ist, also eine offene Situation mit entsprechenden Sitzgelegenheiten zur Shopping-Mall besteht oder klassisch die Tür zum Gastraum geöffnet werden muss. Hierfür bietet der Wortlaut keine Grundlage.

Entsprechendes gilt für Kantinen im Sinne des § 25 Abs. 1 S. 1 GastG, die zwar vom Anwendungsbereich des GastG ausgenommen sind, aber durchaus bei Vorliegen der übrigen Voraussetzungen Gaststätten im Sinne des § 1 Abs. 1 Nr. 1 sein können.[15] 15

Bei Schnellrestaurants, dem Schnellimbiss und den Niederlassungen diverser Fast-Food-Ketten kommt es auf die konkrete Ausrichtung des Betriebes an. Dort, wo der **Außerhausverkauf** im Vordergrund steht, sind bereits die Voraussetzungen des § 1 Abs. 1 Nr. 1 *nicht* erfüllt. Bei Schnellrestaurants mit entsprechenden Sitzgelegenheiten, die einen Verzehr vor Ort ermöglichen, und den verschiedenen Filialisten von Starbucks bis zu McDonalds kommt es darauf an, ob eine gaststättenrechtliche Erlaubnis vorliegt oder der Ausschluss des § 1 Abs. 2 Nr. 4 iVm § 2 Abs. 2 GastG greift. Besteht eine gaststättenrechtliche Erlaubnis, weil auch Alkohol ausgeschenkt wird, so handelt es sich grundsätzlich um geeignete Aufstellorte im Sinne des § 1 Abs. 1, soweit nicht die Adressierung oder Frequentierung an bzw. durch Kinder und Jugendliche im Sinne des § 1 Abs. 2 Nr. 3 entgegensteht. 16

IV. Ausschlusstatbestände Jugendschutz

Nicht geeignet ist nach dem Willen des Verordnungsgebers eine Schank- oder Speisewirtschaft in den in § 1 Abs. 2 Nr. 3 genannten Einrichtungen sowie unter der Voraussetzung, dass eine solche Gaststätte *ihrer Art nach oder tatsächlich vorwiegend von Kindern oder Jugendlichen besucht* wird. Ob der in dem Auffangtatbestand deutlich werdende Ausschluss für Einrichtungen mit entsprechender Attraktivität für Kinder und Jugendliche sämtliche Gaststätten in Sporthallen, auf Sportplätzen und in Tanzschulen gleichermaßen betrifft, dürfte nach der tatsächlichen Entwicklung durchaus fraglich sein. Sportplätze und Sporthallen, die auch oder überwiegend im Schulsport oder im Vereinssport für Kinder und Jugendliche genutzt werden, sind bei Vorhandensein einer Gaststätte ohne Zweifel nicht geeignet. Bei Sporthallen, die Angebote für Kinder und Jugendliche nicht vorsehen, ist das ebenso wie bei Tanzschulen, die nicht den klassischen Tanzkurs für Jugendliche anbieten, durchaus fraglich. Derzeit wird man nach dem Wortlaut noch davon ausgehen können, dass jegliche Gaststätte innerhalb einer Sporthalle oder Tanzschule als ungeeignet angesehen wird, auch wenn sich hier möglicherweise im Gesetzesvollzug erhebliche Probleme in Bezug auf die Geeignetheit und damit die Verhältnismäßigkeit dieses Verbotstatbestandes stellen werden. 17

Der Auffangtatbestand des § 1 Abs. 2 Nr. 3 Hs. 1 setzt voraus, dass die Einrichtung typischerweise oder tatsächlich vorwiegend von Kindern und Jugendlichen besucht wird. Diese Differenzierung führt dazu, dass sowohl Gaststätten ein- 18

14 Im Ergebnis ebenso: Landmann/Rohmer Gewo/*Marcks* SpielV § 1 Rn. 2c.
15 Landmann/Rohmer Gewo/*Marcks* SpielV § 1 Rn. 2c.

schließlich Hotels in Freizeitparks oder typische Schülerkneipen in der Nähe von weiterführenden Schulen nach § 1 Abs. 2 Nr. 3 ungeeignet sind. Bei diesen wird es nach dem Schutzzweck der Norm nicht darauf ankommen, ob sie im Tages- oder Wochenmittel vorwiegend von Jugendlichen frequentiert werden, sondern ob zu bestimmten Zeiten das Publikum vorwiegend regelmäßig aus Jugendlichen besteht.

V. Weitere Zulässigkeitstatbestände

19 Wenig Abgrenzungsschwierigkeiten ergeben sich im Hinblick auf die Beherbergungsbetriebe (Abs. 1 Nr. 1 Alt. 1), die Spielhallen oder ähnliche Unternehmen (Abs. 1 Nr. 2) sowie die Wettannahmestellen (Abs. 1 Nr. 3). Beherbergungsbetriebe, für die nur die allgemeinen Ausschlusstatbestände des Abs. 2 Nr. 3 greifen, spielen in der Praxis isoliert jedenfalls keine Rolle, was mutmaßlich an der fehlenden Kundenfrequenz und der geringen Aufenthaltsqualität liegt, wenn nicht gleichzeitig ein gastronomisches Angebot besteht.

20 Der Begriff der Spielhallen und ähnlichen Unternehmen ist § 33i GewO entnommen und mit den dortigen Begrifflichkeiten deckungsgleich.[16]

21 Ebenso wenig Abgrenzungsschwierigkeiten ergeben sich im Hinblick auf die Wettannahmestellen im Sinne des § 2 RWG mit Ausnahme der Wettannahmestellen für Sportwetten (Abs. 1 Nr. 3).

VI. Weitere Ausschlusstatbestände

22 Generell ungeeignet sind die Betriebe auf Volksfesten, Schützenfesten oder ähnlichen temporären Veranstaltungen wie Jahrmärkten oder Spezialmärkten (Abs. 2 Nr. 1), unabhängig davon, ob es sich hierbei um Gaststätten im Sinne des Abs. 1 Nr. 2 handelt oder nicht. Die Rechtfertigung für diesen Ausschluss dürfte in der bei vorübergehenden Veranstaltungen deutlich erschwerten Kontrolle und höheren Missbrauchsgefahr liegen.

23 Die weiteren Ausschlusstatbestände des Abs. 2 Nr. 2 und 3 haben nur dann einen Anwendungsbereich, wenn es sich bei den dort ausgeschlossenen Betrieben entweder um Beherbergungsbetriebe oder grundsätzlich geeignete Schank- oder Speisewirtschaften im Sinne des Abs. 1 Nr. 1 handelt. Das dürfte bei den Trinkhallen und Eiscafés (Speiseeiswirtschaften) noch im Bereich des Möglichen liegen, wobei für die Trinkhalle regelmäßig schon nicht die räumlichen Voraussetzungen des § 3 Abs. 2 eingehalten werden können. Eine wesentliche praktische Relevanz hatten diese Ausschlusstatbestände daher bislang nicht.

§ 2 SpielV [Warenspielgeräte]

Ein Spielgerät, bei dem der Gewinn in Waren besteht (Warenspielgerät), darf nur aufgestellt werden

1. **in Räumen von Schank- oder Speisewirtschaften, in denen Getränke oder zubereitete Speisen zum Verzehr an Ort und Stelle verabreicht werden, oder in Beherbergungsbetrieben mit Ausnahme der in § 1 Abs. 2 Nr. 2 und 3 genannten Betriebe,**
2. **in Spielhallen oder ähnlichen Unternehmen,**

16 Zur Entwicklung der Begrifflichkeiten in § 33i GewO: Landmann/Rohmer GewO/*Marcks* GewO § 33i Rn. 4, 5.

3. in Wettannahmestellen der konzessionierten Buchmacher nach § 2 des Rennwett- und Lotteriegesetzes, es sei denn, in der Wettannahmestelle werden Sportwetten vermittelt, oder
4. auf Volksfesten, Schützenfesten oder ähnlichen Veranstaltungen, Jahrmärkten oder Spezialmärkten.

Diese Regelung ist notwendig, da der Verordnungsgeber in § 1 nur einen Teil 1
der Spielgeräte mit **Gewinnmöglichkeit** im Sinne des § 33c GewO erfasst hat. Während die tatsächlich und wirtschaftlich wesentlich bedeutenderen Geldspielgeräte in § 1 geregelt sind, bleibt für die verbleibenden Warenspielgeräte die Regelung des § 2.

Für diese besondere Form der **Spielgeräte** mit Gewinnmöglichkeit werden die ge- 2
eigneten **Aufstellorte** wie in § 1 Abs. 1 definiert. Die in § 2 Nr. 1 in Bezug genommenen Ausschlusstatbestände des § 1 Abs. 2 Nr. 2 und 3 beziehen sich, das ergibt sich aus dem systematischen Zusammenhang, nicht nur auf die Beherbergungsbetriebe, sondern auch auf die Räume von Schank- oder Speiswirtschaften, die als geeignet im Sinne des § 1 Abs. 1 Nr. 1 zu qualifizieren sind.

Der Ausschlusstatbestand des § 1 Abs. 2 Nr. 4 für Gaststätten ohne Erlaubnis im 3
Sinne des § 2 Abs. 2 GastG gilt für die Warenspielgeräte nicht, so dass auch in solchen Gaststätten, soweit sie die Anforderungen an eine „Vollgaststätte" erfüllen, Warenspielgeräte zulässig sind.

Erweitert werden die geeigneten Aufstellorte in § 2 Nr. 4 um die **Ausschlusstat-** 4
bestände des § 1 Abs. 2 Nr. 1, so dass Warenspielgeräte anders als Geldspielgeräte auf Volksfesten, Schützenfesten und Märkten aufgestellt werden dürfen. Der gesonderten Erwähnung der Schützenfeste neben den Volksfesten wird rechtlich keine Bedeutung zukommen. Die Übergänge sind fließend. Häufig wird nicht einmal mehr wahrgenommen, dass selbst große und größte Volksfeste, wie zB die Rheinkirmes in Düsseldorf mit mehreren Millionen Besuchern, von einem Schützenverein veranstaltet werden, der im genannten Beispiel die Kirmes traditionell zum Vogelschießen anlässlich des Kirchweihfestes ausrichtet.

§ 3 SpielV [Beschränkung; Aufsicht][1]

(1) [1]In Schankwirtschaften, Speisewirtschaften, Beherbergungsbetrieben, Wettannahmestellen der konzessionierten Buchmacher nach § 2 des Rennwett- und Lotteriegesetzes sowie in Spielhallen oder ähnlichen Unternehmen, in denen alkoholische Getränke zum Verzehr an Ort und Stelle verabreicht werden, dürfen höchstens zwei Geld- oder Warenspielgeräte aufgestellt werden. [2]Bei Geld- oder Warenspielgeräten mit mehreren Spielstellen (Mehrplatzspielgeräte) gilt jede Spielstelle als Geld- oder Warenspielgerät nach Satz 1. [3]Der Gewerbetreibende hat bei den aufgestellten Geräten durch ständige Aufsicht und durch zusätzliche technische Sicherungsmaßnahmen an den Geräten die Einhaltung von § 6 Absatz 2 des Jugendschutzgesetzes sicherzustellen. [4]Die Zahl der Warenspielgeräte, die auf Volksfesten, Schützenfesten oder ähnlichen Veranstaltungen, Jahrmärkten oder Spezialmärkten aufgestellt werden dürfen, ist nicht beschränkt.

(2) [1]In Spielhallen oder ähnlichen Unternehmen darf je 12 Quadratmeter Grundfläche höchstens ein Geld- oder Warenspielgerät aufgestellt werden; die Gesamtzahl darf jedoch zwölf Geräte nicht übersteigen. [2]Absatz 1 Satz 2 ist ent-

1 Gem. § 9 Abs. 1 G zur Regelung des Rechts der Spielhallen im Land Berlin ersetzt dieses G im Land Berlin § 3 Absatz 2 und 3 und § 4 Satz 2 der Spielverordnung.

sprechend anzuwenden. [3]Der Aufsteller hat die Geräte einzeln oder in einer Gruppe mit jeweils höchstens zwei Geräten in einem Abstand von mindestens 1 Meter aufzustellen, getrennt durch eine Sichtblende in einer Tiefe von mindestens 0,80 Meter, gemessen von der Gerätefront in Höhe mindestens der Geräteoberkante. [4]Bei der Berechnung der Grundfläche bleiben Nebenräume wie Abstellräume, Flure, Toiletten, Vorräume und Treppen außer Ansatz.

I. Systematische Einordnung

1 Die Bestimmung stellt Voraussetzungen an die organisatorischen und baulichen Vorkehrungen sowohl für Spielhallen (Abs. 2) als auch für die weiteren nach § 1 Abs. 1 geeigneten Aufstellorte auf. Es handelt sich gleichwohl nicht um baurechtliche Vorschriften. Die Bestimmungen sind weder im Rahmen eines bauaufsichtlichen Verfahrens zu berücksichtigen noch decken sich die Flächenmaße des § 3 Abs. 2 zwangsläufig mit den für die baurechtliche, insbesondere bauplanungsrechtliche Prüfung herangezogenen Flächenmaßen.[2]

2 Die infolge des Föderalismusreformgesetzes erfolgte Verlagerung der Kompetenz für das Recht der Spielhallen in die ausschließliche Gesetzgebungskompetenz der Länder (Art. 74 Abs. 1 Nr. 11 GG) führt zudem zu einer **kompetenzrechtlichen Spaltung** des § 3.

3 Während für den Abs. 1 nach wie vor überwiegend die Kompetenz des Bundes gilt, ist das bei den Regelungen für Spielhallen in Abs. 1 und 2 nicht mehr der Fall. Hier gilt entweder die bestehende Regelung als Bundesrecht gem. Art. 125a Abs. 1 S. 1 GG fort, soweit die Länder diese Bestimmungen nicht durch Verweis in das Landesrecht ohnehin inkorporiert haben[3] oder kompetenzrechtlich jedenfalls zulässig eigenständige und möglicherweise auch inhaltlich abweichende Regelungen getroffen haben.[4]

II. Gaststätten ua (Abs. 1)

4 Innerhalb der gem. § 1 Abs. 1 grundsätzlich geeigneten Aufstellorte dürfen, soweit alkoholische Getränke zum Verzehr an Ort und Stelle verabreicht werden, höchstens zwei Geld- oder Warenspielgeräte aufgestellt werden. Der Umkehrschluss, dass die Beschränkung nicht gilt, wenn keine alkoholischen Getränke ausgeschenkt werden, ist jedenfalls für Gaststätten im Zusammenhang mit der Aufstellung von Geldspielgeräten unzulässig, da nach § 1 Abs. 2 Nr. 4 solche Betriebe keine geeigneten Aufstellorte sind.

5 Abs. 1 S. 4 enthält die Regelung, dass Warenspielgeräte auf Volksfesten, Schützenfesten und Märkten ohne Beschränkung der Höchstzahl aufgestellt werden dürfen. Insoweit handelt es sich um eine Regelung, die vornehmlich der Klarstellung dient, da die Betriebsform auf solchen Volksfesten oder Märkten in der Regel nicht denen der in Abs. 1 S. 1 definierten Betriebe entsprechen.

6 Die wesentliche Einschränkung besteht gem. § 3 Abs. 1 S. 1 in der Beschränkung auf höchstens zwei Geld- oder Warenspielgeräte. Nach dem Wortlaut dürfen also max. zwei Geräte aufgestellt werden, nicht etwa zwei Geldspielgeräte und zwei Warenspielgeräte.

7 Der Verordnungsgeber beugt der Umgehung dieser Begrenzung durch **Mehrplatzspielgeräte** dadurch vor, dass jedes Gerät als eine Spielstelle gilt. Beschränkt

2 OVG Saarland 8.12.2020 – 1 A 202/20, juris Rn. 18 ff.
3 § 8 Abs. 1 BremSpielhG; § 1 Abs. 3 SSpielhG; § 1 Abs. 1 SpielhG SH.
4 § 4 Abs. 2 SpielhG Bln; § 4 Abs. 3 HmbSpielhG; § 16 Abs. 4 Nr. AG GlüStV NRW (bei Nachbarspielhallen).

ist also mit anderen Worten die Zahl der Spielstellen in den in § 3 Abs. 1 S. 1 genannten Betrieben auf zwei.

Wesentlich ist die Vorgabe, dass die Einhaltung des § 6 Abs. 2 JuSchG, somit des Verbotes der Teilnahme an Spielen mit **Gewinnmöglichkeiten** für Kinder und Jugendliche, nicht nur durch *ständige Aufsicht*, sondern auch durch *zusätzliche technische Sicherungsmaßnahmen an den Geräten* sichergestellt werden muss. In der praktischen Umsetzung bedeutet das zum einen, dass die aufgestellten Geräte sich im **Blickfeld** des Aufsichtspersonals befinden müssen.[5] Gelegentliche und auch regelmäßige Kontrollgänge sind mit der Anforderung *ständige Aufsicht* nicht zu vereinbaren, so dass das Aufstellen in der sprichwörtlichen „dunklen Ecke“ per se unzulässig ist. 8

Die von der Verordnung vorgeschriebenen zusätzlichen technischen Sicherungsmaßnahmen müssen sich an den Geräten befinden. Keine zusätzliche technische Sicherungsmaßnahme im Sinne dieser Bestimmung ist damit die Unterbrechung der Stromzufuhr zu den Geräten nach **Sichtkontrolle** durch den Betreiber und Feststellung, dass sich keine Kinder und Jugendlichen in der Nähe der Geräte aufhalten. Die Technik muss am Gerät vorhanden sein.[6] Der Verordnungsgeber hatte hier offenbar die Systeme vor Augen, die bei Zigarettenautomaten eingesetzt werden und bei denen vor der Freischaltung der Personalausweis automatisiert ausgelesen wird. Solche Systeme sind zweifellos geeignet, machen aber die Aufsicht nicht entbehrlich, da sie natürlich auch Missbrauchsgefahr durch die Verwendung fremder Ausweise mit sich bringen. 9

Probleme in der Rechtsanwendung können sich im Zusammenhang mit der Beschränkung auf zwei Spielgeräte immer dann ergeben, wenn Betriebe im Sinne des Abs. 1 S. 1 aufgespalten werden, also zur Umgehung der Höchstzahl von zwei Spielgeräten plötzlich mehrere Gaststätten an einem Standort entstehen, an dem vorher nur ein Betrieb vorhanden war. Auch hier gilt, dass es nicht vorrangig auf die Deklaration als eigenständiger Betrieb ankommt, sondern auf die tatsächlichen örtlichen Verhältnisse, insbesondere die Einrichtung und Ausstattung, das vorgelegte und gelebte Betriebskonzept. Werden mehrere zu diesem Zweck aufgespaltene Gaststätten vom selben Tresen aus mit Getränken versorgt, vom selben Personal bedient, so handelt es sich in der Regel um mehrere Gasträume desselben Betriebes, nicht um eigenständige Gaststätten. 10

III. Spielhallen (Abs. 2)

Für Spielhallen oder ähnliche Unternehmen[7] gelten, soweit der Landesgesetzgeber keine abweichenden Regelungen getroffen hat, bei gleichzeitigem Ausschank von Alkohol sowohl die Vorgaben des Abs. 1 als auch die Vorgaben des Abs. 2. In praktischer Konsequenz dürfen damit in Spielhallen mit Alkoholausschank lediglich zwei Geldspielgeräte aufgestellt werden. Zudem sind die räumlichen Vorgaben des Abs. 2 zusätzlich einzuhalten. 11

Der Regelfall ist die Spielhalle ohne Alkoholausschank, für die der Verordnungsgeber in Abs. 2 eine Reihe organisatorischer und räumlicher Vorgaben gemacht hat. Wesentliche Bezugsgröße ist hierbei die Grundfläche der Spielhalle, da sie die Gesamtzahl der zulässigen Spielgeräte bis zu der vorgegebenen Höchstzahl von 12 Geräten bestimmt. Aus dem Wortlaut (höchstens) wird deutlich, dass sich *je 12 Quadratmeter Grundfläche* nicht so verstehen lässt, dass 12

5 Landmann/Rohmer GewO/*Marcks* SpielV § 3 Rn. 2; amtliche Begründung: BR-Drs. 655/05, 15.
6 Amtliche Begründung: BR-Drs. 655/05, 15.
7 Zum Begriff: § 33i GewO und BVerwG 8.5.1985 – 1 B 34.85, DÖV 1986, 987.

pro angefangenen 12 Quadratmeter Grundfläche ein Spielgerät zulässig ist. Eine Spielhalle, in der zwei Geldspielgeräte aufgestellt werden sollen, benötigt also mindestens 24 Quadratmeter Grundfläche, bei drei Geldspielgeräte sind mindestens 36 Quadratmeter Grundfläche notwendig usw.[8]

13 Bei dieser Vorgabe steht der für die Bestätigung gem. § 33c Abs. 3 GewO bzw. den entsprechenden landesrechtlichen Bestimmungen zuständigen Behörde kein Ermessen zu. Sie kann also keine Abweichungen zulassen, weder auf- noch abrunden.

14 Vor diesem Hintergrund ist von wesentlicher Bedeutung, was unter **Grundfläche** im Sinne des Abs. 2 S. 1 zu verstehen ist. Der Verordnungsgeber hat in S. 3 Nebenräume *wie Abstellräume, Flure, Toiletten, Vorräume und Treppen* ausdrücklich ausgenommen. Umstritten war, ob Aufsichtskabinen oder Thekenbereiche für das Aufsichtspersonal etc zu den Nebenräumen des Abs. 2 S. 3 zählen oder bei der Grundfläche im Sinne des Abs. 2 S. 1 Berücksichtigung finden dürfen. Das Bundesverwaltungsgericht hat bereits 1991 zu Recht entschieden, dass die Abgrenzung danach zu erfolgen hat, ob die Flächen dem **Spielbetrieb** zur Verfügung stehen, also von den Besuchern im Rahmen des Spielbetriebes betreten und genutzt werden können.[9] Dementsprechend bleiben Bereiche für das Aufsichtspersonal, unabhängig davon, ob sie baulich von allen Seiten umschlossen sind, bei der Berechnung der **Grundfläche** außer Betracht.[10] Nicht maßgeblich ist insoweit die Funktion zB der Aufsichtskabine. Dass diese für die Funktion des Spielbetriebes eine wesentliche Bedeutung hat, führt nicht dazu, dass sie zur Grundfläche im Sinne des Abs. 1 S. 1 hinzuzurechnen ist,[11] was sich an dem im Normtext zum Ausdruck kommenden Zweck der Bestimmung und daraus ergibt, dass letztlich auch die in Abs. 2 S. 3 genannten Nebenräume der Funktion des Spielbetriebes dienlich sind.

15 Zweck der Bestimmung ist, einen hinreichenden **Abstand** zwischen den Spielgeräten einerseits durch die Flächenvorgabe in Abs. 2 S. 1 zu ermöglichen, andererseits durch das Erfordernis eines Mindestabstandes von 1 m sowie die Trennung durch eine Sichtblende mit einer Tiefe von 0,80 m gemessen von der Gerätefront sicherzustellen. Hierdurch soll gewährleistet werden, dass Spieler nicht mehrere Spielgeräte gleichzeitig bedienen.

16 Die erforderlichen Abstände zwischen den Spielgeräten, nicht den Spielstellen, ist in Abs. 2 abschließend beschrieben. Das bedeutet auch, dass nicht etwa jedes Gerät auf einer Fläche von 20 qm aufgestellt werden muss. Das Flächenmaß des Abs. 2 S. 1 bezieht sich auf die Spielhalle insgesamt, nicht auf das pro Spielgerät notwendige Maß.[12] Anderenfalls würde die in der Verordnung zugelassene Möglichkeit, Geräte in Gruppen mit jeweils höchstens zwei Geräten aufzustellen, ins Leere laufen.

17 Der Wille des Verordnungsgebers, nach dem **Sichtblenden** immer dann nicht erforderlich sind, wenn Geräte einen Abstand von mindestens 3 m einhalten,[13] hat im Verordnungstext keinen Niederschlag gefunden. Allerdings sollte die Verpflichtung dort entfallen, wo die Anbringung von Sichtblenden keinem legitimen Zweck mehr dient, weil das Spielen an mehreren Geräten schon deshalb

---

8 Vgl. Landmann/Rohmer GewO/*Marcks* SpielV § 3 Rn. 6.
9 BVerwG 22.10.1991 – 1 C 25.90, NVwZ 1992, 667.
10 OVG Saarland 8.12.2020 – 1 A 202/20, juris Rn. 8.
11 AAOVG Rheinland-Pfalz 24.10.1990 – 2 A 10762/90, GewArch 1991, 106 ff.; zutreffend: BVerwG 22.10.1991 – 1 C 25/90, NVwZ 1992, 667.
12 Landmann/Rohmer GewO/*Marcks* SpielV § 3 Rn. 4.
13 BR-Drs. 655/05, 16.

nicht möglich ist, weil zB die Geräte Rücken an Rücken oder in einem solchen Abstand aufgestellt sind, dass eine Sichtquelle von 0,8 m Tiefe erkennbar keine Funktion erfüllen kann.[14]

Die Höchstanzahl von 12 Geräten ist als absolute Grenze zu verstehen. Der Verordnungstext bietet keine Grundlage für Ausnahmen, unabhängig davon, ob weitere Geräte als Unterhaltsspielgeräte, Promotionsgeräte oder in einem Kennenlernmodus aufgestellt werden.[15] Ebenso wenig spielt es eine Rolle, ob Spielgeräte mit Abdeckhauben versehen als Reservegeräte aufgestellt werden[16] oder ob die Geräte aufgrund organisatorischer Vorkehrungen nicht gleichzeitig bespielt werden können.[17] Der Wortlaut des § 3 Abs. 2 S. 1 bietet auch keine Grundlage für Unterscheidungen zwischen Promotionsgeräten oder Geräten im Kennenlernmodus, bei denen je nach Voreinstellung entweder ohne Einsatz aber dafür mit Gewinn oder weder mit Einsatz noch Gewinn gespielt werden kann.[18] Nach der SpielV ist das Aufstellen von Spielgeräten limitiert, nicht das Betreiben, so dass es unter der Voraussetzung, dass es sich bei Promotionsgeräten oder Geräten im Kennenlernmodus um solche handelt, die der Definition des § 33c GewO unterfallen, keinen Raum für Ausnahmen von der Höchstgrenze auch unter dem Gesichtspunkt der Umgehung gibt. 18

Die Verordnung bestimmt durch den Verweis in Abs. 2 S. 2, dass sich das Maß der zulässigen Geräte nach den Spielstellen bei sog. **Mehrplatzspielgeräten** bemisst. 19

§ 3a SpielV [Zulassung]

Der Gewerbetreibende, in dessen Betrieb das Spielgerät aufgestellt werden soll, darf die Aufstellung nur zulassen, wenn die Voraussetzungen des § 33c Abs. 3 Satz 1 der Gewerbeordnung und des § 3 im Hinblick auf diesen Betrieb erfüllt sind.

Mit dieser Bestimmung soll der Kreis der Ordnungspflichtigen dahin gehend erweitert werden, dass auch der Gewerbetreibende, in erster Linie der Gastwirt, der die Aufstellung eines Spielgerätes aufgrund vertraglicher Vereinbarungen mit einem entsprechenden Betreiber zulässt, dafür einzustehen hat, dass die Voraussetzungen des § 33c Abs. 3 S. 1 GewO und des § 3 *im Hinblick auf diesen Betrieb erfüllt sind.* Da der Gewerbetreibende, in dessen Betrieb ein Spielgerät aufgestellt wird, nach allgemeinen Grundsätzen ohnehin Störer im ordnungsrechtlichen Sinn wäre, muss man davon ausgehen, dass § 3a insoweit klarstellende Funktion hat. Offenbar wollte man den Vollzug der SpielV dadurch erleichtern, dass man eine eigenständige Pflicht des für den Aufstellort Verantwortlichen ausdrücklich normiert. 1

Die Bezugnahme auf § 33c Abs. 3 S. 1 GewO und damit die dort geregelte Bestätigung der Geeignetheit des Aufstellortes darf nicht dahin gehend missverstanden werden, dass sich die Ordnungspflicht des nach § 3a Verantwortlichen auf das formelle Vorliegen der Bestätigung beschränkt. Gemeint sein kann nur die materielle Vereinbarkeit der Aufstellung mit den Vorgaben des § 33c GewO 2

14 Ebenso Landmann/Rohmer GewO/*Marcks* SpielV § 3 Rn. 5.
15 OVG Hamburg 1.10.2003 – 4 Bs 370/03, GewArch 2004, 246.
16 BVerwG 8.5.1985 – 1 B 34.85, DÖV 1986, 987.
17 Vgl. BVerwG 17.3.1993 – 1 B 33.93, GewArch 1985, 266.
18 OLG Köln 6.2.2009 – 81 Ss Owi 94/08, juris Rn. 15 = NStZ-RR 2009, 291 = GewArch 2009, 206; aA Landmann/Rohmer GewO/*Marcks* SpielV § 3 Rn. 3.

iVm § 1, auch wenn diese Bestimmung nicht ausdrücklich in § 3a erwähnt ist. Der Verordnungsgeber wollte hier offensichtlich die Verantwortung für die nachträgliche Änderung der Betriebsweise und damit das Entfallen der materiellen Voraussetzungen für die Geeignetheit der Spielstätte auch bei dem Gewerbetreibenden, der für den Aufstellort Verantwortung trägt, verankern.[1] Im Kern ging es dem Verordnungsgeber also offensichtlich darum, den Betreiber des Aufstellortes dafür in die Pflicht zu nehmen, dass es bei den in der Bestätigung gem. § 33c Abs. 3 GewO festgelegten Vorgaben bleibt.

3 Der Verweis auf die Betriebspflichten aus § 3 dürfte überflüssig sein. Die hier in Frage kommenden Pflichten, insbesondere die Aufsichtspflicht gem. § 3 Abs. 1 S. 3, treffen den Gewerbetreibenden im Sinne dieser Bestimmung völlig unabhängig davon, ob die Aufstellung der Geräte durch ihn selbst oder einen Dritten erfolgt.

1 Vgl. Landmann/Rohmer GewO/*Marcks* SpielV § 3a.

II. Veranstaltung anderer Spiele

1. Erlaubnispflichtige Spiele

§ 4 SpielV [Erlaubniserteilung][1]

[1]Die Erlaubnis für die Veranstaltung eines anderen Spieles im Sinne des § 33d Abs. 1 Satz 1 der Gewerbeordnung (anderes Spiel), bei dem der Gewinn in Geld besteht, darf nur erteilt werden, wenn das Spiel in Spielhallen oder ähnlichen Unternehmen veranstaltet werden soll. [2]In einer Spielhalle oder einem ähnlichen Unternehmen dürfen höchstens drei andere Spiele veranstaltet werden.

Literatur: *Landmann/Rohmer*, Gewerbeordnung (GewO), Stand September 2020, 85. EL – Kommentierung zur SpielV.

I. Genese/Gesetzesentwicklung

§ 4 wurde 1985 in der Fassung der Bekanntmachung von 11.12.1985[2] der damals neuen SpielV erlassen. Im Zuge der Neustrukturierung der SpielV[3] 2006 wurde diese gänzlich neu aufgesetzt und enthält seitdem vor allem spielhallenbezogene Regelungen, die sich teilweise an die Aufsteller von Spielgeräten, teilweise aber auch an die Veranstalter von Spielen und an die Betreiber von Spielhallen richteten.[4] 1

Seitdem besteht § 4 unverändert fort. Die verschiedenen Änderungen der SpielV insgesamt haben nie Anlass zur Anpassung des § 4 gegeben. 2

II. Erläuterungen

§ 4 bildet im Verhältnis zu § 5 die Erlaubnisvoraussetzungen für andere Spiele im Sinne des § 33d Abs. 1 S. 1 GewO (→ GewO § 33d Rn. 3 ff.) ab, bei denen der **Gewinn in Geld** besteht. 3

Als Verbotsvorschrift, die einem Erlaubnisvorbehalt unterliegt, indiziert „*darf*“ eine Entscheidung über eventuelle Risiken, hier ua möglicher **Suchtpotentiale.** Die Mindestanforderung für ein **anderes Spiel** (Begriffserklärung in § 33d GewO), welches Geldgewinne abwirft, ist räumlich auf Spielhallen oder ähnliche Unternehmen (§ 33i GewO) beschränkt. Dabei umfassen Spielhallen und ähnliche Unternehmen nur solche Betriebe im stehenden Gewerbe (§ 2 Nr. 2 → § 2 Rn. 3). 4

Kern der Vorschrift ist, dass andere Spiele, bei denen der Gewinn in Geld besteht, nur dann zulässig sind, wenn das Spiel in Spielhallen oder ähnlichen Unternehmen veranstaltet werden soll. Damit sind andere Veranstaltungsorte ausgeschlossen. 5

§ 4 S. 2 legt zudem fest, dass **höchstens drei andere Spiele** an einem Veranstaltungsort veranstaltet werden dürfen, wobei jedes Spiel für sich genommen erlaubnispflichtig ist. Diese zahlenmäßige Begrenzung gilt nach richtiger Auffassung[5] auch für eigentlich erlaubnisfreie Spiele nach § 5a SpielV, die ja durchaus Spiele, deren Gewinn in Geld besteht, erfassen können, wenngleich auch nur im dort vorgegebenen Rahmen (60 EUR). Selbst bei Unterschreitung dieses Rah-

1 Gem. § 9 Abs. 1 G zur Regelung des Rechts der Spielhallen im Land Berlin ersetzt dieses G im Land Berlin § 3 Abs. 2 und 3 und § 4 S. 2 der Spielverordnung.
2 BGBl. 1985 I 2245.
3 Bekanntmachung vom 27.1.2006, BGBl. 2006 I 280.
4 Vgl. Ausführung in BVerwG 16.12.2016 – 8 C 6.15, NVwZ 2017, 791 ff.
5 *Kummer* GewA 1985, 108 (110).

mens kann sich ein Veranstalter im Kontext des § 4 aber nicht auf die Erlaubnisfreiheit (und auch nicht darauf, dass sie bei der Obergrenze des § 4 S. 2 von maximal drei Spielen nicht zu berücksichtigen wären) berufen, weil **Spielhallen und ähnliche Unternehmen** nicht zu den begünstigten Veranstaltungsorten gemäß der Ziffer 1 der Anlage zu § 5a (→ Anlage zu § 5a) gehören. Nicht zu berücksichtigen sind dagegen Geld- und Warenspielgeräte (§ 3 Abs. 2 → § 3 Rn. 11 ff.), die zusätzlich zu einem anderen Spiel im genehmigten Umfang betrieben werden dürfen.[6]

6 Die Begriffe Spielhalle und ähnliches Unternehmen beschreiben nur solche Einheiten, die im Betrieb eines stehenden Gewerbes stehen (→ § 1 Rn. 19).

7 Mit dem dynamischen Verweis auf die Vorschriften der Gewerbeordnung wird die Einheitlichkeit des Spielrechts zum Ausdruck gebracht.

§ 5 SpielV [Erlaubniserteilung]

[1]Die Erlaubnis für die Veranstaltung eines anderen Spieles, bei dem der Gewinn in Waren besteht, darf nur erteilt werden, wenn das Spiel auf Volksfesten, Schützenfesten oder ähnlichen Veranstaltungen, Jahrmärkten oder Spezialmärkten oder in Schank- oder Speisewirtschaften oder Beherbergungsbetrieben mit Ausnahme der in § 1 Abs. 2 Nr. 2 und 3 genannten Betriebe veranstaltet werden soll. [2]Im Übrigen gilt § 3 Abs. 1 entsprechend.

I. Genese/Gesetzesentwicklung

1 Ähnlich wie bei § 4 wurde auch § 5 nach seiner Einführung 2006 in die SpielV nicht mehr verändert.

II. Erläuterungen

2 § 5 enthält die Erlaubnisvoraussetzungen für andere Spiele, bei denen der **Gewinn in Waren** besteht. Sofern es sich um Geldgewinne handelt, ist § 4 einschlägig.

3 Neben dem zulässigen Ort der Veranstaltung für ein anderes Spiel, bei dem ein Warengewinn zu erwarten ist, legt § 5 auch die zulässige Höchstanzahl der zu veranstaltenden Spiele fest.

4 Die Aufzählung der **zulässigen Orte** ist abschließend. In der Formulierung „ähnliche Veranstaltungen" kann jedoch eine gewisse begriffliche Öffnung gesehen werden, die allerdings auf Volks- und Schützenfeste begrenzt ist. Insoweit geht es augenscheinlich darum, solche Veranstaltungen zu erfassen, die hinsichtlich der angebotenen Spiele Volks- oder Schützenfesten ähneln, ohne dass es sich um solche handeln würde. Dies kommt zB in Betracht, wenn der Veranstalter weder ein Schützenverein noch eine Gemeinde oder andere öffentliche Einrichtung ist. Bei sämtlichen in der Vorschrift genannten Veranstaltungen werden traditionell solche Spiele veranstaltet, die im Reise- und Schaustellergewerbe anzusiedeln sind, wie etwa Preisspiele, Geschicklichkeitsspiele, Ausspielungen und Jahrmarktspielgeräte.[1] Spielhallen sind in dieser Aufzählung nicht enthalten, so dass eine Veranstaltung eines anderen Spiels, bei dem der Gewinn in Waren besteht, aber in einer Spielhalle stattfindet, nicht § 5 unterliegt.[2]

---

6 Landmann/Rohmer/*Marcks* GewO § 4 SpielV.
1 Landmann/Rohmer/*Marcks* GewO § 5 SpielV Rn. 1.
2 Vgl. VG Hamburg 30.4.2008 – 6 E 4198/07, NVwZ-RR 2009, 63 ff.

So hat das VG Berlin[3] in einem Fall entschieden, dass den örtlichen Vorgaben des § 5 nicht Genüge getan ist, wenn das veranstaltete Spiel nicht in einem Betrieb (dort ein Café), sondern im Internet ausgespielt wird. Das Inventar des Caféhauses war als Gewinn ausgesetzt, so dass § 5 als Warengewinnvorschrift zur Anwendung kam. Eine Ausnahme nach § 5a lag nicht vor, weil keiner der in der Anlage 1 genannten begünstigten Spiele vorlag. 5

Wie bereits in § 2 (→ § 2 Rn. 1 ff.) werden die **möglichen Betriebsformen** der Spiele nicht konkretisiert. 6

Andere Spiele mit Warengewinn sind weiterhin auch in Schank- oder Speisewirtschaften sowie in Beherbergungsbetrieben möglich, wobei die Einschränkung des § 1 Abs. 2 Nr. 2 und 3 (→ § 1 Rn. 23) zum Jugendschutz und des § 33h Nr. 2 GewO (→ GewO § 33h Rn. 5 ff.) zur zulässigen Spielart zu beachten sind. Demnach sind nur solche Geschicklichkeitsspiele erlaubt, von denen **keine Jugendgefährdung** ausgeht. 7

An anderen als den genannten Orten sind andere Spiele unzulässig. 8

S. 2 setzt mit Verweis auf § 3 Abs. 1 die **Höchstzahl der zulässigen anderen Spiele** fest. Danach ist die Höchstzahl vom Veranstaltungsort abhängig. In Schank- und Speisewirtschaften sowie in Beherbergungsbetrieben dürfen höchstens drei andere Spiele veranstaltet werden. Unter freiem Himmel, also auf Volksfesten und bei den in S. 1 anderen genannten Orten, die sich nicht auf einen Innenraum beziehen, ist keine Höchstzahl vorgegeben (Begriffserklärung in § 3 Abs. 1 S. 1 und 4 → § 3 Rn. 5). 9

Seitdem der § 3 Abs. 1 (→ § 3 Rn. 2) im Jahr 2005 um die heutigen Sätze 2 und 3 ergänzt wurde, stellt sich die Frage, ob sich der **Verweis** in § 5 Abs. 2 auch auf die Sätze 2 und 3 bezieht. Für § 3 Abs. 1 S. 2 ist dies letztlich ohne Belang, weil dieser eine bloße Klarstellung zum S. 1 darstellt. Wichtiger ist dies allerdings in Bezug auf § 3 Abs. 1 S. 3, der Aufsichts- und Sicherungspflichten normiert. Allein vom Wortlaut der Verweisung in § 5 S. 2 sind wohl alle Sätze des § 3 Abs. 1 erfasst. Da aber der in § 3 Abs. 1 S. 3 im Vordergrund stehende Jugendschutz bereits durch die explizit erwähnte Einschränkung in § 5 S. 1 berücksichtigt wird, wäre ein erneuter Verweis auf die Aufsichtspflicht, die ebenfalls dem Jugendschutz Rechnung trägt, überflüssig. Ebenso regelt § 3 Abs. 1 S. 3 die genannten Pflichten für aufgestellte sog. Geldspielgeräte. Dies ergibt sich aus der Gesamtzusammenschau der Sätze 2 und 3 und insbesondere aus dem Hinweis auf „zusätzliche technische Sicherungsmaßnahmen“ in S. 3. Eben solche technischen Maßnahmen finden bei den hier zu betrachtenden Geschicklichkeitsspielen keine Anwendung, da diese allein auf die Fähigkeiten der Spielenden abstellen. Daher ist von einer fehlenden Anpassung des Verweises in S. 2 nach der Änderung des § 3 auszugehen, so dass es sich bei dem Verweis in S. 2 wohl um redaktionelles Versehen handelt. Die Verweisung ist lediglich in dem Umfang zu verstehen, der ursprünglich vom Gesetzgeber gewollt war, nämlich auf § 3 Abs. 1 S. 1 und 2 aF, was nunmehr § 3 Abs. 1 S. 1 und 4 entspricht. 10

2. Erlaubnisfreie Spiele

§ 5a SpielV [Erlaubnisfreiheit]

[1]Für die Veranstaltung eines anderen Spieles ist die Erlaubnis nach § 33d Abs. 1 Satz 1 oder § 60a Abs. 2 Satz 2 der Gewerbeordnung nicht erforderlich, wenn das Spiel die Anforderungen der Anlage erfüllt und der Gewinn in Waren be-

3 VG Berlin 17.8.2009 – VG 4 L 274.09, MMR 2009, 794 ff.

steht. [2]In Zweifelsfällen stellt das Bundeskriminalamt oder das zuständige Landeskriminalamt fest, ob diese Voraussetzungen vorliegen.

Anlage
(zu § 5a)

1. Begünstigt nach § 5a sind
   a) Preisspiele und Gewinnspiele, die in Schank- oder Speisewirtschaften, Beherbergungsbetrieben, auf Volksfesten, Schützenfesten oder ähnlichen Veranstaltungen, Jahrmärkten oder Spezialmärkten,
   b) Ausspielungen, die auf Volksfesten, Schützenfesten oder ähnlichen Veranstaltungen, Jahrmärkten oder Spezialmärkten und
   c) Jahrmarktspielgeräte für Spiele, die auf Volksfesten, Schützenfesten oder ähnlichen Veranstaltungen, Jahrmärkten oder Spezialmärkten veranstaltet werden.
2. Preisspiele sind unter Beteiligung von mehreren Spielern turniermäßig betriebene Geschicklichkeitsspiele, bei denen das Entgelt für die Teilnahme höchstens 15 Euro beträgt.
3. Gewinnspiele sind unter Beteiligung von einem oder mehreren Spielern betriebene, auf kurze Zeit angelegte Geschicklichkeitsspiele, bei denen die Gestehungskosten eines Gewinns höchstens 60 Euro betragen.
4. Ausspielungen sind auf den in Nummer 1 Buchstabe b genannten Veranstaltungen übliche Glücksspiele, bei denen die Gestehungskosten eines Gewinns höchstens 60 Euro betragen. Mindestens 50 vom Hundert der Gesamteinsätze müssen als Gewinn an die Spieler zurückfließen, mindestens 20 vom Hundert der Gewinnentscheide müssen zu Gewinnen führen.
5. Jahrmarktspielgeräte sind unter Steuerungseinfluss des Spielers betriebene Spielautomaten mit beobachtbarem Spielablauf, die so beschaffen sind, dass Gewinnmarken nicht als Einsatz verwendet werden können und ausgewiesene Gewinne nicht zum Weiterspielen angeboten werden. Die Gestehungskosten eines Gewinns betragen höchstens 60 Euro. Mindestens 50 vom Hundert der Einsätze fließen an den Spieler zurück.

Literatur: *Marcks*, Änderungen des Spielrechts, GewA 1984, 355; *Odenthal*: Erlaubnisfreie Jahrmarktspielgeräte, GewA 2003, 404.

I. Genese/Gesetzesentwicklung

1 Ursprünglich war der heutige § 5a samt seiner Anlage in einer eigenen Verordnung niedergelegt. Die Verordnung über die gewerbsmäßige Veranstaltung unbedenklicher Spiele[1] wurde durch die Änderungsverordnung 1984[2] aufgehoben und als § 5a inklusive Anlage in die SpielV integriert.

2 Weitere Anpassungen erfolgten 1985[3] mit der Verweisung auf § 60a GewO in § 5a Abs. 1 sowie ebenfalls 1985[4] mit der Einfügung von S. 2.

3 Die ursprüngliche Anlage wurde ebenfalls mehrfach überarbeitet. So wurden die Maximalbeträge in den Nr. 3 und 4 sowohl 1993[5] als auch 2002[6] angehoben und 2001[7] von DM auf EUR umgestellt. 2003[8] wurden ihr die Jahrmarktspiele

1 UnbSpielV in der Fassung vom 26.11.1963, BGBl. 1963 I 849.
2 Änderungsverordnung vom 24.8.1984, BGBl. 1984 I 1154.
3 BGBl. 1985 I 838.
4 BGBl. 1985 I 2244.
5 BGBl. 1993 I 2254.
6 BGBl. 2002 I 3412.
7 BGBl. 2001 I 2992.
8 BGBl. 2003 I 547.

hinzugefügt. Inhaltlich wurde Nr. 5 ebenfalls erst 2003[9] in die Anlage aufgenommen.

II. Erläuterungen

4 § 5a S. 1 kodifiziert eine **Ausnahme** zur Erlaubnispflicht für das stehende Gewerbe und das Reisegewerbe. § 33d GewO und § 60a Abs. 2 S. 2 GewO sind dann nicht einschlägig, wenn das Spiel die Voraussetzungen der Anlage zu § 5a erfüllt und zusätzlich ein Warengewinn vorgesehen ist. Damit geht die praktische Folge einher, dass keine **Unbedenklichkeitsbescheinigung** vom Bundes- oder Landeskriminalamt vorgelegt werden muss, wobei das Bundeskriminalamt für das stehende Gewerbe und das Landeskriminalamt für das Reisegewerbe zuständig ist.

5 § 5a ist eine besondere Vorschrift im Gefüge der SpielV, was sich bereits aus dem historischen Kontext ergibt. Insbesondere handelt es sich nicht um eine isolierte Regelung, vielmehr ist sie im Zusammenhang mit den übrigen Vorschriften zu lesen. Dies folgt unter anderem aus § 18, der in zwei verschiedenen Kontexten auf § 5a verweist. So gilt § 5a zwar als **lex specialis**, insbesondere zu den Vorschriften aus der GewO. Dies gilt aber nicht in Bezug auf § 5, dem eine übergeordnete Rolle im Geltungsbereich der Erlaubnisnormen der SpielV zukommt. Somit ist in § 5 Abs. 2 eine Einschränkung aller Spiele zu sehen. Die Höchstzahl ist demnach auch für erlaubnisfreie Spiele nach § 5a begrenzt (→ § 5 Rn. 9).

6 Weiterhin gelten für die erlaubnisfreien Spiele auch die übrigen Einschränkungen der Verordnung, so auch die der geeigneten Veranstaltungsorte, wie sie in § 5 S. 1 iVm § 1 Abs. 2 Nr. 2, 3 festgeschrieben ist. Die Vorschriften über die Verpflichtungen bei der Ausübung des Gewerbes finden auf begünstigte Spiele Anwendung (→ § 6 Rn. 6 ff.).

7 Die Folgen des Satzes 1 treten nur dann ein, wenn es sich um die **gewerbsmäßige Veranstaltung** anderer Spiele handelt, vgl. § 33d Abs. 1 S. 1 GewO. Sofern diese Voraussetzung verneint wird, bedarf es keiner Erlaubnis nach § 33d GewO, so dass auch § 5a unbeachtlich ist. Die sog. gewerbliche Unbeachtlichkeit richtet sich nach § 33g GewO.

8 Weitere Einschränkung zur Anwendbarkeit des § 5a S. 1 ist der Gewinn in Waren, der durch das Spiel erzielt werden muss. Dazu zählen auch solche Gewinne, die Dienstleistungen zum Gegenstand haben.[10]

9 § 5a S. 2 bestimmt die Möglichkeit der **Vorabanfrage** bei der zuständigen Stelle bei unsicherem Sachverhalt. Es kann so geklärt werden, ob es sich um ein begünstigtes Spiel nach § 5a S. 1 iVm der Anlage handelt. Neben der behördlichen Möglichkeit, bereits vor Veranstaltung des Spiels tätig zu werden, hat § 5a S. 2 den Zweck der **überregionalen Bedeutung**, da von den betroffenen Behörden ein Koordinierungsausschuss gebildet wird, welcher sich mit Empfehlungen zu Fallkategorien befasst.[11]

III. Erläuterungen zur Anlage 1

10 In der Anlage zur SpielV werden insgesamt **vier Möglichkeiten** beschrieben, wann es einer Erlaubnis nach § 33d Abs. 1 S. 1 oder § 60a Abs. 2 S. 2 GewO nicht bedarf.

9 Änderungsverordnung vom 24.4.2003, BGBl. 2003 I 547.

10 Verwaltungsvorschrift zum Vollzug der §§ 33c, 33d, 33i und 60a Abs. 2 und 3 der GewO sowie der Spielverordnung (SpielVwV), Nr. 2.1.2.2.

11 Vgl. Begründung zur Änderungsverordnung vom 11.12.1985, BR-Drs. 496/85, 9.

11 § 33h Nr. 3 GewO norminert eine Ausnahme der Anwendung der §§ 33c bis 33g GewO für Veranstaltungen anderer Spiele nach § 33d Abs. 1 S. 1 GewO, also Spiele, die in Schank- oder Speisewirtschaften, Beherbergungsbetrieben, auf Volksfesten, Schützenfesten oder ähnlichen Veranstaltungen, Jahrmärkten oder Spezialmärkten stattfinden. Nr. 1 legt fest, dass die verschiedenen Spielarten (Nr. 2 bis 5) nur an **bestimmte Veranstaltungsorten** begünstig sind. Somit kommt Nr. 1 eine übergeordnete Rolle zu und ist stets bei der Anwendung einer der nachfolgenden Nummern zu beachten. Denn je nach Spielart ist der **begünstigte Ort unterschiedlich.** Preis- und Gewinnspiele sind somit beispielsweise in Gaststätten und auf Volksfesten privilegiert, während Ausspielungen nur im festlichen Rahmen von Veranstaltungen veranstaltet werden dürfen.

12 Nr. 2 bis 4 definieren die verschiedenen begünstigten Spielarten (Preis- und Gewinnspiele sowie Ausspielungen). Dagegen gibt Nr. 5 an, unter welchen Umständen von einem begünstigten Jahrmarktspielgerät auszugehen ist.

13 **Preisspiele** im Sinne der Nr. 2 sind solche, die unter Beteiligung von mehreren Spielern turniermäßig betrieben werden und Geschicklichkeitsspiele darstellen, bei denen das Entgelt für die Teilnahme höchstens 15 Euro beträgt. Neben den in Anlage 1 UnbSpielV behandelten Preisspielen sollten nun auch Geschicklichkeitsspiele erfasst werden. Allerdings fällt beispielsweise ein **Pokerturnier** nicht unter diese Kategorie, da der Ausgang des Spiels, zumindest in der beliebten Variante „Texas Hold'em" eher vom Zufall als vom Können des Spielers abhängt.[12]

14 Das Merkmal **„turnusmäßig"** wird in der Begründung mit „wettkampfmäßig zwischen mehreren Spielern" beschrieben und umfasst als zeitliche Einschränkung für die Dauer eines Spiels einen Zeitraum von mindestens einigen Stunden bis höchstens zwei Tage.[13] Kurz aufeinander folgende Spiele oder Veranstaltungen sind als Glücks- (Nr. 3) und nicht als Geschicklichkeitsspiele zu qualifizieren. Denn erst durch das eigene Zutun des Spielers nimmt dieser selbst Einfluss auf seine Gewinnmöglichkeit. Neben der Dauer der Spiele stellt sich auch die Frage nach den zeitlichen Abständen zwischen ihnen. So ist nicht eindeutig, ob es eines zeitlichen Abstandes der Spiele zueinander bedarf und wenn ja, wie groß der sein muss, oder ob es genügt, wenn jedes Spiel für sich beendet wird und somit ein neues Spiel begonnen werden kann. Sicher ist aber, dass mehrere Teilnehmer beteiligt sein müssen, dh mindestens drei oder mehr Spieler oder Mannschaften.[14]

15 Maximal 15 EUR darf das Entgelt für die Spielteilnahme betragen. Dies entspricht bei entsprechender Umrechnung immer noch dem Wert, der in der Verordnung von 1984 festgelegt wurde. Der Gewinn ist auf Waren beschränkt und im Wert nicht auf eine Maximalgrenze festgelegt.

16 Nach Nr. 3 gelten Geschicklichkeitsspiele als **Gewinnspiele**, die nicht turnusmäßig stattfinden. Weitere Einschränkung ist die Teilnahme eines Veranstalters und von einem oder mehreren Spielern. Zu den ursprünglichen Geschicklichkeitsspielen zählten die in Anlage 2 UnbSpielV aufgelisteten Wurf-, Schieß- und Hammerspiele. Es stehen Fertigkeiten des Spielers im Vordergrund, die durch spontane Ausübung des Spiels unter Beweis gestellt werden sollen. Dabei ist es einem Gewinnspiel immanent, dass der Aufsteller des Spiels die Regeln vorgibt und aufgrund deren der Gewinn vergeben wird.

---

12 BVerwG 22.1.2014 – 8 C 26/12, NJW 2014, 2299 ff.

13 Vgl. Begründung zur Änderungsverordnung vom 24.8.1984, BR-Drs. 97/84, 12.

14 Vgl. Landmann/Rohmer/*Marcks* GewO § 5a SpielV Rn. 8.

Weitere Voraussetzung für die Begünstigung ist, dass die **Gestehungskosten** des Gewinns 60 EUR nicht übersteigen dürfen. Der Betrag wurde seit der Einführung der UnbSpielV mehrfach angepasst, was mit den gestiegenen Preisen für die Anschaffung begründet wurde. Ursprünglich wurde auf den Einkaufswert der Hauptgewinne abgestellt, der Bezugskosten und Preisnachlässe in den Wert des Gewinns miteinbezog und so finanzielle Benachteiligungen des Veranstalters zur Folge hatte, während die Gestehungskosten die Kosten für innerbetriebliche Anschaffung des Gewinns darstellen.[15] 17

Zu den **Ausspielungen** nach Nr. 4 zählen Glücksspiele, die üblicherweise auf Volksfesten, Schützenfesten, Jahrmärkten oder Spezialmärkten veranstaltet werden. Unter „üblich" sind solche Spiele zu verstehen, die dem **Spieler bereits bekannt** sind oder sein dürften. Nach Anlage 3 UnbSpielV waren das ua Entenangeln, Faden- und Loseziehen. Inzwischen zählen auch Spiele als üblich, die sich später etablieren konnten. So setzten sich etwa Serien- und Kombinationsspiele mit Drehrädern, Blinkern, Bömber und Glücksschweinen durch und fallen nun unter Nr. 1b) iVm Nr. 4 der Anlage.[16] Daneben bleibt es weiterhin möglich, (neue) Spiele durch die Unbedenklichkeitsbescheinigung nach §§ 33d Abs. 2, 60a Abs. 2 S. 2 und 3 GewO als üblich zu deklarieren. 18

Als weitere Voraussetzungen nennt Nr. 4, dass die Gestehungskosten (→ Rn. 17) des Gewinns maximal 60 EUR betragen dürfen sowie, dass mindestens die Hälfte der Gesamteinsätze als Gewinn an die Spieler zurückfließen und wiederum 20 % der Entscheidungen über Gewinne für den Spieler positiv sein müssen. Letzteres kann nur bei Spielen umgesetzt werden, bei denen nach ihrer Art des Spiels Gewinne nach Quoten verteilt werden können, wie zB beim Loseziehen. Bei Drehrädern ist eine **garantierte quotierte Gewinnchance** eher schwierig umzusetzen, da es auf den spielerischen Beitrag erheblich ankommt. Hier besteht allerdings die Möglichkeit, beispielsweise die Gewinnfelder auf dem Rad quantitativ anzupassen, so dass eine 20 %-ige Gewinnchance besteht. Insoweit sind die Vorgaben eher praktisch auszulegen. 19

Als einzige Nummer im Gefüge der Anlage zur SpielV macht Nr. 5 Vorgaben in Bezug auf die technische Ausrüstung und den technisch beeinflussten Spielablauf von Spielgeräten, so dass sie erst bei Vorliegen der Voraussetzungen als **Jahrmarktspielgeräte** begünstigt werden. Im Gegensatz zum Gewinnspiel betreibt hier der Spieler nicht selbst das Gerät, er kann lediglich steuernden Einfluss nehmen. Doch wird das Gerät vorrangig durch technische Vorrichtungen gesteuert, so dass der Spielablauf durch Beobachtung vorhersehbar ist. 20

Unter Jahrmarktspielgeräte fallen sog. Schiebespielgeräte.[17] Am bekanntesten dürften insbesondere die **Münzschieber** sein, bei denen eine Geldmünze in das Gerät gesteckt wird und vom Spieler so platziert werden muss, dass durch die rhythmischen Bewegungen des Schiebers die bereits in dem Gerät vorhandenen Geldmünzen herausfallen oder Gegenstände (Gewinne) herausgeschoben werden. Nicht unter Nr. 5 fallen hingehen Münzschieber, in die Spielmünzen eingesteckt und als Gewinn weitere Spielmünzen ausgegeben werden. Dies gilt auch dann, wenn sich in dem Schiebegerät beide Sorten von Münzen, also Geld- und Spielmünzen, befinden. So hat das OVG Hamburg in dem Fall der Mischung von Münzen festgestellt, dass es sich bei der Ausgabe von „Spielmarken" nicht um Gewinne, sondern um einen bloßen Wertersatz dazu handelt.[18] 21

15 Vgl. Landmann/Rohmer/*Marcks* GewO § 5a SpielV Rn. 11.
16 BR-Drs. 147/03, 36.
17 BR-Drs. 147/03, 34 f.
18 OVG Hamburg 21.11.2006 – 1 Bf 318/05, GewA 2007, 82 ff.

22 Zur besseren Abgrenzung, die in der Praxis durchaus Schwierigkeiten bereiten kann, gibt Nr. 4.2.2. der **SpielVwV** Kriterien vor, die ein Schiebespielgerät im Einzelfall erfüllen muss. Sofern nach Überprüfung der Kriterien immer noch Zweifel bestehen, kann eine Stellungnahme des zuständigen Landeskriminalamts eingeholt werden, wobei auch die Physikalisch-Technische Bundesanstalt Amtshilfe leisten kann.[19]

23 Dass Spiele, die unter Nr. 5 zu fassen sind, nur auf Volksfesten und ähnlichen Veranstaltungen stattfinden dürfen, um erlaubnisfrei zu sein, kritisiert *Odenthal* bereits kurz nach der Aufnahme der Jahrmarktspielgeräte in die Anlage.[20] Dabei stützt er seine **Kritik** darauf, dass der Verordnungsgeber Nr. 5 nicht eindeutig den Glücks- oder Geschicklichkeitsspielen zugeordnet hat, was er aber bei Nr. 2 bis 4 getan hat. Diese Zuordnung sei sowohl für die strafrechtliche als auch gewerberechtliche Betrachtung von Sachverhalten notwendig. Jenes Problem wird deutlich bei der Betrachtung von sog. **Krangreifspielautomaten.** Wie das AG Cottbus[21] in einer bemerkenswerten Beweiswürdigung feststellte, handelt es sich zwar um ein „Spiel mit Gewinnmöglichkeit". Bei dem Vorgang des Spielens sind dann aber sowohl „Bedienung des Bedienhebels, Beobachtung der Auswirkung auf den Greifer, Einschätzung dessen vertikaler Position über dem gewünschten Objekt und Greifversuch" erforderlich. Mit anderen Worten kommt es auf die Geschicklichkeit des Spielers an. Die Spieleautomaten vereinen somit Elemente beider Spielarten. *Odenthal* ist im Grundsatz zuzustimmen. So heißt es in der Verordnungsbegründung, dass die Spiele der Nr. 5 deswegen in die Anlage mitaufgenommen wurden, weil ihnen ein „geringes Gefährdungspotenzial" zukommt.[22] Doch dies würde gerade für die Forderung *Odenthals*, diese Spiele auch in Schankwirtschaften uÄ aufstellen zu dürfen, sprechen. Ob auch aufgrund der geringen Gefährlichkeit andere strafrechtliche Konsequenzen oder solche des Ordnungswidrigkeitenrechts erfolgen sollten, vermögen die Autoren nicht zu beurteilen.

---

19 Verwaltungsvorschrift zum Vollzug der §§ 33c, 33d, 33i und 60a Abs. 2 und 3 der GewO sowie der Spielverordnung (SpielVwV), Nr. 4.2.2.

20 *Odenthal* GewA 2003, 404 ff.

21 AG Cottbus 26.3.2009 – 66 OWi 1704 JS-OWi 36974/07 (305/07), GewA 2010, 79 ff.

22 BR-Drs. 147/03, 34.

III. Verpflichtungen bei der Ausübung des Gewerbes

§ 6 SpielV [Pflichten]

(1) [1]Der Aufsteller darf nur Geld- oder Warenspielgeräte aufstellen, an denen das Zulassungszeichen deutlich sichtbar angebracht ist. [2]Der Aufsteller ist verpflichtet, dafür zu sorgen, dass Spielregeln und Gewinnplan für Spieler leicht zugänglich sind.

(2) [1]Der Veranstalter eines anderen Spieles ist verpflichtet, am Veranstaltungsort die Spielregeln und den Gewinnplan deutlich sichtbar anzubringen. [2]Er hat dort die Unbedenklichkeitsbescheinigung oder den Abdruck der Unbedenklichkeitsbescheinigung und den Erlaubnisbescheid zur Einsichtnahme bereitzuhalten.

(3) [1]Der Aufsteller eines Spielgerätes oder der Veranstalter eines anderen Spieles darf Gegenstände, die nicht als Gewinne ausgesetzt sind, nicht so aufstellen, dass sie dem Spieler als Gewinne erscheinen können. [2]Lebende Tiere dürfen nicht als Gewinn ausgesetzt werden.

(4) [1]Der Hersteller hat sicherzustellen, dass an Geldspielgeräten in der Nähe des Münzeinwurfs deutlich sichtbare, sich auf das übermäßige Spielen und auf den Jugendschutz beziehende Warnhinweise sowie Hinweise auf Beratungsmöglichkeiten bei pathologischem Spielverhalten angebracht sind. [2]Der Aufsteller hat sicherzustellen, dass in einer Spielhalle Informationsmaterial über Risiken des übermäßigen Spielens sichtbar ausliegt.

(5) [1]Der Aufsteller von Spielgeräten, deren Bauart die Anforderungen des § 13 Nummer 10 erfüllen, ist verpflichtet, dafür zu sorgen, dass jedem Spieler vor Aufnahme des Spielbetriebs an einem solchen Gerät und nach Prüfung seiner Spielberechtigung ein gerätegebundenes, personenungebundenes Identifikationsmittel ausgehändigt wird. [2]Er hat dafür zu sorgen, dass jedem Spieler nicht mehr als ein Identifikationsmittel ausgehändigt wird. [3]Er hat weiterhin dafür Sorge zu tragen, dass der Verlust wiederverwendbarer Identifikationsmittel vermieden wird, und dass der Spieler ein wiederverwendbares Identifikationsmittel nach Beendigung des Spielbetriebs unverzüglich zurückgibt.

Literatur: *Odenthal*, Änderungen der Spielverordnung, GewA 2015, 49.

I. Genese/Gesetzesentwicklung

1 Bereits die SpielV in der Fassung der Bekanntmachung von 9.3.1962[1] enthielt in § 6 Verpflichtungen für den Aufsteller von Spielgeräten. Durch die Neubekanntmachung der SpielV in den Fassungen vom 28.11.1979,[2] vom 11.12.1985[3] sowie durch die Änderungsverordnung vom 30.4.2003[4] erfolgten nur kleinere inhaltliche Anpassungen des Abs. 1, so dass die Abs. 1 bis 3 in ihrer damaligen Fassung weitestgehend mit der heutigen übereinstimmen.

2 1985 wurde durch die Neufassung der SpielV[5] das Verbot, dass lebende Tiere nicht als Gewinn ausgesetzt werden dürfen, in S. 2 des Abs. 3 eingefügt.

3 Neu eingefügt wurde 2005 mit der Änderungsverordnung vom 17.12.2005,[6] die zum 1.1.2006 in Kraft trat, erstmals der Abs. 4. Geändert, um in den Ordnungs-

1 BGBl. 1962 I 153.
2 BGBl. 1979 I 1991.
3 BGBl. 1985 I 2245.
4 BGBl. 2003 I 547.
5 BGBl. 1985 I 2245.
6 BGBl. 2005 I 3495.

widrigkeitenkatalog des § 19 aufgenommen zu werden, wurde der Abs. 4 dann durch die Änderungsverordnung vom 4.11.2014.[7] Gleichzeitig wurden durch die Änderungsverordnung von 2005 die Pflichten in § 6 Abs. 1 für Aufsteller von Geld- und Warenspielgeräten deutlich verschlankt.

4 Mit der letzten Änderung des § 6 wurde mit Wirkung zum 10.2.2016 durch die Änderungsverordnung vom 4.11.2014[8] der Abs. 5 vollständig neu eingefügt. Die in der Verordnung gewährte Übergangsfrist bis zum Inkrafttreten des Abs. 5 war notwendig, um den Gewerbetreibenden die Umstellung ihrer Systeme auf personenungebundene Identifikationsmittel zu ermöglichen.[9]

II. Erläuterungen

5 § 6 erhält als erste Norm im Dritten Abschnitt der SpielV über die **Verpflichtungen bei der Ausübung** des Gewerbes eine Darstellung der Pflichten des Aufstellers von Gewinnspielgeräten und des Veranstalters anderer Spiele.

6 Abs. 1 verlangt den **erforderlichen Nachweis zur Spielerlaubnis**, bei Gewinnspielgeräten also das Zulassungszeichen, für den Spieler deutlich sichtbar zu platzieren. Dabei genügt das von der Physikalisch-Technischen Bundesanstalt gemeinsam mit der Zulassung ausgestellte Zulassungszeichen (§ 16 Abs. 5 → § 16 Rn. 6), welches an dem Spielgerät in Form der Prüfplakette als Aufkleber befestigt wird.

7 Sowohl einschlägige **Spielregeln** als auch der **Gewinnplan** müssen deutlich sichtbar am Veranstaltungsort eines anderen Spiels angebracht werden. § 6 Abs. 2 S. 1 sieht die Pflicht für jegliche Veranstalter anderer Spiele vor, dh es findet keine Unterscheidung zwischen dem stehendem und dem Reisegewerbe sowie zwischen erlaubnispflichtigem oder -freiem Spiel statt. In einer früheren Fassung des § 16 Abs. 1 Nr. 4 gehörten Spielregeln und Gewinnplan noch zum Inhalt des Zulassungsscheins. Inzwischen wurde auf beides verzichtet (vgl. Ausführungen → § 16 Rn. 3).

8 Abs. 2 S. 2 verpflichtet dagegen nur Veranstalter anderer Spiele, die nach § 4 oder § 5 erlaubnispflichtig sind. Die vom LKA ausgestellte **Unbedenklichkeitsbescheinigung** oder der **Bescheid über die Erlaubniserteilung** des zuständigen Gewerbeamtes muss vor Ort zugänglich bereitgehalten werden.

9 In Abs. 3 werden Beschränkungen für **Warengewinne** bestimmt. Gemäß S. 1 darf beim (potenziellen) Spieler **keine Suggestion** für einen Gewinn entstehen, den es nicht zu gewinnen gilt. Dem Spielerschutz wird hier insoweit Rechnung getragen, dass nur solche Gegenstände in der Nähe des Spiels aufgestellt werden dürfen, die auch tatsächlich gewonnen werden können.

10 Abs. 3 S. 2 schließt den Warengewinn in Form von lebenden Tieren aus. Bereits 1962 wurde das Verbot, lebende **Tiere als Gewinn** auszusetzen, in § 12 Abs. 1 Nr. 6 aF als Zulassungsvoraussetzung aufgenommen[10] und gilt seitdem, zwar mit angepasster Verankerung in der Verordnung, unverändert.

11 Neben Aufstellern und Veranstaltern verpflichtet Abs. 4 auch **Hersteller von Geldspielgeräten** im Sinne des Spielerschutzes.[11] Sie müssen **Warnhinweise** bezüglich des Spielsuchtrisikos und zum Jugendschutz an den Geräten, genauer gesagt in der Nähe des Münzschlitzeinwurfes, anbringen. Durch die Platzierung

7 BGBl. 2014 I 1678.
8 BGBl. 2014 I 1678.
9 Vgl. Verordnungsbegründung, BR-Drs. 437/13, 27.
10 Vgl. BGBl. 1962 I 155.
11 VG Trier 1.3.2011 – 1 K 1056/10, BeckRS 2011, 49900.

am Einwurf soll sichergestellt werden, dass die Hinweise tatsächlich wahrgenommen werden. Ursprünglich galten seit 1989 in der Automatenwirtschaft entsprechende Selbstverpflichtungen,[12] die aber mit Einfügen des § 6 Abs. 4 SpielV 2005 obsolet wurden. Neben Warnhinweisen muss es auch ein Hinweis auf Beratungsmöglichkeiten bei pathologischem Spielverhalten geben. Praktisch wird dies durch die Angabe einer Telefonnummer umgesetzt.

Mit Abs. 5 wird dem **Spieler- und Jugendschutz** in Bezug auf Geldspielgeräte, die 12
den technischen Anforderungen des § 13 Nr. 10 entsprechen, Rechnung getragen. Dabei erfasst Abs. 5 alle Geräte, die eine Vorrichtung nach § 13 Nr. 10 (vgl. Ausführungen → § 13 Rn. 12) vorweisen. *Odenthal* meint, dass dies nur „Altgeräte" betrifft,[13] was aus praktischer Sicht wohl zutreffend sein dürfte. Dennoch gibt es für diesen Ansatz aus rechtsdogmatischer Betrachtung keine Anhaltspunkte, so dass der Verordnungsgeber jegliche Geräte, die unter § 13 Nr. 10 – sei es auch nachträglich – fallen, umfasst.

Durch die Ausgabe von **Spielerkarten** soll der Aufsteller als Kontrollinstanz 13
bezüglich des Alters fungieren und sicherstellen können, dass der Spieler nur ein Gerät bespielt. Dieses Identifikationsmittel legitimiert den Spieler an einem der vorgesehenen Spielgeräte zu spielen (gerätegebunden), ohne seine persönlichen Eigenschaften zu speichern (personenungebunden). Insbesondere muss das verwendete System wirtschaftlich für den Betreiber, also den Aufsteller, sein und darf keine personenbezogenen Daten speichern, um das Spielverhalten von Spielern auszukundschaften.[14] Auf personengebundene Spielerkarten wurde aufgrund des Datenschutzes verzichtet.[15] Sofern der Aufsteller wiederverwendbare Identifikationsmittel verwendet, hat er dafür Sorge zu tragen, dass diese **gegen Verlust** sicher aufbewahrt werden und eine **Rückgabe** von den Spielern nach Spielbeendigung gewährleistet ist.

Die Transparenz- und Informationspflichten des § 6 sind auch **verfassungsrecht-** 14
lich relevant.[16] So erklärte bereits 2006 das BVerfG in einer Entscheidung über ein bayerisches „Sportwettenmonopol" und die Vereinbarkeit mit Art. 12 Abs. 1 GG eher beiläufig, dass die meisten spielsuchtbetroffenen oder -gefährdeten Personen an Geldspielgeräten nach der GewO spielen[17] und ordnete das Suchtpotenzial von Casino-Spielen und Sportwetten nachrangig ein.

§ 6a SpielV [Verbote]

[1]Die Aufstellung und der Betrieb von Spielgeräten, die keine Bauartzulassung oder Erlaubnis nach den §§ 4, 5, 13oder 14 erhalten haben oder die keiner Erlaubnis nach § 5a bedürfen, ist verboten,

a) wenn diese als Gewinn Berechtigungen zum Weiterspielen sowie sonstige Gewinnberechtigungen oder Chancenerhöhungen anbieten oder

b) wenn auf der Grundlage ihrer Spielergebnisse Gewinne ausgegeben, ausgezahlt, auf Konten, Geldkarten oder ähnliche zur Geldauszahlung benutzbare Speichermedien aufgebucht werden.

---

12 BT-Drs. 11/6224, 10.
13 *Odenthal* GewA 2015, 49 (51).
14 BR-Drs. 437/13, 27f.
15 *Odenthal* GewA 2015, 49 (51).
16 Vgl. *Becker/Hilf/Nolte/Uwer* Glückspielregulierung, SpielV S. 832 Rn. 17.
17 Vgl. BVerfG 28.3.2006 – 1 BvR 1054/01, Rn. 100, BVerfGE Band 115, 276 ff.

[2]Die Rückgewähr getätigter Einsätze ist unzulässig. [3]Die Gewährung von Freispielen ist nur zulässig, wenn sie ausschließlich in unmittelbarem zeitlichen Anschluss an das entgeltliche Spiel abgespielt werden und nicht mehr als sechs Freispiele gewonnen werden können.

Literatur: *Becker/Hilf/Nolte/Uwer*, 2017, Glückspielregulierung – Glücksspielstaatsvertrag und Nebengesetze; *Fuchs*, Sitzungsbericht des Bund-Länder-Ausschusses „Gewerberecht" 1998, GewA 1998, 60; *Landmann/Rohmer*, Gewerbeordnung, 24. EL 2020; *Lukat*, Zulassungsfreie Geschicklichkeitsspiele – wann kann man davon sprechen?, GewA 2011, 113; *Schönleiter/Kopp*, Herbstsitzung 2001 des Bund-Länder-Ausschusses „Gewerberecht", GewA 2002, 56; *Schönleiter/Stenger*, Frühjahrssitzung 2007 des Bund-Länder-Ausschusses „Gewerberecht", GewA 2007, 320.

I. Genese/Gesetzesentwicklung

1 § 6a wurde nachträglich zum 1.1.2006 durch die Änderungsverordnung vom 17.12.2005[1] eingefügt. Grund dafür war, dass der Verordnungsgeber die missbräuchliche Entwicklung im Bereich sogenannter „Fun-Games" eindämmen und einheitliche Regelungen für die Bewertung solcher Gewinnspielgeräte etablieren wollte.[2]

II. Erläuterungen

2 Als Verbotsvorschrift ohne Erlaubnisvorbehalt unterbindet § 6a das Aufstellen und Betreiben von Spielgeräten, die nicht bereits durch andere Vorschriften der SpielV genehmigt worden sind. Die vom Verordnungsgeber als problematisch einzustufenden **„Fun-Games"** galten – sofern diese zusätzlich zu anderen Spielgeräten aufgestellt wurden – als Umgehung von § 3 Abs. 2, der die Höchstzahl von Geld- oder Warenspielgeräten festlegt (→ § 3 Rn. 11 ff.). Bei diesen „Fun-Games" handelt es sich um Spielgeräte, die ihrer Art nach zwar den Geldspielgeräten zuzuordnen sind, sich aber durch schnelle Spielabläufe und hohe Einsätze auszeichnen.[3] Die Nutzung solcher Spiele sollte durch die Einführung von § 6a verboten werden. So wollte der Verordnungsgeber das Ausweichen auf illegale Spielanlagen untersagen und dafür sorgen, dass ausschließliche Geräte, die durch die Physikalisch-Technischen Bundesanstalt geprüft wurden, in Gaststätten und Spielhallen zum Einsatz kommen.[4] Mit der Formulierung *„… und der Betrieb"* wird deutlich, dass es dem Verordnungsgeber darauf ankam, dass mit Inkrafttreten des § 6a auch der Betrieb bereits bestehender Fun-Games-Spielgeräte illegalisiert wird.[5]

3 Die gewählte Formulierung in S. 1 über das Verbot des Aufstellens und des Betreibens eines Spielgerätes sowie die anschließende Aufzählung der Voraussetzungen bestimmen im Umkehrschluss, unter welchen Voraussetzungen ein Fun Game-Spielgerät aufgestellt und betrieben werden darf. So ist entweder eine **Erlaubnis** nach §§ 4 oder 5, eine **Bauartzulassung** durch die Physikalisch-Technischen Bundesanstalt nach §§ 13 oder 14 erforderlich oder das Spielgerät muss nach § 5a **genehmigungsfrei** sein.

4 In diesem Zusammenhang hat der VGH Kassel[6] zur **Zuständigkeit** der Physikalisch-Technischen Bundesanstalt festgestellt, dass diese zwar für die Durchfüh-

1 BGBl. 2005 I 3495.
2 Vgl. Verordnungsbegründung BR-Drs. 655/05, 1.
3 Vgl. Verordnungsbegründung BR-Drs. 655/05, 17.
4 Vgl. Verordnungsbegründung BR-Drs. 655/05, 17.
5 Maßgabebeschluss des BR vom 14.10.2005, BR-Drs. 655/05, 2.
6 VGH Kassel 16.1.2007 – 8 TG 1753/06, GewA 2007, 290 ff.

rung von Bauartzulassungsverfahren für Gewinnspielgeräte nach §§ 33c Abs. 1 S. 2, 33f Abs. 1 Nr. 3 GewO in Verbindung mit §§ 11 ff. zuständig ist, nicht aber für die Entscheidung nach § 6a, ob bestimmte Spielgeräte Gewinnmöglichkeiten bieten und deshalb als erlaubnis- und zulassungspflichtige Gewinnspielgeräte und nicht als erlaubte Unterhaltungsspielgeräte anzusehen sind. Dies steht allein den nach der GewO und SpielV zuständigen Behörden zu.

Bei Geräten, die über keine der in S. 1 genannten Voraussetzungen verfügen, ist ein Aufstellen und Betrieb nur gestattet, wenn keine Gewinne ausgegeben werden, sondern sie ausschließlich der **Unterhaltung** dienen,[7] so dass, sofern keine Erlaubnis(-freiheit) oder Bauartzulassung vorliegt, das Aufstellen und der Betrieb des Spielgeräts verboten ist, wenn eine der Varianten aus S. 1 lit. a) oder b) kumulativ zu der fehlenden Voraussetzung aus S. 1 vorliegt. 5

Nach S. 1 lit. a) sind solche Spielgeräte verboten, die als Gewinn bloße **Weiterspielberechtigungen** ausschütten. Dies kann beispielsweise durch die Ausgabe von Wertmarken, Tokens oder Chips erfolgen, aber auch, wenn gewonnene Punkte zum (unbegrenzten) Weiterspielen eingesetzt werden.[8] Dies gilt auch dann, wenn der Spieler durch den Punktgewinn nur seinen Einsatz „herausgespielt" hat und deswegen weiterspielen darf.[9] Der Gewinn des Weiterspielens ist ihm als geldwerter Vorteil[10] anzurechnen und somit fällt es unter die Variante des Buchstaben a). Grundsätzlich ist unbegrenztes Weiterspielen nach § 6a S. 1 lit. a) verboten, weil somit auch die Begrenzung des § 6a S. 3 umgangen wird[11] (→ Rn. 9). 6

Die Variante nach lit. b) sieht ein Verbot vor, wenn Gewinne in **irgendeiner Form ausgeschüttet** werden, dazu zählen die physische Ausgabe, die Auszahlung in bar, auf Konten oder in anderer Weise, wie zB auf Geldkarten oder Speichermedien. Dabei ist die tatsächliche Gewinnausschüttung maßgeblich. Das OVG Münster[12] entschied in einem Fall, in dem ein Spielgerät zwar über die technische Ausstattung und Möglichkeit zur Gewinnausschüttung verfügte, diese aber tatsächlich nicht anbat, dass kein Verstoß gegen § 6a S. 1 lit. b) vorliegt. 7

S. 2 regelt, dass die **Rückgewähr** von Einsätzen auch als Gewinn zu behandeln und deswegen untersagt ist. So hatte der Bund-Länder-Ausschuss „Gewerberecht" bereits 1998 entschieden und 2001 bestätigt, dass, wenn Spielgeräte maximal den eingesetzten Betrag wieder ausgeben, es sich dennoch um Geldspielgeräte handelt.[13] Dieser Beurteilung schloss sich der Verordnungsgeber 2005 durch die Einführung des Satzes 2 an. 8

In Bezug auf § 9 (→ § 9 Rn. 6), der eine Gewährung unentgeltlicher Spiele grundsätzlich untersagt, relativiert S. 3 dieses Verbot. Freispiele sind demnach unter bestimmten Voraussetzungen für zugelassene Spielgeräte möglich. Zunächst sind die möglichen **Gratisspiele** in ihrer Höchstzahl auf insgesamt und maximal sechs begrenzt[14] und sie dürfen ausschließlich im unmittelbaren zeitlichen Anschluss an das entgeltliche Spiel angeboten werden. Dabei müssen die 9

7 Landmann/Rohmer/*Marcks* GewO § 6a SpielV Rn. 2.
8 OVG Münster 26.2.2007 – 4 B 1552/06, NVwZ-RR 2007, 390 f.
9 OVG Berlin/Brandenburg 21.10.2010 – 1 N 51.10, GewA 2011, 157 ff.
10 OVG Münster 26.2.2007 – 4 B 1552/06, NVwZ-RR 2007, 390 f.
11 OVG Lüneburg 10.1.2008 – 7 ME 179/06, GewA 2008, 214 f.
12 OVG Münster 3.4.2007 – 4 B 2757/06, GewA 2007, 386 ff.
13 *Schönleiter/Kopp* GewA 2002, 56 (58).
14 OVG Lüneburg 10.1.2008 – 7 ME 179/06, GewA 2008, 214 f.

als Gewinn gewährten Freispiele losgelöst vom übrigen Spielgeschehen gespielt werden.[15]

10 Eine **Abgrenzung** in der Praxis, insbesondere in Bezug auf **Altgeräte**, die umgerüstet werden sollen, um den Anforderungen des § 6a zu genügen, ist durchaus schwierig. So fordert *Lukat*,[16] dass für die Entscheidung, ob ein Gerät den Anforderungen des § 6a nicht genügt und deswegen verboten ist, immer eine Einzelfallprüfung vorzunehmen ist. Das VG Dresden[17] hat entschieden, dass Spielgeräte, die nach einer Umrüstung nicht mehr einer Erlaubnis- oder Zulassungspflicht unterliegen, vor ihrer (erneuten) Aufstellung auch keiner Prüfung durch die Physikalisch-Technische Bundesanstalt bedürfen. Ebenso dürfen diese Altgeräte nicht per se als illegal behandelt werden, wie *Marcks*[18] zu Recht feststellt, nur weil es technisch möglich wäre, die Umrüstung rückgängig zu machen.[19]

11 Auch die **Umsetzung** des § 6a bereitete in der Praxis durchaus Schwierigkeiten. *Schönleiter/Stenger*[20] stellen fest, dass nach Einführung der Verbote von „Fun-Games" im Sinne des § 6a immer mehr „reine Unterhaltungs- und Geschicklichkeitsspiele" den Markt überschwemmten, die verordnungsbedingt einer Überprüfung durch die Physikalisch-Technische Bundesanstalt entzogen sind. Diese „Fun-Games" der neuen Generation umgehen § 6a dahin gehend, dass Gewinne zwar auf ein Punktekonto gebucht werden, die Punkte aber nach außen für den Spieler nicht geöffnet werden und für diesen nicht ersichtlich ist, ob es sich um ein Freispiel handelt. Spieler können ihre Einsätze innerhalb einer großen Spanne setzen und so ihre Spielzeit selbst wählen (wenige Cent für ein 3-Sekunden-Spiel oder über 1.000 EUR für mehreren Stunden). Um dem entgegenzuwirken, wurde Nr. 6 der SpielVwV eingefügt. Dieses Vorgehen zeigt, dass der Verordnungsgeber stetig **Anpassungen an den Normen** der SpielV vornehmen muss, um den Spielerschutz zu gewährleisten.

§ 7 SpielV [Regelmäßige Prüfung]

(1) Der Aufsteller hat ein Geldspielgerät spätestens 24 Monate nach dem im Zulassungszeichen angegebenen Beginn der Aufstellung auf seine Übereinstimmung mit der zugelassenen Bauart durch einen vereidigten und öffentlich bestellten Sachverständigen oder eine von der Physikalisch-Technischen Bundesanstalt zugelassene Stelle auf seine Kosten überprüfen zu lassen.

(2) Wird die Übereinstimmung festgestellt, hat der Prüfer dies mit einer Prüfplakette, deren Form von der Physikalisch-Technischen Bundesanstalt festgelegt wird, am Gerät sowie mit einer Prüfbescheinigung, die dem Geräteinhaber ausgehändigt wird, zu bestätigen.

(3) Der Aufsteller darf ein Geldspielgerät nur aufstellen, wenn der im Zulassungszeichen angegebene Beginn der Aufstellung oder die Ausstellung einer nach Absatz 2 erteilten Prüfplakette nicht länger als 24 Monate zurückliegt.

15 Verwaltungsvorschrift zum Vollzug der §§ 33c, 33d, 33i und 60a Abs. 2 und 3 der GewO sowie der Spielverordnung (SpielVwV), Nr. 6.
16 *Lukat* GewA 2011, 113 (114).
17 VG Dresden 6.7.2006 – 1 K 1186/06, GewA 2006, 476 f.
18 Landmann/Rohmer/*Marcks* GewO § 6a SpielV Rn. 3.
19 So auch OVG Münster 3.4.2007 – 4 B 2757/06, GewA 2007, 386 ff.
20 *Schönleiter/Stenger* GewA 2007, 320 (323).

(4) Der Aufsteller hat ein Geld- oder Warenspielgerät unverzüglich aus dem Verkehr zu ziehen,
1. **das in seiner ordnungsgemäßen Funktion gestört ist,**
2. **das nicht mehr der von der Physikalisch-Technischen Bundesanstalt veröffentlichten Bauartzulassung entspricht,**
3. **dessen Spiel- und Gewinnplan nicht leicht zugänglich ist oder**
4. **dessen Frist gemäß Absatz 3 oder dessen im Zulassungsbeleg oder Zulassungszeichen angegebene Aufstelldauer abgelaufen ist.**

Literatur: *Landmann/Rohmer/Marcks*, Gewerbeordnung, § 7 SpielV; *Redeker*, Rechtsfragen der Bauartzulassung, GewA 1971, 244; *Schönleiter/Stenger*, Herbstsitzung 2009 des Bund-Länder-Ausschusses „Gewerberecht“, GewA 2010, 61.

I. Genese/Gesetzesentwicklung

Ursprünglich betraf § 7 in der Fassung vom 27.8.1971[1] lediglich das Gebot des „Aus-dem-Verkehr-Ziehens“, welches im heutigen Absatz 4 verankert ist. 1

Mit der Änderungsverordnung vom 22.12.1982[2] wurden neue Anforderungen an die Zulassungsdokumente für Geldspielgeräte eingeführt. 2

2005 wurde § 7 fast vollständig neugefasst. Die Änderungsverordnung vom 17.12.2005[3] fügte aufgrund von Art. 1 Nr. 4 der Änderungsverordnung die Absätze 1 bis 3 neu ein. 3

Es folgten Anpassungen im Jahr 2014 aufgrund der Änderungsverordnung vom 4.11.2014[4], die die Absätze 1 und 4 betrafen. So wurde der Absatz 1 wegen der Änderung in § 16 Abs. 1 Nr. 7 SpielV (→ § 16 Rn. 5) angepasst, während Absatz 4 die weitere Pflicht des Aufstellers vorsah, dass ein Gewinnspielgerät unverzüglich aus dem Verkehr zu ziehen ist, wenn dieses der Bauartzulassung nicht mehr entspricht. 4

II. Erläuterungen

Als Vorschrift über die Durchführung von Prüfungen bei Spielgeräten sowie deren Vornahme in regelmäßigen Abständen statuiert § 7 eine wichtige **Überwachungsaufgabe**. In diesem Zusammenhang erscheint es auf den ersten Blick nicht ganz einleuchtend, warum der Verordnungsgeber hier die Selbstkontrolle der Aufsteller einer behördlichen Kontrolle vorzog. § 7 wurde bewusst dem Dritten Abschnitt (Verpflichtung bei der Ausübung des Gewerbes) der SpielV zugeordnet. Dem Gewerberecht ist eine Selbstverantwortung des Gewerbetreibenden immanent. So sind Anzeigen im stehenden Gewerbe (anzeigepflichtig) und die Übermittlung von gewerberelevanten Nachweisen vollkommen selbstständig durchzuführen. 5

§ 7 Abs. 1 regelt neben dem **Wann** (nach spätestens 24 Monaten) der Überprüfung eines Geldspielgeräts auch das **Wie**. Wiederkehrende Überprüfungen sind für Warenspielgeräte nicht vorgesehen. 6

Durch § 16 Abs. 1 Nr. 7 (→ § 16 Rn. 5 f.), der eine Aufstelldauer bei Geldspielgeräten von vier Jahren vorsieht, wurde auch § 7 Abs. 1 dahingehend angepasst, dass nur noch eine einmalige Überprüfung **nach zwei Jahren** stattfindet, da Geräte maximal vier Jahre aufgestellt werden dürfen. Das bedeutet, dass nach der 7

1 BGBl. 1971 I 1441.
2 BGBl. 1982 I 2013.
3 BGBl. 2005 I 3495.
4 BGBl. 2014 I 1678.

Hälfte der Zeit, die im Zulassungsschein vorgesehen ist, eine Überprüfung, auch „Spielgeräte-TÜV“[5] genannt, stattfindet.

8 Prüfungen sind von öffentlich bestellten und vereidigten Sachverständigen oder durch eine von der Physikalisch-Technischen Bundesanstalt zugelassene Stelle durchzuführen. Als Aufgabe der zuständigen Behörde kommt ihr nach § 36 Abs. 1 Satz 1 GewO auch die Auswahl und Bestellung der jeweils einzusetzenden Sachverständigen zu. Voraussetzung für die sachgerechte Überprüfung ist das **Vorhandensein eines Prüfgerätes,** mit dem festgestellt werden kann, ob das zu prüfende Gerät dem entsprechenden **Mustergerät**[6] entspricht.

9 Nach erfolgreicher Prüfung und bestätigter Übereinstimmung des Geräts mit den Vorgaben stellt der Prüfer eine **Prüfplakette** nach § 7 Abs. 2 aus, welche unmittelbar am Spielgerät befestigt wird und bestätigt die Überprüfung in der sog. **Prüfbescheinigung,** die wiederum dem Geräteinhaber übergeben wird.

10 § 7 Abs. 3 gebietet nur solche Geldspielgeräte aufzustellen, deren Erstaufstellung bzw. Überprüfung nicht länger als 24 Monate zurückliegt. Dies muss durch Prüfplakette und Prüfbescheinigung nachgewiesen werden.

11 Anders als die Absätze 1 bis 3 gilt der Absatz 4 auch für **Warenspielgeräte.** § 7 Abs. 4 legt fest, wann und unter welchen Umständen der Aufsteller ein Spielgerät unverzüglich aus dem Verkehr zu ziehen hat. Dies ist dann der Fall, wenn das Geld- oder Warenspielgerät nicht den im Zulassungsschein vorgesehenen Merkmalen entspricht. Dabei unterscheidet der Abs. 4 zwischen vier verschiedenen Verpflichtungen eines Aufstellers zur Sicherung und Qualität des Spielbetriebes.

12 Ein Geld- oder Warenspielgerät muss aus dem Verkehr gezogen werden, wenn einer der vier genannten Tatbestände erfüllt ist. **Nr. 1** sichert die **ordnungsgemäße Funktion** der Geräte. Diese kann dann beeinträchtigt sein, wenn das Gerät manipuliert oder auf dieses andersartig eingewirkt wurde, so dass ein reibungsloser **Spielablauf im genehmigten Umfang** nicht mehr möglich ist. Verstöße, wie das Betreiben eines Spielgeräts trotz nicht ordnungsgemäßer Funktion, sind als **Ordnungswidrigkeit** nach § 19 Abs. 1 Nr. 6b in Verbindung mit § 7 zu ahnden.[7] Wann eine nicht ordnungsgemäße Funktion konkret vorliegt, ist meist umstritten. So hat das OLG Jena[8] entschieden, dass Nr. 1 nicht einschlägig ist, wenn ein Gastwirt ein nicht funktionstüchtiges Geldspielgerät, dessen Aufstelldauer zudem abgelaufen war, in seiner Gaststätte schlicht abstellt. Obwohl der Gastwirt durch das Platzieren des Geräts im Wirtsraum den Anschein erweckte, dieses sei funktionsfähig, muss daneben das Spiel auch tatsächlich im Sinne des § 33c GewO (→ GewO § 33c Rn. 6 ff.) veranstaltet werden. Daran fehlte es im vorliegenden Fall. Der Bund-Länder-Ausschuss „Gewerberecht“[9] hat 2009 für die Konstellation, dass, wenn ein Softwareupdate für Spielgeräte beschlossen und zugelassen wird, dieses aber nicht auf die Geräte aufgespielt werde, beschlossen, dass ein Fall des § 7 Abs. 4 Nr. 1 SpielV vorliegt.

13 **Nr. 2** erfasst Fälle, in denen ein Spielgerät aus dem Verkehr gezogen werden muss, wenn es nicht mehr seiner Bauartzulassung entspricht.[10] Oft treten Fälle der Nr. 2 in Verbindung mit anderen Nummern, insbesondere der Nr. 1 auf, da bei **Manipulation** immer eine Abweichung von der Bauartzulassung zu sehen ist.

---

5 So in Landmann/Rohmer/*Marcks* GewO SpielV § 7 Rn. 2a.
6 So in Landmann/Rohmer/*Marcks* GewO SpielV § 7 Rn. 4.
7 OLG Karlsruhe 6.6.2016 – 2 (9) SsBs 144/16, ZfWG 2016, 378 ff.
8 OLG Jena 22.9.2000 – 1 Ss 238/00, GewA 2000, 486 ff.
9 Vgl. *Schönleiter/Stenger* GewA 2010, 61 (64).
10 Vgl. dazu Ausführungen von *Redeker* GewA 1971, 244 ff.

Nicht auf das Vorhandensein oder gar das Einhalten eines Spiel- und Gewinnplans kommt es bei **Nr. 3** an, sondern nur auf dessen **tatsächliches (physisches) Vorliegen**. Wenn der Spiel- und Gewinnplan – gemeint sind damit auch die Spielregeln – nicht leicht zugänglich ist, muss das Gerät aus dem Verkehr gezogen werden. Dies dient nicht zuletzt dem Schutz des Spielers. 14

Ein Spielgerät muss ferner nach **Nr. 4** aus dem Verkehr gezogen, wenn die **Frist** nach Abs. 3 oder die im **Zulassungszeichen** angegebene Aufstelldauer für das Gerät abgelaufen ist. Von Abs. 3 sind, wie oben beschrieben, nur solche Geldspielgeräte betroffen, die auch einer solchen Prüfung zur Zulassung unterzogen wurden und bei denen der Beginn der Aufstellung klar definierbar ist. Die zweite Variante der Nr. 4 stellt auf Warenspielgeräte ab, bei denen die zulässige Aufstelldauer überschritten ist. Die maximale Aufstelldauer ergibt sich dabei aus dem Zulassungszeichen, das dem Spielgerät anheftet. 15

§ 8 SpielV [Teilnahme; Kreditgewährung]

(1) [1]Der Aufsteller eines Spielgerätes oder der Veranstalter eines anderen Spieles darf am Spiel nicht teilnehmen, andere Personen nicht beauftragen, an dem Spiel teilzunehmen, und nicht gestatten oder dulden, dass in seinem Unternehmen Beschäftigte an dem Spiel teilnehmen, soweit nicht im Zulassungsschein oder in der Unbedenklichkeitsbescheinigung Ausnahmen zugelassen sind. [2]Insbesondere darf der jeweilige Zustand eines Gerätes, vor allem die Gewinnaussicht, nicht durch vorherige Einsätze oder andere Maßnahmen vor dem Spiel verändert werden.

(2) Der Veranstalter eines anderen Spieles darf zum Zweck des Spieles keinen Kredit gewähren oder durch Beauftragte gewähren lassen und nicht zulassen, dass in seinem Unternehmen Beschäftigte solche Kredite gewähren.

Literatur: *Dürr*, Änderungsbedarf der Spielverordnung, GewA 2011, 99.

I. Genese/Gesetzesentwicklung

§ 8 besteht in seiner heutigen Fassung überwiegend bereits seit Inkrafttreten der SpielV im Jahr 1962. 1

S. 2 des Abs. 1 wurde durch die Änderungsverordnung vom 4.11.2014 neu eingefügt.[1] 2

II. Erläuterungen

Die Teilnahme des Spielbetreibers oder von ihm beauftragten Personen am Spiel sowie die Kreditgewährung zu Zwecke des (Weiter-)Spielens sind zum **Schutz der Spieler** untersagt. 3

Abs. 1 untersagt neben der Bereicherung des Gewerbetreibenden auch Manipulationen zugunsten Dritter. 4

Die Ausnahme in § 8 Abs. 1 S. 1 Hs. 2 ermöglicht eine **indirekte Teilnahme** des Spielaufstellers oder Veranstalters, wenn dies dem Spiel immanent ist. So sind zB assistierende Tätigkeiten möglich. Weiterhin untersagt bleibt die tatsächliche Spielteilnahme. So hat VGH Kassel in einem Fall entschieden, dass der Aufstel- 5

1 BGBl. 2014 I 1678.

ler im Spiel **mittelbar durch das Medium** eines Automaten als Gegenspieler auftreten darf.[2]

6 S. 2 **unterbindet das sog. Vorladen oder Vorheizen** bei Geldspielgeräten, bei dem durch Anpassung der Grundeinstellung des Gerätes, beispielsweise durch die Speicherung von Geldbeträgen oder Punkteständen, zu einem bestimmten Zeitpunkt auf das Spielverhalten der Spieler unerlaubt Einfluss genommen werden könnte.[3]

7 Abs. 2 untersagt die **Kreditgewährung** für einen Spieler durch den Veranstalter bei einem anderen Spiel (siehe Definition → GewO § 33d Rn. 3 ff.). Das Kreditverbot soll eine Überschuldung der Spieler verhindern. Für Geldspielgeräte fehlt es an einer vergleichbaren Regelung.

8 *Dürr*[4] kritisiert die in Spielhallen verwendete Praxis unter Einsatz von Kartenterminals, bei denen die Kreditkarte des Spielers mit dem gewünschten Betrag belastet, ein Belastungsbeleg ausgegeben und durch die Spielhallenaufsicht direkt ausgezahlt wird, als **Umgehung** des § 8 Abs. 2. Dem ist zuzustimmen, da es sich formal gesehen nicht um einen durch die Spielhallen gewährten Kredit handelt, weswegen § 8 Abs. 2 nicht einschlägig ist. Dennoch gebietet es der Schutzzweck des § 8, dieses Verhalten ebenfalls zu untersagen. Dafür bedürfte es aber einer weiteren Anpassung durch den Verordnungsgeber.

§ 9 SpielV [Verbot der Gewährung von Vergünstigungen]

(1) [1]Der Aufsteller eines Spielgerätes oder der Veranstalter eines anderen Spieles darf dem Spieler für weitere Spiele hinsichtlich der Höhe der Einsätze keine Vergünstigungen, insbesondere keine unentgeltlichen Spiele, Nachlässe des Einsatzes oder auf den Einsatz oder darüber hinausgehende sonstige finanzielle Vergünstigungen gewähren. [2]Er darf als Warengewinn nur Gegenstände anbieten, deren Gestehungskosten den Wert von 60 Euro nicht überschreiten, und darf gewonnene Gegenstände nicht zurückkaufen.

(2) Der Aufsteller eines Spielgerätes oder der Veranstalter eines anderen Spieles darf dem Spieler neben der Ausgabe von Gewinnen über gemäß den §§ 33c und 33d der Gewerbeordnung zugelassene Spielgeräte oder andere Spiele keine sonstigen Gewinnchancen in Aussicht stellen und keine Zahlungen oder sonstige finanziellen Vergünstigungen gewähren.

Literatur: *Odenthal*, Verbotene Vergünstigungen – zur Auslegung des § 9 Abs. 2 SpielV, WiVerw 2008, 115; *Odenthal*: Rechtsprobleme der neuen Spielverordnung, ZfWG 2006, 286; *Schönleiter/Stenger*: Frühjahrssitzung 2007 des Bund-Länder-Ausschusses „Gewerberecht", GewA 2007, 320.

I. Genese/Gesetzesentwicklung

1 § 9 war bereits in den Fassungen der Bekanntmachungen von 6.2.1962[1] und von 11.12.1985[2] in der SpielV enthalten, wobei § 9 aF weitestgehend dem heutigen Abs. 1 entsprach.

2 VGH Kassel 26.10.2000 – 8 UE 3924/95, GewA 2001, 200 ff.
3 Vgl. Verordnungsbegründung, BR-Drs. 437/13, 18 f.
4 *Dürr* GewA 2011, 99 (105).
1 BGBl. 1962 I 153, Nr. 8.
2 BGBl. 1985 I 2245.

Mit Art. 1 Nr. 5 der Änderungsverordnung vom 17.12.2005 wurde § 9 neu gefasst und Abs. 2 neu eingefügt.[3] Die Anpassungen wurden im Maßgabenbeschluss des Bundesrates vom 14.10.2005 zur Änderungsverordnung von 17.12.2005 beschlossen.[4] 2

II. Erläuterungen

Vergünstigungen in Bezug auf die Höhe der Einsätze mit dem Ziel des Weiterspielens sind nicht gestattet. Eine Verfassungsbeschwerde gegen § 9 wurde vom BVerfG nicht zur Entscheidung angenommen, da keine Grundrechte oder grundrechtsgleichen Rechten durch § 9 verletzt werden.[5] 3

§ 9 Abs. 1 S. 1 zählt **Regelbeispiele** auf, wann eine verbotene Vergünstigung vorliegt und deswegen zu unterlassen ist. 4

Unentgeltlich sind Spiele, bei denen kein Entgelt an den Veranstalter entrichtet wird – folglich **Freispiele**. Davon sind technisch basierte Freispiele (beispielsweise bei Spielautomaten als Zwischengewinn) nicht betroffen. Nachlässe meint **Rabatte** oder verringerte Geldeinsätze. *Odenthal*[6] stellt aber zutreffend fest, dass solche Nachlässe nicht unter § 9 Abs. S. 1 fallen, die dem Spieler „bedingungslos" gewährt werden, also ohne, dass eine Gegenleistung eingefordert wird. 5

Die Formulierung der darüberhinausgehenden sonstigen finanziellen Vergünstigungen ist als sog. **Auffangtatbestand** zu verstehen und umfasst alle nicht von den ersten beiden Regelbeispielen abgedeckten, aber gleichartigen Vergünstigungen. So entschied das BVerwG auf eine Berufung bezüglich einer Entscheidung des OVG Hamburg bereits vor Inkrafttreten der Änderungsverordnung im Falle einer Anzeige auf einem Geldspielgerät, dass nach Ablauf einer bestimmten Spieldauer Geld ausgeschüttet werde, dass es sich um eine sonstige finanzielle Vergünstigung handelt, die den Spieler zum Weiterspielen animieren sollte.[7] Dieses Urteil wurde ua zum Anlass genommen, die Regelbeispiele in Abs. 1 aufzunehmen.[8] 6

Dem Wortlaut nach umfasst § 9 in seiner Anwendung sowohl Geld- als auch Warenspiele, auch wenn teilweise eine andere Betrachtung aufgrund des § 9 Abs. 1 S. 2 möglich erscheint, der gemäß dieser Regelung konkrete Anforderungen nur für Warenspiele vorgibt. 7

§ 9 Abs. 1 S. 2 1. Hs. erlaubt nur Warengewinne, deren **Gestehungskosten** – also diejenigen Kosten, deren es zur Anschaffung der Ware bedarf – eine Grenze von 60 EUR nicht überschreiten. 60 EUR bildet dabei den Höchstbetrag, der auch in der Anlage zu § 5a (→ § 5a Rn. 17) vorgesehen ist. Ein **Verbot des Rückkaufs** wird im zweiten Halbsatz festgeschrieben. Dabei steht der Schutz des Spielers erneut im Vordergrund. Der Gewinn soll nicht als Spieleinsatz (gegen Geld) für ein weiteres Spiel eingesetzt werden können. Der **Umtausch** in eine gleichwertige oder minderwertige Ware ist allerdings zulässig. 8

Abs. 2 verdeutlicht den **Spielerschutz** noch einmal mehr. Sämtliche Zahlungen und Vergünstigungen sind verboten, die über die Ausgabe von Gewinnen nach § 33c und § 33d GewO hinaus gewährt werden.[9] Somit dürfen keine anderen als die über die **GewO zugelassenen Gewinne** ausgegeben werden. Damit werden 9

3 BGBl. 2005 I 3495.
4 Maßgabebeschluss des BR vom 14.10.2005, BR-Drs. 655/05, 2.
5 Vgl. BVerfG 17.1.2006 – 1 BvR 10/06, GewA 2006, 121.
6 *Odenthal* ZfWG 2006, 286 (289).
7 Vgl. BVerwG 23.11.2005 – 6 C 8.05, GewA 2006, 153.
8 Vgl. Verordnungsbegründung, BR-Drs. 655/05, 21.
9 Maßgabebeschluss des BR vom 14.10.2005, BR-Drs. 655/05, 2f.

auch die Grenzen des § 13 in Bezug auf Gewinne (max. 400 EUR), aber auch Verluste (max. 60 EUR) dargelegt. *Odenthal*[10] verdeutlicht anhand seiner (eher theoretisch geprägten) Auflistung beliebiger Fallkonstellationen zwar die Schwierigkeit und Bandbreite bei der Abgrenzung, ob § 9 Abs. 2 einschlägig ist. Besondere praktische Relevanz hat Abs. 2 für **Jackpot-Spiele.** So entschied das VG Stade,[11] dass das Verbot, Spieler mit dem Versprechen an einer Ausschüttung eines „Jackpots“ zu beteiligen, mit dem Sinn und Zweck des § 9 Abs. 2 vereinbar ist, um das Ziel des Spielerschutzes zu erreichen. 2007 befürwortete der Bund-Länder-Ausschuss „Gewerberecht“ eine Untersagung eines Pokertuniers nach § 9 Abs. 2 bereits deswegen, weil in diesem Zusammenhang den Spielern Kaffee unentgeltlich angeboten und so Vorteile indirekt zum Spiel hergestellt wurden.[12] Inzwischen wurde in § 13 Nr. 5 S. 2 (→ § 13 Rn. 6) ein ausdrückliches Verbot von Ausschüttungen über Jackpots aufgenommen, so dass Abs. 2 dahin gehend sinnentleert wäre.

10 Dies lässt die Vermutung zu, dass Abs. 2 **weitere Situationen** umfasst. So geht *Marcks*[13] davon aus, dass Abs. 2 nicht nur die gegenwärtig Spielenden, sondern auch potenzielle Spieler umfasst. Damit stellt er sich zunächst gegen das VG Hannover,[14] das die fehlende Abgrenzbarkeit bemängelt und damit eine Ausuferung des Anwendungsbereiches befürchtet. Im Ergebnis gibt *Marcks*[15] dem niedersächsischen Gericht recht und dies ist in der Sache nur konsequent. Denn Abs. 2 geht zum einen vom Wortlaut her von einem Spieler, also einem aktiven Spieler, aus, zum anderen wird bereits ein Gewinn vorausgesetzt, über den hinaus etwas in Aussicht gestellt, gezahlt oder eine Vergünstigung gewährt wird. Daran fehlt es bei bloßen **Spielinteressenten.**

11 Dennoch geht Abs. 2 nicht ins Leere. So entschied das VG Osnabrück,[16] dass § 9 Abs. 2 weit auszulegen ist und aus der Vorschrift ein **generelles Verbot von Rabattsystemen** folgt. Damit folgt das VG in seiner Argumentation dem BVerwG,[17] das in Bezug auf die Vergabe von Bonuspunkten zwar § 9 Abs. 1 wegen des fehlenden Zusammenhangs mit einem weiteren Spiel verneint hatte, aber Abs. 2 als einschlägig ansah. Das BVerwG stellte klar, dass § 9 Abs. 2 ein umfassendes Verbot sonstiger Vergünstigungen neben dem vorgesehener Gewinnen darstellt. Dem ist im Sinne des Spielerschutzes und der Suchtprävention zuzustimmen.

12 Zu den sonstigen Vergünstigungen zählen nach dem VG Gießen[18] auch Vergünstigungen in Form von **Freigetränken** und -speisen.

§ 10 SpielV [Zutritt für Kinder und Jugendliche]

Der Veranstalter eines anderen Spieles, bei dem der Gewinn in Geld besteht, darf Kindern und Jugendlichen, ausgenommen verheirateten Jugendlichen, den Zutritt zu den Räumen, in denen das Spiel veranstaltet wird, nicht gestatten.

---

10 *Odenthal* WiVerw 2008, 115 (116).
11 VG Stade 26.6.2006 – 6 B 1042/06, GewA 2006, 473 ff.
12 *Schönleiter/Stenger* GewA 2007, 320 (322).
13 Landmann/Rohmer/*Marcks* GewO SpielV § 9 Rn. 5.
14 VG Hannover 17.6.2009 – 11 A 4402/07, GewA 2009, 360 ff.
15 Landmann/Rohmer/*Marcks* GewO SpielV § 9 Rn. 5.
16 VG Osnabrück 25.4.2006 – 1 B 21/06, GewA 2006, 389 ff.
17 BVerwG 31.3.2010 – 8 C 12.09, NVwZ-RR 2010, 636 ff.
18 VG Gießen 29.11.2013 – 8 L 1931/13.GI, GewA 2014, 95 ff.

I. Genese/Gesetzesentwicklung

§ 10 wurde 1962 in der Fassung der Bekanntmachung von 9.3.1962[1] erlassen und besteht seitdem unverändert fort. 1

II. Erläuterungen

Sinn und Zweck des § 10 ist der **Kinder- und Jugendschutz.** 2

Die Vorschrift ist an § 6 Abs. 1 JuSchG angelehnt. Ergänzt wird das darin geregelte **Anwesenheitsverbot** für Kinder und Jugendliche in Spielhallen durch das für sie bestehende Verbot, Räume, in denen andere Spiele um Geldgewinne veranstaltet werden, zu betreten, dh § 10 beschränkt damit den physischen Zutritt zu Spielorten für Minderjährige. 3

Einzige Ausnahme stellen **verheiratete Jugendliche** (betrifft Jugendliche im Alter von 16 und 17 Jahren, die bereits die Eheschließung mit einer volljährigen Person vollzogen haben) dar. Diese Ausnahme spiegelt wiederum die Ausnahme des Jugendschutzes in § 1 Abs. 5 JuSchG wider, wonach bestimmte Vorschriften des Jugendschutzes bei Heirat ersatzlos entfallen. 4

Ob der Zutritt dann nur in Begleitung des (volljährigen) Ehepartners gewährt wird oder ob es genügt, einen **Nachweis der Ehe** zu erbringen, und wie dieser zu erbringen ist, lassen beide Vorschriften offen. Fälle, in denen Jugendliche dem Glückspiel nachgehen wollen, verheiratet sind und ihre Ehe auch im Zweifel durch die **Vorlage der Eheurkunde** – dies wäre wohl der sicherste Nachweis – nachweisen können, sind wohl eher weniger von praktischer Bedeutung. Dies dürfte nicht zuletzt an der Unbekanntheit dieser Vorschrift liegen. 5

§ 10a SpielV [Unterrichtungspflicht]

(1) Zweck der Unterrichtung ist es, die Aufsteller von Spielgeräten mit Gewinnmöglichkeit mit den für die Ausübung des Gewerbes notwendigen rechtlichen Vorschriften und fachspezifischen Pflichten und Befugnissen sowie deren praktischer Anwendung in einem Umfang vertraut zu machen, der ihnen die eigenverantwortliche Wahrnehmung dieser Aufgaben ermöglicht.

(2) Dem Unterrichtungsverfahren haben sich zu unterziehen

1. **Personen, die das Gewerbe nach § 33c Absatz 1 Satz 1 der Gewerbeordnung als Selbständige ausüben wollen, oder, sofern es sich bei diesen um eine juristische Person handelt, ihr gesetzlicher Vertreter, soweit er mit der Aufstellung von Spielgeräten mit Gewinnmöglichkeit direkt befasst ist,**
2. **die mit der Leitung des Gewerbebetriebes beauftragten Personen,**
3. **die nach § 33c Absatz 3 Satz 4 der Gewerbeordnung mit der Aufstellung von Geldspielgeräten mit Gewinnmöglichkeit beschäftigten Personen.**

Literatur: *Landmann/Rohmer/Marcks*, Gewerbeordnung, § 33c Rn. 30a und 39; Odenthal, Änderungen der Spielverordnung, GewA 2015, 49; *Schönleiter*, Herbstsitzung 2013 des Bund-Länder-Ausschusses „Gewerberecht", GewA 2014, 106.

1 BGBl. 1962 I 153.

I. Genese/Gesetzesentwicklung

1 § 33c Abs. 2 Nr. 2, Abs. 3 S. 4 GewO wurden 2012[1] angepasst, so dass durch die Änderungsverordnung vom 4.11.2014[2] auch die §§ 10a–d neu in die SpielV eingefügt wurden. Das gewerbsmäßige Aufstellen von Spielgeräten mit Gewinnmöglichkeit unterliegt demnach nun einem Erlaubnisvorbehalt, der ua eine **Unterrichtung** des Antragstellers als Voraussetzung zur Erlaubniserteilung vorsieht.[3]

2 Gesetzesdogmatisch wurde die Unterrichtungspflicht nach dem § 10 (→ § 10 Rn. 2 ff.), der den Zutritt für Kinder und Jugendliche im Rahmen des Jugendschutzes regelt, eingeführt. Diese Platzierung innerhalb der SpielV erscheint durchaus sinnvoll, weil § 33c Abs. 2 Nr. 2 GewO (→ GewO § 33c Rn. 12) als Versagensgrund über die Erteilung einer Erlaubnis zum Aufstellen gewerbsmäßiger Spielgeräte den fehlenden Nachweis über die notwendigen Kenntnisse zum **Spieler- und Jugendschutz** nennt.

II. Erläuterungen

3 Bei §§ 10a ff. handelt es sich um eine **einmalige Pflicht** zur Unterrichtung für die Erteilung der Aufstellerlaubnis, deren Ermächtigungsgrundlage im § 33 f. Abs. 1 Nr. 5 GewO (→ GewO § 33f Rn. 6) liegt. Sie regeln Einzelheiten des Unterrichtsverfahrens.[4] Eine Pflicht zur Weiterbildung oder gar eine wiederkehrende Unterrichtung sind nicht vorgesehen.

4 Die Regelung der §§ 10a–d SpielV gelten für Erlaubnisse, die **ab dem 1.9.2013 erteilt werden.**[5] Vorher erteilte Erlaubnisse bleiben unberührt. Diese Auslegung bestätigte der Bund-Länder-Ausschuss „Gewerberecht" in seiner Sitzung 2013.[6] *Marcks*[7] vertritt allerdings aufgrund des Wortlauts des § 33c Abs. 3 S. 4 GewO die Auffassung, dass der zeitliche Geltungsbereich nicht für die Beschäftigung des Personals gelten soll. Dem ist zu widersprechen. Die Gesetzesbegründung des Gesetzes zur Änderung der Gewerbeordnung vom 5.12.2012[8] geht deutlich von einer Geltung ab Inkrafttreten der Änderung aus. Diese **Zäsur** wird ebenfalls in der Verordnungsbegründung zur Änderung der SpielV vom 23.5.2013 aufgegriffen.[9] Abs. 2, der diejenigen Personengruppen aufgezählt, die von der Unterrichtungspflicht nach Abs. 1 betroffen sind, macht dahingehend auch keine Unterschiede, die *Marcks*' Ansicht stützen würde. Auch aus praktischer Sicht erscheint ein Vorwirken der Unterrichtungspflicht für das beschäftige Personal problematisch. So lassen selbst *Marcks*'[10] Ausführungen Vorschläge zur Umsetzung der nachträglichen Unterrichtungspflicht vermissen.

5 § 10a Abs. 1 beschreibt den **Zweck** der Unterrichtung, also den Grund für eine Teilnahme an Instruktionen in Bezug auf die Ausübung des Gewerbes: Das Sich-Vertraut-machen mit den Rechten und Pflichten im Bereich des Aufstellens von Spielgeräten mit Gewinnmöglichkeit.

---

1 BR-Drs. 17/10961 in BGBl. 2012 I 2415.
2 BGBl. 2014 I 1678.
3 Vgl. Verordnungsbegründung, BR-Drs. 437/13, 19.
4 *Odenthal* GewA 2015, 49 (52).
5 Vgl. Verordnungsbegründung, BR-Drs. 437/13, 19.
6 *Schönleiter* GewA 2014, 106 (111).
7 Landmann/Rohmer/*Marcks* GewO § 33c Rn. 30a und 39.
8 BGBl. 2012 I 2415.
9 Vgl. Verordnungsbegründung, BR-Drs. 437/13, 19.
10 Landmann/Rohmer/*Marcks* GewO § 33c Rn. 30a und 39.

Erst wenn eine **Industrie- und Handelskammer** (IHK) (so in § 33c Abs. 2 Nr. 2 GewO und § 10b) die notwendigen Kenntnisse zum Spieler- und Jugendschutz in einer Bescheinigung ausweist, ist der Aufsteller der Unterrichtungspflicht aus § 10a Abs. 1 hinreichend nachgekommen. Die Bescheinigung dient als Nachweis, dass er sich mit den betreffenden Rechtsvorschriften sowie den daraus resultieren Rechten und fachspezifische Pflichten hinreichend **vertraut gemacht** hat. 6

Wie oben bereits beschrieben werden in Abs. 2 **betroffene Personen** aufgezählt. Dazu zählen der Aufsteller des Geräts, dessen gesetzlicher Vertreter, der Geschäftsführer sowie das beschäftigte Personal. 7

§ 10b SpielV [Unterrichtungsverfahren]

(1) Die Unterrichtung erfolgt durch die Industrie- und Handelskammer.

(2) [1]Die Unterrichtung erfolgt mündlich. [2]Die Unterrichtung umfasst mindestens sechs Unterrichtsstunden zu je 45 Minuten. [3]Mehrere Personen können gleichzeitig unterrichtet werden, wobei die Zahl der Unterrichtsteilnehmer 20 nicht übersteigen soll.

(3) Die Industrie- und Handelskammer stellt eine Bescheinigung aus, wenn die zu unterrichtende Person am Unterricht ohne Fehlzeiten teilgenommen hat.

Literatur: *DIHK*, Rahmenplan „IHK-Unterrichtung nach § 33c Abs. 2 Nr. 2 und Abs. 3 GewO für die Aufstellung von Spielgeräten mit Gewinnmöglichkeit“, online verfügbar; *Schönleiter*, Herbstsitzung 2013 des Bund-Länder-Ausschusses „Gewerberecht“, GewA 2014, 106; *Waldhoff*: Sach- und/oder Personalregulierung im Recht der Spielautomaten? – Teil I, GewA 2018, 89; *Waldhoff*: Sach- und/oder Personalregulierung im Recht der Spielautomaten? – Teil II, GewA 2018, 133.

I. Genese/Gesetzesentwicklung

§ 10b wurde gemeinsam mit den §§ 10a, 10c und 10d 2014[1] neu in die SpielV eingefügt. 1

II. Erläuterungen

In § 10b Abs. 1 werden die **Industrie- und Handelskammern** (IHKs) als alleinige zur Unterrichtung berechtigte Stellen benannt. 2

Die **Art der Unterrichtung** wird in Abs. 2 festgelegt. So sind mündliche Erläuterungen ausreichend und die Teilnehmerzahl soll maximal 20 betragen. Als „Soll-Vorschrift“ sind hier Abweichungen regelmäßig möglich. In der Praxis werden Unterrichtungen allerdings erst durchgeführt, wenn ausreichend Teilnehmer vorhanden sind.[2] Ab wie vielen Anmeldungen die Mindestteilnehmerzahl erreicht ist, bestimmt die jeweilige IHK selbst. 3

Hinsichtlich der **Dauer** wird genau festgelegt, dass die Unterrichtung **mindestens 4,5 Zeitstunden** betragen muss. Hinsichtlich der Verteilung der Unterrichtseinheiten und der Frage, in welchen zeitlichen Abständen oder Intervallen diese vorzunehmen sind, fehlt es an Vorgaben. Allerdings haben sich die IHKs in Deutschland mit dem Rahmenplan *„IHK-Unterrichtung nach § 33c Abs. 2 Nr. 2 und Abs. 3 GewO für die Aufstellung von Spielgeräten mit Gewinnbeteiligung“* 4

1 BGBl. 2014 I 1678.
2 Vgl. *Schönleiter* GewA 2014, 106 (111).

in Bezug auf die Durchführung der Schulungen und deren Aufbau abgestimmt, so dass ein einheitliches Vorgehen gewährleistet wird.

5 Nach erfolgreicher Teilnahme an der Unterrichtung wird nach Abs. 3 eine **Bescheinigung** darüber ausgestellt. Diese gilt **bundesweit.**[3] *Waldhoff* kritisiert im Rahmen seiner Analyse der Regulierungen im Spielrecht[4] zu Recht, dass die erforderliche Bescheinigung ohne einen „wirklichen Nachweis von Kenntnissen" als bloßer **Sitzschein** vergeben wird, und zwar auch dann, wenn bloß die vorgegebene Zeit durch die Teilnehmer ohne eigenen Beitrag und ohne „Ergebniskontrolle" passiv abgesessen wird.[5] Dahingehend bestehen derzeit keine gesetzgeberischen Ambitionen, Anpassungen vorzunehmen.

6 Hinsichtlich der für die Unterrichtung zu entrichtenden **Kosten**, die je nach IHK unterschiedlich hoch ausfallen, sind keine Vorgaben in der SpielV zu finden. Wie im Gewerberecht üblich, trägt der Antragsteller jegliche Kosten im Zusammenhang mit der Erlangung der Gewerbeerlaubnis.

§ 10c SpielV [Gegenstand der Unterrichtung]

Die Unterrichtung über den Spieler- und Jugendschutz umfasst insbesondere die fachspezifischen Pflichten und Befugnisse folgender Sachgebiete:

1. **Gewerbeordnung und Spielverordnung,**
2. **Spielhallenrecht der Länder,**
3. **Jugendschutzrecht.**

Literatur: *DIHK*, Rahmenplan „IHK-Unterrichtung nach § 33c Abs. 2 Nr. 2 und Abs. 3 GewO für die Aufstellung von Spielgeräten mit Gewinnmöglichkeit", online verfügbar.

I. Genese/Gesetzesentwicklung

1 § 10c wurde gemeinsam mit den §§ 10a, 10b und 10d 2014[1] neu in die SpielV eingefügt.

II. Erläuterungen

2 § 10c legt in Anlehnung an die Erlaubnisvoraussetzung des § 33c Abs. 2 GewO (→ GewO § 33c Rn. 12) die **Themenbereiche** der Unterrichtung durch die IHK fest. Eine übergeordnete Rolle nehmen dabei der **Spieler- und Jugendschutz** ein. Als Oberkategorien werden die Gewerbeordnung und Spielverordnung, das Spielhallenrecht der Länder – wobei jeweils die Regelungen des eigenen Bundeslandes im Vordergrund stehen – und das Jugendschutzrecht genannt.

3 Zu den **landesspezifischen Regelungen** in Nr. 2 zählen auch solche des Bauordnungs-, Kommunal- und Gaststättenrechts.[2]

4 Der konkrete Inhalt der Unterrichtung orientiert sich dabei an dem **aktuellen Stand** der jeweiligen Sachgebiete, sodass durchaus weitergehende Aspekte als jene aus dem Rahmenplan behandelt werden können.[3]

---

3 Vgl. *Schönleiter* GewA 2014, 106 (111).
4 *Waldhoff* GewA 2018, 89 und 133.
5 *Waldhoff* GewA 2018, 89 (91).
1 BGBl. 2014 I 1678.
2 Vgl. *DIHK* Rahmenplan S. 3 Nr. 2.
3 Vgl. *DIHK* Rahmenplan Präambel.

§ 10d SpielV [Nachweis der Unterrichtung]

Folgende Prüfungszeugnisse werden als Nachweis der Unterrichtung anerkannt:

1. **für das Aufstellergewerbe einschlägige Abschlüsse, die auf Grund von Rechtsverordnungen nach den §§ 4, 6 oder 53 des Berufsbildungsgesetzes erworben wurden,**
2. **für das Aufstellergewerbe einschlägige Abschlüsse, die auf Grund von Rechtsverordnungen der Industrie- und Handelskammern nach § 54 des Berufsbildungsgesetzes erworben wurden.**

I. Genese/Gesetzesentwicklung

§ 10d wurde gemeinsam mit den §§ 10a, 10b und 10c 2014[1] neu in die SpielV eingefügt. 1

II. Erläuterungen

§ 10d legt **Befreiungen** von der Unterrichtungspflicht nach §§ 10a-c fest. Sofern ein Aufsteller bereits über einen der **anerkannten Abschlüsse** verfügt, muss er nicht an einer Unterrichtung durch die IHK teilnehmen. Dies ist durch Vorlage des Prüfungs- oder Abschlusszeugnisses glaubhaft zu machen. 2

In der Verordnungsbegründung zu § 10d wird Folgendes ausgeführt: „Als anzuerkennende Abschlüsse nach § 10d kommen derzeit Abschlüsse nach der **Verordnung über die Entwicklung und Erprobung der Berufsausbildung in der Automatenwirtschaft** vom 8.1.2008[2] in Betracht“. Diese Verordnung trat zum 31.7.2015 außer Kraft. Entsprechende Nachfolgeregelungen wurden in der Verordnung über die Berufsausbildung zum Automatenfachmann und zur Automatenfachfrau vom 1.7.2015[3] getroffen. Weitere Verordnungen nach § 10d Nr. 1 und 2, die die Anforderungen hinsichtlich der thematischen Ausrichtung in Bezug auf das Glücksspielgewerbe erfüllen, sind nicht ersichtlich. 3

Wegen der inhaltlichen Fokussierung der Berufsausbildung stellt die Automatenfachmannausbildungsverordnung derzeit die einzige taugliche **Befreiungsmöglichkeit** in Bezug auf die Unterrichtungspflicht dar. Konkret bedeutet das, dass sich derzeit nur Aufsteller von Spielgeräten mit Gewinnmöglichkeit, die eine Berufsausbildung im Sinne der Automatenfachmannausbildungsverordnung absolviert haben, von der Unterrichtung durch die IHK befreien lassen können. 4

Für die Anerkennung **ausländischer Unterrichtungsnachweise** findet § 13c GewO entsprechend Anwendung.[4] 5

1 BGBl. 2014 I 1678.
2 BGBl. 2008 I 2.
3 BGBl. 2015 I 1075.
4 Verordnungsbegründung, BR-Drs. 437/13, 19.

IV. Zulassung von Spielgeräten

Vor § 11–17 SpielV

1 **Übersicht:** §§ 11–17 regeln das Verfahren und die Voraussetzungen der Bauartzulassung (BAZ) von Spielgeräten. In den Anwendungsbereich fallen sämtliche Geld- und Warenspielgeräte – mit Ausnahme von Spielgeräten, die in Spielbanken betrieben werden (§§ 33h Nr. 1, 33c Abs. 1 GewO). Die Erlaubnis für das Aufstellen von Spielgeräten in Spielbanken richtet sich nach dem Spielbankenrecht der Länder (in NRW: § 14 SpielbG iVm Spielordnung NRW).

2 Die **Bauartzulassung (BAZ)** ist ein Verwaltungsakt, der sich an den die BAZ beantragenden Antragsteller richtet (und damit nicht an den Aufsteller der Spielgeräte). Der Antragsteller muss nicht zwingend der Hersteller des Gerätes sein (vgl. die abweichende Terminologie in § 6 Abs. 4); in der Regel wird der Antragsteller aber auch der Hersteller sein (vgl. § 15 Abs. 1 S. 2; BR-Drs. 437/13, wo die Begriffe deckungsgleich verwendet werden). Auf Erteilung der Zulassung besteht ein Rechtsanspruch, sofern kein Versagungsgrund nach § 33e GewO besteht und die Voraussetzungen der §§ 13, 14 eingehalten sind.

3 Nur Spielgeräte, deren Bauart zugelassen worden ist, dürfen überhaupt aufgestellt werden (§ 33c Abs. 1 S. 2 GewO). Die von der Zulassung zu unterscheidende **Aufstellungserlaubnis** nach § 33c GewO setzt die BAZ voraus. Sie geht nie weiter als die BAZ, dh Spielgeräte, deren Bauart nicht (mehr) zugelassen ist oder die nicht exakt der zugelassenen Bauart entsprechen, sind von der Aufstellungserlaubnis nicht gedeckt. Sie sind aus dem Verkehr zu ziehen (§ 7 Abs. 4). Zugleich sind solche Spielgeräte, die nicht (mehr) der BAZ entsprechen, nicht staatlich genehmigt iSv § 763 BGB. Eine Verbindlichkeit wird nicht begründet.[1] Damit dies nicht zulasten des (gutgläubigen) Spielers geht, kommen Schadensersatzansprüche gegen den Aufsteller in Betracht.

4 Der Aufsteller muss das Zulassungszeichen deutlich sichtbar auf dem Spielgerät anbringen (§ 6 Abs. 1 S. 1) und dieses alle 2 Jahre einer Überprüfung unterziehen (§ 7). Die Physikalisch-Technische Bundesanstalt unterhält im Internet eine aktuelle Datenbank aller zugelassenen Bauarten (https://www.ptb.de/cms/ptb/fachabteilungen/abt8/fb-85/ag-853/zulassungsdatenbank-853.html).

§ 11 SpielV [Antrag; Befristung]

(1) Über den Antrag auf Zulassung der Bauart eines Spielgerätes im Sinne des § 33c Abs. 1 Satz 1 der Gewerbeordnung entscheidet die Physikalisch-Technische Bundesanstalt im Benehmen mit dem Bundeskriminalamt.

(2) [1]Die Zulassung der Bauart eines Spielgerätes ist auf ein Jahr befristet. [2]Die Frist beginnt mit Ablauf des Kalendermonats, in dem die Zulassung erteilt wurde. [3]Die Frist kann auf Antrag um jeweils ein Jahr verlängert werden.

1 **Übersicht:** § 11 regelt die Zuständigkeit für die Bauartzulassung und sieht eine (Maximal-)Befristung der Zulassung auf je ein Jahr vor.

2 **1. Abs. 1:** Über den Antrag auf Erteilung einer BAZ entscheidet die **Physikalisch-Technische Bundesanstalt (PTB)**. Die PTB holt hierbei die (unverbindliche) Stellungnahme des BKA ein. Die Abstimmung der beiden Behörden dient der Harmonisierung der Verwaltungspraxis zwischen PTB und BKA, welches gem.

1 OLG Brandenburg NJW-RR 2014, 373.

§ 33d Abs. 2 GewO zur Erteilung von Unbedenklichkeitsbescheinigungen zuständig ist (vgl. VO zur Erteilung von Unbedenklichkeitsbescheinigungen).

2. Abs. 2 wurde erst durch die ÄndVO v. 4.11.2014 eingefügt. Hiernach darf die BAZ nur noch jeweils für ein Jahr erteilt werden. Die PTB hat kein Ermessen (vgl. noch § 33e Abs. 3 GewO) für eine längere Befristung. Bei der Verlängerung der BAZ muss ein aktuelles Gutachten nach § 12 Abs. 3 (Sicherheit des Spielgerätes gegen Veränderungen) vorgelegt werden.[1] So ist gewährleistet, dass jährlich neue Erkenntnisse über Manipulationstechniken und Schwachstellen der Hard- und Software Berücksichtigung finden (und die Bauart ggf. geupdated wird). 3

§ 12 SpielV [Beizubringende Unterlagen; Zulassungsprüfung]

(1) [1]Der Antragsteller hat dem Antrag eine Beschreibung des Spielgerätes, einen Bauplan, eine Bedienungsanweisung, eine technische Beschreibung der Komponenten sowie ein Mustergerät beizufügen. [2]Auf Verlangen der Physikalisch-Technischen Bundesanstalt hat er weitere Unterlagen, insbesondere auch über Herstellungs- und Wartungsprozesse, einzureichen. [3]Der Antragsteller ist verpflichtet, der Physikalisch-Technischen Bundesanstalt auf Verlangen ein Muster des Spielgerätes oder einzelner Teile zu überlassen.

(2) [1]Der Antragsteller hat mit dem Antrag eine schriftliche Erklärung darüber vorzulegen, dass bei dem zu prüfenden Geldspielgerät

1. Gewinne in solcher Höhe ausgezahlt werden, dass bei langfristiger Betrachtung kein höherer Betrag als 20 Euro je Stunde als Kasseninhalt verbleibt,
2. die Gewinnaussichten zufällig sind, für jeden Spieler gleiche Chancen eröffnet werden und die am Gerät dargestellten Gewinnaussichten zu keinem Zeitpunkt einen festen Gegenwert von 300 Euro übersteigen,
3. bei Beginn einer gemäß § 13 Nummer 6 erzwungenen Spielpause alle auf dem Geld- sowie Gewinnspeicher aufgebuchten Beträge automatisch ausgezahlt werden und
4. die Möglichkeit besteht, sämtliche Einsätze, Gewinne und Kasseninhalte für steuerliche Erhebungen zu dokumentieren.

[2]Die Physikalisch-Technische Bundesanstalt ist berechtigt, weitere Untersuchungen zur Einhaltung der in den Nummern 1 bis 4 aufgeführten Angaben durchzuführen.

(3) [1]Der Antragsteller hat mit dem Antrag ein Gutachten einer vom Bundesamt für Sicherheit in der Informationstechnik anerkannten oder gleichwertigen Prüfstelle darüber vorzulegen, dass das von ihm zur Prüfung eingereichte Geldspielgerät gemäß § 13 Nummer 11 gegen Veränderungen gesichert gebaut ist. [2]Die Physikalisch-Technische Bundesanstalt kann vom Antragsteller die Vorlage weiterer Gutachten fordern, wenn dies zur Erfüllung ihrer Aufgaben erforderlich und wirtschaftlich vertretbar ist.

(4) Die Physikalisch-Technische Bundesanstalt kann technische Richtlinien herausgeben und anwenden

1. zur Sicherung der Prüfbarkeit der eingereichten Baumuster,
2. zur Durchführung der Bauartprüfung sowie
3. zu bauartabhängigen Voraussetzungen einer wirksamen Überprüfung aufgestellter Spielgeräte.

1 BR-Drs. 437/13, 20.

(5) Die Zulassungsprüfung wird in der Regel in der Physikalisch-Technischen Bundesanstalt durchgeführt, sie kann in Ausnahmefällen am Herstellungs-, Lieferungs- und Aufstellungsort des Spielgerätes erfolgen.

Literatur: *Hans-Jörg Odenthal*, Rechtsprobleme der neuen Spielverordnung, ZfWG 2006, 286.

1 **Übersicht:** Die **Zulassungs- bzw. Bauartprüfung** (vgl. Abs. 2 S. 1, Abs. 4, 5) erfolgt auf der Grundlage der Unterlagen nach Abs. 1, ggf. eines Musterspielgerätes sowie – bei Geldspielgeräten – zusätzlich der schriftlichen Erklärung nach Abs. 2.[1] Abs. 2 und 3 gelten nur für Geldspielgeräte, nicht also für Warenspielgeräte. Nach Abs. 2 S. 2 kann die PTB „weitere Untersuchungen" durchführen; dies gilt nach § 14 Abs. 2 auch für Warenspielgeräte, für die Abs. 2 S. 1 Nr. 2 ebenfalls gilt. Einzelheiten sind den Technischen Richtlinien (TR) der PTB für Spielgeräte (vgl. § 12 Abs. 4) zu entnehmen, die dogmatisch allerdings weiterhin nur interne Verwaltungsvorschriften darstellen.

2 **1. Abs. 1:** Historisch bezieht sich „der Antrag" in Abs. 1 S. 1 auf den **Erst-Zulassungsantrag** (§ 11 Abs. 1; die Möglichkeit des Verlängerungs-Antrages in § 11 Abs. 2 S. 2 wurde erst 2014 eingeführt). Daher müssen nur beim Erstantrag sämtliche Unterlagen sowie ein Muster eingereicht werden. Ausweislich der VO-Begründung[2] muss aber auch beim **Verlängerungs-Antrag** ein jeweils aktuelles Gutachten nach § 12 Abs. 3 neu vorgelegt werden. Soweit sich die Eigenschaften des Spielgerätes nicht verändert haben, ist eine Neu-Einreichung sämtlicher Antragsunterlagen und des Musters nicht erforderlich. Allerdings kann die PTB insbesondere die Neuvorlage einer aktuellen Erklärung nach Abs. 2 verlangen, die Erfahrungen mit dem Spielgerät (und etwaige Defizite) reflektiert.

3 **2. Abs. 2:** Die hier aufgeführten **technischen Eigenschaften** müssen nicht nur durch den Antragsteller verbindlich erklärt werden; sie müssen auch technisch realisiert werden. Im Unterschied zu den Anforderungen nach § 13 handelt es sich bei § 12 Abs. 2 S. 1 Nr. 1, 2 und 3 um Eigenschaften, die durch die PTB angesichts der Vielzahl möglicher Spielverläufe nur schwer überprüft werden können, sondern deren uneingeschränkte Beachtung allein durch entsprechende Entwicklung des Gerätes sichergestellt werden kann.[3]

4 Nr. 1 betrifft den durchschnittlichen Verlust der Spieler bei langfristiger Betrachtung (während § 13 Nr. 4 auf den kurzfristigen Verlust abstellt). Die Grenze von 20 EUR darf langfristig, also etwa auf ein Kalenderjahr bezogen, nicht überschritten werden. Für einen Spieler, der über mehrere Stunden spielt, gilt nicht bereits die Verlustgrenze von 20 EUR, sondern nur § 13 Nr. 4.

5 Nach Nr. 2 müssen die Gewinnerwartungen zufällig, also nicht vorhersehbar, personenunabhängig und frei von Trends sein (BR-Drs. 655/05, 22). Durch die ÄndVO v. 4.11.2014 wurde ergänzt, dass die – ggf. durch Surrogate (Punkte) – dargestellten Gewinnaussichten maximal einem Gegenwert von 300 EUR entsprechen dürfen. Dies soll die Spieleranreize eindämmen, die durch hohe Gewinnmöglichkeiten ausgelöst werden. Zugleich ist § 13 Nr. 3 zu beachten, wonach der Maximalgewinn bei einem Einzelspiel nur 23 EUR betragen darf.

6 Nr. 3 ergänzt die Zäsurwirkung der Zwangspause nach § 13 Nr. 6.

7 Nr. 4 dient der Erfassung des Kasseninhaltes zu steuerlichen Zwecken und ist damit vor dem Hintergrund der VO-Ermächtigung in § 33f Abs. 1 Nr. 3 GewO

1 BR-Drs. 437/13 spricht auch von der „Herstellererklärung".
2 BR-Drs. 437/13, 20.
3 BR-Drs. 655/05, 22.

problematisch.[4] Vergleichbare Anforderungen stellt allerdings § 13 Nr. 9 auf, der dem Spielerschutz dient und daher von der VO-Ermächtigung gedeckt ist.

3. Mit **Abs. 3** wird die Überprüfung der Anforderungen des § 13 Nr. 11 (Manipulationsunanfälligkeit) in die Hände von durch das BSI anerkannten Prüfstellen gelegt und damit die PTB entlastet. 8

§ 13 SpielV [Zulassungsanforderungen bei Geldspielgeräten]

Die Physikalisch-Technische Bundesanstalt darf die Bauart eines Geldspielgerätes nur zulassen, wenn folgende Anforderungen erfüllt sind:

1. Der Spieleinsatz darf nur in Euro oder Cent erfolgen; ein Spiel beginnt mit dem Einsatz des Geldes, setzt sich mit der Bekanntgabe des Spielergebnisses fort und endet mit der Auszahlung des Gewinns beziehungsweise der Einstreichung des Einsatzes.
2. Die Mindestspieldauer beträgt fünf Sekunden; dabei darf der Einsatz 0,20 Euro nicht übersteigen und der Gewinn höchstens 2 Euro betragen.
3. Bei einer Verlängerung des Abstandes zwischen zwei Einsatzleistungen über fünf Sekunden hinaus bis zu einer Obergrenze von 75 Sekunden darf der Einsatz um höchstens 0,03 Euro je volle Sekunde erhöht werden; bei einer Verlängerung des Abstandes zwischen zwei Gewinnauszahlungen über fünf Sekunden hinaus bis zu einer Obergrenze von 75 Sekunden darf der Gewinn um höchstens 0,30 Euro je volle Sekunde erhöht werden. Darüber hinausgehende Erhöhungen von Einsatz und Gewinn sind ausgeschlossen.
4. Die Summe der Verluste (Einsätze abzüglich Gewinne) darf im Verlauf einer Stunde 60 Euro nicht übersteigen.
5. Die Summe der Gewinne abzüglich der Einsätze darf im Verlauf einer Stunde 400 Euro nicht übersteigen. Jackpots und andere Sonderzahlungen jeder Art sind ausgeschlossen.
6. Nach einer Stunde Spielbetrieb legt das Spielgerät eine Spielpause von mindestens fünf Minuten ein, in der keine Einsätze angenommen und Gewinne gewährt werden. In der Pause dürfen keine Spielvorgänge, einsatz- und gewinnfreie Probe- oder Demonstrationsspiele oder sonstige Animationen angeboten werden.

6a. Nach drei Stunden Spielbetrieb legt das Spielgerät eine Spielpause ein, in der es für mindestens fünf Minuten in den Ruhezustand versetzt wird; zu Beginn des Ruhezustandes sind die Geldspeicher zu entleeren und alle Anzeigeelemente auf die vordefinierten Anfangswerte zu setzen.

7. Die Speicherung von Geldbeträgen in Einsatz- und Gewinnspeichern ist bei Geldannahme vom Spieler in der Summe auf 10 Euro begrenzt. Höhere Beträge werden unmittelbar nach der Aufbuchung automatisch ausgezahlt. Eine Bedienvorrichtung für den Spieler, mit der er vorab einstellen kann, dass aufgebuchte Beträge unbeeinflusst zum Einsatz gelangen, ist unzulässig. Jeder Einsatz darf nur durch unmittelbar zuvor erfolgte gesonderte physische Betätigung des Spielers ausgelöst werden. Es gibt eine nicht sperrbare Bedienvorrichtung zur Auszahlung, mit der der Spieler uneingeschränkt über die aufgebuchten Beträge, die in der Summe größer oder gleich dem Höchsteinsatz gemäß Nummer 1 sind, verfügen kann.
8. Der Spielbetrieb darf nur mit auf Euro lautenden Münzen und Banknoten und nur unmittelbar am Spielgerät erfolgen.

4 *Odenthal* ZfWG 2006, 286 (291).

8a. Bei Mehrplatzspielgeräten müssen die einzelnen Spielstellen unabhängig voneinander benutzbar sein und jede Spielstelle hat die Anforderungen der §§ 12 und 13 zu erfüllen, soweit diese landesrechtlich überhaupt zulässig sind; aus der Bauartzulassung eines Mehrplatzspielgerätes folgt kein Anspruch auf die Aufstellung des Mehrplatzspielgerätes.

8b. Mehrplatzspielgeräte dürfen über höchstens vier Spielstellen verfügen, einzelne Spielstellen dürfen nicht abstellbar sein.

9. Das Spielgerät beinhaltet eine Kontrolleinrichtung, die sämtliche Einsätze, Gewinne und den Kasseninhalt zeitgerecht, unmittelbar und auslesbar erfasst. Die Kontrolleinrichtung gewährleistet die in den Nummern 1 bis 5 Satz 1 und Nummer 6a aufgeführten Begrenzungen.

9a. Das Spielgerät zeichnet nach dem Stand der Technik die von der Kontrolleinrichtung gemäß Nummer 8 erfassten Daten dauerhaft so auf, dass
   a) sie jederzeit elektronisch verfügbar, lesbar und auswertbar sind,
   b) sie auf das erzeugende Spielgerät zurückgeführt werden können,
   c) die einzelnen Daten mit dem Zeitpunkt ihrer Entstehung verknüpft sind,
   d) ihre Vollständigkeit erkennbar ist und
   e) feststellbar ist, ob nachträglich Veränderungen vorgenommen worden sind.

10. Der Spielbetrieb darf nur bei ständiger Verwendung eines gültigen gerätegebundenen, personenungebundenen Identifikationsmittels möglich sein, wobei
   a) die Gültigkeit des verwendeten Identifikationsmittels durch das Spielgerät vor Aufnahme des Spielbetriebs geprüft werden muss und
   b) während des Spielbetriebs keine Daten auf dem verwendeten Identifikationsmittel gespeichert werden dürfen.

11. Das Spielgerät und seine Komponenten müssen der Funktion entsprechend nach Maßgabe des Standes der Technik zuverlässig und gegen Veränderungen gesichert gebaut sein.

12. Das Spielgerät muss so gebaut sein, dass die Übereinstimmung der Nachbaugeräte mit der zugelassenen Bauart überprüft werden kann.

Literatur: *Bewersdorff*, Was Sie schon immer über TR 5 wissen wollten, ZfWG 2020, 415;*Dietlein/Hüsken*, Spielerschutz im gewerblichen Automatenspiel. Rechtsprobleme der Bauartzulassung neuartiger Geldspielgeräte, in Jahrbuch Heinrich-Heine-Universität Düsseldorf 2010, 593 (https://www.e-pflicht.ub.uni-duesseldorf.de/periodical/titleinfo/40060); *Landgraf*, Die neue Generation der Geldspielgeräte nach der sechsten (und siebten) Verordnung zur Änderung der SpielV, ZfWG 2019, 240; *Meyer*, Neu zugelassene Geldspielautomaten umgehen die Vorgaben der Spielverordnung, GewArch 2019, 184;*Meyer*, Replik zum Artikel von Dieter Richter, GewArch 2020, 314; *Richter*, Umgehen Spielgeräte die Spielverordnung? – Einige grundsätzliche Anmerkungen, GewArch 2019, 422; *Meyer*, Über die Zulassung von Geldspielgeräten, in Ihno Gebhardt/Stefan Korte , Glücksspiel – Ökonomie, Recht, Sucht, 2. Aufl. 2018, S. 763.

I. Genese

Als „die zentrale Norm der gerätebezogenen Regelungen des Spielerschutzes“[1] wurde § 13 mehrfach umgestaltet. Mit der ÄndVO v. 4.11.2014 wurde in Nr. 1 eine Legaldefinition des Spiels eingefügt.[2] Ebenfalls ergänzt wurden Nr. 9a und Nr. 10. Die SpielV vor 2005[3] enthielt nur mittelbar eine Definition des Spiels und stellte auf die mechanischen Abläufe in dem Geldspielgerät ab (Einsatz, mind. 12 bzw. 15 Sekunden Intervall, Einsatz für das nächste Spiel erst danach möglich). 2005 entschied sich der VO-Geber, angesichts der „heutigen computergesteuerten Spielsysteme“ nicht mehr auf Beginn und Ende eines Spiels abzustellen, sondern auf den kürzesten zeitlichen Abstand entweder zwischen zwei Einsatzleistungen oder zwei Gewinnauszahlungen.[4] Seit 2014 knüpft die SpielV wieder an den Begriff des Spiels an. 1

II. Kommentierung

§ 13 regelt positiv, welche Anforderungen ein Geldspielgerät für die BAZ erfüllen muss. Er setzt § 33e Abs. 1 S. 1 GewO um, der (negativ) regelt, wann ein Geldspielgerät nicht zugelassen werden kann, wenn nämlich die „Gefahr besteht, dass der Spieler unangemessen hohe Verluste in kurzer Zeit erleidet“. 2

1. Spielbegriff, Spieleinsatz (Nr. 1). 2014 wurde der Begriff des (Geld-)Spiels erstmals definiert als die zeitliche Abfolge von: Einsatz „des Geldes“, Bekanntgabe des Spielergebnisses und Gewinnauszahlung/Einstreichung des Einsatzes. Nr. 1 soll ausweislich der Begründung[5] sicherstellen, dass auch bei der Umwandlung von Geld in Surrogate (Punkte) und dem sich anschließenden Spiel mit den Punkten die Regelungen zu Einsatz und Mindestspieldauer (§ 13 Nr. 2) beachtet werden. Die in Nr. 1 Hs. 2 gewählte (unglückliche) Formulierung,[6] das Spiel beginne mit dem „Einsatz des Geldes“, ist so zu verstehen, dass das Spiel mit dem Einsatz des Geldes oder der Geldsurrogate (Punkte) beginnt. Die Umwandlung von Geld in Punkte ist nicht das (eigentliche) Spiel und auch nicht der eigentliche „Einsatz des Geldes“. Das Spiel beginnt, wenn das Geld bzw. die Geldsurrogate eingesetzt werden. Nur so kann dem Telos von Nr. 1 Rechnung getragen werden, dass der Einsatz der Geldsurrogate (Punkte), der zu Gewinn oder Verlust führt, den „eigentlichen Spielvorgang“ ausmacht.[7] 3

Punktespiel: Das Spiel mit Punkten ist damit nicht gänzlich verboten.[8] Allerdings ist das Punktespiel als eigenes Spiel iSv Nr. 1 zu werten, das die Vorgaben der Nr. 2 einhalten muss. Der Gewinn entsteht hierbei durch das Erspielen von Geldsurrogaten (Punkten), nicht erst durch die (spätere) Umbuchung auf den Geldspeicher. Nur so kann dem von der SpielV bezweckten Spielerschutz Rechnung getragen werden.[9] Eine teleologische Extension von § 13 Nr. 1, 2 ist angesichts des klar artikulierten Zwecks der Regelung[10] geboten. 4

1 BR-Drs. 437/13, 22.
2 Vgl. hierzu BR-Drs. 437/13.
3 BGBl. 1985 I 2245.
4 BR-Drs. 655/05, 23.
5 BR-Drs. 437/13.
6 Vgl. hierzu BT-Drs. 17/14712, 41; *Bewersdorff* ZfWG 2020, 415.
7 BR-Drs. 437/13, 5; vgl. bereits *Dietlein/Hüsken* Jahrbuch HHU 2010 S. 595: eigentliches Spielgeschehen.
8 So insoweit richtig *Richter* GewArch 2019, 422 (425); anders bei virtuellen Automatenspielen, § 22a Abs. 5 S. 2 GlüStV, und nach § 12 Online-Casinospiel Gesetz NRW.
9 Vgl. LG Freiburg ZfWG 2020, 491.
10 BR-Drs. 437/13, trotz der schlechten Formulierung.

5 **2. Mindestspieldauer, Maximaleinsatz/-gewinn (Nr. 2, 3). Spieldauer** ist die Zeitspanne vom Einsatz (des Geldes/Geldsurrogates) bis zur Gewinnauszahlung (bzw. Überführung des Gewinns in den Einsatz-/Gewinnspeicher) oder Einstreichung des Einsatzes. Erst nach diesem Zeitpunkt darf ein weiterer Einsatz erfolgen (Nr. 3). Die Zeitspanne zwischen Einsatz und Mitteilung des Spielergebnisses darf weniger als 5 Sekunden betragen (was zugleich die Schwäche von Nr. 2 iVm Nr. 1 aufzeigt). Eine Maximalspiellänge sieht Nr. 3 (trotz der unglücklichen Formulierung „Obergrenze") nicht vor (vgl. § 33e Abs. 1 S. 1 GewO). Die „Obergrenze" bezieht sich nur auf Höchsteinsatz und -gewinn. Maximal darf der Einsatz 2,30 EUR, der Gewinn bis zu 23 EUR betragen (oder diesem Wert als Surrogat entsprechen). Maximaleinsatz und Maximalgewinn gelten gerade auch für Spiele mit Geldsurrogaten (Punkten); die Geldsurrogate haben den Wert in Euro oder Cent, der ihnen bei wirtschaftlicher Betrachtung entspricht (auch wenn die den Punkten zugeordneten Geldwerte nicht ganz linear verlaufen).

6 **3. Maximalverlust und -gewinn (Nr. 4, 5).** Nr. 4 konkretisiert § 33e Abs. 1 S. 1 GewO. Langfristig ist § 12 Abs. 2 S. 1 Nr. 1 zu beachten. Jackpots und Sonderzahlungen sind nicht nur nach Nr. 5, sondern auch nach § 9 Abs. 2 (für den Aufsteller) verboten.

7 **4. Spielpause (Nr. 6, 6a).** Die einzuhaltende **Spielpause** dient der „Abkühlung" des Spielers und der Dämpfung von Spielanreizen. Gemäß § 12 Abs. 2 S. 1 Nr. 3 sind zu Beginn der Spielpause sämtliche Beträge auf dem Einsatz- und Gewinnspeicher automatisch auszubezahlen. Dies gilt auch für Geldsurrogate (Punkte). Hierauf besteht grds. auch ein zivilrechtlicher Anspruch des Spielers gegen den Veranstalter.[11] Nach Nr. 6 S. 2 gilt die Zwangspause ausnahmslos; auch Freispiele aus einer gewonnenen Serie dürfen nicht realisiert werden. Allerdings müssen Freispiele sowie Sonder- und Risikospielgewinne nicht verfallen, sondern können nach der Spielpause realisiert werden.[12]

8 **5. Speicherung von Beträgen (Nr. 7).** Eine Geldannahme vom Spieler ist nur bis zum Betrag von 10 EUR möglich. S. 2 bis 5 gelten nicht nur für Geldbeträge, sondern auch für Geldsurrogate (Punkte). Auch diese müssen, soweit sie einen Gegenwert von 10 EUR übersteigen, automatisch ausgezahlt werden. S. 3 verbietet die sog. Automatiktaste. S. 4 verhindert die automatische Bespielung mehrerer Spielgeräte. Nach S. 5 kann sich der Spieler jederzeit aufgebuchte Beträge (sofern diese mind. 20 Cent betragen, Verweis richtigerweise auf Nr. 2) auszahlen lassen.

9 **6. Spielbetrieb in Euro unmittelbar am Spielgerät (Nr. 8).** Nr. 8 verbietet insbesondere geldersetzende Wertmarken.[13] Der „Spielbetrieb" darf nur unmittelbar an dem Spielgerät erfolgen; damit sind Vorspiele zwischen mehreren Spielern zur Veräußerung von Spielteilnahmen unzulässig.

10 **7. Mehrplatzspielgeräte (Nr. 8a, 8b).** Grundsätzlich können auch Mehrplatzspielgeräte zugelassen werden.[14] Der Aufsteller hat allerdings die Vorgabe des § 3 Abs. 2 S. 3 und etwaige landesrechtliche Vorgaben zur Aufstellung in Spielhallen zu beachten.

11 **8. Kontrolleinrichtung (Nr. 9, 9a).** Die Kontrolleinrichtung selbst dient – anders als bei § 12 Abs. 2 S. 1 Nr. 4 – dem Spielerschutz und nicht der steuerlichen Dokumentation. Um die Begrenzung der Mindestspieldauer sicher nachprüfbar zu

11 MüKoBGB/*Habersack* § 762 Rn. 23.
12 Landmann/Rohmer/*Marcks* GewO § 13 SpielV Rn. 9a.
13 BR-Drs. 655/05, 26.
14 Vgl. bereits BVerwGE 29, 173.

machen, muss die Kontrolleinrichtung nicht nur den „Einsatz des Geldes", sondern auch den Einsatz von Geldsurrogaten aufzeichnen. Dies führt zu der (unbequemen) Notwendigkeit, dass der Spielbeginn im Einzelnen durch die PTB analysiert wird.[15] Der Verweis in Nr. 9 S. 2 bezieht sich auf Nrn. 2 bis 6 S. 1 und Nr. 6a (eine Aktualisierung wurde im Zuge der ÄndV v. 4.11.2014 vergessen). Ausweislich BR-Drs. 437/13, 28 dient die dauerhafte Aufzeichnung der Daten gem. Nr. 9a in erster Linie der steuerlichen Dokumentation und der Eindämmung von Steuerhinterziehung und Geldwäsche. Die Anforderungen von Nr. 9a werden beispielsweise durch das System INSIKA erfüllt. Die aufzuzeichnenden Daten können sowohl im Spielgerät als auch außerhalb gespeichert werden.

9. Spielkarte (Nr. 10). Das Erfordernis einer Spielkarte korrespondiert mit den 12
Verpflichtungen des Aufstellers nach § 6 Abs. 5. Nur spielberechtigten (volljährigen) Personen darf eine einzige Spielerkarte ausgehändigt werden, die nur für ein Gerät gültig ist. Der Spielbetrieb an diesem Spielgerät darf nur bei ständiger Verwendung dieser Karte möglich sein.

10. Manipulationsfestigkeit (Nr. 11). Die Sicherung gegen Veränderungen dient 13
der Einhaltung der Vorgaben des § 13 zum Spielerschutz. „Gesichert gebaut sein" umfasst auch nicht-mechanische, technische Komponenten des Spielgerätes.

11. Überprüfbarkeit (Nr. 12). Die (leichte) Überprüfbarkeit von Nachbaugerä- 14
ten im Hinblick auf ihre Übereinstimmung mit der zugelassenen Bauart dient der Umsetzung von § 7. Die Überprüfbarkeit ist etwa gewährleistet durch eine standardisierte Schnittstelle (Anschluss), über den durch ein Prüfgerät der Inhalt des Kontrollmoduls ausgelesen werden kann.

§ 14 SpielV [Zulassungsanforderungen bei Warenspielgeräten]

(1) Die Physikalisch-Technische Bundesanstalt darf die Bauart eines Warenspielgerätes nur zulassen, wenn folgende Anforderungen erfüllt sind:

1. **Die Bauart muss den in § 13 Nr. 3, 6, 7, 8 und 9[1] bezeichneten Anforderungen entsprechen, wobei sich in § 13 Nr. 3[2] die Summe der Verluste allein aus der Summe der Einsätze ergibt und nach § 13 Nr. 8[3] nur sämtliche Einsätze zeitgerecht, unmittelbar und auslesbar zu erfassen sind.**
2. **In den Fällen des § 2 Nr. 1 bis 3 gilt § 13 Nr. 1 und 2[4] entsprechend.**
3. **Die Entscheidung über Gewinn oder Verlust darf nicht von der Teilnahme an weiteren Spielen abhängig sein.**

(2) § 12 Abs. 2 Nummer 2 gilt entsprechend.

Übersicht: Warenspielgeräte (Definition in § 2, ausgenommen sind sog. einfache 1
Warenspielgeräte, § 5a) müssen bei ihrer BAZ nur einzelne der in § 13 für Geldspielgeräte normierten Anforderungen erfüllen. Da der Gewinn nicht in Geld besteht, sind die Spielanreize geringer. Der Schutzzweck des § 33e Abs. 1 S. 1 GewO gilt aber auch hier.

15 Vgl. hierzu noch BR-Drs. 655/05, 24.
1 Richtig wohl: „§ 13 Nr. 4, 7, 8, 9 und 10".
2 Richtig wohl: „§ 13 Nr. 4".
3 Richtig wohl: „§ 13 Nr. 9".
4 Richtig wohl: „§ 13 Nr. 2 und 3".

2 **Korrekter Wortlaut:** Der VO-Geber hat bei der Änderung der Nummerierung in § 13 leider eine Anpassung der Verweisungen in § 14 übersehen. Der Wortlaut von § 14 Abs. 1 Nr. 1 und 2 ist folgendermaßen zu lesen:

1. *Die Bauart muss den in § 13 Nr. 4, 7, 8, 9 und 10 bezeichneten Anforderungen entsprechen, wobei sich in § 13 Nr. 4 die Summe der Verluste allein aus der Summe der Einsätze ergibt und nach § 13 Nr. 9 nur sämtliche Einsätze zeitgerecht, unmittelbar und auslesbar zu erfassen sind.*
2. *In den Fällen des § 2 Nr. 1 bis 3 gilt § 13 Nr. 2 und 3 entsprechend.*

3 **1. Abs. 1:** Einzuhalten ist insbesondere der Maximalverlust pro Stunde (Nr. 4). Hierbei bleibt der Wert von Gewinnen (zur Vereinfachung) außer Berücksichtigung und alle Einsätze gelten als Verluste. Maximal eingesetzt werden dürfen also 60 EUR pro Stunde. Weiterhin zu beachten sind – außer bei Warenspielgeräten, die ausschließlich für Volksfeste, Jahrmärkte o.ä. zugelassen werden sollen (§ 14 Abs. 1 Nr. 2 iVm § 2 Nr. 4; vgl. hierzu § 16 Abs. 1 Nr. 6) – der Maximaleinsatz (0,20 EUR bis 2,30 EUR), der Maximalgewinn (2 EUR bis 23 EUR) und die Mindestspieldauer. Damit muss bereits durch die Bauart (nicht erst durch den Aufsteller) sichergestellt sein, dass nur Warengewinne im Wert von max. 2 EUR bis 23 EUR ausgegeben werden. Die Vorschrift des § 9 Abs. 1 S. 2 (Warengewinne bis 60 EUR) gilt nur für den Aufsteller und wird nur bei Veranstaltungen iSv § 2 Nr. 4 relevant. Weiterhin zu beachten sind die Anforderungen von § 13 Nr. 7, 8, 9 und 10. Das Erfordernis einer Spielkarte (und damit der Überprüfung der Spielberechtigung) gilt damit auch auf Volksfesten, etc. Durch den Verweis auf Nr. 8 sind insbesondere Weiterspielmarken verboten.[5] § 14 Abs. 1 Nr. 3 soll verhindern, dass der Spieler zu Dauerspielen bewegt wird.

4 **2. Abs. 2:** Die Erklärung nach § 12 Abs. 2 S. 1 Nr. 2 ist bei Antragstellung abzugeben.

§ 15 SpielV [Zulassungsschein; Bekanntmachung]

(1) [1]Wird die Bauart eines Spielgerätes zugelassen, so erhält der Inhaber der Zulassung einen Zulassungsschein. [2]Für jedes Nachbaugerät der zugelassenen Bauart erhält er einen Zulassungsbeleg und ein Zulassungszeichen. [3]Auf Antrag werden diese Unterlagen umgetauscht.

(2) [1]Die Zulassung der Bauart eines Spielgerätes wird durch die Physikalisch-Technische Bundesanstalt bekannt gemacht. [2]Das Gleiche gilt, wenn eine Bauartzulassung geändert, zurückgenommen oder widerrufen wurde.

1 **1. Zulassungsschein:** Als Folge der Zulassung erhält der Antragsteller (nun Inhaber der Zulassung) einen Zulassungsschein. Dieser verkörpert den Verwaltungsakt der Zulassung.

2 **2. Zulassungszeichen:** Die Zulassungszeichen sind für die jeweiligen Aufsteller bestimmt. Die PTB erteilt solche Zulassungszeichen nicht unmittelbar an den Eigentümer, Besitzer oder Aufsteller eines Nachbaugerätes, sondern an den Inhaber der Zulassung. Dieser wird stets eine gewisse Anzahl solcher Zulassungszeichen vorhalten, um Bestellungen zeitnah bearbeiten zu können. Zulassungszeichen berechtigen nach Ausgabe durch die PTB („Beginn der Aufstellung“) nur für den Zeitraum von zwei Jahren zur Aufstellung (§ 7). Daher ist ein Umtausch von Zulassungszeichen möglich.

5 BR-Drs. 655/05, 27.

3. Der **Zulassungsbeleg** hat im Rechtsverkehr nicht die Bedeutung, die dem Zulassungszeichen zukommt (§ 6 Abs. 1 S. 1, § 7). 3

4. **Abs. 2**: Die Veröffentlichung der BAZ auf der Homepage der PTB (Zulassungsdatenbank) dient der Transparenz und der Verwaltungsvereinfachung von Behördenanfragen. Die PTB veröffentlicht derzeit nicht nur die Tatsache der Zulassung, sondern auch den vollständigen Inhalt der Zulassungsscheine. 4

§ 16 SpielV [Zulassungsschein; Zulassungsbeleg; Zulassungszeichen]

(1) Der Zulassungsschein enthält

1. Bezeichnung des Spielgerätes;
2. Namen und Wohnort des Inhabers der Zulassung;
3. Beschreibung des Spielgerätes und, soweit die Physikalisch-Technische Bundesanstalt dies für erforderlich hält, Übersichtszeichnungen und Abbildungen;
4. Identifikation der verwendeten Hard- und Softwaremodule;
5. (weggefallen)
6. Bezeichnung der Aufstellplätze bei Warenspielgeräten;
7. Aufstelldauer der Nachbaugeräte bei Geld- und Warenspielgeräten, die bei Geldspielgeräten vier Jahre beträgt;
8. mit der Zulassung verbundene Auflagen, insbesondere die Auflage, die Nummer des Zulassungszeichens an dem zugehörigen Spielgerät anzubringen.

(2) Der Zulassungsbeleg enthält die Bezeichnung des Spielgerätes, den Namen und Wohnort des Inhabers der Zulassung, den Beginn und das Ende der Aufstelldauer des Nachbaugerätes und Hinweise auf die beim Betrieb des Nachbaugerätes zu beachtenden Vorschriften.

(3) (weggefallen)

(4) (weggefallen)

(5) Aus dem Zulassungszeichen müssen die Bezeichnung des Spielgerätes, der Name und Wohnort des Inhabers der Zulassung sowie der Beginn und das Ende der Aufstelldauer ersichtlich sein.

(6) Der Zulassungsbeleg und das Zulassungszeichen erhalten jeweils für ein Nachbaugerät dieselbe fortlaufende Nummer.

1. **Abs. 1**: Aus Abs. 1 ergibt sich der (Mindest-)Inhalt des **Zulassungsscheins.** Die PTB veröffentlicht derzeit sämtliche Zulassungsscheine in ihrer Zulassungsdatenbank. 1

Nr. 3: Je detaillierter die Beschreibung des Spielgerätes in dem Zulassungsschein erfolgt, desto einfacher ist die Überprüfung, ob das Nachbaugerät der zugelassenen Bauart entspricht (vgl. § 7 Abs. 1, § 13 Nr. 12); uU kann eine solche Überprüfung auch ohne Durchsicht der vollständigen Antragsunterlagen zur BAZ erfolgen. 2

Nr. 4: Eine Überprüfung der programmierten Spielregeln ist hingegen von außen nicht einfach möglich. Daher erfolgt die Überprüfung hier durch Identifikation der verwendeten Hard- und Softwaremodule. Die programmierte Software muss bit- und byte-genau der Software des Baumusters entsprechen. Die Überprüfung wird durch sog. Checksummen vereinfacht. Ist die bei der Überprüfung auszule- 3 sende Checksumme korrekt, ist sichergestellt, dass die programmierte Software der Software des Baumusters entspricht.

4 **Nr. 6** erleichtert die Kontrolle von Warenspielgeräten im Hinblick darauf, ob diese zusätzlich die Anforderungen des § 14 Abs. 1 Nr. 2 zu erfüllen haben oder – bei Warenspielgeräten, die nur auf Volksfesten, Schützenfesten oder ähnlichen Veranstaltungen, Jahrmärkten oder Spezialmärkten aufgestellt werden sollen – nicht.

5 Die maximale Aufstelldauer von Geldspielgeräten (**Nr. 7**, vgl. auch § 7) beträgt vier Jahre. Hiernach sind diese Geräte aus dem Verkehr zu ziehen. Eine maximale Aufstelldauer von Warenspielgeräten regelt die SpielV nicht; allerdings soll auch hier eine maximale Aufstelldauer angeordnet werden, damit eine Nachbesserung der Funktionen durch den Hersteller sichergestellt ist.

6 **2.** Der **Zulassungsbeleg** enthält mehr Angaben als das Zulassungszeichen und ist für die Unterlagen des Aufstellers bestimmt. Das optisch gestaltete Zulassungszeichen (Abs. 5) hat seinen Platz unmittelbar an dem Spielgerät (§ 6 Abs. 1). Wichtig ist insbesondere die Angabe „Beginn der Aufstellung" (§ 7 Abs. 1, 3) bzw. „Beginn der Aufstelldauer" (§ 7 Abs. 4 Nr. 4, § 16 Abs. 5).

§ 17 SpielV [Gebühren und Auslagen]

(1) Die Physikalisch-Technische Bundesanstalt erhebt für

1. die Prüfung und Zulassung der Bauart eines Spielgerätes und
2. die Erteilung eines Zulassungsbeleges einschließlich des Zulassungszeichens

von dem Antragsteller Gebühren und Auslagen.

(2) [1]Die Gebühren für die Prüfung und die Zulassung der Bauart eines Spielgerätes sind nach der dafür aufgewendeten Arbeitszeit zu bemessen. [2]Hierbei sind als Stundensätze zugrunde zu legen

1.	für Beamte des höheren Dienstes und vergleichbare Angestellte	67 Euro,
2.	für Beamte des gehobenen Dienstes und vergleichbare Angestellte	55 Euro,
3.	für sonstige Bedienstete	47 Euro.

[3]Für jede angefangene Viertelstunde ist ein Viertel dieser Stundensätze zu berechnen.

(3) *[aufgehoben]*

(4) Die Gebühr für die Erteilung eines Zulassungsbeleges einschließlich des Zulassungszeichens sowie für den Umtausch dieser Unterlagen beträgt 15 Euro.

(5) Außer den in § 10 des Verwaltungskostengesetzes in der bis zum 14. August 2013 geltenden Fassung genannten Auslagen sind vom Antragsteller die Aufwendungen zu erstatten, die durch beantragte Ergänzungsarbeiten notwendig werden.

1 § 17 ist mit Wirkung zum 1.10.2021 **aufgehoben**.[1] Die Erhebung von Gebühren und Auslagen erfolgt nach der Besonderen Gebührenverordnung des BMWi für

1 Gesetz vom 18.7.2016, BGBl. 2016 I 1666.

Leistungen der Physikalisch-Technischen Bundesanstalt, **PTBBGebV** (auf Grundlage von § 22 Abs. 4 BGebG).

Bereits § 17 sah für die Prüfung und die Zulassung der Bauart eines Spielgerätes 2
(relativ geringe: 47–67 EUR) Zeitgebühren vor. Insbesondere durch Gestaltungen zur Umgehung von § 13 Nr. 1, 2 (Punktespiel) ist der Prüfungsaufwand der PTB bei der Neuzulassung deutlich gestiegen.[2] Die bis 2014 geltende Deckelung der Gebühren bei 4.000 EUR wurde daher aufgehoben.

2 Vgl. BR-Drs. 471/14.

V. Erteilung von Unbedenklichkeitsbescheinigungen für gewerbsmäßig betriebene Ausspielungen

§ 18 SpielV [Erteilung von Unbedenklichkeitsbescheinigungen für gewerbsmäßig betriebene Ausspielungen]

Das Bundeskriminalamt und die Landeskriminalämter dürfen die Unbedenklichkeitsbescheinigung für gewerbsmäßig betriebene Ausspielungen im Sinne des § 33h Nr. 2 der Gewerbeordnung, die nicht durch § 5a begünstigt sind, nur erteilen, wenn die in Nummer 4 der Anlage zu § 5a genannte Höhe der Gestehungskosten eines Gewinnes nicht überschritten wird.

1 Ausspielungen, die auf Volksfesten, Schützenfesten oder ähnlichen Veranstaltungen, Jahrmärkten oder Spezialmärkten veranstaltet werden, sind an sich nach § 5a (iVm Anlage zu § 5a; vgl. § 33g GewO) begünstigt. Auch bei diesen dürfen allerdings nur Gewinne im Gegenwert (Gestehungskosten) von bis zu 60 EUR ausgegeben werden.

2 Dieses **„Gewinnmaximum"** überträgt § 18 auf gewerbsmäßig betriebene Ausspielungen auf Volksfesten, Schützenfesten oder ähnlichen Veranstaltungen, bei denen der Gewinn in geringwertigen Gegenständen besteht. Diese sind nicht nach § 5a privilegiert (§ 33h Nr. 2 GewO). Vielmehr bedarf die Veranstaltung solcher Ausspielungen einer Erlaubnis, für die wiederum eine Unbedenklichkeitsbescheinigung erforderlich ist (§ 33d Abs. 2 GewO). Diese wird nur unter den Voraussetzungen des § 33e Abs. 1 GewO durch das BKA (nicht die Landeskriminalämter) erteilt. Einzelheiten des Verfahrens regelt die Verordnung zur Erteilung von Unbedenklichkeitsbescheinigungen.

3 § 18 regelt, dass die erforderliche Unbedenklichkeitsbescheinigung nur erteilt werden kann, wenn die Gestehungskosten eines Gewinns höchstens 60 EUR betragen. Damit werden gewerbsmäßige und nicht gewerbsmäßig betriebene Ausspielungen in diesem Punkt gleichbehandelt. Die Anforderungen von Nr. 4 S. 2 der Anlage zu § 5a (Mindestgewinnquote) gelten für gewerbsmäßig betriebene Ausspielungen nicht.

VI. Ordnungswidrigkeiten

§ 19 SpielV [Ordnungswidrigkeiten]

(1) Ordnungswidrig im Sinne des § 144 Absatz 2 Nummer 1a der Gewerbeordnung handelt, wer vorsätzlich oder fahrlässig in Ausübung eines stehenden Gewerbes

1. entgegen § 3 Absatz 1 Satz 1 oder Absatz 2 Satz 1 mehr als die dort genannte Zahl von Spielgeräten aufstellt,
1a. entgegen § 3 Abs. 1 Satz 3 nicht sicherstellt, dass Kinder oder Jugendliche nicht an Spielgeräten spielen,
1b. entgegen § 3 Abs. 2 Satz 3 Spielgeräte nicht richtig aufstellt,
2. entgegen § 3a die Aufstellung von Spielgeräten in seinem Betrieb zulässt,
3. entgegen § 6 Abs. 1 Satz 1 ein Spielgerät aufstellt,
3a. entgegen § 6 Abs. 1 Satz 2 nicht dafür sorgt, dass die Spielregeln und der Gewinnplan leicht zugänglich sind,
4. entgegen § 6 Abs. 2 die Spielregeln oder den Gewinnplan nicht deutlich sichtbar anbringt oder die Unbedenklichkeitsbescheinigung, einen Abdruck der Unbedenklichkeitsbescheinigung oder den Erlaubnisbescheid am Veranstaltungsort nicht bereithält,
5. entgegen § 6 Abs. 3 Satz 1 Gegenstände so aufstellt, dass sie dem Spieler als Gewinne erscheinen können, oder entgegen § 6 Abs. 3 Satz 2 lebende Tiere als Gewinn aussetzt,
5a. entgegen § 6 Absatz 4 Satz 1 nicht sicherstellt, dass ein dort genannter Warnhinweis oder ein Hinweis auf Beratungsmöglichkeiten angebracht ist,
5b. entgegen § 6 Absatz 4 Satz 2 nicht sicherstellt, dass dort genanntes Informationsmaterial sichtbar ausliegt,
5c. entgegen § 6 Absatz 5 Satz 1 nicht dafür sorgt, dass jedem Spieler ein Identifikationsmittel ausgehändigt wird,
5d. entgegen § 6 Absatz 5 Satz 2 nicht dafür sorgt, dass jedem Spieler nicht mehr als ein Identifikationsmittel ausgehändigt wird,
5e. entgegen § 6a Satz 2 einen Einsatz zurückgewährt,
5f. entgegen § 6a Satz 3 ein Freispiel gewährt,
6. entgegen § 7 Abs. 1 ein Geldspielgerät nicht, nicht richtig oder nicht rechtzeitig überprüfen lässt,
6a. entgegen § 7 Abs. 3 ein Geldspielgerät aufstellt,
6b. entgegen § 7 Abs. 4 ein Spielgerät nicht aus dem Verkehr zieht,
7. der Vorschrift des § 8 zuwiderhandelt,
8. entgegen § 9 Abs. 1 Vergünstigungen gewährt oder gewonnene Gegenstände zurückkauft oder gewonnene Gegenstände in einen Gewinn umtauscht, dessen Gestehungskosten den zulässigen Höchstgewinn überschreiten,
8a. entgegen § 9 Abs. 2 neben der Ausgabe von Gewinnen über gemäß den §§ 33c und 33d der Gewerbeordnung zugelassene Spielgeräte oder andere Spiele sonstige Gewinnchancen in Aussicht stellt oder Zahlungen oder sonstige finanzielle Vergünstigungen gewährt,
9. der Vorschrift des § 10 über den Schutz von Kindern und Jugendlichen zuwiderhandelt.

(2) Ordnungswidrig im Sinne des § 145 Abs. 2 Nr. 1 der Gewerbeordnung handelt, wer vorsätzlich oder fahrlässig in Ausübung eines Reisegewerbes

1. entgegen § 6 Abs. 1 Satz 1 ein Spielgerät aufstellt,
1a. entgegen § 6 Abs. 1 Satz 2 nicht dafür sorgt, dass die Spielregeln und der Gewinnplan leicht zugänglich sind oder
2. eine in Absatz 1 Nr. 4 bis 8 bezeichnete Handlung begeht.

I. Genese/Gesetzesentwicklung

1 Mit der Änderungsverordnung von 17.12.2005[1] wurden die Bußgeldtatbestände durch Art. 1 Nr. 11 angepasst. Sie mussten nun den geänderten Anforderungen der §§ 3, 6, 6a, 7 und 9 SpielV genügen.

2 Weitere Anpassungen der Norm erfolgten aufgrund der Änderungsverordnung vom 1.11.2014[2] für den Abs. 1 Nr. 5a und 5b sowie wegen der Änderungsverordnung vom 4.11.2014[3] für die Neueinfügung der Abs. 1 Nr. 5c und 5d, wobei Letztere erst zum 10.2.2016 in Kraft trat und die bis dahin gültigen Nr. 5c und 5d zu den nun geltenden Nr. 5e und 5f neu fasste. Mit Wirkung zum 10.11.2019 wurde auch Abs. 1 Nr. 1 inhaltlich neu gefasst.[4]

II. Erläuterungen

3 § 19 legt verschiedene **bußgeldbewährte Ordnungswidrigkeitstatbestände** bei Verstößen gegen die SpielV fest. Dabei unterscheidet die Norm zwischen dem **stehenden Gewerbe** in Abs. 1 und dem **Reisegewerbe** in Abs. 2.

4 Jeweils mit Verweis auf die einschlägige Norm der Gewerbeordnung (§§ 144 und 145 GewO) sind diese Vorschriften im Gesamtgefüge des Spielrechts zu verstehen. Im stehenden Gewerbe können **vorsätzliche Verstöße** gegen § 144 Abs. 2 Nr. 1a GewO mit einer maximalen Geldbuße von bis zu **5.000 EUR** geahndet werden. § 145 Abs. 2 Nr. 1 GewO sieht für das Reisegewerbe bei einem vorsätzlichen Verstoß lediglich eine Geldbuße von bis zu **2.500 EUR** vor.

5 Über die jeweiligen Absätze 4 der §§ 144 und 145 GewO sind für eine **fahrlässige Begehung** Bußgelder bis zur Hälfte des jeweiligen Höchstbetrages (§ 17 Abs. 2 OWiG), also bis zu 2.500 EUR und bis zu 1.250 EUR, vorgesehen.

6 § 47 Abs. 1 OWiG (Vorschrift des allgemeinen Ordnungswidrigkeitenrechts) statuiert die **Zuständigkeit**. Demnach steht die Verfolgung der Ordnungswidrigkeit im pflichtgemäßen Ermessen der Verfolgungsbehörde und kann auch von ihr eingestellt werden, sofern das Verfahren bei ihr anhängig ist. Bei Abgabe des Verfahrens an die Staatsanwaltschaft fällt diese auch die Opportunitätsentscheidung.

7 Bei einem Verstoß gegen § 19 tritt neben das Ordnungswidrigkeitsverfahren mit Bußgeldbewehrung regelmäßig – je nach Schwere der Handlung – ein **gewerberechtliches Untersagungsverfahren** im Sinne des § 35 GewO.

1 BGBl. 2005 I 3495.
2 BGBl. 2014 I 1678.
3 BGBl. 2014 I 1678.
4 BGBl. 2014 I 1678.

VII. Schlussvorschriften

§ 20 SpielV [Schlussvorschriften]

(1) Geldspielgeräte, deren Bauart von der Physikalisch-Technischen Bundesanstalt vor dem 1. Juli 2008 zugelassen worden ist und die nicht den ab dem 11. November 2014 geltenden Vorgaben des § 12 Absatz 2 Satz 1 Nummer 2 und des § 13 Nummer 6 Satz 2, letztere im Hinblick auf das neu eingeführte Verbot von Spielvorgängen und Animationen während der Spielpause, entsprechen, dürfen nicht weiter betrieben werden.

(2) Im Übrigen dürfen Geldspielgeräte, deren Bauart von der Physikalisch-Technischen Bundesanstalt vor dem 10. November 2014 zugelassen worden ist, entsprechend dem Inhalt des Zulassungsbelegs bis zum 10. November 2018 weiter betrieben werden.

(3) [1]Die Auswirkungen der Änderung der Spielverordnung auf das Entstehen von Glücksspielsucht und eine wirksame Suchtbekämpfung sind unter Mitwirkung der Länder und des Fachbeirats (§ 10 Absatz 1 Satz 2 des Staatsvertrags zum Glücksspielwesen in Deutschland – Glücksspielstaatsvertrag) zu evaluieren. [2]Ein zusammenfassender Bericht ist bis zum 30. Juni 2017 vorzulegen.

Der (inzwischen kaum mehr relevante) § 20 betrifft **Alt-Geräte**, die bereits 2014 bzw. 2018 aus dem Verkehr gezogen werden mussten. 1

I. Abs. 1

Bereits 2007 erteilte das BMWi an die PTB die Weisung, ab dem 1.7.2008 keine neuen Bauartzulassungen mehr für Geräte zu erteilen, welche nicht den Vorgaben der (erst 2014 in die SpielV eingefügten) § 12 Abs. 2 S. 1 Nr. 2 (Gewinnaussichten nicht über 300 EUR) und § 13 Nr. 6 S. 2 (keine Spielvorgänge während der Spielpause) entsprachen. Auch nach 2007 durften für Nachbaugeräte von zugelassenen Alt-Geräten noch Zulassungsbelege erteilt werden. Jedenfalls seit 2014 dürfen diese Alt-Geräte nicht mehr betrieben werden. 2

II. Abs. 2

Im Zeitraum 1.7.2008 bis 9.11.2014 wurden Bauarten zugelassen, welche den Vorgaben der §§ 12 Abs. 2 S. 1 Nr. 2, 13 Nr. 6 S. 2 bereits entsprachen. Diese zugelassenen Geräte durften bis zum 10.11.2018 weiter betrieben werden. Eine Aufstelldauer von maximal 4 Jahren, gerechnet exakt ab Beginn der Aufstellung, war damit nicht einzuhalten. 3

III. Abs. 3

Die vorgesehene **Evaluierung** wurde durch das BMWi am 30.6.2017 als „Evaluierung der Sechsten Verordnung zur Änderung der Spielverordnung" vorgelegt.[1] Eine Evaluation der Auswirkungen der ÄndVO v. 4.11.2014 auf eine wirksame Suchtbekämpfung war darin nicht möglich, da aufgrund der Regelung von Abs. 2 praktisch noch kaum Neugeräte verwendet wurden. Am 30.6.2021 hat das BMWi einen Zwischenbericht vorgelegt. Aufgrund der massiven Auswirkungen der COVID-19-Pandemie im Jahr 2020 auf Spielhallen und Gaststätten konnte auch darin noch keine abschließende Evaluation vorgenommen werden. Diese soll Ende 2022 auf Grundlage einer Studie (ab Anfang 2022) erfolgen. 4

1 https://www.bmwi.de/Redaktion/DE/Downloads/E/evaluierung-spielv.html.

Aus dem Zwischenbericht 2021 geht hervor, dass Manipulationen an zugelassenen Spielgeräten nicht bekannt geworden sind, allerdings verstärkt illegale sog. „Fun Games"-Spielgeräte aufgestellt werden.

3. Telemediengesetz

§ 3 TMG Herkunftslandprinzip

(1) In Deutschland nach § 2a niedergelassene Diensteanbieter und ihre Telemedien unterliegen den Anforderungen des deutschen Rechts auch dann, wenn die Telemedien innerhalb des Geltungsbereichs der Richtlinie 2000/31/EG des Europäischen Parlaments und des Rates vom 8. Juni 2000 über bestimmte rechtliche Aspekte der Dienste der Informationsgesellschaft, insbesondere des elektronischen Geschäftsverkehrs, im Binnenmarkt (Richtlinie über den elektronischen Geschäftsverkehr) (ABl. L 178 vom 17.7.2000, S. 1) und der Richtlinie 2010/13/EU in einem anderen Mitgliedstaat geschäftsmäßig angeboten oder verbreitet werden.

(2) Der freie Dienstleistungsverkehr von Telemedien, die innerhalb des Geltungsbereichs der Richtlinie 2000/31/EG und der Richtlinie 2010/13/EU in Deutschland von Diensteanbietern, die in einem anderen Mitgliedstaat niedergelassen sind, geschäftsmäßig angeboten oder verbreitet werden, wird vorbehaltlich der Absätze 5 und 6 nicht eingeschränkt.

(3) Von den Absätzen 1 und 2 bleiben unberührt

1. die Freiheit der Rechtswahl,
2. die Vorschriften für vertragliche Schuldverhältnisse in Bezug auf Verbraucherverträge,
3. gesetzliche Vorschriften über die Form des Erwerbs von Grundstücken und grundstücksgleichen Rechten sowie der Begründung, Übertragung, Änderung oder Aufhebung von dinglichen Rechten an Grundstücken und grundstücksgleichen Rechten,
4. das für den Schutz personenbezogener Daten geltende Recht.

(4) Die Absätze 1 und 2 gelten nicht für

1. die Tätigkeit von Notaren sowie von Angehörigen anderer Berufe, soweit diese ebenfalls hoheitlich tätig sind,
2. die Vertretung von Mandanten und die Wahrnehmung ihrer Interessen vor Gericht,
3. die Zulässigkeit nicht angeforderter kommerzieller Kommunikationen durch elektronische Post,
4. Gewinnspiele mit einem einen Geldwert darstellenden Einsatz bei Glücksspielen, einschließlich Lotterien und Wetten,
5. die Anforderungen an Verteildienste,
6. das Urheberrecht, verwandte Schutzrechte, Rechte im Sinne der Richtlinie 87/54/EWG des Rates vom 16. Dezember 1986 über den Rechtsschutz der Topographien von Halbleitererzeugnissen (ABl. EG Nr. L 24 S. 36) und der Richtlinie 96/9/EG des Europäischen Parlaments und des Rates vom 11. März 1996 über den rechtlichen Schutz von Datenbanken (ABl. EG Nr. L 77 S. 20) sowie für gewerbliche Schutzrechte,
7. die Ausgabe elektronischen Geldes durch Institute, die gemäß Artikel 8 Abs. 1 der Richtlinie 2000/46/EG des Europäischen Parlaments und des Rates vom 18. September 2000 über die Aufnahme, Ausübung und Beaufsichtigung der Tätigkeit von E-Geld-Instituten (ABl. EG Nr. L 275 S. 39) von

der Anwendung einiger oder aller Vorschriften dieser Richtlinie und von der Anwendung der Richtlinie 2000/12/EG des Europäischen Parlaments und des Rates vom 20. März 2000 über die Aufnahme und Ausübung der Tätigkeit der Kreditinstitute (ABl. EG Nr. L 126 S. 1) freigestellt sind,
8. Vereinbarungen oder Verhaltensweisen, die dem Kartellrecht unterliegen,
9. Bereiche, die erfasst sind von den §§ 39, 57 bis 59, 61 bis 65, 146, 241 bis 243b, 305 und 306 des Versicherungsaufsichtsgesetzes vom 1. April 2015 (BGBl. I S. 434), das zuletzt durch Artikel 6 des Gesetzes vom 19. März 2020 (BGBl. I S. 529) geändert worden ist, und von der Versicherungsberichterstattungs-Verordnung vom 19. Juli 2017 (BGBl. I S. 2858), die durch Artikel 7 des Gesetzes vom 17. August 2017 (BGBl. I S. 3214) geändert worden ist, für die Regelungen über das auf Versicherungsverträge anwendbare Recht sowie für Pflichtversicherungen.

(5) [1]Das Angebot und die Verbreitung von Telemedien, bei denen es sich nicht um audiovisuelle Mediendienste handelt, durch einen Diensteanbieter, der in einem anderen Mitgliedstaat niedergelassen ist, unterliegen den Einschränkungen des deutschen Rechts, soweit

1. dies dem Schutz folgender Schutzziele vor Beeinträchtigungen oder ernsthaften und schwerwiegenden Gefahren dient:
   a) der öffentlichen Sicherheit und Ordnung, insbesondere
      aa) im Hinblick auf die Verhütung, Ermittlung, Aufklärung, Verfolgung und Vollstreckung
         aaa) von Straftaten und Ordnungswidrigkeiten, einschließlich des Jugendschutzes und der Bekämpfung der Verunglimpfung aus Gründen der Rasse, des Geschlechts, des Glaubens oder der Nationalität,
         bbb) von Verletzungen der Menschenwürde einzelner Personen oder
      bb) im Hinblick auf die Wahrung nationaler Sicherheits- und Verteidigungsinteressen,
   b) der öffentlichen Gesundheit oder
   c) der Interessen der Verbraucher und der Interessen der Anleger und
2. die Maßnahmen, die auf der Grundlage des deutschen Rechts in Betracht kommen, in einem angemessenen Verhältnis zu diesen Schutzzielen stehen.

[2]Maßnahmen nach Satz 1 Nummer 2 sind nur zulässig, wenn die gemäß Artikel 3 Absatz 4 Buchstabe b und Absatz 5 der Richtlinie 2000/31/EG erforderlichen Verfahren eingehalten werden; davon unberührt bleiben gerichtliche Verfahren einschließlich etwaiger Vorverfahren und die Verfolgung von Straftaten einschließlich der Strafvollstreckung und von Ordnungswidrigkeiten.

(6) [1]Der freie Empfang und die Weiterverbreitung von audiovisuellen Mediendiensten aus anderen Mitgliedstaaten darf abweichend von Absatz 2 vorübergehend beeinträchtigt werden, wenn diese audiovisuellen Mediendienste

1. in offensichtlicher, ernster und schwerwiegender Weise Folgendes enthalten:
   a) eine Aufstachelung zu Gewalt oder Hass gegen eine Gruppe von Personen oder gegen ein Mitglied einer Gruppe von Personen aus einem der in Artikel 21 der Charta der Grundrechte der Europäischen Union (ABl. C 364 vom 18.12.2000, S. 1) genannten Gründe,
   b) eine öffentliche Aufforderung zur Begehung einer terroristischen Straftat gemäß Artikel 5 der Richtlinie (EU) 2017/541 des Europäischen Parlaments und des Rates vom 15. März 2017 zur Terrorismusbekämpfung und zur Ersetzung des Rahmenbeschlusses 2002/475/JI des Rates und

zur Änderung des Beschlusses 2005/671/JI des Rates (ABl. L 88 vom 31.3.2017, S. 6),

c) einen Verstoß gegen die Vorgaben zum Schutz von Minderjährigen nach Artikel 6a Absatz 1 der Richtlinie 2010/13/EU oder

2. eine Beeinträchtigung oder eine ernsthafte und schwerwiegende Gefahr der Beeinträchtigung darstellen für
   a) die öffentliche Gesundheit,
   b) die öffentliche Sicherheit oder
   c) die Wahrung nationaler Sicherheits- und Verteidigungsinteressen.

[2]Maßnahmen nach Satz 1 sind nur zulässig, wenn die Voraussetzungen des Artikels 3 Absatz 2 bis 5 der Richtlinie 2010/13/EU erfüllt sind.

I. Genese/Gesetzesentwicklungen

1 Eingeführt wurde § 3 TMG mit der **Zusammenführung verschiedener Regelungen in Bezug auf Tele- und Mediendienste** (§ 4 TDG, § 5 MDStV) in einem neuen Telemediengesetz des Bundes als Art. 1 des Gesetzes zur Vereinheitlichung von Vorschriften über bestimmte elektronische Informations- und Kommunikationsdienste vom 26.2.2007[1]. Die Norm setzt Art. 3 der Richtlinie 2000/31/EG[2] in deutsches Recht um. § 3 Abs. 6 TMG wurde durch Art. 1 des Gesetzes zur Änderung des Telemediengesetzes und weiterer Gesetze vom 19.11.2020[3] angefügt.

II. Erläuterungen

2 **1. Herkunftslandprinzip.** § 3 TMG dient der Verwirklichung des Schutzes der in Art. 49 AEUV primärrechtlich verankerten Dienstleistungsfreiheit.[4] Mit der Vorschrift wird das in **Art. 3 ECRL geregelte Herkunftslandprinzip** in deutsches Recht umgesetzt.[5] Nach Art. 3 Abs. 2 ECRL dürfen die Mitgliedstaaten den freien Verkehr von Diensten der Informationsgesellschaft aus einem anderen Mitgliedstaat nicht aus Gründen einschränken, die in den koordinierten Bereich fallen. Vereinfacht ausgedrückt betrifft der koordinierte Bereich die vom jeweiligen Diensteanbieter zu erfüllenden Anforderungen in Bezug auf die Aufnahme und Ausübung seines Dienstes (Art. 2 lit. h ECRL). Damit soll der freie Verkehr von Diensten der Informationsgesellschaft gewährleistet werden, indem jeder Mitgliedstaat einerseits die bei ihm niedergelassenen Anbieter nach seinem Recht reguliert, andererseits jeder der solchermaßen regulierten Anbieter einheitlich nach dem Recht seines Herkunftslandes im gesamten Binnenmarkt seine Dienste anbieten und erbringen kann.[6]

3 **2. Ausnahme für Glücksspiel.** Nach ihrem Art. 1 Abs. 5 lit. d findet die ECRL unter anderem keine Anwendung auf Gewinnspiele mit einem einen Geldwert darstellenden Einsatz bei Glücksspielen, einschließlich Lotterien und Wetten. Wortlautgleich findet sich diese Ausnahme in § 3 Abs. 4 Nr. 4 TMG. Nach Erwägungsgrund 16 ECRL erfasst die Ausklammerung von Gewinnspielen aus dem Anwendungsbereich der ECRL nur Glücksspiele, Lotterien und Wetten mit einem einen Geldwert darstellenden Einsatz; dagegen sollen Preis-

---

1 BGBl. 2007 I 179.
2 Richtlinie über den elektronischen Geschäftsverkehr, EG-ABl. L 178/1 v. 17.7.2000, im Folgenden als „ECRL" bezeichnet.
3 BGBl. 2020 I 2456.
4 Spindler/Schuster/*Nordmeier* TMG § 3 Rn. 1.
5 Spindler/Schuster/*Nordmeier* TMG § 3 Rn. 1.
6 BeckOK InfoMedienR/*Weller* TMG § 3 Rn. 1.

ausschreiben und Gewinnspiele, mit denen der Verkauf von Waren oder Dienstleistungen gefördert werden soll und bei denen etwaige Zahlungen nur dem Erwerb der angebotenen Waren oder Dienstleistungen dienen, von der Ausnahme gerade nicht erfasst sein. Entscheidend für die Erfüllung der Voraussetzungen der Norm dürfte daher sein, dass der geleistete Geldeinsatz eine **unmittelbare Gegenleistung für eine Gewinnchance** ist.[7]

Auch wenn es sich bei dem Glücksspielbegriff der ECRL und damit auch des TMG um einen eigenständigen unionsrechtlichen Begriff handelt, dürften hier ähnliche Kriterien gelten wie im Hinblick auf die Begriffsdefinition in § 3 GlüStV (→ GlüStV § 3 Rn. 5 ff.). Auch für die Frage, ob ein Glücksspiel im Sinne der ECRL bzw. des TMG vorliegt, dürfte es damit entsprechend § 3 Abs. 1 S. 1 GlüStV maßgeblich darauf ankommen, ob im Rahmen eines Spiels für den **Erwerb einer Gewinnchance** ein **Entgelt** verlangt wird und die Entscheidung über den Gewinn ganz oder überwiegend vom **Zufall** abhängt. Dementsprechend dürften vom Anwendungsbereich der Ausnahmevorschrift Online-Casinos, -Kartenspiele sowie -Sportwetten umfasst sein.[8] Unklar bleibt, inwieweit Geschicklichkeitsspiele ebenfalls dem Anwendungsbereich der Ausnahmevorschrift unterfallen. In einer Empfehlung der Europäischen Kommission zur Glücksspielregulierung der Mitgliedstaaten wird der Begriff Glücksspieldienstleistung dergestalt definiert, dass hierunter jede Dienstleistung fällt, die einen geldwerten Einsatz bei Glücksspielen erfordert, wozu auch Spiele zählen, die eine gewisse Geschicklichkeit voraussetzen.[9] Auch wenn dieser Rechtsauffassung der Europäischen Kommission keine Verbindlichkeit für die Auslegung von ECRL und deren Umsetzung im TMG zukommt, stellt sich die Frage, ob dies für eine weitergehende Einbeziehung von Geschicklichkeitsspielen in den Glücksspielbegriff spricht als nach deutschem Rechtsverständnis.[10] Der Wortlaut von Erwägungsgrund 16 ECRL („Die Ausklammerung von Gewinnspielen betrifft nur…") spricht jedoch gegen eine zu weite Auslegung des Ausnahmetatbestands.[11] Auch im Hinblick auf die Abgrenzung von Geschicklichkeits- und Glücksspielen kann damit auf die im deutschen Recht sonst angestellten Erwägungen abgestellt werden. 4

3. Rechtsfolge. Anders als im Anwendungsbereich der ECRL unterliegen ausländische Anbieter von Online-Glücksspielen damit grundsätzlich den **Anforderungen des deutschen Rechts.**[12] Das Herkunftslandprinzip, nach dem im Grundsatz eine Erfüllung der rechtlichen Anforderungen des Herkunftslandes eines Diensteanbieters ausreichend für eine Leistungserbringung in Deutschland ist, gilt nicht.[13] Allerdings müssen die entsprechenden Regelungen des deutschen Rechts, bei denen es sich um Beschränkungen der Dienstleistungsfreiheit han- 5

7 Ebenso Spindler/Schuster/*Nordmeier* TMG § 3 Rn. 24.
8 Spindler/Schuster/*Nordmeier* TMG § 3 Rn. 24.
9 Empfehlung der Kommission 2014/478/EU vom 14.7.2014 mit Grundsätzen für den Schutz von Verbrauchern und Nutzern von Online-Glücksspieldienstleistungen und für den Ausschluss Minderjähriger von Online-Glücksspielen, EU-ABl. L 214/38 v. 19.7.2014, Rn. 3 lit. a.
10 Vgl. dazu BVerwG Urt. v. 24.10.2001 – 6 C 1/01, juris Rn. 31, wonach bei einem Spiel, das von Geschicklichkeits- und Zufallselementen bestimmt wird, ab einer durchschnittlichen Nichttrefferquote von 50 % vom Vorliegen eines Glücksspiels ausgegangen wird.
11 Allgemein für eine restriktive Auslegung der in § 3 Abs. 3–5 TMG genannten Ausnahmegründe auch Spindler/Schmitz/*Spindler* TMG § 3 Rn. 10 mwN.
12 Nomos-BR/Müller-Broich TMG § 3 Rn. 17; ebenso Spindler/Schmitz/*Spindler* TMG § 3 Rn. 53; Spindler/Schuster/*Nordmeier* TMG § 3 Rn. 24.
13 Vgl. BGH 1.4.2004 – I ZR 317/01, juris Rn. 32.

deln dürfte, mit dem europäischen Primärrecht in Einklang stehen.[14] Dementsprechend sind die entsprechenden Regelungen am Maßstab der Grundfreiheiten, insbesondere der Dienstleistungsfreiheit zu prüfen.[15]

6 Wird die (teilweise umstrittene) Vereinbarkeit der entsprechenden Vorgaben mit dem europäischen Primärrecht (hierzu auch grundsätzlich → B Rn. 16 ff.) unterstellt, so gelten damit **sämtliche Vorgaben des deutschen Rechts auch für ausländische Anbieter**, die online Glücksspiele anbieten. Insbesondere betrifft dies § 284 StGB, behördliche Erlaubnisvorbehalte, wettbewerbsrechtliche Sanktionen, gesetzlich angeordnete Unwirksamkeiten zugrundeliegender Verträge (§§ 762, 763 BGB) oder die zivilrechtliche Störerhaftung.[16]

§ 4 TMG Zulassungsfreiheit

Telemedien sind im Rahmen der Gesetze zulassungs- und anmeldefrei.

I. Genese/Gesetzesentwicklungen

1 Eine erstmalige Regelung der **Zulassungs- und Anmeldefreiheit von Telediensten** im deutschen Recht fand sich bereits 1997 in § 4 des Gesetzes über die Nutzung von Telediensten, das als Art. 1 des Gesetzes zur Regelung der Rahmenbedingungen für Informations- und Kommunikationsdienste[1] verabschiedet wurde. Abgelöst wurde diese Vorschrift von § 4 TMG, der bereits in der ursprünglichen Fassung des TMG enthalten war (Art. 1 des Gesetzes zur Vereinheitlichung von Vorschriften über bestimmte elektronische Informations- und Kommunikationsdienste vom 26.2.2007[2]) und seither nicht verändert wurde. Die Norm dient der Umsetzung von Art. 4 ECRL in deutsches Recht.[3]

II. Erläuterungen

2 **1. Grundsätzliche Zulassungs- und Anmeldefreiheit.** Im Vergleich zu Art. 4 ECRL, dessen Umsetzung die Vorschrift bezweckt, ist § 4 TMG überraschend kurz geraten. Art. 4 ECRL enthält in Abs. 1 zunächst eine Pflicht der Mitgliedstaaten, sicherzustellen, dass die Aufnahme und die Ausübung der Tätigkeit eines Anbieters von Diensten der Informationsgesellschaft nicht zulassungspflichtig ist und keiner Anforderung gleicher Wirkung unterliegt. Art. 4 Abs. 2 ECRL stellt sodann klar, dass Abs. 1 **unbeschadet der Zulassungsverfahren gilt, die nicht speziell und ausschließlich Dienste der Informationsgesellschaft betreffen**, oder die in den Anwendungsbereich der unionsrechtlichen Vorgaben für die Genehmigung von Telekommunikationsdiensten fallen. All diese Einschränkungen, wie auch deren Begrenzung, lassen sich im Ergebnis mit der Formulierung „im Rahmen der Gesetze" abdecken.[4] Jedenfalls lässt sich das gewünschte Ergebnis mit einer europarechtskonformen Auslegung von § 4 TMG erreichen.[5]

---

14 Ebenso Spindler/Schuster/*Nordmeier* TMG § 3 Rn. 24.
15 EuGH 6.11.2003 – C-243/01, Rn. 44 ff. – Gambelli ua; eine entsprechende Prüfungsreihenfolge findet sich auch in BGH 1.4.2004 – I ZR 317/01, juris Rn. 32 f.
16 Spindler/Schuster/*Nordmeier* TMG § 3 Rn. 24.
1 BGBl. 1997 I 1870.
2 BGBl. 2007 I 179.
3 So explizit zum wortgleichen § 5 TDG idF von 2001, Gesetzentwurf der Bundesregierung, Entwurf eines Gesetzes über rechtliche Rahmenbedingungen für den elektronischen Geschäftsverkehr, BT-Drs. 14/6098, 20.
4 Ebenso Spindler/Schuster/*Micklitz/Schirmbacher* TMG § 4 Rn. 1.
5 So BeckOK IT-Recht/*Sesing* TMG § 4 Rn. 3.

Die angeordnete Zulassungsfreiheit führt dazu, dass die Bereithaltung von Telemedien grundsätzlich ohne die Durchführung eines vorgeschalteten behördlichen Verfahrens erlaubt ist.[6] Anmeldefreiheit bedeutet den Verzicht auf eine Anzeige- oder Registrierungspflicht für Telemediendienste.[7] § 4 TMG führt nicht zu einer generellen Zulassungs- und Anmeldefreiheit von Telemediendiensten. Vielmehr sind lediglich solche Zulassungs- und Anmeldungserfordernisse unzulässig, die allein an den Umstand anknüpfen, dass Telemedien vorliegen.[8] **Allgemein erforderliche Genehmigungen oder Anmeldungen** werden davon dagegen nicht berührt.[9] Dies ergibt sich aus der Formulierung „im Rahmen der Gesetze". Zudem belegt dies auch Art. 4 Abs. 2 ECRL. Eine Privilegierung von Telemedien kann allerdings aus dem Herkunftslandprinzip nach § 3 TMG resultieren.[10] 3

2. Glücksspielrechtliche Restriktionen. Glücksspielrechtlich besteht nach § 4 Abs. 1 S. 1 GlüStV zunächst ein **Erlaubnisvorbehalt**. Im Hinblick auf das Angebot von Glücksspielen im Internet wird dieser Erlaubnisvorbehalt von § 4 Abs. 4 GlüStV und den besonderen Genehmigungsvoraussetzungen in §§ 4a-4d GlüStV (für Online-Poker und virtuelle Automatenspiele) sowie den Anforderungen in §§ 6a-6j GlüStV und §§ 22a-22c GlüStV (insbesondere Erlaubnisvorbehalt für konkrete Ausgestaltung des Spiels sowie Beschränkung der Zahl der Online-Casinoanbieter) ergänzt. Neben einem Erlaubnisvorbehalt ergibt sich aus diesen Regelungen auch ein grundsätzliches Verbot des Angebots von Online-Glücksspielen, die nicht den Regelungen des GlüStV entsprechen. Ein grundsätzliches Internetverbot besteht hingegen, anders als nach § 4 Abs. 4 GlüStV aF, nicht mehr. Dennoch gilt im Hinblick auf das Angebot von Glücksspielen mittels Telemedien gerade das Gegenteil der von § 4 TMG postulierten Zulassungs- und Anmeldefreiheit. 4

Vor diesem Hintergrund könnte infrage gestellt werden, ob diese Rechtslage mit § 4 TMG oder gar der durch diese Vorschrift umgesetzten ECRL vereinbar ist. Im Hinblick auf die Frage, ob § 4 TMG dem landesgesetzlichen Erlass des damals noch geltenden Verbots des Anbietens von Glücksspielen im Internet kompetenziell entgegenstünde, hat das BVerwG entschieden, dass dies nicht der Fall sei. Es begründete dies damit, dass das TMG nicht die im damals zu entscheidenden Fall relevante Veranstaltung und den Vertrieb von Sportwetten im Internet sowie die Internetwerbung hierfür regle und anderweitige gesetzliche Regelungen, die sich auf die Nutzung von Telemedien auswirken, angesichts des **weiten Gesetzesvorbehalts** in § 4 TMG ausdrücklich unberührt blieben.[11] 5

Wie oben ausgeführt, kommt es darauf an, ob allgemeine oder telemedienbezogene Zulassungs- und Anmeldeerfordernisse vorliegen. Zwar stellt der GlüStV spezielle Zulassungserfordernisse für Telemedien auf, so dass überlegt werden könnte, ob es sich um von Art. 4 Abs. 2 ECRL gerade ausgeschlossene spezielle Dienste der Informationsgesellschaft bzw. Telemedien betreffende Zulassungserfordernisse handelt, die dann auch nach § 4 TMG ausgeschlossen wären. Dagegen kann jedoch angeführt werden, dass es sich beim Komplex Glücksspielrecht jedenfalls insgesamt betrachtet gerade **nicht** um eine **telemedienbezogene Regelung** handelt, sondern die Regelungen generell, aber mit unterschiedlichen Ausprägungen jeweils dazu bestimmt sind, vor den Gefahren des Glücksspiels zu 6

6 BeckOK IT-Recht/*Sesing* TMG § 4 Rn. 9 mwN.
7 Spindler/Schmitz/*Spindler* TMG § 4 Rn. 2.
8 Vgl. Gesetzentwurf der Bundesregierung, Entwurf eines Gesetzes über rechtliche Rahmenbedingungen für den elektronischen Geschäftsverkehr, BT-Drs. 14/6098, 21.
9 Spindler/Schmitz/*Spindler* TMG § 4 Rn. 4.
10 Beck TMD/*Blocher* TMG § 4 Rn. 18.
11 BVerwG 1.6.2011 – 8 C 5/10, juris Rn. 19.

schützen. Selbst bei gegenteiliger Sichtweise ist zu berücksichtigen, dass Glücksspiele nach Art. 1 Abs. 6 lit. d ECRL von deren Anwendungsbereich ausgenommen sind. Dass der deutsche Gesetzgeber abweichend hiervon die bestehenden glücksspielrechtlichen Erlaubnisvorbehalte mit § 4 TMG abschaffen wollte, erscheint sehr fernliegend. Diese unterfallen damit dem in § 4 TMG enthaltenen Gesetzesvorbehalt.[12] Bei (hier unterstellter) Vereinbarkeit mit höherrangigem Recht sind die glücksspielrechtlichen Verbote und Erlaubnisvorbehalte in Bezug auf Telemedien damit auch mit § 4 TMG vereinbar.

§ 5 TMG Allgemeine Informationspflichten

(1) Diensteanbieter haben für geschäftsmäßige, in der Regel gegen Entgelt angebotene Telemedien folgende Informationen leicht erkennbar, unmittelbar erreichbar und ständig verfügbar zu halten:

1. **den Namen und die Anschrift, unter der sie niedergelassen sind, bei juristischen Personen zusätzlich die Rechtsform, den Vertretungsberechtigten und, sofern Angaben über das Kapital der Gesellschaft gemacht werden, das Stamm- oder Grundkapital sowie, wenn nicht alle in Geld zu leistenden Einlagen eingezahlt sind, der Gesamtbetrag der ausstehenden Einlagen,**
2. **Angaben, die eine schnelle elektronische Kontaktaufnahme und unmittelbare Kommunikation mit ihnen ermöglichen, einschließlich der Adresse der elektronischen Post,**
3. **soweit der Dienst im Rahmen einer Tätigkeit angeboten oder erbracht wird, die der behördlichen Zulassung bedarf, Angaben zur zuständigen Aufsichtsbehörde,**
4. **das Handelsregister, Vereinsregister, Partnerschaftsregister oder Genossenschaftsregister, in das sie eingetragen sind, und die entsprechende Registernummer,**
5. **soweit der Dienst in Ausübung eines Berufs im Sinne von Artikel 1 Buchstabe d der Richtlinie 89/48/EWG des Rates vom 21. Dezember 1988 über eine allgemeine Regelung zur Anerkennung der Hochschuldiplome, die eine mindestens dreijährige Berufsausbildung abschließen (ABl. EG Nr. L 19 S. 16), oder im Sinne von Artikel 1 Buchstabe f der Richtlinie 92/51/EWG des Rates vom 18. Juni 1992 über eine zweite allgemeine Regelung zur Anerkennung beruflicher Befähigungsnachweise in Ergänzung zur Richtlinie 89/48/EWG (ABl. EG Nr. L 209 S. 25, 1995 Nr. L 17 S. 20), zuletzt geändert durch die Richtlinie 97/38/EG der Kommission vom 20. Juni 1997 (ABl. EG Nr. L 184 S. 31), angeboten oder erbracht wird, Angaben über**
   a) **die Kammer, welcher die Diensteanbieter angehören,**
   b) **die gesetzliche Berufsbezeichnung und den Staat, in dem die Berufsbezeichnung verliehen worden ist,**
   c) **die Bezeichnung der berufsrechtlichen Regelungen und dazu, wie diese zugänglich sind,**
6. **in Fällen, in denen sie eine Umsatzsteueridentifikationsnummer nach § 27a des Umsatzsteuergesetzes oder eine Wirtschafts-Identifikationsnummer nach § 139c der Abgabenordnung besitzen, die Angabe dieser Nummer,**
7. **bei Aktiengesellschaften, Kommanditgesellschaften auf Aktien und Gesellschaften mit beschränkter Haftung, die sich in Abwicklung oder Liquidation befinden, die Angabe hierüber,**

---

12 So im Ergebnis auch BeckOK IT-Recht/*Sesing* TMG § 4 Rn. 19.

8. bei audiovisuellen Mediendiensteanbietern die Angabe
   a) des Mitgliedstaats, der für sie Sitzland ist oder als Sitzland gilt sowie
   b) der zuständigen Regulierungs- und Aufsichtsbehörden.

(2) Weitergehende Informationspflichten nach anderen Rechtsvorschriften bleiben unberührt.

I. Genese/Gesetzesentwicklungen

Die Norm wurde im Wesentlichen unverändert aus **§ 6 TDG** in der letzten Fassung übernommen.[1] Allerdings wurde die Ergänzung aufgenommen, dass es sich bei geschäftsmäßigen Telemedien um solche handeln muss, die in der Regel gegen Entgelt angeboten werden.[2] Zudem wurde aus § 6 S. 2 TDG der neue Abs. 2 der Vorschrift und insoweit auf die vorher beispielhafte Nennung anderer Informationspflichten verzichtet.[3] 1

In der ursprünglichen Fassung von § 6 TDG, das als Art. 1 des Gesetzes zur Regelung der Rahmenbedingungen für Informations- und Kommunikationsdienste,[4] verabschiedet wurde, fand sich bereits eine **Regelung zur Anbieterkennzeichnung.** Nach dieser mussten Diensteanbieter für ihre geschäftsmäßigen Angebote lediglich Namen und Anschrift sowie bei Personenvereinigungen und -gruppen 2

1 Gesetzentwurf der Bundesregierung, Entwurf eines Gesetzes zur Vereinheitlichung von Vorschriften über bestimmte elektronische Informations- und Kommunikationsdienste, BT-Drs. 16/3078, 14.

2 Gesetzentwurf der Bundesregierung, Entwurf eines Gesetzes zur Vereinheitlichung von Vorschriften über bestimmte elektronische Informations- und Kommunikationsdienste, BT-Drs. 16/3078, 14.

3 Gesetzentwurf der Bundesregierung, Entwurf eines Gesetzes zur Vereinheitlichung von Vorschriften über bestimmte elektronische Informations- und Kommunikationsdienste, BT-Drs. 16/3078, 14.

4 BGBl. 1997 I 1870.

auch Namen und Anschrift des Vertretungsberechtigten angeben. Der heutige Abs. 2 wurde als S. 2 durch Art. 6 des Gesetzes über Fernabsatzverträge und Fragen des Verbraucherrechts sowie zur Umstellung von Vorschriften auf Euro vom 27.6. 2000[5] dem damaligen § 6 TDG angefügt.

3 In Umsetzung von Art. 5 ECRL[6] wurden diese im Vergleich zur heutigen Fassung **rudimentären Informationspflichten** mit Art. 1 des Gesetzes über rechtliche Rahmenbedingungen für den elektronischen Geschäftsverkehr vom 14.12.2001[7] **erheblich erweitert.** Im Rahmen der Änderungen durch Art. 12 des Gesetzes über elektronische Handelsregister und Genossenschaftsregister sowie das Unternehmensregister vom 10.11.2006[8] wurden die Pflichtangaben bei juristischen Personen erweitert. Dies geschah in Umsetzung der Richtlinie 2003/58/EG des Europäischen Parlaments und des Rates vom 15.7.2003 zur Änderung der Richtlinie 68/151/EWG des Rates in Bezug auf die Offenlegungspflichten von Gesellschaften bestimmter Rechtsformen[9].[10]

4 § 5 Abs. 1 Nr. 8 TMG wurde durch Art. 1 des Gesetzes zur Änderung des Telemediengesetzes und weiterer Gesetze vom 19.11.2020[11] angefügt. Dies erfolgte in Umsetzung der Richtlinie (EU) 2018/1808 des Europäischen Parlaments und des Rates vom 14.11.2018 zur Änderung der Richtlinie 2010/13/EU zur Koordinierung bestimmter Rechts- und Verwaltungsvorschriften der Mitgliedstaaten über die Bereitstellung **audiovisueller Mediendienste** im Hinblick auf sich verändernde Marktgegebenheiten[12]. Insofern dient die Vorschrift der Umsetzung von Art. 5 Abs. 1 lit. d der Richtlinie 2010/13/EU des Europäischen Parlaments und des Rates vom 10.3.2010 zur Koordinierung bestimmter Rechts- und Verwaltungsvorschriften der Mitgliedstaaten über die Bereitstellung audiovisueller Mediendienste[13] in der durch die genannte Richtlinie geänderten Fassung.

5 Abgesehen von den beiden letztgenannten Änderungen dient die Vorschrift damit der Umsetzung von Art. 5 ECRL.[14] Ab dem 1.1.2024 wird § 5 Abs. 1 Nr. 4 TMG nach Art. 95 des Gesetzes zur Modernisierung des Personengesellschaftsrechts vom 10.8.2021[15] auch eine Pflicht des Telemedienanbieters enthalten, Angaben zu einem etwaigen Eintrag in das dann neu eingeführte Gesellschaftsregister für BGB-Gesellschaften verfügbar zu halten.

II. Erläuterungen

6 **1. Sinn und Zweck der Vorschrift.** Der Umsetzung insbesondere von Art. 5 ECRL dienend, soll die mit der Vorschrift eingeführte sog. **Impressumpflicht** verschiedenen Zwecken dienen. Die ursprüngliche, im Vergleich zur heutigen Fassung noch sehr rudimentäre Regelung sollte nach Auffassung der Bundesregierung im Interesse des Verbraucherschutzes der Ermöglichung einer Rechtsverfol-

5 BGBl. 2000 I 897.
6 Gesetzentwurf der Bundesregierung, Entwurf eines Gesetzes über rechtliche Rahmenbedingungen für den elektronischen Geschäftsverkehr, BT-Drs. 14/6098, 21.
7 BGBl. 2001 I 3721.
8 BGBl. 2006 I 2553.
9 ABl. EU L 221/13 v. 4.9.2003.
10 Vgl. Gesetzentwurf der Bundesregierung, Entwurf eines Gesetzes über elektronische Handelsregister und Genossenschaftsregister sowie das Unternehmensregister, BT-Drs. 16/960, 71 f.
11 BGBl. 2020 I 2456.
12 ABl. EU L 303/69 v. 28.11.2018.
13 ABl. EU L 95/1 v. 15.4.2010 (im Folgenden als „AVMD-Richtlinie" bezeichnet).
14 BeckOK IT-Recht/*Sesing* TMG § 5 Rn. 5.
15 BGBl. 2021 I 3436.

gung dienen.[16] Weitergehend sollte die Neufassung der Vorschrift im TDG aus dem Jahr 2001 nach Auffassung der Bundesregierung allgemein dem Verbraucherschutz und der Transparenz von geschäftsmäßig erbrachten Telediensten dienen.[17] Der Bundesgerichtshof sieht es als Zweck der Informationspflichten an, dass der der Informationspflicht unterliegende Unternehmer den sein Angebot nutzenden Verbraucher klar und unmissverständlich darauf hinweist, mit wem er in geschäftlichen Kontakt tritt.[18] Da auch geschäftlich tätige Nutzer ein Interesse daran haben, mit wem sie in Kontakt treten, dient die Vorschrift über den Verbraucherschutz hinausgehend der Transparenz am Markt und damit letztlich der Stärkung des Vertrauens der Marktteilnehmer in den elektronischen Geschäftsverkehr.[19]

2. Anwendungsbereich der Vorschrift. a) Geschäftsmäßiges Angebot von Telemedien. Der Wortlaut von § 6 Abs. 1 TMG bezieht sich nur auf geschäftsmäßig angebotene Telemedien. Für den Begriff der Telemedien ist die Legaldefinition in § 1 Abs. 1 S. 1 TMG maßgeblich.[20] Der Begriff der geschäftsmäßig angebotenen Telemedien wird dergestalt näher umschreiben, dass es sich um „**in der Regel gegen Entgelt angebotene**“ Telemedien handeln muss. Der Wortlaut legt vor dem Hintergrund überwiegend kostenlos zugänglicher Internetangebote zunächst die Frage nahe, ob von wirtschaftlichen Akteuren zum Zweck der Kundenwerbung betriebene Internetangebote überhaupt dem Anwendungsbereich der Vorschrift unterfallen.[21] Auch die Begründung der Bundesregierung für die entsprechende Einfügung macht die Frage nicht klarer. Hier wird darauf verwiesen, dass die ECRL für Dienste gelte, die in der Regel gegen Entgelt erbracht würden und das Merkmal der Entgeltlichkeit eine wirtschaftliche Gegenleistung voraussetze.[22] Sodann wird daraus geschlussfolgert, dass Telemedien, die ohne den Hintergrund einer Wirtschaftstätigkeit bereitgehalten werden (zB Homepages, die rein privaten Zwecken dienen und nicht Dienste bereitstellen, die sonst nur gegen Entgelt verfügbar sind, oder entsprechende Informationsangebote von Idealvereinen) künftig nicht mehr den Informationspflichten des TMG unterliegen.[23] Die Begründung legt allerdings nahe, dass damit im Vergleich zur vorherigen Gesetzesfassung eine gewisse Einschränkung des Anwendungsbereichs der Vorschrift beabsichtigt war. 7

16 Vgl. Gesetzentwurf der Bundesregierung, Entwurf eines Gesetzes zur Regelung der Rahmenbedingungen für Informations- und Kommunikationsdienste, BT-Drs. 13/7385, 21.

17 Vgl. Gesetzentwurf der Bundesregierung, Entwurf eines Gesetzes über rechtliche Rahmenbedingungen für den elektronischen Geschäftsverkehr, BT-Drs. 14/6098, 21.

18 BGH 20.7.2006 – I ZR 228/03, juris Rn. 19.

19 Spindler/Schmitz/*Spindler* TMG § 6 Rn. 2; allerdings entspricht das entsprechende Handelsvolumen zwischenzeitlich für das Vorhandensein eines allgemeinen Vertrauens in den elektronischen Geschäftsverkehr.

20 Danach muss es sich um elektronische Informations- und Kommunikationsdienste handeln, soweit diese nicht Telekommunikationsdienste nach § 3 Nr. 24 des Telekommunikationsgesetzes, die ganz in der Übertragung von Signalen über Telekommunikationsnetze bestehen, telekommunikationsgestützte Dienste nach § 3 Nr. 25 des Telekommunikationsgesetzes oder Rundfunk nach § 2 des Rundfunkstaatsvertrages sind.

21 So auch Spindler/Schuster/*Micklitz/Schirmbacher* TMG § 5 Rn. 13.

22 Vgl. Gesetzentwurf der Bundesregierung, Entwurf eines Gesetzes zur Vereinheitlichung von Vorschriften über bestimmte elektronische Informations- und Kommunikationsdienste, BT-Drs. 16/3078, 14.

23 Vgl. Gesetzentwurf der Bundesregierung, Entwurf eines Gesetzes zur Vereinheitlichung von Vorschriften über bestimmte elektronische Informations- und Kommunikationsdienste, BT-Drs. 16/3078, 14.

8 Vor der Gesetzesänderung sollte es für die Frage, ob ein geschäftsmäßiges Angebot von Telemedien vorlag, insbesondere auf die Nachhaltigkeit der Diensteerbringung unabhängig vom Vorliegen einer Gewinnerzielungsabsicht ankommen.[24] Dabei sollte eine Tätigkeit dann als nachhaltig anzusehen sein, wenn sie auf einen längeren Zeitraum ausgerichtet ist und sich nicht auf einen Einzelfall beschränkt.[25] Zur neuen Gesetzesfassung hat das OLG Düsseldorf hingegen entschieden, dass Geschäftsmäßigkeit immer dann anzunehmen sei, wenn eine **auf Dauer angelegte Tätigkeit mit Gewinnerzielungsabsicht** vorliege.[26] Nach Auffassung des OLG Hamburg unterliegen sämtliche kommerziellen Telemediendienste den Anforderungen des § 5 TMG.[27]

9 Für die Frage der Entgeltpflicht kann richtigerweise nicht auf den Telemediendienst selbst abgestellt werden, sondern es kommt darauf an, ob mit dem Telemediendienst **mittelbar wirtschaftliche Zwecke** verfolgt werden.[28] Nach Sinn und Zweck der Norm sind daher alle Anbieter erfasst, die eine Website als **Einstiegsmedium** begreifen, mittels dessen sie dem Kunden eine entgeltliche Leistung anbieten.[29] Aus der Formulierung, dass ein Angebot vorliegen muss, dass „in der Regel" gegen Entgelt angeboten wird, folgt, dass auch Anbieter erfasst sind, die ein typischerweise kostenpflichtiges Angebot umsonst anbieten.[30] Im Ergebnis dürfte damit das Kriterium der Nachhaltigkeit der Diensteerbringung weiterbestehen. Daneben muss aber die Aufmachung des Angebots nahelegen, dass kommerzielle Zwecke verfolgt werden.

10 Auf Diensteanbieter, die lediglich den Zugang zu Telemedien vermitteln (sog. **Access-Provider**) ist § 5 TMG nicht anwendbar.[31] Fließend ist die Grenze hingegen bei privaten Homepages, die Werbung enthalten. Dies dürfte eine Frage des Einzelfalles sein.[32] Im Ergebnis dürfte die Nachhaltigkeit aber umso eher zu bejahen sein, je mehr die Website auf das Generieren von Einnahmen ausgerichtet ist.[33]

11 Bei Seiten, mit denen **Internetglücksspiel** angeboten wird, dürfte es sich vor diesem Hintergrund regelmäßig um § 5 TMG unterfallende geschäftsmäßige Angebote von Telemedien handeln. Sie erfüllen einerseits das Kriterium der Nachhaltigkeit und andererseits werden mit derartigen Angeboten kommerzielle Zwecke verfolgt.

12 **b) Diensteanbieter.** Verpflichteter der Vorschrift ist immer der Diensteanbieter. Dies ist nach § 2 S. 1 Nr. 1 jede natürliche oder juristische Person, die eigene oder fremde Telemedien **zur Nutzung bereithält oder den Zugang zur Nutzung vermittelt.** Die Angabe einer Person oder eines Unternehmens in einem Impressum führt zwar nicht generell dazu, dass es sich insoweit um den Diensteanbieter handelt. Allerdings führt eine entsprechende Angabe zu einem Anschein

24 Spindler/Schuster/*Micklitz/Schirmbacher* TMG § 5 Rn. 11 mwN.
25 Spindler/Schuster/*Micklitz/Schirmbacher* TMG § 5 Rn. 11 mwN.
26 OLG Düsseldorf MMR 2008, 682 (683).
27 OLG Hamburg 3.4.2007 – 3 W 64/07, juris Rn. 7.
28 Spindler/Schmitz/*Spindler* TMG § 5 Rn. 8.
29 Spindler/Schuster/*Micklitz/Schirmbacher* TMG § 5 Rn. 14.
30 Spindler/Schmitz/*Spindler* TMG § 5 Rn. 10 mwN; zumal der Kunde dann häufig anderweitig für das Angebot „bezahlt", zB mit Daten über sein Nutzungsverhalten („there ain't no such thing as a free lunch"). Auch ein solches Angebot wird also in der Regel mit Gewinnerzielungsabsicht betrieben.
31 Spindler/Schuster/*Micklitz/Schirmbacher* TMG § 5 Rn. 14.
32 AA Spindler/Schmitz/*Spindler* TMG § 5 Rn. 12; der unabhängig vom Maß der Werbefinanzierung von einem geschäftsmäßigen Angebot ausgeht.
33 Spindler/Schuster/*Micklitz/Schirmbacher* TMG § 5 Rn. 15.

einer Verantwortlichkeit.[34] Nach richtiger Auffassung ist der Diensteanbieter funktionell zu bestimmen und es handelt sich um diejenige natürliche oder juristische Person, die durch ihre Weisungen oder Herrschaftsmacht über Rechner und Kommunikationskanäle die Verbreitung oder das Speichern von Informationen ermöglicht und nach außen als Erbringer von Diensten auftritt.[35]

c) **Internationale Anwendbarkeit.** Die internationale Anwendbarkeit gegenüber Nicht-EU-Ausländern richtet sich nach dem wettbewerbsrechtlichen **Marktortprinzip.**[36] Für auf deutsche Kunden zielende und in Deutschland abrufbare Angebote aus dem Nicht-EU-Ausland gelten damit §§ 5 f. TMG.[37] Im Hinblick auf Anbieter aus dem EU-Ausland sind die Voraussetzungen einer Anwendbarkeit wegen des Herkunftslandprinzips umstritten.[38] Teilweise wird unter Verweis auf Ausnahmen vom Herkunftslandprinzip auch hier ein kollisionsrechtlicher Ansatz gewählt,[39] teilweise wird die Lösung im Unionsrecht gesucht.[40] Da das Herkunftslandprinzip für Glücksspielanbieter nicht gilt, gelten die §§ 5 f. TMG für diese in allen Fällen, in denen sie **kollisionsrechtlich** zur Anwendung gelangen. 13

3. Die Vorgaben im Einzelnen. a) Leichte Erkennbarkeit, unmittelbare Erreichbarkeit, ständige Verfügbarkeit. Die in § 5 Abs. 1 TMG genannten Informationen sind leicht erkennbar, unmittelbar erreichbar und ständig verfügbar zu halten. Für die Frage der **unmittelbaren Erreichbarkeit** kommt es darauf an, ob die Informationen ohne langes Suchen auffindbar sind.[41] Das Tatbestandsmerkmal ist erfüllt, wenn die erforderliche Information ohne weitere Zwischenschritte aufgerufen werden kann.[42] Nach Auffassung des Bundesgerichtshofs kann diese Voraussetzung auch dann noch erfüllt sein, wenn zwei Mal auf einen Hyperlink geklickt werden muss.[43] Dieser Auffassung ist zuzustimmen. Ein durchschnittlich informierter Nutzer dürfte bei im Übrigen leichter Auffindbarkeit in der Lage sein, die gewünschten Informationen zu finden. Zudem wäre die Forderung, dass die Pflichtangaben jederzeit mit einem Klick erreichbar sein müssen, gerade bei Seiten für Smartphones problematisch. Hier erscheint es auch wenig nutzerfreundlich, wenn ein Teil der im Vergleich zum PC geringen Bildschirmkapazität immer mit einem Link zu den Pflichtangaben „blockiert“ wäre. Dementsprechend sollte es hier ausreichen, wenn die Pflichtangaben beispielsweise über ein leicht auffindbares Hauptmenü erreichbar sind. 14

Die Pflichtinformationen sind **leicht erkennbar**, wenn sie an gut wahrnehmbarer Stelle stehen.[44] Es muss dem Nutzer leicht gemacht werden, die Angaben wahrzunehmen und diese müssen dementsprechend an prominenter Stelle platziert und speziell gekennzeichnet sein.[45] Hier kann allerdings die Frage der 15

34 Spindler/Schuster/*Micklitz/Schirmbacher* TMG § 5 Rn. 8.
35 KG BeckRS 2016, 110496 Rn. 121 mwN.
36 OLG Hamm 17.12.2013 – I-4 U 100/13, juris Rn. 37.
37 Vgl. OLG Hamm 17.12.2013 – I-4 U 100/13, juris Rn. 37.
38 Vgl. Spindler/Schuster/*Micklitz/Schirmbacher* TMG § 5 Rn. 96.
39 So Spindler/Schmitz/*Spindler* TMG § 5 Rn. 74.
40 So Spindler/Schuster/*Micklitz/Schirmbacher* TMG § 5 Rn. 96, mit etwas unklaren Konsequenzen.
41 Vgl. Gesetzentwurf der Bundesregierung, Entwurf eines Gesetzes über rechtliche Rahmenbedingungen für den elektronischen Geschäftsverkehr, BT-Drs. 14/6098, 21.
42 BGH NJW 2006, 3633 (3635).
43 BGH NJW 2006, 3633 (3635).
44 Vgl. Gesetzentwurf der Bundesregierung, Entwurf eines Gesetzes über rechtliche Rahmenbedingungen für den elektronischen Geschäftsverkehr, BT-Drs. 14/6098, 21.
45 NK-MedienR/*Held* 69. Abschn. Rn. 34.

Bezeichnung relevant sein. Nach Auffassung des Bundesgerichtshofs sollen dafür ua sowohl die Begriffe „Kontakt“ als auch „Impressum“ geeignet sein.[46] Dem ist im Ergebnis zuzustimmen. Impressum dürfte inzwischen die allgemein anerkannte Bezeichnung für diese Rubrik sein. Zwar könnte ein Durchschnittsnutzer unter der Bezeichnung „Kontakt“ auch ein Kontaktformular erwarten. Sofern es eine Rubrik „Impressum“ oder auch „Pflichtangaben“ nicht gibt, dürfte der durchschnittliche Nutzer aber unter der Rubrik „Kontakt“ nach den Pflichtangaben suchen. Auch das Erfordernis, zunächst zu dem betreffenden Link zu „scrollen“ dürfte nicht per se dazu führen, dass keine leichte Erkennbarkeit vorliegt.[47] Sämtliche aus Sicht eines durchschnittlichen Nutzers bestehenden Erkennungshürden (ungewöhnlich kleine Schrift, Erfordernis der Installation ungewöhnlicher Programme für korrekte Erkennbarkeit usw) dürften aber dazu führen, dass den Anforderungen nicht entsprochen wird.[48]

16 Eine **ständige Verfügbarkeit** der Informationen liegt vor, wenn der Nutzer diese jederzeit auffinden kann.[49] Diese müssen also ohne zeitliche Beschränkungen jederzeit abrufbar sein.[50] Allerdings lässt sich dem Wortlaut der Norm nicht entnehmen, dass die Anbieterkennzeichnung auch ausdruck- oder archivierbar sein muss, auch wenn dies wünschenswert wäre.[51] Kürzere, technisch bedingte Unerreichbarkeiten führen zu keinem Verstoß gegen diese Pflicht.[52]

17 **b) Die einzelnen Pflichtangaben. aa) Name und Anschrift sowie ergänzende Angaben bei juristischen Personen (Nr. 1).** Diensteanbieter haben nach § 5 Abs. 1 Nr. 1 TMG den Namen und die Anschrift, unter der sie niedergelassen sind, bei juristischen Personen zusätzlich die Rechtsform, den Vertretungsberechtigten und, sofern Angaben über das Kapital der Gesellschaft gemacht werden, das Stamm- oder Grundkapital sowie, wenn nicht alle in Geld zu leistenden Einlagen eingezahlt sind, den Gesamtbetrag der ausstehenden Einlagen, verfügbar zu halten.

18 Um der Pflicht zur Angabe des Namens zu entsprechen, muss eine natürliche Person ihren **Familiennamen** sowie mindestens einen ausgeschriebenen **Vornamen** angeben.[53] Bei hohem Bekanntheitsgrad kann auch die Angabe eines Pseudonyms oder eines Künstlernamens ausreichen, wenn der Anbieter unter diesem zweifelsfrei zu identifizieren ist.[54]

46 BGH NJW 2006, 3633 (3634 f.).

47 So richtigerweise NK-MedienR/*Held* 69. Abschn. Rn. 34; möglicherweise aA LG Stuttgart BeckRS 2014, 13126, wobei in diesem Fall noch eine geringe Schriftgröße erschwerend hinzukam.

48 Vgl. im Einzelnen NK-MedienR/*Held* 69. Abschn. Rn. 34 mwN.

49 Vgl. Gesetzentwurf der Bundesregierung, Entwurf eines Gesetzes über rechtliche Rahmenbedingungen für den elektronischen Geschäftsverkehr, BT-Drs. 14/6098, 21.

50 NK-MedienR/*Held* 69. Abschn. Rn. 36.

51 Spindler/Schuster/*Micklitz/Schirmbacher* TMG § 5 Rn. 44 mwN zur Gegenauffassung. Vor dem Hintergrund der normalerweise gegebenen Möglichkeit, einen Screenshot zu erstellen, dürfte es sich aus Sicht des verständigen Durchschnittsnutzer um eine eher akademische Diskussion handeln.

52 OLG Düsseldorf MMR 2009, 266 (267).

53 OLG Düsseldorf MMR 2009, 266 (267) im Hinblick auf die Angabe eines Geschäftsführers. Dies dürfte aber auch auf Pflicht zur Namensangabe für natürliche Personen übertragbar sein, da auch hier der Vorname – wie vom OLG Düsseldorf im entschiedenen Fall angeführt – für Rechtsstreitigkeiten von erheblicher Bedeutung wäre.

54 Spindler/Schuster/*Micklitz/Schirmbacher* TMG § 5 Rn. 47 mwN.

Im Hinblick auf die bei juristischen Personen erforderliche **Angabe der Rechtsform** ergibt sich aus Sinn und Zweck der Vorschrift, eine zweifelsfreie und eindeutige Bestimmung des Diensteanbieters zu ermöglichen, dass auch die Angabe einer (im Verkehr üblichen) Kurzbezeichnung der entsprechenden Rechtsform den Erfordernissen genügt.[55] Nach § 2 S. 2 TMG steht einer juristischen Person eine Personengesellschaft gleich, die mit der Fähigkeit ausgestattet ist, Rechte zu erwerben und Verbindlichkeiten einzugehen. Auch rechtsfähige Personengesellschaften müssen daher ihre Rechtsform angeben.[56] Auch hier dürften aber im Verkehr übliche Kurzbezeichnungen, die die Rechtsform zweifelsfrei erkennen lassen, genügen. 19

Als **Anschrift** muss eine ladungsfähige, vollständige und richtige postalische Adresse angegeben werden.[57] Dagegen genügt die Angabe eines Postfachs mangels Ladungsfähigkeit nicht, es muss vielmehr die Anschrift der Niederlassung angegeben werden, unter welcher der Diensteanbieter geschäftlich tätig ist.[58] Bei mehreren Niederlassungen ist daher die Niederlassung entscheidend, die den Betrieb des Telemediums organisiert, im Zweifel die Hauptniederlassung.[59] 20

Bei Diensteanbietern, bei denen es sich um **juristische Personen** handelt (und nach § 2 S. 2 TMG auch bei rechtsfähigen Personengesellschaften), bedarf es der **Angabe des Vertretungsberechtigten**. Insofern ist fraglich, ob bei mehreren Vertretungsberechtigten die Angaben eines oder aller Vertretungsberechtigten erforderlich ist. Die Norm spricht von Informationen über „den Vertretungsberechtigten". Diese Pflichtangabe soll – wie bereits ausgeführt – eine Klageerhebung ermöglichen. Da nach § 170 Abs. 3 ZPO bei mehreren gesetzlichen Vertretern die Zustellung einer Klage an einen Vertreter ausreicht, genügt – unabhängig von der Frage der gesellschaftsrechtlichen Regelung der Vertretungsbefugnis – die Angabe eines Vertretungsberechtigten.[60] Als Vertretungsberechtigter gilt auch ein rechtsgeschäftlicher Vertreter wie ein Prokurist gem. § 48 HGB oder ein Handlungsbevollmächtigter gem. § 54 HGB sowie ein sonstiger rechtsgeschäftlich Bevollmächtigter, sofern an diesen eine Zustellung gem. § 166 ff. ZPO möglich ist und es sich um eine natürliche Person handelt.[61] Dagegen genügt die Angabe einer „für den Inhalt verantwortlichen" Person nicht den Anforderungen, da insoweit unklar bleibt, ob es sich um einen Vertretungsberechtigten handelt.[62] Nach Sinn und Zweck der Vorgaben, eine Klageerhebung zu ermöglichen, ist bei Vorliegen einer vertretungsberechtigten juristischen Person auch die insoweit vertretungsberechtigte natürliche Person anzugeben (zB bei einer GmbH & Co. KG).[63] 21

Weiterhin enthält § 5 Abs. 1 Nr. 1 TMG **Pflichtangaben für juristische Personen** im Hinblick auf das Stamm- und Grundkapital sowie noch zu leistende Einlagen. Dabei besteht eine Pflicht, die entsprechenden Angaben zu machen, nur 22

55 LG Essen Urt. v. 26.4.2012 – 4 O 256/11, juris Rn. 28.
56 Spindler/Schmitz/*Spindler* TMG § 5 Rn. 43, dies gilt auch für unternehmerisch tätige Gesellschaften bürgerlichen Rechts, wobei hier häufig das Bewusstsein der Beteiligten fehlen kann, dass eine Gesellschaft gegründet wurde.
57 Spindler/Schmitz/*Spindler* TMG § 5 Rn. 44.
58 Vgl. Gesetzentwurf der Bundesregierung, Entwurf eines Gesetzes über rechtliche Rahmenbedingungen für den elektronischen Geschäftsverkehr, BT-Drs. 14/6098, 21.
59 Spindler/Schmitz/*Spindler* TMG § 5 Rn. 44 mwN.
60 Ebenso Spindler/Schuster/*Micklitz/Schirmbacher* TMG § 5 Rn. 52; aA Spindler/Schmitz/*Spindler* TMG § 5 Rn. 45; jeweils mwN.
61 Spindler/Schuster/*Micklitz/Schirmbacher* TMG § 5 Rn. 51.
62 OLG München 26.7.2001 – 29 U 3265/01, juris Rn. 31, zu § 6 Nr. 2 TDG.
63 BeckOK InfoMedienR/*Ott* TMG § 5 Rn. 32 mwN.

dann, wenn überhaupt Angaben zum Kapital der Gesellschaft gemacht werden.[64] Nach richtiger Auffassung kommt es nicht darauf an, ob im Zusammenhang mit den anderen Pflichtangaben Angaben zum Kapital der Gesellschaft gemacht werden oder an anderer Stelle.[65] Allerdings dürfen auch die kapitalbezogenen Pflichtangaben an anderer Stelle gemacht werden.[66]

23 **bb) Kontaktinformationen (Nr. 2).** Nach § 5 Abs. 1 Nr. 2 TMG haben Diensteanbieter Angaben, die eine schnelle elektronische Kommunikation und unmittelbare Kontaktaufnahme mit ihnen ermöglichen, einschließlich der Adresse der elektronischen Post, verfügbar zu halten. Aus dem Wortlaut der Vorschrift folgt zunächst eindeutig, dass eine **Emailadresse** anzugeben ist.[67] Ein Online-Kontaktformular anstelle der Emailadresse ist nicht ausreichend.[68] Daneben muss der Diensteanbieter nach den Vorgaben der insoweit umgesetzten ECRL einen weiteren schnellen, unmittelbaren und effizienten Kommunikationsweg zur Verfügung stellen, wobei es sich nicht zwingend um eine Telefonnummer handeln muss.[69] Ein Kommunikationsweg ist unmittelbar, wenn kein Dritter zwischen den Beteiligten eingeschaltet ist.[70] Eine effiziente Kommunikation bedeutet nicht, dass eine Anfrage sofort beantwortet wird, sondern der Nutzer muss angemessene Informationen innerhalb einer Frist erhalten, die mit seinen Bedürfnissen oder berechtigten Erwartungen vereinbar ist.[71] Im Ergebnis sind damit neben der elektronischen Post zahlreiche andere Kommunikationsformen denkbar.[72] Maßgeblich ist für alle Kommunikationsformen, dass der Anbieter unter ihnen auch tatsächlich und schnell erreichbar sein muss.[73]

24 **cc) Angaben zur Aufsichtsbehörde (Nr. 3).** Nach § 5 Abs. 1 Nr. 3 TMG muss der Diensteanbieter, soweit der Dienst im Rahmen einer Tätigkeit angeboten oder erbracht wird, die der behördlichen Zulassung bedarf, Angaben zur zuständigen Aufsichtsbehörde verfügbar halten. Dem Nutzer soll dadurch die Möglichkeit eingeräumt werden, sich bei Bedarf über den Anbieter erkundigen zu können bzw. im Falle von Rechtsverstößen gegen Berufspflichten eine Anlaufstelle zu haben.[74] Gibt es keine Aufsichts-, aber eine Zulassungsbehörde, zu deren Pflichten auch die Prüfung einer Aufhebung der Zulassung bei Pflichtverletzungen gehört, dann ist diese anzugeben.[75]

25 Im Hinblick auf die Anbieter von Glücksspielen war bereits vor dem Inkrafttreten des GlüStV 2021 anerkannt, dass Spielgeräteaufsteller (§ 33c GewO) und Spielhallenbetreiber (§ 33i GewO bzw. Landesrecht) einer entsprechenden Pflicht unterfallen.[76] Grundsätzlich dürfte bei den Pflichtangaben der Internet-

64 Vgl. Gesetzentwurf der Bundesregierung, Entwurf eines Gesetzes über elektronische Handelsregister und Genossenschaftsregister sowie das Unternehmensregister, BT-Drs. 16/960, 71.
65 Vgl. Spindler/Schuster/*Micklitz/Schirmbacher* TMG § 5 Rn. 55.
66 Vgl. Spindler/Schuster/*Micklitz/Schirmbacher* TMG § 5 Rn. 55.
67 KG MMR 2013, 591 (593).
68 KG MMR 2013, 591 (593).
69 EuGH MMR 2009, 25 (26 f.); aA (Telefonnummer erforderlich) Gesetzentwurf der Bundesregierung, Entwurf eines Gesetzes über rechtliche Rahmenbedingungen für den elektronischen Geschäftsverkehr, BT-Drs. 14/6098, 21.
70 EuGH MMR 2009, 25 (26).
71 EuGH MMR 2009, 25 (26).
72 Vgl. im Einzelnen Spindler/Schuster/*Micklitz/Schirmbacher* TMG § 5 Rn. 60 ff.
73 Spindler/Schmitz/*Spindler* TMG § 5 Rn. 51.
74 Gesetzentwurf der Bundesregierung, Entwurf eines Gesetzes über rechtliche Rahmenbedingungen für den elektronischen Geschäftsverkehr, BT-Drs. 14/6098, 21.
75 OLG Koblenz MMR 2006, 624 (625).
76 BeckOK IT-Recht/*Sesing* TMG § 5 Rn. 88.1.

seiten von Glücksspielanbietern die **Glücksspielaufsicht nach § 9 GlüStV** anzugeben sein. Sofern allerdings für die Aufsicht die gemeinsame Glücksspielbehörde der Länder nach §§ 27a ff. GlüStV zuständig ist, ist diese anzugeben. Bei einem Auseinanderfallen von Aufsichts- und Zulassungsbehörde, ist generell nur die Angabe der Aufsichtsbehörde erforderlich.[77]

Der Gesetzeswortlaut lässt offen, was unter „Angaben zur zuständigen Aufsichtsbehörde" zu verstehen ist. Dem Sinn und Zweck der Vorschrift, dem Nutzer Erkundigungs- und Beschwerdemöglichkeiten einzuräumen,[78] entspräche es, die Angabe von Kontaktdaten zu verlangen. Teilweise wird daher gefordert, die Anschrift der Behörde zu nennen.[79] Abgesehen von der Tatsache, dass sich Behördenanschriften auch ändern können und dem Anbieter damit eine permanente Überwachungspflicht auferlegt würde, erscheint diese Forderung im Hinblick auf den der Vorschrift zugrunde liegenden Gedanken, dem Nutzer insbesondere eine Beschwerdemöglichkeit einzuräumen, überspannt. Da sich die Kontaktdaten von Behörden zwischenzeitlich problemlos mittels einer Internetrecherche ermitteln lassen, sollte eigentlich die **Angabe der korrekten Bezeichnung der Behörde** genügen. Allenfalls kann hier noch die Angabe einer Internetadresse der Behörde verlangt werden.[80] Vor dem Hintergrund der teilweise strengeren Auffassung dürfte aber aus Rechtssicherheitsgründen auch die Angabe der Postanschrift zu empfehlen sein. 26

dd) **Angaben zu Einträgen in Registern (Nr. 4).** Nach § 5 Abs. 1 Nr. 4 TMG müssen Diensteanbieter auch „das Handelsregister, Vereinsregister, Partnerschaftsregister oder Genossenschaftsregister, in das sie eingetragen sind, und die entsprechende Registernummer" verfügbar halten. Während es sich nach Auffassung der Bundesregierung um eine abschließende Aufzählung handelt,[81] spricht Art. 5 Abs. 1 lit. d ECRL vom Handelsregister oder einem vergleichbaren öffentlichen Register. Dabei auf die Publizitätsfunktion abzustellen, erscheint eher fernliegend.[82] Es geht richtigerweise darum, ob der Nutzer sich in dem entsprechenden Register über den Anbieter informieren kann. Dementsprechend ist bei richtlinienkonformer Auslegung bei entsprechender Eintragung auch eine **Angabe zum Gewerberegister** erforderlich.[83] Anzugeben sind das jeweilige Register und die Registernummer; bei elektronischer Abrufbarkeit dürfte auch ein Link auf den entsprechenden Eintrag genügen.[84] Ab dem 1.1.2024 wird § 5 Abs. 1 Nr. 4 TMG nach Art. 95 des Gesetzes zur Modernisierung des Personengesellschaftsrechts vom 10.8.2021[85] auch eine Pflicht des Telemedienanbieters enthalten, die eben genannten Angaben zu einem etwaigen Eintrag in das dann neu eingeführte Gesellschaftsregister für BGB-Gesellschaften verfügbar zu halten. 27

---

77 Spindler/Schuster/*Micklitz/Schirmbacher* TMG § 5 Rn. 68.
78 Vgl. Gesetzentwurf der Bundesregierung, Entwurf eines Gesetzes über rechtliche Rahmenbedingungen für den elektronischen Geschäftsverkehr, BT-Drs. 14/6098, 21.
79 Spindler/Schmitz/*Spindler* TMG § 5 Rn. 53 mwN.
80 So Spindler/Schuster/*Micklitz/Schirmbacher* TMG § 5 Rn. 72.
81 Vgl. Gesetzentwurf der Bundesregierung, Entwurf eines Gesetzes über rechtliche Rahmenbedingungen für den elektronischen Geschäftsverkehr, BT-Drs. 14/6098, 21.
82 Ebenso BeckOK IT-Recht/*Sesing* TMG § 5 Rn. 92.2.
83 Spindler/Schmitz/*Spindler* TMG § 5 Rn. 55.
84 Vgl. Spindler/Schmitz/*Spindler* TMG § 5 Rn. 55, eindeutige und verkehrsübliche Abkürzungen wie „HRB" dürften zulässig sein.
85 BGBl. 2021 I 3436.

28 Auch **Anbieter aus dem Nicht-EU-Ausland** müssen diesen Pflichten nachkommen, wenn ihr Angebot auf den deutschen Markt abzielt.[86] Geht man von einer Anwendbarkeit von § 5 TMG auf Anbieter aus dem EU-Ausland trotz des Herkunftslandprinzips aus,[87] so besteht auch die Pflicht zur Angabe entsprechender Registereinträge. Da das Herkunftslandprinzip auf dem Gebiet des Glücksspielrechts ohnehin nicht gilt, besteht insoweit definitiv die Pflicht zur Angabe ausländischer Registereintragungen.

29 ee) **Berufsrechtliche Angaben (Nr. 5).** § 5 Abs. 1 Nr. 5 TMG enthält Informationspflichten für die Angehörigen reglementierter Berufe, insbesondere sog. **Kammerberufe.**[88] Mangels Relevanz im Glücksspielbereich kann auf eine Kommentierung dieser Vorschrift verzichtet werden.

30 ff) **Umsatzsteueridentifikationsnummer oder Wirtschafts-Identifikationsnummer (Nr. 6).** Nach § 5 Abs. 1 Nr. 6 TMG müssen Diensteanbieter in Fällen, in denen sie eine Umsatzsteueridentifikationsnummer nach **§ 27a des Umsatzsteuergesetzes** oder eine Wirtschafts-Identifikationsnummer nach **§ 139c der Abgabenordnung** besitzen, diese Nummer angeben. Verfügt ein Anbieter über keine der beiden Nummern, so bedarf es keiner Angaben hierzu.[89] Irreführende Angaben, beispielsweise nur mit Nullen, sollten dann unterbleiben.[90]

31 gg) **Angaben zur Abwicklung oder Liquidation (Nr. 7).** Gem. § 5 Abs. 1 Nr. 7 TMG ist bei Aktiengesellschaften, Kommanditgesellschaften und Gesellschaften mit beschränkter Haftung, die sich in Abwicklung oder Liquidation befinden, eine Angabe über diesen Umstand zu machen. Dies gilt auch bei einem **Insolvenzverfahren.**[91] Zwar wäre es wünschenswert, entsprechende Angaben auch bei anderen Gesellschaftsformen zu verlangen,[92] dies ist aber derzeit nach dem eindeutigen Gesetzeswortlaut nicht der Fall und folgt auch nicht aus der umzusetzenden Richtlinie 2003/58/EG des Europäischen Parlaments und des Rates vom 15.7.2003 zur Änderung der Richtlinie 68/151/EWG des Rates in Bezug auf die Offenlegungspflichten von Gesellschaften bestimmter Rechtsformen[93], die nur für Kapitalgesellschaften gilt.

32 hh) **Angaben bei Anbietern von audiovisuellen Mediendiensten (Nr. 8).** Nach § 5 Abs. 1 Nr. 8 TMG müssen audiovisuelle Mediendienstanbieter den Mitgliedstaat, der für sie Sitzland ist oder als Sitzland gilt sowie die zuständigen Regulierungs- und Aufsichtsbehörden angeben. Bei audiovisuellen Mediendiensten (Legaldefinitionen in § 2 Nr. 6–9 TMG) handelt es sich beispielsweise um Web-TV-Anbieter, Video-Influencer und YouTube-Kanäle.[94] Zentrales Kennzeichen entsprechender Angebote sind audiovisuelle Elemente.[95]

33 **4. Weitergehende Informationspflichten.** Nach § 5 Abs. 2 TMG bleiben weitergehende Informationspflichten nach anderen Rechtsvorschriften unberührt. Bei § 5 TMG handelt es sich einerseits lediglich um einen **Mindeststandard.**[96] Zudem ändert auch die Erfüllung anderer Informationspflichten nichts daran, dass

86 OLG Hamm MMR 2014, 175 (176 f.).
87 So Spindler/Schmitz/*Spindler* TMG § 5 Rn. 74.
88 Vgl. eingehend Spindler/Schmitz/*Spindler* TMG § 5 Rn. 57 ff.
89 Spindler/Schuster/*Micklitz/Schirmbacher* TMG § 5 Rn. 86.
90 Vgl. OLG Frankfurt a. M. MMR 2017, 484 f. zu einem solchen Fall.
91 LG Erfurt BeckRS 2011, 4103.
92 Ebenso Spindler/Schuster/*Micklitz/Schirmbacher* TMG § 5 Rn. 87.
93 ABl. EU L 221/13 v. 4.11.2003.
94 BeckOK InfoMedienR/*Ott* TMG § 5 Rn. 48a.
95 BeckOK InfoMedienR/*Martini* TMG § 2 Rn. 32.
96 Spindler/Schuster/*Micklitz/Schirmbacher* TMG § 5 Rn. 88.

der Anbieter auch die Pflichten nach § 5 TMG erfüllen muss, auch wenn es sich oft um identische oder ähnliche Angaben handelt.[97]

Dementsprechend sind **glücksspielrechtliche Informationspflichten** (zB aus §§ 6e Abs. 3, 6d GlüStV) neben § 5 TMG zu erfüllen und ihre Erfüllung ändert nichts an der fortbestehenden Pflicht nach § 5 TMG. 34

§ 6 TMG Besondere Pflichten bei kommerziellen Kommunikationen

(1) Diensteanbieter haben bei kommerziellen Kommunikationen, die Telemedien oder Bestandteile von Telemedien sind, mindestens die folgenden Voraussetzungen zu beachten:

1. **Kommerzielle Kommunikationen müssen klar als solche zu erkennen sein.**
2. **Die natürliche oder juristische Person, in deren Auftrag kommerzielle Kommunikationen erfolgen, muss klar identifizierbar sein.**
3. **Angebote zur Verkaufsförderung wie Preisnachlässe, Zugaben und Geschenke müssen klar als solche erkennbar sein, und die Bedingungen für ihre Inanspruchnahme müssen leicht zugänglich sein sowie klar und unzweideutig angegeben werden.**
4. **Preisausschreiben oder Gewinnspiele mit Werbecharakter müssen klar als solche erkennbar und die Teilnahmebedingungen leicht zugänglich sein sowie klar und unzweideutig angegeben werden.**

(2) [1]Werden kommerzielle Kommunikationen per elektronischer Post versandt, darf in der Kopf- und Betreffzeile weder der Absender noch der kommerzielle Charakter der Nachricht verschleiert oder verheimlicht werden. [2]Ein Verschleiern oder Verheimlichen liegt dann vor, wenn die Kopf- und Betreffzeile absichtlich so gestaltet sind, dass der Empfänger vor Einsichtnahme in den Inhalt der Kommunikation keine oder irreführende Informationen über die tatsächliche Identität des Absenders oder den kommerziellen Charakter der Nachricht erhält.

(3) Videosharingplattform-Anbieter müssen eine Funktion bereitstellen, mit der Nutzer, die nutzergenerierte Videos hochladen, erklären können, ob diese Videos audiovisuelle kommerzielle Kommunikation enthalten.

(4) Videosharingplattform-Anbieter sind verpflichtet, audiovisuelle kommerzielle Kommunikation, die Nutzer auf den Videosharingplattform-Dienst hochgeladen haben, als solche zu kennzeichnen, soweit sie nach Absatz 3 oder anderweitig Kenntnis von dieser erlangt haben.

(5) Die Vorschriften des Gesetzes gegen den unlauteren Wettbewerb bleiben unberührt.

Literatur: *Woitke*, Informations- und Hinweispflichten im E-Commerce, BB 2003, 2469.

97 Spindler/Schmitz/*Spindler* TMG § 5 Rn. 73.

I. Genese/Gesetzesentwicklungen

1 Die Vorgängernorm, der **§ 7 TDG,** wurde zur Umsetzung von Art. 6 ECRL[1] mit Art. 1 des Gesetzes über rechtliche Rahmenbedingungen für den elektronischen Geschäftsverkehr vom 14.12.2001[2] in das TDG eingefügt. Mit der Schaffung des TMG durch Art. 1 des Gesetzes zur Vereinheitlichung von Vorschriften über bestimmte elektronische Informations- und Kommunikationsdienste vom 26.2.2007[3] wurden § 7 TDG und § 10 Abs. 4 MDStV unter redaktionellen Anpassungen in § 6 TMG zusammengeführt.[4] Neu war hingegen zum damaligen Zeitpunkt § 6 Abs. 2 TMG, mit dem verschiedene nicht verwirklichte Gesetzesvorhaben zur Bekämpfung von sog. Spam wiederaufgegriffen werden sollten.[5]

2 Die **Absätze 3 und 4** wurden durch Art. 1 des Gesetzes zur Änderung des Telemediengesetzes und weiterer Gesetze vom 19.11.2020[6] angefügt. Gleichzeitig wurde die Überschrift angepasst. Dies erfolgte in Umsetzung der Richtlinie (EU) 2018/1808 des Europäischen Parlaments und des Rates vom 14.11.2018 zur Änderung der Richtlinie 2010/13/EU[7] zur Koordinierung bestimmter Rechts- und Verwaltungsvorschriften der Mitgliedstaaten über die Bereitstellung audiovisueller Mediendienste im Hinblick auf sich verändernde Marktgegebenheiten[8]. Die neuen Abs. 3 und 4 dienen der Umsetzung von Art. 28b Abs. 3 UAbs. 3 lit. c bzw. Art. 28b Abs. 2 UAbs. 3 AVMD-Richtlinie in der durch die genannte Richtlinie geänderten Fassung.[9]

II. Erläuterungen

3 Die Norm enthält **besondere Pflichten bei kommerzieller Kommunikation.** Sie dient der Transparenz im elektronischen Geschäftsverkehr, insbesondere der klaren Erkennbarkeit von Werbung.[10]

---

1 Vgl. Gesetzentwurf der Bundesregierung, Entwurf eines Gesetzes über rechtliche Rahmenbedingungen für den elektronischen Geschäftsverkehr, BT-Drs. 14/6098, 22.
2 BGBl. 2001 I 3721.
3 BGBl. 2007 I 179.
4 Vgl. Gesetzentwurf der Bundesregierung, Entwurf eines Gesetzes zur Vereinheitlichung von Vorschriften über bestimmte elektronische Informations- und Kommunikationsdienste, BT-Drs. 16/3078, 14.
5 Vgl. Gesetzentwurf der Bundesregierung, Entwurf eines Gesetzes zur Vereinheitlichung von Vorschriften über bestimmte elektronische Informations- und Kommunikationsdienste, BT-Drs. 16/3078, 14 f.
6 BGBl. 2020 I 2456.
7 Die Richtlinie 2010/13/EU vom 10.3.2010 zur Koordinierung bestimmter Rechts- und Verwaltungsvorschriften der Mitgliedstaaten über die Bereitstellung audiovisueller Mediendienste (ABl. EU L 95/1 v. 15.4.2010) wird in ihrer aktuell geltenden Fassung im Folgenden auch als „AVMD-Richtlinie“ bezeichnet.
8 ABl.EU L 303/69 v. 28.11.2018.
9 Vgl. Gesetzentwurf der Bundesregierung, Entwurf eines Gesetzes zur Änderung des Telemediengesetzes und weiterer Gesetze, BT-Drs. 19/18789, 37.
10 Spindler/Schmitz/*Spindler* TMG § 6 Rn. 1.

1. Begriff der kommerziellen Kommunikation. Maßgeblicher Anknüpfungspunkt für eine Anwendung der Abs. 1 und 2 ist das Vorliegen kommerzieller Kommunikation. In § 2 Nr. 5 TMG findet sich eine Legaldefinition dieses Begriffs. Danach ist kommerzielle Kommunikation jede Form der Kommunikation, die der unmittelbaren oder mittelbaren **Förderung des Absatzes** von Waren, Dienstleistungen oder des **Erscheinungsbilds** eines Unternehmens, einer sonstigen Organisation oder einer natürlichen Person dient, die eine Tätigkeit im Handel, Gewerbe oder Handwerk oder einen freien Beruf ausübt. Nach § 2 Nr. 5 Hs. 2 TMG stellt allerdings die Übermittlung von Angaben, die unmittelbaren Zugang zur Tätigkeit des Unternehmens oder der Organisation oder Person ermöglichen, wie insbesondere ein Domain-Name oder eine Adresse der elektronischen Post oder von Angaben in Bezug auf Waren und Dienstleistungen oder das Erscheinungsbild eines Unternehmens, einer Organisation oder Person, die unabhängig und insbesondere ohne finanzielle Gegenleistung gemacht werden[11], als solche keine kommerzielle Kommunikation dar. 4

Der Begriff der kommerziellen Kommunikation erfasst nicht nur Werbung, sondern auch alle anderen Formen des „**Marketing**".[12] Damit soll von dem Begriff jede Art der Werbung und Selbstdarstellung erfasst werden, die in irgendeiner Weise mit einer wirtschaftlichen Aktivität verbunden ist.[13] Für die Beantwortung der Frage, wann kommerzielle Kommunikation vorliegt, kann auch auf die im Zusammenhang mit der geschäftlichen Handlung im Sinne von § 2 Abs. 1 Nr. 1 UWG entwickelten Kriterien abgestellt werden.[14] 5

Neben einer Unternehmensseite, auf der die eigenen Leistungen angepriesen werden, unterfallen daher **E-Mail-Werbung** (insbesondere sog. Spam-Mails), **Werbebanner, Pop-up-Fenster, Einblendungen**, aber auch jegliche anderen werbenden Formen, die in ein Telemedium eingefügt werden, dem Begriff der kommerziellen Kommunikation, nicht jedoch die Produktbeschreibung eines privaten Dritten, wenn diese nicht den Wettbewerb des Produzenten fördern will und dies erkennbar ist oder ein Warentest einer unabhängigen Gutachterorganisation.[15] 6

2. Pflichten nach Abs. 1. § 6 Abs. 1 TMG enthält zunächst bestimmte Pflichten, die für kommerzielle Kommunikationen, die Telemedien oder Bestandteil von Telemedien sind, gelten. 7

a) **Klare Erkennbarkeit kommerzieller Kommunikationen (Nr. 1).** Nach § 6 Abs. 1 Nr. 1 TMG müssen kommerzielle Kommunikationen als solche klar erkennbar sein. Nach der herrschenden Meinung entspricht das hieraus folgende Gebot klarer Erkennbarkeit dem aus dem Wettbewerbs- und Medienrecht bekannten Grundsatz der **Trennung von Information und Werbung.**[16] Entsprechend können die sich hieraus ergebenden Grundsätze auch bei der Auslegung des telemedienrechtlichen Gebots der klaren Erkennbarkeit kommerzieller Kommunikation herangezogen werden.[17] Danach muss Werbung stets vom restlichen 8

---

11 Dies umfasst nach dem Gesetzeswortlaut auch solche unabhängig und insbesondere ohne finanzielle Gegenleistung oder sonstige Vorteile von natürlichen Personen gemachten Angaben, die eine unmittelbare Verbindung zu einem Nutzerkonto von weiteren natürlichen Personen bei Diensteanbietern ermöglichen.
12 Spindler/Schmitz/*Spindler* TMG § 6 Rn. 5.
13 Spindler/Schmitz/*Spindler* TMG § 2 Rn. 43 mwN.
14 Spindler/Schmitz/*Spindler* TMG § 2 Rn. 44 mwN.
15 Spindler/Schmitz/*Spindler* TMG § 2 Rn. 44 mwN.
16 Spindler/Schmitz/*Spindler* TMG § 6 Rn. 6 mwN.
17 Vgl. Spindler/Schuster/*Micklitz/Schirmbacher* TMG § 6 Rn. 20.

Angebot getrennt werden (sog. Trennungsgebot), außerdem ist Werbung als solche zu kennzeichnen (sog. Kennzeichnungsgebot).

9 Der **durchschnittliche Nutzer** muss kommerzielle Kommunikation als solche ohne größere Anstrengungen erkennen können.[18] Abzustellen ist dabei auf den durchschnittlichen Nutzer der Zielgruppe des betreffenden Angebots, so dass es bei Werbung, die sich an Kinder richtet, auf ein durchschnittliches Kind, an das sich die Werbung richtet, ankommt.[19] Kann kommerzielle Kommunikation hingegen nicht als solche (leicht) erkannt werden, hat der Diensteanbieter eine geeignete Kennzeichnung hinzuzufügen.[20] Im Hinblick auf die Frage der leichten Erkennbarkeit kann dabei auf die zu § 5 entwickelten Grundsätze zurückgegriffen werden (→ § 5 Rn. 15).[21] Falls erforderlich, muss die Information, dass es sich um kommerzielle Kommunikation handelt, zudem ständig verfügbar sein. Auch insoweit gelten die Erwägungen zu diesem Erfordernis in § 5 entsprechend (→ § 5 Rn. 16).[22] Bei Internetseiten, deren kommerzieller Charakter von vornherein aus der Gestaltung oder dem Angebot folgt, bedarf es daher keines Hinweises, da hier normalerweise der kommerzielle Charakter von Anfang an klar sein dürfte.[23]

10 **b) Klare Identifizierbarkeit des Auftraggebers (Nr. 2).** Nach § 6 Abs. 1 Nr. 2 TMG muss die natürliche oder juristische Person, in deren Auftrag kommerzielle Kommunikationen erfolgen, klar identifizierbar sein. Anders als nach § 5 TMG wird eine klare Anbieterkennung nicht gefordert.[24] Allerdings kann die Angabe des Namens bzw. der Firma nur dann ausreichen[25], wenn der Nutzer infolgedessen keinen weiteren Aufwand betreiben muss, um den Werbetreibenden zu identifizieren, insbesondere also keine Verwechslungsgefahr besteht.[26] Sofern hingegen der durchschnittliche Nutzer allein mit der Angabe des Namens oder der Firma den Anbieter ohne weiteren Aufwand nicht zweifelsfrei identifizieren kann, bedarf es weiterer Angaben, die eine **zweifelsfreie Identifizierung** ermöglichen.

11 Die Person muss nicht unmittelbar in der Kommunikation genannt werden, allerdings muss der **Zugang zu den Angaben** jederzeit und ohne großen technischen Aufwand gewährleistet sein.[27] Insofern dürfte auch ein Link zu der Angabe ausreichen, wenn dieser für den Nutzer hinreichend erkennbar ist.

12 **c) Zusätzliche Pflichten bei Angeboten zur Verkaufsförderung (Nr. 3).** Nach § 6 Abs. 1 Nr. 3 TMG müssen Angebote zur Verkaufsförderung wie Preisnachlässe, Zugaben und Geschenke klar als solche erkennbar sein, und die Bedingungen für ihre Inanspruchnahme müssen leicht zugänglich sein sowie klar und unzweideutig angegeben werden. Angebote zur Verkaufsförderung sind alle **zur Förderung des Absatzes** von Waren oder Dienstleistungen **gewährten geldwerten Ver-**

18 Spindler/Schuster/*Micklitz/Schirmbacher* TMG § 6 Rn. 24.
19 Vgl. OLG Köln MMR 2014, 51 (52).
20 Vgl. Spindler/Schuster/*Micklitz/Schirmbacher* TMG § 6 Rn. 25 mwN.
21 Spindler/Schmitz/*Spindler* TMG § 6 Rn. 7.
22 Vgl. Gesetzentwurf der Bundesregierung, Entwurf eines Gesetzes über rechtliche Rahmenbedingungen für den elektronischen Geschäftsverkehr, BT-Drs. 14/6098, 22.
23 Vgl. Spindler/Schmitz/*Spindler* TMG § 6 Rn. 13 f.
24 *Woitke* BB 2003, 2469 (2474).
25 So Gesetzentwurf der Bundesregierung, Entwurf eines Gesetzes über rechtliche Rahmenbedingungen für den elektronischen Geschäftsverkehr, BT-Drs. 14/6098, 22.
26 Vgl. Spindler/Schuster/*Micklitz/Schirmbacher* TMG § 6 Rn. 61.
27 Gesetzentwurf der Bundesregierung, Entwurf eines Gesetzes über rechtliche Rahmenbedingungen für den elektronischen Geschäftsverkehr, BT-Drs. 14/6098, 22.

günstigungen.[28] Entsprechend den oben im Hinblick auf Nr. 1 dargestellten Anforderungen an die klare Erkennbarkeit kommerzieller Kommunikation muss im Fall von Angeboten zur Verkaufsförderung zunächst einmal die Tatsache, dass es sich um ein solches Angebot handelt, für den durchschnittlichen Nutzer, den das betreffende Angebot anspricht, erkennbar sein.

Daneben bestehen besondere Transparenzverpflichtungen bezüglich der Bedingungen der Inanspruchnahme. Erforderlich sind Angaben zur **Berechtigung und den Modalitäten der Inanspruchnahme.**[29] Der Pflicht zur leichten Zugänglichkeit dieser Informationen genügt der Diensteanbieter durch einen einfach erkennbaren, unmittelbar erreichbaren und ständig zur Verfügung stehenden Link.[30] Die Pflicht zur unzweideutigen Angabe bedeutet ein Transparenzgebot dergestalt, dass die entsprechenden Bedingungen einfach verständlich sein müssen.[31] 13

d) **Zusätzliche Pflichten bei Preisausschreiben oder Gewinnspielen mit Werbecharakter (Nr. 4).** Gemäß § 6 Abs. 1 Nr. 4 TMG müssen Preisausschreiben oder Gewinnspiele mit Werbecharakter klar als solche erkennbar und die Teilnahmebedingungen leicht zugänglich sein sowie klar und unzweideutig angegeben werden. Ein Preisausschreiben ist die Aufforderung zur Teilnahme an einem Wettbewerb, bei dem der Gewinner ausschließlich aufgrund seiner Kenntnisse und Fertigkeiten ermittelt werden soll.[32] Bei einem Gewinnspiel dagegen wird der Gewinner durch ein Zufallselement ermittelt und damit keine eigene Leistung erbracht.[33] Der deutsche Gesetzesgeber spricht nur von „Preisausschreiben oder Gewinnspielen mit **Werbecharakter**". Dagegen spricht Art. 6 lit. d ECRL lediglich von „Preisausschreiben oder Gewinnspielen". Insoweit wird vertreten, dass in richtlinienkonformer Auslegung dem Tatbestandsmerkmal „mit Werbecharakter" keine eigenständige Bedeutung zukomme.[34] Richtigerweise dürfte es sich hier jedoch um eine Abgrenzung zum Glücksspielrecht handeln. Dem Anwendungsbereich der ECRL unterfallen nach ihrem Erwägungsgrund 16 keine entgeltlichen Gewinnspiele (Glücksspiele, Lotterien, Wetten) sondern lediglich Gewinnspiele, die der Förderung des Absatzes von Waren oder Dienstleistungen dienen, also Gewinnspiele mit Werbecharakter. Entsprechendes dürfte (auch vor dem Hintergrund einer Spezialität der entsprechenden glückspielrechtlichen Pflichten) für die Pflichten nach § 6 Abs. 1 Nr. 4 TMG gelten.[35] 14

Entsprechend den oben im Hinblick auf Nr. 1 dargestellten Anforderungen an die klare Erkennbarkeit kommerzieller Kommunikation (→ Rn. 8 ff.) muss im Fall von Preisausschreiben oder Gewinnspielen mit Werbecharakter zunächst einmal die Tatsache, dass es sich um ein solches Angebot handelt, für den durchschnittlichen Nutzer, den das betreffende Angebot anspricht, erkennbar sein. Weiterhin sind die **Modalitäten** wie Einsendeschluss, anfallende Kosten, Kriterien für die Auswahl der Gewinner, Übergabe der Preise oder Bekanntgabe des Gewinners anzugeben.[36] Dagegen gibt es keine Pflicht, über den Wert des Gewinns zu informieren.[37] Es kann sogar auf die Angabe des Preises verzichtet 15

28 BeckOK InfoMedienR/*Pries* TMG § 6 Rn. 7.
29 Vgl. eingehend Spindler/Schuster/*Micklitz/Schirmbacher* TMG § 6 Rn. 76 f.
30 BeckOK InfoMedienR/*Pries* TMG § 6 Rn. 8.
31 Spindler/Schmitz/*Spindler* TMG § 6 Rn. 27.
32 Spindler/Schuster/*Micklitz/Schirmbacher* TMG § 6 Rn. 71 mwN.
33 Spindler/Schuster/*Micklitz/Schirmbacher* TMG § 6 Rn. 71 mwN.
34 So Spindler/Schuster/*Micklitz/Schirmbacher* TMG § 6 Rn. 72.
35 Ebenso Beck-TMD/*Schmitt* TMG § 6 Rn. 29.
36 Vgl. Spindler/Schmitz/*Spindler* TMG § 6 Rn. 28.
37 OLG Jena GRUR 2017, 113.

werden, da der Durchschnittsverbraucher selbst in der Lage ist zu entscheiden, ob er an einem Gewinnspiel teilnimmt, wenn die Art bzw. der Wert des Preises offenbleiben.[38] Auch hier müssen die Angaben leicht zugänglich, klar und unzweideutig sein (→ Rn. 12 f.).

16 **3. Pflichten nach Abs. 2 bei elektronischer Post.** Nach § 6 Abs. 2 S. 1 TMG darf beim Versand kommerzieller Kommunikationen per elektronischer Post in der Kopf- und Betreffzeile weder der Absender noch der kommerzielle Charakter der Nachricht verschleiert oder verheimlicht werden.

17 **a) Elektronische Post.** Im TMG findet sich keine Definition des Begriffs „elektronische Post". Da die Bundesregierung insofern an **„Spam-Mails"** dachte[39], dürften E-Mails unzweifelhaft unter den Begriff der elektronischen Post im Sinne der Norm fallen. Der Begriff findet sich auch in § 7 Abs. 2 Nr. 3 UWG, wonach eine unzumutbare Belästigung und damit eine unzulässige geschäftliche Handlung bei Werbung unter Verwendung elektronischer Post ohne vorherige schriftliche Einwilligung des Adressaten stets anzunehmen ist. Der Begriff „elektronische Post" setzt zweierlei voraus: Eine elektronische Nachrichtenübermittlung und eine Vergleichbarkeit mit „herkömmlicher" Post. Insofern wird vertreten, dass im Unterschied zum Chat dann elektronische Post vorliegt, wenn es einen Posteingang beim Empfänger gibt.[40] Dieser Auffassung ist im Ansatzpunkt zuzustimmen. Entsprechend der Begriffsdefinition in Art. 2 lit. h der Richtlinie 2002/58/EG des Europäischen Parlaments und des Rates vom 12.7.2002 über die Verarbeitung personenbezogener Daten und den Schutz der Privatsphäre in elektronischen Kommunikationen[41] sollte darunter jede über ein öffentliches Kommunikationsnetz verschickte Text-, Sprach-, Ton- oder Bildnachricht, die im Netz oder im Endgerät des Empfängers gespeichert werden kann, bis sie von diesem abgerufen wird, verstanden werden.[42] Insofern kommt es nicht auf einen klassischen Posteingang an, sondern lediglich darauf, ob eine Nachricht bis zur Kenntnisnahme intern oder extern gespeichert wird. Eine solche Auslegung gebietet schon der Gesetzeszweck, „Spam" weitgehend zu beschränken und einzudämmen.

18 **b) Verschleiern oder Verheimlichen des kommerziellen Charakters oder Absenders.** Nach § 6 Abs. 2 S. 2 TMG liegt ein Verschleiern oder Verheimlichen dann vor, wenn die Kopf- und Betreffzeile absichtlich so gestaltet sind, dass der Empfänger vor Einsichtnahme in den Inhalt der Kommunikation keine oder irreführende Informationen über die tatsächliche Identität des Absenders oder den kommerziellen Charakter der Nachricht erhält. Da auf die Kopf- und Betreffzeile der elektronischen Post abgestellt wird, stellt sich die Frage, was hierunter zu verstehen ist. Bei einer E-Mail dürfte dies keine Schwierigkeiten bereiten. Da der Begriff der elektronischen Post – wie gerade ausgeführt – weit auszulegen ist, stellt sich jedoch bei anderen Formen der elektronischen Post die Frage umso

---

38 OLG Jena GRUR 2017, 113.

39 Vgl. Gesetzentwurf der Bundesregierung, Entwurf eines Gesetzes zur Vereinheitlichung von Vorschriften über bestimmte elektronische Informations- und Kommunikationsdienste, BT-Drs. 16/3078, 15.

40 Spindler/Schuster/*Micklitz/Schirmbacher* TMG § 6 Rn. 101.

41 ABl.EU L 201/37 v. 31.7.2002, zuletzt geändert durch Richtlinie 2009/136/EG des Europäischen Parlaments und des Rates vom 25.11.2009 zur Änderung der Richtlinie 2002/22/EG über den Universaldienst und Nutzerrechte bei elektronischen Kommunikationsnetzen und -diensten, der Richtlinie 2002/58/EG über die Verarbeitung personenbezogener Daten und den Schutz der Privatsphäre in der elektronischen Kommunikation und der Verordnung (EG) Nr. 2006/2004 über die Zusammenarbeit im Verbraucherschutz, ABl.EU L 337/11 v. 18.12.2009.

42 So richtigerweise Spindler/Schmitz/*Spindler* TMG § 6 Rn. 32.

mehr, was hier als Kopf- und Betreffzeile anzusehen ist. Richtigerweise handelt es sich um die **Informationen** des jeweiligen Nachrichtenformats, **die dem Empfänger eine schnelle Zuordnung der elektronischen Post erlauben.**[43] Abhängig vom Format kann daher auch eine stets von dem betreffenden Programm gezeigte Nachrichtenvorschau dem Begriff der Kopf- und Betreffzeile im Sinne der Norm unterfallen.

Für die Beantwortung der Frage, ob ein Verschleiern oder Verheimlichen vorliegt, ist maßgeblich, ob die übermittelten Informationen so gestaltet sind, dass der Nutzer entweder über die Identität des Absenders oder den kommerziellen Charakter der Nachricht in die Irre geführt wird.[44] Für die Frage, ob eine solche **Irreführung** vorliegt, kommt es auf eine Gesamtschau und den Maßstab des verständigen Empfängers einer Nachricht an.[45] 19

Subjektiv setzt die Norm ein absichtliches Verschleiern oder Verheimlichen voraus. Damit sollten nach Ansicht der Bundesregierung **Bagatellfälle,** in denen beispielsweise kleinere Unternehmen versehentlich irreführende Angaben machen, weil sie sich vorher nicht hinreichend über die Informationspflichten bei kommerzieller Kommunikation informiert haben, nicht dem Anwendungsbereich der Norm unterfallen.[46] Dem Versender der E-Mail muss es gerade auf die Irreführung angekommen sein.[47] Dies ist von demjenigen darzulegen und zu beweisen, der einen Verstoß geltend gemacht.[48] Ob dies eine taugliche Umsetzung von Art. 7 ECRL darstellt, kann allerdings bezweifelt werden.[49] 20

4. Besondere Pflichten für Videosharingplattform-Anbieter (Abs. 3, Abs. 4). Nach § 6 Abs. 3 TMG müssen Videosharingplattform-Anbieter eine Funktion bereitstellen, mit der Nutzer, die nutzergenerierte Videos hochladen, erklären können, ob diese Videos audiovisuelle kommerzielle Kommunikation enthalten. Dies dient einer effektiven Durchsetzung der Pflicht zur Kennzeichnung audiovisueller kommerzieller Kommunikation.[50] Dementsprechend verpflichtet § 6 Abs. 4 TMG Videosharingplattform-Anbieter, audiovisuelle kommerzielle Kommunikation, die Nutzer auf dem Videosharingplattform-Dienst hochgeladen haben, als solche zu kennzeichnen, soweit sie nach § 6 Abs. 3 TMG oder anderweitig Kenntnis von dieser erlangt haben. Die Kennzeichnungspflicht entsteht in jedem Fall erst mit **Kenntniserlangung des Videosharingplattform-Anbieters.**[51] 21

5. Verhältnis zum UWG. Nach § 6 Abs. 5 TMG bleiben die Vorschriften des Gesetzes gegen den unlauteren Wettbewerb unberührt. Eine Einhaltung der Vorgaben nach § 6 TMG hat nicht zur Folge, dass keine **nach den Vorschriften des** 22

43 So auch Spindler/Schmitz/*Spindler* TMG § 6 Rn. 33.
44 BeckOK IT-Recht/*Sesing* TMG § 6 Rn. 55 mwN, wegen der einheitlichen Definition dürften die Tathandlungen sich zudem nicht voneinander unterscheiden (BeckOK IT-Recht/*Sesing* TMG § 6 Rn. 55).
45 Spindler/Schmitz/*Spindler* TMG § 6 Rn. 34.
46 Gesetzentwurf der Bundesregierung, Entwurf eines Gesetzes zur Vereinheitlichung von Vorschriften über bestimmte elektronische Informations- und Kommunikationsdienste, BT-Drs. 16/3078, 15.
47 Spindler/Schuster/*Micklitz/Schirmbacher* TMG § 6 Rn. 117.
48 BeckOK IT-Recht/*Sesing* TMG § 6 Rn. 63 mwN; kritisch dazu Spindler/Schuster/*Micklitz/Schirmbacher* TMG § 6 Rn. 116 ff.
49 Vgl. eingehend BeckOK IT-Recht/*Sesing* TMG § 6 Rn. 64 ff., der in unionsrechtskonformer Auslegung innerhalb des Anwendungsbereichs von Art. 7 ECRL auf das Absichtserfordernis verzichten möchte.
50 BeckOK InfoMedienR/*Pries* TMG § 6 Rn. 22a.
51 Gesetzentwurf der Bundesregierung, Entwurf eines Gesetzes zur Änderung des Telemediengesetzes und weiterer Gesetze, BT-Drs. 19/18789, 37.

UWG unzulässige Werbung vorliegen kann.[52] Zu Recht wird allerdings darauf hingewiesen, dass die ECRL im harmonisierten Bereich eine einheitliche Auslegung von TMG und UWG gebieten kann.[53]

§ 7 TMG Allgemeine Grundsätze

(1) Diensteanbieter sind für eigene Informationen, die sie zur Nutzung bereithalten, nach den allgemeinen Gesetzen verantwortlich.

(2) Diensteanbieter im Sinne der §§ 8 bis 10 sind nicht verpflichtet, die von ihnen übermittelten oder gespeicherten Informationen zu überwachen oder nach Umständen zu forschen, die auf eine rechtswidrige Tätigkeit hinweisen.

(3) [1]Verpflichtungen zur Entfernung von Informationen oder zur Sperrung der Nutzung von Informationen nach den allgemeinen Gesetzen aufgrund von gerichtlichen oder behördlichen Anordnungen bleiben auch im Falle der Nichtverantwortlichkeit des Diensteanbieters nach den §§ 8 bis 10 unberührt. [2]Das Fernmeldegeheimnis nach § 3 des Telekommunikation-Telemedien-Datenschutz-Gesetzes ist zu wahren.

(4) [1]Wurde ein Telemediendienst von einem Nutzer in Anspruch genommen, um das Recht am geistigen Eigentum eines anderen zu verletzen und besteht für den Inhaber dieses Rechts keine andere Möglichkeit, der Verletzung seines Rechts abzuhelfen, so kann der Inhaber des Rechts von dem betroffenen Diensteanbieter nach § 8 Absatz 3 die Sperrung der Nutzung von Informationen verlangen, um die Wiederholung der Rechtsverletzung zu verhindern. [2]Die Sperrung muss zumutbar und verhältnismäßig sein. [3]Ein Anspruch gegen den Diensteanbieter auf Erstattung der vor- und außergerichtlichen Kosten für die Geltendmachung und Durchsetzung des Anspruchs nach Satz 1 besteht außer in den Fällen des § 8 Absatz 1 Satz 3 nicht.

I. Genese/Gesetzesentwicklungen

1 In der ursprünglichen Fassung von § 5 Abs. 1 TDG, das als Art. 1 des Gesetzes zur Regelung der Rahmenbedingungen für Informations- und Kommunikationsdienste[1], verabschiedet wurde, fand sich bereits die jetzt in § 7 Abs. 1 TMG geregelte **Verantwortlichkeit für eigene Inhalte** und blieb seither grundsätzlich unverändert. Die Vorgängernorm des heutigen § 7 Abs. 2 TMG wurde als § 8

52 Spindler/Schmitz/*Spindler* TMG § 6 Rn. 37.
53 Vgl. eingehend Spindler/Schuster/*Micklitz/Schirmbacher* TMG § 6 Rn. 11.
1 BGBl. 1997 I 1870.

Abs. 2 S. 1 TDG zur Umsetzung von Art. 15 Abs. 1 ECRL[2] mit Art. 1 des Gesetzes über rechtliche Rahmenbedingungen für den elektronischen Geschäftsverkehr vom 14.12.2001[3] in das TDG eingefügt. Auch diese Vorschrift blieb seither grundsätzlich unverändert.

Die **Vorgängerregelung zu § 7 Abs. 3 S. 1 TMG** fand sich bereits in der ursprünglichen Fassung von **§ 5 Abs. 4 TDG,** das als Art. 1 des Gesetzes zur Regelung der Rahmenbedingungen für Informations- und Kommunikationsdienste[4], verabschiedet wurde. Unter Ergänzung des Zusatzes „im Falle der Nichtverantwortlichkeit" wurde die Norm mit Art. 1 des Gesetzes über rechtliche Rahmenbedingungen für den elektronischen Geschäftsverkehr vom 14.12.2001[5] in § 8 Abs. 2 S. 2 TDG verschoben. Mit der Schaffung des TMG durch Art. 1 des Gesetzes zur Vereinheitlichung von Vorschriften über bestimmte elektronische Informations- und Kommunikationsdienste vom 26.2.2007[6] wurde die Norm in § 8 Abs. 2 S. 2 TMG überführt. Mit Art. 1 des Dritten Gesetzes zur Änderung des Telemediengesetzes vom 28.9.2017[7] wurde diese Vorschrift zu § 7 Abs. 3 S. 1 TMG und erhielt mit der Ergänzung der Worte „aufgrund von gerichtlichen oder behördlichen Anordnungen" ihre heutige Fassung. Die Vorschrift dient der Umsetzung von Art. 12 Abs. 3, 13 Abs. 2 und 14 Abs. 3 ECRL in deutsches Recht.[8] 2

Inhaltlich fand sich eine § 7 Abs. 3 S. 2 TMG entsprechende **Pflicht zur Wahrung des Fernmeldegeheimnisses** bereits in der ursprünglichen Fassung von § 5 Abs. 4 TDG, die als Art. 1 des Gesetzes zur Regelung der Rahmenbedingungen für Informations- und Kommunikationsdienste[9], verabschiedet wurde. Mit Art. 1 des Gesetzes über rechtliche Rahmenbedingungen für den elektronischen Geschäftsverkehr vom 14.12.2001[10] wurde diese Pflicht in § 8 Abs. 2 S. 3 TDG verschoben. Mit der Schaffung des TMG durch Art. 1 des Gesetzes zur Vereinheitlichung von Vorschriften über bestimmte elektronische Informations- und Kommunikationsdienste vom 26.2.2007[11] wurde diese Vorschrift in § 7 Abs. 2 S. 3 TMG überführt und sodann mit Art. 1 des Dritten Gesetzes zur Änderung des Telemediengesetzes vom 28.9.2017[12] zu § 7 Abs. 3 S. 2 TMG. Mit Art. 39 des Gesetzes zur Umsetzung der Richtlinie (EU) 2018/1972 des Europäischen Parlaments und des Rates vom 11. Dezember 2018 über den europäischen Kodex für die elektronische Kommunikation und zur Modernisierung des Telekommunikationsrechts vom 23.6.2021[13] wurde der Verweis an den neuen Standort des Fernmeldegeheimnisses im Telekommunikation-Telemedien-Datenschutz-Gesetz angepasst. 3

§ 7 Abs. 4 wurde mit Art. 1 des Dritten Gesetzes zur Änderung des Telemediengesetzes vom 28.9.2017[14] erstmalig in das TMG eingefügt. Mit der Vorschrift 4

2 Vgl. Gesetzentwurf der Bundesregierung, Entwurf eines Gesetzes über rechtliche Rahmenbedingungen für den elektronischen Geschäftsverkehr, BT-Drs. 14/6098, 23.
3 BGBl. 2001 I 3721.
4 BGBl. 1997 I 1870.
5 BGBl. 2001 I 3721.
6 BGBl. 2007 I 179.
7 BGBl. 2017 I 3530.
8 Vgl. Gesetzentwurf der Bundesregierung, Entwurf eines Gesetzes über rechtliche Rahmenbedingungen für den elektronischen Geschäftsverkehr, BT-Drs. 14/6098, 23.
9 BGBl. 1997 I 1870.
10 BGBl. 2001 I 3721.
11 BGBl. 2007 I 179.
12 BGBl. 2017 I 3530.
13 BGBl. 2021 I 1858.
14 BGBl. 2017 I 3530.

soll sich gemäß einem Urteil des EuGH aus Art. 12 Abs. 1 und Abs. 3 ECRL ergebenden Anforderungen entsprochen werden.[15]

Ob der seitens der Europäischen Kommission vorgeschlagene Erlass eines „Digital Services Act"[16] mangels fortbestehender mitgliedstaatlicher Umsetzungsnotwendigkeit perspektivisch zu einer Aufhebung der §§ 7-10 TMG führt, bleibt abzuwarten.[17] Möglicherweise bleiben die Vorschriften wegen insoweit fortbestehender Regelungsnotwendigkeit für private Diensteanbieter in Kraft.[18]

II. Erläuterungen

5 **1. Anwendungsbereich.** Im Hinblick auf den Anwendungsbereich der Vorschrift sind die Begriffe „Diensteanbieter" und „Informationen" zu klären. Die Vorschrift richtet sich an **Diensteanbieter.** Nach der Legaldefinition in § 2 S. 1 Nr. 1 TMG ist Diensteanbieter jede natürliche oder juristische Person, die eigene oder fremde Telemedien zur Nutzung bereithält oder den Zugang zur Nutzung vermittelt. Zudem können auch Personengesellschaften, die mit der Fähigkeit ausgestattet sind, Rechte zu erwerben und Verbindlichkeiten einzugehen, Diensteanbieter sein (vgl. § 2 S. 2 TMG). Nach richtiger Auffassung ist der Diensteanbieter funktionell zu bestimmen und es handelt sich um diejenige natürliche oder juristische Person, die durch ihre Weisungen oder Herrschaftsmacht über Rechner und Kommunikationskanäle die Verbreitung oder das Speichern von Informationen ermöglicht und nach außen als Erbringer von Diensten auftritt.[19] Richtigerweise sind zur Vermeidung von Wertungswidersprüchen auch Mitarbeiter und Organe von Diensteanbietern in die Privilegierungswirkung der §§ 7–10 TMG einzubeziehen, damit sie nicht persönlich belangt werden können, wenn sie im Rahmen ihrer Tätigkeit für einen privilegierten Diensteanbieter eine Ursache für eine Rechtsverletzung setzen.[20] **Informationen** sind alle Angaben, die im Rahmen des jeweiligen Telemediendienstes übermittelt oder gespeichert werden.[21] Erfasst sind damit – neben kommunikativen Inhalten – sämtliche Daten und Informationen, auch wenn sie nur maschinenlesbar sind.[22]

6 **2. Verantwortlichkeit für eigene Informationen (Abs. 1).** Nach § 7 Abs. 1 TMG sind Diensteanbieter für eigene Informationen, die sie zur Nutzung bereithalten, nach den allgemeinen Gesetzen verantwortlich. Unter Berücksichtigung der Vorgaben der ECRL ist grundsätzlich nicht von einer eigenen Information des Diensteanbieters auszugehen, wenn die betreffende Information **von einem Nutzer eingegeben** wurde.[23]

7 Neben eigenen Informationen „im engeren Sinne"[24] unterfallen auch **zu eigen gemachte Informationen** dem Anwendungsbereich von Abs. 1. Nach Auffassung des BGH ist bei einem Internetportal dann von einem Zu-Eigen-Machen ist aus-

---

15 Vgl. Gesetzentwurf der Bundesregierung, Entwurf eines Dritten Gesetzes zur Änderung des Telemediengesetzes, BT-Drs. 18/12202, 11 ff.

16 Vorschlag für eine Verordnung des europäischen Parlaments und des Rates über einen Binnenmarkt für digitale Dienste (Gesetz über digitale Dienste) und zur Änderung der Richtlinie 2000/31/EG, COM/2020/825 final.

17 Vgl. eingehend BeckOK IT-Recht/*Sesing* TMG § 7 Rn. 7a f.

18 So wohl BeckOK IT-Recht/*Sesing* TMG § 7 Rn. 7b.

19 KG BeckRS 2016, 110496 Rn. 121 mwN.

20 BeckOK IT-Recht/*Sesing* TMG § 7 Rn. 14 mwN.

21 Gesetzentwurf der Bundesregierung, Entwurf eines Gesetzes über rechtliche Rahmenbedingungen für den elektronischen Geschäftsverkehr, BT-Drs. 14/6098, 23.

22 Vgl. Spindler/Schmitz/*Spindler* TMG § 7 Rn. 5.

23 BeckOK InfoMedienR/*Paal/Hennemann* TMG § 7 Rn. 28.

24 Formulierung von NK-MedienR/*v. Petersdorff-Campen* 30. Abschn. Rn. 5.

zugehen, wenn ein Portalbetreiber nach außen erkennbar die inhaltliche Verantwortung für die auf seiner Internetseite veröffentlichten Inhalte übernommen hat, was aus objektiver Sicht auf der Grundlage einer Gesamtbetrachtung aller relevanten Umstände zu beurteilen ist.[25] Nach der Rechtsprechung wird dabei das bloße Setzen von Hyperlinks noch nicht als Zu-Eigen-Machen in diesem Sinne angesehen, wenn nicht der über den Link erreichbare Inhalt so in die eigene Seite des Linksetzenden einbezogen ist, dass sie als dessen eigener redaktioneller Beitrag zu werten ist.[26]

Die Rechtsfolgen von Abs. 1 treten nur ein, wenn in dem vorgenannten Sinne „eigene" Informationen zur Nutzung bereitgehalten werden. Ein **Bereithalten** liegt vor, wenn der Diensteanbieter den Zugriff über die Telemedien für einen erheblichen Zeitraum zugunsten von Dritten ermöglicht.[27] Rechtsfolge einer Anwendbarkeit von § 7 Abs. 1 TMG ist nicht zwingend, dass der Diensteanbieter haftet. Vielmehr sind bei Erfüllung der Voraussetzungen von § 7 Abs. 1 TMG die Voraussetzungen der jeweiligen Haftungsnorm zu prüfen.[28] Die Norm hat damit lediglich klarstellende Bedeutung.[29] Die Bedeutung der Vorschrift erschließt sich erst aus einer Betrachtung der §§ 7 Abs. 2, Abs. 3, 8–10 TMG. Diese Vorschriften schränken jeweils eine nach allgemeinen Vorschriften bestehende Verantwortlichkeit ein bzw. schließen diese aus.[30] 8

3. Keine Überwachungs- oder Nachforschungspflicht bei übermittelten/gespeicherten Informationen (Abs. 2). Nach § 7 Abs. 2 TMG sind Diensteanbieter im Sinne der §§ 8–10 TMG nicht verpflichtet, die von ihnen übermittelten oder gespeicherten Informationen zu überwachen oder nach Umständen zu forschen, die auf eine rechtswidrige Tätigkeit hinweisen. Die Vorschrift soll Art. 15 Abs. 1 ECRL in deutsches Recht umsetzen.[31] Nach dieser Bestimmung erlegen die Mitgliedstaaten Diensteanbietern keine allgemeine Verpflichtung auf, die von ihnen übermittelten oder gespeicherten Informationen zu überwachen oder aktiv nach Umständen zu forschen, die auf eine rechtswidrige Tätigkeit hinweisen. Eine Auslegung des deutschen Rechts, die im Ergebnis dazu führen würde, eine **anlassunabhängige generelle Überwachungspflicht** zu statuieren oder vorauszusetzen, würde gegen die ECRL verstoßen.[32] Kommt es jedoch zu Rechtsverletzungen durch fremde Informationen und erlangt der Diensteanbieter hiervon Kenntnis, greift das allgemeine Haftungsrecht ein, wonach der Diensteanbieter im Rahmen einer Verpflichtung zur Unterlassung der Verbreitung rechtswidriger fremder Informationen oder deren Beseitigung zur Prüfung fremder Informationen in zumutbarem Umfang verpflichtet ist, um künftige Rechtsverstöße zu vermeiden.[33] Nach der Rechtsprechung des BGH kann sich zudem aus dem Hinweis auf eine Rechtsverletzung auch die Pflicht ergeben, Vorsorge dafür zu treffen, dass es nicht zu weiteren derartigen Rechtsverletzungen kommt.[34] Die Frage, ob der Anwendungsbereich von § 7 Abs. 2 TMG eröffnet ist, kann damit auf eine im Einzelfall schwierige Abgrenzung von (zulässigen) anlassbezogenen Prüf- 9

25 BGH GRUR 2017, 844 (846).
26 NK-MedienR/*v. Petersdorff-Campen* 30. Abschn. Rn. 5 mwN.
27 BeckOK InfoMedienR/*Paal/Hennemann* TMG § 7 Rn. 39.
28 Vgl. Spindler/Schuster/*Hoffmann/Volkmann* TMG § 7 Rn. 32.
29 BeckOK InfoMedienR/*Paal/Hennemann* TMG § 7 Rn. 41.
30 Vgl. Spindler/Schuster/*Hoffmann/Volkmann* TMG § 7 Rn. 32.
31 Vgl. Gesetzentwurf der Bundesregierung, Entwurf eines Gesetzes über rechtliche Rahmenbedingungen für den elektronischen Geschäftsverkehr, BT-Drs. 14/6098, 23.
32 Spindler/Schuster/*Hoffmann/Volkmann* TMG § 7 Rn. 35.
33 NK-MedienR/*v. Petersdorff-Campen* 30. Abschn. Rn. 6.
34 BGH GRUR 2013, 1229 (1232).

pflichten, bezogen auf eine konkrete Rechtsverletzung und (unzulässigen) allgemeinen Überwachungs- und Prüfpflichten, hinauslaufen.[35]

10 **4. Verpflichtungen nach allgemeinen Gesetzen (Abs. 3).** Nach § 7 Abs. 3 S. 1 TMG bleiben Verpflichtungen zur Entfernung von Informationen oder zur Sperrung der Nutzung von Informationen nach den allgemeinen Gesetzen aufgrund von gerichtlichen oder behördlichen Anordnungen auch im Fall der Nichtverantwortlichkeit des Diensteanbieters nach den §§ 8–10 TMG unberührt. Nach der Vorschrift bleiben sich aus allgemeinen Rechtsvorschriften ergebende Ansprüche, die darauf gerichtet sind, einen Störungszustand dadurch zu beenden, dass eine Information entfernt oder deren Nutzung verhindert wird, vom Anwendungsbereich der §§ 8–10 TMG ausgenommen.[36] Dabei kann es sich auch um behördliche, aus dem öffentlichen Recht folgende Eingriffsbefugnisse handeln.[37]

11 Um einen Wertungswiderspruch zu § 7 Abs. 2 TMG zu vermeiden, kann sich § 7 Abs. 3 S. 1 TMG nur auf solche Informationen beziehen, die dem Diensteanbieter bekannt sind.[38] Andernfalls bestünde beispielsweise bei wettbewerbsrechtlichen Beseitigungsklagen ein Prozessrisiko des Diensteanbieters allein wegen nicht durchgeführter Überwachung.[39] Eine solche **(mittelbare) Überwachungspflicht** liefe jedoch gerade dem in § 7 Abs. 2 TMG niedergelegten Grundsatz zuwider.

12 Glücksspielrechtlich könnte insbesondere die **sich aus § 9 Abs. 1 S. 3 Nr. 5 GlüStV ergebende** öffentlich-rechtliche **Kompetenz der Glücksspielaufsicht** in Betracht, nach vorheriger Bekanntgabe unerlaubter Glücksspielangebote Maßnahmen zur Sperrung dieser Angebote gegen im Sinne der §§ 8–10 TMG verantwortliche Diensteanbieter, insbesondere Zugangsvermittler und Registrare, zu ergreifen, sofern sich Maßnahmen gegenüber einem Veranstalter oder Vermittler dieses Glücksspiels als nicht durchführbar oder nicht erfolgversprechend erweisen, in Betracht kommen (→ GlüStV § 9 Rn. 8 f.). Diese ist jedoch nach dem Wortlaut der Norm auf im Sinne der §§ 8–10 TMG verantwortliche Diensteanbieter beschränkt.

13 Wie sich dem Bekanntgabeerfordernis entnehmen lässt, sollen auch mit dieser Norm keine § 7 Abs. 2 TMG und der ECRL widersprechenden allgemeinen Kontrollpflichten für Diensteanbieter eingeführt werden.[40] Die Befugnisse nach § 9 Abs. 1 S. 3 Nr. 5 GlüStV sind daher entsprechend restriktiv zu handhaben. Der Wortlaut der Bestimmung im GlüStV stünde auch einer allgemeinen Bekanntgabe nicht entgegen. Mittelbar könnten aus einer solchen nur allgemeinen Bekanntgabe doch allgemeine Prüfpflichten folgen. Solche Pflichten können nur dann gerechtfertigt sein, wenn ein Diensteanbieter Anlass zu Nachforschungen hat. Dementsprechend sollte hier durch die Glücksspielaufsicht aus Gründen der Rechtssicherheit keine allgemeine Bekanntgabe, sondern eine **Bekanntgabe gegenüber dem jeweiligen Diensteanbieter** vor Erlass einer entsprechenden Maßnahme erfolgen. Spätestens hiermit dürfte auch die vorausgesetzte Verantwortlichkeit nach §§ 8-10 TMG entstehen.

---

35 Vgl. dazu eingehend BeckOK IT-Recht/*Sesing* TMG § 7 Rn. 76 f.
36 Spindler/Schuster/*Hoffmann*/*Volkmann* TMG § 7 Rn. 38.
37 BeckOK IT-Recht/*Sesing* TMG § 7 Rn. 81 mwN.
38 So richtigerweise Spindler/Schuster/*Hoffmann*/*Volkmann* TMG § 7 Rn. 41.
39 Hierauf weisen Spindler/Schuster/*Hoffmann*/*Volkmann* TMG § 7 Rn. 40 zu Recht hin.
40 Vgl. auch die Begründung zum Antrag der Landesregierung von Nordrhein-Westfalen an den Landtag auf Zustimmung zum GlüStV, LT-Drs. 17/11683, 167.

§ 7 Abs. 3 S. 2 TMG regelt die Selbstverständlichkeit, dass der Diensteanbieter weder berechtigt noch verpflichtet ist, das **Fernmeldegeheimnis** zu verletzen.[41] Erlangt der Diensteanbieter unter Verletzung des Fernmeldegeheimnisses Kenntnis von fremden Informationen, so kann er sich auf die Haftungsprivilegierungen nach §§ 8–10 TMG nicht berufen, wenn die Privilegierungsvoraussetzungen infolge der Kenntnis entfallen.[42] 14

5. Verletzungen geistigen Eigentums (Abs. 4). Nach § 7 Abs. 4 S. 1 kann ein Rechteinhaber von dem betroffenen Diensteanbieter nach § 8 Abs. 3 TMG die Sperrung der Nutzung von Informationen verlangen, um die Wiederholung einer Rechtsverletzung zu verhindern, wenn ein Telemediendienst in Anspruch genommen wurde, um das Recht am geistigen Eigentum eines anderen zu verletzen und für den Rechteinhaber keine andere Möglichkeit besteht, der Verletzung seines Rechts abzuhelfen. Die Vorschrift regelt einen Sperranspruch nur im Fall von Verletzungen geistigen Eigentums, während wettbewerbsrechtliche Werberechtsverstöße nicht erfasst werden.[43] Während die Vorschrift nach ihrem Wortlaut nur im Hinblick auf die **Betreiber von WLAN-Netzwerken** gilt, wendet der BGH sie im Wege unionsrechtskonformer Auslegung auch analog auf die Betreiber drahtgebundener Netzwerke an.[44] Der Anspruch besteht nur, wenn der von einer Rechtsverletzung betroffene Rechteinhaber zumutbare Anstrengungen unternommen hat, gegen denjenigen Beteiligten vorzugehen, der die Rechtsverletzung selbst begangen hat (zB Seitenbetreiber) oder zur Rechtsverletzung durch die Erbringung von Dienstleistungen beigetragen hat (zB Host-Provider).[45] 15

Nach § 7 Abs. 4 S. 2 TMG muss die Sperrung weiterhin zumutbar und verhältnismäßig sein. Insofern ist stets eine **Interessenabwägung im Einzelfall** vorzunehmen und die Maßnahme darf insbesondere kein „Overblocking" bewirken und damit über ihr Ziel hinausschießen.[46] Insofern muss die Maßnahme entsprechend den in der Rechtsprechung zur Störerhaftung entwickelten Kriterien technisch möglich, wirtschaftlich zumutbar und verhältnismäßig sein.[47] 16

Nach § 7 Abs. 4 S. 3 TMG besteht außer in den Fällen des § 8 Abs. 1 S. 3 TMG kein Anspruch gegen den Diensteanbieter auf **Erstattung der vor- und außergerichtlichen Kosten** für die Geltendmachung und Durchsetzung des Anspruchs nach § 7 Abs. 4 S. 1 TMG. Diesen Wegfall des (außergerichtlichen) Kostenrisikos hat die Bundesregierung ua damit begründet, dass die Kosten von Unterlassungsanordnungen regelmäßig dem Zugangsanbieter auferlegt worden seien, obwohl die eigentliche Rechtsverletzung nicht von diesen begangen worden sei.[48] In den Fällen von § 8 Abs. 1 S. 3 TMG ist der Diensteanbieter dementsprechend nicht schutzwürdig, da er absichtlich mit einem Nutzer zusammengearbeitet hat, um rechtswidrige Handlungen zu begehen. Die für die Durchsetzung 17

41 Spindler/Schuster/*Hoffmann/Volkmann* TMG § 7 Rn. 43.
42 BeckOK IT-Recht/*Sesing* TMG § 7 Rn. 85 mwN.
43 NK-MedienR/*v. Petersdorff-Campen* 30. Abschn. Rn. 15.
44 BGH Urt. v. 26.7.2018 – I ZR 64/17, juris Rn. 49.
45 Gesetzentwurf der Bundesregierung, Entwurf eines Dritten Gesetzes zur Änderung des Telemediengesetzes, BT-Drs. 18/12202, 12.
46 Gesetzentwurf der Bundesregierung, Entwurf eines Dritten Gesetzes zur Änderung des Telemediengesetzes, BT-Drs. 18/12202, 12.
47 NK-MedienR/*v. Petersdorff-Campen* 30. Abschn. Rn. 16.
48 Gesetzentwurf der Bundesregierung, Entwurf eines Dritten Gesetzes zur Änderung des Telemediengesetzes, BT-Drs. 18/12202, 12, zudem sollte der Wegfall dieses Kostenrisikos helfen, den deutschen Rückstand bei der Verbreitung von WLAN-Hotspots auf andere Länder zu verringern.

des Anspruchs entstehenden Gerichtskosten sind von der Ausnahme nicht umfasst.[49]

§ 8 TMG Durchleitung von Informationen

(1) [1]Diensteanbieter sind für fremde Informationen, die sie in einem Kommunikationsnetz übermitteln oder zu denen sie den Zugang zur Nutzung vermitteln, nicht verantwortlich, sofern sie

1. die Übermittlung nicht veranlasst,
2. den Adressaten der übermittelten Informationen nicht ausgewählt und
3. die übermittelten Informationen nicht ausgewählt oder verändert haben.

[2]Sofern diese Diensteanbieter nicht verantwortlich sind, können sie insbesondere nicht wegen einer rechtswidrigen Handlung eines Nutzers auf Schadensersatz oder Beseitigung oder Unterlassung einer Rechtsverletzung in Anspruch genommen werden; dasselbe gilt hinsichtlich aller Kosten für die Geltendmachung und Durchsetzung dieser Ansprüche. [3]Die Sätze 1 und 2 finden keine Anwendung, wenn der Diensteanbieter absichtlich mit einem Nutzer seines Dienstes zusammenarbeitet, um rechtswidrige Handlungen zu begehen.

(2) Die Übermittlung von Informationen nach Absatz 1 und die Vermittlung des Zugangs zu ihnen umfasst auch die automatische kurzzeitige Zwischenspeicherung dieser Informationen, soweit dies nur zur Durchführung der Übermittlung im Kommunikationsnetz geschieht und die Informationen nicht länger gespeichert werden, als für die Übermittlung üblicherweise erforderlich ist.

(3) Die Absätze 1 und 2 gelten auch für Diensteanbieter nach Absatz 1, die Nutzern einen Internetzugang über ein drahtloses lokales Netzwerk zur Verfügung stellen.

(4) [1]Diensteanbieter nach § 8 Absatz 3 dürfen von einer Behörde nicht verpflichtet werden,

1. vor Gewährung des Zugangs
   a) die persönlichen Daten von Nutzern zu erheben und zu speichern (Registrierung)
   oder
   b) die Eingabe eines Passworts zu verlangen
   oder
2. das Anbieten des Dienstes dauerhaft einzustellen.

[2]Davon unberührt bleibt, wenn ein Diensteanbieter auf freiwilliger Basis die Nutzer identifiziert, eine Passworteingabe verlangt oder andere freiwillige Maßnahmen ergreift.

49 Spindler/Schuster/*Hoffmann*/*Volkmann* TMG § 7 Rn. 61.

I. Genese/Gesetzesentwicklungen

Eine Haftungsprivilegierung für Zugangsvermittler fand sich bereits 1997 in § 5 **Abs. 3 TDG**, das als Art. 1 des Gesetzes zur Regelung der Rahmenbedingungen für Informations- und Kommunikationsdienste[1] verabschiedet wurde. Diese Vorschrift wurde als § 9 TDG mit Art. 1 des Gesetzes über rechtliche Rahmenbedingungen für den elektronischen Geschäftsverkehr vom 14.12.2001[2] in Umsetzung von Art. 12 Abs. 1 und 2 ECRL[3] erheblich erweitert. 1

Abgelöst wurde diese Vorschrift **vom inhaltsgleichen § 8 TMG,** der bereits in der ursprünglichen Fassung des TMG enthalten war (Art. 1 des Gesetzes zur Vereinheitlichung von Vorschriften über bestimmte elektronische Informations- und Kommunikationsdienste vom 26.2.2007[4]). Mit Art. 1 des Zweiten Gesetz zur Änderung des Telemediengesetzes vom 21.7.2016[5] wurde Abs. 3 angefügt, der die Geltung für WLAN-Netze anordnet. Mit Art. 1 des Dritten Gesetzes zur Änderung des Telemediengesetzes vom 28.9.2017[6] wurde Abs. 1 S. 2 neu eingefügt, mit dem die Rechtsfolgen der Haftungsprivilegierung geregelt wurden; weiterhin wurde Abs. 4 neu eingefügt, der ein Verbot bestimmter behördlicher Anordnungen enthält. 2

II. Erläuterungen

1. Haftungsprivilegierung für Übermittlung von oder Zugangsvermittlung zu fremden Informationen (Abs. 1, 2). § 8 Abs. 1 TMG enthält eine **Haftungsprivilegierung** für die Übermittlung von fremden Informationen oder die Vermittlung des Zugangs zur Nutzung entsprechender Informationen. Nach § 8 Abs. 2 TMG erstreckt sich diese auch auf das automatische kurzfristige Zwischenspeichern entsprechender Informationen. 3

Eine Übermittlung von fremden Informationen (Durchleitung entsprechend der Überschrift von § 8 TMG) liegt vor, wenn der Diensteanbieter mit der Auswahl und dem Inhalt der Information nichts zu tun hat und sich **auf seine Übermittlungsdienstleistung beschränkt.**[7] In unionsrechtskonformer Auslegung kommt es entsprechend Art. 12 Abs. 1 S. 1 ECRL für die Zugangsvermittlung lediglich darauf an, ob der Zugang zu einem Kommunikationsnetz vermittelt wird.[8] Dagegen kommt es nicht darauf an, ob der Diensteanbieter dem Nutzer einen Zugang zu fremden Informationen beschafft oder dies beabsichtigt.[9] Bei den entsprechenden Informationen darf es sich nicht um eigene Informationen handeln, sondern vielmehr müssen fremde Informationen vorliegen (zum Begriff der eigenen Informationen → § 7 Rn. 6 f.). 4

Zudem darf nach § 8 Abs. 1 S. 1 Nr. 1–Nr. 3 TMG der Diensteanbieter die Übermittlung nicht veranlasst, den Adressaten der übermittelten Information nicht ausgewählt und die übermittelten Informationen nicht ausgewählt oder verändert haben. Diese Voraussetzungen folgen schon aus dem Sinn und Zweck der Haftungsprivilegierung, der darin besteht, die Verantwortung des Diensteanbie- 5

1 BGBl. 1997 I 1870.
2 BGBl. 2001 I 3721.
3 Vgl. Gesetzentwurf der Bundesregierung, Entwurf eines Gesetzes über rechtliche Rahmenbedingungen für den elektronischen Geschäftsverkehr, BT-Drs. 14/6098, 23.
4 BGBl. 2007 I 179.
5 BGBl. 2016 I 1766.
6 BGBl. 2017 I 3530.
7 Spindler/Schuster/*Hoffmann/Volkmann* TMG § 8 Rn. 16, sog. Rooting.
8 Vgl. BeckOK IT-Recht/*Sesing* TMG § 8 Rn. 13.
9 Spindler/Schuster/*Hoffmann/Volkmann* TMG § 8 TMG Rn. 18.

ter, der **keine Möglichkeit zur Kontrolle der durchgeleiteten Informationen** hat und haben soll, entsprechend zu beschränken[10]. Daraus folgt auch, dass der Diensteanbieter bei einem kollusivem Zusammenwirken zur Begehung rechtswidriger Handlung mit dem Nutzer eines Dienstes für die entsprechenden Informationen verantwortlich bleibt (§ 8 Abs. 1 S. 3 TMG).

6 Nach § 8 Abs. 2 TMG umfasst die Übermittlung von Informationen nach § 8 Abs. 1 TMG und die Vermittlung des Zugangs zu ihnen auch die automatische kurzzeitige Zwischenspeicherung dieser Informationen, soweit dies nur zur Durchführung der Übermittlung im Kommunikationsnetz geschieht und die Informationen nicht länger gespeichert werden, als für die Übermittlung üblicherweise erforderlich ist. Hiervon umfasst ist nur eine **technisch notwendige Zwischenspeicherung** während und zum Zweck der Datenübermittlung.[11] Die Zwischenspeicherung muss automatisch erfolgen, also ohne Weiteres Zutun aufgrund einer vorangegangenen Programmierung.[12] Hinsichtlich der Frage, in welchen Fällen noch eine kurzzeitige Zwischenspeicherung vorliegt, gibt es keine absolute Obergrenze, sondern es kommt vielmehr allein darauf an, wie lange die Speicherung zur Übermittlung erforderlich ist.[13]

7 Die **Rechtsfolge der Haftungsprivilegierung** ist nach § 8 Abs. 1 S. 2 TMG, dass die betreffenden Diensteanbieter nicht wegen einer rechtswidrigen Handlung eines Nutzers auf Schadensersatz oder Beseitigung oder Unterlassung einer Rechtsverletzung in Anspruch genommen werden können und dies auch hinsichtlich aller Kosten für die Geltendmachung und Durchsetzung dieser Ansprüche gilt. Dementsprechend besteht keine Störerhaftung von Access-Providern im Sinne von § 8 Abs. 1 S. 1 TMG.[14]

8 Im **glücksspielrechtlichen Kontext** ist allerdings darauf hinzuweisen, dass dies öffentlich-rechtliche Maßnahmen gegen Access-Provider gerade nicht ausschließt, auch wenn diese eine Beseitigung oder Untersagung beinhalten können.[15] Aus der Regelung in § 8 Abs. 4 TMG ergibt sich vielmehr, dass behördliche Maßnahmen unter den dort geregelten Voraussetzungen möglich bleiben. Andernfalls hätte es dieser Regelung gerade nicht bedurft, die das grundsätzliche Fortbestehen behördlicher Eingriffsbefugnisse impliziert. Weiterhin knüpfen entsprechende öffentlich-rechtliche Eingriffsbefugnisse auch nicht zwingend an einer rechtswidrigen Handlung an.[16]

9 **2. Ausweitung auf Betreiber von WLAN-Netzwerken (Abs. 3).** Nach § 8 Abs. 3 TMG gelten § 8 Abs. 1, 2 TMG auch für Diensteanbieter nach § 8 Abs. 1 TMG, die Nutzern einen Internetzugang über ein drahtloses lokales Netzwerk zur Verfügung stellen. Die Vorschrift gilt für sämtliche Diensteanbieter, die Nutzern unter Verwendung von Funknetzwerken den Zugriff auf das Internet ermöglichen, auch für **private Anbieter**.[17] Die ursprüngliche gesetzgeberische Intention, allein

10 Vgl. NK-MedienR/*v. Petersdorff-Campen* 30. Abschn. Rn. 18.
11 NK-MedienR/*v. Petersdorff-Campen* 30. Abschn. Rn. 21.
12 Spindler/Schuster/*Hoffmann/Volkmann* TMG § 8 Rn. 41.
13 Vgl. BeckOK IT-Recht/*Sesing* TMG § 8 Rn. 24 mwN.
14 Spindler/Schuster/*Hoffmann/Volkmann* TMG § 8 Rn. 31, dem im Gesetzeswortlaut enthaltenen Wort „insbesondere" dürfte keine eigenständige Bedeutung zukommen.
15 Vgl. Spindler/Schuster/*Hoffmann/Volkmann* TMG § 8 Rn. 32.
16 Ebenso Spindler/Schuster/*Hoffmann/Volkmann* TMG § 8 Rn. 32.
17 BeckOK IT-Recht/*Sesing* TMG § 8 Rn. 27 mwN.

mit dieser Vorschrift die Störerhaftung abzuschaffen[18], konnte erst mit Einfügung des § 8 Abs. 1 S. 2 TMG verwirklicht werden.[19]

3. **Beschränkungen bezüglich behördlicher Anordnungen** (**Abs. 4**). Nach § 8 Abs. 4 S. 1 TMG dürfen Diensteanbieter im Sinne von § 8 Abs. 3 TMG, also die Betreiber von WLAN-Netzwerken, von einer Behörde nicht verpflichtet werden, vor Gewährung des Zugangs die persönlichen Daten von Nutzern zu erheben und zu speichern (**Registrierung**), die **Eingabe eines Passworts** zu verlangen oder das **Anbieten des Dienstes dauerhaft einzustellen**. Aus § 8 Abs. 4 S. 2 TMG folgt allerdings, dass die Diensteanbieter selbst durch die Vorschrift nicht in ihren Möglichkeiten eingeschränkt werden sollen, die Nutzer auf freiwilliger Basis zu identifizieren, eine Passworteingabe zu verlangen oder andere entsprechende Maßnahmen zu ergreifen. 10

Schon aus dem Wortlaut der Vorschrift ergibt sich, dass sie sich nur auf behördliche, nicht jedoch auf gerichtliche Anordnungen erstreckt.[20] Der Sperranspruch nach § 7 Abs. 4 TMG kann sich damit auch auf nach § 8 Abs. 4 S. 1 TMG (im Wege behördlicher Anordnungen) unzulässige Maßnahmen beziehen.[21] Im Ergebnis beschränkt die Vorschrift das behördliche Auswahlermessen im Hinblick auf den Inhalt etwaiger Verfügungen bei Maßnahmen gegen WLAN-Betreiber.[22] Wegen **Bedenken** im Hinblick auf die Frage, ob die Vorschrift **europarechtskonform** ist, wird teilweise eine teleologische Reduktion befürwortet, so dass eine Zugangsgewährung gegen Passwort oder auch eine vollständige Sperrung, beispielweise im Fall einer nahezu ausschließlichen Vermittlung des Zugriffs auf rechtsverletzende Inhalte doch möglich wäre.[23] 11

§ 9 TMG Zwischenspeicherung zur beschleunigten Übermittlung von Informationen

[1]Diensteanbieter sind für eine automatische, zeitlich begrenzte Zwischenspeicherung, die allein dem Zweck dient, die Übermittlung fremder Informationen an andere Nutzer auf deren Anfrage effizienter zu gestalten, nicht verantwortlich, sofern sie

1. **die Informationen nicht verändern,**
2. **die Bedingungen für den Zugang zu den Informationen beachten,**
3. **die Regeln für die Aktualisierung der Informationen, die in weithin anerkannten und verwendeten Industriestandards festgelegt sind, beachten,**
4. **die erlaubte Anwendung von Technologien zur Sammlung von Daten über die Nutzung der Informationen, die in weithin anerkannten und verwendeten Industriestandards festgelegt sind, nicht beeinträchtigen und**
5. **unverzüglich handeln, um im Sinne dieser Vorschrift gespeicherte Informationen zu entfernen oder den Zugang zu ihnen zu sperren, sobald sie Kenntnis davon erhalten haben, dass die Informationen am ursprünglichen Ausgangsort der Übertragung aus dem Netz entfernt wurden oder der Zugang**

18 Vgl. Beschlussempfehlung und Bericht des Ausschusses für Wirtschaft und Energie zum Entwurf eines Zweiten Gesetzes zur Änderung des Telemediengesetzes, BT-Drs. 18/8645, 10.
19 Vgl. eingehend BeckOK InfoMedienR/*Paal*/*Hennemann* TMG § 8 Rn. 41 ff.
20 BGH 26.7.2018 – I ZR 64/17, juris Rn. 55.
21 Vgl. BGH 26.7.2018 – I ZR 64/17, juris Rn. 54 f.
22 Vgl. BeckOK IT-Recht/*Sesing* TMG § 8 Rn. 57.
23 Spindler/Schuster/*Hoffmann*/*Volkmann* TMG § 8 Rn. 51 mwN.

zu ihnen gesperrt wurde oder ein Gericht oder eine Verwaltungsbehörde die Entfernung oder Sperrung angeordnet hat.

[2]§ 8 Abs. 1 Satz 2 gilt entsprechend.

I. Genese/Gesetzesentwicklungen

1 Eine **Haftungsprivilegierung** für die automatische und kurzzeitige Vorhaltung fremder Inhalte fand sich bereits 1997 in **§ 5 Abs. 3 S. 2 TDG**, das als Art. 1 des Gesetzes zur Regelung der Rahmenbedingungen für Informations- und Kommunikationsdienste[1] verabschiedet wurde. Diese Norm kann sowohl als Vorgängernorm zum heutigen § 8 Abs. 2 TMG als auch zu § 9 TMG angesehen werden.[2] Diese Vorschrift wurde als **§ 10 TDG** mit Art. 1 des Gesetzes über rechtliche Rahmenbedingungen für den elektronischen Geschäftsverkehr vom 14.12.2001[3] in Umsetzung von Art. 13 Abs. 1 ECRL[4] erheblich erweitert und erhielt im Wesentlichen ihre heutige Fassung.

2 Abgelöst wurde diese Vorschrift vom inhaltsgleichen **§ 9 TMG,** der bereits in der ursprünglichen Fassung des TMG enthalten war (Art. 1 des Gesetzes zur Vereinheitlichung von Vorschriften über bestimmte elektronische Informations- und Kommunikationsdienste vom 26.2.2007[5]). Im Hinblick auf den Anwendungsbereich wurde bei Schaffung des TMG der ähnliche § 8 des Staatsvertrags über Mediendienste vom 31.1.1997 ebenfalls integriert.

II. Erläuterungen

3 **1. Eröffnung des Anwendungsbereichs der Vorschrift.** § 9 S. 1 TMG zielt mit seiner Definition auf das sog. **Caching auf Proxy-Servern** ab.[6] Dies ergibt sich schon aus der Überschrift des mit § 9 TMG umgesetzten Art. 13 ECRL („Caching"). Eine solche Zwischenspeicherung ist zwar gemäß dem Wortlaut der Definition zeitlich begrenzt, im Ergebnis dürfte es für die Frage, ob eine noch zeitlich begrenzte Zwischenspeicherung vorliegt, nur darauf ankommen, ob die Zwischenspeicherung allein dem Zweck dient, die Übermittlung an andere Nutzer auf deren Anfrage effizienter zu gestalten.[7] Zwischenspeicherungen, die nicht oder nicht ausschließlich der Steigerung der Effizienz dienen, fallen nicht in den Anwendungsbereich der Norm.[8] In zeitlicher Hinsicht dürfte es daher keine absolute Obergrenze geben, vielmehr ist allein auf den Zweck der Zwischenspeicherung abzustellen. Dementsprechend darf die Speicherdauer zum Zweck des Cachings länger dauern als für einen ganz konkreten Übertragungsvorgang, was § 9 TMG auch von § 8 Abs. 2 bzw. § 10 TMG abgrenzt.[9] Sofern allein der Zweck verfolgt wird, die Übermittlung fremder Informationen an an-

1 BGBl. 1997 I 1870.
2 Vgl. BeckOK IT-Recht/*Sesing* TMG § 9 Rn. 1.
3 BGBl. 2001 I 3721.
4 Vgl. Gesetzentwurf der Bundesregierung, Entwurf eines Gesetzes über rechtliche Rahmenbedingungen für den elektronischen Geschäftsverkehr, BT-Drs. 14/6098, 24.
5 BGBl. 2007 I 179.
6 Vgl. NK-MedienR/*v. Petersdorff-Campen* 30. Abschn. Rn. 25.
7 Ebenso NK-MedienR/*v. Petersdorff-Campen* 30. Abschn. Rn. 25.
8 BeckOK IT-Recht/*Sesing* TMG § 9 Rn. 8 mwN.
9 BeckOK InfoMedienR/*Ott* TMG § 9 Rn. 10.

dere Nutzer auf deren Anfrage effizienter zu gestalten, ist daher auch eine Speicherdauer von 30 Tagen zeitlich begrenzt im Sinne der Norm.[10]

Weiterhin muss die Zwischenspeicherung **automatisch** erfolgen. Sie ist daher nicht von einem Willensakt gesteuert, sondern erfolgt ohne Kenntnis des Inhalts und ohne Weiteres individuelles Zutun aufgrund der vorangegangenen Programmierung des Cache-Systems.[11] Bei den zwischengespeicherten Informationen darf es sich zudem nicht um eigene Informationen handeln, sondern vielmehr müssen fremde Informationen vorliegen (zum Begriff der eigenen Informationen → § 7 Rn. 6 f.). 4

2. Weitere Voraussetzungen. § 9 S. 1 Nr. 1–5 TMG zählt weitere (negative) Voraussetzungen auf, die erfüllt sein müssen, damit die Haftungsprivilegierung nach dieser Vorschrift einschlägig ist. Nach § 9 S. 1 Nr. 1 TMG **dürfen Diensteanbieter die zwischengespeicherten Informationen nicht verändern.** Im Fall einer ungewollten, auf einem technischen Fehler beruhenden Veränderung der Informationen liegt keine Veränderung im Sinne der Norm vor.[12] Gleiches gilt für rein technische Veränderungen, wie etwa die Komprimierung oder Aufteilung von Informationen.[13] Fraglich ist, ob die zwischengespeicherten Informationen jederzeit dem Original entsprechen müssen. Nach Auffassung der Bundesregierung ist dies der Fall.[14] Nach richtiger Auffassung ist dies jedoch nicht der Fall, da ansonsten die in § 9 S. 1 Nr. 3 TMG vorausgesetzte Aktualisierungspflicht leer liefe.[15] 5

Nach § 9 S. 1 Nr. 2 TMG müssen Diensteanbieter zudem die **Bedingungen für den Zugang zu den Informationen** beachten, um in den Genuss der Haftungsprivilegierung für zwischengespeicherte Informationen zu kommen. Durch die Datenspiegelung darf der Diensteanbieter nicht die vom Inhaber des Ursprungsservers festgelegten Zugangsbedingungen unterlaufen, beispielsweise Zugangssperren aus Gründen des Jugendschutzes, wegen Entgeltlichkeit der abzurufenden Informationen oder aus urheberrechtlichen Gründen.[16] Zugangskontrollen sind im Gesetz über den Schutz von zugangskontrollierten Diensten und von Zugangskontrolldiensten vom 19.3.2002[17] geregelt. Auch Digital Rights Management Systeme gemäß den §§ 95a ff. UrhG sind Zugangskontrollen.[18] 6

Nach § 9 S. 1 Nr. 3 TMG ist Privilegierungsvoraussetzung weiterhin, dass Diensteanbieter bei der Zwischenspeicherung die **Regeln für die Aktualisierung der Informationen,** die in weithin anerkannten und verwendeten Industriestandards festgelegt sind, beachten. Dadurch soll vermieden werden, dass eine zeitlich überholte Cache-Kopie den Eindruck vermittelt, sie entspreche einer (aktualisierten) Original-Website.[19] Der Begriff der weithin anerkannten und verwendeten Industriestandards kann daher ähnlich dem im Umwelt- und Technikrecht verwendeten Begriff der allgemein anerkannten Regeln der Technik verstanden 7

---

10 Vgl. LG München I 19.4.2007 – 7 O 3950/07, juris Rn. 65 f.
11 Spindler/Schuster/*Hoffmann/Volkmann* TMG § 9 Rn. 13.
12 Spindler/Schuster/*Hoffmann/Volkmann* TMG § 9 Rn. 17.
13 BeckOK IT-Recht/*Sesing* TMG § 9 Rn. 14.
14 Gesetzentwurf der Bundesregierung, Entwurf eines Gesetzes über rechtliche Rahmenbedingungen für den elektronischen Geschäftsverkehr, BT-Drs. 14/6098, 25.
15 So Spindler/Schmitz/*Spindler* TMG § 9 Rn. 17.
16 Spindler/Schuster/*Hoffmann/Volkmann* TMG § 9 Rn. 19.
17 BGBl. 2002 I 1090; zuletzt geändert durch Art. 3 des Gesetzes vom 26.2.2007 (BGBl. 2007 I 179).
18 Spindler/Schuster/*Hoffmann/Volkmann* TMG § 9 Rn. 22.
19 Gesetzentwurf der Bundesregierung, Entwurf eines Gesetzes über rechtliche Rahmenbedingungen für den elektronischen Geschäftsverkehr, BT-Drs. 14/6098, 25.

werden, so dass es sich um Standards handeln muss, die in einschlägigen Branchenkreisen von Fachleuten anerkannt und auch praktiziert werden.[20] Entsprechende Standards sind jedoch nicht ersichtlich.[21] Dementsprechend sollten keine allzu hohen Anforderungen an die Aktualisierungshäufigkeit gestellt werden.[22] Erfolgt jeweils eine Aktualisierungsabfrage aus Anlass eines Nutzerabrufs, so dürfte den Erfordernissen der Norm entsprochen sein.[23]

8 Weitere Voraussetzung der Haftungsprivilegierung ist nach § 9 S. 1 Nr. 4 TMG, dass Diensteanbieter die erlaubte Anwendung von Technologien zur Sammlung von Daten über die Nutzung der Informationen, die in weithin anerkannten und verwendeten **Industriestandards** festgelegt sind, nicht beeinträchtigen. Durch diese Voraussetzung soll vermieden werden, dass die Erfassung von Zugriffszahlen durch Cachekopien unterlaufen wird.[24] Weitergehend wird aber jede erlaubte Sammlung von Daten über das Nutzerverhalten erfasst.[25] Den Diensteanbieter trifft jedoch gemäß dem Rechtsgedanken des § 7 Abs. 2 TMG keine Pflicht zur Überprüfung der Rechtmäßigkeit der Datenspeicherung beim Content-Provider.[26] Die Privilegierung entfällt allerdings dann nicht, wenn die beeinträchtigte Datenspeicherung unzulässig ist und/oder nicht anerkannten Industriestandards entspricht (zum Begriff der Industriestandards → Rn. 7).

9 Nach § 9 S. 1 Nr. 5 TMG müssen Diensteanbieter **unverzüglich** handeln, um im Sinne von § 9 S. 1 TMG gespeicherte Informationen zu entfernen oder den Zugang zu ihnen zu sperren, sobald sie Kenntnis davon erhalten haben, dass die Informationen am ursprünglichen Ausgangsort der Übertragung aus dem Netz entfernt wurden oder der Zugang zu ihnen gesperrt wurde oder ein Gericht oder eine Verwaltungsbehörde die Entfernung oder Sperrung angeordnet hat. Dem Diensteanbieter soll im Fall der (späteren) Kenntniserlangung ermöglicht werden, durch eine rechtzeitige Sperrung des Zugangs zur Information zu verhindern, dass die Verantwortlichkeitsbeschränkung nach § 9 S. 1 TMG entfällt.[27] Dabei ist positive Kenntnis von dem Umstand erforderlich, aufgrund dessen die Informationen zu entfernen bzw. der Zugang zu ihnen zu sperren ist.[28] Unerheblich ist, auf welchem Weg der Diensteanbieter seine Kenntnis erlangt hat.[29] Zudem kann die Kenntniserlangung nur dann zum Wegfall der Verantwortlichkeitsbeschränkung führen, wenn die Entfernung oder Sperrung technisch möglich und zumutbar ist.[30]

10 Die letzte Voraussetzung der Haftungsprivilegierung ergibt sich aus dem in § 9 S. 2 TMG enthaltenen Verweis auf § 8 Abs. 1 S. 2 TMG. Wegen eines gesetzgeberischen Redaktionsversehens wurde der Verweis bei Einfügung eines neuen § 8 Abs. 1 S. 2 TMG nicht geändert und ist als **Verweis auf § 8 Abs. 1 S. 3 TMG** zu verstehen.[31] Dementsprechend ist die Haftungsprivilegierung nach § 9 S. 1

20 Spindler/Schmitz/*Spindler* TMG § 9 Rn. 21.
21 BeckOK IT-Recht/*Sesing* TMG § 9 Rn. 20 mwN.
22 Spindler/Schuster/*Hoffmann/Volkmann* TMG § 9 Rn. 27.
23 So Spindler/Schuster/*Hoffmann/Volkmann* TMG § 9 Rn. 28.
24 Gesetzentwurf der Bundesregierung, Entwurf eines Gesetzes über rechtliche Rahmenbedingungen für den elektronischen Geschäftsverkehr, BT-Drs. 14/6098, 25.
25 Spindler/Schuster/*Hoffmann/Volkmann* TMG § 9 Rn. 30.
26 Spindler/Schuster/*Hoffmann/Volkmann* TMG § 9 Rn. 30.
27 Gesetzentwurf der Bundesregierung, Entwurf eines Gesetzes über rechtliche Rahmenbedingungen für den elektronischen Geschäftsverkehr, BT-Drs. 14/6098, 25.
28 Vgl. BeckOK InfoMedienR/*Ott* TMG § 9 Rn. 22.
29 BeckOK IT-Recht/*Sesing* TMG § 9 Rn. 26 mwN.
30 Gesetzentwurf der Bundesregierung, Entwurf eines Gesetzes über rechtliche Rahmenbedingungen für den elektronischen Geschäftsverkehr, BT-Drs. 14/6098, 25.
31 Vgl. BeckOK IT-Recht/*Sesing* TMG § 9 Rn. 29.1.

TMG nicht einschlägig, wenn der Diensteanbieter absichtlich mit einem Nutzer seines Dienstes zusammenarbeitet, um rechtswidrige Handlungen zu begehen. Allerdings dürfte die praktische Relevanz dieser Ausnahme fraglich sein, da in diesem Fall regelmäßig schon die in § 9 S. 1 TMG genannten Voraussetzungen nicht vollständig erfüllt sein dürften.[32]

§ 10 TMG Speicherung von Informationen

¹Diensteanbieter sind für fremde Informationen, die sie für einen Nutzer speichern, nicht verantwortlich, sofern

1. **sie keine Kenntnis von der rechtswidrigen Handlung oder der Information haben und ihnen im Falle von Schadensersatzansprüchen auch keine Tatsachen oder Umstände bekannt sind, aus denen die rechtswidrige Handlung oder die Information offensichtlich wird, oder**
2. **sie unverzüglich tätig geworden sind, um die Information zu entfernen oder den Zugang zu ihr zu sperren, sobald sie diese Kenntnis erlangt haben.**

²Satz 1 findet keine Anwendung, wenn der Nutzer dem Diensteanbieter untersteht oder von ihm beaufsichtigt wird.

I. Genese/Gesetzesentwicklungen

Eine **Haftungsprivilegierung für die Bereithaltung fremder Inhalte** „zur Nutzung" fand sich bereits 1997 in **§ 5 Abs. 2 TDG**, das als Art. 1 des Gesetzes zur Regelung der Rahmenbedingungen für Informations- und Kommunikationsdienste[1] verabschiedet wurde. Nach dieser Vorschrift waren Diensteanbieter für fremde Inhalte, die sie zur Nutzung bereithalten, nur dann verantwortlich, wenn sie von diesen Inhalten Kenntnis hatten und es ihnen technisch möglich und zumutbar war, deren Nutzung zu verhindern. 1

Diese Vorschrift wurde als **§ 11 TDG** mit Art. 1 des Gesetzes über rechtliche Rahmenbedingungen für den elektronischen Geschäftsverkehr vom 14.12.2001[2] in Umsetzung von Art. 14 Abs. 1 ECRL[3] grundsätzlich verändert und erhielt im Wesentlichen ihre heutige Fassung, die anders als die Vorgängerfassung keinen grundsätzlichen Haftungsausschluss mehr vorsieht, sondern diesen an bestimmte Bedingungen knüpft. Abgelöst wurde diese Vorschrift vom inhaltsgleichen **§ 10 TMG**, der bereits in der ursprünglichen Fassung des TMG enthalten war 2

32 Ebenso Spindler/Schuster/*Hoffmann/Volkmann* TMG § 9 Rn. 40 f.
1 BGBl. 1997 I 1870.
2 BGBl. 2001 I 3721.
3 Vgl. Gesetzentwurf der Bundesregierung, Entwurf eines Gesetzes über rechtliche Rahmenbedingungen für den elektronischen Geschäftsverkehr, BT-Drs. 14/6098, 25.

(Art. 1 des Gesetzes zur Vereinheitlichung von Vorschriften über bestimmte elektronische Informations- und Kommunikationsdienste vom 26.2.2007[4]).

II. Erläuterungen

3 § 10 TMG stellt sog. **Host-Provider** (vgl. die Überschrift von Art. 14 ECRL) unter den dort genannten Voraussetzungen von der Verantwortung für fremde Informationen frei, da diese einen wesentlichen Beitrag zur Verfügbarkeit von Informationen in Kommunikationsnetzen leisten.[5] Entsprechend Erwägungsgrund 42 ECRL können sich Diensteanbieter daher auf die Privilegierung nur berufen, soweit deren Tätigkeit rein technischer, automatischer und passiver Art ist.[6]

4 Nach § 10 TMG privilegierte Diensteanbieter können strafrechtlich nicht belangt und zivilrechtlich nicht auf Schadensersatz in Anspruch genommen werden.[7] Hiervon bleiben allerdings Verpflichtungen zur Entfernung von Informationen oder zur Sperrung der Nutzung von Informationen unter den Voraussetzungen von **§ 7 Abs. 3 S. 1 TMG unberührt** (hierzu im Einzelnen → § 7 Rn. 10 ff.).

5 **1. Eröffnung des Anwendungsbereichs.** § 10 S. 1 TMG setzt voraus, dass ein Diensteanbieter **fremde Informationen für einen Nutzer speichert.** Dabei ist anders als im Anwendungsbereich der §§ 8 Abs. 2 und 9 TMG die Dauer der Speicherung unerheblich und anders als im Anwendungsbereich des § 9 TMG ist der Anwendungsbereich der Norm nicht auf automatische Speichervorgänge beschränkt.[8] Weitere Anwendungsvoraussetzung der Norm ist, dass es sich um fremde und damit nicht um eigene Informationen handelt (zum Begriff der eigenen Informationen → § 7 Rn. 6 f.). Die Speicherung von Informationen muss auf Veranlassung des Nutzers geschehen, bei einer selbsttätig und unabhängig vom Nutzer erfolgenden Speicherung von Informationen liegen dagegen keine fremden Informationen vor.[9]

6 **2. Weitere Voraussetzungen.** § 10 S. 1 Nr. 1 und Nr. 2 TMG nennen weitere Voraussetzungen, die alternativ erfüllt sein müssen, damit die Haftungsprivilegierung greift.

7 **a) Kenntnis der Rechtswidrigkeit, Offensichtlichkeit (Nr. 1).** Nach § 10 S. 1 Nr. 1 Alt. 1 TMG dürfen Diensteanbieter keine Kenntnis von der rechtswidrigen Handlung oder Information haben. Kenntnis meint dabei die **tatsächliche positive menschliche Kenntnis des einzelnen konkreten Inhalts.**[10] Eine allgemeine Kenntnis von rechtswidrigen Informationen, wie sie sich aus dem allgemein gehaltenen Hinweis eines Geschädigten ergeben kann, genügt dagegen zum Wegfall der Haftungsprivilegierung nicht.[11] Dies gilt für sämtliche Rechtsgebiete und damit auch für das Strafrecht.[12]

8 Umstritten ist hingegen, ob sich die Kenntnis auch auf die Rechtswidrigkeit der Handlung oder Information beziehen muss. Bei einer Auslegung von § 10 TMG im Lichte von § 7 Abs. 2 TMG muss jedoch auch eine **Kenntnis von der Rechtswid-**

4 BGBl. 2007 I 179.
5 Vgl. BeckOK IT-Recht/*Sesing* TMG § 10 Rn. 5.
6 BeckOK IT-Recht/*Sesing* TMG § 10 Rn. 7.
7 BeckOK IT-Recht/*Sesing* TMG § 10 Rn. 42.
8 BeckOK IT-Recht/*Sesing* TMG § 10 Rn. 8 mwN.
9 BeckOK IT-Recht/*Sesing* TMG § 10 Rn. 12.
10 Spindler/Schuster/*Hoffmann/Volkmann* TMG § 10 Rn. 18.
11 Spindler/Schuster/*Hoffmann/Volkmann* TMG § 10 Rn. 19.
12 Spindler/Schuster/*Hoffmann/Volkmann* TMG § 10 Rn. 20.

rigkeit verlangt werden. Dementsprechend sind die Voraussetzungen von § 10 S. 1 Nr. 1 Alt. 1 TMG auch dann erfüllt, wenn der Diensteanbieter zwar eine Handlung oder Information positiv kennt, aber nicht deren Rechtswidrigkeit.[13]

Nach § 10 S. 1 Nr. 1 Alt. 2 TMG dürfen Diensteanbietern im Fall von Schadensersatzansprüchen auch keine Tatsachen oder Umstände bekannt sein, aus denen die rechtswidrige Handlung oder Information offensichtlich wird. Im Hinblick auf das Merkmal der **Offensichtlichkeit** könnte einerseits überlegt werden, dies mit grober Fahrlässigkeit gleichzusetzen. Andererseits ist es jedoch auch vertretbar, nur bewusste grobe Fahrlässigkeit zuzulassen. Im Hinblick auf den Wortlaut von Art. 14 Abs. 1 lit. a ECRL („in Bezug auf Schadensersatzansprüche ist er sich auch keiner Tatsachen oder Umstände bewusst, aus denen die rechtswidrige Tätigkeit oder Information offensichtlich wird") ist mit der wohl hM davon auszugehen, dass nur Fälle bewusster grober Fahrlässigkeit nach § 10 S. 1 Nr. 1 Alt. 2 TMG privilegierungsschädlich sind.[14] 9

b) Unverzügliches Tätigwerden nach Kenntniserlangung (Nr. 2). Auch im Fall einer Kenntniserlangung muss die Privilegierung nicht zwingend entfallen. Vielmehr gilt die Haftungsprivilegierung im Fall einer Kenntniserlangung nach § 10 S. 1 Nr. 2 TMG für solche Diensteanbieter, die unverzüglich tätig geworden sind, um die Information zu entfernen oder den Zugang zu ihr zu sperren, sobald sie „diese Kenntnis" erlangt haben. Der Begriff „diese Kenntnis" bezieht sich dabei auf § 10 S. 1 Nr. 1 TMG, so dass die dortigen differenzierten Verantwortlichkeitsmaßstäbe einerseits für Schadensersatzansprüche und andererseits im Übrigen in Bezug genommen sind.[15] Der Gesetzeswortlaut verlangt keinen Erfolg, sondern nur die zweck- bzw. zielgerichtete Tätigkeit, also die **Bemühung um eine Entfernung oder Zugangssperrung.**[16] Dabei muss die Entfernung oder Sperrung technisch möglich und zumutbar sein.[17] Unverzüglich ist entsprechend § 121 Abs. 1 S. 1 BGB als „ohne schuldhaftes Zögern" zu verstehen.[18] Der Diensteanbieter verliert damit die Privilegierung nicht, wenn er (insbesondere in schwierigen Fällen) zunächst eine Prüfung vornimmt und dementsprechend eine angemessene Reaktionszeit vor dessen Tätigwerden verstreicht.[19] 10

c) Kein Ausschluss der Anwendung von S. 1 TMG. Nach § 10 S. 2 TMG findet § 10 S. 1 TMG und die darin enthaltene Haftungsprivilegierung keine Anwendung, wenn der Nutzer dem Diensteanbieter untersteht oder von ihm beaufsichtigt wird. **Arbeitnehmer oder arbeitnehmerähnliche Personen** dürften dem Diensteanbieter regelmäßig unterstehen.[20] Allerdings kann in solchen Fällen auch eine eigene Information des Arbeitgebers vorliegen, so dass die Anwendbarkeit von § 10 S. 1 TMG schon aus diesem Grund ausscheidet.[21] Allgemein untersteht ein Nutzer dem Diensteanbieter, wenn eine Weisungsgebundenheit des Nutzers bezüglich des Einspeisens von Informationen besteht.[22] 11

---

13 BeckOK IT-Recht/*Sesing* TMG § 10 Rn. 24 mwN.
14 So auch BeckOK InfoMedienR/*Paal/Hennemann* TMG § 10 Rn. 33 mwN.
15 Vgl. Gesetzentwurf der Bundesregierung, Entwurf eines Gesetzes über rechtliche Rahmenbedingungen für den elektronischen Geschäftsverkehr, BT-Drs. 14/6098, 25.
16 Spindler/Schuster/*Hoffmann/Volkmann* TMG § 10 Rn. 44.
17 Gesetzentwurf der Bundesregierung, Entwurf eines Gesetzes über rechtliche Rahmenbedingungen für den elektronischen Geschäftsverkehr, BT-Drs. 14/6098, 25.
18 So die ganz hM, vgl. nur BeckOK IT-Recht/*Sesing* TMG § 10 Rn. 34 mwN.
19 Vgl. BeckOK InfoMedienR/*Paal/Hennemann* TMG § 10 Rn. 46 mwN.
20 NK-MedienR/*v. Petersdorff-Campen* 30. Abschn. Rn. 33.
21 Vgl. BeckOK IT-Recht/*Sesing* TMG § 10 Rn. 38 mwN.
22 BeckOK IT-Recht/*Sesing* TMG § 10 Rn. 37 mwN.

12 Im Hinblick auf die Beaufsichtigung kommt es dagegen nicht auf ein Weisungsrecht, sondern auf eine **Pflicht zur Beaufsichtigung** nicht im Hinblick auf die konkrete Information, sondern **in Bezug auf Handlungen des jeweiligen Nutzers** an.[23] Nicht ausreichend ist hierfür ein rein vertragliches oder wirtschaftliches Verhältnis zwischen Nutzer und Diensteanbieter.[24]

§ 11 TMG Bußgeldvorschriften

(1) Ordnungswidrig handelt, wer absichtlich entgegen § 6 Abs. 2 Satz 1 den Absender oder den kommerziellen Charakter der Nachricht verschleiert oder verheimlicht.

(2) Ordnungswidrig handelt, wer vorsätzlich oder fahrlässig

1. entgegen § 2c Absatz 1 eine Auskunft nicht, nicht richtig, nicht vollständig oder nicht rechtzeitig erteilt,

2. entgegen § 5 Abs. 1 eine Information nicht, nicht richtig oder nicht vollständig verfügbar hält,

3. entgegen § 10a Absatz 1 oder § 10b Satz 1 ein dort genanntes Verfahren nicht, nicht richtig oder nicht vollständig vorhält.

(3) Die Ordnungswidrigkeit kann mit einer Geldbuße bis zu fünfzigtausend Euro geahndet werden.

Literatur: *Borges/Hilber*, BeckOK IT-Recht, 5. Edition Stand: 1.1.2022; *Gersdorf/Paal*, BeckOK Informations- und Medienrecht, 32. Edition Stand 1.5.2021; *Graf*, Beck'scher Online-Kommentar zum Gesetz über Ordnungswidrigkeiten, 31. Edition, Stand: 1.7.2021; *Krenberger/Krumm*, Ordnungswidrigkeitengesetz Kommentar, 6. Aufl. 2020; *Mitsch*, Karlsruher Kommentar zum Gesetz über Ordnungswidrigkeiten, 5. Aufl. 2018.

I. Allgemeines und Gesetzeshistorie

1 Mit der Schaffung des TMG durch das Gesetz zur Vereinheitlichung von Vorschriften über bestimmte elektronische Informations- und Kommunikationsdienste (**ElGVG**) wurden die Bußgeldtatbestände aus § 12 TDG, § 9 TDDSG und § 24 MDStV in einem neuen § 16 TMG zusammengefasst.[1]

2 Zuletzt erfolgte eine Änderung des TMG zum 1.12.2021 mit Erlass des Gesetzes über den Datenschutz und den Schutz der Privatsphäre in der Telekommunikati-

23 BeckOK IT-Recht/*Sesing* TMG § 10 Rn. 41 mwN.
24 BeckOK InfoMedienR/*Paal/Hennemann* TMG § 10 Rn. 55 mwN.
1 BT-Drs. 16/3078, 16; vgl. zur Gesetzeshistorie insgesamt BeckOK IT-Recht/*Sesing* TMG § 11 Rn. 1.

on und bei Telemedien (TTDSG)[2]. In diesem Zuge wurden die §§ 11-15d TMG aufgehoben und die Bußgeldvorschrift des § 16 TMG aF als neuer § 11 TMG entsprechend angepasst.[3] Die bis dahin in § 16 TMG aF enthaltenen Ordnungswidrigkeitentatbestände, mit denen Verstöße gegen die telemedienrechtlichen Datenschutzbestimmungen in §§ 11-15d TMG geahndet werden konnten, sind nunmehr in § 28 TTDSG enthalten.[4]

II. Einzelne Bußgeldtatbestände

1. Verschleierung oder Verheimlichung kommerzieller Nachrichten (Abs. 1). § 11 Abs. 1 TMG stellt die **absichtliche Verschleierung oder Verheimlichung des Absenders oder des kommerziellen Charakters einer Nachricht** unter Bußgeldandrohung. Die Vorschrift verweist ausdrücklich nur auf § 6 Abs. 2 S. 1 TMG, nicht jedoch auf Abs. 1. Tatbestandsmäßig ist die unzureichende Gestaltung der Kopf- und Betreffzeile, aus der für den Empfänger weder hervorgeht, wer Absender der Nachricht ist, noch dass es sich um eine kommerzielle Nachricht handelt (§ 6 Abs. 2 TMG). 3

Da § 6 Abs. 2 TMG – anders als § 6 Abs. 1 TMG, der ausdrücklich nur Diensteanbieter verpflichtet – nicht auf einen bestimmten Adressatenkreis beschränkt ist, kann **Täter** grundsätzlich jeder sein, dem die notwendigen technischen Möglichkeiten zur Verfügung stehen.[5] 4

Auf der subjektiven Tatseite setzt § 11 Abs. 1 TMG ausdrücklich **Absicht** und damit die strengste Vorsatzform voraus. Dem Täter muss es daher gerade auf die Verwirklichung des Tatbestands, hier also das Vorenthalten notwendiger Informationen, im Sinne eines zielgerichteten Erfolgswillens ankommen.[6] 5

2. Bußgeldtatbestände des Abs. 2. Im Unterschied zu Abs. 1 können die in Abs. 2 genannten Bußgeldtatbestände **sowohl vorsätzlich als auch fahrlässig** begangen werden. Demnach handelt auch derjenige ordnungswidrig, der pflichtwidrig die nach seinen subjektiven Möglichkeiten vorhersehbare Verwirklichung des Tatbestands nicht vermeidet.[7] 6

a) **Verstoß gegen die Pflicht zur Auskunftserteilung (Nr. 1).** Der Tatbestand erfasst Verstöße gegen die in § 2c Abs. 1 TMG geregelte Pflicht audiovisueller Mediendiensteanbieter (§ 2 Nr. 7 TMG) und Videosharingplattform-Anbieter (§ 2 Nr. 11 TMG), der zuständigen Behörde auf Verlangen **Auskünfte** über die in § 2a Abs. 2 bis 7 TMG genannten Kriterien zu erteilen, soweit dies für die Erfüllung der Aufgaben nach § 2b Abs. 1 S. 2 und Abs. 2 TMG erforderlich ist. 7

Die in § 2a Abs. 2 bis 7 TMG genannten Kriterien dienen der **Bestimmung des Sitzlandes** des Diensteanbieters. Die Erteilung von unrichtigen oder unvollständigen Auskünften ist ebenso bußgeldbewehrt wie die nicht rechtzeitige Erteilung oder gänzliche Verweigerung der Auskünfte. Eine nicht rechtzeitige Auskunftserteilung kommt dabei nur in Betracht, wenn die zuständige Behörde dem Diensteanbieter in ihrem Auskunftsersuchen zuvor eine entsprechende Frist gesetzt hat.[8] Im bußgeldrechtlichen Sinne unerheblich ist es, wenn Auskünfte verweigert bzw. nicht vollständig oder nicht rechtzeitig erteilt werden, die die zuständige 8

2 BGBl. 2021 I 1982 ff.
3 BT-Drs. 19/27441, 30.
4 BeckOK IT-Recht/*Sesing* TMG § 11 Rn. 5.
5 S. auch BeckOK InfoMedienR/*Bornemann* TMG § 16 aF Rn. 5.
6 Vgl. KK-OWiG/*Rengier* OWiG § 10 Rn. 6; BeckOK IT-Recht/*Sesing* TMG § 11 Rn. 9.
7 BeckOK InfoMedienR/*Bornemann* TMG § 16 aF Rn. 9.
8 BT-Drs. 19/18789, 41.

Behörde nicht zur Erfüllung der Aufgaben nach § 2b Abs. 1 S. 2 und Abs. 2 TMG benötigt.[9]

9 b) **Verstoß gegen allgemeine Informationspflichten** (Nr. 2). Nach dieser Vorschrift handelt ordnungswidrig, wer gegen die in § 5 Abs. 1 TMG normierten allgemeinen Informationspflichten verstößt, indem er eine der dort genannten Informationen nicht, nicht richtig oder nicht vollständig verfügbar hält. § 5 Abs. 1 TMG verpflichtet **Diensteanbieter** dazu, für geschäftsmäßige, in der Regel gegen Entgelt angebotene Telemedien die in der Vorschrift genannten Informationen leicht erkennbar, unmittelbar erreichbar und ständig verfügbar zu halten. Von einer **Geschäftsmäßigkeit** ist auszugehen, wenn die Internetseiten kommerziell ausgestaltet sind, also unmittelbar auf den Vertrieb von Waren oder Dienstleistung ausgerichtet sind oder bloß mittelbar von eigener oder fremder Werbung gespeist werden.[10] Die Entgeltlichkeit der angebotenen Telemedien ist jedoch kein zwingendes Merkmal der Geschäftsmäßigkeit (zu den Anforderungen an die Geschäftsmäßigkeit → § 5 Rn. 7).[11]

10 Tatbestandsmäßig ist neben dem vollständigen Fehlen der geforderten Angaben auch das **„nicht richtige“ Verfügbarhalten**. Diese Tatbestandsalternative dürfte jedenfalls dann erfüllt sein, wenn die Angaben inhaltlich falsch oder in einer nicht richtigen Form verfügbar gehalten werden, so dass beispielsweise die gewählte Schrift kaum erkennbar ist.[12]

11 c) **Verstoß gegen Vorgaben zum Melde- und Abhilfeverfahren** (Nr. 3). Die Bußgeldvorschrift nimmt Bezug auf §§ 10a Abs. 1 und 10b S. 1 TMG, die ausschließlich **Videosharingplattform-Anbieter** verpflichten. Ordnungswidrig handelt, wer entgegen § 10a Abs. 1 TMG ein Verfahren zur Meldung von Nutzerbeschwerden oder entgegen § 10b S. 1 TMG ein Verfahren zur Abhilfe solcher Nutzerbeschwerden nicht, nicht richtig oder nicht vollständig vorhält. Nicht tatbestandsmäßig ist das Treffen einer fehlerhaften Entscheidung über eine Nutzerbeschwerde, wenn das vorgehaltene Verfahren den gesetzlichen Anforderungen entspricht.[13]

12 Gemäß § 10a Abs. 1 TMG sind Videosharingplattform-Anbieter verpflichtet, ein Verfahren vorzuhalten, mit dem die **Nutzerbeschwerden** über rechtswidrige audiovisuelle Inhalte, die auf dem Videosharingplattform-Dienst bereitgestellt werden, elektronisch gemeldet werden können. Das Meldeverfahren muss leicht erkennbar und bedienbar, unmittelbar erreichbar und ständig verfügbar sein sowie die Möglichkeit bieten, die **Beschwerde näher zu begründen** (§ 10a Abs. 2 Nr. 1 und 2 TMG). Gleichzeitig muss das Verfahren gewährleisten, dass der Videosharingplattform-Anbieter die Beschwerde unverzüglich zur Kenntnis nehmen und prüfen kann (§ 10a Abs. 2 Nr. 3 TMG). Erfüllt das Meldeverfahren eines dieser Kriterien nicht, ist der Bußgeldtatbestand des nicht vollständigen Vorhaltens erfüllt.

13 Das Verfahren zur Abhilfe von Nutzerbeschwerden ist in § 10b TMG geregelt. Gem. S. 1 der Vorschrift müssen Videosharingplattform-Anbieter ein **wirksames und transparentes Verfahren** zur Prüfung und Abhilfe der nach § 10a Abs. 1 TMG gemeldeten Nutzerbeschwerden vorhalten. S. 2 der Vorschrift enthält spezifische Anforderungen an das **Prüfungs- und Abhilfeverfahren**. Soweit in der

9 BeckOK InfoMedienR/*Bornemann* TMG § 16 aF Rn. 11a.
10 OLG Hamburg 3.4.2007 – 3 W 64/07, AfP 2008, 511; BT-Drs. 16/3078, 14.
11 BeckOK InfoMedienR/*Bornemann* TMG § 16 aF Rn. 11c; vgl. auch OVG Sachsen-Anhalt 18.5.2017 – 4 L 103/16, ZUM-RD 2017, 637 (639 f.).
12 Vgl. BeckOK InfoMedienR/*Bornemann* TMG § 16 aF Rn. 11c.
13 BeckOK IT-Recht/*Sesing* TMG § 11 Rn. 17.

Gesetzesbegründung hinsichtlich S. 2 Nr. 1 gefordert wird, dass der Videosharingplattform-Anbieter intern eine Stelle einrichtet, die mit der Bearbeitung der Nutzerbeschwerden betraut ist[14], kann dies aufgrund des insoweit eindeutigen Wortlauts nicht als Maßstab im Rahmen eines Bußgeldverfahrens gelten. Gleiches gilt für die Ausführungen in der Gesetzesbegründung, wonach aus § 10b S. 2 Nr. 2 TMG folge, dass die dort genannte Stelle möglichst durchgehend mit einer natürlichen Person besetzt sein müsse, damit gewährleistet sei, dass der Prüfpflicht und sich einer etwaig daran anschließenden Handlungspflicht unverzüglich nach Eingang der Beschwerde nachgekommen werden könne.[15]

III. Rechtsfolgen

Verstöße können mit einer **Geldbuße bis zu fünfzigtausend Euro** geahndet werden (§ 11 Abs. 3 TMG). 14

Möglich ist auch die Verhängung einer **Geldbuße gegen juristische Personen und Personenvereinigungen** gem. § 30 OWiG, wenn Ordnungswidrigkeiten durch die in § 30 Abs. 1 OWiG genannten Leitungspersonen begangen und dadurch die Pflichten der juristischen Person oder Personenvereinigung verletzt wurden.[16] 15

Als Nebenfolge kann außerdem die **Einziehung des Wertes von Taterträgen** gem. § 29a OWiG gegenüber dem Täter auch dann angeordnet werden, wenn gegen ihn ein Bußgeldverfahren nicht eingeleitet oder wieder eingestellt wird.[17] Erforderlich ist lediglich das Vorliegen einer Tat, die den objektiven und subjektiven Tatbestand einer Ordnungswidrigkeit erfüllt und zudem rechtswidrig ist.[18] Die Einziehung des Wertes von Taterträgen kommt daher auch dann in Betracht, wenn es sich lediglich um einen Versuch gehandelt hat oder die Tat nicht vorwerfbar ist.[19] 16

---

14 BT-Drs. 19/18789, 39.

15 BT-Drs. 19/18789, 39; vgl. hierzu insgesamt sowie zu der Auffassung, § 16 Abs. 2 Nr. 2a aF (§ 11 Abs. 2 Nr. 3 TMG nF) sei wegen mangelnder Bestimmtheit im Hinblick auf § 10b S. 2 Nr. 1 nichtig, BeckOK InfoMedienR/*Bornemann* TMG § 16 aF Rn. 12d.

16 Vgl. BeckOK IT-Recht/*Sesing* TMG § 11 Rn. 22, auch zu der Möglichkeit der Verhängung einer Verbandsgeldbuße gegen öffentliche Stellen; *Krenberger/Krumm* OWiG § 30 Rn. 5; BeckOK OWiG/*Meyberg* OWiG § 30 Rn. 47 ff.

17 Vgl. hierzu BeckOK InfoMedienR/*Bornemann* TMG § 16 aF Rn. 25.

18 Vgl. BeckOK OWiG/*Meyberg* § 29a Rn. 18 f.; KK-OWiG/*Mitsch* § 29a Rn. 10.

19 Vgl. KK-OWiG/*Mitsch* § 29a Rn. 10.

4. Strafrechtliche Bewehrung und Jugendschutz

a) Strafgesetzbuch

§ 284 StGB Unerlaubte Veranstaltung eines Glücksspiels

(1) Wer ohne behördliche Erlaubnis öffentlich ein Glücksspiel veranstaltet oder hält oder die Einrichtungen hierzu bereitstellt, wird mit Freiheitsstrafe bis zu zwei Jahren oder mit Geldstrafe bestraft.

(2) Als öffentlich veranstaltet gelten auch Glücksspiele in Vereinen oder geschlossenen Gesellschaften, in denen Glücksspiele gewohnheitsmäßig veranstaltet werden.

(3) Wer in den Fällen des Absatzes 1

1. gewerbsmäßig oder
2. als Mitglied einer Bande handelt, die sich zur fortgesetzten Begehung solcher Taten verbunden hat,

wird mit Freiheitsstrafe von drei Monaten bis zu fünf Jahren bestraft.

(4) Wer für ein öffentliches Glücksspiel (Absätze 1 und 2) wirbt, wird mit Freiheitsstrafe bis zu einem Jahr oder mit Geldstrafe bestraft.

Literatur: *Barton/Gercke/Janssen*, Die Veranstaltung von Glücksspielen durch ausländische Anbieter per Internet unter besonderer Berücksichtigung der Rechtsprechung des EuGH, wistra 2004, 321; *Beckemper*, Strafbarkeit von Oddset-Wetten, NStZ 2004, 39; *Beckemper/Janz*, Rien ne va plus – Zur Strafbarkeit wegen des Anbietens privater Sportwetten nach der Sportwettenentscheidung des BVerfG 28.3.2006 – ZIS 2008, 31; *Bolay*, Glücksspiel, Glücksspiel oder doch Gewinnspiel? Einheitlichkeit zwischen straf- und glücksspielstaatsvertraglichem Gewinnspielbegriff, MMR 2009, 669; *Dehne-Niemann*, „Alea iacta est" Straflosigkeit der Vermittlung privater Sportwetten?, wistra 2008, 361; *Duesberg/Buchholz*, Aktuelle glücksspiel- und steuerstrafrechtliche Risiken der Nutzung von Online-Casinos, NZWiSt 2015, 16; *Fischer*, Strafgesetzbuch Kommentar, 68. Aufl. 2021; *Hecker/Ruttig*, „Versuchen Sie es noch einmal" – Telefon-Gewinnspiele im Rundfunk unter Einsatz von Mehrwertdienste-Rufnummern und ihre Beurteilung nach StGB und neuem UWG, GRUR 2005, 393; *v. Heintschel-Heinegg*, Beck'scher Online-Kommentar StGB, 50. Edition Stand: 1.5.2021; *Hoeller/Bodemann*, Das „Gambelli"-Urteil des EuGH und seine Auswirkungen auf Deutschland, NJW 2004, 122; *Holznagel*, Poker – Glücks- oder Geschicklichkeitsspiel?, MMR 2008, 439; *Horn*, Zum Recht der gewerblichen Veranstaltung und Vermittlung von Sportwetten, NJW 2004, 2047; *Janz*, Rechtsfragen der Vermittlung von Oddset-Wetten in Deutschland, NJW 2003, 1694; *Joecks/Miebach*, Münchener Kommentar zum Strafgesetzbuch, 3. Aufl. 2019; *Kindhäuser/Neumann/Paeffgen*, Strafgesetzbuch, 5. Aufl. 2017; *Kleinschmidt*, Interaktive Gewinnspielshows im TV – Eine illegale Glücksspielveranstaltung?, MMR 2004, 654; *Kretschmer*, Poker – ein Glücksspiel?, ZfWG 2007, 93; *Krius*, Verwaltungsakzessorietät und Einheit der Rechtsordnung – Plädoyer für eine einheitliche Auslegung des Glücksspielbegriffs in § 284 StGB, § 33h GewO und 3 I GlüStV, NVwZ 2012, 797; *Kubiciel*, Strafrechtliche Risiken von Wetten auf eSport-Wettbewerbe, ZfWG 2021, 123; *Kudlich/Berberich*, Zur strafrechtlichen Bewertung von Online-Zweitlotterien, ZfWG 2016, 7; *Lackner/Kühl*, Strafgesetzbuch Kommentar, 29. Aufl. 2018; *Lampe*, Falsches Glück, JuS 1994, 737; *Lüderssen*, Aufhebung der Straflosigkeit gewerblicher Spielvermittler durch den neuen Staatsvertrag zum Glücksspielwesen in Deutschland?, NStZ 2007, 15; *Maties/Nothelfer*, Die Zulässigkeit von Online-Wetten auf eSport-Ereignisse, ZfWG 2021, 128; *Matt/Renzikowski*, StGB, Kommentar, 2. Aufl. 2020; *Mosbacher*, Ist das ungenehmigte Veranstalten und Vermitteln von Sportwetten noch strafbar?, NJW 2006, 3529; *Odenthal*, Gewinnabschöpfung und illegales Glücksspiel, NStZ 2006, 14; *Rotsch/Heissler*, Internet-„Auktionen" als strafbares Glücksspiel gem. § 284 StGB?, ZIS 2010, 403; *Sack*, Das „Hütchenspiel" – ein eindeutiger Betrug, NJW 1992, 2540; *Schönke/Schröder*, Strafgesetzbuch, 30. Aufl. 2019; *Weidemann*, Glücksspielbegriff: Ist (Hold'em) Poker „überwiegend zufallsabhängig"?, ZfWG 2020, 193.

I. Historische Entwicklung und Schutzgut

Die Vorschrift stellt die **ungenehmigte Veranstaltung und Durchführung von Glücksspielen** sowie darauf gerichtete **Vorbereitungs- und Unterstützungshandlungen** unter Strafe.[1] 1

Ein Verbot des gewerblichen Glücksspiels sowie ein Verbot der Veranstaltung einer öffentlichen Lotterie „ohne obrigkeitliche Erlaubnis" waren bereits im **RStGB** enthalten. Da die illegale Veranstaltung von Glücksspielen aus Sicht des Gesetzgebers einen typischen Deliktsbereich der organisierten Kriminalität darstellte, wurde durch das **OrgKG 1992** mit der Einführung des § 284 Abs. 3 das gewerbsmäßige Glücksspiel unter Strafe gestellt und mit § 285b StGB aF, der § 286 StGB nF entspricht, die Möglichkeit geschaffen, die aus dem Glücksspiel erzielten Einnahmen abzuschöpfen.[2] Durch das **6. StrRG** wurde auch das **Werben für Glücksspiele** unter Strafe gestellt (§§ 284 Abs. 4, 287 Abs. 2 StGB).[3] 2

Das Schutzgut des § 284 StGB ist umstritten.[4] Nach wohl hM dient die Vorschrift dem Zweck, die **wirtschaftliche Ausbeutung der natürlichen Spielleidenschaft** unter staatliche Kontrolle und Zügelung zu nehmen[5] und das **Vertrauen des Einzelnen auf die Gewährleistung einer manipulationsfreien Spielchance** zu schützen.[6] 3

Abzulehnen ist hingegen die in der älteren Literatur vertretene Auffassung, Schutzgut der Vorschrift sei die **öffentliche Sittlichkeit und Moral.**[7] Ebenfalls nicht überzeugend ist die Ansicht, mit den §§ 284 ff. StGB solle das **Vermögen der Glücksspielteilnehmer** geschützt werden.[8] Nicht durch § 284 StGB geschützt wird außerdem das **fiskalische Interesse** des Staates an der Aufrechterhaltung 4

---

1 Vgl. Matt/Renzikowski/*Wietz/Matt* StGB § 284 Rn. 1.
2 BT-Drs. 12/989, 28.
3 BT-Drs. 13/8587, 67 f.
4 Vgl. zum Streitstand insgesamt NK-StGB/*Gaede* § 284 Rn. 2 ff.
5 Vgl. BGH 4.2.1958 – 5 StR 579/57, BGHSt 11, 209; BayObLG 12.2.1993 – 5 St RR 170/92, NJW 1993, 2820 mit Bespr. *Lampe* JuS 1994, 737 (740); so auch NK-StGB/*Gaede* § 284 Rn. 2; Lackner/Kühl/*Heger* StGB § 284 Rn. 1.
6 Ähnlich NK-StGB/*Gaede* § 284 Rn. 4; MüKoStGB/*Hohmann* § 284 Rn. 1; vgl. auch BVerfG 28.3.2006 – 1 BvR 1054/01, NJW 2006, 1261 (1263); Schönke/Schröder/*Heine/Hecker* StGB § 284 Rn. 5; BT-Drs. 13/8587, 67.
7 Vgl. hierzu mwN MüKoStGB/*Hohmann* § 284 Rn. 1; ebenfalls ablehnend NK-StGB/*Gaede*, 5. Aufl. 2017, § 284 Rn. 3; Schönke/Schröder/*Heine/Hecker* § 284 Rn. 3.
8 Vgl. hierzu mwN NK-StGB/*Gaede* § 284 Rn. 4.

des staatlichen Glücksspielmonopols, um mit auf diesem Wege erzielten Einnahmen andere staatliche Aufgaben zu finanzieren.[9]

II. Begriff des Glücksspiels

5 Das **Glücksspiel** wird definiert als Spiel, bei dem die Beteiligten zur Unterhaltung oder aus Gewinnstreben über den Gewinn oder Verlust eines nicht ganz unbeträchtlichen Vermögenswertes ein ungewisses Ereignis entscheiden lassen, dessen Eintritt nicht wesentlich von Aufmerksamkeiten, Fähigkeiten oder Kenntnissen der Spieler, sondern allein oder hauptsächlich vom Zufall abhängt.[10]

6 **Zufall** ist dabei das Wirken einer unberechenbaren, der entscheidenden Mitwirkung der Beteiligten in ihrem Durchschnitt entzogenen Ursächlichkeit.[11] Wird der Zufall von Seiten des Veranstalters oder durch Manipulation des Spiels ausgeschlossen, ändert dies an der Einordnung des Spiels als Glücksspiel nichts. Allerdings kommt dann, neben einer Strafbarkeit gem. § 284 StGB, auch eine Strafbarkeit wegen Betrugs (§ 263 StGB) in Betracht.[12]

7 Ein Glücksspiel setzt außerdem einen **Einsatz** voraus.[13] Als Einsatz gilt jede Leistung, die in der Hoffnung erbracht wird, im Falle des „Gewinns" eine gleiche oder höherwertige Leistung zu erreichen und in der Befürchtung, dass sie im Falle des „Verlierens" dem Gegenspieler oder Veranstalter anheimfällt.[14] Beträge, die lediglich zur Teilnahme berechtigen und daher stets verloren sind, zählen somit nicht als Einsatz.[15] Der Einsatz kann **sowohl offen als auch verdeckt** erfolgen.[16] Ein verdeckter Einsatz kann zB in Form von Eintrittsgeldern oder Verzehrkarten ohne entsprechendes Angebot von Speisen und Getränken geleistet werden, sofern aus den Aufwendungen aller Mitspieler die Gewinnchance des einzelnen Spielers entsteht.[17]

8 Wegen der notwendigen **Abgrenzung zum bloßen Unterhaltungsspiel** muss es sich um einen Einsatz handeln, der **nicht ganz unbeträchtlich** ist.[18] Ob ein Einsatz als nicht ganz unbeträchtlich einzuordnen ist, bestimmt sich jedenfalls bei jedermann offen stehenden Glücksspielen nach den allgemeinen gesellschaft-

9 Vgl. BeckOK StGB/*Hollering* § 284 Rn. 7 unter Verweis auf *Göhler* NJW 1974, 833 u. *Meurer/Bergmann* JuS 1983, 668; ablehnend: BVerfG 28.3.2006 – 1 BvR 1054/01, NJW 2006, 1261 (1263); NK-StGB/*Gaede* § 284 Rn. 3.

10 Vgl. BGH 18.4.1952 – 1 StR 739/51, BGHSt 2, 274; BGH 28.11.2002 – 4 StR 260/02, NStZ 2003, 372 (373); Lackner/Kühl/*Heger* StGB § 284 Rn. 2; vgl. insgesamt zum Glücksspielbegriff *Bolay* MMR 2009, 669; zur Forderung nach einer einheitlichen Auslegung des Glücksspielbegriffs vgl. auch *Krius* NVwZ 2012, 797.

11 Vgl. Schönke/Schröder/*Heine/Hecker* StGB § 284 Rn. 7; *Rotsch/Heissler* ZIS 2010, 403 (413); NK-StGB/*Gaede* § 284 Rn. 8; vgl. auch BGH 11.1.1989 – 2 StR 461/88, BGHSt 36, 74 (80); BVerwG 28.3.2001 – 6 C 2/01, NJW 2001, 2648.

12 MüKoStGB/*Hohmann* § 284 Rn. 8.

13 BGH 4.2.1958 – 5 StR 579/57, BGHSt 11, 209 (210); vgl. hierzu auch NK-StGB/*Gaede* § 284 Rn. 12; vgl. zur Erheblichkeitsschwelle Schönke/Schröder/*Heine/Hecker* StGB § 284 Rn. 8.

14 Vgl. BGH 29.9.1986 – 4 StR 148/86, BGHSt 34, 171 (177); ebenso OLG Celle 20.3.1996 – 13 U 146/95, NJW 1996, 2660; BayObLG 21.3.1990 – RReg 4 St 226/89, NJW 1990, 1862.

15 Vgl. BGH 29.9.1986 – 4 StR 148/86, BGHSt 34, 171 (176 f.); OVG NRW 10.6.2008 – 4 B 606/08, GewArch 2008, 407; NK-StGB/*Gaede* § 284 Rn. 12.

16 Vgl. BGH 29.9.1986 – 4 StR 148/86, BGHSt 34, 171 (176); NK-StGB/*Gaede* § 284 Rn. 12.

17 MüKoStGB/*Hohmann* § 284 Rn. 13; BGH 4.2.1958 – 5 StR 579/57, BGHSt 11, 209 (210); AG Deggendorf 4.9.2008 – Ds 9 Js 1350/07, NStZ-RR 2009, 338 f.

18 BeckOK StGB/*Hollering* § 284 Rn. 13.

lichen Anschauungen.[19] Entscheidend ist somit nicht das Einkommen des jeweiligen Spielers; es ist insoweit ein objektiver Maßstab anzulegen.[20] Dabei kann als Vergleichsmaßstab auf die Kosten anderer, vergleichbarer Unterhaltungsmöglichkeiten abgestellt werden.[21] Jedenfalls ab einem Vermögenseinsatz von 10 EUR dürfte die Grenze eines lediglich unerheblichen Vermögenseinsatzes überschritten sein.[22] Werden lediglich übliche Telefongebühren oder Briefporto aufgewendet, handelt es sich hierbei regelmäßig nicht um einen Einsatz.[23] Etwas anderes gilt allerdings dann, wenn die Teilnehmer dazu aufgerufen werden, mehrfach eine zahlungspflichtige Telefonnummer anzurufen, um so ihre Gewinnchance zu erhöhen und somit deutlich höhere Gesprächsgebühren anfallen.[24] Nicht unter den Glücksspielbegriff fallen außerdem Automatenspiele, bei denen lediglich eine Spielverlängerung oder ein Betrag, der höchstens dem Einsatz entspricht, gewonnen werden kann (sog. Fun Games).[25]

Abzugrenzen ist das Glücksspiel vom Geschicklichkeitsspiel und von der Wette. 9
Ein strafloses **Geschicklichkeitsspiel** liegt vor, wenn nicht der Zufall über den Ausgang eines Spiels entscheidet, sondern die **individuellen Kenntnisse und geistigen bzw. körperlichen Fähigkeiten** des Spielers.[26] Dabei kommt es entscheidend auf den Personenkreis an, dem die Möglichkeit der Beteiligung eröffnet ist. Für öffentlich veranstaltete Glücksspiele (Abs. 1) ist auf die Kenntnisse und Fähigkeiten der Allgemeinheit abzustellen, während es für in Vereinen oder geschlossenen Gesellschaften veranstaltete Glücksspiele (Abs. 2) auf die jeweiligen Mitglieder des Vereins bzw. der Gesellschaft ankommt.[27] Je nach Teilnehmerkreis kann es sich daher bei demselben Spiel in dem einen Fall um ein Glücksspiel und in dem anderen Fall um ein Geschicklichkeitsspiel handeln. Dasselbe Spiel iS desselben Spielvorgangs ist jedoch stets einheitlich zu betrachten und kann daher nicht zugleich Glücksspiel und (für den Geübten) Geschicklichkeitsspiel sein.[28] Ist ein Spiel nach den vorstehenden Voraussetzungen ein Glücksspiel, so behält es diese Eigenschaft auch für den besonders geübten Spieler, der den Spielausgang besser abschätzen kann als ein weniger geübter oder erfahrener Spieler.[29]

Für die rechtliche Einordnung eines sog. **Hütchenspiels** als Geschicklichkeits- 10
spiel kommt es maßgeblich auf die Bedingungen an, unter denen das Spiel im konkreten Einzelfall vom Veranstalter eröffnet und betrieben wird.[30] Ist es dem durchschnittlichen Teilnehmer danach möglich, den Ausgang des Hütchenspiels

---

19 Vgl. BGH 8.8.2017 – 1 StR 519/16, NStZ 2018, 335 (336); vgl. hierzu insgesamt NK-StGB/*Gaede* § 284 Rn. 13; nach aA sollen auch die individuellen Verhältnisse der Spieler zu berücksichtigen sein, vgl. hierzu Lackner/Kühl/*Heger* StGB § 284 Rn. 7.
20 Differenzierend: NK-StGB/*Gaede* § 284 Rn. 13.
21 NK-StGB/*Gaede* § 284 Rn. 13; MüKoStGB/Hohmann § 284 Rn. 12.
22 NK-StGB/*Gaede* § 284 Rn. 13; ähnlich BGH 8.8.2017 – 1 StR 519/16, NStZ 2018, 335 (336); vgl. zur Frage der Erheblichkeit des Einsatzes auch *Kleinschmidt* MMR 2004, 654 (656).
23 Vgl. Schönke/Schröder/*Heine/Hecker* StGB § 284 Rn. 8.
24 So auch *Hecker/Ruttig* GRUR 2005, 393 (398); MüKoStGB/*Hohmann* § 284 Rn. 12.
25 Vgl. hierzu mwN NK-StGB/*Gaede* § 284 Rn. 13.
26 Vgl. BGH 18.4.1952 – 1 StR 739/51, BGHSt 2, 274; NK-StGB/*Gaede* § 284 Rn. 9; Lackner/Kühl/*Heger* StGB Rn. 5.
27 Vgl. NK-StGB/*Gaede* § 284 Rn. 9.
28 Vgl. BGH 18.4.1952 – 1 StR 739/51, BGHSt 2, 274 (276); *Fischer* StGB § 284 Rn. 8; BeckOK StGB/*Hollering* § 284 Rn. 17.
29 Vgl. BGH 18.4.1952 – 1 StR 739/51, BGHSt 2, 274.
30 Vgl. hierzu insgesamt NK-StGB/*Gaede* § 284 Rn. 10.

aufgrund seiner Fähigkeiten und Kenntnisse tatsächlich zu beeinflussen, handelt es sich um ein Geschicklichkeitsspiel.[31] Wird dem Spieler die Gewinnmöglichkeit jedoch nur vorgespiegelt und kann der Spielablauf tatsächlich nicht beeinflusst werden, ist der Tatbestand des § 263 StGB erfüllt.[32]

11 Für die rechtliche Einordnung von **Pokerspielen** kommt es darauf an, ob sich das Spiel an einen beliebigen Teilnehmerkreis richtet oder ob es sich um ein an Profis gerichtetes Turnier handelt.[33] Im ersten Fall dürfte es sich regelmäßig um ein Glücksspiel handeln, während im Rahmen eines an professionelle Spieler gerichteten Turniers in der Variante Texas Hold'em aufgrund der Erfahrung der Spieler auch ein Geschicklichkeitsspiel vorliegen kann.[34]

12 Die **Wette** unterscheidet sich vom Glücksspiel dadurch, dass es den Beteiligten um die **Austragung eines ernsthaften Meinungsstreits** geht und die Erzielung eines Gewinns dabei lediglich „symbolischen Charakter" hat.[35] Eine Wette hat nicht in erster Linie einen Unterhaltungswert, sondern soll den Behauptungen der Beteiligten durch das Risiko, den Wetteinsatz zu verlieren, Glaubwürdigkeit verleihen.[36] Anders als der Wortlaut vermuten lässt, handelt es sich bei der **Sportwette** mit im Voraus festgelegter Gewinnquote (sog. „Oddsetwette") nicht um eine Wette, sondern ein Glücksspiel.[37] Von wachsender Bedeutung sind in diesem Zusammenhang Wetten auf sog. **eSport-Ereignisse.** Hierbei handelt es sich um virtuell ausgerichtete Wettbewerbe zwischen menschlichen Spielern unter Nutzung von geeigneten Video- und Computerspielen an verschiedenen Geräten und auf digitalen Plattformen unter festgelegten Regeln.[38] Wetten auf entsprechende Ereignisse sind grundsätzlich als erlaubnisbedürftige Sportwetten anzusehen.[39]

13 **Lotterie und Ausspielung** sind ebenfalls Glücksspiele iSd § 284 StGB, fallen als Sonderformen des Glücksspiels jedoch unter die insoweit speziellere Vorschrift des § 287 StGB.[40]

III. Öffentliches Glücksspiel (Abs. 1)

14 **1. Öffentlichkeit.** Von § 284 StGB erfasst ist allein das öffentlich veranstaltete Glücksspiel. Um ein öffentliches Glücksspiel handelt es sich nicht bereits des-

---

31 Vgl. BGH 11.1.1989 – 2 StR 461/88, NJW 1989, 919 f.; vgl. auch Matt/Renzikowski/*Wietz/Matt* StGB § 284 Rn. 5.

32 S. auch *Sack* NJW 1992, 2540 (2541); NK-StGB/*Gaede* § 284 Rn. 11; BeckOK StGB/*Hollering* § 284 Rn. 18; aA *Lampe* JuS 94, 737, 742: Tateinheit zwischen §§ 263 und 284 StGB.

33 Vgl. hierzu FG Köln 31.10.2012 – 12 K 1136/11, ZfWG 2013, 51; BFH 16.9.2015 – X R 43/12, ZfWG 2016, 37; FG Münster 18.7.2016 – 14 K 1370/12, ZfWG 2017, 74; BFH 7.11.2018 – X R 34/16, ZfWG 2019, 357.

34 Vgl. hierzu mwN NK-StGB/*Gaede* § 284 Rn. 10; *Holznagel* MMR 2008, 439 ff.; *Kretschmer* ZfWG 2007, 93 (99 ff.); *Weidemann* ZfWG 2020, 193 (199).

35 Vgl. Lackner/Kühl/*Heger* StGB § 284 Rn. 6.

36 Vgl. MüKoStGB/*Hohmann* § 284 Rn. 14; BeckOK StGB/*Hollering* § 284 Rn. 19.

37 Vgl. BGH 28.11.2002 – 4 StR 260/02, NStZ 2003, 372 (373) mAnm *Beckemper* NStZ 2004, 39 (40); vgl. hierzu insgesamt auch *Beckemper* ZIS 2008, 31; kritisch *Horn* NJW 2004, 2047.

38 *Maties/Nothelfer* ZfWG 2021, 128 (129); vgl. auch *Kubiciel* ZfWG 2021, 123 (125).

39 *Kubiciel* ZfWG 2021, 123 (125); für eine differenzierte Betrachtung *Maties/Nothelfer* ZfWG 2021, 128 (137).

40 Vgl. *Fischer* StGB § 284 Rn. 11.

halb, weil das Spiel an einem öffentlich zugänglichen Ort stattfindet.[41] Entscheidend ist vielmehr, dass die Teilnahme an dem Spiel einem größeren, nicht abgeschlossenen und nach außen erkennbar **beliebigen Personenkreis** offen steht und nicht einem geschlossenen Personenkreis vorbehalten ist, der durch konkrete außerhalb des Spielzwecks liegende Interessen verbunden ist.[42] Dabei wird die Öffentlichkeit nicht bereits dadurch ausgeschlossen, dass die Teilnahmemöglichkeit von der Entrichtung eines Eintrittsgeldes abhängt, wie dies regelmäßig in **Casinos** der Fall ist, sofern der Zutritt grundsätzlich jedermann gestattet wird.[43] Nicht um ein öffentliches Glücksspiel handelt es sich hingegen dann, wenn das Glücksspiel in einer **Gaststätte** nach deren Schließung stattfindet und sich lediglich zufällig zurückgebliebene Gäste an dem Spiel beteiligen.[44]

Im Wege der **gesetzlichen Fiktion** werden Glücksspiele in Vereinen und geschlossenen Gesellschaften ebenfalls dem Anwendungsbereich des § 284 StGB unterstellt (→ Rn. 26). 15

2. Ohne behördliche Erlaubnis. Die verwaltungsakzessorisch ausgestaltete Vorschrift[45] setzt als **negatives Tatbestandsmerkmal**[46] weiterhin voraus, dass für das Glücksspiel keine behördliche Erlaubnis vorliegt. Die **Verwaltungsakzessorietät** bezieht sich dabei ausschließlich auf die konkrete Erlaubnis.[47] Die Tatbestandsmäßigkeit entfällt demnach nur dann, wenn die Genehmigung mit einem formal wirksamen Verwaltungsakt erteilt wurde. Ist ein solcher Verwaltungsakt bestandskräftig, wird das genehmigte Glücksspiel nicht dadurch strafbar, dass sich die Genehmigung im Nachhinein als rechtswidrig erweist.[48] Etwas anderes gilt lediglich dann, wenn die Erlaubnis nichtig ist, da eine behördliche Erlaubnis dann zu keinem Zeitpunkt vorlag.[49] Eine behördliche Erlaubnis fehlt auch dann, wenn eine Genehmigung zu Unrecht versagt wurde oder zu einem späteren Zeitpunkt erteilt wird.[50] Allein die Tatsache, dass eine Erlaubnis hätte erteilt werden können oder müssen, begründet keinen Tatbestandsausschluss, da ansonsten Sinn und Zweck des Erlaubnisvorbehalts leerliefen.[51] Die Tatbestandsmäßigkeit ist auch dann gegeben, wenn zwar eine behördliche Erlaubnis vorliegt, von den genehmigten Spielabläufen jedoch abgewichen wird.[52] 16

Umstritten ist, ob eine Strafbarkeit nach § 284 StGB auch dann besteht, wenn die **Erlaubnis in einem anderen EU-Mitgliedstaat** erteilt wurde.[53] Für die Unbeachtlichkeit der Genehmigung eines anderen EU-Mitgliedstaats spricht zunächst 17

41 Vgl. MüKoStGB/*Hohmann* § 284 Rn. 15; Schönke/Schröder/*Heine/Hecker* StGB § 284 Rn. 12.
42 Vgl. NK-StGB/*Gaede* § 284 Rn. 15; Schönke/Schröder/*Heine/Hecker* StGB § 284 Rn. 12; BGH 26.1.1956 – 3 StR 405/55, BGHSt 9, 39 (42).
43 Vgl. BGH 26.1.1956 – 3 StR 405/55, BGHSt 9, 39 (42); Schönke/Schröder/*Heine/Hecker* Rn. 12; NK-StGB/*Gaede* § 284 Rn. 15; MüKoStGB/*Hohmann* § 284 Rn. 15.
44 Vgl. MüKoStGB/*Hohmann* § 284 Rn. 15.
45 BGH 16.8.2007 – 4 StR 62/07, NJW 2007, 3078 (3081); NK-StGB/*Gaede* § 284 Rn. 21.
46 *Mosbacher* NJW 2006, 3529 (3530 f.); MüKoStGB/*Hohmann* § 284 Rn. 17; BGH 27.2.2020 – 3 StR 327/19, NJW 2020, 2282 (2284).
47 NK-StGB/*Gaede* Rn. 21; BGH 16.8.2007 – 4 StR 62/07, NJW 2007, 3078 (3081).
48 Vgl. BGH 17.1.2018 – 4 StR 305/17, NStZ-RR 2018, 214; OLG Celle 16.1.2019 – 2 Ws 485/18, ZfWG 2019, 308.
49 Vgl. BGH 27.2.2020 – 3 StR 327/19, NJW 2020, 2282; MüKoStGB/*Hohmann* § 284 Rn. 18.
50 Vgl. BGH 27.2.2020 – 3 StR 327/19, NJW 2020, 2282.
51 Vgl. BGH 27.2.2020 – 3 StR 327/19, NJW 2020, 2282.
52 Vgl. NK-StGB/*Gaede* § 284 Rn. 21.
53 Vgl. zum Streitstand insgesamt BeckOK StGB/*Hollering* § 284 Rn. 38 c; Schönke/Schröder/*Heine/Hecker* StGB § 284 Rn. 29 f.

die Rechtsprechung des EuGH, nach der es grundsätzlich keine Verpflichtung zur gegenseitigen Anerkennung der von einem anderen Mitgliedsstaat erteilten glücksspielrechtlichen Erlaubnis gibt.[54] Dem wird jedoch entgegenhalten, dass die Erlaubnis eines anderen EU-Mitgliedstaats vor dem Hintergrund der in Art. 56 AEUV normierten Dienstleistungsfreiheit einer Strafbarkeit entgegensteht.[55] Im Ergebnis dürfte der letztgenannten Ansicht jedenfalls dann zu folgen sein, wenn die in dem jeweiligen Mitgliedstaat maßgeblichen Genehmigungsvoraussetzungen jedenfalls in Grundzügen denen des nationalen Rechts entsprechen und das Genehmigungsverfahren im Wesentlichen die dem deutschen Glücksspielrecht zugrundeliegenden Ziele verfolgt.[56]

18 **3. Tathandlung.** a) **Veranstalten.** Ein Glücksspiel veranstaltet, wer verantwortlich und organisatorisch den äußeren Rahmen für die Abhaltung eines Glücksspiels schafft und dem Publikum die **Spielgelegenheit eröffnet.**[57] Hierfür genügt bereits das bloße Angebot zum Abschluss eines Spielvertrags; auf die Durchführung des Spiels oder den Abschluss konkreter Spielverträge kommt es hingegen nicht an.[58] Den organisatorischen Rahmen für die Abhaltung des Glücksspiels schafft derjenige, der die Räumlichkeiten sowie die wesentlichen Spieleinrichtungen zur Verfügung stellt, die Spielbedingungen bestimmt und selbst Schuldner eines möglichen Gewinnanspruchs ist.[59] Nicht erforderlich ist es, dass der Veranstalter selbst an dem Spiel teilnimmt oder ein eigenes finanzielles Interesse an der Veranstaltung des Glücksspiels hat.[60] Als Veranstalter gilt auch, wer eine behördliche Erlaubnis zur Veranstaltung eines Glücksspiels unter Verschleierung der wahren Spielgestaltungsabsichten erschlichen hat und sodann eine von der erteilten Erlaubnis nicht gedeckte Spielgelegenheit eröffnet.[61]

19 Wird ein Glücksspiel von einer **juristischen Person** angeboten, ist als Veranstalter der für die juristische Person Handelnde anzusehen.[62] Eines Rückgriffs auf § 14 Abs. 1 StGB bedarf es insoweit nicht.[63]

20 Problematisch ist das Veranstalten von **Glücksspielen im Ausland,** wenn eine Beteiligung aus dem Inland, beispielsweise über Telekommunikationsmittel oder das Internet, möglich ist.[64] Eine Strafbarkeit dürfte hier jedenfalls dann anzunehmen sein, wenn das Handeln des Veranstalters darauf abzielt, Personen in Deutschland zu einer Teilnahme an dem Glücksspiel zu bewegen.[65] Dies entspricht im Übrigen auch § 3 Abs. 4 GlüStV, der bestimmt, dass ein Glücksspiel

54 EuGH 12.9.2013 – C-660/11, C-8/12; vgl. auch NK-StGB/*Gaede* § 284 Rn. 22.

55 Vgl. *Duesberg/Buchholz* NZWiSt 2015, 16 (19 f.); *Hoeller/Bodemann* NJW 2004, 122 (125); *Janz* NJW 2003, 1694 (1700 f.).

56 So auch *Kudlich/Berberich* ZfWG 2016, 7 (10 f.); *Barton/Gercke/Janssen* wistra 2004, 321; zustimmend und mwN auch Schönke/Schröder/*Heine/Hecker* Rn. 30.

57 Vgl. BGH 28.11.2002 – 4 StR 260/02, NStZ 2003, 372 (373); BayObLG 11.2.1993 – 5 St RR 170/92, NJW 1993, 2820 (2821) mAnm *Lampe* JuS 1994, 737; *Fischer* StGB § 284 Rn. 18.

58 BayObLG 11.2.1993 – 5 St RR 170/92, NJW 1993, 2820 (2821); MüKoStGB/*Hohmann* StGB § 284 Rn. 25.

59 Vgl. NK-StGB/*Gaede* § 284 Rn. 17; MüKoStGB/*Hohmann* § 284 Rn. 25.

60 Vgl. BGH 28.11.2002 – 4 StR 260/02, NStZ 2003, 372 (373); *Fischer* StGB § 284 Rn. 18.

61 Vgl. BayObLG 11.2.1993 – 5 St RR 170/92, NJW 1993, 2820 (2821); MüKoStGB/*Hohmann* § 284 Rn. 25.

62 Vgl. NK-StGB/*Gaede* § 284 Rn. 18.

63 Vgl. MüKoStGB/*Hohmann* § 284 Rn. 25.

64 Vgl. hierzu NK-StGB/*Gaede* § 284 Rn. 18; *Fischer* § 284 Rn. 19.

65 Vgl. NK- StGB/*Gaede* § 284 Rn. 18; OLG Hamburg 10.1.2002 – 3 U 218/01, MMR 2002, 471 (473).

dort veranstaltet und vermittelt wird, wo dem Spieler die Möglichkeit zur Teilnahme eröffnet wird.[66]

Umstritten ist außerdem, ob die reine **Vermittlung von Glücksspielen** als „Veranstalten" und damit als tatbestandsmäßige Handlung anzusehen ist.[67] Während dies in der Rechtsprechung überwiegend bejaht wird[68], lehnt die Literatur eine Strafbarkeit zum Großteil unter Verweis auf die Wortlautgrenze ab.[69] Ein Vermittler von Glücksspielen dürfte sich jedoch in der Regel wegen der Bereitstellung von Einrichtungen strafbar machen.[70] 21

b) **Halten.** Halter eines Glücksspiels ist, wer das Spiel **eigenverantwortlich leitet und/oder den Spielablauf überwacht** (zB Inhaber der Spielbank, Croupier und Bouleur).[71] Das bloße Zurverfügungstellen von Spieleinrichtungen reicht hingegen nicht aus.[72] Im Unterschied zur Veranstaltung muss das Spiel hier tatsächlich begonnen haben.[73] 22

c) **Bereitstellen von Einrichtungen zum Glücksspiel.** Die Tatvariante des Bereitstellens von Einrichtungen zum Glücksspiel ist erfüllt, wenn Spieleinrichtungen den Spielern zur Benutzung beim Spiel zur Verfügung gestellt werden.[74] Da es sich hierbei um eine **Vorbereitungshandlung**[75] handelt, ist es nicht erforderlich, dass das Spiel bereits begonnen hat.[76] 23

Als Einrichtungen zum Glücksspiel gelten jedenfalls solche Gegenstände, die ihrer Natur nach dazu geeignet und bestimmt sind, als **Spieleinrichtung** benutzt zu werden, wie dies beispielsweise bei einem Roulette-Tisch der Fall ist (eigentliche Spieleinrichtungen). Bei Gegenständen, die auch erlaubten Zwecken dienen können (uneigentliche Spieleinrichtungen), bedarf es darüber hinaus der konkreten Bestimmung zur Durchführung des Glücksspiels. Zu den uneigentlichen Spieleinrichtungen gehören beispielsweise Spielkarten oder Würfel, die auch dem erlaubten Spiel dienen können, sowie gänzlich neutrale Gegenstände wie Tische oder Stühle.[77] 24

Auch ein Gastwirt, der seine **Räumlichkeiten** in dem Wissen zur Verfügung stellt, dass dort Glücksspiele stattfinden sollen, stellt Einrichtungen zum Glücksspiel bereit.[78] Nicht ausreichend ist es hingegen, wenn der Gastwirt das Spiel in 25

66 So auch bereits zur alten Rechtslage *Fischer* StGB § 284 Rn. 19.
67 Vgl. zum Streitstand Schönke/Schröder/*Heine/Hecker* StGB § 284 Rn. 16.
68 Vgl. BGH 28.11.2002 – 4 StR 260/02, NStZ 2003, 372 (373); BVerwG 28.3.2001 – 6 C 2/01, NJW 2001, 2648.
69 Vgl. hierzu mwN BeckOK StGB/*Hollering* § 284 Rn. 23; *Janz* NJW 2003, 1694 (1696 f.); *Lüderssen* NStZ 2007, 15 (17 f.).
70 Vgl. auch mwN Matt/Renzikowski/*Wietz/Matt* StGB § 284 Rn. 10.
71 Vgl. NK-StGB/*Gaede* § 284 Rn. 19; *Fischer* StGB § 284 Rn. 20; Lackner/Kühl/*Heger* StGB § 284 Rn. 11.
72 Vgl. MüKoStGB/*Hohmann* § 284 Rn. 26. *Fischer* StGB § 284 Rn. 20.
73 Vgl. NK-StGB/*Gaede* § 284 Rn. 19.
74 Vgl. BayObLG 11.2.1993 – 5 St RR 170/92, NJW 1993, 2820; NK-StGB/*Gaede* § 283 Rn. 20.
75 Vgl. *Fischer* StGB § 284 Rn. 21; BayObLG 11.2.1993 – 5 St RR 170/92, NJW 1993, 2820 (2822).
76 MüKoStGB/*Hohmann* § 284 Rn. 27; NK-StGB/Gaede § 284 Rn. 20; Schönke/Schröder/*Heine/Hecker* Rn. 14.
77 Vgl. NK-StGB/*Gaede* Rn. 20; MüKoStGB/*Hohmann* § 284 Rn. 26; Schönke/Schröder/*Heine/Hecker* StGB § 284 Rn. 20.
78 Vgl. NK-StGB/Gaede § 284 Rn. 20; *Fischer* StGB § 284 Rn. 21; MüKoStGB/*Hohmann* § 284 Rn. 27.

seinen Räumlichkeiten lediglich duldet.[79] In Betracht kommt in diesen Fällen allerdings eine Beihilfe des Gastwirts zu den Vergehen der §§ 284, 285 StGB.[80]

IV. Glücksspiel in Vereinen oder geschlossenen Gesellschaften (Abs. 2)

26 Dem öffentlich veranstalteten Glücksspiel nach Abs. 1 im Wege der **gesetzlichen Fiktion**[81] gleichgestellt ist gem. Abs. 2 das in Vereinen oder geschlossenen Gesellschaften gewohnheitsmäßig veranstaltete Glücksspiel.[82] Hierzu können auch regelmäßige Zusammenkünfte im Verwandten- oder Freundeskreis zählen, ohne dass ein Hang zum Spiel der einzelnen Teilnehmer erforderlich ist.[83] Entscheidend ist vielmehr, dass der gesamte Personenkreis gewohnheitsmäßig zum Glücksspiel zusammenkommt, wie es beispielsweise bei regelmäßig stattfindenden Poker- oder Doppelkopfrunden der Fall ist.[84]

V. Subjektiver Tatbestand

27 § 284 StGB setzt zumindest bedingten **Vorsatz** hinsichtlich aller objektiven Tatbestandsmerkmale voraus.[85] Die irrige Annahme, es handele sich um ein Geschicklichkeitsspiel, schließt den Vorsatz aus (§ 16 Abs. 1 StGB).[86] Gleiches gilt für die irrige Annahme, es liege eine Erlaubnis für das Glücksspiel vor.[87] Hingegen handelt es sich um einen Verbotsirrtum, wenn die Annahme vorliegt, eine Genehmigung sei nicht erforderlich.[88]

VI. Qualifikation (Abs. 3)

28 Da die illegale Veranstaltung von Glücksspielen nach Auffassung des Gesetzgebers einen typischen Deliktsbereich der organisierten Kriminalität darstellt, wurde durch das **OrgKG**[89] der Qualifikationstatbestand des Abs. 3 eingeführt.[90] Somit sollte eine schuldangemessene Ahndung gewährleistet werden, wenn die Tat gewerbs- oder bandenmäßig begangen wird.[91]

29 **Gewerbsmäßig** handelt derjenige, der sich durch wiederholte Tatbegehung eine nicht nur vorübergehende Einnahmequelle von einiger Dauer und einigem Umfang verschaffen will.[92]

30 Die **bandenmäßige Begehung** iSd Nr. 2 setzt voraus, dass sich die handelnden Mitglieder zur fortgesetzten Begehung der Veranstaltung, des Haltens oder des Bereitstellens von Einrichtungen unerlaubter Glücksspiele verbunden haben.[93]

---

79 Vgl. Lackner/Kühl/*Heger* StGB § 284 Rn. 11; Schönke/Schröder/*Heine/Hecker* StGB § 284 Rn. 21.

80 S. auch Schönke/Schröder/*Heine/Hecker* StGB § 284 Rn. 21; NK-StGB/*Gaede* § 284 Rn. 20.

81 Vgl. MüKoStGB/*Hohmann* § 284 Rn. 16.

82 Vgl. Schönke/Schröder/*Heine/Hecker* StGB § 284 Rn. 13.

83 S. auch MüKoStGB/*Hohmann* § 284 Rn. 16; NK-StGB/*Gaede* § 284 Rn. 16.

84 Vgl. Schönke/Schröder/*Heine/Hecker* StGB § 284 Rn. 13; NK-StGB/*Gaede* § 284 Rn. 16.

85 Vgl. hierzu insgesamt NK-StGB/*Gaede* § 284 Rn. 23.

86 Vgl. *Fischer* StGB § 284 Rn. 25.

87 S. auch MüKoStGB/*Hohmann* § 284 Rn. 29.

88 Vgl. OLG Stuttgart 26.6.2006 – 1 Ss 296/05, NJW 2006, 2422 (2423); MüKoStGB/*Hohmann* § 284 Rn. 31; *Fischer* StGB § 284 Rn. 25.

89 BGBl. 1992 I 1302.

90 Vgl. hierzu Schönke/Schröder/*Heine/Hecker* StGB § 284 Rn. 33.

91 BT-Drs. 12/989, 28 f.

92 Vgl. BGH 8.10.1991 – 1 StR 520/91, NJW 1992, 381 (382); BGH 17.6.2004 – 3 StR 344/03, NJW 2004, 2840; MüKoStGB/*Hohmann* § 284 Rn. 32.

93 Vgl. MüKoStGB/*Hohmann* § 284 Rn. 32; NK-StGB/*Gaede* § 284 Rn. 24.

Der Begriff der Bande setzt dabei einen Zusammenschluss von mindestens drei Personen voraus, wobei die Mitwirkung eines anderen Bandenmitglieds im Unterschied zu § 244 StGB nicht erforderlich ist.[94]

VII. Werben für ein öffentliches (unerlaubtes) Glücksspiel (Abs. 4)

Durch das im Rahmen des 6. **StrRG** eingefügte Verbot des Werbens für ein öffentliches Glücksspiel sollen insbesondere werbende Aktivitäten ausländischer Veranstalter erfasst werden, denen gegenüber das Verbot des Abs. 1 nicht durchgesetzt werden kann.[95] 31

Durch das Verbot wird die Strafbarkeit auf reine **Vorbereitungshandlungen** der Abs. 1 und 2 ausgedehnt.[96] Für die Strafbarkeit nach Abs. 4 ist es daher vollkommen unerheblich, ob das beworbene Glücksspiel tatsächlich durchgeführt wurde. Ist dies jedoch der Fall und ist bereits eine Strafbarkeit nach Abs. 1 gegeben, tritt die Straftat nach Abs. 4 zurück.[97] 32

Als Werbung gilt bereits **jede Form der Ankündigung und des Anpreisens** eines Glücksspiels[98], sofern eine Spielbeteiligung im Inland möglich ist und die Werbung im Inland erfolgt.[99] Die Werbung kann dabei sowohl an die Öffentlichkeit als auch an einzelne Personen gerichtet sein.[100] Nicht unter den Begriff der Werbung fällt hingegen die kommentarlose Veröffentlichung eines Links im Internet[101] oder der bloß werbende Hinweis auf eine ausländische Glücksspieleinrichtung.[102] 33

VIII. Rechtsfolgen und Konkurrenzen

Für die Verwirklichung des Grundtatbestands (Abs. 1) gilt eine **Strafandrohung** bis zu zwei Jahren Freiheitsstrafe oder Geldstrafe. Die Qualifikation des Abs. 3 sieht für eine gewerbsmäßige oder bandenmäßige Begehung eine Freiheitsstrafe von drei Monaten bis fünf Jahren vor. Für das Werben für ein unerlaubtes Glücksspiel in Abs. 4 sieht das Gesetz eine Freiheitsstrafe bis zu einem Jahr oder Geldstrafe vor. 34

Daneben können dem Täter gehörende Spieleinrichtungen ebenso **eingezogen** werden wie das auf dem Spieltisch oder in der Bank vorgefundene Geld (§ 286 StGB).[103] Die §§ 73 ff. StGB sind daneben anwendbar, so dass bei Vorliegen der Voraussetzungen auch Geld des Täters oder Teilnehmers eingezogen werden kann, das sich nicht in der Bank oder auf dem Spieltisch befindet.[104] 35

Der **Versuch** ist nicht strafbar. 36

Im Rahmen der **Konkurrenzen** verdrängt § 284 Abs. 1 StGB den Straftatbestand des § 285 StGB, wenn der Täter selbst als Spieler an dem Glücksspiel teil- 37

94 Vgl. Schönke/Schröder/*Heine/Hecker* StGB § 284 Rn. 33; NK-StGB/*Gaede* § 284 Rn. 24.
95 Vgl. hierzu *Fischer* StGB § 284 Rn. 24; BT-Drs. 13/8587, 68 u. 13/9064, 21; Lackner/Kühl/*Heger* StGB § 284 Rn. 15.
96 S. auch NK-StGB/Gaede § 284 Rn. 25.
97 Vgl. *Fischer* StGB § 284 Rn. 24; NK-StGB/*Gaede* § 284 Rn. 25.
98 Vgl. MüKoStGB/*Hohmann* § 284 Rn. 28.
99 S. auch NK-StGB/Gaede § 284 Rn. 25; Schönke/Schröder/*Heine/Hecker* StGB § 284 Rn. 34.
100 Vgl. MüKoStGB/*Hohmann* § 284 Rn. 28.
101 Vgl. LG Deggendorf 12.10.2004 – 1 S 36/04, MMR 2005, 124 (125); vgl. auch NK-StGB/*Gaede* § 284 Rn. 25.
102 Vgl. Schönke/Schröder/*Heine/Hecker* StGB § 284 Rn. 34.
103 Vgl. hierzu insgesamt auch *Odenthal* NStZ 2006, 14.
104 Vgl. MüKoStGB/*Hohmann* § 284 Rn. 37.

nimmt.[105] Der Tatbestand des § 284 Abs. 4 StGB verdrängt außerdem die Anstiftung zur Beteiligung am Glücksspiel gem. §§ 285, 26 StGB.[106] Tateinheit ist insbesondere möglich mit §§ 129, 263, 264a StGB.[107]

§ 285 StGB Beteiligung am unerlaubten Glücksspiel

Wer sich an einem öffentlichen Glücksspiel (§ 284) beteiligt, wird mit Freiheitsstrafe bis zu sechs Monaten oder mit Geldstrafe bis zu einhundertachtzig Tagessätzen bestraft.

Literatur: *Fischer*, Strafgesetzbuch Kommentar, 68. Aufl. 2021; *v. Heintschel-Heinegg*, Beck'scher Online-Kommentar StGB, 50. Edition Stand: 1.5.2021; *Hund*, Beteiligung Verdeckter Ermittler am unerlaubten Glücksspiel, NStZ 93, 571; *Joecks/Miebach*, Münchener Kommentar zum Strafgesetzbuch, 3. Aufl. 2019; *Kindhäuser/Neumann/Paeffgen*, Strafgesetzbuch, 5. Aufl. 2017; *Lackner/Kühl*, Strafgesetzbuch Kommentar, 29. Aufl. 2018; *Matt/Renzikowski*, StGB, Kommentar, 2. Aufl. 2020; *Schönke/Schröder*, Strafgesetzbuch, 30. Aufl. 2019.

I. Deliktsnatur und Schutzgut

1 Die als **abstraktes Gefährdungsdelikt**[1] ausgestaltete Vorschrift stellt die bloße Teilnahme an einem unerlaubten öffentlichen Glücksspiel unter Strafe. Im Gegensatz zu § 284 StGB wird hier also das Spielen selbst erfasst.[2]

2 Nicht ersichtlich ist, welches **Rechtsgut** durch die Vorschrift geschützt werden soll.[3] Insbesondere kann eine Legitimation der Norm nicht in dem Schutz der Mitspieler vor einer manipulativen Beeinträchtigung ihrer Gewinnchance gesehen werden, da solche Gefahren typischerweise nicht von den Mitspielern, sondern von dem Veranstalter oder Halter iSd § 284 StGB ausgehen.[4] Gleiches gilt für den Schutz des Vermögens der Teilnehmer an einem Glücksspiel, da es insoweit nicht Aufgabe des Strafrechts ist, den Einzelnen vor möglicherweise unvernünftigen oder risikoreichen Investitionen zu schützen.[5] Vielmehr stellt sich ein derartiges Verhalten regelmäßig als eigenverantwortliche Selbstgefährdung dar.[6] Zutreffend wird daher die **ersatzlose Streichung der Vorschrift** gefordert.[7]

105 Vgl. NK-StGB/*Gaede* § 284 Rn. 26.
106 S. auch MüKoStGB/*Hohmann* § 284 Rn. 35; NK-StGB/*Gaede* § 284 Rn. 26.
107 Vgl. Lackner/Kühl/*Heger* StGB § 284 Rn. 16.
1 MüKoStGB/*Hohmann* § 285 Rn. 4.
2 Vgl. Matt/Renzikowski/*Wietz/Matt* StGB § 284 Rn. 1.
3 S. hierzu ausführlich: MüKoStGB/*Hohmann* § 285 Rn. 2; NK-StGB/*Gaede* § 285 Rn. 1.
4 MüKoStGB/*Hohmann* § 285 Rn. 2; NK-StGB/*Gaede* § 285 Rn. 1.
5 Vgl. MüKoStGB/*Hohmann* § 285 Rn. 2.
6 Vgl. NK-StGB/*Gaede* § 285 Rn. 1.
7 Vgl. NK-StGB/*Gaede* § 285 Rn. 1; MüKoStGB/*Hohmann* § 285 Rn. 3; Matt/Renzikowski/*Wietz/Matt* StGB § 285 Rn. 1; krit. auch *Fischer* StGB § 285 Rn. 1.

II. Objektiver Tatbestand

1. Öffentliches Glücksspiel. Aus dem Verweis auf § 284 StGB ergibt sich, dass unter den Tatbestand des § 285 StGB nur die Beteiligung an einem öffentlichen Glücksspiel fällt, für das **keine behördliche Erlaubnis** existiert (→ § 284 Rn. 16).[8] Das Vorliegen einer behördlichen Erlaubnis lässt bereits den Tatbestand entfallen.[9] Nicht in den Anwendungsbereich fällt die Beteiligung an einer **Lotterie oder Ausspielung** iSd § 287 StGB.[10] 3

2. Beteiligung. An einem öffentlichen unerlaubten Glücksspiel beteiligt sich, wer an dem Glücksspiel teilnimmt, indem er sich der vom Zufall abhängigen Gewinn- und Verlustchance unterwirft.[11] Unter der – auch nur gelegentlichen – Teilnahme am öffentlichen Glücksspiel ist die **Ausführung der nach den Spielregeln vorgegebenen Handlungen** zu verstehen.[12] Das Spiel muss bereits begonnen haben.[13] Dies ist beispielsweise der Fall, wenn die Spielkarten ausgeteilt wurden oder der Einsatz geleistet bzw. eine Münze in den Geldspielautomaten geworfen wurde.[14] Wird hingegen nur zum Schein gespielt, um Dritte zum Mitspielen zu verleiten, hat das Spiel noch nicht begonnen.[15] 4

Als **Spieler** gilt derjenige, der die nach den Spielregeln notwendigen Handlungen selbst vornimmt, unabhängig davon, ob er die hierzu notwendigen finanziellen Mittel selbst aufgebracht oder von einem Dritten zur Verfügung gestellt bekommen hat.[16] Da es sich bei § 285 StGB nicht um ein eigenhändiges Delikt handelt, ist auch **mittelbare Täterschaft** möglich. Dies wäre beispielsweise dann der Fall, wenn der Vordermann irrig davon ausgeht, für das öffentliche Glücksspiel existiere eine Erlaubnis und für den Hintermann sodann die Einsätze tätigt und auf seine Weisung die notwendigen Handlungen vornimmt.[17] Die Beteiligung mehrerer kann auch **mittäterschaftlich sowie im Wege der Beihilfe** erfolgen, sofern nicht bereits eine Strafbarkeit nach einem der Sondertatbestände des § 284 StGB vorliegt.[18] 5

Umstritten ist, ob sich auch ein **verdeckter Ermittler** an einem unerlaubten Glücksspiel iSd § 285 StGB beteiligen kann. Teilweise wird eine Strafbarkeit mit der Begründung abgelehnt, durch die Beteiligung des verdeckten Ermittlers würden staatliche Kontrollinteressen nicht beeinträchtigt.[19] Diese Auffassung vermag jedoch bereits deshalb nicht zu überzeugen, weil staatliche Kontrollinteressen allenfalls ein Motiv zur Schaffung des § 285 StGB darstellen, nicht aber das durch die Vorschrift geschützte Rechtsgut.[20] Im Übrigen kann ein Glücksspiel nur insgesamt erlaubt oder unerlaubt sein, weshalb eine nur für den verdeckten Ermittler geltende, den Tatbestand ausschließende Erlaubnis nicht in Betracht kommt.[21] 6

---

8 Vgl. Schönke/Schröder/*Heine*/*Hecker* StGB § 285 Rn. 3.
9 Vgl. *Fischer* StGB § 285 Rn. 2.
10 NK-StGB/*Gaede* § 285 Rn. 2; Schönke/Schröder/*Heine*/*Hecker* StGB § 285 Rn. 1.
11 Schönke/Schröder/*Heine*/*Hecker* StGB § 285 Rn. 2.
12 NK-StGB/*Gaede* § 285 Rn. 3.
13 Schönke/Schröder/*Heine*/*Hecker* StGB § 285 Rn. 2; MüKoStGB/*Hohmann* § 285 Rn. 8.
14 Vgl. mwN NK-StGB/*Gaede* § 285 Rn. 3; MüKoStGB/*Hohmann* § 285 Rn. 8.
15 Vgl. MüKoStGB/*Hohmann* § 285 Rn. 8; NK-StGB/*Gaede* § 285 Rn. 3.
16 Schönke/Schröder/*Heine*/*Hecker* StGB § 285 Rn. 5; NK-StGB/*Gaede* § 285 Rn. 4.
17 *Fischer* StGB § 285 Rn. 3; MüKoStGB/*Hohmann* § 285 Rn. 14.
18 *Fischer* StGB § 285 Rn. 3.
19 Vgl. Lackner/Kühl/*Heger* StGB § 285 Rn. 1; *Hund* NStZ 1993, 571; Schönke/Schröder/*Heine*/*Hecker* StGB § 285 Rn. 3.
20 MüKoStGB/*Hohmann* § 285 Rn. 11; NK-StGB/*Gaede* § 285 Rn. 5.
21 Vgl. *Fischer* StGB § 285 Rn. 2; MüKoStGB/*Hohmann* § 285 Rn. 11.

III. Subjektiver Tatbestand

7 Der Beteiligte muss mindestens mit bedingtem **Vorsatz** hinsichtlich aller objektiven Tatbestandsmerkmale handeln. Er muss somit alle Umstände kennen, die das Spiel zu einem unerlaubten öffentlichen Glücksspiel machen und eine Teilnahme jedenfalls billigend in Kauf nehmen.[22]

IV. Schuld

8 Umstritten ist, ob und inwieweit die Schuld des Täters aufgrund einer **Spielsucht** ausgeschlossen sein kann.[23] Nach der Rechtsprechung stellt eine Spielsucht für sich genommen noch keine die Schuldfähigkeit erheblich einschränkende oder ausschließende krankhafte seelische Störung oder schwere andere seelische Abartigkeit dar.[24] Ausnahmsweise kann eine erhebliche Verminderung der Steuerungsfähigkeit iSd § 21 StGB angenommen werden, wenn die Spielsucht zu schwersten Persönlichkeitsveränderungen führt oder der Täter bei Beschaffungstaten unter starken Entzugserscheinungen gelitten hat.[25]

V. Konkurrenzen

9 Erfüllt der Täter oder Teilnehmer des § 285 StGB zugleich den Tatbestand des § 284 StGB, tritt die Beteiligung am unerlaubten Glücksspiel iSd § 285 StGB hinter § 284 StGB im Wege der **Konsumtion** zurück.[26] Unterstützt der Täter des § 285 StGB den nach § 284 StGB strafbaren Veranstalter oder Halter, kann Tateinheit zwischen § 285 StGB und §§ 284, 27 StGB vorliegen.[27]

§ 286 StGB Einziehung

[1]In den Fällen der §§ 284 und 285 werden die Spieleinrichtungen und das auf dem Spieltisch oder in der Bank vorgefundene Geld eingezogen, wenn sie dem Täter oder Teilnehmer zur Zeit der Entscheidung gehören. [2]Andernfalls können die Gegenstände eingezogen werden; § 74a ist anzuwenden.

Literatur: *Fischer* (Hrsg.), Strafgesetzbuch Kommentar, 68. Aufl. 2021; *v. Heintschel-Heinegg* (Hrsg.), Beck'scher Online-Kommentar StGB, 50. Edition Stand: 1.5.2021; *Joecks/Miebach* (Hrsg.), Münchener Kommentar zum Strafgesetzbuch, 3. Aufl. 2019; *Kindhäuser/Neumann/Paeffgen* (Hrsg.), Strafgesetzbuch, 5. Aufl. 2017; *Köhler*, Die Reform der strafrechtlichen Vermögensabschöpfung – Teil 1/2, NStZ 2017, 497; *Köhler/Burkhard*, Die Reform der strafrechtlichen Vermögensabschöpfung – Teil 2/2, NStZ 2017, 665; *Lackner/Kühl* (Hrsg.), Strafgesetzbuch Kommentar, 29. Aufl. 2018; *Matt/Renzikowski* (Hrsg.), StGB, Kommentar, 2. Aufl. 2020; *Odenthal*, Gewinnabschöpfung und illegales Glücksspiel, NStZ 2006, 14; *Schönke/Schröder* (Hrsg.), Strafgesetzbuch, 30. Aufl. 2019.

22 Vgl. MüKoStGB/*Hohmann* § 285 Rn. 13; *Fischer* StGB § 285 Rn. 5; zu möglichen Irrtumskonstellationen → § 284 Rn. 27.
23 Vgl. hierzu mwN MüKoStGB/*Hohmann* § 285 Rn. 16; BeckOK StGB/*Hollering* § 285 Rn. 11.
24 Vgl. BGH 25.11.2004 – 5 StR 411/04, NStZ 2005, 207; BGH 22.7.2003 – 4 StR 199/03, NStZ 2004, 31 (32).
25 Vgl. BGH 25.11.2004 – 5 StR 411/04, NStZ 2005, 207; mwN BGH 22.7.2003 – 4 StR 199/03, NStZ 2004, 31.
26 Vgl. hierzu insgesamt NK-StGB/*Gaede* § 285 Rn. 8; MüKoStGB/*Hohmann* § 285 Rn. 17.
27 NK-StGB/*Gaede* § 285 Rn. 8.

I. Historie

Im Zuge der grundlegenden Neufassung der strafrechtlichen Vermögensabschöpfung[1] wurde der ursprünglich in Abs. 1 des § 286 StGB aF enthaltene Verweis auf die Vermögensstrafe gem. § 43a StGB aF mit Inkrafttreten des Gesetzes zur Reform der strafrechtlichen Vermögensabschöpfung vom 13.4.2017[2] ersatzlos gestrichen.[3] Anlass hierfür war eine **Entscheidung des Bundesverfassungsgerichts aus dem Jahr 2002**, mit der die Vermögensstrafe für verfassungswidrig erklärt worden war.[4] Ebenfalls gestrichen wurde der Verweis auf die Regelung über den erweiterten Verfall in § 73d StGB aF, da diese Möglichkeit der Abschöpfung in Umsetzung der Richtlinie 2014/42/EU nun auch ohne ausdrücklichen Verweis besteht.[5] 1

II. Voraussetzungen der Einziehung

Voraussetzung für die Einziehung nach § 286 StGB ist zunächst das Vorliegen einer **Tat nach § 284 StGB oder § 285 StGB.** Nicht anwendbar ist die Vorschrift daher in Bezug auf Taten nach § 287 StGB.[6] Sofern ein Sicherungsbedürfnis nach § 74b Abs. 1 StGB vorliegt, kommt eine Einziehung bereits dann in Betracht, wenn eine rechtswidrige, nicht notwendig schuldhaft begangene Tat vorliegt (§ 74b Abs. 1 Nr. 1 StGB).[7] 2

1. Obligatorische Einziehung (S. 1). Nach S. 1 der Vorschrift werden Spieleinrichtungen sowie das auf dem Spieltisch oder der Bank vorgefundene Geld zwingend eingezogen. Im Gegensatz zu der in S. 2 geregelten fakultativen Einziehung besteht insoweit **kein Ermessensspielraum.** Es ist jedoch stets der Grundsatz der Verhältnismäßigkeit zu beachten (§ 74f StGB).[8] Voraussetzung der obligatorischen Einziehung ist zudem, dass das Geld oder die Spieleinrichtung einem Tatbeteiligten, dh entweder dem Täter oder einem Teilnehmer, gehört. 3

Der Begriff der **Spieleinrichtungen** entspricht dem des § 284 StGB, so dass hierunter auch uneigentliche Spieleinrichtungen wie Tische, Spielkarten und Würfel fallen (→ § 284 Rn. 24). Nicht erfasst sind hingegen Räumlichkeiten oder Grundstücke in oder auf denen unerlaubte Glücksspiele stattfinden.[9] 4

Als **Bank** im Sinne der Vorschrift gilt lediglich die Spielbank, nicht jedoch das Geldinstitut, bei dem das Geld eingezahlt und deponiert wird.[10] Nicht der Ein- 5

---

1 Vgl. zur Neuregelung insgesamt *Köhler* NStZ 2017, 497 ff.; *Köhler/Burkhard* NStZ 2017, 665 ff.
2 BGBl. 2017 I 872.
3 Vgl. Matt/Renzikowski/*Wietz/Matt* StGB § 286 Rn. 1.
4 BVerfG 20.3.2002 – 2 BvR 794/95, BVerfGE 105, 135; BeckOK StGB/*Hollering* Rn. 1.
5 BT-Drs. 18/9525, 65; BeckOK StGB/*Hollering* § 286 Rn. 2.
6 Vgl. NK-StGB/*Gaede* § 286 Rn. 2.
7 Vgl. hierzu Schönke/Schröder/*Heine/Hecker* StGB § 286 Rn. 2.
8 Vgl. Schönke/Schröder/*Heine/Hecker* StGB § 286 Rn. 5.
9 Vgl. OLG Köln 16.9.2005 – 2 Ws 336/05, NStZ 2006, 225 f.; Schönke/Schröder/*Heine/Hecker* StGB § 286 Rn. 3.
10 Vgl. MüKoStGB/*Hohmann* § 286 Rn. 6; Schönke/Schröder/*Heine/Hecker* StGB § 286 Rn. 3; BeckOK StGB/*Hollering* § 286 Rn. 4.

ziehung unterliegt das Geld, das sich in einem Geldspielautomaten befindet, da es sich hierbei nicht um eine Spielbank iSd Vorschrift handelt und sich eine Ausdehnung des Tatbestands daher vor dem Hintergrund des strafrechtlichen Bestimmtheitsgrundsatzes (Art. 103 Abs. 2 GG) verbietet.[11]

6 **2. Fakultative Einziehung (S. 2).** Für den Fall, dass Gegenstände nicht einem Tatbeteiligten, sondern einem Dritten gehören, können diese nach **pflichtgemäßem Ermessen** des Gerichts eingezogen werden.[12] § 286 StGB verweist insoweit auf die Vorschrift des § 74a StGB, so dass eine Einziehung auch dann möglich ist, wenn dem Dritten ein Vorwurf iSd § 74 Nr. 1 oder 2 StGB gemacht werden kann.

III. Anwendbarkeit der §§ 73 ff. StGB

7 Da aufgrund der Vorschrift des § 286 StGB die Möglichkeiten der Einziehung lediglich erweitert werden sollen[13], sind die allgemeinen Vorschriften zur Einziehung in §§ 73 ff. StGB daneben anwendbar, soweit es sich nicht um Gegenstände iSd S. 1 handelt.[14] Dies betrifft beispielsweise **Geld des Täters**, das sich (noch) nicht auf dem Spieltisch oder in der Bank befindet.[15] Hinsichtlich der **Gewinne**, die sich nicht mehr auf dem Spieltisch befinden und die auch nicht erneut eingesetzt werden sollen, kommt die Einziehung von Taterträgen nach § 73 StGB in Betracht.[16] § 73a StGB ermöglicht die erweiterte Einziehung auch solcher Taterträge, die durch **andere rechtswidrige Taten** erlangt wurden.[17]

§ 287 StGB Unerlaubte Veranstaltung einer Lotterie oder einer Ausspielung

(1) Wer ohne behördliche Erlaubnis öffentliche Lotterien oder Ausspielungen beweglicher oder unbeweglicher Sachen veranstaltet, namentlich den Abschluß von Spielverträgen für eine öffentliche Lotterie oder Ausspielung anbietet oder auf den Abschluß solcher Spielverträge gerichtete Angebote annimmt, wird mit Freiheitsstrafe bis zu zwei Jahren oder mit Geldstrafe bestraft.

(2) Wer für öffentliche Lotterien oder Ausspielungen (Absatz 1) wirbt, wird mit Freiheitsstrafe bis zu einem Jahr oder mit Geldstrafe bestraft.

Literatur: *Diegmann/Hoffmann* „Der Tanz um's goldene Lotto-Kalb" – zur Forderung einer Liberalisierung des öffentlichen Glücksspiels NJW 2004, 2642; *Fischer*, Strafgesetzbuch Kommentar, 68. Aufl. 2021; *v. Heintschel-Heinegg*, Beck'scher Online-Kommentar StGB, 50. Edition Stand: 1.5.2021; *Joecks/Miebach*, Münchener Kommentar zum Strafgesetzbuch, 3. Aufl. 2019; *Kindhäuser/Neumann/Paeffgen*, Strafgesetzbuch, 5. Aufl. 2017; *Lackner/Kühl*, Strafgesetzbuch Kommentar, 29. Aufl. 2018; *Lüderssen*,

11 So auch NK-StGB/*Gaede* § 286 Rn. 2; aA Schönke/Schröder/*Heine/Hecker* StGB § 286 Rn. 3; Matt/Renzikowski/*Wietz/Matt* StGB § 286 Rn. 1; BeckOK StGB/*Hollering* § 286 Rn. 4.

12 Vgl. MüKoStGB/*Hohmann* § 286 Rn. 2; Matt/Renzikowski/*Wietz/Matt* StGB § 286 Rn. 1.

13 Vgl. MüKoStGB/*Hohmann* § 286 Rn. 6; BeckOK StGB/*Hollering* § 286 Rn. 6; *Fischer* StGB § 286 Rn. 4.

14 Vgl. BeckOK StGB/*Hollering* § 286 Rn. 6.

15 S. auch *Fischer* StGB § 286 Rn. 5; BeckOK StGB/*Hollering* § 286 Rn. 6.

16 Vgl. BeckOK StGB/*Hollering* § 286 Rn. 6; MüKoStGB/*Hohmann* § 286 Rn. 6; vgl. zu § 73 aF insgesamt sowie insbesondere zum Begriff des „Erlangten" *Odenthal* NStZ 2006, 14 (15 ff.).

17 S. BeckOK StGB/*Hollering* § 286 Rn. 7; BeckOK StGB/*Heuchemer* § 73a Rn. 1.

Aufhebung der Strafbarkeit gewerblicher Spielvermittler durch den neuen Staatsvertrag zum Glücksspielwesen in Deutschland? NStZ 2007, 15; *Mailänder*, Haus im Glück, ZfWG 2009, 395; *Matt/Renzikowski*, StGB, Kommentar, 2. Aufl. 2020; *Mintas*, Die Strafbarkeit bei Hausverlosungen im Internet, ZfWG 2009, 82; *Rüping*, Strafrechtliche Fragen staatlich genehmigter Lotterien, JZ 05, 236; *Schild*, Die Öffentlichkeit der Lotterie des § 286 StGB, NStZ 1982, 446; *Schoene*, Zum Begriff „Veranstaltung" iSd § 286 StGB, NStZ 1991, 469; *Schönke/Schröder*, Strafgesetzbuch, 30. Aufl. 2019.

I. Allgemeines und Historie

Die nach hM als abstraktes Gefährdungsdelikt[1] ausgestaltete Regelung wurde im Zuge des **6. StrRG** neu beziffert und geordnet sowie inhaltlich ergänzt.[2] 1

Das von § 287 StGB geschützte Rechtsgut ist identisch mit dem des § 284 StGB. Es besteht nach wohl hM in der **Gewährleistung einer manipulationsfreien Gewinnchance** sowie der staatlichen Kontrolle der **wirtschaftlichen Ausbeutung der natürlichen Spielleidenschaft.**[3] Nicht geschützt sind hingegen das Vermögen des Einzelnen oder fiskalische Interessen.[4] 2

II. Veranstaltung einer öffentlichen Lotterie oder Ausspielung (Abs. 1)

Abs. 1 der Vorschrift stellt die Veranstaltung einer behördlich nicht erlaubten öffentlichen Lotterie oder Ausspielung unter Strafe. Sowohl die Lotterie als auch die Ausspielung sind Glücksspiele iSd § 284 StGB, die jedoch aus historischen Gründen in einer eigenständigen, gegenüber § 284 StGB spezielleren Vorschrift geregelt werden.[5] 3

1. Lotterie und Ausspielung. Da es sich bei der Lotterie und der Ausspielung um Glücksspiele iSd § 284 StGB handelt, müssen auch in den von § 287 StGB erfassten Fällen die **allgemeinen Voraussetzungen eines Glücksspiels** (→ § 284 Rn. 5 ff.) erfüllt sein.[6] Demnach muss auch im Rahmen einer Lotterie oder Ausspielung der Gewinn oder Verlust vom **Zufall** abhängen und der Teilnehmer muss einen **nicht ganz unerheblichen Einsatz** leisten. 4

Im Unterschied zu dem von § 284 StGB erfassten Glücksspiel setzen sowohl die Lotterie als auch die Ausspielung das Vorliegen eines **Spielplans** voraus, in dem 5

---

1 BeckOK StGB/*Hollering* § 287 Rn. 1; *Fischer* Rn. 1; NK-StGB/*Gaede* § 287 Rn. 1; aA MüKoStGB/*Hohmann* § 287 Rn. 1, der die Vorschrift als Verletzungsdelikt ansieht.
2 BT-Drs. 13/8587, 67; vgl. hierzu auch MüKoStGB/*Hohmann* § 287 Rn. 3.
3 Vgl. BGH 4.2.1958 – 5 StR 579/57, BGHSt 11, 209; BayObLG 12.2.1993 – 5 St RR 170/92, NJW 93, 2820 mit Bespr. *Lampe* JuS 94, 737 (740); so auch NK-StGB/*Gaede* § 287 Rn. 2; Lackner/Kühl/*Heger* StGB § 287 Rn. 1; vgl. außerdem mwN MüKoStGB/*Hohmann* § 287 Rn. 1.
4 So auch *Diegmann/Hoffmann* NJW 2004, 2642; MüKoStGB/*Hohmann* § 287 Rn. 1.
5 Vgl. LG Braunschweig 10.9.1954 – Ss 128/54, NJW 1954, 1777 (1778 f.); NK-StGB/*Gaede* § 287 Rn. 1; MüKoStGB/*Hohmann* § 287 Rn. 1.
6 Vgl. Matt/Renzikowski/*Wietz/Matt* StGB § 287 Rn. 2; BeckOK StGB/*Hollering* § 287 Rn. 4; vgl. auch BGH 29.9.1986 – NJW 1987, 851 (853).

jedenfalls die Bedingungen der Beteiligung sowie ein System der Gewinnermittlung und Gewinnverteilung geregelt sein müssen.[7] Die detaillierte Regelung aller Einzelheiten des Spielbetriebs ist jedoch nicht notwendig.[8]

6 Ebenfalls im Rahmen des Spielplans festgelegt sein muss die Höhe des von den Beteiligten zu leistenden **Einsatzes.**[9] Es genügt in diesem Zusammenhang bereits, dass der Einsatz in dem Spielplan vorgesehen ist; es ist nicht notwendig, dass dieser bereits geleistet wurde.[10] Der Einsatz kann auch in verdeckter Form erfolgen.[11] Im Unterschied zum Glücksspiel iSd § 284 StGB wird die Höhe des Einsatzes für die Teilnahme an einer Lotterie oder Ausspielung nicht in das Belieben des jeweiligen Spielers gestellt, sondern von dem Veranstalter festgelegt.[12] Kann der Spieler die Höhe des Einsatzes selbst bestimmen, handelt es sich um ein Glücksspiel im engeren Sinne, das nach § 284 StGB zu behandeln ist.[13] Der zu leistende Einsatz darf dabei nicht gänzlich unerheblich sein (→ § 284 Rn. 8). Nicht unter den Anwendungsbereich des § 287 StGB fallen somit auch „Gratisausspielungen", bei denen entweder kein Einsatz verlangt wird oder der Teilnehmer in jedem Fall eine dem Wert des Einsatzes entsprechende Gegenleistung erhält.[14]

7 Wie bei jedem Glücksspiel muss auch bei einer Lotterie oder Ausspielung das Ergebnis vom **Zufall** abhängig sein (→ § 284 Rn. 6), was jedenfalls bei einer Verteilung der Gewinne nach Losen der Fall ist.[15]

8 Lotterie und Ausspielung **unterscheiden sich allein durch den möglichen Gewinn.**[16] Dieser besteht bei einer Lotterie ausschließlich in Geld, während im Rahmen einer Ausspielung lediglich bewegliche oder unbewegliche Sachen gewonnen werden können.[17] Nicht unter § 287 StGB fällt allerdings die Ausspielung von geldwerten Leistungen, da der insoweit eindeutige Wortlaut der Vorschrift, die ausdrücklich nur auf „Sachen" Bezug nimmt, einer Ausdehnung des Tatbestands auf geldwerte Leistungen entgegensteht.[18]

9 **2. Ohne behördliche Erlaubnis.** Die Veranstaltung einer öffentlichen Lotterie oder Ausspielung ist weiterhin nur dann strafbar, wenn eine behördliche Erlaubnis nicht vorliegt. Es handelt sich hierbei, wie auch im Rahmen des § 284 StGB, um ein **negatives Tatbestandsmerkmal.**[19] Liegt eine behördliche Erlaubnis vor,

---

7 Vgl. *Fischer* StGB § 287 Rn. 6; MüKoStGB/*Hohmann* § 287 Rn. 8; BeckOK StGB/*Hollering* § 287 Rn. 6.
8 Vgl. BeckOK StGB/*Hollering* § 287 Rn. 6.
9 Vgl. BGH 29.9.1986 – 4 StR 148/86, NJW 1987, 851 (853); BeckOK StGB/*Hollering* § 287 Rn. 6.
10 Vgl. BGH 10.7.1952 – 5 StR 358/52, BGHSt 3, 99 (104 f.); NK-StGB/*Gaede* § 287 Rn. 4.
11 Vgl. Schönke/Schröder/*Heine/Hecker* StGB § 287 Rn. 4.
12 Vgl. NK-StGB/*Gaede* § 287 Rn. 3; MüKoStGB/*Hohmann* § 287 Rn. 9.
13 Vgl. OLG Frankfurt a. M. 30.1.2002 – 1 U 35/2001, BKR 2002, 403 (405); MüKoStGB/*Hohmann* § 287 Rn. 9; Matt/Renzikowski/*Wietz/Matt* StGB § 287 Rn. 2.
14 Vgl. BGH 9.3.1976 – 1 StR 610/75, GA 1987, 332 (334); MüKoStGB/*Hohmann* § 287 Rn. 12; vgl. auch zu sog. „Scheinausspielungen" NK-StGB/*Gaede* § 287 Rn. 4.
15 Vgl. NK-StGB/*Gaede* StGB § 287 Rn. 6.
16 Vgl. BeckOK StGB/*Hollering* § 287 Rn. 5.
17 Vgl. Schönke/Schröder/*Heine/Hecker* StGB § 287 Rn. 2.
18 NK-StGB/*Gaede* § 287 Rn. 2; MüKoStGB/*Hohmann* § 287 Rn. 6; vgl. schon OLG Hamburg 15. 10. 1952 – 5 U 16/52, NJW 1954, 393 (396); aA Lackner/Kühl/*Heger* StGB § 287 Rn. 4; Schönke/Schröder/*Heine/Hecker* StGB § 287 Rn. 2, 11; Matt/Renzikowski/*Wietz/Matt* StGB § 287 Rn. 2.
19 BGH 27.2.2020 – 3 StR 327/19, NStZ-RR 2020, 248; MüKoStGB/*Hohmann* § 287 Rn. 19; NK-StGB/*Gaede* § 287 Rn. 8.

lässt dies demzufolge bereits den Tatbestand und nicht erst die Rechtswidrigkeit entfallen. Auch bei dem Straftatbestand des § 287 StGB handelt es sich, wie bei § 284 StGB, um eine hinsichtlich der konkreten Erlaubnis **verwaltungsakzessorische Vorschrift.**[20] Zum Tatbestandsmerkmal der Erlaubnis und insbesondere zu der Frage der in einem **EU-Mitgliedsstaat** erteilten Erlaubnis → § 284 Rn. 16 f.

An einer behördlichen Erlaubnis fehlt es auch dann, wenn der Veranstalter 10
von einer erteilten Genehmigung inhaltlich abweicht, indem er beispielsweise zu viele Lose ausgibt oder Gewinnlose bewusst zurückhält.[21] Ein Verstoß gegen das Genehmigungserfordernis liegt im Übrigen auch dann vor, wenn in örtlicher Hinsicht von einer erteilten Erlaubnis abgewichen wird.[22]

3. Öffentlichkeit. Vom Tatbestand des § 287 StGB erfasst werden nur öffentlich 11
veranstaltete Lotterien und Ausspielungen (zum Begriff der Öffentlichkeit → § 284 Rn. 14).[23] Als öffentlich veranstaltet gilt auch die Verlosung eines Hauses im Internet.[24]

Anders als im Rahmen des § 284 StGB gelten Lotterien und Ausspielungen, die 12
in geschlossenen Gesellschaften und Vereinen veranstaltet werden, grundsätzlich nicht als öffentlich, da es hier an einer § 284 Abs. 2 StGB entsprechenden Gleichstellungsklausel fehlt.[25]

4. Veranstalten. Der Begriff des Veranstaltens entspricht dem des § 284 StGB 13
(→ § 284 Rn. 18) und verlangt die **Eröffnung einer Spielgelegenheit.**[26] Es reicht insofern bereits aus, dass den potenziellen Mitspielern die Möglichkeit der Teilnahme an dem Spiel nach dem vorgegebenen Spielplan geboten wird; auf den tatsächlichen Abschluss von Spielverträgen kommt es nicht an.[27] Dies wurde mit der Änderung des § 287 StGB durch das 6. StrRG ausdrücklich klargestellt, indem als Veranstalter „namentlich" derjenige gilt, der den Abschluss von Spielverträgen für eine öffentliche Lotterie oder Ausspielung anbietet oder auf den Abschluss solcher Spielverträge gerichtete Angebote annimmt.[28] Nicht ausreichend ist hingegen die **bloße Ankündigung** einer Lotterie oder Ausspielung.[29] Gleiches gilt für rein **innerorganisatorische Handlungen** wie das Auffordern oder Sicherbieten zur Vermittlung von Spielverträgen, auf deren Aufnahme in den Tatbestand der Gesetzgeber bewusst verzichtet hat, da es sich hierbei um Vorgänge handelt, die dem straflosen Vorfeld des „Veranstaltens" zuzurechnen sind.[30]

Als Veranstalter gilt auch der Organisator einer Spielgemeinschaft, der sich im 14
Rahmen einer **sog. „Lotteriekette"** einer bestehenden Lotterie anschließt, wenn

---

20 Vgl. BeckOK StGB/*Hollering* § 287 Rn. 12.
21 Vgl. MüKoStGB/*Hohmann* § 287 Rn. 22; NK-StGB/*Gaede* § 287 Rn. 8.
22 Vgl. hierzu mwN NK-StGB/*Gaede* § 287 Rn. 8.
23 Vgl. außerdem *Schild* NStZ 1982, 446 (448); *Mailänder* ZfWG 2009, 395 (396); *Mintas* ZfWG 2009, 82 (85).
24 VG Göttingen 12.11.2009 – 1 B 247/09, NJW 2010, 885; MüKoStGB/Hohmann § 287 Rn. 17; vgl. auch *Mailänder* ZfWG 2009, 395 (396); *Mintas* ZfWG 2009, 82 (85).
25 Vgl. hierzu insgesamt MüKoStGB/*Hohmann* § 287 Rn. 18; Lackner/Kühl/*Heger* StGB § 287 Rn. 5; Schönke/Schröder/*Heine/Hecker* StGB § 287 Rn. 9.
26 Lackner/Kühl/*Heger* StGB § 287 Rn. 6; NK-StGB/*Gaede* § 287 Rn. 9; Schönke/Schröder/*Heine/Hecker* StGB § 287 Rn. 11; vgl. hierzu auch *Schoene* NStZ 1991, 469.
27 *Fischer* StGB § 287 Rn. 12; Lackner/Kühl/*Heger* StGB § 287 Rn. 6.
28 BT-Drs. 13/9064, 21; NK-StGB/*Gaede* § 287 Rn. 9.
29 NK-StGB/*Gaede* § 287 Rn. 9; vgl. auch Lackner/Kühl/*Heger* StGB § 287 Rn. 6; BT-Drs. 13/9064, 21.
30 BT-Drs. 13/9064, 21; vgl. auch Schönke/Schröder/*Heine/Hecker* StGB § 287 Rn. 11.

die Mitglieder der Spielgemeinschaft lediglich einen Anspruch gegen die Spielgemeinschaft auf Gewinnbeteiligung erwerben.[31] Eine **straflose Vermittlertätigkeit** liegt hingegen vor, wenn die Mitglieder der Spielgemeinschaft im Falle eines Gewinns einen eigenen Anspruch unmittelbar gegen den Veranstalter der Erstlotterie erwerben.[32]

III. Werben für öffentliche Lotterien oder Ausspielungen (Abs. 2)

15 Das in Abs. 2 enthaltene Verbot stellt, wie die entsprechende Regelung in § 284 Abs. 4 StGB, das Werben für öffentliche Lotterien und Ausspielungen iSd Abs. 1 unter Strafe. Damit wird die Strafbarkeit auf entsprechende **Vorfeldhandlungen** erstreckt.[33]

16 Als Werben gilt jede Form der Ankündigung und des Anpreisens einer Lotterie oder Ausspielung, die darauf abzielt, andere zur Beteiligung zu bewegen.[34] Es muss sich um eine **positiv-wertende Einflussnahme** des Täters auf den Empfänger handeln.[35] Ein derart weites Verständnis des Begriffs der Werbung ist notwendig, da das bloße Anbieten des Abschlusses eines Spielvertrags bereits als „Veranstalten" iSd Abs. 1 gilt und für das Werbeverbot in Abs. 2 ansonsten kein eigenständiger Anwendungsbereich verbliebe.[36]

IV. Subjektiver Tatbestand und Irrtümer

17 Der subjektive Tatbestand erfordert jedenfalls **bedingt vorsätzliches Handeln** hinsichtlich aller objektiven Tatbestandsmerkmale.[37] Der Täter muss die Umstände kennen, die das Spiel zu einer unerlaubten öffentlichen Lotterie oder Ausspielung machen.[38]

18 Der Vorsatz entfällt, wenn der Täter irrig davon ausgeht, die erforderliche Erlaubnis liege vor.[39] Verkennt der Täter lediglich den Charakter des Spiels als Lotterie oder Ausspielung, handelt es sich um einen bloßen **Subsumtionsirrtum.**[40] Irrt der Täter hingegen über die Notwendigkeit einer behördlichen Erlaubnis, liegt ein **Verbotsirrtum** vor.[41]

V. Teilnahme

19 Die Teilnahme ist nach den **allgemeinen Regeln** möglich.[42] Nicht als Teilnehmer im strafrechtlichen Sinne gilt der **Mitspieler,** da er nur durch die Leistung des

---

31 NK-StGB/*Gaede* § 287 Rn. 10; vgl. zu den verschiedenen Konstellationen innerhalb einer Spielgemeinschaft auch MüKoStGB/*Hohmann* § 287 Rn. 26.

32 Vgl. Lackner/Kühl/*Heger* StGB § 287 Rn. 6; *Fischer* StGB § 287 Rn. 11; *Lüderssen* NStZ 2007, 15 (17).

33 BeckOK StGB/*Hollering* § 287 Rn. 19; vgl. auch BT-Drs. 13/9064, 21.

34 MüKoStGB/*Hohmann* § 287 Rn. 27; vgl. auch mwN NK-StGB/*Gaede* § 287 Rn. 12.

35 Vgl. Lackner/Kühl/*Heger* StGB § 287 Rn. 6.

36 Vgl. NK-StGB/*Gaede* § 287 Rn. 12; MüKoStGB/*Hohmann* § 287 Rn. 27.

37 S. auch MüKoStGB/*Hohmann* § 287 Rn. 28; NK-StGB/*Gaede* § 287 Rn. 13.

38 *Fischer* StGB § 287 Rn. 14; vgl. auch OLG Düsseldorf 6.2.1958 – (1) Ss 609/57, NJW 1958, 760.

39 Vgl. Schönke/Schröder/*Heine/Hecker* StGB § 287 Rn. 17; MüKoStGB/*Hohmann* § 287 Rn. 29.

40 Vgl. *Fischer* StGB § 287 Rn. 14; Schönke/Schröder/*Heine/Hecker* StGB § 287 Rn. 17.

41 Vgl. Schönke/Schröder/*Heine/Hecker* StGB § 287 Rn. 17; BeckOK StGB/*Hollering* § 287 Rn. 16; s. auch *Rüping* JZ 05, 236.

42 Vgl. MüKoStGB/*Hohmann* § 287 Rn. 30.

Einsatzes keine Hilfe zur Veranstaltung der Lotterie oder Ausspielung leistet.[43] Da die Vorschrift des § 285 StGB hier keine Anwendung findet und es an einer vergleichbaren Regelung fehlt, ist die Beteiligung an einer behördlich nicht erlaubten Ausspielung oder Lotterie straflos.[44]

Ebenfalls straflos ist die **Vermittlung von Spielverträgen** für vom Veranstalter im 20 Ausland erlaubt durchgeführte Lotterien oder Ausspielungen, auch wenn sich die Genehmigung nicht auf die Veranstaltung der Lotterie oder Ausspielung im Inland erstreckt; es fehlt insoweit an einer teilnahmefähigen rechtswidrigen Haupttat.[45]

VI. Rechtsfolgen und Konkurrenzen

§ 287 StGB verdrängt als **speziellere Norm** den § 284 StGB.[46] **Tateinheit** mit 21 § 263 StGB ist möglich.[47]

Da § 286 StGB im Anwendungsbereich des § 287 StGB nicht gilt, kommt eine 22 **Einziehung** hier nur nach den allgemeinen Vorschriften der § 73 ff. StGB in Betracht.[48]

43 S. auch Schönke/Schröder/*Heine/Hecker* StGB § 287 Rn. 18.
44 Vgl. MüKoStGB/*Hohmann* § 287 Rn. 30; BeckOK StGB/*Hollering* § 287 Rn. 18; Schönke/Schröder/*Heine/Hecker* StGB § 287 Rn. 18.
45 *Fischer* StGB § 287 Rn. 15.
46 Vgl. BGH 29.9.1986 – 4 StR 148/86, NJW 1987, 851 (853); Matt/Renzikowski/*Wietz/Matt* StGB § 287 Rn. 1.
47 Vgl. BGH 15. 3. 2011 – 1 StR 529/10, NJW 2011, 1825 (1826); Lackner/Kühl/*Heger* StGB § 287 Rn. 9; Matt/Renzikowski/*Wietz/Matt* StGB § 287 Rn. 5.
48 Vgl. BeckOK StGB/*Hollering* § 287 Rn. 20; Matt/Renzikowski/*Wietz/Matt* StGB § 287 Rn. 5.

b) Jugendschutzgesetz

§ 6 JuSchG Spielhallen, Glücksspiele

(1) Die Anwesenheit in öffentlichen Spielhallen oder ähnlichen vorwiegend dem Spielbetrieb dienenden Räumen darf Kindern und Jugendlichen nicht gestattet werden.

(2) Die Teilnahme an Spielen mit Gewinnmöglichkeit in der Öffentlichkeit darf Kindern und Jugendlichen nur auf Volksfesten, Schützenfesten, Jahrmärkten, Spezialmärkten oder ähnlichen Veranstaltungen und nur unter der Voraussetzung gestattet werden, dass der Gewinn in Waren von geringem Wert besteht.

Literatur: *Buchholz*, Zum Begriff der Spielhallen und ähnlichen Unternehmen nach § 33i GewO, GewArch 2000, 457; *Erbs/Kohlhaas*, Strafrechtliche Nebengesetze, Werkstand: 233. EL, Oktober 2020; *Knupfer*, Jugendschutzgesetz Online-Kommentar, Stand: 1.8.2020; *Lesch/Wallau*, Glücksspiel trotz fehlender Gewinnmöglichkeit?, GewArch 2002, 447; *Liesching*, Internetcafés als „Spielhallen" nach Gewerbe- und Jugendschutzrecht, NVwZ 2005, 898; *Liesching/Knupfer*, Die Zulässigkeit des Betreibens von Internetcafés nach gewerbe- und jugendschutzrechtlichen Bestimmungen, MMR 2003, 439; *Lober*, Spiele in Internet-Café: Game Over?, MMR 2002, 730; *Odenthal*, TV-Gewinnspiele – unerlaubtes Glücksspiel?, GewArch 2002, 315.

I. Allgemeines und Historie

1 Das Verbot in Abs. 1 soll Minderjährige vor der Spielleidenschaft bewahren und der **Ausnutzung des Spieltriebs entgegenwirken.**[1] Der Gesetzgeber ging seinerzeit davon aus, dass insbesondere von Video-Unterhaltungsspielgeräten eine besondere Faszination ausgeht, der sich Minderjährige ohne erzieherische Einwirkung nur schwer entziehen könnten.[2] Nach dem Willen des Gesetzgebers soll die Vorschrift auch vor finanziellen Verlusten schützen und der Entstehung von Beschaffungskriminalität bei Kindern und Jugendlichen entgegenwirken.[3]

II. Anwesenheit in öffentlichen Spielhallen und ähnlichen Räumen (Abs. 1)

2 Der in Abs. 1 verwendete **Begriff der Spielhalle** knüpft an den des § 33i Abs. 1 GewO an.[4] Erfasst sind sowohl solche Betriebe, in denen Spielgeräte aufgestellt sind, an denen sich der Gast nach Belieben betätigen kann, wobei der Schwerpunkt des Betriebs in dem Bereitstellen der Spielgeräte liegen muss, als auch spielhallenähnliche Unternehmen.[5] Letztere sind Betriebe, die nicht vorwiegend

1 Erbs/Kohlhaas/*Liesching* JSchG § 6 Rn. 1; BT-Drs. 9/1992, 11.
2 Vgl. BT-Drs. 9/1992, 11.
3 Vgl. BT-Drs. 9/1992, 11.
4 Erbs/Kohlhaas/Liesching JSchG § 6 Rn. 2; BT-Drs. 9/1992, 11.
5 BVerwG 4.10.1988 – 1 C 59/86, NVwZ 1989, 51; vgl. auch BT-Drs. III/318, 16.

der Aufstellung von Geräten dienen, sondern der Veranstaltung von Spielen, wie es beispielsweise bei Spielcasinos der Fall ist.[6]

Grundsätzlich nicht unter den Begriff der Spielhalle fallen **Sportanlagen**, zu denen auch Billardräume oder Bowlingbahnen gehören können.[7] Von dem Vorliegen einer Anlage für sportliche Zwecke ist jedoch nur dann auszugehen, wenn die Räumlichkeiten nach ihrer Ausstattung und dem Zuschnitt ersichtlich dem Training und eventuellen Wettkämpfen, beispielsweise von Billardsportlern, dienen sollen.[8] Demgegenüber handelt es sich regelmäßig um eine Spielhalle, wenn die maßgebliche Räumlichkeit insgesamt durch den Spielbetrieb geprägt ist und nach dem Gesamteindruck hinsichtlich der Ausstattung, der Aufmachung sowie der Art und Weise des Betriebs dem typischen Erscheinungsbild und Fluidum einer Spielhalle entspricht.[9] Allein das Aufstellen von Billardtischen neben anderen Spielgeräten schließt die Annahme einer Spielhalle daher nicht aus.[10] 3

Neben öffentlichen Spielhallen werden auch **ähnliche vorwiegend dem Spielbetrieb dienende Räume** in den Anwendungsbereich der Vorschrift einbezogen. Hierzu zählen Räumlichkeiten, die einen unselbstständigen Teil eines andersartigen Gewerbebetriebs darstellen, wie etwa selbstständige Nebenräume von Gaststätten, Kinos oder Verkaufsstellen.[11] Entscheidend ist, dass die in Rede stehenden Räumlichkeiten überwiegend für Spielveranstaltungen genutzt werden. Nicht erfasst sind daher Turnhallen oder Versammlungsräume, die nur sporadisch für derartige Veranstaltungen genutzt werden, da diese nicht „vorwiegend“ dem Spielbetrieb dienen.[12] 4

Grundsätzlich nicht als vorwiegend dem Spielbetrieb dienende Räume gelten **sog. Internetcafés**, da sie in erster Linie der Kommunikation und Information dienen.[13] Allerdings gelten Multifunktionsgeräte wie Computer, die sowohl zum Spielen als auch zu anderen Zwecken, wie etwa der Internetrecherche oder der Kommunikation, genutzt werden können, dann als Unterhaltungsspiele ohne Gewinnmöglichkeit, wenn die konkrete Möglichkeit zur Nutzung von installierten Spielprogrammen besteht.[14] Darauf, dass die Computer ausschließlich einem spielorientierten Publikum angeboten werden, kann es in diesem Zusammenhang nicht ankommen.[15] Dementsprechend fallen Internetcafés dann unter den Anwendungsbereich des § 6 JuSchG, wenn die Gesamtumstände darauf schließen lassen, dass die Betriebsräume hauptsächlich dem Spielzweck gewidmet sind und die anderweitige Nutzung der Computer dahinter zurücktritt.[16] Hierbei ist in erster Linie auf das Betriebskonzept, mithin die Ausstattung der Räumlichkei- 5

6 Vgl. BT-Drs. III/318, 16; *Buchholz* GewArch 2000, 457 (458); Erbs/Kohlhaas/*Liesching* JSchG § 6 Rn. 2.
7 BayObLG 24.2.1992 – 3 ObOWi 7/92, GewArch 1992, 231; vgl. hierzu insgesamt Erbs/Kohlhaas/*Liesching* JSchG § 6 Rn. 2.
8 OVG Münster 13.9. 1994 – 11 A 3309/92, GewArch 1995, 124 f.
9 VG Gelsenkirchen 1.8.2002 – 5 K 1163/99, GewArch 2004, 260 f.; OVG Münster 13.9.1994 – 11 A 3309/92, GewArch 1995, 124 f.; OVG Hamburg 18.3.1987 – Bs VI 23/87, GewArch 1987, 302.
10 BayObLG 24.2.1992 – 3 ObOWi 7/92, GewArch 1992, 231.
11 Vgl. BT-Drs. 9/1992, 11; Erbs/Kohlhaas/*Liesching* JSchG § 6 Rn. 3.
12 S. auch Erbs/Kohlhaas/*Liesching* JSchG § 6 Rn. 3.
13 Vgl. Erbs/Kohlhaas/*Liesching* JSchG § 6 Rn. 4.
14 Vgl. BVerwG 9.3.2005 – 6 C 11/04, NVwZ 2005, 961; *Liesching* NVwZ 2005, 898.
15 Vgl. *Liesching* NVwZ 2005, 898 unter Verweis auf OVG Berlin 17.12.2002 – 1 S 67.02, MMR 2003, 204 f.
16 Vgl. BVerwG 9.3.2005 – 6 C 11/04, NVwZ 2005, 961, (962); *Lober* MMR 2002, 730 (733).

ten, die Programmierung der Computer sowie die Selbstdarstellung des Unternehmens nach außen, beispielsweise durch Werbung, abzustellen.[17]

6 Von dem Verbot des Abs. 1 erfasst sind lediglich **öffentliche** Spielhallen oder ähnliche vorwiegend dem Spielbetrieb dienende Räume. Als öffentlich gelten diese Räumlichkeiten nur dann, wenn sie von einem unbegrenzten, nicht durch persönliche Merkmale miteinander verbundenen Personenkreis aufgesucht werden können.[18] Nicht erfasst sind daher schulische oder universitäre Internetcafés, die nur den Angehörigen der betreffenden Bildungseinrichtung offen stehen.[19]

III. Teilnahme an Spielen mit Gewinnmöglichkeit (Abs. 2)

7 § 6 Abs. 2 JuSchG untersagt die Teilnahme von Kindern und Jugendlichen an Spielen mit Gewinnmöglichkeiten in der Öffentlichkeit. Dieses Verbot gilt jedoch nicht, wenn die Spiele auf Volksfesten, Schützenfesten, Jahrmärkten, Spezialmärkten oder ähnlichen Veranstaltungen angeboten werden und der Gewinn lediglich in Waren von geringem Wert besteht.

8 **1. Spiele mit Gewinnmöglichkeit in der Öffentlichkeit.** Als Spiele mit Gewinnmöglichkeit gelten in Anlehnung an § 33c Abs. 1 S. 1 GewO Spielgeräte, die mit einer den Spielausgang beeinflussenden technischen Vorrichtung ausgestattet sind und die die Möglichkeit eines Gewinns bieten (→ GewO § 33c Rn. 7).[20] Ebenfalls erfasst sind andere Spiele mit Gewinnmöglichkeit iSd § 33d Abs. 1 S. 1 GewO (→ GewO § 33d Rn. 3).[21] Anders als im Rahmen des § 6 Abs. 1 JuSchG ist hier nicht bereits die Anwesenheit, sondern allein die Teilnahme an diesen Spielen untersagt.

9 Das Teilnahmeverbot gilt lediglich für Spiele mit Gewinnmöglichkeit. **Unterhaltungsspiele mit Hinterlegungsspeicher**, bei denen der eingezahlte Betrag durch Betätigung einer Rückgabetaste wieder ausgezahlt wird, fallen demnach nicht in den Anwendungsbereich des § 6 Abs. 2 JuSchG.[22] Der mögliche Gewinn kann sowohl in Geld als auch in Waren bestehen.[23] Kindern und Jugendlichen darf die Teilnahme an solchen Spielen mit Gewinnmöglichkeit – unabhängig von der Höhe des möglichen Gewinns – nicht gewährt werden.

10 Nicht erforderlich für die Annahme eines Gewinnspiels iSd Abs. 2 ist die **Erbringung eines Spieleinsatzes.**[24] Dies ergibt sich aus dem mit der Vorschrift verfolgten Zweck, der darin liegt, Kinder und Jugendliche vor Spielleidenschaft zu bewahren und der Ausnutzung des Spieltriebs entgegenzuwirken.[25] Spiele, die einen Spieleinsatz nicht erfordern, dürften jedoch gerade in besonderer Weise

---

17 Vgl. Erbs/Kohlhaas/*Liesching* JSchG § 6 Rn. 4; vgl. auch BVerwG 9.3.2005 – 6 C 11/04, NVwZ 2005, 961 (962).

18 Erbs/Kohlhaas/*Liesching* JSchG § 6 Rn. 5 mwN.

19 Vgl. *Liesching/Knupfer* MMR 2003, 439 (443); Erbs/Kohlhaas/*Liesching* JSchG § 6 Rn. 5; vgl. zur Problematik der öffentlich zugänglichen aber nichtgewerblichen Internetcafés, die ihrem Charakter nach für Minderjährige vollkommen unbedenklich sind Erbs/Kohlhaas/*Liesching* JSchG § 6 Rn. 6; *Liesching/Knupfer* MMR 2003, 439 (442 f.).

20 Vgl. *Knupfer* Online-Kommentar JSchG § 6 Rn. 5; Erbs/Kohlhaas/*Liesching* JSchG § 6 Rn. 7.

21 Vgl. *Knupfer* Online-Kommentar JSchG § 6 Rn. 5; Erbs/Kohlhaas/*Liesching* JSchG § 6 Rn. 7.

22 Vgl. *Lesch/Wallau* GewArch 2002, 447 f.; Erbs/Kohlhaas/*Liesching* JSchG § 6 Rn. 8.

23 Vgl. Erbs/Kohlhaas/*Liesching* JSchG § 6 Rn. 8.

24 Vgl. Erbs/Kohlhaas/*Liesching* JSchG § 6 Rn. 9.

25 Vgl. BT-Drs. 9/1992, 11; BVerwG 2.7.1991 – 1 C 4/90, BVerwGE 88, 348 (351).

geeignet sein, Kinder und Jugendliche zum Spielen zu verleiten, da der zu erwartende Gewinn einen umso größeren Anreiz darstellt, je geringer die aufzuwendenden Kosten sind.[26]

Trotz großer praktischer Bedeutung bislang ungeklärt ist die Frage, ob auch **Gewinnspiele im Internet und im Rundfunk** von § 6 Abs. 2 JuSchG erfasst sind.[27] Auch wenn sich die Notwendigkeit der Beschränkung des Anwendungsbereichs auf den nicht virtuellen Raum nicht aus dem Wortlaut der Vorschrift ergibt, wird die Anwendbarkeit des § 6 Abs. 2 JuSchG auf diese Fälle unter Verweis auf die insoweit spezielleren Vorschriften des Rundfunkstaatsvertrags abgelehnt.[28] Jedenfalls seit Inkrafttreten der speziellen Vorgaben für Gewinnspiele im Rundfunk und in vergleichbaren Telemedien nach § 8a RStV und § 58 Abs. 4 RStV, die auch Regelungen zur Teilnahme und zum Jugendschutz enthalten, verbleibt für die Anwendung des § 6 Abs. 2 JuSchG kein Raum mehr.[29] Hieran hat sich auch mit Inkrafttreten des Medienstaatsvertrags zum 7.11.2020 nichts geändert. Den Vorschriften der §§ 8a und 58 Abs. 4 RStV entsprechende Regelungen finden sich nun in §§ 11, 22 Abs. 3, 74 MedStV. 11

2. Spiele auf Volksfesten, Jahrmärkten, Spezialmärkten oder ähnlichen Veranstaltungen. Von dem Verbot des Abs. 2 ausgenommen sind Spiele, die auf Volksfesten, Jahrmärkten, Spezialmärkten (vgl. zu den Begrifflichkeiten §§ 60b Abs. 1, 68 GewO) oder ähnlichen Veranstaltungen angeboten werden, sofern der mögliche Gewinn lediglich in **Waren von geringem Wert** besteht. Nicht zu den ähnlichen Veranstaltungen zählen Freizeit- und Vergnügungsparks, da es sich hierbei um dauerhafte Einrichtungen handelt.[30] Als Waren mit geringem Wert sind Gewinne einzuordnen, deren Wert nach der allgemeinen Verkehrsanschauung als unerheblich gilt und daher kein erhöhter Anreiz zum Weiterspielen besteht.[31] Dies soll jedenfalls bei Gegenständen bis 30 EUR noch der Fall sein, nicht mehr hingegen bei einem Warenwert von 60 EUR.[32] 12

IV. Rechtsfolgen im Falle eines Verstoßes

Verstöße gegen die Vorschrift sind gem. § 28 Abs. 1 Nr. 7 und 8, Abs. 4 JuSchG **bußgeldbewehrt**. Verantwortlich ist insoweit der jeweilige Veranstalter oder Gewerbetreibende. 13

Eine **Straftat** liegt hingegen vor, wenn eine bußgeldbewehrte Handlung aus Gewinnsucht begangen oder beharrlich wiederholt wird (§ 27 Abs. 2 Nr. 2 JuSchG) oder wenn durch den Verstoß gegen § 6 JuSchG wenigstens leichtfertig ein Kind oder eine jugendliche Person in der körperlichen, geistigen oder sittlichen Entwicklung schwer gefährdet wird (§ 27 Abs. 2 Nr. 1 JuSchG). 14

26 S. auch Erbs/Kohlhaas/*Liesching* JSchG § 6 Rn. 9.
27 Vgl. hierzu auch *Knupfer* Online-Kommentar JSchG § 6 Rn. 6; Erbs/Kohlhaas/*Liesching* JSchG § 6 Rn. 10; vgl. zu Gewinnspielen im Fernsehen auch *Odenthal* GewA 2002, 315.
28 Vgl. hierzu *Knupfer* Online-Kommentar JSchG § 6 Rn. 6; Erbs/Kohlhaas/*Liesching* JSchG § 6 Rn. 10.
29 Erbs/Kohlhaas/*Liesching* JSchG § 6 Rn. 10; vgl. auch VGH München 28.10.2009 – 7 N 98.1377, ZUM-RD 2010, 102 ff.
30 Vgl. Erbs/Kohlhaas/*Liesching* JSchG § 6 Rn. 11.
31 S. auch Erbs/Kohlhaas/*Liesching* JSchG § 6 Rn. 11.
32 Vgl. hierzu Erbs/Kohlhaas/*Liesching* JSchG § 6 Rn. 11.

5. Rennwett- und Lotteriegesetz (RennwLottG)

E. Einführung und Gesetzesgenese

I. Reformnotwendigkeit

1 Die Notwendigkeit einer Reform des Rennwett- und Lotteriegesetzes ergab sich schon aus der Tatsache, dass das Gesetz aus dem Jahr 1922 stammt, seitdem weitgehend unverändert ist und deshalb **nicht mehr als zeitgemäß** angesehen werden kann. Die Regelungen waren teilweise veraltet und entsprachen insgesamt nicht mehr den aktuellen Anforderungen an den Gesetzeszweck. Daher war eine Gesetzesnovelle überfällig und bereits seit längerem Gegenstand von entsprechenden Überlegungen im Bundesfinanzministerium und in den Finanzministerien der Länder.

2 Das **Rennwett- und Lotteriesteueraufkommen** ist in dem Zeitraum 2013 – 2020 kontinuierlich angestiegen.[1] So lag das Aufkommen im Jahr 2013 noch bei 1.635 Mio. EUR und stieg im Jahr 2020 auf 2.037 Mio. EUR. Das reine Lotteriesteueraufkommen lag im Jahr 2013 bei 1.444 Mio. EUR und im Jahr 2020 bei 1.648 Mio. EUR. Daneben ist vor allem die Entwicklung des Sportwettsteueraufkommens (inklusive TOTO und ODDSET) steigend. Lag das Aufkommen im Jahr 2013 noch bei 189 Mio. EUR, stieg es im Jahr 2019 auf 464 Mio. EUR an und fiel im Jahr 2020 infolge des durch Corona bedingten eingeschränkten Wettprogramms auf 389 Mio. EUR ab. Im Ergebnis ist hier der höchste prozentuale Zuwachs in den letzten Jahren zu verzeichnen.

II. Gesetzesgenese

3 Eine Beschleunigung der vorgenannten Arbeiten hat sich aber aufgrund der **Notwendigkeit der steuerlichen Anpassungen** infolge der Neuregulierung des Glücksspielwesens ergeben. In diesem Zusammenhang ist insbesondere von Bedeutung, dass der neue Glücksspielstaatsvertrag die legale Teilnahme an Glücksspielformen vorsieht, die bislang in Deutschland nicht erlaubt waren. Die Regierungschefinnen und Regierungschefs der Länder hatten auf ihrer Konferenz im März 2020 den „Entwurf eines Staatsvertrages zur Neuregulierung des Glücksspielwesens in Deutschland (Glücksspielstaatsvertrag – GlüStV 2021)" beschlossen.

4 **1. Beratungen der Finanzministerinnen und Finanzminister.** Sie hatten begleitend die **Konferenz der Finanzministerinnen und Finanzminister der Länder**

1 Mitteilung des BMF vom 31.1.2021, https://www.bundesfinanzministerium.de.Haucamp.

gebeten, sie über die notwendigen steuerlichen Anpassungen infolge der beabsichtigten Neuregulierung zu informieren. Die Finanzministerinnen und Finanzminister der Länder hatten ihrerseits die Abteilungsleiterinnen und Abteilungsleiter (Steuer) des Bundes und der Länder gebeten, hierzu zu berichten. Im Zuge dessen legten diese zunächst einen Arbeitsentwurf für den Entwurf eines Gesetzes zur Änderung des Rennwett- und Lotteriegesetzes und der entsprechenden Ausführungsbestimmungen vor.

2. Gesetzesgenese. Bei den Beratungen zu dem Arbeitsentwurf hat sich eine fachliche und inzident auch eine politische Debatte vor allem bezüglich der **Höhe der Steuer für virtuelles Automatenspiel** ergeben. Der Entwurf sah hier zunächst einen Steuersatz in Höhe von 8 % des Spieleinsatzes vor. Zur Begründung wurde ausgeführt, dass das virtuelle Automatenspiel eines der Spiele mit dem höchsten Suchtpotential sei. Um hier die mit dem Glücksspielstaatsvertrag verfolgten Lenkungszwecke zu flankieren, sei deshalb ein eigenständiger Steuersatz vorzusehen, und dieser sei höher als bei Sportwetten und beim Online-Pokeranzusetzen. Hiergegen hat sich fachlich und politisch Widerspruch erhoben. Zum Teil wurde argumentiert, dass die Ziele des Staatsvertrages hinsichtlich einer Kanalisierung vom illegalen in das legale Glücksspiel durch diese vergleichsweise höhere Steuer gerade nicht erreicht werden könnten und vielmehr ein Abwandern in den illegalen Markt zu befürchten sei.[2] Dem wurde jedoch entgegengehalten, dass der Gesetzgeber bewusst diese neue Spielform in das **bestehende System der Besteuerung** im Rennwett- und Lotteriegesetzes integrieren wollte. 5

3. Ergebnis der fachlichen Beratungen. Auf Basis dieser überzeugenden Argumentation der Fachebene haben sich die Finanzministerinnen und Finanzminister der Länder dann Anfang 2021 als Kompromiss mit großer Mehrheit auf einen **Steuersatz in Höhe von ebenfalls 5,3 %** für das virtuelle Automatenspiel verständigt. Die noch weitergehenden Vorschläge, als Bemessungsgrundlage bei dieser Glücksspielform nicht den Spieleinsatz, sondern (vergleichbar der Regelung bei den Spielbanken) vielmehr den sog. Bruttospielertag heranzuziehen, wurden jedoch nicht ernsthaft diskutiert. Dies hätte auch die Systematik des Gesetzes grundlegend verändert, da es für die einzelnen Glücksspielformen von Wetten und Lotterien schon immer auf den Spieleinsatz abgestellt hat. 6

4. Gesetzgebungsverfahren Bundesrat. Der Gesetzesentwurf wurde aus Zeitgründen **in Form einer Bundesratsinitiative** durch das Land Nordrhein-Westfalen eingebracht und in der Sitzung des Bundesrates am 26.3.2021 beschlossen.[3] 7

5. Gesetzgebungsverfahren Bundestag. Die erste Lesung im Deutschen Bundestag erfolgte Anfang Mai 2021.[4] In der Begründung wird neben der Zielsetzung der **Modernisierung des Gesetzes** die Schaffung neuer Regelungen zur **adäquaten Besteuerung von virtuellem Automatenspiel und von Online-Poker** betont.[5] Die **Bundesregierung begrüßte in ihrer Stellungnahme die mit dem Gesetzentwurf verfolgten Anliegen**, für die durch den Glücksspielstaatsvertrag 2021 ermöglichte legale Teilnahme an den Online-Glücksspielarten „Virtuelles Automatenspiel“ und „Online-Poker“ adäquate Steuerregelungen zu treffen sowie das Gesetz und dessen Ausführungsbestimmungen zu modernisieren und an aktuelle Gegebenheiten und Erfordernisse anzupassen.[6] 8

2 *Haucamp* games & business Februar 2021, 24.
3 BR-Drs. 209/21.
4 BT-Drs. 19/28400.
5 BT-Drs. 19/28400, 65, 67.
6 BT-Drs. 19/28400, 120.

9 **6. Anhörung Finanzausschuss.** Auf Beschluss des Finanzausschusses des Deutschen Bundestages hat dann am 7.6.2021 eine **öffentliche Anhörung von Sachverständigen** zu der Gesetzesvorlage stattgefunden. Der Gesetzentwurf ist zwar von den Sachverständigen durchaus fachlich unterschiedlich bewertet worden. Die Anhörung hat aber im Ergebnis nach der Beschlussempfehlung des Finanzausschusses keine Änderungen an dem Gesetzentwurf zur Folge gehabt. Insbesondere ist der **Steuersatz für virtuelle Automatenspiele unverändert** geblieben.[7]

10 **7. Veröffentlichung Bundesgesetzblatt.** Nachdem der Gesetzentwurf durch den Deutschen Bundestag am 24.6.2021 beschlossen wurde und auch der Bundesrat am 25.6.2021 die erforderliche Zustimmung erteilt hat, konnte das Gesetz nach entsprechender **Veröffentlichung im Bundesgesetzblatt**[8] zeitgleich mit dem Glücksspielstaatsvertrag 2021 am 1.7.2021 in Kraft treten.

11 **8. Kohärente Besteuerung.** Damit ist ein ganz wesentliches Ziel der Neuregulierung des Glücksspielwesens erreicht, wonach der Glücksspielstaatsvertrag 2021 und das Rennwett- und Lotteriegesetz auch **zeitlich im Gleichklang in Kraft treten sollten.** Man kann hier konsequent auch von einer Glücksspielregelung für Deutschland über alle Glücksspielformen **„aus einem Guss"** sprechen. Sämtliche Glücksspielformen werden nunmehr einer **austarierten und kohärenten Besteuerung** unterworfen.[9]

12 **9. Flankierung Glücksspielstaatsvertrag 2021.** Das Rennwett- und Lotteriegesetz komplettiert insoweit die gesetzgeberische Neuregulierung des Glücksspielwesens und **flankiert damit den Glücksspielstaatsvertrag 2021** in ganz entscheidender Art und Weise. Entsprechend werden sowohl legale als auch illegale Glücksspielangebote gleichermaßen besteuert.[10]

III. Regelungen im Überblick

13 Das Gesetz regelt **alle Glücksspielformen** explizit, nämlich Rennwetten, Sportwetten, Lotterien und erstmals Wetten auf die Ziehungsergebnisse von Lotterien (Zweitlotterien) sowie virtuelle Automatenspiele und Online-Poker.

14 **1. Bemessungsgrundlagen.** Weiterhin werden die **Bemessungsgrundlagen** der in dem Gesetz geregelten Steuerarten (Rennwettsteuer, Sportwettsteuer und Lotteriesteuer) **vereinheitlicht.** Hierbei stellt das Gesetz auf den **geleisteten Wetteinsatz** bzw. das **geleistete Teilnahmeentgelt** (bei Lotterien und Ausspielungen) ab. Nach der Systematik des Gesetzes werden die genannten Steuern auf die Spielteilnehmer überwälzt. Folglich sind die Wetteinsätze und Teilnahmeentgelte als **Bruttoberträge** zu verstehen, aus denen der überwälzte Steuerbetrag herauszurechnen ist.

15 **2. Inlandsbezug.** Daneben werden **alle in- und ausländischen Anbieter** erfasst. Veranstaltungsort ist entweder der Sitz des Veranstalters im Inland oder, wenn dies nicht zutrifft, der Ort, an dem der Wett- oder Spielteilnehmer die zur Entstehung des Spielvertrages erforderlichen Handlungen im Geltungsbereich des Gesetzes vornimmt. Entscheidend ist dabei die **physische Anwesenheit des Wett- oder Spielteilnehmers im Inland.**

---

7 BT-Drs.19/30809.

8 BGBl. 2011 I 2065.

9 Lotto Deutschland, Schriftliche Stellungnahme vom 31.5.2021 im Rahmen der Anhörung des Finanzausschusses des Deutschen Bundestages, https://www.bundestag.de/ausschuesse.

10 *Ruttig* CBH-Rechtsanwälte, Schriftliche Stellungnahme vom 4.6.2021 im Rahmen der Anhörung des Finanzausschusses des Deutschen Bundestages, https://www.bundestag.de/ausschuesse.

3. Sportwetten. Die steuerrechtliche Definition für **Sportwetten** ist umfassend angelegt und umfasst erstmalig auch neuere und modernere Formen wie eSport. 16

4. Zweitlotterien. Für Wetten auf Ziehungsergebnisse von Lotterien (**sog. Zweitlotterien**) wird erstmals ein gesetzlicher Steuertatbestand geschaffen, ohne dass damit eine Legalisierung dieses nach wie vor verbotenen Glücksspiels einhergeht. Dies wird dadurch erreicht, dass diese Wetten steuerrechtlich wie Lotterien behandelt werden. 17

5. Online-Casinospiele. Keine steuerrechtliche Regelung wurde für die ebenfalls nunmehr im GlüStV 2021 erlaubten **Online-Casinospiele getroffen.** Dies ist damit zu begründen, dass im Gegensatz zu virtuellen Automatenspielen und Online-Poker, die aufgrund einer Erlaubnis bundesweit angeboten werden können, für Online-Casinospiele vorgesehen ist, dass die Länder diese nur in ihrem Hoheitsgebiet veranstalten bzw. für ihr Hoheitsgebiet Konzessionen erteilen dürfen. Die Besteuerung könnte insoweit über die Erweiterung der Spielbankgesetze der Länder, über neue landesgesetzliche Regelungen oder über neue bundesgesetzliche Regelungen erfolgen. Im Hinblick auf die hier noch offenen verfassungs-, ordnungs- und steuerrechtlichen Fragestellungen wurde deshalb von einer gesetzlichen Regelung im aktuellen Gesetzesentwurf abgesehen. 18

F. Einzelkommentierung Lotterien und Ausspielungen

I. Wettbewerbsneutrale Besteuerung

Das Rennwett- und Lotteriegesetz eröffnet in Verbindung mit dem Glücksspielstaatsvertrag 2021 die Chance zu einer **wettbewerbsneutralen Besteuerung von Lotterien und Ausspielungen.** Im Folgenden sollen nur die wesentlichen Regelungen im Überblick dargestellt werden. 1

II. Entstehen des Spielvertrages

Nach der Begründung orientiert sich auch § 26 Abs. 1 RennwLottG zur Herstellung eines grundsätzlichen Gleichklangs der Rechtsordnung entsprechend der Regelung bei den Sportwetten an § 3 Abs. 4 GlüStV 2021, wonach das Glücksspiel dort veranstaltet wird, wo dem **Spieler die Möglichkeit zur Teilnahme** eröffnet wird.[1] Da steuerlich nicht auf die bloße Möglichkeit zur Teilnahme abgestellt werden kann, wird auf das **tatsächliche Entstehen des Spielvertrages,** der durch die erforderlichen Handlungen des Spielers zu Stande kommt, abgestellt. 2

III. Inlandsbezug

Unverändert werden im Inland ansässige Veranstalter zur Besteuerung herangezogen, unabhängig vom Spieler. Für im Ausland ansässige Veranstalter wird der Veranstaltungsort in den Geltungsbereich des Gesetzes verlagert, wenn der **Ort der Abgabe der Willenserklärung des Spielers im Inland** liegt. Entscheidend ist hier die physische Anwesenheit des Spielers im Inland. 3

1 BT-Drs. 19/28400, 86.

IV. Unabhängigkeit von der Erlaubnis

4 Die Besteuerung erfolgt auch **unabhängig davon, ob eine Erlaubnis im Sinne des Glücksspielstaatsvertrages 2021 erteilt wurde** oder die Teilnahme an der inländischen Lotterie oder Ausspielung auch im Ausland besteuert wird.

5 **1. Steuerpflichtigkeit von Zweitlotterien.** Gemäß § 26 Abs. 2 RennwLottG gilt als Lotterie oder Ausspielung im Sinne des Abs. 1 auch eine angehängte Lotterie (**Zweitlotterie**). Diese Anbieter agieren aus dem Ausland und haben bislang keine Lotteriesteuer in Deutschland abgeführt. Nunmehr wird für diese Glücksspielangebote erstmals ein gesetzlicher Steuertatbestand geschaffen. Sie werden nach der Begründung **steuerlich wie Lotterien behandelt**, unabhängig davon, ob sie als Lotterien im Sinne des GlüStV 2021 anzusehen sind. Denn aus steuerlicher Sicht ist es unerheblich, ob der Vertragspartner des Spielers die Verlosung der Gewinne selbst und nach einem selbst erstellten Plan vornimmt, und ob die Gewinnauszahlung aus vereinnahmten Teilnahmeentgelten erfolgt oder durch Finanzprodukte abgesichert ist[2].

6 **2. Keine Legalisierung von Zweitlotterien.** Die Begründung stellt auch unmissverständlich klar, dass mit der Steuerpflicht gerade **keine „inzidente" Legalisierung** dieser Art von angebotenem Glücksspiel verbunden ist, das nach der Rechtsprechung der Verwaltungsgerichte verbotenes Glücksspiel darstellt. Es gilt daher das in § 40 Abgabenordnung normierte allgemeine Prinzip, wonach für die Besteuerung unerheblich ist, ob ein den Tatbestand eines Steuergesetzes ganz oder teilweise erfüllendes Verhalten gegen ein gesetzliches Verbot verstößt.[3]

V. Bemessungsgrundlage

7 Gem. § 27 Abs. 1 S. 1 RennwLottG bemisst sich die Lotteriesteuer nach dem **geleisteten Teilnahmeentgelt abzüglich der Lotteriesteuer**. Geleistetes Teilnahmeentgelt ist nach S. 2 der vom Spielteilnehmer zur Teilnahme an der öffentlichen Lotterie oder Ausspielung geleistete Lospreis zuzüglich möglicher vom Veranstalter festgelegter Gebühren. Nach der Begründung orientiert sich die Bemessungsgrundlage im Wesentlichen an der bisher geltenden Rechtslage.[4] Geleistetes Teilnahmeentgelt umfasst danach ausschließlich den vom Spieler gezahlten Preis für das Los nebst vom Veranstalter festgelegte Zusatzkosten, zB Bearbeitungsgebühren, ohne deren Begleichung eine Teilnahme an der Lotterie oder Ausspielung nicht zustande kommt.

VI. Höhe der Lotteriesteuer

8 Gem. § 29 RennwLottG beträgt die Lotteriesteuer 20 % der Bemessungsgrundlage nach § 27 RennwLottG. Nach der Begründung wird der bisher geltende Steuersatz für öffentlich veranstaltete Lotterien und Ausspielungen beibehalten. Der Steuersatz habe sich unter anderem aufgrund des regelmäßig sehr hohen Bruttospielertrages und des geringen Veranstalterrisikos auch im Vergleich zu Spielarten mit einem höheren Suchtpotential als verhältnismäßig bewährt.[5] Da § 27 RennwLottG einen Bruttosteuersteuersatz normiert, verbleibt es im Ergebnis bei einer **Steuerschuld für Lotterien von $16^2/_3$ % des Spieleinsatzes.**

2 BT-Drs. 19/28400, 86.
3 BT-Drs. 19/28400, 87.
4 BT-Drs. 19/28400, 87.
5 BT-Drs. 19/28400, 88.

6. Exkurs: Bauplanungs- und bauordnungsrechtliche Vorgaben

Einleitung

Die Fülle der verwaltungsrechtlichen Entscheidungen aus den vergangenen zwei Jahrzehnten zur baurechtlichen Zulässigkeit von stationären Angeboten des Glücksspiels zeigt, dass das **öffentliche Baurecht** auf kommunaler Ebene eine wichtige Funktion bei der **Regulierung** des Glücksspiels erhalten hat. Neben den gewerberechtlich geprägten Vorgaben für das Glücksspiel, die auf Bundes- bzw. Landesebene getroffen werden und sich damit der Disposition der örtlich zuständigen Kommune entziehen, ergeben sich aus den entsprechenden bauplanungsrechtlichen Vorgaben und den darauf beruhenden Entscheidungen häufig wesentliche Weichenstellungen für die Zulässigkeit entsprechender Einrichtungen. Da die baurechtlichen und die gewerberechtlichen Vorgaben sowohl verfahrensrechtlich als auch materiellrechtlich zwar Berührungspunkte haben, grundsätzlich aber unabhängig voneinander zu beurteilen sind, kommt den baurechtlichen Vorgaben in erheblichem Umfang eigenständige Bedeutung zu. Erweist sich ein **stationäres Glücksspielangebot** baurechtlich nicht als genehmigungsfähig, so kann der Betrieb völlig unabhängig davon, ob alle gewerberechtlichen Voraussetzungen erfüllt sind, nicht legal stattfinden. Vor diesem Hintergrund lohnt sich auch im Rahmen dieser Kommentierung des Glücksspielrechts eine zusammenfassende Darstellung der baurechtlichen Vorgaben, denen erhebliche praktische Bedeutung zukommt. 1

§ 30 BauGB Zulässigkeit von Vorhaben im Geltungsbereich eines Bebauungsplans

(1) Im Geltungsbereich eines Bebauungsplans, der allein oder gemeinsam mit sonstigen baurechtlichen Vorschriften mindestens Festsetzungen über die Art und das Maß der baulichen Nutzung, die überbaubaren Grundstücksflächen und die örtlichen Verkehrsflächen enthält, ist ein Vorhaben zulässig, wenn es diesen Festsetzungen nicht widerspricht und die Erschließung gesichert ist.

(2) Im Geltungsbereich eines vorhabenbezogenen Bebauungsplans nach § 12 ist ein Vorhaben zulässig, wenn es dem Bebauungsplan nicht widerspricht und die Erschließung gesichert ist.

(3) Im Geltungsbereich eines Bebauungsplans, der die Voraussetzungen des Absatzes 1 nicht erfüllt (einfacher Bebauungsplan), richtet sich die Zulässigkeit von Vorhaben im Übrigen nach § 34 oder § 35.

I. Systematik

Verbindliche Bauleitpläne werden von den Gemeinden in eigener Verantwortung (§ 2 Abs. 1 S. 1 BauGB) nach dem im 1. Teil des Baugesetzbuches vorgesehenen Verfahren aufgestellt. Grob vereinfacht beginnt das **Verfahren** mit dem Aufstellungsbeschluss (§ 2 Abs. 1 S. 2 BauGB) und endet mit dem Beschluss des Bebauungsplans als Satzung und dem **Inkrafttreten** aufgrund der ortsüblichen Bekanntmachung (§ 10 Abs. 1, Abs. 3 S. 1 BauGB). 1

In einem qualifizierten Bebauungsplan gem. § 30 Abs. 1 BauGB hat die Gemeinde Festsetzungen ua zur Art der **baulichen Nutzung** zu treffen. Die entsprechende Ermächtigung findet sich in § 9 Abs. 1 Nr. 1 BauGB. Gesetzlich definiert sind 2 die Baugebiete und die dort zulässigen Arten der Nutzung in der gem. § 9a BauGB erlassenen **Baunutzungsverordnung.** Ein Pflichtinhalt eines Bebauungsplans ist die Festsetzung einer bestimmten Gebietsart, somit der in den §§ 2–9 BauNVO im Einzelnen definierten Baugebiete. Weiterhin besteht die Möglichkeit, Sondergebiete nach Maßgabe der §§ 10, 11 BauNVO auszuweisen, die im Bereich des Glücksspiels allerdings praktisch nur für die bauplanungsrechtliche Ausweisung von Spielbanken in Betracht kommen dürften.

3 In der Systematik der BauNVO werden für die jeweiligen **Gebietsarten** allgemein zulässige Nutzungen sowie ausnahmsweise zulässige Nutzungen definiert. Die planende Gemeinde kann dabei gem. § 1 Abs. 5 BauNVO bestimmte Arten von Nutzungen aus diesem Katalog der allgemein zulässigen Nutzungen herausnehmen oder bestimmen, dass die allgemein zulässigen Nutzungen nur ausnahmsweise zulässig sein sollen. Ebenso kann nach Maßgabe des § 1 Abs. 6 BauNVO vorgesehen werden, dass alle oder einzelne ausnahmsweise zulässige Nutzungen generell ausgeschlossen oder allgemein zugelassen werden. Schließlich sieht § 1 Abs. 7 BauNVO die Möglichkeit vor, dass innerhalb desselben Grundstückes differenzierende Festsetzungen zur Art der Nutzung nach Geschossen, Ebenen oder Teilen baulicher Anlagen getroffen werden können. Diese ohnehin nicht einfache **Systematik** ist zu ergänzen um die Möglichkeit, innerhalb einer bestimmten Nutzungsart sogenannte **Feindifferenzierungen** vorzunehmen. Die gesetzliche Ermächtigung hierzu findet sich in § 9 Abs. 9 BauNVO. Nach der Rechtsprechung des BVerwG ist es auf dieser Grundlage möglich, einzelne Nutzungen innerhalb der in der BauNVO beschriebenen Nutzungsarten auszuschließen.[1] Diese Feingliederung setzt voraus, dass es sich um **Anlagentypen** handelt, die „es in der sozialen und ökonomischen Realität bereits gibt".[2]

4 Um diese für das Verständnis der planungsrechtlichen Vorgaben unerlässliche, gleichwohl etwas komplexe Systematik am Beispiel des Gewerbegebiets nach § 8 BauNVO deutlich zu machen:

Als allgemein zulässige Nutzung sieht § 8 Abs. 2 Nr. 1 BauNVO zB **Gewerbebetriebe** aller Art (Nr. 1) sowie Tankstellen (Nr. 3) vor. Ausnahmsweise zugelassen werden können nach § 8 Abs. 3 Nr. 3 BauNVO zB **Vergnügungsstätten** (§ 8 Abs. 3 Nr. 3 BauNVO). Die planende Gemeinde kann also im Beispielsfall auf der Grundlage des § 1 Abs. 5 BauNVO festsetzen, dass Tankstellen generell nicht zulässig sind oder nur ausnahmsweise zugelassen werden können. Sie kann ebenso auf der Grundlage des § 1 Abs. 6 BauNVO festsetzen, dass die als Ausnahme vorgesehenen Vergnügungsstätten im Baugebiet generell unzulässig sind („nicht Bestandteil des Bebauungsplans werden") oder allgemein zulässig sind. Schließlich kann die Gemeinde auf der Grundlage des § 9 Abs. 1 Nr. 9 BauGB bestimmte Nutzungen als **Anlagentypen** der gewerblichen Anlage bzw. Vergnügungsstätten im Rahmen der Feingliederung ausschließen, wie zB Bordelle[3] oder auch Spielhallen.[4]

II. Grenzen des planerischen Ermessens

5 Festsetzungen im Bebauungsplan stellen, insbesondere, wenn sie die Bebaubarkeit oder Nutzbarkeit des Grundbesitzes einschränken, Inhalts- und Schrankenbestimmungen im Sinne des Art. 14 Abs. 1 GG dar. Dementsprechend müssen

1 BVerwG 22.5.1987 – 4 N 4.86, BVerwGE 77, 308; BVerwG 26.3.2009 – 4 C 21.07, BVerwGE 133, 310, Rn. 12 f.
2 BVerwG 27.7.1998 – 4 BN 31.98; BVerwG 5.6.2014 – 4 BN 8.14, ZfBR 2014, 574.
3 Vgl. BVerwG 5.6.2014 – 4 BN 8.14, ZfBR 2014, 574.
4 Vgl. VGH Mannheim 8.3.2012 – 8 S 260/11, BeckRS 2012, 49762.

sowohl der **Bebauungsplan** insgesamt als auch die einzelnen mit ihm getroffenen Festsetzungen städtebaulich erforderlich im Sinne des § 1 Abs. 3 S. 1 BauGB sein.[5] Diese **städtebauliche Erforderlichkeit** richtet sich nach der planerischen Konzeption der Gemeinde, also dem Ergebnis städtebaupolitischer Willensbildung.[6] Ausschlüsse von Vergnügungsstätten, Spielhallen oder sonstigen Angeboten des stationären Glücksspiels in einem Bebauungsplan erweisen sich deshalb regelmäßig schon als unwirksam, wenn eine entsprechende Begründung sich weder in der gesetzlich vorgesehenen Planbegründung noch in der Beratungsvorlage zeigt.[7] Wesentlich ist auch, dass es sich um **städtebauliche Gründe** handeln muss, die im Rahmen der Konzeption der Gemeinde zu den entsprechenden Festsetzungen führen. Nutzt die Gemeinde die Instrumente des Bauplanungsrechtes, um allgemeinpolitische Vorstellungen wie das generelle Verbot von Spielhallen im Stadtgebiet oder den Ausschluss von Vergnügungsstätten in weiten Teilen der Innenstadt durchzusetzen, so überschreitet sie die Grenzen, die durch §§ 1 Abs. 3, 9 Abs. 2b BauGB gesetzt werden. Derartige **generelle Ausschlüsse** von Vergnügungsstätten oder bestimmten Arten von Vergnügungsstätten für das gesamte Stadtgebiet oder auch von wesentlichen Teilen des Stadtgebietes werden zu Recht von den Normenkontrollsenaten der Oberverwaltungsgerichte für unwirksam erklärt.[8] Die Gemeinde darf also nicht die Planungshoheit dazu missbrauchen, **allgemeinpolitische Zielvorstellungen** wie die Bekämpfung der Spielsucht oder die Bekämpfung des Lasters zu verfolgen.

Ob und unter welchen Voraussetzungen die rechtliche Steuerung von stationä- 6
ren Angeboten des Glücksspiels städtebaulich gerechtfertigt ist, lässt sich pauschalierend nicht darstellen. Hier werden jeweils bezogen auf das Plangebiet das mögliche **städtebauliche Störpotenzial** der Einrichtung sachgerecht zu bewerten und die entgegenstehenden Belange in die Abwägung gem. § 1 Abs. 7 BauGB einzustellen sein.

III. Die Zulässigkeit von Spielstätten im Einzelnen

Die Aufgabe der Rechtsanwendung besteht darin, den zutreffenden planungs- 7
rechtlichen Rahmen zu erkennen und die konkrete **Betriebsart** diesem planungsrechtlichen Rahmen zuzuordnen. Es muss also im ersten Schritt festgestellt werden, welche planungsrechtlichen Vorgaben der konkrete Bebauungsplan macht. Die stationären Angebote des Glücksspiels, also im Wesentlichen die Spielhallen, Wettbüros und Wettannahmestellen,[9] sind zunächst einmal gewerbliche Nutzungen. Planungsrechtlich können sie **Vergnügungsstätten** sein, die sich seit der BauNVO 1990 gem. § 4a Abs. 3 Nr. 2 BauNVO in kerngebietstypische und nicht kerngebietstypische Vergnügungsstätten aufteilen lassen.[10] Nicht **kerngebietstypische** Vergnügungsstätten sind sowohl im besonderen Wohngebiet (§ 4a BauNVO), im Dorfgebiet (§ 5 BauNVO) als auch im Wohnumfeld eines Mischgebietes (§ 6 BauNVO) ausnahmsweise zulässig. Allgemein zulässig sind

5 BVerwG 18.3.2004 – 4 CN 4.03, BVerwGE 120, 239.
6 VGH Mannheim 12.3.2020 – 8 S 1542/18, ZfBR 2020, 583, Rn. 38.
7 Anschaulich: VG Osnabrück 30.4.2004 – 2 A 2/03, zitiert nach Landesjustizportal Nds., Rn. 13.
8 Vgl. VGH Mannheim 12.3.2020 – 8 S 1542/18, ZfBR 2020, 583, iuris Rn. 54 f.
9 Gaststätten mit einer begrenzten Anzahl an zulässigen Glücksspielgeräten gem. § 3 Abs. 1 SpielV bergen demgegenüber kein städtebauliches Störpotential und weisen daher keine bauplanungsrechtlichen Besonderheiten auf.
10 Bei den vor 1990 erlassenen Bebauungsplänen ist im Einzelnen zu prüfen, welche Fassung der BauNVO Anwendung findet, was durchaus zu unterschiedlichen Ergebnissen hinsichtlich der planungsrechtlichen Zulässigkeit von Vergnügungsstätten führen kann.

solche nur im gewerblich geprägten Teil des Mischgebietes und im Kerngebiet (§ 7 BauNVO). Dort sind auch die kerngebietstypischen Vergnügungsstätten allgemein zulässig, die ansonsten nur – ebenso wie die nicht kerngebietstypischen Vergnügungsstätten – im **Gewerbegebiet** (§ 8 BauNVO) ausnahmsweise zulässig sein können. Für nicht störende Gewerbebetriebe ergeben sich demgegenüber mit Ausnahme der in den §§ 2, 3 BauNVO definierten Gebietsarten Kleinsiedlungsgebiet und reines Wohngebiet die ausnahmsweise Zulässigkeit im allgemeinen Wohngebiet (§ 4 BauNVO) bzw. die generelle Zulässigkeit in den übrigen Gebietsarten (§§ 4a, 5, 5a, 6, 6a, 7, 8, 9 BauNVO).

8 Aufgrund dieser sehr unterschiedlichen Voraussetzungen für die bauplanungsrechtliche Zulässigkeit haben in der Rechtsanwendung zwei **Abgrenzungen** zu erfolgen: Zum einen danach, ob es sich bei einer stationären Einrichtung des Glücksspiels um eine Vergnügungsstätte handelt und, wenn dieses bejaht wird, danach, ob es sich um eine kerngebietstypische oder nicht kerngebietstypische Nutzung handelt.

9 Die erste Abgrenzung erfolgt auf der nicht immer klar verlaufenden Linie zwischen nicht störenden Gewerbebetrieben und Vergnügungsstätten. Hier haben sich in der Praxis und der Rechtsprechung insbesondere erhebliche Abgrenzungsschwierigkeiten bei den **Wettannahmestellen** einerseits und den **Wettbüros** andererseits gezeigt. Vom Ausgangspunkt unstrittig ist die herkömmliche Lotto- und Toto-Annahmestelle, regelmäßig iVm einem Zeitschriften- und/oder Tabakgeschäft, keine Vergnügungsstätte.[11] Das reine Platzieren der Wette in einem Wettbüro führt also regelmäßig nicht dazu, dass es sich um eine **Vergnügungsstätte** im bauplanungsrechtlichen Sinne handelt.

10 Die Rechtsprechung und Literatur grenzt demnach danach ab, ob der Betrieb darauf ausgerichtet ist, dass die Kunden Wettereignisse zB live am Bildschirm verfolgen.[12] Die Abgrenzung kann daher typisierend zunächst danach erfolgen, ob der als **Wettannahmestelle** bezeichnete Betrieb sich im Wesentlichen darauf beschränkt, Wetten entgegenzunehmen und weiterzuleiten bzw. Gewinne auszuzahlen. Ein derart eingerichteter und ausgeübter Betrieb ist grundsätzlich mit den hergebrachten Annahmestellen für Lotto und Toto vergleichbar und keine Vergnügungsstätte im bauplanungsrechtlichen Sinne.[13] Wird bei dieser Form des Betriebes die Gelegenheit, die Sportereignisse durch Liveübertragung oder auch per Internet zu verfolgen, eingeräumt, so tritt der **Unterhaltszweck** regelmäßig in den Vordergrund, so dass es sich häufig um eine Vergnügungsstätte im bauplanungsrechtlichen Sinne handeln wird.[14] Vereinfacht wird die Abgrenzung also danach vorgenommen, ob der Kunde den Gewerbebetrieb aufsucht, um dort lediglich die Wetten zu platzieren, oder ob er sich dort aufhalten und Zeit verbringen möchte, die **Unterhaltung** also ein wesentliches Element des Betriebskonzeptes ist.

---

11 OVG Münster 27.1.2016 – 7 A 1899/14, BauR 2016/643.

12 OVG Münster 27.1.2016 – 7 A 1899/14, BauR 2016/643; VGH München 19.5.2016 – 15 C 17.300, BeckRS 2016, 46964, Rn. 23; OVG Koblenz 14.4.2011 – 8 B 10278/11, NVwZ-RR 2011, 635; OVG Saarlouis 24.4.2009 – 2 B 265/09, BauR 2010, 449; VGH Kassel 25.8.2008 – 3 UZ 2566/07, NVwZ-RR 2009, 143; Ernst/Zinkahn/Bielenberg/Krautzberger/*Stock* BauNVO § 4 Rn. 100 „Wettbüros und Wettannahmestellen"; NK-BauNVO/*Wahlhäuser* § 4a Rn. 95.

13 VGH Mannheim 15.10.2013 – 2 S 2514/12, NVwZ-RR 2014, 114; VGH München 23.4.2015 – 15 ZB 13.2377; OVG Hamburg 8.6.2016 – 2 E 6/15.N; NK-BauNVO/*Wahlhäuser* § 4a Rn. 95.

14 OVG Berlin-Brandenburg 6.10.2015 – 10 B 1027/11; VGH München 15.1.2016 – 9 ZB 14.1146; OVG Münster 14.2.2014 – 2 A 1181/13; NK-BauNVO/*Wahlhäuser* § 4a Rn. 95.

Angesichts der stark unterschiedlichen planungsrechtlichen Voraussetzungen besteht in der Praxis die Tendenz, **Wettannahmestellen** zur Genehmigung zu stellen, die bei näherer Prüfung Vergnügungsstätten sind. Hier ist eine genaue Prüfung der Betriebsbeschreibungen gerade im Hinblick auf die Größe der Flächen, Sitzgelegenheiten, Toiletten für Besucher, etc anzuraten. In der Praxis gelingt die Abgrenzung recht selten nach dem Begriff, den der Gewerbetreibende für seine Einrichtung gewählt hat. Entscheidend sind die tatsächlichen örtlichen Verhältnisse und das beschriebene sowie – im Rahmen der laufenden Bauüberwachung – das gelebte **Betriebskonzept.** 11

Ergibt die Betrachtung des Einzelfalls anhand der vorstehenden Kriterien, dass es sich um eine Vergnügungsstätte im planungsrechtlichen Sinne handelt, so hängt deren planungsrechtliche Zulässigkeit außerhalb von Kerngebieten gem. § 7 BauNVO davon ab, ob es sich um kerngebietstypische **Vergnügungsstätten** handelt. Für Spielhallen, die stets als Vergnügungsstätten einzuordnen sind, wird häufig, wenn auch nicht ausschließlich, danach abgegrenzt, ob ein **Schwellenwert** von 100 qm erreicht oder überschritten wird.[15] Sowohl für die Genehmigungsbehörden als auch die Betreiber solcher Einrichtungen bietet ein solcher Schwellenwert Rechtssicherheit. So verwundert es nicht, dass Spielhallen mit 98 qm zur Genehmigung gestellt wurden und auch von der obergerichtlichen Rechtsprechung als nicht kerngebietstypisch eingestuft wurden.[16] Diese Entscheidungen wurden auch nach Anheben der zulässigen Anzahl der Spielgeräte gem. § 3 SpielV bestätigt.[17] 12

Die Bezugnahme auf den **Schwellenwert** von 100 qm hat zu einer Reihe von zum Teil divergierenden Entscheidungen und zu der Frage geführt, welche Flächen einer Spielhalle gem. § 3 Abs. 2 SpielV einerseits für die Berechnung der maximalen Anzahl der **Spielgeräte**, anderseits für die Abgrenzung zur kerngebietstypischen Vergnügungsstätte herangezogen werden können.[18] Bauplanungsrechtlich kann diese eher kleinteilige Differenzierung nach der Größe nicht uneingeschränkt überzeugen: Für die Einordnung des Vorhabens als kerngebietstypisch kommt es erkennbar nicht darauf an, ob man den **Aufsichtsbereich** oder den Thekenbereich für die Berechnung der Fläche heranzieht oder nicht. Der Schwellenwert von 100 qm ist ein Anhaltspunkt, der eine Einschätzung anhand der tatsächlichen örtlichen Situation nicht entbehrlich macht.[19] Maßgeblich ist nach der allgemeinen Definition, ob es sich bei dem Betrieb um einen solchen handelt, dessen Einzugsbereich deutlich über das Baugebiet hinausreicht und der für ein größeres und allgemeines Publikum erreichbar sein soll. Je nach **Betriebskonzept**, Anzahl der Besucherplätze und Standort wird das Erreichen des Schwellenwertes daher nach wie vor ein wichtiges Kriterium bleiben, allerdings nicht das Einzige.[20] 13

15 BVerwG 29.10.1992 – 4 B 103.92, NVwZ-RR 1993, 287; BVerwG 20.8.1992 – 4 C 57.89, NVwZ-RR 1993, 108.
16 VGH Kassel 18.9.2013 – 3 A 496/13.Z, NVwZ-RR 2014, 89, Rn. 9; OVG Münster 15.6.2012 – 2 A 2992/11, ZfBR 2012, 382.
17 Vgl. VGH Mannheim 16.2.2011 – 3 S 445/09, NVwZ-RR 2011, 510; *König/Roeser/Stock* Baunutzungsverordnung § 4a Rn. 37.
18 Sehr lesenswert: OVG Saarlouis 8.12.2020 – 1 A 202/20, juris, Rn. 17 ff.
19 BVerwG 20.8.1992 – 4 C 54.89, NVWZ-RR 1993, 65.
20 Vgl. NK-BauNVO/*Wahlhäuser* § 4a Rn. 90 ff.

§ 34 BauGB Zulässigkeit von Vorhaben innerhalb der im Zusammenhang bebauten Ortsteile

(1) [1]Innerhalb der im Zusammenhang bebauten Ortsteile ist ein Vorhaben zulässig, wenn es sich nach Art und Maß der baulichen Nutzung, der Bauweise und der Grundstücksfläche, die überbaut werden soll, in die Eigenart der näheren Umgebung einfügt und die Erschließung gesichert ist. [2]Die Anforderungen an gesunde Wohn- und Arbeitsverhältnisse müssen gewahrt bleiben; das Ortsbild darf nicht beeinträchtigt werden.

(2) Entspricht die Eigenart der näheren Umgebung einem der Baugebiete, die in der auf Grund des § 9a erlassenen Verordnung bezeichnet sind, beurteilt sich die Zulässigkeit des Vorhabens nach seiner Art allein danach, ob es nach der Verordnung in dem Baugebiet allgemein zulässig wäre; auf die nach der Verordnung ausnahmsweise zulässigen Vorhaben ist § 31 Absatz 1, im Übrigen ist § 31 Absatz 2 entsprechend anzuwenden.

(3–6) [*vom Abdruck wurde abgesehen*]

1 Besteht für das Gebiet kein Bebauungsplan oder erweist sich ein solcher Bebauungsplan im Rahmen der gerichtlichen Überprüfung als unwirksam, so richtet sich die planungsrechtliche Zulässigkeit einer **Spielstätte** nach § 34 BauGB. Als speziellere Bestimmung ist dabei zunächst § 34 Abs. 2 BauGB in den Blick zu nehmen. Danach richtet sich die Zulässigkeit eines Vorhabens nach der BauNVO, soweit die Eigenart der näheren Umgebung einem der dort definierten Baugebiete entspricht. Ist das nicht der Fall, ist nach Maßgabe des § 34 Abs. 1 BauGB zu prüfen, ob sich das Vorhaben nach Art und Maß der baulichen Nutzung in die **Eigenart** der näheren Umgebung einfügt.

2 Für beide Tatbestände ist zunächst zu bestimmen, welche Nutzungsarten in der näheren Umgebung tatsächlich vorhanden sind. Hierbei erfolgt keine Differenzierung innerhalb der vorgegebenen **Nutzungsarten**, sondern die Bestimmung nach den Kategorien, die die BauNVO vorgibt.[1] Erweisen sich die so ermittelten Nutzungsarten als so homogen, dass sie einem der Baugebiete der §§ 2 ff. BauNVO insgesamt zugeordnet werden können, so sind die allgemein zulässigen Nutzungen auch im unbeplanten Innenbereich zulässig. Die ausnahmsweise zugelassenen Nutzungen können nach Maßgabe des § 31 BauGB unter den dortigen Voraussetzungen zugelassen werden.

Entsprechen die tatsächlich vorhandenen Nutzungen mehreren **Baugebieten** im Sinne der BauNVO, so ermittelt sich der Rahmen nicht etwa aus den beiden Baugebieten, sondern allein aus den tatsächlich vorhandenen Nutzungsarten.[2]

3 Für die Spielstätten bleibt es auch im unbeplanten **Innenbereich** bei der Differenzierung innerhalb der BauNVO zwischen kerngebietstypischen und nicht kerngebietstypischen Vergnügungsstätten.[3] Es unterbleibt allerdings bei der Bestimmung der Eigenart der näheren Umgebung eine Differenzierung zwischen den verschiedenen Arten von Vergnügungsstätten. Maßgeblich ist also, ob das Baugebiet durch **kerngebietstypische** oder nicht kerngebietstypische Vergnügungsstätten geprägt wird, nicht aber, um welche Art von Vergnügungsstätte es sich handelt.[4] Ist also zB in der näheren Umgebung eine nicht kerngebietstypische

1 BVerwG 15.12.1994 – 4 C 13.93, NVwZ 1995, 698 – zum Sich-Einfügen einer Spielhalle.
2 BVerwG 3.4.1987 – 4 C 41.84, NVwZ 1987, 884.
3 Bielenberg/Krautzberger/Söfker/*Ernst/Zinkahn* BauGB § 34 Rn. 39.
4 BVerwG 15.1.1982 – 4 C 58.79, NVwZ 1982, 312.

Vergnügungsstätte in Form einer Spielhalle vorhanden, so überschreitet eine kerngebietstypische Spielhalle[5] den hierdurch bestimmten Rahmen. Dementsprechend kann im unbeplanten Innenbereich auch eine vormals nicht kerngebietstypische **Vergnügungsstätte** nicht den Rahmen für eine Erweiterung des Betriebes zu einer kerngebietstypischen Vergnügungsstätte in Form einer Spielhalle bilden.[6] Solch eine Überschreitung des in der Umgebung gesetzten Rahmens führt im Regelfall zur Unzulässigkeit des Vorhabens.

Die obergerichtliche Rechtsprechung nimmt darüber hinaus auch die konkreten Auswirkungen des Vorhabens in den Blick. Auch eine **Spielhalle**, die über den durch die vorhandenen Nutzungen gesetzten Rahmen hinaus geht, damit regelmäßig nicht der Eigenart der näheren Umgebung entspricht, kann nach wertender Betrachtungsweise zulässig sein, wenn eine konkrete Verschlechterung der örtlichen Situation nicht zu befürchten ist.[7] Ebenso kann es nach den Umständen des Einzelfalls so sein, dass eine weitere hinzutretende Spielhalle sich nicht einfügt bzw. im Widerspruch zu § 15 Abs. 1 BauNVO steht, wenn sich die Betriebszeiten und damit die zu erwartenden Belästigungen grundlegend von den der vorhandenen Nutzungen unterscheiden.[8] Die **Rechtsprechung** nimmt hier grundsätzlich zutreffend nicht nur eine Abgrenzung nach der vorhandenen Bebauung im **Baugebiet** vor, sondern nimmt auch die konkreten **Auswirkungen** anhand des jeweils zu beurteilenden Vorhabens in den Blick. 4

G. Bauordnungsrechtliche Fragen terrestrischen Glücksspiels nach der Musterbauordnung

I. Erforderlichkeit einer Baugenehmigung

Da das Bauordnungsrecht bekanntlich anders als das Bauplanungsrecht Landesrecht ist, erfolgt die Darstellung der bauordnungsrechtlichen Besonderheiten des stationären Glückspiels anhand der Musterbauordnung – MBO.[1] 1

Soweit keine Freistellung von der Genehmigungspflicht besteht, ist die Grundlage jeder Nutzung die **Baugenehmigung**. Nach Maßgabe des § 72 Abs. 1 2. Hs. MBO ist eine Baugenehmigung zu erteilen, wenn dem Bauvorhaben keine öffentlich-rechtlichen Vorschriften entgegenstehen. Beschränkt wird dieser Prüfungsmaßstab auf solche Vorschriften, die „im bauaufsichtlichen Genehmigungsverfahren" zu prüfen sind. Die Baugenehmigungsbehörde prüft nach §§ 63 Nr. 3, 64 Nr. 3 MBO *andere öffentlich-rechtliche Anforderungen, soweit wegen der Baugenehmigung eine Entscheidung nach anderen öffentlich-rechtlichen Vorschriften entfällt oder ersetzt wird.* Für den hier interessierenden Bereich des Glückspiels würde die Baugenehmigung die weiteren nach GlüStV bzw. § 33 GewO erforderlichen Genehmigungen nur dann absorbieren, wenn die entsprechenden Fachgesetze dieses vorsehen würden. Das ist erkennbar nicht

5 Zur Differenzierung innerhalb der BauNVO zwischen kerngebietstypischen und nicht kerngebietstypischen Vergnügungsstätten vgl. Bielenberg/Krautzberger/Söfker/*Ernst/Zinkahn* BauGB § 34 Rn. 39.
6 OVG Bautzen 13.8.2015 – 1 A 51/14, BeckRS 2016, 44042, Rn. 19.
7 VGH München 2.8.2017 – 2 B 17.544, BeckRS 2017, 124733, Rn. 24 ff.
8 VGH Mannheim 16.2.2011 – 3 S 445/09, NVwZ-RR 2011, 510 (513 f.) – zur Spielhalle im Mischgebiet; vgl. auch VGH München 17.3.2015 – 25 B 01.624, BeckRS 2005, 16201 – zur Unzulässigkeit einer Spielhalle in dem durch Wohnen geprägten Teil eines Mischgebietes.
1 Musterbauordnung, Fassung November 2002, zuletzt geändert durch Beschluss der Bauministerkonferenz vom 21.9.2012.

der Fall, so dass die Baugenehmigung **unabhängig** von dem Vorliegen der gewerberechtlichen oder glücksspielrechtlichen Voraussetzungen erteilt wird.

II. Bedeutung Baugenehmigung für gewerberechtliche Erlaubnis

2 Die Erteilung einer **Baugenehmigung** begründet auch kein schützenswertes Vertrauen in Bezug auf die nachgelagerte Erteilung einer gewerberechtlichen Spielerlaubnis. Die Baugenehmigung ist *lediglich faktische Voraussetzung* für die Ausnutzung der **Spielhallenerlaubnis.** Einfach rechtlich entfaltet sie nur insofern Bindungswirkung für die spätere gewerberechtliche Erlaubnis, als *öffentlich-rechtliche Vorschriften Gegenstand baurechtlicher Prüfung* sind.[2]

3 Ebenso ist geklärt, dass die Spielhallenerlaubnis nicht die ggf. erforderliche Baugenehmigung ersetzt.[3] **Bindungswirkung** entfaltet eine erteilte Baugenehmigung allerdings insoweit, als die Gewerbebehörde die Spielhallenerlaubnis gem. § 33i Abs. 2 Nr. 2 GewO nicht aus baurechtlichen Gründen versagen darf, soweit die entsprechende Frage von der Baugenehmigungsbehörde im Rahmen der Baugenehmigung abschließend geprüft ist.[4]

III. Grenzen der Baugenehmigung

4 Diese Bindungswirkung setzt selbstverständlich voraus, dass sich die wesentlichen Verhältnisse nicht geändert haben. Ebenso wie die Spielhallenerlaubnis bei ungenehmigter Erweiterung der Spielhalle erlischt,[5] bedürfen sowohl bauliche Änderungen als auch Nutzungsänderungen gem. § 59 Abs. 1 MBO grundsätzlich einer **Baugenehmigung,** soweit diese nicht ausdrücklich von der Genehmigungspflicht freigestellt sind. Für den Bereich des stationären Glücksspiels greifen diese Ausnahmen meist nicht, so dass die sich häufig weiterentwickelnden Betriebskonzepte regelmäßig die baurechtliche Genehmigungsfrage erneut aufwerfen. Baugenehmigungspflichtig ist jedenfalls eine **Änderung** des Betriebes in der Weise, dass aufgrund der Änderung andere planungsrechtliche Voraussetzungen gelten. Die **Wettannahmestelle** wird zu einem Wettbüro und damit planungsrechtlich zu einer **Vergnügungsstätte,** wenn der Aufenthalt von Kunden bezweckt wird.[6] Dasselbe gilt, wenn ein Ladenlokal tatsächlich als **Wettbüro** genutzt wird,[7] aus einer Wettannahmestelle mit einer durch eine Tür verbundenen Gaststätte eine Vergnügungsstätte entsteht[8] oder ein Gaststättenbetrieb gemeinsam mit einer Wettvermittlungsstelle tatsächlich als Vergnügungsstätte im planungsrechtlichen Sinn betrieben wird.[9]

5 Die durch das Erlöschen der Baugenehmigung herbeigeführte formelle Illegalität kann nach Maßgabe des § 80 S. 2 MBO zur **Nutzungsuntersagung** führen. Diese kann ungeachtet der Frage ausgesprochen werden, ob sich das geänderte Vorhaben materiell als baurechtswidrig erweist.

Liegt eine Baugenehmigung nicht vor bzw. ist diese zB aufgrund der geänderten Betriebsweise erloschen, ist von der für die Erteilung der Spielhallenerlaubnis

---

2 BVerfG 7.3.2017 – 1 BvR 1694/13 ua, NVwZ 2017, 1111 (1126 f.), Rn. 207.
3 OVG Hamburg 6.11.2018 – 4 Bs 37/18, NVwZ-RR 2019, 642 (644), Rn. 26.
4 OVG Hamburg 6.11.2018 – 4 Bs 37/18, NVwZ-RR 2019, 642 (644), Rn. 26; ebenso: BVerwG 17.10.1989 – 1 C 18.87, BVerwGE 84, 11, juris, Rn. 17; vgl. auch BVerwG 4.10.1988 – 1 C 72.86, Ls. 1, NVwZ 1989, 258.
5 VG Saarlouis 27.4.2016 – 1 K 1108/15, BeckRS 2016, 134106, Rn. 24.
6 OVG Koblenz 14.4.2021 – 8 B 10278/11, NVwZ-RR 2011, 635.
7 OVG Münster 18.10.2005 – 10 B 1600/05, BeckRS 2009, 31630.
8 Vgl. VG Düsseldorf 12.9.2016 – 28 K 6084/15, BeckRS 2016, 131083.
9 Vgl. VGH München 18.3.2019 – 15 ZB 18.690, BeckRS 2019, 6043.

zuständigen Behörde eigenständig zu prüfen, ob nach dem jeweils maßgeblichen Landesrecht auch gewerberechtlich ein **Versagungsgrund** vorliegt.[10]

10 Vgl. OVG Hamburg 6.11.2018 – 4 Bs 37/18, NVwZ-RR 2019, 642 (645), Rn. 38 mwN.

II. Bundeseinheitliche Regelungen der Länder

1. Staatsvertrag zur Neuregelung des Glückspielwesens in Deutschland

Erster Abschnitt Allgemeine Vorschriften

§ 1 GlüStV Ziele des Staatsvertrages

[1]Ziele des Staatsvertrages sind gleichrangig

1. das Entstehen von Glücksspielsucht und Wettsucht zu verhindern und die Voraussetzungen für eine wirksame Suchtbekämpfung zu schaffen,
2. durch ein begrenztes, eine geeignete Alternative zum nicht erlaubten Glücksspiel darstellendes Glücksspielangebot den natürlichen Spieltrieb der Bevölkerung in geordnete und überwachte Bahnen zu lenken sowie der Entwicklung und Ausbreitung von unerlaubten Glücksspielen in Schwarzmärkten entgegenzuwirken,
3. den Jugend- und den Spielerschutz zu gewährleisten,
4. sicherzustellen, dass Glücksspiele ordnungsgemäß durchgeführt, die Spieler vor betrügerischen Machenschaften geschützt, die mit Glücksspielen verbundene Folge- und Begleitkriminalität abgewehrt werden, und
5. Gefahren für die Integrität des sportlichen Wettbewerbs beim Veranstalten und Vermitteln von Sportwetten vorzubeugen.

[2]Um diese Ziele zu erreichen, sind differenzierte Maßnahmen für die einzelnen Glücksspielformen vorgesehen, um deren spezifischen Sucht-, Betrugs-, Manipulations- und Kriminalitätsgefährdungspotentialen Rechnung zu tragen.

Literatur: *Dietlein/Hecker/Ruttig*, Glücksspielrecht. Glücksspielstaatsvertrag. §§ 33c ff. GewO SpielV RennwLottG. Kommentar, 2. Aufl., 2013, München; *Ennuschat*, Der neue Glücksspielstaatsvertrag auf dem Prüfstand des Verfassungsrechts, ZfWG 2012, 305; *von Heintschel-Heinegg*, BeckOK StGB, 50. Ed., Stand: 1.5.2021, München; *Kläner*, Suchtprävention, Abstandsgebote und Verhältnismäßigkeit – Betrachtungen einer komplexen rechtlichen Zielbeziehung, ZfWG 2018, 378; *Koenig/Ciszewski*, Darlegungs- und Nachweismaßstäbe bei regulatorischen Systemwidersprüchen im Glücksspielbereich. Mit Blick auf die gemeinschaftsrechtlichen Anforderungen an die Kohärenz und Konsistenz von mitgliedstaatlichen Beschränkungsmaßnahmen, ZfWG 2008, 397; *Lischer*, Das Gefährdungspotenzial von Internet-Glücksspielen und Möglichkeiten des Spielerschutzes, ZfWG 2018, Heft 5 Beilage, S. 2; *Lohse*, Zum Kanalisierungsauftrag des gewerblichen Geldspiels im Rahmen des Glücksspielstaatsvertrags, ZfWG 2020, 1; *Lüder/Walisko*, Die behördliche Duldung im Glücksspielrecht, ZfWG 2021, 23; *Reeckmann*, Der Glücksspielstaatsvertrag 2021 (GlüStV 2021) – Und sie bewegt sich doch!, ZfWG 2020, 345; *Scheyhing*, Lootboxen in Videospielen als separates Glücksspiel, ZfWG 2018, 114; *Schladebach*, Praktische Konkordanz als verfassungsrechtliches Kollisionsprinzip, Der Staat 2014, S. 263; *Schwanke*, Aktueller Stand des Glücksspielstaatsvertrages in Deutschland, ZfWG 2015, 9; *Streinz/Liesching/Hambach*, Glücks- und Gewinnspielrecht in den Medien. Kommentar, 2014; *Winkelmüller/Rietdorf*, Kohärenz des Glücksspielrechts – Eine Anmerkung zum Beschluss des VGH Hessen vom 8.11.2007 – 7 TG 1921/07, S. 441; *Zimmermann/Franzmeier*, Zur glücksspielrechtlichen Relevanz von Lootboxen – Ein Beitrag unter besonderer Berücksichtigung des Gesetzestelos, ZfWG 2018, 528.

I. Genese und Gesetzesentwicklungen

Mit Ausnahme einer redaktionellen Anpassung (Kommasetzung vor der Konjunktion „und“ zwischen Ziffer 4. und 5. in § 1 S. 1 GlüStV) sind **Text und Inhalt des § 1 GlüStV 2021** gegenüber seiner Vorgängerfassung **identisch** geblieben.[1] Dies ist keine Selbstverständlichkeit, da eine Anpassung des § 1 GlüStV im Zuge der Erarbeitung des Glücksspielstaatsvertrags auf der Grundlage eines entsprechenden Vorschlags auf Initiative des Landes Nordrhein-Westfalen durchaus diskutiert worden ist. 1

§ 1 GlüStV besteht aus einem Absatz, der in zwei Sätze untergliedert ist. § 1 S. 1 GlüStV ordnet die **Gleichrangigkeit der „Ziele des Staatsvertrages“** an, die anschließend numerisch in fünf Ziffern festgeschrieben werden. Nur prima facie handelt es sich hierbei um exakt „fünf Ziele“[2]. Tatsächlich sind unter den einzelnen Ziffern auch Unterziele benannt. 2

Dieser Befund wird unter § 1 S. 1 Nr. 3 GlüStV („den **Jugend- und Spielerschutz** zu gewährleisten“) besonders augenscheinlich. Die Festsetzung der staatsvertraglichen Ziele ist als „numerus clausus“[3] ausgestaltet. Berücksichtigt man, dass bei Errichtung der Altfassung des GlüStV 2012 ehedem tradierte Ziele dieses Staatsvertrags noch durch weitere Zielsetzungen ergänzt worden sind (etwa das Ziel, „der Entwicklung und Ausbreitung von unerlaubten Glücksspielen in Schwarzmärkten entgegenzuwirken“),[4] dürften die **Zieldefinitionen** angesichts fehlender weiterer Ergänzungen im GlüStV 2021 zwischenzeitlich – jedenfalls zum gegenwärtigen Stand – eine gewisse **inhaltliche Reife und Festigung** erfahren haben. 3

Die ausdrückliche Anordnung der **Gleichrangigkeit der Ziele** war ein Novum der Vorgängerfassung des GlüStV 2012.[5] Auf dieser Grundlage ist der zuvor angenommene **Sonderstatus der Suchtprävention** als vornehmliches Ziel der staatlichen Glücksspielregulierung aufgehoben worden.[6] Ob es trotz der ausdrücklichen Anordnung im GlüStV angezeigt oder auch nur vertretbar erscheint, dem Ziel der Suchtprävention gleichwohl den Status eines „primus inter pares“ einzuräumen, darf ebenfalls bezweifelt werden. Überzeugender erscheint es vielmehr, mit *Dietlein/Hüsken* davon auszugehen, dass die als gleichrangig einge- 4

1 Siehe bereits zur Entwurfsfassung des GlüStV 2021 mit der Feststellung, dass die betreffenden „Ziele der Glücksspielregulierung“ „nicht ernsthaft umstritten“ seien, *Reeckmann* ZfWG 2020, 345 (346).

2 Vgl. hierzu Dietlein/Hecker/Ruttig/*Dietlein/Hüsken* GlüStV § 1 Rn. 2 (Hervorhebung durch Verfasser entfernt).

3 So Dietlein/Hecker/Ruttig/*Dietlein/Hüsken* GlüStV § 1 Rn. 2, die im exakten Wortlaut von einem „Numerus clausus der Gesetzeszwecke“ sprechen (Hervorhebungen durch Verfasser entfernt).

4 Vgl. hierzu Dietlein/Hecker/Ruttig/*Dietlein/Hüsken* GlüStV § 1 Rn. 2; Streinz/Liesching/Hambach/*Bolay/Pfütze* GlüStV § 1 Rn. 63 f.; siehe hierzu auch *Schwanke* ZfWG 2015, 9 (9).

5 Dies haben Dietlein/Hecker/Ruttig/*Dietlein/Hüsken* GlüStV § 1 Rn. 4 in ihrer Kommentierung zur Altfassung des GlüStV treffend festgehalten.

6 Die Annahme der „Vorrangigkeit der Suchtprävention“ haben auch Dietlein/Hecker/Ruttig/*Dietlein/Hüsken* GlüStV § 1 Rn. 4 in ihrer Kommentierung zum GlüStV aF (2012) – jedenfalls „in der bisherigen Form“ (ebd.) – bereits ausdrücklich aufgegeben.

stuften „Ziele im Einzelfall untereinander austariert und in praktische Konkordanz gebracht werden"[7] müssen.

5 Im Zuge der Errichtung des GlüStV aF (2012) hat auch § 1 S. 2 GlüStV Eingang in den Text des Glücksspielstaatsvertrags gefunden, wonach „**differenzierte Maßnahmen für die einzelnen Glücksspielformen** vorgesehen" werden sollen, „um deren Sucht-, Betrugs-, Manipulations- und Kriminalitätsgefährdungspotentialen Rechnung zu tragen".[8] An prominenter Stelle im Staatsvertrag manifestieren sich auf dieser Basis die an eine gelingende Glücksspielregulierung zu stellenden materiellen Anforderungen, die im Rahmen der Eingriffsrechtfertigung nicht zuletzt auch einer verfassungsrechtlichen Konsistenz- und einer europarechtlichen Kohärenzprüfung[9] zu unterziehen sind.[10] Dem Staat eingeräumte Monopolstellungen dürfen in diesem Rahmen jedenfalls **nicht** durch staatlich verantwortete, in ihrer Intensität ausgreifende Glücksspielanreize an anderer Stelle materiell konterkariert werden.[11]

II. Erläuterungen

6 **1. S. 1.** Die in § 1 S. 1 GlüStV aufgenommenen **Staatsvertragsziele** stehen zueinander kraft der in den Staatsvertragstext aufgenommenen ausdrücklichen Anordnung in gleichem Rang.[12] Die Ziele bilden den maßgeblichen Kern des materiellen Gehalts von § 1 GlüStV, der in der juristischen Literatur mit Recht als „zentrale Leitnorm im System des GlüStV"[13] qualifiziert wird. Alle eingriffsrelevanten Maßnahmen sind im Rahmen ihrer Rechtfertigung an den ausgewiesenen Zielbestimmungen zu bemessen.[14]

7 a) **Nr. 1.** § 1 S. 1 Nr. 1 GlüStV enthält drei voneinander zu unterscheidende Zielbestimmungen, die aber durch einen inneren Konnex miteinander verbunden sind. So sollen zum ersten das „**Entstehen von Glücksspielsucht**", zum zweiten das Entstehen von „**Wettsucht**" verhindert und zum dritten „**die Vorausset-**

---

7 So Dietlein/Hecker/Ruttig/*Dietlein/Hüsken* GlüStV § 1 Rn. 4; ebenfalls auf das „Prinzip der praktischen Konkordanz" abhebend Streinz/Liesching/Hambach/*Bolay/Pfütze* GlüStV § 1 Rn. 49; der Begriff der „praktischen Konkordanz" ist dabei offensichtlich eine Reminiszenz an die bedeutende Verfassungslehre von *Konrad Hesse* zur Auflösung von Verfassungsgutskollisionen; hierzu *Schladebach*, S. 263 ff.

8 Vgl. hierzu Dietlein/Hecker/Ruttig/*Dietlein/Hüsken* GlüStV § 1 Rn. 5; ausführlich hierzu auch Streinz/Liesching/Hambach/*Bolay/Pfütze* GlüStV § 1 Rn. 77 ff.; mit „regulatorischen Systemwidersprüchen im Glücksspielbereich" waren *Koenig/Ciszewski* bereits im Jahr 2008 befasst, vgl. hierzu *Koenig/Ciszewski* ZfWG 2008, 397 ff.

9 Siehe hierzu *Winkelmüller/Rietdorf* ZfWG 2007, 441 f.; ferner ausführlich *Koenig/Ciszewski* ZfWG 2008, 397 ff.; *Ennuschat* ZfWG 2012, 305 (307 ff.); nach der „Konvergenz von Konsistenz und Kohärenz" fragen Streinz/Liesching/Hambach/*Liesching/Berberich* GG Art. 12 Rn. 57 ff.

10 In diesem Rahmen soll jedenfalls auch „eine begrenzte bereichsübergreifende Kohärenzprüfung" zwischen verschiedenen Glücksspielarten „nicht" ausgeschlossen sein, so und hierzu Dietlein/Hecker/Ruttig/*Dietlein/Hüsken* GlüStV § 1 Rn. 5.

11 Vgl. hierzu die treffenden Darlegungen bei Dietlein/Hecker/Ruttig/*Dietlein/Hüsken* GlüStV § 1 Rn. 5 aE.

12 Siehe hierzu Dietlein/Hecker/Ruttig/*Dietlein/Hüsken* § GlüStV 1 Rn. 4; ein Einschränkungserfordernis erkennen *Bolay/Pfütze* indes im Hinblick auf den „Sonderfall des staatlichen Monopols", so und hierzu Streinz/Liesching/Hambach/*Bolay/Pfütze* GlüStV § 1 Rn. 47 (Hervorhebungen durch Verfasser entfernt).

13 So bereits im Hinblick auf die mit Ausnahme einer Interpunktionsänderung wortlautidentische Vorgängerfassung im GlüStV 2012 Dietlein/Hecker/Ruttig/*Dietlein/Hüsken* GlüStV § 1 Rn. 1.

14 Vgl. hierzu Dietlein/Hecker/Ruttig/*Dietlein/Hüsken* GlüStV § 1 Rn. 1.

zungen für eine wirksame Suchtbekämpfung" geschaffen werden.[15] Die beiden erstgenannten Varianten zielen insbesondere auf präventive Maßnahmen,[16] da schon das „Entstehen" der betreffenden Süchte möglichst abgewendet werden soll.[17] Die zuletzt genannte, dritte Variante betrifft Maßnahmen, die der Bekämpfung einer bereits entstandenen Sucht dienen sollen.[18] Die insoweit zu schaffenden Voraussetzungen sollen insbesondere darauf gerichtet sein, dass sich die Suchtbekämpfung auch als „wirksam" erweist.[19]

b) **Nr. 2.** § 1 S. 1 Nr. 2 GlüStV benennt im Wesentlichen zwei Hauptziele: Zum einen, „den natürlichen **Spieltrieb** der Bevölkerung **in geordnete und überwachte Bahnen** zu lenken",[20] zum anderen „der **Entwicklung und Ausbreitung von unerlaubten Glücksspielen in Schwarzmärkten** entgegenzuwirken". Das zuletzt genannte Hauptziel gliedert sich in zwei Teilziele, da sich das Entgegenwirken sowohl auf die „Entwicklung" als auch auf die „Ausbreitung" entsprechend unerlaubter Glücksspielangebote „in Schwarzmärkten" bezieht. Die ausdrückliche Aufnahme der Schwarzmarktbekämpfung im Glücksspielsektor war ein Novum im GlüStV aF (2012).[21] 8

c) **Nr. 3.** Nach § 1 S. 1 Nr. 3 GlüStV sind weitere Ziele des Glücksspielstaatsvertrags darauf gerichtet, „den **Jugend- und den Spielerschutz** zu gewährleisten".[22] Beide Ziele weisen deutliche Verbindungslinien zueinander auf, unterscheiden sich jedoch in ihrer Ausrichtung im Detail. 9

Einer zweckentsprechenden Glücksspielregulierung sollte es dabei insbesondere gelingen, dass die beiden angesprochenen Personengruppen „Jugend" und „Spieler" möglichst äußerst geringe Schnittmengen zueinander aufweisen, da es ein **Kernanliegen des glücksspielrechtlichen Jugendschutzes** ist (vgl. § 6 JuSchG), dass Jugendliche bis zur Vollendung des 18. Lebensjahres von klassischen Glücksspielangeboten, insbesondere von solchen, die auf **Geldgewinne** zielen, (weitestgehend) ausgeschlossen sind. Besondere Herausforderungen sind hierbei mit der breiten Verfügbarkeit entsprechender Online-Angebote[23] – bisher in Deutschland zumeist im Bereich von Schwarz- und Graumärkten, spätestens mit dem GlüStV 2021 auch im legalen Markt – verbunden. Schwierigkeiten bereiten hierbei insbesondere klassische Online-Computerspiele mit Glücksspielelemen- 10

15 Siehe zur Anerkennung der Spielsuchtprävention in der Judikatur des *BVerfG* die Ausführungen bei *Kläner* ZfWG 2018, 378 (380).

16 Zur Bedeutung der Spielsuchtprävention in der EU Streinz/Liesching/Hambach/*Bolay/Pfütze* GlüStV § 1 Rn. 54.

17 Vgl. hierzu Dietlein/Hecker/Ruttig/*Dietlein/Hüsken* GlüStV § 1 Rn. 11; siehe hierzu auch Streinz/Liesching/Hambach/*Bolay/Pfütze* GlüStV § 1 Rn. 51.

18 Zum verfassungsrechtlichen Hintergrund unter Heranziehung der Rechtsprechung durch das *Bundesverfassungsgericht* Dietlein/Hecker/Ruttig/*Dietlein/Hüsken* GlüStV § 1 Rn. 11.

19 Siehe hierzu auch die Darlegungen bei Streinz/Liesching/Hambach/*Bolay/Pfütze* GlüStV § 1 Rn. 52.

20 Siehe zu diesem sog. „Kanalisierungsauftrag" die nähergehenden Darlegungen bei *Lohse* ZfWG 2020, Heft 2 Beilage, S. 1 (3 ff.); speziell zur „Lenkungsfunktion" Streinz/Liesching/Hambach/*Bolay/Pfütze* GlüStV § 1 Rn. 59 ff.

21 Vgl. hierzu Dietlein/Hecker/Ruttig/*Dietlein/Hüsken* GlüStV § 1 Rn. 2; eingehend zur „Schwarzmarktbekämpfung" Streinz/Liesching/Hambach/*Bolay/Pfütze* GlüStV § 1 Rn. 63 ff.

22 Zu den jüngsten Neuerungen ua auch im Bereich des Jugendschutzes und des Schutzes der Spieler im Rahmen des GlüStV (damals noch bezogen auf die Entwurfsfassung) *Lüder/Walisko* ZfWG 2021, 23 (24).

23 Zu den „Möglichkeiten des Spielerschutzes" im Hinblick auf internetbasierte Glücksspiele *Lischer* ZfWG 2018, Heft 5 Beilage, 2 ff.

ten oder auch das Angebot sog. „Lootboxen".[24] Internet- und Fernsehwerbung bergen im Hinblick auf die Anforderungen des Jugendschutzes erhebliches Konfliktpotential.[25]

11 Die **Gewährleistung des Spielerschutzes** selbst verlangt einerseits, den Spieler vor betrügerischen oder kriminellen Spielangeboten zu schützen, andererseits aber auch, der Entstehung eigenen problematischen Spielverhaltens entgegenzuwirken. Allerdings wird die zuerst genannte Schutzrichtung durch die speziellere Zielbestimmung in § 1 S. 1 Nr. 4 GlüStV erfasst. Der zuletzt genannte Aspekt weist starke Verbindungslinien zu § 1 S. 1 Nr. 1 GlüStV auf, der insofern ebenfalls als spezielleres Schutzziel anzusehen ist. Dem Spielerschutz nach § 1 S. 1 Nr. 3 GlüStV liegt daher ein breiteres, ein allgemeineres Verständnis zugrunde.[26]

12 d) **Nr. 4.** Nach Maßgabe des § 1 S. 1 Nr. 4 GlüStV ist die **ordnungsgemäße Durchführung der Glücksspiele** ebenso sicherzustellen wie der **Schutz der „Spieler vor betrügerischen Machenschaften"**.[27] Darüber hinaus soll die „mit Glücksspielen verbundene Folge- und Begleitkriminalität abgewehrt werden",[28] wobei ein besonderer, aber selbstredend nicht ausschließlicher Fokus der Begleitkriminalität auf dem Tatbestand der „Geldwäsche" liegt.[29] In dieser Ziffer des § 1 S. 1 GlüStV verbergen sich also (mindestens) drei weitere maßgebliche Ziele des Glücksspielstaatsvertrags.

13 e) **Nr. 5.** Last, not least, sondern vielmehr nach der Direktive des § 1 S. 1 GlüStV ebenfalls „gleichrangig", nimmt § 1 S. 1 Nr. 5 GlüStV ein weiteres Ziel mit zwei Varianten in „die zentrale Leitnorm"[30] des Staatsvertragswerks auf: namentlich das Vorbeugen bzgl. **„Gefahren für die Integrität des sportlichen Wettbewerbs beim Veranstalten und Vermitteln von Sportwetten"**. Es handelt sich hierbei um eine nähergehende Spezifizierung und Heraushebung eines gerade in jüngerer Vergangenheit[31] als besonders relevant erkannten Phänomens aus dem Bereich der schon unter § 1 S. 1 Nr. 4 GlüStV berücksichtigten Kriminalprävention.[32] Zu beachten bleibt allerdings, dass zur Erreichung des unter § 1

---

24 Zur glücksspielrechtlichen Einordnung von Lootboxen *Scheyhing* ZfWG 2018, 114 ff. (insbesondere 115 ff.); ferner auch *Zimmermann/Franzmeier* ZfWG 2018, 528 ff.

25 Vgl. hierzu Dietlein/Hecker/Ruttig/*Dietlein/Hüsken* GlüStV § 1 Rn. 14.

26 *Dietlein/Hüsken* erkennen in dieser Vorschrift treffend die „Einbeziehung des Spielerschutzes im Allgemeinen", so Dietlein/Hecker/Ruttig/*Dietlein/Hüsken* GlüStV § 1 Rn. 14.

27 Vgl. hierzu Streinz/Liesching/Hambach/*Bolay/Pfütze* GlüStV § 1 Rn. 70, die die Bedeutung dieser Norm im „Offline- wie im Online-Glücksspiel" herausstellen.

28 Eine begriffliche Ausdifferenzierung der beiden Kriminalitätsvarianten nehmen Dietlein/Hecker/Ruttig/*Dietlein/Hüsken* GlüStV § 1 Rn. 16, vor; siehe hierzu ferner auch die Darstellung bei Streinz/Liesching/Hambach/*Bolay/Pfütze* GlüStV § 1 Rn. 71 f.

29 Vgl. hierzu die treffenden Ausführungen bei Dietlein/Hecker/Ruttig/*Dietlein/Hüsken* GlüStV § 1 Rn. 16; siehe hierzu ferner auch die Darstellung bei Streinz/Liesching/Hambach/*Bolay/Pfütze* GlüStV § 1 Rn. 72; grundlegend zum objektiven Tatbestand der Geldwäsche stv. für viele BeckOK StGB/*Ruhmannseder* StGB § 261 Rn. 8 ff.

30 So die Begriffswahl bei Dietlein/Hecker/Ruttig/*Dietlein/Hüsken* GlüStV § 1 Rn. 1 (Hervorhebung durch Verfasser entfernt).

31 *Bolay/Pfütze* nehmen in diesem Zusammenhang zu Recht ua auf den besonders prominent in den Medien diskutierten Fall der „Hoyzer-Affäre" aus dem Jahre 2005 Bezug, so und hierzu Streinz/Liesching/Hambach/*Bolay/Pfütze* GlüStV § 1 Rn. 74 m. weit. Nachw. in dortiger Fn. 113.

32 *Dietlein/Hüsken* sprechen insofern von einem „Teilaspekt der Kriminalprävention", vgl. Dietlein/Hecker/Ruttig/*Dietlein/Hüsken* GlüStV § 1 Rn. 2.

S. 1 Nr. 5 GlüStV verfolgten Ziels keine Beschränkung allein auf das Glücksspielrecht erfolgen darf, sondern dass es sich insofern vielmehr um eine Querschnittsmaterie handelt.[33]

2. S. 2. § 1 S. 2 GlüStV nimmt Regress auf die **Zielbestimmungen** in § 1 S. 1 Nrn. 1 bis 5 GlüStV und ordnet an, dass zu ihrer Erreichung „**differenzierte Maßnahmen für die einzelnen Glücksspielformen**" vorzusehen sind, „um deren spezifischen Sucht-, Betrugs-, Manipulations- und Kriminalitätsgefährdungspotentialen Rechnung zu tragen". 14

Prima facie dürfte gegen diese staatsvertragliche Anordnung wenig zu erinnern sein, da gerade differenzierte bzw. differenzierende Maßnahmen geeignet erscheinen dürften, um **spezifischen glückspielartimmanenten Gefahren** entgegenzuwirken. Allerdings darf die Differenzierungsaufforderung durch die zuständigen Regulierungsorgane nicht missverstanden werden. Eine **Differenzierung nach „Gutdünken"** kann nämlich dazu führen, dass die Regulierungskonzeption in ihrer Gesamtheit in den Verdacht gerät, den maßgeblichen Anforderungen an die Konsistenz und auch die Kohärenz einer **verhältnismäßigen Glücksspielregulierung** nicht mehr zu genügen.[34] 15

Dabei wird auf der Basis des § 1 S. 2 GlüStV gerade bezweckt, möglichst nachhaltig zu verhindern, dass sich die Glücksspielregulierung deshalb als inkonsistent erweist bzw. den Kohärenzanforderungen[35] deshalb nicht genügt, weil der **Regulierungsansatz dem „Gießkannenprinzip"** folgt, ohne tatsächlich bestehende Unterschiede[36] in einem **konsistenten und kohärenten Gesamtregulierungsansatz** angemessen zu berücksichtigen. Es soll vor diesem Hintergrund **keine Regulierung** „in ‚schematischer' Form"[37] erfolgen. Das **Postulat differenzierender Maßnahmen** birgt jedoch ein gewisses Missbrauchs- bzw. Willkürpotential, da die Staatsvertragsparteien der Versuchung erliegen könnten, auf seiner Grundlage verbliebene Staatsmonopole zu begünstigen. An dieser Stelle bleibt mit *Dietlein/Hüsken* daran zu erinnern, dass „die Generierung von Einnahmen" ausdrücklich **nicht** zum anerkannten Kreis der „Zielsetzungen des GlüStV" rechnet.[38] 16

§ 2 GlüStV Anwendungsbereich

(1) Die Länder regeln mit diesem Staatsvertrag die Veranstaltung, die Durchführung und die Vermittlung von öffentlichen Glücksspielen.

(2) Für Spielbanken gelten nur die §§ 1 bis 3, § 4 Absatz 1 bis 4, §§ 5, 6, 7 bis 8d, 20 und 23 sowie die Vorschriften des Zehnten Abschnitts.

---

33 Vgl. hierzu Streinz/Liesching/Hambach/*Bolay/Pfütze* GlüStV § 1 Rn. 75, die zu Recht eine Bewältigung dieser Problematik „nur in gemeinsamer Anstrengung von Behörden, Sportorganisationen und Glücksspielveranstaltern in Form der Regulierung und Selbstregulierung" als möglich erachten.

34 Die Bedeutung der Erfüllung der maßgeblichen Anforderungen des Verhältnismäßigkeitsgrundsatzes beleuchten in diesem Zusammenhang Streinz/Liesching/Hambach/*Bolay/Pfütze* GlüStV § 1 Rn. 81.

35 Vgl. zum Telos der im GlüStV 2012 neu eingeführten Regelung in § 1 S. 2 GlüStV Streinz/Liesching/Hambach/*Bolay/Pfütze* GlüStV § 1 Rn. 77, 79 jeweils m. weit. Nachw.

36 Die „sektoralen Besonderheiten" beleuchten nähergehend Streinz/Liesching/Hambach/*Bolay/Pfütze* GlüStV § 1 Rn. 78.

37 So Dietlein/Hecker/Ruttig/*Dietlein/Hüsken* GlüStV § 1 Rn. 5.

38 So und hierzu Dietlein/Hecker/Ruttig/*Dietlein/Hüsken* GlüStV § 1 Rn. 3. Diese Kommentierung zum GlüStV aF bleibt auch unter der Geltung des neuen GlüStV 2021 aktuell.

(3) [1]Für Spielhallen, soweit sie Geld- oder Warenspielgeräte mit Gewinnmöglichkeit bereithalten, gelten nur die §§ 1 bis 3, § 4 Absatz 1, 3 und 4 Satz 2, §§ 5, 6, 7 bis 8d und 23 sowie die Vorschriften des Siebten und Zehnten Abschnitts. [2]Als Geld- oder Warenspielgeräte mit Gewinnmöglichkeit gelten auch Erprobungsgeräte.

(4) Für Gaststätten (Schank- und Speisewirtschaften und Beherbergungsbetriebe) und Wettannahmestellen der Buchmacher, soweit sie Geld- oder Warenspielgeräte mit Gewinnmöglichkeit bereithalten, gelten nur die §§ 1 bis 3, § 4 Absatz 3 und 4 Satz 2, §§ 5, 6, 7 bis 8d und 23 sowie die Vorschriften des Zehnten Abschnitts.

(5) Für Pferdewetten gelten nur die §§ 1 bis 3, 5 bis 9a und 23 sowie die Vorschriften des Achten und Zehnten Abschnitts.

(6) Für Sportwetten gelten nur die §§ 1 bis 9a, 21, 21a und 23 sowie die Vorschriften des Zehnten Abschnitts.

(7) Für virtuelle Automatenspiele gelten nur die §§ 1 bis 9a, 22a und 23 sowie die Vorschriften des Zehnten Abschnitts.

(8) Für Online-Poker gelten nur die §§ 1 bis 9a, 22b und 23 sowie die Vorschriften des Zehnten Abschnitts.

(9) Für Online-Casinospiele gelten nur die §§ 1 bis 4, 5 bis 9a, 22c und 23 sowie die Vorschriften des Zehnten Abschnitts.

(10) Für Lotterien gelten nur die §§ 1 bis 4, 5 bis 10, 12 bis 18, 22 und 23 sowie die Vorschriften des Zehnten Abschnitts.

(11) Für Gewinnspiele im Rundfunk (§ 2 Absatz 1 Satz 1 und 2 des Medienstaatsvertrages) gilt nur § 11 des Medienstaatsvertrages.

Literatur: *Becker,* Die Möglichkeit der Erlaubniserteilung für Online-Casinos nach dem GlüStV 2021 und die Pflichten danach, ZfWG 2021, 178; *Berberich/Koenig,* Unionsrechtliche Bewertung des Übergangs in das Regelwerk des GlüStV 2021, ZfWG 2021, 157; *Dietlein/Hecker/Ruttig,* Glücksspielrecht. Glücksspielstaatsvertrag. §§ 33c ff. GewO · SpielV · RennwLottG. Kommentar, 2. Aufl. 2013; *Ennuschat,* Zur Vergabe von Spielbankenkonzessionen, ZfWG 2015, 78; *Hartstein/Ring/Kreile/u. a.,* Heidelberger Kommentar. Medienstaatsvertrag. Jugendmedienschutzstaatsvertrag, Ordner 1, 86. Aktualisierung März 2021, Heidelberg; *Reeckmann,* Die Entwicklung des Spielbankenrechts in Deutschland von 2019 bis Sommer 2020, ZfWG 2020, 428; *Schenke,* Das Verbot von Online-Casino- und Pokerspielen im Lichte der neueren Rechtsprechung des BVerwG, ZfWG 2018, Heft 5 Beilage, S. 21; *Streinz/Liesching/Hambach,* Glücks- und Gewinnspielrecht in den Medien. Kommentar, 2014.

I. Genese und Gesetzesentwicklungen

§ 2 GlüStV ist in der Fassung des GlüStV 2021 im Vergleich zu seiner Vorgängerfassung um **fünf zusätzliche Absätze** angewachsen und weist nunmehr insgesamt 11 Absätze auf. Der gesteigerte Umfang der Norm ist insbesondere der inhaltlichen **Ausweitung der positiven Glücksspielregulierung** auf zusätzliche Glücksspielarten im Onlinebereich[1] und der Errichtung neuer Regelungen für Lotterien und Sportwetten geschuldet.[2] 1

Hiermit setzt sich eine **Tendenz** fort, die sich bereits bei der Errichtung der Altfassung des GlüStV 2012 abzeichnete, da auch in ihrem Rahmen eine **signifikante Erweiterung des Geltungsbereichs** gegenüber der damaligen Vorfassung erfolgt war.[3] Als Kernanliegen der Staatsvertragsparteien dürfte die Gewährleistung einer **möglichst umfassenden Effektivität** der auf dem GlüStV gründenden glücksspielrechtlichen Regulierung in allen relevanten Bereichen zu identifizieren sein.[4] 2

II. Erläuterungen

§ 2 GlüStV bildet – auch im Verständnis der normgebenden Staatsvertragsparteien – die „**zentrale Verweisungsnorm**"[5] des Glücksspielstaatsvertrags. Ihr kommt in diesem Rahmen allerdings **kein abschließender Charakter** zu, sondern sie lässt ausweislich der „Erläuterungen zum Glücksspielstaatsvertag 2021" „andere Verweisungen innerhalb des Staatsvertrags […] und in landesrechtlichen Bestimmungen" ausdrücklich „unberührt".[6] Entsprechendes gilt auch für spezialgesetzliche Regelungen „für bestimmte Spielformen oder Spiele".[7] 3

1. Materieller Anwendungsbereich im Allgemeinen (Abs. 1). § 2 GlüStV regelt auch im neuen GlüStV 2021 ausschließlich den **sachlichen Anwendungsbereich** dieses Staatsvertrags.[8] Er bezieht sich im Wortlaut des § 2 Abs. 1 GlüStV auf „die Veranstaltung, die Durchführung und die Vermittlung von öffentlichen Glücksspielen". Durch diesen Dreiklang sind die Staatsvertragsparteien offenbar bemüht, alle maßgeblichen Facetten der (regelmäßig gewerblichen) Glücksspielorganisation zu erfassen, um eine möglichst „umfassende Wirkung"[9] der einzelnen Regulierungsmaßnahmen zu erzielen.[10] Der Wortlaut dieses Absatzes ist gegenüber § 2 Abs. 1 GlüStV aF identisch geblieben. 4

Dem **Veranstaltungsbegriff** ist – ebenso wie den **Rechtsbegriffen der Durchführung und Vermittlung** von Glücksspielen – der Regulierungsintention der Staats- 5

1 Eine „Bewertung" aus unionsrechtlicher Sicht haben *Berberich/Koenig* ZfWG 2021, 157 ff. (dort insbes. auch 162 f.), bereits vorgelegt.
2 Hierzu NRW LT-Drs. 17/11683, Erläuterungen zum Glücksspielstaatsvertrag (im Folgenden: „Erl."), 105; einen ersten Überblick verschafft *Reeckmann* ZfWG 2020, 345 ff.; ferner *N. Becker* ZfWG 2021, 178 ff.
3 Vgl. hierzu die Darlegungen bei Streinz/Liesching/Hambach/*Bolay/Pfütze* GlüStV § 2 Rn. 1.
4 Den Anspruch des Gesetzgebers, dass die „festgesetzten Sicherungsinstrumente" eine möglichst „umfassende Wirkung" erzielen sollen, formulieren *Bolay/Pfütze* völlig treffend, vgl. Streinz/Liesching/Hambach/*Bolay/Pfütze* GlüStV § 2 Rn. 8.
5 So NRW LT-Drs. 17/11683, Erl., 105 (Hervorhebung durch Verfasser hinzugefügt).
6 So NRW LT-Drs. 17/11683, Erl., 105.
7 So und hierzu NRW LT-Drs. 17/11683, Erl., 105.
8 Vgl. hierzu die treffenden Feststellungen bei Streinz/Liesching/Hambach/*Bolay/Pfütze* GlüStV § 2 Rn. 3.
9 So die Wortwahl bei Streinz/Liesching/Hambach/*Bolay/Pfütze* GlüStV § 2 Rn. 8.
10 Vgl. nochmals Streinz/Liesching/Hambach/*Bolay/Pfütze* GlüStV § 2 Rn. 8.

vertragsparteien entsprechend ein **extensives Verständnis** zugrunde zu legen.[11] Während der Veranstaltungsbegriff das organisatorische Rahmengefüge eines Glücksspiels betrifft,[12] zielt der Begriff der Durchführung von öffentlichen Glücksspielen eher auf „die konkrete Realisierung des Glücksspiels".[13] Es fehlt jedoch insoweit an belastbaren Definitionen, die eine in jedem Falle trennscharfe Abgrenzung ermöglichen könnten.[14] Die „Vermittlung" meint Betätigungen, auf deren Grundlage Spielwillige mit entsprechend veranstalteten Glücksspielen in Kontakt gebracht werden, die Spielgelegenheit also verschafft bzw. gemakelt wird.[15]

6 **2. Geltungsbereich Spielbanken (Abs. 2).** Wie schon § 2 Abs. 2 GlüStV aF wird auch in § 2 Abs. 2 GlüStV 2021 der Geltungsbereich des Staatsvertrags im Hinblick auf **Spielbanken**[16] geregelt. § 2 Abs. 2 GlüStV hat nicht nur redaktionelle Anpassungen[17] erfahren. Vielmehr ist auch der Kreis der Bezugsnormen ausgeweitet worden und erstreckt sich nunmehr auf „die §§ 1 bis 3, § 4 Abs. 1 bis 4, §§ 5, 6, 7 bis 8d, 20 und 23 sowie die Vorschriften des Zehnten Abschnitts". Letztgenannter Abschnitt enthält im Wesentlichen die „Übergangs- und Schlussbestimmungen" und regelt das Inkrafttreten und die Kündigung des GlüStV (s. §§ 28 ff. GlüStV). Implizit wird – mit den Worten der amtlichen Erläuterungen zum Staatsvertrag – „klargestellt, dass die §§ 6a bis 6j für Spielbanken […] keine Anwendung finden".[18]

7 **3. Geltungsbereich Spielhallen (Abs. 3).** Mutatis mutandis gelten die Ausführungen zu § 2 Abs. 2 GlüStV auch für § 2 Abs. 3 GlüStV entsprechend,[19] wobei sich § 2 Abs. 3 GlüStV auf den Geltungsbereich des GlüStV im Hinblick auf **Spielhallen**[20] bezieht. Nach der ausdrücklichen Anordnung der Norm gelten für Spielhallen „nur die §§ 1 bis 3, § 4 Abs. 1, 3 und 4 S. 2, §§ 5, 6, 7 bis 8d und 23 so-

---

11 Nach *Bolay/Pfütze* ist der personalisierte „Veranstalterbegriff weit zu verstehen", so Streinz/Liesching/Hambach/*Bolay/Pfütze* GlüStV § 2 Rn. 7.

12 Vgl. hierzu – allerdings auf den personalisierten „Veranstalter" abstellend – die entsprechenden Darlegungen bei Streinz/Liesching/Hambach/*Bolay/Pfütze* GlüStV § 2 Rn. 7.

13 So treffend Streinz/Liesching/Hambach/*Bolay/Pfütze* GlüStV § 2 Rn. 8.

14 Vgl. hierzu *Bolay/Pfütze*, die vor diesem Hintergrund zu Recht ua das Fehlen „näherer Bestimmungen für die Durchführung" feststellen und letzten Endes zu der Schlussfolgerung gelangen, „der Regelungsbereich der ‚Durchführung'" sei „ohne praktische Bedeutung", so Streinz/Liesching/Hambach/*Bolay/Pfütze* GlüStV § 2 Rn. 10.

15 Auf die „Vermittlung von Spielteilnehmern, ohne selbst an der Veranstaltung beteiligt zu sein", stellen in diesem Rahmen Streinz/Liesching/Hambach/*Bolay/Pfütze* GlüStV § 2 Rn. 11, ab; *Dietlein/Hüsken* weisen zu Recht darauf hin, dass insofern „jegliche Form der Vermittlung öffentlicher Glücksspiele" erfasst sein soll und es insofern auf eine etwaige Gewerblichkeit der Vermittlung nicht ankomme, so und hierzu Dietlein/Hecker/Ruttig/*Dietlein/Hüsken* GlüStV § 2 Rn. 6 (Hervorhebung durch Verfasser entfernt).

16 Zum Begriff der Spielbanken nach deutschem Recht Streinz/Liesching/Hambach/*Bolay/Pfütze* GlüStV § 2 Rn. 13; ferner Dietlein/Hecker/Ruttig/*Dietlein/Hüsken* GlüStV § 2 Rn. 12; die jüngeren Entwicklungslinien im deutschen Spielbankenrecht skizziert *Reeckmann* ZfWG 2020, 428 ff.; die „Vergabe von Spielbankenkonzessionen" beleuchtet *Ennuschat* ZfWG 2015, 78 ff.

17 Zu ihnen NRW LT-Drs. 17/11683, Erl., 106.

18 So NRW LT-Drs. 17/11683, Erl., 106.

19 Vgl. insofern NRW LT-Drs. 17/11683, Erl., 106.

20 Siehe zum Begriff der „Spielhallen" iSd GlüStV Dietlein/Hecker/Ruttig/*Dietlein/Hüsken* GlüStV § 2 Rn. 15.

wie die Vorschriften des Siebten und Zehnten Abschnitts".[21] Der siebte Abschnitt des GlüStV enthält spezifische spielhallenrechtliche Vorschriften (§§ 24 bis 26 GlüStV). Durch § 3 Abs. 3 S. 2 GlüStV wird – wie auch schon in § 3 Abs. 3 GlüStV aF – klargestellt, dass als „Geld- und Warenspielgeräte mit Gewinnmöglichkeit" im Wege einer staatsvertraglichen Fiktion „auch Erprobungsgeräte" „gelten".[22]

4. Geltungsbereich Gaststätten und Wettannahmestellen (Abs. 4). Die Anpassungen in § 2 Abs. 4 GlüStV verlaufen parallel zu denjenigen in § 2 Abs. 2 und 3 GlüStV, so dass – wiederum mutatis mutandis – die Ausführungen zu § 2 Abs. 2 GlüStV entsprechend auch für § 2 Abs. 4 GlüStV gelten. Die spezifischen Regelungen zum Geltungsbereich des § 2 Abs. 4 GlüStV beziehen sich dabei ausdrücklich auf „**Gaststätten**" sowie „**Wettannahmestellen der Buchmacher**", soweit die vorgenannten Bezugsobjekte „Geld- oder Warenspielgeräte mit Gewinnmöglichkeiten bereithalten".[23] Durch einen Klammerzusatz wird der Begriff der „Gaststätten" dahin gehend näher erläutert, dass hiermit „Schank- und Speisewirtschaften und Beherbergungsbetriebe" gemeint sind.[24] 8

Der **Geltungsbereich** wird für die genannten Bezugsobjekte auf „die §§ 1 bis 3, § 4 Abs. 3 und 4 S. 2, §§ 5, 6, 7 bis 8d und 23 sowie die Vorschriften des Zehnten Abschnitts" des GlüStV eingegrenzt. 9

5. Geltungsbereich Pferdewetten (Abs. 5). Auch § 2 Abs. 5 GlüStV aF regelte bereits den spezifischen Geltungsbereich des GlüStV für den Bereich der **Pferdewetten.**[25] Die Verweise zum Geltungsbereich wurden insoweit an die Normenarchitektur des neuen Glücksspielstaatsvertrags angepasst. In Bezug auf internetbasierte Pferdewetten, die nach näherer Maßgabe des § 27 Abs. 2 GlüStV „im ländereinheitlichen Verfahren erlaubt werden" können (→ GlüStV § 27 Rn. 7 ff.), sind auch „die Vorschriften zum erweiterten Spielersperrsystem sowie die §§ 9 und 9a"[26] GlüStV für anwendbar erklärt worden.[27] Hierauf bezieht sich auch der neu aufgenommene integrierte Verweis auf die Anwendung der §§ 6a bis 6j GlüStV.[28] Insgesamt wird die Geltung des GlüStV bei Pferdewetten auf „die §§ 1 bis 3, 5 bis 9a und 23 sowie die Vorschriften des Achten und Zehnten Abschnitts" erstreckt. Der „Achte Abschnitt" besteht dabei lediglich aus § 27 GlüStV, der die „Pferdewetten" als solche regelt. 10

6. Geltungsbereich Sportwetten (Abs. 6). § 2 Abs. 6 idF des GlüStV 2021 ist inhaltlich ein **Novum**, knüpft also der Sache nach an keine Vorgängerregelung an.[29] Im Hinblick auf **Sportwetten** werden „nur die §§ 1 bis 9a, 21, 21a und 23 sowie die Vorschriften des Zehnten Abschnitts" des GlüStV für anwendbar erklärt. 11

---

21 Siehe vergleichend zum „Anwendungsbereich des GlüStV" aF auf Spielhallen die Darlegungen bei Streinz/Liesching/Hambach/*Bolay/Pfütze* GlüStV § 2 Rn. 15 ff.

22 Vgl. hierzu auch Dietlein/Hecker/Ruttig/*Dietlein/Hüsken* GlüStV § 2 Rn. 15; ferner Streinz/Liesching/Hambach/*Bolay/Pfütze* GlüStV § 2 Rn. 17 mit einem Hinweis auf die Bedeutung der sachlichen Begrenzung für die Erfüllung der „Glücksspieleigenschaft" in ihrer rechtsbegrifflichen Prägung.

23 Vgl. hierzu Streinz/Liesching/Berberich/*Bolay/Pfütze* GlüStV § 2 Rn. 23 mwN.

24 Siehe zum Gaststättenbegriff die Darlegungen bei Dietlein/Hecker/Ruttig/*Dietlein/Hüsken* GlüStV § 2 Rn. 18 f.

25 Diesen Rechtsbegriff erläutern nähergehend Dietlein/Hecker/Ruttig/*Dietlein/Hüsken* GlüStV § 2 Rn. 22.

26 So NRW LT-Drs. 17/11683, Erl., 106.

27 Vgl. hierzu nochmals NRW LT-Drs. 17/11683, Erl., 106.

28 NRW LT-Drs. 17/11683, Erl.,106.

29 Vgl. hierzu auch NRW LT-Drs. 17/11683, Erl., 106.

12 **7. Geltungsbereich virtuelle Automatenspiele (Abs. 7).** Als inhaltlich ebenfalls neu erweist sich die in § 2 Abs. 7 GlüStV aufgenommene Regelung zur Definition und gleichzeitigen Eingrenzung des Geltungsbereichs des GlüStV im Hinblick auf **„virtuelle Automatenspiele“** iSd § 3 Abs. 1a S. 1 GlüStV. Anwendbar sind in diesem Falle „nur die §§ 1 bis 9a, 22a und 23 sowie die Vorschriften des Zehnten Abschnitts“.

13 **8. Geltungsbereich Online-Poker (Abs. 8).** Erstmalig hat mit der Errichtung des GlüStV 2021 auch die Bestimmung seines Geltungsbereichs für **„Online-Poker“-Angebote** iSd § 3 Abs. 1a S. 3 GlüStV Eingang in die Regelungen zum GlüStV gefunden. Ebenso wie im Hinblick auf virtuelle Automatenspiele und Online-Casino-Spiele ist eine nähere Festlegung des Geltungsbereichs einschlägiger Regelungen für den Bereich des Online-Pokers deshalb erforderlich geworden, weil das ehedem geltende prinzipielle Internetverbot nach § 4 Abs. 4 GlüStV aF ausdrücklich aufgegeben worden ist.[30] Soweit der Bereich des Online-Pokers betroffen ist, „gelten nur die §§ 1 bis 9a, 22b und 23 sowie die Vorschriften des Zehnten Abschnitts“.

14 **9. Geltungsbereich Online-Casinospiele (Abs. 9).** § 2 Abs. 9 GlüStV zählt ebenfalls zu den neu errichteten Vorschriften im Rahmen des GlüStV 2021. Sie bezieht sich auf die in § 3 Abs. 1a S. 2 GlüStV legaldefinierten sog. **„Online-Casinospiele“**. Für sie gelten nach der ausdrücklichen Anordnung in § 2 Abs. 9 GlüStV „nur die §§ 1 bis 4, 5 bis 9a, 22c und 23 sowie die Vorschriften des Zehnten Abschnitts“.

15 In den Erläuterungen zum Glücksspielstaatsvertrag 2021 wird unter Bezugnahme auf die Regelung in § 2 Abs. 9 GlüStV ausdrücklich betont, dass die §§ 4a bis 4d GlüStV, die **„besondere Erlaubnisvoraussetzungen für Sportwetten, Online-Poker und virtuelle Automatenspiele“** enthalten, parallel zu der einschlägigen Regelung für die Lotterien **„aus dem Anwendungsbereich ausgenommen“** worden sind.[31] Die nähere Ausgestaltung der spezifischen Rechtsgrundlagen sowie die Erlaubniserteilung selbst bleiben „den Ländern vorbehalten“.[32] Die Vorgaben zu der „anbieterübergreifenden“ Limitdatei nach § 6c Abs. 4 erstrecken sich zweckmäßigerweise auch auf den Bereich der Online-Casinospiele.[33]

16 **10. Geltungsbereich Lotterien (Abs. 10).** In erster Linie klarstellende Funktion[34] kommt der Aufnahme des § 2 Abs. 10 GlüStV zur näheren Bestimmung des Geltungsbereichs des GlüStV für **Lotterien** zu, soweit es um die bereits „bislang auf Lotterien anwendbaren Vorschriften in ihrer neuen Fassung“[35] geht.

17 Der **Anwendungsbereich** wird darüber hinaus um die Vorgaben aus §§ 6a bis 6j, 8 bis 8d GlüStV erweitert.[36] Insgesamt gelten vor diesem Hintergrund kraft ausdrücklicher staatsvertragsimmanenter Anordnung für Lotterien „die §§ 1 bis 4, 5 bis 10, 12 bis 18, 22 und 23 sowie die Vorschriften des Zehnten Abschnitts“. Die amtlichen Erläuterungen zum Glücksspielstaatsvertrag 2021 weisen in diesem Zusammenhang auf die **normgestalterische Besonderheit** hin, dass eine

30 Zu ihm Streinz/Liesching/Berberich/*Bolay/Pfütze* GlüStV § 4 Rn. 83 ff.; hierzu auch *Schenke* ZfWG 2018, Heft 5 Beilage, 21 ff. (23 ff.).

31 So und hierzu NRW LT-Drs. 17/11683, Erl., 106 (Hervorhebungen durch Verfasser hinzugefügt).

32 So und hierzu NRW LT-Drs. 17/11683, Erl., 106.

33 Auf diesen Umstand machen die Erläuterungen zum Glücksspielstaatsvertrag 2021 ausdrücklich aufmerksam, vgl. NRW LT-Drs. 17/11683, Erl., 106.

34 Dies geht aus den Erläuterungen zum Glücksspielstaatsvertrag 2021 hervor, vgl. NRW LT-Drs. 17/11683, Erl., 106.

35 So ausdrücklich NRW LT-Drs. 17/11683, Erl., 106.

36 Vgl. NRW LT-Drs. 17/11683, Erl., 106.

„Differenzierung zwischen den einzelnen Formen der Lotterien" „innerhalb der für anwendbar erklärten Vorschriften" erfolge.[37] Spezifische Regelungen zu „Lotterien mit geringem Gefährdungspotential" ergeben sich – entsprechend der Verweisung in § 10 Abs. 6 GlüStV – aus dem dritten Abschnitt des GlüStV (§§ 12–18 GlüStV), für vom Staatsmonopol nach wie vor (noch) erfasste „klassische" Lotterien („Sofortlotterien" und „Lotterien mit planmäßigem Jackpot") gilt § 22 GlüStV.[38]

11. Geltungsbereich „Gewinnspiele im Rundfunk" (Abs. 11). § 2 Abs. 11 GlüStV entspricht inhaltlich vollumfänglich den Vorgaben aus § 2 Abs. 6 GlüStV aF.[39] 18

Allerdings bezieht sich der Verweis nunmehr auf die **Gewinnspielregelung in § 11 des Medienstaatsvertrags (MStV)**, durch den die Altregelung in § 8a des inzwischen außer Kraft getretenen alten Rundfunkstaatsvertrags (RStV) ersetzt worden ist.[40] § 2 Abs. 11 GlüStV verweist damit in der Tradition seiner Vorgängerregelung in § 2 Abs. 6 GlüStV aF im Hinblick auf „Gewinnspiele im Rundfunk" extern auf eine Regelung in einem **anderen** Staatsvertrag.[41] Es handelt sich somit um eine spezifische „Bereichsausnahme"[42]. 19

§ 3 GlüStV Begriffsbestimmungen

(1) [1]Ein Glücksspiel liegt vor, wenn im Rahmen eines Spiels für den Erwerb einer Gewinnchance ein Entgelt verlangt wird und die Entscheidung über den Gewinn ganz oder überwiegend vom Zufall abhängt. [2]Die Entscheidung über den Gewinn hängt in jedem Fall vom Zufall ab, wenn dafür der ungewisse Eintritt oder Ausgang zukünftiger Ereignisse maßgeblich ist. [3]Wetten gegen Entgelt auf den Eintritt oder Ausgang eines zukünftigen Ereignisses sind Glücksspiele. [4]Sportwetten sind Wetten zu festen Quoten auf einen zukünftigen Vorgang während eines Sportereignisses, auf das Ergebnis eines Sportereignisses oder auf das Ergebnis von Abschnitten von Sportereignissen. [5]Ein Sportereignis ist ein sportlicher Wettkampf zwischen Menschen nach definierten Regeln. [6]Pferdewetten sind Wetten aus Anlass öffentlicher Pferderennen und anderer öffentlicher Leistungsprüfungen für Pferde.

(1a) [1]Virtuelle Automatenspiele sind im Internet angebotene Nachbildungen terrestrischer Automatenspiele. [2]Online-Casinospiele sind virtuelle Nachbildungen von Bankhalterspielen und Live-Übertragungen eines terrestrisch durchgeführten Bankhalterspiels mit Teilnahmemöglichkeit über das Internet. [3]Online-Poker ist jede Variante des Pokerspiels ohne Bankhalter, bei denen verschiedene natürliche Personen im Internet an einem virtuellen Tisch gegeneinander spielen.

(2) Ein öffentliches Glücksspiel liegt vor, wenn für einen größeren, nicht geschlossenen Personenkreis eine Teilnahmemöglichkeit besteht oder es sich

37 So NRW LT-Drs. 17/11683, Erl., 106.
38 Auf diese Zuordnung weisen die Erläuterungen zum Glücksspielstaatsvertrag 2021 ausdrücklich hin, vgl. NRW LT-Drs. 17/11683, Erl., 106.
39 Vgl. NRW LT-Drs. 17/11683, Erl., 106.
40 Vgl. HK-MStV/*Hartstein/Dörr* MStV B5 § 11 S. 1.
41 Siehe hierzu *Bolay/Pfütze* unter Bezugnahme auf die entsprechende Regelung in § 2 Abs. 6 GlüStV aF, vgl. Streinz/Liesching/Hambach/*Bolay/Pfütze* GlüStV § 2 Rn. 29, mit der Feststellung, „dass der GlüStV für 50-Cent-Gewinnspiele im Sinne des § 8a RStV nicht gilt" (Hervorhebungen durch Verfasser entfernt).
42 So und hierzu Dietlein/Hecker/Ruttig/*Dietlein/Hüsken* GlüStV § 2Rn. 24 ff.

um gewohnheitsmäßig veranstaltete Glücksspiele in Vereinen oder sonstigen geschlossenen Gesellschaften handelt.

(3) [1]Ein Glücksspiel im Sinne des Absatzes 1 Satz 1, bei dem einer Mehrzahl von Personen die Möglichkeit eröffnet wird, nach einem bestimmten Plan gegen ein bestimmtes Entgelt die Chance auf einen Geldgewinn zu erlangen, ist eine Lotterie. [2]Die Vorschriften über Lotterien gelten auch, wenn anstelle von Geld Sachen oder andere geldwerte Vorteile gewonnen werden können (Ausspielung).

(4) Veranstaltet und vermittelt wird ein Glücksspiel dort, wo dem Spieler die Möglichkeit zur Teilnahme eröffnet wird.

(5) Annahmestellen und Lotterieeinnehmer sind in die Vertriebsorganisation von Veranstaltern nach § 10 Absatz 2 und 3 eingegliederte Vermittler.

(6) Wettvermittlungsstellen sind in die Vertriebsorganisation von Sportwettveranstaltern eingegliederte Vertriebsstellen entweder des Wettveranstalters oder von Vermittlern, die Wettverträge ausschließlich im Auftrag eines Wettveranstalters vermitteln.

(7) [1]Örtlichkeiten von Buchmachern sind solche im Sinne des § 2 Absatz 2 des Rennwett- und Lotteriegesetzes. [2]Sie können in die Vertriebsorganisation von Pferdewettveranstaltern eingegliederte Vertriebsstellen des Wettveranstalters sein. [3]Die Regelungen für Buchmacher nach dem Rennwett- und Lotteriegesetz bleiben unberührt.

(8) Gewerbliche Spielvermittlung betreibt, wer ohne Annahmestelle, Lotterieeinnehmer, Wettvermittlungsstelle oder Örtlichkeit eines Buchmachers zu sein,

1. einzelne Spielverträge an einen Veranstalter von Lotterien vermittelt oder
2. Spielinteressenten zu Spielgemeinschaften zusammenführt und deren Spielbeteiligung dem Veranstalter von Lotterien – selbst oder über Dritte – vermittelt,

sofern dies jeweils in der Absicht geschieht, durch diese Tätigkeit nachhaltig Gewinn zu erzielen.

(9) Eine Spielhalle im Sinne dieses Staatsvertrages ist ein Unternehmen oder Teil eines Unternehmens das ausschließlich oder überwiegend der Aufstellung von Spielgeräten im Sinne des § 33c Absatz 1 Satz 1 oder der Veranstaltung anderer Spiele im Sinne des § 33d Absatz 1 Satz 1 der Gewerbeordnung in der Fassung der Bekanntmachung vom 22. Februar 1999 (BGBl. I S. 202), die zuletzt durch Artikel 5 des Gesetzes vom 19. Juni 2020 (BGBl. I S. 1403) geändert worden ist, dient.

Literatur: *Brüggemann*, Die Regulierung von Sportwetten in Gegenwart und Zukunft, ZfWG 2020, 204; *Brüggemann*, Der Glücksspielbegriff: Neue Herausforderungen für ein überkommenes Verständnis, ZfWG 2021, 229; *Dietlein/Hecker/Ruttig*, Glücksspielrecht. Glücksspielstaatsvertrag. §§ 33c ff. GewO SpielV RennwLottG. Kommentar, 2. Aufl., 2013; *Güldner*, Das US-amerikanische Glücksspielrecht, ZfWG 2017, 115; *Hartmann/Barczak*, Online-Glücksspiel: Verbot oder Regulierung?, ZfWG 2019, 8; *Koenig*, Die Zulassung von Recycling-Lotterien und der hierfür eingerichteten Pfandautomaten, ZfWG 2018, 2; *Koenig/Bovelet-Schober*, Das für Poker- und Casinospiele nach dem am 1. Juli 2012 in Kraft getretenen Glücksspieländerungsstaatsvertrag (GlüÄndStV) geltende Internetverbot auf dem EU-rechtlichen Prüfstand, ZfWG 2012, 381; *Liesching*, „Simuliertes Glücksspiel" in Game-Apps, ZfWG 2020, 313; *Maties/Nothelfer*, Die Zulässigkeit von Online-Wetten auf eSport-Ereignisse, ZfWG 2021, 128; *Mayer*, „Fußball-Wette" – kein verstecktes Entgelt, kein öffentliches Glücksspiel, ZfWG 2014, 290; *Meyer, Gerhard*, Simuliertes Glücksspiel. Zeit für eine Regulierung, ZfWG 2015, 409; *Streinz/Liesching/Hambach*, Glücks- und Gewinnspielrecht in den Medien. Kommentar, 2014.

I. Genese und Gesetzesentwicklungen

In § 3 GlüStV werden verschiedene glücksspielaffine **normative Rechtsbegriffe,** die für das Verständnis der Regelungsinhalte des Glücksspielstaatsvertrags entscheidend sind, einer **staatsvertraglichen Legaldefinition** zugeführt. Im Laufe der Genese der deutschen Glücksspielregulierung ist der Kreis der normativen Rechtsbegriffe, die sich als definitionsbedürftig erwiesen haben, stetig erweitert worden.[1] Erste relevante glücksspielrechtliche Definitionen fanden sich dabei bereits im seinerzeitigen Lotteriestaatsvertrag und sind – etwa bei der Definition des Glücksspiels – bis heute ohne Veränderung geblieben.[2] 1

Nachdem in den GlüStV aF zuletzt Legaldefinitionen zu den Rechtsbegriffen der **„Pferdewetten"** sowie der **„Spielhallen"** Eingang gefunden hatten,[3] sind in der Neufassung des GlüStV 2021 teilweise alte Begriffsbestimmungen angepasst (etwa der Begriff der **„Sportwetten"**)[4] und eine beachtliche Anzahl an neuen Begriffsdefinitionen (insbesondere die Begriffe der **„Virtuellen Automatenspiele"**, der **„Online-Casinospiele"** und des **„Online-Poker"** nach § 3 Abs. 1a GlüStV, aber auch die Begriffe der **„Wettvermittlungsstellen"** sowie der **„Örtlichkeiten von Buchmachern"**) implementiert worden.[5] 2

Die strukturelle Aufteilung der Norm begegnet dabei teilweise **systematischen Bedenken,** da nicht nachvollziehbar ist, weshalb einzelne Rechtsbegriffe eigene Absätze erhalten, andere Absätze jedoch eine Vielzahl unterschiedlicher Legaldefinitionen aufweisen, die jedoch nicht durch einen näheren inhaltlich-materiellen Konnex miteinander verbunden sind. 3

---

1 Speziell zu Ergänzungen des § 3 Abs. 1 GlüStV aF und zu weiteren Anpassungen Dietlein/Hecker/Ruttig/*Dietlein/Hüsken* GlüStV § 3 Rn. 1.

2 Vgl. hierzu die Ausführungen bei Streinz/Liesching/Hambach/*Bolay/Pfütze* GlüStV § 3 Rn. 1, 2, 10 mwN.; zum Umfang wortgetreuer Übernahmen aus dem LottStV in den GlüStV aF Dietlein/Hecker/Ruttig/*Dietlein/Hüsken* GlüStV § 3 Rn. 1.

3 Siehe hierzu Streinz/Liesching/Hambach/*Bolay/Pfütze* GlüStV § 3 Rn. 1.

4 Vgl. zur „Regulierung von Sportwetten in Gegenwart und in Zukunft" *Brüggemann* ZfWG 2020, 204 ff.

5 Ausführlich werden die einzelnen Anpassungen im Rahmen der „Erläuterungen zum Glücksspielstaatsvertag 2021" (im Folgenden: „Erl.") erörtert, vgl. NRW LT-Drs. 17/11683, 107 ff.

II. Erläuterungen

4 Zu den **Begriffsdefinitionen** im Einzelnen:

5 **1. Glücksspiel, Sport- und Pferdewetten (Abs. 1).** In § 3 Abs. 1 S. 1 GlüStV wird an prominenter Stelle der zentrale **Begriff des „Glücksspiels“**[6] definiert. Hiernach soll ein Glücksspiel vorliegen, „wenn im Rahmen eines Spiels für den Erwerb einer Gewinnchance ein Entgelt verlangt wird und die Entscheidung über den Gewinn ganz oder überwiegend vom Zufall abhängt.“[7] Darüber hinaus wird durch § 3 Abs. 1 S. 3 GlüStV klargestellt,[8] dass „Wetten gegen Entgelt auf den Eintritt oder Ausgang eines zukünftigen Ereignisses“ ebenfalls als Glücksspiele zu qualifizieren sind.[9] Als entscheidend für die glücksspielrechtliche Definition nach § 3 Abs. 1 S. 1 GlüStV erweisen sich somit „die Entgeltabhängigkeit sowie die Zufallssteuerung hinsichtlich des Gewinns“.[10]

6 Bzgl. des Kriteriums der **„Entgeltlichkeit“**, das auch bei der Erhebung bloßer sog. „Unkostenbeiträge“ erfüllt ist,[11] hat sich gewissermaßen die Anerkennung einer **„De-minimis-Schwelle“** in Rechtsprechung und juristischer Literatur als deutlich hM etabliert, so dass bei Einnahmeentgelten iHv lediglich 0,50 EUR **nicht** vom Vorliegen eines Glücksspiels iSd GlüStV – auch nicht nach seiner Neufassung aus dem Jahre 2021 – auszugehen ist.[12] Die Schwelle von 0,50 EUR gilt etwa kraft gesonderter gesetzlicher Anordnung in § 11 Abs. 1 S. 6 MStV für Gewinnspiele im Rundfunk.[13]

7 § 3 Abs. 1 S. 2 GlüStV stellt im Hinblick auf den im Rahmen der Begriffsdefinition des Glücksspiels in § 3 Abs. 1 S. 1 GlüStV verwendeten **Begriff des „Zufalls“** klar, dass die „Entscheidung über den Gewinn“ „in jedem Fall vom Zufall“[14] abhängt, „wenn dafür der ungewisse Eintritt oder Ausgang zukünftiger Ereignisse maßgeblich ist“.[15]

---

6 Zur Abgrenzung gegenüber sog. „Geschicklichkeitsspielen“ instruktiv Dietlein/Hecker/Ruttig/*Dietlein/Hüsken* GlüStV § 3 Rn. 4; jüngst auch *Brüggemann* ZfWG 2021, 229.

7 Zum Gleichklang des Begriffs der „Zufallsabhängigkeit“ iSd GlüStV und nach Maßgabe der Anforderungen an die Tatbestandserfüllung iSd § 284 StGB Streinz/Liesching/ Hambach/*Bolay/Pfütze* GlüStV § 3 Rn. 4 mwN; (zur Bedeutung des Zufalls → StGB § 284 Rn. 6).

8 Von einer bloßen „Klarstellung“ gehen auch Dietlein/Hecker/Ruttig/*Dietlein/Hüsken* GlüStV § 3 Rn. 7 aus.

9 Zur Genese Streinz/Liesching/Hambach/*Bolay/Pfütze* GlüStV § 3 Rn. 15.

10 So treffend Dietlein/Hecker/Ruttig/*Dietlein/Hüsken* GlüStV § 3 Rn. 2 (Hervorhebungen durch Verfasser entfernt); ohne inhaltliche Unterschiede auf die Begriffe „Zufallsabhängigkeit“ und „Entgeltlichkeit“ in diesem Zusammenhang abstellend Streinz/Liesching/Hambach/*Bolay/Pfütze* GlüStV § 3 Rn. 4, 5 (Hervorhebungen durch Verfasser entfernt).

11 Vgl. hierzu und zu der entsprechenden Einstufung sog. „Teilnahmeentgelte“ die zustimmungswürdigen Darlegungen bei Dietlein/Hecker/Ruttig/*Dietlein/Hüsken* GlüStV § 3 Rn. 5.

12 Vgl. hierzu die tieflotende Darstellung bei Streinz/Liesching/ Hambach/*Bolay/Pfütze* GlüStV § 3 Rn. 6 ff., 12 m. zahlreichen Nachw. in Rechtsprechung und Literatur; zuvor bereits Dietlein/Hecker/Ruttig/*Dietlein/Hüsken* GlüStV § 3 Rn. 3 mit zahlreichen weiteren Nachw. in Rspr. und in der juristischen Literatur.

13 Siehe zur früheren Anknüpfung dieser Wertgrenze an die Vorgängernorm in § 8a RStV die Darlegungen bei Streinz/Liesching/Hambach/*Bolay/Pfütze* GlüStV § 3 Rn. 6.

14 Näher zur Bedeutung der Formulierung „in jedem Fall“ Dietlein/Hecker/Ruttig/*Dietlein/Hüsken* GlüStV § 3 Rn. 3.

15 Zur Genese Streinz/Liesching/Hambach/*Bolay/Pfütze* GlüStV § 3 Rn. 14.

In den amtlichen Erläuterungen zum Glücksspielstaatsvertrag 2021 wird ausdrücklich festgehalten, dass auf der Basis der Glücksspieldefinition der einschlägige „Regelungsbereich dieses Staatsvertrages […] auf **‚echte' Glücksspiele** beschränkt" bleibt.[16] Sog. **„simuliertes Glücksspiel"**[17] wird eindeutig **nicht** in den Regelungsbereich einbezogen.[18] Grenzfälle bleiben gleichwohl denkbar.[19] 8

Der in § 3 Abs. 1 S. 4 GlüStV definierte **Begriff der Sportwetten**[20] ist im Zuge der Errichtung des GlüStV 2021 „aufgrund der künftigen Zulässigkeit von Ereigniswetten erweitert"[21] worden. Sportwetten sind nunmehr definiert als „Wetten zu festen Quoten auf einen zukünftigen Vorgang während eines Sportereignisses, auf das Ergebnis eines Sportereignisses oder auf das Ergebnis von Abschnitten von Sportereignissen". 9

Der **Begriff des Sportereignisses** wird in § 3 Abs. 1 S. 5 GlüStV dahingehend näher eingegrenzt, dass hiermit „ein sportlicher Wettkampf zwischen Menschen nach definierten Regeln" gemeint ist. Nach den amtlichen Erläuterungen zum GlüStV 2021 scheiden insofern alle „Sportereignisse" – insbesondere in Gestalt von Wettkämpfen – aus dem Definitionsbereich aus, „bei denen die menschlichen Teilnehmer nicht im Mittelpunkt stehen",[22] wobei in diesem Zusammenhang insbesondere auf „Windhunderennen, Roboterwettkämpfe" und einen „Wettkampf von Künstlicher Intelligenz" verwiesen wird.[23] Solche Sportarten, bei denen sich die Sport treibenden Menschen lediglich ergänzend technischer Hilfsmittel bedienen, wie dies etwa beim Motorrennsport uÄ der Fall ist, sind jedoch ausdrücklich **nicht** ausgeschlossen, „solange die sportliche Leistung des Menschen maßgeblich ist".[24] 10

Der **Sportbegriff** selbst entbehrt jedoch einer konturgebenden Legaldefinition und erweist sich damit als **auslegungsbedürftiger normativer Rechtsbegriff.**[25] Auf diese Weise wird der Dynamik des Sportbegriffs und seinem stetigen Wandel in der gesellschaftlichen Rezeption Rechnung getragen.[26] Mit dem Erfordernis, dass das betreffende Sportereignis „definierten Regeln" folgen muss, soll der Manipulation „zwischen Tippabgabe und Ergebniseintritt"[27] vorgebeugt werden.[28] 11

Im Hinblick auf die Erfassung von **eSport-Ereignissen** von dem vorbezeichneten Begriffsverständnis verhält sich der Glücksspielstaatsvertrag in gewisser Weise 12

---

16 So NRW LT-Drs. 17/11683, 107 (Hervorhebung durch Verfasser hinzugefügt); hierzu jüngst *Brüggemann* ZfWG 2021, 229.
17 Zu ihm *Liesching* ZfWG 2020, 313 ff.; ein Regulierungs-Appell fand sich bereits im Jahre 2015 bei *Meyer* ZfWG 2015, 409 f.; vgl. zum „simulierten Glücksspiel" zuletzt *Brüggemann* ZfWG 2021, 229.
18 Vgl. NRW LT-Drs. 17/11683, Erl., 107.
19 Vgl. NRW LT-Drs. 17/11683, Erl., 107 mit der treffenden Feststellung, dass es sodann auf eine Einzelfallprüfung ankomme.
20 Eine ausführliche Darstellung und Analyse findet sich bei Streinz/Liesching/ Hambach/*Bolay/Pfütze* GlüStV § 3 Rn. 16 ff.
21 So und hierzu NRW LT-Drs. 17/11683, Erl., 107.
22 So NRW LT-Drs. 17/11683, Erl., 108.
23 So und hierzu NRW LT-Drs. 17/11683, Erl., 108.
24 So und hierzu NRW LT-Drs. 17/11683, Erl., 108.
25 Vgl. insofern den ausdrücklichen Hinweis in NRW LT-Drs. 17/11683, Erl., 107.
26 Auf einen „regelmäßigen Wandel" des Sportbegriffs, der sich „auch während der Laufzeit dieses Staatsvertrages ändern kann", wird expressis verbis in den Erläuterungen zum GlüStV 2021 hingewiesen, so und hierzu NRW LT-Drs. 17/11683, Erl., 107.
27 So NRW LT-Drs. 17/11683, Erl., 108.
28 Vgl. hierzu nochmals NRW LT-Drs. 17/11683, Erl., 108.

indifferent bzw. überlässt eine entsprechende Beurteilung solcher Ereignisse den zuständigen Behörden für das Erlaubnisverfahren.[29]

13 Nach § 3 Abs. 1 S. 6 GlüStV handelt es sich bei **Pferdewetten** um „Wetten aus Anlass öffentlicher Pferderennen und anderer öffentlicher Leistungsprüfungen für Pferde".

14 **2. Virtuelle Automatenspiele, Online-Casinospiele und Online-Poker (Abs. 1a).** Der neu im Rahmen des GlüStV 2021 eingefügte § 3 Abs. 1a GlüStV enthält gewissermaßen die **glücksspielrechtlichen „Online-Definitionen"** und dokumentiert damit begriffsdefinitorisch die Erweiterung des Kreises erlaubnisfähiger Glücksspielarten im deutschen Glücksspielrecht.

15 **Virtuelle Automatenspiele** werden nach § 3 Abs. 1a S. 1 nunmehr als „im Internet angebotene Nachbildungen terrestrischer Automatenspiele" definiert. Die Nachbildungen können sich dabei sowohl auf Geldspielgeräte iSd § 33c GewO beziehen als auch auf andere Automatenspiele, wie sie terrestrisch ansonsten nur in Spielbanken angeboten werden.[30] Gemeint sind in diesem Rahmen vornehmlich Nachbildungen von Walzenspielgeräten (engl.: „Slot-Machines").[31] Ganz unabhängig hiervon gelten indes allein die Regulierungsvorgaben für „Virtuelle Automatenspiele", nicht jedoch die Vorgaben für die entsprechenden terrestrischen Glücksspielangebote.[32]

16 § 3 Abs. 1a S. 2 GlüStV definiert den Rechtsbegriff der **„Online-Casinospiele"** im Wortlaut wie folgt: „Online-Casinospiele sind virtuelle Nachbildungen von Bankhalterspielen und Live-Übertragungen eines terrestrisch durchgeführten Bankhalterspiels mit Teilnahmemöglichkeit über das Internet." Online-Casinospiele können somit also in zwei Varianten auftreten. Soweit im Text des Staatsvertrags der Begriff der „virtuellen Nachbildungen" bemüht wird, zielt diese Formulierung auf „die Spielmechanik, die Spielregeln und die Darstellung".[33] Inhaltlich sind hiermit die klassischen Tischspiele (engl. „Table Games") gemeint, wie zB Black Jack und Roulette, aber auch hierzulande eher unbekanntere Bankhalterspiele, wie zB das in den USA sehr beliebte Craps, Baccara oder „Let it ride".[34] Der Begriff des Bankhalterspiels wird im GlüStV **nicht** definiert, dafür hingegen in den amtlichen Erläuterungen.[35] Die ebenfalls einbezogene Variante der „Live-Übertragungen eines terrestrisch durchgeführten Bankhalterspiels mit Teilnahmemöglichkeit über das Internet" bildet als Hybridform die deutlichste Schnittstelle zwischen klassisch-terrestrischem Casinospiel und seinem Online-Pendant (sog. „Live-Casinos")[36]. Einzelheiten hierzu sind der Ausgestaltungshoheit des jeweils einschlägigen Landesrechts zugewiesen.[37]

---

29 Vgl. die Ausführungen in NRW LT-Drs. 17/11683, Erl., 107; eine differenzierende Einordnung von eSport-Ereignissen zum „Begriff des Sportereignisses im deutschen Glücksspielrecht" nehmen *Maties/Nothelfer* ZfWG 2021, 128 ff., vor.

30 Vgl. NRW LT-Drs. 17/11683, Erl., 108.

31 Vgl. NRW LT-Drs. 17/11683, Erl., 108.

32 Auf diesen Umstand weisen zu Recht die amtlichen Erläuterungen zum GlüStV 2021 hin, vgl. NRW LT-Drs. 17/11683, 108.

33 So NRW LT-Drs. 17/11683, Erl., 108.

34 Ausdrücklich auf „Roulette, Black Jack oder Baccara" verweist NRW LT-Drs. 17/11683, Erl., 108; eingehend zur Glücksspielregulierung in den USA *Güldner* ZfWG 2017, 115 ff.

35 Im Wortlaut: „Bankhalterspiele sind solche Spiele, bei denen der Veranstalter als Bankhalter am Spiel teilnimmt. Bankhalter ist der Spielleiter beim Glücksspiel, der die Bank (Kasse der Einsätze) hält und allein gegen einen oder mehrere Spieler spielt", so NRW LT-Drs. 17/11683, Erl., 108.

36 Diesen Begriff verwendet NRW LT-Drs. 17/11683, Erl., 108.

37 Vgl. NRW LT-Drs. 17/11683, Erl., 108.

Hiervon definitorisch zu unterscheiden ist der Begriff „**Online-Poker**“ iSd § 3 Abs. 1a S. 3 GlüStV. Dieser Rechtsbegriff meint kraft der staatsvertraglichen Legaldefinition „jede Variante des Pokerspiels ohne Bankhalter, bei denen verschiedene natürliche Personen im Internet an einem virtuellen Tisch gegeneinander spielen.“ „Online-Poker“ iSd § 3 Abs. 1a S. 3 GlüStV liegt damit also nur vor, wenn ein Bankhalter am Pokerspiel **nicht** partizipiert.[38] Ein Pokerspiel unter Einbindung eines Bankhalters erwiese sich damit jedoch **nicht** als unzulässig, sondern wäre begriffsdogmatisch lediglich dem Begriff der Online-Casinospiele mit der Folge zuzuordnen, dass solche Pokerspiele auch den spezifischen Regulierungsvorgaben für Online-Casinospiele unterliegen.[39] Nach dem Willen der Staatsvertragsparteien kommt es schließlich darauf an, dass das als „Online-Poker“ iSd des GlüStV zu qualifizierende Spiel an einem „virtuellen Tisch“ stattfindet, so dass das bloße Abfilmen eines tatsächlich bespielten terrestrischen Tisches mit additiver Online-Beteiligung **nicht** als „Online-Poker“ qualifiziert werden kann.[40] Die Qualifizierung einer solchen Live-Übertragung als Online-Casinospiel iSd § 3 Abs. 1a S. 2 Var. 2 GlüStV scheidet jedenfalls dann in gleicher Weise aus, wenn bei dieser Live-Übertragung kein Bankhalter beteiligt ist. Ein solches Spiel wäre damit wohl nicht erlaubnisfähig. 17

3. Öffentliches Glücksspiel (Abs. 2). Die **Definition des öffentlichen Glücksspiels** in § 3 Abs. 2 GlüStV hat im Abgleich mit dem GlüStV aF **keine** inhaltliche Anpassung erfahren.[41] Es „liegt vor, wenn für einen größeren, nicht geschlossenen Personenkreis eine Teilnahmemöglichkeit besteht oder es sich um gewohnheitsmäßig veranstaltete Glücksspiele in Vereinen oder sonstigen geschlossenen Gesellschaften handelt“. Es werden somit zwei Hauptvarianten unterschieden, bei deren Vorliegen der Begriff des „öffentlichen Glücksspiels“ als erfüllt anzusehen ist. Die zweite Hauptvariante gliedert sich in zwei Nebenvarianten bzw. Variantenalternativen.[42] 18

4. Lotterie und Ausspielung (Abs. 3). Auch § 3 Abs. 3 GlüStV ist nahezu unverändert von der Altfassung des Staatsvertrags in den GlüStV 2021 überführt worden. Bei einer **Lotterie**[43] handelt es sich nach Maßgabe des § 3 Abs. 3 S. 1 GlüStV um ein „Glücksspiel im Sinne des Absatzes 1 Satz 1, bei dem einer Mehrzahl von Personen die Möglichkeit eröffnet wird, nach einem bestimmten Plan gegen ein bestimmtes Entgelt die Chance auf einen Geldgewinn zu erlangen“. Sich über mehrere Monatszeiträume erstreckende Klassenlotterien stellen „eine jeweils einheitliche Lotterie“[44] dar. 19

---

38 Vgl. NRW LT-Drs. 17/11683, Erl., 108.

39 Vgl. hierzu NRW LT-Drs. 17/11683, Erl., 108.

40 Vgl. NRW LT-Drs. 17/11683, Erl., 108 f.

41 Siehe zur wortidenten Definition des „öffentlichen Glücksspiels“ im Rahmen des GlüStV aF Dietlein/Hecker/Ruttig/*Dietlein/Hüsken* GlüStV § 3 Rn. 8 f.; ferner hierzu auch Streinz/Liesching/Hambach/*Bolay/Pfütze* GlüStV § 3 Rn. 25; zur fehlenden Qualifikation einer von einem Handelsunternehmen veranstalteten „Fußball-Wette“ als „öffentliches Glücksspiel“ *C. A. Mayer* ZfWG 2014, 290 ff. unter dortiger Bezugnahme auf ein Judikat des VG München; zur Genese des bis zum GlüStV 2021 geltenden prinzipiellen Verbos des internetbasierten „öffentlichen Glücksspiels“ *Hartmann/Barczak* ZfWG 2019, 8 (8 f.).

42 Zu der hiermit verbunden Angleichung an den strafrechtlichen Rahmen aus § 284 Abs. 2 StGB Streinz/Liesching/Hambach/*Bolay/Pfütze* GlüStV § 3 Rn. 25; siehe hierzu auch Dietlein/Hecker/Ruttig/*Dietlein/Hüsken* GlüStV § 3 Rn. 8 f.

43 Siehe zum Phänomen der „Recycling-Lotterien“ die Darlegungen bei *Koenig* ZfWG 2018, 2 ff.

44 So und hierzu Dietlein/Hecker/Ruttig/*Dietlein/Hüsken* GlüStV § 3 Rn. 11.

20 Im Wege einer staatsvertraglichen Fiktion sollen die „Vorschriften über Lotterien“ auch für **Ausspielungen** gelten, von deren Vorliegen nach der in § 3 Abs. 3 S. 2 GlüStV aufgenommenen Legaldefinition dann auszugehen sein soll, „wenn anstelle von Geld Sachen oder andere geldwerte Vorteile gewonnen werden können“.[45]

21 **5. Veranstaltung und Vermittlung von Glücksspielen (Abs. 4).** § 3 Abs. 4 GlüStV ist wortident aus der Vorfassung des Glücksspielstaatsvertrags übernommen worden. Nach der hier vorgenommenen Begriffsbestimmung „wird ein Glücksspiel dort“ **veranstaltet** und auch **vermittelt**, „wo dem Spieler die Möglichkeit zur Teilnahme eröffnet wird“. Besondere Brisanz gewinnt die **Bestimmung des Veranstaltungs- und Vermittlungsorts eines Glücksspiels** immer dann, wenn es um die Partizipation an internetbasierten Glücksspielen geht.[46] Durch die zunehmende Online-Affinität der Glücksspielregulierung und den Wegfall des ehedem zu beachtenden Internetverbots nach § 4 Abs. 4 aF[47] hat diese Thematik weiter an Bedeutung gewonnen.

22 **6. Annahmestellen und Lotterieeinnehmer (Abs. 5).** Auch § 3 Abs. 5 GlüStV ist aus der Altfassung des Glücksspielstaatsvertrags wortgleich in die Neuregelung überführt worden. Hiernach sind – legaldefiniert – sowohl **„Annahmestellen“** als auch **„Lotterieeinnehmer“** „in die Vertriebsorganisation von Veranstaltern nach § 10 Abs. 2 und 3 [GlüStV] eingegliederte Vermittler“.

23 **7. Wettvermittlungsstellen (Abs. 6).** Die Legaldefinition der **„Wettvermittlungsstellen“** in § 3 Abs. 6 GlüStV bildet ein Novum im GlüStV 2021. Bislang hatte sie „aufgrund des Experimentalcharakters der Sportwettenregulierung“[48] noch keinen Eingang in die Begriffsbestimmungen des GlüStV aF gefunden.[49] Bei Wettvermittlungsstellen soll es sich nach Maßgabe dieser neuen Begriffsdefinition um „in die Vertriebsorganisation von Sportwettveranstaltern eingegliederte Vertriebsstellen entweder des Wettveranstalters oder von Vermittlern, die Wettverträge ausschließlich im Auftrag eines Wettveranstalters vermitteln“, handeln.[50] Nicht erlaubt ist es, „Sportwetten mehrerer Veranstalter“ anzubieten.[51]

24 Ausweislich der amtlichen Erläuterungen soll diesem Verbot ein **doppelfunktionaler Charakter** zukommen, nämlich einerseits die „Begrenzung des Angebotes“[52], andererseits eine Erleichterung im Rahmen der Überwachung.[53] Unter Beachtung der weiteren gesetzlichen und staatsvertraglichen Rahmenbedingungen können andere Arten von Glücksspielen – soweit hierzu eine Erlaubnis erteilt worden ist – jedoch durchaus hinzukombiniert werden.[54]

25 **8. Örtlichkeiten von Buchmachern (Abs. 7).** Zur näheren Bestimmung der **„Örtlichkeiten von Buchmachern“** verweist die neu aufgenommene Begriffsbestim-

45 Siehe im Hinblick auf den Begriff der Ausspielung auch die Darlegungen bei Dietlein/Hecker/Ruttig/*Dietlein/Hüsken* GlüStV § 3 Rn. 12.

46 Grundlegend Dietlein/Hecker/Ruttig/*Dietlein/Hüsken* GlüStV § 3 Rn. 14 mit näherer Beleuchtung zum Erfordernis der „Geolokalisation“ und ihren Grenzen (Hervorhebung durch Verfasser entfernt); siehe hierzu auch die instruktiven Ausführungen bei Streinz/Liesching/Hambach/*Bolay/Pfütze* GlüStV § 3 Rn. 28 ff.

47 Zu ihm Streinz/Liesching/Hambach/*Bolay/Pfütze* GlüStV § 4 Rn. 83 ff.; *Hartmann/Barczak* ZfWG 2019, 8 ff.; zur europarechtlichen Beurteilung des Online-Glücksspielverbots *Koenig/Bovelet-Schober* ZfWG 2012, 381 ff.

48 So NRW LT-Drs. 17/11683, Erl., 109.

49 Vgl. nochmals NRW LT-Drs. 17/11683, Erl., 109.

50 Zu den näheren Anforderungen NRW LT-Drs. 17/11683, Erl., 109.

51 So und hierzu NRW LT-Drs. 17/11683, Erl., 109.

52 So NRW LT-Drs. 17/11683, Erl., 109.

53 Vgl. NRW LT-Drs. 17/11683, Erl., 109.

54 Vgl. NRW LT-Drs. 17/11683, Erl., 109.

mung in § 3 Abs. 7 (S. 1) GlüStV auf Örtlichkeiten „im Sinne des § 2 Abs. 2 des Rennwett- und Lotteriegesetzes“. Hierdurch wird verdeutlicht, dass der Glücksspielstaatsvertrag und das Rennwett- und Lotteriegesetz insofern von demselben Begriffsverständnis ausgehen.[55] Zudem wird auch „der grundsätzliche Vorrang des Rennwett- und Lotteriegesetzes für das stationäre Angebot von Pferdewetten“[56] in den amtlichen Erläuterungen zum GlüStV 2021 ausdrücklich betont. Nach § 3 Abs. 7 S. 2 GlüStV „können“ diese Örtlichkeiten „in die Vertriebsorganisation von Pferdewettveranstaltern eingegliederte Vertriebsstellen des Wettveranstalters sein“. Diese Eingliederung ist also fakultativ.[57] Gem. § 3 Abs. 7 S. 3 GlüStV bleiben die „Regelungen für Buchmacher nach dem Rennwett- und Lotteriegesetz“ ausdrücklich „unberührt“.

9. Gewerbliche Spielvermittlung (Abs. 8). Die Altdefinition der **„Gewerblichen Spielvermittlung“** aus § 3 Abs. 6 GlüStV aF hat in § 3 Abs. 8 GlüStV der nach dem GlüStV 2021 geltenden Fassung eine **teilweise Anpassung** erfahren. Hiernach betreibt eine gewerbliche Spielvermittlung, „wer ohne Annahmestelle, Lotterieeinnehmer, Wettvermittlungsstelle oder Örtlichkeit eines Buchmachers zu sein, 1. einzelne Spielverträge an einen Veranstalter von Lotterien vermittelt oder 2. Spielinteressenten zu Spielgemeinschaften zusammenführt und deren Spielbeteiligung dem Veranstalter von Lotterien – selbst oder über Dritte – vermittelt, sofern dies jeweils in der Absicht geschieht, durch diese Tätigkeit nachhaltig Gewinn zu erzielen.“[58] 26

Es handelt sich bei den gegenüber der Vorfassung vorgenommenen Anpassungen teilweise um eine „Folgeänderung zur Einfügung des Absatzes 7“.[59] Die ausdrückliche **zweimalige Bezugnahme auf Lotterien** (Ziffern 1 und 2) ist aus Gründen der Klarstellung[60] erfolgt. Die amtlichen Erläuterungen zum GlüStV 2021 stellen in diesem Rahmen ergänzend heraus, dass die „Vermittlung von Sportwetten“ auf der Grundlage dieser Begriffsbestimmung daher gerade „nicht den Regelungen der gewerblichen Spielvermittlung“ unterliege.[61] 27

10. Spielhallen (Abs. 9). Im Abgleich mit der Fassung der **Spielhallendefinition** nach Maßgabe des GlüStV 2012 ist die **Legaldefinition der Spielhalle** iSd GlüStV teilweise redaktionell, teilweise aber auch inhaltlich angepasst worden – Letzteres, indem der inhaltliche Bezug der dienenden Funktion eines Unternehmens bzgl. „der gewerbsmäßigen Aufstellung von Unterhaltungsspielen ohne Gewinnmöglichkeit“[62] entfallen ist. Eine Spielhalle iSd GlüStV in aktueller Fassung wird somit nunmehr definiert als „ein Unternehmen oder Teil eines Unternehmens, das ausschließlich oder überwiegend der Aufstellung von Spielgeräten im Sinne des § 33c Absatz 1 Satz 1 oder der Veranstaltung anderer Spiele im Sinne des § 33d Absatz 1 Satz 1 der Gewerbeordnung […] dient.“ 28

55 Vgl. NRW LT-Drs. 17/11683, Erl., 109, wobei sich aus den Erläuterungen explizit ergibt, dass die Definition insoweit „der Vervollständigung der Begriffsbestimmungen“ sowie darüber hinaus „der Klarstellung“ dient.

56 So NRW LT-Drs. 17/11683, Erl., 109.

57 Vgl. hierzu auch die amtlichen Erläuterungen zum GlüStV 2021 in NRW LT-Drs. 17/11683, Erl., 109.

58 Siehe zur (nachhaltigen) Gewinnerzielungsabsicht die Darlegungen bei Streinz/Liesching/Hambach/*Bolay/Pfütze* GlüStV § 3 Rn. 39.

59 So NRW LT-Drs. 17/11683, Erl., 109.

60 Vgl. NRW LT-Drs. 17/11683, Erl., 109.

61 So und hierzu NRW LT-Drs. 17/11683, Erl., 109.

62 Zur früheren Bedeutung dieser Variante nach dem GlüStV aF Dietlein/Hecker/Ruttig/*Dietlein/Hüsken* GlüStV § 3 Rn. 22.

§ 4 GlüStV Allgemeine Bestimmungen zur Erlaubniserteilung

(1) [1]Öffentliche Glücksspiele dürfen nur mit Erlaubnis der zuständigen Behörde des jeweiligen Landes veranstaltet oder vermittelt werden. [2]Das Veranstalten und das Vermitteln ohne diese Erlaubnis (unerlaubtes Glücksspiel) sowie die Mitwirkung an Zahlungen im Zusammenhang mit unerlaubtem Glücksspiel sind verboten. [3]Bietet ein Veranstalter oder Vermittler von öffentlichen Glücksspielen neben unerlaubtem Glücksspiel auch sonstige Leistungen in der Weise an, die es am Zahlungsverkehr Beteiligten nicht ermöglicht, den Zahlungsverkehr vollständig unterscheidbar und getrennt nach den Angeboten abzuwickeln, ist die Mitwirkung am Zahlungsverkehr auch für die sonstigen Leistungen verboten.

(2) [1]Die Erlaubnis ist zu versagen, wenn das Veranstalten oder das Vermitteln des Glücksspiels den Zielen des § 1 zuwiderläuft. [2]Die Erlaubnis darf nicht für das Vermitteln nach diesem Staatsvertrag nicht erlaubter Glücksspiele erteilt werden.

(3) [1]Das Veranstalten und das Vermitteln von öffentlichen Glücksspielen darf den Erfordernissen des Jugendschutzes nicht zuwiderlaufen. [2]Die Teilnahme von Minderjährigen ist unzulässig. [3]Die Veranstalter und die Vermittler haben sicherzustellen, dass Minderjährige von der Teilnahme ausgeschlossen sind. [4]Die Sätze 2 und 3 gelten nicht für die Teilnahme von Minderjährigen an Ausspielungen nach dem Dritten Abschnitt auf Volksfesten, Jahrmärkten, Spezialmärkten und ähnlichen Veranstaltungen, wenn der Gewinn ausschließlich in Waren von geringem Wert besteht.

(4) [1]Eine Erlaubnis für öffentliche Glücksspiele im Internet darf nur für den Eigenvertrieb und die Vermittlung von Lotterien, für die Veranstaltung, Vermittlung und den Eigenvertrieb von Sportwetten und Pferdewetten sowie für die Veranstaltung und den Eigenvertrieb von Online-Casinospielen, virtuellen Automatenspielen und Online-Poker erteilt werden. [2]Im Übrigen sind das Veranstalten und das Vermitteln öffentlicher Glücksspiele im Internet verboten.

(5) Die Erteilung einer Erlaubnis nach Absatz 4 Satz 1 für öffentliche Glücksspiele im Internet setzt voraus, dass keine Versagungsgründe nach Absatz 2 vorliegen und folgende Voraussetzungen erfüllt sind:

1. Der Ausschluss minderjähriger oder gesperrter Spieler wird durch Identifizierung und Authentifizierung sowie, wenn eine Verpflichtung nach § 8 besteht, durch Abgleich mit der Sperrdatei gewährleistet.
2. Spielern werden durch den Veranstalter, den Vermittler, deren Beschäftigte oder durch von diesen beauftragten Dritten keine Darlehen gewährt; für Darlehen darf auf der Internetdomain des Veranstalters oder Vermittlers nicht geworben oder sonst darauf verwiesen oder verlinkt werden (Kreditverbot). Bei Lotterien in Form des Gewinnsparens nach § 12 Absatz 1 Satz 2 gilt dies nur für Darlehen, die für die Teilnahme an Glücksspielen gewährt werden.
3. Besondere Suchtanreize durch schnelle Wiederholung sind ausgeschlossen.
4. Ein an die besonderen Bedingungen des Internets angepasstes Sozialkonzept nach § 6 ist zu entwickeln und umzusetzen; seine Wirksamkeit ist wissenschaftlich zu evaluieren.
5. Über dieselbe Internetdomain dürfen unterschiedliche Glücksspielformen nur angeboten werden, wenn für jede Glücksspielform ein selbstständiger und grafisch jeweils voneinander abgetrennter Bereich eingerichtet wird; Absatz 1 bleibt unberührt. Abweichend davon dürfen Sportwetten und Pferdewetten miteinander in einem Bereich derselben Internetdomain angeboten werden. In einem Bereich darf für die Glücksspiele in den anderen Bereichen

nicht geworben oder sonst zum Spiel in den anderen Bereichen aufgefordert werden. Nach Teilnahme an einem Glücksspiel in einem Bereich ist frühestens nach Ablauf einer Minute die Teilnahme in einem anderen Bereich desselben Erlaubnisinhabers zulässig; während dieser Zeit ist keine Teilnahme an unentgeltlichen oder Demo-Spielen möglich und es sind im Sozialkonzept näher zu beschreibende Hinweise zu den Gefahren von und zur Prävention vor Spielsucht sowie Hinweise auf Beratungsangebote anzuzeigen, die der Spieler vor Teilnahme in dem anderen Bereich bestätigen muss. Der Erlaubnisinhaber hat sicherzustellen, dass erzielte Gewinne aus einem Bereich erst nach Ablauf einer Wartefrist von einer Stunde für Glücksspiele in anderen Bereichen genutzt werden können. Satz 4 gilt entsprechend für den Wechsel zwischen verschiedenen Internetdomains desselben Erlaubnisinhabers.

6. Die sich aus den §§ 6a bis 6j und die sich aus diesem Staatsvertrag und anderen gesetzlichen Bestimmungen ergebenden Anforderungen werden eingehalten.

(6) Die Veranstalter und Vermittler von Lotterien im Internet haben der für die Erlaubniserteilung zuständigen Behörde vierteljährlich die Zahl der Spieler und die Höhe der Einsätze jeweils geordnet nach Spielen und Ländern zum Zwecke der Evaluierung zu übermitteln.

Literatur: *Becker/Hilf/Nolte/Uwer*, Glücksspielregulierung: Glücksspielstaatsvertrag und Nebengesetze – Kommentar, 2016; *Berberich/Koenig*, Unverhältnismäßiges Financial Blocking angesichts anstehender Marktöffnung, ZfWG 2020, 200; *Brüning/Thomsen*, Das Online-Glücksspiel nach dem Glücksspiel-Staatsvertrag 2021 – Ein Überblick über Regelungen, Systematik und offene Fragen, NVwZ 2021, 11; *Deutsches Jugendinstitut* https://www.dji.de/themen/jugend/taschengeld.html (abgerufen am 7.10.2021); *Dietlein/Hecker/Ruttig*, Glücksspielrecht, 2. Aufl. 2013; *Erbs/Kohlhaas*, Strafrechtliche Nebengesetze, 192. Ergänzungslieferung November 2012; *Gazeas*, Das neue Geldwäsche-Strafrecht: Weitreichende Folgen für die Praxis, NJW 2021, 1041; *Heintz/Scholer*, Rückforderung von Zahlungen im Zusammenhang mit Online-Glücksspiel – Spielen ohne Risiko?, VuR 2020, 323; *Hendricks/Lüder*, Die bereicherungsrechtliche Rückforderung von Verlusten beim illegalen Online-Glücksspiel im Kontext des § 817 Satz 2 BGB, VuR 2021, 333; *Koenig/Mezey*, EU-rechtliche Einordnung des BGH-Urteils zur Strafbarkeit eines Spielhallenbetreibers nach § 284 StGB im Hinblick auf Online-Casinoangebote, ZfWG 2020, 406; *Rock*, Cutting the Cash Flow: Mit Bankrecht gegen illegale Glücksspielanbieter, ZfWG 2018, Beilage zu Heft 3/4, 20; *Rock*, Aktuelle Rechtsprechung zum Glücksspielrecht, ZfWG 2019, 427; *Rock/Becker*, Aktuelle Rechtsprechung zum Glücksspielrecht, ZfWG 2021, 137; *Rossi/Sandhu*, Datenschutzrechtliche Grenzen des Financial Blocking im Glücksspielrecht – Inanspruchnahme von Banken zur Kontrolle von Bürgern, ZD 2018, 151; *Travers/Michaelis*, Der neue § 261 StGB – die deutsche Umsetzung der EU-Richtlinie über die strafrechtliche Bekämpfung der Geldwäsche, NZWiSt 2021, 125; *Wittig/Hagenbruch*, Internetglücksspiel am Scheideweg: Das Urteil des BVerwG, EuZW 2018, 631.

I. Genese/Gesetzesentwicklung[1]

1 Der heutige § 4 geht auf die Urfassung im GlüStV 2008[2] zurück.[3] Während einige Normen des § 4 seither unverändert geblieben sind (etwa Abs. 1 S. 1, Abs. 2 S. 1), wurden an anderen Stellen deutliche Änderungen vorgenommen durch den GlüStV 2012[4] und den GlüStV 2021[5]. Diese Änderungen standen insbes. unter dem Vorzeichen der schrittweisen Ermöglichung bestimmter Glücksspiele im Internet. Deren besondere Gefahren sind seit jeher ein zentrales Thema der Glücksspielregulierung[6] und waren immer wieder Gegenstand politischer Debatten ebenso wie von Rechtsstreitigkeiten[7].

II. Erläuterungen

2 **1. Allgemeines.** § 4 statuiert als „zentrale Grundnorm"[8] **allgemeine Bestimmungen** zur Erlaubniserteilung für die Veranstaltung und Vermittlung von öffentlichen Glücksspielen. Zur Definition von **öffentlichem Glücksspiel** s. § 3 Abs. 1 S. 1, Abs. 2.

3 Die **Anwendbarkeit** von (bestimmten Teilen des) § 4 für die einzelnen Glücksspielformen ergibt sich aus § 2 Abs. 2 – 4, 6 – 10. Bestimmte Glücksspielformen erfordern darüber hinaus weitere Erlaubnisvoraussetzungen (im GlüStV s. bspw. für Sportwetten, Online-Poker und virtuelle Automatenspiele § 4a Abs. 1, für Sportwetten § 21 Abs. 5 S. 1 oder für Sofortlotterien § 22 Abs. 2). Die Länder können im Rahmen der **Ausführungsbestimmungen weitergehende Anforderungen** insbesondere zu den Voraussetzungen des Veranstaltens und Vermittelns von Glücksspielen festlegen (§ 28 Abs. 1 S. 2). Weitere Modifikationen gegenüber § 4 können sich aus den **Übergangsregelungen** des § 29 ergeben sowie aus anderen spezielleren Vorgaben des GlüStV (vgl. § 18 für mögliche abweichende Regelungen von Kleinen Lotterien). Wo die Grenzen für unterschiedliche Konkretisierungen des § 4 in den Ländern liegen, ist auch mit Blick auf die Spannung zwischen der grundgesetzlichen Eigenständigkeit der Länder und den unionsrechtlichen Kohärenzanforderungen zu bestimmen.[9]

4 § 4 statuiert nach der Reform des GlüStV 2021 nach hier vertretener Auffassung nunmehr ein **präventives Verbot mit Erlaubnisvorbehalt**. Erfüllt ein Antragsteller die Erlaubnisvoraussetzungen, besteht ein **Anspruch auf Erlaubniserteilung.** Zwar wurde § 4 bisher überwiegend als repressives Verbot mit Befreiungsvorbe-

---

1 Die Verfasser bedanken sich bei Frau Chiara A. Träger für ihre Unterstützung.
2 GV NRW 2007, 445 (455); zur Begründung NRW LT-Drs. 14/4849, Anhang, 34 ff.
3 Näher zur Entstehungsgeschichte unter dem GlüStV 2008 und GlüStV 2012 und mit deutlicher Kritik daran Becker/Hilf/Nolte/Uwer/*Uwer/Koch* § 4 Rn. 1 ff.
4 GV NRW 2012, 524 (535); zur Begründung BW LT-Drs. 15/1570, 64 ff.
5 GV NRW 2021, 459 (464 f.); zur Begründung NRW LT-Drs. 17/11683, insbes. 110 ff.
6 Vgl. nur NRW LT-Drs. 14/4849, Anhang, 37; BW LT-Drs. 15/1570, 6 ff.; NRW LT-Drs. 17/11683, 72 ff. mwN. Vgl. auch die kritische Darstellung zur früheren Rechtslage bei Becker/Hilf/Nolte/Uwer/*Uwer/Koch* § 4 Rn. 94 ff.
7 Vgl. nur BVerwG 26.10.2017 – 8 C 18/16, BeckRS 2017, 143459, Rn. 27 f., 30 ff. zum damaligen (gerichtlich bestätigten) Verbot, Poker- und Casinospiele im Internet zu veranstalten und zu vermitteln; zum Urt. s. *Wittig/Hagenbruch* EuZW 2018, 631.
8 Dietlein/Hecker/Ruttig/*Postel* § 4 Rn. 7.
9 Dazu näher Dietlein/Hecker/Ruttig/*Postel* § 4 Rn. 10 f. Zum Kohärenzgebot s. auch → § 4a Rn. 5.

halt qualifiziert[10] (wobei bei Vorliegen der Erlaubnisvoraussetzungen lediglich ein Anspruch auf ermessensfehlerfreie Entscheidung über den Erlaubnisantrag besteht), was teilweise scharf kritisiert wurde[11]. Allerdings stützte sich die Annahme vom repressiven Verbot mit Befreiungsvorbehalt auf § 4 Abs. 2 S. 3 in der bis zum 30.6.2021 geltenden Fassung („Auf die Erteilung der Erlaubnis besteht kein Rechtsanspruch."). Diese Norm wurde im GlüStV 2021 gestrichen, ohne dass sich die Länder allerdings positiv hinsichtlich der nun geltenden Rechtslage geäußert hätten. Stattdessen heißt es substanzarm: „Damit enthält der Staatsvertrag keine Aussage mehr dazu, ob ein Rechtsspruch auf die Erteilung einer Erlaubnis besteht oder nicht. Das Bestehen oder Nichtbestehen eines Anspruchs im Einzelfall richtet sich vielmehr nach konkreten Bestimmungen zu der begehrten Erlaubnis und nach den allgemeinen Regeln des Rechtsstaats."[12] Zwar ist auch die übrige Regelungstechnik für das Erlaubnissystem im GlüStV beibehalten worden.[13] Und dennoch sprechen in der Gesamtwürdigung die besseren Gründe dafür, dem GlüStV 2021 einen **Anspruch auf Erlaubniserteilung** zu entnehmen. Infolge der Streichung des früheren § 4 Abs. 2 S. 3 GlüStV und damit der früheren eindeutigen rechtlichen Anordnung, dass **kein** Erlaubnisanspruch besteht), stellt sich nämlich bereits die Frage, auf welche Rechtsgrundlage sich die Annahme einer (bloßen) Ermessensentscheidung stützen sollte. Aber auch darüber hinaus streiten die (deutschen und Unions-)Grundrechte sowie die Grundfreiheiten der Union (→ B. Rn. 16 ff.; → GG Art. 12 Rn. 25 ff.) für die Interpretation als Erlaubnisanspruch. Zwar ist die Eröffnung des grundrechtlichen bzw. grundfreiheitlichen Schutzbereichs mit der Einräumung (nur) eines Anspruchs auf ermessensfehlerfreie Entscheidung vereinbar;[14] dementsprechend wurde auch die bisherige Rechtslage des repressiven Verbots mit Befreiungsvorbehalt für grundsätzlich verfassungs- und unionsrechtskonform befunden[15]. Allerdings sprechen im Zweifel die Grundrechte und die Dienstleistungsfreiheit für die Erlaubnisform mit der geringeren Beschränkung (*in dubio pro libertate*). Die legitimen Schutzzwecke des GlüStV (Spielerschutz, Jugendschutz, Suchtprävention, usw) können (und müssen) auf anderem Weg als über eine Ermessensentscheidung bei der einzelnen Erlaubniserteilung zur Anwendung gebracht werden. Der Konkretisierungsspielraum des § 4 Abs. 2 S. 1 iVm § 1 als Erlaubnisvoraussetzung gibt hierfür Handhabe.

---

10 Vgl. in verschiedenen Kontexten nur BVerwG 29.4.2021 – 9 C 1/20, BeckRS 2021, 23101, Rn. 19, 26, 40; OVG Lüneburg 14.12.2018 – 11 ME 541/18, BeckRS 2018, 33499, Rn. 28 mwN; VG Chemnitz 3.3.2011 – 3 K 448/09, BeckRS 2011, 53021; VG Halle 24.11.2010 – 3 A 158/09 HAL, BeckRS 2010, 56902; VG Berlin 2.9.2008 – 35 A 15/08, BeckRS 2009, 36742; aus der Literatur etwa Dietlein/Hecker/Ruttig/*Postel* § 4 Rn. 22, 51; Becker/Hilf/Nolte/Uwer/*Uwer/Koch* § 4 Rn. 1, 12, 14; offen zur Qualifikation des damaligen § 4a Abs. 2 S. 3 VG Gelsenkirchen 17.5.2016 – 19 K 3334/14, BeckRS 2016, 48115, Rn. 70. Nach der Begründung des GlüStV 2008 wurde § 4 Abs. 1 als „umfassendes Verbot mit Erlaubnisvorbehalt" qualifiziert, NRW LT-Drs. 14/4849, Anhang, 34 (vgl. aber auch BW LT-Drs. 15/1570, 65: „repressive[s] Verbot mit Erlaubnisvorbehalt").

11 S. nur Becker/Hilf/Nolte/Uwer/*Uwer/Koch* § 4 Rn. 1 ff., 33 ff. mit ihrer Argumentation der Verfassungs- und Unionsrechtswidrigkeit des § 4 Abs. 1 S. 1 GlüStV 2008/2012.

12 NRW LT-Drs. 17/11683, 110.

13 *Brüning/Thomsen* NVwZ 2021, 11 (15).

14 Dazu ausdrücklich VG Gelsenkirchen 17.5.2016 – 19 K 3334/14, BeckRS 2016, 48115, Rn. 70.

15 Vgl. (allerdings in spezifischen Kontexten und implizit) BVerwG 26.10.2017 – 8 C 18/16, BeckRS 2017, 143459, Rn. 30 ff.

5 Das **Verfahren** und die **zuständige Behörde** (und damit die **räumliche Geltung** der Erlaubnis) unterscheiden sich je nach Glücksspiel(form) und Zeitpunkt der Erlaubniserteilung, vgl. § 9 Abs. 4 S. 1, § 9a Abs. 1, § 27f Abs. 1, § 27p Abs. 1, Abs. 6 – 9, Abs. 12. Zu den **Inhalten der Erlaubnis** (Widerrufsvorbehalt, Befristung, sonstige Nebenbestimmungen) vgl. auch § 9 Abs. 4 S. 2 und 3.

6 Weitergehende Bestimmungen zur Erlaubnis iSd § 28 Abs. 1 S. 2 finden sich in den **landesrechtlichen Ausführungsbestimmungen**, etwa in § 4 AG GlüStV NRW.

7 **2. Abs. 1.** Öffentliche Glücksspiele dürfen nur mit Erlaubnis der zuständigen Behörde veranstaltet oder vermittelt werden (S. 1). Der Erlaubnisvorbehalt gilt dabei umfassend für jede Art von öffentlichem Glücksspiel und für jede Form der Veranstaltung und Vermittlung; zur **Veranstaltung und Vermittlung** s. auch § 2 Abs. 1 und § 3 Abs. 4.[16] Der Vorbehalt steht dabei neben anderen bundes- oder landesgesetzlichen Erlaubnisvorschriften[17] und ersetzt nicht die bspw. nach der GewO[18] oder dem GastG[19] erforderlichen Erlaubnisse.

8 Die Erlaubnis ist ein **Verwaltungsakt**, der (auch nach der hier vertretenen Auffassung vom Bestehen eines präventiven Verbots mit Erlaubnisvorbehalt) mit Nebenbestimmungen (gem. der § 36 Abs. 1 VwVfG[20] entsprechenden landesrechtlichen Norm) versehen werden kann. Näheres ergibt sich aus den Ausführungsbestimmen der Länder (etwa § 4 AG GlüStV NRW).[21]

9 Glücksspiel ist erlaubt, **soweit** das konkrete Glücksspielangebot von der erteilten Erlaubnis gedeckt ist. Ein darüber hinausgehendes Angebot (anderes Glücksspiel, anderer Vertriebsweg, etc) bedarf einer weiteren Erlaubnis. Das wirft im Einzelfall Fragen der genauen Inhaltsbestimmung der bestehenden Erlaubnis auf.[22]

10 S. 2 setzt **zwei Verbote** fest: Verboten ist erstens unerlaubtes Glücksspiel, legaldefiniert als das Veranstalten und Vermitteln eines öffentlichen Glücksspiels ohne Erlaubnis (der zuständigen Behörde[23]) und zweitens die Mitwirkung an Zahlungen im Zusammenhang mit unerlaubtem Glücksspiel. Bei letzterem handelt es sich nach dem Willen der Vertragsparteien des GlüStV um eine unmittelbare Verpflichtung der am Zahlungsverkehr Beteiligten, die die glücksspielaufsichtlichen Befugnisse unberührt lässt.[24] Zugleich soll die Inanspruchnahme der an den Zahlungen beteiligten Dritten ermöglicht werden.[25] Beide Verbote wurden jüngst in **zivilrechtlichen Streitigkeiten** relevant, in denen Spieler die verlorenen Beträge von Zahlungsabwicklern bzw. von ohne Erlaubnis Glücksspielanbieten-

16 Näher Dietlein/Hecker/Ruttig/*Postel* § 4 Rn. 28 ff.
17 Dazu näher Dietlein/Hecker/Ruttig/*Postel* § 4 Rn. 13.
18 Dietlein/Hecker/Ruttig/*Postel* § 4 Rn. 17.
19 Becker/Hilf/Nolte/Uwer/*Uwer/Koch* § 4 Rn. 20.
20 Bzw. nach § 36 Abs. 2 VwVfG, wenn man § 4 als repressives Verbot mit Erlaubnisvorbehalt sieht.
21 S. auch Dietlein/Hecker/Ruttig/*Postel* § 4 Rn. 41 f. (zur Rechtslage nach dem GlüStV 2012).
22 Etwa OVG Lüneburg 14.12.2018 – 11 ME 541/18, BeckRS 2018, 33499, Rn. 23 ff. zur Frage, ob die Erlaubnis zur Vermittlung von Glücksspiel im Internet den Vertrieb von sog. Aktivierungscodes im Einzelhandel erlaubt.
23 Dietlein/Hecker/Ruttig/*Postel* § 4 Rn. 23.
24 NRW LT-Drs. 17/11683, 110.
25 Näher BW LT-Drs. 15/1570, 64, 79; Dietlein/Hecker/Ruttig/*Postel* § 4 Rn. 26; Becker/Hilf/Nolte/Uwer/*Uwer/Koch* § 4 Rn. 32.

den zurückforderten; die abschließende Klärung zentraler Fragen steht zurzeit noch aus.[26]

Die unerlaubte Veranstaltung oder Vermittlung ist **strafbar** (insbes. §§ 284[27], 285, 287 StGB) bzw. stellt eine **Ordnungswidrigkeit** dar (§ 28a Abs. 1 Nr. 1). Daneben können gegen unerlaubtes Glücksspiel **ordnungsrechtliche Handlungsmöglichkeiten** ergriffen werden, insbes. Maßnahmen der Glücksspielaufsicht. 11

Weitere Mitwirkungsverbote am Zahlungsverkehr regelt der durch den GlüStV 2021 neu eingeführte S. 3:[28] Führt die **Vermischung von unerlaubtem Glücksspiel mit sonstigen Leistungen** dazu, dass illegale Zahlungsströme nicht eindeutig identifiziert werden können, ist die Mitwirkung am gesamten in diesem Zusammenhang stehenden Zahlungsverkehr verboten.[29] „Sonstige Leistungen" sind dabei weit zu verstehen und umfassen insbes. auch (isoliert betrachtet) erlaubte Leistungen.[30] Die Norm ist auch im Zusammenhang mit dem in jüngster Zeit immer weiter reformierten Geldwäscherecht[31] zu verstehen (vgl. zu geldwäscherechtlichen Vorschriften für Glücksspiele im Internet allgemein bspw. auch § 16 GwG). 12

Insgesamt hat der Komplex „Financial Blocking" bereits vor dem GlüStV 2021 Rechtsstreitigkeiten aufgeworfen.[32] Das Thema dürfte sich durch den neuen S. 3 aber nochmals verschärfen. Eine effektive Regulierung muss dabei empirisch fundiert sein, aber auch benachbarte Rechtsbereiche wie das Bankenrecht oder zivilrechtliche Möglichkeiten[33] und die datenschutzrechtlichen Vollzugsfragen[34] einbeziehen. 13

Ein Verstoß gegen S. 2 und 3 ist **bußgeldbewehrt** (§ 28a Abs. 1 Nr. 2). 14

3. Abs. 2. Die Erlaubnis ist nach S. 1 zu versagen, wenn das Veranstalten oder das Vermitteln des Glücksspiels den **Zielen des § 1** zuwiderläuft. Im Falle eines Zuwiderlaufens ist die Versagung zwingend.[35] Selbst, wenn entgegen der hier vertretenen Ansicht (→ Rn. 4) also die Erlaubniserteilung nach wie vor im Ermessen der Behörde[36] stünde, ist dieses Ermessen nur eröffnet, wenn zunächst die Vereinbarkeit der Glücksspielveranstaltung/-vermittlung mit den Zielen des GlüStV festgestellt ist.[37] 15

Die Erlaubnis darf nach S. 2 nicht für das **Vermitteln** von Glücksspielen erteilt werden, die nach dem GlüStV nicht erlaubt sind. Im Fall von nicht-ländereinheitlicher Erteilung für die Erlaubnis der Veranstaltung gilt: Ausreichend ist, 16

---

26 S. nur LG Waldshut-Tiengen 21.9.2021 – 2 O 296/20, BeckRS 2021, 26917, Rn. 1 ff.; AG Weiden 21.7.2021 – 2 C 22/21, BeckRS 2021, 21491, Rn. 1 ff.; für eine weitere Rechtsprechungszusammenstellung s. *Rock/Becker* ZfWG 2021, 137 (141 ff.); *Rock* ZfWG 2019, 427 (430 ff.); zum Thema weiter *Hendricks/Lüder* VuR 2021, 333; *Heintz/Scholer* VuR 2020, 323.

27 Zu mehreren grundlegenden Fragen des § 284 Abs. 1 StGB s. jüngst BGH 27.2.2020 – 3 StR 327/19, BeckRS 2020, 10600, Rn. 8 ff.; dazu *Rock/Becker* ZfWG 2021, 137 (148); *Koenig/Mezey* ZfWG 2020, 406.

28 Dazu auch NRW LT-Drs. 17/11683, 88 f.

29 NRW LT-Drs. 17/11683, 110.

30 NRW LT-Drs. 17/11683, 110.

31 S. etwa *Travers/Michaelis* NZWiSt 2021, 125; *Gazeas* NJW 2021, 1041.

32 S. etwa *Berberich/Koenig* ZfWG 2020, 200.

33 Für diese Perspektive s. *Rock* ZfWG 2018, Beilage zum Heft 3/4, 20.

34 Dazu *Rossi/Sandhu* ZD 2018, 151.

35 NRW LT-Drs. 14/4849, Anhang, 35.

36 Vgl. dazu, wie eine rechtskonforme Ermessensausübung in diesem Fall aussehen müsste, etwa Dietlein/Hecker/Ruttig/*Postel* § 4 Rn. 52 f.; s. weiter auch NRW LT-Drs. 14/4849, Anhang, 36.

37 VG Arnsberg 10.10.2018 – 1 K 5592/17, BeckRS 2018, 29857, Rn. 52.

wenn das veranstaltete Glücksspiel in nur einem Land erlaubt ist, solange dasjenige Land, das die Veranstaltung erlaubt hat, und dasjenige Land, das für die Vermittlungserlaubnis zuständig ist, Vertragsparteien des GlüStV sind.[38]

17 **4. Abs. 3.** Abs. 3 normiert die Vereinbarkeit einer Erlaubnis mit dem **Jugendschutz** (vgl. zum Jugendschutz auch bspw. § 1 S. 1 Nr. 3, § 6 Abs. 1, Abs. 2 S. 3 Nr. 4, § 6e Abs. 1 S. 1).

18 S. 1 macht die Vereinbarkeit mit den Erfordernissen des Jugendschutzes zur Erlaubnisvoraussetzung. Damit sind insbes. die Anforderungen nach dem **JuSchG** gemeint.[39] Eine Erlaubnis kann bestimmte Vorgaben zur Wahrung der Jugendschutzanforderungen als Nebenbestimmungen festsetzen.[40]

19 Die **Teilnahme von Minderjährigen**[41] **an Glücksspielen** ist unzulässig (S. 2), was die Veranstalter und Vermittler sicherzustellen[42] haben (S. 3). Wer entgegen diesen Vorschriften Minderjährige an einem Glücksspiel teilnehmen lässt, begeht eine **Ordnungswidrigkeit** (§ 28a Abs. 1 Nr. 3).

20 Eine **Ausnahme**, die doch Minderjährige an öffentlichem Glücksspiel teilnehmen lässt, statuiert S. 4 als Entsprechung zu § 6 Abs. 2 JuSchG[43]. Die **Ausnahme** ist **mehrfach beschränkt**: nur bei Ausspielungen iSd § 3 Abs. 3 S. 2; nur bei Lotterien mit geringerem Gefährdungspotential nach §§ 12 ff.; nur auf Volksfesten usw; nur bei Gewinn, der erstens nur in Waren besteht und der zweitens geringwertig ist (als **geringwertig** wird parallel zu § 6 Abs. 2 JuSchG ein Wert von allenfalls 30 EUR einzuordnen sein;[44] dies entspricht in etwa den Empfehlungen für das Monatstaschengeld für 14-Jährige und für das Zwei-Wochen-Taschengeld für 18-Jährige[45]). Ob diese durch den GlüStV 2021 eingefügte Ausnahme[46] im Sinne einer ernstgenommenen Suchtprävention bei Minderjährigen begründet ist, scheint allerdings fraglich.

21 **5. Abs. 4.** Abs. 4 regelt Grundsätze für **Glücksspiel im Internet**[47]. Die Neuordnung des Online-Glücksspielrechts war dabei ein zentraler Baustein des GlüStV 2021; als erlaubnisfähig neu eingefügt wurden virtuelle Automatenspiele, Online-Poker und Online-Casinospiele.[48]

22 S. 1 listet abschließend die **erlaubnisfähigen Glücksspiele** im Internet auf. Die für die jeweiligen Glücksspielformen anwendbaren Normen sind dabei aufgezählt in § 2 Abs. 10 (Lotterien), Abs. 6 (Sportwetten), Abs. 5 (Pferdewetten), Abs. 9 (Online-Casinospiele), Abs. 7 (virtuelle Automatenspiele) und Abs. 8 (Online-Poker).

23 Erlaubnisfähig ist dabei nicht jede Glücksspielform; vielmehr differenziert S. 1 hinsichtlich Veranstaltung, Vermittlung und Eigenvertrieb jeweils nach dem be-

---

38 So zu Recht Becker/Hilf/Nolte/Uwer/*Uwer/Koch* § 4 Rn. 73 f. (mwN zu anderen Auffassungen).
39 NRW LT-Drs. 14/4849, Anhang, 36.
40 NRW LT-Drs. 14/4849, Anhang, 36.
41 Dh unter 18-Jährige, vgl. § 2 BGB.
42 Dazu vertiefend Dietlein/Hecker/Ruttig/*Postel* § 4 Rn. 64 ff.; Becker/Hilf/Nolte/Uwer/*Uwer/Koch* § 4 Rn. 87 ff.
43 NRW LT-Drs. 17/11683, 110.
44 Erbs/Kohlhaas/*Liesching* JuSchG § 6 Rn. 11.
45 *Deutsches Jugendinstitut* https://www.dji.de/themen/jugend/taschengeld.html (Empfehlungen für das Jahr 2020; abgerufen am 7.10.2021).
46 Zur Begründung NRW LT-Drs. 17/11683, 110 f.
47 Zur Reichweite von „im Internet“ auch heute noch relevant: Dietlein/Hecker/Ruttig/*Postel* § 4 Rn. 78.
48 Näher, auch mit Ausführungen zur Forschungs- und Regulierungssituation, NRW LT-Drs. 17/11683, 72 ff.

treffenden Glücksspiel. Für **Lotterien im Internet** gilt: Erlaubnisfähig sind ausschließlich der Eigenvertrieb und die Vermittlung, aber nicht die (anderweitig betriebene) Veranstaltung.[49] Bei **Sport- und Pferdewetten** sind die Veranstaltung, die Vermittlung und der Eigenvertrieb erlaubnisfähig. Die Veranstaltungserlaubnis umfasst nach der Begründung des GlüStV 2021 regelmäßig den Eigenvertrieb, weswegen der GlüStV hierfür keine gesonderten Erlaubniserteilungsvoraussetzungen vorsieht.[50] Für **Online-Casinospiele, virtuelle Automatenspiele** und **Online-Poker** sind nur die Veranstaltung und der Eigenvertrieb erlaubnisfähig (nach der Begründung des GlüStV umfasst die Veranstaltererlaubnis wie bei Sport- und Pferdwetten regelmäßig den Eigenvertrieb[51]); nicht erlaubnisfähig ist die Vermittlung dieser Spielformen, was ua mit dem Ziel der Begrenzung und der besseren Überwachbarkeit des Angebots begründet wird.[52] In diesem Fall einer einheitlichen Erlaubnis von Veranstaltung und Eigenvertrieb von Sport- und Pferdewetten, Online-Casinospielen, virtuellen Automatenspielen und Online-Poker müssen die Erlaubnisvoraussetzungen mit Blick auf beide Formen geprüft werden.

Alle **übrigen Glücksspiele** im Internet sind **verboten** (S. 2).[53] Verboten sind daher bspw. das Veranstalten von Lotterien im Internet (erlaubt ist nur der Eigenvertrieb bzw. die Vermittlung hinsichtlich einer terrestrisch angebotenen Lotterie[54]) und „Lotteriewetten“ bzw. „Zweitlotterien“ (also Wetten auf die Ergebnisse der staatlichen Lotterieziehungen).[55] 24

Der Verstoß gegen S. 1 und S. 2 ist **bußgeldbewehrt** (§ 28a Abs. 1 Nr. 4). 25

6. Abs. 5. Voraussetzung für die Erlaubnis für öffentliche Glücksspiele im Internet ist das Vorliegen einer Glücksspielform nach Abs. 4 S. 1, das Fehlen von zwingenden Versagungsgründen nach Abs. 2 und das kumulative Vorliegen der in Abs. 5 Nr. 1 – 6 aufgezählten Voraussetzungen. Liegen diese Voraussetzungen vor, besteht nach hier vertretener Auffassung ein Anspruch auf Erlaubnis (→ Rn. 4). 26

In **Nr. 1** hat der GlüStV 2021 eine früher umstrittene Frage geklärt: Ein Sperrdateiabgleich muss erfolgen, wenn abstrakt eine Verpflichtung zur Abfrage der Sperrdatei nach § 8 besteht.[56] 27

Nr. 2 statuiert ein Kreditverbot, dessen Verletzung **bußgeldbewehrt** ist (§ 28a Abs. 1 Nr. 5). Auf den Zweck des Darlehens kommt es nicht an, um keinen Anreiz für Umgehungen zu bieten: Auch ein Darlehen für bspw. Mietzahlungen ist verboten, weil damit finanzieller Spielraum für Internet-Glücksspiele geschaffen würde.[57] Sonderregeln gelten nach Nr. 2 S. 2 für Gewinnsparlotterien.[58] 28

Das Verbot schneller Wiederholungen in **Nr. 3** ist nach der Begründung des GlüStV 2021 nicht nur anhand der absoluten Zeit zwischen zwei Spielen zu be- 29

49 Näher dazu NRW LT-Drs. 17/11683, 111.
50 Näher dazu NRW LT-Drs. 17/11683, 111.
51 Näher dazu NRW LT-Drs. 17/11683, 111.
52 Näher dazu NRW LT-Drs. 17/11683, 111.
53 Die Verfassungs- und Unionsrechtskonformität des früheren (grundsätzlich umfassenden) Internetverbots unter dem GlüStV 2021 wurde gerichtlich bestätigt, vgl. nur BVerwG 26.10.2017 – 8 C 18/16, BeckRS 2017, 143459, Rn. 30 ff. mwN.
54 Dietlein/Hecker/Ruttig/*Postel* § 4 Rn. 85; NRW LT-Drs. 17/11683, 111.
55 NRW LT-Drs. 17/11683, 92, 111. Zum wettbewerblichen Unterlassungsanspruch s. die Nachweise bei *Rock/Becker* ZfWG 2021, 137 (138 f.); *Rock* ZfWG 2019, 427 (427 f.).
56 NRW LT-Drs. 17/11683, 111 f.
57 NRW LT-Drs. 17/11683, 112.
58 Dazu näher NRW LT-Drs. 17/11683, 112.

urteilen, sondern muss auch die Eigenarten der jeweiligen Spielform und der sonstigen Regulierungsvorgaben berücksichtigen.[59] Eine Konkretisierung der Vorgaben muss insbes. den Zweck der Suchtprävention berücksichtigen und den wissenschaftlichen Erkenntnissen zur Suchtprävention Rechnung tragen.[60]

30 **Nr. 4** fordert ein spezielles Sozialkonzept (s. dazu allgemein auch § 6 Abs. 1 und 2), das auch den Einsatz eines Spielsuchtfrüherkennungssystems nach § 6i Abs. 1 beschreiben muss[61]. Die wissenschaftliche Evaluation muss der Erlaubnisinhaber auf eigene Kosten veranlassen.[62]

31 Für unterschiedliche Glücksspielformen, die über dieselbe Internetdomain angeboten werden, statuiert **Nr. 5** ein modifiziertes Trennungsgebot: Jede Glücksspielform darf dabei nur in selbstständigen und grafisch voneinander abgetrennten Bereichen angeboten werden (ausnahmsweise gemeinsam angeboten werden dürfen allerdings Sport- und Pferdewetten); zulässig ist eine Schaltfläche zum Wechsel zwischen den Bereichen[63]. Soweit der Internetauftritt nach dem Standort der Spieler unterscheidet, trifft den Erlaubnisinhaber die Obliegenheit, Maßnahmen zur Lokalisierung nach dem Stand der Technik zu ergreifen.[64] Für weitere Erläuterungen zur neuen Nr. 5 (etwa zum Komplex „Wartezeit") wird auf die Begründung des GlüStV 2021 verwiesen.[65]

32 Nach **Nr. 6** sind auch bei Glücksspielen im Internet sämtliche Rechtsverpflichtungen einzuhalten: die Vorgaben der §§ 6a – 6j (die weitere spezielle Vorgaben zum Glücksspiel im Internet machen), des GlüStV und aller anderen gesetzlichen Bestimmungen. Nr. 6 soll klarstellen, dass bei einem Verstoß neben speziellen Widerrufsmöglichkeiten nach dem GlüStV (§ 4d Abs. 4 S. 2 Nr. 4) auch ein Widerruf der Erlaubnis nach der landesrechtlichen Bestimmung, die § 49 Abs. 2 S. 1 Nr. 3 VwVfG entspricht, möglich ist.[66]

33 **7. Abs. 6.** Abs. 6 legt **Mitteilungspflichten** fest, um so eine Grundlage für die Evaluierung nach § 32 zu schaffen.[67]

§ 4a GlüStV Besondere Erlaubnisvoraussetzungen für Sportwetten, Online-Poker und virtuelle Automatenspiele

(1) Eine Erlaubnis für die Veranstaltung von Sportwetten, Online-Poker und von virtuellen Automatenspielen darf nur erteilt werden, wenn

1. (erweiterte Zuverlässigkeit)

a) die Inhaber- und Beteiligungsverhältnisse beim Antragsteller vollständig offengelegt sind; bei Personengesellschaften sind die Identität und die Adressen aller Gesellschafter, Anteilseigner oder sonstigen Kapitalgeber und bei juristischen Personen des Privatrechts von solchen, die mehr als

59 NRW LT-Drs. 17/11683, 113.
60 Näher NRW LT-Drs. 17/11683, 112 f.
61 NRW LT-Drs. 17/11683, 113.
62 BW LT-Drs. 15/1570, 66.
63 NRW LT-Drs. 17/11683, 114.
64 Vgl. zum Thema „Lokalisierung der Spielteilnehmer" (wenngleich unter anderen regulatorischen Vorzeichen) OVG Münster 25.2.2014 – 13 A 3027/11, juris, Rn. 163 ff.; Dietlein/Hecker/Ruttig/*Postel* § 4 Rn. 97; aA Becker/Hilf/Nolte/Uwer/*Uwer/Koch* § 4 Rn. 136 ff.
65 NRW LT-Drs. 17/11683, 113 ff.
66 NRW LT-Drs. 17/11683, 115.
67 NRW LT-Drs. 17/11683, 115, dort auch mit weiteren Ausführungen zu Abs. 6.

fünf Prozent des Grundkapitals halten oder mehr als fünf Prozent der Stimmrechte ausüben, sowie generell alle Treuhandverhältnisse anzugeben,

b) der Antragsteller und die von ihm beauftragten verantwortlichen Personen die für die Veranstaltung öffentlicher Glücksspiele erforderliche Zuverlässigkeit und Sachkunde besitzen und die Gewähr dafür bieten, dass die Veranstaltung ordnungsgemäß und für die Spielteilnehmer sowie die Erlaubnisbehörde nachvollziehbar durchgeführt wird; bei juristischen Personen und Personengesellschaften müssen alle vertretungsbefugten Personen die Voraussetzungen der Zuverlässigkeit und Sachkunde besitzen,

c) die rechtmäßige Herkunft der für die Veranstaltung öffentlicher Glücksspiele erforderlichen Mittel dargelegt ist,

d) weder der Antragsteller selbst noch ein mit ihm verbundenes Unternehmen noch eine den Antragsteller beherrschende Person noch eine von der den Antragsteller beherrschenden Person beherrschte Person unerlaubte Glücksspiele veranstaltet oder vermittelt,

2. (Leistungsfähigkeit)

a) der Antragsteller über genügend Eigenmittel für eine dauerhafte Geschäftstätigkeit verfügt und zugleich Gewähr für ein einwandfreies Geschäftsverhalten bietet,

b) die Wirtschaftlichkeit des beabsichtigten Glücksspielangebots unter Berücksichtigung der Abgaben dargelegt ist,

c) die erforderlichen Sicherheitsleistungen vorbereitet und die zum weitergehenden Schutz der Spieler notwendigen Versicherungen abgeschlossen sind,

3. (Transparenz und Sicherheit des Glücksspiels)

a) die Transparenz des Betriebs sichergestellt sowie gewährleistet ist, dass eine Überwachung des Vertriebsnetzes jederzeit möglich ist und nicht durch Dritte oder am Betrieb Beteiligte vereitelt werden kann,

b) der Antragsteller einen Sitz in einem Mitgliedstaat der Europäischen Union oder einem Vertragsstaat des Abkommens über den Europäischen Wirtschaftsraum hat,

c) der Antragsteller, sofern er über keinen Sitz im Inland verfügt, der zuständigen Behörde einen Empfangs- und Vertretungsbevollmächtigten im Inland benennt, der die Zuverlässigkeit im Sinne von Nummer 1 Buchstabe b besitzt,

d) der Antragsteller für alle Spiel- und Zahlungsvorgänge in Deutschland eine eigene Buchführung einrichtet und spielbezogene Zahlungsvorgänge über ein Konto im Inland oder bei einem in einem Mitgliedstaat der Europäischen Union beheimateten Kreditinstitut abwickelt und

e) der Antragsteller Schnittstellen zur Prüfung aller Spielvorgänge in Echtzeit zur Verfügung stellt.

(2) Sonstige Voraussetzungen für die Erteilung einer Erlaubnis bleiben unberührt.

Literatur: *Becker/Hilf/Nolte/Uwer*, Glücksspielregulierung: Glücksspielstaatsvertrag und Nebengesetze – Kommentar, 2016; *Bringmann*, Anmerkung: VG Darmstadt: Verfahren für die Vergabe von Konzessionen für Sportwetten vorläufig gestoppt, ZfWG 2020, 286; *Brüggemann*, Die Regulierung von Sportwetten in Gegenwart und Zukunft, ZfWG 2020, 204; *Dietlein/Hecker/Ruttig*, Glücksspielrecht, 2. Aufl. 2013; *Gazeas*, Das neue Geldwäsche-Strafrecht: Weitreichende Folgen für die Praxis, NJW 2021, 1041; *Hilf/Umbach*, Rechtsprechungsübersicht zum Sportwettkonzessionsverfahren, ZfWG

2015, 197; *Hilf/Umbach*, Neue Rechtsprechung zum Sportwettkonzessionsverfahren, ZfWG 2016, 195; *Hilf/Umbach*, Neues zum Sportwettkonzessionsverfahren, ZfWG 2017, 234; *Hilf/Umbach*, Neues zum Sportwettenrecht, ZfWG 2018, 368; *Hilf/Umbach*, Update zum Sportwettenrecht, ZfWG 2019, 337; *Hilf/Umbach*, Update zum Sportwettenrecht, ZfWG 2020, 332; *Hilf/Umbach*, Update zum Sportwettenrecht, ZfWG 2021, 247; *Immenga/Mestmäcker*, Wettbewerbsrecht, 6. Aufl. 2021, Bd. 4; *Jarass*, BImSchG, 13. Aufl. 2020; *Kirchhof*, Die verfassungsgeforderte Reform des Glücksspielwesens – Zu den Entscheidungen des VGH Kassel vom 16.10.2015 und des BayVerfGH vom 25.9.2015, NVwZ 2016, 124; *Lüder*, Der Dritte Glücksspieländerungsstaatsvertrag, NVwZ 2020, 190; *Rock/Becker*, Aktuelle Rechtsprechung zum Glücksspielrecht, ZfWG 2021, 137; *Reichert*, Irrungen und Wirrungen im Umgang mit der Kohärenz, ZfWG 2021, 14; *Travers/Michaelis*, Der neue § 261 StGB – die deutsche Umsetzung der EU-Richtlinie über die strafrechtliche Bekämpfung der Geldwäsche, NZWiSt 2021, 125; *Stulz-Herrnstadt/Engelmann*, Auch neue Vergabe von Sportwettenkonzessionen gestoppt, GRUR-Prax 2020, 246.

I. Genese/Gesetzesentwicklung[1]

1 § 4a wurde durch den GlüStV 2012 als Regelung für die Erlangung einer Konzession für das Veranstalten von Sportwetten (im Rahmen der Experimentierklausel des damaligen § 10a) in den GlüStV eingefügt.[2] Zum Hintergrund näher auch → A. Rn. 8 ff. sowie weiter → § 21 Rn. 2 und → § 21a Rn. 1:[3] 2006 erklärte das BVerfG das bayerische Sportwettenmonopol für unvereinbar mit Art. 12 Abs. 1 GG und gab dem Gesetzgeber die Neuregelung auf.[4] Der GlüStV 2008 schuf daraufhin § 21 zur Regelung von Sportwetten in seiner ursprünglichen Gestalt.[5] Der GlüStV änderte (unter unionsrechtlichem Druck[6]) § 21[7] und sah zugleich die Möglichkeit für private Anbieter vor, im Rahmen einer Experimentierklausel (§ 10a des GlüStV 2012) Sportwetten mit einer Konzession zu veranstalten[8]. Das vorgesehene Konzessionsmodell wurde allerdings gerichtlich als verfassungswidrig und verfahrensfehlerhaft gestoppt.[9] Der GlüStV 2020 reformierte ua das Konzessionsmodell.[10] Die erhoffte Rechtskonformität blieb aber erneut aus: Auch das neue Konzessionsmodell scheiterte infolge eines Eilbe-

1 Die Verfasser bedanken sich bei Frau Chiara A. Träger für ihre Unterstützung.
2 GV NRW 2012, 524 (535 f.); zur Begründung BW LT-Drs. 15/1570, 67 ff.
3 Zur Sportwettenrechtsgeschichte s. weiter auch *Brüggemann* ZfWG 2020, 204 (204 f., 206 f.); Becker/Hilf/Nolte/Uwer/*Hilf/Umbach* § 4a Rn. 4 ff.; Dietlein/Hecker/*Gebhardt* § 10a Rn. 1 ff.
4 BVerfG 28.3.2006 – 1 BvR 1054/01, BeckRS 2006, 21933, Tenor Ziff. 1. und 2., Rn. 80 ff., 149 ff.
5 GV NRW 2007, 445 (458); zur Begründung NRW LT-Drs. 14/4849, Anhang, 48 f.
6 Vgl. nur BW LT-Drs. 15/1570, 8, 48 ff., 52, 54 ff., 84 f.
7 GV NRW 2012, 524 (542); zur Begründung BW LT-Drs. 15/1570, 39 f.
8 GV NRW 2012, 524 (540); zur Begründung BW LT-Drs. 15/1570, 37 f.
9 S. insbes. VGH Kassel 16.10.2015 – 8 B 1028/15, BeckRS 2015, 53366, Rn. 29 ff.; dazu *Kirchhof* NVwZ 2016, 124. Zur Entwicklung der Sportwettkonzessionsrechtssituation insbes. im Spiegel der Gerichtsentscheidungen s. *Hilf/Umbach* ZfWG 2021, 247 (247 f.); *Hilf/Umbach* ZfWG 2020, 332 (333 f.); *Lüder* NVwZ 2020, 190 (191 ff.); *Hilf/Umbach* ZfWG 2019, 337 (337 ff.); *Hilf/Umbach* ZfWG 2018, 368 (368 f.); *Hilf/Umbach* ZfWG 2017, 234 (234 f.); *Hilf/Umbach* ZfWG 2016, 195 (195 ff.); *Hilf/Umbach* ZfWG 2015, 197 (197 ff.).
10 GV NRW 2019, 911 (917); zur Begründung GV NRW 2019, 911 (921 f.). Zum Hintergrund s. auch *Hilf/Umbach* ZfWG 2019, 337 (337 ff.).

schlusses des VG Darmstadt.[11] Nachdem jedoch die Antragstellerin in diesem Verfahren vor dem VG Darmstadt infolge einer Geldzahlung durch andere Wettanbieter ihren Rechtsbehelf zurückgezogen hatte,[12] konnten die Konzessionsverfahren fortgesetzt werden. Im Oktober 2020 wurden dann erstmals (mehr als acht Jahre nach Einführung des Konzessionsmodells) tatsächlich auch Konzessionen vergeben.[13]

Der GlüStV 2021 hat sich vom Konzessionsansatz des GlüStV 2012/2020 ver- 2
abschiedet. Stattdessen werden für Sportwetten – und nunmehr auch für die erstmals geregelten Glücksspielformen Online-Poker und virtuelle Automatenspiele – Erlaubnisse erteilt, deren besondere Voraussetzungen in § 4a normiert sind. § 4a Abs. 1 – 3 der bis zum 30.6.2021 geltenden Fassung über die Konzession wurden im GlüStV 2021 infolge der Neuausrichtung der Sportwettenregulierung überwiegend gestrichen.[14] Der heutige § 4a Abs. 1 hingegen entspricht trotz einiger Einfügungen und Löschungen zu großen Teilen § 4a Abs. 4 S. 1 des GlüStV 2012.[15]

II. Erläuterungen

1. Allgemeines. § 4a stellt **besondere Erlaubnisvoraussetzungen** auf. **Anwendbar** 3
ist § 4a nur für Erlaubnisse zur Veranstaltung von Sportwetten (§ 2 Abs. 6; zur Definition s. § 3 Abs. 1 S. 4), von Online-Poker (§ 2 Abs. 8; zur Definition s. § 3 Abs. 1a S. 3) und von virtuellen Automatenspielen (§ 2 Abs. 7; zur Definition s. § 3 Abs. 1a S. 1). Zur teilweisen Anwendbarkeit für eine Erlaubnis für die Vermittlung von Sportwetten im Internet s. § 21 Abs. 7 S. 1.

Für die Erteilung der Erlaubnis ist das **ländereinheitliche Verfahren** angeordnet 4
(§ 9a Abs. 1 Nr. 3 iVm § 2 Abs. 6, Abs. 8 und Abs. 7). **Zuständige Behörde** ist ab dem 1.1.2023 die Gemeinsame Glücksspielbehörde der Länder als Erlaubnisbehörde (§ 9a Abs. 1 Nr. 3 iVm § 27a Abs. 1 S. 1, Abs. 2, § 27f Abs. 1, § 27p Abs. 1 Nr. 3; zur Zuständigkeit bis zum 31.12.2022 s. § 27p Abs. 1 Nr. 3), wobei diese Fristen unter dem Vorbehalt des § 27p Abs. 12 stehen. Räumlich gilt die Erlaubnis daher im ganzen Geltungsbereich des GlüStV.

2. Abs. 1. § 4a Abs. 1 enthält zahlreiche **unbestimmte Rechtsbegriffe,** die ge- 5
richtlich voll überprüfbar sind. Mangels anderslautender (ausdrücklicher oder durch Auslegung hinreichend deutlich zu ermittelnder) Regelung im GlüStV[16] bleibt es beim Grundsatz der uneingeschränkten gerichtlichen Nachprüfung behördlicher Rechtsanwendung.[17] Der GlüStV enthält noch immer keine Verordnungsermächtigung an die Exekutive zur Konkretisierung des § 4a Abs. 1, was nach wie vor Fragen nach der Vereinbarkeit mit dem Vorbehalt des Gesetzes

---

11 VG Darmstadt 1.4.2020 – 3 L 446/20.DA, BeckRS 2020, 5966, Rn. 17 ff.; dazu *Bringmann* ZfWG 2020, 286; *Stulz-Herrnstadt/Engelmann* GRUR-Prax 2020, 246; *Hilf/Umbach* ZfWG 2020, 332 (333 f.).

12 Nachweise bei *Hilf/Umbach* ZfWG 2021, 247 (247).

13 Näher *Hilf/Umbach* ZfWG 2021, 247 (247 f.).

14 Zu § 4a s. GV NRW 2021, 459 (465 ff.); zur Begründung NRW LT-Drs. 17/11683, 115 ff.

15 Der GlüStV 2020 brachte für den heutigen § 4a Abs. 1 keine Änderungen, s. GV NRW 2019, 911 (917).

16 Vgl. nur das beredte Schweigen in den Begründungen etwa BW LT-Drs. 15/1570, 69 f.; NRW LT-Drs. 17/11683, 115 ff. AA möglicherweise VG Wiesbaden 8.6.2015 – 5 L 1433/14.WI, BeckRS 2015, 48328, Rn. 66.

17 Allgemeiner Grundsatz, s. nur BVerfG 8.12.2011 – 1 BvR 1932/08, BeckRS 2012, 45821, Rn. 23 f.; BVerfG 31.5.2011 – 1 BvR 857/07, BeckRS 2011, 51929, Rn. 68, 71 f.

aufwerfen mag.[18] Allerdings dürfte über den Weg landesrechtlicher Ausführungsbestimmungen (§ 28 Abs. 1 S. 1) die Schaffung einer Rechtsverordnungsermächtigung möglich sein; Grenzen für die Konkretisierung ergeben sich dabei mit Blick auf unionsrechtliche Vorgaben (insbes. das Kohärenzgebot[19]).

6 Die negative Formulierung „darf nur erteilt werden, wenn" lässt die **Rechtsfolge** offen. Nach hier vertretener Auffassung liegt (auch hier) ein präventives Verbot mit Erlaubnisvorbehalt vor. Erfüllt der Antragsteller die Tatbestandsvoraussetzungen, hat er einen gebundenen Anspruch auf Erteilung der Erlaubnis. Die Ausführungen unter → § 4 Rn. 4 gelten entsprechend.

7 a) **Nr. 1.** Der Antragsteller muss die Anfordernisse **erweiterter Zuverlässigkeit** erfüllen.

8 Nach **lit. a** Hs. 1 muss der Antragsteller seine **Inhaber- und Beteiligungsverhältnisse** vollständig offenlegen (vgl. auch § 4b Abs. 1 S. 4 Nr. 1). Damit sollen die Einflussmöglichkeiten auf die Glücksspielveranstaltung aufgedeckt werden.[20] Nähere Vorgaben, was offenzulegen ist, ergeben sich nach lit. a Hs. 2. Was konkret jeweils gemeint ist (Personengesellschaft, Anteilseigner, usw), ist nach dem jeweiligen (deutschen oder EU-/EWR-ausländischen) Gesellschaftsrecht zu bestimmen.

9 Zu **lit. b** gilt: Die (glücksspielrechtliche) **Zuverlässigkeit** des Antragstellers und der verantwortlichen Personen ist der gewerberechtlichen Zuverlässigkeit (vgl. § 35 Abs. 1 S. 1 GewO) nachgebildet,[21] mag auch eine vergaberechtliche Anlehnung hinzukommen[22]. Danach ist unzuverlässig, wer nach dem Gesamteindruck seines Verhaltens nicht die Gewähr dafür bietet, dass er sein Gewerbe künftig ordnungsgemäß betreibt;[23] dies ist anhand einer Prognose auf der Grundlage der vorhandenen tatsächlichen Umstände des Einzelfalls zu beurteilen.[24] Soweit es um das Fehlverhalten der beauftragten verantwortlichen Personen geht, bedarf es der Würdigung im konkreten Einzelfall.[25] Die **Sachkunde** umfasst diejenigen Kenntnisse und Fähigkeiten, die zur ordnungsgemäßen Durchführung der

18 So zum GlüStV 2012 Becker/Hilf/Nolte/Uwer/*Hilf/Umbach* § 4a Rn. 46.

19 Vgl. etwa EuGH 8.9.2010 – C-46/08, BeckRS 2010, 91037, Rn. 69, wonach die „interne Zuständigkeitsverteilung innerhalb eines Mitgliedstaats" (dh die föderale Kompetenzverteilung in der Bundesrepublik Deutschland) nicht davon entbindet, dass zur Rechtfertigung von Beschränkungen der Dienstleistungsfreiheit über alle (Bundes-)Länder hinweg ein kohärentes System bspw. der Spielsuchtprävention bestehen muss. Zum Thema Kohärenz → § 4 Rn. 3 und etwa *Reichert* ZfWG 2021, 14 (s. insbes. 20 f. zur Kohärenz im Bundesstaat). Zum Thema Kohärenz → § 33 Rn. 5.

20 Becker/Hilf/Nolte/Uwer/*Hilf/Umbach* § 4a Rn. 48 mwN.

21 NRW LT-Drs. 17/11683, 116.

22 Vgl. Dietlein/Hecker/Ruttig/*Ruttig* § 4a Rn. 17; Becker/Hilf/Nolte/Uwer/*Hilf/Umbach* § 4a Rn. 52.

23 St. Rspr., s. nur BVerwG 26.2.1997 – 1 B 34/97, juris Rn. 8; BVerwG 2.2.1982 – 1 C 146/80, juris Rn. 13.

24 St. Rspr., s. nur BVerwG 26.2.1997 – 1 B 34/97, juris, Rn. 8. Näher zur Zuverlässigkeit etwa Becker/Hilf/Nolte/Uwer/*Hilf/Umbach* § 4a Rn. 52. Für einige jüngere Beispiele (aus der insoweit übertragbaren Rechtsprechung im Zusammenhang mit Spielhallen) s. *Rock/Becker* ZfWG 2021, 137 (145).

25 So musste sich nach Auffassung des OVG Saarlouis 28.8.2020 – 1 B 177/20, BeckRS 2020, 21629, Rn. 21 – 32, 36 (in einer vergleichbaren Rechtskonstellation) ein Veranstalter ein etwaiges Fehlverhalten seines Geschäftsführers nicht zurechnen lassen, das diesem in Ausübung von dessen weiterer beruflicher Betätigung als (Mit-)Gesellschafter einer anderen juristischen Person schuldhaft möglicherweise unterlaufen war.

Veranstaltung von Sportwetten erforderlich sind,[26] wozu eine gewisse (Berufs-)Erfahrung gehören dürfte[27]. Die Gewähr für die **ordnungsgemäße und nachvollziehbare Durchführung** der Veranstaltung tritt als weitere Voraussetzung hinzu.

Gem. **lit. c** muss die **rechtmäßige Herkunft der** für die Veranstaltung öffentlicher Glücksspiele erforderlichen **Mittel** dargelegt sein. Nach wie vor ist dabei der Umfang der erforderlichen Mittel (dh des Eigenkapitals[28]) nicht festgelegt; er hängt aber jedenfalls auch vom Veranstaltungskonzept ab.[29] Zum Nachweis der Rechtmäßigkeit gehört zumindest der Nachweis über die Achtung der Vorgaben des in jüngster Zeit immer weiter reformierten Geldwäscherechts[30]. 10

Neu eingefügt durch den GlüStV 2021 wurde das Erfordernis des **lit. d.** Dabei kann auch die Veranstaltung oder die Vermittlung unerlaubten Glücksspiels im **Ausland** zu einer Versagung der Erlaubniserteilung führen.[31] Die Varianten „eine den Antragsteller beherrschende Person" und „eine von der den Antragsteller beherrschenden Person beherrschte Person" sollen Personen miteinbeziehen, die vom Begriff der verbundenen Unternehmen (iSd § 15 AktG) nicht erfasst werden.[32] 11

b) Nr. 2. Die Erlaubnis fordert zudem die (wirtschaftliche)[33] **Leistungsfähigkeit** des Antragstellers. 12

Der Antragsteller muss über genügend Eigenmittel für eine dauerhafte (also zeitlich jedenfalls den Zeitraum der Erlaubnis deckende[34]) **Geschäftstätigkeit** verfügen und zugleich Gewähr für ein einwandfreies Geschäftsverhalten bieten (**lit. a**). Diese Anforderungen sind eng mit den Anforderungen der erweiterten Zuverlässigkeit verbunden, insbes. mit Nr. 1 lit. c und d. 13

Lit. b fordert die Darlegung der **Wirtschaftlichkeit** des beabsichtigten Glücksspielangebots unter Berücksichtigung der Abgaben. Dazu können ua Angaben zum Vertriebskonzept zählen, die mit einer Wirtschaftlichkeitsberechnung zu untermauern sind.[35] Die Berücksichtigung der Abgabenpflicht knüpft an §§ 16 ff. RennwLottG (Besteuerung von Sportwetten), §§ 46 ff. RennwLottG (Besteuerung von Online-Poker) und §§ 36 ff. RennwLottG (Besteuerung von virtuellem Automatenspiel) an. Zum Wirtschaftlichkeitskonzept s. § 4b Abs. 1 S. 4 Nr. 4. 14

Die Erlaubniserteilung erfordert weiter, dass die erforderlichen **Sicherheitsleistungen** vorbereitet und bestimmte notwendige **Versicherungen** abgeschlossen sind (**lit. c**). Zur Höhe der Sicherheitsleistungen s. § 4c Abs. 3 S. 2 und 3. Die Sicherheitsleistungen müssen nur vorbereitet sein und erst bei Erlaubniserteilung 15

---

26 Vgl. aus dem Vergaberecht Immenga/Mestmäcker/*Kling* GWB § 122 Rn. 46; aus dem Umweltrecht *Jarass* BImSchG § 29b Rn. 11.
27 S. Dietlein/Hecker/Ruttig/*Ruttig* § 4a Rn. 20; Becker/Hilf/Nolte/Uwer/*Hilf/Umbach* § 4a Rn. 53.
28 Dietlein/Hecker/Ruttig/*Ruttig* § 4a Rn. 21; Becker/Hilf/Nolte/Uwer/*Hilf/Umbach* § 4a Rn. 56.
29 Dietlein/Hecker/Ruttig/*Ruttig* § 4a Rn. 21.
30 S. etwa *Travers/Michaelis* NZWiSt 2021, 125; *Gazeas* NJW 2021, 1041.
31 NRW LT-Drs. 17/11683, 116.
32 NRW LT-Drs. 17/11683, 116.
33 So Dietlein/Hecker/Ruttig/*Ruttig* Rn. 22; Becker/Hilf/Nolte/Uwer/*Hilf/Umbach* § 4a Rn. 58.
34 So unter dem Konzessionsmodell Becker/Hilf/Nolte/Uwer/*Hilf/Umbach* § 4a Rn. 58.
35 Dietlein/Hecker/Ruttig/*Ruttig* § 4a Rn. 23.

geleistet werden (vgl. auch § 4c Abs. 3 S. 1). Zu den nötigen Versicherungen zählt etwa eine Haftpflichtversicherung, die Unfallschäden abdeckt.[36]

16 c) **Nr. 3.** Zuletzt erfordert die Erlaubnis eine bestimmte **Transparenz und Sicherheit des Glücksspiels.**

17 Die Anforderungen an die Transparenz des Betriebs (**lit. a**) beziehen sich auf die Betriebsführung.[37] Dies erfordert bestimmte Organisationspflichten des Antragstellers.[38]

18 Das Sitzerfordernis des Antragstellers in einem EU-Mitgliedstaat/EWR-Vertragsstaat (**lit. b**) und die Benennung eines Empfangs- und Vertretungsbevollmächtigten im Inland für ausländische Antragsteller (**lit. c**) verknüpfen das nationale Glücksspielrecht mit Unions- bzw. Völkerrecht.[39]

19 Die Vorgaben an die Buchführung und Zahlungsabwicklung (**lit. d**) dienen der Kontrolle der Finanzströme wie etwa auch Nr. 1 lit. c. Vgl. für die Regulierung von Zahlungsströmen auch → § 4 Rn. 10, → § 4 Rn. 12.

20 Nach **lit. e** muss der Antragsteller Schnittstellen zur Prüfung aller Spielvorgänge in Echtzeit zur Verfügung stellen.

21 **3. Abs. 2.** Abs. 2 stellt klar: Wer Sportwetten, Online-Poker oder virtuelle Automatenspiele veranstalten möchte, muss sowohl die besonderen Anforderungen des § 4a Abs. 1 erfüllen als auch die sonstigen Voraussetzungen für die Erteilung einer Erlaubnis (insbes. die allgemeinen Voraussetzungen des § 4 Abs. 2 und Abs. 5[40]).

§ 4b GlüStV Erlaubnisverfahren für Sportwetten, Online-Poker und virtuelle Automatenspiele

(1) [1]Die Erlaubnis für die Veranstaltung von Sportwetten, Online-Poker oder virtuellen Automatenspielen wird auf Antrag erteilt. [2]Der Antrag bedarf der Schriftform. [3]Er muss alle Angaben, Auskünfte, Nachweise und Unterlagen in deutscher Sprache enthalten, welche für die Prüfung der Voraussetzungen nach § 4a Absatz 1 erforderlich sind. [4]Dazu gehören insbesondere:

1. eine Darstellung der unmittelbaren und mittelbaren Beteiligungen sowie der Kapital- und Stimmrechtsverhältnisse bei dem Antragsteller und den mit ihm im Sinne des Aktiengesetzes verbundenen Unternehmen sowie Angaben über Angehörige im Sinne des § 15 der Abgabenordnung unter den Beteiligten; gleiches gilt für Vertreter der Person oder der Personengesellschaft oder des Mitglieds eines Organs einer juristischen Person. Daneben sind der Gesellschaftsvertrag und die satzungsrechtlichen Bestimmungen des Antragstellers sowie Vereinbarungen, die zwischen dem Antragsteller und unmittelbar oder mittelbar Beteiligten bestehen und sich auf die Veranstaltung von Glücksspielen beziehen, vorzulegen,

36 Dietlein/Hecker/Ruttig/*Ruttig* § 4a Rn. 24; Becker/Hilf/Nolte/Uwer/*Hilf/Umbach* § 4a Rn. 62.
37 Dietlein/Hecker/Ruttig/*Ruttig* § 4a Rn. 26.
38 Näher Becker/Hilf/Nolte/Uwer/*Hilf/Umbach* § 4a Rn. 64 f.
39 Dazu näher (zum GlüStV 2012) Dietlein/Hecker/Ruttig/*Ruttig* § 4a Rn. 27 ff.; Becker/Hilf/Nolte/Uwer/*Hilf/Umbach* § 4a Rn. 67 f.
40 NRW LT-Drs. 17/11683, 117.

2. eine Darstellung der Maßnahmen zur Gewährleistung der öffentlichen Sicherheit und Ordnung und der sonstigen öffentlichen Belange unter besonderer Berücksichtigung der IT- und Datensicherheit (Sicherheitskonzept),
3. ein Sozialkonzept einschließlich der Maßnahmen zur Sicherstellung des Ausschlusses Minderjähriger und gesperrter Spieler,
4. eine Darstellung der Wirtschaftlichkeit unter Berücksichtigung der Abgabenpflichten (Wirtschaftlichkeitskonzept),
5. eine Erklärung der Übernahme der Kosten für die Überprüfung des Sicherheits-, Sozial- und Wirtschaftlichkeitskonzepts und, soweit erforderlich, sonstiger Unterlagen durch einen von der zuständigen Behörde beigezogenen Sachverständigen oder Wirtschaftsprüfer,
6. eine Verpflichtungserklärung des Antragstellers, weder selbst noch durch verbundene Unternehmen unerlaubtes Glücksspiel zu veranstalten oder zu vermitteln, und
7. eine Erklärung des Antragstellers, dass die vorgelegten Unterlagen und Angaben vollständig sind.

[5]Nachweise und Unterlagen aus einem anderen Mitgliedstaat der Europäischen Union oder einem anderen Vertragsstaat des Abkommens über den Europäischen Wirtschaftsraum stehen inländischen Nachweisen und Unterlagen gleich, wenn aus ihnen hervorgeht, dass die Anforderungen der in Satz 3 genannten Voraussetzungen erfüllt sind. [6]Die Unterlagen sind auf Kosten des Antragstellers in beglaubigter Kopie und beglaubigter deutscher Übersetzung vorzulegen.

(2) [1]Die zuständige Behörde kann die Antragsteller zur Prüfung der in Absatz 1 Satz 4 genannten Voraussetzungen zur Ergänzung und zur Vorlage weiterer Angaben, Nachweise und Unterlagen in deutscher Sprache auffordern. [2]Sie ist befugt, Erkenntnisse der Sicherheitsbehörden des Bundes und der Länder, insbesondere zu den Voraussetzungen nach § 4a Absatz 1 Nummer 1 Buchstabe c, abzufragen. [3]Ist für die Prüfung im Erlaubnisverfahren ein Sachverhalt bedeutsam, der sich auf Vorgänge außerhalb des Geltungsbereiches dieses Staatsvertrags bezieht, so hat der Antragsteller diesen Sachverhalt aufzuklären und die erforderlichen Beweismittel zu beschaffen. [4]Er hat dabei alle für ihn bestehenden rechtlichen und tatsächlichen Möglichkeiten auszuschöpfen. [5]Der Antragsteller kann sich nicht darauf berufen, dass er Sachverhalte nicht aufklären oder Beweismittel nicht beschaffen kann, wenn er sich nach Lage des Falles bei der Gestaltung seiner Verhältnisse die Möglichkeit dazu hätte beschaffen oder einräumen lassen können.

(3) Die im Rahmen des Erlaubnisverfahrens Auskunfts- und Vorlagepflichtigen haben jede Änderung der maßgeblichen Umstände nach Antragstellung unverzüglich der zuständigen Behörde mitzuteilen und geplante Veränderungen von Beteiligungsverhältnissen oder sonstigen Einflüssen während des Erlaubnisverfahrens der zuständigen Behörde in Textform anzuzeigen.

Literatur: *Becker/Hilf/Nolte/Uwer*, Glücksspielregulierung: Glücksspielstaatsvertrag und Nebengesetze – Kommentar, 2016; *Dietlein/Hecker/Ruttig*, Glücksspielrecht, 2. Aufl. 2013; *Simitis/Hornung/Spiecker gen. Döhmann*, Datenschutzrecht, 1. Aufl. 2019; *Otto*, What Is A Foreign Direct Investment? Understanding Third Country Direct Investments Conceptually and in Practise in Hindelang/Moberg YSEC Yearbook of Socio-Economic Constitutions 2020 – A Common European Law on Investment Screening (CELIS), 2021.

I. Genese/Gesetzesentwicklung[1]

1 Genese und Entwicklung der Verfahrensvorschrift des § 4b entsprechen weitgehend § 4a (→ § 4a Rn. 1 f.). Auch § 4b wurde durch den GlüStV 2012 geschaffen.[2] Zusätzlich zu nunmehr überwiegend überholten Änderungen durch den GlüStV 2020[3] löschte der GlüStV 2021 die früheren konzessionsverfahrensspezifischen Absätze und nahm kleinere Änderungen vor.[4] Im Übrigen entspricht § 4b heute im Wesentlichen § 4b Abs. 2–4 des GlüStV 2012.

II. Erläuterungen

2 **1. Allgemeines.** § 4b setzt einen speziellen **Verfahrensrahmen.** Zum **Anwendungsbereich** gelten die Ausführungen unter → § 4a Rn. 3 entsprechend.

3 Zum **Verfahren** und zur **zuständigen Behörde** → § 4a Rn. 4.

4 § 4b bedarf (insbes. mit Blick auf die Anforderungen des Abs. 1) weiterer **Konkretisierung** auch mit Blick auf das Unionsrecht.[5] Der GlüStV 2021 hat dabei die Gelegenheit nicht genutzt, nähere Vorgaben zu machen, sondern den früheren § 4b im Wesentlichen auf dem Stand des GlüStV 2012 belassen. Zu Möglichkeiten und Grenzen der Konkretisierung durch Landesverordnungen gelten die Ausführungen unter → § 4a Rn. 5 entsprechend.

5 Wenn § 4b Abs. 1 von **„Konzept"** spricht (Sicherheitskonzept, Sozialkonzept, usw), ist damit lediglich ein bestimmtes Vorhaben (Plan, Entwurf) gemeint – die entsprechende Veranstaltungsinfrastruktur muss zum Zeitpunkt der Erlaubniserteilung damit noch nicht vorliegen.[6] Ihre Umsetzung kann aber Gegenstand von Nebenbestimmungen sein (vgl. § 4c Abs. 2).

6 **2. Abs. 1.** S. 1 statuiert eine **Antragsobliegenheit.** Der Antrag muss **schriftlich** erfolgen (S. 2), nach allgemeinen Grundsätzen also bspw. eigenhändig durch Namensunterschrift unterzeichnet werden (vgl. § 81 Abs. 1 S. 1 VwGO[7]; § 126 Abs. 1 BGB). Dabei ist auch die elektronische Form anzuerkennen (s. die § 3a Abs. 1, Abs. 2 VwVfG entsprechende landesrechtliche Norm; vgl. auch § 126 Abs. 3 iVm § 126a Abs. 1 BGB).

7 Ausführungen zum Antragsinhalt ergeben sich aus S. 3 – 6. Die Beispielsinhalte des S. 4 („insbesondere") knüpfen teilweise an andere Regelungen des GlüStV an (s. bspw. § 4a Abs. 1 Nr. 1 lit. a oder § 6f Abs. 2).

8 Darzustellen im Antrag sind nach S. 4 Nr. 1 die **Beteiligungs-, Kapital- und Stimmrechtsverhältnisse** sowie der **Gesellschaftsvertrag** und die **satzungsrechtlichen Bestimmungen** (Regelungen zu Geschäftsführung, usw[8]) des Antragstellers; darzustellen sind weiter bestimmte glücksspielrelevante **Vereinbarungen** mit Beteiligten. Die Angaben sind in der Gesamtschau mit den weiteren Vorgaben des § 4a Abs. 1 Nr. 1 lit. a zu lesen. Die Details ergeben sich nach dem deutschen, EU- oder EWR-ausländischen Gesellschaftsrecht. Die Darstellung erstreckt sich darauf, Einflüsse auch von anderen als dem Antragsteller aufzudecken (von verbundenen Unternehmen iSd § 15 AktG; von Angehörigen iSd § 15 AO; Einflüsse durch Vereinbarungen, die zwischen dem Antragsteller und unmittelbar oder

---

1 Die Verfasser bedanken sich bei Frau Chiara A. Träger für ihre Unterstützung.
2 GV NRW 2012, 524 (536 f.); zur Begründung BW LT-Drs. 15/1570, 70 ff.
3 GV NRW 2019, 911 (918); zur Begründung GV NRW 2019, 911 (922).
4 GV NRW 2021, 459 (467 f.); zur Begründung NRW LT-Drs. 17/11683, 117.
5 Dietlein/Hecker/Ruttig/*Hertwig* § 4b Rn. 21 mwN.
6 Becker/Hilf/Nolte/Uwer/*Hilf/Umbach* § 4b Rn. 63 (zum GlüStV 2012).
7 Zur auf § 4b Abs. 1 S. 2 übertragbaren Breite der Auslegung von „schriftlich" s. BVerwG 25.1.2021 – 9 C 8/19, BeckRS 2021, 11347, Rn. 34.
8 Becker/Hilf/Nolte/Uwer/*Hilf/Umbach* § 4b Rn. 70 mwN.

mittelbar Beteiligten bestehen und sich auf die Veranstaltung von Glücksspielen beziehen – wobei für die Beteiligung keine Quote vorgegeben ist, anders als in § 4a Abs. 1 S. 1 Nr. 1 lit. a).

Vorzulegen ist weiter ein **Sicherheitskonzept**, das zumindest folgende Teilelemente enthält: Maßnahmen zur Gewährleistung der öffentlichen Sicherheit und Ordnung sowie zur Gewährleistung der sonstigen öffentlichen Belange unter besonderer Berücksichtigung der IT- und Datensicherheit (S. 4 Nr. 2). Der Begriff der öffentlichen Sicherheit und Ordnung ist der umfassende des Polizeirechts[9] (und nicht jener des Unionsrechts[10]). Das Sicherheitskonzept muss „insbesondere“[11] Maßnahmen zur Gewährleistung von IT- und Sicherheit aufzeigen; aber auch den Nachweis weitere Aspekte kann die zuständige Behörde anfordern. Sowohl die Datensicherheit als auch die IT-Sicherheit bestimmt sich nach Maßgabe des Datenschutzrechts (vgl. etwa Art. 32 DSGVO)[12]. Obwohl die fraglichen Daten überwiegend nicht zu den besonderen Kategorien personenbezogener Daten iSd Art. 9 Abs. 1 DSGVO gehören dürften[13], sind sie sensibel. Entsprechend robust muss das Datensicherheitskonzept sein, wobei internationalen Standards besondere Bedeutung zukommt[14]. Nähere Anforderungen an das IT-Sicherheitskonzept ergeben sich aus § 6f. 9

Im Verfahren ist auch ein **Sozialkonzept** darzulegen einschließlich der Maßnahmen zur Sicherstellung des Ausschlusses Minderjähriger und gesperrter Spieler (S. 4 Nr. 3). Näheres zum Sozialkonzept ergibt sich aus § 6. Auch weitere Vorgaben des GlüStV sind in diesem Kontext relevant (insbes. § 4 Abs. 5 Nr. 1, § 4 Abs. 3 S. 1 – 3, § 6e Abs. 1 S. 1, § 8 Abs. 3). Die Differenzierung des Sozialkonzepts je nach Glücksspielform (§ 6 Abs. 2 S. 3) muss dabei insbes. auf die besondere Form des Angebots (auch) im Internet eingehen (§ 4 Abs. 5 Nr. 4). Das Sozialkonzept ist mit den übrigen Anforderungen an den Erlaubnisantrag abzustimmen. So greifen etwa die Bereiche Sicherheits- und Sozialkonzept ineinander.[15] 10

Gefordert ist weiter eine Darstellung der Wirtschaftlichkeit unter Berücksichtigung der Abgabenpflichten (**Wirtschaftlichkeitskonzept**) nach S. 4 Nr. 4. Darin müssen jedenfalls die Erfordernisse des § 4a Abs. 1 Nr. 2 lit. a und b abgedeckt werden. Zum Wirtschaftlichkeitskonzept kann insbes. ein Vertriebskonzept gehören, das die Wirtschaftlichkeitsberechnung tragen muss.[16] Das Wirtschaftlichkeitskonzept muss auf den gesamten Erlaubniszeitraum (grundsätzlich fünf bzw. sieben Jahre, § 4c Abs. 1 S. 1 Hs. 2) ausgerichtet sein; ein Gewinn im ersten Jahr nach Erlaubniserteilung ist zB nicht zwingend.[17] 11

Der Antragsteller muss weiter eine **Kostenübernahmeerklärung** (nur) für die in S. 4 Nr. 5 genannten Posten abgeben. Dem Zweck der Erstattungssicherung entsprechend muss die Erklärung rechtsverbindlich ausgestaltet sein („Verpflich- 12

9 Etwa § 8 Abs. 1 PolG NRW. AA Becker/Hilf/Nolte/Uwer/*Hilf/Umbach* § 4b Rn. 72.
10 Zum Begriff der öffentlichen Sicherheit und Ordnung im Kontext der Kapitalverkehrsfreiheit *Otto* What Is A Foreign Direct Investment? Understanding Third Country Direct Investments Conceptually and in Practise in Hindelang/Moberg A Common European Law on Investment Screening (CELIS), S. 532.
11 BW LT-Drs. 15/1570, 71.
12 Näher dazu etwa Simitis/Hornung/Spiecker gen. Döhmann/*Hansen* DSGVO Art. 32.
13 Anders etwa Gesundheitsdaten iSd Art. 4 Nr. 15 DSGVO, zB Daten über Spielsucht.
14 BW LT-Drs. 15/1570, 71.
15 Dietlein/Hecker/Ruttig/*Hertwig* § 4b Rn. 30; Becker/Hilf/Nolte/Uwer/*Hilf/Umbach* § 4b Rn. 73.
16 Dietlein/Hecker/Ruttig/*Hertwig* § 4b Rn. 32.
17 Becker/Hilf/Nolte/Uwer/*Hilf/Umbach* § 4b Rn. 74.

tung" wäre daher der deutlichere Begriff, wie er in anderen Kontexten verwendet wird[18]).

13 Der Antragsteller muss weiter die **Verpflichtungserklärung** abgeben, weder selbst noch durch verbundene Unternehmen unerlaubtes Glücksspiel zu veranstalten oder zu vermitteln (S. 4 Nr. 6). Diese Erklärung darf sich nach dem GlüStV 2021 nicht auf Veranstaltungen und Vermittlungen in Deutschland beschränken, sondern muss eine Aussage zur globalen Situation treffen.[19] Der Verstoß gegen die Verpflichtungserklärung an sich dürfte allerdings nicht zum Widerruf der Erlaubnis führen; relevant ist vielmehr die unerlaubte Veranstaltung bzw. Vermittlung selbst. Die Maßnahmen hiergegen hält aber der speziellere § 4d Abs. 4 S. 3 bereit (zum Problem der Reaktionsmaßnahmen in diesem Kontext → § 4d Rn. 23).

14 S. 4 Nr. 7 fordert zuletzt die Erklärung des Antragstellers, dass die vorgelegten Unterlagen und Angaben **vollständig** sind.

15 Nachweise und **Unterlagen aus einem anderen EU-Mitgliedstaat** oder einem EWR-Vertragsstaat stehen deutschen Nachweisen und Unterlagen gleich, wenn aus ihnen hervorgeht, dass die Anforderungen der in S. 3 genannten Voraussetzungen erfüllt sind; sie sind auf Kosten des Antragstellers in beglaubigter Kopie und beglaubigter deutscher Übersetzung vorzulegen (S. 5 und 6). Zeitliche Verzögerung infolge der Beschaffung und Übersetzung sind durch angemessene Fristsetzungen zu berücksichtigen.[20]

16 **3. Abs. 2.** Die Behörde kann den Antragsteller zur Prüfung der in Abs. 1 S. 4 genannten Voraussetzungen zur **Ergänzung und zur Vorlage weiterer Angaben** auffordern (S. 1). Die Aufforderung ist auf Aspekte der Erlaubnisvoraussetzungen beschränkt[21] und kann mit einer Frist verbunden werden[22].

17 Die Behörde ist befugt, **Erkenntnisse der Sicherheitsbehörden** des Bundes und der Länder abzufragen, insbes. zur rechtmäßigen Herkunft der für die Veranstaltung öffentlicher Glücksspiele erforderlichen Mittel (S. 2). Die Befugnis ist beschränkt: Der Zweck der Abfrage muss sich auf die Erlaubnisvoraussetzungen (und das Erlaubnisverfahren) beziehen.[23] Eine Begrenzung des personellen Bezugs der Abfrage auf den Antragsteller und die von ihm für die Veranstaltung von Glücksspielen vorgesehenen verantwortlichen Personen ist S. 2 nicht zu entnehmen.[24] Wo andere Personen in den §§ 4a ff. für die Erlaubniserteilung für relevant erachtet werden (bspw. Angehörige gem. § 4b Abs. 1 S. 4 Nr. 1), ist eine Abfrage zulässig.

18 Den Antragsteller treffen **Mitwirkungsobliegenheiten** nach S. 3 – 5: Er muss relevante **Sachverhalte, die sich auf Vorgänge außerhalb Deutschlands beziehen,** aufklären und die erforderlichen Beweismittel beschaffen. Zur Erfüllung dieser gesteigerten Beibringungsobliegenheit[25] hat er alle für ihn bestehenden rechtlichen und tatsächlichen Möglichkeiten auszuschöpfen und kann sich nicht darauf berufen, dass er Sachverhalte nicht aufklären oder Beweismittel nicht beschaffen kann, wenn ihm dies unter den konkreten Umständen sehr wohl möglich wäre. Dabei handelt es sich nicht um (behördlich erzwingbare) öffentlich-

18 Etwa § 8a Abs. 1 Nr. 3 BImSchG.
19 NRW LT-Drs. 17/11683, 117.
20 Becker/Hilf/Nolte/Uwer/*Hilf/Umbach* § 4b Rn. 80.
21 Dietlein/Hecker/Ruttig/*Hertwig* § 4b Rn. 41.
22 VG Wiesbaden 8.6.2015 – 5 L 1433/14.WI, BeckRS 2015, 48328, Rn. 85.
23 BW LT-Drs. 15/1570, 71.
24 So aber Dietlein/Hecker/Ruttig/*Hertwig* § 4b Rn. 43.
25 Becker/Hilf/Nolte/Uwer/*Hilf/Umbach* § 4b Rn. 88.

rechtliche Pflichten.[26] Allerdings können Erkenntnisdefizite der Behörde im Fall der Nichterfüllung der Mitwirkungsobliegenheiten im Erlaubnisverfahren zulasten des Antragstellers berücksichtigt werden.[27]

4. Abs. 3. Die Auskunfts- und Vorlagepflichtigen haben jede Änderung der maßgeblichen Umstände nach Antragstellung unverzüglich der Behörde mitzuteilen. Weiter müssen sie der Behörde geplante Veränderungen von Beteiligungsverhältnissen oder sonstigen Einflüssen während des Erlaubnisverfahrens in Textform (§ 126b BGB[28]) anzeigen. Mitteilungs- bzw. anzeigeauslösend sind ohne eine Bagatellschwelle sämtliche Umstände, die im Rahmen der Erlaubnis abgeprüft werden.[29] Eine entsprechende Verpflichtung *nach* Erlaubnisverteilung statuiert § 4d Abs. 1 S. 1 und Abs. 2 S. 1 (mit dem Unterschied, dass § 4b Abs. 3 die 5-%-Bagatellschwelle des § 4d Abs. 2 S. 1 nicht kennt). Eine Verletzung der Mitteilungspflicht ist nicht gesondert sanktioniert (anders als etwa § 28a Abs. 1 Nr. 6 iVm § 4d Abs. 1), kann aber im Rahmen der Zuverlässigkeitsprüfung (§ 4a Abs. 1 Nr. 1 lit. b) berücksichtigt werden. 19

§ 4c GlüStV Erlaubniserteilung bei Sportwetten, Online-Poker und virtuellen Automatenspielen

(1) [1]Die zuständige Behörde erteilt die Erlaubnis für die Veranstaltung von Sportwetten, Online-Poker oder virtuellen Automatenspielen schriftlich mit Wirkung für alle Länder; bei erstmaliger Erteilung an den Antragsteller wird sie für eine Dauer von fünf Jahren, im Übrigen für eine Dauer von sieben Jahren erteilt. [2]In begründeten Fällen kann die zuständige Behörde eine kürzere Dauer festlegen. [3]Die Erlaubnis darf nur nach Zustimmung der zuständigen Behörde einem Dritten übertragen oder zur Ausübung überlassen werden.

(2) In der Erlaubnis sind die Inhalts- und Nebenbestimmungen festzulegen, die zur dauernden Sicherstellung der Erlaubnisvoraussetzungen sowie zur Einhaltung und Überwachung der nach diesem Staatsvertrag bestehenden und im Angebot übernommenen Pflichten erforderlich sind.

(3) [1]Die Erteilung der Erlaubnis setzt voraus, dass der Antragsteller zur Sicherstellung von Auszahlungsansprüchen der Spieler und von staatlichen Zahlungsansprüchen eine Sicherheitsleistung in Form einer unbefristeten selbstschuldnerischen Bankbürgschaft eines Kreditinstituts mit Sitz in der Europäischen Union oder in einem Vertragsstaat des Abkommens über den Europäischen Wirtschaftsraum erbringt. [2]Die Sicherheitsleistung beläuft sich auf fünf Millionen Euro. [3]Sie kann von der Behörde, die die Erlaubnis erteilt, bis zur Höhe des zu erwartenden Durchschnittsumsatzes eines Monats, maximal auf 50 Millionen Euro, erhöht werden.

Literatur: *Becker/Hilf/Nolte/Uwer*, Glücksspielregulierung: Glücksspielstaatsvertrag und Nebengesetze – Kommentar, 2016; *Dietlein/Hecker/Ruttig*, Glücksspielrecht, 2. Aufl. 2013; *Hilf/Umbach*, Update zum Sportwettenrecht, ZfWG 2021, 247.

---

26 Unglücklich daher die Bezeichnung als „Mitwirkungspflichten" bei Dietlein/Hecker/Ruttig/*Hertwig* § 4b Rn. 46; wie hier Becker/Hilf/Nolte/Uwer/*Hilf/Umbach* § 4b Rn. 82.
27 Vgl. auch Dietlein/Hecker/Ruttig/*Hertwig* § 4b Rn. 47.
28 NRW LT-Drs. 17/11683, 117.
29 Becker/Hilf/Nolte/Uwer/*Hilf/Umbach* § 4b Rn. 89.

I. Genese/Gesetzesentwicklung[1]

1 Genese und Entwicklung der Vorschrift des § 4c entsprechen weitgehend derjenigen des § 4a (→ § 4a Rn. 1 f.). § 4c wurde durch den GlüStV 2012 geschaffen.[2] Nach einigen Änderungen durch den GlüStV 2021[3] entspricht § 4c in seiner heutigen Fassung im Wesentlichen § 4c des GlüStV 2012.[4]

II. Erläuterungen

2 **1. Allgemeines.** § 4c regelt **Erteilung und Inhalt der Erlaubnis**. Die Formulierung in Abs. 1 S. 1 „erteilt" trifft daher keine Aussage darüber, ob die Erlaubnis als gebundene oder als Ermessensentscheidung erteilt wird. Diese Frage ist allein durch Auslegung des § 4 zu beantworten (→ § 4 Rn. 4). Zum **Anwendungsbereich** gelten die Ausführungen unter → § 4a Rn. 3 entsprechend.

3 Zum **Verfahren** und zur **zuständigen Behörde** → § 4a Rn. 4.

4 **2. Abs. 1.** Die zuständige Behörde erteilt die Erlaubnis für die Veranstaltung von Sportwetten, Online-Poker bzw. virtuellen Automatenspielen schriftlich **mit Wirkung für alle Länder** (S. 1 Hs. 1).

5 Die Erlaubnis wird jeweils nur für eine bestimmte Glücksspielform erteilt; derselbe Antragsteller kann jedoch mehrere Erlaubnisse für mehrere Spielformen erhalten und unter den Voraussetzungen des § 4 Abs. 5 Nr. 5 diese auch gemeinsam über eine Internetdomain anbieten.[5]

6 Für die **Dauer** gilt: Die erstmalige Erlaubnis wird für fünf Jahre, die Folgeerlaubnis für sieben Jahre erteilt (S. 1 Hs. 2). Diesen Zeitraum haben die Länder auch mit Rücksicht auf die Erfahrungen aus Schleswig-Holstein und anderen europäischen Staaten für ausreichend erachtet, damit sich die Investitionen des Anbieters amortisieren können.[6] Der kürzere Zeitraum für die Ersterlaubnis folgt dabei einem Bewährungskalkül: Nach der Begründung des GlüStV 2021 ist regelmäßig zu erwarten, dass insbes. in den ersten Jahren des Angebots eines bestimmten Glücksspiels Erkenntnisse in Bezug auf den Antragsteller durch die Behörde(n) gewonnen werden können, die ggf. Anlass zu neuen Inhalts- und Nebenbestimmungen bei der Folgeerlaubnis geben.[7]

7 In begründeten Fällen kann die Behörde eine **kürzere Dauer** festlegen (S. 2). Nach der Begründung des GlüStV sollen damit Fälle abgedeckt werden, bei denen eine kürzere Laufzeit erforderlich ist.[8] Als Beispiel nennt die Begründung verbleibende Restzweifel an der Zuverlässigkeit eines Antragstellers im Erlaubnisverfahren: In diesem Fall soll (anstatt einer Ablehnung der Erlaubnis) zu-

1 Die Verfasser bedanken sich bei Frau Chiara A. Träger für ihre Unterstützung.
2 GV NRW 2012, 524 (537); zur Begründung s. BW LT-Drs. 15/1570, 72.
3 GV NRW 2021, 459 (468 f.); zur Begründung s. NRW LT-Drs. 17/11683, 117 f.
4 Der GlüStV 2020 brachte für § 4c keine Änderungen, s. GV NRW 2019, 911 (918).
5 NRW LT-Drs. 17/11683, 117. Dass die Erlaubnis „grundsätzlich" nur für eine Glücksspielform erteilt werde (ebd.), trägt nicht den Schluss, dass eine Ausnahme zulässig sein soll.
6 NRW LT-Drs. 17/11683, 117.
7 NRW LT-Drs. 17/11683, 117.
8 NRW LT-Drs. 17/11683, 117.

nächst nur eine zeitlich verkürzte Erlaubnis erteilt werden.[9] Zu Recht weist die Begründung aber auch darauf hin, dass im Rahmen der Ermessensausübung hinsichtlich der Erlaubnisdauer die Interessen des Antragstellers an der Möglichkeit der Amortisation notwendiger Investitionen berücksichtigt werden müssen.[10]

Die Erlaubnis darf nur nach Zustimmung der Behörde einem Dritten übertragen oder zur Ausübung überlassen werden (S. 3). Die grundsätzliche Möglichkeit der Übertragung bzw. Überlassung ist lex specialis gegenüber dem entsprechenden Verbot des § 9 Abs. 4 S. 4. Bei der **Übertragung** tritt der Dritte im Wege der Rechtsnachfolge unmittelbar an die Stelle des bisherigen Erlaubnisinhabers.[11] Bei der **Überlassung der Ausübung** auf Dritte bleibt der Erlaubnisinhaber in seiner öffentlich-rechtlichen Stellung, überträgt die Veranstaltung des Glücksspiels aber mittels zivilrechtlichen Vertrags auf einen Dritten.[12] Da die Erlaubnis als **Personalerlaubnis** ausgestaltet ist, ist die Zustimmung der Übertragung bzw. der Überlassung der Ausübung nötig: Ohne Zustimmung als neuem begünstigendem Verwaltungsakt liegt unerlaubtes Glücksspiel vor (vgl. § 4 Abs. 1 S. 1 und 2).[13] 8

Die Übertragungs-/Überlassungssituation ist im GlüStV nur **fragmentarisch geregelt**. Wichtige Fragen bleiben offen. Klar sein dürfte, dass die Behörde im Rahmen der **Zustimmungsprüfung** zu prüfen hat, ob der Dritte sämtliche Erlaubnisvoraussetzungen in eigener Person erfüllt.[14] Dabei darf der Dritte inhaltlich an die ursprünglichen Nachweise der Erlaubnisvoraussetzungen anknüpfen, wo dies sachlich möglich ist (zB darf er das bisherige Sicherheitskonzept iSd § 4b Abs. 1 S. 4 Nr. 2 fortführen). Bei der Bewertung solcher fortgeführten Elemente darf die Behörde keine andere Entscheidung treffen als bei der Erlaubniserteilung. 9

Unklar ist, ob es sich bei der Zustimmung um eine **gebundene oder eine Ermessensentscheidung** handelt. Grundsätzlich muss für die Zustimmung dasselbe gelten wie für die Erlaubnis selbst (zu diesem Problem → § 4 Rn. 4). 10

3. Abs. 2. In der Erlaubnis sind nach Abs. 2 die Inhalts- und Nebenbestimmungen festzulegen, die zur dauernden Sicherstellung der Erlaubnisvoraussetzungen sowie zur Einhaltung und Überwachung der nach dem GlüStV bestehenden und in der Antragstellung übernommenen Pflichten erforderlich sind. Eine Verletzung der Inhalts- und Nebenbestimmungen eröffnet das Sanktionsregime des § 4d Abs. 4 S. 1 und 2. 11

Die Festsetzung der **Nebenbestimmungen** bestimmt sich nach hier vertretener Auffassung (→ § 4a Rn. 6 iVm → § 4 Rn. 4) nach der § 36 Abs. 1 VwVfG[15] entsprechenden landesrechtlichen Norm. Dazu zählt die Festlegung der **Dauer** der Erlaubnis (§ 4c Abs. 1 S. 1 Hs. 2, S. 2) in Form einer Befristung.[16] Umstritten ist, ob durch Nebenbestimmung die **Betriebspflicht** festgesetzt werden darf, um den 12

9 NRW LT-Drs. 17/11683, 117 (S. 117 f. mit einem weiteren Beispiel im Fall der Aufkündigung des GlüStV).
10 NRW LT-Drs. 17/11683, 118.
11 Dietlein/Hecker/Ruttig/*Hertwig* § 4c Rn. 3; Becker/Hilf/Nolte/Uwer/*Hilf/Umbach* § 4c Rn. 7.
12 Dietlein/Hecker/Ruttig/*Hertwig* § 4c Rn. 3; Becker/Hilf/Nolte/Uwer/*Hilf/Umbach* § 4c Rn. 8.
13 Becker/Hilf/Nolte/Uwer/*Hilf/Umbach* § 4c Rn. 11.
14 Dietlein/Hecker/Ruttig/*Hertwig* § 4c Rn. 4; Becker/Hilf/Nolte/Uwer/*Hilf/Umbach* § 4c Rn. 10.
15 Bzw. nach § 36 Abs. 2 VwVfG, wenn man die Erlaubnisvoraussetzungen des § 4a als repressives Verbot mit Erlaubnisvorbehalt sieht.
16 S. zur früheren Rechtslage Dietlein/Hecker/Ruttig/*Hertwig* § 4c Rn. 10.

Spieltrieb der Bevölkerung auch tatsächlich zu kanalisieren (s. § 1 S. 1 Nr. 2).[17] Auch die übrigen zahlreichen Pflichten sind zu konkretisieren, die den Erlaubnisinhaber treffen (etwa die Bereithaltung eines Safe-Servers nach § 6i Abs. 2 [vgl. dort S. 3]).

13 **4. Abs. 3.** Die Erteilung der Erlaubnis setzt voraus, dass der Antragsteller zur Sicherstellung von Auszahlungsansprüchen der Spieler[18] und von staatlichen Zahlungsansprüchen[19] eine Sicherheitsleistung in Form einer **unbefristeten selbstschuldnerischen Bankbürgschaft** (vgl. § 773 Abs. 1 Nr. 1 BGB) eines Kreditinstituts mit Sitz in der EU oder in einem EWR-Vertragsstaat erbringt[20] (S. 1). Angesichts einer befristeten Erlaubnis (§ 4c Abs. 1 S. 1 Hs. 2, S. 2) begegnet eine „unbefristete" Bürgschaft Bedenken.[21] Sachlich sprechen daher zwar die besseren Argumente für eine teleologische Reduktion (Befristung der Bankbürgschaft auf die Dauer der Erlaubnis zuzüglich der Verjährungsfrist für die gesicherten Ansprüche). Dies wirft angesichts des klaren Wortlauts jedoch methodologische Bedenken auf.

14 Die **Höhe** der Sicherheitsleistung beläuft sich auf (mind.) fünf Mio. EUR (S. 2). Allerdings hat das **VG Darmstadt** in einer Eilentscheidung jüngst entschieden: „Diese rigorose Festlegung auf einen nicht zu unterschreitenden Mindestbetrag von 5 Mio[.] EUR dürfte jedoch weder verfassungsrechtlichen noch unionsrechtlichen[22] Anforderungen genügen".[23] Die ausnahmslose Festlegung der Mindestsicherheitsleistung führe jedenfalls bei kleineren Anbietern zu einem auffälligen Missverhältnis zwischen Sicherungsbedürfnis und Höhe der Sicherheitsleistung und erweise sich insoweit nicht als erforderlich.[24] Eine prätorische Anpassung der Sicherheitsleistung (auf die Höhe des zu erwartenden Durchschnittsumsatzes von zwei Wochen) mag im einstweiligen Rechtsschutz möglich sein,[25] kann natürlich aber einen (etwaigen) Anpassungsbedarf der Norm durch die Länder nicht ersetzen. **Inhaltlich** ist anzumerken: Zwar erfolgten die Ausführungen des Gerichts „nur" als Einschätzung im vorläufigen Rechtsschutz; zudem werden für die Frage der Auslegung von § 4c nach Ablauf der Übergangs-

17 Ablehnend (obiter dictum) VG Darmstadt 1.4.2020 – 3 L 446/20.DA, BeckRS 2020, 5966 Rn. 13 (der GlüStV 2012/2020 enthalte keine Verpflichtung des Konzessionsnehmers zur Aufrechterhaltung seines Angebots); Becker/Hilf/Nolte/Uwer/*Hilf/Umbach* § 4c Rn. 23 ff. (die Zielbestimmung des § 1 S. 1 Nr. 2 ersetze nicht die nötige Rechtsgrundlage, jedenfalls aber sei eine Frist von mind. einem Jahr zuzubilligen). Für eine Betriebspflicht (allerdings im System der zahlenmäßig beschränkten Konzessionen nach dem GlüStV 2012) hingegen Dietlein/Hecker/Ruttig/*Hertwig* § 4c Rn. 11. Aus der Praxis ist anzumerken, dass die ersten (2020 vergebenen) Konzessionen Betriebspflichten beinhalteten, s. *Hilf/Umbach* ZfWG 2021, 247 (247 f.).

18 Dazu näher Becker/Hilf/Nolte/Uwer/*Hilf/Umbach* § 4c Rn. 30.

19 Zur in großen Teilen übertragbaren früheren Rechtslage näher Becker/Hilf/Nolte/Uwer/*Hilf/Umbach* § 4c Rn. 31.

20 Näher zum Zeitpunkt der Erbringung Becker/Hilf/Nolte/Uwer/*Hilf/Umbach* § 4c Rn. 33.

21 Im Grundsatz, in den Folgerungen aber nur teilweise überzeugend Becker/Hilf/Nolte/Uwer/*Hilf/Umbach* § 4c Rn. 32.

22 Zum Beschränkungsverbot der Dienstleistungsfreiheit nach Art. 56 ff. AEUV s. (neben der vom VG Darmstadt 24.2.2021 – 3 L 2121/20.DA, BeckRS 2021, 7381, Rn. 13 angeführten Rechtsprechung) auch etwa EuGH 3.12.2020 – C-311/19, BeckRS 2020, 33431, Rn. 18; EuGH 25.7.1991 – C-76/90, BeckRS 9998, 97071, Rn. 12.

23 VG Darmstadt 24.2.2021 – 3 L 2121/20.DA, BeckRS 2021, 7381, Rn. 12. Mit demselben Ergebnis: VG Darmstadt 1.4.2020 – 3 L 446/20.DA, BeckRS 2020, 5966, Rn. 23.

24 VG Darmstadt 24.2.2021 – 3 L 2121/20.DA, BeckRS 2021, 7381, Rn. 12 – 19.

25 So VG Darmstadt 24.2.2021 – 3 L 2121/20.DA, BeckRS 2021, 7381, Rn. 20.

frist des § 27p Abs. 1 Nr. 3, Abs. 12 nicht mehr die hessischen, sondern die sachsen-anhaltinischen Gerichte zuständig sein[26]. Dessen ungeachtet bleiben **ernsthafte Bedenken**, ob die Mindesthöhe von fünf Mio. EUR nicht in der Tat bestimmte Anbieter durch unverhältnismäßige Belastung unzulässig beschränkt. Die Annahme einer ungeschriebenen Reduktionsmöglichkeit der Sicherheit[27] dürfte jedoch ausgeschlossen sein. Eine planwidrige Regelungslücke (insbes. als Voraussetzung für die Anwendung von § 4c Abs. 3 S. 3 analog zur Minderung statt Erhöhung der Sicherheit) liegt nicht vor, da nach dem ausdrücklichen Willen der Länder eine Ermäßigung der regelmäßigen Sicherheitsleistung von fünf Mio. EUR nicht vorgesehen ist.[28]

15 Die Höhe der Sicherheitsleistung kann von der Erlaubnisbehörde bis zur Höhe des zu erwartenden Durchschnittsumsatzes eines Monats, **maximal auf 50 Mio. EUR**, erhöht werden (S. 3). Der GlüStV 2021 hat das frühere Maximum von 25 Mio. EUR[29] damit verdoppelt. Nach der Begründung des GlüStV 2021 rechtfertigt sich die Erhöhung durch die höheren Umsätze im Bereich des Online-Glücksspielmarktes.[30]

§ 4d GlüStV Pflichten; Aufsichtliche Maßnahmen bei Sportwetten, Online-Poker und virtuellen Automatenspielen

(1) [1]Der Inhaber einer Erlaubnis für die Veranstaltung von Sportwetten, Online-Poker oder virtuellen Automatenspielen ist verpflichtet, jede Änderung der für die Erteilung der Erlaubnis maßgeblichen Umstände unverzüglich der zuständigen Behörde mitzuteilen. [2]§ 4b findet entsprechende Anwendung. [3]Die Aufhebung eines Vertretungsverhältnisses nach § 4a Absatz 1 Nummer 3 Buchstabe c erlangt gegenüber den zuständigen Behörden erst durch die Bestellung eines neuen Empfangs- und Vertretungsbevollmächtigten und schriftliche Mitteilung Wirksamkeit.

(2) [1]Bei Personengesellschaften ist jede geplante Veränderung von Beteiligungsverhältnissen oder sonstigen Einflüssen, bei juristischen Personen nur solche, die mehr als fünf Prozent des Grundkapitals oder des Stimmrechts betreffen, der zuständigen Behörde schriftlich anzuzeigen. [2]Anzeigepflichtig sind der Erlaubnisinhaber und die an ihm unmittelbar oder mittelbar Beteiligten. [3]Die Veränderungen dürfen nur dann von der zuständigen Behörde als unbedenklich bestätigt werden, wenn unter den veränderten Voraussetzungen eine Erlaubnis erteilt werden könnte. [4]Wird eine geplante Veränderung vollzogen, die nicht nach Satz 3 als unbedenklich bestätigt werden kann, ist die Erlaubnis zu widerrufen; das Nähere des Widerrufs richtet sich nach dem jeweils anwendbaren Landesrecht. [5]Unbeschadet der Anzeigepflichten nach Satz 1 sind der Erlaubnisinhaber und die an ihm unmittelbar oder mittelbar Beteiligten jeweils nach Ablauf eines Kalenderjahres verpflichtet, unverzüglich der zuständigen Behörde gegenüber eine

26 Sitz der Gemeinsamen Glücksspielbehörde der Länder als zuständiger Behörde (§§ 27a Abs. 1, Abs. 2, 27f Abs. 1) ist Sachsen-Anhalt (§ 27a Abs. 1 S. 1). Die Entscheidungen der Gemeinsamen Glücksspielbehörde der Länder werden stets Sachsen-Anhalt zugerechnet (NRW LT-Drs. 17/11683, 200 f.).

27 Eine solche Reduktionsmöglichkeit hatte das Land Hessen offenbar im damaligen Verfahren angenommen, s. VG Darmstadt 1.4.2020 – 3 L 446/20.DA, BeckRS 2020, 5966, Rn. 23.

28 NRW LT-Drs. 17/11683, 118.

29 GV NRW 2012, 524 (537).

30 NRW LT-Drs. 17/11683, 118.

Erklärung darüber abzugeben, ob und inwieweit innerhalb des abgelaufenen Kalenderjahres bei den Beteiligungs- und Zurechnungstatbeständen eine Veränderung eingetreten ist.

(3) [1]Der Erlaubnisinhaber hat abweichend von § 6 Absatz 2 Satz 3 Nummer 10 jährlich zu berichten. [2]Die Richtigkeit der Erhebung und Übermittlung der Daten kann in regelmäßigen Abständen durch eine unabhängige Stelle überprüft werden. [3]Mit dem Bericht ist auch der Prüfbericht einer geeigneten externen und unabhängigen Stelle über die Einhaltung der technischen Standards und die Wirksamkeit der im Sicherheitskonzept vorgesehenen und in der Erlaubnis vorgeschriebenen Sicherheitsmaßnahmen vorzulegen. [4]Auf Anforderung der zuständigen Behörde hat der Erlaubnisinhaber zudem Kontodaten zur Verfügung zu stellen, soweit die Umsätze nicht über ein inländisches Konto abgewickelt werden.

(4) [1]Verletzt ein Erlaubnisinhaber eine nach Absatz 1, Absatz 2 Satz 5 und Absatz 3 bestehende Mitteilungspflicht oder die nach § 4c Absatz 2 festgelegten Inhalts- und Nebenbestimmungen der Erlaubnis, kann die zuständige Behörde ihn unter Setzung einer angemessenen Frist zur Einhaltung der Pflichten auffordern. [2]Werden nach Ablauf der Frist die Pflichten nicht oder nicht vollständig erfüllt, kann die zuständige Behörde unter Berücksichtigung der Schwere des Verstoßes insbesondere folgende Maßnahmen ergreifen:

1. öffentliche Abmahnung mit erneuter Fristsetzung,
2. Aussetzung der Erlaubnis für drei Monate,
3. Reduzierung der Dauer der Erlaubnis um ein Viertel der gesamten Laufzeit oder
4. Widerruf der Erlaubnis.

[3]Gleiches gilt für den Fall, dass der Erlaubnisinhaber selbst oder ein mit ihm verbundenes Unternehmen im Geltungsbereich dieses Staatsvertrages unerlaubte Glücksspiele veranstaltet oder vermittelt. [4]Die § 49 des Verwaltungsverfahrensgesetzes entsprechenden Vorschriften der Verwaltungsverfahrensgesetze der Länder bleiben anwendbar. [5]§ 9 Absatz 4 Satz 3 ist anwendbar.

Literatur: *Becker/Hilf/Nolte/Uwer*, Glücksspielregulierung: Glücksspielstaatsvertrag und Nebengesetze – Kommentar, 2016; *Dietlein/Hecker/Ruttig*, Glücksspielrecht, 2. Aufl. 2013.

I. Genese/Gesetzesentwicklung[1]

1 Genese und Entwicklung des § 4d entsprechen § 4a (→ § 4a Rn. 1 f.). § 4d wurde (als § 4e) durch den GlüStV 2012 eingefügt.[2] Abgesehen von der Anpassung der Terminologie (Bezug ist nunmehr die „Erlaubnis“, nicht mehr die frühere „Konzession“) und redaktionellen Folgeänderungen im GlüStV 2021[3] entspricht § 4d dem § 4e des GlüStV 2012.[4]

1 Die Verfasser bedanken sich bei Frau Chiara A. Träger für ihre Unterstützung.
2 GV NRW 2012, 524 (537 f.); zur Begründung BW LT-Drs. 15/1570, 74 f.
3 GV NRW 2021, 459 (469 f.); zur Begründung NRW LT-Drs. 17/11683, 118.
4 Der GlüStV 2020 brachte für § 4d keine Änderungen, s. GV NRW 2019, 911 (918).

II. Erläuterungen

1. Allgemeines. § 4d bestimmt die Situation **nach der Erlaubniserteilung.** Zum Anwendungsbereich → § 4a Rn. 3 entsprechend. 2

Zum **Verfahren** und zur **zuständigen Behörde** vgl. die Ausführungen unter → § 4a Rn. 4 entsprechend sowie speziell zu Fragen der Glücksspielaufsicht § 9a Abs. 2 S. 2 iVm S. 1, Abs. 1 Nr. 3 iVm § 27a Abs. 1 S. 1, § 27f Abs. 1, § 27p Abs. 1 Nr. 3, Abs. 12. 3

2. Abs. 1. Abs. 1 dient der Überwachung des dauerhaften Vorliegens der Erlaubnisvoraussetzungen.[5] 4

Die **Verpflichtung** des Erlaubnisinhabers, jede **Änderung** der für die Erteilung der Erlaubnis maßgeblichen Umstände unverzüglich der Behörde **mitzuteilen** (S. 1), entspricht den Inhalten von § 4b Abs. 3. Entsprechend ordnet S. 2 die Anwendung von § 4b an. 5

Der Empfangs- und Vertretungsbevollmächtigte im Inland, den ein ausländischer Erlaubnisinhaber gem. § 4a Abs. 1 Nr. 3 lit. c haben muss, bleibt im Verhältnis zur Behörde berechtigt, solange kein Nachfolger bestellt und dies der Behörde schriftlich mitgeteilt worden ist (S. 3). Die Behörde darf diesen Austausch zum Anlass nehmen, die Erlaubnisvoraussetzungen (§ 4a Abs. 1 Nr. 3 lit. c) des neuen Empfangs- und Vertretungsbevollmächtigten erneut zu prüfen (§ 9 Abs. 1 S. 1). 6

3. Abs. 2. Die in Abs. 2 geregelten Pflichten der Offenlegung von Änderungen der Beteiligungsverhältnisse oder von sonstigen Einflüssen dienen der Gewährleistung der dauerhaften rechtlichen Anforderungen des Erlaubnisinhabers.[6] 7

Auslöser für die Pflicht zur schriftlichen Anzeige ist jede **geplante Veränderung von Beteiligungsverhältnissen oder sonstigen Einflüssen;** bei juristischen Personen sind allerdings nur solche Veränderungsabsichten anzeigepflichtig, die mehr als 5 % des Grundkapitals oder des Stimmrechts betreffen (S. 1). Der mitteilungspflichtige Vorgang ist dabei weit auszulegen. So müssen bspw. auch Änderungen bei den Treuhandverhältnissen iSd § 4a Abs. 1 Nr. 1 lit. a angegeben werden. Dabei kann aber im Ergebnis dahinstehen, ob sich dies aus einer weiten Auslegung von S. 1 ergibt oder ergänzend Abs. 1 S. 1 zur Anwendung kommt. 8

Anzeigeverpflichtet sind der Erlaubnisinhaber und die an ihm unmittelbar oder mittelbar Beteiligten (S. 2). 9

Das System der Beteiligungs-/Einflussveränderung ist im GlüStV nur fragmentarisch geregelt und lässt im Vergleich zu anderen Rechtsbereichen Fragen offen (vgl. etwa §§ 14a f. AWG, §§ 55 ff. AWV). Mit der Anzeige wird die Behörde in die Lage versetzt, das Vorliegen der Erlaubnisvoraussetzungen auch unter den geänderten Umständen zu prüfen. Die genauen Umstände der **Unbedenklichkeitsbestätigung** nach S. 3 werfen hingegen Fragen auf. Klar ist: Es besteht **kein dingliches Vollzugsverbot,** wie es aus anderen Rechtsbereichen bekannt ist[7]. Die Änderung der Beteiligungsverhältnisse ist zivilrechtlich also in jedem Fall wirksam, selbst wenn die Anzeigepflicht von S. 1 verletzt wurde bzw. wenn (noch) keine Unbedenklichkeitsbestätigung erteilt wurde. Mit Blick auf die Transaktions- und Rechtssicherheit für den Erlaubnisinhaber gilt im Übrigen: Die Behörde ist **verpflichtet** (und nicht nur berechtigt), eine Unbedenklichkeitsbestätigung zu erteilen, sofern die Voraussetzungen für ihre Erteilung vorliegen (dass also auch unter den geänderten Umständen die Erlaubnisvoraussetzungen bestehen). 10

5 BW LT-Drs. 15/1570, 74.
6 Vgl. BW LT-Drs. 15/1570, 74 f.
7 Etwa § 15 AWG Abs. 3 S. 1, 2 iVm § 58a Abs. 1 S. 1 AWV.

Eine Frist ist hierfür nicht vorgesehen (und erst recht keine Fiktionswirkung, wie sie vergleichbare andere Rechtsbereiche wie § 58 Abs. 2 S. 1 AWV kennen und wie sie der GlüStV auch grundsätzlich kennt, s. § 21 Abs. 5 S. 4). Weiter ist die Unbedenklichkeitsbestätigung als feststellender Verwaltungsakt zu qualifizieren. Soweit die Prüfung reicht, tritt (bezogen auf den Zeitpunkt der Prüfung) folglich mit Blick auf das Vorliegen der Erlaubnisvoraussetzungen Bestandskraft ein. Um Unklarheiten mit Blick auf den Vertrauenstatbestand zu vermeiden, sollte die Behörde durch Nebenbestimmungen oder Hinweise die Reichweite der Bedeutung der Unbedenklichkeitsbestätigung klarstellen.

11 Der (dingliche) Vollzug einer **Veränderung, für die keine Unbedenklichkeitsbestätigung erteilt werden kann**, führt nach S. 4 zwingend zum **Widerruf** nach der § 49 VwVfG entsprechenden landesrechtlichen Norm. Bereits der Wortlaut macht klar, dass nicht das formelle Vorliegen der Bestätigung relevant ist, sondern die materiellen Fragen nach der Erlaubnisfähigkeit der neuen Umstände. Deutlich wird aber auch, dass der Widerruf in einem solchen Fall keine Ermessens-, sondern eine gebundene Entscheidung ist.

12 Ungeachtet der Pflichten nach S. 1 besteht eine **jährliche Erklärungspflicht** (des Erlaubnisinhabers ebenso wie der an ihm unmittelbar oder mittelbar Beteiligten) darüber, ob und inwieweit innerhalb des abgelaufenen Kalenderjahres bei den Beteiligungs- und Zurechnungstatbeständen eine Veränderung eingetreten ist (S. 5). Die Pflicht besteht auch dann, wenn Fehlanzeige erstattet werden muss.

13 **4. Abs. 3.** S. 1 verkürzt die Berichtspflicht des § 6 Abs. 2 S. 3 Nr. 10 iVm Nr. 9 von zwei Jahren auf eine **jährliche Berichtspflicht**. Die Richtigkeit der Daten kann nach Maßgabe von S. 2 überprüft werden.

14 Gleichzeitig[8] und zusätzlich zum Bericht nach S. 1 ist auch jährlich ein externer **Prüfbericht** über die Einhaltung der technischen Standards und die Wirksamkeit des Sicherheitskonzepts vorzulegen (S. 3).

15 Soweit der Erlaubnisinhaber die Umsätze über ein ausländisches Konto abwickelt, muss er zudem auf behördliche Aufforderung hin **Kontodaten** zur Verfügung stellen (S. 4).

16 **5. Abs. 4.** Abs. 4 gibt der Behörde einen Katalog mit abgestuften Maßnahmen[9] an die Hand, um Verletzungen der Mitteilungspflichten und der in der Erlaubnis festgelegten Inhalts- und Nebenbestimmungen durchzusetzen. Die Abstufungen sind dabei Ausdruck des (ohnehin geltenden) Verhältnismäßigkeitsgrundsatzes.[10] Allerdings ist Abs. 4 als Typisierung zu verstehen, die im Einzelfall möglicherweise anzupassen ist und zudem nicht abschließend ist. So setzt S. 1 bereits die Verletzung einer Pflicht voraus; es ist der Behörde unbenommen, bei einem bloßen Anfangsverdacht einer Pflichtverletzung die üblichen aufsichtsrechtlichen Maßnahmen zu nutzen (etwa das Auskunfts- und Betretensrecht nach § 9 Abs. 1 S. 3 Nr. 1). Zudem bleiben die normalen Mittel der Verwaltungsvollstreckung neben Abs. 4 erhalten;[11] die Behörde ist daher nicht gezwungen, stets nur den abgestuften Maßnahmeweg nach Abs. 4 zu beschreiten.

17 Bezugspunkt der Durchsetzung sind die **Mitteilungspflichten** nach § 4d Abs. 1, Abs. 2 S. 5 und Abs. 3 sowie die **Inhalts- und Nebenbestimmungen**, die in der Erlaubnis nach § 4c Abs. 2 festgelegt sind (S. 1). Verletzt der Erlaubnisinhaber

8 BW LT-Drs. 15/1570, 75.
9 BW LT-Drs. 15/1570, 75.
10 Vgl. BW LT-Drs. 15/1570, 75.
11 BW LT-Drs. 15/1570, 75.

seine Pflichten, kann ihn die Behörde unter Setzung einer angemessenen **Frist** zur Einhaltung der Pflichten auffordern (S. 1).

Erfüllt der Erlaubnisinhaber seine Pflichten nicht umfänglich und fristgemäß, kann die Behörde nach S. 2 unter Berücksichtigung der Schwere des Verstoßes bestimmte **abgestufte Maßnahmen** jeweils **auf Grundlage eines Verwaltungsakts** ergreifen (die als „insbesondere"-Aufzählung nicht abschließend sind). Widerspruch und Anfechtungsklage gegen die Anordnungen haben **keine aufschiebende Wirkung** (§ 9 Abs. 2 S. 1). 18

Die **öffentliche Abmahnung** mit erneuter Fristsetzung (Nr. 1) dauert so lange an, wie dies durch Verwaltungsakt zuvor festgelegt worden ist.[12] Nach der Begründung der Norm sind zur Veröffentlichung die üblichen Mittel der Öffentlichkeitsarbeit der öffentlichen Hand heranzuziehen (zB Pressemitteilung, Internet, Verbrauchermedien).[13] Zum „Internet" gehört bspw. auch die Nutzung sozialer Medien wie Twitter. 19

Die **Aussetzung der Erlaubnis für drei Monate** (Nr. 2) führt dazu, dass das entsprechende Glücksspiel während dieser Zeit als unerlaubtes Glücksspiel zu qualifizieren und daher verboten ist (§ 4 Abs. 1 S. 2). 20

Die **Reduzierung der Dauer der Erlaubnis um ein Viertel** der gesamten Laufzeit (Nr. 3) wirkt endgültig, auch wenn der Erlaubnisinhaber die beanstandeten Pflichtverstöße abstellt.[14] 21

Als schärfste Sanktion steht der **Widerruf der Erlaubnis** zur Verfügung (Nr. 4). 22

Derselbe Reaktionskatalog gilt nach S. 3 für den Fall, dass der Erlaubnisinhaber selbst oder ein mit ihm verbundenes Unternehmen im Geltungsbereich des **GlüStV unerlaubte Glücksspiele** iSd § 4 Abs. 1 S. 2 **veranstaltet oder vermittelt**. Die Norm ist mit ihrem territorialen Bezug („im Geltungsbereich dieses Staatsvertrages", also Deutschland) eingeschränkter als die Verpflichtungserklärung nach § 4b Abs. 1 S. 4 Nr. 6, die sich auf das Glücksspielverhalten des Antragstellers und seiner verbundenen Unternehmen auf der ganzen Welt beziehen muss[15] (→ § 4b Rn. 13). Anders als in § 4b Abs. 1 S. 4 Nr. 6 heißt es in § 4d Abs. 4 S. 3 aber nicht (ausdrücklich), dass das unerlaubte Glücksspiel des Antragstellers „durch" ein verbundenes Unternehmen veranstaltet werden muss.[16] Die Folge: Nach dem Wortlaut von § 4d Abs. 4 S. 3 kann die Erlaubnis auch dann widerrufen werden, wenn das Unternehmen, das den Erlaubnisinhaber **beherrscht**, unerlaubt Glücksspiel betreibt. Dieses Ergebnis ist an sich nicht widersinnig; insbes. steht es im Einklang mit § 4a Abs. 1 Nr. 1 lit. d (wonach der Antragsteller keine Erlaubnis erhalten kann, wenn das ihn beherrschende Unternehmen unerlaubt Glücksspiel betreibt). Allerdings steht dieses Ergebnis eben im Widerspruch zur enger gefassten Wertung des § 4b Abs. 1 S. 4 Nr. 6, der vom Antragsteller nur die Verpflichtung verlangt, nicht „durch" das ihn beherrschende Unternehmen unerlaubt Glücksspiel zu betreiben. Da das Problem seit Jahren bekannt ist und die Wortlautauslegung grund- und unionsrechtlich stark kritisiert worden ist,[17] hätte der GlüStV 2021 Anlass zur Klärung des Problems gegeben. Das ist jedoch unterblieben. Im Ergebnis wird man daher der Wortlautauslegung von § 4d Abs. 4 S. 3 den Vorzug geben müssen, solange ein anderes Ergebnis nicht aus Gründen der Verfassungs-/Unionsrechtskonformauslegung zwingend ist. Aller- 23

12 BW LT-Drs. 15/1570, 75.
13 BW LT-Drs. 15/1570, 75.
14 Dietlein/Hecker/Ruttig/*Oldag* § 4e Rn. 17.
15 NRW LT-Drs. 17/11683, 117.
16 Becker/Hilf/Nolte/Uwer/*Hilf/Umbach* § 4b Rn. 76.
17 Becker/Hilf/Nolte/Uwer/*Hilf/Umbach* § 4b Rn. 76.

dings sollte die Behörde in einem solchen Fall (unerlaubtes Glücksspiel durch das Unternehmen, das den Erlaubnisinhaber beherrscht) ihr Maßnahmeermessen nach S. 3 iVm S. 2 unter besonderer Berücksichtigung dieser Sonderkonstellation ausüben. Da die Behörde gegen das herrschende Unternehmen vorgehen kann, das in Deutschland unerlaubt Glücksspiel betreibt, dürfte ein Vorgehen gegen den Erlaubnisinhaber als abhängiges Unternehmen regelmäßig nicht erforderlich sein.

24 S. 4 stellt klar, dass ein Widerruf daneben auch aus den übrigen Gründen der landesrechtlichen Norm, die § 49 Abs. 2 S. 1 VwVfG entspricht, möglich ist. Umgekehrt gelten dann aber auch die übrigen Voraussetzungen des Widerrufsrechts (etwa die Fristenregelung nach § 49 Abs. 2 S. 2 iVm § 48 Abs. 4 VwVfG iVm der entsprechenden landesrechtlichen Norm).

25 Nach S. 5 gehört zum Maßnahmenkatalog des Abs. 4 auch die nachträgliche Anordnung von Nebenbestimmungen zur Erlaubnis gem. § 9 Abs. 4 S. 3.

§ 5 GlüStV Werbung

(1) [1]Inhaber einer Erlaubnis nach § 4 dürfen vorbehaltlich anderweitiger gesetzlicher Regelungen für die erlaubten Glücksspiele werben und Sponsoring betreiben. [2]Sie können Dritte mit der Durchführung der Werbung beauftragen. [3]In der Erlaubnis nach § 4 sind Inhalts- und Nebenbestimmungen zur Ausgestaltung der Werbung für öffentliches Glücksspiel, insbesondere im Fernsehen und im Internet einschließlich fernsehähnlichen Telemedien und Video-Sharing-Diensten, sowie zu Pflichthinweisen festzulegen. [4]Werbung über Telekommunikationsanlagen ist verboten. [5]Nicht vom Verbot nach Satz 4 umfasst sind Anrufe des Spielers oder Spielinteressenten beim Veranstalter oder Vermittler; diese Telefonate dürfen mit Einwilligung des Spielers oder Spielinteressenten im Hinblick auf § 7 Absatz 2 Nummer 2 des Gesetzes gegen den unlauteren Wettbewerb auch Werbung für erlaubtes Glücksspiel zum Gegenstand haben. [6]Ferner ist die Telekommunikation innerhalb eines bestehenden Vertragsverhältnisses nicht vom Verbot nach Satz 4 erfasst.

(2) [1]Art und Umfang der Werbung für öffentliches Glücksspiel darf den Zielen des § 1 nicht zuwiderlaufen. [2]Die Werbung darf nicht übermäßig sein. [3]Bei der Werbung für einzelne Glücksspiele dürfen besondere Merkmale des jeweiligen Glücksspiels herausgehoben werden. [4]Werbung darf sich nicht an Minderjährige oder vergleichbar gefährdete Zielgruppen richten. [5]Soweit möglich, sind Minderjährige als Empfänger von Werbung auszunehmen. [6]Irreführende Werbung für öffentliches Glücksspiel, insbesondere solche, die unzutreffende Aussagen über die Gewinnchancen oder Art und Höhe der Gewinne enthält, ist verboten. [7]In der Werbung dürfen die Ergebnisse von Glücksspielen nicht als durch den Spieler beeinflussbar und Glücksspiele nicht als Lösung für finanzielle Probleme dargestellt werden. [8]Werbung, die den Eindruck erweckt, ein redaktionell gestalteter Inhalt zu sein, ist unzulässig.

(3) [1]Täglich zwischen 6 Uhr und 21 Uhr darf keine Werbung im Rundfunk und Internet für virtuelle Automatenspiele, Online-Poker und Online-Casinospiele erfolgen; Absatz 4 bleibt unberührt. [2]Unmittelbar vor oder während der Live-Übertragung von Sportereignissen ist auf dem übertragenden Kanal Werbung für Sportwetten auf dieses Sportereignis nicht zulässig. [3]Werbung für Sportwetten mit aktiven Sportlern und Funktionären ist unzulässig.

(4) In Sportstätten ist Werbung für Glücksspiele nur in Form der Dachmarkenwerbung auf Trikots und Banden sowie ähnlichen Werbemitteln erlaubt.

(5) [1]An einzelne Personen adressierte Werbung für Glücksspiele, an denen gesperrte Spieler nach § 8 Absatz 2 nicht teilnehmen dürfen, darf nur erfolgen, wenn eine vorherige Einwilligung des vorgesehenen Empfängers zu dem Empfang von Werbung und zur Abfrage der Sperrdatei durch den Werbenden vorliegt. [2]Persönlich adressierte Werbung für diese Glücksspiele an gesperrte Spieler ist unzulässig. [3]Werbende sind verpflichtet, vor dem Versand solcher Werbung, insbesondere durch die Post oder per E-Mail, durch Abgleich mit der Sperrdatei sicherzustellen, dass der Empfänger kein gesperrter Spieler ist. [4]Ergibt der Abgleich, dass ein Spieler gesperrt ist, gilt eine zuvor erteilte Einwilligung im Sinne des Satzes 1 gegenüber dem Veranstalter oder Vermittler als widerrufen.

(6) [1]Für Werbung für Glücksspiele, an denen gesperrte Spieler nach § 8 Absatz 2 nicht teilnehmen dürfen, im Internet, insbesondere in Form von Affiliate-Links, darf keine variable, insbesondere umsatz-, einzahlungs- oder einsatzabhängige Vergütung vereinbart oder gezahlt werden. [2]Live-Zwischenstände von Sportereignissen dürfen nicht mit der Werbung für Sportwetten auf dieses Sportereignis verbunden werden; davon unberührt bleibt die Anzeige von Live-Zwischenständen zu Wettangeboten auf der eigenen Internetseite eines Wettanbieters.

(7) Werbung und Sponsoring für unerlaubte Glücksspiele sind verboten.

Literatur: *Dietlein/Hecker/Ruttig* Glücksspielrecht, 2. Aufl. 2013; Empfehlung der Kommission vom 14.7.2014 mit Grundsätzen für den Schutz von Verbrauchern und Nutzern von Online-Glücksspieldienstleistungen und für den Ausschluss Minderjähriger von Online-Glücksspielen (2014/478/EU); *Fuchs* Das neue Glücksspielrecht unter besonderer Berücksichtigung von Online-Glücksspielen, Schriftenreihe zur Glücksspielforschung, 2016; *Müller/Dreier/Duven/Giralt/Beutel/Wölfling*, Abschlussbericht zur Studie: „Konsum von Glücksspielen bei Kindern und Jugendlichen: Verbreitung und Prävention im Auftrag des Ministeriums für Gesundheit, Emanzipation, Pflege und Alter des Landes Nordrhein-Westfalen“, 2014, abrufbar unter: https://www.mags.nrw/sites/default/files/asset/document/gluecksspiel_abschlussbericht.pdf; *Pagenkopf*, Der Glücksspielstaatsvertrag 2021 – Das Tor ist weit geöffnet, NJW 2021, 2152; *Schmits*, Betrachtung von Werbeverboten unter anderem für Lotterien im Rundfunk – Gleichzeitig eine Besprechung des VG München Beschlusses vom 18.8.2006, ZfWG 2007, 197; *Streinz/Liesching/Hambach* Glücks- und Gewinnspielrecht in den Medien, 1. Aufl. 2014.

I. Allgemeines

§ 5 normiert, wie bisher, **Werbebegrenzungen für alle Arten von Glücksspielen.** 1
Er tut dies in einer zielorientierten, prozedural ausgestalteten Art und Weise. Der Gesetzgeber möchte damit eine größere **Differenzierung** ermöglichen und auch den Erkenntnissen der Evaluierung verschiedener Glücksspielarten Rechnung tragen. Eine Überarbeitung der Werberegulierung war vor dem Hintergrund der Erreichung der **Ziele des Staatsvertrages** zwingend erforderlich. Dies gilt insbesondere in Anbetracht der Tatsache, dass vulnerable Personen wie etwa Spielsuchtgefährdete, Spielsüchtige und auch Minderjährige starken Fehlvorstellungen über die Beeinflussbarkeit der Ergebnisse einer Glücksspielform unterliegen können. Zudem kann Werbung auf diese Gruppen eine höhere spielanrei-

zende Wirkung ausüben.[1] Darüber hinaus ist es im Bereich der Glücksspielwerbung möglich, dass diese erst eine zuvor nicht vorhandene Nachfrage auslöst und hierdurch erst zum Entstehen von Glücksspielsucht beiträgt.[2] Allerdings gilt Werbung auch als Möglichkeit der Kanalisierung vorhandener Nachfrage in den erlaubten Glücksspielmarkt.[3] So soll es Anbietern ermöglicht werden, durch gezielte Werbemaßnahmen auf ihr Spielangebot hinzuweisen, auch um auf diese Weise das Anwachsen eines gefährlicheren Spielens im Schwarzmarkt zu verhindern.[4] Eindrücklich wird dies insbesondere bei reinen Spielangeboten im Internet, da die jeweiligen Anbieter ohne Werbemaßnahmen nicht auf sich aufmerksam machen bzw. von Spielwilligen gefunden werden können.

2 § 5 versucht in diesem **Spannungsfeld** eine ausgewogene Regelung in Bezug auf Werbung, welche ausschließlich für behördlich erlaubtes Glücksspiel gestattet ist, zu treffen. Dabei soll sowohl den Interessen der kommerziellen Anbieter als auch den Vorgaben zum Schutz von Minderjährigen sowie dem Schutz vor gesundheitlichen Risiken des Glücksspiels Rechnung getragen werden.[5] Die Regulierungsvorgaben für die Glücksspielwerbung orientieren sich dabei an wissenschaftlichen Erkenntnissen sowie den bekannten Auswirkungen von Werbung für Glücksspiele und können im Rahmen der jeweils erforderlichen Erlaubniserteilung von den zuständigen Behörden, je nach Spielform und Gefährlichkeit, weiter ausgeformt und ergänzt werden.[6] Dies soll über die in der jeweiligen Erlaubnis vorzusehenden Inhalts- und Nebenbestimmungen zur Werbung sowie über die Generalklauseln des § 5 Abs. 1 S. 1 und 2 ermöglicht werden. Letztlich soll die Werbung maßvoll und strikt begrenzt auf das sein, was erforderlich ist, um die Verbraucher zu den erlaubten Glücksspielen zu lenken.[7] Dabei regeln die Absätze 1, 2 und 7 jeweils die **Grundsätze der Werbung** für öffentliches Glücksspiel, während die Absätze 3 bis 6 **Spezialregelungen für einzelne Formen des Glücksspiels sowie der Werbung** ausformulieren. Hierbei gilt stets die Faustregel: Je höher das Risikopotenzial der beworbenen Glücksspiele, desto restriktiver ist die Werbung hierfür zu handhaben. Werbung für unerlaubte Glücksspiele bleibt verboten.

3 Anzumerken ist schließlich, dass der **Werbebegriff des GlüStV** auch weiterhin weit zu verstehen ist. Er umfasst letztlich jegliche kommerzielle Kommunikation. Eine eigenständige Definition des Werbebegriffs enthält der GlüStV jedoch gerade nicht. Auf die im Vergleich zum bisherigen GlüStV 2012 geltende Werberichtlinie, bei der es sich um eine mit einer Verwaltungsvorschrift vergleichbare gemeinsame Auslegungsrichtlinie handelte, kann diesbezüglich nur indirekt zurückgegriffen werden. Grund hierfür ist neben ihrem Außerkrafttreten, dass diese Richtlinie nur Werbung iSd Richtlinie definieren konnte, nicht aber iSd GlüStV 2012.[8] Um jedoch zukünftig auch auf die bisherige Rechtsprechung zurückgreifen zu können, soll nach dem Willen des Gesetzgebers der Werbebegriff aus der Werberichtlinie dennoch fruchtbar gemacht werden. Nach § 2 Abs. 1

1 NRW LT-Drs. 17/11683, 90; vgl. *Müller/Dreier/Duven/Giralt/Beutel/Wölfling*, Abschlussbericht zur Studie: „*Konsum von Glücksspielen bei Kindern und Jugendlichen: Verbreitung und Prävention im Auftrag des Ministeriums für Gesundheit, Emanzipation, Pflege und Alter des Landes Nordrhein-Westfalen*“, 2014, 88 ff.
2 Vgl. BVerwG 20.6.2013 – 8 C 10.12, NVwZ-RR 2014, 181.
3 Vgl. EuGH 30.6.2011 – Rs. C-212/08, Rn. 68, NVwZ 2011, 1119 ff. – *Zeturf*.
4 NRW LT-Drs. 17/11683, 118; Streinz/Liesching/Hambach/*Sirch/Bolay* § 5 Rn. 2.
5 Vgl. Empfehlungen der Kommission vom 14.7.2014, 2014/478/EU.
6 NRW LT-Drs. 17/11683, 90; vgl. *Pagenkopf* NJW 2021, 2152 (2156 ff.).
7 EuGH 30.6.2011 – Rs. C-212/08, Rn. 72, NVwZ 2011, 1119 ff. – *Zeturf*; vgl. LG München I 13.8.2021 – 33 O 16380/18 – *Geiles Leben*.
8 Vgl. Streinz/Liesching/Hambach/*Sirch/Bolay* § 5 Rn. 22.

der Werberichtlinie ist Werbung jede Äußerung bei der Ausübung eines Handelsgewerbes, Handwerks oder freien Berufs mit dem Ziel, den Absatz von Waren oder die Erbringung von Dienstleistungen zu fördern. Werbung im glücksspielrechtlichen Sinne ist dabei auch weiter gefasst als etwa Werbung nach dem Rundfunkstaatsvertrag oder aber nach dem Medienstaatsvertrag. Grund hierfür ist, dass eben nicht nur das Werben im Rundfunk oder in einem Telemedium, sondern auch sämtliche weiteren Formen der werblichen Ansprache (zB Plakatwerbung, Flyer, etc) erfasst werden sollen. Schließlich gilt es zu beachten, dass auch die werberelevanten Vorgaben aus anderweitigen Bestimmungen (zB UWG, jugendschutzrechtliche Regelungen) daneben anwendbar bleiben und entsprechend zu berücksichtigen sind.

Unabhängig von dem Regelungsbereich der Werbung sei an dieser Stelle kurz erwähnt, dass der Erlass einer gemeinsamen Verwaltungsvorschrift (ggf. iVm einer gleichlautenden Entscheidungsrichtlinie des Verwaltungsrates der Gemeinsamen Glücksspielaufsichtsbehörde der Länder nach § 27h Abs. 4) auch weiterhin möglich bleibt.[9] Auf diese Weise soll dem Umstand Rechnung getragen werden, die erforderliche Differenzierung zwischen verschiedenen Spielformen und Werbemaßnahmen genauer ausgestalten zu können und voneinander abgrenzbar zu machen. Zudem sollen unbestimmte Rechtsbegriffe wie etwa die Übermäßigkeit nach § 5 Abs. 2 S. 2 weiter konkretisiert werden können, um einer Rechtsunsicherheit durch ggf. divergierende Gerichtsentscheidungen vorzubeugen. 4

Abschließend ist festzuhalten, dass der nunmehr ebenfalls in § 5 verwendete Begriff des Sponsorings nicht iSd § 2 Abs. 2 Nr. 10 des Medienstaatsvertrages 2021 interpretiert werden kann, da er – anders als im Medienstaatsvertrag – gerade nicht vom Werbebegriff umfasst sein soll, sondern diesem vielmehr ein eigenständiger Anwendungsbereich zugewiesen ist. Er ist in den Abs. 1 und 7 geregelt und kann als vertragliche Gewährung von Geld, Sachmitteln oder Dienstleistungen durch einen Inhaber einer Erlaubnis nach § 4 für ein meist sportliches oder kulturelles Vorhaben einer Person, die als Gegenleistung eine Erklärung des Sponsors in Wort oder Bild verbreitet, verstanden werden. Sponsoring soll dabei idR den Namen, die Marke oder die Leistungen des betreffenden Sponsors bekannt(er) machen (sog. Imagewerbung). 5

II. Normadressat

Die Norm richtet sich grds. an die Inhaber einer Erlaubnis nach § 4, welche vorbehaltlich anderweitiger gesetzlicher Regelung für die erlaubten Formen des Glücksspiels werben bzw. Sponsoring betreiben möchten. § 5 orientiert sich dabei strikt an den Allgemeinwohlzielen des § 1, wonach jede Werbemaßnahme bzw. jedes Sponsoring in ihrer Gesamtheit in den Blick zu nehmen ist. 6

III. Einzelkommentierung

1. Abs. 1. Die Inhaber von entsprechenden Erlaubnissen dürfen, jedenfalls vorbehaltlich anderweitiger gesetzlicher Regelungen, in den Grenzen des § 5 für ihre Glücksspielangebote Werbung und Sponsoring betreiben. Durch diesen Vorbehalt hat der Gesetzgeber klargestellt, dass es durchaus werberegulierende Normen – etwa im Bereich des Rundfunk- bzw. Medienrechts – geben kann, die zu weiteren Einschränkungen der Werbemaßnahmen der Glücksspielanbieter führen können. Nicht erforderlich ist es in diesem Zusammenhang, dass der Glücksspielanbieter die Werbemaßnahmen selbst durchführt. Vielmehr kann er 7

9 NRW LT-Drs. 17/11683, 119.

damit auch Dritte beauftragen. S. 3 gibt den zuständigen Erlaubnisbehörden die Möglichkeit, für die Anbieter **Inhalts- und Nebenbestimmungen in Bezug auf die konkrete Ausgestaltung möglicher Werbemaßnahmen** zu treffen. Den Behörden soll es ermöglicht werden, Regelungen in Bezug auf sämtliche Bereiche der Werbung zu treffen, um eine möglichst effiziente Einhaltung der Ziele des § 1 zu gewährleisten.[10]

8 **Werbung für Glücksspiele über Telekommunikationsanlagen,** insbesondere durch Anrufe des Veranstalters, bleibt aufgrund der besonderen Gefahren sowie der Möglichkeiten zur Einflussnahme auf die Spieler auch weiterhin verboten. Dieses Verbot umfasst allerdings nicht Anrufe der Spieler oder Spielinteressenten beim Veranstalter bzw. -vermittler selbst. Sofern die weiteren, etwa wettbewerbsrechtlichen Anforderungen eingehalten werden (Einwilligung des Spielers oder der Spielinteressenten nach § 7 Abs. 2 Nr. 2 UWG), können derartige Telefonate auch Werbung für erlaubtes Glücksspiel zum Gegenstand haben. Gleiches gilt für die Nutzung von Telekommunikationsmedien innerhalb eines bestehenden Vertragsverhältnisses, sofern der jeweilige Kunde seine Einwilligung in entsprechende Werbemaßnahmen zuvor erklärt hat. Stets zu beachten bleiben außerhalb des GlüStV jedoch die gegebenenfalls einschlägigen wettbewerbs-, jugendschutz-, verbraucherschutz- und datenschutzrechtlichen Bestimmungen und Anforderungen.[11]

9 **2. Abs. 2.** Der Umfang der Werbung für erlaubtes öffentliches Glücksspiel muss sich nach Maßgabe von Abs. 2 an den **Zielen des GlüStV** aus § 1 messen lassen und darf diesen nicht zuwiderlaufen. Es ist der Wille des Gesetzgebers, das richtige Gleichgewicht zu finden zwischen dem kontrollierten Anbieten zugelassener Glücksspiele sowie den Interessen der Spieler, nicht übermäßigen Gefahren in Form von Spielsucht oder aber auch Angeboten seitens des Schwarzmarktes ausgesetzt zu sein. Dem liegt faktisch ein **dynamisches Regelungsmodell** zugrunde: So ist in Bezug auf die Werberestriktionen nach den konkreten Glücksspielformen sowie -angeboten zu differenzieren. Berücksichtigung finden soll dabei das **unterschiedliche Sucht- und Manipulationspotenzial,** das den verschiedenen Glücksspielformen anhaftet.[12] In diesem Lichte ist sodann konkret zu bewerten, welche Werbemaßnahmen nach Art und Darstellung als (noch) zulässig qualifiziert werden können. Die Beschränkung der Werbemaßnahmen darf in diesem Zusammenhang jedoch nicht über dasjenige hinausgehen, was zur Erreichung der Ziele nach § 1 erforderlich ist.[13]

10 Hieraus wird bereits deutlich, dass die Umsetzung dieser Voraussetzungen für die Werbenden in der Praxis mit erheblicher Rechtsunsicherheit einhergehen dürfte. Was noch als maßvolle Werbung, die eng auf das begrenzt bleibt, was erforderlich ist, um sowohl dem Spielerschutz als auch dem Kanalisierungsauftrag gebührend Rechnung zu tragen, qualifiziert werden kann, ist im Einzelfall unter verständiger Würdigung der gegenseitigen Interessen sowie nach den Grundsätzen von Treu und Glauben zu bewerten. Heranzuziehen sind dabei auch die Kriterien der **Sachlichkeit** sowie das **Transparenzgebot.**[14] Neben dem Inhalt und der Ausgestaltung der Werbung können für die Bewertung der Zulässigkeit der Werbung auch der konkrete Ort ihrer Platzierung sowie der mögliche bzw. intendierte Empfängerkreis maßgeblich sein.[15] Die von Seiten des Gesetzgebers

---

10 Vgl. NRW LT-Drs. 17/11683, 120; vgl. Dietlein/Hecker/*Ruttig* § 5 Rn. 52 f.
11 Vgl. Streinz/Liesching/Hambach/*Sirch*/*Bolay* § 5 Rn. 55 ff.
12 Vgl. Dietlein/Hecker/*Ruttig* § 5 Rn. 34 ff.
13 Vgl. EuGH 30.6.2011 – Rs. C-212/08, NVwZ 2011, 1119 ff. – *Zeturf.*
14 Vgl. Dietlein/Hecker/*Ruttig* § 5 Rn. 42.
15 Vgl. NRW LT-Drs. 17/11683, 121.

gewollte Verwendung **unbestimmter Rechtsbegriffe** soll dabei auch zukünftig auftretende Werbeformen mit umfassen.

S. 3 stellt zudem klar, dass bei der Werbung für einzelne Glücksspiele besondere Merkmale des jeweiligen Glücksspiels herausgehoben werden dürfen (zB eine gemeinnützige Verwendung von Erträgen einer Lotterie oder die Angabe von Jackpots bzw. Ausschüttungsquoten). Verboten bleibt es in jedem Fall, Werbung an Minderjährige oder ähnlich gefährdete Spieler, insbesondere Spielsüchtige oder Spielsuchtgefährdete, zu richten. Um den **Bestimmungen des Jugendschutzes bzw. der Suchtprävention** zu entsprechen, dürfen Werbemaßnahmen daher nicht in einem Kontext erfolgen, der bevorzugt oder überwiegend von diesen Personengruppen wahrgenommen wird. Der Werbetreibende muss hierbei auch, soweit dies möglich ist, Minderjährige als Empfänger von Werbung ausnehmen (etwa im Rahmen von Social Media-Angeboten oder bei Suchmaschinenergebnissen). Unmöglich dürften solche Maßnahmen in der Regel bei Breitenwerbung mit einem unbestimmten Empfängerkreis sein (zB Plakat-, Zeitungs-, Fernseh- oder Radiowerbung). 11

Auch weiterhin verboten ist jegliche Form **irreführender Werbung**. Dieses Verbot lehnt sich dabei an § 5 UWG an. Nach der Rechtsprechung zu § 5 UWG, auf welche dabei zurückgegriffen werden kann, ist Werbung für öffentliches Glücksspiel insbesondere dann irreführend, wenn sie unzutreffende Aussagen über die Gewinnchancen oder die Art und Höhe der Gewinne enthält.[16] Zudem dürfen die Ergebnisse von Glücksspielen nicht als durch den Spieler beeinflussbar und Glücksspiele nicht als Lösung für finanzielle Probleme dargestellt werden. Werbung darf darüber hinaus auch nicht den Eindruck erwecken, redaktionell gestalteter Inhalt zu sein (sog. „*Native Advertising*“).[17] 12

3. Abs. 3. Das an allen Tagen geltende Verbot, zwischen 6 Uhr und 21 Uhr für reine Internet-Glücksspielformen – hier: virtuelle Automatenspiele, Online-Poker und Online-Casinospiele – im Rundfunk (Fernsehen und Radio) und im Internet Werbung zu machen, ist letztlich wiederum Ausfluss der gesetzgeberischen Zielsetzung, ein Gleichgewicht zu schaffen zwischen dem Erfordernis eines kontrollierten Angebots zugelassener Glücksspielformen und der Notwendigkeit, die Spielsucht bzw. Spielsuchtgefährdung der Verbraucher so weit wie möglich zu verringern. Auch wenn es den legalen Anbietern möglich sein muss, auf ihre Spielangebote aufmerksam zu machen, so ist das enorme Sucht- und Gefährdungspotenzial aufgrund der erleichterten Verfügbarkeit und dauerhaften Zugänglichkeit von reinen Internet-Glücksspielformen angemessen zu berücksichtigen.[18] Die Intention der Norm ist dabei derjenigen des § 26 Abs. 1 für den Bereich der Spielhallen durchaus vergleichbar. Die Art der Ausgestaltung, also eine zeitliche Beschränkung des Werbeverbots, ist zudem als milderes Mittel im Vergleich zu einem vollständigen Verbot anzusehen. Außerdem dürfte dies auch ein weiteres Anwachsen des Schwarzmarktes verhindern, da die grundsätzlich mögliche Bewerbung derartiger Spielangebote einen Kanalisierungseffekt haben dürfte, der interessierte Spieler von unerlaubten Angeboten fernhält. Die Regelung dient insbesondere auch dem Schutz von Minderjährigen. Dabei war es der ausdrückliche Wille des Gesetzgebers, eine einheitliche Regelung in Bezug auf das Internet sowie den Rundfunk zu schaffen, da in Bezug auf beide Medien in der Praxis ein weiteres Zusammenwachsen zu beobachten ist (zB Live-Streaming 13

16 Vgl. Streinz/Liesching/Hambach/*Sirch*/*Bolay* § 5 Rn. 50; BGH 28.10.2004 – I ZR 59/02, GRUR 2005, 176 (177).
17 Vgl. NRW LT-Drs. 17/11683, 122.
18 Vgl. NRW LT-Drs. 17/11683, 122; vgl. Dietlein/Hecker/*Ruttig* § 5 Rn. 32.

im Internet; Einblendung von Anzeigen für Internetangebote im Smart-TV).[19] Andere Spielformen können zwischen 6 Uhr und 21 Uhr, sofern der Anbieter über eine entsprechende Erlaubnis verfügt, auch weiterhin beworben werden. Etwas anderes gilt jedoch, sofern der Anbieter lediglich eine Dachmarke bewirbt, unter der eben auch reine Internet-Glücksspielformen angeboten werden. In einem solchen Fall würde das Verbot aus S. 1 andernfalls unterlaufen werden.

14 Der Verweis auf Abs. 4 soll klarstellen, dass Abbildungen oder Übertragungen aus Sportstätten, welche im Hintergrund Werbung in Form der Dachmarkenwerbung für reine Internet-Glücksspielformen erkennen lassen, im Zeitraum zwischen 6 Uhr und 21 Uhr nicht per se unzulässig sind. Hintergrund ist, dass eine Unkenntlichmachung dieser Werbemittel in der Praxis mit einem nicht mehr vertretbaren, unverhältnismäßigen Aufwand verbunden wäre.

15 Schließlich soll unmittelbar vor oder während der Live-Übertragung von Sportereignissen (inklusive Vorberichterstattungen, wiederholten Direktschaltungen zu einem Reporter in der Sportstätte, Konferenzen, etc) auf dem übertragenden Kanal Werbung für Sportwetten auf dieses Sportereignis nicht zulässig sein. Dieses Verbot findet seine Begründungen darin, dass den besonderen Gefahren von Live-Wetten begegnet werden soll, welche sich insbesondere aus einer hohen Ereignisfrequenz sowie dem Umstand, dass Spieler aufgrund der eigenen aktuellen Wahrnehmungen des Sportereignisses der Fehleinschätzung unterliegen könnten, mit einer höheren Erfolgsaussicht am betreffenden Glücksspiel teilnehmen zu können. Auch die beim Anschauen von Sportereignissen mitunter zu beobachtende aufgeregte Gefühlslage war bei den widerstreitenden Interessen zwischen den Glücksspielanbietern sowie Spielern entsprechend zu berücksichtigen. Dachmarken- sowie Sportwettenwerbung in Bezug auf andere Sportereignisse bleiben von dem Verbot jedoch unberührt. Die Möglichkeit der Live-Übertragung von Sportereignissen auf eigenen Seiten des Wettanbieters in unmittelbarem Zusammenhang mit der Möglichkeit, Wetten darauf abzuschließen, bleibt von diesem Verbot jedoch unberührt. Hintergrund ist, dass derjenige, der auf den Internetseiten des Glücksspielanbieters eine entsprechende Liveübertragung verfolgt, bereits sein Interesse an etwaigen Spielangeboten dokumentiert hat, ohne dass es vorgelagerter Werbemaßnahmen bedurft hätte.[20]

16 Schließlich soll die Regelung in S. 4, wonach **Werbung für Sportwetten mit aktiven Sportlern und Funktionären** unzulässig ist, dem Umstand Rechnung tragen, dass diesen Personen häufig eine gewisse Vorbildfunktion zukommt – insbesondere für Minderjährige – und die Integrität des Sports sowie das häufig mit Erfolg und besonderem Ansehen verbundene Image dieser Personen nicht in eine direkte Verbindung zum Glücksspiel gebracht werden soll (sog. **Imagetransfer**). Sowohl die Eigenschaft als aktiver Sportler als auch diejenige als Funktionär ist dabei unter verständiger Würdigung sowie Berücksichtigung der vorgenannten Zielsetzungen im Einzelfall konkret zu bestimmen.[21]

17 **4. Abs. 4.** Die Norm grenzt **Werbemaßnahmen für Glücksspiele** in Sportstätten dahin gehend ein, dass Werbung an diesen Orten ausschließlich in Form der **Dachmarkenwerbung** auf Trikots und Banden sowie ähnlichen Werbemitteln erlaubt ist. Dies schließt jedoch nicht das Anbringen von Videobanden, wie etwa im Profifußball üblich, aus.[22] Unter dem Begriff der Dachmarkenwerbung ist Werbung für den Namen oder die Firma eines Unternehmens oder einer Unter-

---

19 Vgl. NRW LT-Drs. 17/11683, 123.
20 Vgl. NRW LT-Drs. 17/11683, 124.
21 Vgl. NRW LT-Drs. 17/11683, 124.
22 Vgl. NRW LT-Drs. 17/11683, 124.

nehmensgruppe oder für eine übergeordnete Marke zu verstehen. Nicht erforderlich in diesem Zusammenhang ist jedoch, dass ein solches Kennzeichen auch als Marke ordnungsgemäß vom Verwender bzw. Inhaber registriert und eingetragen wurde (zB bei Deutschen Patent- und Markenamt). Zu den ähnlichen **Werbemitteln** zählen etwa Werbetafeln, Werbeflächen auf und sogar unter dem Spielfeld (zB Aufleger auf Rasenflächen, beklebte Hallenböden und Untereiswerbung beim Eissport). In Sportstätten verboten ist jedoch das Verteilen von glücksspielbezogenen Flyern, Promotionsartikeln und Give-aways. Der Gesetzgeber legte hier einen weiten Maßstab an. So soll nicht lediglich Werbung für die unmittelbare Teilnahme an einem Glücksspiel, sondern auch für die Eröffnung eines Spiel- oder Kundenkontos bei einem Veranstalter unter das Werbeverbot des Abs. 4 fallen. Was unter einer **Sportstätte** im Sinne der Norm zu verstehen ist, muss jeweils situationsbezogen bewertet werden. Gemeint sind damit nicht lediglich Örtlichkeiten, die stets der Ausübung sportlicher Aktivität dienen (zB Fußballstadien), sondern auch solche Örtlichkeiten, an denen Sportwettkämpfe nur temporär stattfinden (zB Radrennen und Laufveranstaltungen, die auf öffentlichen, sonst dem allgemeinen Straßenverkehr dienenden Strecken durchgeführt werden).[23] Die nach Abs. 7 verbotene Werbung für unerlaubte Glücksspiele umfasst schließlich auch die vorgenannte Dachmarkenwerbung.

5. Abs. 5. Um einen möglichst effektiven Spielerschutz zu erzielen, flankiert 18
Abs. 5 die Restriktionen in Bezug auf glücksspielbezogene Werbung dahin gehend, dass **persönlich an gesperrte Spieler gerichtete Werbung** (zB per E-Mail oder Post) ausgeschlossen sein soll. Die Norm dient damit erkennbar dem Zweck, die Ziele des GlüStV – also insbesondere die Verhinderung von Sucht, Jugend- und Spielerschutz sowie die Kanalisierung bzw. Begrenzung des Glücksspiels – zu verwirklichen.[24] Der Werbende muss vor diesem Hintergrund grds. eine **Abfrage der Sperrdatei iSd §§ 8 ff., 23** durchführen. Um diese jedoch rechtskonform durchführen zu können, ist die zuvor erteilte Einwilligung des Spielers erforderlich, da bei der Abfrage der Sperrdatei zwingend die Übermittlung personenbezogener Daten erfolgt. Hinzu kommt, dass eine derartige Einwilligung dann als widerrufen gilt, wenn der betreffende Spieler im Rahmen einer Abfrage als gesperrt zurückgemeldet wird. Konsequenz dessen ist, dass ein Spieler nach Aufhebung einer Sperre für persönlich an ihn adressierte Werbung erneut seine Zustimmung erteilen muss. Dieses Zustimmungserfordernis dient wiederum dazu, einen möglichst effektiven Schutz besonders gefährdeter Spieler zu gewährleisten. Lediglich im Falle von Glücksspielen, bei denen der Gesetzgeber von einem vergleichsweise geringen Gefährdungspotenzial ausgeht (zB Wetten auf Pferderennen iSd § 8 Abs. 2), ist weder Abfrage der Sperrdatei vorgesehen noch das Einholen einer vorherigen Einwilligung seitens des Spielers erforderlich. Unberührt hiervon bleiben sowohl datenschutzrechtliche Erfordernisse einer Einwilligung sowie notwendige Einwilligungen nach dem Wettbewerbsrecht (vgl. etwa § 7 Abs. 2 UWG). Abs. 5 stellt schließlich auch klar, dass Abs. 1 S. 4 – das Verbot der Werbung über Telekommunikationsanlagen – Werbemaßnahmen per E-Mail sowie per Post gerade nicht erfasst.[25]

6. Abs. 6. Abs. 6 enthält schließlich **Spezialregelungen für glücksspielbezogene** 19
Werbung im Internet. So verbietet S. 1 der Norm die Vereinbarung bzw. Zahlung variabler Vergütungen, insbesondere auch für sog. Affiliate-Links. Dies soll **umsatz-, einzahlungs- oder einsatzabhängige Vergütungen** umfassen. Der Anwendungsbereich der Regelung ist dabei wiederum auf glücksspielbezogene

23 Vgl. NRW LT-Drs. 17/11683, 125; vgl. Dietlein/Hecker/Ruttig/*Schmitt* § 5 Rn. 36.
24 Vgl. Streinz/Liesching/Hambach/*Sirch/Bolay* § 5 Rn. 38 ff.
25 Vgl. NRW LT-Drs. 17/11683, 125.

Werbemaßnahmen beschränkt, an denen gesperrte Spieler nach § 8 Abs. 2 nicht teilnehmen dürfen. Davon ausgenommen sein dürften in der Praxis wohl lediglich Lotterien mit geringer Ereignisfrequenz. Das Verbot variabler Vergütungen knüpft dabei im Kern an eine Registrierung des (geworbenen) Spielers bzw. an das Zustandekommen eines Spielvertrages zwischen dem jeweiligen Glücksspielanbieter sowie dem (geworbenen) Spieler an. Derartige Vergütungskonzepte bergen die Gefahr, dass für den Anwerbenden ein Anreiz geschaffen wird, dass der jeweilige Spieler möglichst hohe Umsätze in Form von Einsätzen, Einzahlungen oder Verlusten generiert. Zulässig bleiben vor diesem Hintergrund allerdings auch weiterhin Vergütungsmodelle, bei denen der Anwerbende vom jeweiligen Glücksspielanbieter einen zuvor vereinbarten Fixbetrag erhält.[26]

20 In Ergänzung zu Abs. 3 S. 2 dürfen **Live-Zwischenstände von Sportereignissen** zudem nicht mit der Werbung für Sportwetten auf dieses Sportereignis verbunden werden. Weiterhin zulässig bleibt in diesem Zusammenhang jedoch die **Dachmarkenwerbung** für Wettveranstalter und die Werbung für Sportwetten auf andere Sportereignisse. Die Regelung zielt vielmehr auf die Anzeige von Live-Ergebnissen und auf Live-Ticker im Internet ab. Ausgenommen von diesem Verbot soll jedoch die Anzeige von Live-Zwischenständen zu Wettangeboten auf der eigenen Internetseite eines betreffenden Wettanbieters bleiben. Hintergrund dieses Ausnahmetatbestandes ist, dass Spieler sich in diesem Fall bereits auf den Internetseiten des Wettanbieters befinden, also gerade nicht durch entsprechende Werbemaßnahmen des Wettanbieters dorthin gelockt werden.[27]

21 **7. Abs. 7.** Die Norm stellt abschließend klar, dass sowohl Werbung als auch Sponsoring für unerlaubtes Glücksspiel verboten sind. Unerlaubt schließt in diesem Zusammenhang sowohl das Fehlen einer Erlaubnis nach § 4 als auch solche Angebote zum Glücksspiel von Anbietern ein, die zwar über eine Erlaubnis verfügen, die jedoch nach den Vorschriften des GlüStV oder aber nach den Regelungen in der erteilten Erlaubnis eben nicht zulässig sind.[28] Das Verbot iSd § 5 Abs. 7 umfasst dabei sämtliche Formen der Werbung und des Sponsorings. Es flankiert ordnungsrechtlich das strafrechtliche Werbeverbot nach **§§ 284 Abs. 4, 287 Abs. 2 StGB**. Vor dem Hintergrund des **Rechtsstaatsprinzips** sowie des Grundsatzes der **Einheit der Rechtsordnung** ist es geboten, jedenfalls den Begriff der Werbung einheitlich auszulegen. Dies folgt letztlich auch aus dem **Bestimmtheitsgrundsatz** nach Art. 103 Abs. 2 GG.[29] Auf dieses Verbot wird in einzelnen Ausführungsgesetzen der Bundesländer innerhalb des jeweiligen Ordnungswidrigkeitentatbestandes entsprechend Bezug genommen.

§ 6 GlüStV Sozialkonzept

(1) Die Veranstalter und Vermittler von öffentlichen Glücksspielen sind verpflichtet, den Jugend- und Spielerschutz sicherzustellen, die Spieler zu verantwortungsbewusstem Spiel anzuhalten und der Entstehung von Glücksspielsucht vorzubeugen.

---

26 Vgl. NRW LT-Drs. 17/11683, 125 f.
27 Vgl. NRW LT-Drs. 17/11683, 126.
28 Vgl. NRW LT-Drs. 17/11683, 50; vgl. *Fuchs* Das neue Glücksspielrecht unter besonderer Berücksichtigung von Online-Glücksspielen S. 101, Rn. 340 mit Beispielen.
29 Vgl. Streinz/Liesching/Hambach/*Sirch/Bolay* § 5 Rn. 68; *Schmits* ZfWG 2007, 197 (199).

(2) [1]Zu diesen Zwecken haben die Veranstalter und Vermittler von öffentlichen Glücksspielen Sozialkonzepte zu entwickeln und umzusetzen. [2]In den Sozialkonzepten ist darzulegen, mit welchen Maßnahmen den sozialschädlichen Auswirkungen des Glücksspiels vorgebeugt werden soll und wie diese behoben werden sollen. [3]Die Sozialkonzepte sind differenziert auf die verschiedenen Glücksspielformen abzustimmen und müssen mindestens folgende Inhalte enthalten:

1. Benennung von Beauftragten für das Sozialkonzept beim Erlaubnisinhaber gemäß § 4 und bei terrestrischen Glücksspielangeboten zusätzlich die Benennung einer verantwortlichen Person vor Ort;
2. Berücksichtigung der Anliegen nach Absatz 1 in der internen Unternehmenskommunikation, bei der Werbung sowie beim Sponsoring;
3. regelmäßige Personalschulungen für das Aufsichtspersonal in den Spielstätten, für die Erlaubnisinhaber gemäß § 4 sowie für die Beauftragten gemäß Nummer 1 unter Einbindung suchtfachlich sowie pädagogisch qualifizierter Dritter mit folgenden Mindestinhalten:
   a) Rechtsgrundlagen zum Jugend- und Spielerschutz unter Berücksichtigung der verschiedenen Glücksspielformen,
   b) Kenntnissen zur Glücksspielsucht einschließlich anbieterunabhängiger Hilfeangebote und
   c) Vermittlung von Handlungskompetenzen insbesondere in der Früherkennung auffälligen Spielverhaltens und Kommunikation mit Spielern;
4. Umsetzung des Jugendschutzes und der Identitätskontrollen einschließlich des Abgleichs mit der Sperrdatei;
5. Aufklärung nach § 7 einschließlich des Verweises auf die Telefonberatung mit bundesweit einheitlicher Telefonnummer und der Bereitstellung von Informationen mit folgenden Mindestinhalten:
   a) Suchtrisiko und mögliche negative Folgen der verschiedenen Glücksspiele,
   b) Teilnahmeverbot Minderjähriger,
   c) Hinweise zu verantwortungsbewusstem Spielverhalten,
   d) Möglichkeit der Einschätzung des eigenen Spielverhaltens und der persönlichen Gefährdung,
   e) Hinweise zu anbieterunabhängigen Hilfeangeboten, wobei bei Glücksspielen im Internet der direkte Aufruf der Internetdomains von unabhängigen Beratungsinstitutionen zu ermöglichen und auf die Unabhängigkeit der entsprechenden Hilfeangebote besonders hinzuweisen ist, und Sperrverfahren;
6. Früherkennung unter Einbeziehung suchtwissenschaftlicher Erkenntnisse;
7. Frühintervention und Information über regionale Suchtberatungsstellen sowie andere anbieterunabhängige Hilfeangebote;
8. Umsetzung der Sperrverfahren mit Selbst- und Fremdsperren;
9. kontinuierliche Dokumentation der durchgeführten Maßnahmen zum Zweck von Rückschlüssen auf die Auswirkungen der jeweils angebotenen Glücksspiele auf das Spielverhalten und auf die Entstehung von Glücksspielsucht sowie zur Beurteilung des Erfolgs der durchgeführten Maßnahmen zum Jugend- und Spielerschutz;
10. Berichterstattung unter Zugrundelegung der Dokumentation nach Nummer 9 alle zwei Jahre gegenüber den Glücksspielaufsichtsbehörden oder sonstigen zuständigen Erlaubnisbehörden.

(3) [1]Das leitende Personal von Veranstaltern von öffentlichen Glücksspielen darf nicht in Abhängigkeit vom Umsatz vergütet werden. [2]Das in Spielstätten be-

schäftigte Personal sowie das im Zusammenhang mit Glücksspielen im Internet tätige Personal wird vom dort angebotenen Glücksspiel ausgeschlossen.

(4) Die Veranstalter und Vermittler von öffentlichen Glücksspielen sind berechtigt und auf Verlangen der zuständigen Behörde verpflichtet, im Zusammenhang mit dem Sozialkonzept erhobene Daten anonymisiert den Ländern für Zwecke der Glücksspielsuchtforschung nach § 11 zur Verfügung zu stellen.

Literatur: *Dietlein/Hecker/Ruttig* Glücksspielrecht, 2. Aufl. 2013; *Streinz/Liesching/Hambach* Glücks- und Gewinnspielrecht in den Medien, 1. Aufl. 2014; *Weltgesundheitsorganisation* (WHO), Internationale statistische Klassifikation der Krankheiten und verwandter Gesundheitsprobleme, 10. Revision, German Modification, Version 2021.

I. Allgemeines

1 Eine weitere wesentliche, dem Schutz der Spieler dienende Vorgabe des GlüStV ist die Verpflichtung zur Erstellung und Einhaltung eines Sozialkonzepts. Die in § 6 enthaltenen Regelungen dienen dabei vor allem der Umsetzung des Ziels der **Spielsuchtprävention** sowie des **Jugend- und Spielerschutzes.** Damit sind insbesondere Maßnahmen **aktiver Präventionsarbeit** gemeint, die über das bloße Bereithalten von Informationen hinausgehen.[1] § 6 Abs. 1 formuliert den sehr allgemeinen Auftrag an die Veranstalter und Vermittler von öffentlichen Glücksspielen zur Sicherstellung eines verantwortungsvollen Spiels, wohingegen § 6 Abs. 2 die Entwicklung und Umsetzung detaillierter **Sozialkonzepte** vorschreibt. Der dort genannte **obligatorische Anforderungskatalog** dient der Umsetzung und Konkretisierung der Pflichten aus § 6 Abs. 1. Dieser Anforderungskatalog ist nicht abschließend, sondern formuliert lediglich den **Mindestinhalt** derartiger Sozialkonzepte. In den Abs. 3 und 4 werden schließlich weitere Regelungen in Bezug auf das Personal von Veranstaltern öffentlicher Glücksspiele sowie datenschutzrechtliche Vorgaben zur Erforschung von Glücksspielsucht getroffen.[2]

2 Bei der **pathologischen Glücksspielsucht** handelt es sich um eine stoffungebundene Sucht. Pathologisches Spielverhalten wird jedoch seit 2001 als rehabilitationsbedürftige Krankheit anerkannt.[3] Bereits seit der Aufnahme in die internationale Klassifikation psychischer Störungen (ICD-10-GM) durch die Weltgesundheitsorganisation (WHO) im Jahr 1991 wird das pathologische Glücksspiel als Krankheit eingestuft.[4] Von einem derartigen Spielverhalten ist auszugehen, wenn die betroffene Person gegen ihren Willen und mit Auswirkungen auf den Alltag das Glücksspiel fortsetzt und vom Gedanken an das Glücksspiel regelrecht beherrscht wird. Oft erscheint es dem Spielsüchtigen dabei unmöglich, eine Spielteilnahme aus eigenem Entschluss zu beenden. Pathologische Glücksspielsucht führt vor diesem Hintergrund oftmals auch zu negativen Auswirkungen nicht nur für die Betroffenen, sondern auch für das familiäre und soziale Umfeld,

1 BVerfG 28.3.2006 – 1 BvR 1054/01, NJW 2006, 1261.
2 Streinz/Liesching/Hambach/*Pfundstein* § 6 Rn. 1.
3 Vgl. Streinz/Liesching/Hambach/*Pfundstein* § 6 Rn. 3.
4 Dietlein/Hecker/Ruttig/*Dietlein* § 6 Rn. 1.

da Spielsucht regelmäßig zur Verschuldung und teilweise auch zu kriminellem Verhalten führen kann.[5]

II. Normadressat

Die Norm richtet sich an die **Veranstalter und Vermittler von öffentlichen Glücksspielen** iSd § 3. Zudem sollen auf Seiten des in den Spielstätten beschäftigten Personals vor allem Interessenkonflikte verhindert werden. Entsprechend geschultes Personal soll in der Praxis dabei zu verantwortungsbewusstem Verhalten anleiten. 3

III. Einzelkommentierung

1. Abs. 1. Abs. 1 entfaltet gegenüber den Veranstaltern und Vermittlern von öffentlichen Glücksspielen unmittelbare rechtliche Bindung, was die Verwirklichung der **Zielvorgaben des GlüStV** angeht. Somit können Verstöße gegen diese Vorgaben auch zur Versagung bzw. Aufhebung einer erteilten glücksspielrechtlichen Erlaubnis führen. Abs. 1 stellt dabei einen direkten Bezug zu den Sozialkonzepten iSd Abs. 2 zur Erreichung dieser Ziele her. 4

2. Abs. 2. Um die in Abs. 1 genannten Ziele einer **aktiven Präventionsarbeit** zu erreichen, wird Veranstaltern und Vermittlern von öffentlichen Glücksspielen sowohl die Entwicklung als auch die Umsetzung von Sozialkonzepten vorgeschrieben. War der entsprechende Anforderungskatalog im GlüStV 2012 noch im Rahmen des Anhangs „*Richtlinien zur Vermeidung und Bekämpfung von Glücksspielsucht*" aufgelistet, so erfolgte nunmehr zur Erreichung einer verbesserten systematischen Übersicht die Integration unmittelbar in § 6 Abs. 2. Die dort aufgelisteten Umsetzungspflichten stellen **Mindestanforderungen an Sozialkonzepte** dar, welche durch die Veranstalter und Vermittler öffentlicher Glücksspiele standardisiert umgesetzt werden sollen. Dies gilt insbesondere für die Zuständigkeiten, Verantwortlichkeiten sowie die Abläufe im Zusammenhang mit dem jeweiligen Glücksspielangebot.[6] Zudem kann die jeweils zuständige Glücksspielaufsichtsbehörde nach § 9 Abs. 1 S. 3 Nr. 2 weitere Anforderungen an die Entwicklung sowie die Umsetzung des betreffenden Sozialkonzepts stellen. Ziel dieser Sozialkonzepte ist es, konkrete Maßnahmen zur Prävention und Behandlung von Glücksspielsucht zu entwickeln, zu dokumentieren und diese Konzepte auch entsprechend mit den zuständigen Glücksspielaufsichtsbehörden umzusetzen. So soll Problembewusstsein geschaffen werden und auch eine frühzeitige Erkennung und Ansprache gefährdeter Spieler ermöglicht werden.[7] Die jeweiligen Veranstalter und Vermittler von öffentlichen Glücksspielen trifft dabei eine auf das jeweilige Glücksspiel abgestimmte Pflicht zur konkreten Darlegung, wie sich Abhängigkeitsrisiken frühzeitig erkennen lassen und entsprechend gegengesteuert werden kann. Eine wesentliche Säule ist hierbei insbesondere auch die entsprechende Schulung des Personals. 5

5 Vgl. ICD-10-GM, Version 2021 – *Internationale statistische Klassifikation der Krankheiten und verwandter Gesundheitsprobleme*, Kapitel V. F63.0 – Pathologisches Spielen.
6 Vgl. NRW LT-Drs. 17/11683, 127.
7 Vgl. Dietlein/Hecker/Ruttig/*Dietlein* § 6 Rn. 5.

6 Im Folgenden soll jeweils kurz auf die Mindestanforderungen nach S. 3 der Norm eingegangen werden:[8]

a) **Zuständigkeiten:** Der jeweilige Erlaubnisinhaber ist verpflichtet, einen zuständigen Beauftragten für das Sozialkonzept sowie für dessen regelmäßige Aktualisierung zu benennen. Der Beauftragte ist auch für die Berichterstattung gegenüber den zuständigen Glücksspielaufsichtsbehörden oder sonstigen Erlaubnisbehörden nach Nr. 10 verantwortlich. Da etwa bei größeren Veranstaltungen und Vermittlern öffentlicher Glücksspiele, welche über mehrere Spielstätten verfügen, keine uneingeschränkte Anwesenheit des Beauftragten an sämtlichen Spielorten sichergestellt werden kann, ist in einem solchen Fall zusätzlich auch eine verantwortliche Person für die Umsetzung des Sozialkonzepts vor Ort zu benennen. Eine solche verantwortliche Person ist vor Ort auch für die Dokumentation der Jugend- und Spielerschutzmaßnahmen nach Nr. 9 verantwortlich.

b) **Unternehmenskommunikation, Bewerbung und Sponsoring:** Die Veranstalter und Vermittler öffentlicher Glücksspiele müssen ihre Unternehmenskommunikation, ihre Werbung sowie eventuelles Sponsoring an den vorgenannten suchtrelevanten und spielerschützenden Zielen des GlüStV ausrichten. Diese Anliegen sind somit entsprechend im Rahmen des Sozialkonzepts zu berücksichtigen. Wegen der weiteren Einzelheiten in Bezug auf die Ausgestaltung und etwaige Beschränkungen bei Werbemaßnahmen sei auf die Ausführungen zu § 5 verwiesen.

c) **Schulungen:** Eine weitere Säule des angestrebten aktiven Spielerschutzes ist die entsprechende Schulung des Personals. Hierbei sollen insbesondere Kenntnisse über problematisches und pathologisches Spielverhalten vermittelt sowie eine Sensibilisierung für die Gefahren der Spielsucht geschaffen werden. Zudem sollen Handlungskonzepte trainiert werden, damit das Personal Spieler, welche ein auffälliges Verhalten zeigen, erkennen können und imstande sind, adäquat zu reagieren. Diese Regelung ist dabei auch im Kontext der Bestimmungen zur Spielersperre (§§ 8 ff.) zu sehen, da hierbei ebenfalls – etwa bei Fremdsperren – auf die Wahrnehmungen des Personals abgestellt wird.[9] Die entsprechenden Schulungen sind dabei regelmäßig durchzuführen und müssen mindestens die in den Buchstaben a) bis c) aufgezählten Bestandteile enthalten. Bei den Schulungen sollen suchtfachlich sowie pädagogisch qualifizierte Ausbilder eingebunden werden.[10]

d) **Jugendschutz und Identitätskontrollen:** Die Veranstalter und Vermittler öffentlicher Glücksspiele müssen die Bestimmungen des Jugendschutzes umsetzen und sind für die Durchführung von Identitätskontrollen – einschließlich der Verwehrung des Zutritts bzw. des Ausschlusses für gesperrte Spieler – verantwortlich.

e) **Aufklärung:** Neben dem Verweis auf die Informationspflichten aus § 7 bestimmt Nr. 5, das auch weitere suchtpräventive Aufklärungsmaßnahmen, einschließlich des Verweises auf die Telefonberatung mit bundesweit einheitlicher Telefonnummer, angezeigt sind. Hierzu zählen etwa die medienübergreifende Bereitstellung von Informationen mit den unter den Buchstaben a) bis f) aufgezählten Mindestinhalten wie beispielsweise der Glücksspielsucht und deren Vermeidung, Tests zum Spielverhalten, Hinweisen auf Hilfeangebote und Sperrmöglichkeiten. Die Anbieter von Glücksspielen im Internet müssen dabei anbieterunabhängige Hilfeangebote bereitstellen, die direkt

---

8 NRW LT-Drs. 17/11683, 127 ff.
9 Vgl. Dietlein/Hecker/Ruttig/*Dietlein* § 6 Rn. 6.
10 Vgl. Streinz/Liesching/Hambach/*Pfundstein* § 6 Rn. 8.

über die entsprechenden Websites der Anbieter abrufbar sind. Dabei ist auf deren Unabhängigkeit gesondert hinzuweisen.

f) **Früherkennung:** Die Früherkennung ist Kernbestandteil eines jeden Sozialkonzepts. Im Vordergrund stehen dabei insbesondere die Häufigkeit, Dauer, Intensität sowie Schwankungen des Spiel- und Einsatzverhaltens. Leitlinien und Checklisten können dabei zur systematischen Früherkennung problematischen Spielverhaltens beitragen. Die Bestimmungen des § 6i Abs. 1 bleiben dabei unberührt.

g) **Frühintervention und Vermittlung in Hilfen:** Da frühzeitig ergriffenen Maßnahmen am effektivsten der Entstehung von Glücksspielsucht entgegenwirken können, soll im Rahmen der gezielten Spieleransprache zur Frühintervention auf regionale, unabhängige Hilfen – wie beispielsweise Suchtberatungsstellen und Selbsthilfegruppen – verwiesen werden.

h) **Spielersperrsystem:** Im Rahmen des Sozialkonzepts sind auch die Umsetzungen des Sperrverfahrens nach den §§ 8 ff. entsprechend zu dokumentieren. Dabei muss zwingend zwischen Selbst- und Fremdsperren differenziert werden. Bei Fremdsperren ist zusätzlich danach zu unterscheiden, ob die Sperre durch den Anbieter oder durch Dritte – insbesondere Angehörige – initiiert worden ist. Bei Selbstsperren ist gesondert auf die geringen formalen Hürden bezüglich einer Einleitung und Akzeptanz hinzuweisen. So genügt beispielsweise ein formloser Selbstsperrantrag.

i) **Dokumentation:** Die im Sozialkonzept niedergeschriebenen einzelnen Spielerschutzmaßnahmen sind detailliert und fortwährend zu dokumentieren. Idealerweise geschieht dies im Wege einer standardisierten Dokumentation, um eine Vergleichbarkeit zu gewährleisten und verwertbare Angaben für etwaige Kontrollen bzw. die ausweislich Nr. 10 erforderliche zweijährliche Berichterstattung gegenüber den zuständigen Glücksspielaufsichtsbehörden bzw. sonstigen zuständigen Behörden zu gewährleisten.

j) **Berichterstattung:** Alle zwei Jahre sind die in Nr. 9 genannten Unterlagen den zuständigen Behörden vorzulegen. Die zuständige Behörde beurteilt das Sozialkonzept sowie die Maßnahmen zum Jugend- und Spielerschutz dabei unabhängig von den Einschätzungen bzw. gegebenenfalls vorhandenen eigenen Zertifizierungen der Anbieter.

3. **Abs. 3.** Um Interessenkonflikte und unerwünschte Einwirkungen auf die 7
Spieler auszuschließen, ist eine **umsatzabhängige Vergütung des leitenden Personals** von Veranstaltern öffentlicher Glücksspiele **verboten.** Dies gilt bereits auch, wenn nur ein Teil der Vergütung vom Umsatz abhängig gemacht werden soll. Um etwaige Umgehungen zu vermeiden, ist die Umsatzabhängigkeit der Vergütung weit auszulegen. Dieses Verbot war auch bereits Teil des GlüStV 2012 und wurde richtigerweise beibehalten und zusätzlich ausgeweitet. Zudem regelt Abs. 3 den **Spielausschluss für das beschäftigte Personal** in sämtlichen terrestrischen Spielstätten. Dieser Spielausschluss wird nunmehr auch auf das Personal, welches im Zusammenhang mit Glücksspielen im Internet tätig ist, ausgeweitet.[11]

4. **Abs. 4.** Im Sinne der Ermöglichung einer aktiven Spielsuchtprävention sowie 8
der Umsetzung neuester wissenschaftlicher und therapeutischer Erkenntnisse enthält Abs. 4 die Rechtsgrundlage für eine **Zurverfügungstellung der im Zuge der Sozialkonzepte in anonymisierter Form erhobenen Daten für Zwecke der Suchtforschung.** Die so gewonnenen Erkenntnisse dienen dabei auch dazu, den zuständigen Behörden eine Anpassung der von Ihnen erlassenen suchtrelevanten

---

11 Vgl. NRW LT-Drs. 17/11683, 130.

Inhalts- und Nebenbestimmungen der erteilten Glücksspielerlaubnisse zu ermöglichen.[12] Dies gilt insbesondere auch vor dem Hintergrund, dass die Länder nach § 11 verpflichtet sind, Maßnahmen der Suchtprävention, entsprechende Beratungsangebote sowie die wissenschaftliche Forschung zur Vermeidung und Abwehr von Suchtgefahren durch Glücksspiele sicherzustellen.

§ 6a GlüStV Spielkonto beim Anbieter für Glücksspiele im Internet

(1) [1]Veranstalter und Vermittler von öffentlichen Glücksspielen im Internet müssen für jeden Spieler ein anbieterbezogenes Spielkonto einrichten. [2]Die Ermöglichung der Spielteilnahme ohne Spielkonto ist unzulässig. [3]Jeder Spieler darf nur ein Spielkonto bei demselben Veranstalter oder Vermittler haben. [4]Die Sätze 1 bis 3 gelten entsprechend für den Eigenvertrieb von öffentlichen Glücksspielen.

(2) [1]Zur Einrichtung des Spielkontos hat sich ein Spieler mit Angaben zu Vornamen, Nachnamen, Geburtsnamen, Geburtsdatum, Geburtsort und Wohnsitz beim Veranstalter oder Vermittler zu registrieren. [2]Veranstalter und Vermittler, bei denen die Registrierung erfolgt, müssen die Richtigkeit der Angaben überprüfen. [3]Die Überprüfung hat durch geeignete und zuverlässige Verfahren zu erfolgen. [4]In der Erlaubnis können einzelne geeignete und zuverlässige Verfahren bestimmt werden.

(3) [1]Kann die Richtigkeit der Angaben des Spielers im Rahmen der Überprüfung nach Absatz 2 Satz 2 nicht festgestellt werden, hat der Veranstalter oder Vermittler den Spieler zur Korrektur der Angaben oder zum Nachweis der Richtigkeit der Angaben aufzufordern. [2]Die Richtigkeit korrigierter Angaben ist durch den Veranstalter oder Vermittler zu überprüfen; Absatz 2 Satz 2 und 3 gilt entsprechend.

(4) [1]Vor Bestätigung der Richtigkeit der Angaben nach Absatz 2 sind die Ermöglichung der Spielteilnahme und Auszahlungen an den Spieler nicht zulässig. [2]Abweichend von Satz 1 können Veranstalter oder Vermittler für einen Zeitraum von 72 Stunden ab der Registrierung nach Absatz 2 Satz 1 die Spielteilnahme über ein Spielkonto bis zu einem Einzahlungslimit von 100 Euro ermöglichen. [3]In diesem Fall ist der Spieler vor Ermöglichung der Spielteilnahme darauf hinzuweisen, dass Auszahlungen bis zur Bestätigung der Richtigkeit seiner Angaben nicht zulässig sind; der Spieler hat die Kenntnisnahme des Hinweises zu bestätigen.

(5) [1]Veranstalter und Vermittler haben den Spieler regelmäßig zur Bestätigung der auf dem Spielkonto hinterlegten Angaben nach Absatz 2 Satz 1 aufzufordern. [2]Die Möglichkeit der Mitteilung von Änderungen ist vorzusehen. [3]Veranstalter und Vermittler haben die Richtigkeit der bestätigten oder geänderten Angaben unverzüglich erneut zu überprüfen. [4]Die Ermöglichung der weiteren Spielteilnahme ist unzulässig, wenn die Richtigkeit der bestätigten oder geänderten Angaben nicht festgestellt werden kann; Absatz 3 gilt entsprechend. [5]Die Ermöglichung der weiteren Spielteilnahme ist auch nach Ablauf eines Jahres ab dem Zeitpunkt der letztmaligen Bestätigung der Richtigkeit infolge einer Überprüfung durch den Veranstalter unzulässig. [6]In den Fällen des Satzes 4 und 5 bleiben Auszahlungen zulässig. [7]Die Sätze 3 bis 6 finden keine Anwendung auf Spielkonten, mit denen ausschließlich die Teilnahme an Glücksspielen möglich ist, an denen gesperrte Spieler nach § 8 Absatz 2 teilnehmen dürfen.

12 Vgl. NRW LT-Drs. 17/11683, 130.

(6) [1]Bei einer Änderung von Zahlungs-, Bank- und Kontoverbindungen des Spielers haben Veranstalter und Vermittler die Richtigkeit der hinterlegten Angaben nach Absatz 2 Satz 1 erneut zu überprüfen. [2]Absatz 5 Satz 4 und 7 findet entsprechende Anwendung. [3]Vor Bestätigung der Richtigkeit der Angaben sind Auszahlungen nur unter Nutzung der vor der Änderung hinterlegten Zahlungs-, Bank- und Kontoverbindungen des Spielers zulässig.

(7) [1]Veranstalter und Vermittler haben dem Spieler jederzeit die Möglichkeit einzuräumen, das Spielkonto zu schließen. [2]Ihm ist die Möglichkeit einzuräumen, eine Zahlungs-, Bank- und Kontoverbindung zur Auszahlung des Restguthabens einzugeben. [3]Mit Ausnahme von Satz 2 darf das Schließen des Spielkontos für den Spieler nicht mit einem höheren Aufwand als dessen Einrichtung verbunden sein.

(8) [1]Veranstalter und Vermittler sollen ein Spielkonto sperren, wenn der Verdacht besteht, dass Gewinne unrechtmäßig erworben wurden, gegen gesetzliche Bestimmungen, insbesondere im Bereich der Geldwäsche, gegen den vorliegenden Staatsvertrag oder gegen Bedingungen für das Spielkonto verstoßen wird. [2]Spieler sind unverzüglich über die Gründe der Sperre zu unterrichten, soweit gesetzliche oder behördliche Vorgaben nicht entgegenstehen. [3]Veranstalter und Vermittler müssen innerhalb einer angemessenen Frist eine Sachentscheidung treffen. [4]Während der Dauer der Sperre kann der Spieler das Spielkonto nicht schließen.

Literatur: *Pagenkopf,* Der Glücksspielstaatsvertrag 2021 – Das Tor ist weit geöffnet, NJW 2021, 2152.

I. Allgemeines

Die §§ 6a bis 6j enthalten Bestimmungen zur konkreten Ausgestaltung von Glücksspielangeboten im Internet. Derartige Vorschriften haben erstmalig Einzug in den GlüStV 2021 gefunden, um auf diesem Gebiet **anbieter- und länderübergreifend einheitliche Regelungen sicherzustellen.** Gemäß § 6a kann die Teilnahme an einem erlaubten öffentlichen Glücksspiel im Internet nur mit einem **anbieterbezogenen Spielkonto** erfolgen. Der jeweilige Anbieter muss die Angaben, die der Spieler bei seiner Registrierung macht, anhand geeigneter Methoden überprüfen. Dabei sind insbesondere die Vorschriften zum Jugend- und Medienschutz sowie die geldwäscherechtlichen Regulierungsvorgaben zu beachten. Die glücksspielrechtlichen Vorschriften finden aufgrund ihrer unterschiedlichen Zielsetzung dabei selbstständig neben den Vorschriften des Geldwäschegesetzes (GwG) Anwendung. Geht es bei geldwäscherechtlichen Vorgaben hauptsächlich um die konkrete Identifizierung von verdächtigen Geschäftsvorfällen bzw. die Identifizierung der Personen sowie der jeweiligen Mittelherkunft, so steht bei den glücksspielrechtlichen Bestimmungen die Verwirklichung der Ziele des GlüStV iSd § 1 im Vordergrund. Gleichwohl orientieren sich die bei öffentlichen Glücksspielen im Internet zu erhebenden personenbezogenen Daten an den nach § 11 Abs. 4 GwG erforderlichen Angaben.[1] 1

1 NRW LT-Drs. 17/11683, 81.

II. Normadressat

2 Die Norm findet grundsätzlich auf alle **Veranstalter und Vermittler von Glücksspielen im Internet** iSd § 3 – unabhängig von der angebotenen Spielform – Anwendung. Ausnahmen können sich jedoch etwa bei **Lotterien mit geringem Gefährdungspotenzial nach § 12 Abs. 2** ergeben. So kann die zuständige Behörde im Rahmen der Erlaubnis für die Veranstaltung einer solchen Lotterie oder Ausspielung auch darüber entscheiden, inwieweit die Anforderungen der §§ 6 bis 7 zu erfüllen sind. § 6a Abs. 1 S. 4 stellt zudem klar, dass ein öffentliches Glücksspiel im Internet im Sinne der Norm auch beim **Eigenvertrieb** durch einen Veranstalter von Glücksspielen im Internet vorliegt.[2]

III. Einzelkommentierung

3 **1. Abs. 1.** Neben dem zwingenden Erfordernis für die Veranstalter und Vermittler von öffentlichen Glücksspielen im Internet, für jeden Spieler ein anbieterbezogenes Spielkonto einzurichten, müssen diese auch sicherstellen, dass der Spieler sich lediglich für ein einziges Spielkonto pro Anbieter registriert. Unbeachtlich ist dabei, ob der Veranstalter oder Vermittler über verschiedene Internetdomains Glücksspielangebote macht oder ob er diese unter unterschiedlichen Marken bewirbt. Die **Registrierungspflicht** dient dabei insbesondere der Spielsuchtfrüherkennung, dem effektiven Ausschluss gesperrter und minderjähriger Spieler. Zudem erhält der Spieler durch das **Ein-Spielkonto-Modell** einen besseren Überblick über sein Einsatz- und Spielverhalten (vgl. § 6i Abs. 1). Veranstalter und Vermittler von Glücksspielangeboten wird so die Identifizierung und Authentifizierung der Spieler vor dem jeweiligen Spiel ermöglicht (vgl. § 6e Abs. 1). Die Vereinheitlichung der Angaben über den Spieler bei allen Anbietern dient schließlich dem Abgleich mit der Limitdatei nach § 6c sowie der Vermeidung eines parallelen Spiels nach § 6h.[3]

4 **2. Abs. 2 und Abs. 3.** Der Veranstalter oder Vermittler des Glücksspiels ist nach Abs. 2 verpflichtet, die vom Spieler nach S. 1 anzugebenen personenbezogenen Daten auf ihre Richtigkeit hin zu überprüfen. Hierzu muss er sich **geeigneter und zuverlässiger Verfahren zur Identitätsfeststellung** bedienen (zB Video-Ident, Post-Ident, die eID-Funktion des Personalausweises oder andere zuverlässige Verfahren). In keinem Fall ausreichend ist dabei eine bloße Bestätigung der Daten durch den Spieler selbst. Der GlüStV gibt dabei vor dem Hintergrund stetig fortschreitender technischer Möglichkeiten gerade kein konkretes Verfahren zur Überprüfung der Richtigkeit der vom Spieler gemachten Angaben vor. Die zuständigen Behörden können jedoch Richtlinien aufstellen, nach denen die Eignung und Zuverlässigkeit der Verfahren beurteilt werden, insbesondere um eine Gleichbehandlung aller Anbieter und Verfahren sicherzustellen.[4] Aus Abs. 3 bzw. Abs. 4 S. 1 folgt zudem, dass eine Spielteilnahme vor Bestätigung der Richtigkeit der Daten grundsätzlich nicht möglich ist.

5 **3. Abs. 4.** Impliziert Abs. 3 bereits, dass jedenfalls eine Spielteilnahme vor Bestätigung der Richtigkeit der gemachten Angaben des Spielers grundsätzlich nicht möglich sein soll, so stellt Abs. 4 S. 1 nochmals ausdrücklich klar, dass vor Bestätigung der Richtigkeit der Angaben nach Abs. 2 sowohl die Ermöglichung einer Spielteilnahme als auch Auszahlungen an den Spieler grundsätzlich nicht zulässig sind. Lediglich ausnahmsweise soll es dem Anbieter nach S. 2 möglich sein, Spieler für einen begrenzten Zeitraum von bis zu **maximal 72 Stunden** ab

2 NRW LT-Drs. 17/11683, 131.
3 Vgl. *Pagenkopf* NJW 2021, 2152 (2154).
4 NRW LT-Drs. 17/11683, 131.

der **Registrierung** des neuen Spielkontos und lediglich bis zu einem **Einzahlungslimit von 100 EUR** am regulären Spielbetrieb teilnehmen zu lassen, auch wenn die personenbezogenen Daten nach Abs. 2 noch nicht vollständig und abschließend überprüft worden sind. Diese Aufweichung des Identitätsfeststellungserfordernisses erscheint vor dem Hintergrund hinnehmbar, dass die Kanalisierung von Spielern in den legalen Markt eines der gewünschten Ziele des GlüStV ist. Allerdings ist den Spielern während dieser Zeit lediglich die Teilnahme am Glücksspiel möglich, **jegliche Auszahlung bleibt bis zur Bestätigung der angegebenen personenbezogenen Daten hingegen unzulässig.** Hierauf ist der Spieler explizit hinzuweisen. Zudem muss er die Kenntnisnahme des Hinweises entsprechend bestätigen. Diese Limitierung soll einem Missbrauchsrisiko vorbeugen. Schließlich sei darauf hingewiesen, dass es für die Frage, ob eine Teilnahme innerhalb von 72 Stunden erfolgt, der jeweilige Abschluss des Spielvertrages maßgeblich ist. Unbeachtlich ist hingegen, wann das Ergebnis des Spiels bekannt wird. So bleibt die Wette auf ein Sportereignis, welches erst in mehreren Wochen stattfindet, etwa möglich.[5]

4. Abs. 5 und Abs. 6. Wann eine erneute Überprüfung der Identität der Spieler sowie der von diesen gemachten weiteren Angaben erfolgen muss, legen die Abs. 5 und 6 fest. Hierbei gilt der Grundsatz, dass eine solche **erneute Überprüfung mindestens einmal jährlich sowie anlassbezogen** bei Änderungen der Zahlungsverbindung oder persönlicher Angaben erfolgen muss. Das Erfordernis einer regelmäßigen anlasslosen Überprüfung dient dem Zweck, dass insbesondere gesperrte oder minderjährige Spieler nach der Erlangung der Zugangsdaten einer anderen Person mit einem fremden Spielkonto an den angebotenen Glücksspielen im Internet teilnehmen können. Darüber hinaus gilt grundsätzlich, dass die **Limit- und Aktivitätsdatei sowie die Sperrdatei aktuell gehalten werden müssen,** um einen effektiven Spielerschutz zu gewährleisten (vgl. §§ 6c, 6h und §§ 8 ff.). Das Intervall von maximal einem Jahr stellt unter Beachtung der für den Anbieter bei einer Überprüfung der Angaben entstehenden Kosten einen geeigneten zeitlichen Rahmen dar. Ausgenommen von der regelmäßigen Identifizierungspflicht sind nach Abs. 5 S. 7 solche Spielkonten, über die ausschließlich die Teilnahme an Glücksspielen möglich ist, an denen auch Spieler teilnehmen dürfen, die zu diesem Zeitpunkt aufgrund einer eingetragenen Sperre vom Glücksspiel eigentlich ausgeschlossen sind.[6] 6

5. Abs. 7. Spieler haben gegenüber den Veranstaltern und Vermittlern der Glücksspiele einen **Anspruch auf Schließung ihres Spielkontos.** Diese Schließung muss dabei ohne erhöhten Aufwand, insbesondere im Vergleich zur Registrierung, möglich sein. Gleiches gilt für die Auszahlung eines etwaigen Restguthabens. Auch diesbezüglich muss die Abwicklung niedrigschwellig für den Spieler ausgestaltet sein. 7

6. Abs. 8. Besteht der Verdacht, dass seitens des Spielers gegen gesetzliche Bestimmungen verstoßen wurde, so ist das betreffende Spielkonto vom Veranstalter und Vermittler zu sperren. Dies gilt insbesondere beim Verdacht von Verstößen gegen geldwäscherechtliche Vorgaben. Stehen gesetzliche oder behördliche Vorgaben nicht entgegen, so ist der betreffende Spieler unverzüglich über die Gründe der Sperre seines Spielkontos zu unterrichten. Eine Schließung des Spielkontos nach Abs. 7 ist dem Spieler während der Dauer der Sperre nicht möglich. 8

5 NRW LT-Drs. 17/11683, 132.
6 NRW LT-Drs. 17/11683, 133.

§ 6b GlüStV Geldbeträge auf dem Spielkonto; Ein- und Auszahlungen

(1) [1]Auf dem Spielkonto werden die für die Spielteilnahme zur Verfügung stehenden Beträge erfasst. [2]Die Beträge sind in Euro und Cent auszuweisen.

(2) [1]Einzahlungen des Spielers müssen auf dem Spielkonto unmittelbar nach Eingang der Zahlung bei dem Veranstalter oder Vermittler gutgeschrieben werden. [2]Gewinne sind dem Spielkonto unverzüglich gutzuschreiben. [3]Auszahlungen sind mit der Anforderung der Auszahlung durch den Spieler unverzüglich abzuziehen.

(3) Veranstalter und Vermittler müssen eine Funktion zur Verfügung stellen, mit der festgelegt werden kann, dass Gewinne über einem bestimmten Betrag automatisch ausgezahlt werden.

(4) [1]Zahlungen auf ein oder von einem Spielkonto dürfen ausschließlich von einem Zahlungskonto nach § 1 Absatz 17 des Zahlungsdiensteaufsichtsgesetzes, das auf den Namen des Spielers bei einem Verpflichteten nach § 2 Absatz 1 Nummer 1 oder 3 des Geldwäschegesetzes errichtet worden ist, geleistet werden. [2]Ein- oder Auszahlungen über anonyme Zahlungsmittel sind im Fernvertrieb nicht zulässig.

(5) [1]Übertragungen von Geld, Spielpunkten oder Ähnlichem zwischen Spielkonten sind nicht zulässig. [2]Es gilt das Kreditverbot gemäß § 4 Absatz 5 Nummer 2.

(6) [1]Die Mittel, über die Spieler auf dem Spielkonto verfügen, sind anvertraute Mittel, die auf einem verrechnungsfreien Konto bei einem Kreditinstitut zur Verfügung stehen müssen, das von den Eigenmitteln des Veranstalters oder Vermittlers getrennt sein muss und über das ausschließlich der Veranstalter oder Vermittler verfügen darf. [2]Auszahlungen von dem verrechnungsfreien Konto dürfen nur an Spieler oder auf Eigenmittelkonten des Veranstalters oder Vermittlers zur Begleichung einer Forderung des Veranstalters oder Vermittlers gegen Spieler erfolgen; Mittel auf dem verrechnungsfreien Konto dürfen nicht zur Deckung von Forderungen Dritter gegen den Veranstalter oder Vermittler verwendet werden. [3]Die Mittel müssen für Fälle einer Insolvenz oder Zahlungsunfähigkeit des Veranstalters oder Vermittlers oder der Kreditinstitute, bei denen die Mittel der Spieler verwahrt werden, abgesichert sein. [4]Dies hat der Veranstalter oder Vermittler durch zur unabhängigen Ausübung eines rechts- oder steuerberatenden Berufs befähigte Beauftragte zur Vorlage bei der zuständigen Behörde bestätigen zu lassen. [5]Die Mittel auf dem verrechnungsfreien Konto müssen stets dem Gesamtbetrag auf den Spielkonten der Spieler entsprechen.

(7) [1]Veranstalter und Vermittler haben das Guthaben auf dem Spielkonto im Falle des Schließens eines Spielkontos unverzüglich, spätestens aber innerhalb von fünf Werktagen, auf das Konto des Spielers zu überweisen. [2]Für das Schließen und die Auszahlung dürfen keine Gebühren erhoben werden.

Literatur: *Pagenkopf*, Der Glücksspielstaatsvertrag 2021 – Das Tor ist weit geöffnet, NJW 2021, 2152.

I. Allgemeines

Die in § 6b getroffenen Regelungen bezüglich der **Verwaltung der Geldbeträge** auf den bei den Anbietern geführten Spielerkonten sowie die **Modalitäten der Ein- und Auszahlungen** sollen im Wesentlichen dem **Verbraucher- bzw. Spielerschutz** dienen. Die auf den Spielkonten gebuchten Beträge sind dabei vom sonstigen Vermögen der Anbieter gemäß § 6b Abs. 6 strikt zu trennen. 1

II. Normadressat

Die Norm findet grundsätzlich auf alle **Veranstalter und Vermittler von Glücksspielen im Internet** iSd § 3 Anwendung. 2

III. Einzelkommentierung

1. Abs. 1, Abs. 2 und Abs. 3. Nach **Abs. 1** sind die für die Spielteilnahme zur Verfügung stehenden Beträge in Euro und Cent auszuweisen. Eine Umrechnung in Punkte, Coins, andere Währungen oder sonstige Einheiten ist dem Veranstalter und Vermittlern von Glücksspielen verboten. Dies soll für den Spieler **Transparenz** schaffen und ihm eine bessere **Nachvollziehbarkeit** seines Einsatz- und Spielverhaltens ermöglichen. **Abs. 2** verpflichtet die Veranstalter und Vermittler Einzahlungen und Gewinne unverzüglich auf dem Spielkonto des Spielers gutzuschreiben. Dabei ist es dem Anbieter strengstens untersagt, vom Spieler gezahlte Beträge bzw. erzielte Gewinne – auch nicht vorübergehend – für andere Zwecke zu verwenden.[1] Zudem ist den Auszahlungsanforderungen eines Spielers unverzüglich zu entsprechen. Schließlich müssen Veranstalter und Vermittler nach **Abs. 3** eine Funktion zur Verfügung stellen, nach der Gewinne über einen bestimmten Betrag automatisch ausgezahlt werden. Die Höhe des Betrages kann dabei zuvor vom Spieler festgelegt werden. Ein Zwang zur Nutzung einer derartigen Funktion besteht für den Spieler jedoch nicht. Unabhängig von der Entscheidung des Spielers ist es dem Anbieter freigestellt, automatische Auszahlungen von Gewinnen ab einer bestimmten Höhe vorzusehen. Auch steht Abs. 3 anderweitigen gesetzlichen oder behördlichen Bestimmungen in diesem Zusammenhang nicht entgegen.[2] 3

2. Abs. 4. Dieser Abs. 4 greift die geldwäscherechtlichen Vorgaben nach § 16 Abs. 4 S. 1 Nr. 2 des Geldwäschegesetzes (GwG) auf. Aus diesen Vorgaben folgt, dass der Verpflichtete sicherstellen muss, dass Transaktionen des Spielers auf das Spielerkonto nur von einem Zahlungskonto nach § 1 Abs. 17 des Zahlungsdiensteaufsichtsgesetzes (ZAG), das auf den Namen des Spielers bei einem Verpflichteten nach § 2 Abs. 1 Nr. 1 oder 3 GwG errichtet worden ist, erfolgen. Transaktionen dürfen also nur bei **Vorhandensein eines auf den Namen des Spielers lautenden Zahlungskontos** ausgeführt werden. Dies soll **anonyme Zahlungsmethoden** wie etwa Gutscheine, Barzahlungen oder sonstige Geldtransfers von vornherein **ausschließen**. Darüber hinaus soll durch die Personengleichheit des Einzahlenden mit dem Inhaber des Spielkontos sichergestellt werden, dass minderjährige oder gesperrte Spieler nicht über das Spielkonto am Glücksspielangebot des Veranstalters bzw. Vermittlers teilnehmen. Unabhängig von diesen Bestimmungen regelt S. 2 darüber hinaus, dass die Verwendung von Zahlungsmitteln, die den Einzahlenden nicht erkennen lassen, im Fernbetrieb ausgeschlossen sein soll; gemeint sind hiermit insbesondere Prepaid-Zahlungssysteme 4

1 NRW LT-Drs. 17/11683, 134.
2 NRW LT-Drs. 17/11683, 134.

(zB Kunde erwirbt an einer Tankstelle einen Guthabencode, den er zum Aufladen des Spielkontos verwendet).[3]

5 **3. Abs. 5.** Ausweislich von Abs. 5 soll jegliche **Übertragung von Geld, Spielpunkten oder Ähnlichem zwischen Spielkonten verboten** sein. Dieses Erfordernis soll zum einen eine Umgehung von Limits nach § 6c verhindern, zum anderen sollen (illegale) Nebenabreden zwischen Spielern ausgeschlossen werden. Durch das in S. 2 der Norm genannte **Kreditverbot** soll klargestellt werden, dass ein Spielkonto keinen negativen Saldo aufweisen darf. Dies gilt auch für lediglich vorübergehende Überziehungen. Auch diese Anforderung soll Transparenz und Nachvollziehbarkeit schaffen sowie einen effektiven Spielerschutz ermöglichen.

6 **4. Abs. 6.** Abs. 6 stellt ausdrücklich klar, dass die Veranstalter und Vermittler von Glücksspielen die seitens der Spieler **auf den Spielkonten hinterlegten Mittel getrennt verwahren müssen.** Zwar dürfen die eingezahlten Mittel auf demselben verrechnungsfreien Bankkonto des Veranstalters oder Vermittlers bei einem Kreditinstitut verwahrt werden, Auszahlungen sind jedoch nur an den betreffenden Spieler möglich oder aber zur Begleichung einer Forderung des Anbieters gegen den Spieler (zB aufgrund eines Spieleinsatzes) auf Eigenmittelkonten des Veranstalters zulässig.[4] Dieses verrechnungsfreie Bankkonto darf dabei jedoch für **Dritte** – etwa Gläubiger des Veranstalters oder Vermittlers – gerade **nicht zugänglich sein.** Die Mittel auf dem verrechnungsfreien Bankkonto müssen schließlich stets dem Gesamtbetrag auf den Spielkonten der Spieler entsprechen. Zudem müssen die Veranstalter und Vermittler für eine umfassende **Insolvenzabsicherung** der Mittel der Spieler sorgen. Diese Absicherung wird von den zuständigen Behörden entsprechend überprüft.[5]

7 **5. Abs. 7.** Dieser Absatz soll § **6a Abs. 7** entsprechend ergänzen. Die Schließung eines Spielerkontos soll möglichst niedrigschwellig ausgestaltet sein. Daraus folgt, dass die Anbieter es den Spielern auch nicht etwa durch Gebühren oder andere Kosten erschweren dürfen, die Spielteilnahme zu beenden. Gegebenenfalls noch vorhandene Guthaben sind unverzüglich und vollständig an den Spieler auszuzahlen.

§ 6c GlüStV Selbstlimitierung; Limitdatei für Glücksspiele im Internet

(1) [1]Bei der Registrierung sind die Spieler dazu aufzufordern, ein individuelles monatliches anbieterübergreifendes Einzahlungslimit festzulegen oder anzugeben, dass ein bereits festgelegtes individuelles monatliches anbieterübergreifendes Einzahlungslimit unverändert beibehalten werden soll. [2]Das anbieterübergreifende Einzahlungslimit darf grundsätzlich 1000 Euro im Monat nicht übersteigen. [3]In der Erlaubnis kann zur Erreichung der Ziele des § 1 festgelegt werden, dass und unter welchen Voraussetzungen der Erlaubnisinhaber im Einzelfall mit anbieterübergreifender Wirkung einen abweichenden Betrag festsetzen kann. [4]Satz 3 gilt entsprechend für die Veranstaltung von Online-Casinospielen nach § 22c Absatz 1 Satz 1 Nummer 1 und die Erteilung von Konzessionen nach § 22c Absatz 1 Satz 1 Nummer 2. [5]Zu den Voraussetzungen, unter denen einem Anbieter von Online-Casinospielen gemäß Satz 4 die Festsetzung eines abweichenden Betrags erlaubt werden kann, werden bindende Rahmenregelungen durch die Anstalt nach § 27a festgesetzt. [6]Ist für einen Spieler kein anbieterüber-

3 NRW LT-Drs. 17/11683, 134.
4 NRW LT-Drs. 17/11683, 135.
5 Vgl. *Pagenkopf* NJW 2021, 2152 (2154).

greifendes Einzahlungslimit festgelegt, darf eine Spielteilnahme nicht erfolgen. [7]Das anbieterübergreifende Einzahlungslimit ist erschöpft, wenn die Summe der Einzahlungen eines Spielers in einem Kalendermonat an alle Veranstalter und Vermittler von öffentlichen Glücksspielen im Internet, die nach Absatz 9 dem anbieterübergreifenden Einzahlungslimit unterliegen, das nach Satz 1 individuell festgelegte Einzahlungslimit erreicht. [8]Ist das nach Satz 1 festgelegte monatliche anbieterübergreifende Einzahlungslimit erschöpft, darf eine weitere Einzahlung des Spielers nicht erfolgen; der Erlaubnisinhaber hat dies durch geeignete Maßnahmen sicherzustellen. [9]Versuchen Spieler ein monatliches Einzahlungslimit festzulegen, welches den Betrag nach Satz 2 und Satz 3 übersteigt, sind sie zur Korrektur ihrer Eingabe aufzufordern. [10]Spielern dürfen die Beträge nach Satz 2 und Satz 3 nur im Rahmen der Aufforderung zur Korrektur angezeigt werden.

(2) [1]Darüber hinaus ist den Spielern zu jeder Zeit die Möglichkeit einzuräumen, zusätzliche anbieterbezogene tägliche, wöchentliche oder monatliche Einsatz-, Einzahlungs- und Verlustlimits einzurichten. [2]Ist ein Einsatz- oder Verlustlimit ausgeschöpft, darf eine weitere Spielteilnahme nicht ermöglicht werden; für ein Einzahlungslimit gilt Absatz 1 Satz 8 entsprechend.

(3) [1]Den Spielern ist zu jeder Zeit die Möglichkeit zu geben, ein Limit nach den Absätzen 1 und 2 neu festzulegen. [2]Will ein Spieler das Limit erhöhen, so wird die Erhöhung erst nach einer Schutzfrist von sieben Tagen wirksam. [3]Wenn Limits verringert werden, greifen die neuen Limits sofort.

(4) [1]Die zuständige Behörde unterhält zur Überwachung des anbieterübergreifenden Einzahlungslimits nach Absatz 1 eine zentrale Datei zur Limitüberwachung (Limitdatei). [2]In der Limitdatei werden die zur Überwachung des Limits erforderlichen personenbezogenen Daten verarbeitet. [3]Es dürfen folgende personenbezogene Daten verarbeitet werden:

1. Familiennamen, Vornamen, Geburtsnamen,
2. Geburtsdatum,
3. Geburtsort,
4. Anschrift,
5. Höhe des vom Spieler festgelegten anbieterübergreifenden Einzahlungslimits,
6. Datum der Festlegung des Limits,
7. Höhe und Datum der getätigten Einzahlungen und
8. Gesamtbetrag der getätigten Einzahlungen.

[4]Der Gesamtbetrag der getätigten Einzahlungen nach Nummer 8 setzt sich aus den getätigten Einzahlungen im Sinne des Absatzes 6 Satz 4 im aktuellen Kalendermonat zusammen. [5]Die für die Führung der Limitdatei zuständige Behörde kann bestimmen, dass die in Satz 3 Nummer 1 bis 4 genannten personenbezogenen Daten durch ein Pseudonym ersetzt werden dürfen, soweit hierdurch die ordnungsgemäße Funktion der Limitdatei nicht beeinträchtigt wird. [6]Zusätzlich darf eine anbieterbezogene Kennung des Spielers verarbeitet werden, jedoch nicht im Zusammenhang mit den in Satz 3 Nummer 1 bis 4 genannten personenbezogenen Daten gespeichert werden.

(5) [1]Veranstalter und Vermittler haben bei jeder Festlegung und Änderung des anbieterübergreifenden Einzahlungslimits die in Absatz 4 Satz 3 Nummer 1 bis 4 genannten personenbezogenen Daten des Spielers sowie die Höhe des neuen Einzahlungslimits an die Limitdatei zu übermitteln. [2]War in der Limitdatei bereits ein Einzahlungslimit gespeichert, wird dieses durch das neu übermittelte Limit ersetzt; Absatz 3 Satz 2 und 3 bleibt unberührt. [3]Dem übermittelnden Veranstalter oder Vermittler wird zur Information des Spielers die Höhe des einge-

tragenen Limits sowie ein eventuell wegen der Schutzfrist nach Absatz 3 Satz 2 noch vorübergehend zu beachtendes geringeres Limit mitgeteilt. [4]Gibt ein Spieler bei der Registrierung an, dass ein bereits festgelegtes individuelles monatliches anbieterübergreifendes Einzahlungslimit unverändert beibehalten werden soll, haben Veranstalter und Vermittler diese Information gemeinsam mit den in Absatz 4 Satz 3 Nummer 1 bis 4 genannten personenbezogenen Daten des Spielers an die Limitdatei zu übermitteln. [5]Ist im Fall des Satzes 4 für diesen Spieler kein anbieterübergreifendes Einzahlungslimit in der Limitdatei gespeichert, wird dies dem übermittelnden Veranstalter oder Vermittler zurückübermittelt. [6]Dieser hat den Spieler aufzufordern, ein individuelles monatliches anbieterübergreifendes Einzahlungslimit festzulegen; Absatz 1 Satz 6 bleibt unberührt. [7]In der Erlaubnis oder durch Allgemeinverfügung der für die Führung der Limitdatei zuständigen Behörde kann festgelegt werden, dass in den Fällen der Sätze 1 und 4 statt der in Absatz 4 Satz 3 Nummer 1 bis 4 genannten personenbezogenen Daten andere von der Behörde festgelegte Daten zu übermitteln sind, die zur eindeutigen Identifizierung des Spielers geeignet und erforderlich sind.

(6) [1]Veranstalter und Vermittler haben vor Abschluss jedes Einzahlungsvorgangs die zur eindeutigen Identifizierung des Spielers erforderlichen Daten sowie die Höhe der vom Spieler beabsichtigten Einzahlung an die Limitdatei zu übermitteln. [2]Die Übermittlung ist nur zulässig, wenn der Spieler die beabsichtigte Einzahlung abschließend beantragt hat. [3]Dem Veranstalter oder Vermittler wird übermittelt, ob das anbieterübergreifende Einzahlungslimit bereits erschöpft ist und ob es durch die beabsichtigte Einzahlung überschritten würde. [4]Ist das anbieterübergreifende Einzahlungslimit nicht erschöpft und würde es durch die beabsichtigte Einzahlung auch nicht überschritten, wird die beabsichtigte Einzahlung als getätigte Einzahlung in der Limitdatei gespeichert. [5]Ist das anbieterübergreifende Einzahlungslimit vor der beabsichtigten Einzahlung noch nicht erschöpft und würde es durch die beabsichtigte Einzahlung überschritten, übermittelt die Limitdatei zusätzlich die Höhe des noch nicht ausgeschöpften anbieterübergreifenden Einzahlungslimits. [6]Ist das anbieterübergreifende Einzahlungslimit bereits erschöpft, ist die beabsichtigte Einzahlung durch den Veranstalter oder den Vermittler abzulehnen. [7]Gleiches gilt, wenn durch die beabsichtigt Einzahlung das anbieterübergreifende Einzahlungslimit überschritten würde; dem Spieler kann in diesem Fall die Höhe des noch nicht ausgeschöpften anbieterübergreifenden Einzahlungslimits mitgeteilt und ein neuer Einzahlungsvorgang gestartet werden, auf den die Sätze 1 bis 6 erneut anzuwenden sind. [8]Die zur eindeutigen Identifizierung des Spielers erforderlichen Daten sind in der Erlaubnis oder durch Allgemeinverfügung der für die Führung der Limitdatei zuständigen Behörde festzulegen.

(7) Die in Absatz 4 Satz 3 Nummer 7 und 8 genannten personenbezogenen Daten sind unverzüglich nach Ablauf des Monats, in dem sie gespeichert worden sind, zu löschen.

(8) [1]Die in Absatz 4 Satz 3 Nummer 1 bis 6 genannten personenbezogenen Daten sind nach Ablauf eines Jahres seit der letzten Aktivität in der Limitdatei zu löschen. [2]Aktivität im Sinne des Satzes 1 ist jede Übermittlung im Sinne des Absatz 5 Satz 1 und Absatz 6 Satz 1. [3]Sind die in Absatz 4 Satz 3 Nummer 1 bis 6 genannten personenbezogenen Daten bereits gelöscht und erfolgt eine Übermittlung nach Absatz 6 Satz 1, ist der übermittelnde Veranstalter oder Vermittler auf die Löschung der Daten hinzuweisen. [4]In diesem Fall ist der Einzahlungsvorgang abzubrechen und der Spieler dazu aufzufordern, die Limits neu festzulegen.

(9) [1]Das anbieterübergreifende Einzahlungslimit findet Anwendung auf alle öffentlichen Glücksspiele im Internet mit Ausnahme von Einzahlungen, die aus-

schließlich für Lotterien, die nicht häufiger als zweimal pro Woche veranstaltet werden, und für Lotterien in Form des Gewinnsparens verwendet werden können. [2]Sofortlotterien im Internet gelten nicht als Lotterien im Sinne des Satzes 1.

(10) [1]Der Anschluss an die Limitdatei und die Nutzung der Limitdatei sind für den Erlaubnisinhaber kostenpflichtig. [2]Der Erlaubnisinhaber darf von dem Spieler keine Kosten oder Gebühren für die Festsetzung oder Änderung eines Limits verlangen.

Literatur: *Auer/Griffiths,* Voluntary Limit Setting and Player Choice in Most Intense Online Gamblers: An Empirical Study of Gambling Behaviour, Journal of Gambling Studies Journal of Gambling Studies 29/2013, 647; *Auer/Hopfgartner/Griffiths,* The effects of voluntary deposit limitsetting on long-term online gambling expenditure, Cyperpsychology, Behaviour, and Social Networking 23/2020, 113; *Pagenkopf,* Der Glücksspielstaatsvertrag 2021 – Das Tor ist weit geöffnet, NJW 2021, 2152.

I. Allgemeines

Eine wesentliche Neuerung im GlüStV ist die Selbstlimitierung bei Glücksspielen 1
im Internet. So werden die Spieler nach Abs. 1 verpflichtet, ein **monatliches anbieterübergreifendes Einzahlungslimit** festzulegen. Nach Abs. 2 werden hingegen die Anbieter verpflichtet, zusätzliche anbieterbezogene Einsatz-, Einzahlungs- und Verlustlimits zu ermöglichen. Diese **Selbstlimitierung** soll dabei ein bewusstes Spielen fördern, der Kanalisierung der Spieler hin zu legalen Angeboten dienen und insbesondere bei pathologischem Spielverhalten eine kritischere Reflexion mit dem eigenen Verhalten ermöglichen. Lediglich gedanklich gesetzte eigene Limits reichen hierfür nach wissenschaftlichen Erkenntnissen regelmäßig nicht aus[1]. Außerdem sollen so die finanziellen Folgen einer Spielsuchterkrankung reduziert werden.[2] Die Selbstlimitierung soll darüber hinaus auch den besonderen Gefahren des Internetvertriebs Rechnung tragen.[3] Dazu zählen insbesondere der Umstand, dass das Internet im Gegensatz zu terrestrischen Spielangeboten keine soziale Kontrolle durch persönlichen Kontakt zum Personal des Anbieters oder Dritten vorsieht. Zudem sind die Spiele im Internet leichter zugänglich und darüber hinaus ständig und ortsungebunden verfügbar. Auch werden Zahlungsvorgänge ausschließlich bargeldlos abgewickelt, was die Hemmschwelle des Spielers weiter absenken kann. Wissenschaftliche Studien haben gezeigt, dass von den Spielern selbst gesetzte Limits eher akzeptiert und damit seltener umgangen werden.[4] Die Selbstlimitierung nach Abs. 1 ist dabei **anbieterübergreifend** ausgestaltet, um eine effektive Wirkung des Limits sicherzustellen.

Zur Verwirklichung der Ziele des GlüStV erschien es den Ländern zudem erfor- 2
derlich, eine **grundsätzliche gesetzliche Höchstgrenze** zu bestimmen. Diese be-

1 Vgl. *Pagenkopf* NJW 2021, 2152 (2153).
2 NRW LT-Drs. 17/11683, 135.
3 Vgl. EuGH 8.9.2009 – Rs. C-42/07, MMR 2009, 823 Rn. 72; EuGH 8.9.2010 – Rs. C-46/08, NVwZ 2010, 1422 ff.; EuGH 30.6.2011 – Rs. C-212/08, EuZW 2011, 674 ff.
4 Vgl. *Auer/Griffiths* Journal of Gambling Studies 29 (2013), 647 ff.; *Auer/Hopfgartner/Griffiths* Cyperpsychology, Behaviour, and Social Networking 23 (2020), 113 ff.

trägt anbieterübergreifend **1.000 EUR im Monat.** Wenngleich die individuellen Verhältnisse des einzelnen Spielers, also insbesondere dessen wirtschaftliche Leistungsfähigkeit, für die Wirksamkeit des Limits ausschlaggebend sein dürften, stellt der festgelegte Höchstbetrag von 1.000 EUR pro Monat nach Ansicht des Gesetzgebers einen Ausgleich zwischen der Spielerschutzfunktion und den gewünschten Kanalisierungswirkungen dar, also der Verhinderung von Ausweichbewegungen in den Schwarzmarkt.[5] Nach Abs. 1 S. 3 soll es jedoch möglich sein, mit anbieterübergreifender Wirkung einen **abweichenden Betrag – auch über den grundsätzlichen gesetzlichen Höchstbetrag hinaus – festzusetzen.** Die zuständige Behörde kann darüber hinaus weitere Voraussetzungen und Kriterien in Bezug auf die Festlegung eines abweichenden Limits bestimmen. Diese Regelungen sollen jedoch erst mit Übergang der Zuständigkeit für die Erlaubniserteilung auf die **Gemeinsame Glücksspielbehörde der Länder** nach § 27a Anwendung finden (vgl. § 27p Abs. 10 S. 1).[6]

II. Normadressat

3 Die Norm richtet sich an die **Erlaubnisnehmer,** also die **Veranstalter und Vermittler von öffentlichen Glücksspielen im Internet** iSd § 3. Die Vorgaben zum anbieterübergreifenden Einzahlungslimit sind dabei nach Abs. 9 S. 1 auf alle öffentlichen Glücksspiele im Internet mit Ausnahme von Einzahlungen, die ausschließlich für Lotterien, die nicht häufiger als zweimal pro Woche veranstaltet werden, und für Lotterien in Form des Gewinnsparens verwendet werden können, anzuwenden. Sofortlotterien im Internet gelten hingegen nicht als Lotterien im Sinne des Abs. 9 S. 1 und sind daher ebenfalls ausgenommen.

III. Einzelkommentierung

4 **1. Abs. 1.** Abs. 1 hat die **verpflichtende Selbstlimitierung** des Spielers zum Inhalt. Ohne die Festlegung eines **anbieterübergreifenden Einzahlungslimits bei der Registrierung** darf dem Spieler eine Spielteilnahme nicht ermöglicht werden. Der konkrete **Anwendungsbereich** wird in **Abs. 9** definiert. Um den **Spielerschutzeffekt** eines selbst gesetzten Limits zu fördern, bestimmen S. 9 und S. 10, dass der gesetzliche Höchstbetrag dem Spieler nur dann angezeigt werden darf, wenn dieser zuvor versucht hat, einen höheren Betrag einzugeben und der Spieler zur Korrektur seiner Eingabe aufgefordert wird. Grund hierfür ist, dass der Spieler sich bei seinen Einzahlungen nicht an der gesetzlichen Höchstgrenze orientieren soll, da diese ggf. nicht zu seiner individuellen finanziellen Situation passt.

5 **2. Abs. 2.** Nach Abs. 2 sollen die Spieler zusätzlich die Möglichkeit haben, an**bieterbezogene eigene Limits** zu setzen. Dabei kann es sich etwa um **tägliche, wöchentliche oder monatliche Limits** in Bezug auf **Spieleinsätze, Einzahlungen und Verluste** handeln. Die Spieler sind allerdings nicht verpflichtet, solche zusätzlichen anbieterbezogenen Limits einzurichten. Sofern sie jedoch von dieser Möglichkeit Gebrauch machen, haben die Anbieter diese Limits verpflichtend zu berücksichtigen und in der Limitdatei zu hinterlegen. Im Falle der Erschöpfung eines solchen Limits ist der betreffende Spieler vom weiteren Spiel bzw. von weiteren Einzahlungen auch dann auszuschließen, wenn der gesetzliche Höchstbetrag nach Abs. 1 noch nicht erschöpft ist.[7]

---

5 Vgl. *Pagenkopf* NJW 2021, 2152 (2154).
6 NRW LT-Drs. 17/11683, 139.
7 NRW LT-Drs. 17/11683, 139.

3. Abs. 3. Den Spielern muss die Möglichkeit eröffnet werden, **Limits jederzeit neu festzulegen.** Dies müssen die Anbieter durch wahrnehmbare und gut auffindbare Möglichkeiten der Neufestlegung gewährleisten. Sofern ein Spieler sein Limit erhöhen möchte, gilt zunächst eine **Schutzfrist von sieben Kalendertagen** bis zum Eintritt der Erhöhung. Hierdurch wird der Spieler gezwungen, eine Spiel- bzw. Einzahlungspause einzulegen, die ihn darauf aufmerksam machen soll, dass er durch sein Handeln seine selbst gesetzten Grenzen überschreiten möchte. Auch während der Schutzfrist kann eine erneute Festsetzung des Limits durch den Spieler erfolgen. Im Falle einer Erhöhung beginnt die Schutzfrist von sieben Kalendertagen jedoch erneut zu laufen. Jegliche **Verringerung des individuellen Limits** soll hingegen **sofort wirksam** sein. 6

4. Abs. 4. Dieser Absatz regelt die Einzelheiten der zentralen Datei zur Limitüberwachung (sog. **Limitdatei**). Diese Datei enthält alle personenbezogenen Daten, die zur Überwachung des Limits erforderlich sind. S. 3 beschreibt sodann die zu erfassenden Daten. Der Name, das Geburtsdatum sowie der Geburtsort und die Anschrift sollen dabei die eindeutige Identifizierung des Spielers ermöglichen (**S. 3 Nr. 1–4**). Diese personenbezogenen Daten sind bei der Registrierung des Spielers zu prüfen. In der Limitdatei werden sodann auch das festgelegte anbieterübergreifender Einzahlungslimit sowie das Datum der Festlegung dieses Limits gespeichert (**S. 3 Nr. 5–6**). Erst die Erfassung des Datums erlaubt die Berechnung der nach Abs. 3 erforderlichen Schutzfrist von sieben Kalendertagen. Schließlich sind auch noch das jeweilige Datum der getätigten Einzahlungen sowie der sich daraus ergebende Gesamtbetrag aller getätigten Einzahlungen im jeweils laufenden Monat zu erfassen (**S. 3 Nr. 7–8**). Diese Angaben sind erforderlich, um die Einhaltung des Limits zu überprüfen. Die erfassten personenbezogenen Daten sind nach Ablauf des jeweiligen Kalendermonats wieder zu löschen (vgl. Abs. 7 und 8).[8] Darüber hinaus ist eine Zusammenführung mit anderen Daten nicht erlaubt. Dies soll etwa verhindern, dass eine weitere Auswertung des Einsatz- und Spielverhaltens der Spieler erfolgen kann. Nach S. 5 kann die für die Führung der Limitdatei zuständige Behörde auch bestimmen, dass die in S. 3 Nr. 1–4 genannten personenbezogenen Daten durch ein **Pseudonym** ersetzt werden dürfen, soweit hierdurch die ordnungsgemäße Funktion der Limitdatei nicht beeinträchtigt wird. Schließlich darf zwar auch eine anbieterbezogene Kennung des Spielers verarbeitet werden (zB eine Spieler-ID oder eine Kundennummer), allerdings ist eine Speicherung im Zusammenhang mit dem Namen, dem Geburtsdatum, dem Geburtsort oder der Anschrift des Spielers unzulässig. Grund hierfür ist, dass keinesfalls eine behördliche Liste entstehen soll, die offenlegt, bei welchen Anbietern der betroffene Spieler registriert ist. Derartige Angaben sind im Rahmen der Überprüfung der Limits gerade nicht erforderlich. Zulässig bleibt allerdings die Speicherung der anbieterbezogenen Kennung in Kombination mit einem Pseudonym iSd S. 5. 7

5. Abs. 5. Abs. 5 enthält **detaillierte Regelungen in Bezug auf das Vorgehen beim Erfassen des Limits.** So müssen Anbieter bei jeder erstmaligen Festlegung sowie bei jeder Neufestlegung des anbieterübergreifenden Einzahlungslimits seitens des Spielers dieses (neue) Limit an die Limitdatei übermitteln. Neben den zu übermittelnden personenbezogenen Daten nach Abs. 4 S. 3 Nr. 1–4 betrifft dies auch die Höhe des Einzahlungslimits. Diese Übermittlungspflicht an die Limitdatei besteht auch dann, wenn ein Spieler im Rahmen seiner Registrierung bei einem weiteren Anbieter angibt, dass er ein bereits festgelegtes individuelles monatliches anbieterübergreifendes Einzahlungslimit unverändert beibehalten 8

8 NRW LT-Drs. 17/11683, 140.

möchte. S. 7 ermöglicht es der zuständigen Behörde, dass statt den in Abs. 4 S. 3 Nr. 1–4 genannten personenbezogenen Daten auch **andere Daten** zu übermitteln sind, sofern diese zu einer eindeutigen Identifizierung des Spielers geeignet und erforderlich sind (zB die einmalige anbieterbezogene Kennung des Spielers). Welche weiteren Daten dies im Einzelfall konkret betrifft, ist dabei im Lichte der datenschutzrechtlichen Vorgaben zu bestimmen.[9]

9 **6. Abs. 6.** Abs. 6 regelt **Einzelheiten im Hinblick auf die Abfrage der Limitdatei** im Falle beabsichtigter Einzahlungen. Nach S. 1 müssen Veranstalter und Vermittler jeweils **vor Abschluss jedes Einzahlungsvorgangs eine entsprechende Abfrage durchführen.** Voraussetzung für die Abfrage der Limitdatei ist jedoch, dass der Spieler alle erforderlichen Willenserklärungen zur Durchführung der Einzahlung bereits abgegeben hat. Diese Willenserklärungen können etwa in dem Absenden bzw. in dem Bestätigen der Höhe der Einzahlung per Mausklick liegen. Die Abfrage der Limitdatei ist im Rahmen der Zahlungsabwicklung der letzte Schritt. Weder die Spieler noch die Anbieter sollen erfragen können, in welcher Höhe bis zur Erreichung des Limits noch Einzahlungen vorgenommen werden können. In Bezug auf die Anbieter soll das Abfragen des Standes des verbleibenden Limits ausgeschlossen sein, um Werbung bzw. sonstige Kundenansprachen auszuschließen. Im Hinblick auf die Spieler soll so vermieden werden, dass diese sich durch die Kenntnis des noch verbleibenden Limits verleitet fühlen, eben dieses Limit voll auszuschöpfen. Dem Anbieter wird nach S. 3 grundsätzlich auch lediglich mitgeteilt, ob ein Limit bereits ausgeschöpft ist bzw. ob eine Ausschöpfung des Limits durch die beabsichtigte Einzahlung des Spielers eintreten würde. In beiden Fällen ist eine solche Einzahlung durch den Veranstalter oder den Vermittler abzulehnen. S. 8 stellt schließlich klar, dass in der betreffenden Erlaubnis oder durch Allgemeinverfügung der für die Führung der Limitdatei zuständigen Behörde jeweils festgelegt werden kann, welche zur eindeutigen Identifizierung des Spielers erforderlichen Daten im Rahmen der Übermittlung nach S. 1 zu übertragen sind.[10]

10 **7. Abs. 7 und Abs. 8.** Gemäß **Abs. 7** darf die Speicherung personenbezogener Daten in der Limitdatei nur solange erfolgen, wie diese erforderlich ist. Nach Ablauf eines Kalendermonats sind einzahlungsbezogene Daten zu löschen, da diese dann nicht mehr benötigt werden. Nach **Abs. 8** ist der vollständige Datensatz des Spielers nach einem Jahr seit der letzten Aktualisierung der Höhe des Limits bzw. der letzten Einzahlung aus der Limitdatei zu löschen. Die Löschung eines selbstgesetzten Limits erfolgt hingegen nicht nach Ablauf jedes Kalendermonats, da dies der bewussten Selbstbindung des Spielers widersprechen würde. Eine über ein Jahr hinausgehende Speicherung des Limits ist jedoch nicht erforderlich.

11 **8. Abs. 9 und Abs. 10. Abs. 9** legt den **Anwendungsbereich der anbieterübergreifenden Selbstlimitierung** fest. Danach soll die Norm grundsätzlich auf alle öffentlichen Glücksspiele im Internet Anwendung finden. Ausgenommen sind nur langsame Lotterien iSd S. 1 sowie Lotterien in Form des Gewinnsparens, da diesen aufgrund ihrer Ausgestaltung keine erheblichen Suchtgefahren zugeschrieben werden. Sobald Einzahlungen auch für andere Glücksspiele als die privilegierten Lotterien genutzt werden können, ist die Limitdatei jedoch abzufragen. Der Anschluss an die Limitdatei sowie deren Nutzung ist für den Erlaubnisnehmer nach **Abs. 10** kostenpflichtig. Dem Spieler hingegen dürfen keine Kosten auferlegt werden. Dies gilt auch für die Festsetzung oder Änderung von Limits,

9 NRW LT-Drs. 17/11683, 142.
10 NRW LT-Drs. 17/11683, 143.

da die Spieler nicht aufgrund finanzieller Belastungen von einer Neufestsetzung ihres individuellen Limits abgehalten werden sollen.[11]

§ 6d GlüStV Informationspflichten des Anbieters bei Glücksspielen im Internet

(1) [1]Spieler müssen jederzeit die Möglichkeit haben, den Stand des Guthabens auf dem Spielkonto, die Spielhistorie insgesamt und je Spielform, Ein- und Auszahlungen, Limits und Änderungen von Limits sowie sonstige Transaktionen der letzten zwölf Monate einzusehen. [2]Die Spielhistorie nach Satz 1 hat die einzelnen Einsätze, Gewinne und Verluste des Spielers unter Angabe des jeweiligen Zeitpunkts zu umfassen.

(2) [1]Veranstalter und Vermittler haben Spieler über die Summe der Einsätze, Gewinne und Verluste der jeweils vorangegangenen 30 Tage zu informieren. [2]Diese Information muss nach jeder Identifizierung und Authentifizierung erfolgen sowie vor Beginn eines Spiels, wenn seit der letzten Information mehr als 24 Stunden vergangen sind. [3]Eine Spielteilnahme darf erst nach ausdrücklich erklärter Kenntnisnahme der Information durch den Spieler erfolgen.

(3) Veranstalter und Vermittler müssen Spielern auf Antrag eine geordnete Auflistung sämtlicher Transaktionen auf dem Spielkonto der vergangenen zwölf Monate unverzüglich kostenlos zur Verfügung stellen.

Literatur: *Pagenkopf*, Der Glücksspielstaatsvertrag 2021 – Das Tor ist weit geöffnet, NJW 2021, 2152.

I. Allgemeines

Der Gesetzgeber hat zum Zwecke einer möglichst effektiven Suchtprävention sowie des Spielerschutzes und der Bekämpfung entsprechender Kriminalität für Anbieter von Glücksspielen im Internet zusätzliche Informationspflichten vorgesehen. Die Pflichten des § 6d beinhalten neben einem Einsichtsrecht des Spielers nach Abs. 1 dabei insbesondere eine Pflicht nach Abs. 3 zur Datenbereitstellung in Form einer **geordneten Auflistung der getätigten Transaktionen** durch den Anbieter auf Antrag des Spielers. In Abs. 2 finden sich schließlich weitere Informationspflichten der Anbieter, die helfen sollen einer Suchterkrankung bzw. einem Kontrollverlust auf Seiten des Spielers vorzubeugen. 1

II. Normadressat

§ 6d richtet sich an **Veranstalter und Vermittler von Glücksspielen im Internet** iSd § 3. 2

III. Einzelkommentierung

1. Abs. 1. Zur Verwirklichung eines aktiven Spielerschutzes, insbesondere in Bezug auf eine aktive Suchtprävention, muss es den Spielern ermöglicht werden, die in Abs. 1 bezeichneten Transaktionen und Vorgänge einzusehen. Die abrufbaren Informationen müssen dabei dem **aktuellen Stand des Guthabens** des Spielkontos, die **gesamte Spielhistorie** sowie differenziert nach jeweiliger Spielform die **getätigten Ein- und Auszahlungen, Limits und deren Änderungen, sonstige Transaktionen sowie alle Einsätze, Gewinne und Verluste** unter Angabe 3

11 NRW LT-Drs. 17/11683, 144.

des jeweiligen Zeitpunkts umfassen. In zeitlicher Hinsicht müssen für den Spieler alle derartigen Angaben mindestens innerhalb der letzten zwölf Monate zugänglich gemacht werden. Auf diese Weise soll es dem Spieler ermöglicht werden, sich ein konkretes Bild über sein individuelles Spielverhalten machen zu können, um dieses kritisch reflektieren zu können. Der Spieler kann die so erhobenen Daten dabei auch mit Dritten teilen bzw. diesen zur Auswertung überlassen, etwa wenn es darum geht, problematisches Einsatz- bzw. Spielverhalten zu identifizieren oder aber eine Untersuchung auf eine mögliche Spielsuchterkrankung zu unterstützen.[1]

4 **2. Abs. 2.** Um dem Spieler sein aktuelles Einsatz- und Spielverhalten vor einer erneuten Teilnahme am Glücksspiel vor Augen zu führen, sind die Veranstalter und Vermittler von Glücksspielen im Internet verpflichtet, die Spieler über die Summe der Einsätze, Gewinne und Verluste der jeweils vorangegangenen 30 Tage zu informieren. Diese Pflicht zur Anzeige wesentlicher Spieldaten nach Abs. 2 dient dabei vor allem der Spielsuchtprävention sowie der Vorbeugung eines Kontrollverlusts. Durch die Darstellung der Informationen soll dem Spieler ein Überblick über sein Spielverhalten – inklusive der finanziellen Auswirkungen – gegeben werden, um so eine kritische Auseinandersetzung mit dem eigenen Spielverhalten zu ermöglichen. Hierzu ein **Beispiel:** Ein Spieler nimmt innerhalb der 30-Tage-Frist an insgesamt vier Glücksspielen mit einem Einsatz von je 20 EUR teil, er verliert dreimal und gewinnt einmal 10 EUR. Für diesen Fall ist ein Einsatz von 80 EUR und ein Verlust von 70 EUR anzuzeigen. Hat der Spieler hingegen dreimal verloren, jedoch bei einem Spiel nicht 10 EUR, sondern 100 EUR gewonnen, so ist ein Einsatz von 80 EUR und ein Gewinn von 20 EUR anzuzeigen. Die Information nach Abs. 2 muss mithin die jeweilige Summe der Einsätze und Gewinne bzw. Verluste angeben. Sämtliche Informationen müssen dem Spieler nach jeder Identifizierung und Authentifizierung sowie vor Beginn eines Glücksspiels angezeigt werden, wenn seit der letzten Information mehr als 24 Stunden vergangen sind. Der Spieler muss die Informationen dabei ausdrücklich zur Kenntnis nehmen, etwa durch Betätigung einer entsprechenden Schaltfläche. Diese Verpflichtung soll sicherstellen, dass eine entsprechende Anzeige zumindest einmal täglich erfolgt.[2]

5 **3. Abs. 3.** Veranstalter und Vermittler von Glücksspielen im Internet sind nach Abs. 3 über das in Abs. 1 geregelte Einsichtsrecht hinaus dem Spieler auf Antrag verpflichtet, eine geordnete Auflistung der Transaktionen der vergangenen zwölf Monate zur Verfügung zu stellen. Diese Verpflichtung besteht unabhängig davon, ob sich der Spieler zum Zeitpunkt der beantragten Datenbereitstellung bereits von dem Glücksspielangebot des Anbieters im Internet abgemeldet hat oder etwa aufgrund einer Spielersperre vom betreffenden Glücksspiel ausgeschlossen ist.[3]

§ 6e GlüStV Weitere Bestimmungen zum Jugend- und Spielerschutz bei Glücksspielen im Internet

(1) [1]Der Ausschluss Minderjähriger und gesperrter Spieler muss jederzeit durch geeignete technische Verfahren zur Identifizierung und Authentifizierung sichergestellt sein. [2]In der Erlaubnis können Vorgaben zur Durchführung der Identifi-

1 NRW LT-Drs. 17/11683, 144.
2 NRW LT-Drs. 17/11683, 145; vgl. *Pagenkopf* NJW 2021, 2152 (2155).
3 NRW LT-Drs. 17/11683, 145.

zierung und Authentifizierung festgelegt werden, insbesondere kann festgelegt werden, dass in regelmäßigen Zeitabständen, die in der Erlaubnis zu bestimmen sind, abweichend von der gewöhnlich angewendeten Authenitfizierungsmethode eine weitere Authentifizierungsmethode angewandt werden muss.

(2) [1]Bei Glücksspielen im Internet verwendete Zufallsgeneratoren sind vor ihrem erstmaligen Einsatz und danach mindestens einmal im Jahr auf Kosten des Erlaubnisinhabers von einer von diesem unabhängigen sachverständigen Stelle, die von der zuständigen Erlaubnisbehörde zu bestimmen ist, auf ihre ordnungsgemäße Funktion zu überprüfen. [2]Das Ergebnis ist der zuständigen Erlaubnisbehörde unverzüglich mitzuteilen.

(3) [1]Das Angebot von öffentlichen Glücksspielen im Internet muss unter einer Internetdomain angeboten werden, deren länderspezifische Domain oberster Stufe „.de" ist. [2]Auf der Startseite der unter dem Domain-Namen aufrufbaren Internetseiten des Erlaubnisinhabers muss an jeweils einer gut sichtbaren Stelle platziert werden, dass die Teilnahme an Glücksspielen für Personen unter 18 Jahren unzulässig ist und der Erlaubnisinhaber über eine Erlaubnis der zuständigen Glücksspielaufsichtsbehörde verfügt und unter deren Aufsicht steht. [3]Der direkte Aufruf der Internetdomain der zuständigen Glücksspielaufsichtsbehörde muss vorgesehen sein.

(4) Alle Informationen, die der Erlaubnisinhaber Spielern zur Verfügung stellen muss, müssen auf der das Glücksspielangebot enthaltenen Internetdomain des Erlaubnisinhabers in deutscher Sprache zugänglich und von allen Seiten der Domain aufrufbar sein.

(5) [1]Spieler sind im Rahmen der Spielteilnahme unmittelbar über die Risiken und möglichen negativen sozialen Folgen des Glücksspiels aufzuklären. [2]Informationen zur Glücksspielsucht sind zur Verfügung zu stellen. [3]Der direkte Aufruf der Internetdomains von unabhängigen Beratungsinstitutionen ist zu ermöglichen.

I. Allgemeines

Die Norm enthält weitere Bestimmungen zum **Jugend- und Spielschutz** in Bezug auf Glücksspielangebote von Veranstaltern und Vermittlern im Internet. Neben der Pflicht zur Identifizierung und Authentifizierung betrifft dies insbesondere die regelmäßige Überprüfung von Zufallsgeneratoren, die Verwendung von *„.de"*-Domain für die jeweiligen Glücksspielangebote sowie Informations- und Aufklärungspflichten sowohl in Bezug auf das konkrete Spielangebot als auch im Hinblick auf die Risiken und möglichen negativen Folgen des Glücksspiels. 1

II. Normadressat

§ 6e verpflichtet die **Erlaubnisinhaber**, also die **Veranstalter und Vermittler von Glücksspielen im Internet** iSd § 3. 2

III. Einzelkommentierung

1. Abs. 1. Abs. 1 soll die in § 4 Abs. 5 Nr. 1 enthaltene Pflicht zur Identifizierung und Authentifizierung bei Glücksspielen im Internet konkretisieren. Identifizierung meint dabei die Identität des Spielers, welche dieser etwa mit seiner persönlichen Nutzerkennung nachweisen kann. Unter Authentifizierung hingegen ist ein bestimmter Identitätsnachweis zu verstehen. Dieser kann etwa durch Eingabe eines Passwortes seitens des Spielers oder aber durch seinen Fingerabdruck nachgewiesen werden. Der Regelungsbereich von Abs. 1 soll dabei nicht 3 die Registrierung und Überprüfung der personenbezogenen Daten iSd § 6a betreffen, sondern vielmehr die Identifizierung und Authentifizierung eines bereits beim jeweiligen Veranstalter bzw. Vermittler von Glücksspielen registrierten Kunden sicherstellen. Der GlüStV macht zu den konkreten Methoden angesichts der fortschreitenden technischen Entwicklung keine Vorgaben. Die Methoden müssen zunächst lediglich geeignet sein. Darüber hinaus kann die zuständige Glücksspielaufsichtsbehörde jedoch weitere Vorgaben machen (zB eine sog. Zwei-Faktor-Authentifizierung, regelmäßiges Ändern von Passwörtern, etc) oder die Verwendung bestimmter Methoden untersagen. Darüber hinaus sind die jeweils aktuellen Richtlinien der Kommission für Jugend- und Medienschutz zu beachten.[1]

4 2. **Abs. 2. Zufallsgeneratoren** sind vor ihrem erstmaligen Einsatz und danach mindestens einmal im Jahr auf Kosten des Erlaubnisinhabers auf ihre ordnungsgemäße Funktion zu testen. Da die Zufälligkeit des Ergebnisses oftmals wesentliches Merkmal des Glücksspiels ist, dürfen die Werte keinesfalls beeinflussbar sein, sondern müssen einzig und allein vom Zufall abhängen. Die Überprüfungspflicht soll Manipulationen vorbeugen. Die **mindestens jährliche Prüfung** muss dabei durch eine unabhängige und sachverständige Stelle erfolgen. Darüber hinaus haben die Glücksspielaufsichtsbehörden bei Verdachtsfällen die Möglichkeit, zusätzliche Prüfmaßnahmen anzuordnen bzw. durchzuführen.

5 3. **Abs. 3.** Die in Abs. 3 getroffene Regelung wurde aus § 4a Abs. 4 S. 1 Nr. 3 b) GlüStV 2012 übernommen. Danach soll die Verwendung einer *„.de"*-Domain für das Glücksspielangebot im Internet zwingend sein. S. 2 dient insbesondere dem Jugendschutz. So sollen minderjährige Spieler es auf den ersten Blick erkennen können, ob es sich um ein erlaubtes Glücksspielangebot handelt und dass die Teilnahme für Minderjährige folglich verboten ist. Zudem muss der Spieler die Möglichkeit haben, aufgrund einer direkten Verlinkung zur zuständigen Glücksspielaufsichtsbehörde auf der Internetseite des Anbieters mit dieser in Kontakt treten zu können.

6 4. **Abs. 4 und Abs. 5.** Aus Gründen der Transparenz sowie des Verbraucher- und Spielerschutzes sind sämtliche allgemeinen Pflichtinformationen gemäß **Abs. 4** auch auf derjenigen Internetseite durch den Anbieter darzustellen, auf der auch das jeweilige Glücksspielangebot enthalten ist. Die Informationen müssen zudem in deutscher Sprache verfasst sein und eine Abrufbarkeit von allen Unterseiten der jeweiligen Domain stets gewährleistet sein. Auf diese Weise soll sichergestellt werden, dass die Pflichtinformationen auch tatsächlich von den Spielern wahrgenommen werden können. Spezielle Vorgaben gelten zudem für Pflichtinformationen, die nur einzelne Glücksspiele betreffen (vgl. etwa zu virtuellen Automatenspielen die Regelungen in § 22a Abs. 3 S. 3 und 4).[2] **Abs. 5** verpflichtet die Erlaubnisinhaber schließlich auf die negativen Folgen von Glücksspielen, insbesondere auf die Glücksspielsucht, aufmerksam zu machen. Neben einer Aufklärung über die Risiken und möglichen negativen sozialen Folgen des Glücksspiels sind zudem Informationen zur Glücksspielsucht zur Verfügung zu stellen und der direkte Aufruf von Internetdomains, welche von unabhängigen Beratungsinstitutionen betrieben werden, ist zu ermöglichen.

1 NRW LT-Drs. 17/11683, 145.
2 NRW LT-Drs. 17/11683, 146.

§ 6f GlüStV IT-Sicherheitskonzept

(1) [1]Erlaubnisinhaber haben geeignete Sicherheitsmaßnahmen im IT-Sicherheitskonzept zu beschreiben und zu implementieren. [2]Das Sicherheitskonzept ist regelmäßig zu überprüfen und, soweit hierzu Veranlassung besteht, zu überarbeiten.

(2) Die Sicherheitsmaßnahmen müssen mindestens folgende Aspekte umfassen:

1. den jederzeitigen Schutz der personenbezogenen Daten der Spieler vor unrechtmäßiger Verarbeitung,
2. die Sicherstellung der dauerhaften und jederzeitigen Verfügbarkeit, Integrität und Vertraulichkeit von Daten, etwa durch Verschlüsselungsmechanismen, Zugriffskontrollen und Virenschutzprogramme,
3. die regelmäßige Sicherung aller relevanten Daten,
4. die Etablierung und den regelmäßigen Test von Prozessen, die eine schnelle Wiederherstellung gesicherter Daten ermöglichen,
5. den Schutz der verwendeten Systeme vor Manipulationen von innen und außen und
6. die lückenlose Nachvollziehbarkeit der Integrität der Systeme.

(3) [1]Die Wirksamkeit des Sicherheitskonzepts ist mindestens jährlich vom Erlaubnisinhaber auf eigene Kosten durch eine von ihm unabhängige, sachverständige Stelle überprüfen zu lassen. [2]Der zuständigen Erlaubnisbehörde ist der Prüfbericht vorzulegen.

I. Abs. 1

Das IT-Sicherheitskonzept ist Teil des nach § 4b Abs. 1 Nr. 2 vorzulegenden Sicherheitskonzepts. Die Maßnahmen müssen nicht nur geeignet sein (Abs. 2), sondern müssen auch implementiert werden. Die **Implementierungspflicht** gilt auch für Maßnahmen, die nach einer Überprüfung gemäß Abs. 1 S. 2 im überarbeiteten Sicherheitskonzept entsprechend nachgebessert bzw. neu aufgenommen werden müssen. Bei der Erstellung des IT-Sicherheitskonzeptes ist es empfehlenswert, sich jeweils an den Anforderungen des Standard 200–2 ff. des BSI zu orientieren. Ergänzend kann auch auf NIST und ISO 27001 ff., insbesondere auf ISO 27701 und den Primacy Framework des ISO 29100, zurückgegriffen werden. Zusätzlich kann zur Bestimmung des Standes der Technik bei der Gestaltung eines Sicherheitskonzeptes auf die Anforderungen, welche die Datenschutzaufsichtsbehörden hieran stellen, und deren Best-Practices verwiesen werden. 1

Regelmäßig, siehe Abs. 3, das heißt mindestens jährlich. 2

Veranlassung: Nach Bekanntwerden von Sicherheitslücken in den verwendeten Systemen, Produkten, Technologien und Prozessen oder nach einem Angriff auf die Systeme. 3

II. Abs. 2

In Abs. 2 werden die Anforderungen an das IT-Sicherheitskonzept näher beschrieben. 4

5 **1. Nr. 1. Personenbezogene Daten** (Achtung: IT-gestützt) sind alle Informationen, die eine identifizierte oder identifizierbare Person betreffen.

6 Der **jederzeitige Schutz** ist insbesondere auch bei Änderungen, beispielsweise System-Migrationen, Programm-Tests und Datensicherung, zu gewährleisten. Dies betrifft sowohl den Regel- als auch einen möglichen Test- oder Notbetrieb. Dies bedeutet, dass echte Spielerdaten beispielsweise für Test- und Entwicklungszwecke nicht verwendet werden dürfen. Hierfür sind Testdaten auf Basis nicht existierender natürlicher Personen zu generieren und zu verwenden. Dies gilt unabhängig davon, ob Test und Entwicklung selbst durchgeführt oder ausgelagert sind. Auch im Notbetrieb oder bei der Durchführung von Änderungen ist auf den Schutz der Spielerdaten zu achten. Hierfür sind insbesondere auch geeignete technisch-organisatorische Maßnahmen im Rahmen des Änderungs- und Notfallwesens zu ergreifen.

7 **Verarbeitung** ist jede Form der Verwendung, beginnende mit der Erhebung über das Nutzen, das Verändern, bis hin zum Löschen.

8 **Unrechtmäßig** ist jede Verarbeitung, die nicht dem Zwecke der Erfüllung der Aufgaben und Verpflichtungen nach diesem Gesetz dient, ohne wirksame Rechtsgrundlage erfolgt oder wenn Daten beispielsweise bereits hätten gelöscht werden müssen.

9 **2. Nr. 2.** Eine Definition der Begriffe **Verfügbarkeit, Integrität und Vertraulichkeit** wird im Glücksspielstaatsvertrag nicht vorgenommen, zurückzugreifen ist daher auf die typischen Definitionen aus der Informationssicherheit und dem allgemeinen Datenschutzrecht wie zB in Art. 32 Abs. 1b DSGVO. Wo die Verfügbarkeit, Integrität und Vertraulichkeit sowie in Abs. 1a die Verschlüsselung als technisch-organisatorische Maßnahmen der Datensicherheit aufgeführt werden, findet deren näherer Konkretisierung und die Auslegung des Standes der Technik (Abs. 1) durch technische Standards, Best-Practices und anwendbare Frame-Works der maßgeblichen Marktteilnehmer seine Detaillierung. Demnach versteht man unter Vertraulichkeit den Schutz vor unbefugter Preisgabe von Informationen; vertrauliche Daten und Informationen dürfen ausschließlich Befugten in der zulässigen Weise zugänglich sein. Zu den Maßnahmen zur Gewährleistung von Vertraulichkeit gehören zB die im Abs. 2 Nr. 2 aufgeführten Verschlüsselungsmechanismen und Zugriffskontrollen. Integrität bezeichnet die Unversehrtheit der Daten, eine unerlaubte Veränderung von Daten stellt eine Verletzung der Integrität von Informationen dar. Die Integrität der Daten lässt sich durch Maßnahmen wie Eingabekontrollen (Protokollierung) schützen, so dass sich feststellen lässt, von wem wann welche Daten eingegeben, verändert oder gelöscht wurden oder durch Berechtigungssysteme für Zutritt, Zugang und Zugriff. Unter der Verfügbarkeit ist der Schutz vor Verlust der Daten zu verstehen. Mittel zum Schutz vor Verlust von Daten ist zB die Verwendung von Virenschutzprogrammen. Die aufgeführten Schutzziele müssen auf Dauer, dh ständig, über die gesamte Zeit der Verarbeitung bzw. Lebensdauer der verarbeiteten personenbezogenen Daten gewehrleistet werden.

10 **3. Nr. 3.** Unter **Sicherung** dieser Daten ist das Kopieren der Daten auf ein anderes Medium zu verstehen, umgangssprachlich als „Backup“ bezeichnet. Relevante Daten sind alle Daten, die zur Erfüllung der Aufgaben und Verpflichtungen nach dem Glücksspielstaatsvertrag erforderlich sind.

11 **4. Nr. 4.** Hierunter versteht man die Einrichtung und Überprüfung von Prozessen zu dem **Rückspielen** von gesicherten Daten, so dass die vorhandenen Systeme diese ordnungsgemäß, entsprechend ihrem Zweck, verarbeiten können. Dies bedeutet zB, dass bei verschlüsselten Backups diese wieder entschlüsselt werden

können. Neben diesem eben beschriebenen Funktionstest der rückgespielten Daten sind diese auch einem Vollständigkeits- bzw. Integritätstest zu unterziehen.

5. Nr. 5. Unter **Systeme** ist die Gesamtheit der technischen und organisatori- 12
schen Verfahren und Einrichtungen zur Durchführung des ordnungsgemäßen Spielbetriebes zu verstehen.

Unter **Manipulation** im Sinne des Abs. 2 Nr. 5 sind dolose oder fahrlässige 13
Handlungen zu verstehen, welche geeignet sind, den ordnungsgemäßen Betrieb der Systeme in Bezug auf Verfügbarkeit und Integrität (s. o. Abs. 2 Nr. 2) zu beeinträchtigen.

Hierbei ist es unerheblich, ob die Bedrohungen von Betriebsangehörigen oder 14
Betriebsfremden sowie ob die Bedrohungen von vorsätzlichem oder fahrlässigem Verhalten ausgehen. Dies wird erreicht durch die Verhinderung **unautorisierter Veränderungen** an Hardware, Software sowie den verarbeiteten Daten und der Datenübertragung an autorisierte Dritte (Schutz vor „man-in-the-middle-Attacken“). Hierzu gehören beispielsweise Maßnahmen zur Funktionstrennung („Segregation-of-Duties“), das Vier-Augen-Prinzip, Berechtigungskonzepte, Zutritts-, Zugangs-, und Zugriffskontrollen sowie die Anwendung kryptographischer Verfahren. Wenn unautorisierte Veränderungen rechtzeitig entdeckt und unverzüglich korrigiert wurden, ist die Integrität als gegeben zu betrachten. Dies kann zum Beispiel durch die Wiederherstellung der Systeme auf einen Zustand unmittelbar vor einer Veränderung geschehen.

6. Nr. 6. Schutzziel des Nr. 6 ist die Fähigkeit der Erlaubnisinhabers, den lü- 15
ckenlosen Nachweis zu erbringen, ob (was, wann, wo, wie, wer) Veränderungen an den Systemen durchgeführt wurden. Grundlage hierfür sind die **Dokumentationen** im Prozess, der die Freigabe von Änderungen (das sog. Änderungswesen, auch „Change-Management“) regelt, technische und sonstige Protokolle (System-Logs) sowie ggf. Aufzeichnungen von Überwachungstechniken (Audio- und Videoaufzeichnungen).

Hierbei ist es unerheblich, ob die **Veränderungen** von Betriebsangehörigen oder 16
Betriebsfremden sowie ob die Bedrohungen von vorsätzlichem oder fahrlässigem Verhalten ausgehen.

Lückenlos ist der Nachweis, wenn die hierfür notwendigen Dokumentationen, 17
Protokolle sowie Audio- und Videoaufzeichnungen rückblickend vollständig sind und alle Systeme und Änderungsmöglichkeiten abdecken. Die **Nachweise** sollten unveränderlich und getrennt von den Systemen gehalten werden.

III. Abs. 3

Zusätzlich zu der ständig bestehenden Pflicht ist vergleichbar zu Art. 32 Abs. 1d 18
DSGVO zur **Überprüfung** nach Abs. 1 S. 2 jährlich auf Kosten des Erlaubnisnehmers die Wirksamkeit des Sicherheitskonzepts durch einen externen Sachverständigen prüfen zu lassen. Durch die regelmäßige Heranziehung externen Sachverstandes wird sichergestellt, dass stets aktuelle Erkenntnisse zur IT-Sicherheit einfließen. Ergibt sich aus dem Prüfbericht der sachverständigen Stelle ein Überarbeitungsbedarf, greift die Pflicht nach Abs. 1 S. 2, die erforderlichen Änderungen in das Konzept zu übernehmen und umzusetzen.

Die Übermittlung des **Prüfberichts** an die zuständige Behörde eröffnet dieser die 19
Möglichkeit, den Erlaubnisnehmer im Rahmen der Aufsicht gemäß § 9 zur Überarbeitung des Konzepts und zur Implementation der überarbeiteten Maßnahmen aufzufordern.

§ 6g GlüStV Datenschutz, Speicherung, Aufbewahrung und Löschung

(1) [1]Erlaubnisinhaber müssen die personenbezogenen Daten der Spieler ab Schließung des Spielkontos fünf Jahre aufbewahren. [2]Nach Ablauf des Zeitraums sind die personenbezogenen Daten zu löschen.

(2) Vorhandene personenbezogene Daten sind jederzeit wirksam vor unbefugtem Zugriff zu schützen.

(3) Die betroffenen Personen sind über Art und Umfang der Speicherung, der Aufbewahrung und Löschung ihrer personenbezogenen Daten zu informieren.

I. Abs. 1

1 Die Vorschrift enthält grundsätzliche Angaben zur **Datenspeicherung**. Die Speicherfrist von fünf Jahren ab Schließung des Spielerkontos dient dem Spielerschutz. Sie stellt sicher, dass spielerbezogene Maßnahmen, zB aufgrund des Programms zur Spielersuchtfrüherkennung nach § 6i Abs. 1, nicht durch Löschung des Spielerkontos und Neuregistrierung umgangen werden können. Darüber hinaus dient die Speicherfrist der rückwirkenden Nachweisbarkeit etwaiger Manipulationen sowie der Feststellung möglicher zivilrechtlicher Ansprüche von Spielern gegen den Anbieter. Anbieter sollen sich hier nicht dadurch der Verantwortung entziehen können, dass die Daten gelöscht werden. Die Verjährung zivilrechtlicher Ansprüche beläuft sich gemäß § 195 BGB zwar nur auf drei Jahre, beginnt gemäß § 199 Abs. 1 jedoch erst mit der Kenntnis bzw. grob fahrlässigen Unkenntnis der anspruchsbegründenden Tatsachen, so dass eine fünfjährige Speicherfrist angemessen ist. Zudem wird so ein paralleler Verlauf mit § 8 Abs. 4 S. 1 Geldwäschegesetz implementiert, der ebenfalls eine Speicherdauer von fünf Jahren vorschreibt.

2 Die Berechnung von Beginn und Ende der Frist richtet sich nach den §§ 187 ff. BGB.

II. Abs. 2

3 Die Regelung des Abs. 2 weist eine große Nähe zur Regelung des § 6f Abs. 2 Nr. 2 auf. Der Abs. 2 dieses Paragrafen erweitert den Schutz allerdings auf nicht aktiv genutzte Daten, die ab Schließung des Spielerkontos aufzubewahren sind. **Personenbezogene Daten** sind dabei alle Informationen, die eine identifizierte oder identifizierbare Person betreffen.

4 Bei der Auslegung der Vorschrift zum Schutz personenbezogener Daten vor unbefugtem Zugriff durch technisch-organisatorische Maßnahmen der Datensicherheit sind der risikobasierte Ansatz des Art. 32 Abs. 1 DSGVO und dessen acht Kriterien zur Bewertung zu berücksichtigen. Dabei darf wegen des Anwendungsvorrangs des Gemeinschaftsrechts die Schutzqualität des § 6 Abs. 2 nicht hinter dem Schutzumfang des Art. 32 DSGVO zurückstehen.

III. Abs. 3

5 Die **Informationspflicht** entsprechend diesem Absatz bezieht sich auf die personenbezogenen Daten der Spieler ab Schließung des Spielerkontos. Hinsichtlich der Transparenz und Modalitäten der Informationen sind die Anforderungen des Art. 12 DSGVO zu berücksichtigen. Mangels näherer Informationen zur Art der Benachrichtigung der betroffenen Personen im vorliegenden Gesetz greift über § 27n das jeweilige Landesdatenschutzgesetz; soweit dort keine näheren

Anforderungen niedergelegt sind, greift Art. 12 DSGVO. Mangels Regelung in der DSGVO oder anderen sekundärrechtlichen Gemeinschaftsvorschriften greifen hier über den Verweis der Verwaltungsverfahrensgesetze der Länder mitgliedsstaatliche Regelungen zur äußeren Form der Information wie etwa § 126 BGB.

§ 6h GlüStV Verhinderung parallelen Spiels bei mehreren Anbietern im Internet; Wartezeit vor Anbieterwechsel im Internet

(1) Das parallele Spiel von öffentlichen Glücksspielen durch einen Spieler ist unzulässig.

(2) [1]Zur Vermeidung des anbieterübergreifenden parallelen Spiels im Internet unterhält die zuständige Behörde eine Datei, in der folgende personenbezogene Daten eines Spielers verarbeitet werden:

1. Familiennamen, Vornamen, Geburtsnamen,
2. Geburtsdatum,
3. Geburtsort,
4. Anschrift und
5. die Information, ob dieser Spieler im Sinne der Absätze 3 und 4 aktiv geschaltet ist.

[2]§ 6c Absatz 4 Satz 5 und 6 gilt entsprechend.

(3) [1]Der Erlaubnisinhaber darf einem Spieler die Teilnahme an öffentlichen Glücksspielen im Internet nur ermöglichen, wenn er zuvor die Daten nach Absatz 2 Satz 1 Nummer 1 bis 4 sowie die Information, dass der Spieler in der Datei aktiv zu schalten ist, übermittelt hat und ihm nicht unverzüglich zurückübermittelt worden ist, dass der Spieler in der Datei bereits aktiv geschaltet ist. [2]Dem Erlaubnisinhaber wird zurückübermittelt, dass der Spieler aktiv geschaltet ist, wenn er die Meldung nach Satz 1 übermittelt und in der Datei die Information vermerkt ist, dass der Spieler aktiv geschaltet ist. [3]Ist der Spieler zum Zeitpunkt der Übermittlung durch den Erlaubnisinhaber nach Satz 1 nicht aktiv geschaltet, wird zugleich in der Datei nach Absatz 2 Satz 1 Nummer 5 vermerkt, dass der Spieler nunmehr aktiv geschaltet ist. [4]Die Übermittlung durch den Erlaubnisinhaber nach Satz 1 darf erst unmittelbar vor Beginn des ersten Spiels des Spielers erfolgen. [5]Die Sätze 1 bis 4 gelten nicht für Glücksspiele, an denen gesperrte Spieler nach § 8 Absatz 2 teilnehmen dürfen. [6]In der Erlaubnis oder durch Allgemeinverfügung der für die Führung der Limitdatei zuständigen Behörde kann festgelegt werden, dass in den Fällen des Satzes 1 statt der in Absatz 2 Satz 1 Nummer 1 bis 4 genannten personenbezogenen Daten andere von der Behörde festgelegte Daten zu übermitteln sind, die zur eindeutigen Identifizierung des Spielers geeignet und erforderlich sind.

(4) [1]Die Information nach Absatz 2 Satz 1 Nummer 5, dass der Spieler aktiv geschaltet ist, wird fünf Minuten (Wartefrist) nachdem der Erlaubnisinhaber der Datei gemeldet hat, dass der Spieler nicht mehr aktiv zu schalten ist, entfernt. [2]Die Meldung nach Satz 1 darf nur auf Veranlassung des Spielers und in den Fällen des Satzes 5 erfolgen. [3]Der Erlaubnisinhaber muss dem Spieler die Möglichkeit einräumen, die Meldung nach Satz 1 zu veranlassen; sie muss durch den Spieler einfach wahrgenommen werden können. [4]Die Meldung nach Satz 1 hat unverzüglich nach der Veranlassung durch den Spieler zu erfolgen. [5]Der Erlaubnisinhaber hat die Meldung nach Satz 1 auch unverzüglich vorzunehmen, wenn seit der letzten Eingabe des Spielers mehr als 30 Minuten vergangen sind. [6]Nach

einer Veranlassung durch den Spieler nach den Sätzen 2 bis 4 oder nach einer Meldung nach Satz 5 darf der Erlaubnisinhaber dem Spieler eine weitere Teilnahme an öffentlichen Glücksspielen im Internet nur unter den Voraussetzungen des Absatzes 3 ermöglichen.

(5) [1]Die Daten nach Absatz 2 Satz 1 sind nach Ablauf der Wartefrist nach Absatz 4 Satz 1 zu löschen. [2]Die Auswertung und Nutzung der Daten für andere als in den vorstehenden Absätzen beschriebenen Zwecke ist unzulässig.

(6) [1]Die Datei nach Absatz 2 kann gemeinsam mit der Limitdatei nach § 6c geführt werden. [2]Wird die Datei gemeinsam geführt, findet Absatz 5 mit der Maßgabe Anwendung, dass nur die Daten nach Absatz 2 Satz 1 Nummer 5 unverzüglich zu löschen sind; im Übrigen findet § 6c Absatz 8 Anwendung.

(7) [1]Der Erlaubnisinhaber hat dem Spieler die seit der letzten Übermittlung nach Absatz 3 Satz 1 vergangene Zeit anzuzeigen. [2]Nach Ablauf von 60 Minuten seit der letzten Übermittlung nach Absatz 3 Satz 1, darf eine weitere Spielteilnahme nur ermöglicht werden, wenn der Spieler auf die verstrichene Zeit hingewiesen wird und dieser die Kenntnisnahme des Hinweises ausdrücklich bestätigt hat. [3]Satz 2 gilt entsprechend für den Ablauf von jeweils weiteren 60 Minuten seit der letzten Bestätigung nach Satz 2.

(8) [1]Der Anschluss an die Datei nach Absatz 2 und deren Nutzung sind für den Erlaubnisinhaber kostenpflichtig. [2]Die Veranlassung nach Absatz 4 durch den Spieler ist kostenfrei.

Literatur: *Meyer/Häfeli/Mörsen/Fiebig* – Die Einschätzung des Gefährdungspotenzial von Glücksspielen: Ergebnisse einer Delphi-Studie und empirischen Validierung der Beurteilungsmerkmale, SUCHT 6/2010, 405; *Pagenkopf,* Der Glücksspielstaatsvertrag 2021 – Das Tor ist weit geöffnet, NJW 2021, 2152.

I. Allgemeines

1 Um die Gefährlichkeit einzelner Glücksspiele, welche insbesondere durch eine erhöhte **Ereignisfrequenz** ausgelöst wird, zu reduzieren und **zeitlichen Regulierungsvorgaben** sowie dem **Trennungsgebot** zu entsprechen (vgl. § 4 Abs. 5 Nr. 5 und § 21 Abs. 2), soll paralleles Spielen verhindert werden. Ohne ein solches Verbot könnten die Vorgaben zur Dauer des Glücksspiels – etwa im Bereich virtueller Automatenspiele nach § 22a Abs. 6, bei Online-Casino-Spielen nach § 22c Abs. 5 oder aber beim Online-Poker gemäß § 22b Abs. 5 – umgangen werden. Das Verbot gilt dabei auch anbieterübergreifend und in Bezug auf mehrere Endgeräte, um **Umgehungsmöglichkeiten auszuschließen**[1]. Zudem soll so die Effektivität von Früherkennungssystem für Spielsucht, wie sie von den Anbietern nach § 6i Abs. 1 vorgehalten werden müssen, sichergestellt werden.[2]

2 Wann ein paralleles Spielen vorliegt, ist mitunter im Rahmen einer verständigen Würdigung im Einzelfall zu bestimmen. Klar ist, dass der Spieler etwa während eines laufenden virtuellen Automatenspiels an keinem weiteren Automatenspiel oder etwa an einem Online-Casino-Spiel bzw. an einem Online-Pokerspiel teilnehmen können soll. Bei Spielformen wie Lotterien und Sportwetten besteht

1 Vgl. *Meyer/Häfeli/Mörsen/Fiebig* SUCHT 6/2010, 405–414.
2 NRW LT-Drs. 17/11683, 148.

lediglich für einen in der Regel kurzen Moment bei der Tippabgabe bzw. dem Loskauf eine parallele Teilnahme. Spieler müssen in diesem Fall also nicht warten, bis das Ergebnis der Lotterie bzw. der Sportwette feststeht, um an einem weiteren Glücksspiel teilzunehmen. Technisch sowie in der Praxis schwierig unterbunden werden kann dagegen das parallele Spielen jeweils eines terrestrischen und eines Internetangebots (zB Automatenspiel in einer Spielhalle in Kombination mit einem parallel auf dem Smartphone ausgeführten Online-Casino-Spiel). In einem solchen Fall könnte lediglich das aufsichtführende Personal Maßnahmen ergreifen.

II. Normadressat

Die Norm richtet sich an die **Erlaubnisnehmer**, also die **Veranstalter und Vermittler von öffentlichen Glücksspielen im Internet** iSd § 3. 3

III. Einzelkommentierung

1. Abs. 1 und Abs. 2. Bereits nach § 4 Abs. 5 Nr. 5 ist ein gleichzeitiges Spielen unterschiedlicher Spielformen beim selben Anbieter unzulässig. Dieses Verbot wird durch Abs. 1 ausdrücklich auch auf das parallele Spiel von öffentlichen Glücksspielen im Internet ausgeweitet. Die Erlaubnisinhaber müssen somit Vorkehrungen treffen, damit den Spielern dieses unzulässige parallele Spiel nicht möglich ist. 4

Aus Gründen der Suchtprävention ist das anbieterübergreifende parallele Spiel im Internet untersagt. Eine lediglich anbieterbezogene Regelung, wie sie sich in § 4 Abs. 5 Nr. 5 und Abs. 1 wiederfindet, ist nicht geeignet, der durch ein gleichzeitiges Spielen bei mehreren Anbietern bzw. auf mehreren Endgeräten hervorgerufenen erhöhten Ereignisfrequenz wirksam zu begegnen. Eine derartige Umgehung durch das Spielen bei mehreren Anbietern bzw. auf mehreren Endgeräten ist für den einzelnen Anbieter weder erkennbar noch zu unterbinden. Vor diesem Hintergrund bestimmt Abs. 2, dass die zuständige Glücksspielaufsichtsbehörde eine zentrale, anbieterübergreifende Datenbanklösung vorsehen muss (sog. „**Aktivitätsdatei**")[3]. Die Anbieter der Glücksspiele müssen ihre Spieler mit den in Abs. 2 aufgelisteten personenbezogenen Angaben in der Aktivitätsdatei anmelden. Durch das Erfordernis der Mitteilung, dass das Spielkonto des jeweiligen Spielers nunmehr aktiv geschaltet ist, soll durch den Abgleich der Datenbank die Spielteilnahme desselben Spielers über ein anderes Spielkonto wirksam unterbunden werden.[4] Der Verweis auf § 6c Abs. 4 S. 5 und 6 soll auch im Rahmen dieser Datenbanklösung die Verarbeitung eines Pseudonyms (vgl. hierzu § 6i Abs. 2) und einer anbieterbezogenen Kennung des Spielers ermöglichen. 5

2. Abs. 3. Abs. 3 regelt insbesondere die **Einzelheiten der Aktivschaltung des Spielers in der Aktivitätsdatei.** Eine Spielteilnahme ist sowohl vor der Aktivschaltung als auch dann, wenn das Spielkonto des Spielers bereits aktiv ist, nicht möglich. Dem Erlaubnisnehmer wird im Rahmen der Abfrage dabei nicht mitgeteilt, bei welchem Anbieter eine anderweitige Aktivschaltung vorliegt. S. 1 bestimmt darüber hinaus, dass dem Spieler die Teilnahme auch dann zu ermöglichen ist, wenn der abfragende Anbieter keine unverzügliche Rückmeldung von der Aktivitätsdatei erhält. Dies soll etwa auch dann gelten, wenn eine unverzügliche Rückmeldung aufgrund technischer Probleme bei der Aktivitätsdatei ausbleibt. Im Falle einer verzögerten Rückmeldung, die jedoch ein bereits aktives Spielerkonto ausweist, ist der Spieler ab dem Eingang einer solchen Mitteilung 6

3 *Pagenkopf* NJW 2021, 2152 (2155).
4 NRW LT-Drs. 17/11683, 149.

von der weiteren Spielteilnahme unverzüglich auszuschließen. Bereits die Anfrage des Erlaubnisnehmers führt nach S. 3 dazu, dass eine Aktivschaltung des Spielers in der Aktivitätsdatei erfolgt. Nach S. 4 darf der Erlaubnisinhaber **erst unmittelbar vor Beginn des ersten Spiels des Spielers** – also dem Abschluss eines entsprechenden Spielvertrages – die **Übermittlung an die Aktivitätsdatei** ausführen. Dies ist völlig ausreichend, um den Zweck der Norm, die Verhinderung parallelen Spiels, zu erreichen. Zudem wird so möglichem Missbrauch vorgebeugt und Wettbewerbsverzerrungen werden vermieden. Andernfalls könnten die Erlaubnisinhaber durch ein verfrühtes Aktivschalten und die daraus resultierende **Wartefrist** nach Abs. 4 S. 1 einen Wechsel des Spielers zu einem anderen Anbieter faktisch unterbinden. Die bloße Anmeldung des Spielers in einem Spielkonto des Anbieters, auf dessen Internetseite oder im Rahmen einer Smartphone-App ist insofern unschädlich.

7 Nicht in den Anwendungsbereich der Norm fallen nach S. 5 Glücksspiele, an denen gesperrte Spieler gemäß § 8 Abs. 2 teilnehmen dürfen (zB Lotterien, die nicht häufiger als zweimal pro Woche veranstaltet werden und bestimmte Pferdewetten). Diese **Ausnahmeregelung** folgt aus dem geringen Gefährdungspotenzial dieser Spiele, welches sich nach Ansicht des Gesetzgebers auch durch eine Kombination mit einem potenziell gefährlicheren Glücksspiel nicht entscheidend erhöht. Schließlich ermöglicht S. 6 der zuständigen Glücksspielaufsichtsbehörde – wie dies auch nach § 6c Abs. 5 S. 7 der Fall ist – zu bestimmen, dass auch andere Daten (zB ein Pseudonym oder eine anbieterbezogene Kennung des Spielers) übermittelt werden müssen, jedenfalls sofern diese zur Identifizierung des Spielers geeignet und erforderlich sind.[5]

8 **3. Abs. 4.** Abs. 4 hat die **Beendigung einer Aktivschaltung sowie die Wartefrist** zwischen einem Anbieterwechsel zum Inhalt. Die Mitteilung an die Aktivitätsdatei, dass ein Spieler nicht mehr aktiv geschaltet ist, kann entweder auf Veranlassung des Spielers nach S. 3 oder aber nach einer mehr als 30-minütigen Inaktivität des Spielers gemäß S. 5 erfolgen. Maßgeblicher Zeitpunkt für die Feststellung dieser Inaktivität ist der Zeitpunkt der letzten Eingabe beliebiger Art, nicht hingegen der Einsatz des Spielers. Die Aktivschaltung wird dabei nach einer fünfminütigen Wartezeit, beginnend ab Eingang der Mitteilung, entfernt. Diese Wartefrist führt mithin zu einer Spielpause, in welcher der Spieler sein eigenes Einsatz- und Spielverhalten reflektieren kann. Darüber hinaus soll hierdurch eine Umgehung des Trennungsgebots nach § 4 Abs. 5 Nr. 5 verhindert werden. Auch kann so die Einhaltung von Spielpausen bei virtuellen Automatenspielen nach § 22a Abs. 9 bewirkt werden. Um suchtförderndes Verhalten zu unterbinden, gilt die Wartefrist für alle Glücksspiele im Internet mit Ausnahme der privilegierten Spiele nach § 8 Abs. 2. Schließlich stellt S. 6 klar, dass ein interaktiver Spieler vor einer erneuten Spielteilnahme – unter Einhaltung der Wartefrist nach S. 1 – wiederum aktiv geschaltet werden muss.[6]

9 **4. Abs. 5 und Abs. 6.** Die im Rahmen der Bestimmungen des § 6h anfallenden Daten dürfen lediglich zur Vermeidung des parallelen Spiels verwendet werden. Eine über diesen Zweck hinausgehende Auswertung und Nutzung ist strikt verboten. Nach Ablauf der Wartefrist des Abs. 4 S. 1 sind die Daten unverzüglich zu löschen. Nach Abs. 6 soll es möglich sein, dass die Aktivitätsdatei gemeinsam mit der in § 6c vorgesehenen Limitdatei geführt wird. Ist dies der Fall, so ist Abs. 5 mit der Maßgabe anzuwenden, dass lediglich die von Abs. 2 S. 1 Nr. 5 erfassten Daten unverzüglich gelöscht werden müssen. Betroffen ist somit lediglich

5 NRW LT-Drs. 17/11683, 151.
6 *Pagenkopf* NJW 2021, 2152 (2155).

die Aktivschaltung, da die persönlichen Angaben im Rahmen der Limitdatei weiterhin benötigt werden. Der GlüStV sieht im Übrigen keine Vorgaben hinsichtlich der konkreten technischen Ausgestaltung vor, um den Beteiligten (auch in Zukunft) technisch praktikable Lösungen zu ermöglichen.[7]

5. Abs. 7 und Abs. 8. Spieler sind durch den Erlaubnisinhaber nach **Abs. 7** fortwährend über die seit der Aktivschaltung verstrichene Zeit zu informieren. Jeweils nach Ablauf von 60 Minuten muss der Spieler den Hinweis auf die bereits verstrichene Zeit ausdrücklich und aktiv bestätigen, um die weitere Spielteilnahme zu ermöglichen. Der Gesetzgeber beabsichtigte damit, dass dem Spieler die bereits verstrichene Spieldauer nochmals bewusstgemacht wird, auch um einem etwaigen Kontrollverlust entgegenzuwirken. **Abs. 8** enthält schließlich eine Kostenregelung bezüglich der Aktivitätsdatei. So sollen alle Erlaubnisnehmer, die die Aktivitätsdatei zur Vermeidung parallelen Spiels nutzen müssen, an den Verwaltungskosten entsprechend gleichmäßig beteiligt werden. Die Veranlassung seitens des Spielers nach Abs. 4 S. 2 ist hingegen kostenlos. 10

§ 6i GlüStV Spielsuchtfrüherkennung; Safe-Server; kurzfristige Sperre

(1) [1]Veranstalter von Online-Casinospielen, Online-Poker und virtuellen Automatenspielen im Internet sowie Veranstalter und Vermittler von Sportwetten im Internet müssen auf eigene Kosten ein auf wissenschaftlichen Erkenntnissen beruhendes, auf Algorithmen basierendes automatisiertes System zur Früherkennung von glücksspielsuchtgefährdeten Spielern und von Glücksspielsucht einsetzen; Einzelheiten sind in der Erlaubnis festzulegen. [2]Das System zur Spielsuchtfrüherkennung hat jedenfalls die auf dem Spielkonto zu erfassenden Daten auszuwerten und ist regelmäßig zu aktualisieren. [3]Es ist im Sozialkonzept nach § 6 zu berücksichtigen. [4]Im Sozialkonzept sind Maßnahmen festzulegen, die zu ergreifen sind, wenn das System zur Spielsuchtfrüherkennung einen möglicherweise glücksspielsuchtgefährdeten Spieler identifiziert. [5]Die Maßnahmen sind durchzuführen.

(2) [1]Veranstalter von Sportwetten, Online-Casinospielen, Online-Poker und virtuellen Automatenspielen im Internet müssen auf eigene Kosten ein technisches System einrichten und betreiben, welches sämtliche für die Durchführung der Glücksspielaufsicht erforderlichen Daten zutreffend erfasst, digital nichtveränderlich ablegt sowie eine jederzeitige elektronische Kontrolle einschließlich unmittelbarem Zugriff durch die zuständige Aufsichtsbehörde ermöglicht. [2]Die personenbezogenen Daten sind zu pseudonymisieren, wobei für die zuständige Aufsichtsbehörde erkennbar bleiben muss, welche gespeicherten Vorgänge denselben Spieler betreffen. [3]Das Nähere ist von der Erlaubnisbehörde in der Erlaubnis oder durch Allgemeinverfügung zu bestimmen: Insbesondere ist zu bestimmen, ob die Pseudonymisierung durch den Veranstalter oder durch die zuständige Aufsichtsbehörde erfolgt. [4]Im Falle einer Pseudonymisierung durch die Aufsichtsbehörde sind vor der Pseudonymisierung ausschließlich Prüfungen hinsichtlich der Einhaltung des Teilnahmeverbots Minderjähriger und des räumlichen Geltungsbereichs der Erlaubnis zulässig. [5]Im Falle einer Pseudonymisierung durch den Veranstalter müssen die zur Prüfung der Einhaltung des Teilnahmeverbots Minderjähriger und des räumlichen Geltungsbereichs der Erlaubnis erforderlichen Daten erkennbar bleiben.

7 NRW LT-Drs. 17/11683, 152.

(3) [1]Bei Sportwetten, Online-Casinospielen, Online-Poker und virtuellen Automatenspielen im Internet ist eine deutlich erkennbare und eindeutig beschriftete Schaltfläche anzuzeigen, deren Betätigung eine sofortige kurzzeitige Sperre des Spielers auslöst. [2]Die Schaltfläche ist überall dort dauerhaft anzuzeigen, wo eine Spielteilnahme möglich ist. [3]§ 8 Absatz 1 und 2, § 8a Absatz 4 und § 23 sind entsprechend anzuwenden, wobei als Grund der Sperre nach § 23 Absatz 1 Satz 2 Nummer 7 die Betätigung der Schaltfläche nach Satz 1 anzugeben und § 23 Absatz 1 Satz 2 Nummer 8 nicht anzuwenden ist. [4]Bei der Eintragung nach § 8a Absatz 4 ist auch der Zeitpunkt der Betätigung der Schaltfläche an die Sperrdatei zu übermitteln; dieser ist in der Sperrdatei zu speichern. [5]Die Sperre endet ohne Antrag nach Ablauf von 24 Stunden ab Betätigung der Schaltfläche. [6]Abweichend von § 23 Absatz 5 sind die eingetragenen personenbezogenen Daten innerhalb von zwei Wochen nach Ablauf der Sperre zu löschen. [7]Nach einer Betätigung der Schaltfläche ist es nicht zulässig, den Spieler nach einer Bestätigung zu fragen.

Literatur: *Pagenkopf*, Der Glücksspielstaatsvertrag 2021 – Das Tor ist weit geöffnet, NJW 2021, 2152.

I. Allgemeines

1 In § 6i findet sich zum einen in Abs. 1 die Verpflichtung der Anbieter zur **Einrichtung eines wirksamen Systems zur Spielsuchtfrüherkennung**. Darüber hinaus sollen die Anbieter über einen sog. **Safe-Server** nach Abs. 2 kontrolliert werden können. Dabei handelt es sich um einen zentralen Aspekt dieser Neuregulierung. Diese Vorgabe soll insbesondere das Entstehen von Glücksspielsucht und Wettsucht entgegenwirken, einen effektiven Jugend- und Spielerschutz ermöglichen und für eine ordnungsgemäße Durchführung von Glücksspielen sorgen (vgl. § 1 Abs. 1 Nr. 1, 3 und 4). Die in Abs. 3 geregelte **Kurzzeit-Sperre** soll gefährdeten Spielern eine äußerst niedrigschwellige und einfache Möglichkeit bieten, sich für einen Zeitraum von 24 Stunden selbst vom Spiel auszuschließen.

II. Normadressat

2 Die Norm richtet sich an **Veranstalter von Online-Casinospielen, Online-Poker und virtuellen Automatenspielen im Internet sowie Veranstalter und Vermittler von Sportwetten im Internet** iSd § 3. Veranstalter und Vermittler von anderen Glücksspielen sind grundsätzlich ausgenommen. Dies betrifft insbesondere Lotterien in der in Deutschland allein zulässigen Ausgestaltung. Neben der als nur wenig suchtgefährdenden Ereignisfrequenz dieser Glücksspiele dürften für diese Spielform in der Regel auch keine belastbaren Erkenntnisse vorliegen, welche Maßnahmen nach § 6i rechtfertigen würden.

III. Einzelkommentierung

3 **1. Abs. 1.** Die Anbieter sind nach Abs. 1 dazu verpflichtet, ein regelmäßig zu aktualisierendes, automatisiertes System zur **Spielsuchtfrüherkennung** auf eigene Kosten zu installieren. Ein solches System ist dabei an den aktuellen, wissenschaftlich anerkannten Erkenntnissen der Suchtforschung auszurichten. Danach lässt beispielsweise ein bestimmtes Einsatz- und Spielverhalten Rückschlüsse auf ein ggf. bereits pathologisches Spielverhalten zu (zB starke Veränderungen im Spielverhalten, insbesondere in Bezug auf die Spieldauer; Versuche, Verluste durch höhere Einsätze zu kompensieren). Das zu installierende System ist ausweislich S. 3 auch zum Teil des Sozialkonzepts nach § 6 zu machen und von der

zuständigen Glücksspielaufsichtsbehörde entsprechend zu überprüfen.[1] Das **Sozialkonzept** kann dabei etwa einen **gestuften Maßnahmenkatalog** vorsehen, der je nach Auffälligkeit des Spielverhaltens verschiedene Reaktionsmöglichkeiten der Anbieter vorsehen kann (zB Warnhinweise und Informationen bezüglich Beratungsmöglichkeiten auf erster Stufe, auch in Echtzeit; Spielpausen auf zweiter Stufe; die Veranlassung einer Spielersperre auf dritter Stufe). Sofern ein Anbieter neben den genannten Glücksspielformen im Internet zusätzlich auch noch andere Glücksspiele anbietet, sind die in diesem Zusammenhang gewonnenen Daten ebenfalls nach S. 2 auszuwerten. Hierbei ist anzumerken, dass die Auswertung solcher Daten – anders als bei den Dateien nach den §§ 6c, 6h und 8 – lediglich **anbieterbezogen** erfolgt.[2]

2. Abs. 2. Ein weiterer Baustein zur Überwachung der Erlaubnisinhaber ist die Pflicht der Anbieter, einen sog. **Safe-Server** auf eigene Kosten einzurichten und zu betreiben. Hierdurch soll zum einen die Überwachung der Regulierungsvorgaben ermöglicht werden, zum anderen dient ein solches technisches System auch dem Schutz der Spieler vor Betrug und Manipulationen der Spielabläufe. Schließlich kann die zuständige Glücksspielaufsichtsbehörde auch über den sog. Safe-Server iSd Abs. 2 die Durchführung der vorgesehenen Maßnahmen nach S. 5 kontrollieren. Die **Auswertung** des Safe-Servers durch die zuständige Glücksspielaufsichtsbehörde kann dabei sowohl in Bezug auf einzelne Daten erfolgen (zB Einhaltung von Maximaleinsätzen pro Spiel) als auch durch Vergleiche bzw. Kombinationen der einzelnen Datensätze (zB Auswertung aller Spiele in einem bestimmten Zeitraum zur Kontrolle der durchschnittlichen Mindestspieldauer gemäß § 22a Abs. 6 oder zum Abgleich von Auszahlungsquoten). Neben der guten Veränderbarkeit der Datensätze ist seitens des Anbieters zu gewährleisten, dass die zuständige Glücksspielaufsichtsbehörde jederzeit Zugriff auf den Safe-Server hat.[3] 4

Aus datenschutzrechtlicher Sicht sind sämtliche **Daten nach S. 2 zu pseudonymisieren.** Eine **Anonymisierung** kann hingegen nicht erfolgen, da es für die Kontrolle der Anbieter erforderlich ist, die Einhaltung von Limitierungen oder aber Schutzfristen entsprechend behördlich zu kontrollieren (vgl. § 6c Abs. 2 und § 6c Abs. 3 S. 2). Es muss also weiterhin erkennbar bleiben, welche Datensätze zu welcher Person gehören. Die konkrete Identität der Person ist dabei nicht von Belang, was insbesondere auch aus den Regelungen der § 6c Abs. 4, § 6h Abs. 2 und §§ 8 ff. iVm § 23 ersichtlich wird, da ein Abgleich mit Daten aus diesen Quellen gerade nicht im GlüStV vorgesehen ist. Der zuständigen Glücksspielaufsichtsbehörde ist es ausweislich von S. 3 darüber hinaus freigestellt, weitere (technische) Details festzulegen. Dies schließt nach S. 4 auch die Frage mit ein, ob die Pseudonymisierung durch den Veranstalter oder durch die zuständige Aufsichtsbehörde erfolgt. Da die Einhaltung räumlicher Geltungsbereiche sowie der Ausschluss Minderjähriger im Falle einer Pseudonymisierung durch die Aufsichtsbehörde stets überprüfbar bleiben muss (vgl. § 22c Abs. 3), sind derartige Auswertungen gemäß S. 5 auch vor eben dieser Pseudonymisierung zulässig. S. 6 stellt schließlich klar, dass dies auch im Falle einer Pseudonymisierung durch den Veranstalter gewährleistet sein muss.[4] 5

3. Abs. 3. Abs. 3 beinhaltet die sog. **Kurzzeit-Sperre.** Diese stellt im Vergleich zu einer Spielersperre nach den §§ 8 ff. iVm § 23 eine einfache und niedrigschwelli- 6

1 Vgl. *Pagenkopf* NJW 2021, 2154 (2155).
2 NRW LT-Drs. 17/11683, 153.
3 *Pagenkopf* NJW 2021, 2152 (2155).
4 NRW LT-Drs. 17/11683, 155.

ge Möglichkeit für den Spieler dar, sich vom Spiel selbst auszuschließen. Bei Sportwetten, Online-Casinospielen, Online-Poker und virtuellen Automatenspielen im Internet besteht, anders als bei terrestrischen Spielen, oftmals die Möglichkeit, ein verwendetes Endgerät auch an einen anderen Ort zu verbringen. Daraus folgt, dass es dem Spieler nicht durch einfaches Verlassen der Spielstätte möglich ist, vom Glücksspiel Abstand zu nehmen. Es dürfte dem Spieler in den von Abs. 3 erfassten Fällen schwerer fallen, sich dem Spiel zu entziehen. Vor diesem Hintergrund hat der Gesetzgeber nunmehr die Möglichkeit geschaffen, bei Spielen mit hoher Ereignisfrequenz eine **24-stündige Sperre** durch das Anklicken einer Schaltfläche auszulösen (**Panik-Knopf**). Diese Schaltfläche muss deutlich erkennbar und eindeutig beschriftet auf der Internetseite des Anbieters vorgehalten werden, auf der dem Spieler auch die Teilnahme am Glücksspiel ermöglicht wird. Um eine ausreichende Schutzwirkung für den Spieler durch Drücken des Panik-Knopfs zu erzielen, bewirkt die Betätigung der Schaltfläche eine anbieterübergreifende Sperre, was durch die Verweise auf § 8 Abs. 1 und 2 sowie § 8a Abs. 4 und § 23 entsprechend ausgedrückt wird.[5] Die Sperre endet automatisch nach Ablauf von 24 Stunden. Die eingetragenen personenbezogenen Daten sind nach Ablauf einer Speicherfrist von zwei Wochen, welche sich an den Ablauf der Sperre anschließt, zu löschen. Gemäß S. 7 ist das Abfragen einer Bestätigung durch den Anbieter bei Betätigung des Panik-Knopfs durch den Spieler unzulässig. Dies soll dabei helfen, Beeinflussungen des Spielers durch den jeweiligen Anbieter zu vermeiden.

§ 6j GlüStV Unentgeltliche Angebote

(1) [1]Veranstalter und Vermittler von öffentlichen Glücksspielen im Internet dürfen unentgeltliche Unterhaltungsangebote, die mit Ausnahme des nicht zu entrichtenden Entgelts und eines fehlenden Geldgewinns einem von ihnen veranstalteten oder vermittelten öffentlichen Glücksspiel entsprechen oder diesen Glücksspielen nachgebildet sind, nur Spielern anbieten, für die bei ihnen ein Spielkonto im Sinne des § 6a eingerichtet ist. [2]Der Erlaubnisinhaber darf die Wahrnehmung dieser Unterhaltungsangebote ohne Spielkonto nicht ermöglichen. [3]Satz 2 gilt entsprechend für die Ermöglichung der Teilnahme Minderjähriger und gesperrter Spieler.

(2) [1]Bieten Veranstalter und Vermittler unentgeltliche Unterhaltungsangebote im Sinne des Absatzes 1 Satz 1 an, die einem bestimmten öffentlichen Glücksspiel im Internet entsprechen oder insbesondere durch die Benennung oder die äußere Gestaltung, den Anschein erwecken einem bestimmten virtuellen Automatenspiel oder einem Online-Casinospiel zu entsprechen, hat das unentgeltliche Unterhaltungsangebot mit Ausnahme des nicht zu entrichtenden Entgelts und des fehlenden Geldgewinns dem öffentlichen Glücksspiel insgesamt zu entsprechen, insbesondere hinsichtlich der Gewinnwahrscheinlichkeit und der Auszahlungsquote. [2]Sofern bei dem öffentlichen Glücksspiel Gebühren oder ähnliche Abgaben zugunsten des Erlaubnisinhabers oder Dritten vom Spieler gezahlt werden müssen, sind diese bei unentgeltlichen Unterhaltungsangeboten im Sinne des Absatzes 1 Satz 1 zu simulieren und anzugeben.

5 NRW LT-Drs. 17/11683, 156.

I. Allgemeines

1 § 6j reguliert **unentgeltliche Unterhaltungsangebote**, die Glücksspielen iSd § 3 Abs. 1 S. 1 nachgebildet sind. Diese Demospiele weisen ein spezifisches Gefährdungspotenzial auf, da sie beim jeweiligen Spieler aufgrund ihres kostenlosen Charakters eine falsche gedankliche Verknüpfung hinsichtlich der beim tatsächlichen Glücksspiel bestehenden Gewinnchancen entstehen lassen können.

II. Normadressat

2 Die Norm richtet sich ausschließlich an **Veranstalter und Vermittler von öffentlichen Glücksspielen im Internet** iSd § 3. Sie betrifft dabei auch sämtliche von diesen betriebenen Internetseiten, unabhängig davon, ob dort auch Glücksspiele angeboten werden. Unentgeltliche Angebote anderer Personen, welche nicht der Definition des Veranstalters oder Vermittlers von Glücksspielen nach § 3 Abs. 1 S. 1 entsprechen, sind vom Anwendungsbereich der Norm hingegen nicht umfasst.

3 Spielangebote iSd § 6j dürfen lediglich registrierten Spielern gemacht werden, was Minderjährige bereits ausschließt. Diese Unterhaltungsangebote müssen zudem in ihrer Ausgestaltung, den Gewinnwahrscheinlichkeiten und Auszahlungsquoten dem jeweils als Vorbild dienenden Glücksspiel entsprechen.

III. Einzelkommentierung

4 **1. Abs. 1.** Zwingende Voraussetzung für die Teilnahme an einem Spiel iSd § 6j Abs. 1 (Demo- bzw. Unterhaltungsspiel) ist das Vorhandensein eines Spielkontos gemäß § 6a. Der betreffende Erlaubnisinhaber darf Spielern eine Teilnahme ohne ein entsprechendes Spielkonto nicht ermöglichen. Dies schließt Minderjährige wiederum aus. Hintergrund ist, dass Minderjährige nicht aufgrund solcher kostenlosen Spiele an die weiteren, vom Erlaubnisinhaber ebenfalls angebotenen Glücksspiele gezielt herangeführt werden sollen, etwa durch regelmäßiges Verweisen bzw. entsprechende Verlinkungen. Aus Sicht der Suchtprävention besteht bei derartigen Unterhaltungsangeboten das Risiko, dass Anbieter ohne ein eigenes erhöhtes finanzielles Risiko eingehen zu müssen, höhere Gewinne in den betreffenden Demo- bzw. Unterhaltungsspielen simulieren können. Dies kann bei den Personen, welche an derartigen Spielen teilnehmen, den Eindruck erwecken, dass solche höheren und ggf. auch häufigeren Gewinne auch im Rahmen eines wirklichen Glücksspiels erzielbar wären. Zudem ist gesperrten Spielern, auch wenn diese noch über ein aktives Spielkonto verfügen, die Spielteilnahme ebenfalls zu versagen.[1]

5 **2. Abs. 2.** Abs. 2 der Norm stellt nochmals klar, dass derartige Demospiele dem jeweils nachgebildeten Glücksspiel entsprechen müssen, damit dem Spieler kein verzerrtes Bild, insbesondere in Bezug auf die Gewinnchancen, vom Anbieter vermittelt wird. Hiermit soll dem spezifischen Gefährdungspotenzial Rechnung getragen werden, welches sich aus einer gedanklichen Verknüpfung aus kostenlosem Demospiel und dem wirklichen Glücksspiel ergeben kann. Trotz dieser offenkundigen Gefahr hat der Gesetzgeber von einem Verbot solcher Demo-Spiele richtigerweise abgesehen. Hintergrund ist, dass entsprechend registrierte, volljährige Spieler sich mittels solcher Demo-Spiele zunächst kostenlos an das Spielprinzip sowie die damit verbundenen Gewinnchancen herantasten können. Dieser Effekt ist aus Spielerschutzgründen nicht zu beanstanden. Sollte das nachgebildete Glücksspiel nicht dem vom Anbieter beworbenen Glücksspiel entspre-

1 NRW LT-Drs. 17/11683, 156.

chen, so dürfte von einer verbotenen irreführenden Werbung iSd § 5 Abs. 2 S. 6 auszugehen sein. Darüber hinaus kann sich eine Unzulässigkeit solcher Angebote etwa auch aus anderen Rechtsvorschriften – wie etwa dem Jugend- sowie Verbraucherschutz – ergeben.[2]

§ 7 GlüStV Aufklärung

(1) [1]Die Veranstalter und Vermittler von öffentlichen Glücksspielen haben den Spielern vor der Spielteilnahme spielrelevante Informationen zur Verfügung zu stellen sowie über die Suchtrisiken der von ihnen angebotenen Glücksspiele, das Verbot der Teilnahme Minderjähriger und Möglichkeiten der Beratung und Therapie aufzuklären. [2]Als spielrelevante Informationen kommen insbesondere in Betracht:

1. alle Kosten, die mit der Teilnahme veranlasst sind,
2. die Höhe aller Gewinne,
3. wann und wo alle Gewinne veröffentlicht werden,
4. der Prozentsatz der Auszahlungen für Gewinne vom Einsatz (Auszahlungsquote),
5. Informationen zu den Gewinn- und Verlustwahrscheinlichkeiten,
6. der Annahmeschluss der Teilnahme,
7. das Verfahren, nach dem der Gewinner ermittelt wird, insbesondere die Information über den Zufallsmechanismus, der der Generierung der zufallsabhängigen Spielergebnisse zu Grunde liegt,
8. wie die Gewinne zwischen den Gewinnern aufgeteilt werden,
9. die Ausschlussfrist, bis wann Gewinner Anspruch auf ihren Gewinn erheben müssen,
10. der Name des Erlaubnisinhabers sowie seine Kontaktdaten (Anschrift, E-Mail, Telefon),
11. die Handelsregisternummer (soweit vorhanden),
12. wie der Spieler Beschwerden vorbringen kann und
13. das Datum der ausgestellten Erlaubnis.

[3]Informationen über Höchstgewinne sind mit der Aufklärung über die Wahrscheinlichkeit von Gewinn und Verlust zu verbinden. [4]Spieler und Behörden müssen leichten Zugang zu diesen Informationen haben.

(2) Lose, Spielscheine, Spielquittungen und vergleichbare Bescheinigungen müssen Hinweise auf die von dem jeweiligen Glücksspiel ausgehende Suchtgefahr und Hilfsmöglichkeiten enthalten; bei Glücksspielen, die über das Internet angeboten werden, erfolgt eine Verlinkung zu entsprechenden Angeboten gemäß § 6 Absatz 2 Satz 3 Nummer 5.

Literatur: *Dietlein/Hecker/Ruttig*, Glücksspielrecht, 2. Aufl. 2013; *Engels*, Glücksspielstaatsvertrag 2008 – Marketing und Vertrieb für erlaubtes Glücksspiel, WRP 2008, 470; *Hayer/Meyer*, Sportwetten im Internet – Eine Herausforderung für suchtpräventive Handlungsstrategien, Suchtmagazin 2004, 33; *Streinz/Liesching/Hambach*, Glücks- und Gewinnspielrecht in den Medien, 1. Aufl. 2014.

I. Allgemeines

1 Die Norm dient der Verwirklichung der Kernziele des § 1 S. 1 Nr. 1–2, indem sie im Wege eines aktiven, präventiven Spielerschutzes sowohl das Entstehen von

2 NRW LT-Drs. 17/11683, 157.

Glücksspiel- und Wettsucht verhindert als auch die Voraussetzungen für eine wirksame Suchtbekämpfung schaffen will. Zudem verfolgt sie das Ziel der Gewährleistung eines effektiven Jugendschutzes. Teil der Umsetzung und Sicherstellung hoher Spielerschutzstandards sollen dabei die in § 7 postulierten **proaktiven Aufklärungs- und Informationspflichten** sein, welche Veranstalter und Vermittler von öffentlichen Glücksspielen Spielern vor einer Spielteilnahme zur Verfügung stellen müssen. Aufklärung und Information meint dabei, die bloße Zurverfügungstellung entsprechender Angaben ohne werbliche Elemente (vgl. § 5). Keinesfalls sollen im Rahmen der Präsentation dieser Angaben Anreize zur Spielteilnahme geschaffen werden. Die vorgenannten Pflichten, welche in vergleichbarer Form erstmalig im Staatsvertrag zum Glücksspielwesen in Deutschland in der von den Ministerpräsidenten der Länder vom 30. Januar bis 31.7.2007 unterzeichneten Fassung (GlüStV 2008) Einzug gefunden haben, setzen das durch das BVerfG in seinem Sportwetten-Urteil aus dem Jahr 2006 angemahnte, über das bloße Bereithalten von Informationsmaterial hinausgehende, Erfordernis einer aktiven Spielsuchtprävention um.[1] Auch aus suchtmedizinischer Sicht wird eine solche aktive Prävention, insbesondere durch angebotsimmanente Informationen, aber auch mittels Vorkehrungen wie einer Möglichkeit zur Spielersperre, gefordert. [2] An dem Ziel der Suchtbekämpfung und des damit einhergehenden Spielerschutzes ausgerichtet, soll der nicht abschließende Pflichtenkatalog des § 7 Abs. 1 S. 2 Transparenz für Spieler und Behörden schaffen. Dieses Mittel der Primärprävention umfasst dabei auch das Aufzeigen von Hilfsmöglichkeiten, wie einer Beratung oder Therapie. Die spielrelevanten Informationen müssen dabei nach § 7 Abs. 1 S. 3 für Spieler und Behörden leicht zugänglich sein. Darüber hinaus bestimmt § 7 Abs. 2, dass Lose, Spielscheine, Spielquittungen und vergleichbare Bescheinigungen Hinweise auf die von dem jeweiligen Glücksspiel ausgehende Suchtgefahr und Hilfsmöglichkeiten enthalten müssen. Bei Glücksspielen im Internet ist dies über eine Verlinkung zu entsprechenden Angeboten gemäß § 6 Abs. 2 S. 3 Nr. 5 zu gewährleisten.

II. Normadressat

§ 7 richtet sich – wie dies bereits seit Inkrafttreten des GlüStV 2008 der Fall war – ebenfalls wieder an Veranstalter und Vermittler von öffentlichen Glücksspielen.[3] Veranstaltet und vermittelt wird ein Glücksspiel nach § 3 Abs. 4 dort, wo dem Spieler die Möglichkeit zur Teilnahme eröffnet wird. Die Norm gilt aufgrund der eingeschränkten Verweisung des § 2 Abs. 2 ebenfalls für Spielbanken. Anwendung findet § 7 ferner auch auf Spielhallen, Gaststätten (Schank- und Speisewirtschaften und Beherbergungsbetriebe) und Wettannahmestellen der Buchmacher, jeweils soweit sie Geld- oder Warenspielgeräte mit Gewinnmöglichkeit bereithalten (§ 2 Abs. 3 und Abs. 4). Zudem findet § 7 auf Pferdewetten, aufgrund der Verweisung in § 2 Abs. 5, ebenfalls Anwendung. Der Kreis der Normadressaten wurde im Vergleich zum GlüStV 2012 nunmehr auch auf Veranstalter und Vermittler von Sportwetten, virtuellen Automatenspielen, Online-Poker, Online-Casinospielen sowie Lotterien ausgeweitet (§ 2 Abs. 6–10). 2

III. Einzelkommentierung

1. Abs. 1. Gegenstand der bestehenden Aufklärungspflichten sind zunächst die spielrelevanten Informationen iSd § 7 Abs. 1 S. 1. Die Aufzählung ist dabei nicht 3

1 BVerfG 28.03.2006 – 1 BvR 1054/01, NJW 2006, 1261 (1267 Rn. 152).
2 *Hayer/Meyer* Suchtmagazin 2004, 33, 40.
3 Vgl. *Engels* WRP 2008, 470, 478.

abschließend (sog. **Regelbeispiele**), um dem Umstand Rechnung zu tragen, dass – je nach angebotenem Glücksspiel – durchaus auch weitere tatsächliche und rechtliche Umstände spielrelevant sein können. Insbesondere mit Blick auf neuartige virtuelle Automaten- und Online-Casinospiele ermöglicht die Norm damit die nötige Offenheit und Flexibilität, um zukünftigen Entwicklungen angemessen Rechnung zu tragen. Zur Verwirklichung der Ziele des GlüStV ist die Aufklärung der Spieler als **proaktive Pflicht** zu verstehen. Sämtliche Informationen sind damit, ohne Aufforderung seitens der Spieler, vor der Spielteilnahme zur Verfügung zu stellen. Nur so können die Voraussetzungen für eine wirksame Suchtbekämpfung geschaffen werden und problematisches Spielverhalten bereits im Vorfeld erkannt und verhindert werden.[4]

a) Typischerweise sind die folgenden Informationen als spielrelevant zu qualifizieren: Alle **Kosten,** die mit der Teilnahme veranlasst sind (Nr. 1). Dazu zählen insbesondere die für das Glücksspiel zu erbringenden Spiel- und Wetteinsätze. Darüber hinaus ist über die **Höhe aller Gewinne** aufzuklären (Nr. 2). Zur Verwirklichung größtmöglicher Transparenz dürfte es hierbei angezeigt sein, neben der Gesamtsumme aller Gewinne auch die jeweiligen Einzelgewinne zu nennen. Zudem ist anzugeben, wann und wo **alle Gewinne veröffentlicht** werden (Nr. 3), welcher Prozentsatz vom Einsatz tatsächlich als **Gewinn** an die Spieler **ausgezahlt** wird (Nr. 4). Da es sowohl unlauter, als auch der Suchtprävention abträglich ist, falsche Gewinnvorstellungen bei Spielern zu bestärken, ist zudem über die **Gewinn- und Verlustwahrscheinlichkeiten** des jeweiligen Glücksspiels aufzuklären (Nr. 5).[5] Diese Verpflichtung soll der Gefahr vorbeugen, dass die wirklichen Chancen des Glücksspiels in krassem Widerspruch zu den durch Art und Umfang der Werbung erweckten Erwartungen beim interessierten Publikum stehen. Den möglichen Spielteilnehmern muss also eine informierte Entscheidung ermöglicht werden. Nach § 7 Abs. 1 S. 2 sind Informationen über Höchstgewinne zudem mit der Aufklärung über die Wahrscheinlichkeit von Gewinn und Verlust zu verbinden. Zu den weiteren spielrelevanten Informationen zählen die (kalendarische) Angabe des **Annahmeschlusses** der Teilnahme (Nr. 6) sowie das Verfahren der Gewinnermittlung (Nr. 7), wobei bei Letzterem insbesondere Informationen über den Zufallsmechanismus, der der Generierung der zufallsabhängigen Spielergebnisse zu Grunde liegt, gemacht werden müssen. Umfasst sind darüber hinaus auch die Offenlegung sämtlicher Verfahrensschritte der **Gewinnermittlung.** Angaben zur **Aufteilung der Gewinne** zwischen den Gewinnern (Nr. 8) sowie Informationen zu einer etwaigen **Ausschlussfrist** betreffend die Inanspruchnahme der Gewinne (Nr. 9) sind ebenso erforderlich. Spielrelevant sind schließlich auch Informationen bezüglich des Veranstalters bzw. Vermittlers des angebotenen Glücksspiels. Hierzu zählen insbesondere der **Name des Erlaubnisinhabers, sowie die weiteren Kontaktdaten,** also **Anschrift, E-Mail, Telefon** (Nr. 10), die **Handelsregisternummer,** soweit vorhanden (Nr. 11), die **Beschwerdemöglichkeiten** des Spielers (Nr. 12) sowie das **Datum der ausgestellten Erlaubnis** (Nr. 13).

b) Zu den sonstigen Informationen, die Spielern vor der Teilnahme an einem Glücksspiel zur Verfügung gestellt werden müssen, zählen gemäß § 7 Abs. 1 S. 1 Hinweise auf die von dem Glücksspiel ausgehende Suchtgefahr. Hierbei ist eine konkrete Bezugnahme auf das jeweilige Glücksspiel erforderlich.[6] Schließlich ist stets auf das Verbot der Teilnahme Minderjähriger und die

4 Streinz/Liesching/Hambach/*Pfundstein*, 1. Aufl. 2014, § 7 Rn. 7 ff.
5 Vgl. Ltg. NRW-Drs. 17/11683, 158.
6 Vgl. *Engels* WRP 2008, 470 (477).

Möglichkeiten der Beratung und Therapie hinzuweisen. In diesem Zusammenhang verbieten sich pauschale Angaben. Vielmehr sollen Spielern möglichst konkrete Kontaktdaten für entsprechende Anlaufstellen zur Verfügung gestellt werden.

c) Nach § 7 Abs. 1 S. 3 müssen Spieler und Behörden leichten Zugang zu diesen Informationen haben. Wenngleich der Begriff „leichter Zugang“ im Text der Norm nicht präzisiert wird, ist im Interesse des Spielerschutzes jedenfalls zu fordern, dass die Aufklärungs- und Informationspflichten in leicht verständlicher und gut leserlicher Form abgefasst und dargeboten werden müssen. In Bezug auf Angebote im Internet gilt, dass die erforderlichen Informationen leicht abrufbar sein müssen, hinreichend groß und klar erkennbar präsentiert werden, um den Transparenzanforderungen des § 7 Rechnung zu tragen und neben den Spielern auch den zuständigen Behörden eine leichte Kontrolle und Nachschau zu ermöglichen. Die Informationspflichten können beispielsweise durch Broschüren, entsprechend gut sichtbar angebrachte Aushänge oder leicht auffindbare Hinweise auf den Internetseiten der Veranstalter und Vermittler erfüllt werden.[7]

2. Abs. 2. In Ergänzung zu den Aufklärungs- und Informationspflichten des § 7 Abs. 1 konkretisiert § 7 Abs. 2 diese Pflichten für Lose, Spielscheine, Spielquittungen und vergleichbare Bescheinigungen, welche den Spielern ausgehändigt werden. Im Gesamtkontext des § 7 ist dabei ein Anbringen dieser Hinweise in deutlich sichtbarer Art und Weise zu fordern. Der Begriff „vergleichbare Bescheinigungen“ soll zum einen die Bestätigungsschreiben der gewerblichen Spielevermittler erfassen, zum anderen wird es so möglich, auch auf neue Entwicklungen flexibel reagieren zu können.[8] Wenngleich der zur Verfügung stehende Raum auf diesen Medien typischerweise begrenzt ist, müssen entsprechende Hinweise auf die von dem jeweiligen Glücksspiel ausgehende Suchtgefahr sowie Angaben bezüglich entsprechender Hilfsmöglichkeiten gemacht werden. Sofern das Glücksspiel über das Internet angeboten wird, muss eine Verlinkung zu entsprechenden Angeboten gemäß § 6 Abs. 2 S. 3 Nr. 5 erfolgen. Da der Wortlaut der Norm Hinweise „auf die von dem jeweiligen Glücksspiel“ ausgehende Suchtgefahr und die diesbezüglich bestehenden Hilfsmöglichkeiten fordert, dürften allgemeine Angaben, wie beispielsweise „Glücksspiel kann süchtig machen“, nicht ausreichend sein. Im Zuge einer Gesamtbewertung der ergänzenden Aufklärungs- und Informationspflichten des § 7 Abs. 2 ist jedoch zu berücksichtigen, dass im Vergleich zu § 7 Abs. 1 die faktisch bestehenden Grenzen – beispielsweise aufgrund drucktechnischer Gestaltung – Berücksichtigung finden müssen.[9] 4

IV. Sanktionen bei Verstößen

Verstöße gegen die Aufklärungs- und Informationspflichten des § 7 Abs. 1 und 2 richten sich nach den jeweiligen Ausführungsgesetzen der Bundesländer (§ 28 Abs. 1 S. 3). In diesen Ausführungsgesetzen können die Bundesländer auch vorsehen, dass Verstöße gegen die Bestimmungen des GlüStV mit einer Geldbuße oder Strafe geahndet werden. 5

7 Vgl. Ltg. NRW-Drs. 17/11683, 158.
8 Ltg. NRW-Drs. 17/11683, 158.
9 Dietlein/Hecker/Ruttig/*Thiel*, 2. Aufl. 2013, § 7 Rn. 13.

§ 8 GlüStV Spielersperrsystem; Abgleich mit dem Sperrsystem

(1) Zum Schutz der Spieler und zur Bekämpfung der Glücksspielsucht wird ein zentrales, spielformübergreifendes Sperrsystem (§ 23) unterhalten.

(2) [1]Gesperrte Spieler dürfen an öffentlichen Glücksspielen nicht teilnehmen. [2]Von dem Verbot ausgenommen ist die Teilnahme an Lotterien, die nicht häufiger als zweimal pro Woche veranstaltet werden, an Lotterien in Form des Gewinnsparens und an Pferdewetten, die von Vereinen, die das Unternehmen eines Totalisatoren nach § 1 des Rennwett- und Lotteriegesetzes betreiben, oder auf einer inländischen Pferderennbahn stationär angeboten werden. [3]Sofortlotterien im Internet gelten nicht als Lotterien im Sinne des Satzes 2.

(3) [1]Veranstalter und Vermittler von Glücksspielen, an denen gesperrte Spieler nicht teilnehmen dürfen, sind verpflichtet, spielwillige Personen durch Kontrolle eines amtlichen Ausweises oder eine vergleichbare Identitätskontrolle zu identifizieren und einen Abgleich mit der Sperrdatei nach § 23 durchzuführen. [2]Bei Glücksspielen im Internet erfolgt die Identifizierung vor dem Abgleich mithilfe geeigneter technischer Verfahren. [3]Veranstalter und Vermittler von Glücksspielen haben sicherzustellen, dass gesperrte Spieler nicht an Glücksspielen teilnehmen. [4]Bei Glücksspielen im Internet hat der Abgleich zu dem Zeitpunkt zu erfolgen, zu dem die Übermittlung des Anbieters nach § 6h Absatz 3 Satz 1 zu erfolgen hat. [5]Im terrestrischen Bereich ist der Abgleich in Wettvermittlungsstellen, in Spielhallen und in Spielbanken bei jedem Betreten und im Übrigen vor dem ersten Spiel während eines Aufenthalts in der jeweiligen Spielstätte vorzunehmen.

(4) [1]Veranstalter und Vermittler von Glücksspielen, an denen gesperrte Spieler nicht teilnehmen dürfen, dürfen nicht auf diese einwirken, einen Antrag auf Entsperrung zu stellen. [2]Es dürfen keine Vorteile wie Boni oder Rabatte für Spieler, deren Spielersperre aufgehoben worden ist, gewährt werden.

Literatur: *Dietlein/Hecker/Ruttig*, Glücksspielrecht, 2. Aufl. 2013; *Reeckmann/Walter*, Die Spielersperre nach dem Glücksspielstaatsvertrag im Lichte des Verbraucherschutzes, ZfWG 2014, 383; *Streinz/Liesching/Hambach*, Glücks- und Gewinnspielrecht in den Medien, 1. Aufl. 2014; *Wejbera/Quack*, Die Aufhebung der Spielersperre – Erfahrungen und Implikationen aus der Praxis, ZfGW 2017, Sonderbeilage 3/2017, 18; *Universität Hohenheim* – Prävention und Früherkennung von Glücksspielsucht, Bericht über das Forschungsvorhaben „*Bedeutung verschiedener Formen des Glücksspiels für die Entwicklung eines pathologischen Spielverhaltens*" zur Vorlage für das Ministerium für Arbeit und Soziales Baden-Württemberg, 2009.

I. Allgemeines

1 § 8 formt im Zusammenspiel mit den §§ 8a-8d ein **anbieter- und spielformübergreifendes Spielersperrsystem** aus, welches insbesondere der Prävention und Bekämpfung von Glücksspielsucht sowie dem Schutz der Spieler vor übermäßigen bzw. ruinösen finanziellen Ausgaben dienen soll.[1] Das nunmehr vorgesehene Sperrsystem entwickelt den Ansatz aus dem GlüStV 2012 weiter, indem es nicht ausschließlich auf spielformbezogene bzw. regionale Sperren setzt, sondern

1 Ltg. NRW-Drs. 17/11683, 12; Streinz/Liesching/Hambach/*Pfundstein*, 1. Aufl. 2014, § 8 Rn. 28 ff.

Spielsuchtgefährdeten und Spielsüchtigen nunmehr etwa auch die Möglichkeit einräumt, sich bei einem Veranstalter oder Vermittler von öffentlichen Glücksspielen mit anbieterübergreifender Wirkung sperren zu lassen. Dies soll einen konsequenten Ausschluss an der Glücksspielteilnahme ermöglichen. Auf diese Weise soll der aus der Suchtforschung gewonnenen Erkenntnis Rechnung getragen werden, dass Spieler mit problematischem Spielverhalten häufig und unkontrolliert diverse Spielangebote parallel wahrnehmen oder suchtgefährdet bzw. süchtig in Bezug auf unterschiedliche Glücksspielarten sind. Ein wichtiger Baustein der effektiven Prävention und Bekämpfung von Glücksspielsucht ist dabei der **unverzügliche Austausch** der in der Sperrdatei gemäß § 23 gespeicherten Daten sowie die Durchsetzung von Spielteilnahmeverboten aufgrund des Abgleichs dieser Daten. Das Spielersperrsystem sieht dabei **Selbst- und Fremdsperren** vor, wobei die Selbstsperre auch ohne Angabe von Gründen erfolgen kann.[2] Das Vorliegen einer Spielsuchtgefährdung oder Spielsucht ist dabei keine Voraussetzung für die Einrichtung der Sperre.[3] Das zentrale Führen der Sperrdatei dient der Verwirklichung eines aktiven Spielerschutzes und ist angesichts der Mobilität der Spieler über Bundesländergrenzen hinweg sowie die Einbeziehung des Online-Spiels in den Anwendungsbereich der Norm das effektivere Mittel zur Spielsuchtprävention.

II. Normadressat

§ 8 richtet sich an **Veranstalter und Vermittler von öffentlichen Glücksspielen.** 2
Veranstaltet und vermittelt wird ein Glücksspiel nach § 3 Abs. 4 dort, wo dem Spieler die Möglichkeit zur Teilnahme eröffnet wird.

III. Einzelkommentierung

1. Abs. 1. Als weiteres Instrument der Suchtprävention verpflichtet die Norm 3
Veranstalter und Vermittler von öffentlichen Glücksspielen ein **zentrales, anbieter- und spielformübergreifendes Sperrsystem** zu unterhalten. Dieses System soll unter anderem gewährleisten, dass Spieler, die lediglich von einer bestimmten Art des Glücksspiels ausgeschlossen sind, auch für sonstige Glücksspiele gesperrt werden können. Die weiteren Einzelheiten, insbesondere was die Umsetzung einer solchen Sperrdatei sowie die damit verbundene Datenverarbeitung angeht, wurden in § 23 einer Regelung zugeführt. Die Norm hat im Vergleich zu ihrer Vorgängernorm im GlüStV 2012 keine Änderungen erfahren. Sinn und Zweck des Sperrsystems ist der Schutz von pathologischen Spielern, bei denen sich bereits ein manifestes Suchtverhalten herausgebildet hat.[4] Auch soll die Sperrdatei zur Stabilisierung des Zustands betroffener Spieler beitragen, die Wiedereingliederung in das gesellschaftliche, soziale sowie berufliche Leben, sofern erforderlich, fördern und Rückfällen vorbeugen.[5] Geführt wird die Sperrdatei nach § 23 Abs. 1 S. 1 von der zuständigen Ordnungsbehörde im jeweiligen Bundesland. Weitere Informationen, wie beispielsweise Angaben zu etwaigen Hausverboten und -sperren, sind hingegen nicht Bestandteil des Spielersperrsystems (vgl. § 23 Abs. 1 zum Umfang der gespeicherten Spielerdaten).[6]

---

2 Vgl. *Reeckmann/Walter* ZfWG 2014, 383 ff.
3 Vgl. Ltg. NRW-Drs. 17/11683, 13.
4 Vgl. *Wejbera/Quack* ZfGW 2017, Sonderbeilage 3/2017, 18 ff.
5 Universität Hohenheim - Prävention und Früherkennung von Glücksspielsucht, Bericht über das Forschungsvorhaben „*Bedeutung verschiedener Formen des Glücksspiels für die Entwicklung eines pathologischen Spielverhaltens*“ zur Vorlage für das Ministerium für Arbeit und Soziales Baden-Württemberg, 2009, 36.
6 Dietlein/Hecker/Ruttig/*Liesching*, 2. Aufl. 2013, § 8 Rn. 28.

4 **2. Abs. 2.** Gesperrten Spielern ist eine Teilnahme an öffentlichen Glücksspielen nach § 8 Abs. 2 S. 1 untersagt. Die unter dem GlüStV 2012 noch bestehende Beschränkung des Spielersperrsystems auf einzelne Formen des Spiels fand damit keinen Eingang mehr in das neue Spielersperrsystem. § 8a Abs. 2 S. 2 regelt sodann jedoch Ausnahmen von diesem Teilnahmeverbot. Diese sind abschließend und betreffen ausschließlich Lotterien mit einer sehr geringen Ereignisfrequenz, Gewinnsparlotterien und bestimmte Pferdewetten.[7]

In Bezug auf Lotterien mit einer sehr geringen Ereignisfrequenz bedeutet dies, dass diese nicht häufiger als zweimal pro Woche veranstaltet werden, wobei darunter die Ziehung zu verstehen ist. Eine Ausnahme davon bilden jedoch die Klassenlotterien. Auch wenn in diesem Fall häufigere Ziehungen stattfinden, ist die Teilnahme an dieser Lotterieform in der Regel auf mehrere Wochen bzw. Monate angelegt. Eine jederzeitige Teilnahme ist grundsätzlich auch ausgeschlossen, da ein Loserwerb nur zu bestimmten vorher festgelegten Zeitpunkten möglich ist. Die Ereignisfrequenz bleibt mithin gering, was aus Suchtpräventionsaspekten wünschenswert ist.[8] Bei verständiger Würdigung handelt es sich bei dieser Lotterieform nach Sinn und Zweck der Regelung damit gerade nicht um eine Veranstaltung, die häufiger als zweimal pro Woche iSd § 8a Abs. 2 veranstaltet wird.[9]

5 Lotterien in Form des Gewinnsparens sind ebenfalls aufgrund eines geringen Suchtpotentials von dem Verbot der Teilnahme nach § 8 Abs. 2 S. 1 ausgenommen. Dabei handelt es sich in der Regel um einen von Genossenschaftsbanken oder Sparkassen angebotenen Sparvertrag in Kombination mit einer Lotterie, wobei die Bank einen Teil des (monatlichen) Einsatzes für den Kunden zurücklegt und dieser beispielsweise am Jahresende auf dem Sparbuch des Kunden gutgeschrieben wird. Gewinne werden grundsätzlich monatlich ausgezahlt. Bei diesem Modell besteht kein Bedürfnis für eine Abfrage des Sperrsystems. Hinzu kommt, dass die Genossenschaftsbanken und Sparkassen die wirtschaftlichen Verhältnisse ihrer Kunden bereits kennen, so dass eine Verschuldung praktisch ausgeschlossen sein dürfte.[10]

6 Darüber hinaus sind gesperrte Spieler auch von einem Verbot zur Teilnahme in Bezug auf bestimmte Pferdewetten ausgeschlossen. Die Ausnahme vom Teilnahmeverbot gilt dabei für Pferdewetten, die von einem Rennverein, der das Unternehmen eines Totalisators betreibt, stationär angeboten werden. Derartigen Wetten gleichgestellt sind aus Gleichbehandlungsgründen die auf einer inländischen Pferderennbahn stationär angebotenen Pferdewetten. Auch dieser Ausnahmetatbestand lässt sich zum einen auf eine geringe Verfügbarkeit eines solchen Wettangebots zurückführen. So finden Pferderennen nur an wenigen Tagen pro Jahr statt. Zudem ist das Angebot auch aufgrund der begrenzten und zudem rückläufigen Zahl an Rennbahnen stark eingeschränkt. Zum anderen sprechen jedoch auch praktische Erfordernisse zur Sicherstellung des ordnungsgemäßen Ablaufs des Rennbahnbetriebs gegen ein Teilnahmeverbot. Bei der regelmäßig vor Ort vorhandenen Vielzahl von Wettschaltern und Kassen würde ein Sperrdateiabgleich bei jeder Wettabgabe zu erheblichen Beeinträchtigungen des Ablaufs der Pferderennen führen. Vor diesem Hintergrund erscheint der Verzicht auf ein Teilnahmeverbot gesperrter Spieler für den Bereich der Pferdewetten angemessen.[11]

---

7 Vgl. Ltg. NRW-Drs. 17/11683, 159.
8 Ltg. NRW-Drs. 17/11683, 159.
9 Dietlein/Hecker/Ruttig/*Ruttig*, 2. Aufl. 2013, § 22 Rn. 9.
10 Ltg. NRW-Drs. 17/11683, 160.
11 Ltg. NRW-Drs. 17/11683, 160.

3. Abs. 3. § 8 Abs. 3 bestimmt zunächst, dass Veranstalter und Vermittler von Glücksspielen verpflichtet sind, spielwillige Personen zu identifizieren, um so eine Abfrage der Spielersperrdatei zu ermöglichen. Nur so kann sichergestellt werden, dass gesperrte Spieler nicht an Glücksspielen teilnehmen. Die Identifikation der Spieler kann dabei durch Kontrolle eines **amtlichen Ausweises** oder eine **vergleichbare Identitätskontrolle** erfolgen. 7

Die Norm regelt zudem den Zeitpunkt der Abfrage der Sperrdatei. Handelt es sich um ein Glücksspiel im Internet, so muss die Abfrage durch den Veranstalter oder Vermittler des Glücksspiels bei Aktivschaltung des Spielkontos in der Aktivitätsdatei nach § 6h erfolgen. Im stationären Bereich hat eine Abfrage bei jedem Betreten einer Wettvermittlungsstelle, einer Spielhalle und einer Spielbank zu erfolgen. Auf diese Weise soll gesperrten Spielern bereits der Aufenthalt in diesen Räumlichkeiten verwehrt werden. Bei stationären Glücksspielangeboten, die etwa in Gaststätten und Annahmestellen bestehen können, muss die Abfrage jedoch erst vor dem ersten Spiel während des Aufenthalts des Spielers erfolgen. Da derartige Räumlichkeiten regelmäßig nicht ausschließlich bzw. überwiegend dem Glücksspiel dienen, wäre eine Abfrage sämtlicher Personen, die diese Räumlichkeiten betreten, unverhältnismäßig und dürfte dabei auch die jeweiligen dortigen Geschäftsabläufe über Gebühr beeinträchtigen.[12] 8

Entschließt sich ein Spieler, das Glücksspiel zu beenden, um dieses am selben Ort und noch am selben Tag wieder neu zu beginnen, so muss seitens des Veranstalters bzw. Vermittlers eine erneute Abfrage der Sperrdatei durchgeführt werden, da nicht auszuschließen ist, dass zwischenzeitlich eine Eintragung des Spielers in der Sperrdatei erfolgt ist. Nur so kann die zentrale Sperrdatei in der Praxis auch die gesetzgeberisch gewünschte Wirkung entfalten. Zudem kann so auch sichergestellt werden, dass das System der sog. Kurzzeit-Sperre nach § 6i Abs. 3 nicht unterlaufen wird.[13] 9

4. Abs. 4. Die Norm konkretisiert den Spielerschutz insofern, als sie klarstellt, dass Veranstalter und Vermittler von Glücksspielen nicht auf gesperrte Spieler einwirken dürfen, dass diese einen Antrag auf Entsperrung stellen, um an dem betreffenden, veranstalteten bzw. vermittelten Glücksspiel teilnehmen zu dürfen. Der Begriff der „Einwirkung" ist dabei im Sinne eines möglichst umfassenden Spielerschutzes weit zu verstehen. Er umfasst mithin jegliche physischen und psychischen Handlungen der Veranstalter und Vermittler von Glücksspielen mit nicht lediglich geringfügiger Wirkung auf den gesperrten Spieler. § 8 Abs. 4 muss dabei auch für im Auftrag der Veranstalter und Vermittler handelnde Personen (zB deren Beschäftigte) gelten, um einen möglichst umfassenden Schutz in der Praxis zu erreichen. 10

Darüber hinaus stellt die Norm klar, dass gesperrten Spielern auch keinerlei Anreize geboten werden dürfen, die bestehende Sperre aufzuheben. Eine Geringfügigkeitsgrenze für derartige Vorteile, Boni und Rabatte existiert nicht. Hintergrund ist, dass der Antrag auf Aufhebung einer Spielsperre auf einer freien, unbeeinflussten Entscheidung des gesperrten Spielers beruhen soll.[14] 11

12 Vgl. Ltg. NRW-Drs. 17/11683, 148, 161.
13 Vgl. Ltg. NRW-Drs. 17/11683, 155, 156.
14 Vgl. Ltg. NRW-Drs. 17/11683, 161.

§ 8a GlüStV Eintragung und Dauer der Sperre

(1) Veranstalter und Vermittler von Glücksspielen, an denen gesperrte Spieler nicht teilnehmen dürfen, sperren Personen, die dies beantragen (Selbstsperre) oder von denen sie aufgrund der Wahrnehmung ihres Personals oder aufgrund von Meldungen Dritter wissen oder aufgrund sonstiger tatsächlicher Anhaltspunkte annehmen müssen, dass sie spielsuchtgefährdet oder überschuldet sind, ihren finanziellen Verpflichtungen nicht nachkommen oder Spieleinsätze riskieren, die in keinem Verhältnis zu ihrem Einkommen oder Vermögen stehen (Fremdsperre).

(2) Ein Antrag auf eine Selbstsperre oder Fremdsperre kann auch bei der für die Führung der Sperrdatei zuständigen Stelle gestellt werden.

(3) [1]Vor Eintragung einer Fremdsperre ist dem Spieler Gelegenheit zur Stellungnahme zu geben. [2]Die Gelegenheit sowie eine etwaige Stellungnahme sind zu dokumentieren.

(4) [1]Die Veranstalter, die Vermittler und im Fall des Absatzes 2 die für die Führung der Sperrdatei zuständige Stelle haben die in § 23 Absatz 1 genannten Daten in eine Sperrdatei einzutragen. [2]Ein Eintrag ist auch vorzunehmen, wenn nicht alle Daten erhoben werden können.

(5) Der die Sperrung Eintragende teilt der betroffenen Person unverzüglich in Textform mit, dass für seine Person eine Sperre eingetragen ist und informiert sie über das Verfahren zur Beendigung der Sperre.

(6) [1]Die Sperre beträgt mindestens ein Jahr, es sei denn, die eine Selbstsperre beantragende Person beantragt einen abweichenden Zeitraum, der jedoch drei Monate nicht unterschreiten darf. [2]Wird eine kürzere Dauer als drei Monate angegeben, gilt dies als Angabe von drei Monaten.

(7) [1]Die nach Absatz 1 Verpflichteten haben die Sperranträge bei Selbstsperren und die bei Fremdsperren anfallenden Unterlagen aufzubewahren. [2]Bei Geschäftsaufgabe, Fusionen, Insolvenz oder dem Vorliegen sonstiger Gründe, die die weitere Aufbewahrung dieser Unterlagen durch den die Sperre veranlassenden Verpflichteten im Sinne des Absatzes 1 unmöglich machen, hat dieser sämtliche die Sperre betreffenden Unterlagen der für die Führung der Sperrdatei zuständigen Behörde auszuhändigen. [3]Ist ein Rechtsnachfolger vorhanden, kann die für die Führung der Sperrdatei zuständige Behörde diesem die Sperren zuordnen und ihm die zugehörigen Unterlagen zur verantwortlichen Aufbewahrung übergeben.

Literatur: *Dietlein/Hecker/Ruttig*, Glücksspielrecht, 2. Aufl. 2013; *Hayer/Meyer*, Sportwetten im Internet – Eine Herausforderung für suchtpräventive Handlungsstrategien, Suchtmagazin 2004, 33; *Palandt*, Bürgerliches Gesetzbuch, 80. Auf. 2021; *Peters*, Die Sperre des Glücksspielers nach dem Glücksspielsperrvertrag der Länder, NJOZ 2010, 1197; *Streinz/Liesching/Hambach*, Glücks- und Gewinnspielrecht in den Medien, 1. Aufl. 2014.

I. Allgemeines

§ 8a Abs. 1–2 wurden im Wesentlichen aus § 8 des GlüStV 2012 übernommen. Da neben dem Veranstalter eines Glücksspiels auch Vermittler verpflichtet sind, eine Abfrage der Sperrdatei vorzunehmen – mithin also ohnehin zum Anschluss an das Spielersperrsystem verpflichtet sind und somit technisch auch Sperren eintragen können – sind die **Vermittler** von Glücksspielen ebenfalls Adressat des neuen § 8a. Diese Erweiterung soll dabei auch die Effektivität des Spielerschutzes verbessern, da etwaige Wartezeiten zwischen der Stellung eines Sperrantrags bei einem Vermittler und der Eintragung durch den jeweiligen Veranstalter zukünftig entfallen. 1

Die Norm regelt zunächst die **Eintragung von Selbst- und Fremdsperren** in das Spielersperrsystem und beschreibt die zuständigen Stellen. § 8a Abs. 3 befasst sich sodann mit dem Recht zur Stellungnahme des Betroffenen im Falle einer Fremdsperre sowie der damit einhergehenden Pflicht zu einer entsprechenden Dokumentation. § 8a Abs. 4 verpflichtet die Veranstalter, die Vermittler und im Fall des § 8a Abs. 2 die für die Führung der Sperrdatei zuständige Stelle zudem zu einer möglichst umfassenden Erfassung der in § 23 Abs. 1 aufgelisteten Daten. Dem Spieler ist die Eintragung einer Sperre nach § 8a Abs. 5 in **Textform iSd § 126b BGB** mitzuteilen. § 8a Abs. 6 befasst sich mit der Dauer der Sperre und differenziert dabei entsprechend nach Fremd- und Selbstsperren, um den jeweils zugrundeliegenden Interessenlagen und persönlichen Hintergründen Rechnung tragen zu können.[1] In § 8a Abs. 7 finden sich schließlich weitere Vorgaben bezüglich der Aufbewahrung sowie die Rechtsgrundlage für die Weitergabe von Daten und Unterlagen im Falle der Unmöglichkeit der weiteren Aufbewahrung der Unterlagen (zB bei Geschäftsaufgabe, Fusionen, Insolvenz oder dem Vorliegen sonstiger vergleichbarer Gründe). 2

II. Normadressat

§ 8a richtet sich zunächst an **Veranstalter und Vermittler von öffentlichen Glücksspielen**. Darüber hinaus ist nach § 8a Abs. 4 die für die Führung der Sperrdatei zuständige Stelle, welche verpflichtet ist, die in § 23 Abs. 1 genannten Daten in eine Sperrdatei einzutragen, Normadressatin. 3

III. Einzelkommentierung

1. Abs. 1 und Abs. 2. a) Selbstsperre. Selbstsperre: Die Veranstalter und Vermittler von Glücksspielen sind zum einen auf Antrag verpflichtet, Personen, die dies – beispielsweise in einem Moment der Einsicht oder unter dem Eindruck bereits erlittener, gegebenenfalls erheblicher, Einsatzverluste – beantragen (Selbstsperre), vom Zugang zu einem Glücksspiel auszuschließen. Diese gesetzlich geregelte Möglichkeit zur Selbstsperre ist eine zentrale Maßnahme zum Spielerschutz bei Glücksspielen mit erhöhtem Suchtpotenzial.[2] So stellte die Schaffung eines übergreifenden Sperrsystems auch außerhalb des Spielbankenbereichs bereits bei der Entstehung des GlüStV 2008 eine Kernforderung von Suchtexperten dar.[3] Dem schloss sich auch das BVerfG an, indem es bereits in einem Urteil aus dem Jahr 2006 ausführte, dass Vorkehrungen wie der Möglichkeit der Selbstsperre angezeigt sind. Geboten seien danach Maßnahmen zur Abwehr von Suchtgefahren, die über das bloße Bereithalten von Informati- 4

1 Ltg. NRW-Drs. 17/11683, 161, 162.
2 Vgl. *Peters* NJOZ 2010, 1197.
3 Dietlein/Hecker/Ruttig/*Schmitt*, 2. Aufl. 2013, § 8 Rn. 4; vgl. Ltg. Bay-Drs. 15/8486, 11, 16.

onsmaterial hinausgehen.[4] Dem Institut der Selbstsperre liegt dabei nach der Rechtsprechung die Überlegung zugrunde, dass der Spieler sich in einem solchen Fall selbst mithilfe des Veranstalters oder Vermittlers von Glücksspielen den für ihn als gefahrträchtig erkannten Zugang verstellen möchte. Laut BGH liegt dem „die kritische Selbsterkenntnis eines durch Spielsucht gefährdeten Spielers in einer Phase zu Grunde, in der er zu einer solchen Einschränkung und Selbstbeurteilung fähig ist."[5] Diese Einsicht, so die gesetzliche Konzeption, wird auf Seiten des Veranstalters bzw. Vermittlers entsprechend akzeptiert und der jeweilige Spieler wird vom Glücksspiel ausgeschlossen.[6] Einem entsprechenden Antrag ist dabei ohne Wenn und Aber stattzugeben. Die Frage nach einer näheren Begründung ist unzulässig.

5 Nicht erforderlich ist es dabei insbesondere, dass der sperrwillige Spieler den Antrag in persönlicher Anwesenheit stellt. Denn muss sich der Spieler erst zum Veranstalter bzw. Vermittler des Glücksspiels begeben, könnte er die oben angesprochene kritische Selbsterkenntnis zwischenzeitlich eingebüßt haben. Schließlich ist in diesem Zusammenhang auch zu bedenken, dass eine solche persönliche Anwesenheit mit einer gesteigerten Selbstüberwindung einhergehen kann, weil der Spieler einem anwesenden Dritten persönlich mit seinem Sperrwunsch und den damit verbundenen Unannehmlichkeiten gegenübertreten müsste.[7]

6 Auf Seiten des Veranstalters bzw. Vermittlers eines Glücksspiels erwächst aus einer solchen Sperre zudem die Pflicht, das Vermögen des Spielers zu schützen und ihn insbesondere vor den aufgrund seiner Spielsucht zu befürchtenden wirtschaftlichen Schäden zu bewahren.[8] Daraus folgt also im Ergebnis eine generelle Kontrollpflicht des Veranstalters bzw. Vermittlers eines Glücksspiels, den Zutritt von antragsgemäß gesperrten Spielern zu verhindern. Daraus ergeben sich auch die umfangreichen datenschutzrelevanten Pflichten zur Erhebung personenbezogener Daten im Rahmen von Zugangskontrolle. Eine anonyme Teilnahme, ohne Identitätskontrolle, ist mithin ausgeschlossen.[9] Insbesondere darf es nicht möglich sein, dass ein antragsgemäß gesperrter Spieler etwa durch das Bezahlen eines Eintrittsgeldes oder den jeweiligen Spieleinsatz seine Sperre wieder aufheben kann.[10]

7 **b) Fremdsperre. Fremdsperre:** Gemäß § 8a Abs. 1 haben die Veranstalter und Vermittler von Glücksspielen die Möglichkeit gegen den Willen der Betroffenen unter bestimmten Voraussetzungen Fremdsperren zu verhängen. Nach den materiellen Voraussetzungen der Norm soll dies dann der Fall sein, wenn sie aufgrund der Wahrnehmung ihres Personals oder aufgrund von Meldungen Dritter wissen oder aufgrund sonstiger tatsächlicher Anhaltspunkte (zB eine frisch abgelaufene Sperre, aber auch ergänzende Begründungen und Informationen aus einem Antrag auf Selbstsperre sowie dessen Begleitumstände[11]) annehmen müssen, dass diese Personen spielsuchtgefährdet oder überschuldet sind, ihren finanziellen Verpflichtungen nicht nachkommen oder Spieleinsätze riskieren, die in keinem Verhältnis zu ihrem Einkommen oder Vermögen stehen. Im Gegensatz

4 BVerfG 28.03.2006 – 1 BvR 1054/01, NJW 2006, 1261, 1267 Rn. 152; vgl. *Hayer/Meyer* Suchtmagazin 2004, 33, 40.
5 Vgl. BGH 22.11.2007 – III ZR 9/07, NJW 2008, 840, 841.
6 Streinz/Liesching/Hambach/*Liesching*, 1. Aufl. 2014, § 8 Rn. 31.
7 Dietlein/Hecker/Ruttig/*Schmitt*, 2. Aufl. 2013, § 8 Rn. 10.
8 Vgl. BGH 15.12.2005 – III ZR 65/05, NJW 2006, 362 ff.; BGH 22.11.2007 – III ZR 9/07, NJW 2008, 840 ff.
9 Dietlein/Hecker/Ruttig/*Schmitt*, 2. Aufl. 2013, § 8 Rn. 5.
10 Vgl. KG 30.06.2003 – 8 U 237/02, NJW-RR 2003, 1359.
11 Vgl. BGH 20.10.2011 – III ZR 251/10, NJW 2012, 48 Rn. 13.

zur Selbstsperre wird die Fremdsperre also nicht durch den Spieler selbst, sondern auf Initiative Dritter verfügt. Sie ist damit Ausdruck eines aktiven Spielerschutzes. Die Norm ist **drittschützend**, da sie zum einen auch zugunsten derjenigen wirkt, die durch eine Suchtgefährdung, eine finanzielle Notlage sowie das generelle Spielverhalten des Spielers unmittelbar betroffen sind. Zum anderen müssen die Adressaten der Norm Meldungen von Dritten entsprechend nachgehen und zwingend berücksichtigen.[12]

In diesem Zusammenhang fällt zunächst auf, dass der vielleicht gewichtigste Anlass für eine Sperre, nämlich die Spielsucht, nicht explizit in § 8a Abs. 1 aufgeführt ist. Obwohl ihr ein höheres Gefahrenpotential zukommen dürfte als einer bloßen Spielsuchtgefährdung, scheint sie aus Sicht der vertragsschließenden Bundesländer gewissermaßen im Begriff der Spielsuchtgefährdung aufzugehen.[13] Angesichts der Eingriffsintensität der Fremdsperre in das allgemeine Persönlichkeitsrecht aus Art. 2 Abs. 1 GG in Ausgestaltung des Rechts auf allgemeine Handlungsfreiheit sowie in das Recht auf informationelle Selbstbestimmung einer von der Fremdsperre betroffenen Person, erscheinen die aufgezählten Sperrgründe äußert vage und weit formuliert.[14] Missbrauchsmöglichkeiten oder auch Fehlinformationen und gezielte Denunzierungen von Spielern oder sogar willkürliches Handeln scheinen jedenfalls nicht gänzlich ausgeschlossen. Zu fordern ist daher – insbesondere im Hinblick auf das Spannungsverhältnis zwischen dem Schutz des Spielers und dessen verfassungsrechtlich eingeräumten Grundrechtspositionen – in jedem Fall eine möglichst restriktive Auslegung der Sperrgründe, um Bedenken in Bezug auf die verfassungsrechtliche Verhältnismäßigkeit zu begegnen. Eine präzisere und enumerative Benennung der einzelnen Sperrtatbestände wäre hierbei jedoch sicherlich hilfreicher gewesen. Dies hätte schließlich auch durch zwingende Schulungspflichten des Personals der sperrberechtigten Veranstalter und Vermittler flankiert werden können.[15] 8

Aus der Formulierung des § 8a Abs. 1, wonach es auf die Wahrnehmung des Personals, auf Meldungen Dritter oder auf sonstige tatsächliche Anhaltspunkte ankommt, kann jedoch gefolgert werden, dass jedenfalls ausschließlich subjektive Eindrücke und Wertungen, nicht näher begründete Vorbehalte oder generalisierende bzw. pauschale Verdächtigungen für die Verhängung einer Fremdsperre nicht ausreichend sein sollen.[16] Ebenso wenig kann es auf das Erscheinungsbild eines Spielers, den Konsum von Alkohol am Ort des Glücksspiels oder aber etwaiges „ungebührliches" Verhalten ankommen. Letzterem wäre mit einem Hausverbot zu begegnen, nicht jedoch mit einer Fremdsperre des Spielers.[17] Bei Meldungen Dritter dürfte es sich in der Regel um Benachrichtigungen aus dem näheren Umfeld des Spielers, also aus dem Familien- und Bekanntenkreis, handeln. Möglich sind beispielsweise auch Eingaben von Arbeitgebern, Behörden, Therapeuten sowie Suchtberatern des betroffenen Spielers. Insbesondere bei Letzteren sind jedoch bestehende gesetzliche bzw. (ggf. darüber auch hinausgehende) vertragliche Verschwiegenheitsverpflichtungen zu beachten.[18] 9

Bei Meldungen Dritter trifft die Veranstalter und Vermittler von Glücksspielen eine Pflicht zur sorgfältigen Prüfung dahin gehend, ob das Vorbringen glaubhaft ist, also ob eine überwiegende Wahrscheinlichkeit dafür besteht, dass die Be- 10

12 Dietlein/Hecker/Ruttig/*Schmitt*, 2. Aufl. 2013, § 8 Rn. 13.
13 Vgl. *Peters* NJOZ 2010, 1197 (1198).
14 Dietlein/Hecker/Ruttig/*Schmitt*, 2. Aufl. 2013, § 8 Rn. 14.
15 Streinz/Liesching/Hambach/*Liesching*, 1. Aufl. 2014, § 8 Rn. 32.
16 Dietlein/Hecker/Ruttig/*Schmitt*, 2. Aufl. 2013, § 8 Rn. 14.
17 Streinz/Liesching/Hambach/*Liesching*, 1. Aufl. 2014, § 8 Rn. 34.
18 Streinz/Liesching/Hambach/*Liesching*, 1. Aufl. 2014, § 8 Rn. 35.

hauptung auch zutrifft.[19] Für die gesetzlichen Sperrgründe müssen jedenfalls mit hinreichender Sicherheit Anhaltspunkte bestehen, die keine plausiblen alternativen Interpretationen und Sachverhaltskonstellationen denkbar erscheinen lassen dürfen. Zudem müssen hohe Anforderungen an eine Überprüfung der Authentizität aller vorhandenen Informationen in Bezug auf den Betroffenen gestellt werden. Vor diesem Hintergrund ist es auch folgerichtig, dass dem Betroffenen vor Eintragung einer Fremdsperre nach § 8a Abs. 3 Gelegenheit zur Stellungnahme gegeben werden muss und dies auch entsprechend zu dokumentieren ist.

11 c) **Gesetzliche Gründe für eine Fremdsperre. Gesetzliche Gründe für eine Fremdsperre:** § 8a Abs. 1 nennt zunächst die Spielsuchtgefährdung, woraus folgt, dass bereits eine konkrete Gefährdung des Spielers genügt, der Spielsucht zu verfallen. Eine bereits ausgeprägte Spielsucht, welche ein höheres Gefahrenpotenzial beinhaltet, geht nach dem Willen der vertragsschließenden Bundesländer anscheinend im Tatbestandsmerkmal der Spielsuchtgefährdung bereits auf.[20] Die Spielsuchtgefährdung eines Betroffenen dürfte sich dabei vor allem an seinem tatsächlichen Spielverhalten zeigen. Indikatoren können etwa unvertretbar hohe Spieleinsätze oder aber ein besonders riskantes Spielverhalten sein. Diese Erkenntnisquellen werden vom Personal jedoch nur dann bemerkt werden, wenn dieses auch über die erforderliche Sachkunde verfügt, um pathologisches Spielverhalten identifizieren zu können. Sichergestellt werden soll dies durch regelmäßige Schulungsprogramme iSd § 6 Abs. 2 Nr. 3. Wesentliche Bestandteile dieser Schulungsverpflichtung ist etwa die Vermittlung von glücksspielbezogenem Wissen, die Sensibilisierung für die Gefahren der Glücksspielsucht und das Training von Handlungskompetenzen, damit Mitarbeiter Spieler, die ein auffälliges Verhalten zeigen, erkennen und diesen adäquat begegnen können.[21] Ob es in der Praxis auf dieser Grundlage jedoch möglich ist, aufgrund bloßer situativer Wahrnehmungen oder selektiver Meldungen Dritter mit hinreichender Sicherheit angesichts der Eingriffsintensität einer Spielsperre bewerten zu können, ob der Betroffene tatsächlich spielsuchtgefährdet ist, erscheint dabei jedoch zumindest fraglich.[22]

12 Darüber hinaus sind die Voraussetzungen einer Fremdsperre erfüllt, wenn ein Veranstalter oder Vermittler von Glücksspielen davon ausgehen muss, dass beim Betroffenen eine Überschuldung vorliegt. Der GlüStV 2021 enthält jedoch keine Legaldefinition dieses Begriffs, weswegen diesbezüglich die Definition in § 19 Abs. 2 S. 1 InsO herangezogen werden soll. Danach ist von einer Überschuldung auszugehen, wenn das Vermögen des Spielers die bestehenden Verbindlichkeiten nicht mehr deckt. Derartige Verbindlichkeiten meinen dabei sämtliche durchsetzbaren, also fälligen sowie einwendungs- und einredefreien Ansprüche eines Dritten. Folgerichtig dürfte es dann allerdings für das Vorliegen einer Überschuldung des Betroffenen nicht ausreichen, wenn in Bezug auf diesen ein Insolvenzverfahren eröffnet wurde. Grund hierfür ist, dass nach § 18 Abs. 1 InsO für eine solche Eröffnung eines Insolvenzverfahrens auch die drohende Zahlungsunfähigkeit als Eröffnungsgrund ausreicht.

13 Darüber hinaus dürfte dem weiteren gesetzlichen Sperrgrund, wonach ein betroffener Spieler seinen finanziellen Verpflichtungen nicht mehr nachkommt, ein lediglich geringer praktischer Anwendungsbereich zukommen. Vor dem Hintergrund der gebotenen restriktiven Auslegung dieser Bestimmungen dürfte der

19 BGH 21.10.2010 – V ZB 210/09, NJW-RR 2011, 136 Rn. 7.
20 *Peters* NJOZ 2010, 1197, 1198.
21 Ltg. NRW-Drs. 17/11683, 128.
22 Streinz/Liesching/Hambach/*Liesching*, 1. Aufl. 2014, § 8 Rn. 35.

Wortlaut „nicht mehr nachkommt" wohl iSv „nicht nachkommen kann" zu verstehen sein.[23] Nicht ausreichend ist es etwa in diesem Zusammenhang, wenn der Veranstalter oder Vermittler eigene Zahlungsforderungen gegen den betroffenen Spieler hat. Ebenso wenig können Benachrichtigungen durch Dritte über nicht geleistete Zahlungen ausreichend sein, da es für derartige Zahlungsverzögerungen bzw. -verweigerungen eine Vielzahl legitimer und rechtlicher Gründe geben mag, die in keinen direkten Zusammenhang zum Glücksspiel stehen.[24] Schließlich ist eine Fremdsperre zu verhängen, wenn der Betroffene Spieleinsätze riskiert, die in keinem Verhältnis zu seinem Einkommen oder Vermögen stehen.

Das Missverhältnis zwischen riskierten Spieleinsätzen und dem Einkommen bzw. Vermögen des Spielers knüpft hierbei an das konkrete Spielverhalten an. Daraus folgt, dass ein solches Missverhältnis gerade auch bei einkommensstarken bzw. vermögenden Spielern auch dann vorliegen kann, wenn diese trotz ihres problematischen Spielverhaltens faktisch nicht Gefahr laufen, sich zu überschulden oder ihren finanziellen Verpflichtungen nicht mehr nachkommen zu können. Erforderlich ist in diesem Zusammenhang jedoch das zumindest wiederholte Riskieren derartiger Spieleinsätze, da die Norm den Plural verwendet und dem Spielverhalten des Betroffenen damit eine gewisse Beständigkeit innewohnen muss. Aufgrund dieser nicht starren Grenzen bzw. weichen Faktoren ist im Ergebnis stets eine einzelfallbezogene Abwägung erforderlich. Die vorgenannten Kriterien, also die Regelmäßigkeit des Spiels, die Einsatzhöhe sowie die finanziellen Verhältnisse des Spielers sind dabei im Rahmen der Beurteilung gegeneinander abzuwägen. Von automatischen Rückschlüssen auf ein Missverhältnis, etwa im Falle eines Arbeitslosengeld-II-Empfängers oder bei einem Spieler, der sich aktuell in einer Privatinsolvenz befindet, ist dabei Abstand zu nehmen, da die Betroffenen auch in diesen Fällen die ihnen noch zur Verfügung stehenden Mittel weitgehend eigenverantwortlich einsetzen dürfen. 14

Abschließend sei zudem noch erwähnt, dass ein Antrag auf Selbstsperre nicht die Verhängung einer Fremdsperre im Sinne der Norm ausschließt. Um der Selbstsperre jedoch auch weiterhin einen eigenständigen Anwendungsbereich und Regelungsgehalt zukommen zu lassen, darf der Veranstalter bzw. Vermittler von Glücksspielen nicht allein aus dem Umstand, dass ein Spieler die Selbstsperre beantragt, annehmen, dass bereits einer der vorgenannten gesetzlichen Gründe für eine Fremdsperre ebenfalls erfüllt ist.[25] 15

3. § 8a Abs. 3. Bevor eine Fremdsperre verhängt werden kann, ist dem betroffenen Spieler **Gelegenheit zur Stellungnahme** zu geben. Dies erscheint bereits aus verfassungsrechtlichen Gründen aufgrund der bereits dargestellten Eingriffsintensität der Fremdsperre und den vergleichsweise weit formulierten Sperrgründen geboten. Dokumentationspflichtig ist dabei nicht nur die Stellungnahme des betroffenen Spielers selbst, sondern nach § 8a Abs. 3 S. 2 auch bereits der Umstand, dass eine solche Gelegenheit zur Stellungnahme überhaupt gegeben wurde. § 8a Abs. 3 dient mithin dazu, der nicht von der Hand zu weisenden Gefahr fehlerhafter Fremdsperren zu begegnen. So kann der Betroffene im Rahmen seiner Stellungnahme beispielsweise darlegen und beweisen, dass keiner der gesetzlichen Sperrgründe des § 8a Abs. 1 in seiner Person vorliegt.[26] 16

4. § 8a Abs. 4. Es besteht eine Pflicht des Veranstalters, des Vermittlers sowie der für die Führung der Sperrdatei zuständigen Stelle im Falle des § 8a Abs. 2 17

23 Dietlein/Hecker/Ruttig/*Schmitt*, 2. Aufl. 2013, § 8 Rn. 16.
24 Streinz/Liesching/Hambach/*Liesching*, 1. Aufl. 2014, § 8 Rn. 39.
25 Dietlein/Hecker/Ruttig/*Schmitt*, 2. Aufl. 2013, § 8 Rn. 17.
26 Ltg. NRW-Drs. 17/11683, 162.

zur möglichst vollständigen Erfassung der in § 23 Abs. 1 S. 2 genannten Daten. In der zentral von der zuständigen Behörde geführten Sperrdatei dürfen danach etwa folgende Daten des Spielers verarbeitet werden: Familiennamen, Vornamen, Geburtsnamen, Aliasnamen, verwendete Falschnamen, Geburtsdatum und -ort, Anschrift, Lichtbilder, Grund und Dauer der Sperre sowie die meldende Stelle. Dokumente, die zur Sperrung des betroffenen Spielers geführt haben, dürfen nach § 23 Abs. 1 S. 3 ebenfalls in diesem Zusammenhang verarbeitet werden. § 8a Abs. 4 S. 2 stellt darüber hinaus klar, dass ein Eintrag auch dann vorzunehmen ist, wenn nicht alle Daten des betroffenen Spielers erhoben werden können. Hintergrund dieser Regelung ist, dass ein effektiver Spielerschutz nicht daran scheitern soll, dass gegebenenfalls einzelne personenbezogene Daten noch nicht abrufbar sind. Die Norm dient damit einer möglichst eindeutigen Identifizierung des Spielers und soll Fehleintragungen vorbeugen bzw. diese vermeiden und somit die Effektivität des Spielersperrsystems sicherstellen.[27]

18 **5. Abs. 5.** Die Sperre muss dem betroffenen Spieler durch den Eintragenden **unverzüglich in Textform** mitgeteilt werden. In diesem Zusammenhang ist auch über das Verfahren zur Beendigung der Sperre zu informieren. Die Mitteilung dient zugleich als Bestätigung und Nachweis über die Eintragung der Sperre. Textform meint dabei, dass die Erklärungen in einer zur dauerhaften Wiedergabe in Schriftzeichen geeigneten Weise abgegeben werden muss. Die Erklärung muss mithin lesbar sein, einer eigenhändigen Unterschrift bedarf sie jedoch nicht. Möglich und für den vorliegenden Zweck praktikabel ist mithin die Abgabe der Erklärung sowohl auf Papier als auch per E-Mail. Bei einer per E-Mail übermittelten Erklärung genügt es, dass der Empfänger diese speichern und ausdrucken kann. Nicht erforderlich ist, dass auch tatsächlich ein solcher Ausdruck erfolgt. Darüber hinaus muss die Person des Erklärenden – hier also der Eintragende – genannt werden.[28]

19 **6. Abs. 6.** Die **Dauer einer Fremdsperre** beträgt stets **mindestens ein Jahr**. Auch bei beantragten Selbstsperren soll dieser Zeitraum grundsätzlich angelegt werden. Dabei handelt es sich jeweils um eine Mindestsperrdauer, bei der eine Aufhebung nicht automatisch, sondern erst auf Antrag erfolgt. Die Stellung eines solchen Antrags ist gemäß § 8b Abs. 1 jedoch erst nach Ablauf der Mindestsperrdauer möglich. Handelt es sich um eine **Selbstsperre**, kann der betroffene Spieler in seinem Antrag auch einen abweichenden Zeitraum angeben. Dieser muss jedoch **mindestens eine Dauer von drei Monaten** haben. Möglich sind hingegen auch längere Zeiträume als die einjährige Mindestsperrdauer. Wird ein solcher, längerer Zeitraum beantragt, so soll dieser als verbindliche Mindestsperrdauer gegenüber dem betroffenen Spieler gelten.

20 § 8a Abs. 6 soll dabei eine möglichst große Flexibilität ermöglichen, insbesondere auch vor dem Hintergrund, dass die therapeutische Begleitung einer Spielsuchterkrankung oftmals länger als ein Jahr dauert, um beim betroffenen Spieler einen stabilen Zustand herzustellen. Die Eröffnung einer lediglich dreimonatigen Mindestsperrdauer hingegen soll die in der Praxis bestehende Hemmschwelle zur Beantragung einer Spielesperre merklich absenken. Die vertragsschließenden Bundesländer erhoffen sich davon, dass die Selbstsperre in Zukunft vermehrt in Anspruch genommen wird. Diese kürzere Frist ist auch vor dem Hintergrund berechtigt, dass die Selbstsperre – anders als etwa eine Fremdsperre – gerade keine Spielsuchtgefährdung oder einen anderen der unter § 8a Abs. 1 genannten gesetzlichen Sperrgründe voraussetzt. Eine Selbstsperre kann beispielsweise auch

27 Ltg. NRW-Drs. 17/11683, 162.
28 Ltg. NRW-Drs. 17/11683, 162; vgl. Palandt/*Ellenberger* BGB § 126b Rn. 2 ff.

bereits dann beantragt werden, wenn der betroffene Spieler lediglich eine Spielpause wünscht, um weitere Ausgaben in Form von Spieleinsätzen zu vermeiden. Zu beachten ist in diesem Zusammenhang allerdings, dass auch eine lediglich dreimonatige Mindestsperrdauer letztlich für unbegrenzte Zeit bestehen bleibt, solange der betroffene Spieler die Entsperrung nicht beantragt.[29]

7. Abs. 7. In § 8a Abs. 7 finden sich schließlich detaillierte Vorgaben für die zur Aufbewahrung der bei Fremdsperren anfallenden Unterlagen Sollte es den verpflichteten Veranstaltern und Vermittlern von Glücksspielen aufgrund einer Geschäftsaufgabe, einer Fusion, einer Insolvenz oder dem Vorliegen sonstiger Gründe unmöglich werden, die Aufbewahrung der Unterlagen sicherzustellen, so hat der jeweils Verpflichtete gemäß S. 2 sämtliche die Sperre betreffenden Unterlagen der für die Führung der Sperrdatei zuständigen Behörde auszuhändigen. S. 3 bestimmt schließlich, dass die zuständige Behörde einem etwaigen Rechtsnachfolger die Sperren zuordnen und die betreffenden Unterlagen zur verantwortlichen Aufbewahrung übergeben kann.[30] 21

§ 8b GlüStV Beendigung der Sperre

(1) [1]Eine Aufhebung der Sperre ist nur auf schriftlichen Antrag der gesperrten Person möglich. [2]Dies gilt auch dann, wenn bei Beantragung der Sperre für deren Laufzeit eine bestimmte Frist genannt wurde. [3]Der Antrag kann frühestens nach Ablauf der Mindestdauer der Sperre nach § 8a Absatz 6 gestellt werden. [4]Wird kein Antrag nach Satz 1 gestellt, endet die Sperre nicht.

(2) [1]Der Antrag auf Aufhebung der Sperre ist bei der für die Führung der Sperrdatei zuständigen Behörde zu stellen. [2]Es genügt die Weiterleitung des Antrags durch einen Veranstalter oder Vermittler.

(3) [1]Im Falle eines Antrags auf Aufhebung einer Selbst- oder Fremdsperre veranlasst die für die Führung der Sperrdatei zuständige Behörde die Aufhebung der Sperre durch entsprechende Eintragung in die Sperrdatei. [2]Die Aufhebung der Sperre wird nach Eintragung, jedoch im Fall einer Selbstsperre nicht vor Ablauf einer Woche und im Fall einer Fremdsperre nicht vor Ablauf eines Monats nach Eingang des Antrags bei der Behörde wirksam. [3]Dem Antragsteller ist die Entsperrung mitzuteilen.

(4) [1]Im Falle eines Antrags auf Aufhebung einer Fremdsperre hat die für die Führung der Sperrdatei zuständige Behörde unverzüglich nach Eingang des Antrags den Veranstalter oder Vermittler, der die Eintragung der Fremdsperre vorgenommen hat, über den Eingang des Antrags zu informieren. [2]Beruht die Fremdsperre auf einer Mitteilung Dritter, sind diese ebenfalls über den Antrag und die Möglichkeit, einen erneuten Sperrantrag zu stellen, zu informieren.

Literatur: *Dietlein/Hecker/Ruttig,* Glücksspielrecht, 2. Aufl. 2013; *Fachbereit Glücksspielsucht* Stellungnahme zum Staatsvertrag zur Neuregulierung des Glücksspielwesens in Deutschland vom 5.2.2020; *Fiedler,* Evaluierung des Sperrsystems in deutschen Spielbanken, ZfWG 2015, 188; *Reeckmann/Walter,* Die Spielersperre nach dem Glücksspielstaatsvertrag im Lichte des Verbraucherschutzes, ZfWG 2014, 383; *Wejbera/Quack,* Die Aufhebung der Spielersperre – Erfahrungen und Implikationen aus der Praxis, ZfWG 2017, 1.

29 Ltg. NRW-Drs. 17/11683, 162, 163.
30 Ltg. NRW-Drs. 17/11683, 163.

I. Allgemeines

1 § 8b regelt die Modalitäten der **Aufhebung einer Selbst- oder Fremdsperre** des Spielers. Im Einklang mit den übrigen Regelungen zur Spielsuchtprävention in den §§ 8 ff. kann die Aufhebung der Sperre dabei nur von der gesperrten Person selbst und frühestens nach Ablauf der Mindestdauer der Sperre nach § 8a Abs. 6 gestellt werden. Systematisch wenig überzeugend ist dabei jedoch, dass es auch eines Antrags auf Aufhebung der Spielersperre bedürfen soll, wenn bei Beantragung der Sperre für die Laufzeit der Sperre eine bestimmte Frist genannt wurde. Solange also auf Antrag des Spielers keine Entsperrung erfolgt, bleibt danach auch eine Sperre mit dreimonatiger Mindestsperrdauer für unbegrenzte Zeit bestehen.[1] Der gesperrte Spieler kann die Aufhebung der Sperre entweder direkt bei der für die Führung der Sperrdatei zuständigen Behörde stellen oder aber über einen Veranstalter oder Vermittler, welcher verpflichtet ist, diesen Antrag an die zuständige Behörde weiterzuleiten. Die entsprechende Aufhebung wird sodann durch Eintrag in die Sperrdatei vorgenommen, wobei § 8b bis zu deren Wirksamkeit eine **Nachfrist von einer Woche** bei einer **Selbstsperre** bzw. von **einem Monat** im Falle einer **Fremdsperre** vorsieht. Der Spieler ist von der Entsperrung seitens der zuständigen Behörde in Kenntnis zu setzen. Bei Fremdsperren wird die zuständige Behörde nach § 8b zudem den jeweiligen Veranstalter oder Vermittler, der die Eintragung der Fremdsperre vorgenommen hat, über den Eingang des Antrags zu informieren. Auch Dritte, sollte die Fremdsperre auf deren Mitteilung beruhen, sind entsprechend über den Antrag und die Möglichkeit, einen erneuten Sperrantrag zu stellen, zu informieren.

II. Normadressat

2 Adressat des § 8b ist neben dem gesperrten Spieler die für die Führung der Sperrdatei zuständige **Behörde**. Darüber hinaus richtet sich die Norm aber auch an **Veranstalter oder Vermittler**, die zur Weiterleitung eines an sie gerichteten Antrags auf Entsperrung verpflichtet sind bzw. im Falle einer Fremdsperre einen erneuten Sperrantrag stellen können sollen. Letzteres gilt darüber hinaus auch für Dritte, auf deren Mitteilung die Fremdsperre beruht.

III. Einzelkommentierung

3 **1. Abs. 1.** a) **Aufhebung der Spielersperre.** Nur die gesperrte Person ist berechtigt, einen **Antrag auf Entsperrung** zu stellen. Dieser Antrag unterliegt zudem der **Schriftform** und kann frühestens nach Ablauf der Mindestsperrdauer bei der für die Führung der Sperrdatei zuständigen Stelle nach § 8a Abs. 6 gestellt werden. Wird kein Antrag nach § 8b Abs. 1 S. 1 gestellt, so endet die Sperre nicht, auch nicht im Falle einer von Anfang an bestehenden, zeitlichen Begrenzung der

1 Ltg. NRW-Drs. 17/11683, 162.

Spielersperre. Auch diese bedarf nach der Konzeption des § 8b eines **Antrags auf Entsperrung.** Ein zu früh gestellter Antrag ist unwirksam. Die ratio legis besteht hierbei darin, dass so ein frühzeitiger Antrag auf Entsperrung mit dem Ziel, unmittelbar nach Ablauf der Sperre automatisch wieder spielen zu können, vermieden werden soll. Die Entscheidung des Spielers, ob er wieder an Glücksspielen teilnehmen können möchte, soll von diesem erst nach Ablauf der Mindestsperrdauer gemäß § 8a Abs. 6 getroffen werden.[2]

Im Vergleich zur bisherigen Rechtslage wurden die Voraussetzungen für die Aufhebung einer Sperre jedoch in erheblichem Maße liberalisiert:

b) **Bisheriger Prüfungsmaßstab.** So bedurfte die Aufhebung der Spielersperre 4 unter der Geltung des **GlüStV 2012** einer **sorgfältigen Prüfung im Einzelfall** unter Berücksichtigung der objektiven Interessen des jeweiligen Spielers.[3] Nach der Rechtsprechung war es unter dem alten Regelungsregime erforderlich, dass der **hinreichend sichere Nachweis** seitens des sperr- und aufhebungsberechtigten Veranstalters erbracht werden konnte und der **Schutz des gesperrten Spielers „vor sich selbst"** einer Entsperrung nicht mehr entgegen steht. Es durfte also keine Spielsuchtgefährdung mehr vorliegen und der gesperrte Spieler musste zu einem kontrollierten Spiel in der Lage sein.[4] Nicht ausreichend war dabei ein bloßer Hinweis eines Spielers, dass sich etwa seine wirtschaftlichen Verhältnisse wieder normalisiert hätten. Vielmehr sollte vor einer Aufhebung der Spielersperre gewährleistet sein, dass sich nicht gerade die Risiken verwirklichen, die durch den Abschluss ausgeschlossen werden sollten. Der entsprechende Nachweis war dabei vom Spieler zu führen.[5] Der bloße Wunsch eines Spielers, nicht länger gesperrt zu sein, reichte dabei also nicht aus. Die Rechtsprechung verlangte im Falle eines pathologischen Verhaltens des Spielers für die Aufhebung der Sperre hinreichend sichere Nachweise, etwa eine **sachverständige Begutachtung** oder eine **Bescheinigung einer fachkundigen Stelle** (zB ein fachärztliches Gutachten).[6]

c) **Wegfall der Nachweiserbringung.** Die **Beendigung der Sperre** nach § 8b setzt 5 nunmehr keinen sicheren Nachweis mehr voraus, dass der bei der Eintragung der Sperre angegebene Grund entfallen ist. Unter dem neuen Regime eines zentralen Spielersperrsystems findet dieser Aspekt keine Anwendung mehr.[7] Hintergrund dieser wesentlichen **Liberalisierung** ist zum einen der Umstand, dass auch die Sperreintragung keinen Nachweis voraussetzt, zum anderen hierdurch die Hemmschwelle zur Beantragung von Sperren gesenkt werden. Unter dem GlüStV 2012 hätte sich in der Praxis gezeigt, dass die Nachweiserfordernisse nur schwer erbracht werden können, da es sich nach aktuellem Forschungsstand bei der Spielsuchtgefährdung um eine Erkrankung handele, welche in der überwiegenden Anzahl der Fälle nicht gänzlich heilbar, sondern lediglich kontrollierbar sei. Die Voraussetzung der **Nachweiserbringung** würde daher zu einem lediglich **schwerlich zu rechtfertigenden Eingriff in die allgemeine Handlungsfreiheit gemäß Art. 1 Abs. 1 GG** der betroffenen Spieler führen. Gerade dieser Umstand dürfte die Hemmschwelle der Spieler, eine Selbstsperre zu veranlassen, aber erheblich erhöhen und damit für das Ziel der Suchtprävention kontraproduktiv sein. Auch für die Ersteller psychologischer Gutachten würde sich daraus

2 Ltg. NRW-Drs. 17/11683, 163.
3 Dietlein/Hecker/Ruttig/*Schmitt*, 2. Aufl. 2013, § 8 Rn. 29.
4 BGH 20.10.2011 – III ZR 251/10, NJW 2012, 48; VG Berlin 18.05.2012 – VG 35 K 199.10, BeckRS 2012, 51624.
5 BGH 20.10.2011 – III ZR 251/10, NJW 2012, 48.
6 VG Berlin 18.05.2012 – VG 35 K 199.10, BeckRS 2012, 51624; vgl. *Reeckmann/Walter* ZFWG 2014, 383 ff.
7 Ltg. NRW-Drs. 17/11683, 163.

ein Haftungsrisiko ergeben, wenn eine Sperre aufgrund des Gutachtens aufgehoben wird und der Spieler in der Folge Verluste aufgrund einer dennoch bestehenden Spielsucht erleidet.[8]

6 d) **Kritik.** Obwohl etwa der **Fachbeirat Glücksspielsucht** die Einführung einer spielartübergreifenden, deutschlandweit geltenden Sperrdatei ausdrücklich begrüßt hat, stieß sowohl die Dauer der Sperre sowie das Verfahren zur Beendigung der Sperre auf erhebliche Kritik.[9] Die im GlüStV **vorgesehenen Sperrzeiträume** seien **zu kurz, um eine stabile Verhaltensänderung erreichen zu können,** dies gilt insbesondere für Glücksspielsüchtige. So handele es sich bei den selbst- und fremdgesperrten Spielern in der Regel um hochgefährdete oder bereits abhängige Personen. Insbesondere bei diesen Personen greifen die in den §§ 8 ff. genannten Fristen jedoch zu kurz. Sie stimmen zudem nicht mit den Zeiträumen überein, die anhand von wissenschaftlichen Längsschnittstudien im Suchtbereich empfehlenswert erscheinen. Grundsätzlich setze eine **stabile Genesung von Spielsüchtigen** in der Regel mehrere Jahre voraus. Der Fachbeirat Glücksspielrecht hält demnach eine deutliche Erhöhung bei aufgrund von Glücksspielsucht gesperrten Personen auf **mindestens 3 Jahre** für angezeigt.[10] Suchterkrankungen seien chronische Erkrankungen, die nicht innerhalb nur weniger Monate verschwinden. Auch die Abkehr von der sorgfältigen Prüfpflicht vor einer Aufhebung der Sperre sei verfehlt. Die **Spielersperre könne als Herzstück der Glücksspielprävention** bei sorgfältiger Anwendung höchst wirksam sein und den Betroffenen einen größtmöglichen Schutz bieten. Problematisch erscheine dabei auch, wer gegebenenfalls haftet, wenn etwa die Sperre eines Glücksspielsüchtigen aufgehoben wird, obwohl dessen Spielsuchtproblematik nicht hinreichend behandelt worden ist und er anschließend ruinös spielt. Auch ohne das Vorliegen von aussagekräftigen Langzeitstudien zur Glücksspielabstinenz sei jedoch bekannt, dass die Aufrechterhaltung der Abstinenz für die Betroffenen häufig mit hohem persönlichen und/oder therapeutischen Aufwand verbunden ist und insbesondere das erste Jahr von häufigem Rückfallgeschehen mit anschließend nochmals gesteigertem Suchtverhalten geprägt sei. In der Forschung zu stoffgebundenen Abhängigkeiten geht man vor diesem Hintergrund davon aus, dass sich Personen erst mit der Dauer der Abstinenz zunehmend stabilisieren und nach circa fünf Jahren eine stabile Gesundung erreicht wird.[11] Vor diesem Hintergrund plädierte etwa der **Fachverband Glücksspielsucht eV** für eine **Mindestsperrdauer** für Glücksspielsüchtige von **fünf Jahren.**[12]

7 **2. Abs. 2.** Die gesperrten Spieler können den Antrag nach § 8b Abs. 1 S. 1 entweder **direkt** bei der für die Führung der **Sperrdatei zuständigen Behörde** stellen oder aber **indirekt** über einen **Veranstalter oder Vermittler** von Glücksspielen. § 8b Abs. 2 S. 2 regelt somit auch eine **Mitwirkungspflicht** der Veranstalter und Vermittler. Diese Mitwirkungspflichten können in den entsprechenden Ausführungsgesetzen der Länder konkretisiert werden (vgl. § 12 AG GlüStV NRW). Darüber hinaus finden sich in den jeweiligen Ausführungsgesetzen auch Verordnungsermächtigungen, welche die Sperre und die Rückabwicklung von Spielerkonten umfassen (vgl. § 22 AG GlüStV NRW).

8 Ltg. NRW-Drs. 17/11683, 163.
9 Vgl. *Fachbereit Glücksspielsucht* Stellungnahme zum Staatsvertrag zur Neuregulierung des Glücksspielwesens in Deutschland vom 5.2.2020, S. 3-4.
10 Vgl. *Fachbereit Glücksspielsucht* Stellungnahme zum Staatsvertrag zur Neuregulierung des Glücksspielwesens in Deutschland vom 5.2.2020, S. 4.
11 Vgl. *Fachbereit Glücksspielsucht* Stellungnahme zum Staatsvertrag zur Neuregulierung des Glücksspielwesens in Deutschland vom 05.02.2020, S. 4.
12 Vgl. *Wejbera/Quack* ZfWG 2017, 1ff.; vgl. *Fiedler* ZfWG 2015, 188 ff.

3. Abs. 3. a) **Eintragung der Aufhebung.** Die Aufhebung einer Spielersperre ist lediglich an einen **schriftlichen Antrag** des Spielers geknüpft. Einzige inhaltliche Voraussetzungen der Aufhebung ist nunmehr der **Ablauf der** betreffenden **Laufzeit der Sperre**. Weitere Abwägungen, etwa die Spielsuchtgefährdung und Rückfallgefahr im Einzelfall, werden hierbei nicht mehr getroffen. In den Vordergrund gerückt wird vielmehr der Wunsch vieler Antragsteller, über die Aufhebung einer Spielersperre im Rahmen der gesetzlich gesetzten Grenzen selbstbestimmt zu entscheiden. Hiermit wird letztendlich klargestellt, dass die **Rechtsprechung des BGH**, der zur Sperraufhebung bislang einen hinreichend sicheren Nachweis forderte, wonach der Schutz des Spielers der Sperraufhebung nicht entgegensteht,[13] **im neuen zentralen Sperrsystem keine Anwendung** mehr finden soll.[14] Der Gesetzgeber geht davon aus, dass vor diesem Hintergrund so bereits die Hemmschwelle zur Beantragung von Sperren gesenkt werden könne. Für eine Eintragung der Sperre sei zudem ebenso kein **Nachweis bestimmter Voraussetzungen** erforderlich. Zudem habe sich gezeigt, dass es **in der Praxis äußerst schwierig** sei, Nachweise für eine Spielsuchtgefährdung zu führen, da diese Art von Erkrankung nach derzeitigem Stand der Forschung nicht vollständig geheilt, sondern nur kontrolliert werden könne. Auch aufgrund des Umstandes, dass die Ersteller psychologischer Gutachten einem **Haftungsrisiko** unterliegen können, wenn etwa eine Sperre aufgrund eines Gutachtens aufgehoben wird und der Spieler in der Folge Verluste aufgrund einer dennoch bestehenden Spielsucht erleidet, sei die Abkehr von der Rechtsprechung des BGH geboten gewesen.[15] Im Falle einer Selbstsperre des Spielers könne schließlich durch eine Pflicht zur Nachweiserbringung eine derart ausgedehnte Wirkung der Sperre erzielt werden, dass diese mit der grundgesetzlich geschützten allgemeinen Handlungsfreiheit gemäß Art. 2 Abs. 1 GG nicht mehr vereinbar wäre und die Hemmschwelle der Spieler, eine Selbstsperre zu veranlassen, kontraproduktiv erheblich erhöhen dürfte.[16] 8

b) **Ablauffristen.** Die Aufhebung der Sperre wird durch die für die Führung der Sperrdatei zuständige Behörde durch eine entsprechende Eintragung in der Sperrdatei vollzogen. § 8b Abs. 3 S. 2 sieht diesbezüglich jedoch bestimmte **Ablauffristen** vor. So endet die Aufhebung der jeweiligen Sperre mit ihrer Eintragung, im Falle einer **Selbstsperre** wird diese allerdings **frühestens eine Woche** nach Eingang des Antrags wirksam. Bei einer **Fremdsperre** wird die Aufhebung **frühestens einen Monat** nach Eingang des Antrags wirksam. Der Gesetzgeber erhofft sich von dieser zeitlichen Verzögerung, dass die Antragstellung in einem Moment eines akuten Spielverlangens nicht unmittelbar auf Seiten des Spielers zur Möglichkeit führt, direkt wieder zu einer Spielteilnahme berechtigt zu sein. Ein gesperrter Spieler hat unter dem Regelungsregime des § 8b Abs. 3 also mindestens eine Woche bzw. einen Monat Zeit, um seinen Antrag auf Aufhebung der Sperre zu überdenken und sich – bevor sich die Möglichkeit einer Spielteilnahme ergeben hat – erneut sperren zu lassen. Die längere Wartefrist bei Fremdsperren dient dabei der Durchführung des Verfahrens nach § 8b Abs. 4. Der Antrag auf Entsperrung muss nicht zwingend unmittelbar gegenüber der für die Führung der Sperrdatei zuständigen Behörde gestellt werden, sondern kann vielmehr auch bei Veranstalter oder Vermittler von Glücksspielen gestellt und an die zuständige Behörde weitergeleitet werden. Auch für einen solchen Antrag gilt dabei selbstverständlich das Erfordernis des Ablaufs der Mindestsperrdauer. Für 9

13 BGH 20.10.2011 – III ZR 251/10, NJW 2012, 48.
14 Ltg. NRW-Drs. 17/11683, 164.
15 Ltg. NRW-Drs. 17/11683, 164.
16 Ltg. NRW-Drs. 17/11683, 163, 164.

den Beginn der Wochen- bzw. Monatsfrist nach § 8b Abs. 3 S. 2 ist jedoch stets der Zeitpunkt des Eingangs bei der zuständigen Behörde maßgeblich. Schließlich ist dem Spieler die Entsperrung entsprechend mitzuteilen.

10 **4. Abs. 4.** Begehrt der gesperrte Spieler mit seinem **Antrag die Aufhebung einer Fremdsperre**, so ist hierüber auch der die **Sperre eintragende Veranstalter oder Vermittler zu informieren**, auf deren Mitteilung die Fremdsperre ursprünglich verhängt wurde. Gleiches gilt auch, sofern die Fremdsperre auf einer **Mitteilung Dritter** beruht. Dritte können dabei etwa Angehörige des gesperrten Spielers sein. Diese sollen so in die Lage versetzt werden, gegebenenfalls einen erneuten Sperrantrag stellen zu können. Eine ähnliche Zielrichtung hat die Information des Veranstalters oder Vermittlers, der die Sperre ursprünglich eingetragen hat. Auch dieser kann, sofern ihm Hinweise bzw. Anhaltspunkte im Sinne des § 8a Abs. 1 vorliegen, wonach der betreffende Spieler auch weiterhin spielsuchtgefährdet oder überschuldet ist, seinen finanziellen Verpflichtungen nicht nachkommen kann oder Spieleinsätze riskieren würde, die in keinem Verhältnis zu seinem Einkommen oder Vermögen stehen, einen erneuten Antrag auf Fremdsperre stellen. Dabei dürfte jedoch unzweifelhaft sein, dass für die Stellung eines erneuten Sperrantrags durch einen Veranstalter oder Vermittler die bei der Eintragung der ursprünglichen Sperre vorliegenden Hinweise und Anhaltspunkte regelmäßig nicht mehr ausreichen dürften, um eine Fremdsperre des Spielers zu erwirken. Vielmehr dürfte es erforderlich sein, dass zusätzliche aktuelle Erkenntnisse vorliegen, die geeignet sind, eine erneute Sperrung des Spielers zu rechtfertigen. Hierzu könnten beispielsweise dem jeweiligen Veranstalter oder Vermittler positiv bekannte Versuche des gesperrten Spielers zählen, trotz Sperre am Spiel teilzunehmen. Gleiches gilt etwa für Versuche unter Nutzung einer falschen Identität während der Sperrdauer am Spiel teilzunehmen.[17]

§ 8c GlüStV Kosten für die Nutzung des Sperrsystems

[1]Der Anschluss an das Sperrsystem und dessen Nutzung sind für die nach § 8 Absatz 3 Verpflichteten kostenpflichtig. [2]Das Stellen eines Sperrantrags und eines Antrags auf Beendigung der Sperre sind kostenfrei.

I. Allgemeines und Normadressaten

1 § 8c regelt die **Kostenpflichtigkeit** des Anschlusses sowie der Nutzung des Sperrsystems für Veranstalter und Vermittler von Glücksspielen. Das Stellen eines Sperrantrags und das Stellen eines Antrags auf Beendigung der Sperre sind hingegen kostenfrei.

II. Einzelkommentierung

2 **1. S. 1. Anschluss und Nutzung des übergreifenden Sperrsystems** sind für die Veranstalter und Vermittler von Glücksspielen mit **Kosten** verbunden. Diese werden jeweils von den zuständigen Stellen der Länder erhoben. Es ist davon auszugehen, dass hierzu entsprechende Nutzungsverträge zwischen dem jeweiligen Land und den Veranstaltern und Vermittlern von Glücksspielen abgeschlossen werden. Die auf dieser Grundlage erhobenen Nutzungsentgelte sollen einen **kostendeckenden Betrieb des Spielersperrsystems** ermöglichen. Die Festlegung der Nutzungsentgelte kann dabei etwa auf der Grundlage von **Einzelabfragen**

17 Ltg. NRW-Drs. 17/11683, 163, 164.

der Sperrdatei sowie einer **Anschlusspauschale** zum Ende eines Kalenderjahres festgesetzt werden. Eine Belastung der Allgemeinheit mit den Kosten des Sperrsystems soll vermieden werden. Vielmehr sollen die Kosten billigerweise von denjenigen Akteuren getragen werden, die die mit dem Glücksspiel einhergehenden Gefahren schaffen bzw. fördern und an ihnen verdienen.[1]

2. S. 2. Insbesondere um keine zusätzlichen Hemmschwellen zur Eintragung einer Sperre zu schaffen, weder für den betreffenden Spieler noch den jeweiligen Veranstalter oder Vermittler von Glücksspielen, soll das Stellen eines Sperrantrags und eines **Antrags auf Beendigung der Sperre kostenfrei** sein. Dies gilt sowohl im Verhältnis der die Sperrdatei führenden Stelle zu Anbietern und Spielern als auch im Verhältnis des sperrenden Anbieters zum gesperrten Spieler.[2] 3

§ 8d GlüStV Überführung von Datenbeständen anderer Sperrdateien in das spielformübergreifende, bundesweite Sperrsystem

(1) [1]Der Datenbestand des übergreifenden Sperrsystems, das durch den Ersten Staatsvertrag zur Änderung des Glücksspielstaatsvertrages geschaffen wurde, und der hessischen Sperrdatei für Spielhallen werden in das spielformübergreifende, bundesweite Sperrsystem überführt. [2]Weitere landesrechtliche Sperrdateien für Spielhallen können ebenfalls überführt werden.

(2) Die Benachrichtigung der betroffenen Personen hierüber erfolgt durch öffentliche Bekanntmachung durch die für die überführte Datei bisher verantwortliche Stelle.

(3) [1]Sofern für die überführten Sperrsysteme von § 8b abweichende Entsperrungsregelungen gelten, werden diese mit Abschluss der Überführung gegenstandslos. [2]Die Entsperrung richtet sich ausschließlich nach § 8b.

I. Abs. 1

Die Regelung bildet die Rechtsgrundlage für die Überführung der Datensätze aus dem bestehenden **Sperrsystem** nach dem Glücksspielstaatsvertrag sowie aus der bestehenden Sperrdatei in Hessen. In der hessische Sperrdatei OASIS (§ 11 HSpielehG) sind neben Spielern aus Hessen auch solche aus Rheinland-Pfalz eingetragen, deren Daten ebenfalls in das neue Sperrsystem übertragen werden. Auch weitere landesrechtliche Sperrdateien können überführt werden. Damit wird sichergestellt, dass bestehende Spielersperren – nunmehr mit anbieter- und spielformübergreifender Wirkung – bestehen bleiben. Der Übergang hat eine Verwaltungsvereinfachung sowie den Spielerschutz zum Ziel. Parallel nebeneinander verwandte Spielersperrsysteme mindern deren Wirksamkeit, da trotz einer Eintragung einer Sperre in einem Spielersperrsystem Glücksspielangebote, die an ein anderes Sperrsystem angeschlossen sind, weiterhin wahrgenommen werden können. Ohne Datenübertragung müssten im Interesse des Spielerschutzes die bisherigen Sperrsysteme bis zum Auslaufen auch der letzten Sperre weiterbetrieben werden. 1

1 Ltg. NRW-Drs. 17/11683, 164.
2 Ltg. NRW-Drs. 17/11683, 164.

II. Abs. 2

2 Die Benachrichtigung der durch die Überführung des Datenbestandes betroffenen Personen muss gemäß vorliegender Vorschrift durch öffentliche Bekanntmachung erfolgen. Abzustellen ist daher auf die einschlägigen Regelungen des Bundes und der eine Sperrdatei führenden Bundesländer. Im Hinblick auf die hessische Sperrdatei für Spielhallen greift so § 1 Abs. 1 des hessischen Landesverwaltungszustellungsgesetzes, der auf das VwZG des Bundes verweist, welches in § 10 VwZG Vorgaben zur öffentlichen Zustellung enthält. In § 10 Abs. 2 VwZG sind verschiedene Varianten festgelegt, durch die eine Benachrichtigung durch öffentliche Zustellung bewirkt werden kann.

III. Abs. 3

3 Die Entsperrung gesperrter Spieler, auch aus überführten Sperrdateien, richtet sich ausschließlich nach § 8b.

Zweiter Abschnitt Aufgaben des Staates

§ 9 GlüStV Glücksspielaufsicht

(1) [1]Die Glücksspielaufsicht hat die Aufgabe, die Erfüllung der nach diesem Staatsvertrag bestehenden oder auf Grund dieses Staatsvertrages begründeten öffentlich-rechtlichen Verpflichtungen zu überwachen sowie darauf hinzuwirken, dass unerlaubtes Glücksspiel und die Werbung hierfür unterbleiben. [2]Die für alle Länder oder in dem jeweiligen Land zuständige Behörde kann die erforderlichen Anordnungen im Einzelfall erlassen. [3]Sie kann unbeschadet sonstiger in diesem Staatsvertrag und anderen gesetzlichen Bestimmungen vorgesehener Maßnahmen insbesondere

1. jederzeit Auskunft und Vorlage aller Unterlagen, Daten und Nachweise verlangen, die zur Prüfung im Rahmen des Satzes 1 erforderlich sind, sowie zum Zwecke dieser Prüfung während der üblichen Geschäfts- und Arbeitszeiten die Geschäftsräume und -grundstücke betreten, in denen öffentliches Glücksspiel veranstaltet oder vermittelt wird,
2. Anforderungen an die Veranstaltung, Durchführung und Vermittlung öffentlicher Glücksspiele und die Werbung hierfür sowie an die Entwicklung und Umsetzung des Sozialkonzepts stellen,
3. die Veranstaltung, Durchführung und Vermittlung unerlaubter Glücksspiele und die Werbung hierfür untersagen,
4. den am Zahlungsverkehr Beteiligten, insbesondere den Kredit- und Finanzdienstleistungsinstituten, nach vorheriger Bekanntgabe unerlaubter Glücksspielangebote die Mitwirkung an Zahlungen für unerlaubtes Glücksspiel und an Auszahlungen aus unerlaubtem Glücksspiel untersagen, ohne dass es einer vorherigen Inanspruchnahme des Veranstalters oder Vermittlers von öffentlichen Glücksspielen durch die Glücksspielaufsicht bedarf; dies gilt auch in den Fällen des § 4 Absatz 1 Satz 3; und
5. nach vorheriger Bekanntgabe unerlaubter Glücksspielangebote Maßnahmen zur Sperrung dieser Angebote gegen im Sinne der §§ 8 bis 10 des Telemediengesetzes verantwortliche Diensteanbieter, insbesondere Zugangsvermittler und Registrare, ergreifen, sofern sich Maßnahmen gegenüber einem Veranstalter oder Vermittler dieses Glücksspiels als nicht durchführbar oder nicht erfolgversprechend erweisen; diese Maßnahmen können auch erfolgen, wenn das unerlaubte Glücksspielangebot untrennbar mit weiteren Inhalten verbunden ist.

[4]Das Grundrecht des Fernmeldegeheimnisses (Artikel 10 Absatz 1 des Grundgesetzes) wird durch die Regelung nach Satz 3 Nummer 5 eingeschränkt. [5]Hierdurch sind Telekommunikationsvorgänge im Sinne des § 88 Absatz 3 Satz 3 des Telekommunikationsgesetzes betroffen.

(1a) [1]Sofern unerlaubtes Glücksspiel in mehreren Ländern veranstaltet oder vermittelt wird oder dafür in mehreren Ländern geworben oder in sonstiger Weise gegen öffentlich-rechtliche Verpflichtungen im Sinne des Satzes 1 verstoßen wird, kann jedes betroffene Land die zuständige Behörde eines anderen Landes ermächtigen, auch mit Wirkung für das betroffene Land die erforderlichen Anordnungen im Einzelfall zu erlassen und zu vollstrecken. [2]Die Vollstreckung richtet sich nach dem Recht des ermächtigten Landes.

(2) [1]Widerspruch und Klage gegen Anordnungen nach den Absätzen 1 und 1a haben keine aufschiebende Wirkung. [2]Im Falle der Vollstreckung von Anordnungen nach den Absätzen 1 und 1a mittels Zwangsgeld soll dieses das wirtschaftliche Interesse, das der Pflichtige an der Vornahme oder am Unterbleiben der Handlung hat, erreichen. [3]Reicht das gesetzliche Höchstmaß hierzu nicht aus, so kann es überschritten werden. [4]Das wirtschaftliche Interesse des Pflichtigen ist nach pflichtgemäßem Ermessen zu schätzen.

(2a) [1]Zur Erfüllung ihrer Aufgaben können die Glücksspielaufsichtsbehörden Testkäufe oder Testspiele durchführen, die nicht als Maßnahmen der Glücksspielaufsicht erkennbar sind. [2]Die Mitarbeiter der Glücksspielaufsicht dürfen zu diesem Zweck unter einer auf Dauer angelegten veränderten Identität (Legende) am Rechtsverkehr teilnehmen. [3]Dazu können geeignete Urkunden hergestellt, beschafft und verwendet sowie erforderliche Eintragungen in Register, Bücher oder Dateien vorgenommen werden. [4]Testkäufe oder Testspiele mit minderjährigen Personen dürfen durch die Glücksspielaufsichtsbehörden in Erfüllung ihrer Aufsichtsaufgaben durchgeführt werden. [5]Für die den Testkauf oder das Testspiel durchführende Person gilt das Glücksspiel nicht als unerlaubtes Glücksspiel.

(3) [1]Die Länder arbeiten bei der Glücksspielaufsicht zusammen; sie können auch mit den zuständigen Aufsichtsbehörden der Mitgliedstaaten der Europäischen Union und der Vertragsstaaten des Abkommens über den Europäischen Wirtschaftsraum zusammenarbeiten und zu diesem Zweck Daten austauschen, soweit dies zur Erfüllung ihrer Aufgaben erforderlich ist. [2]Soweit nach diesem Staatsvertrag nichts anderes bestimmt ist, stimmen die Länder die Erlaubnisse für die in § 10 Absatz 2 genannten Veranstalter im Benehmen ab.

(3a) [1]Die zuständigen Glücksspielaufsichtsbehörden arbeiten im Rahmen der Erfüllung ihrer Aufgaben insbesondere mit den Strafverfolgungsbehörden, den Landesmedienanstalten, der Bundesnetzagentur, der Bundesanstalt für Finanzdienstleistungsaufsicht und dem Bundeskartellamt zusammen und können, soweit dies erforderlich ist, zu diesem Zweck Daten austauschen. [2]Dies gilt für die Landesmedienanstalten im Hinblick auf die Zusammenarbeit mit den Glücksspielaufsichtsbehörden entsprechend.

(4) [1]Soweit in diesem Staatsvertrag nichts anderes bestimmt ist, wird die Erlaubnis von der zuständigen Behörde für das Gebiet des jeweiligen Landes oder einen Teil dieses Gebietes erteilt. [2]Sie ist widerruflich zu erteilen und zu befristen. [3]Sie kann, auch nachträglich, mit Nebenbestimmungen versehen werden. [4]Die Erlaubnis ist weder übertragbar noch kann sie einem Anderen zur Ausübung überlassen werden.

(5) [1]Die Erlaubnis zur Einführung neuer Glücksspielangebote durch die in § 10 Absatz 2 und 3 genannten Veranstalter setzt voraus, dass

1. der Fachbeirat (§ 10 Absatz 1 Satz 2) zuvor die Auswirkungen des neuen Angebotes unter Berücksichtigung der Ziele des § 1 auf die Bevölkerung untersucht und bewertet hat und
2. der Veranstalter im Anschluss an die Einführung dieses Glücksspiels der Erlaubnisbehörde über die sozialen Auswirkungen des neuen Angebotes berichtet.

[2]Neuen Glücksspielangeboten steht die Einführung neuer oder die erhebliche Erweiterung bestehender Vertriebswege durch Veranstalter oder Vermittler gleich.

(6) [1]Angaben über persönliche und sachliche Verhältnisse einer natürlichen oder juristischen Person oder einer Personengesellschaft sowie Betriebs- oder Geschäftsgeheimnisse, die den zuständigen Behörden, ihren Organen, ihren Bediensteten oder von ihnen beauftragten Dritten im Rahmen der Durchführung ihrer Aufgabenerfüllung anvertraut oder sonst bekannt geworden sind, dürfen nicht unbefugt offenbart werden. [2]Soweit personenbezogene Daten verarbeitet werden, finden die in dem jeweiligen Land geltenden Datenschutzbestimmungen Anwendung.

(7) Die Glücksspielaufsicht darf nicht durch eine Behörde ausgeübt werden, die für die Finanzen des Landes oder die Beteiligungsverwaltung der in § 10 Absatz 2 und 3 genannten Veranstalter zuständig ist.

(8) [1]Die zuständige Behörde veröffentlicht im Internet eine gemeinsame amtliche Liste, in der die Veranstalter und Vermittler von Glücksspielen aufgeführt werden, die über eine Erlaubnis oder Konzession nach diesem Staatsvertrag verfügen. [2]Nicht aufgeführt werden

1. Spielhallenbetreiber und Aufsteller von Geldspielgeräten mit Gewinnmöglichkeit nach der Spielverordnung in der jeweils geltenden Fassung,
2. die Annahmestellen der Veranstalter nach § 10 Absatz 2,
3. gewerbliche Spielvermittler, die nur in einem Land tätig sind,
4. örtliche Verkaufsstellen der Lotterieeinnehmer der Gemeinsamen Klassenlotterie der Länder,
5. Anbieter von kleinen Lotterien nach § 18,
6. Betreiber von örtlichen Wettvermittlungsstellen,
7. Totalisatoren und Buchmacher im Sinne des Rennwett- und Lotteriegesetzes.

[3]Die Liste wird anlassbezogen, mindestens jedoch einmal monatlich, aktualisiert. [4]Die zuständige Behörde erteilt auf Anfrage Auskünfte zum aktuellen Stand der Liste. [5]Die obersten Glücksspielaufsichtsbehörden der Länder teilen der zuständigen Behörde vorzunehmende Änderungen der Liste, die ihren Zuständigkeitsbereich betreffen, unverzüglich mit.

Literatur: *Becker/Hilf/Nolte/Uwer,* Glücksspielregulierung – Glücksspielstaatsvertrag und Nebengesetze: Kommentar, 1. Aufl. 2017 (zit.: Becker/Hilf/Nolte/Uwer/*Bearbeiter*); *Ennuschat/Klestil,* Sperrverfügungen gegenüber dem Access-Provider als Instrument zur Bekämpfung des illegalen Online-Glücksspiels?, ZfWG 2009, 389 (zit.: *Ennuschat/Klestil* ZfWG 2009, 389); Joecks/Miebach, Münchener Kommentar zum StGB, 3. Aufl. 2019 (zit.: MükoStGB/*Bearbeiter); Landesregierung Nordrhein-Westfalen*: Gesetzentwurf der Landesregierung, Drs. 17/11683, Staatsvertrag zur Neuregulierung des Glücksspielwesens in Deutschland (Glücksspielstaatsvertrag 2021 – GlüStV 2021); *Manthey/Rubin,* Der Fachbeirat nach § 10 Abs. 1 S. 2 Glücksspielstaatsvertrag als Kläger im Verwaltungsprozess, ZfWG 2010, 324 (zit.: *Manthey/Rubin* ZfWG 2010, 324); *Ministerium für Inneres und Sport, Sachsen-Anhalt:* https://www.mi.sachsen anhalt.de/themen/gluecksspiel/gluecksspielstaatsvertrag-2021/#c263221; *Reeckmann,* Der Glücksspielstaatsvertrag 2021 (GlüStV 2021) – Und sie bewegt sich doch!, ZfWG 2020, 345 (zit.: *Reeckmann* ZfWG 2020, 345); *Schulte/Kloos,* Handbuch Öffentliches Wirtschaftsrecht, 1. Aufl. 2016 (zit.: Schulte/Kloos ÖffWirtschaftsR-HdB); Stelkens/Bonk/Sachs, VwVfG,

9. Aufl. 2018 (zit.: Stelkens/Bonk/Sachs/*Bearbeiter*, *VwVfG*); *Streinz/Liesching/Hambach*, Glücks- und Gewinnspielrecht in den Medien, 1. Aufl. 2014 (zit.: Streinz/Liesching/Hambach/*Bearbeiter*).

I. Genese/Gesetzesentwicklung

§ 9 regelt die Befugnisse der Glücksspielaufsicht und steht zu Beginn des zweiten Abschnitts des GlüStV, welcher die Aufgaben des Staates beinhaltet. Die Glücksspielaufsicht hat die Aufgabe, die nach dem GlüStV bestehenden oder aufgrund dessen begründeten öffentlich-rechtlichen Verpflichtungen zu überwachen sowie zu erreichen, dass unerlaubtes Glücksspiel und Werbung hierfür unterbleiben.[1] Dafür enthalten § 9 Abs. 1 S. 2 eine **Generalklausel** und § 9 Abs. 1 S. 3 nicht abschließende Einzelbefugnisse, die zum Großteil aus dem GlüStV 2012 übernommen, in Nr. 4 erweitert wurden und zu denen Nr. 5 neu hinzugekommen ist. 1

Keine **Anwendung** findet diese zentrale Norm der Glücksspielaufsicht auf Spielbanken (§ 2 Abs. 2), Spielhallen (§ 2 Abs. 3), Gaststätten (§ 2 Abs. 4) sowie auf Gewinnspiele im Rundfunk. 2

Die Norm wurde, nachdem sie bei der letzten Reform 2011 nahezu unverändert geblieben ist,[2] **erweitert und ergänzt.** Für diese ist von zentraler Bedeutung, dass die Befugnisse auch auf die neu eingeführte Gemeinsame Glücksspielbehörde der Länder (§ 27a) mitübertragen werden, die insbesondere die Glücksspielaufsicht im Internet wahrnehmen soll. 3

Weitere Änderungen dienen der vertieften Zusammenarbeit der Länder, der Regelung der Zusammenarbeit mit der neuen zentralen Behörde (Abs. 3a, 4), dem Datenschutz (Abs. 6) sowie einer Regelung zur Veröffentlichung der White-List (bereits unter Geltung des GlüStV 2012), welche die Glücksspielveranstalter und -vermittler mit einer Erlaubnis aus Deutschland aufführt (Abs. 8). 4

II. Erläuterungen

1. Aufgabenzuweisung (Abs. 1). Die Regelung entspricht zum überwiegenden Teil den Vorgaben des § 9 GlüStV 2012. Abs. 1 S. 2 wird ergänzt um die Klarstellung, dass neben die bisherige Zuständigkeit der Bundesländer auch die für **alle Länder zuständige Behörde** tritt, die im Rahmen des Staatsvertrages konkret zugewiesene Aufsichtsmaßnahmen bundesweit – zentral für alle Länder – wahrzunehmen hat. Der Sitz dieser rechtsfähigen Anstalt des öffentlichen Rechts 5

1 ÖffWirtschaftsR-HdB/*Schulte/Kloos* § 18 Rn. 42.
2 Becker/Hilf/Nolte/Uwer/*Hilf/Umbach* § 9 Rn. 1.

(§ 27a), die den Namen „Gemeinsame Glücksspielbehörde der Länder“ trägt, wird Halle (Saale) in Sachsen-Anhalt und sie wird zunächst nur für die Beobachtung der Entwicklungen des Glücksspielmarktes und der Glücksspielforschung sowie die Förderung der Glücksspielforschung zuständig sein. Am 1.7.2022 übernimmt die Anstalt zudem Aufgaben im Zusammenhang mit Maßnahmen zur Zahlungsunterbindung und dem sogenannten IP-Blocking. Die übrigen Aufgaben gehen zum 1.1.2023 auf die Anstalt über.[3]

6 § 9 ist somit zwar die zentrale **Aufsichtsnorm** im Glücksspielrecht, allerdings existieren daneben andere Aufsichts- und Eingriffsrechte im Staatsvertrag und auch in etwaigen landesrechtlichen Regelungen.[4]

7 Ergänzt wurde des Weiteren die Bestimmung des § 9 Abs. 1 S. 3 Nr. 4 (die die Möglichkeit der Unterbrechung der Zahlungsströme durch Untersagungsverfügung gegen Zahlungsinstitute vorsieht) um die Klarstellung, dass es hierfür keiner vorherigen Inanspruchnahme des entsprechenden Glücksspielveranstalters oder Vermittlers bedarf.[5] Dieser Zusatz setzt eine Entscheidung des BVerwG[6] um, welche bereits 2017 klarstellte, dass es sich hierbei um ein unabhängiges und kein sukzessives **Aufsichtsrecht** handelt. Anknüpfungspunkt für das behördliche Einschreiten gegen die Zahlungsdienstleister und Kreditinstitute ist nicht ein untersagtes, sondern allein ein unerlaubtes Glücksspiel. Diese Unterbindung von Zahlungsströmen ist inzwischen in einer Vielzahl der Rechtsordnungen der EU und des EWR vorgesehen.[7]

8 **Wieder bzw. neu in geänderter Form eingefügt** wurde schließlich mit der Regelung des § 9 Abs. 1 S. 3 Nr. 5 und dem darauf aufbauenden § 9 Abs. 1 S. 4, eine Ermächtigung zur Sperranordnung, um Maßnahmen zur Sperrung unerlaubter Angebote im Internet gegenüber den Diensteanbietern (insbesondere den Accessprovidern und Registraren) zu ergreifen. Während es nach § 9 Abs. 1 Nr. 5 GlüStV 2008 noch umstritten war, ob eine Sperrung gegen Accessprovider insbesondere aufgrund des Verantwortlichkeitserfordernisses der damaligen Regelung rechtmäßig ist[8] und zudem eine Regelungen diesbezüglich im GlüStV 2012 komplett fehlte, soll durch die Ermächtigung in § 9 Abs. 1 S. 3 Nr. 5 die wirksame Durchsetzung der Ziele des § 1 ermöglicht werden. Die Notwendigkeit für eine Wiedereinführung einer Ermächtigung zur Sperranordnung ergab sich vor allem aufgrund von Durchsetzungsproblemen der Regelungen des GlüStV 2012 gegenüber ausländischen Glücksspielveranstaltern und -vermittlern.[9]

9 Dem für diese Maßnahmen und den damit einhergehenden Grundrechtseinschränkungen notwendigen Zitiergebot des Art. 19 GG wird nachgekommen. Die amtliche Begründung[10] stellt indes klar, dass im Rahmen der gesetzlichen Ermessensausübung solche **Sperranordnungen** auch dann als verhältnismäßig erscheinen, wenn sie nicht mit einer umfassenden Erfolgswahrscheinlichkeit verbunden sind. Für die Rechtmäßigkeit einer solchen Maßnahme soll es vielmehr

3 Vgl. § 27a, f., p und dazu https://www.mi.sachsenanhalt.de/themen/gluecksspiel/gluecksspielstaatsvertrag-2021/#c263221 (zuletzt abgerufen am 30.8.2021).
4 Vgl. die amtliche Begründung NRW LT-Drs. 17/11683, die auf Seite 165 als Beispiele § 4d des Staatsvertrags und die Spielbankgesetze der Länder anführt.
5 Vgl. die amtliche Begründung NRW LT-Drs. 17/11683, 166.
6 BVerwG 26.10.2017 – 8 C 14.16; 8 C 18.16, Tz. 17.
7 Europäische Kommission, Abschlussbericht der Studie „Evaluation of Regulatory Tools for Enforcing Online Gambling Rules and Channelling Demand towards Controlled Offers, veröffentlicht am 29.1.2019, 15.
8 *Ennuschat/Klestil* ZfWG 2009, 389 ff. (390–391).
9 NRW LT-Drs. 17/11683, 166.
10 NRW LT-Drs. 17/11683, 88 f., 167.

ausreichen, wenn hiermit ein erschwerter Zugriff auf unerlaubte Glücksspiele einhergeht.

Jenseits der Neuerungen sieht § 9 Abs. 1 die bereits bekannten Maßnahmen vor. § 9 Abs. 1 S. 3 Nr. 1 regelt die **Sachverhaltsermittlung**, also das Recht, umfassend Auskunft und Informationen zu verlangen, um die Aufsicht ausüben zu können sowie ein Zugangsrecht zu Veranstaltungs- und Vermittlungslokalitäten. Auch wenn die Norm suggeriert, dass dieses Recht anlasslos besteht,[11] so verlangt allein der damit verbundene Grundrechtseingriff einen konkreten Anlass, ähnlich wie im allgemeinen Polizei- und Ordnungsrecht. Das Recht beschränkt sich auf erforderliche Informationen und bezieht sich damit auf den allgemeinen Verhältnismäßigkeitsgrundsatz und das Übermaßverbot. Zu betonen ist, dass das Betretungsrecht ausdrücklich als solches formuliert wurde und daher allein vom Wortlaut keine weitergehenden Maßnahmen vor Ort rechtfertigt. Durchsuchungen und ähnlich denkbare Maßnahmen bedürfen daher einer anderen Ermächtigungsgrundlage.[12] 10

Nr. 2 vermittelt das Recht, **spezifische Anforderungen** an die Veranstaltung, Durchführung und Vermittlung von Glücksspiel und Werbung bzw. die Entwicklung und Umsetzung der gesetzlich geforderten Sozialkonzepte zu stellen. Die Norm zielt somit auf eigentlich erlaubtes Glücksspiel ab. Sie stellt auf der Eingriffsebene das mildere Mittel im Vergleich zum Widerruf (Abs. 4 S. 2) dar. Nachträgliche Nebenbestimmungen zur Genehmigung, die eigentlich bereits vom Wortlaut erfasst werden, werden in Abs. 4 S. 3 explizit geregelt.[13] 11

Nr. 3 statuiert das Recht, unerlaubtes Glücksspiel und Werbung hierfür zu untersagen. Adressaten des **Verbots** sind insbesondere Veranstalter und Vermittler. Nach bisheriger Rechtslage war es aufgrund europarechtlicher Implikationen hoch umstritten, unter welchen Voraussetzungen überhaupt hierauf aufbauend Untersagungsverfügungen erlassen werden konnten.[14] Dieser Streit dürfte sich nach neuer Rechtslage weitestgehend erledigt haben, da nunmehr bei Einhaltung der gesetzlichen Vorgaben mangels künftiger Kontingentierung jedem Anbieter der Weg zum erlaubten Glücksspiel grundsätzlich offensteht. 12

2. Länderübergreifende Zusammenarbeit (Abs. 1a). Aufgrund der neu geschaffenen, zentralen Zuständigkeiten (s. hierzu § 9a) reduziert sich der **Anwendungsbereich** von § 9 Abs. 1a deutlich.[15] Er statuiert grundsätzlich die Möglichkeit der länderübergreifenden Zusammenarbeit in Fällen, bei denen in mehreren Bundesländern illegales Glücksspiel veranstaltet, vermittelt oder beworben wird. Grundidee dahinter ist, dass ein Bundesland Maßnahmen auch mit Wirkung für ein ebenfalls von dem unerlaubten Glücksspiel tangiertes anderes Bundesland erlassen und vollstrecken kann.[16] So notwendig eine solche Regelung unter föderalen Gesichtspunkten ist, wird sie doch künftig kaum praktische Relevanz erlangen. 13

Die heutzutage denkbaren Fälle **grenzüberschreitenden unerlaubten Glücksspiels** werden (nahezu) allesamt im Internet stattfinden.[17] Für diesen Fall bedarf es aber nunmehr keiner besonderen Ermächtigung, da eine originäre, zentrale Zu- 14

11 Hierzu Becker/Hilf/Nolte/Uwer/*Hilf/Umbach* § 9 Rn. 34.
12 Becker/Hilf/Nolte/Uwer/*Hilf/Umbach* § 9 Rn. 37.
13 Becker/Hilf/Nolte/Uwer/*Hilf/Umbach* § 9 Rn. 39.
14 Vgl. ausführlich Becker/Hilf/Nolte/Uwer/*Hilf/Umbach* § 9 Rn. 41 ff.
15 NRW LT-Drs. 17/11683, 167.
16 Becker/Hilf/Nolte/Uwer/*Hilf/Umbach* § 9 Rn. 61.
17 NRW LT-Drs. 17/11683, 167.

ständigkeit geschaffen wird. Die Einzelfallermächtigung von § 9 Abs. 1a wird daher nur jenseits von § 9a zum Zuge kommen.

15 **3. Sofortige Vollziehbarkeit (Abs. 2).** Es wird mit § 9 Abs. 2 S. 1 die gesetzliche sofortige Vollziehbarkeit iSv § 80 Abs. 2 Nr. 3 VwGO angeordnet, so dass Rechtsmittel grundsätzlich **keine aufschiebende Wirkung** haben, sondern diese erst in einem einstweiligen Rechtsschutzverfahren gemäß § 80 VwGO ersucht werden muss. Zu beachten ist in diesem Kontext, dass manche Bundesländer[18] faktisch das Widerspruchsverfahren (bis auf wenige Ausnahmen) abgeschafft haben. Die Regelung in Abs. 2 soll hiervon keine Ausnahme bilden, maW ist bspw. in Nordrhein-Westfalen kein Widerspruch gegen Maßnahmen nach Abs. 1 und 1a einzulegen. Hierfür hätte es einer gesetzgeberischen Klarstellung bedurft.

16 Des Weiteren regelt Abs. 2 (abweichend von § 11 VwVG), dass ein etwaiges **Zwangsgeld** das wirtschaftliche Interesse des Pflichtigen spiegeln soll und hierbei auch das ansonsten gesetzliche Höchstmaß überschritten werden kann. Dies soll ein effektives, nach oben letztlich faktisch unbegrenztes Vorgehen der Behörden ermöglichen.

17 **4. Testkäufe oder Testspiele (Abs. 2a).** Die bisherige Regelung in § 4 Abs. 3 S. 4 GlüStV 2012, wonach Testkäufe und Testspiele mit minderjährigen Personen durchgeführt werden dürfen, um die Einhaltung des **Jugendschutzes** bei erlaubtem Glücksspiel zu überprüfen, wurde in den neuen Abs. 2a S. 4 inhaltsgleich integriert. Hierbei kann sich die Verwaltung auch Privater als Verwaltungshelfer bedienen.[19]

18 Daneben wird nunmehr erstmals zentral geregelt, dass **Testspiele und Testkäufe,** die nach Auffassung des Gesetzgebers zum Nachweis von unerlaubtem Glücksspiel unerlässlich sind,[20] durch die zentral zuständige Behörde und die Glücksspielaufsichtsbehörden der Länder möglich sein sollen. Die Norm ermächtigt allerdings nur zur Teilnahme an tatsächlich angebotenen Spielen – ein animierendes Einwirken auf Veranstalter zur Schaffung solcher Gelegenheiten ist indes hiervon nicht gedeckt und aus rechtsstaatlichen Gründen auch generell abzulehnen.

19 Die Regelung legitimiert den **Einsatz falscher Identitäten.** Dies stellt Abs. 2a S. 2 unmissverständlich klar.[21] Um diese falschen Identitäten effektiv und glaubhaft einsetzen zu können, legitimiert S. 3 – soweit notwendig – auch zur Herstellung der erforderlichen Dokumente wie Ausweispapiere.

20 Durch die **gesetzliche Erlaubnis** soll auch dem bisherigen Vorbringen mancher Stimmen, dass hierin ein Verstoß gegen § 285 StGB liegen könne[22], entgegengetreten werden. Daher stellt nunmehr S. 5 ausdrücklich klar, dass für die den Testkauf oder das Testspiel durchführende Person das Glücksspiel nicht als unerlaubtes Glücksspiel gilt.

21 **5. Allgemeine Zusammenarbeit der Länder (Abs. 3).** Abs. 3 wurde inhaltsgleich aus dem GlüStV 2012 übernommen. Neben den eher programmatischen Aussagen der länder- und staatenübergreifenden Zusammenarbeit enthält er in S. 1 2. Hs. eine Erlaubnis, Daten zum Zwecke der Zusammenarbeit auszutauschen. Dies stellt einen gesetzlichen Erlaubnistatbestand im Sinne von Art. 6 Abs. 1 (c) iVm Abs. 3 DSGVO dar und ermöglicht den rechtmäßigen **Da-**

18 Vgl. bspw. für NRW das Bürokratieabbaugesetz II vom 9.10.2007, GV. NRW. 2007, 373–404.
19 Becker/Hilf/Nolte/Uwer/*Uwer/Koch* § 4 Rn. 92.
20 NRW LT-Drs. 17/11683, 168 f.
21 NRW LT-Drs. 17/11683, 168.
22 MükoStGB/*Hohmann* § 285 Rn. 11.

tenaustausch zwischen den Behörden, allerdings auch hier nur, soweit dies für die Ausführung der Aufsicht erforderlich ist. Das Übermaßverbot gilt auch in diesem Kontext. S. 2 statuiert unverändert das Benehmenserfordernis der Behörden bei Erlaubnissen iSv § 10 Abs. 2. Hierunter ist zu verstehen, dass sich die Behörden gegenseitig informieren und anhören, es erfordert aber kein behördliches Einvernehmen.[23]

6. Besondere Zusammenarbeit der Glücksspielaufsichtsbehörden (Abs. 3a). Der neugeschaffene Abs. 3a konkretisiert den eher allgemein gehaltenen Programmsatz von Abs. 3. Er statuiert eine verstärkte Zusammenarbeit zwischen den Glücksspielaufsichtsbehörden einerseits und den Strafverfolgungsbehörden, den Landesmedienanstalten, der BNetzA, der Bafin und dem Bundeskartellamt andererseits. Auch wird die gesetzliche Grundlage geschaffen, um einen datenschutzrechtlich relevanten, verstärkten **Informationsaustausch** zu ermöglichen. Die Gesetzesbegründung[24] betont in diesem Kontext, dass die intensivierte Zusammenarbeit mit der BNetzA vor allem in Hinblick auf § 9 Abs. 1 S. 3 Nr. 5 von Relevanz sein wird (telekommunikationsrechtlich relevante Sperrungen), die Zusammenarbeit mit der Bafin hinsichtlich § 9 Abs. 1 S. 3 Nr. 4 (Financial Blocking) und mit dem Bundeskartellamt im Hinblick auf das Entstehen von Marktmacht im privaten Glücksspielsektor. Bezüglich der Landesmedienanstalten normiert S. 2, dass diese mit den Glücksspielaufsichtsbehörden ebenfalls zusammenzuarbeiten haben. Sie haben auch Informationen zur Verfügung zu stellen, beispielsweise – so die Gesetzesbegründung[25] –, wenn den Landesmedienanstalten im Zuge der von ihr durchgeführten Medienaufsicht Erkenntnisse über einzelne Erlaubnisnehmer bekannt werden, welche von Relevanz für die Aufsichtsbehörden sein könnten. 22

7. Länderspezifische Erlaubniserteilung (Abs. 4). Nach Ansicht des Gesetzgebers[26] soll durch die neu eingefügte Einleitung von Abs. 4 S. 1 verdeutlicht werden, dass der **Regelfall** im Rahmen der glücksspielrechtlichen Erlaubniserteilung nach wie vor die Erlaubnis durch die Glücksspielaufsichtsbehörde eines Landes für das Gebiet dieses Landes darstellt. Inwieweit dies bereits bislang der Realität entspricht und den neuen Regelungen entsprechen wird, mag dahingestellt sein. 23

Grundsätzlich stellt Abs. 4 **Vorgaben an diese Erlaubnisse**, die in dessen Anwendungsbereich erteilt werden. So wird die Pflicht auferlegt, die Erlaubnisse unter Widerrufsvorbehalt zu erteilen und auch zu befristen. Eine Vorgabe, welche Frist hierbei maximal zu setzen ist, enthält die Regelung – wie schon das alte Recht – nicht. Die Behörden sind berechtigt, auch nachträglich Nebenbestimmungen zu erlassen (§ 36 Abs. 1, 1. Alternative VwVfG). Insofern steht es den Behörden frei, die Genehmigung während ihrer Laufzeit bei Bedarf nachträglich anzupassen, ohne direkt eine Rücknahme in Betracht ziehen zu müssen. 24

Nach wie vor sind die Erlaubnisse weder übertragbar noch können sie anderen zur Ausübung übertragen werden. Von diesem Grundsatz wird aber bspw. bei der besonders praxisrelevanten Erlaubnis für Sportwetten (§ 4c Abs. 1 S. 3) abgewichen, da dort mit Zustimmung der zuständigen Behörde sowohl die **Übertragung** als auch die Überlassung zur Ausübung möglich ist.[27] 25

8. Beteiligung des Fachbeirats (Abs. 5). Abs. 5 wurde ebenfalls inhaltsgleich aus dem GlüStV 2012 übernommen. Bevor neue Glücksspielangebote eingeführt 26

23 Becker/Hilf/Nolte/Uwer/*Hilf/Umbach* § 9 Rn. 72.
24 NRW LT-Drs. 17/11683, 169.
25 NRW LT-Drs. 17/11683, 169.
26 NRW LT-Drs. 17/11683, 169.
27 Becker/Hilf/Nolte/Uwer/*Hilf/Umbach* § 9 Rn. 77.

werden, müssen diese vom **Fachbeirat** (§ 10 Abs. 1 S. 2) untersucht und bewertet werden. Hierbei hat der Fachbeirat vor einer Einführung zu untersuchen, wie sich die neuen Angebote auf die Bevölkerung auswirken können.[28] Dies ist durch Suchtexperten und Suchtforscher zu begleiten.[29] Die Stellungnahme des Fachbeirates ist zwar bei der Entscheidungsfindung zwingend zu berücksichtigen, ein Mitentscheidungsrecht bezüglich der Erlaubnis steht ihm allerdings nicht zu.[30] Diese eingeschränkte Mitsprache war bereits nach altem Recht heftig umstritten, insbesondere auch beim Fachbeirat selbst.[31] Jedoch haben es die Länder unterlassen, im Zuge der Neuerungen den Einfluss des Beirats zu stärken.

27 Die **Berichtspflicht** des Veranstalters über die sozialen Auswirkungen des neuen Angebots, die in Nr. 2 für den Veranstalter im Anschluss an die Einführung des neuen Glücksspiels vorgesehen ist, bleibt wie bislang lückenhaft geregelt. Unklar war und bleibt weiterhin, wann dieser Bericht zu erstellen ist und ob der Fachbeirat hier ebenfalls zu involvieren ist.[32]

28 **9. Geheimhaltungspflicht und Datenschutz (Abs. 6).** Bei Abs. 6 S. 1, der unverändert aus dem GlüStV 2012 übernommen wurde, handelt es sich um eine **Geheimhaltungspflicht** für alle Glücksspielbehörden, die die im GlüStV begründeten Informationspflichten (insbesondere auch die Auskunfts- und Vorlagepflicht aus Abs. 1 S. 3 Nr. 1) spiegelt.[33]

29 **Geschützt** werden persönliche und sachliche Verhältnisse, welche nicht unbefugt offenbart werden dürfen. Durch die weite Formulierung soll ein umfassender Schutz aller Informationen gewährleistet werden.[34] **Betriebs- und Geschäftsgeheimnisse** sind dahin gehend vom Schutzbereich erfasst, als dass sie nicht offenkundig sind, mit einem Geschäftsbereich im Zusammenhang stehen und der Unternehmer an der Geheimhaltung erkennbar oder mutmaßlich ein schutzwürdiges Interesse hat.[35]

30 Eine **unbefugte**, dh ohne die Einwilligung des Berechtigten oder die gesetzliche Erlaubnis erfolgte **Offenbarung** kann vorsätzlich oder fahrlässig durch eine Person des genannten Personenkreises an einen Dritten erfolgen, wenn diesem ein Geheimnis mitgeteilt oder bekannt wird, wobei die Art und Weise der Kenntniserlangung vielfältig sein kann.[36]Auch bei der Gewährung von Akteneinsicht (zB § 29 VwVfG[37]) muss eine Abwägung erfolgen. Ein Verstoß gegen das Offenbarungsverbot kann als Verletzung des persönlichen Lebens- und Geheimnisbereichs strafrechtliche Relevanz entfalten (§§ 203 ff. StGB).[38]

31 Des Weiteren beinhaltet Abs. 6 S. 2 **Datenschutzbestimmungen.** Hier wurde S. 2 im Vergleich zu der Vorgängerregelung angepasst, indem aus den „landesrechtlichen Datenschutzbestimmungen" nunmehr die „in dem jeweiligen Land geltenden Datenschutzbestimmungen" wurden. Hiermit wird (wenn auch weitestge-

---

28 Becker/Hilf/Nolte/Uwer/*Hilf/Umbach* § 9 Rn. 79.
29 Streinz/Liesching/Hambach/*Hambach/Brenner* § 9 Rn. 112.
30 *Manthey/Rubin* ZfWG 2010, 324 (325–326).
31 Streinz/Liesching/Hambach/*Hambach/Brenner* § 9 Rn. 114.
32 Zur Kritik an den bisherigen Regeln: Becker/Hilf/Nolte/Uwer/*Hilf/Umbach* § 9 Rn. 86.
33 Becker/Hilf/Nolte/Uwer/*Hilf/Umbach* § 9 Rn. 87.
34 Ob die Vorschrift diesbezüglich ausreichend ist: Streinz/Liesching/Hambach/ *Hambach/Brenner* § 9 Rn. 118.
35 Becker/Hilf/Nolte/Uwer/*Hilf/Umbach* § 9 Rn. 90.
36 Becker/Hilf/Nolte/Uwer/*Hilf/Umbach* § 9 Rn. 92.
37 Stelkens/Bonk/Sachs/*Kallerhoff/Mayen* VwVfG § 29 Rn. 18b.
38 Becker/Hilf/Nolte/Uwer/*Hilf/Umbach* § 9 Rn. 92.

hend deklaratorisch) verdeutlicht, dass neben den im jeweiligen Sitzland der datenverarbeitenden Stelle geltenden Datenschutzbedingungen auch die DSGVO[39] einbezogen ist und Anwendung findet.[40]

10. Keine Glücksspielaufsicht in der Zuständigkeit der Finanz- bzw. Beteiligungsverwaltung (Abs. 7). In Abs. 7 ist unverändert die **Trennung der Glücksspielaufsicht von der Landesfinanz- und Beteiligungsverwaltung** geregelt. Grund dieser Regelung ist eine Forderung des BVerfG an den Gesetzgeber, „*die Einhaltung dieser Anforderungen durch geeignete Kontrollinstanzen sicherzustellen, die eine ausreichende Distanz zu den fiskalischen Interessen des Staates aufweisen.*“[41] Die Glücksspielaufsicht darf daher nicht durch eine für die Finanzen des Landes oder für die Beteiligungsverwaltung der in § 10 Abs. 2 und 3 genannten Veranstalter zuständige Behörde ausgeübt werden. 32

Diese Trennung verhindert, dass der Staat eine Behörde mit der Aufsicht beauftragt, die womöglich ein **größeres Interesse an hohen Einnahmen** aus dem Glücksspielsektor hat als daran, den mit dem Glücksspiel verbundenen Gefahren möglichst effektiv zu begegnen. 33

Allerdings gilt diese Trennung für **Spielbanken** – trotz geäußerter Kritik[42] – wegen § 2 Abs. 2 GlüStV weiterhin nicht. 34

11. „White-List“ (Abs. 8). Mit § 9 Abs. 8 wird der bisherigen Praxis der Aufsichtsbehörden, eine sogenannte **„White-List“**[43] zu veröffentlichen, welche die Glücksspielveranstalter und Glücksspielvermittler enthält, die über eine wirksame Erlaubnis im Anwendungsbereich des GlüStV verfügen, ein höherer Grad an Verbindlichkeit und Bekanntheit verliehen.[44] Eine solche Liste gibt jedermann die Möglichkeit, sich ohne nennenswerten Aufwand zu erkundigen, dass ein Anbieter auch tatsächlich legales Glücksspiel veranstaltet. Die Gesetzesbegründung[45] listet detailliert auf, für welche Zielgruppen die White List von großer praktischer Bedeutung ist. Sie nennt hierbei Behörden, die direkt unerlaubte Glücksspielanbieter erkennen und angemessene Maßnahmen einleiten können. Dies gilt nicht nur für die Aufsichts- und Ordnungsbehörden, sondern auch für die Landesmedienanstalten und die für den öffentlich-rechtlichen Rundfunk zuständige Rechtsaufsicht. Diese können ebenfalls so unerlaubte Glücksspielanbieter erkennen und gegenüber Rundfunkveranstaltern und Anbietern von Telemedien reagieren, um bspw. Werbung für diese unerlaubten Glücksspiele zu unterbinden. Schließlich werden auch Spieler, Hosting- und Finanzdienstleister, Werbe- und andere Vertragspartner genannt, die allesamt ein Interesse daran haben, ausschließlich mit Anbietern von legalem Glücksspiel zu kooperieren. 35

S. 2 regelt, dass sich die White List auf letztlich **länderübergreifende Aktivitäten** von Glücksspielanbietern konzentrieren soll. Kleine Einheiten wie örtliche Vertriebsstellen staatlicher Lotterien und Wettvermittler werden ebenso wenig erfasst wie örtliche Spielhallen und gewerbliche Spielvermittler, die nur in einem Bundesland agieren. 36

39 VO (EU) Nr. 2016/679.
40 NRW LT-Drs. 17/11683, 169.
41 BVerfG 28.3.2006 – 1 BvR 1054/01, Rn. 154.
42 Becker/Hilf/Nolte/Uwer/*Hilf/Umbach* § 9 Rn. 94.
43 Abrufbar auf der Seite des Landesverwaltungsamtes Sachsen-Anhalt: https://www.lvwa.sachsen-anhalt.de/das-lvwa/kommunales-ordnung-verbraucherschutz-migration/gluecksspielrechtliche-uebergangsaufgaben-nach-27p-gluestv-2021/white-list/ (zuletzt abgerufen am 25.8.2021).
44 *Reeckmann* ZfWG 2020, 345 (348).
45 NRW LT-Drs. 17/11683, 170.

37 Um die Handhabung der Liste praxistauglich zu gestalten, ist sie anlassbezogen, jedoch mindestens monatlich gemäß S. 3 zu aktualisieren. S. 4 eröffnet darüber hinaus die Möglichkeit, jederzeit auch individuelle Auskünfte von der zuständigen Behörde zu erhalten. Um die Liste stets aktuell zu halten, sind gemäß S. 5 die obersten Glücksspielaufsichtsbehörden der Länder verpflichtet, unverzüglich Änderungen mitzuteilen, damit die zuständige Stelle die Liste möglichst kurzfristig (im Idealfall tagesaktuell) ändern kann.

38 Der Gesetzgeber hat von der Schaffung einer **„Black-List“**, die die Anbieter unerlaubten Glücksspiels aufführen würde, bewusst abgesehen.[46] Da eine solche Liste im Zweifel niemals vollständig wäre – anders als eine White List –, bestünde ansonsten die Gefahr, dass sich insbesondere Spieler von einem Blick in die Black List in falscher Sicherheit wiegen würden.[47]

§ 9a GlüStV Ländereinheitliche Verfahren

(1) Die jeweils zuständige Behörde erteilt mit Wirkung für alle Länder
1. die Erlaubnisse für die Anstalt nach § 10 Absatz 3 und für deren Lotterie Einnehmer,
2. die Erlaubnisse für eine gemeinsam geführte Anstalt nach § 10 Absatz 2 Satz 1,
3. die Erlaubnisse für die Vermittlung von Sportwetten im Internet, für die Veranstaltung von Sportwetten, Online-Poker und virtuellen Automatenspielen sowie die Erlaubnis nach § 27 Absatz 2 einschließlich der damit jeweils zusammenhängenden Erlaubnisse, und
4. die Erlaubnisse nach § 12 Absatz 3.

(2) [1]In den Fällen des Absatzes 1 übt die für die Erlaubniserteilung zuständige Behörde gegenüber den Erlaubnisnehmern auch die Aufgaben der Glücksspielaufsicht nach § 9 Absatz 1 mit Wirkung für alle Länder ab dem Zeitpunkt der Erlaubniserteilung aus; sie kann die erforderlichen Anordnungen im Einzelfall erlassen und nach dem für sie geltenden Landesrecht vollstrecken sowie dazu Amtshandlungen in anderen Ländern vornehmen. [2]Die nach Satz 1 zuständige Behörde überwacht insbesondere die Einhaltung der Inhalts- und Nebenbestimmungen der Erlaubnis und entscheidet über Maßnahmen nach §§ 4a bis 4d. [3]§ 9 Absatz 2 und 2a gilt entsprechend.

(3) [1]Eine einheitliche Zuständigkeit einer Behörde für alle Länder besteht ferner für Maßnahmen
1. nach § 9 Absatz 1 Satz 3 Nummer 4 und Nummer 5 bei unerlaubten Glücksspielen, die in mehr als einem Land angeboten werden, und
2. der Glücksspielaufsicht wegen unerlaubten öffentlichen Glücksspiels und der Werbung hierfür, welches im Internet in mehr als einem Land angeboten wird.

[2]Satz 1 Nummer 2 findet keine Anwendung auf unerlaubte Online-Casinospiele, die von einem Veranstalter, dem eine wirksame Erlaubnis für die Veranstaltung von Online-Casinospielen erteilt worden ist, im Geltungsbereich der Erlaubnis veranstaltet oder vermittelt werden.

(4) [1]Die nach den Absätzen 1 und 2 zuständigen Behörden erheben für Amtshandlungen in Erfüllung der Aufgaben nach den Absätzen 1 bis 3 Kosten (Ge-

46 NRW LT-Drs. 17/11683, 170, 171.
47 NRW LT-Drs. 17/11683, 170, 171.

bühren und Auslagen). [2]Für die Erteilung von einer Erlaubnis für das Veranstalten eines Glücksspiels wird bei genehmigten oder voraussichtlichen Spiel- oder Wetteinsätzen

1. bis zu 40 Millionen Euro eine Gebühr in Höhe von 0,2 Prozent der Spiel- oder Wetteinsätze, mindestens 100 Euro,
2. über 40 Millionen Euro bis 65 Millionen Euro eine Gebühr in Höhe von 80 000 Euro zuzüglich 0,16 Prozent der 40 Millionen Euro übersteigenden Spiel- oder Wetteinsätze,
3. über 65 Millionen Euro bis 130 Millionen Euro eine Gebühr in Höhe von 120 000 Euro zuzüglich 0,1 Prozent der 65 Millionen Euro übersteigenden Spiel- oder Wetteinsätze,
4. über 130 Millionen Euro eine Gebühr in Höhe von 185 000 Euro zuzüglich 0,06 Prozent der 130 Millionen Euro übersteigenden Spiel- oder Wetteinsätze

erhoben; zugrunde zu legen ist die Summe der genehmigten oder voraussichtlichen Spiel- oder Wetteinsätze in allen beteiligten Ländern. [3]Für Erlaubnisse nach Absatz 1 Nummer 1, 2 und 4 ermäßigt sich die Gebühr nach Satz 2 um die Hälfte. [4]Wird die Erlaubnis für mehrere aufeinanderfolgende Jahre oder Veranstaltungen erteilt, erfolgt die Berechnung gesondert für jedes Jahr und jede Veranstaltung, wobei sich die Gebühr nach Satz 2 und 3 für die Folgejahre oder die Folgeveranstaltungen um 10 Prozent ermäßigt. [5]Für die Erteilung einer Erlaubnis für das Vermitteln eines Glücksspiels wird eine Gebühr in Höhe von 50 Prozent der Gebühr nach den Sätzen 2 und 3 erhoben; Satz 4 ist entsprechend anzuwenden. [6]Für Anordnungen zur Beseitigung oder Beendigung rechtswidriger Zustände sowie für sonstige Anordnungen der Glücksspielaufsichtsbehörden wird eine Gebühr von 500 Euro bis 500 000 Euro erhoben; dabei ist der mit der Amtshandlung verbundene Verwaltungsaufwand aller beteiligten Behörden und Stellen zu berücksichtigen. [7]Im Übrigen gelten die Kostenvorschriften des jeweiligen Sitzlandes der handelnden Behörde.

Literatur: *Dittmann,* Glücksspielregulierung durch Rechtsverordnungen der Gemeinsamen Glücksspielbehörde der Länder, ZfWG 2020, 302; *Kirchhof,* Die verfassungsgeforderte Reform des Glücksspielwesens, NVwZ 2016, 124; *Landesregierung Nordrhein-Westfalen:* Gesetzentwurf der Landesregierung, Drs. 17/11683, Staatsvertrag zur Neuregulierung des Glücksspielwesens in Deutschland (Glücksspielstaatsvertrag 2021 – GlüStV 2021); *Pagenkopf,* Der neue Glücksspielstaatsvertrag – Neue Ufer, alte Gewässer, NJW 2012, 2918; *Streinz/Liesching/Hambach,* Glücks- und Gewinnspielrecht in den Medien, 1. Aufl. 2014.

I. Genese/Gesetzesentwicklung

Im Zusammenhang mit dem neuen Glücksspielstaatsvertrag 2021 soll eine zentral zuständige gemeinsame Behörde mit länderübergreifender Zuständigkeit errichtet werden, die **Gemeinsame Glücksspielbehörde der Länder**. Dies führt insbesondere hinsichtlich des Bereichs des Internets sowie der hierfür notwendigen 1

Übergangsregelungen zu einem weitgehenden Fortentwicklungs- und Änderungsbedarfs des bisherigen § 9a GlüStV 2012.[1]

2 Grundsätzlich dient das **ländereinheitliche Verfahren** der Vermeidung entgegenstehender Entscheidungspraxis der einzelnen Länder bzw. deren zuständigen Behörden sowie der einheitlichen Beurteilung länderübergreifender Tätigkeiten.[2]

3 Bisher wurde gemäß den Abs. 5 bis 8 des § 9a GlüStV 2012 das ländereinheitliche Verfahren durch das **Glücksspielkollegium** mit Geschäftsstelle im Land Hessen beaufsichtigt. Aufgrund der nunmehr geltenden Regelungen der §§ 27a ff. Glücksspielstaatsvertrag 2021 bezüglich der Gemeinsamen Glücksspielbehörde der Länder entfallen diese bisherigen Vorschriften, jedoch bleibt gemäß § 27p Abs. 6 des neuen Glücksspielstaatsvertrags das Glücksspielkollegium noch für einen Übergangszeitraum bis zum 31.12.2022 bestehen.[3]

II. Erläuterungen

4 **1. Erlaubnisse mit Wirkung für alle Länder (Abs. 1).** Der neue Abs. 1 des § 9a Glücksspielstaatsvertrag 2021 definiert die **Erlaubnisse**, die im ländereinheitlichen Verfahren mit Wirkung für alle Länder durch die Gemeinsame Glücksspielbehörde der Länder zu erteilen sind. Dabei ergibt sich die Zuständigkeit der Gemeinsamen Glücksspielbehörde der Länder hierfür aus § 27a Abs. 1 S. 1, § 27f Abs. 1 Glücksspielstaatsvertrag 2021.

5 Neben den bisher schon im ländereinheitlichen Verfahren **zentral zu erteilenden Erlaubnissen** für die Vermittlung von Sportwetten im Internet, für die Veranstaltung von Sportwetten, für eine Anstalt für Klassenlotterien sowie eine Erlaubnis für das Veranstalten und Vermitteln von Pferdewetten, eine Lotterie mit einem einheitlichen länderübergreifenden Spielplan in allen Ländern sowie die Erlaubnis für eine gemeinsam geführte Anstalt zur Sicherstellung eines ausreichenden Glücksspielangebotes tritt nunmehr auch die zentrale Erlaubniserteilung für die jetzt erlaubnisfähigen **virtuellen Automatenspiele** und **Online-Poker.**[4]

6 Ebenfalls neu hinzugekommen ist die klarstellende Ergänzung bezüglich der in § 9a Abs. 1 Nr. 3 GlüStV genannten Erlaubnisse, dass das ländereinheitliche Verfahren auch die mit diesen Erlaubnissen zusammenhängenden Erlaubnisse nach dem Glücksspielstaatsvertrag umfasst. Die Gesetzesbegründung spricht hier von solchen Erlaubnissen, die neben der Veranstaltererlaubnis (nur) an den Erlaubnisnehmer erteilt werden können, insbesondere Erlaubnisse nach § 21 Abs. 5, 22a Abs. 1 S. 2 und § 22b Abs. 1 GlüStV.[5] Hintergrund der Regelung ist die Sicherung eines **effektiven Vollzugs.**[6] Dagegen sollen zB Erlaubnisse für Wettvermittlungsstellen nicht erfasst sein.[7]

7 Nicht erfasst von dem ländereinheitlichen Verfahren sind das gebündelte Verfahren nach **§ 19 Abs. 2 GlüStV** sowie die Erlaubnisse für die Veranstaltung von nicht in den Nummern 1 und 4 genannten Lotterien und die Konzessionen für Online-Casinospiele.[8] Möglich ist allerdings in diesem Zusammenhang, dass die Länder gemäß § 27k Abs. 3 GlüStV einzelne Aufgaben hinsichtlich der Durchführung von Verwaltungsaufgaben im Zusammenhang mit diesem Staatsvertrag

1 NRW LT-Drs. 17/11683, 171.
2 Streinz/Liesching/Hambach/*Hambach/Brenner* § 9 Rn. 1.
3 NRW LT-Drs. 17/11683, 171.
4 NRW LT-Drs. 17/11683, 171.
5 NRW LT-Drs. 17/11683, 171.
6 NRW LT-Drs. 17/11683, 171.
7 NRW LT-Drs. 17/11683, 171.
8 NRW LT-Drs. 17/11683, 172.

an die Gemeinsame Glücksspielbehörde der Länder übertragen. Das gilt gemäß § 27k Abs. 3 S. 2 GlüStV insbesondere für die Überwachung und Auswertung der von dem technischen System nach § 6i Abs. 2 erfassten Daten. In diesem Zusammenhang ist jedoch zu beachten, dass für die in § 9a Abs. 3 GlüStV genannten Konstellationen bei Lotterien und Online-Casinospielen die Gemeinsame Glücksspielbehörde der Länder für den Vollzug gegen unerlaubte Angebote zuständig ist.[9]

2. Glücksspielaufsicht mit Wirkung für alle Länder (Abs. 2). Wie bereits zuvor in § 9a Abs. 3 GlüStV 2012 für die alte Rechtslage geregelt, übt nunmehr nach § 9a Abs. 2 GlüStV die neue Gemeinsame Glücksspielbehörde der Länder in den Fällen des Abs. 1 gegenüber den Erlaubnisnehmern die Aufgaben der **Glücksspielaufsicht** nach § 9 Abs. 1 mit Wirkung für alle Länder **ab dem Zeitpunkt der Erlaubniserteilung** aus; sie kann die erforderlichen Anordnungen im Einzelfall erlassen und nach dem für sie geltenden Landesrecht vollstrecken sowie dazu Amtshandlungen in anderen Ländern vornehmen. Dabei überwacht die Gemeinsame Glücksspielbehörde der Länder insbesondere die Einhaltung der Inhalts- und Nebenbestimmungen der Erlaubnis und entscheidet über Maßnahmen nach §§ 4a bis 4d. 8

Der § 9 Abs. 2 und 2a GlüStV gilt entsprechend. Das bedeutet insbesondere, dass auch gegen Verwaltungsakte im ländereinheitlichen Verfahren Widerspruch und Klage **keine aufschiebende Wirkung** haben und bei einer Vollstreckung mittels Zwangsgeld die in den § 9 S. 2 bis 4 statuierten Grundsätze Anwendung finden.[10] 9

Der neue § 9a Abs. 2 S. 1 GlüStV stellt mit dem Zusatz „ab dem Zeitpunkt der Erlaubniserteilung" klar, dass die Zuständigkeit für die Glücksspielaufsicht gegenüber den Erlaubnisnehmern **erst mit Erlaubniserteilung** auf die Gemeinsame Glücksspielbehörde der Länder übergeht.[11] Einer solchen Klarstellung bedurfte es, da die Vorgängerregelung zu vereinzelt in der Rechtsprechung vertretener Auffassung führte, dass in Fällen des Abs. 1 die Zuständigkeit für die Glücksspielaufsicht unabhängig von einer entsprechenden Erlaubniserteilung begründet sei.[12] Laut der Gesetzesbegründung war und ist diese Rechtsfolge jedoch nicht gewollt, so dass eine Klarstellung erforderlich ist.[13] 10

Zudem gab es hinsichtlich der Vorgängerregelung zur Glücksspielaufsicht bzw. bezüglich des ländereinheitlichen Verfahrens **verfassungsrechtliche Bedenken**. Als problematisch wurde in diesem Zusammenhang insbesondere angesehen, dass die jeweils zuständige Behörde gem. des vorigen Abs. 3 S. 1 Hs. 2 Amtshandlungen in anderen Ländern vornehmen kann und insoweit die Möglichkeit bestand, dass ein Land, das bei der Abstimmung im Glücksspielkollegium gegen die vorgeschlagene Maßnahme gestimmt hat, die Vollstreckung eben jener Maßnahme im eigenen Land hinnehmen muss.[14] Dies widerspreche staatsrechtlichen Grundsätzen, insbesondere dem Demokratie- und Bundesstaatsprinzip aus Art. 20 Abs. 1, Art. 28 Abs. 1 S. 1 GG, wonach die Behörden eines Landes nur innerhalb des eigenen Landes- bzw. Hoheitsgebietes zu entsprechenden Eingriffen befugt seien.[15] Zudem fehle es an einer **demokratischen Anbindung** an das 11

9 NRW LT-Drs. 17/11683, 172.
10 Streinz/Liesching/Hambach/*Hambach/Brenner* § 9 Rn. 10.
11 NRW LT-Drs. 17/11683, 172.
12 OVG Lüneburg 7.3.2018 – 11 LA 43/17, juris; OVG Bautzen 4.12.2018 – 3 A 635/18, juris.
13 Gesetzesbegründung NRW LT-Drs. 17/11683, 172.
14 Streinz/Liesching/Hambach/*Hambach/Brenner* § 9 Rn. 12.
15 Streinz/Liesching/Hambach/*Hambach/Brenner* § 9 Rn. 12.

jeweilige Staatsvolk, da weder ein direkter Einfluss des jeweiligen Landes auf die ausführende Landesbehörde eines anderen Landes noch ein indirekter Einfluss über das Glücksspielkollegium erfolge, da das Glücksspielkollegium durch qualifizierten Mehrheitsbeschluss entscheide.[16] Das Glücksspielkollegium als solches sei ferner nicht ausreichend demokratisch legitimiert, da es insbesondere an einer Aufsicht über das Kollegium fehle[17] – wobei die Frage, ob dies verfassungsrechtlich hinnehmbar sei, ebenfalls unterschiedlich bewertet wurde.[18]

12 Zudem bestanden auch **vollstreckungsrechtliche Bedenken**, da durch die Regelungen des Glücksspielstaatsvertrags eine Beauftragung der Behörde eines anderen Landes als Vollstreckungsbehörde und damit eine verfassungsrechtliche nicht gestattete Übertragung administrativer Souveränität auf ein anderes Bundesland erfolge.[19] Dagegen wurde angeführt, dass es keine Pflicht zur Selbstausführung von Gesetzen für die Länder gäbe und das Grundgesetz keine diesem Verfahren entgegenstehenden Regelungen für die Zusammenarbeit der Länder enthalten würde.[20] Auch die demokratische Anbindung sei gegeben, da die demokratisch legitimierten Vertreter des Landesvolks mit Zustimmung zum GlüStV 2012 ihr Einverständnis zu dem erörterten Verfahren gegeben hätten.[21]

13 Diese Bedenken dürften aufgrund der Errichtung der Gemeinsamen Glücksspielbehörde der Länder nunmehr obsolet sein, da § 27a GlüStV für diese das Land Sachsen-Anhalt als Sitzland bestimmt. Für die Errichtung und den Betrieb der Gemeinsamen Glücksspielbehörde der Länder findet grundsätzlich das Recht des Sitzlandes Anwendung, dies gilt ebenfalls für die Durchführung von Verwaltungsverfahren und für die Verwaltungsvollstreckung. Insofern erfolgt eine **eindeutige Zuordnung** der Gemeinsamen Glücksspielbehörde der Länder als Organ des Landes Sachsen-Anhalts und gerade keine verfassungsrechtlich problematische Schaffung einer zusätzlichen „dritten Ebene" zwischen Bund und Ländern, wie *Dittmann* zutreffend ausführt.[22]

14 Eine **weitere Neuerung** der Glücksspielaufsicht ist die aufgrund des Wegfalls der Werbeerlaubnis nach § 5 Abs. 3 S. 2 GlüStV 2012 nunmehr begründete Zuständigkeit der Erlaubnisbehörde für die glücksspielaufsichtlichen Maßnahmen im Zusammenhang mit der **Werbung**, wobei die Zuständigkeit anderer Behörden, zB der Landesmedienanstalten, für die Aufsicht über die Werbung in ihrem Zuständigkeitsbereich hierdurch unberührt bleiben.[23]

15 **3. Weitere ländereinheitliche Zuständigkeiten (Abs. 3).** In Abs. 3 des § 9a GlüStV (in Verbindung mit § 27f GlüStV) werden **weitere einheitliche Zuständigkeiten** der Gemeinsamen Glücksspielbehörde einer Behörde für alle Länder begründet.

16 Neben der bisher bereits schon bestehenden ländereinheitlichen Zuständigkeit für Maßnahmen gegen am Zahlungsverkehr Beteiligte[24], insbesondere den Kredit- und Finanzdienstleistungsinstituten, besonders im Zusammenhang mit Zahlungen für unerlaubtes Glücksspiel und Auszahlungen aus unerlaubtem Glücksspiel (§ 9 Abs. 1 S. 3 Nr. 4) ist neu die ländereinheitliche Zuständigkeit bei **Maßnahmen zur Sperrung unerlaubter Glücksspiele**, die in mehr als einem Land an-

---

16 Streinz/Liesching/Hambach/*Hambach/Brenner* § 9 Rn. 13 f.
17 *Kirchhof* NVwZ 2016, 124 (125 ff.).
18 *Kirchhof* NVwZ 2016, 124 (125 ff.).
19 Streinz/Liesching/Hambach/*Hambach/Brenner* § 9 Rn. 18.
20 *Pagenkopf* NJW 2012, 2918 (2921).
21 *Pagenkopf* NJW 2012, 2918 (2921).
22 *Dittmann* ZfWG 2020, 302 (302 ff.).
23 NRW LT-Drs. 17/11683, 172.
24 Streinz/Liesching/Hambach/*Hambach/Brenner* § 9 Rn. 7.

geboten werden, hinzugekommen (§ 9 Abs. 1 S. 3 Nr. 5). Voraussetzung dieser ländereinheitlichen Zuständigkeit ist das Angebot unerlaubten Glücksspiels in mehr als einem Land. Sofern kein solches länderübergreifendes Angebot vorliegt, bleibt es bei der Zuständigkeit der jeweiligen Landesbehörde.[25]

Darüber hinaus besteht eine solche ländereinheitliche Zuständigkeit auch für Maßnahmen der Glücksspielaufsicht wegen **unerlaubten öffentlichen Glücksspiels und der Werbung hierfür**, welches im **Internet** in mehr als einem Land angeboten wird (Nr. 2). Dagegen verbleibt bezüglich unerlaubter Werbung im Rundfunk die Zuständigkeit bei den Landesmedienanstalten.[26] 17

Ebenfalls **keine ländereinheitliche Zuständigkeit besteht** bei unerlaubten Online-Casinospielen, die von einem Veranstalter, dem eine wirksame Erlaubnis für die Veranstaltung von Online-Casinospielen erteilt worden ist, im Geltungsbereich der Erlaubnis veranstaltet oder vermittelt werden (S. 2). Insoweit bleibt es bei einer Zuständigkeit der jeweiligen Glücksspielaufsichtsbehörde der Länder, sofern der Inhaber einer Erlaubnis zur Veranstaltung von Online-Casinospielen in mehreren Ländern die inhaltlichen Grenzen dieser Erlaubnis überschreitet, wobei es sich um einen durch die jeweilige Erlaubnisbehörde zu prüfenden Sachverhalt handelt.[27] 18

4. Gebühren und Auslagen (Abs. 4). Wie bereits nach der alten Rechtslage normiert Abs. 4, dass die nach den Abs. 1 und 2 zuständigen Behörden für Amtshandlungen in Erfüllung der Aufgaben nach den Abs. 1 bis 3 **Kosten** (Gebühren und Auslagen) erheben. Gemäß der Gesetzesbegründung sind diese „*weiterhin so bemessen, dass zwischen der den Verwaltungsaufwand berücksichtigenden Höhe der Gebühr einerseits und der Bedeutung, dem wirtschaftlichen Wert oder dem sonstigen Nutzen der Amtshandlung für den Betroffenen andererseits ein* ***angemessenes Verhältnis*** *besteht*“.[28] Dabei können die Gebühren auch über oder unter den berücksichtigten Verwaltungskosten liegen, um diesem **Grundsatz des Äquivalenzprinzips** Rechnung zu tragen.[29] Jedoch darf kein offensichtliches Missverhältnis zwischen den jeweiligen Kosten entstehen.[30] 19

S. 2 sieht bezüglich der Erteilung einer Erlaubnis für das Veranstalten eines Glücksspiels eine **Kostenstaffelung** vor, die sich an der Summe der genehmigten oder voraussichtlichen Spiel- oder Wetteinsätze in allen beteiligten Ländern bemisst. Mithin bestimmt sich die jeweilige Gebührenhöhe nach dem **Umsatz**, also dem Bruttospiel- oder Wetteinsatz vor Steuern und Abzügen.[31] Zweck der Vorschrift ist entsprechend der Gesetzesbegründung ausdrücklich auch der „*Ausgleich des in dem Angebot von Glücksspielen liegenden Vorteils, der den Anbietern aus der Erlaubniserteilung und der Durchführung der laufenden Aufsicht erwächst.*“[32] 20

Im Vergleich zur vorigen Rechtslage sieht der Glücksspielstaatsvertrag nunmehr eine Kostenerhöhung vor in Form der **Verdopplung der bisher gültigen Promillesätze** und einer **Erhöhung der jeweiligen Schwellenwerte**. Gerechtfertigt wird diese Kostenerhöhung insbesondere mit höherem Verwaltungsaufwand für die Überwachung der Anbieter von Sportwetten, virtuellen Automatenspielen und 21

---

25 NRW LT-Drs. 17/11683, 173.
26 NRW LT-Drs. 17/11683, 173.
27 NRW LT-Drs. 17/11683, 173.
28 NRW LT-Drs. 17/11683, 173.
29 Streinz/Liesching/Hambach/*Hambach/Brenner* § 9 Rn. 19.
30 Becker/Hilf/Nolte/Uwer/*Uwer* § 9a Rn. 18; Streinz/Liesching/Hambach/*Hambach/Brenner* § 9 Rn. 19.
31 Streinz/Liesching/Hambach/*Hambach/Brenner* § 9 Rn. 19.
32 NRW LT-Drs. 17/11683, 173.

Online-Poker sowie gestiegenen Personalkosten im öffentlichen Dienst und der eingetretenen Inflation.[33] Jedoch sieht S. 3 vor, dass sich für Erlaubnisse nach Abs. 1 Nr. 1, 2 und 4 die Gebühr nach S. 2 um die Hälfte ermäßigt.

22 Gemäß § 19 Abs. 2 GlüStV ist § 9a Abs. 4 entsprechend anzuwenden, die **Kostenregelung** gilt mithin auch für die **gewerbliche Spielvermittlung.**

23 Wird die Erlaubnis für mehrere aufeinanderfolgende Jahre oder Veranstaltungen erteilt, erfolgt die Berechnung gemäß S. 4 gesondert für jedes Jahr und jede Veranstaltung, wobei sich die Gebühr nach S. 2 und 3 für die Folgejahre oder die Folgeveranstaltungen um 10 Prozent **ermäßigt.** Damit wird laut Gesetzesbegründung klargestellt, „*dass sich die Reduktion der Gebühren um 10 Prozent für jede Folgeveranstaltung oder jedes Folgejahr nicht bei mehreren Folgeveranstaltungen oder -jahren kumuliert. Auch für das dritte oder vierte Jahr der Geltungsdauer einer Erlaubnis verbleibt es bei einer Ermäßigung um 10 Prozent im Verhältnis zur Gebührenhöhe für das erste Geltungsjahr*“.[34]

24 Für die Erteilung einer Erlaubnis für das Vermitteln eines Glücksspiels wird eine Gebühr in Höhe von 50 Prozent der Gebühr nach den Sätzen 2 und 3 erhoben; S. 4 ist entsprechend anzuwenden (S. 5). Der Verweis auf S. 3 führt dazu, dass bei Vorliegen der entsprechenden Voraussetzungen eine **doppelte Ermäßigung** erfolgt, dh für die Erteilung einer Erlaubnis für die Vermittlung von nach Abs. 1 Nr. 1, 2 und 4 erlaubten Glücksspielen ist eine Gebühr in Höhe von 25 Prozent der Gebühren nach S. 2 zu erheben.[35]

25 Für **Anordnungen zur Beseitigung oder Beendigung rechtswidriger Zustände** sowie für **sonstige Anordnungen der Glücksspielaufsichtsbehörden** wird eine Gebühr von 500 Euro bis 500 000 Euro erhoben; dabei ist der mit der Amtshandlung verbundene Verwaltungsaufwand aller beteiligten Behörden und Stellen zu berücksichtigen (S. 6).

26 Im Übrigen gelten die Kostenvorschriften des jeweiligen **Sitzlandes** der handelnden Behörde (S. 7).

§ 10 GlüStV Sicherstellung eines ausreichenden Glücksspielangebotes

(1) [1]Die Länder haben zur Erreichung der Ziele des § 1 die ordnungsrechtliche Aufgabe, ein ausreichendes Glücksspielangebot sicherzustellen. [2]Sie werden dabei von einem Fachbeirat beraten. [3]Dieser setzt sich aus Personen zusammen, die im Hinblick auf die Ziele des § 1 über besondere wissenschaftliche oder praktische Erfahrungen verfügen.

(2) [1]Auf gesetzlicher Grundlage können die Länder diese öffentliche Aufgabe selbst, durch eine von allen Vertragsländern gemeinsam geführte öffentliche Anstalt, durch juristische Personen des öffentlichen Rechts oder durch privatrechtliche Gesellschaften, an denen juristische Personen des öffentlichen Rechts unmittelbar oder mittelbar maßgeblich beteiligt sind, erfüllen. [2]Auf der Grundlage eines Verwaltungsabkommens ist auch eine gemeinschaftliche Aufgabenerfüllung oder eine Aufgabenerfüllung durch die Unternehmung eines anderen Landes möglich, das die Voraussetzungen des Satzes 1 erfüllt.

33 NRW LT-Drs. 17/11683, 173.
34 NRW LT-Drs. 17/11683, 173.
35 NRW LT-Drs. 17/11683, 174.

(3) Klassenlotterien dürfen nur von einer von allen Vertragsländern gemeinsam getragenen Anstalt des öffentlichen Rechts veranstaltet werden.

(4) Die Länder begrenzen die Zahl der Annahmestellen zur Erreichung der Ziele des § 1.

(5) Es ist sicherzustellen, dass ein erheblicher Teil der Einnahmen der in Absatz 2 und 3 Genannten aus Glücksspielen zur Förderung öffentlicher oder gemeinnütziger, kirchlicher oder mildtätiger Zwecke verwendet wird.

(6) Anderen als den in den Absätzen 2 und 3 Genannten darf nur die Veranstaltung von Lotterien und Ausspielungen nach den Vorschriften des Dritten Abschnitts erlaubt werden.

Literatur: *Dietlein/Hecker/Ruttig*, Glücksspielrecht, 2. Aufl. 2013; *Dünchheim*, Unions- und verfassungsrechtliche Vereinbarkeit eines Lotterieveranstaltungsmonopols im Gefüge einer kohärenten Glücksspielregulierung, ZfWG 2019, 418; *Dünchheim/Bringmann*, Schwarze Lotteriewetten – Zur Strafbarkeit der Anbieter gemäß § 284 Abs. 1 StGB, ZfWG 2018, 502; *Ennuschat*, Das Lotteriemonopol – steht es stabil oder beginnt es zu wanken? ZfWG 2019, 2; *Haltern*, Lotterieregulierung und ihre Rechtfertigung durch soziokulturelle Präferenzen, ZfWG 2015, 419; *Palm/Gäbler*, Wetten auf die Ziehungsergebnisse staatlich erlaubter Lotterien: „Zweitlotterien" oder „Schwarzes Glücksspiel"?, ZfWG 2019, 330.

I. Entstehungsgeschichte

1 Die Regelung ist gegenüber dem Ersten Staatsvertrag zur Änderung des Staatsvertrages zum Glücksspielwesen in Deutschland (Glücksspielstaatsvertrag – GlüStV) aus dem Jahr 2011[1] **nahezu unverändert geblieben.** Einzige Änderung am Wortlaut des § 10 ist die Klarstellung in Abs. 5, dass die Verwendung der Einnahmen sich auf die in den Abs. 2 und 3 Genannten bezieht.

2 Schon der Staatsvertrag zum Lotteriewesen in Deutschland (Lotteriestaatsvertrag – LottStV) aus dem Jahr 2004[2] sah in dem damaligen § 5 Abs. 1 S. 1 und

1 GV NRW 2011, 524.
2 GV NRW 2004, 315.

Abs. 2 eine **fast wortgleiche Regelung** zur Sicherstellung eines ausreichenden Glücksspielangebotes als ordnungsrechtliche Aufgabe der Länder vor.

3 Der sich daran anschließende Staatsvertrag zum Glücksspielwesen in Deutschland (Glücksspielstaatsvertrag – GlüStV) aus dem Jahr 2008[3] **erweiterte in seinem § 10** die Regelung um den Fachbeirat, die Begrenzung der Annahmestellen sowie Verpflichtung der Verwendung der Einnahmen für gemeinwohlorientierte Zecke.

4 Der Glücksspieländerungsstaatsvertrag aus dem Jahr 2011 sah dann eine Präzisierung der Aufgaben des Fachbeirates, eine Ergänzung in Abs. 2 S. 2 **sowie die jetzige Regelung zu den Klassenlotterien** in Abs. 3 vor.

II. Erläuterungen

5 **1. Kananalisierungsauftrag.** Die Regelung in Abs. 1 S. 1 verpflichtet die Länder zur aktiven Sicherstellung eines ausreichenden Glücksspielangebotes und dokumentiert die zentrale Bedeutung des **Kanalisierungsauftrages** als unveränderte Grundlage des Glücksspielstaatsvertrages.[4]

6 **2. Staatlicher Sicherstellungsauftrag.** Die Länder sind aber nicht verpflichtet, ein Angebot an Spielbanken, Online-Casinospielen, Sportwetten oder virtuellen Automatenspielen sicherzustellen. Dies ergibt sich aus dem Anwendungsbereich in § 2 Abs. 10. In der Begründung wird klargestellt, dass die bereits bislang auf Lotterien anwendbaren Vorschriften in ihrer neuen Fassung weiterhin Anwendung finden.[5] Insoweit bezieht sich der **staatliche Sicherstellungsauftrag nur auf die Lotterien und Ausspielungen.**

7 **3. Fachbeirat.** Der Fachbeirat gemäß Abs. 1 S. 2 und 3 untersucht und bewertet im Wesentlichen die Einführung neuer Glücksspielangebote und Vertriebswege durch die in Abs. 2 und 3 genannten Veranstalter und **berät die Länder** bei der ordnungsrechtlichen Aufgabe der Sicherstellung eines ausreichenden Glücksspielangebotes. Er besteht aus 7 Mitgliedern, ist ein **Expertengremium aus allen Fachbereichen des Glücksspielwesens** und an Weisungen nicht gebunden. Eine abschließende Entscheidungskompetenz wird dem Fachbeirat aber nicht zugewiesen.[6]

8 **4. Staatliches Lotterieveranstaltungsmonopol.** Das **staatliche Lotterieveranstaltungsmonopol** nach Abs. 2 **bleibt bestehen.** Nach der Begründung wird damit die bestehende und bewährte Regelungssystematik im Bereich der Lotterien beibehalten, mit denen bereits bislang effektiv und nachhaltig die unveränderten Ziele des Staatsvertrages umgesetzt worden sind.[7] Im Rahmen der Ausübung können sich die Länder unterschiedlicher Organisationsformen bedienen.

9 **a) Ordnungsrechtlicher Ansatz.** Der unverändert ordnungsrechtliche Ansatz der Vorschrift beruht im Wesentlichen auf der Grundsatzentscheidung des Bundesverfassungsgerichtes aus dem Jahr 2006,[8] wonach **die Einrichtung eines staatlichen Wettmonopols** ein geeignetes Mittel ist, die mit den Wetten verbundenen Gefahren zu bekämpfen. Die damit verbundene Grundentscheidung der Länder, bestimmte Glücksspiele den genannten staatlichen oder staatlich beherrschten

---

3 GV NRW 2008, 441.
4 Vgl. Dietlein/Hecker/Ruttig/*Dietlein/Postel* § 10 Rn. 6.
5 NRW LT-Drs. 17/11683, 175.
6 Vgl. Geschäfts- und Verfahrensordnung des Fachbeirats vom 1.3.2013, https://www.innen.hessen.de.
7 NRW LT-Drs. 17/11683, 92.
8 BVerfG 28.3.2006 – 1 BvR 1054/01, BVerfGE 115, 276 Rn. 113.

Veranstaltern vorzubehalten, hat das Bundesverfassungsgericht in dieser Entscheidung im Grundsatz nicht beanstandet.

b) **Niedrige Ereignisfrequenz.** In einer weiteren Grundsatzentscheidung des Bundesverfassungsgerichts aus dem Jahr 2008 wurde bei der Beurteilung des Suchtpotentials unterschiedlicher Glücksspielformen betont, dass das „Lottospiel" nicht zuletzt aufgrund seiner relativ **niedrigen Ereignisfrequenz** weniger zu problematischen oder gar pathologischem Spielverhalten beiträgt als viele andere Glücksspielformen.[9] 10

c) **Monopol als geeignetes Mittel.** Ein staatliches Monopol stellt nach der Begründung grundsätzlich ein **geeignetes Mittel zur Erreichung legitimer Ziele** dar. Es sei bereits dann im verfassungsrechtlichen Sinne geeignet, wenn mit seiner Hilfe der gewünschte Erfolg gefördert werden könne, wobei die Möglichkeit der Zweckerreichung genügt.[10] 11

d) **Bekämpfung der Spielsucht.** Das staatliche Lotterieveranstaltungsmonopol dient der **Eindämmung der mit Glücksspielen allgemein verbundenen Gefahren**, insbesondere auch der Ausrichtung der staatlichen Maßnahmen auf die Bekämpfung der Spielsucht.[11] Hier ist zwar zu berücksichtigen, dass die Suchtgefahren des Lotteriespiels nicht automatisch geringer sind als bei anderen Glücksspielformen. Die tatsächlich **geringe Suchtgefahr des Lotteriespiels** bei sogenannten „großen" Lotterien ist nach der Begründung aber maßgeblich auf die bisherige Ausgestaltung des Angebots im staatlichen Monopol und die damit verbundene sehr niedrige Frequenz des staatlichen angebotenen Lotteriespiels verbunden.[12] 12

e) **Staatliches Steuerungspotential.** Die Länder verfügen nach der Begründung gegenüber den staatlichen Veranstaltern iSd § 10 Abs. 2 und 3 im Vergleich zu der bloßen Aufsicht über Private auch über zusätzliche Mittel, mit denen sie deren Verhalten außerhalb der gesetzlichen Regelungsmechanismen und Kontrollen **beeinflussen und steuern können.**[13] Die Begründung stellt zudem deutlich heraus, dass dieses **erhöhte Steuerungspotential** gegenüber staatlichen Veranstaltern den Ländern erlaubt, den besonderen Gefahren im Bereich der Lotterien wirksamer zu begegnen und die Ziele des § 1 effektiver zu verfolgen. Insbesondere könne auf die staatlichen Veranstalter auch **gesellschaftsrechtlich eingewirkt werden.** Die Länder könnten so unmittelbar auf den Entscheidungsprozess beim Veranstalter Einfluss nehmen, wobei sie vorrangig den Zielen des § 1 und nicht – wie es einer privatwirtschaftlichen Betätigung immanent ist – der Erzielung eines möglichst großen Ertrags verpflichtet seien.[14] 13

f) **Beherrschung durch die öffentliche Hand.** Die Regelung in Abs. 2 S. 1 stellt den Ländern frei, in welcher Rechtsform sie diese öffentliche Aufgabe erfüllen, verlangt aber neben einer gesetzlichen Grundlage eine unmittelbare oder mittelbare maßgebliche Beteiligung, also **eine Beherrschung durch die öffentliche Hand.** Durch Abs. 2 S. 2 wäre auf der Grundlage eines Verwaltungsabkommens sogar eine gemeinschaftliche Aufgabenerfüllung oder eine Aufgabenerfüllung durch die Unternehmung eines Landes möglich. Von dieser rechtlichen Möglichkeit haben die Länder **bislang keinen Gebrauch gemacht,** und wegen der födera- 14

---

9 BVerfG 14.10.2008 – 1 BvR 928/08, ZfWG 2008, 351 (354).
10 NRW LT-Drs. 17/11683, 92.
11 Vgl. BVerfG 7.3.2017 – 1 BvR 1694/13 – BVerfGE 145, 20 Rn. 122.
12 NRW LT-Drs. 17/11683, 93 unter Hinweis auf BVerfG 14.10.2008 – 1 BvR 928/08, ZfWG 2008, 351 (354).
13 NRW LT-Drs. 17/11683, 93 mwN.
14 Vgl. NRW LT-Drs. 17/11683, 93.

len Eigenständigkeiten der Landeslotteriegesellschaften ist auch perspektivisch ein solches Organisationsmodell wohl nicht denkbar.

15 g) **Funktionsfähigkeit der Lotterien.** Weiterhin dient das staatliche Veranstaltungsmonopol nach der ausführlichen Begründung auch der **Sicherstellung der Funktionsfähigkeit der Lotterien** als – in ihrer gegenwärtigen Form – aus suchtfachlicher Sicht geringgefährlicheren Glücksspielformen. Denn das Spielprinzip von großen Lotterien erfordere es, grundsätzlich die gesamten Spieleinsätze in Richtung einer Lotterieausspielung oder allenfalls einer sehr geringen Anzahl an Lotterieausspielungen zu bündeln. Nur auf diese Weise lasse sich das den Lotterien immanente Spielprinzip realisieren, einen hohen Gewinn bei einem verhältnismäßig geringen Einsatz erzielen zu können. Lotterien seien daher konzeptionell auf Konzentration angelegt und ließen sich anders als andere Glücksspielformen nicht beliebig nebeneinander replizieren, ohne ihre kanalisierende Funktion zu beeinträchtigen. Dieses Charakteristikum mache plausibel, dass die **Veranstaltung großer Lotterien strukturell monopolartige Strukturen erfordere.**[15]

16 h) **Schutz vor Manipulationsgefahren.** Daneben steht gleichberechtigt der **Schutz vor Manipulationsgefahren.** Lotterien sind nach der Begründung wegen der Intransparenz der Gewinnermittlung und -verteilung strukturell anfällig für Manipulationen und können wegen der hohen angesammelten Summen in besonderem Maße zu kriminellem Handeln verleiten. Im Unterschied zu anderen Spielformen wie etwa Sportwetten gehe die Manipulationsgefahr dabei unmittelbar vom Veranstalter und nicht etwa von einem an der Ziehung oder Gewinnermittlung unbeteiligten Dritten aus.[16] Auch hier zeigt sich die **Stringenz der Begründung des Lotteriemonopols,** da die staatlichen oder staatlich beherrschten Landeslotteriegesellschaften vor allem im Hinblick auf deren interne Überwachungsorgane unter deutlich intensiverer neutraler „Beobachtung" stehen als etwa private Veranstalter. Deshalb ist und war es eine richtige und verantwortungsbewusste Entscheidung des Gesetzgebers, gerade diese Form des Glücksspiels in staatlicher Hand zu belassen.

17 i) **Internationale Lotteriemonopole.** Lotteriemonopole sind daneben auch kein nationales Phänomen, sondern **international weit verbreitet.** Nicht nur in Europa haben sich die im Monopol organisierten Lotteriegesellschaften zu einer gemeinsamen Organisation (EL – European Lotteries) zusammengeschlossen. Auch weltweit liegt das gemeinnützige Lottoprinzip den Mitgliedschaftsrechten in der WLA (World Lottery Association) zugrunde. Aus dieser internationalen Verbreitung ist ebenfalls der Schluss zu ziehen, dass den **großen Lotterien eine Sonderstellung** zukommt, die sie von anderen Glücksspielanbietern unterscheidet.[17]

18 5. **Rechtswidrige Zweitlotterien.** In der Begründung wird deutlich herausgestellt, dass **sogenannte „Zweitlotterien"** bzw. „Lotteriewetten", die selbst keine Lotterien sind, **nicht erlaubnisfähig bleiben.**[18] Bei dieser Spielform geben Spielteilnehmer Wetten auf die Ergebnisse der Ziehungen staatlicher Lotterien ab; die Veranstalter haben durchweg ihren Sitz im Ausland. Diese Angebote werden

15 Grundlegend NRW LT-Drs. 17/11683, 94 f.
16 NRW LT-Drs. 17/11683, 94 unter Hinweis auf BVerfG 28.3.2006 – 1 BvR 1054/01, BVerfGE 115, 276 Rn. 103.
17 *Ennuschat* ZfWG 2019, 2 (8).
18 NRW LT-Drs. 17/11683, 92.

in der Glücksspielbranche deshalb auch als **„Schwarze Lotteriewetten"** bezeichnet.[19]

a) **Verbotenes Glücksspiel.** Nach der einhelligen Rechtsprechung der Verwaltungsgerichte handelt es sich hier um **verbotenes Glücksspiel.**[20] 19

b) **Wettbewerbswidrigkeit.** Daneben hat auch die zivilrechtliche Rechtsprechung herausgearbeitet, dass dieses Angebot **wettbewerbswidrig** ist und den staatlichen Lotteriegesellschaften ein Unterlassungsanspruch gegen die Anbieter zusteht.[21] Anbieter, die ihren Sitz in einem EU-Mitgliedstaat haben, können sich nicht auf die europäischen Grundfreiheiten berufen.[22] 20

c) **Strafrechtliche Bedeutung.** Vereinzelt wird hierin sogar mit guten Argumenten ein **strafbares Verhalten der Anbieter** gem. § 284 StGB gesehen.[23] Im Ergebnis dürfte dieses illegale Angebot nicht zuletzt auch aufgrund der ordnungsrechtlichen Eingriffsmöglichkeiten in Deutschland keine Zukunft haben. 21

6. Klassenlotterien. Nach Abs. 3 dürfen **Klassenlotterien** ausschließlich von einer von allen Vertragsländern gemeinsam getragenen **Anstalt des öffentlichen Rechts veranstaltet werden.** Derzeit ist Veranstalter im Sinne dieser Vorschrift die Gemeinsame Klassenlotterie der Länder (GKL), die im Jahr 2012 auf der Grundlage des Staatsvertrages über die Gründung der GKL Gemeinsame Klassenlotterie der Länder[24] gegründet wurde. Sie entstand mit Wirkung zum 1.7.2012 aus der Zusammenlegung der bis dahin unabhängigen Nordwestdeutschen Klassenlotterie und der Süddeutschen Klassenlotterie. Gem. § 2 GKL-StV ist Aufgabe der Anstalt die Wahrnehmung der ordnungsrechtlichen Aufgabe der **Sicherstellung eines ausreichenden Glücksspielangebotes** durch Veranstaltung von staatlichen Klassenlotterien und ähnlichen Spielangeboten (Glücksspiele). Die GKL hat ihren Sitz in Hamburg und München. 22

7. Begrenzung der Annahmestellen. Die Länder werden in Abs. 4 weiterhin verpflichtet, **die Anzahl der Annahmestellen** zur Erreichung der Ziele in § 1 **zu begrenzen.** Auch diese Vorgabe beruht letztlich auf der Grundsatzentscheidung des BVerfG aus dem Jahr 2006, wonach die staatlichen Glücksspielangebote gerade kein verfügbares „normales Gut des täglichen Lebens" sein dürfen.[25] Diese Begrenzung innerhalb der Vertriebsstruktur ist in den jeweiligen landesgesetzlichen Regelungen umgesetzt worden (vgl. etwa in Rheinland-Pfalz § 6 Abs. 1 LGlüG, wonach es landesweit nicht mehr als 1.000 Annahmestellen geben darf). 23

8. Gemeinwohlorientierung. Nach Abs. 5 ist sicherzustellen, dass ein erheblicher Teil der Einnahmen der staatlichen Lotteriegesellschaften und der Klassenlotterien aus Glücksspielen zur **Förderung öffentlicher oder gemeinnütziger, kirchlicher oder mildtätiger Zwecke** verwendet werden. 24

a) **Lotto-Prinzip.** Mit diesem Gesetzesauftrag hat sich das Bundesverfassungsgericht schon in der Grundsatzentscheidung aus dem Jahr 2006 befasst und festgestellt, dass eine Abschöpfung von Mitteln nur als Weg zur Suchtbekämpfung und als **Konsequenz aus einem öffentlichen Monopolsystem** gerechtfertigt ist, nicht dagegen als selbstständiges Ziel.[26] Die Vorschrift ist insoweit auch Aus- 25

19 Vgl. zu der Einstufung als „Schwarzes Glücksspiel" *Palm/Gäbler* ZfWG 2019, 331.
20 Vgl. ua Bayerischer VGH 2.3.2017 – 10 CS 16.2149, ZfWG 2017, 276; VG Darmstadt 16.10.2020 – 3L 28/20.DA, ZfWG 2021, 214.
21 OLG Koblenz 3.7.2019 – 9 U 1359/18, ZfWG 2019, 532.
22 BVerwG 26.10.2017 – 8 C 14.16, ZfWG 2017, 139.
23 *Dünchheim/Bringmann* ZfWG 2018, 502.
24 GKL-StV, GV NRW 2012, 223.
25 BVerfG 28.3.2006 – 1 BvR 1054/01, BVerfGE 115, 276, Rn. 138.
26 BVerfGE 28.3.2006 – 1 BvR 1054/01, BVerfGE 115, 276, Rn. 109.

fluss des **sog. „Lotto-Prinzips"**, das deutlich auf die Gemeinwohlorientierung der Landeslotteriegesellschaften abstellt. Die Landeslotteriegesellschaften (und auch die Klassenlotterien) sind gerade nicht auf Gewinnstreben ausgerichtet, sondern in erster Linie dem Kanalisierungsauftrag nach § 1 unterworfen. Zu den davon betroffenen Bereichen gehören über den Wortlaut hinaus nach der Begründung des Glücksspielstaatsvertrages 2008 auch Maßnahmen der Suchtprävention und der Hilfe bei pathologischem Glücksspiel.[27] Die Länder können entweder im Haushaltsgesetz oder auf anderer gesetzlicher Grundlage entscheiden, wie sie dem Gesetzesauftrag Rechnung tragen.

26 b) **Gemeinwohlfinanzierung.** Eine vergleichbare Verpflichtung trifft keinen anderen Anbieter im Glücksspielmarkt. Auch diese **Gemeinwohlfinanzierung** kann zur Begründung des Lotterieveranstaltungsmonopols beitragen.[28] Letztlich hat die durch den Gesetzgeber gewählte monopolartige Veranstalterform der Lotterien über die letzten Jahrzehnte zu einer **gesellschaftsrechtlichen Legitimation** geführt, die die großen Lotterien aus dem Kreis anderer Glücksspielangebote deutlich heraustreten lässt. Insoweit kann auch die Finanzierung uneigennütziger oder im Allgemeininteresse liegender Tätigkeit als **soziokulturelle Besonderheit** angeführt werden. Das seit langem praktizierte Lottospiel in Deutschland stelle sich im deutlichen Gegensatz zu anderen Glücksspielangeboten überwiegend nicht als marktrationales Konsumverhalten dar, sondern sei eine **Tätigkeit, die Gemeinwohldienliches finanzieren will.**[29] Schließlich führen die 16 Landeslotteriegesellschaften im Durchschnitt bis zu 40 % ihrer Spieleinsätze in Form von Steuern und Abgaben in die Landeshaushalte oder unmittelbar für gemeinnützige Projekte oder Zwecke ab. Im Jahr 2020 waren dies insgesamt **mehr als 3,1 Mrd. EUR.**[30]

27 **9. Andere Anbieter.** Die Regelung in Abs. 6 beinhaltet schon seit dem Lotteriestaatsvertrag 2004 eine Ausnahmeregelung dahingehend, dass **anderen Anbietern** als den Landeslotteriegesellschaften und den Klassenlotterien nur die **Veranstaltung von Lotterien und Ausspielungen nach den Vorschriften des Dritten Abschnitts erlaubt werden** dürfen. Auch diese Vorschrift bezieht sich aufgrund von § 2 nicht auf die Veranstaltung von Spielformen wie Spielbanken, Online-Casinospielen, Sportwetten oder virtuellen Automatenspielen und schließt deshalb eine Veranstaltung durch andere als die in den Abs. 2 und 3 Genannten gerade nicht aus.[31]

§ 11 GlüStV Suchtprävention, Suchtberatung und Suchtforschung

Die Länder stellen Maßnahmen der Suchtprävention, entsprechende Beratungsangebote sowie die wissenschaftliche Forschung zur Vermeidung und Abwehr von Suchtgefahren durch Glücksspiele sicher.

Literatur: *Becker/Banz*, Glücksspielsucht in Deutschland: Häufigkeit und Bedeutung bei den einzelnen Glücksspielformen ZfWG 2019, 212; *Becker*, Glücksspielsucht in Deutschland, 2009; *Bewersdorff*, Nochmals: Der durch Spielsucht generierte Umsatzanteil, ZfWG 2019, 442; *Dammann*, Materielles Recht und Beweisrecht im System der Grundfreiheiten, 2007, Deutsche Hauptstelle für Suchtfragen eV, Jahrbuch Sucht 2020,

27 Vgl. RP LT-Drs.15/1454.
28 *Dünchheim* ZfWG 2019, 418 (423).
29 Grundlegend *Haltern* ZfWG 2015, 419 (423).
30 Lotto Deutschland, Pressemitteilung vom 5.1.2021, https://www.lottodeutschland.de.
31 Vgl. NRW LT-Drs.17/11683, 175.

S. 129 ff.; *Dietlein/Hecker/Ruttig* Kommentar zum GlüStV 2008, 2. Aufl. 2012; *Fiedler* ua, Regulierungsoptionen für den deutschen Online-Glücksspielmarkt, Universität Hamburg, Endbericht 2019; *Fiedler*, Sinn und Unsinn von Sozialkonzepten in Spielhallen, Vortrag auf der 27. Jahrestagung des Fachverbandes Glücksspielsucht, 2015; *Gebhardt/Grüsser-Sinopoli*, Glücksspiel, 2. Aufl. 2018; *Gebhardt/Korte* Glücksspiel, 2. Aufl., 2018; *Hayer* ua, Das Gefährdungspotential von Online-Glücksspielen: Eine systematische Literaturanalyse, 2019, https://www.tobha.de/Bericht_final.pdf (zuletzt abgerufen am 6.5.2021); *Hayer* ua, Studie zur Wirkung und Optimierung von Spielersperren und Sozialkonzepten in Spielhallen in Hessen, Abschlussbericht 2018; *Hayer/Rehbein/Wulf*, Evaluation des Glücksspielstaatsvertrages: Empfehlungen zur Umsetzung durch den Fachbeirat vom 14.4.2021; *Hayer*, Wissenschaftliche Analyse des Präventions-, Betreuungs- und Versorgungsangebotes für problematische und pathologische GlücksspielerInnen und ihre Angehörigen in Niedersachsen: Ist-Zustand und Optimierungspotenziale, 2015; *Hilf/Umbach*, Neue Rechtsprechung des EuGH zum Glücksspielrecht, ZfWG 2017, 353; *Jazbinsek*, Glücksspielwerbung in der Corona-Krise, Vortrag auf der 32. Jahrestagung des Fachverbandes Glücksspielsucht, 2020; *Klöck/Klein*, Europäischer Gerichtshof, 8.9.2010. Rs. C-46/08 – Carmen Media: Unionsrechtliche Voraussetzungen an ein Glücksspielmonopol, ZfWG 2010, 356; *Meyer ua*, Spieler- und Jugendschutz in Spielhallen: Ein Praxistest.Sucht, 2015, S. 9; *Meyer/Bachmann*, Spielsucht, 2017; *Meyer/Bachmann*, Spielsucht, 2021; *Seckelmann*, Die Rechtsprechung zum Recht der Spielhallen seit 2016, ZfWG 2018, 523.

I. Allgemeines

1. Entstehungsgeschichte. Seit Inkrafttreten des GlüStV 2008 und den nachfolgenden Staatsverträgen zur Änderung des GlüStV von 2012 und 2019 wurde die Vorschrift nun **erstmals novelliert.** Neben dem Auftrag an die Länder, die wissenschaftliche Forschung zur Vermeidung und Abwehr von Suchtgefahren durch Glücksspiele sicherzustellen, ist in § 11 GlüStV 2021 der Sicherstellungsauftrag hinzugekommen, Maßnahmen der Suchtprävention und entsprechende Beratungsangebote vorzuhalten. In Fortschreibung der Erläuterungen zu § 11 GlüstV 2008 erachten die Länder den Sicherstellstellungsauftrag zur Gewinnung laufender wissenschaftlicher Erkenntnisse über die Ursachen von Glücksspielsucht, die Möglichkeiten der aktiven Suchtprävention und der Wirksamkeit bereits eingesetzter Schutzmechanismen als notwendig, um daraus juristische Maßnahmen abzuleiten.[1] Die Vorschrift enthält also eine Pflicht zum **Monitoring.**[2] Darüber hinaus sind die Länder nun gehalten, die Aufklärung der Allgemeinbevölkerung und besonderer Risikogruppen zu betreiben und die Beratung von Glücksspielsüchtigen und deren Angehörigen abzusichern.[3] 1

Neben §§ 6 ff., 7 GlüStV 2021, welche Anforderungen an ein Sozialkonzept und die Aufklärung aufstellen, ist § 11 GlüStV 2021 als allgemeine suchtfachliche 2

1 Erläuterungen zum GlüStV vom 14.12.2006; vgl. *Gebhardt/Grüsser*-Sinopoli Glücksspiel S. 623 f.
2 *Seckelmann* ZfWG 2018, 523 (524).
3 Erläuterungen zum GlüStV vom 29.10.2020; vgl. *Gebhardt/Grüsser-Sinopoli* Glücksspiel S. 141.

Vorgabe für terrestrische und im Internet öffentlich zugängliche Angebote zu verstehen. Dabei sollen die glücksspielformspezifischen Gefahren des erlaubten Anbietens von Glücksspielen im Internet nach dem Stand der Suchtforschung berücksichtigt werden, um Anforderungen an die Suchtprävention und Suchtbekämpfung zu konkretisieren und auf länderübergreifende **verbindliche Standards** hinzuwirken. Indem der bisherige Anhang „Richtlinien zur Vermeidung und Bekämpfung von Glücksspielsucht" nun vor allem in den Bereich der §§ 6 ff. GlüStV 2021 integriert ist, wird beabsichtigt, verbindliche Zuständigkeiten, Verantwortlichkeiten sowie Abläufe im Zusammenhang mit dem jeweiligen Glücksspielangebot von öffentlichen Glücksspielen zu etablieren.[4]

3 Während die Vermeidung und Bekämpfung der Glücksspielsucht weiterhin unverändert als erstgenanntes Ziel auch im GlüStV 2021 nach § 1 S. 1 Nr. 1 feststeht, perpetuiert § 1 S. 1 Nr. 1 eine normative Gleichrangigkeit im Verhältnis zu den anderen im Staatsvertrag genannten Kernzielen,[5] die sich so aus dem GlüStV 2008 noch nicht ergab, aber schon im GlüStÄV 2012 angelegt war.[6] Schließlich wurde die Suchtbekämpfung ursprünglich noch als „zentrales und vorrangiges Ziel" angesehen.[7] Die faktisch herausragende Rolle der Suchtbekämpfung manifestiert sich andererseits insbesondere in der nun erfolgten Novellierung des Internetglücksspiels. Denn die Länder gehen aufgrund von verschiedenen Studien über die Teilnahme an Online-Glücksspielen davon aus, dass das Internet als Vertriebsweg mit erheblichem Suchtgefährdungspotential verbunden ist.[8] Auf der anderen Seite verstärke die Aufrechterhaltung eines weitgehenden Verbots von Internetglücksspielen allerdings die Suchtpotentiale für Glücksspieler sogar, da diese auf den Schwarzmarkt auswichen.[9] Als Konsequenz wird daher im Zuge der Novellierung eine **Öffnung des Online-Markts** durch erlaubnisfähige Online-Pokerspiele, virtuelle Automatenspiele, Sportwetten und Online-Casinospiele bewirkt, die sich beispielsweise auf eine aktuelle Studie der Universität Hamburg im Auftrag der Mehrheit der Länder über „Regulierungsoptionen für den deutschen Onlineglücksspielmarkt" stützt.[10]

4 Nach dem Inkrafttreten des GlüStÄV 2012 gab es darüber hinaus nur **wenige wissenschaftliche Gutachten im Auftrag der Länder**. Zu nennen ist das vom Land Hessen beauftragte und vom Institut für Psychologie und Kognitionsforschung der Universität Bremen ausgearbeitete Gutachten zum Thema „Wirkung und Optimierung von Spielersperren und Sozialkonzepten in Spielhallen in Hessen" .[11] Eine im Zusammenhang des GlüStÄV 2012 von den Ländern in Aussicht gestellte Wiederholung der PAGE-Studie von 2011 zur Erforschung des

---

4 Erläuterungen zum GlüStV vom 29.10.2020; vgl. *Gebhardt/Grüsser-Sinopoli* Glücksspiel S. 19.

5 Erläuterungen zum GlüstV vom 29.10.2020; vgl. *Gebhardt/Grüsser-Sinopoli* Glücksspiel S. 5.

6 Erläuterungen zum GlüStV vom 7.12.2011; vgl. *Gebhardt/Grüsser-Sinopoli* Glücksspiel S. 5.

7 Dietlein/Hecker/Ruttig § 1 Rn. 6.

8 *Hayer* ua, Das Gefährdungspotential von Online-Glücksspielen: Eine systematische Literaturanalyse, 2019, https://www.tobha.de/Bericht_final.pdf (zuletzt abgerufen am 6.5.2021).

9 Erläuterungen zum GlüstV vom 29.10.2020; vgl. *Gebhardt/Grüsser-Sinopoli* Glücksspiel S. 2.

10 *Fiedler* ua, Regulierungsoptionen für den deutschen Online-Glücksspielmarkt, Endbericht 2019, S. 64.

11 *Hayer* ua, Studie zur Wirkung und Optimierung von Spielersperren und Sozialkonzepten in Spielhallen in Hessen, Abschlussbericht 2018.

pathologischen Glücksspiels in Deutschland erfolgte nicht.[12] Angesichts eines inzwischen unübersichtlichen Felds an Studien und wissenschaftlichen Beiträgen, hinter denen teilweise Partikularinteressen der Glücksspielindustrie stehen, ist eine unabhängige von den Ländern initiierte Forschung wünschenswerter denn je.[13]

Die Landesgesetzgeber haben sich ohnehin zum Ziel gesetzt, mithilfe des **Sicherstellungsauftrags** aus § 11 GlüStV 2021 und der Beratung durch den weisungsunabhängigen **Fachbeirat** belastbare wissenschaftliche Erkenntnisse zur Glücksspielsuchtprävention zu generieren.[14] § 32 GlüStV wurde ohne Änderung übernommen und verlangt als Evaluierungsnorm ausdrücklich das Zusammentragen von Ergebnissen wissenschaftlicher Forschung mithilfe des Fachbeirats, wobei die Aufsichtsbehörden über die vergangenen zehn Jahre nicht in der Lage waren, eine echte wissenschaftliche Evaluation zu ermöglichen.[15] Der Fachbeirat wirkt überdies im Rahmen seiner Aufgabenzuweisung bei der wissenschaftlichen Evaluation der Auswirkung von Glücksspiel auf die Bevölkerung auf der Grundlage des dt. Kerndatensatzes mit, um einheitliche Kennzahlen zur dauerhaften Beobachtung für die Suchtkrankenhilfe zu schaffen, § 8 Abs. 5 VwV-GlüStV. Außerdem setzen §§ 9 Abs. 5 Nr. 1 iVm § 10 Abs. 2, 3 weiterhin voraus, die Einführung neuer Glücksspielangebote bzw. neuer Vertriebsformen durch öffentliche Veranstalter vom Fachbeirat auf damit verbundene Auswirkungen auf die Bevölkerung untersuchen und bewerten zu lassen. Eine Erlaubnis neuer Glücksspielangebote bzw. neuer Vertriebswege der staatlichen oder staatlich beherrschten Veranstalter kann nur nach Durchführung des Fachbeiratsverfahrens nach § 9 Abs. 5 gewährt werden.[16] Nach alldem verwundert es, dass der Fachbeirat im laufenden Verfahren zur Einführung eines bayrischen wie auch eines sächsischen Monopols für Online-Casinos bisher nicht beteiligt war, obwohl der Freistaat Bayern wie auch der Freistaat Sachsen bereits ihre diesbezüglichen Gesetzesentwürfe zur Anpassung landesrechtlicher Vorschriften an den GlüStV 2021 zur **Notifizierung** bei der EU-Kommission eingereicht haben.[17] Auch wenn § 11 um die Absichtserklärung der Länder, Maßnahmen der Suchtprävention und Beratung einzubeziehen, ergänzt worden ist, haben einige Betroffenenverbände, Suchtforschungsstellen und der Fachbeirat eine mangelnde wissenschaftliche Untermauerung sowie **Defizite bei der Prävention** und dem **Spielerschutz** im Rahmen der Neukonzeption des GlüStV angemahnt.[18] 5

2. Verfassungs- und Europarechtliche Anforderungen. In seinem Urteil vom 28.3.2006 betonte das **BVerfG** die **Bekämpfung der Spiel- und Wettsucht** als be- 6

12 Vgl. Erläuterungen zum GlüStV vom 7.12.2011; vgl. *Gebhardt/Grüsser-Sinopoli* Glücksspiel S. 48.

13 Vgl. zB *Peren* ZfWG 2018, 513 (519); kritisch dazu: *Becker/Banz* ZfWG 2019, 212 (223); *Bewersdorff* ZfWG 2019, 442 (449).

14 BVerwG 11.7.2011 – C-12/10, Rn. 40.

15 *Hayer/Rehbein/Wulf* Evaluation des Glücksspielstaatsvertrages: Empfehlungen zur Umsetzung durch den Fachbeirat vom 14.4.2021 S. 1.

16 Erläuterungen zum GlüStV vom 14.12.2006; vgl. *Gebhardt/Grüsser-Sinopoli* Glücksspiel S. 624.

17 Notifzierungs-Nr. 2021/0127/D: Gesetz zur Änderung des Gesetzes zur Ausführung des Staatsvertrages zum Glücksspielwesen in Deutschland (AGGlüStV) und des Spielbankgesetzes (SpielbG); Notifizierungs-Nr. 2021/0235/D: Gesetz zur Anpassung landesrechtlicher Vorschriften an den Glücksspielstaatsvertrag 2021.

18 Offener Brief des Fachbeirats an die Ministerpräsidentinnen und Ministerpräsidenten der Bundesländer vom 10.3.2020: https://www.innen.hessen.de/sites/default/files/media/hmdis/200310_brief_mp_glueneurstv.pdf (zuletzt abgerufen: 7.5.2021); vgl. auch Anhörung zum Gesetzentwurf Landesregierung Hessen Ausschussvorlage INA 20/30: Gesetz zu dem Glücksspielstaatsvertrag 2021 – BT-Drs. 20/3989.

sonders wichtiges Gemeinwohlziel.[19] Zur Erreichung dieses Ziels besteht seitdem nach ständiger höchstrichterlicher Rechtsprechung die Möglichkeit, insbesondere Art. 12 Abs. 1 GG einschränken zu können.[20]

7 Der **EuGH** erhob bereits in der Rechtssache *Schindler* die Suchtprävention zum zwingenden Grund des Allgemeininteresses, um Grundfreiheiten beschränken zu können.[21] Dabei bleibt es den Mitgliedstaaten überlassen, ihr Schutzniveau im Glücksspielbereich selbst zu beschreiben, also den eigenen Glücksspielmarkt zu liberalisieren, über Konzessionen zu beschränken, Monopole einzuführen oder gänzlich zu verbieten,[22] was der Gerichtshof in den Urteilen *Läärä*, *Zenatti*, *Liga Portuguesa* und *Stanley International Betting* ausführlich bekräftigte.[23] Entsprechende Maßnahmen müssen jedoch geeignet sein, die Verwirklichung des mit ihnen verfolgten Ziels auch tatsächlich zu ermöglichen,[24] was von einer Untersuchung zur Zweck- und Verhältnismäßigkeit der beschränkenden Maßnahme begleitet werden muss.[25] Insofern verwendete der EuGH in der Rechtssache *Gambelli* erstmalig den Begriff der Kohärenz, indem er neben die Anerkennung binnenmarktrechtlicher Beschränkungen aus zwingenden Gründen des Allgemeininteresses das Erfordernis setzte, diese zwingenden Allgemeinwohlziele auch **kohärent und systematisch** zur Begrenzung der Wetttätigkeit und **Vermeidung der Spielsucht** zu bewirken.[26] Ein Glücksspielsystem ist also gehalten, in sich widerspruchsfrei zu sein. In den Urteilen *Carmen Media* und *Markus Stoß* lehnte der EuGH eine solche kohärente und systematische Verfolgung der Suchtprävention ab, weil das deutsche Monopol für die Veranstaltung von Sportwetten die Eindämmung der Glücksspielsucht nicht effektiv genug bekämpfte.[27] Der Monopolbetreiber warb nämlich für sein Angebot, während zugleich andere Glücksspielarten wie Automatenspiele, die mit einem höheren Suchtpotential verbunden sind,[28] von Privatanbietern veranstaltet werden durften. Ein derartiger Wettstreit um die Gunst der Spieler stand im Gegensatz zu dem Ziel, die Spielsucht über die Form eines Monopols zu kanalisieren und zu verringern.

8 Im Urteil *Admiral* stellte der EuGH fest, dass es nicht nur auf die Zielsetzung der Regelungen im Zeitpunkt ihres Erlasses, sondern auch auf die nach ihrem Erlass zu bewertenden **Auswirkungen** ankomme.[29] Daran anknüpfend ist das BVerwG von einer unterbliebenen Abschätzung der Auswirkungen eines Neben-

---

19 BVerfG 28.3.2006 – 1 BvR 1054/01, NJW 2006, 1261 (1267).

20 BVerfG 20.3.2009 – 1 BvR 2410/08, ZfWG 2009, 99 (102); BVerwG 1.6.2011 – 8 C 5/10, ZfWG 2011, 332 (333); BGH 28.9.2011 – I ZR 92/09, ZfWG 2012, 23 (26), BVerfG 7.3.2017 – 1 BvR 1694/13, ZfWG 2017, 253 (259).

21 EuGH 24.3.1994 – C-275/92, ECLI:EU:C:1994:119 Rn. 58, Slg 1994 I-01039.

22 *Dammann* Materielles Recht und Beweisrecht im System der Grundfreiheiten S. 133.

23 EuGH 21.9.1999 – C-124/97, ECLI:EU:C:1999:435 Rn. 37, Slg 1999 I-06067; EuGH 21.10.1999 – C-67/98, ECLI:EU:C:1999:514 Rn. 19 ff., Slg 1999 I-07289; EuGH 8.9.2009 – C-42/07, ECLI:EU:C:2009:519 Rn. 56 f., Slg 2009 I-07633; EuGH 19.12.2018 – C-375/17, ZfWG 2019, 27 (31).

24 EuGH 30.11.1995 – C-55/94, ECLI:EU:C:1995:411 Rn. 37, Slg 1995 I-04165.

25 EuGH 13.11.2003 – C-42/02, ECLI:EU:C:2003:613 Rn. 25, Slg 2003 I-13519; EuGH 28.2.2018 – C-3/17, ZfWG 2018, 253, ECLI:EU:C:2018:130 Rn. 59 ff.

26 EuGH 8.11.2003 – C-243/01, ECLI:EU:C:2003:597 Rn. 67, Slg 2003 I-13031; EuGH 8.9.2010 – C-46/08, ECLI:EU:C:2010:505 Rn. 64, Slg 2010 I-08149.

27 EuGH 8.9.2010 – C-46/08, ECLI:EU:C:2010:505 Rn. 68, Slg 2010 I-08149; EuGH 8.9.2010 – 316/07, ECLI:EU:C:2010:504, Slg 2010 I-08069. *Klöck/Klein* ZfWG 2010, 356 (356).

28 *Meyer*, Jahrbuch Sucht 2020, 129 ff.

29 EuGH 30.6.2016 – C-464/15, ECLI:EU:C:2016:500 Rn. 37; *Hilf/Umbach* ZfWG 2017, 353 (355).

einander von Internetwerbung für staatliche Lotteriegesellschaften und dem umfassenden Werbeverbot für private Internetglücksspiele unter Verstoß gegen Art. 3 Abs. 1 GG und § 5 GlüStV 2008 ausgegangen, was darüber hinaus auch mit einem unionsrechtswidrigen Verwaltungsvollzug verbunden gewesen sei.[30] Schließlich dürften Unentschlossene nicht angereizt und zur Teilnahme an Glücksspielen motiviert werden.[31] Auch die Europäische **Kommission** hat in der Zwischenzeit auf die Risiken kommerzieller Kommunikation einschließlich der Werbung durch Glücksspielanbieter hingewiesen und Begrenzungen empfohlen.[32] Die Länder haben hier einen Handlungsbedarf erkannt und sind dem Sicherstellungsauftrag nach § 11 GlüStV insofern gefolgt, indem die negativen Effekte von Werbung auf besonders verletzbare Personen wie Minderjährige, Spielsuchtgefährdete und Spielsüchtige wissenschaftlich überprüft wurden.[33]

Um die **Bewerbung von länderübergreifenden Glücksspielangeboten** künftig bes- 9
ser zu beaufsichtigen, wird nun mit § 27a eine länderübergreifende **Glücksspielaufsichtsbehörde** in Sachsen-Anhalt geschaffen.[34] Als Teil ihrer Aufsichts- und Erlaubnistätigkeit soll die Behörde außerdem die Glücksspielsuchtforschung beobachten und sich im Rahmen der Evaluation nach § 32 beteiligen.[35] Es bleibt abzuwarten, inwieweit die Behörde diesem Auftrag tatsächlich nachkommen wird und ob damit die Forderungen des Fachbeirats nach deutlich mehr Einbeziehung suchtwissenschaftlicher Expertise bei politischen Entscheidungsprozessen[36] sowie einer umfassenden wissenschaftlichen und unabhängigen Evaluierung des gesamten GlüStV[37] verstummen werden.

II. Erläuterungen

**1. Sicherstellung der wissenschaftlichen Forschung. a) Pathologisches Glücks- 10
spiel.** Seit 1991 ist pathologisches Glücksspiel von der WHO als eigenständige Krankheit anerkannt und in die „Internationale Klassifikation psychischer Störungen“ (ICD-10) aufgenommen worden. Darin wird pathologisches Glücksspiel definiert als eine Störung, welche mit häufigem und wiederholtem episodenhaftem Glücksspiel einhergeht, das die Lebensführung des betroffenen Patienten beherrscht und zum Verfall der sozialen, beruflichen, materiellen und familiären Werte und Verpflichtungen führt.[38] Während pathologisches Glücksspiel zunächst als psychische Störung der Impulskontrollstörung zugeordnet wurde,[39] wird es nunmehr als erste Form der **Verhaltenssucht** nosologisch den

30 BVerwG NVwZ 2014, 1583 (1585).
31 BVerwG NVwZ-RR 2014, 181 (190).
32 Vgl. Empfehlungen der Kommission vom 14.7.2014, 2014/478/EU.
33 Vgl. Abschlussbericht zur Studie Konsum von Glücksspielen bei Kindern und Jugendlichen: Verbreitung und Prävention im Auftrag des Ministeriums für Gesundheit, Emanzipation, Pflege und Alter des Landes Nordrhein-Westfalen, abrufbar unter: https://www.mags.nrw/sites/default/files/asset/document/gluecksspiel_abschlussbericht.pdf (zuletzt abgerufen: 7.5.2021).
34 Erläuterungen zum GlüStV vom 29.10.2020; vgl. *Gebhardt/Grüsser-Sinopoli* Glücksspiel S. 22.
35 Erläuterungen zum GlüStV vom 29.10.2020; vgl. *Gebhardt/Grüsser-Sinopoli* Glücksspiel S. 177.
36 Stellungnahme des Fachbeirats Glücksspielsucht zum Staatsvertrag zur Neuregulierung des Glücksspielwesens in Deutschland vom 5.2.2020 S. 4.
37 *Hayer/Rehbein/Wulf* Evaluation des Glücksspielstaatsvertrages: Empfehlungen zur Umsetzung durch den Fachbeirat vom 14.4.2021 S. 4 ff.
38 Vgl. International Statistical Classification of Diseas and Related Health Problems, 10th Revision 2010. Die 72. Versammlung der WHO verabschiedete im Mai 2019 den ICD-11, der zum 1.1.2022 den ICD-10 ablösen wird.
39 Vgl. *Becker* Glücksspielsucht in Deutschland S. 11.

Suchterkrankungen zugeschlagen, da es Ähnlichkeiten zu Substanzsüchten gibt.[40] Diese neue Einordnung gewährt Betroffenen nun den Zugang zu Behandlungen mit suchttherapeutischen Methoden, die sich ambulant oder stationär bewährt haben.[41] Nach aktuellen Schätzungen der Bundeszentrale für gesundheitliche Aufklärung (BZgA) liegt der prozentuale Anteil für problematisches Glücksspielverhalten bei 0,39 % und der für wahrscheinlich pathologisches Glücksspielverhalten bei 0,34 % der gesamtdeutschen Bevölkerung im Rahmen einer 12-Monats-Prävalenz.[42]

11 **b) Wissenschaftliche Untersuchungen.** Das höchste **Suchtgefährdungspotential** der bis zum Inkrafttreten des GlüStV 2021 erlaubten Glücksspiele haben Automatenspiele, gefolgt von Roulette in Spielbanken, Sportwetten mit Live Wetten und Poker im Internet.[43] In zahlreichen Studien wurde zudem festgestellt, dass die Teilnahme an Online-Glücksspielen häufiger als bei allen anderen Glücksspielarten zu pathologischem oder problematischem Spielverhalten führt.[44] Umso mehr müssen Maßnahmen wie die Erteilung von Spielersperren, der Ausbau von Sozialkonzepten durch die Glücksspielanbieter, das Vorgehen gegen illegale Angebote sowie die Spielsuchtfrüherkennung, welche nun die Öffnung des Online-Markts flankieren, im Zuge des gesetzlichen Sicherstellungsauftrags kontinuierlich wissenschaftlich überprüft werden. Schließlich sind die finanziellen und sozialen Folgen für Gesellschaft und Betroffene dramatisch, zumal ein hoher Prozentsatz pathologischer Spieler Eigentums- und Vermögensdelikte begeht.[45] Verschiedene Studien und Gutachten zur Glücksspielsucht wie bspw. die **ASTERIG-Studie** sind zur wissenschaftlichen Grundlage des GlüStV 2021 geworden, obwohl der wissenschaftliche Mehrwert wegen der Verflechtung mancher Autoren mit der Glücksspielindustrie zweifelhaft ist. Besser wäre in dieser Hinsicht eine von den Ländern angestoßene Forschung, wie sie § 11 beschreibt. Sowohl die von den Ländern beauftragte Studie zu „Regulierungsoptionen für den deutschen Onlineglücksspielmarkt“[46] als auch das Gutachten zur „Wirkung und Optimierung von Spielersperren und Sozialkonzepten in Spielhallen in Hessen“[47] oder die Beauftragung der Bremer Fachstelle Glücksspielsucht durch das Land Niedersachsen[48] sind als Beispiele des Engagements der Länder für die Glücksspielforschung in den letzten Jahren in der Summe eindeutig zu wenig.

12 **2. Sicherstellung von Maßnahmen zur Suchtprävention und entsprechende Beratungsangebote.** Unter Prävention sind Maßnahmen zu verstehen, die unerwünschten psychischen und physischen Zuständen vorbeugen oder sie verhindern sollen.[49] Angesichts der Gefährdung pathologischer und problematischer Glücksspieler ist die Ergänzung der Vorschrift um Maßnahmen der Suchtprävention und Beratung sinnvoll. Die im Zuge der Novellierung des GlüStV erwei-

40 Gebhardt/Korte Glücksspiel/*Albrecht-Sonnenschein/Gebhard* S. 831.
41 *Meyer/Bachmann* Spielsucht S. 56.
42 BZgA-Forschungsbericht 2019 S. 84.
43 *Becker/Banz* ZfWG 2019, 212 (222).
44 Erläuterungen zum GlüStV vom 29.10.2020; vgl. *Gebhardt/Grüsser-Sinopoli* Glücksspiel S. 3, mwN.
45 *Meyer/Bachmann* Spielsucht S. 199.
46 *Fiedler* ua, Regulierungsoptionen für den deutschen Online-Glücksspielmarkt, Endbericht 2019.
47 *Hayer* ua, Studie zur Wirkung und Optimierung von Spielersperren und Sozialkonzepten in Spielhallen in Hessen, Abschlussbericht 2018.
48 *Hayer*, Wissenschaftliche Analyse des Präventions-, Betreuungs- und Versorgungsangebotes für problematische und pathologische GlücksspielerInnen und ihre Angehörigen in Niedersachsen: Ist-Zustand und Optimierungspotenziale, 2015.
49 *Meyer/Bachmann* Spielsucht S. 392.

terten Präventionsmaßnahmen wie das Sozialkonzept, das Spielersperrsystem, Werberestriktionen und eine Früherkennung problematischen Spielverhaltens sind insofern grundsätzlich zu begrüßen und auch geboten. Untersuchungen zeigen nämlich die **Notwendigkeit staatlicher Intervention**, da bestehende Hinweise auf Beratungsangebote durch die Glücksspielanbieter oft nicht zielführend umgesetzt und Spielersperren vielfach ignoriert werden.[50]

Die Aufklärung über die Risiken des Glücksspiels hat bisher vornehmlich über **Einzelmaßnahmen** stattgefunden, die sich bspw. in Flyer-Kampagnen,[51] Aufklärungsmaterialien für Schulen,[52] Beratung über Smartphone-Apps,[53] Warnhinweisen bei der Werbung[54] und Beratungshinweisen beim Spiel in stationären Glücksspieleinrichtungen widerspiegeln. So hat bspw. das Gesundheitsministerium in Nordrhein-Westfalen 2004 die bundesweit erste Aufklärungskampagne gegen Glücksspiel gestartet.[55] Die Bestandsaufnahme deutet jedoch auf einen Flickenteppich an Suchtpräventions- und Beratungsangeboten hin. Gleichwohl stellt sich das **bundesweit** erreichbare Online- und Telefonberatungsprogramm „Check Dein Spiel“ der BZgA dem entgegen. Während dieses Programm zunehmend durch pathologische Spieler wahrgenommen wurde, erreichte es aber den überwiegenden Teil der Problemspieler im Beobachtungszeitraum kaum.[56] Insgesamt fehlt es an dauerhaften und koordinierten Konzepten der Landesgesundheits- und Landessozialministerien vor allem für den Bereich des Online-Glücksspiels, um Bewusstsein und Verhalten von gefährdeten Personengruppen flächendeckend zu verändern, wie es ua auch schon die Europäische Kommission gefordert hatte.[57] 13

3. Finanzierung. Die Länder können den Sicherstellungsaufträgen durch die Finanzierung von Projekten entsprechen, die in unterschiedlicher Konkretisierung bezüglich der Suchtforschung in den Ausführungsgesetzen der Länder bereits beschrieben sind (vgl. zB § 4 Abs. 1 HGlüG; § 9 Abs. 1 AG GlüStV NRW). Derzeit befinden sich sämtliche **Landesausführungsänderungsgesetze** zum GlüStV 2021 noch im parlamentarischen Verfahren. Bislang variieren die **Ausgaben** für Prävention, Beratung und Forschung unter den Ländern seit Jahren stark.[58] Rheinland-Pfalz belegt mit 0,29 Euro pro Kopf den Spitzenplatz, Nordrhein-Westfalen ist mit 0,07 Euro pro Kopf Schlusslicht.[59] 14

Fehlt eine ausreichende Finanzierung staatlicherseits, besteht stets die Gefahr der Finanzierung durch Dritte, die **Partikularinteressen** verfolgen. Ein Beispiel 15

50 *Meyer ua* Spieler- und Jugendschutz in Spielhallen: Ein Praxistest.Sucht S. 9 (18); *Fiedler*, Vortrag Fachverband Glücksspielsucht, 2015.
51 Glücksspielsucht-Flyer-Kampagne „Du wirst gespielt“, Ministerium für Arbeit, Gesundheit und Soziales NRW, 2019.
52 Unterrichtsmaterial Glücksspielsucht der Landesstelle Glücksspielsucht Mecklenburg-Vorpommern, abrufbar unter: https://www.gluecksspielsucht-mv.de/material-links.html (zuletzt abgerufen 17.5.2021).
53 Präventionsprojekt Glücksspiel, Berliner Senatsverwaltung für Gesundheit, Pflege und Gleichstellung, abrufbar unter: https://www.faules-spiel.de/app/uploads/2020/10/201001_Messenger-Ratgeber8a_FINAL.pdf (zuletzt abgerufen am 17.5.2021).
54 *Jazbinsek*, Vortrag Fachverband Glücksspielsucht 2020.
55 *Meyer/Bachmann* Spielsucht S. 403.
56 *Hand/Kegat* Konturen 2013, 37 (38).
57 Vgl. Empfehlungen der Kommission vom 14.7.2014, 2014/478/EU; *Meyer/Bachmann* Policy Mix, 2017.
58 *Hand/Kegat* Konturen 2013, 33 (36).
59 Stellungnahme der Landesfachstelle Glücksspielsucht der Suchtkooperation NRW zum Entwurf eines Gesetzes zur Umsetzung des Glücksspielstaatsvertrags 2021 in NRW vom 12.3.2021 S. 6.

hierfür ist die jüngst offengelegte Finanzierung der letzten Forschungsergebnisse der BZgA durch den Deutschen Lotto-und Tottoblock, der sich inzwischen von der Unterstützung der BZgA zurückgezogen hat.[60] Auch wenn ein solcher Rückzug für die wissenschaftliche Aufwertung dieser Ergebnisse spricht, ist das Engagement des Deutschen Lotto-und Tottoblock schon deswegen kritisch zu sehen, weil sich die Erläuterungen des GlüStV 2021 mehrfach auf die letzten Resultate der **BZgA Survey** von 2019 beziehen und sie damit als Grundlage für neues Recht herangezogen wurden.[61]

Nichtsdestotrotz kann die bisher nur lückenhafte finanzielle Initialisierung und Koordinierung bei der Suchtforschung, Prävention und Beratung durch die neu geschaffene länderübergreifende Glücksspielaufsichtsbehörde behoben werden, indem sie unabhängig bspw. Big-Data-Analysen, epidemiologische und klinische Forschung oder auch eine Untersuchung der Wirkung von Werbung und eine umfassende Konsumentenforschung[62] auf den Weg bringt.

Dritter Abschnitt Lotterien mit geringerem Gefährdungspotential

§ 12 GlüStV Erlaubnis

(1) [1]Die Erlaubnis für die Veranstaltung einer Lotterie oder Ausspielung gemäß § 4 Absatz 1 darf anderen als den in § 10 Absatz 2 und 3 Genannten nur erteilt werden, wenn

1. **der Veranstaltung keine Versagungsgründe nach § 13 entgegenstehen,**
2. **die in §§ 14, 15 Absatz 1 und 2 und § 16 Absatz 3 genannten Voraussetzungen vorliegen,**
3. **mit der Veranstaltung keine wirtschaftlichen Zwecke verfolgt werden, die über den mit dem Hinweis auf die Bereitstellung von Gewinnen verbundenen Werbeeffekt hinausgehen, und**
4. **nicht zu erwarten ist, dass durch die Veranstaltung selbst oder durch die Verwirklichung des Veranstaltungszwecks oder die Verwendung des Reinertrages die öffentliche Sicherheit oder Ordnung gefährdet wird oder die Beziehungen der Bundesrepublik Deutschland zu anderen Staaten beeinträchtigt werden.**

[2]Satz 1 Nummer 3 gilt nicht für Lotterien in der Form des Gewinnsparens, wenn von einem Teilnahmebetrag ein Teilbetrag von höchstens 25 Prozent als Losanteil für die Gewinnsparlotterie verwendet wird.

(2) In der Erlaubnis ist auch zu entscheiden, inwieweit die Anforderungen der §§ 6 bis 7 zu erfüllen sind.

(3) [1]Soll eine Lotterie mit einem einheitlichen länderübergreifenden Spielplan in allen Ländern veranstaltet werden, so wird die Erlaubnis zu deren Durchführung ländereinheitlich erteilt. [2]Soll eine Lotterie mit einem einheitlichen länderübergreifenden Spielplan nur in einigen Ländern veranstaltet werden, so kann das

---

60 *Wehmeyer*, Business Insider, 17.2.2021, abrufbar unter: https://www.businessinsider.de/wirtschaft/kritik-an-bundesbehoerde-lotto-block-stellt-sponsoring-fuer-staatliche-spielsucht-studie-ein-und-beauftragt-eigene-untersuchung/(zuletzt abgerufen: 11.5.2021).

61 Erläuterungen zum GlüStV vom 29.10.2020; vgl. *Gebhardt/Grüsser-Sinopoli* Glücksspiel S. 4, 7, 30, 154.

62 *Hayer/Rehbein/Wulf* Evaluation des Glücksspielstaatsvertrages: Empfehlungen zur Umsetzung durch den Fachbeirat vom 14.4.2021 S. 8 ff.

Land, in dem der Veranstalter seinen Sitz hat, die Erlaubnis auch mit Wirkung für die Länder erteilen, die dazu ermächtigt haben.

I. Einleitung

1 Der dritte Abschnitt (§§ 12–18) des Glücksspielstaatsvertrags behandelt Lotterien mit geringem Gefährdungspotenzial. Durch die Neufassung des Glücksspielstaatsvertrags haben sich keine inhaltlichen Veränderungen ergeben, allenfalls redaktioneller Art. Die Regelungen sehen weniger den Veranstalter im Mittelpunkt der Betrachtung, sondern vielmehr den minderen Grad der Gefährlichkeit der Lotterien.[1] Innerhalb des dritten Abschnitts werden kleine Lotterien im Sinne von § 18 sowie andere Lotterien unterschieden. Der Dritte Abschnitt durchbricht den Grundsatz des staatlichen Lotteriemonopols und gewährt privaten Veranstaltern bestimmter Lotterien die Möglichkeit, eine Erlaubnis für die von ihnen angebotene Lotterie zu erlangen.[2]

2 Grundsätzlich stellt dies eine Ausnahme im Lotterierecht dar; denn vom Glücksspiel gehen erhebliche Gefahren aus. Dies führte zu einer Verstaatlichung in den meisten Ländern, um diese Gefahr durch staatliche Aufsicht einzudämmen. Durch höchstrichterliche Entscheidungen, wie etwa die Gambelli-Entscheidung des EuGH[3] sowie die darauf folgende Entscheidung des Bundesverfassungsgerichts[4], wurde klargestellt, dass vorrangig fiskalische Interessen des Staates nicht zur Rechtfertigung der Errichtung eines Wettmonopols dienen dürfen.[5]

3 § 12 GlüStV wurde sprachlich neu gefasst, jedoch nur in geringem Maße. So stellt die Neuformulierung des Einleitungssatzes in Abs. 2 klar, dass die §§ 12 bis 17 nur für Lotterien und Ausspielungen Anwendung finden, die auch von anderen als den in § 10 Abs. 2 und 3 Genannten veranstaltet werden können. Damit soll lediglich ein besseres Verständnis des Normtestes erreicht werden; eine inhaltliche Änderung zur Vorgängerregelung ist damit nicht verbunden.[6]

4 Die Anpassung der Bezugnahme in Abs. 2 ermöglicht es nunmehr der Behörde, auch darüber zu entscheiden, inwieweit die Anforderungen der §§ 6a bis 6j zu erfüllen sind.[7] Die §§ 6a bis 6j sind daher nur anwendbar, wenn und soweit diese in der behördlichen Erlaubnis für anwendbar erklärt werden. Maßstab für die Entscheidung bleiben die Ziele des § 1, also etwa die Verhinderung von Glücksspielsucht und Wettsucht, Suchtbekämpfung (Nr. 1), den natürlichen Spieltrieb zu überwachen (Nr. 2), den Jugend- und Spielerschutz zu gewährleisten (Nr. 3), Schutz vor Kriminalität (Nr. 4) sowie Gefahren für die Integrität des sportlichen Wettbewerbs vorzubeugen (Nr. 5). Damit ist bei der eher geringen Gefährlich-

---

1 Vgl. Dietlein/Hecker/Ruttig/*Ruttig* § 12 Rn. 1.
2 OVG Lüneburg 9.6.1999 – 11 L 5445/98, GewArch 2000, 116.
3 EuGH 6.11.2003 – Rs. C-243/01 – Gambelli; dazu *Fritzemeyer/Rinderle* CR 2004, 367 ff.; *Korte* NVwZ 2004, 1449 ff.
4 BVerfG 28.3.2006 – 1 BvR 1054/01.
5 BVerfG 28.3.2006 – 1 BvR 1054/01, Rn. 107 ff.
6 Vgl. NRW LT-Drs. 17/11683, 176.
7 Vgl. NRW LT-Drs. 17/11683, 176.

keit der Lotterien des Dritten Abschnitts abzuwägen und zu entscheiden, ob die Regelungen der §§ 6a bis 6j Anwendung finden.[8]

5 Für die Behörde besteht zudem die Möglichkeit, in der Erlaubnis einzelne Regelungen auch in abgewandelter oder eingeschränkter Form für anwendbar zu erklären. Abs. 2 ermöglicht es der Behörde, auf die Besonderheiten des Dritten Abschnitts einzugehen.

6 Vor praktischen Problemen bei ihrer Entscheidungsfindung steht die Behörde, wenn eine erstmals zugelassene Lotterie stattfindet. Hier fehlen der Behörde gesicherte Erkenntnisse, etwa zur dauerhaften Zuverlässigkeit des Veranstalters oder der Gefährlichkeit der Lotterie. Im Rahmen des ihr zustehenden Ermessens kann die Behörde daher weiterreichende Anordnungen der Anwendbarkeit der Bestimmungen der §§ 6a bis 6j nutzen, um mögliche Auswirkungen zunächst zu beobachten und mögliche Risiken auszuschließen.[9]

II. Grundsatz der Erlaubnispflicht

7 Nach § 12 Abs. 1 gilt auch für Lotterien mit geringem Gefährdungspotenzial eine grundsätzliche **Erlaubnispflicht**. Alle Formen des Glücksspiels werden durch den GlüStV einheitlich behandelt.[10]

8 Nach dem Dritten Abschnitt sind nur Lotterien genehmigungsfähig. Alle anderen Arten von Glücksspielen entfallen, einschließlich Sportwetten, Veranstaltungen nach dem Renn- und Lotteriegesetz sowie Casinospiele und die gewerblich geregelten Glücksspiele.[11]

9 Der Begriff der Lotterie wird in § 3 Abs. 3 S. 1 legaldefiniert. Demnach ist eine Lotterie ein Glücksspiel im Sinne von § 3 Abs. 1 S. 1, bei dem einer Mehrzahl von Personen die Möglichkeit eröffnet wird, nach einem bestimmten Plan gegen ein bestimmtes Entgelt die Chance auf einen Geldgewinn zu erlangen. Die Vorschriften über Lotterien finden nach S. 2 auch Anwendung, wenn anstelle von Geld Sachen oder andere geldwerte Vorteile gewonnen werden können (Ausspielung). Entscheidend ist zur Unterscheidung von anderen Glücksspielen ein „bestimmter Plan“, an dem sich die Chance auf einen Gewinn bemisst.[12] Zu diesem Plan zählen allgemeine Regeln für den Spielbetrieb und die Zulassungsvoraussetzungen der Spieler.

10 Lotterien mit geringem Gefährdungspotenzial werden nicht definiert. Der Anwendungsbereich ergibt sich jedoch im Umkehrschluss zu § 13 und § 22. Es kann sich also um jede Lotterie handeln, die nicht die Kriterien des § 22 erfüllt und die nach § 13 Abs. 2 nicht öfter als zweimal wöchentlich eine Ziehung vorsieht, deren Höchstgewinn nicht einen Wert von drei Millionen Euro übersteigt und die keinen planmäßigen Jackpot hat. Eine weitere Ausnahme sieht § 18 für „Kleine Lotterien“ vor.

III. Voraussetzungen einer Erlaubniserteilung

11 **1. Nr. 1 bis 4.** Eine Erlaubnis einer Veranstaltung einer Lotterie darf nach § 12 Abs. 1 Nr. 1 nur erteilt werden, wenn keine Versagungsgründe nach § 13 entge-

8 Vgl. NRW LT-Drs. 17/11683, 176.
9 Vgl. NRW LT-Drs. 17/11683, 176.
10 Dietlein/Hecker/Ruttig/*Ruttig* § 12 Rn. 7.
11 Dietlein/Hecker/Ruttig/*Ruttig* § 12 Rn. 8.
12 Vertiefend zum Begriff Streinz/Liesching/Hambach/W. *Hambach/Brenner* §§ 12–18 Rn. 8 mwN.

genstehen. Eine Versagung erfolgt bereits dann, wenn nur einer der in § 13 aufgeführten Versagungsgründe greift.

Nach § 12 Abs. 1 Nr. 2 müssen die in §§ 14, 15 Abs. 1 und 2 und § 16 Abs. 3 genannten Voraussetzungen vorliegen. Das sind Voraussetzungen, die der Veranstalter in persönlicher Hinsicht („zuverlässig") zu erfüllen hat (§ 14) oder die den Spielplan, die Kalkulation und Durchführung der Veranstaltung (§ 15) oder die Verwendung des Reinertrags betreffen (§ 16 Abs. 3). 12

Des Weiteren dürfen mit der Veranstaltung keine wirtschaftlichen Zwecke verfolgt werden, die über den mit dem Hinweis auf die Bereitstellung von Gewinnen verbundenen Werbeeffekt hinausgehen (Nr. 3). 13

§ 12 Abs. 1 Nr. 4 stellt eine Generalklausel dar. Demnach darf nicht zu erwarten sein, dass durch die Veranstaltung selbst oder durch die Verwirklichung des Veranstaltungszwecks oder die Verwendung des Reinertrags die öffentliche **Sicherheit oder Ordnung** gefährdet oder die Beziehung der Bundesrepublik Deutschland zu anderen Staaten beeinträchtigt wird. Mit dieser abstrakten Formulierung wird zwar eine Vielzahl an Fällen erfasst, dabei muss es sich jedoch um eine konkrete Gefahr handeln, um den Anwendungsbereich nicht zu weit ausufern zu lassen. Die Gefährdung der Beziehungen der Bundesrepublik Deutschland zu anderen Staaten klingt wenig greifbar. Diese Formulierung geht auf ein Urteil des EuGH zurück, dem der Fall zugrunde lag, Lose entgegen ausländischem Rechts in anderen Staaten anzubieten.[13] Mit Blick auf sog. Off-Shore-Lizenzen wird jedoch eine praktische Relevanz nicht auszuschließen sein.[14] 14

2. Ausnahmen für Gewinnsparlotterien. Nach § 12 Abs. 1 S. 2 werden Lotterien in Form des **Gewinnsparens** von S. 1 Nr. 3 ausgenommen. Diese Form der Lotterien wird regelmäßig von Kreditinstituten angeboten und sie erfreut sich großer Beliebtheit. Sie ist dadurch gekennzeichnet, dass ein Teilnahmebetrag von höchstens 25 Prozent als Losanteil für die Gewinnsparlotterie verwendet wird. Somit steht der deutlich höhere Anteil für Sparzwecke zur Verfügung. Dies war nie Gegenstand von Kritik, so dass diese Form der Lotterie beibehalten wurde. Lediglich der Anteil der Lotterie wurde in der Vorgängerregelung von 20 auf 25 Prozent leicht erhöht. Zu beachten ist lediglich, dass § 14 Abs. 1 S. 2 Anwendung findet. 15

IV. Ausnahmen nach Abs. 2

Nach § 12 Abs. 2 muss die Behörde festlegen, inwieweit die Anforderungen der §§ 6 bis 7 zu erfüllen sind. Das umfasst vom Wortlaut nunmehr eindeutig, inwieweit die Anforderungen der §§ 6a bis 6j zu erfüllen sind.[15] Sie sind daher nur anwendbar, wenn und soweit diese in der Erlaubnis für anwendbar erklärt werden. Nach der Begründung zum Staatsvertrag hat die Behörde ihre Entscheidung an den Zielen des § 1 vor dem Hintergrund der jeweils beantragten Lotterie auszurichten und hierbei die vergleichsweise geringe Gefährlichkeit der Lotterien nach dem Dritten Abschnitt in ihren hergebrachten Formen zu berücksichtigen.[16] Die Behörde entscheidet im Einzelfall, ob die Anforderungen der §§ 6a bis 6j Anwendung finden. Aus § 2 Abs. 10 ergibt sich nichts Anderes. § 12 Abs. 2 ist die vorrangige, speziellere Regelung.[17] Eine Befreiung im Sinne des 16

13 Vgl. EuGH 24.3.1994 – C-275/92 („Her Majesty"), dazu *Brüning* DVBl. 2011, 1126 ff.
14 Vgl. Dietlein/Hecker/Ruttig/*Ruttig* § 12 Rn. 16.
15 Vgl. NRW LT-Drs. 17/11683, 176.
16 Vgl. NRW LT-Drs. 17/11683, 176.
17 Vgl. NRW LT-Drs. 17/11683, 176.

Abs. 2 kommt nur dann in Betracht, wenn diese vom Antragsteller entsprechend beantragt und die Voraussetzungen dafür glaubhaft gemacht worden sind.[18] Da die Vorschrift keine näheren Hinweise für eine Befreiung enthält, sind die Voraussetzungen dafür aus dem Sinn und Zweck der Vorschriften zu entnehmen. Das geringe Gefährdungspotenzial der Lotterie stellt dabei den Maßstab dar. Der Behörde kommt dabei ein Beurteilungsspielraum zu und sie kann bei einer erstmals durchgeführten Lotterie ihre Möglichkeiten nutzen, um zunächst einmal zu beobachten und mögliche Risiken auszuschließen.[19] Die Erlaubnis stellt einen mitwirkungsbedürftigen Verwaltungsakt dar, so dass davon auszugehen ist, dass Behörde und Veranstalter in einen Dialog treten, bevor sämtliche Einzelheiten festgelegt werden.

V. Länderübergreifende Lotterien (Abs. 3)

17 Soll eine Lotterie mit einem einheitlichen länderübergreifenden Spielplan in allen Ländern veranstaltet werden, so wird die Erlaubnis zu deren Durchführung nach § 12 Abs. 3 ländereinheitlich erteilt. Soll eine Lotterie mit einem einheitlichen länderübergreifendem Spielplan nur in einigen Ländern veranstaltet werden, so kann das Land, in dem der Veranstalter seinen Sitz hat, die Erlaubnis auch mit Wirkung für diejenigen Länder erteilen, die dazu ermächtigt haben (S. 2). Zunächst verwundert, dass S. 1 und 2 in unterschiedlicher Weise eine Erlaubnis erteilen, dh bei einem Angebot im gesamten Bundesgebiet muss ein Antrag in jedem Bundesland gestellt werden, während die Erlaubnis auch mit Wirkung für alle Länder erteilt werden kann, wenn der länderübergreifende Spielplan „nur in einigen Ländern" veranstaltet wird. Diese Unterscheidung macht wenig Sinn. Die Wirkung für und gegen andere Länder ist möglich. Der Staatsvertrag stellt dazu eine ausreichende gesetzliche Ermächtigung dar. Näheres dazu müssen die Länder in ihren Rechtsverordnungen regeln.[20]

§ 13 GlüStV Versagungsgründe

(1) [1]Eine Erlaubnis darf nicht erteilt werden, wenn die Veranstaltung § 4 Absatz 2 bis 5 widerspricht. [2]Dies ist vor allem der Fall, wenn nicht auszuschließen ist, dass die Veranstaltung der Lotterie wegen des insgesamt bereits vorhandenen Glücksspielangebotes, insbesondere im Hinblick auf die Zahl der bereits veranstalteten Glücksspiele oder deren Art oder Durchführung den Spieltrieb in besonderer Weise fördert.

(2) Eine Erlaubnis darf insbesondere nicht erteilt werden, wenn

1. der Spielplan vorsieht, dass
   a) die Bekanntgabe der Ziehungsergebnisse öfter als zweimal wöchentlich erfolgt,
   b) der Höchstgewinn einen Wert von drei Millionen Euro übersteigt oder
   c) Teile des vom Spieler zu entrichtenden Entgeltes zu dem Zweck angesammelt werden, Gewinne für künftige Ziehungen zu schaffen (planmäßiger Jackpot),

   oder

2. eine interaktive Teilnahme in Rundfunk und Telemedien mit zeitnaher Gewinnbekanntgabe ermöglicht wird.

18 Vgl. Dietlein/Hecker/Ruttig/*Ruttig* § 12 Rn. 20.
19 Vgl. NRW LT-Drs. 17/11683, 176.
20 Vgl. Dietlein/Hecker/Ruttig/*Ruttig* § 12 Rn. 25.

I. Einleitung, Allgemeines

1 Nach § 13 Abs. 1 S. 1 darf eine Erlaubnis nicht erteilt werden, wenn die Veranstaltung § 4 Abs. 2 bis 5 widerspricht. Damit wird ausdrücklich auf allgemeine Vorschriften verwiesen und die Ziele des § 1 werden mit einbezogen. In der Gesetzesbegründung wird klargestellt, dass der Verweis des Abs. 1 angepasst wurde (Abs. 2 bis 5). Der Verweis sei nicht kumulativ zu verstehen. Daher darf die Veranstaltung keiner der in § 4 Abs. 2 bis 5 festgelegten Voraussetzungen widersprechen.[1] Im Abs. 2 der Vorschrift wird der maximale erlaubnisfähige Höchstgewinn von zwei auf drei Millionen Euro angehoben (Nr. 1 b). Hiermit wird die allgemeine Preisentwicklung für die Laufzeit des Staatsvertrags berücksichtigt und dient damit der Beibehaltung einer vergleichbaren Attraktivität des Angebots.[2] Die Behörde muss die Gefahren einer entsprechenden Veranstaltung gerichtlich kontrollierbar abwägen. Damit wird im Ergebnis ein Ausufern solcher Lotterien verhindert.[3]

2 Systematisch verweist die Norm in Abs. 1 S. 1 auf § 4 Abs. 2 bis 5 und nennt in S. 2 Beispiele besonderer Fälle, die den Spieltrieb fördern könnten. § 13 Abs. 2 nennt Fälle, die stets zur Versagung der Erlaubnis aufgrund eines hohen Gefährdungspotenzials führen. Aus dem Regelungszusammenhang ergibt sich, dass ein **repressives Verbot mit Befreiungsvorbehalt** besteht.[4]

II. Verfassungskonformität

3 Veranstalter von Lotterien können sich nach allgemeiner Ansicht auf einen Grundrechtsschutz berufen. In der Zulassungsbeschränkung des § 13, etwa in der Beschränkung des Höchstgewinns auf drei Millionen Euro, ist ein Eingriff in die Berufsausübungsfreiheit, die durch Art. 12 Abs. 1 GG geschützt wird, zu sehen.[5] Ein Eingriff muss verfassungsrechtlich gerechtfertigt sein. Bei einer Einschränkung der Berufsausübung liegt eine Rechtfertigung vor, wenn sie von vernünftigen Erwägungen des Allgemeinwohls getragen wird. Diese sind gerade in der Begrenzung des Spieltriebs und der Spielsucht, des Jugend- und Spielerschutzes sowie der Verhinderung von Kriminalität zu sehen.[6]

III. Die Norm im Einzelnen

4 Zunächst verweist § 13 Abs. 1 S. 1 auf die Versagungsgründe von § 4 Abs. 2 bis 5. Nach § 4 Abs. 1 ist die Erlaubnis zu versagen, wenn das Veranstalten oder das Vermitteln des Glücksspiels den Zielen des § 1 zuwiderläuft.[7] Die Erlaubnis darf nicht für das Vermitteln nicht erlaubter Glücksspiele erteilt werden (S. 2). Bestimmungen zum **Jugend- und Minderjährigenschutz** ergeben sich aus dem Verweis auf § 4 Abs. 3. Der Verweis auf § 4 Abs. 4 enthält Einschränkungen in Bezug auf Internetangebote und § 4 Abs. 5 nennt Voraussetzungen für eine Erlaubnis nach § 4 Abs. 4 S. 1, die für öffentliche Glücksspiele im Internet erfüllt sein müssen und nennt zudem, dass keine Versagungsgründe nach Abs. 2 vorlie-

---

1 Vgl. NRW LT-Dr. 17/11683, 177.
2 Vgl. NRW LT-Dr. 17/11683, 177.
3 In diesem Sinne Dietlein/Hecker/Ruttig/*Ruttig* § 13 Rn. 1.
4 Vgl. Streinz/Liesching/Hambach/W. *Hambach/Brenner* §§ 12–18 Rn. 63.
5 Vgl. BVerfG 28.3.2006 – 1 BvR 1054/01, BVerfGE 115, 276 (301 f.); BVerfG 7.3.2017 – 1 BvR 1314/12 u.a., BVerfGE 145, 20 Rn. 127; BVerfG 26.7.2005 – 1 BvR 80/95, BVerwGE 114, 92 (97); Jarass/Pieroth/*Jarras* GG Art. 12 Rn. 8 u. 73 mit weiteren Beispielen; *Hamacher* GG Art. 12 Teil B.
6 S. etwa zur Manipulationsgefahr bei Sportwetten BVerfG 28.3.2006 – 1 BvR 1054/01, BVerfG NJW 2006, 1261 (1263).
7 Vgl. ausführlich *Hamacher* § 1 sowie *Helmes/L. S. Otto* § 4 Rn. 15 ff.

gen und zudem einzeln aufgeführte Voraussetzungen vorliegen müssen (Nr. 1 bis 6).[8] Durch den Verweis auf § 4 Abs. 5 wird klargestellt, dass Lotterien mit geringem Gefährdungspotenzial im Internet veranstaltet werden können.[9]

5 Nach § 13 Abs. 1 S. 2 widerspricht eine Veranstaltung insbesondere § 4 Abs. 2 bis 5, wenn nicht auszuschließen ist, dass die Veranstaltung der Lotterie wegen des insgesamt bereits vorhandenen Glücksspielangebots, insbesondere im Hinblick auf die Zahl der bereits veranstalteten Glücksspiele oder deren Art oder Durchführung, den Spielbetrieb in besonderer Weise fördert. Hiermit gibt der Gesetzgeber der Behörde einen nicht abschließenden Kriterienkatalog vor, woran sie ihre Entscheidung auszurichten hat.[10]

6 § 13 Abs. 2 nennt spezielle Versagungsgründe. So darf die Bekanntgabe der Ziehungsergebnisse nicht öfter als zweimal wöchentlich erfolgen (Nr. 1 a). Mit dieser beschränkenden Regelung soll verhindert werden, dass das Interesse durch zu häufige Mitteilungen allzu hoch gesteigert wird.[11] Der Höchstgewinn darf nach dem Spielplan einen Wert von drei Millionen Euro nicht übersteigen (Nr. 1 b) und es gilt ein Verbot eines planmäßigen Jackpots. Diese Verbote dienen ebenfalls dazu, den Anreiz nicht zu hoch werden zu lassen. Zudem soll dem Interesse gewerblicher Veranstalter Rechnung getragen werden, wirtschaftlich tragfähige Lotterien anbieten zu können.[12]

7 Ebenso darf eine Erlaubnis nicht erteilt werden bei einer interaktiven Teilnahme in Rundfunk und Telemedien mit zeitnaher Gewinnbekanntgabe (Nr. 2). Durch diese Regelung sollen Spielanreize verhindert werden, die durch eine zu rasche Abfolge von Erfolg und Misserfolg sichtbar werden. Dies könnte zu einer Gefährdung der wirtschaftlichen Existenz der Spieler führen.[13]

§ 14 GlüStV Veranstalter

(1) [1]Eine Erlaubnis darf nur erteilt werden, wenn der Veranstalter

1. **die Voraussetzungen des § 5 Absatz 1 Nummer 9 des Körperschaftsteuergesetzes erfüllt und**
2. **zuverlässig ist, insbesondere die Gewähr dafür bietet, dass die Veranstaltung ordnungsgemäß und für die Spieler sowie die Erlaubnisbehörde nachvollziehbar durchgeführt und der Reinertrag zweckentsprechend verwendet wird.**

[2]Satz 1 Nummer 1 gilt nicht für die von den in § 10 Absatz 2 und 3 genannten Veranstaltern und von der Körperschaft des öffentlichen Rechts „Bayerisches Rotes Kreuz“ veranstalteten Lotterien und für Veranstaltungen in der Form des Gewinnsparens (§ 12 Absatz 1 Satz 2).

(2) Soll die Veranstaltung ganz oder überwiegend von einem Dritten durchgeführt werden, darf die Erlaubnis nur erteilt werden, wenn nicht die Gefahr besteht, dass durch die Durchführung die Transparenz und Kontrollierbarkeit der Veranstaltung beeinträchtigt wird und der Dritte

8 Ausführlich *Helmes/L. Otto* § 4 Abs. 5.
9 Vgl. Dietlein/Hecker/Ruttig/*Ruttig* § 13 Rn. 11.
10 Vgl. Dietlein/Hecker/Ruttig/*Ruttig* § 13 Rn. 2.
11 Vgl. Streinz/Liesching/Hambach/*W. Hambach/Brenner* §§ 12–18 Rn. 68 mit Verweis auf die Begründung zum LottStV v. 1.7.2004, S. 31.
12 Vgl. Streinz/Liesching/Hambach/*W. Hambach/Brenner* §§ 12–18 Rn. 68.
13 Vgl. die Erläuterungen zum LottStV v. 1.7.2004, S. 31.

1. die Anforderungen des Absatzes 1 Nummer 2 erfüllt und
2. hinsichtlich der Durchführung der Veranstaltung den Weisungen des Veranstalters unterliegt und keinen maßgeblichen rechtlichen oder tatsächlichen Einfluss auf den Veranstalter hat.

1 Die Vorschrift wurde unverändert beibehalten. Die wichtigsten Anforderungen ergeben sich aus Abs. 1 Nr. 1 und Nr. 2 kumulativ: Der Veranstalter muss gemeinnützig handeln sowie die notwendige Zuverlässigkeit besitzen. Eine Ausnahme bildet lediglich S. 2.

I. Gemeinnützigkeit

2 Nach § 14 Abs. 1 Nr. 1 muss der Veranstalter zunächst die Voraussetzungen des § 5 Abs. 1 Nr. 9 Körperschaftsteuergesetz erfüllen. Danach sind von der Körperschaftsteuer Körperschaften, Personenvereinigungen und Vermögensmassen befreit, „die nach Satzung, dem Stiftungsgeschäft oder der sonstigen Verfassung und nach der tatsächlichen Geschäftsführung ausschließlich und unmittelbar gemeinnützigen, mildtätigen oder kirchlichen Zwecken dienen (§§ 51 bis 68 der Abgabenordnung). Wird ein wirtschaftlicher Geschäftsbetrieb unterhalten, ist die Steuerbefreiung insoweit ausgeschlossen."

3 Für den Gesetzgeber standen im Wesentlichen die Ziele des § 1 GlüStV im Vordergrund, weniger die Gemeinnützigkeit oder die Rechtsform.[1] Ziel des Gesetzgebers bleibt, die negativen Seiten des Glücksspiels einzudämmen. Dennoch ist es nicht unerheblich für den Gesetzgeber, welchen Zwecken die Erträge zufließen. Zum Nachweis der Voraussetzungen, die sich aus den Anforderungen des Körperschaftsteuer- und Abgabenrechts ergeben, genügt der Anerkenntnisbescheid des Finanzamts.[2]

II. Zuverlässigkeit des Veranstalters

4 Zusätzlich zur Anforderung der Gemeinnützigkeit muss der Veranstalter die erforderliche **Zuverlässigkeit** aufweisen (Nr. 2). Er muss insbesondere die Gewähr dafür bieten, „dass die Veranstaltung ordnungsgemäß und für die Spieler sowie die Erlaubnisbehörde nachvollziehbar durchgeführt und der Reinertrag zweckentsprechend verwendet wird."

5 Zuverlässigkeit ist ein unbestimmter Rechtsbegriff, der durch Rechtsprechung und Literatur geprägt ist. Es handelt sich bei der Feststellung um einen Rechtsbegriff, der vollumfänglich gerichtlich überprüft werden kann.[3] Der Begriff lehnt sich an § 35 Gewerbeordnung an, wonach sich die Unzuverlässigkeit aus Tatsachen ergeben muss. Bloße Zweifel oder Vermutungen an der Zuverlässigkeit genügen nicht, ebenso wenig die Möglichkeit eines Fehlverhaltens.[4] Unzuverlässig im gewerberechtlichen Sinn ist derjenige, der nicht die Gewähr dafür bietet, sein Gewerbe in Zukunft ordnungsgemäß auszuüben.[5] Nach dem Wortlaut der Norm ist insbesondere zuverlässig, wer die Gewähr dafür bietet, dass

1 Vgl. Dietlein/Hecker/Ruttig/*Ruttig* § 14 Rn. 3.
2 Vgl. Dietlein/Hecker/Ruttig/*Ruttig* § 14 Rn. 3.
3 Vgl. Dietlein/Hecker/Ruttig/*Ruttig* § 14 Rn. 5 mwN.
4 Vgl. Streinz/Liesching/Hambach/*W. Hambach*/*Brenner* §§ 12–18 Rn. 81 mwN.
5 Vgl. Landmann/Rohmer GewO/*Marck* GewO § 35 Rn. 29 mwN.

die Veranstaltung für die Spieler und die Erlaubnisbehörde ordnungsgemäß und nachvollziehbar durchgeführt wird und der Reinertrag zweckentsprechend verwendet wird.

III. Ausnahmen

6 § 14 Abs. 1 S. 2 bestimmt, dass S. 1 Nr. 1 nicht für die in § 10 Abs. 2 und 3 genannten Veranstalter und von der Körperschaft des öffentlichen Rechts **„Bayerisches Rotes Kreuz"** veranstalteten Lotterien und für Veranstaltungen in der Form des Gewinnsparens nach § 12 Abs. 1 S. 2 gilt. Beim **Gewinnsparen** steht das Sparen im Vordergrund (→ § 12 Rn. 15). Die Ausnahmeregelung für das Bayerische Rote Kreuz trägt der besonderen Rechtsform Rechnung. Auch hier bestehen keine Bedenken an der Zweckverwendung etwaiger Erträge. Durch den Verweis auf § 10 Abs. 2 und 3 ergibt sich, dass den dort aufgeführten Veranstaltern Lotterien mit geringem Gefährdungspotenzial unter denselben Voraussetzungen wie privaten Veranstaltern ermöglicht werden.[6]

IV. Durchführung durch Dritte

7 Gemäß § 14 Abs. 2 darf die Lotterie durch Dritte durchgeführt werden. Dies setzt voraus, dass keine Gefahr besteht, dass durch die Durchführung die Transparenz und Kontrollierbarkeit der Veranstaltung beeinträchtigt wird und der Dritte die Anforderungen des Abs. 1 Nr. 2 erfüllt (Abs. 2 Nr. 1) und hinsichtlich der Durchführung der Veranstaltung den Weisungen des Veranstalters unterliegt und keinen maßgeblichen rechtlichen und tatsächlichen Einfluss auf den Veranstalter hat (Abs. 2 Nr. 2). Die Einbeziehung Dritter durch undurchsichtige Vertragskonstruktionen etwa wäre ein Widerspruch zur geforderten Transparenz und Kontrollierbarkeit der Veranstaltung. Falls Dritte bei der Durchführung einer Lotterie eingebunden werden, ergeben sich weitere materielle Anforderungen, etwa hinsichtlich der Kosten der Veranstaltung (§ 15 Abs. 2) sowie bei der Einbindung der Erlaubnis (§ 17 Nr. 1).[7]

§ 15 GlüStV Spielplan, Kalkulation und Durchführung der Veranstaltung

(1) [1]Nach dem Spielplan müssen der Reinertrag, die Gewinnsumme und die Kosten in einem angemessenen Verhältnis zueinander stehen; die Kosten der Veranstaltung sind gering zu halten. [2]Reinertrag ist der Betrag, der sich aus der Summe der Entgelte nach Abzug von Kosten, Gewinnsumme und Steuern ergibt. [3]Für den Reinertrag und die Gewinnsumme sollen im Spielplan jeweils mindestens 30 Prozent der Entgelte vorgesehen sein und es darf kein Grund zu der Annahme bestehen, dass diese Anteile nicht erreicht werden. [4]Bei der Antragstellung ist eine Kalkulation vorzulegen, aus der sich die voraussichtlichen Kosten der Veranstaltung, die Gewinnsumme, die Steuern und der Reinertrag ergeben. [5]Zeigt sich nach Erteilung der Erlaubnis, dass die kalkulierten Kosten voraussichtlich überschritten werden, ist dies der Erlaubnisbehörde unverzüglich anzuzeigen und eine neue Kalkulation vorzulegen.

(2) [1]In den Kosten der Lotterie dürfen Kosten von Dritten im Sinne des § 14 Absatz 2 nach Art und Umfang nur insoweit berücksichtigt werden, als sie den

6 Vgl. Streinz/Liesching/Hambach/W. *Hambach/Brenner* §§ 12–18 Rn. 82.
7 Vgl. Streinz/Liesching/Hambach/W. *Hambach/Brenner* §§ 12–18 Rn. 83.

Grundsätzen wirtschaftlicher Betriebsführung entsprechen. [2]Die Vergütung des Dritten soll nicht abhängig vom Umsatz berechnet werden.

(3) [1]Der Veranstalter hat der zuständigen Behörde alle Unterlagen vorzulegen und alle Auskünfte zu erteilen, die zur Überprüfung der ordnungsgemäßen Durchführung der Lotterie erforderlich sind. [2]Insbesondere hat er eine Abrechnung vorzulegen, aus der sich die tatsächliche Höhe der Einnahmen, des Reinertrages, der Gewinnausschüttung und der Kosten der Veranstaltung ergibt.

(4) [1]Die zuständige Behörde kann auf Kosten des Veranstalters einen staatlich anerkannten Wirtschaftsprüfer beauftragen oder dessen Beauftragung vom Veranstalter verlangen, damit ein Gutachten zur Überprüfung der ordnungsgemäßen Planung oder Durchführung der Lotterie, insbesondere zur Angemessenheit der Kosten der Lotterie, erstattet und der Behörde vorgelegt wird. [2]Die Kosten des Gutachtens sind Kosten der Lotterie.

I. Allgemeines

1 Die Vorschrift wurde in § 15 Abs. 1 S. 1 Hs. 2 sprachlich neu gefasst. Der Satz „die Kosten sind so gering wie möglich zu halten" wurde durch den Satz „die Kosten sind gering zu halten" ersetzt. Dies soll den Veranstaltern angesichts sinkender Bedeutung klassischer Vertriebskanäle einen größeren Spielraum für den Vertrieb von Lotterien ermöglichen. Entscheidend ist nach der Gesetzesbegründung, dass die Kosten insgesamt auf einem geringen Niveau gehalten werden.[1] Insgesamt dienen die Anforderungen des § 15 der umfassenden wirtschaftlichen und organisatorischen Kontrolle der Lotterieveranstaltung.[2] Dies wird durch Vorlage, etwa der Kalkulation, aus der sich die voraussichtlichen Kosten, die Gewinnsumme, Steuern und der Reinertrag ergeben, erreicht. Unterlagen sind vorzulegen und Auskünfte umfassend zu erteilen.

II. Im Einzelnen

2 **1. Abs. 1.** Nach § 15 Abs. 1 S. 1 erfordert der Spielplan, dass der **Reinertrag,** die **Gewinnsumme** und die **Kosten** in einem angemessenen Verhältnis zueinander stehen. Den Reinertrag definiert die Vorschrift als den Betrag, der sich aus der Summe der Entgelte nach Abzug von Kosten, Gewinnsumme und Steuern ergibt (S. 2). Für den Reinertrag und die Gewinnsumme sollen im Spielplan jeweils mindestens 30 Prozent der Entgelte vorgesehen sein. Diese Soll-Vorschrift findet grundsätzlich Anwendung, jedoch können die Behörden in Einzelfällen, etwa in der Anlaufphase, hiervon abweichen.[3]

3 Die Kosten der Lotterie sind gering zu halten. Nach der Gesetzesbegründung stand bei der textlichen Änderung im Vordergrund, den Veranstaltern bei schwindenden klassischen Vertriebskanälen größere Flexibilität einzuräumen, solange die Kosten insgesamt auf einem geringen Niveau liegen.

4 Um umfassend prüfen zu können, ob der Veranstalter seine Pflichten der Transparenz erfüllt, ist bei der Antragstellung eine Kalkulation vorzulegen, aus der sich die voraussichtlichen Kosten der Veranstaltung, die Gewinnsumme, die

---

1 Vgl. NRW LT-Drs. 17/11683, 177.
2 Vgl. Streinz/Liesching/Hambach/W. *Hambach/Brenner* §§ 12–18 Rn. 70.
3 Vgl. Streinz/Liesching/Hambach/W. *Hambach/Brenner* §§ 12–18 Rn. 71.

Steuern und der Reinertrag ergeben (S. 3). Etwaige Überschreitungen der kalkulatorischen Kosten sind der Erlaubnisbehörde zudem unverzüglich anzuzeigen und eine neue Kalkulation ist vorzulegen (S. 4).

5 **2. Abs. 2.** § 15 Abs. 2 versucht, durch Dritte verursachte Kosten zu begrenzen. So dürfen in den Kosten der Lotterie, die durch Dritte im Sinne des § 14 Abs. 2 nach Art und Umfang nur insoweit berücksichtigt werden, als sie den Grundsätzen wirtschaftlicher Betriebsführung entsprechen. Hierdurch soll eine Umgehung der Gemeinnützigkeit der Veranstaltung verhindert werden, indem etwa der Dritte nicht den Anforderungen des § 5 Abs. 1 Nr. 9 KStG unterliegt.[4]

6 Nach § 15 Abs. 2 S. 2 soll zudem die Vergütung des Dritten nicht abhängig vom Umsatz berechnet werden. Diese Vorschrift dient insbesondere dazu, dass der Dritte nicht aufgrund eigener wirtschaftlicher Interessen höhere Spielanreize schafft. Dies stünde im Widerspruch zu den Zielen des Glücksspielstaatsvertrags.

7 **3. Vorlagepflicht und Überprüfung (Abs. 3, 4).** Nach § 15 Abs. 3 hat der Veranstalter der Behörde alle Unterlagen vorzulegen und alle Auskünfte zu erteilen, die zur Überprüfung der Durchführung der Lotterie erforderlich sind. Dazu gehört eine detaillierte Abrechnung, die genaue Zahlen der Einnahmen, des Reinertrags, der Gewinnausschüttung und die Kosten der Veranstaltung. Diese Vorschrift ist allgemein gehalten und ermöglicht bei Nichterfüllung der Vorlagepflichten die **Versagung oder den Widerruf der Erlaubnis.**[5] Die Häufigkeit der **Vorlagepflicht** wird von Art und Umfang der Lotterie abhängen, etwa der regelmäßigen Durchführung der Lotterie.

8 Abs. 4 der Vorschrift greift, wenn Zweifel an der Richtigkeit der Unterlagen aufkommen. Danach kann die Behörde auf Kosten des Veranstalters einen staatlich anerkannten **Wirtschaftsprüfer** beauftragen oder dessen Beauftragung vom Veranstalter verlangen, damit ein Gutachten zur Überprüfung der ordnungsgemäßen Planung oder Durchführung der Lotterie, insbesondere zur Angemessenheit der Kosten der Lotterie, erstattet und der Behörde vorgelegt wird. Die Beauftragung eines Wirtschaftsprüfers steht im Ermessen der Behörde („kann"). Dieses Ermessen darf die Behörde nicht willkürlich ausüben, etwa in unangemessen kurzen Abständen.[6]

§ 16 GlüStV Verwendung des Reinertrages

(1) Der Reinertrag der Veranstaltung muss zeitnah für den in der Erlaubnis festgelegten Zweck verwendet werden.

(2) [1]Will der Veranstalter den Reinertrag für einen anderen als den in der Erlaubnis festgelegten gemeinnützigen, kirchlichen oder mildtätigen Zweck verwenden oder kann der Verwendungszweck nicht oder nicht zeitnah verwirklicht werden, hat der Veranstalter dies der zuständigen Behörde unverzüglich anzuzeigen. [2]Diese kann nach Anhörung des Veranstalters den Verwendungszweck neu festlegen.

(3) Ein angemessener Anteil des Reinertrages soll in dem Land verwendet werden, in dem die Lotterie veranstaltet wird.

4 Vgl. Dietlein/Hecker/Ruttig/*Ruttig* § 15 Rn. 4.
5 Vgl. Dietlein/Hecker/Ruttig/*Ruttig* § 15 Rn. 7.
6 Vgl. Dietlein/Hecker/Ruttig/*Ruttig* § 15 Rn. 9.

I. Allgemeines

§ 16 nennt Details zur Verwendung des Reinertrags. Insbesondere muss der Reinertrag zeitnah für den festgelegten Zweck verwendet werden. Bei Veränderungen gegenüber der Erlaubnis ist der Veranstalter gehalten, dies unverzüglich der zuständigen Behörde mitzuteilen. 1

II. Im Einzelnen

1. Zeitnahe Verwendung. Nach § 16 Abs. 1 muss der in § 15 Abs. 1 S. 2 legaldefinierte Reinertrag der Veranstaltung **zeitnah** für den in der Erlaubnis festgelegten Zweck verwendet werden. Innerhalb der Vorschrift variiert der Gesetzgeber die zeitlichen Vorgaben. In Abs. 2 ist eine Anzeige „unverzüglich" zu leisten. Eine vergleichbare Eilbedürftigkeit ist daher in Abs. 1 nicht anzunehmen. Das mag zudem von der Häufigkeit der Durchführung von Lotterien abhängen. Je häufiger diese stattfinden, desto näher am Ereignis wird die Verwendung stehen müssen, da ja auch der Reinertrag entsprechend rasch feststeht.[1] Hinzu tritt, dass die Behörde mit der Erlaubnis auch den Zeitpunkt festlegt, an dem der Verwendungsnachweis zu erbringen ist, § 17 Nr. 3. Dies stellt den äußersten Zeitpunkt dar. 2

2. Zweckänderung. Wenn der Veranstalter den Reinertrag für einen anderen als den in der Erlaubnis festgelegten gemeinnützigen, kirchlichen oder mildtätigen Zweck verwenden will oder der Verwendungszweck nicht oder nicht zeitnah verwirklicht werden kann, muss der Veranstalter dies der zuständigen Behörde **unverzüglich** anzeigen. Nach Anhörung des Veranstalters kann die Behörde den Verwendungszweck neu festlegen (S. 2). Von einer Anhörung kann nicht Abstand genommen werden. Sie dient vor allem dazu, Veränderungen, die sich nach Erlaubniserteilung ergeben können, zwischen Behörde und Veranstalter abzustimmen. Die Ziele des § 1 bleiben indes ungefährdet, da im Falle einer Neubestimmung des Verwendungszwecks der Veranstalter weiterhin den Reinerlös für gemeinnützige, kirchliche oder mildtätige Zwecke verwenden muss.[2] 3

3. Länderklausel. § 16 Abs. 3 bestimmt, dass ein **angemessener Anteil** des Reinertrags in dem Land verwendet werden soll, in dem die Lotterie veranstaltet wird. Diese Forderung entsprach bereits vor Inkrafttreten des LottStV der überwiegenden Genehmigungspraxis.[3] Die soziale Schädlichkeit soll durch eine Verwendung für die Bevölkerung im Einzugsbereich der Veranstaltung gemindert werden.[4] Die Vorschrift ist eine Soll-Bestimmung. Demnach wird in der Praxis die Behörde ihr Ermessen im Regelfall so ausüben, dass eine entsprechende angemessene Verwendung des Reinertrags im Land der Veranstaltung verlangt wird. Ist die Veranstaltung länderübergreifend, ist auf eine proportionale Verwendung in allen betroffenen Ländern zu achten.[5] 4

---

1 In diesem Sinne auch Dietlein/Hecker/Ruttig/*Ruttig* § 16 Rn. 3.
2 Vgl. Dietlein/Hecker/Ruttig/*Ruttig* § 16 Rn. 4.
3 Vgl. Streinz/Liesching/Hambach/W. *Hambach/Brenner* §§ 12–18 Rn. 78 mit Verweis auf die Erläuterungen zum LottStV v. 1.7.2004, S. 34.
4 Vgl. Tettinger/Ennuschat Deutsches LotterieR/*Tettinger/Ennuschat*, S. 50.
5 Vgl. Dietlein/Hecker/Ruttig/*Ruttig* § 16 Rn. 5.

§ 17 GlüStV Form und Inhalt der Erlaubnis

[1]Die Erlaubnis wird schriftlich erteilt. [2]In ihr sind insbesondere festzulegen

1. der Veranstalter sowie im Fall des § 14 Absatz 2 der Dritte,
2. Art, Ort oder Gebiet sowie Beginn und Dauer der Veranstaltung,
3. der Verwendungszweck des Reinertrages, die Art und Weise des Nachweises der Verwendung und der Zeitpunkt, zu dem der Nachweis zu erbringen ist,
4. der Spielplan und
5. die Vertriebsform.

I. Allgemeines

1 Die unverändert gebliebene Vorschrift gibt allgemeine Mindestanforderungen für eine Erlaubnis vor, die bei ihrer Erteilung durch die zuständige Behörde einzuhalten sind.

II. Form und Inhalt der Erlaubnis

2 Nach § 17 S. 1 ist die Erlaubnis **schriftlich** zu erteilen. § 37 Abs. 2 S. 1 VwVfG normiert weitergehend, dass ein Verwaltungsakt schriftlich, elektronisch, mündlich oder in anderer Weise erlassen werden kann. Damit ist § 17 S. 1 enger gefasst und erlaubt nur eine schriftliche Erlaubnis.[1]

3 In der Erlaubnis ist als Adressat des Verwaltungsakts insbesondere der Veranstalter zu nennen sowie im Fall des § 14 Abs. 2 der Dritte (Nr. 1). Eine Übertragung der Erlaubnis ist grundsätzlich ausgeschlossen, allenfalls im Fall eines Formwechsels kann die Erlaubnis bei Personenidentität übertragen werden.[2] Die Durchführung durch einen Dritten iSd § 14 Abs. 2 ist möglich. Er muss ausdrücklich benannt sein.

4 Art, Ort oder Gebiet sowie Beginn und Dauer der Veranstaltung sind festzulegen (Nr. 2). Dies gilt ebenso für den Verwendungszweck des Reinertrags, die Art und Weise des Nachweises der Verwendung und des Zeitpunkts, zu dem der Nachweis zu erbringen ist (Nr. 3). Der Spielplan und die Vertriebsform sind ebenso festzulegen (Nr. 4, 5). Aus § 15 Abs. 3 ergeben sich dazu umfangreiche Überprüfungsmöglichkeiten der Behörde.

5 Einige Länder haben von der Möglichkeit Gebrauch gemacht, in ihren Ausführungsgesetzen über § 17 hinausgehende Regelungen zu treffen. Die Möglichkeit dazu ergibt sich aus § 17 S. 2 („insbesondere“).

§ 18 GlüStV Kleine Lotterien

Die Länder können von den Regelungen des Staatsvertrages für Lotterien abweichen, bei denen

1. die Summe der zu entrichtenden Entgelte den Betrag von 40 000 Euro nicht übersteigt,
2. der Reinertrag ausschließlich und unmittelbar für gemeinnützige, kirchliche oder mildtätige Zwecke verwandt wird und
3. der Reinertrag und die Gewinnsumme jeweils mindestens 25 Prozent der Entgelte betragen.

1 Vgl. Dietlein/Hecker/Ruttig/*Ruttig* § 17 Rn. 3.
2 Vgl. Dietlein/Hecker/Ruttig/*Ruttig* § 17 Rn. 4.

I. Allgemeines

1 § 18 ermöglich es den Ländern, von den Regelungen des Staatsvertrags abzuweichen. Dabei handelt es sich in der Regel um kleine Lotterien, die nur auf lokaler und regionaler Ebene veranstaltet werden und nur ein geringes Spielkapital aufweisen. Die Vorschrift blieb durch den neuen Glücksspielstaatsvertrag unverändert.

II. Voraussetzungen

2 Die Vorschrift nennt als Voraussetzungen, die kumulativ einzuhalten sind, dass die Summe der zu entrichtenden Entgelte den Betrag von 40.000 Euro nicht übersteigt (Nr. 1), der Reinertrag ausschließlich und unmittelbar für gemeinnützige, kirchliche oder mildtätige Zwecke verwandt wird (Nr. 2) und der Reinertrag und die Gewinnsumme jeweils mindestens 25 Prozent der Entgelte betragen (Nr. 3).

3 Die Grenze von 40.000 Euro besagt, dass der Gesamtpreis für alle Lose den gesamten **Schwellenwert** nicht überschreiten darf. Die Länder können hiervon durch schärfere Regelungen, also etwa geringere Schwellenwerte, abweichen.

4 Mit den weiteren Voraussetzungen der Nr. 2 und Nr. 3 werden sowohl der gemeinwohlorientierte Zweck als auch das Spielerinteresse an einem Mindestausschüttungsbetrag gesichert.[1] Der Begriff „Reinertrag“ wird in § 12 Abs. 1 S. 2 legaldefiniert als Betrag, der sich aus der Summe der Entgelte nach Abzug von Kosten, Gewinnsumme und Steuern ergibt.

III. Abweichende Länderregelungen

5 Die meisten Länder haben von der Möglichkeit abweichender Regelungen für kleine Lotterien Gebrauch gemacht. Sie betreffen beispielsweise die Höchstsumme von 40.000 EUR (§ 18 Nr. 1), verschärfen einzelne Voraussetzungen oder betreffen die Regionalität der Lotterie sowie die Form der Erlaubnis. Ebenso wird der Reinertrag angepasst, was möglich ist, da der GlüStV von „mindestens 25 Prozent“ spricht (§ 18 Nr. 3). Ebenso werden zT die Losverkaufs- und Vertriebszeiten begrenzt.

6 So bestimmt etwa Art. 3 Abs. 3 S. 1 Nr. 1 AG GlüStV Bay, dass die Erlaubnis für eine kleine Lotterie auch in Form einer Allgemeinverfügung erteilt werden kann. § 10 Abs. 2 S. 1 Nr. 2 BbgGlüAG ermöglicht eine allgemeine Erlaubnis, wenn der Losverkauf der kleinen Lotterie die Dauer von drei Monaten nicht überschreitet. Der Reinertrag und die Gewinnsumme müssen jeweils mindestens ein Drittel der Entgelte betragen (Abs. 1 S. 3). Ferner gelten Begrenzungen für Prämien- oder Schlussziehungen bei sofortigem Gewinnentscheid (§ 10 Abs. 2 BbgGlüAG).

7 Nach § 14 Abs. 1 GlüStVAG M-V kann eine Erlaubnis allgemein erteilt werden, wenn sich die kleine Lotterie nicht über das Gebiet eines Landkreises oder einer kreisfreien Stadt hinaus erstreckt (Nr. 1) sowie der Losverkauf die Dauer eines Monats nicht überschreitet (Nr. 5). Die sächsische Regelung (§ 17 SächsGlüStVAG) ermöglicht ebenfalls die Erlaubnis in Form einer Allgemeinverfügung, begrenzt die Veranstaltung auf das Gebiet eines Landkreises oder einer kreisfreien Stadt (Abs. 1 Nr. 1). Der Reinertrag muss mindestens ein Drittel und die Gewinnsumme bei Lotterien oder der Wert der Sachpreise oder anderer geldwerter Vorteile bei Ausspielungen mindestens 25 Prozent der Entgelte betragen (Nr. 2). Der Losverkauf ist zeitlich auf drei Monate limitiert (Nr. 4). Gemäß § 17 Abs. 2

1 Vgl. Dietlein/Hecker/Ruttig/*Ruttig* § 18 Rn. 3 mwN.

SächsGlüStV muss eine erlaubte kleine Lotterie oder Ausspielung fünf Tage vor deren Beginn der zuständigen Behörde angezeigt werden. Prämien- oder Schlussziehungen dürfen bei Losausgaben mit sofortigen Gewinnentscheiden nicht vorgesehen werden (§ 18 Abs. 2 SächsGlüStV).

8 Ähnliche Abweichungen weist die nordrhein-westfälische Regelung auf (§§ 14, 15 AG GlüStV NRW). Das Gebiet der Veranstaltung wird auf kreisfreie Städte oder Kreise begrenzt (§ 14 Abs. 1 Nr. 1), der Losverkauf auf die Dauer von drei Monaten (§ 14 Abs. 1 Nr. 3). Ebenfalls werden Prämien- oder Schlussziehungen bei sofortigem Gewinnentscheid untersagt (§ 14 Abs. 2) und die vorgesehene Veranstaltung muss mindestens zwei Wochen vor Beginn der zuständigen Behörde und dem für den Veranstalter zuständigem Finanzamt angezeigt werden (§ 14 Abs. 3 S. 2). Reinertrag und Gewinnsumme müssen jeweils mindestens ein Drittel der Entgelte betragen (§ 14 Abs. 3 S. 1). § 14 Abs. 5 AG GlüStV NRW ermöglicht abweichende Regelungen für kleine Lotterien, die sich über das Gebiet einer Gemeinde hinaus erstrecken. Damit können nach der Gesetzesbegründung etwa für solche Lotterien ein Vertrieb über das Internet oder der Versand der Lose per E-Mail ohne vorherige umfassende Identifizierung und Authentifizierung der Teilnehmer erlaubt werden, sofern in der Erlaubnis angemessene alternative Maßnahmen zur Sicherstellung der Ziele des Gesetzes, insbesondere des Teilnahmeverbots Minderjähriger, vorgesehen werden.[2]

Vierter Abschnitt Gewerbliche Spielvermittlung

§ 19 GlüStV Gewerbliche Spielvermittlung

(1) Neben den §§ 4 bis 8d und unbeschadet sonstiger gesetzlicher Regelungen gelten für die Tätigkeit des gewerblichen Spielvermittlers folgende Anforderungen:

1. Der gewerbliche Spielvermittler hat mindestens zwei Drittel der von den Spielern vereinnahmten Beträge für die Teilnahme am Spiel an den Veranstalter weiterzuleiten. Dies hat er durch einen zur unabhängigen Ausübung eines rechts- oder steuerberatenden Berufs befähigten Beauftragten zur Vorlage bei der Erlaubnisbehörde bestätigen zu lassen. Er hat die Spieler vor Vertragsabschluss in Textform klar und verständlich auf den für die Spielteilnahme an den Veranstalter weiterzuleitenden Betrag hinzuweisen sowie ihnen unverzüglich nach Vermittlung des Spielauftrages den Veranstalter mitzuteilen.
2. Gewerbliche Spielvermittler und von ihnen oder den Spielinteressenten im Sinne des § 3 Absatz 8 beauftragte Dritte sind verpflichtet, bei jeder Spielteilnahme dem Veranstalter die Vermittlung offen zu legen.
3. Gewerbliche Spielvermittler sind verpflichtet, dafür Sorge zu tragen, dass bei Vertragsabschluss ein zur unabhängigen Ausübung eines rechts- oder steuerberatenden Berufes befähigter Treuhänder mit der Verwahrung der Spielquittungen und der Geltendmachung des Gewinnanspruches gegenüber dem Veranstalter beauftragt wird. Dem Spieler ist bei Vertragsabschluss ein Einsichtsrecht an den Spielquittungen, die in seinem Auftrag vermittelt worden sind, einzuräumen. Wird ein Gewinnanspruch vom Spieler nicht innerhalb einer Frist von drei Monaten beim Treuhänder geltend gemacht, so ist der Gewinnbetrag an den Veranstalter abzuführen.

2 Vgl. NRW LT-Drs. 17/12978, 87.

(2) [1]Werden gewerbliche Spielvermittler in allen oder mehreren Ländern tätig, so werden die Erlaubnisse nach § 4 Absatz 1 Satz 1 und Absatz 4 Satz 1 gebündelt von der zentral zuständigen Behörde erteilt. [2]§ 9a Absatz 2 und 4 ist entsprechend anzuwenden.

(3) § 4 Absatz 6 ist entsprechend anzuwenden.

Literatur: *Becker/Hilf/Nolte/Uwer*, Glücksspielregulierung – Glücksspielstaatsvertrag und Nebengesetze: Kommentar, 1. Aufl. 2017; *Landesregierung Nordrhein-Westfalen:* Gesetzentwurf der Landesregierung, Drs. 17/11683, Staatsvertrag zur Neuregulierung des Glücksspielwesens in Deutschland (Glücksspielstaatsvertrag 2021 – GlüStV 2021); *Streinz/Liesching/Hambach*, Glücks- und Gewinnspielrecht in den Medien, 1. Aufl. 2014.

I. Genese/Gesetzesentwicklung

Die auf § 14 LottoStV zurückgehenden **Vorgaben und Anforderungen** an den Spielvermittler beschränken die Tätigkeit derselben zusätzlich zu den Erlaubnisvorbehalten der §§ 4 bis 8d und den weiteren allgemeinen glücksspielrechtlichen Vorschriften. 1

Die Tätigkeit des Spielvermittlers ist dabei vom Schutzbereich der Berufsfreiheit (Art. 12 Abs. 1 GG) umfasst.[1] Eine Beeinträchtigung desselben war jedoch selbst bei dem ausnahmslosen Verbot von Spielvermittlungen im Internet gerechtfertigt.[2] Dieses ausnahmslose Verbot wurde nun für ausgewählte Spielarten gelockert (zu den Änderungen vgl. § 4 Abs. 4), Zweifel an der **Verfassungsmäßigkeit** der Regelung entstehen dadurch nicht. 2

Die **strengen Anforderungen** wurden im GlüStV durch die immer noch verankerte Hinweispflicht in Abs. 1 Nr. 1 sogar verschärft und weiterhin – trotz Kritik[3] – beibehalten. 3

II. Erläuterungen

1. Anforderungen an gewerbliche Spielvermittler (Abs. 1). Eine **gewerbliche Spielvermittlung** betreibt, wer ohne Annahmestelle, Lotterieeinnehmer, Wettvermittlungsstelle oder Örtlichkeit eines Buchmachers zu sein, entweder einzelne Spielverträge an einen Veranstalter von Lotterien vermittelt oder Spielinteressenten zu Spielgemeinschaften zusammenführt und deren Spielbeteiligung dem Veranstalter von Lotterien – selbst oder über Dritte – vermittelt, sofern dies jeweils in der Absicht geschieht, durch diese Tätigkeit nachhaltig Gewinn zu erzielen (vgl. § 3 Abs. 8). 4

Der **Rechtsgrundverweis** in Abs. 1 wurde um die §§ 8a bis 8d ergänzt. Die Rechtsgrundverweisung führt nicht dazu, dass diejenigen Vorschriften, deren Tatbestand die Spielvermittlung nicht umfasst (zB §§ 4a bis 4d, § 5 Abs. 3 S. 1 oder § 6i), durch diesen Verweis allein Anwendung finden – vielmehr müssen die in den entsprechenden Normen vorgesehenen Tatbestandsmerkmale ebenfalls er- 5

1 BVerfG 14.10.2008 – 1 BvR 928/08, Rn. 10.
2 BVerfG 14.10.2008 – 1 BvR 928/08, Rn. 9 ff.
3 Becker/Hilf/Nolte/Uwer/*Uwer/Koch* § 19 Rn. 4.

füllt sein.[4] Davon abgesehen bleiben die Anforderungen an die Spielvermittler unverändert. Insbesondere ergeben sich die einzelnen Voraussetzungen zu der Erteilung einer entsprechenden Erlaubnis aus dem jeweiligen Landesrecht.[5]

6 Bezüglich der einzelnen Anforderungen an die Tätigkeit des **gewerblichen Spielvermittlers** lässt sich Folgendes feststellen:

7 Gemäß § 19 Abs. 1 Nr. 1 hat der Vermittler **mindestens zwei Drittel** der vereinnahmten Beträge für die Spielteilnahme an den Veranstalter weiterzuleiten. Die Verfassungsmäßigkeit dieser Regelung wurde bereits bei der Vorgängerregelung in Frage gestellt.[6] Die **Weiterleitungspflicht** umfasst sowohl die Spieleinsätze als auch die etwaig erhobenen Bearbeitungsgebühren, nicht aber andere, zusätzliche Entgelte, die der Vermittler für darüber hinausgehende (eigene) Dienstleistungen erhebt, bspw. um Gewinnquoten beim Zahlenlotto zu optimieren.[7] Der Spielvermittler hat sich durch einen zur unabhängigen Ausübung eines rechts- oder steuerberatenden Berufs befähigten Beauftragten die ordnungsgemäße Weiterleitung zur Vorlage bei der Erlaubnisbehörde bestätigen zu lassen. Durch diese – ebenfalls bezüglich ihrer Verfassungsmäßigkeit umstrittene[8] – **Testatspflicht** soll eine effiziente Vollzugskontrolle gewährleistet werden.[9] Der Spieler ist auch vor Abschluss des Spielvertrags in Textform über den weiterzuleitenden Betrag aufzuklären und nach Abschluss des Spielvertrags unverzüglich über den Veranstalter des Glücksspiels zu informieren. Beides dient der Transparenz der Spielvermittlung und einer möglichst umfassenden Aufklärung des Spielers.

8 Spiegelbildlich sind gemäß § 19 Abs. 1 Nr. 2 auch die Veranstalter über jede Spielteilnahme/Vermittlung zu **informieren.** Diese Pflicht trifft sowohl die Vermittler als auch etwaig von ihnen beauftragte Dritte.

9 § 19 Abs. 1 Nr. 3 sieht schließlich vor, dass die Spielquittungen von einem **unabhängigen Treuhänder,** der zur Ausübung des Rechtsanwalts- oder Steuerberaterberufs qualifiziert ist, zu verwahren sind und dieser Treuhänder auch die **etwaigen Gewinnansprüche** gegenüber dem Veranstalter geltend zu machen hat. Auch dies soll der Transparenz und Kontrolle dienen. Der Treuhänder hat des Weiteren den Gewinn entgegenzunehmen und dem Spieler auszuhändigen.[10] Der Spielteilnehmer hat darüber hinaus bei Vertragsabschluss ein Einsichtsrecht in die Spielquittungen, die in seinem Namen vermittelt werden, um sicherzustellen, dass das Spiel auch tatsächlich vermittelt wird. Sofern der Spieler seinen Gewinnanspruch nicht innerhalb von 3 Monaten dem Treuhänder gegenüber anmeldet, hat dieser den (bereits vom Veranstalter eingeforderten) Gewinnbetrag an den Veranstalter zurückzuführen. Auch der neue GlüStV enthält – wie schon der GlüStV 2012 – keinerlei Regelung, wie der Veranstalter mit solchen „Rückläufern" umzugehen hat.

10 Als **Verbraucherschutzvorschriften** sind die Regelungen des § 19 Abs. 1 Schutzvorschriften iSd § 4 Nr. 11 UWG, deren Verletzung in einem wettbewerbsrechtlichen Verfahren geltend gemacht werden kann. Sie gelten dabei auch für Unternehmen mit Sitz im Ausland, soweit ihr Angebot auf Inländer gerichtet ist.[11]

---

4 NRW LT-Drs. 17/11683, 177.
5 NRW LT-Drs. 17/11683, 177.
6 Becker/Hilf/Nolte/Uwer/*Uwer/Koch* § 19 Rn. 17.
7 Becker/Hilf/Nolte/Uwer/Uwer/*Koch* § 19 Rn. 23.
8 Becker/Hilf/Nolte/Uwer/*Uwer/Koch* § 19 Rn. 27 ff.
9 Streinz/Liesching/Hambach/*Brenner/Pfundstein* § 19 Rn. 13.
10 Becker/Hilf/Nolte/Uwer/*Uwer/Koch* § 19 Rn. 45 f.
11 BGH 19.5.2011 – I ZR 215/08, Rn. 2 ff.

2. Länderübergreifende gewerbliche Spielvermittlung (Abs. 2). In Abs. 2 wird der neu eingeführten zentralen Gemeinsamen Glücksspielbehörde der Länder Rechnung getragen, welche für die **Erteilung der gewerblichen Spielvermittlungserlaubnis** zuständig ist, soweit die Spielvermittler in mehr als einem Land tätig sind. Diese Kompetenz geht von der Glücksspielaufsichtsbehörde des Landes Niedersachsen auf die Gemeinsame Glücksspielbehörde der Länder über.[12] Dies war der logische nächste Schritt, nachdem bei der letzten Reform bereits die Erlaubniserteilung bei der Glücksspielbehörde Niedersachsen zentralisiert wurde, da die Beantragung der Erlaubnis von Spielvermittlern, welche in mehr als einem Land tätig sind, unter 16 verschiedenen Rechtsregimen nicht praktikabel war.[13] Nach Abs. 2 werden die Erlaubnisse für bundesweit agierende Spielvermittler weiterhin gebündelt unter Zugrundelegung des jeweiligen Landesrechts in einem gemeinsamen Verfahren erteilt. Es ist gerade kein ländereinheitliches Verfahren nach § 9a Abs. 1.[14] 11

Der neu eingefügte Abs. 2 S. 2, welcher § 9a Abs. 2 und 4 für entsprechend anwendbar erklärt, verweist auf die Zuständigkeit der Gemeinsamen Glücksspielbehörde der Länder bei der **Ausübung der Aufsicht** über die nun von ihr genehmigten gewerblichen Spielvermittler. Dies beinhaltet auch die Erhebung von Gebühren für Erlaubniserteilungen und Anordnungen, umfasst aber auch die regelmäßig kumulativ anzuwendenden **Ermäßigungen** nach § 9a Abs. 4 S. 3 und 5.[15] 12

Fünfter Abschnitt Besondere Vorschriften

§ 20 GlüStV Spielbanken

Zur Erreichung der Ziele des § 1 ist die Anzahl der Spielbanken in den Ländern zu begrenzen.

Literatur: *Becker/Hilf/Nolte/Uwer,* Glücksspielregulierung – Glücksspielstaatsvertrag und Nebengesetze: Kommentar, 1. Aufl. 2017; *EU-Kommission:* Ausführliche Stellungnahme der Kommission v. 18.7.2011, C (2011) 5319, Notifizierung Nr. 2011/188/D des ersten Staatsvertrages zur Änderung des Staatsvertrages über Glücksspiele in Deutschland; *Gohrke,* Betriebspflicht für Spielbanken, ZfWG 2020, 328, *Landesregierung Nordrhein-Westfalen:* Gesetzentwurf der Landesregierung, Drs. 17/11683, Staatsvertrag zur Neuregulierung des Glücksspielwesens in Deutschland (Glücksspielstaatsvertrag 2021 – GlüStV 2021); *Streinz/Liesching/Hambach,* Glücks- und Gewinnspielrecht in den Medien, 1. Aufl. 2014.

I. Genese/Gesetzesentwicklung

§ 20 wurde aus dem GlüStV 2012 übernommen, wenn auch in stark gekürzter Fassung. Der Regelungsumfang dieser Norm hat sich seit der ersten Fassung des GlüStV 2012 immer weiter reduziert. Neben der – immer noch vorhandenen – **Begrenzung** der in den Ländern vorhandenen Spielbanken gab es – nun gestrichene – Vorgaben zu **Spielersperren**. In der Entwurfsfassung zu § 20 GlüStV 2012 war darüber hinaus noch eine Regelung zu Online-Casinospielen vorgesehen, die aber bereits aufgrund von Einwendungen der EU-Kommission[1] nicht umgesetzt wurde. 1

12 NRW LT-Drs. 17/11683, 177.
13 Streinz/Liesching/Hambach/*Brenner/Pfundstein* § 19 Rn. 2.
14 NRW LT-Drs. 17/11683, 177.
15 NRW LT-Drs. 17/11683, 177.
1 EU-KOM 18.7.2011, C (2011) 5319.

2 Im neuen § 20 ist der frühere Abs. 2, die Abfrage des bisherigen **Spielersperrsystems**, entfallen. Insoweit normiert § 8 GlüStV 2021 nunmehr direkt die Verpflichtung zu dieser Abfrage des neuen, anbieter- und spielformübergreifenden Sperrsystems.[2] Die Regelungen des Abs. 2 S. 1 GlüStV 2012 bzgl. der Wirkung von Spielersperren findet sich nunmehr in § 8 Abs. 2 S. 1.

II. Erläuterungen

3 Der **Umfang** und damit die Bedeutung des § 20 hat sich nunmehr darauf reduziert, die Länder zu verpflichten, die Anzahl der Spielbanken zu begrenzen. Diese Begrenzung dient dem Erreichen der Ziele aus § 1 (vgl. § 1 GlüStV 2021). Die Vorgabe der Angebotsverknappung soll aber nicht eine Pflicht zur Reduzierung bereits bestehender Spielbanken bedeuten.[3] Die Wirksamkeit der Begrenzung hängt dabei entschieden von der jeweiligen landesabhängigen Umsetzung ab.[4] Die entsprechenden Landesgesetze sind diesbezüglich unterschiedlich ausgestaltet. So werden in § 2 des Hessischen SpielbankG sogenannte Spielbankgemeinden bestimmt (Bad Homburg vor der Höhe, Kassel und Wiesbaden), wo je eine Spielbank errichtet und betrieben werden darf. Im Land Nordrhein-Westfalen müssen vier Spielbanken betrieben werden, wobei zwei weitere Spielbanken zugelassen werden können (§ 2 Abs. 2 SpielbankG NRW) und im Freistaat Sachsen bestehen gemäß § 2 Abs. 1 SächsSpielbankG drei Spielbanken, es können aber bis zu zwei weitere erlaubt werden.

4 Aus § 20 bzw. den einzelnen Spielbankgesetzen der Länder ist allerdings **nicht** im Wege eines Umkehrschlusses auch eine **Betriebspflicht** für Spielbanken zu entnehmen,[5] wenngleich auf Länderebene eine solche – nicht unumstritten[6] – möglich ist, wie sich zB in der Regelung des § 2 SpielbankG NRW zeigt, wonach dem „öffentlichen Kanalisierungsauftrag" dadurch Rechnung getragen werden soll, dass „mindestens vier Spielbanken zu betreiben" sind und auch die Schließung einer Spielbank der Genehmigung bedarf (§ 6 SpielbankG NRW).

5 **Spielbank** iSd § 20 bezeichnet eine private oder staatliche Einrichtung, in der mit staatlicher Erlaubnis bestimmte Glücksspiele veranstaltet werden.[7] Ein Betreiben einer Spielbank ohne Erlaubnis ist eine unerlaubte Veranstaltung eines Glücksspiels iSd § 284 StGB.[8]

6 Die **Erlaubnis** richtet sich nach den jeweiligen Landesspielbankgesetzen, die ihrerseits die abstrakte Vorschrift der Begrenzung konkretisierend ausgestalten.

7 Die Details des Spielbetriebs werden durch **Rechtsverordnungen der Länder** geregelt. In NRW ist dies die Spielordnung NRW. Hier finden sich bspw. zugelassene Spiele und deren Regeln oder allgemeine Verhaltensregeln.

§ 21 GlüStV Sportwetten

(1) Sportwetten können als Kombinationswetten oder Einzelwetten auf den Ausgang von Sportereignissen oder Abschnitten von Sportereignissen (Ergebniswet-

2 NRW LT-Drs. 17/11683, 178.
3 Becker/Hilf/Nolte/Uwer/*Becker* § 20 Rn. 8.
4 Streinz/Liesching/Hambach/*Bolay/Pfütze* § 20 Rn. 8.
5 *Gohrke* ZfWG 2020, 328 (328).
6 *Gohrke* ZfWG 2020, 328 (328–330).
7 Becker/Hilf/Nolte/Uwer/*Becker* § 20 Rn. 1.
8 BGH 27.2.2020 – III StR 327/19, Rn. 8 ff.

ten) sowie auf einzelne Vorgänge während des Sportereignisses oder auf eine Kombination solcher Vorgänge (Ereigniswetten) erlaubt werden.

(1a) [1]Die Ausgestaltung von Sportwetten darf den Zielen des § 1 nicht zuwiderlaufen. [2]Sportwetten auf Sportereignisse, an denen ausschließlich oder überwiegend Minderjährige beteiligt sind, sind unzulässig, es sei denn, es handelt sich um national oder international bedeutsame sportliche Großereignisse. [3]Gleiches gilt für Sportereignisse, an denen ausschließlich oder überwiegend Amateure teilnehmen. [4]Sportwetten, die in erheblichem Maße anfällig für Manipulationen sind oder die die Integrität des sportlichen Wettbewerbs gefährden, sind unzulässig; dies betrifft insbesondere Geschehnisse, die ein Teilnehmer eines Sportereignisses selbst willkürlich herbeiführen kann. [5]Sportwetten auf den Eintritt eines regelwidrigen Verhaltens oder die Sanktionierung eines regelwidrigen oder vermeintlich regelwidrigen Verhaltens sind unzulässig.

(2) In einem Gebäude oder Gebäudekomplex, in dem sich eine Spielhalle oder eine Spielbank befindet, dürfen Sportwetten nicht vermittelt werden.

(3) [1]Die Veranstaltung, Vermittlung und der Eigenvertrieb von Sportwetten müssen organisatorisch, rechtlich, wirtschaftlich und personell getrennt sein von der Veranstaltung oder Organisation von Sportereignissen und dem Betrieb von Einrichtungen, in denen Sportveranstaltungen stattfinden. [2]Beteiligte, die direkt oder indirekt auf den Ausgang eines Wettereignisses Einfluss haben, sowie von diesen Personen beauftragte Dritte dürfen weder Sportwetten auf den Ausgang oder den Verlauf des Sportereignisses abschließen noch Sportwetten durch andere fördern. [3]Die Veranstalter von Sportwetten sind verpflichtet, sich an einem unabhängigen Frühwarnsystem zu beteiligen, welches der Abwehr von Manipulationen des sportlichen Wettbewerbs dient und geeignet ist, diese frühzeitig zu identifizieren. [4]Die Veranstalter unterrichten die Behörden unverzüglich über Auffälligkeiten, wirken an der Aufklärung mit und stellen verfügbare Informationen zur Verfügung. [5]Die für die Erteilung der Erlaubnis zuständige Behörde kann weitere geeignete Maßnahmen zur Vermeidung von Wettmanipulationen verlangen.

(4) [1]Die Verknüpfung der Übertragung von Sportereignissen in Rundfunk und Telemedien mit der Veranstaltung oder Vermittlung von Sportwetten ist nicht zulässig. [2]Während des laufenden Sportereignisses dürfen ausschließlich Wetten abgeschlossen werden, die

1. Wetten auf das Endergebnis oder
2. Wetten auf das nächste Tor, den nächsten Satz oder einen ähnlichen Bestandteil eines Endergebnisses in Sportarten, in denen regelmäßig nur eine geringe Gesamtanzahl dieser Ereignisse im Laufe des Sportereignisses auftritt, insbesondere im Fußball, Hockey, Eishockey oder Volleyball,

sind.

(5) [1]Sportwetten dürfen nur angeboten werden, wenn diese nach Art und Zuschnitt zuvor von der zuständigen Behörde erlaubt worden sind. [2]Die Erteilung der Erlaubnis zum Angebot einer Wette erfolgt auf Antrag. [3]In der Erlaubnis kann die zuständige Behörde auf eine auf der Internetseite der Behörde veröffentlichte Liste erlaubter Wetten Bezug nehmen. [4]Die Erlaubnis zum Angebot weiterer Wetten gilt für Wetten als erteilt, die bereits in der Liste nach Satz 3 enthalten sind, wenn der Veranstalter die Absicht zum Angebot dieser Wetten bei der zuständigen Behörde angezeigt und diese nicht binnen zwei Wochen widersprochen hat. [5]Die Erlaubnis zum Angebot einer Wette kann widerrufen werden, es sei denn, sie müsste zum Zeitpunkt des Widerrufs erneut erteilt werden. [6]Die Erlaubnis nach Satz 4 entfällt bei Streichung der betroffenen Wette aus der

Liste nach Satz 3. [7]Veranstalter von Sportwetten sind verpflichtet, die Liste nach Satz 3 regelmäßig, mindestens einmal monatlich, zu überprüfen.

(6) [1]Veranstalter von Sportwetten und Veranstalter von Sportereignissen dürfen Namen und Geburtsdaten der Wettbewerbsbeteiligten im Sinne von Artikel 3 Absatz 6 des Übereinkommens des Europarats gegen die Manipulation von Sportwettbewerben vom 18. September 2014 zum Zwecke der Kontrolle des Verbots in Absatz 3 Satz 2 verarbeiten und dabei auch untereinander sowie an die zuständige Glücksspielaufsichtsbehörde übermitteln. [2]Die personenbezogenen Daten sind getrennt von anderen Daten zu verarbeiten und unmittelbar zu löschen, soweit sie für die Kontrolle des Wettverbots nicht mehr erforderlich sind.

(7) [1]Eine Erlaubnis für die Vermittlung von Sportwetten im Internet darf nur unter den Voraussetzungen des § 4a Absatz 1 Nummer 1 Buchstabe a, b und d, Nummer 2 Buchstabe a und c sowie Nummer 3 Buchstabe b bis e erteilt werden. [2]Die §§ 4b, 4c Absatz 1 und 2 sowie § 4d sind entsprechend anwendbar.

Literatur: *Bringmann*, Anmerkung: VG Darmstadt: Verfahren für die Vergabe von Konzessionen für Sportwetten vorläufig gestoppt, ZfWG 2020, 286; *Brüggemann*, Die Regulierung von Sportwetten in Gegenwart und Zukunft, ZfWG 2020, 204; *Deutscher Sportwettenverband*, Pressemitteilung „Sportwettenmarkt in Deutschland bricht Umsatzrekorde“ v. 6.2.2020, https://www.dswv.de/sportwettenmarkt-in-deutschland-bricht-umsatzrekorde (abgerufen am 7.10.2021); *Dietlein/Hecker/Ruttig*, Glücksspielrecht, 2. Aufl. 2013; *DHS Jahrbuch Sucht* 2021; *Hilf/Umbach*, Neues zum Sportwettenrecht, ZfWG 2018, 368; *Hilf/Umbach*, Update zum Sportwettenrecht, ZfWG 2019, 337; *Hilf/Umbach*, Update zum Sportwettenrecht, ZfWG 2020, 332; *Hilf/Umbach*, Update zum Sportwettenrecht, ZfWG 2021, 247; *Kläner*, Zu aktuellen Rechtsfragen des Trennungsgebotes nach § 21 Abs. 2 GlüStV, ZfWG 2016, 310; *Kläner*, Neues zum Trennungsgebot nach § 21 Abs. 2 GlüStV – Ceterum censeo oder zur wundersamen Karriere einer dem gesetzgeberischen Willen entlehnten Inkompatibilitätsregelung als Beispiel für die Grenzen der verfassungskonformen Auslegung praeter legem, ZfWG 2019, 349; *Kremer*, Das Trennungsgebot des Glücksspielstaatsvertrags – „Gebäudekomplex“, NVwZ 2018, 126; *Maties/Nothelfer*, Die Zulässigkeit von Online-Wetten auf eSport-Ereignisse, ZfWG 2021, 128; *Rock*, Aktuelle Rechtsprechung zum Glücksspielrecht, ZfWG 2019, 427; *Rock/Becker*, Aktuelle Rechtsprechung zum Glücksspielrecht, ZfWG 2021, 137; *Ruttig*, Bitte Abstand halten! Abstandsregelungen für Spielhallen, ZfWG 2017, 221; *Schippel*, E-Sports – eine glücksspielrechtliche Zwischenbilanz, ZfWG 2019, 127; *Schippel*, Fantasy-Wetten – Zulässige Sportwette oder nicht?, SpuRt 2019, 246.

I. Genese/Gesetzesentwicklung[1]

1 Im regulierten deutschen Markt standen die von den (staatlichen) deutschen Sportwettenveranstaltern betriebenen Glücksspielangebote TOTO und ODDSET in Deutschland im Jahr 2019 für einen Umsatz (Spieleinsätze) von gut 200 Mio. EUR[2] bei einem Gesamtumsatz aller Glücksspiele von 44,2 Mrd. EUR auf dem regulierten Markt.[3] Allerdings: Bei den privaten (2019 noch rein EU-

1 Die Verfasser bedanken sich bei Frau Chiara A. Träger für ihre Unterstützung.
2 *DHS Jahrbuch Sucht* 2021, 122, 125.
3 *DHS Jahrbuch Sucht* 2021, 119, 121, 122.

ausländischen) Sportwettenanbietern haben deutsche Wettkunden nach Branchenangaben 2019 rund 9,3 Mrd. EUR an Einsätzen für Sportwetten getätigt.[4] Hier spiegeln sich die misslungenen Regulierungsversuche des Sportwettenrechts wider (→ § 4a Rn. 1 und → § 21a Rn. 1). Insgesamt ist daher davon auszugehen, dass sich weitere Entwicklungen aus der jüngsten Zulassung auch deutscher privater Sportwettanbieter (→ § 4a Rn. 1) ergeben werden.

Zu den historischen Eckpunkten s. näher → § 4a Rn. 1 und → § 21a Rn. 1. Der ursprüngliche § 21 wurde mit dem GlüStV 2008 geschaffen[5] und durch den GlüStV 2012 deutlich verändert.[6] Der GlüStV 2021 hat § 21 grundlegend reformiert.[7] 2

II. Erläuterungen

1. Allgemeines. Zur **Definition von Sportwette** s. § 3 Abs. 1 S. 4[8], zur Definition von Sportereignis s. § 3 Abs. 1 S. 5. Was genau als „**Sport**" zu fassen ist, wird vom GlüStV nicht definiert. Unstrittig bewettbar sind klassische Sportwettarten (Fußball, Tennis, usw), ebenso wie in Deutschland weniger populäre Sportarten (zB American Football).[9] Über einen solchen Kern hinaus wirft der Sportbegriff bspw. mit Blick auf (verschiedene Formen von) E-Sport[10] oder Fantasy-Wetten[11] Fragen auf, allzumal verschiedene Zugänge zum Begriff des Sports (Steuerrecht, Sportwissenschaft, Interessenverbände, usw) bestehen.[12] 3

Der GlüStV 2021 enthält **kein staatliches Veranstaltungsmonopol** für Sportwetten nach § 10 (mehr), wie sich aus dem **Anwendungsbereich für Sportwetten** gem. § 2 Abs. 6 ergibt.[13] Zu **Sportwetten im Internet** s. § 4 Abs. 4 und Abs. 5. 4

Das **Verfahren** und die **zuständige Behörde** zur Erlangung einer Erlaubnis unterscheiden sich danach, ob die Veranstaltung, die Vermittlung bzw. der Eigenvertrieb von Sportwetten betroffen ist sowie jeweils danach, ob Glücksspiel im Internet (s. dazu insbes. § 4 Abs. 4 und Abs. 5) angeboten wird; vgl. näher dazu § 9 Abs. 4 S. 1, § 9a Abs. 1 Nr. 3, § 27f Abs. 1, § 27p Abs. 1 Nr. 3, Abs. 12. 5

Zur **Fortgeltung** von Erlaubnissen aus der Zeit vor dem GlüStV 2021 s. § 29 Abs. 3. Für weitere Besonderheiten im Übergangszeitraum bis längstens 31.12.2022 s. § 29 Abs. 9. Fortgeltende sog. DDR-Sportwetterlaubnisse reichen 6

---

4 *Deutscher Sportwettenverband* https://www.dswv.de/sportwettenmarkt-in-deutschland-bricht-umsatzrekorde (abgerufen am 7.10.2021).

5 GV NRW 2007, 445 (458); zur Begründung NRW LT-Drs. 14/4849, Anhang, 48 f.

6 GV NRW 2012, 524 (542); zur Begründung BW LT-Drs. 15/1570, 100 ff., 39 f. Der GlüStV 2020 brachte für § 21 keine Änderungen, s. GV NRW 2019, 911 (918).

7 GV NRW 2021, 459 (497 f.); zur Begründung NRW LT-Drs. 17/11683, insbes. 100 ff., 178 ff.

8 Näher etwa *Brüggemann* ZfWG 2020, 204 (208).

9 Dietlein/Hecker/Ruttig/*Hecker/Ruttig* § 21 Rn. 19.

10 Ausdrücklich offengelassen in der Begründung des GlüStV, s. NRW LT-Drs. 17/11683, 107. Ausführlich und differenzierend zum Thema: *Maties/Nothelfer* ZfWG 2021, 128; für eine Qualifikation als Sport iSd GlüStV *Schippel* ZfWG 2019, 127 (127 f.); für eine rechtssichere Regulierung angesichts der Zunahme von E-Sport *Brüggemann* ZfWG 2020, 204 (210 f.); s. auch *Hilf/Umbach* ZfWG 2021, 247 (249) mit dem Hinweis auf § 15 Abs. 3 RennwLottDV, nach dem E-Sport als Sport iSd Sportwettensteuerrechts gewertet wird.

11 *Hilf/Umbach* ZfWG 2020, 332 (336 mwN); näher *Schippel* SpuRt 2019, 246.

12 Näher *Brüggemann* ZfWG 2020, 204 (205 f.), Dietlein/Hecker/Ruttig/*Hecker/Ruttig* § 21 Rn. 14 ff.

13 *Brüggemann* ZfWG 2020, 204 (208); *Hilf/Umbach* ZfWG 2020, 332 (337).

in ihrem räumlichen Geltungsbereich jedenfalls nicht über das Beitrittsgebiet iSd Einigungsvertrags vom 31.8.1990 hinaus.[14]

7 Im Übrigen enthält der GlüStV weitere Pflichten im Zusammenhang mit dem Veranstalten und Vermitteln von Sportwetten (etwa § 8 Abs. 3, § 6a Abs. 1, § 6c Abs. 1, § 6i Abs. 1).

8 **2. Abs. 1.** § 21 Abs. 1 erlaubt Sportwetten (nur) für zwei legaldefinierte **Wettarten:** Sportwetten können als Kombinationswetten oder Einzelwetten auf den Ausgang von Sportereignissen oder Abschnitten von Sportereignissen (Ergebniswetten) erlaubt werden sowie auf einzelne Vorgänge während des Sportereignisses oder auf eine Kombination solcher Vorgänge (Ereigniswetten).

9 **Ergebniswetten** dürfen in den Formen der Endergebnis- sowie der Abschnittswette angeboten werden. **Abschnitte** sind dabei nur die nach Regeln der jeweiligen Sportart vorgesehenen Teile des Wettbewerbs (zB Halbzeiten oder Satz).[15] Der Veranstalter darf daher keine weiteren Zeitpunkte nach eigenen Vorstellungen definieren (etwa das Torverhältnis nach 15 Minuten bei einem Fußballspiel).

10 Erlaubnisfähig sind im GlüStV 2021 auch die zuvor verbotenen **Ereigniswetten.**[16] Es bedarf für Veranstalter insoweit nicht mehr der früheren, gerichtlich zurückgewiesenen Versuche, Ereigniswetten als Form der Ergebniswette zu präsentieren.[17] Als Beispiele für eine Ereigniswette nennt die Begründung des GlüStV eine Wette darauf, ob ein bestimmter Spieler in einer Mannschaftssportart ein Tor/einen Punkt erzielt, oder auf die schnellste Runde im Motorsport.[18]

11 Beschränkungen der Wettformen ergeben sich aus § 21 Abs. 1a und Abs. 4.[19]

12 **3. Abs. 1a.** Der mit dem GlüStV 2021 neu eigefügte § 21 Abs. 1a legt grundlegende Umstände fest, unter denen eine Sportwette **nicht erlaubnisfähig** ist.[20]

13 S. 1 bildet dabei den Grundsatz, den S. 2 – 5 (nicht abschließend) präzisieren.[21]

14 **Sportwetten auf bestimmte Sportereignisse sowie bestimmte Sportwetten** sind nach § 21 Abs. 1a S. 2–5 **ausgeschlossen.** Dies dient nach der Begründung des GlüStV 2021 der Verhinderung von Manipulationen, der Integrität des Sports sowie dem Jugendschutz.[22] Die verschiedenen Ausnahmen und Rückausnahmen der S. 2–4 bedürfen in besonderem Maße der Konkretisierung, die der GlüStV 2021 der behördlichen Beurteilung überlässt.[23] Wie allerdings zB eine erhebliche Manipulationsanfälligkeit iSd S. 4 (selbst unter Zuhilfenahme der Begründung des GlüStV 2021[24]) empirisch fundiert und rechtssicher bestimmt werden soll,

---

14 BVerwG 21.6.2006 – 6 C 19/06, BeckRS 2006, 24719 Rn. 51 ff.; OVG Weimar 9.10.2019 – 3 KO 161/11, BeckRS 2019, 35465 Rn. 40 ff. mwN.

15 NRW LT-Drs. 17/11683, 178; s. auch *Brüggemann* ZfWG 2020, 204 (207) mwN zur Rechtsprechung zum Begriff des Abschnitts.

16 S. § 21 Abs. 1 S. 1, Abs. 4 S. 3 Hs. 2 in der bis zum 30.6.2021 geltenden Fassung.

17 Etwa OVG Lüneburg 4.2.2020 – 11 LA 479/18, BeckRS 2020, 976 Rn. 38; OVG Bautzen 19.7.2019 – 6 B 172/18, BeckRS 2019, 16307 Rn. 9. Zu Abgrenzungsaspekten s. weiter die Nachweise bei *Brüggemann* ZfWG 2020, 204 (207); *Hilf/Umbach* ZfWG 2020, 332 (335 f.); *Hilf/Umbach* ZfWG 2019, 337 (340); *Rock* ZfWG 2019, 427 (432); *Hilf/Umbach* ZfWG 2018, 368 (371).

18 NRW LT-Drs. 17/11683, 178 (dort auch mit einem Beispiel zu Kombinationswetten).

19 NRW LT-Drs. 17/11683, 178.

20 NRW LT-Drs. 17/11683, 178.

21 NRW LT-Drs. 17/11683, 178 f.

22 NRW LT-Drs. 17/11683, 179.

23 Vgl. auch NRW LT-Drs. 17/11683, 179.

24 NRW LT-Drs. 17/11683, 179.

bleibt unklar. Dass die Behörde im Rahmen der Entscheidungsfindung Sportverbände oder einen ggf. eingesetzten Sportbeirat anhören kann,[25] dürfte die Probleme nur verschieben (rechtskonforme Auswahl der jeweiligen Verbände, Belastbarkeit von deren empirischen Erhebungen, usw).

Umfänglich ausgeschlossen sind Wetten auf **regelwidriges Verhalten** einschließlich der Folgen von (tatsächlich oder vermeintlich) regelwidrigem Verhalten wie „Elfmetertoren" (S. 5).[26] 15

4. Abs. 2. In einem Gebäude oder Gebäudekomplex, in dem sich eine Spielhalle oder eine Spielbank befindet, dürfen Sportwetten nicht vermittelt werden. Dieses seit seiner Einführung unverändert geltende sog. **Trennungsgebot**[27] gibt seit jeher Anlass nicht nur zu zahlreichen (auch zivilrechtlichen) Klagen,[28] sondern auch zu grundsätzlichen Verfassungs-[29] und Unionsrechtsbedenken[30]. Gleichwohl wird das Trennungsgebot von den Gerichten als Maßnahme der Spielsuchtprävention[31] grundsätzlich anerkannt.[32] Dennoch verbleiben zahlreiche offene Rechtsfragen, die regelmäßig Anlass für gerichtliche Auseinandersetzungen sind.[33] 16

Das Trennungsgebot richtet sich nur an den Vermittler von Sportwetten, nicht an den Veranstalter.[34] 17

Besondere Auslegungsprobleme wirft das Tatbestandsmerkmal „**Gebäudekomplex**" auf[35] (vgl. dazu auch § 25 Abs. 2). Ein Gebäudekomplex im architektonischen Sinne impliziert nicht notwendig einen engen räumlichen Zusammenhang zwischen dem Angebot einer Spielhalle/Spielbank und einer Wettvermittlungsstelle.[36] Das Rechtsverständnis des Gebäudekomplexes ist daher durch einschränkende Auslegung zu gewinnen.[37] Die Praxis nutzt hierfür das Kriterium der „**Griffnähe**". Danach ist das Abstandsgebot gewahrt, wenn zwischen Spielbank/Spielhalle einerseits und Sportwettenvermittlungsstätte andererseits ein kurzläufiger Wechsel oder ein Sichtkontakt von der einen zur anderen Spielstätte ausgeschlossen ist,[38] wenn sich also die eine Spielstätte nicht in Griffreichwei- 18

25 NRW LT-Drs. 17/11683, 179.
26 Dazu und näher NRW LT-Drs. 17/11683, 179 f.
27 Dazu näher *Kläner* ZfWG 2016, 310. Zum Mindestabstand zwischen Spielhallen s. § 25 Abs. 1 sowie *Ruttig* ZfWG 2017, 221; zur Rechtsprechung zu § 21 Abs. 2 im Kontext von Gaststätten s. die Nachweise bei *Hilf/Umbach* ZfWG 2021, 247 (251); *Rock/Becker* ZfWG 2021, 137 (149); *Hilf/Umbach* ZfWG 2020, 332 (334 f.); *Rock* ZfWG 2019, 427 (433).
28 Beispiele etwa bei *Hilf/Umbach* ZfWG 2019, 337 (340 f.).
29 S. nur *Ruttig* ZfWG 2017, 221 (226 f. mwN).
30 S. nur *Kläner* ZfWG 2016, 310 (314).
31 BW LT-Drs. 15/1570, 87.
32 Etwa VGH Mannheim 4.7.2019 – 6 S 1354/18, BeckRS 2019, 19848 Rn. 18 ff.; OVG Bremen 16.3.2016 – 2 B 237/15, BeckRS 2016, 126234 Rn. 14 ff. mwN. Für weitere Nachweise s. NRW LT-Drs. 17/11683, 180.
33 S. nur die Darstellung (und kritische Auseinandersetzung mit § 21 Abs. 2 insgesamt) von *Kläner* ZfWG 2019, 349; vgl. für eine beispielhafte Übersicht über jüngere Rechtsprechungsfragen weiter *Rock* ZfWG 2019, 427 (432 f.). S. bspw. auch jüngst VGH Mannheim 21.7.2020 – 6 S 1665/20, BeckRS 2020, 19279 Rn. 4 ff. (zur Frage, welche rechtlichen Voraussetzungen über die tatsächliche Existenz einer Spielhalle hinaus vorliegen müssen, damit sie sich iSd § 21 Abs. 2 im selben Gebäude „befindet" wie eine Wettvermittlungsstelle).
34 VGH Mannheim 4.7.2019 – 6 S 1354/18, BeckRS 2019, 19848 Ls. 1. S. 1.
35 Näher bspw. *Ruttig* ZfWG 2017, 221 (227 f. mwN).
36 OVG Münster 20.2.2017 – 4 B 609/16, BeckRS 2017, 102604 Rn. 4.
37 OVG Münster 20.2.2017 – 4 B 609/16, BeckRS 2017, 102604 Rn. 4.
38 *Ruttig* ZfWG 2017, 221 (227).

te der nächsten befindet.[39] Ausgehend von dieser Betrachtung des konkreten baulichen Einzelfalls überzeugt es, auch das Tatbestandsmerkmal „**Gebäude**" nach denselben Maßstäben (einschränkend) auszulegen.[40]

19 Nach dem Willen des GlüStV ordnet § 21 Abs. 2 keinen absoluten Vorrang an: Vielmehr sperrt eine bereits erlaubte Wettvermittlungsstelle die Erlaubniserteilung für eine Spielhalle bzw. Spielbank.[41]

20 **5. Abs. 3.** Abs. 3 macht ua zum Schutz der Integrität des Sports eine Reihe von Vorgaben.[42]

21 S. 1 legt die Unvereinbarkeit fest zwischen Veranstaltung, Vermittlung und Eigenvertrieb von Sportwetten einerseits und andererseits Veranstaltung sowie Organisation von Sportereignissen und Betrieb von Einrichtungen, in denen Sportveranstaltungen stattfinden. Damit soll auch eine Ausweitung des Wettangebots verhindert werden.[43] Nach der Begründung des GlüStV 2021 können in den Ausführungsbestimmungen der Länder weitere, über S. 1 hinausgehende Vorgaben getroffen werden, etwa zur räumlichen Trennung der inkompatiblen Bereiche.[44]

22 S. 2 statuiert ein **Wettabschluss- und Wettförderungsverbot für bestimmte Beteiligte.** Eine kontrollgestützte effektive Durchführung des (**bußgeldbewehrten,** s. § 28a Abs. 1 Nr. 38) Verbots scheint (insbes. bei den mittelbaren Formen der Beteiligung) aber kaum vorstellbar.[45]

23 Neu eingefügt durch den GlüStV 2021 wurde die Verpflichtung der Veranstalter von Sportwetten, sich an einem **unabhängigen Frühwarnsystem** zu beteiligen (S. 3). Diese Verpflichtung berücksichtigt die Magglinger Konvention[46].[47] Die Nichtbeteiligung stellt eine **Ordnungswidrigkeit** dar (§ 28a Abs. 1 Nr. 39).

24 Ebenfalls neu eingefügt durch den GlüStV 2021 wurde die **Verpflichtung des Veranstalters,** die Behörden unverzüglich über Auffälligkeiten zu unterrichten, an der Aufklärung mitzuwirken und verfügbare Informationen zur Verfügung zu stellen (S. 4). Ein Verstoß gegen S. 4 stellt eine **Ordnungswidrigkeit** dar (§ 28a Abs. 1 Nr. 40).

25 Die Behörde kann **weitere geeignete Maßnahmen** zur Vermeidung von Wettmanipulationen **verlangen** (S. 5).

26 **6. Abs. 4.** S. 1 als besonderes Vertriebsverbot gilt unverändert seit dem GlüStV 2012.[48] Er ergänzt das Werbeverbot nach § 5 Abs. 3 S. 2.[49] Vorbehaltlich ande-

---

39 Für Ansatzpunkte hierfür s. etwa VGH München 11.6.2014 – 10 CS 14.505, BeckRS 2014, 52519 Rn. 18. Näher zum Thema „Gebäudekomplex" *Kremer* NVwZ 2018, 126.

40 Vgl. OVG Münster 20.2.2017 – 4 B 609/16, BeckRS 2017, 102604 Rn. 4 mwN; zur systematischen Auslegung beider Begriffe in eine andere Richtung s. *Kremer* NVwZ 2018, 126 (130).

41 NRW LT-Drs. 17/11683, 180.

42 So zum GlüStV 2008 NRW LT-Drs. 14/4849, Anhang, 49.

43 BVerwG 24.11.2010 – 8 C 13/09, BeckRS 2011, 47352 Rn. 82.

44 NRW LT-Drs. 17/11683, 180.

45 Kritisch auch Dietlein/Hecker/Ruttig/*Hertwig* § 21 Rn. 46.

46 Übereinkommen des Europarats über die Manipulation von Sportwettbewerben vom 18.9.2014, in Kraft getreten am 1.9.2019 (BT-Drs. 19/20953, 32). Deutschland hat das Übereinkommen unterzeichnet (BT-Drs. 18/4881, 3), bisher aber noch nicht ratifiziert (Stand: 17.9.2021), vgl. auch BT-Drs. 19/20953, 31 f.

47 NRW LT-Drs. 17/11683, 180.

48 Zur Liberalisierung gegenüber dem GlüStV 2008 s. Dietlein/Hecker/Ruttig/*Hertwig* § 21 Rn. 51 f.

49 NRW LT-Drs. 17/11683, 181.

rer landesrechtlicher Ausführungsbestimmungen zum GlüStV ist eine Präsentation von Live-Übertragungen von Sportereignissen in Wettvermittlungsstellen jedoch möglich.[50] Zu den Begriffen Rundfunk und Telemedien s. auch § 2 Abs. 1 MStV. Der Verstoß gegen das Verknüpfungsverbot stellt eine **Ordnungswidrigkeit** dar (§ 28a Abs. 1 Nr. 41).

Das Angebot von **Live-Wetten** (Abschluss von Wetten während des laufenden Sportereignisses) ist erlaubnispflichtig iSd Abs. 5 S. 1.[51] Dabei gelten die Anforderungen des Abs. 1a auch für die in Abs. 4 S. 2 genannten Live-Wetten.[52] Von den Formen der Ergebniswette (iSd § 21 Abs. 1) sind Live-Wetten nur als **Wetten auf das Endergebnis** zulässig (S. 2 Nr. 1). Damit ist nach der Begründung des GlüStV 2021 aber nicht nur das konkrete Endergebnis gemeint, sondern bspw. auch eine Wette auf nur eine Seite des Ergebnisses (etwa die Tore der Heimmannschaft); Wetten auf den Tabellenplatz sind zB jedoch verboten.[53] Neu eingefügt durch den GlüStV 2021 wurde S. 2 Nr. 2: Von den Formen der (ebenfalls erst seit dem GlüStV 2021 zulässigen) Ereigniswette (iSd § 21 Abs. 1) sind nur Wetten **auf das nächste Tor usw bei „Low-Score"-Sportarten** zulässig (S. 2 Nr. 2). Die Erläuterungen in der Begründung des GlüStV 2021[54] dazu dürften Anlass zur gerichtlichen Klärung des S. 2 Nr. 2 geben, insbes. mit Blick auf Gleichheitsgesichtspunkte. 27

7. Abs. 5. Abs. 5 statuiert einen **zusätzlichen Erlaubnisvorbehalt:** Inhaber einer Erlaubnis nach § 4 Abs. 1 dürfen nur solche Wetten anbieten, die ihnen auf Antrag (S. 2) nach Abs. 5 gesondert erlaubt worden sind.[55] Angeordnet wird eine **Typenerlaubnis:** Erlaubnispflichtig ist nicht die konkrete Wette, sondern nur Art und Zuschnitt der Wette (S. 1).[56] Dabei gewährleistet die Behörde nicht nur die Vereinbarkeit der Sportwette mit dem GlüStV (einschließlich § 21 Abs. 1a, Abs. 4), sondern kann nach der Begründung des GlüStV 2021 auch den Inhalt der Erlaubnis zB auf bestimmte Fußball-Ligen beschränken.[57] Welche (grundgesetz- und unionsrechtskonforme) Rechtfertigung für eine solche Beschränkung Bestand haben mag, muss die Vollzugspraxis zeigen. 28

S. 3, 4, 6 und 7 bieten den Rahmen für ein **vereinfachtes Erlaubnisverfahren**[58]: Die Behörde wird im Internet eine Liste erlaubter Wetten veröffentlichen. Für Sportwetten, die in der Liste enthalten sind, wird die Erlaubnis in Form einer Fiktion[59] (S. 4) erteilt. Das rechtliche Schicksal einer solchen Erlaubnis bleibt an den Inhalt der Liste geknüpft (S. 6), was der Veranstalter mind. monatlich überprüfen muss (S. 7), um kein unerlaubtes Glücksspiel anzubieten. Für das reguläre Verfahren nach S. 1 und 2 bleiben damit praktisch nur noch diejenigen Sportwetten, die (noch) nicht in der Liste nach S. 3 enthalten sind.[60] 29

Die zusätzliche Erlaubnis für Sportwetten nach Abs. 5 kann **widerrufen** werden (S. 5). Für die nach S. 4 fingierten Erlaubnisse soll nach der Begründung des GlüStV wohl S. 6 anstelle eines Widerrufs treten.[61] Gegen eine Anwendbarkeit 30

50 NRW LT-Drs. 17/11683, 181.
51 NRW LT-Drs. 17/11683, 181.
52 NRW LT-Drs. 17/11683, 181, 182.
53 NRW LT-Drs. 17/11683, 181.
54 NRW LT-Drs. 17/11683, 181 f.
55 NRW LT-Drs. 17/11683, 182.
56 NRW LT-Drs. 17/11683, 182.
57 NRW LT-Drs. 17/11683, 182.
58 NRW LT-Drs. 17/11683, 182.
59 NRW LT-Drs. 17/11683, 183.
60 NRW LT-Drs. 17/11683, 183.
61 Vgl. NRW LT-Drs. 17/11683, 183.

eines Widerrufs einer fingierten Erlaubnis über S. 5[62] spricht aber nichts (um etwa differenziertere Handlungsoptionen nach dem Widerrufsrecht zu ermöglichen).

31 **8. Abs. 6.** Abs. 6 macht **datenschutzrechtliche Vorgaben** (zum Zweck der Ermächtigungsgrundlage und Zweckbindung, vgl. Art. 6 Abs. 1 S. 1 lit. d, e, Abs. 3 DSGVO) im Interesse der Integrität des Sports.[63] Hintergrund ist auch hier die Magglinger Konvention (→ Rn. 23).[64]

32 **9. Abs. 7.** Abs. 7 eröffnet die Möglichkeit der **Vermittlung von Sportwetten im Internet**. Hierzu wird auf die Anwendung bestimmter Normen der §§ 4a ff. verwiesen (die unmittelbar nur für die Veranstaltung von Sportwetten gelten).

§ 21a GlüStV Wettvermittlungsstellen

(1) [1]Die Länder begrenzen die Zahl der Wettvermittlungsstellen zur Erreichung der Ziele des § 1. [2]Die Vermittlung von Sportwetten in diesen Stellen bedarf der Erlaubnis nach § 4 Absatz 1 Satz 1; § 29 Absatz 2 Satz 2 ist entsprechend anzuwenden.

(2) Der stationäre Vertrieb und die Vermittlung von Sportwetten außerhalb von Wettvermittlungsstellen sind verboten.

(3) In einer Wettvermittlungsstelle dürfen ausschließlich Wetten eines Veranstalters vertrieben oder vermittelt werden.

(4) [1]Bietet der Veranstalter, dessen Sportwetten in der Wettvermittlungsstelle vertrieben oder vermittelt werden, oder der Vermittler auch Sportwetten im Internet an und ist bei diesem Veranstalter oder Vermittler für einen Spieler ein Spielkonto nach § 6a eingerichtet, sind die in Wettvermittlungsstellen getätigten Wetten des Spielers auf seinem Spielkonto zu erfassen. [2]Die für Wetten in der Wettvermittlungsstelle getätigten Zahlungen sind nicht im Rahmen des anbieterübergreifenden Einzahlungslimits nach § 6c Absatz 1 zu erfassen, es sei denn, die Einzahlungen oder Gewinne aus den Sportwetten, die in der Sportwettvermittlungsstelle abgeschlossen worden sind, werden auf dem Spielkonto nach § 6a gutgeschrieben und können als Einsatz für Glücksspiele im Internet verwendet werden. [3]Veranstalter und Vermittler haben dies durch geeignete technische Maßnahmen sicherzustellen.

(5) Das Nähere zu Wettvermittlungsstellen regeln die Ausführungsbestimmungen der Länder.

Literatur: *Becker/Hilf/Nolte/Uwer*, Glücksspielregulierung: Glücksspielstaatsvertrag und Nebengesetze – Kommentar, 2016; *Dietlein/Hecker/Ruttig*, Glücksspielrecht, 2. Aufl. 2013; *Hilf/Umbach*, Neues zum Sportwettkonzessionsverfahren, ZfWG 2017, 234; *Hilf/Umbach*, Neues zum Sportwettenrecht, ZfWG 2018, 368; *Reeckmann*, Der Glücksspielstaatsvertrag 2021 (GlüStV 2021) – Und sie bewegt sich doch!, ZfWG 2020, 345.

62 Vgl. die § 42a Abs. 1 S. 2 VwVfG entsprechende landesrechtliche Norm.
63 NRW LT-Drs. 17/11683, 183.
64 Näher dazu NRW LT-Drs. 17/11683, 183 f.

I. Genese/Gesetzesentwicklung[1]

§ 21a zur Regelung von **stationären Wettvermittlungsstellen** wurde durch den GlüStV 2021 in den GlüStV eingefügt.[2] Die Norm ist Teil des Sportwettenrechts, deren (Neu-)Regelung auf Grundlage der Experimentierklausel des § 10a GlüStV in der bis zum 30.6.2021 geltenden Fassung ein zentrales Anliegen des GlüStV war. Die disruptive Entwicklung des Sportwettenrechts insgesamt (→ § 4a Rn. 1 und → § 21 Rn. 2) erstreckt sich auch auf die (Anwendung der) Bestimmungen über Wettvermittlungsstellen: Private Anbieter konnten erstmals im Oktober 2020 tatsächlich eine Sportwettkonzessionen erlangen, weshalb zuvor auch für eine entsprechende Wettvermittlung keine Erlaubnis zu erlangen war. Die Rechtsprechung löste die dadurch entstandene Situation behelfsweise dahin gehend, dass zwar keine isolierte Erlaubnis zur Vermittlung von Sportwetten zu erlangen sei;[3] mit Blick auf den Anwendungsvorrang des Unionsrechts trage die bestehende formelle Illegalität des Handelns von Wettvermittlern aber keine Untersagungs- und Schließungsanordnung.[4] Die Ansätze der Behörden, unter diesen Umständen zumindest bestimmte Anforderungen auf Vollzugsebene durchzusetzen (so wurde eine unionsrechtskonforme Untersagung für möglich gehalten für den Fall einer materiellrechtlichen Unzulässigkeit der Vermittlungstätigkeit aus monopolunabhängigen Gründen[5]), begegneten allerdings neuen Problemen.[6] 1

Die zu § 21a Abs. 1 identische Vorgängernorm wurde als § 10a Abs. 5[7] des GlüStV 2012 in den GlüStV eingeführt und gilt seitdem unverändert[8]. § 21a Abs. 2 – 5 wurden erstmalig mit dem GlüStV 2021 eingeführt. Allerdings greifen § 21a Abs. 2 und 3 frühere landesrechtliche Regelungen zu Wettvermittlungsstellen auf.[9] 2

II. Erläuterungen

1. Allgemeines. Nach der Begründung des § 21a soll die Ausgestaltung der Regelungen zum Sportwettangebot in **stationären Wettvermittlungsstellen** zur Anpassung an regionale Besonderheiten im Wesentlichen durch die Ausführungsbestimmungen der Länder erfolgen.[10] Damit knüpft § 21a an einige bereits vor 3

---

1 Die Verfasser bedanken sich bei Frau Chiara A. Träger für ihre Unterstützung.
2 GV NRW 2021, 459 (499); zur Begründung NRW LT-Drs. 17/11683, 184 f.
3 BVerwG 7.11.2018 – 8 B 29/18, BeckRS 2018, 30188 Rn. 6 ff.
4 Als Ausgangspunkt s. BVerwG 15.6.2016 – 8 C 5/15, BeckRS 2016, 106250 Rn. 25 ff. und dann konkret angewendet etwa durch OVG Münster 15.12.2020 – 4 B 1095/20, BeckRS 2020, 36013 Rn. 13 ff.; OVG Münster 23.1.2017 – 4 A 3244/06, BeckRS 2017, 101452 Rn. 27 ff. (nachgehend: BVerwG 18.6.2018 – 8 B 12/17, BeckRS 2018, 16815 Rn. 5); VGH München 1.8.2016 – 10 CS 16.893, BeckRS 2016, 50102 Rn. 20.
5 OVG Münster 5.6.2020 – 4 A 2089/17, BeckRS 2020, 12835 Rn. 7 ff.
6 Näher *Hilf/Umbach* ZfWG 2017, 234 (236 f.); *Hilf/Umbach* ZfWG 2018, 368 (372).
7 GV NRW 2012, 524 (540).
8 Zuletzt als § 10a Abs. 4 GlüStV infolge der Absatzverschiebungen des GlüStV 2020, s. GV NRW 2019, 911 (918).
9 Vgl. bspw. für § 21a Abs. 2 die Bestimmungen in § 13 Abs. 5 S. 1 AG GlüStV NRW in der bis zum 30.6.2021 geltenden Fassung oder § 20 Abs. 6 LGlüG BW in der bis zum 15.2.2021 geltenden Fassung; für § 21a Abs. 3 vgl. bspw. § 13 Abs. 3 S. 1 AG GlüStV NRW in der bis zum 30.6.2021 geltenden Fassung oder § 20 Abs. 5 LGlüG BW in der bis zum 15.2.2021 geltenden Fassung.
10 NRW LT-Drs. 17/11683, 184.

dem GlüStV 2021 bestehende ausführliche Bestimmungen zu Wettvermittlungsstellen[11] an.

4 Zur **Vermittlung von Sportwetten im Internet** s. § 21 Abs. 7 (iVm den dort genannten Normen) sowie § 4 Abs. 4 und Abs. 5.

5 Im Übrigen hält der GlüStV weitere Pflichten im Zusammenhang mit dem Vermitteln von Sportwetten bereit (etwa § 6a Abs. 1 oder § 8 Abs. 3).

6 Zum **Verfahren** und zur **zuständigen Behörde** s. § 9 Abs. 4 S. 1. Das ländereinheitliche Verfahren des § 9a findet keine Anwendung[12] (§ 9a Abs. 1 Nr. 3 bezieht sich nur auf die Vermittlung von Sportwetten im Internet und nicht auf den stationären Vertrieb durch Wettvermittlungsstellen), damit ist die Gemeinsame Glücksspielbehörde der Länder auch nicht zuständig (s. § 27f Abs. 1).

7 **2. Abs. 1.** Zur Legaldefinition von **Wettvermittlungsstellen** s. § 3 Abs. 6. Die Regelungen aus § 21a beziehen sich damit nur auf die Vermittlung von Sportwetten (vgl. § 2 Abs. 6).

8 Die Länder begrenzen nach S. 1 die Zahl der Wettvermittlungsstellen (und damit die Verfügbarkeit von Sportwetten[13]) zur Erreichung der Ziele des § 1. Hierbei steht es den Ländern frei, wie sie diese Begrenzung konkret ausgestalten.[14] Damit ist es grundsätzlich jedem Land selbst überlassen, welche **Methode zur Begrenzung der Zahl der Wettvermittlungsstellen** es in seinen Ausführungsbestimmungen (§ 21a Abs. 5) anwendet. Die Festlegung einer absoluten Anzahl von Wettvermittlungsstellen pro Land dürfte dabei ausscheiden (zu entsprechenden Anpassungen: Baden-Württemberg hat jüngst die frühere Höchstzahl von 600 Wettvermittlungsstellen[15] aufgehoben[16]; Rheinland-Pfalz hat die frühere Höchstzahl von 400 Wettvermittlungsstellen[17] aufgehoben[18]).[19] Stattdessen muss die Methode der Begrenzung die Ziele des § 1 widerspiegeln; eine Ausrichtung bspw. am Abstandsgebot zu anderen Wettvermittlungsstellen oder zu öffentlichen oder privaten Einrichtungen, die überwiegend von Minderjährigen besucht werden,[20] ist dabei ein valider Ansatz.

9 Die Vermittlung von Sportwetten in Wettvermittlungsstellen bedarf gem. S. 2 Hs. 1 einer **eigenen Erlaubnis** nach § 4 Abs. 1 S. 1. Soweit Vermittler in die Vertriebsorganisation eines Veranstalters eingegliedert sind, stellt der Veranstalter der Sportwette für die für ihn tätigen Vermittler den Antrag für die Erlaubnis zur Vermittlung von Sportwetten (§ 21a Abs. 1 S. 2 Hs. 2 iVm § 29 Abs. 2 S. 2).

10 **3. Abs. 2.** Grund für die Beschränkung nach Abs. 2 sind die Kontrollierbarkeit des Angebots, der Jugend- und Spielerschutz sowie die Angebotsbegrenzung.[21]

11 Der **stationäre Vertrieb** erfasst sämtliche terrestrische Vertriebsformen, wozu auch der Vertrieb über mobile Terminals oder sonstige Geräte des Veranstalters

11 S. nur §§ 13, 13a AG GlüStV NRW in der bis zum 30.6.2021 geltenden Fassung.
12 S. auch NRW LT-Drs. 17/11683, 171.
13 NRW LT-Drs. 17/11683, 184.
14 NRW LT-Drs. 17/11683, 184.
15 § 20 Abs. 2 LGlüG BW in der bis zum 15.2.2021 geltenden Fassung.
16 Vgl. Art. 1 Nr. 1 des Gesetzes vom 3.2.2021 (GBl BW 2021, 174). Zu den Gründen s. BW LT-Drs. 16/9488, 15.
17 § 7 Abs. 3 LGlüG RP in der bis zum 30.6.2021 geltenden Fassung.
18 Art. 1 Nr. 9 des Gesetzes vom 22.6.2021 (GVBl 2021, 413).
19 Zu den rechtshistorischen Debatten um zahlenmäßige Begrenzungen der Wettvermittlungsstellen unter § 10a nach dem GlüStV 2012 s. Dietlein/Hecker/*Gebhardt* § 10a Rn. 26; Becker/Hilf/Nolte/Uwer/*Hilf/Nolte* § 10a Rn. 48.
20 Vgl. RP LT-Drs. 18/134, 22.
21 NRW LT-Drs. 17/11683, 184.

zählt.[22] Die verbotene **Vermittlung von Sportwetten außerhalb von Wettvermittlungsstellen** umfasst insbes. auch Wettterminals oder sonstige stationäre Datenverarbeitungsgeräte (zB in Kiosken oder Gaststätten ohne Erlaubnis zum Betrieb einer Wettvermittlungsstelle).[23]

Grundsätzlich sind daher ausschließlich Wettvermittlungsstellen zur Vermittlung von Sportwetten berechtigt. Die Länder können aber gem. § 29 Abs. 6 als **Ausnahme** zulassen, dass Ergebniswetten bis zum 30.6.2024 auch in **Annahmestellen** vermittelt werden, die in die Vertriebsorganisation von Veranstaltern nach § 10 Abs. 2 eingegliedert sind; Wetten während des laufenden Sportereignisses sind unzulässig. 12

4. Abs. 3. In einer Wettvermittlungsstelle dürfen gem. Abs. 3 **ausschließlich Wetten eines (einzigen) Veranstalters** vertrieben oder vermittelt werden. Ausgeschlossen ist damit das Angebot von Sportwetten mehrerer Veranstalter.[24] Dies ergänzt die verpflichtende Eingliederung der Wettvermittlungsstellen in die Vertriebsorganisation eines Veranstalters von Sportwetten (§ 3 Abs. 6); der Zweck liegt in der Erleichterung der Überwachung der erlaubten Angebote und der Reduzierung der Verfügbarkeit erlaubter Angebote.[25] 13

5. Abs. 4. Trotz der im GlüStV angelegten „klaren Trennung zwischen stationärem Glücksspielangebot und dem Glücksspielangebot im Internet"[26] verzahnt Abs. 4 bestimmte Aspekte. 14

Die Verpflichtung nach S. 1, in der Wettvermittlungsstelle getätigte Wetten auf ein ggf. bestehendes **Spielkonto** nach § 6a des Spielers unter bestimmten Umständen zu **erfassen**, dient der Berücksichtigung der stationär abgeschlossenen Wetten im Rahmen der Spielsuchtfrüherkennung nach § 6i Abs. 1.[27] Die stationäre Teilnahme an Sportwetten erfordert allerdings nicht das Anlegen eines Spielkontos (abweichend davon dürfen die Länder allerdings eine solche Pflicht in ihren Ausführungsbestimmungen vorgeben).[28] Nach der Begründung des GlüStV „kann" der Vermittler im Zusammenhang mit der Offenlegung der Personalien zur Abfrage der Sperrdatei auch prüfen, ob der Spieler über ein Spielkonto verfügt[29] – nicht zuletzt mit Blick auf die **Bußgeldbewehrung** des § 28a Abs. 1 Nr. 42 sollte der Vermittler diese Möglichkeit nutzen. 15

S. 2 stellt zunächst klar, dass trotz der Erfassung der getätigten Wetten auf dem Spielkonto gem. S. 1 die für Wetten in der Wettvermittlungsstelle getätigten **Zahlungen nicht** im Rahmen des anbieterübergreifenden Einzahlungslimits nach § 6c Abs. 1 **zu erfassen** sind.[30] Dies muss als rechtspolitische Entscheidung hingenommen werden. Ob die damit de lege lata vorgegebene (grundsätzliche) Beschränkung der Idee des Spielkontos und der Selbstlimitierung mit Verweis auf die besonderen Gefahren des Spiels im Internet[31] auch zukünftig beibehalten werden sollte, sollte aber evaluiert werden. Mit Blick auf einen umfassend gedachten Spielerschutz wirft diese Bestimmung die Frage auf, ob die „klar[e] Trennung zwischen stationärem Glücksspielangebot und dem Glücksspielange- 16

22 NRW LT-Drs. 17/11683, 184 f.
23 NRW LT-Drs. 17/11683, 184.
24 *Reeckmann* ZfWG 2020, 345 (348).
25 NRW LT-Drs. 17/11683, 185.
26 NRW LT-Drs. 17/11683, 185.
27 NRW LT-Drs. 17/11683, 185.
28 NRW LT-Drs. 17/11683, 185.
29 NRW LT-Drs. 17/11683, 185.
30 NRW LT-Drs. 17/11683, 185.
31 So NRW LT-Drs. 17/11683, 185 mwN.

bot im Internet“[32] nicht künstlich ist. In jedem Fall findet aber schon nach dem GlüStV 2021 ausnahmsweise doch eine **Erfassung** der Zahlungen nach S. 2 Hs. 2 zur Umgehungsvermeidung[33] statt, wenn damit in Wettvermittlungsstellen Sportwetten abgeschlossen werden, deren Einzahlungen oder Gewinne auf dem Spielkonto nach § 6a gutgeschrieben werden und die als Einsatz für Glücksspiele im Internet verwendet werden können.

17 Veranstalter und Vermittler müssen die Erfüllung ihrer Pflichten aus S. 1 und 2 durch geeignete technische Maßnahmen sicherstellen (S. 3).

18 Verstöße gegen S. 1 bzw. S. 2 stellen **Ordnungswidrigkeiten** dar nach § 28a Abs. 1 Nr. 42 bzw. nach § 28a Abs. 1 Nr. 43.

19 **6. Abs. 5.** Das Nähere zu Wettvermittlungsstellen regeln die Ausführungsbestimmungen der Länder.

§ 22 GlüStV Lotterien mit planmäßigem Jackpot; Sofortlotterien

(1) [1]Die Höhe planmäßiger Jackpots ist zur Erreichung der Ziele des § 1 in der Erlaubnis zu begrenzen. [2]Lotterien mit planmäßigem Jackpot dürfen nicht häufiger als zweimal pro Woche veranstaltet werden. [3]Die Veranstaltung von Lotterien mit planmäßigem Jackpot ist auch in Kooperation mit anderen Lotterieveranstaltern grenzüberschreitend zulässig. [4]Die Auswirkungen auf die Bevölkerung sind mit einer wissenschaftlichen Begleituntersuchung zu evaluieren.

(2) Für die Veranstaltung von Sofortlotterien sind zur Erreichung der Ziele des § 1 in der Erlaubnis begrenzende Vorgaben zu Art und Zuschnitt der Lotterie, beispielsweise zu Höchstgewinnsummen und Gewinnplan, zu Vertriebsmöglichkeiten und zu Werbemöglichkeiten, vorzusehen.

Literatur: *Banz*, Glücksspielverhalten und Glücksspielsucht in Deutschland, 2019, Ergebnisse des Surveys 2017 und Trends. BZgA-Forschungsbericht. Köln: Bundeszentrale für gesundheitliche Aufklärung; *Banz*, Glücksspielverhalten und Glücksspielsucht in Deutschland, 2019, Ergebnisse des Surveys 2019 und Trends. BZgA-Forschungsbericht. Köln: Bundeszentrale für gesundheitliche Aufklärung; *Griffith*, The psychosocial impact of a second weekly draw and large jackpots in lottery gambling on gambling behaviour and problem gambling, Nottingham Trent University, April 2019; Dietlein/Hecker/Ruttig, Glücksspielrecht, 2. Aufl. 2013; *Schneider*, Wissenschaftliche Evaluation der Wirkung einer Spielplanänderung für Eurojackpot auf Spielmotivation und Markenwahrnehmung, DECODE Marketingberatung GmbH, November 2019.

32 NRW LT-Drs. 17/11683, 185.
33 NRW LT-Drs. 17/11683, 185; dort auch zur Unzulässigkeit solcher Einzahlungen.

I. Entstehungsgeschichte

1 Die Regelung in Abs. 1 ist gegenüber dem Ersten Glücksspieländerungsstaatsvertrag 2011 **unverändert geblieben.** Zuvor war die in S. 1 wortgleiche Regelung im Glücksspielstaatsvertrag 2008 noch mit „Lotterien mit besonderem Gefährdungspotential" überschrieben. Von dieser Überschrift wurde später abgesehen, da aufgrund der normierten Vorgaben im Sinne der Suchtprävention gerade nicht von einem besonderen Gefährdungspotential dieser Lotterien gesprochen werden kann. Von einem **planmäßigen Jackpot** spricht man nach der Legaldefinition in § 13 Abs. 2 Nr. 1 lit. c schon immer, wenn Teile des vom Spieler zu entrichtenden Entgeltes zu dem Zweck angesammelt werden, Gewinne für künftige Ziehungen zu schaffen.

2 Die Vorschrift in Abs. 2 zu den Sofortlotterien ist **neu und ersetzt die bisherige Regelung** an dieser Stelle, die sich mit dem Ausschluss gesperrter Spieler befasste und nunmehr in die Vorgaben gemäß § 8 eingeflossen ist.

II. Erläuterungen

3 **1. Begrenzung der Jackpothöhe.** Abs. 1 S. 1 enthält einen allgemeinen Programmsatz bezüglich der Begrenzung der Höhe planmäßiger Jackpots unter Beachtung der generellen Ziele des § 1. Dabei sind in erster Linie **suchtpräventive Gesichtspunkte** zu beachten. Die Vorschrift richtet sich an die Genehmigungsbehörden und belässt diesen bei ihren Entscheidungen bezüglich der beantragten Erlaubnisse einen Ermessensspielraum, da die exakte Höhe der planmäßigen Jackpots gesetzlich gerade nicht festgelegt wird.

4 a) **Planmäßige Jackpots.** In der Praxis finden sich planmäßige Jackpots bei zahlreichen **Lotterien der staatlichen Lotterieveranstalter**, insbesondere bei den Lotterien LOTTO 6aus49, Spiel 77, Toto und Eurojackpot. Letztere ist eine europäische Lotterie, die aktuell von 32 Lotteriegesellschaften aus 18 Mitgliedsstaaten der europäischen Union veranstaltet wird.

5 In erster Linie darf von der jeweiligen Höhe des Jackpots **keine spielanreizende Wirkung** ausgehen. Oberste Maxime ist hier immer der gesetzliche Kanalisierungsauftrag aus § 1 hin zu einem legalen Glücksspiel. Die Genehmigungsbehörden bedienen sich bei der Bewertung, ob von der konkreten Höhe eine spielanreizende Wirkung ausgehen kann, auch der Beurteilung **des Fachbeirates** gem. § 10 Abs. 1 S. 2. Dieser hat aber insoweit nur beratende Funktion und kann kein „Veto" einlegen. Es hat sich zwar gezeigt, dass der Fachbeirat der Erhöhung der Jackpotbeträge durchaus kritisch gegenüberstehen kann. Aufgabe der Genehmigungsbehörden ist hier insoweit, in jedem Einzelfall sorgfältig zwischen dem Kanalisierungsauftrag einerseits und dem vorrangigen Ziel der Suchtprävention andererseits abzugrenzen. In diesem Zusammenhang werden unter anderem auch die **Studien der Bundeszentrale für gesundheitliche Aufklärung (BZgA)** herangezogen.

6 b) **Lotterie 6aus49.** Die maximale Höhe des Jackpots der **Lotterie LOTTO 6aus49** wurde im Jahr 2020 auf 45 Mio. EUR festgelegt. Zuvor hatten die Erlaubnisbehörden einen anderen Mechanismus zur Begrenzung der Jackpotsteigerung gewählt. Danach musste der Jackpot spätestens nach 12 Ziehungen unab-

hängig von der jeweiligen Höhe garantiert ausgeschüttet werden. Diese zahlenmäßige Begrenzung nach den Ziehungen ist nunmehr entfallen, und der Jackpot muss jetzt ab einer Höhe von 45 Mio. EUR unabhängig von der Anzahl der Ziehungen ausgeschüttet werden.

7 c) **Lotterie Eurojackpot.** Die BZgA-Studie aus dem Jahr 2019 lässt das Risiko für Problemspielverhalten bei der Teilnahme an der **Lotterie Eurojackpot** als eher gering vermuten. Der Anteil der problematisch Spielenden sei im Vergleich mit anderen Glücksspielen niedrig (ähnlich wie bei LOTTO 6aus49). Ein im Vergleich zu anderen Glücksspielen erhöhtes Risiko von Eurojackpot lasse sich daher auf Grundlage der Daten des Surveys 2019 nicht ableiten.[1] Der Jackpot ist zwar aktuell noch auf 90 Mio. EUR begrenzt. Ab dem Jahr 2022 haben die Genehmigungsbehörden aber einer **Erhöhung auf 120 Mio. EUR** zugestimmt. Empirische Studien legen den Schluss nahe, dass insbesondere vor dem Hintergrund der stärkeren Konkurrenz durch den Wettbewerb, wie durch internationale Lotterien mit hohen Jackpots, die Umsetzung der Produktveränderung sinnvoll ist, um die Attraktivität von Eurojackpot auch mittelfristig sicherzustellen und **ein Abwandern von spielaffinen, gefährdeten Personen** und insbesondere Spielern von internationalen Lotterien in illegale Kanäle **zu vermeiden.**[2]

8 d) **Internationale Jackpots. International** sorgen immer wieder extrem hohe Jackpots insbesondere in den USA für Beachtung, die etwa bei der dortigen Lotterie „Powerball" nicht selten über 500 Mio. USD liegen. Solche Jackpothöhen sind nach den rechtlichen Vorgaben durch den Glücksspielstaatsvertrag in Deutschland aber nicht möglich.

9 **2. Keine Veranstaltung häufiger als zweimal pro Woche.** Abs. 1 S. 2 hält an der bisherigen Begrenzung fest, dass diese Lotterien mit planmäßigem Jackpot **nicht häufiger als zweimal pro Woche** veranstaltet werden dürfen. Der Begriff Veranstaltung bezieht sich hierbei im Wesentlichen auf die Ziehung. In der Praxis sind damit konkret die jeweiligen Ziehungen pro Woche gemeint.

10 a) **Klassenlotterien. Keine tägliche Veranstaltung** im Sinne der Norm liegt nach der Begründung bei **Klassenlotterien vor,** bei denen zwar tägliche Ziehungen stattfinden, die Spielteilnahme bei diesen Lotterien aber grundsätzlich auf mehrere Wochen oder Monate angelegt ist und auch nicht die jederzeitige Teilnahme möglich ist, sondern nur zu bestimmten Zeitabschnitten im Jahr.[3]

11 b) **Niedrige Ziehungsfrequenz.** Die sehr niedrige Ziehungsfrequenz – vereinzelt wird auch der Fachbegriff **„langsame Lotterien"** verwendet[4] – führt auch dazu, dass die **Suchtgefahr** dieser Form des Lotteriespiels als **eher gering** eingeschätzt wird.[5]

12 c) **Geringe Suchtgefahr.** Die traditionellen Jackpotlotterien LOTTO 6aus49 und Spiel 77 haben bereits im Jahr 2000 durch eine Zusammenführung der bis dahin getrennt voneinander veranstalteten Samstag- und Mittwochziehungen eine Lotterie mit zwei Ziehungen und damit rollierendem Jackpot eingeführt. Dies soll nun vergleichbar auch im Zusammenhang mit der vorgenannten Produktveränderung bei Eurojackpot erfolgen. Die dortige zweite Ziehung führt nach wissenschaftlichen Untersuchungen nicht zu einer Erhöhung des problematischen Spiels,[6]

---

1 *Banz* Glücksspielverhalten und Glücksspielsucht in Deutschland S. 127.
2 *Schneider*, DECODE Marketingberatung GmbH, November 2019, 14.
3 NRW LT-Drs. 17/11683, 96 unter Hinweis auf Dietlein/Hecker/Ruttig/*Ruttig* § 22 Rn. 9.
4 NRW LT-Drs. 17/11683, 96.
5 Vgl. BVerfG 14.10.2008 – 1 BvR 928/08, ZfWG 2008, 351 (354).
6 *Griffith*, Nottingham Trent University, April 2019, 5.

Der allgemeine Grundsatz der Begrenzung der Anzahl der Veranstaltungen führt auch zu der Besonderheit, dass bei der Teilnahme an diesen **Lotterien im Internet keine Verpflichtung zur Abfrage** bei der Sperrdatei und zum Anschluss an die Limitdatei sowie an die Aktivitätsdatei besteht. Diese Ausnahme ist nach der Begründung fachlich gerechtfertigt, da aufgrund der bestehenden Regulierung und der sehr geringen Ereignisfrequenz gegenwärtig eine **vergleichsweise geringe Suchtgefahr** zu verzeichnen sei.[7] 13

3. Grenzüberschreitende Kooperation. Abs. 1 S. 3 regelt unverändert, dass Lotterien mit planmäßigem Jackpot auch grenzüberschreitend in **Kooperation mit anderen Lotterieveranstaltern** zulässig sind. Der Begriff „grenzüberschreitend" ist hier sowohl national als auch international zu verstehen. Innerhalb des Bundesgebietes stellt er klar, dass die Lotteriegesellschaften der einzelnen Bundesländer über das jeweilige Landesgebiet hinaus im Rahmen ihrer sog. **„Poolungsgemeinschaft"** bei der Veranstaltung dieser Lotterien zusammenarbeiten dürfen. 14

a) **Internationale Kooperationen.** Die Vorschrift erlaubt aber nach der Entstehungsgeschichte ausdrücklich auch die **internationale Kooperation über das Bundesgebiet hinaus** mit europäischen Lotterieveranstaltern. In diesem Zusammenhang ist die bereits dargestellte Lotterie Eurojackpot zu verstehen. Bereits in der Begründung des Glücksspielstaatsvertrages 2011 wurde die Vereinbarkeit mit den Zielen des Staatsvertrages betont, da ein attraktives Angebot an Lotterien möglichen Verschiebungen zu Glücksspielen mit einem höheren Suchtgefährdungspotential vorzuziehen sei.[8] 15

b) **Allgemeine Kooperationen.** Fraglich erscheint hier, ob damit andere Lotterien ohne planmäßigen Jackpot wie etwa Zusatz- oder Sofortlotterien nicht auch grenzüberschreitend veranstaltet werden dürfen. Eine „Sperre" dürfte aber der Vorschrift nicht zu entnehmen sein, da sie nach Sinn und Zweck lediglich eine abschließende (positive) Regelung betreffend die Lotterien mit planmäßigem Jackpot vorsieht. Die **Zulässigkeit der grenzüberschreitenden Kooperation von darüber hinaus gehenden Lotterien** ist vielmehr nach den allgemeinen Regelungen zu bewerten. 16

4. Wissenschaftliche Begleituntersuchung. Abs. 1 S. 4 regelt die im Glücksspielstaatsvertrag 2011 aufgenommene Vorgabe, die Auswirkungen auf die Bevölkerung mit einer **wissenschaftlichen Begleituntersuchung** zu evaluieren. Die Vorschrift bezieht sich dabei explizit auf die Zulassung der in S. 3 genannten (damals neuen) grenzüberschreitenden Lotterien. Dabei sind nach der Begründung die vom Fachbeirat empfohlenen Rahmenbedingungen zu beachten.[9] 17

5. Veranstaltung von Sofortlotterien. In Abs. 2 wird erstmals der **Begriff der Sofortlotterien** in den Gesetzestext aufgenommen. In den bisherigen Staatsverträgen wurden die Sofortlotterien dagegen nur in der Begründung als sog. „schnelle Lotterien" erwähnt. Zunächst gilt es den Begriff Sofortlotterien fachlich zu beleuchten. In der Gesetzesbegründung findet sich eine Form der Legaldefinition, wonach es sich bei den Sofortlotterien (Rubbellose, Losbriefe) um **Festquotenlotterien** handelt, die in Serien aufgelegt werden und bei denen die Ziehung vor Verkauf der Lose stattfindet, so dass beim Kauf durch den Spielteilnehmer bereits für jedes Los feststeht, ob es gewonnen hat.[10] 18

a) **Ziehungscharakteristika.** Sofortlotterien verfügen folglich gegenüber den herkömmlichen Lotterien über **eigene Ziehungscharakteristika.** Das Spielkapital 19

7 NRW LT-Drs. 17/11683, 96.
8 RP LT-Drs.16/1179, 71.
9 RP LT-Drs.16/1179, 71.
10 NRW LT-Drs. 17/11683, 185.

ergibt sich aus der Anzahl der Lose mal dem Einsatz pro Los. Als Gewinnsumme wird ein bestimmter Prozentsatz des Spielkapitals ausgeschüttet. Eine Serie besteht aus Gewinnlosen und sogenannten „Nieten". Anhand des Gewinnplans wird als eine Art „vorgezogene Ziehung" die Los-Serie bereits im Rahmen der Erstellung der Rubbellose und Losbriefe erstellt.

20 b) **Terrestrisches Angebot.** Laut den Ergebnissen der Studien der Bundeszentrale für gesundheitliche Aufklärung zum Glücksspielverhalten in Deutschland der Jahre 2017 und 2019 zum Glücksspielverhalten und zur Glücksspielsuchtgeht in Deutschland geht nur eine **geringe Suchtgefährdung** von Sofortlotterien aus. Dies betrifft insbesondere das terrestrische Angebot aufgrund der sozialen Kontrolle in den Annahmestellen.[11]

21 **6. Sofortlotterien im Internet.** Nach der Begründung treffen auf Sofortlotterien aber einige Aspekte zu, denen eine **suchterhöhende Wirkung** zugeschrieben wird, beispielsweise die hohe mögliche Ereignisfrequenz, die beinahe sofortige Erkenntnis über Gewinn und Verlust, die Möglichkeiten der fortlaufenden Teilnahme sowie die Möglichkeit häufiger Klein- und Beinahe-Gewinne.[12] Die Sofortlotterien im Internet werden in § 8 Abs. 2 S. 3 deshalb ausdrücklich von den Ausnahmen für Lotterien, die nicht häufiger als zweimal pro Woche veranstaltet werden, wiederum ausgenommen. Denn nach der Gesetzesbegründung können diese Lotterien – auch wenn es sich um ein abweichendes Spielsystem handelt – in ihrer Darstellung **ähnlich ausgestaltet werden wie virtuelle Automatenspiele** und auf Spieler ähnliche Auswirkungen haben. Bei beiden Spielformen erfolge grundsätzlich eine kurzfristige Ergebnisbekanntgabe verbunden mit der Möglichkeit, unverzüglich ein weiteres Spiel zu starten bzw. ein weiteres Los zu erwerben.[13]

22 a) **Vertriebsstrukturen.** Der Gesetzgeber unterscheidet bei den neuen Regelungen zu den Sofortlotterien folglich in den konkreten Anforderungen zwischen dem terrestrischen Vertrieb und dem Vertrieb über das Internet. Dies ist **rechtssystematisch neu** und bei den sonstigen Lotterien im Sinne des Gesetzes an keiner Stelle so festgelegt. Während in der Systematik des neuen Glücksspielstaatsvertrages die Spielformen allgemein danach eingeordnet werden, ob sie insgesamt eine geringere oder eine höhere Suchtgefahr aufweisen, wird bei den Sofortlotterien eine Differenzierung nach der konkreten Art des Vertriebs der Spielform – terrestrisch oder digital – vorgenommen. Für das im Wesentlichen spielgleiche Produkt werden damit im **Internet deutlich weitgehendere Anforderungen** gestellt, konkret der Anschluss an die Limitdatei sowie der Abgleich mit dem Sperrsystem.

23 b) **Strenge Anforderungen.** Im Ergebnis werden die Spielformen der Sofortlotterien im Internet bezüglich der zu beachtenden strengen Anforderungen **den suchtgefährdenden Spielen** und damit faktisch den virtuellen Automatenspielen **gleichgesetzt.** Zwar ist durch den sofortigen Gewinnentscheid nicht auszuschließen, dass im Vergleich zu den virtuellen Automatenspielen eine ähnliche Gefahrenlage entsteht. Zu beachten sind allerdings auch **deutliche Unterschiede:** So beträgt die Gewinnausschüttung einer Sofortlotterie als Festquotenlotterie grundsätzlich maximal 60 %, wohingehend die Ausschüttungsquote bei virtuellen Automatenspielen deutlich über 90 % betragen kann und damit der mögliche Spieleinsatz erheblich über den Sofortlotterien liegt. Daneben sind schon im-

---

11 Vgl. *Banz/Lang* Glücksspielverhalten und Glücksspielsucht in Deutschland S. 248; *Banz* Glücksspielverhalten und Glücksspielsucht in Deutschland S. 162.
12 NRW LT-Drs. 17/11683, 185.
13 NRW LT-Drs. 17/11683, 96.

mer die jetzt in Abs. 2 genannten **begrenzenden Vorgaben zur Art und dem Zuschnitt der Lotterie,** insbesondere zu Höchstgewinnsummen und dem Gewinnplan, zu Vertriebsvorgaben und Werbemöglichkeiten von den Genehmigungsbehörden in den Erlaubnissen der Länder vorgesehen und waren bereits bislang Gegenstand der jeweiligen landesrechtlichen Genehmigungen.

c) **Beschränkende Maßnahmen.** Zusätzlich sind im **Internet** als **beschränkende Maßnahmen** die Anzahl der hintereinander zu spielenden Lose, die Beschränkung des Vorrats von Losen in einem Warenkorb sowie insbesondere die Anzahl von täglich zu spielenden Losen einschließlich Spielpausen und Mindestlaufzeiten des Rubbel-Prozesses zu nennen. 24

d) **Behördenzuständigkeit.** Die bereits erwähnte unterschiedliche Behandlung der Sofortlotterien in der Terrestrik und im Internet führt auch zu **abweichenden Behördenzuständigkeiten** bezüglich der Genehmigung. Soweit es um die Genehmigungen des terrestrischen Angebotes als auch um die Sofortlotterien im Internet geht, verbleibt es bei den allgemeinen und föderalen Zuständigkeiten der jeweiligen Glücksspielbehörden der Länder. Entgegen den sonstigen suchtgefährdenden Spielen wird für Sofortlotterien im Internet insoweit also keine Zuständigkeit der gemeinsamen Glücksspielbehörde der Länder begründet. 25

e) **Steuersätze.** Daneben sind auch die **Steuersätze unterschiedlich.** Während die virtuellen Automatenspiele lediglich einem Steuersatz von 5,3 % auf den Spieleinsatz unterliegen, sind die Sofortlotterien im Internet mit dem normalen Steuersatz von 20 % für Lotterien (zuzüglich der jeweiligen Zweckabgaben) belegt. 26

f) **Systematische Einordnung.** Aus allem folgt, dass die **systematische Einordnung** der Sofortlotterien im Internet durchaus **Fragen aufwirft,** die im Rahmen des weiteren Vollzuges der neuen Regelungen zu beantworten sind. Ob dieser neue Ansatz und die Form der Differenzierung letztlich erforderlich ist, um den tatsächlichen Anforderungen der Suchtprävention bei den Sofortlotterien gerecht zu werden, wird die Praxis zeigen. 27

§ 22a GlüStV Virtuelle Automatenspiele

(1) [1]Die Ausgestaltung von virtuellen Automatenspielen darf den Zielen des § 1 nicht zuwiderlaufen. [2]Inhaber einer Erlaubnis für die Veranstaltung von virtuellen Automatenspielen dürfen ein virtuelles Automatenspiel nur anbieten, wenn dieses zuvor auf deren Antrag von der zuständigen Behörde erlaubt worden ist. [3]Der Behörde ist zum Zweck der Prüfung der Erlaubniserteilung eine Version des Spiels zur Verfügung zu stellen. [4]Wesentliche Änderungen des virtuellen Automatenspiels nach Erteilung einer Erlaubnis nach Satz 2 bedürfen der Erlaubnis der zuständigen Behörde. [5]Die Erlaubnis nach Satz 2 kann jederzeit widerrufen werden, es sei denn, sie müsste zum Zeitpunkt des Widerrufs erneut erteilt werden. [6]Virtuelle Automatenspiele, die nicht nach Satz 2 erlaubt sind, sind unerlaubte Glücksspiele.

(2) Virtuelle Automatenspiele, die herkömmlich in Spielbanken veranstalteten Tischspielen mit Bankhalter, insbesondere Roulette, Black Jack oder Baccara, entsprechen, sind unzulässig.

(3) [1]Die Gewinnaussichten müssen zufällig sein und es müssen für jeden Spieler gleiche Chancen eröffnet werden. [2]Die Spielregeln und der Gewinnplan müssen leicht aufrufbar sein und für den Spieler leicht verständlich beschrieben werden. [3]Dem Spieler sind die Wahrscheinlichkeit auf den Gewinn des Höchstgewinns sowie die durchschnittliche Auszahlungsquote je einen Euro Spieleinsatz erkenn-

bar anzuzeigen. [4]Die Anzeige muss dort erfolgen, wo der Spieleinsatz getätigt werden kann.

(4) [1]Ein virtuelles Automatenspiel darf nur infolge einer entsprechenden Erklärung des Spielers beginnen, die erst nach Beendigung des vorherigen Spiels abgegeben werden darf. [2]Unzulässig sind insbesondere Programmabläufe, die nach dem Ablauf des vorherigen Spiels selbstständig ein weiteres Spiel beginnen lassen und Erklärungen eines Spielers, an mehreren Spielen in Folge teilzunehmen.

(5) [1]Einsätze und Gewinne dürfen nur in Euro und Cent erfolgen. [2]Die Umrechnung von Geldbeträgen in andere Währungen, Punkte oder sonstige Einheiten vor, während oder nach dem Spiel oder als Ergebnis des Spiels ist unzulässig.

(6) [1]Ein Spiel muss durchschnittlich mindestens fünf Sekunden dauern. [2]Ein Spiel beginnt mit der Erklärung im Sinne des Absatzes 4 Satz 1 und endet mit der Anzeige des Ergebnisses.

(7) [1]Der Einsatz darf einen Euro je Spiel nicht übersteigen. [2]Die für die Erlaubniserteilung zuständige Behörde kann zur Erreichung der Ziele des § 1 den Höchsteinsatz je Spiel nach Satz 1 an geänderte Verhältnisse anpassen.

(8) [1]Ein Gewinn muss in einem vor Beginn des Spiels festgelegten Vielfachen des Einsatzes bestehen. [2]Einsätze, Gewinne oder Teile von Einsätzen oder Gewinnen dürfen nicht zu dem Zweck angesammelt werden, Gewinne für künftige Spiele zu schaffen (Jackpotverbot).

(9) § 6h Absatz 7 Satz 2 und 3 ist mit der Maßgabe anzuwenden, dass dem Spieler die weitere Teilnahme an virtuellen Automatenspielen erst fünf Minuten nach der Bestätigung der Kenntnisnahme des Hinweises ermöglicht werden darf.

(10) [1]Das gleichzeitige Spielen von mehreren virtuellen Automatenspielen ist verboten. [2]Dies gilt auch für das Spielen desselben Spiels. [3]Erlaubnisinhaber haben dies durch geeignete technische Maßnahmen sicherzustellen. [4]Spielern darf nur ein Spiel zur gleichen Zeit angezeigt werden.

(11) Im Zusammenhang mit der Veranstaltung und dem Eigenvertrieb von virtuellen Automatenspielen oder Werbung hierfür ist die Verwendung der Begriffe „Casino" oder „Casinospiele" unzulässig.

(12) [1]Die Veranstaltung von virtuellen Automatenspielen ist nur über das Internet zulässig. [2]Der stationäre Vertrieb von virtuellen Automatenspielen ist verboten.

Literatur: *Berberich/Koenig,* Unionsrechtliche Bewertung des Übergangs in das Regelwerk des GlüStV 2021, 157; *Giesberts/Reinhardt,* BeckOK Umweltrecht, 58. Ed., Stand: 1.4.2021; *Hambach/Berberich,* Eckpfeiler für Neuordnung des Internet-Glücksspiels auf Basis der EU-Kommission, ZfWG 2019, 463; *Hartmann/Barczak,* Kanalisierungspflicht und Kohärenzgebot in Zeiten des Online-Glücksspiels, ZfWG 2020, 8; *Jarass,* Bundesimmissionsschutzgesetz. Kommentar unter Berücksichtigung der Bundes-Immissionsschutzverordnungen, der TA Luft sowie der TA Lärm, 13. Aufl. 2020; *Koenig,* Totalverbote von Online-Poker und -Casinospielen. Was nun nach Digibet und Albers?, ZfWG 2015, 10; *Koenig/Bovelet-Schober,* Das für Poker- und Casinospiele nach dem am 1. Juli 2012 in Kraft getretenen Glücksspieländerungsstaatsvertrag (GlüÄndStV) geltende Internetverbot auf dem EU-rechtlichen Prüfstand, ZfWG 2012, 381; *Kubiciel,* Strafrechtliche Risiken von Wetten auf eSport-Wettbewerbe, ZfWG 2021, 123; *v. Landmann/Rohmer/u. a.,* Umweltrecht. Kommentar, Band III, 94. EL, Stand: Dezember 2020; *Lohnse,* Substitutionseffekte zwischen terrestrischen und internetbasierten Glücksspielangeboten sowie Beurteilung des Level Playing Fields zwischen virtuellem Automatenspiel und gewerblichem Geldspiel im Glücksspielstaatsvertrag 2021. Wissenschaftliches Gutachten im Auftrag des Bundesverbands Automatenunternehmer e. V., ZfWG 2020, 1; *Omlor,* Digitaler Zahlungsverkehr, JuS 2019, 289; *Reeckmann,*

Der Glücksspielstaatsvertrag 2021 (GlüStV 2021) – Und sie bewegt sich doch!, ZfWG 2020, 345; *Reichert,* Irrungen und Wirrungen im Umgang mit der Kohärenz. Zur Kohärenz im Gesamtgefüge der Rechtfertigungsprüfung, ZfWG 2021, 14; *Röll,* Strafbarkeit des (Weiter-)Betriebs von Spielhallen ohne Erlaubnis nach dem GlüStV, ZfWG 2020, 25; *Schönke/Schröder/u. a.*, Strafgesetzbuch. Kommentar, 30. Aufl. 2019; *Streinz/Liesching/Hambach,* Glücks- und Gewinnspielrecht in den Medien. Kommentar, 2014; *Walter,* Bitcoin, Libra und sonstige Kryptowährungen aus zivilrechtlicher Sicht, NJW 2019, 3609.

I. Genese/Gesetzesentwicklungen

Die **positive Regulierung der „virtuellen Automatenspiele“** und ihre **Erlaubnisfähigkeit** bildet in der bewussten **Abkehr vom prinzipiellen Internetverbot** nach § 4 Abs. 4 GlüStV a. F.[1] ein Novum im Rahmen des GlüStV 2021.[2] Ein neues Kapitel in der Geschichte der deutschen Glücksspielregulierung ist damit aufgeschlagen. Die fehlende Erlaubnisfähigkeit von virtuellen Automatenspielen nach den Glücksspielstaatverträgen aF war zunehmend auch verfassungs- und europarechtlicher Kritik begegnet.[3] Ob und inwiefern signifikante, über das bislang bekannte Maß hinausgehende Substitutionseffekte zwischen onlinebasiertem virtuellem Automatenspiel und entsprechenden terrestrischen Angeboten eintreten werden, bleibt abzuwarten.[4] 1

II. Erläuterungen

1. Erlaubnis für die Veranstaltung von virtuellen Automatenspielen (Abs. 1). Dass die Staatsvertragsparteien mit der weitergehenden **Öffnung der positi-** 2

1 Ausführlich zum Internetverbot nach alter Rechtslage Streinz/Liesching/Hambach/*Bolay/Pfütze* § 4 Rn. 83 ff.; zur Reaktion der EU-Kommission und zum erkannten Reformbedarf bei der Online-Glücksspielregulierung *Hambach/Berberich* ZfWG 2019, 463 (464 ff.); die früheren „Totalverbote von Online-Poker und -Casinospielen“ beleuchtete seinerzeit bereits *Koenig* ZfWG 2015, 10 ff.

2 Vgl. hierzu *Reeckmann* ZfWG 2020, 345 ff. (345 f.); ferner *Berberich/Koenig* ZfWG 2021, 157 ff.; die „Kohärenz als Gebot der Harmonisierung zwischen Online- und Offline-Glücksspiel“ betrachtend *Reichert* ZfWG 2021, 14 ff. (21) (Hervorhebungen durch Verfasser entfernt).

3 Siehe hierzu *Koenig/Bovelet-Schober* ZfWG 2012, 381 ff.; instruktiv ferner in Streinz/Liesching/Hambach/*Liesching/Berberich* GG Art. 12 Rn. 80 ff.; siehe ferner auch *Hartmann/Barczak* ZfWG 2020, 8 ff.

4 Diese Frage wurde bereits in einem wissenschaftlichen Gutachten von *Lohse* ZfWG 2020, 1 ff., untersucht.

ven Glücksspielregulierung für bestimmte **Online-Glücksspielangebote** glücksspielrechtlich neues und damit ungewohntes Terrain betreten, erkannt man an der ordnungspolitischen „Angstklausel“ des § 22a Abs. 1 S. 1 GlüStV, wenn es dort wörtlich wie folgt heißt: „Die Ausgestaltung von virtuellen Automatenspielen darf den Zielen des § 1 nicht zuwiderlaufen.“ Diese Selbstverständlichkeit dürfte allein rechtspolitisch motiviert, in der Sache jedoch keineswegs für eine gelingende Regulierung erforderlich sein.

3 Durch § 22a Abs. 1 S. 2 GlüStV wird gewissermaßen eine **doppelte Erlaubnispflicht** festgeschrieben: So bedürfen die „Inhaber einer Erlaubnis für die Veranstaltung von virtuellen Automatenspielen“ einer zusätzlichen Erlaubnis für das betreffende virtuelle Automatenspiel, das sie als Veranstalter anbieten möchten.[5] Neben dem jeweiligen Erlaubnisantrag ist der zuständigen Behörde gem. § 22a Abs. 1 S. 3 GlüStV „zum Zweck der Prüfung der Erlaubniserteilung eine Version des Spiels zur Verfügung zu stellen“. Wie diese Zurverfügungstellung genau bewirkt werden soll, lässt der Staatsvertrag offen. Zuständig für die Erlaubniserteilung ist die durch den GlüStV 2021 neu geschaffene „Gemeinsame Glücksspielbehörde der Länder“ im sog. „ländereinheitlichen Verfahren“.[6] Das Prüfprogramm des Erlaubnisverfahrens bezieht sich im Wesentlichen auf die Anforderungen nach § 22a Abs. 2 bis 12 GlüStV, wobei die Zieldefinitionen des § 1 GlüStV als maßgebliche Richtschnur heranzuziehen sind.[7] Bei der Beurteilung des Spielangebots können suchtpotenzialverstärkende Spielgestaltungen durch audio-visuelle Effekte ebenso zu einer Unzulässigkeit des Angebots führen wie eine durch die Spielgestaltung zu besorgende Adressierung des Glücksspielangebots an Minderjährige.[8] Im Falle möglicher Zielkonflikte nach § 1 GlüStV „kommt der Behörde ein Einschätzungsspielraum zu“.[9]

4 Nach Maßgabe des § 22a Abs. 1 S. 4 GlüStV bedürfen **wesentliche Änderungen am virtuellen Automatenspiel**, die nach Erlaubniserteilung gem. § 22a Abs. 1 S. 2 GlüStV erfolgt sind, „der Erlaubnis der zuständigen Behörde“. **Unwesentliche Änderungen** bleiben hingegen **erlaubnisfrei** und sind auch keiner in anderen Bereichen des Sonderverwaltungsrechts durchaus üblichen Anzeigepflicht[10] unterstellt. Wann eine Änderung als wesentlich zu qualifizieren ist, wird im Staatsvertrag nicht näher definiert. Eine Eingrenzung wird hierzu wohl durch die Rechtsprechung und die juristische Literatur erfolgen müssen. Wesentlichkeit wird in Anlehnung an die entsprechende Begriffsbestimmung im immissionsschutzrechtlichen Anlagengenehmigungsrecht jedenfalls dann anzunehmen sein, wenn die Änderung einen solchen Intensitätsgrad erreicht, dass sich die „Frage der Genehmigungsbedürftigkeit neu“ stellt.[11] Diese rechtliche Wertung dürfte auch zur Bestimmung der Wesentlichkeit einer Änderung im Sinne des § 22a Abs. 1 S. 4 GlüStV fruchtbar gemacht werden können.

5 Zu diesem „zusätzlichen Erlaubnisvorbehalt“ NRW LT-Drs. 17/11683, 186.
6 So und hierzu NRW LT-Drs. 17/11683, 186.
7 Vgl. hierzu NRW LT-Drs. 17/11683, 187.
8 Diese Beispiele für eine Inkompatibilität mit den Zielbestimmungen des § 1 GlüStV benennt NRW LT-Drs. 17/11683, 187.
9 So NRW LT-Drs. 17/11683, 187.
10 Siehe unter Bezugnahme auf die Anzeigepflicht von unwesentlichen Anlagenänderungen nach § 15 BImSchG stv. für viele die Ausführungen von *Jarass* zu der dort zugrunde gelegten Systematik, vgl. Jarass/*Jarass* BImSchG § 15 Rn. 3.
11 So der zustimmungswürdige Ansatz von *Jarass* zur Bestimmung der Wesentlichkeit einer Anlagenänderung nach § 16 BImSchG, vgl. Jarass/*Jarass* BImSchG § 16 Rn. 11; ähnlich bereits Landmann/Rohmer UmweltR/*Reidt/Schiller*, Band III, 94. EL, Stand: Dezember 2020, BImSchG § 16 Rn. 80 mit zahlreichen weiteren Nachw.

Nach § 22a Abs. 1 S. 5 GlüStV kann die **Erlaubnis** iSd § 22a Abs. 1 S. 2 GlüStV „**jederzeit widerrufen** werden". Dies soll allerdings dann nicht gelten, wenn sie „zum Zeitpunkt des Widerrufs erneut erteilt werden" müsste. Diese Formulierung deutet darauf hin, dass sich aus dem Staatsvertrag – oder ggf. auch verfassungsunmittelbar – im Grundsatz ein Anspruch auf Erteilung einer entsprechenden Erlaubnis nach § 22a Abs. 1 S. 2 GlüStV ergeben kann, wenn die entsprechenden Erlaubnisvoraussetzungen vorliegen. 5

Deklaratorische Klauseln bilden im Hinblick auf § 22a Abs. 1 GlüStV gewissermaßen einen äußeren Rahmen. Denn neben § 22a Abs. 1 S. 1 GlüStV enthält auch der letzte Satz dieses Absatzes (S. 6) eine in wertender Betrachtung rein deklaratorische, der Sache nach jedoch eher überflüssige Klausel, aus der sich die Selbstverständlichkeit ergibt, dass solche virtuellen „Automatenspiele, die nicht nach S. 2 erlaubt sind", „**unerlaubte Glücksspiele**" darstellen.[12] Ggf. erlangt diese Klarstellung jedoch Bedeutung im strafrechtlichen Kontext, da auch im Glücksspielrecht von einer „Verwaltungsrechtsakzessorietät"[13] im Hinblick auf die Erfüllung von Straftatbeständen ausgegangen werden kann. 6

2. Unzulässigkeit von Tischspielen entsprechenden virtuellen Automatenspielen (Abs. 2). Auf der Grundlage des § 22a **Abs. 2 GlüStV** werden solche virtuellen Automatenspiele durch den GlüStV für „unzulässig" erklärt, „die herkömmlich in Spielbanken veranstalteten Tischspielen mit Bankhalter, insbesondere Roulette, Black Jack oder Baccara, entsprechen". 7

Die Verwendung des Wortes „**insbesondere**" zeigt an, dass die **ausdrückliche Nennung** einzelner Tischspiele **nicht als numerus clausus** verstanden werden soll.[14] Auch wenn davon auszugehen ist, dass **weitere klassische Tischspiele**, wie zB Craps oder Sic Bo, ebenfalls von diesem Ausschluss erfasst sind, bleiben Grenzfälle denkbar. Laut den amtlichen Erläuterungen soll sich das Verbot auch auf „ähnliche Bankhalterspiele, die nicht exakt in dieser Weise herkömmlich in Spielbanken angeboten werden (z. B. ‚Roulette' mit 27 statt 36 Zahlen)",[15] beziehen. Diese Sichtweise begegnet indes **rechtlichen Bedenken**, da ein solches extensives Verständnis im Normtext des § 22a Abs. 2 GlüStV **nicht** angelegt ist und eine erweiternde Auslegung den Anforderungen der Hermeneutik entsprechen und zudem einer verfassungsrechtlichen Rechtfertigung standhalten muss. Zuzugeben ist allerdings, dass sich eine solche Auslegung – isoliert betrachtet – der ratio legis zweifelsohne als durchaus dienlich erwiese. Der Sache nach geht es vor allen Dingen um die Abgrenzung des Anwendungsbereichs des § 22a GlüStV gegenüber § 22c GlüStV, der den Bereich der „Online-Casinospiele" re- 8

---

12 Als Klarstellung, „dass unerlaubte virtuelle Automatenspiele stets unerlaubtes Glücksspiel sind, auch wenn diese von einem Inhaber einer grundsätzlichen Veranstaltererlaubnis für virtuelle Automatenspiele nach § 4 Abs. 4 veranstaltet werden", wird § 22a Abs. 1 S. 6 im Rahmen der amtlichen Erläuterungen angesehen, so und hierzu NRW LT-Drs. 17/11683, 186.

13 Dies im Hinblick auf den Betrieb von Spielhallen ohne verwaltungsbehördliche Erlaubnis annehmend *Röll* ZfWG 2020, 25 ff. (28); in diesem Rahmen geht *Kubiciel* unter Bezugnahme auf „eSport-Wetten" in zustimmungswürdiger Weise davon aus, dass die maßgeblichen „Differenzierungen" „vom Verwaltungsrecht getroffen" werden, so *Kubiciel* ZfWG 2021, 123 ff. (124); siehe zur „Verwaltungsrechtsakzessorietät" allgemein in Schönke/Schröder/*Heine/Schittenhelm*, Strafgesetzbuch, 30. Aufl. 2019, Vorbemerkungen zu StGB §§ 324 ff. Rn. 15 ff.; im Bereich des BNatSchG BeckOK Umweltrecht/*Schrader* BNatSchG § 71 Rn. 19 mwN.

14 Die Annahme eines lediglich beispielhaften Verständnisses dieser Aufzählung wird durch die amtlichen Erläuterungen bestätigt, vgl. NRW LT-Drs. 17/11683, 187.

15 So NRW LT-Drs. 17/11683, 187.

guliert.[16] Insoweit dürfte es letztendlich auf eine Zusammenschau und auf eine in diesem Rahmen umfassende verfassungsrechtliche Bewertung der **Gesamtkonzeption in der Regulierung des Online-Glücksspiels** ankommen.

9 **3. Gewinnaussichten und Informationsverpflichtungen** (Abs. 3). Nach § 22a Abs. 3 S. 1 GlüStV müssen die **Gewinnaussichten „zufällig sein"**, wobei die erforderliche **Chancengleichheit** „für jeden Spieler" „eröffnet" sein muss.[17] § 22a Abs. 3 Sätze 2 bis 4 GlüStV betreffen im weitesten Sinne bestimmte **Informationspflichten** gegenüber dem Spieler.[18] So müssen nach § 22a Abs. 3 S. 2 GlüStV die Spielregeln sowie der Gewinnplan „leicht abrufbar sein". Weiterhin müssen beide „für den Spieler leicht verständlich beschrieben werden". Auf der Grundlage des § 22a Abs. 3 S. 3 GlüStV sind dem Spieler sowohl die **Höchstgewinnwahrscheinlichkeit** und „die durchschnittliche Auszahlungsquote je einen Euro Spieleinsatz erkennbar anzuzeigen". Die Anzeige ist nach § 22a Abs. 3 S. 4 GlüStV zudem **ortsgebunden** und „muss dort erfolgen, wo der Spieleinsatz getätigt werden kann".[19]

10 **4. Anforderungen an den Spielbeginn/Verbot automatischer Programmabläufe** (Abs. 4). Auf der Basis des § 22a Abs. 4 GlüStV besteht ein **Verbot für automatische Programmabläufe** beim virtuellen Automatenspiel. Auf dieser Basis ist für jeden **neuen Spielbeginn** nach § 22a Abs. 4 S. 1 GlüStV eine **gesonderte „Erklärung des Spielers"** zur Auslösung des Spielablaufs erforderlich (sog. „sequentielles Spiel")[20]. Einmalige Erklärungen des Spielers für eine ganze Abfolge mehrerer hintereinander erfolgender Spiele werden für ebenso unzulässig erklärt wie entsprechende Automatismen im Allgemeinen. Mit dieser Regelung soll ausweislich der amtlichen Begründung insbesondere einerseits ein Beitrag „zu einer bewussten Spielteilnahme" geleistet werden, andererseits sollen „die Sucht- und finanziellen Gefahren" reduziert werden.[21]

11 **5. Euro-/Cent-Gebot für „Einsätze und Gewinne"** (Abs. 5). Das nach deutschem Recht legalisierte virtuelle Automatenspiel ist an die hierzulande geltende **Währung, also Euro und Cent**, gebunden, was ausweislich der Vorgabe in § 22a Abs. 5 S. 1 GlüStV für „Einsätze und Gewinne" gleichermaßen gilt. § 22a Abs. 5 S. 2 GlüStV verbietet insoweit ausdrücklich die „Umrechnung von Geldbeträgen in andere Währungen, Punkte oder sonstige Einheiten" zu jedem Zeitpunkt im Spielzusammenhang. Es handelt sich um eine **Spielerschutzvorschrift**, die dem Spieler „einen besseren Überblick über sein Spielverhalten"[22] ebenso ermöglichen soll, wie es der Zielsetzung dieser Vorschrift entspricht, ausufernde Spielgestaltungen anhand eines Punktesystems zu verhindern.[23] Vor diesem Hintergrund ist auch eine Ausweisung der „Einsätze und Gewinne" in einer sog. „Kryptowährung"[24] unzulässig.

---

16 Vgl. NRW LT-Drs. 17/11683, 187.

17 In diesem Rahmen soll insbesondere „eine algorithmenbasierte Steuerung der Gewinnchancen" verhindert werden, so und hierzu NRW LT-Drs. 17/11683, 187.

18 Sie dienen „Gründen des Spielerschutzes", so und hierzu NRW LT-Drs. 17/11683, 187.

19 Nähere Anforderungen und Grenzen zur Platzierung der Information ergeben sich aus den amtlichen Erläuterungen, vgl. NRW LT-Drs. 17/11683, 187.

20 Vgl. hierzu NRW LT-Drs. 17/11683, 187.

21 So und hierzu NRW LT-Drs. 17/11683, 187 mit dem ergänzenden Hinweis, dass zugleich „die Ereignisfrequenz" „reduziert" werde (ebda.).

22 So NRW LT-Drs. 17/11683, 188.

23 Vgl. NRW LT-Drs. 17/11683, 188.

24 Den „digitalen Zahlungsverkehr" beleuchtet nähergehend *Omlor* JuS 2019, 289 ff.; siehe zur Würdigung von „Kryptowährungen" in zivilrechtlicher Perspektive *Walter* NJW 2019, 3609 ff.

6. Anforderungen an die Spieldauer (Abs. 6). § 22a Abs. 6 S. 1 GlüStV ordnet an, dass die **durchschnittliche Dauer eines Spiels** im Rahmen des virtuellen Automatenspiels **„mindestens fünf Sekunden"** betragen muss. Das Abstellen auf den Durchschnitt deutet darauf hin, dass neben Überschreitungen der Spieldauer („mindestens") durchaus auch Unterschreitungen der Dauer eines Einzelspiels möglich sind, wenn der „Gesamtdurchschnitt" von „mindestens fünf Sekunden" insgesamt **nicht** unterschritten wird. 12

Aus § 22a Abs. 6 S. 2 GlüStV folgt, dass das jeweilige Spiel mit der nach § 22a Abs. 4 S. 1 GlüStV durch den Spieler abzugebenden **Spielerklärung beginnt** und sodann **„mit der Anzeige des Ergebnisses" endet**. Diese Formulierung des Staatsvertrages erweist sich als rechtliches „non liquet". So bleibt zu beachten, dass die „Anzeige des Ergebnisses" über eine gewisse Zeitspanne hinweg erfolgen kann. Vieles spricht zwar dafür, dass das Spiel mit dem Zeitpunkt des Ergebnisanzeigebeginns enden soll. Denkbar wäre es aber auch, vom Vorliegen des Spielendes erst zu dem Zeitpunkt auszugehen, in dem die Ergebnisanzeige wieder erlischt. Aus den amtlichen Erläuterungen folgt, dass „Verrechnungen der Spieldauer zwischen verschiedenen von einem Anbieter angebotenen Automatenspielen" „nicht möglich" sind.[25] Ausgestaltungen des Spiels, die der Umgehung der Anforderungen nach § 22a Abs. 6 GlüStV dienen, sind unzulässig und sollen von der Erlaubnisbehörde mit Blick auf die Zielfestsetzung in § 1 GlüStV untersagt werden.[26] 13

7. Höchsteinsatz (Abs. 7). Der **Höchsteinsatz je Spiel** beträgt nach § 22a Abs. 7 S. 1 GlüStV **„einen Euro"**. Dieser Betrag darf (grundsätzlich) nicht überstiegen werden. Diese Regelung dient den Zielen „der Reduzierung von Spielsuchtgefahren und [...] des Spielanreizes" und soll „das Hinterherjagen' hinter erlittenen Verlusten durch höhere Einsätze beim jeweils nächsten Spiel" begrenzen.[27] § 22a Abs. 7 S. 2 GlüStV räumt der „für die Erlaubniserteilung" zuständigen Behörde jedoch die Kompetenz ein, im Wege einer in ihr ordnungsgemäßes Ermessen gestellten Entscheidung „zur Erreichung der Ziele des § 1 [GlüStV] den Höchsteinsatz je Spiel" „an geänderte Verhältnisse anzupassen".[28] Grundsätzlich dürfte insofern eine **Anpassung des Höchsteinsatzes** „nach oben" wie „nach unten" denkbar sein. 14

8. Gewinnanforderungen und Jackpot-Verbot (Abs. 8). § 22a Abs. 8 S. 1 GlüStV verlangt, dass ein **bei dem virtuellen Automatenspiel zu erzielender Gewinn** „in einem vor Beginn des Spiels festgelegten Vielfachen des Einsatzes bestehen" muss. § 22a Abs. 8 S. 2 GlüStV ordnet ein **umfassendes „Jackpotverbot"** an, das generell gilt und nicht etwa auf die Variante der progressiven Jackpots (sog. „progressives" (engl.)) beschränkt ist. Zu diesem Zwecke dürfen „Einsätze, Gewinne oder Teile von Einsätzen oder Gewinnen" ausdrücklich **nicht** angesammelt werden. Die Höhe des zulässigen „Maximalgewinns" bei virtuellen Automatenspielen ist durch den GlüStV 2021 nicht festgelegt worden.[29] 15

9. Zwangsspielpause (Abs. 9). § 22a Abs. 9 GlüStV verlangt die Anwendung von § 6h Abs. 7 S. 2 und 3 GlüStV, wonach **alle 60 Minuten** nach Übermittlung der Datei mit den Spielerdaten nach § 6h Abs. 2 GlüStV ein **Hinweis über die verstrichene Zeit** erfolgen muss und ein Weiterspielen erst nach **ausdrücklicher Bestätigung** der Kenntnisnahme dieses Hinweises erfolgen darf. Auf die Spiel- 16

25 So NRW LT-Drs. 17/11683, 188.
26 Vgl. NRW LT -Drs. 17/11683, 188.
27 So und hierzu NRW LT-Drs. 17/11683, 188.
28 Siehe hierzu NRW LT-Drs. 17/11683, 189.
29 Vgl. NRW LT-Drs. 17/11683, 189.

formbezogenheit der Spielpause weisen die amtlichen Erläuterungen hin.[30] Allerdings ist der staatsvertragliche Anwendungsbefehl in § 22a Abs. 9 GlüStV mit der Maßgabe verbunden worden, „dass dem Spieler die weitere Teilnahme an virtuellen Automatenspielen erst fünf Minuten nach der Bestätigung der Kenntnisnahme des Hinweises ermöglicht werden darf."

17 **10. Verbot des gleichzeitigen Mehrfachspiels (Abs. 10).** Das häufig in einem Personenkreis mit problematischem Spielverhalten anzutreffende **gleichzeitige Mehrfachspiel** ist im Rahmen von virtuellen Automatenspielen nach § 22a Abs. 10 S. 1 GlüStV **ausdrücklich verboten.** Klarstellend weist § 22a Abs. 10 S. 2 GlüStV darauf hin, dass dies „auch für das Spielen desselben Spiels" gilt. Der Staatsvertrag verlangt in § 22a Abs. 10 S. 3 GlüStV von den Erlaubnisinhabern, „dies" – wegen ihres Bezugspunkts eine sprachlich ungeschickte Formulierung – „durch geeignete technische Maßnahmen sicherzustellen". Konkretisierend verlangt § 22a Abs. 10 S. 4 GlüStV, dass den betreffenden Spielern „nur ein Spiel zur gleichen Zeit angezeigt werden" darf.

18 **11. Unzulässigkeit von Begriffsverwendungen (Abs. 11).** Nach § 22a Abs. 11 GlüStV wird „die **Verwendung der Begriffe ‚Casino' oder ‚Casinospiele'**" ausdrücklich für „unzulässig" erklärt, **soweit** sie im „Zusammenhang mit der Veranstaltung und dem Eigenvertrieb von virtuellen Automatenspielen oder Werbung hierfür" stehen. Der **Dreiklang „Veranstaltung", „Eigenvertrieb"** und **„Werbung"** dürfte – soweit ersichtlich – alle relevanten Vorgänge in Bezug auf virtuelle Automatenspiele abdecken, so dass insofern wohl **kein „Schlupfwinkel"** verbleiben dürfte. Die Vorgabe „dient der Abgrenzbarkeit von virtuellen Automatenspielen und Online-Casinospielen und soll irrige Erwartungen und besondere Spielanreize bei Spielern verhindern".[31]

19 **12. Verbot des stationären Betriebs virtueller Automatenspiele (Abs. 12).** Nach Maßgabe des § 22a Abs. 12 S. 1 GlüStV ist die **„Veranstaltung von virtuellen Automatenspielen"** – Ihrer grundlegenden Konzeption entsprechend – **„nur über das Internet zulässig"**. Nach der Direktive des § 22a Abs. 12 S. 2 GlüStV ist vor allen Dingen auch der **„stationäre Vertrieb** von virtuellen Automatenspielen" **„verboten"**. Dieses Verbot dürfte sich jedenfalls insofern als zweckmäßig erweisen, als auf seiner Grundlage **wechselseitige regulatorische Implikationen** zwischen terrestrischem und onlinebasiertem Glücksspiel im „Automatensegment" vermieden werden können.[32] Ausweislich der amtlichen Erläuterungen „dient" diese Regelung gerade „der Abgrenzung von Spielhallen und virtuellem Automatenspiel".[33] Ob die weitere Entwicklung der Angebote eine zunehmende Konvergenz terrestrischer und onlinebasierter Angebote begünstigen wird und sich hieraus ein Bedürfnis ergeben kann, für entsprechend hybride Angebote einen geeigneten regulatorischen Rahmen zu schaffen, bleibt abzuwarten.

§ 22b GlüStV Online-Poker

(1) [1]Inhaber einer Erlaubnis für die Veranstaltung von Online-Poker dürfen einzelne Varianten des Online-Pokerspiels nur anbieten, wenn die jeweils angebotene Variante zuvor auf deren Antrag von der zuständigen Behörde erlaubt wor-

30 NRW LT-Drs. 17/11683, 190.
31 So NRW LT-Drs. 17/11683, 190.
32 Nähergehend zum Erfordernis der Abgrenzung der jeweiligen Regulierungssphären NRW LT-Drs. 17/11683, 191.
33 So NRW LT-Drs. 17/11683, 191.

den ist. [2]Sie haben die beabsichtigten Spielregeln der zuständigen Behörde mitzuteilen. [3]Wesentliche Änderungen der Spielregeln nach Erteilung einer Erlaubnis nach Satz 1 bedürfen der Erlaubnis der zuständigen Behörde. [4]Die Erlaubnis nach Satz 1 kann jederzeit widerrufen werden, es sei denn, sie müsste zum Zeitpunkt des Widerrufs erneut erteilt werden. [5]Die Erlaubnis nach Satz 1 darf nur erteilt werden, wenn die Variante den Zielen des § 1 nicht zuwiderläuft. [6]Varianten des Online-Pokers, die nicht nach Satz 1 erlaubt sind, sind unerlaubte Glücksspiele.

(2) [1]In der Erlaubnis nach Absatz 1 Satz 1 sind Inhalts- und Nebenbestimmungen für die Veranstaltung der Variante des Online-Pokerspiels vorzusehen. [2]Insbesondere sind festzulegen:

1. Höchstgrenzen für die Mindesteinsätze je Hand,
2. Höchstgrenzen für den Betrag, den ein Spieler an einem virtuellen Tisch zur Verfügung haben darf, und
3. Höchstgrenzen für den Betrag, der für die Teilnahme oder die weitere Teilnahme an einem Online-Pokerturnier zu entrichten ist.

[3]Soweit dies der besseren Erreichung der Ziele des § 1 dient, können in der Erlaubnis nach Absatz 1 Satz 1, auch nachträglich, weitere Inhalts- und Nebenbestimmungen für die Veranstaltung der Varianten des Online-Pokerspiels vorgesehen werden.

(3) [1]Es dürfen ausschließlich natürliche Personen gegeneinander spielen. [2]Anbieter haben geeignete Maßnahmen zu ergreifen, um dies sicherzustellen. [3]Setzen natürliche Personen Programme ein, die automatisiert in ihrem Namen spielen, handelt es sich für diese Personen insoweit um unerlaubtes Glücksspiel.

(4) [1]Die Zuweisung eines Spielers zu einem von mehreren virtuellen Tischen mit demselben Spielangebot hat zufällig zu erfolgen. [2]Eine Auswahl des Tisches durch den Spieler ist unzulässig.

(5) [1]Das gleichzeitige Spielen von mehreren Spielen des Online-Pokers ist verboten. [2]Veranstalter haben dies durch geeignete technische Maßnahmen sicherzustellen. [3]Die für die Erlaubniserteilung zuständige Behörde kann zur besseren Erreichung der Ziele des § 1 das gleichzeitige Spielen an bis zu vier virtuellen Tischen erlauben.

Literatur. *Ennuschat*, Poker – Ein Glücksspiel – Anmerkungen zu BVerwG Urt. v. 22. 1. 2014 – 8 C 26.12, ZfWG 2014, 177; *Giesberts/Reinhardt*, BeckOK Umweltrecht, 58. Ed., Stand: 1.4.2021; *Hartmann/Barczak*, Kanalisierungspflicht und Kohärenzgebot in Zeiten des Online-Glücksspiels, ZfWG 2020, 8; *Jarass*, Bundesimmissionsschutzgesetz. Kommentar unter Berücksichtigung der Bundes-Immissionsschutzverordnungen, der TA Luft sowie der TA Lärm, 13. Aufl. 2020; *Kazemi*, Poker zwischen Glücksspiel und Gewerbe – Sind Pokerspiele steuerbares Einkommen?, ZfWG 2011, 310; *Koenig*, Totalverbote von Online-Poker und -Casinospielen. Was nun nach Digibet und Albers?, ZfWG 2015, 10; *Koenig*, Besteuerung der Spieleinsätze bei Online-Casinoangeboten im Vergleich zu einer auf den Bruttospielertrag bezogenen Besteuerung terrestrischer Glücksspiele – EU-beihilferechtliche Fallstricke, ZfWG 2021, 230; *Koenig/Bovelet-Schober*, Das für Poker- und Casinospiele nach dem am 1. Juli 2012 in Kraft getretenen Glücksspieländerungsstaatsvertrag (GlüÄndStV) geltende Internetverbot auf dem EU-rechtlichen Prüfstand, ZfWG 2012, 381; *Kretschmer*, Poker – Ein Glücksspiel?, ZfWG 2007, 93; *v. Landmann/Rohmer/u. a.*, Umweltrecht. Kommentar, Band III, 94. EL, Stand: Dezember 2020; *Meyer/Hayer*, Poker – Glücksspiel mit Geschicklichkeitsanteil und Suchtpotential, ZfWG 2008, 153; *Rock/Fiedler*, Die Empirie des Online-Pokers – Bestimmung des Geschicklichkeitsanteils anhand der kritischen Wiederholungshäufigkeit, ZfWG 2008, 412; *Streinz/Liesching/Hambach*, Glücks- und Gewinnspielrecht in den Medien. Kommentar, 2014; *Weidemann*, Glücksspielbegriff: Ist (Hold'em) Poker „überwiegend zufallsabhängig"?, ZfWG 2020, 193.

I. Genese/Gesetzesentwicklungen

1 § 22b GlüStV wurde auf der Basis des GlüStV 2021 eingeführt und enthält eine **positive Regulierung** für den Bereich des sog. **„Online-Poker"**. Die **Abkehr vom prinzipiellen Internet-Verbot** des § 4 Abs. 4 GlüStV aF erweist sich als zwingende Folge seiner seit Jahren bereits angemahnten, in vielen Facetten diskutierten mangelnden verfassungs- und europarechtlichen Rechtfertigung.[1] Bis kurz vor Inkrafttreten des GlüStV 2021 war die Frage der **Besteuerung von Online-Poker** höchst umstritten, bis eine Anpassung des Rennwett- und Lotteriegesetzes dafür gesorgt hat, dass für Online-Poker künftig eine **Wetteinsatzsteuer iHv 5,3 Prozent** gelten soll.[2]

II. Erläuterungen

2 **1. Erlaubnis für die Veranstaltung von Online-Poker (Abs. 1).** Das durch § 4 Abs. 4 GlüStV aF bewirkte **generelle Verbot von „Online-Poker"**[3] ist mit der Neuregulierung des GlüStV **gefallen.** Parallel zu der Regelung für virtuelle Automatenspiele nach § 22a Abs. 1 S. 2 GlüStV[4] bedürfen auch die „Inhaber einer Erlaubnis für die Veranstaltung von Online-Poker" nach Maßgabe des § 22b Abs. 1 S. 1 GlüStV für verschiedene von ihnen angebotene „Varianten des Online-Pokerspiels"[5] jeweils einer **spezifischen Erlaubnis** seitens „der zuständigen Behörde".

3 Hierzu haben die Erlaubnisinhaber nach § 22b Abs. 1 S. 2 GlüStV „der zuständigen Behörde" **„die beabsichtigen Spielregeln"** „mitzueilen". Parallel zu der re-

---

1 Siehe hierzu *Koenig/Bovelet-Schober* ZfWG 2012, 381 ff.; eingehend hierzu Streinz/Liesching/Hambach/*Bolay/Pfütze* § 4 Rn. 83, 114 ff., 137; ferner auch *Hartmann/Barczak* ZfWG 2020, 8 ff.

2 Vgl. hierzu in der Online-Presse den Artikel von *Willmroth*, „Der Staat spielt mit", abrufbar unter URL: https://www.sueddeutsche.de/wirtschaft/casino-poker-steuer-1.5291820 – zuletzt besucht am 14.7.2021 um 23:06 Uhr; Anknüpfungspunkt der „Bemessungsgrundlage" ist nach § 47 Abs. 1 RennwLottG der „Spieleinsatz abzüglich der Online-Pokersteuer", so und hierzu auch *Koenig* ZfWG 2021, 230 ff. (230).

3 Ausführlich zum Internetverbot nach alter Rechtslage Streinz/Liesching/Hambach/*Bolay/Pfütze* § 4 Rn. 83 ff.; zur Reaktion der EU-Kommission und zum erkannten Reformbedarf bei der Online-Glücksspielregulierung *Hambach/Berberich* ZfWG 2019, 463 (464 ff.); die früheren „Totalverbote von Online-Poker und -Casinospielen" beleuchtete seinerzeit *Koenig* ZfWG 2015, 10 ff.

4 Insofern verweisen auch die amtlichen Erläuterungen zum GlüStV 2021 im Hinblick auf die dortigen Ausführungen zu § 22b Abs. 1 GlüStV auf eine entsprechende Geltung der „Erläuterungen zu § 22a Absatz 1", so NRW LT-Drs. 17/11683, Erläuterungen zum Glücksspielstaatsvertrag 2021 (im Folgenden: „Erl."), 191.

5 Vgl. zur glücksspielrechtlichen Einordnung des Pokerspiels im Allgemeinen *Kretschmer* ZfWG 2007, 93 ff.; ferner auch *Meyer/Hayer* ZfWG 2008, 153 ff.; *Ennuschat* ZfWG 2014, 177 ff.; zu der Frage, ob „(Hold'em) Poker ‚überwiegend zufallsabhängig'" ist, zuletzt *Weidemann* ZfWG 2020, 193 ff.; zur einkommenssteuerrechtlichen Perspektive *FG Köln* 31.10.2012 – 12 K 1136/11; ebenfalls zur einkommenssteuerrechtlichen Relevanz von Poker-Spielen bereits *Kazemi* ZfWG 2011, 310 ff.

gulatorischen Ausgestaltung, die für virtuelle Automatenspiele gilt, bedürfen wesentliche **Änderungen**, die die Spielregeln der angebotenen Online-Poker-Variante betreffen, im Nachgang zu der generellen Erlaubniserteilung nach § 22b Abs. 1 S. 1 GlüStV einer **gesonderten Änderungserlaubnis** (siehe § 22b Abs. 1 S. 3 GlüStV).

Gem. § 22b Abs. 1 S. 4 GlüStV kann eine einmal erteilte **Erlaubnis** nach § 22b Abs. 1 S. 1 GlüStV „**jederzeit widerrufen** werden". Dies gilt allerdings mit der Einschränkung, dass ein Widerruf dann ausgeschlossen wäre, wenn die Erlaubnis „zum Zeitpunkt des Widerrufs erneut erteilt werden" müsste. Auch diese Formulierung deutet auf die grundsätzliche – ggf. verfassungsunmittelbare – Anerkennung eines **Erlaubnisanspruchs** hin. 4

Unklar bleibt, ob auch die **Änderungserlaubnis** iSd § 22b Abs. 1 S. 3 GlüStV – isoliert betrachtet – einem Widerruf zugänglich ist oder jedoch nur die ausdrücklich einbezogene „**Grundgenehmigung**" nach § 22b Abs. 1 S. 1 GlüStV. 5

§ 22b Abs. 1 S. 5 GlüStV stellt klar, dass die **Erlaubnis** nach § 22b Abs. 1 S. 1 GlüStV „nur erteilt werden" darf, „**wenn die Variante den Zielen des § 1 [GlüStV] nicht zuwiderläuft.**" Wohl rein deklaratorischer Charakter kommt zudem der staatsvertragsimmanenten Feststellung in § 22b Abs. 1 S. 5 GlüStV zu, wonach „Varianten des Online-Pokers, die nicht nach S. 1 erlaubt sind", „unerlaubte Glücksspiele" darstellen. 6

2. Inhalts- und Nebenbestimmungen zur Erlaubnis (Abs. 2). § 22b Abs. 2 S. 1 GlüStV ordnet an, dass in der jeweiligen **Pokervariantenerlaubnis** nach § 22b Abs. 1 S. 1 GlüStV „**Inhalts- und Nebenbestimmungen**" vorzusehen sind. Aus § 22b Abs. 2 S. 2 GlüStV folgt offenbar ein enumerativ aufgelisteter „Mindestbestand" an (ggf.) erforderlichen Festsetzungen[6] durch – insofern undifferenziert in Bezug genommene – Inhalts- und Nebenbestimmungen. Die Auflistung ist jedoch **nicht** als **abschließend** anzusehen („insbesondere"). 7

Im Einzelnen handelt es sich hierbei um die **Festlegung der „Höchstgrenzen für die Mindesteinsätze je Hand"** (Nr. 1), der **„Höchstgrenzen für den Betrag, den ein Spieler an einem virtuellen Tisch zur Verfügung haben darf"** (Nr. 2) sowie der **„Höchstgrenzen für den Betrag, der für die Teilnahme oder die weitere Teilnahme an einem Online-Pokerturnier zu entrichten ist"** (Nr. 3).[7] Nach § 22b Abs. 2 S. 3 GlüStV „können" (Ermessen!) „in der Erlaubnis nach Abs. 1 S. 1 [...] weitere Inhalts- und Nebenbestimmungen für die Veranstaltung der Varianten des Online-Pokerspiels vorgesehen werden", soweit „dies der besseren Erreichung der Ziele des § 1 [GlüStV] dient". 8

Obwohl im Regelungstext des GlüStV 2021 mit Rücksicht auf die **Besonderheiten von Poker-Spielen** (etwa im Hinblick auf den „All-In-Spielzug") auf „eine staatsvertragliche Einsatzbegrenzung" verzichtet worden ist, können entsprechende **Einsatzbegrenzungen** „für einzelne Spielvarianten über Abs. 2 S. 1 und 2 in der Erlaubnis" durchaus vorgenommen werden.[8] Dies kann nach Maßgabe 9

---

6 Aus den amtlichen Erläuterungen folgt der Hinweis, dass die „Festlegung von Höchstbeträgen für Blinds/Antes und für den am Tisch verfügbaren Stack", die sich aus § 22b Abs. 2 Nrn. 1 und 2 GlüStV ergibt, „auf sog. ‚Ring-Games' oder ‚Cash-Games' anwendbar" sei, „bei denen ein Spieler jederzeit den virtuellen Tisch betreten und verlassen kann und unmittelbar mit Beträgen von seinem Spielkoto spielt", so NRW LT-Drs. 17/11683, Erl., 191.

7 Eine „Begrenzung des Teilnahmebeitrags" (Höchstgrenze für den zu entrichtenden Betrag) kommt nach § 22b Abs. 2 S. 2 Nr. 3 GlüStV im Rahmen der Erlaubniserteilung für „Online-Pokerturniere und ähnliche Poker-Varianten" in Betracht, so und hierzu NRW LT-Drs. 17/11683, Erl., 192.

8 So und hierzu NRW LT-Drs. 17/11683, Erl., 191 f.

der Norm ausdrücklich „auch nachträglich" geschehen. Es handelt sich de facto damit um eine **Ermächtigung zum Erlass nachträglicher Anordnungen**, wie sie beispielsweise im Immissionsschutzrecht nach § 17 BImSchG für nach dem Bundes-Immissionsschutzgesetz genehmigte Anlagenbetriebe vorgesehen sind.[9]

10 **3. Spielbeschränkung auf natürliche Personen (Abs. 3).** Nach Maßgabe des § 22b Abs. 3 S. 1 GlüStV dürfen im Rahmen eines nach dem GlüStV erlaubten Online-Poker-Spiels „**ausschließlich natürliche Personen** gegeneinander spielen". Diese Anforderung dient „der Verhinderung von Manipulationen und betrügerischen Aktivitäten".[10]

11 Durch § 22b Abs. 3 S. 2 GlüStV werden die Anbieter verpflichtet, „**geeignete Maßnahmen** zu ergreifen, um dies sicherzustellen." Eine spannende Differenzierung trifft § 22b Abs. 3 S. 3 GlüStV, indem dort festgeschrieben wird, dass es sich, soweit von natürlichen Personen Programme eingesetzt werden, „die automatisiert in ihrem Namen spielen", „für diese Personen insoweit um unerlaubtes Glücksspiel" handele. Dies bedeutet, dass ein **einheitliches Online-Poker-Spiel**, an dem naturgemäß mehrere Personen teilnehmen, im Hinblick auf beteiligte natürliche Personen, die höchstpersönlich ohne technische Automatismen spielen, um ein **legales Glücksspiel**, zugleich aber für andere Personen, die sich entsprechender Automatisierungstools bedienen, um ein **unerlaubtes Glücksspiel** handeln kann. Die Bewertung der Legalität wird damit vom eigentlichen Spielangebot teilweise entkoppelt und personalisiert.

12 **4. Zuweisung des Spielers bei mehreren virtuellen Poker-Tischen (Abs. 4).** Dem Spieler steht im Falle der **Verfügbarkeit mehrerer virtueller Poker-Tische keine Wahlfreiheit** zu, an welchem Tisch er mitspielen möchte. Dies wird durch § 22b Abs. 4 S. 2 GlüStV für unzulässig erklärt. Mit dieser Vorgabe soll „kollusivem Zusammenwirken mehrerer Spieler zum Nachteil eines anderen Spielers entgegengewirkt"[11] werden. Die Zuweisung hat nach Maßgabe des § 22b Abs. 4 S. 1 GlüStV im Falle der Verfügbarkeit „von mehreren virtuellen Tischen mit demselben Spielangebot" vielmehr „**zufällig** zu erfolgen".

13 **5. Grundsätzliches Verbot des gleichzeitigen Mehrfachspiels (Abs. 5).** Gem. § 22b Abs. 5 S. 1 GlüStV ist das „**gleichzeitige Spielen** von mehreren Spielen des Online-Pokers" „**verboten**". Durch § 22b Abs. 5 S. 2 GlüStV werden die Veranstalter verpflichtet, „dies durch **geeignete technische Maßnahmen** sicherzustellen". Eine nähere Konkretisierung, welche technischen Maßnahmen hier eine entsprechende Eignung aufweisen könnten, erfolgt **nicht**. Abweichend hiervon haben es die Staatsvertragsparteien in das **Ermessen** der „für die Erlaubniserteilung" zuständigen Behörde gestellt, „zur besseren Erreichung der Ziele des § 1 [GlüStV] das gleichzeitige Spielen an bis zu vier virtuellen Tischen" zu „erlauben". Diese **Ausnahmeoption** ist zum einen dem Umstand geschuldet, dass „Online-Poker" eine vergleichsweise **langsame Glücksspielvariante** darstellt und empirische Erkenntnisse den Staatsvertragsparteien Anlass gegeben haben, eine solche Ausnahmeoption vorzusehen, um „speziell beim Online-Poker dem Ziel der Kanalisierung in den erlaubten Markt"[12] Rechnung zu tragen.[13]

---

9 Vgl. instruktiv zu nachträglichen Anordnungen nach dem BImSchG Landmann/Rohmer*Hansmann/Ohms* Umweltrecht, BImSchG § 17 Rn. 1 ff.; Jarass/*Jarass* BImSchG § 17 Rn. 1 ff.; BeckOK Umweltrecht/*Posser* BImSchG § 17 Rn. 1 ff.

10 So NRW LT-Drs. 17/11683, Erl., 192.

11 So NRW LT-Drs. 17/11683, Erl., 192.

12 So und hierzu NRW LT-Drs. 17/11683, 192.

13 Der Bereich des „Online-Pokers" ist zwischenzeitlich „zu einem Milliardenmarkt herangewachsen", so *Rock/Fiedler* ZfWG 2008, 412 ff. (412).

§ 22c GlüStV Online-Casinospiele

(1) [1]Die Länder können Online-Casinospiele für ihr Hoheitsgebiet auf gesetzlicher Grundlage

1. selbst, durch eine juristische Person des öffentlichen Rechts oder durch eine privatrechtliche Gesellschaft, an der juristische Personen des öffentlichen Rechts unmittelbar oder mittelbar maßgeblich beteiligt sind, veranstalten oder
2. eine, maximal jedoch so viele Konzessionen erteilen, wie Konzessionen für Spielbanken im Sinne des § 20 nach dem jeweiligen Spielbankenrecht des Landes mit Stand 17. Januar 2020 vergeben werden konnten.

[2]Konzessionen nach Satz 1 Nummer 2 sind zu befristen.

(2) [1]Auf der Grundlage eines Verwaltungsabkommens ist eine gemeinschaftliche Veranstaltung oder die Veranstaltung durch einen Veranstalter nach Absatz 1 Satz 1 Nummer 1 eines anderen Landes möglich. [2]Auf gesetzlicher Grundlage können Länder für ihre Hoheitsgebiete gemeinsame Konzessionen nach Absatz 1 Satz 1 Nummer 2 erteilen; in diesem Fall beschränkt sich die Zahl der Konzessionen auf die Gesamtzahl der in den kooperierenden Ländern zulässigen Konzessionen.

(3) Konzessionen sind zu widerrufen, wenn der Konzessionsnehmer die Begrenzung auf das Hoheitsgebiet der Konzessionsgeber nach Absatz 1 oder 2 missachtet.

(4) Die audiovisuelle oder rein visuelle Übertragung von Automatenspielen aus einer Spielbank oder aus Spielhallen oder anderen Örtlichkeiten, in denen Spielgeräte im Sinne des § 33c Absatz 1 Satz 1 der Gewerbeordnung aufgestellt sind oder andere Spiele im Sinne des § 33d Absatz 1 Satz 1 der Gewerbeordnung veranstaltet werden, und die Teilnahme hieran über das Internet sind verboten.

(5) Das Nähere regeln die Länder in landesrechtlichen Bestimmungen.

Literatur: *Becker/Häusler/Spitze,* Online-Glücksspiele: Warum die Selbstreferenzialität der deutschen Rechtsprechung und die Regulierungsmechanik grundlegende Reformen verhindern, ZfWG 2020, 102; *Becker/Wuketich,* Voraussetzungen für eine erfolgreiche Regulierung, ZfWG 2019, 7; *Brüggemann,* Online-Glücksspiel im Jahr 2019, ZfWG 2020, 319; *Ennuschat,* Gesetzgeberische Optionen zur Regulierung von Online-Casinos, ZfWG 2018, 202; *Koenig,* Totalverbote für Online-Poker und -Casinospiele, ZfWG 2015, 10; *Koenig,* Besteuerung der Spieleinsätze bei Online-Casinoangeboten im Vergleich zu einer auf den Bruttospielertrag bezogenen Besteuerung terrestrischer Glücksspiele – EU-beihilferechtliche Fallstricke, ZfWG 2021, 230; *Koenig/Bovelet- Ruttig,* Online-Casinospiele – Gesellschaftspolitisch besonders unerwünschte Angebote, ZfWG 2018, 501; *Schenke,* Online-Casinospiele: Rien ne va plus? Das Verbot des § 4 Abs. 4 GlüStV auf dem Prüfstein des Europa- und Verfassungsrechts, ZfWG 2015, 170; *Schober,* Das für Poker- und Casinospiele nach dem am 1. Juli 2012 in Kraft getretenen Glücksspieländerungsstaatsvertrag (GlüÄndStV) geltende Internetverbot auf dem EU-rechtlichen Prüfstand, ZfWG 2012, 381; *Streinz/Liesching/Hambach,* Glücks- und Gewinnspielrecht in den Medien. Kommentar, 2014.

I. Genese/Gesetzesentwicklungen

1 Neben den virtuellen Automatenspielen und dem Online-Poker haben auch **„Online-Casinospiele“** im GlüStV 2021 erstmals eine **positive Kodifizierung** erfahren.[1] Hatte *Schenke* im Hinblick auf das nach § 4 Abs. 4 GlüStV aF bestehende Verbot von Online-Casinospielen ohne Erlaubnismöglichkeit im Jahr 2015 noch angelehnt an den zum geflügelten Wort avancierten Ausspruch eines Roulette-Groupies: „Rien ne va plus?“[2] gefragt, so ist ihm nun: „Panta rhei! (alt-griech.: παντα ρει)“, dass also alles beim Online-Casinospiel „im Fluss“ ist, zu antworten.

2 Die immer drängenderen Zweifel an der **Verfassungs- und Europarechtmäßigkeit**[3] des **alten Internetverbots**[4] für Online-Casinospiele[5] haben die Staatsvertragsparteien im GlüStV 2021 letztendlich dazu veranlasst, dieses **Verbot zugunsten des Regelung in § 22c GlüStV fallen zu lassen.**[6] Eine ausgewogene und vollzugsgeeignete Regulierung des Online-Glücksspiels bietet zudem die Chance, mit einem Neustart im Gesetzesvollzug aufzuwarten, der geeignet ist, den defizitären Gesetzesvollzug der vergangenen Jahre in diesem Bereich zu beenden.[7]

3 § 22c GlüStV regelt indes im Hinblick auf Online-Casinospiele lediglich den **äußeren staatsvertraglichen Rahmen** und überantwortet weitere **Grundlagenentscheidungen** und die **nähere Ausgestaltung** den einzelnen **Bundesländern** (siehe insbesondere auch § 22c Abs. 5 GlüStV). Die individuelle **Regelungskompetenz der Bundesländer** erstreckt sich auch auf „die Aufsicht über die erlaubten Veranstalter“[8].

---

1 „Gesetzgeberische Optionen zur Regulierung von Online-Casinos“ waren zuvor von *Ennuschat* ZfWG 2018, 202 ff., nähergehend beleuchtet worden.

2 So *Schenke* ZfWG 2015, 170.

3 Hierzu instruktiv *Schenke* ZfWG 2015, 170 (172 ff.); vgl. zum EU-Recht *Koenig/Bovelet-Schober* ZfWG 2012, 381 ff.; grundlegend zur Frage der „Konsistenz“ und der „Kohärenz“ des seinerzeitigen umfassenden Verbots von Online-Casinospielen Streinz/Liesching/Hambach/*Liesching/Berberich* GG Art. 12 Rn. 80 ff.; indes von der Vereinbarkeit des Internetverbots nach § 4 Abs. 4 GlüStV aF ausgehend OVG Lüneburg 28.2.2019 – 11 LC 242/16 Leitsatz 1, ZfWG 2019, 284 (284).

4 Allgemein zum früheren „Internetverbot“ in § 4 Abs. 4 GlüStV aF *J. Becker/Häusler/Spitze* ZfWG 2020, 102 (103 ff.).

5 Die „Totalverbote von Online-Poker und -Casinospielen“ nach GlüStV aF beleuchtet *Koenig* ZfWG 2015, 10 ff.

6 Eindeutig gegen „eine unkontrollierbare Marktöffnung“ hatte sich zuletzt beispielsweise noch *Ruttig* ZfWG 2018, 501 f. ausgesprochen.

7 Zu Recht wurde in diesem Zusammenhang in der juristischen Literatur bereits „eine Erosion des Rechtsbewusstseins und damit des Rechtsstaates“ selbst beklagt, so *T. Becker/Wuketich* ZfWG 2019, 7 ff. (7); einen Überblick über den schon vor dem GlüStV florierenden Online-Glücksspielmarkt im Berichtsjahr 2019 bietet *Brüggemann* ZfWG 2020, 319 ff.

8 So NRW LT-Drs. 17/11683, 192.

Dass durch den GlüStV 2021 die „alte" **terrestrische Glücksspielregulierung** gewissermaßen **auf den Online-Bereich „transferiert"** wird, wird auch dadurch erkennbar, dass auch in der **Regulierung der Online-Casinospiele** „den unterschiedlichen **Regulierungsmodellen der Länder** im Bereich der Spielbanken Rechnung" getragen wird.[9] Wesentliches Leitbild ist auf dieser Grundlage eine „individuell kohärente Gesamtregulierung".[10] 4

Der **Regelungssystematik** entspricht es dabei, dass die **steuerrechtliche Behandlung von Online-Casinospielen** – im Gegensatz zu entsprechenden Bestimmungen für das virtuelle Automatenspiel und den Bereich des Online-Poker – nicht im Rahmen der Novelle des RennWLottG geregelt worden ist, sondern vielmehr der Ausgestaltung durch die einzelnen Bundesländer auf der Grundlage des § 22c Abs. 5 GlüStV überlassen bleibt.[11] 5

II. Erläuterungen

1. Veranstaltung und Konzessionierung von Online-Casinospielen durch die Länder (Abs. 1). § 22c Abs. 1 S. 1 GlüStV räumt den Bundesländern **zwei verschiedene Möglichkeiten** ein, wie sie **Online-Casinospiele „auf gesetzlicher Grundlage"** für ihr jeweiliges Hoheitsgebiet **regeln** können: nach der ersten Hauptalternative (Nr. 1) können die Bundesländer Online-Casinospiele **„selbst, durch eine juristische Person des öffentlichen Rechts oder durch eine privatrechtliche Gesellschaft"** veranstalten. Die letztgenannte Untervariante, also das Veranstalten „durch eine privatrechtliche Gesellschaft" kommt allerdings nur dann in Betracht, wenn an ihr eine „juristische Person des öffentlichen Rechts unmittelbar oder mittelbar maßgeblich beteiligt" ist. 6

Die zweite Hauptalternative (Nr. 2) eröffnet die Möglichkeit, ein **Konzessionierungsverfahren** vorzusehen, wobei insofern „(mindestens) eine Konzession"[12] bzw. „maximal jedoch so viele Konzessionen" erteilt werden dürfen, „wie Konzessionen für Spielbanken im Sinne des § 20 [GlüStV] nach dem jeweiligen Spielbankenrecht des Landes mit Stand 17.1.2020 vergeben werden konnten". Auf die tatsächliche Anzahl der zum Stichtag erteilten Konzessionen kommt es hingegen nicht an.[13] Durch diese Regelung wird eine **enge Anbindung der Online-Konzessionen** an die maßgeblichen **Vorgaben für ihre terrestrischen Pen-** 7

9 So und hierzu NRW LT-Drs. 17/11683, 193.
10 So NRW LT-Drs. 17/11683, 193.
11 Im Land Nordrhein-Westfalen ist die Errichtung einer „Online-Casinosteuer" durch §§ 19 ff. Online-Casinospiel Gesetz NRW (OCG NRW) vom 17.02.2022 bewirkt worden. Als Bemessungsgrundlage dient gem. § 20 Abs. 1 OCG NRW der Bruttospielertrag. Der Steuersatz beträgt nach § 21 S. 1 OCG-E NRW grundsätzlich 30 Prozent. Bei Überschreiten einer Grenze des Bruttospielertrags iHv 15 Mio. EUR erhöht sich der Steuersatz für den übersteigenden Betrag auf 55 % der Bemessungsgrundlage; siehe hierzu NRW LT-Drs. 17/16293, Gesetzentwurf der Landesregierung über die Zulassung von Online-Casinospielen im Land Nordrhein-Westfalen vom 18.01.2022; die Gefahr eines Missverständnisses birgt prima facie insofern die Terminologie bei *Koenig* ZfWG 2021, 230 ff. (230), wenn dort pauschalisierend die „Besteuerung der Spieleinsätze bei **Online-Casinoangeboten**" (Hervorhebung durch Verfasser ergänzt) in Bezug genommen wird, offenbar aber gerade nicht die Besteuerung von „Online-Casinospielen", sondern vielmehr lediglich diejenige der „virtuellen Automatenspiele" und von „Online-Poker"-Spielen gemeint ist. Im Übrigen erweisen sich die dortigen Ausführungen indes als überaus hilfreicher Beitrag zur Erhellung der Besteuerungslage, insbesondere auch unter beihilferechtlichen Gesichtspunkten des Unionrechts.
12 So NRW LT-Drs. 17/11683, 193.
13 Vgl. NRW LT-Drs. 17/11683, 193.

dants bewirkt.[14] Terrestrische Spielbanken und Online-Casinospiele können jedoch in ein und demselben Bundesland durchaus divergierend reguliert werden, etwa dahingehend, dass sie „die Spielbanken selbst betreiben", zugleich aber „für das Online-Casino Konzessionen an Private erteilen und umgekehrt".[15] Nach Maßgabe des § 22c Abs. 1 S. 2 GlüStV sind die betreffenden **Konzessionen** (zwingend) zu **befristen.**

8 **2. Veranstaltung und Konzessionierung von Online-Casinospielen in der Länderkooperation (Abs. 2).** § 22c Abs. 2 GlüStV regelt **unterschiedliche Kooperationsmodelle** auf der **Ebene der Bundesländer** im Hinblick auf die **Veranstaltung** oder gemeinsame **Konzessionierung** von Online-Casinospielen.

9 Nach Maßgabe des § 22c Abs. 2 S. 1 Alt. 1 GlüStV ist auf der Basis „eines Verwaltungsabkommens" **„eine gemeinschaftliche Veranstaltung"** von **Online-Glücksspielen** durch **mehrere Bundesländer** möglich. § 22c Abs. 2 S. 1 Alt. 2 GlüStV sieht eine weitergehende Gestaltungsoption dahin gehend vor, dass – ebenfalls auf ein **Verwaltungsabkommen** gründend – eine **Veranstaltung von Online-Casinospielen durch einen Veranstalter** nach § 22c Abs. 1 S. 1 Nr. 1 GlüStV möglich ist, der einem **anderen Bundesland** zuzuordnen ist. Dabei kann das andere Bundesland auch „selbst" (§ 22c Abs. 1 S. 1 Nr. 1 Var. 1 GlüStV) als Veranstalter bestimmt werden. Eine gemeinsame Veranstaltung von Online-Casinospielen **sperrt** eine **ergänzende Alleinveranstaltung** durch ein beteiligtes Bundesland.[16]

10 Nicht lediglich auf „der Grundlage eines Verwaltungsabkommens", sondern vielmehr auf **„gesetzlicher Grundlage"** eröffnet § 22c Abs. 2 S. 2 Hs. 1 GlüStV eine weitere **länderkooperative Gestaltungsvariante,** namentlich die **Erteilung „gemeinsamer Konzessionen"** für die Hoheitsgebiete der insoweit kooperierenden Bundesländer. Eine Regelung zur Anzahl der verfügbaren Konzessionen trifft für diesen Fall § 22c Abs. 2 S. 2 Hs. 2 GlüStV: Sie ist „auf die Gesamtzahl der in den kooperierenden Ländern zulässigen Konzessionen" beschränkt.

11 **3. Widerrufsverpflichtung bzgl. erteilter Konzessionen (Abs. 3).** Auf der Grundlage der maßgeblichen Kompetenzzuweisung in der Glücksspielregulierung zugunsten der Bundesländer, die in besonderer Weise auch in der Regelungshoheit der Bundesländer im Bereich der Online-Casinospiele reüssiert, bildet gerade im Online-Bereich die **territoriale Begrenzung der Ausnutzung landesrechtlich determinierter Glücksspielkonzessionen** eine nicht unerhebliche Herausforderung. In diesem Kontext ist § 22c Abs. 3 GlüStV zu sehen, wenn in der dortigen staatsvertraglichen Regelung verlangt wird, dass **Konzessionen** – gemeint wohl: zwingend – **„zu widerrufen"** sind, „wenn der Konzessionsnehmer die Begrenzung auf das Hoheitsgebiet der Konzessionsgeber nach Abs. 1 und 2 missachtet." Durch § 22c Abs. 3 GlüStV werden gegenüber der zuständigen Behörde gleichermaßen „eine gesonderte Ermächtigung und Verpflichtung"[17] ausgesprochen.

12 Mit dieser **doppelfunktionalen Regelung** dürften ergänzend auch positive präventive Effekte im Hinblick auf eine gewünschte **Disziplinierung der Konzessionsinhaber** einhergehen. Zu beachten bleibt indes, dass der **Tatbestand der**

---

14 Den engen „Zusammenhang zwischen Spielbankregulierung und Online-Casinoregulierung" betonen auch die amtlichen Erläuterungen, so etwa NRW LT-Drs. 17/11683, 193.

15 So NRW LT-Drs. 17/11683, 193.

16 Hiervon gehen jedenfalls die amtlichen Erläuterungen offenbar aus, vgl. NRW LT-Drs. 17/11683, 194.

17 So NRW LT-Drs. 17/11683, 194.

„**Missachtung**" der **territorialen Spielbegrenzung** nicht schon dann erfüllt ist, wenn es zu einer „objektiven Spielmöglichkeit aus einem anderen Land heraus" kommt, sondern vielmehr auch „ein **subjektives Element**" des Konzessionsinhabers erforderlich ist, dh die Territorialbegrenzung entweder willentlich überwunden wird oder aber Kenntnis von einer **territorialexternen Teilnahmemöglichkeit** besteht, der Konzessionsinhaber hiergegen sodann jedoch bewusst nicht einschreitet.[18]

4. Verbot der (audio-)visuellen Übertragung von Automatenspielen über das Internet (Abs. 4). § 22c Abs. 4 GlüStV kommt in erster Linie eine **Klarstellungsunktion** zu.[19] Sie zielt darauf, das nach § 3 Abs. 1a S. 2 Var. 2 GlüStV im Rahmen einer Liveübertragung zulässige Abfilmen von terrestrisch durchgeführten Bankhalterspielen von jedweder **unzulässigen Live-Übertragung von Automatenspielen** abzugrenzen. Hierzu wird in § 22c Abs. 4 GlüStV ausdrücklich die „audiovisuelle oder rein visuelle Übertragung von Automatenspielen"[20] sowie „die Teilnahme hieran über das Internet" „verboten". Die in Bezug genommenen Automatenspiele werden durch den Wortlaut der Norm dahingehend einer näher ausdifferenzierenden Konkretisierung unterzogen, dass hiermit sowohl entsprechende Automatenspiele „aus einer Spielbank oder aus Spielhallen oder anderen Örtlichkeiten, in denen Spielgeräte im Sinne des § 33c Abs. 1 S. 1 der Gewerbeordnung aufgestellt sind oder andere Spiele im Sinne des § 33d Abs. 1 S. 1 der Gewerbeordnung veranstaltet werden", gemeint sind. 13

5. Landesrechtliche Regelungskompetenz (Abs. 5). § 22c Abs. 5 GlüStV ordnet schlicht an, dass das **„Nähere" durch „die Länder in landesrechtlichen Bestimmungen" zu regeln** ist. Sie haben sich im Rahmen der **Detailregelung** allerdings an den staatsvertraglich **durch § 22c GlüStV abgesteckten Rahmen** zu halten, wenn sie keinen Vertragsbruch zu riskieren oder den Kreis der Signatarstaaten des Staatsvertrags durch Kündigung des Staatsvertrags nach Maßgabe des § 35 Abs. 4 GlüStV zu verlassen beabsichtigen. Wesentliches Ziel ist es dabei, „ein kohärentes Gesamtsystem der Regulierung des Glücksspielwesens" sicherzustellen.[21] Neben den landesrechtlich determinierten Vorschriften gelangen jedoch auch die §§ 6a–6j GlüStV zur Anwendung.[22] 14

Sechster Abschnitt Datenschutz

§ 23 GlüStV Sperrdatei, Datenverarbeitung

(1) [1]Mit der Sperrdatei, die zentral von der zuständigen Behörde geführt wird, werden die für eine Sperrung erforderlichen Daten verarbeitet. [2]Es dürfen folgende Daten verarbeitet werden:

1. **Familiennamen, Vornamen, Geburtsnamen,**
2. **Aliasnamen, verwendete Falschnamen,**
3. **Geburtsdatum,**
4. **Geburtsort,**
5. **Anschrift,**
6. **Lichtbilder,**

18 So und hierzu NRW LT-Drs., 194.
19 Vgl. NRW LT-Drs. 17/11683, 194.
20 Hierbei handelt es sich ausweislich der amtlichen Erläuterungen nämlich gerade *nicht* um „Online-Casinospiele" iSd Glücksspielstaatsvertrags, vgl. NRW LT-Drs. 17/11683, 194.
21 So und hierzu NRW LT-Drs. 17/11683, 192.
22 Vgl. NRW LT-Drs. 17/11683, 192.

7. Grund der Sperre,
8. Dauer der Sperre und
9. meldende Stelle.

[3]Daneben dürfen die Dokumente, die zur Sperrung geführt haben, verarbeitet werden.

(2) [1]Die gespeicherten Daten sind im erforderlichen Umfang an die Stellen zu übermitteln, die Spielverbote zu überwachen haben. [2]Die Datenübermittlung kann auch durch automatisierte Abrufverfahren erfolgen.

(3) Die Übermittlung von statistischen Abfrage- und Zugriffsdaten zum Zwecke der Nutzungsüberwachung durch die zuständige Behörde ist zulässig.

(4) Erteilte Auskünfte und Zugriffe im elektronischen System sind zu protokollieren.

(5) Die Daten sind sechs Jahre nach Ablauf der Sperre zu löschen.

(6) [1]Verantwortlicher im Sinne der Verordnung (EU) 2016/679 des Europäischen Parlaments und des Rates vom 27. April 2016 zum Schutz natürlicher Personen bei der Verarbeitung personenbezogener Daten, zum freien Datenverkehr und zur Aufhebung der Richtlinie 95/46/EG (Datenschutz-Grundverordnung) (ABl. L 119 vom 4.5.2016, S. 1, L 314 vom 22.11.2016, S. 72) für die personenbezogenen Daten gesperrter Spieler ist derjenige, der die Daten eingetragen hat. [2]Im Falle des § 8a Absatz 7 Satz 2 ist dies die für die Führung der Sperrdatei zuständige Behörde. [3]Überträgt die für die Führung der Sperrdatei zuständige Behörde gemäß § 8a Absatz 7 Satz 2 die Zuordnung von Sperren auf den Rechtsnachfolger, ist dieser damit auch Verantwortlicher im Sinne der Verordnung (EU) 2016/679.

(7) Die Möglichkeit, Auskunft von der für die Führung der Sperrdatei zuständigen Behörde zu erlangen, bleibt unbeschadet des Auskunftsrechts der betroffenen Person gemäß Artikel 15 der Verordnung (EU) 2016/679 unberührt.

1 Die Überarbeitung der Vorschrift im Vergleich zum vormaligen § 23 GlüStV 2012/2020 hängen im Wesentlichen mit der Anpassung an die Verordnung (EU) 2016/679 (DSGVO) zusammen.

I. Abs. 1

2 **1. S. 1.** Die Vorschrift definiert als Aufgabe der Sperrdatei die Verarbeitung und Nutzung der erforderlichen personenbezogenen Daten der zu sperrenden Person für die in § 8 ff. geregelte Spielersperre. Die Sperrdatei sichert dabei die Durchsetzung der **Teilnahmeverbote** gesperrter Spieler an den in § 8 Abs. 2 aufgeführten öffentlichen Glücksspielen. Die Durchsetzung der Verbote erfolgt nach einer Identitätskontrolle im terrestrischen Bereich gemäß § 8 Abs. 3 S. 5 durch einen Abgleich mit der Sperrdatei beim Betreten der Wettvermittlungsstellen, Spielbanken oder Spielhallen und im Übrigen vor dem ersten Spiel während eines Aufenthaltes in der jeweiligen Spielstätte. Bei Glücksspielen im Internet erfolgt nach Identitätsfeststellung mittels geeigneter technischer Verfahren gemäß § 8 Abs. 3

S. 4 iVm § 6h Abs. 3 S. 1 ein Abgleich vor Teilnahme am Glücksspiel im Rahmen des vorgeschriebenen Datenabgleichs zur Vermeidung parallelen Spielens bei mehreren Anbietern im Internet.

Die **Sperrdatei** wird gemäß § 27f Abs. 4 Nr. 1 von der gemeinsamen Glücksspielbehörde der Länder geführt. 3

2. S. 2. In § 23 Abs. 1 S. 2 ist im Einzelnen festgelegt, welche Daten der zu sperrenden Person für eine Sperre verarbeitet werden dürfen. S. 3 erlaubt daneben auch eine Verarbeitung derjenigen Dokumente, die der Sperrung zu Grunde liegen. Die Regelungen von S. 2 und S. 3 stellen hinsichtlich der zu **verarbeitenden Daten** eine abschließende Regelung dar. Die Eintragung der Daten in die Sperrdatei erfolgt gemäß § 8a Abs. 4 S. 1 durch die an der Mitwirkung des übergreifenden Spielsystems verpflichteten Veranstalter oder Vermittler bzw. im Falle eines bei der gemeinsamen Glücksspielbehörde der Länder gestellten Antrag auf Selbst- bzw. Fremdsperre gemäß § 8a Abs. 2 durch diese selbst. Die Eintragung der Daten in die Sperrdatei bewirkt die Spielersperre. 4

Hinsichtlich zusätzlicher Daten, die über den abschließenden Katalog der Nr. 1–9 hinausgehen oder etwa bei personenbezogenen Daten Drittbetroffener die in Dokumenten gemäß § 23 Abs. 1 S. 3 enthalten sind, ist der **Datenminimierungsgrundsatz** des Art. 5 Abs. 1c DSGVO zu beachten. 5

II. Abs. 2

1. S. 1. Um das Teilnahmeverbot gesperrter Spieler an den in § 8 Abs. 2 aufgeführten öffentlichen Glücksspielen umzusetzen, müssen Veranstalter und Vermittler von Glücksspielen notwendiger Weise Zugriff auf die Sperrdatei haben. § 23 Abs. 2 S. 1 stellt den hierzu erforderlichen gesetzlichen **Erlaubnistatbestand** dar. Die Norm beschränkt die Übermittlung an Stellen, die Spielverbote überwachen. 6

2. S. 2. § 23 Abs. 2 sieht vor, dass die Datenübermittlung auch durch **automatisierte Abrufverfahren** umgesetzt werden kann. Ein entsprechender automatisierter Abgleich ist jedoch nicht zwingend. 7

III. Abs. 3

Die in Abs. 3 geregelte Datenübermittlung von statistischen Abfrage- und Zugriffsdaten dient dem Zweck der **Nutzungsüberwachung** durch die zuständige Behörde. Die zuständige Glücksspielaufsichtsbehörde muss überprüfen können, ob und in welchem Umfang der Anbieter die Sperrdatei abfragt, um ein etwaiges Unterlassen der vorgeschriebenen Abfragen erkennen zu können. 8

IV. Abs. 4

Die Vorschrift legt fest, dass erteilte Auskünfte und Zugriffe im elektronischen System zu protokollieren sind. Somit wird der die Sperrdatei führenden Behörde eine **Protokollpflicht** auferlegt. 9

V. Abs. 5

Die Regelung bestimmt, dass die gespeicherten Daten sechs Jahre nach Ablauf der Sperre zu löschen sind. 10

VI. Abs. 6

Der neu gefasste Abs. 6 ersetzt die bisher rein deklaratorische Vorgängervorschrift und bestimmt als **Verantwortlichen iSd DSGVO** für die personenbezoge- 11 nen Daten gesperrter Spieler denjenigen, der die Sperre eingetragen hat. Für die Eintragung verantwortlich sind nach § 8a Abs. 4 der Veranstalter, der Vermittler oder gemäß § 8a Abs. 4 iVm § 27f Abs. 4 Nr. 1 die gemeinsame Glücksspielbehörde der Länder. Die entsprechende Bestimmung der Verantwortlichkeit beruht auf dem Umstand, dass nur demjenigen, der die Sperre einträgt, die einzutragenden Daten, einschließlich des Sperrantrages, vorliegen und ihm nach § 8a Abs. 7 die Aufbewahrung der anfallenden Unterlagen obliegt.

VII. Abs. 7

12 Der Absatz postuliert das Recht, immer auch von der für die Führung der Sperrdatei zuständigen Behörde **Auskunft** zu verlangen. Dies betrifft die Fälle, in denen sich das Auskunftsrecht nach Abs. 6 gegen den Veranstalter oder Vermittler richtet. Daneben bleibt das Auskunftsrecht nach § 15 DSGVO bestehen.

Siebter Abschnitt Spielhallen

§ 24 GlüStV Erlaubnisse

(1) Unbeschadet sonstiger Genehmigungserfordernisse bedürfen die Errichtung und der Betrieb einer Spielhalle einer Erlaubnis nach diesem Staatsvertrag.

(2) [1]Die Erlaubnis ist zu versagen, wenn die Errichtung und der Betrieb einer Spielhalle den Zielen des § 1 zuwiderlaufen. [2]Sie ist schriftlich zu erteilen und zu befristen. [3]Die Erlaubnis kann, auch nachträglich, mit Nebenbestimmungen versehen werden.

(3) Das Nähere regeln die Ausführungsbestimmungen der Länder.

Literatur: Gemeinsame Erläuterungen zum GlüStV 2021, abgedruckt beispielsweise in NRW LT-Drs. 17/11683 Gemeinsame Erläuterungen zum GlüStV 2012, abgedruckt beispielsweise in BW LT-Drs. 15/1570; Gemeinsame Erläuterungen zum GlüStV 2008, abgedruckt beispielsweise in BW LT-Drs. 14/1930; *Pagenkopf,* Der neue Glücksspielstaatsvertrag – Neue Ufer, alte Gewässer, NJW 2012, 2918; *Peters,* Die Spielverordnung, ZRP 2011, 134.

I. Genese/Gesetzesentwicklungen

1 Vor der sog. Föderalismusreform I unterfielen Bestimmungen zu Spielhallen nicht dem Anwendungsbereich des landesrechtlichen GlüStV. Regelungen zu Spielhallen fanden sich vielmehr in **§ 33i GewO**. Zudem fanden sich in den §§ 33c ff. GewO sowie der SpielV insbesondere Anforderungen im Hinblick auf Spielgeräte. Die Erlaubnispflicht nach § 33i Abs. 1 S. 1 GewO wurde mit Art. I

des Vierten Bundesgesetzes zur Änderung der Gewerbeordnung vom 5.2.1960[1] eingeführt. Bis dahin gab es mit Ausnahme Bayerns keine besondere Erlaubnispflicht für den Betrieb von Spielhallen.[2] Bis zur Förderalismusreform wurde das Recht der Spielhallen als Teil des Kompetenztitels „Recht der Wirtschaft" als der konkurrierenden Gesetzgebungskompetenz des Bundes nach Art. 74 Abs. 1 Nr. 11 GG unterfallend angesehen.[3]

Mit Geltung ab dem 1.9.2006 wurde mit Art. 1 des Gesetzes zur Änderung des Grundgesetzes vom 28.8.2006[4] unter anderem eine Ausnahme für das Recht der Spielhallen von der konkurrierenden Gesetzgebungskompetenz für das Recht der Wirtschaft nach Art. 74 Abs. 1 Nr. 11 GG im Rahmen der **Förderalismusreform I** eingeführt. Dennoch verzichteten die Länder im GlüStV 2008 auf eine Regelung, da sie davon ausgingen, dass die ihnen übertragene Zuständigkeit für die Spielhallen nur die Spielhallenerlaubnis nach § 33i GewO umfasse, nicht jedoch das gewerbliche Spielrecht der §§ 33c bis g GewO.[5] 2

Erst mit dem **Ersten Staatsvertrag zur Änderung des Staatsvertrags zum Glücksspielwesen in Deutschland 2012** nahmen die Länder die §§ 24 bis 26 in den GlüStV auf, die abgesehen von einer redaktionellen Änderung in § 25 GlüStV den jetzigen Regeln im Staatsvertrag zur Neuregelung des Glücksspielwesens in Deutschland (GlüStV 2021) entsprechen. Begründet wurde dies mit den bislang unzureichenden Regeln und dem aus dem hohen Suchtpotential folgenden Handlungsbedarf.[6] 3

II. Erläuterungen

1. Verhältnis zu Bundes- und Europarecht. Die in den §§ 24ff. GlüStV getroffene Regelung wirft die Frage nach dem **Verhältnis zu den fortbestehenden Regelungen der §§ 33c ff. GewO sowie der SpielV** auf. Soweit die entsprechenden Normen nach der Föderalismusreform I nicht mehr als Bundesrecht erlassen werden könnten, gelten sie nach Art. 125a Abs. 1 S. 1 GG fort, können aber durch Landesrecht ersetzt werden (Art. 125a Abs. 1 S. 2 GG). Während teilweise eine weite Auslegung der Landeskompetenz befürwortet wurde, so dass die in den §§ 33c ff. GewO und der SpielV geregelten Materien auch umfasst wären, wurde die Landeskompetenz von der Gegenauffassung sehr eng verstanden (beispielsweise im Sinne von Regelungen, die schwerpunktmäßig auf den Ort „Spielhalle" abstellen).[7] 4

Zwischenzeitlich hat das **BVerfG** entschieden, dass die ausschließliche Zuständigkeit der Länder für das Recht der Spielhallen die gewerberechtlichen Anforderungen an den Betrieb und die Zulassung von Spielhallen erfasst.[8] Von dieser Länderkompetenz nicht erfasst wird hingegen das Recht der Geldspielgeräte, das insbesondere die technischen Modalitäten der Geräte zum Gegenstand hat.[9] 5

---

1 BGBl. 1960 I 61, berichtigt auf S. 92.
2 Vgl. ausführlich Landmann/Rohmer GewO/*Marcks* GewO § 33i Rn. 1.
3 Vgl. Dietlein/Hecker/Ruttig/*Hecker* § 24 Rn. 1; kritisch dazu *Peters* ZRP 2011, 134 (135), der das Recht der Spielhallen schon vor der Föderalismusreform als Gefahrenabwehrrecht (und damit Landeskompetenz) ansah.
4 BGBl. 2006 I 2034.
5 Gemeinsame Erläuterungen zum GlüStV 2008, BW LT-Drs. 14/1930, 30.
6 Gemeinsame Erläuterungen zum GlüStV 2012, BW LT-Drs. 15/1570, 88.
7 Vgl. ausführlich Landmann/Rohmer GewO/*Marcks* GewO § 33i Rn. 2a mwN.
8 BVerfG 7.3.2017 – 1 BvR 1314; 1630/12; 1694; 1874/13, BVerfGE 145, 20; 59 mit Rn. 101ff.
9 Vgl. BVerfG 7.3.2017 – 1 BvR 1314; 1630/12; 1694; 1874/13, BVerfGE 145, 20; 63 mit Rn. 108.

Damit sind die Länder zur Regelung sämtlicher Voraussetzungen für die Erlaubnis von Spielhallen und die Art und Weise ihres Betriebes einschließlich der räumlichen Bezüge in ihrem Umfeld zuständig.[10]

6 Weiterhin wird die Regelung aus verschiedenen Gründen für verfassungs- und/ oder europarechtswidrig gehalten. Während die europarechtlichen Bedenken mangels Klärung fortbestehen, dürften sich die Bedenken bezüglich der Verfassungskonformität mit der bereits genannten Entscheidung des BVerfG[11] – jedenfalls für die Praxis – erledigt haben. Allerdings sind die Ausführungen des BVerfG[12] zur Frage, warum die Bundesländer die Regulierung für Spielhallen mit dem GlüStV 2012 verschärft haben, obwohl sich aus ihrer eigenen Statistik ergibt, dass es auch eine erhebliche Anzahl an Spielgeräten in Gaststätten gibt[13], nicht besonders aufschlussreich. Ob die Vorschriften bei einer Würdigung durch den EuGH insgesamt daher den Anforderungen aus dessen Rechtsprechung, insbesondere dem sog. **Kohärenzgebot** genügen (vgl. allgemein zum Kohärenzgebot → B Rn. 38 ff.), ist daher offen.[14]

7 **2. Sinn und Zweck der Regelung.** Mit den Regelungen wollen die Länder ihre nach der Förderalismusreform I bestehende Gesetzgebungskompetenz für das Recht der Spielhallen wahrnehmen. Mit den §§ 24–26 GlüStV sollte auch für den Betrieb einer Spielhalle die Einholung einer glücksspielrechtlichen Erlaubnis, die an den **Zielen des § 1 GlüStV** ausgerichtet ist, vorgeschrieben werden.[15] Damit sollte im Ergebnis auf die bestehenden Suchtgefahren reagiert werden.[16] Mittelbar haben die Länder damit zum Ausdruck gebracht, dass ihnen die bereits vorher auf der Grundlage von § 33i GewO bestehende Erlaubnispflicht aus ihrer Sicht nicht ausreichte, um eine im Verhältnis zu den Suchtgefahren von Spielhallen angemessene Einschränkung des Betriebs von Spielhallen zu erreichen. § 24 GlüStV, der landesrechtlicher Konkretisierung bedarf[17], soll den Ländern daher ermöglichen, die Erlaubniserteilungsvoraussetzungen für den Betrieb einer Spielhalle im Vergleich zu § 33i GewO einzuschränken.

8 **3. Einzelerläuterungen. a) Erlaubnisvorbehalt für Errichtung und Betrieb einer Spielhalle (Abs. 1). aa) Anwendbarkeit von Abs. 1.** Nach § 24 Abs. 1 GlüStV bedürfen die Errichtung und der Betrieb einer Spielhalle unbeschadet sonstiger Genehmigungserfordernisse einer Erlaubnis nach dem GlüStV. Eine Definition des Begriffs **„Spielhalle"** findet sich in § 3 Abs. 9 GlüStV. Danach ist eine Spielhalle im Sinne des GlüStV ein Unternehmen oder Teil eines Unternehmens, das ausschließlich oder überwiegend der Aufstellung von Spielgeräten im Sinne des § 33c Abs. 1 S. 1 GewO oder der Veranstaltung anderer Spiele im Sinne des § 33d Abs. 1 S. 1 GewO dient. Insoweit wird auf die Kommentierung zu § 3 Abs. 9 GlüStV verwiesen (→ § 3 Rn. 28).

9 Während im Hinblick auf die Frage, wann der **„Betrieb" einer Spielhalle** vorliegt, auf die Erwägungen zur Veranstaltung eines Glücksspiels im Sinne von § 4 Abs. 1 S. 1 GlüStV zurückgegriffen werden kann[18], so dass der Betrieb einer

---

10 Landmann/Rohmer GewO/*Marcks* GewO § 33i Rn. 2a.
11 BVerfG 7.3.2017 – 1 BvR 1314; 1630/12; 1694; 1874/13, BVerfGE 145, 20 ff.
12 BVerfG 7.3.2017 – 1 BvR 1314; 1630/12; 1694; 1874/13, BVerfGE 145, 20; 79 mit Rn. 151.
13 Gemeinsame Erläuterungen zum GlüStV 2012, BW LT-Drs. 15/1570, 88.
14 Vgl. eingehend auch im Hinblick auf Unterschiede zwischen Spielbanken und Spielhallen Becker/Hilf/Nolte/Uwer/*Brüning/Bloch* § 24 Rn. 19ff.
15 Gemeinsame Erläuterungen zum GlüStV 2012, BW LT-Drs. 15/1570, 89.
16 Gemeinsame Erläuterungen zum GlüStV 2012, BW LT-Drs. 15/1570, 89.
17 Vgl. Dietlein/Hecker/Ruttig/*Hecker* § 24 Rn. 17.
18 Ebenso Dietlein/Hecker/Ruttig/*Hecker* § 24 Rn. 20.

Spielhalle der Veranstaltung eines Glücksspiels im Sinne von § 4 Abs. 1 S. 1 GlüStV entspricht„ ist fraglich, wann die erlaubnispflichtige **„Errichtung“ einer Spielhalle** vorliegt. Da der Begriff der Errichtung nicht weiter konkretisiert wird, kann hier auf die zu § 29 Abs. 1 BauGB entwickelten Grundsätze zurückgegriffen werden.[19] Unter der Errichtung einer baulichen Anlage in diesem Sinne ist dabei der Neubau, die erstmalige Herstellung oder die Aufstellung einer baulichen Anlage an einem bestimmten Standort zu verstehen.[20] Fraglich ist, ob auch die Änderung einer bestehenden Anlage unter Umgestaltung der bestehenden Substanz als Fall der Errichtung einer Spielhalle angesehen werden kann.[21] Hierfür sprechen die überragenden Gemeinwohlziele des § 1 GlüStV.[22] Zudem dürfte es sich aus dem Wortlaut von § 24 Abs. 1 GlüStV ergeben. Die Vorschrift spricht von der „Errichtung […] einer Spielhalle“. Dementsprechend kann es nicht darauf ankommen, ob im Hinblick auf eine bauliche Anlage eine „Errichtung“ oder lediglich eine „Änderung“ im Sinne von § 29 Abs. 1 BauGB vorliegt. Andererseits liegt jedoch dann keine „Errichtung“ einer Spielhalle vor, wenn ohne Änderung der baulichen Substanz innerhalb einer bestehenden baulichen Anlage Spielautomaten mit dem Ziel der Eröffnung einer Spielhalle aufgestellt werden. Vielmehr setzt der Begriff der Errichtung eine bauliche Substanzveränderung vor. Unter den Begriff der Errichtung einer Spielhalle fällt daher jede bauliche Substanzveränderung zum Zweck des Betriebs einer Spielhalle.

bb) Anspruch auf Erteilung der Erlaubnis. Im Hinblick auf den Erlaubnisvorbe- 10
halt stellt sich weiterhin die Frage, ob bei Vorliegen der Erlaubnisvoraussetzungen ein Anspruch auf Erteilung einer entsprechenden Erlaubnis besteht. Aus dem Wortlaut von § 24 GlüStV geht dies nicht eindeutig hervor. Allerdings könnte aus § 24 Abs. 2 S. 3 GlüStV der Schluss gezogen werden, dass auch bei Erfüllung der Erlaubnisvoraussetzungen ein Ermessen bestehen soll. Dass die Erlaubnis nach dieser Norm mit **Nebenbestimmungen** versehen werden kann, könnte darauf hindeuten, dass die Erlaubniserteilung im Ermessen der Behörde steht. Schließlich besteht nach der Systematik in § 36 VwVfG nur bei Ermessensverwaltungsakten eine derart freie Möglichkeit, diese mit Nebenbestimmungen zu versehen. Allerdings könnte auch im Gegenteil daraus geschlossen werden, dass es sich um einen gebundenen Verwaltungsakt handelt, aber § 24 Abs. 2 S. 3 GlüStV klarstellen soll, dass Nebenbestimmungen unter weniger strengen Voraussetzungen als nach dem allgemeinen Verwaltungsverfahrensrecht möglich sein sollen. Letztlich dürfte sich auch der Möglichkeit, die Erlaubnis mit Nebenbestimmungen zu versehen, kein eindeutiges Ergebnis entnehmen lassen. Schließlich ist insofern die Auslegung naheliegend, dass hiermit lediglich die Möglichkeit, die Erlaubnis mit Nebenbestimmungen zu versehen, klargestellt werden sollte, ohne damit deren Zulässigkeit spezifisch zu regeln.

Im Hinblick auf die Erlaubniserteilung nach § 33i GewO geht das BVerwG da- 11
von aus, dass bei Vorliegen der Voraussetzungen ein Anspruch auf Erlaubniserteilung besteht.[23] Auch wenn im Bereich des Glücksspielrechts nach der Rechtsprechung des BVerfG der Grundrechtsschutz eingeschränkt sein kann[24], ist doch richtigerweise davon auszugehen, dass bei Erfüllung der Erlaubniserteilung-

19 Ebenso Dietlein/Hecker/Ruttig/*Hecker* § 24 Rn. 21.
20 Battis/Krautzberger/Löhr/*Reidt* BauGB § 29 Rn. 17.
21 So Dietlein/Hecker/Ruttig/*Hecker* § 24 Rn. 21.
22 So Dietlein/Hecker/Ruttig/*Hecker* § 24 Rn. 21.
23 BVerwG 9.3.2005 – 6 C 11.04, GewA 2005, 292 (295) mwN.
24 So Dietlein/Hecker/Ruttig/*Hecker* § 24 Rn. 27 unter Verweis auf den „Spielbanken-Beschluss“ des BVerfG.

lungsvoraussetzungen **kein Ermessen** besteht.[25] Zunächst einmal ist – wie ausgeführt – dem Wortlaut von § 24 GlüStV kein eindeutiges Ergebnis zu entnehmen. Ein Ermessen würde aber die aus den Erlaubnisvoraussetzungen wegen des aus § 25 Abs. 1 und Abs. 2 GlüStV und dem Landesrecht folgenden Abstandsgebots bzw. des Verbundsverbots bereits folgende Wirkung als objektive Berufszugangsvoraussetzung[26] noch weiter verstärken. Unabhängig von der (jedenfalls nach der Rechtsprechung des BVerfG möglicherweise zu bejahenden) Frage, ob dies noch verhältnismäßig wäre, hätte dies einer ausdrücklicheren Regelung bedurft. Zudem sprechen die gemeinsamen Erläuterungen zum GlüStV im Hinblick auf § 24 Abs. 1 GlüStV von einem „Erlaubnisvorbehalt" und im Hinblick auf § 24 Abs. 2 GlüStV von „Erlaubnisvoraussetzungen"[27].[28] Insofern statuiert § 24 Abs. 1 GlüStV ein präventives Verbot mit Erlaubnisvorbehalt.[29] Bei Vorliegen der Erlaubnisvoraussetzungen ist die Erlaubnis zu erteilen.

12 cc) **Wirkung der Erlaubnis.** Der Erlaubnisvorbehalt besteht nach dem Wortlaut von § 24 Abs. 1 GlüStV **„unbeschadet sonstiger Genehmigungserfordernisse"**. Nach dem Regelungsmodell des GlüStV ersetzt die Erlaubnis nach § 24 Abs. 1 GlüStV daher keine anderen erforderlichen Genehmigungen wie beispielsweise nach § 33i GewO oder dem öffentlichen Baurecht. Allerdings gibt es Bundesländer, die mit dem entsprechenden landesrechtlichen Genehmigungstatbestand das Erlaubniserfordernis nach § 33i GewO ersetzt haben.[30] Dass dies nicht in allen Bundesländern erfolgt ist, ist aber zumindest unglücklich.

13 Allerdings stellt dieses **Erfordernis, mehrere unterschiedliche Genehmigungen einzuholen**, dann keinen unverhältnismäßigen Eingriff in die Rechte von Spielhallenbetreiber dar, wenn die einzelnen Genehmigungsvoraussetzungen der unterschiedlichen Normen jeweils für sich betrachtet und auch ihr Zusammenspiel jeweils mit deren Rechten, insbesondere aus Art. 12 Abs. 1 GG, in Einklang stehen.[31] Allein aus dem (allerdings unglücklichen) Erfordernis, mehrere behördliche Genehmigungen einzuholen, folgt nicht zwingend eine Verletzung von Grundrechten.

14 **b) Versagungsgründe, Anforderungen an Erlaubnis (Abs. 2).** Nach § 24 Abs. 2 S. 1 GlüStV ist die Erlaubnis zu versagen, wenn die Errichtung und der Betrieb einer Spielhalle den Zielen des § 1 zuwiderlaufen. In den gemeinsamen Erläuterungen findet sich hierzu die Anmerkung, dass sich die Erlaubnisvoraussetzungen grundsätzlich an den Zielen des § 1 GlüStV zu orientieren hätten.[32] Während § 33i GewO auf die Person des Antragstellers und Modalitäten der Leistungserbringung sowie die Räumlichkeiten abstellt, sind die Ziele des § 1 GlüStV deutlich vielschichtiger (vgl. zu den Zielbestimmungen in § 1 GlüStV → § 1 Rn. 6 ff.). Anders als im Vergleich zur vorigen Rechtslage kann daher eine **Versagung aus Gründen des Gemeinwohls** erfolgen bzw. eine Erlaubnis darf in

25 So auch Becker/Hilf/Nolte/Uwer/*Brüning/Bloch* § 24 Rn. 6.
26 So stuft auch das BVerfG diese Regelungen implizit ein (BVerfG 7.3.2017 – 1 BvR 1314; 1630/12; 1694; 1874/13, BVerfGE 145, 20 (70 ff.)).
27 Auch wenn sich hier eher von Versagungsvoraussetzungen sprechen lässt, worauf *Hecker* hinweist (Dietlein/Hecker/Ruttig/*Hecker* § 24 Rn. 28), so macht dies deutlich, wie die Länder die Norm verstanden haben.
28 Gemeinsame Erläuterungen zum GlüStV 2012, BW LT-Drs. 15/1570, 89.
29 So auch Becker/Hilf/Nolte/Uwer/*Brüning/Bloch* § 24 Rn. 6.
30 Vgl. eingehend zur Situation in den unterschiedlichen Bundesländern Ennuschat/Wank/Winkler/*Ennuschat* GewO § 33i Rn. 21 ff.
31 Vgl. auch eingehender zu dem Problemkreis Becker/Hilf/Nolte/Uwer/*Brüning/Bloch* § 24 Rn. 37.
32 Gemeinsame Erläuterungen zum GlüStV 2012, BW LT-Drs. 15/1570, 89.

§ 1 GlüStV genannten Gemeinwohlzielen nicht zuwiderlaufen.[33] Insbesondere muss damit das Entstehen von Glücksspielsucht bei dem Betrieb von Spielhallen verhindert und ebenso der Jugend- und Spielerschutz effektiv gewährleistet werden.[34]

15 Angesichts der relativen Unbestimmtheit der Ziele und der Tatsache, dass diese teilweise im Widerspruch zueinander stehen[35], stellt sich die Frage, ob der unbestimmte Versagungsgrund in § 24 Abs. 2 S. 1 GlüStV einer **landesrechtlichen Konkretisierung** bedarf. Allerdings kann dieses Ergebnis mit dem Argument bezweifelt werden, dass das BVerfG im Hinblick auf Altspielhallenbetreiber entschieden hat, dass der Gesetzgeber die Kriterien für eine Auswahlentscheidung zwischen mehreren konkurrierenden, das Abstandsgebot verletzenden „Altspielhallen" anhand sachgerechter Kriterien den zuständigen Behörden überlassen könne.[36] Das BVerwG geht für das Land Berlin davon aus, dass eine entsprechende Norm, die einen Erlaubnisversagungsgrund für den Fall enthält, dass die Errichtung und der Betrieb einer Spielhalle den Zielen des § 1 GlüStV zuwiderläuft, hinreichend bestimmt sei.[37] Begründet wurde dies im konkreten Fall damit, dass die im Landesrecht festgeschriebenen Ziele des GlüStV für Spielhallen im GlüStV selbst und in den Ausführungsregelungen des Landes Berlin hinreichend konkretisiert worden seien, um den behördlichen Vollzug parlamentsgesetzlich zu steuern.[38] Dementsprechend bleiben zwar gewisse Zweifel, ob die relativ weiten und unbestimmten Rechtsbegriffe in § 1 GlüStV allein die Ablehnung einer Erlaubniserteilung rechtfertigen können. Nach der Rechtsprechung dürfte allerdings alles „in Butter" sein.

16 Zuständigen Behörden ist allerdings zu raten, bei einem alleinigen Zurückgreifen auf entsprechende Ablehnungsgründe deren Einschlägigkeit besonders sorgfältig zu ermitteln und zu begründen, um die entsprechenden **gesetzgeberischen Unschärfen** praktisch „aufzufangen". Zudem sind die in § 1 GlüStV genannten Ziele des GlüStV insoweit restriktiv zu handhaben und mit den Grundrechten des Antragstellers in einen angemessenen Ausgleich zu bringen. Da der Betrieb einer Spielhalle beispielsweise das Entstehen von Glücksspielsucht eher fördern als verhindern dürfte, ist § 1 Nr. 1 GlüStV im Zusammenhang mit § 24 Abs. 2 GlüStV dahin gehend auszulegen, dass hier die Herbeiführung solcher Risiken der Spielsuchtförderung gemeint ist, die über das allgemeine, gesetzgeberisch hingenommene Risiko durch den Betrieb einer Spielhalle hinausgehen.[39]

17 Weiterhin enthält § 24 Abs. 2 S. 2 und S. 3 GlüStV Regelungen, wonach die Erlaubnis schriftlich zu erteilen und zu befristen ist und sie (auch nachträglich) mit Nebenbestimmungen versehen werden kann. Auch in der zwingenden Befristung liegt eine Abkehr vom Regelungsregime nach § 33i GewO. Die Behörden haben bei der Prüfung, ob die Errichtung und der Betrieb einer Spielhalle den Zielen des § 1 GlüStV zuwiderlaufen, abzuwägen, ob diese Gefahren auch durch Nebenbestimmungen beseitigt werden können.[40] Die im Ermessen der Behörde stehende Möglichkeit, eine Erlaubnis mit Nebenbestimmungen zu versehen, kann sich daher im Einzelfall zur Pflicht verdichten, wenn so Erlaubnisversagungs-

33 *Pagenkopf* NJW 2012, 2918 (2922).
34 *Pagenkopf* NJW 2012, 2918 (2922).
35 Kritisch auch Becker/Hilf/Nolte/Uwer/*Brüning/Bloch* § 24 Rn. 40 ff.
36 BVerfG 7.3.2017 – 1 BvR 1314; 1630/12; 1694; 1874/13, BVerfGE 145, 20; 92 mit Rn. 185.
37 BVerwG 16.12.2016 – 8 C 6/15, juris Rn. 40.
38 BVerwG 16.12.2016 – 8 C 6/15, juris Rn. 40.
39 Ebenso Becker/Hilf/Nolte/Uwer/*Brüning/Bloch* § 24 Rn. 43.
40 Dietlein/Hecker/Ruttig/*Hecker* § 24 Rn. 30.

gründe ausgeräumt werden können. Wird wie oben von einem Anspruch auf Erteilung der Erlaubnis ausgegangen, so kommen **Nebenbestimmungen** nur in Betracht, wenn sie gesetzlich (nach dem Landesrecht) zwingend vorgesehen sind oder der **Sicherung des Nichteintretens von Erlaubnisversagungsgründen** dienen.[41]

18 c) **Verweis auf Ausführungsbestimmungen der Länder (Abs. 3).** Nach § 24 Abs. 3 GlüStV regeln die **Ausführungsbestimmungen der Länder** „das Nähere". Allerdings sind die Länder verpflichtet, lediglich § 24 Abs. 1 und 2 GlüStV zu konkretisieren und können nicht von den Regelungen dieser Vorschriften abweichen.[42] Weiterhin liegt es in der Regelungskompetenz der Länder, Regelungslücken zu schließen.[43]

19 Vereinfacht dargestellt bestehen bzw. bestanden **drei Regelungsmodelle**[44]: Es gibt Bundesländer, die § 33i GewO durch den landesrechtlichen Genehmigungstatbestand ersetzt haben. Es gibt Bundesländer, deren Landesrecht ein Nebeneinander von § 33i GewO und dem landesrechtlichen Genehmigungstatbestand vorsieht. In Sachsen war es bis zum Inkrafttreten des Gesetzes zur Änderung des Sächsischen Ausführungsgesetzes zum Glücksspielstaatsvertrag vom 20.8.2020[45] vorgesehen, dass die Erlaubnis nach § 33i GewO die Erlaubnis nach § 24 Abs. 1 GlüStV einschloss und nur nach Zustimmung der Glücksspielaufsichtsbehörde zu erteilen war.

§ 25 GlüStV Beschränkungen von Spielhallen; Verbot von Mehrfachkonzessionen

(1) [1]Zwischen Spielhallen ist ein Mindestabstand einzuhalten. [2]Das Nähere regeln die Ausführungsbestimmungen der Länder.

(2) Die Erteilung einer Erlaubnis für eine Spielhalle, die in einem baulichen Verbund mit weiteren Spielhallen steht, insbesondere in einem gemeinsamen Gebäude oder Gebäudekomplex untergebracht ist, ist ausgeschlossen.

(3) Die Länder können die Anzahl der in einer Gemeinde zu erteilenden Erlaubnisse begrenzen.

I. Genese/Gesetzesentwicklungen

1 Hinsichtlich der Entstehungsgeschichte kann auf die entsprechenden Erläuterungen zu § 24 GlüStV verwiesen werden. § 25 GlüStV wurde wie die §§ 24 und 26 mit dem **Ersten Staatsvertrag zur Änderung des Staatsvertrags zum Glücksspielwesen in Deutschland 2012** in den GlüStV aufgenommen. Mit dem Staatsvertrag zur Neuregelung des Glücksspielwesens in Deutschland (GlüStV 2021)

41 Becker/Hilf/Nolte/Uwer/*Brüning/Bloch* § 24 Rn. 50.
42 Vgl. Dietlein/Hecker/Ruttig/*Hecker* § 24 Rn. 32.
43 Dietlein/Hecker/Ruttig/*Hecker* § 24 Rn. 33.
44 Vgl. eingehend zu den folgenden Ausführungen und zur Situation in den unterschiedlichen Bundesländern Ennuschat/Wank/Winkler/*Ennuschat* GewO § 33i Rn. 21 ff.
45 SächsGVBl. S. 486.

wurde der bisher in § 25 Abs. 1 GlüStV enthaltene Klammerzusatz „Verbot von Mehrfachkonzessionen" in die Überschrift von § 25 GlüStV verschoben. Hierbei handelte es sich nach den gemeinsamen Erläuterungen jedoch nur um eine redaktionelle Änderung, weil sich das Verbot der Mehrfachkonzessionen aus § 25 Abs. 1 und Abs. 2 GlüStV ergibt.[1]

II. Erläuterungen

Während § 24 GlüStV eine auf dem jeweiligen Landesrecht basierende Erlaubnispflicht einführt, enthält § 25 GlüStV bestimmte **räumliche Beschränkungen für den Betrieb von Spielhallen.** Die Frage der Verfassungskonformität entsprechender Beschränkungen durch Landesrecht dürfte zwischenzeitlich durch das BVerfG[2] geklärt worden sein. Ob entsprechende Beschränkungen dagegen mit den Grundfreiheiten vereinbar sind, ist offen (→ § 24 Rn. 6). § 25 Abs. 1 und Abs. 2 GlüStV dienen nach dem Willen der Länder dazu, das gewerbliche Spiel auf das Maß von Unterhaltungsspielen und damit als harmloses Zeitvergnügen zurückzuführen und die Entstehung spielbankenähnlicher Großspielhallen zu verhindern.[3] 2

1. Abstandsgebot (Abs. 1). Zwischen Spielhallen ist nach § 25 Abs. 1 S. 1 GlüStV ein **Mindestabstand** einzuhalten. Nach § 25 Abs. 1 S. 2 GlüStV regeln das Nähere die Ausführungsbestimmungen der Länder. Dementsprechend wird kein konkreter Mindestabstand vorgegeben, sondern dies bleibt der Regelung durch den jeweiligen Landesgesetzgeber überlassen. Allerdings ergibt sich aus der Vorschrift eine Verpflichtung, entsprechende Mindestabstände im Landesrecht konkret zu regeln.[4] Die Regelung steht Ausnahmeregelungen in den Glücksspielgesetzen der Länder aber nicht entgegen.[5] Da dies aber nur auf die in § 25 Abs. 1 S. 2 GlüStV enthaltene Kompetenz zum Erlass von Ausführungsbestimmungen gestützt werden kann, wäre eine Landesregelung, die zur regelmäßigen Zulassung von Ausnahmen zu den dortigen Mindestabständen führen würde, nicht mit den Vorgaben des GlüStV vereinbar. Dieser lässt nur die restriktive Zulassung von Ausnahmen zu den grundsätzlich vorzusehenden Mindestabständen zu. 3

Die Länder haben diese Regelungsbefugnis zur **Schaffung einer föderalen Vielfalt** genutzt, so dass die Vorgaben zu den Mindestabständen von 100 bis 500 Meter Luftlinie reichen, es teilweise die Möglichkeit gibt, die Mindestabstände behördlich oder durch kommunale Rechtsverordnung zu verkürzen oder zu verlängern und teilweise Sonderregelungen für Bestandsspielhallen existieren; weiterhin gibt es teilweise besondere Abstandsregelungen im Hinblick auf Schulen oder Jugendeinrichtungen.[6] 4

Die landesrechtlichen Ausführungsbestimmungen können dazu führen, dass zwei Antragsteller sämtliche Erlaubnisvoraussetzungen erfüllen, aber zueinander den landesrechtlichen Mindestabstand nicht einhalten. Der GlüStV enthält keine Regelung, wie in einer derartigen Konstellation zu verfahren ist. Nach dem Sinn und Zweck von § 25 Abs. 1 S. 1 GlüStV ist aber auch klar, dass eine Erlaubniserteilung an beide Antragsteller nur ausnahmsweise in Betracht kommt. In sei- 5

1 Vgl. Gemeinsame Erläuterungen zum GlüStV 2021, NRW LT-Drs. 17/11683, 195.
2 BVerfG 7.3.2017 – 1 BvR 1314; 1630/12; 1694/12; 1874/13, BVerfGE 145, 20, Rn. 130 ff.
3 Gemeinsame Erläuterungen zum GlüStV 2012, BW LT-Drs. 15/1570, 89 f.
4 Vgl. Dietlein/Hecker/Ruttig/*Schmitt* § 25 Rn. 2.
5 Ebenso Becker/Hilf/Nolte/Uwer/*Brüning/Bloch* § 25 Rn. 12.
6 Vgl. eingehend Ennuschat/Wank/Winkler/*Ennuschat* GewO § 33i Rn. 28.

ner Entscheidung zur Verfassungsmäßigkeit verschiedener landesrechtlicher Umsetzungsgesetze der spielhallenbezogenen Vorschriften des GlüStV hat das BVerfG zunächst ausgeführt, dass der Gesetzgeber nach dem Grundsatz vom Vorbehalt des Gesetzes bei Auswahlentscheidungen selbst die Voraussetzungen bestimmen müsse, unter denen Zugang zu öffnen oder zu versagen ist und ein rechtsstaatliches Verfahren bereitzustellen habe, in dem hierüber zu entscheiden ist.[7] Im Anschluss an diese allgemeinen Vorgaben relativiert das BVerfG diese jedoch im Hinblick auf die Prüfung der landesrechtlichen Vorgaben stark. Im Hinblick auf das zu prüfende saarländische Gesetz entnimmt es die **Kriterien für die Auswahlentscheidung zwischen Bestandsspielhallen** den Regelungen der Härtefallbefreiung sowie dem Gesetzeszweck und den mit dem Gesetz verfolgten Zielen.[8] Aus den grundrechtlich geschützten Rechtspositionen soll sich nach Auffassung des BVerfG auch ohne ausdrückliche gesetzliche Regelung ergeben, dass die zuständigen Behörden sich eines Verteilmechanismus bedienen müssen, der die bestmögliche Ausschöpfung der bei Beachtung der Mindestabstände verbleibenden Standortkapazität in dem relevanten Gebiet ermöglicht.[9] Da dies nach Auffassung des BVerfG auch dann gelten soll, wenn in die Auswahlentscheidung Erlaubnisanträge neuer Betreiber einzubeziehen sind[10], dürften sich die genannten Vorgaben allgemein auch auf Konkurrenzsituationen zwischen neuen Betreibern übertragen lassen.

6 Landesrechtlich folgt aus dieser relativen Großzügigkeit des BVerfG angesichts der Anforderungen aus dem Vorbehalt des Gesetzes, dass die gesetzlichen Vorgaben nur relativ spärlich ausfallen müssen. Nichtsdestotrotz empfiehlt es sich, insoweit **klare gesetzliche Vorgaben an die Auswahlentscheidung** im jeweiligen Landesrecht gesetzlich zu regeln. Einerseits ist nicht klar, ob die Rechtsprechung diese relative Großzügigkeit zukünftig beibehält. Zum anderen ist es aus verfassungsrechtlichen Gründen zumindest wünschenswert, wenn nicht gar geboten, dass der Gesetzgeber im Bereich einer derartigen Grundrechtskollision grundsätzliche Leitplanken für die behördliche Abwägung im Einzelfall aufstellt.

7 **2. Verbundverbot (Abs. 2).** Nach § 25 Abs. 2 GlüStV ist die Erteilung einer Erlaubnis für eine Spielhalle, die in einem baulichen Verbund mit weiteren Spielhallen steht, insbesondere in einem gemeinsamen Gebäude oder Gebäudekomplex untergebracht ist, ausgeschlossen. Dieses Verbundverbot soll die Entstehung **spielbankenähnlicher Großspielhallen** verhindern.[11] Befindet sich in einem baulichen Verbund bereits eine Spielhalle, ist die Erteilung einer Erlaubnis zwingend ausgeschlossen; die Erlaubnisbehörde hat insoweit kein Ermessen.[12]

8 Auf Tatbestandsseite stellt sich damit die Frage, was unter einem baulichen Verbund im Sinne der Norm zu verstehen ist. Nach richtiger Auffassung ist im Ansatzpunkt unter einem baulichen Verbund die bauliche Verbindung mehrerer Baukörper dergestalt zu verstehen, dass es möglich ist, sich von dem einen in einen anderen Baukörper zu bewegen, ohne den Innenraum zu verlassen.[13]

---

7 BVerfG 7.3.2017 – 1 BvR 1314; 1630/12; 1694/12; 1874/13, BVerfGE 145, 20, Rn. 182.
8 BVerfG 7.3.2017 – 1 BvR 1314; 1630/12; 1694/12; 1874/13, BVerfGE 145, 20, Rn. 184.
9 BVerfG 7.3.2017 – 1 BvR 1314; 1630/12; 1694/12; 1874/13, BVerfGE 145, 20, Rn. 185.
10 BVerfG 7.3.2017 – 1 BvR 1314; 1630/12; 1694/12; 1874/13, BVerfGE 145, 20, Rn. 185.
11 Vgl. Gemeinsame Erläuterungen zum GlüStV 2012, BW LT-Drs. 15/1570, 89 f.
12 Vgl. Dietlein/Hecker/Ruttig/*Schmitt* § 25 Rn. 11.
13 Dietlein/Hecker/Ruttig/*Schmitt* § 25 Rn. 10.

Dabei ist „Innenraum" ein vor Witterungseinflüssen geschützter Raum, der größtenteils von Wänden oder Dachflächen umgeben ist, ohne vollständig eingeschlossen sein zu müssen.[14] Wichtig ist, dass die Anforderungen an das **Maß der baulichen Verbindung** nicht zu niedrig sein dürfen. Eine für einen objektiven Dritten als zufällig erscheinende bauliche Verbindung, die es im Innenstadtbereich zwischen den Gebäuden von Häuserzeilen oder bei sonstiger Blockbebauung geben kann, ist auch dann kein baulicher Verbund, wenn es Verbindungen zwischen den einzelnen Gebäuden gibt. Ein baulicher Verbund liegt bei gebotener restriktiver Auslegung[15] erst dann vor, wenn sich die Verbindung für einen objektiven Dritten als eine bewusste und gewollte Verbindung zur Schaffung einer größeren baulichen Einheit darstellt.

Als Regelbeispiele für einen baulichen Verbund sind in der Norm noch das **Gebäude** und der **Gebäudekomplex** genannt. Für den Begriff des Gebäudes kann auf die Definition in den Bauordnungen der Länder zurückgegriffen werden.[16] Beispielsweise sind nach § 2 Abs. 2 BauO NRW Gebäude selbstständig benutzbare, überdeckte bauliche Anlagen, die von Menschen betreten werden können und geeignet oder bestimmt sind, dem Schutz von Menschen, Tieren oder Sachen zu dienen. Ein Gebäudekomplex besteht aus mehreren einzelnen Gebäuden, die als Gesamteinheit wahrgenommen werden und in der Regel über eine gemeinsame Erschließung verfügen.[17] Regelmäßig werden ein Einkaufsgebäude, ein Bahnhof oder ein Flughafengebäude als Gebäudekomplex anzusehen sein.[18] 9

Im Hinblick darauf, dass § 25 Abs. 2 GlüStV nur greifen kann, wenn die jeweiligen landesrechtlichen Abstandsregeln im konkreten Fall eingehalten sind, dürfte die Bedeutung der Norm gering sein, da damit **nur sehr große Gebäudekomplexe** als Anwendungsfall bleiben.[19] Zudem enthält die Norm mit dem Begriff des baulichen Verbunds einen streitanfälligen unbestimmten Rechtsbegriff. Verfassungsrechtliche Kritik an der Bestimmung[20] dürfte sich aber mit der Entscheidung des BVerfG zur Umsetzung der spielhallenbezogenen Bestimmungen des GlüStV in verschiedenen Bundesländern[21] zumindest praktisch erledigt haben. Um den verfassungsrechtlichen Anforderungen zu entsprechen, dürften dennoch für Einzelmaßnahmen hohe Begründungsanforderungen gelten. 10

3. Begrenzung der Zahl der Erlaubnisse (Abs. 3). Nach § 25 Abs. 3 GlüStV können die Länder die Anzahl der in einer Gemeinde zu erteilenden Erlaubnisse begrenzen. Anders als § 25 Abs. 1 und Abs. 2 GlüStV kann hier der Landesgesetzgeber frei entscheiden, ob und wenn ja, in welcher Form er eine entsprechende Begrenzung umsetzt. In den meisten Bundesländern wird von dieser Möglichkeit kein Gebrauch gemacht. In **Mecklenburg-Vorpommern** enthielt das Glücksspielstaatsvertragsausführungsgesetz dagegen in § 11 Abs. 6 bis 30.6.2021 die Regelung, dass die zuständige Behörde die Anzahl der in einer Gemeinde für Spielhallen zu erteilenden Erlaubnisse durch Rechtsverordnung unter Zugrundelegung der Ziele des § 1 GlüStV, der Einwohnerzahl der Gemeinde und den zumutbaren Rahmenbedingungen für Spielteilnehmer regeln konnte. 11

---

14 Dietlein/Hecker/Ruttig/*Schmitt* § 25 Rn. 10.
15 Für eine restriktive Auslegung auch Becker/Hilf/Nolte/Uwer/*Brüning/Bloch* § 25 Rn. 33.
16 Ebenso Dietlein/Hecker/Ruttig/*Schmitt* § 25 Rn. 10.
17 Dietlein/Hecker/Ruttig/*Schmitt* § 25 Rn. 10.
18 Dietlein/Hecker/Ruttig/*Schmitt* § 25 Rn. 10.
19 Vgl. Becker/Hilf/Nolte/Uwer/*Brüning/Bloch* § 25 Rn. 27 mwN.
20 So etwa Becker/Hilf/Nolte/Uwer/*Brüning/Bloch* § 25 Rn. 28.
21 BVerfG 7.3.2017 – 1 BvR 1314; 1630/12; 1694/12; 1874/13, BVerfGE 145, 20.

12 Ob die entsprechende **objektive Berufswahlregelung** verfassungskonform ist, ist unklar, dürfte aber in Ermangelung von Präzedenzfällen offen bleiben. Zwar lassen sich nach der Entscheidung des BVerfG zu spielhallenbezogenem Landesrecht auch objektive Berufswahlregelungen im GlüStV rechtfertigen,[22] aber die Frage ist, ob die Erforderlichkeit zur Verfolgung des besonders wichtigen Gemeinwohlziels Vermeidung und Abwehr der vom Glücksspiel in Spielhallen ausgehenden Suchtgefahren und Schutz von Kindern und Jugendlichen, das das BVerfG zur Rechtfertigung spielhallenbezogener Einschränkungen heranzieht, besteht. Gerade der Zweck, ein nicht mehr bewusst gesteuertes Weiterspielen in räumlicher Nähe zu verhindern,[23] wird durch eine reine Begrenzung der Zahl der Spielhallen pro Gemeinde nicht erreicht. Auch nur eine geringe Zahl von Spielhallen kann an falscher Stelle gerade zu einem solchen unbewussten Weiterspielen eines Spielsüchtigen führen. Gleiches gilt für Erwägungen des Kinder- und Jugendschutzes, da allein eine Begrenzung der Zahl der Spielhallen nicht zwingend dazu führt, dass sich in von Kindern und Jugendlichen frequentierten Gemeindebereichen keine Spielhallen befinden. Dies wird vielmehr erst durch die landesrechtlichen Abstandsvorschriften erreicht. Diese führen zudem rein faktisch zu einer Begrenzung der Spielhallenzahl.

13 Wird von einer Verfassungsmäßigkeit der Begrenzung der Spielhallenzahl in einer Gemeinde ausgegangen, so müsste ein entsprechendes Landesgesetz zum einen hinreichend bestimmt sein.[24] Zum anderen müsste dieses **Vorgaben an ein Auswahlverfahren** enthalten, um die limitierte Zahl an Erlaubnissen auf potenzielle Antragsteller zu verteilen.[25] Hier ist allerdings darauf hinzuweisen, dass das BVerfG auch insoweit – wie auch im Hinblick auf § 25 Abs. 1 GlüStV – geringe Anforderungen an die gesetzlichen Regelungen zum Auswahlverfahren stellen dürfte (→ Rn. 5 f.).

§ 26 GlüStV Anforderungen an die Ausgestaltung und den Betrieb von Spielhallen

(1) Von der äußeren Gestaltung der Spielhalle darf keine Werbung für den Spielbetrieb oder die in der Spielhalle angebotenen Spiele ausgehen oder durch eine besonders auffällige Gestaltung ein zusätzlicher Anreiz für den Spielbetrieb geschaffen werden.

(2) Die Länder setzen für Spielhallen zur Sicherstellung der Ziele des § 1 Sperrzeiten fest, die drei Stunden nicht unterschreiten dürfen.

22 BVerfG 7.3.2017 – 1 BvR 1314; 1630/12; 1694/12; 1874/13, BVerfGE 145, 20, Rn. 130 ff.

23 Vgl. die Erwägungen in BVerfG 7.3.2017 – 1 BvR 1314; 1630/12; 1694/12; 1874/13, BVerfGE 145, 20, Rn. 134 f.

24 Becker/Hilf/Nolte/Uwer/*Brüning/Bloch* § 25 Rn. 39, die zu Recht darauf hinweisen, dass eine Delegation der Rechtssetzungsbefugnis auf die Gemeinden sehr bestimmt sein und präzise Vorgaben enthalten müsste.

25 So auch Becker/Hilf/Nolte/Uwer/*Brüning/Bloch* § 25 Rn. 40.

I. Genese/Gesetzesentwicklungen

Hinsichtlich der Entstehungsgeschichte kann auf die entsprechenden Erläuterungen zu § 24 GlüStV verwiesen werden. § 26 GlüStV wurde wie die §§ 24 und 25 mit dem **Ersten Staatsvertrag zur Änderung des Staatsvertrags zum Glücksspielwesen in Deutschland 2012** in den GlüStV aufgenommen. 1

II. Erläuterungen

§ 26 GlüStV enthält (rudimentäre) Anforderungen an die Ausgestaltung und den Betrieb von Spielhallen, nämlich eine Art „Werbeverbot" hinsichtlich der äußeren Gestaltung der Spielhalle (Abs. 1) und Vorgaben zu Sperrzeiten (Abs. 2). 2

1. Anforderungen an die äußere Gestaltung (Abs. 1). Zunächst enthält § 26 Abs. 1 GlüStV insbesondere Vorgaben hinsichtlich der Werbung für Spielhallen. Neben dieser Vorschrift sind auch die allgemeinen Beschränkungen des § 5 GlüStV bei der Werbung für Spielhallen zu beachten.[1] Diese Vorschrift enthält allgemeine Vorgaben für die Werbung für Glücksspielangebote. § 26 Abs. 1 GlüStV ist damit **lex specialis im Verhältnis zu § 5 GlüStV**.[2] Innerhalb ihres Anwendungsbereichs verdrängen daher die in § 26 Abs. 1 GlüStV geregelten Verbote die Vorgaben des § 5 GlüStV, während diese außerhalb des Anwendungsbereichs von § 26 Abs. 1 GlüStV auch im Hinblick auf spielhallenbezogene Werbung gelten. 3

Nach § 26 Abs. 1 Alt. 1 GlüStV darf von der äußeren Gestaltung einer Spielhalle keine Werbung für den Spieltrieb oder die in der Spielhalle angebotenen Spiele ausgehen. Die Norm statuiert innerhalb ihres Anwendungsbereichs ein **absolutes Werbeverbot**.[3] Zunächst stellt sich die Frage, was unter „Werbung" im Sinne der Norm zu verstehen ist. Die gemeinsamen Erläuterungen zum GlüStV 2008 definieren Werbung im Einklang mit der Rechtsprechung des Bundesgerichtshofs zum UWG als jede Äußerung bei der Ausübung eines Handels, Gewerbes, Handwerks oder freien Berufs mit dem Ziel, den Absatz von Waren oder die Erbringung von Dienstleistungen zu fördern.[4] 4

Allerdings verbietet die Norm nur, dass von der äußeren Gestaltung der Spielhalle Werbung für den Spieltrieb oder die in der Spielhalle angebotenen Spiele ausgeht. Umfasst ist damit nur **Werbung für den Betrieb in Gestalt des Glücksspielangebots**.[5] Der Wortlaut impliziert ein bewusstes Gestaltungselement, etwa die Verwendung einer stilisierten Leuchtreklame oder einer bestimmten Symbolik.[6] Eine Werbewirkung, die von der exponierten Lage einer Spielhalle oder anderen äußeren Umständen ausgeht, ist dagegen nicht untersagt.[7] 5

Vom Begriff der äußeren Gestaltung ist etwa die Fassade des Geschäftslokals, aber auch der Bereich unmittelbar vor dem Geschäftslokal – hierzu zählen zB auch öffentliche Gehwege – umfasst.[8] Dagegen ist Werbung außerhalb dieses Bereichs oder auch im Innern der Spielhalle nicht von den Regelungen umfasst.[9] Auch Teil dieser „äußeren Gestaltung" kann eine **Werbewirkung der Spielhalle** dadurch sein, dass im Inneren der Spielhalle angebrachte Werbung auch außen 6

1 Gemeinsame Erläuterungen zum GlüStV 2012, BW LT-Drs. 15/1570, 90.
2 Dietlein/Hecker/Ruttig/*Schmitt* § 26 Rn. 2.
3 Vgl. Dietlein/Hecker/Ruttig/*Schmitt* § 26 Rn. 4.
4 Gemeinsame Erläuterungen zum GlüStV 2008, BW LT-Drs. 14/1930, 36.
5 Dietlein/Hecker/Ruttig/*Schmitt* § 26 Rn. 5.
6 Becker/Hilf/Nolte/Uwer/*Brüning/Bloch* § 26 Rn. 16.
7 Becker/Hilf/Nolte/Uwer/*Brüning/Bloch* § 26 Rn. 16.
8 Dietlein/Hecker/Ruttig/*Schmitt* § 26 Rn. 6.
9 Dietlein/Hecker/Ruttig/*Schmitt* § 26 Rn. 6.

erkennbar ist.[10] Auch die transparente Gestaltung einer Spielhalle lässt sich im Einzelfall noch unter das Merkmal der äußeren Gestaltung subsumieren.

7 § 26 Abs. 1 Alt. 2 GlüStV ist nach richtiger Auffassung so zu verstehen, dass durch eine besonders auffällige Gestaltung der Spielhalle **kein zusätzlicher Anreiz für den Spieltrieb** geschafften werden darf.[11] Das Verbot ist wiederum lex specialis zu § 26 Abs. 1 Alt. 1 GlüStV; in den Anwendungsbereich der Norm fallen sämtliche Maßnahmen, Äußerungen und Elemente im Zusammenhang mit der äußeren Gestaltung einer Spielhalle, die nicht Werbung für den Spieltrieb oder in der Spielhalle angebotene Spiele sind.[12] Zum einen geht es um Werbemaßnahmen für andere Leistungen der Spielhalle außerhalb des Glücksspielangebots (zB Getränkewerbung), aber auch um sonstige Merkmale der äußeren Gestaltung. Solche Werbe- und Gestaltungsmaßnahmen sind nur dann verboten, wenn aufgrund ihrer besonders auffälligen Gestaltung ein zusätzlicher Anreiz für den Spielbetrieb geschaffen wird.[13] Dabei muss der Anreiz über den (erlaubten) Anreiz hinausgehen, der bereits aufgrund des vorgehaltenen Spielangebots besteht.[14]

8 **2. Sperrzeiten (Abs. 2).** Nach § 26 Abs. 2 GlüStV setzen die Länder für Spielhallen zur Sicherstellung der Ziele des § 1 GlüStV Sperrzeiten fest, die drei Stunden nicht unterschreiten dürfen. Damit soll das zeitliche Angebot an Glücksspielmöglichkeiten begrenzt werden, so dass insbesondere das dauerhafte Spielen pathologischer Spieler mit Beginn der Sperrstunde nachhaltig unterbrochen wird.[15] Die Länder dürfen auch über die **dreistündige Mindestsperrzeit** hinausgehen.[16] Daraus ergibt sich, dass die Länder Regelungen zu treffen haben und nach diesen Regelungen Spielhallen maximal 21 Stunden pro Tag geöffnet sein dürfen. Dagegen entfaltet die Norm – ohne Ausführungsregelungen – keinen unmittelbaren Regelungs- und Verbotscharakter.[17] Die gegenteilige Auffassung widerspricht schon dem Wortlaut der Norm, wonach die Länder Sperrzeiten „festsetzen". Die Länder sind diesem Regelungsauftrag nachgekommen und haben die Sperrzeiten von bis zu acht Stunden und teilweise Spielverbote an bestimmten Feiertagen festgesetzt.[18]

Achter Abschnitt Pferdewetten

§ 27 GlüStV Pferdewetten

(1) [1]Die stationäre Veranstaltung und Vermittlung von Pferdewetten darf nur mit einer Erlaubnis nach dem Rennwett- und Lotteriegesetz erfolgen. [2]§ 4 Absatz 2 Satz 1 und Absatz 3 ist anwendbar.

(2) [1]Das Veranstalten und Vermitteln von nach Absatz 1 erlaubten Pferdewetten im Internet nach § 4 Absatz 4 und 5 kann im ländereinheitlichen Verfahren er-

---

10 Ebenso Dietlein/Hecker/Ruttig/*Schmitt* § 26 Rn. 6; aA Becker/Hilf/Nolte/Uwer/*Brüning/Bloch* § 26 Rn. 15.
11 Dietlein/Hecker/Ruttig/*Schmitt* § 26 Rn. 7.
12 Dietlein/Hecker/Ruttig/*Schmitt* § 26 Rn. 7.
13 Dietlein/Hecker/Ruttig/*Schmitt* § 26 Rn. 8.
14 Dietlein/Hecker/Ruttig/*Schmitt* § 26 Rn. 8.
15 Vgl. Gemeinsame Erläuterungen zum GlüStV 2012, BW LT-Drs. 15/1570, 90 f.
16 Gemeinsame Erläuterungen zum GlüStV 2012, BW LT-Drs. 15/1570, 91.
17 Ebenso Becker/Hilf/Nolte/Uwer/*Brüning/Bloch* § 26 Rn. 31; aA Dietlein/Hecker/Ruttig/*Schmitt* § 26 Rn. 13.
18 Vgl. eingehend Ennuschat/Wank/Winkler/*Ennuschat* GewO § 33i Rn. 39; Dietlein/Hecker/Ruttig/*Schmitt* § 26 Rn. 14 ff.

laubt werden. [2]§§ 4b Absatz 1 Satz 1 bis 3 und Satz 4 Nummer 2, 3, 5, 6 und 7, Absatz 2 und 3 sowie die §§ 4c und 4d finden entsprechende Anwendung. [3]Abweichend von § 4c Absatz 3 Satz 2 und 3 wird die Sicherheitsleistung von der für die Erlaubniserteilung zuständigen Behörde in Höhe des zu erwartenden Durchschnittsumsatzes eines Monats, maximal auf 50 Millionen Euro, festgesetzt. [4]Nachweise und Unterlagen aus einem anderen Mitgliedstaat der Europäischen Union oder einem anderen Vertragsstaat des Abkommens über den Europäischen Wirtschaftsraum stehen inländischen Nachweisen und Unterlagen gleich, wenn aus ihnen hervorgeht, dass die Anforderungen der in Satz 1 und 2 und Absatz 4 genannten Voraussetzungen erfüllt sind. [5]Die Unterlagen sind auf Kosten des Antragstellers in beglaubigter Kopie und beglaubigter deutscher Übersetzung vorzulegen.

(3) [1]Im Erlaubnisverfahren nach Absatz 2 ist anzugeben, welche Typen von Pferdewetten angeboten werden sollen. [2]In der Erlaubnis kann bestimmt werden, dass wesentliche Änderungen des Angebots von der Erlaubnisbehörde zu genehmigen sind. [3]Ferner kann bestimmt werden, dass neue Typen von Pferdewetten erstmals nach Ablauf einer in der Erlaubnis zu bezeichnenden Wartefrist nach Eingang einer Anzeige bei der Erlaubnisbehörde angeboten werden dürfen.

(4) Die Erlaubnis nach Absatz 2 darf nur erteilt werden, wenn

1. der Antragsteller und die von ihm beauftragten verantwortlichen Personen die für die Veranstaltung öffentlicher Glücksspiele erforderliche Zuverlässigkeit und Sachkunde besitzen und die Gewähr dafür bieten, dass die Veranstaltung ordnungsgemäß und für die Spieler sowie die Erlaubnisbehörde nachvollziehbar durchgeführt wird; bei juristischen Personen und Personengesellschaften müssen alle vertretungsbefugten Personen die Voraussetzungen der Zuverlässigkeit und Sachkunde besitzen,
2. weder der Antragsteller selbst noch ein mit ihm verbundenes Unternehmen noch eine den Antragsteller beherrschende Person noch eine von der den Antragsteller beherrschenden Person beherrschte Person unerlaubte Glücksspiele veranstaltet oder vermittelt,
3. die Transparenz des Betriebs sichergestellt ist,
4. der Antragsteller einen Sitz in einem Mitgliedstaat der Europäischen Union oder einem Vertragsstaat des Abkommens über den Europäischen Wirtschaftsraum hat,
5. der Antragsteller, sofern er über keinen Sitz im Inland verfügt, der zuständigen Behörde einen Empfangs- und Vertretungsbevollmächtigten im Inland benennt, der die Zuverlässigkeit im Sinne von Nummer 1 besitzt,
6. bei Angeboten im Internet auf der obersten Stufe eine Internetdomäne „.de" errichtet ist,
7. der Antragsteller für alle Spiel- und Zahlungsvorgänge in Deutschland eine eigene Buchführung einrichtet und spielbezogene Zahlungsvorgänge über ein Konto im Inland oder bei einem in einem Mitgliedstaat der Europäischen Union beheimateten Kreditinstitut abwickelt und
8. der Antragsteller Schnittstellen zur Prüfung aller Spielvorgänge in Echtzeit zur Verfügung stellt.

Literatur: *Ennuschat/Klestil*, Pferdewetten zwischen Gewerbefreiheit und Ordnungsrecht, GewArch 2012, 417 ff.; *Voßkuhle*, Glücksspiel ohne Grenzen – Zur rechtlichen Zulässigkeit der grenzüberschreitenden Vermittlung von Pferderennwetten, GewArch 2001, 177 ff.; *Welz*, Das RennwLottG und die Erweiterung der Zuweisung der Rückvergütung an Rennvereine, UVR 2021, 150 ff.; *Wernsmann/Loscher*, Rennwetterlaubnis und Rennwettsteuer nach Neuregelung der Pferderennwetten, DVBl 2014, 211 ff.

I. Übersicht

1 Unter der Überschrift Pferdewetten regelt § 27 in Abs. 1 stationäre Pferdewetten und in Abs. 2 – 4 Pferdewetten im Internet. § 27 Abs. 3 aF ist entfallen (→ Rn. 11). Auf Pferdewetten sind (nur) §§ 1–3, 5–9a, 23, 28–35 anwendbar (§ 2 Abs. 5).

II. Anwendungsbereich

2 a) Der Begriff „Pferdewetten" wird in § 3 Abs. 1 S. 6 **legal definiert** als Wetten aus Anlass öffentlicher Pferderennen und anderer öffentlicher Leistungsprüfungen für Pferde. Erfasst sind hiervon öffentliche Pferdewetten (vgl. § 3 Abs. 2), die sich an einen nicht geschlossenen Personenkreis richten oder gewohnheitsmäßig in einer geschlossenen Gesellschaft (Verein o.ä.) veranstaltet werden.

3 b) Vom Anwendungsbereich des GlüStV (vgl. § 2 Abs. 1) nicht erfasst sind private (nicht-öffentliche) Wetten zwischen zwei oder mehr Personen, die eine solche Wette im Einzelfall und nicht planmäßig eingehen. In einem solchen Fall wird eine Wette bereits nicht „veranstaltet" (vgl. hierzu § 3 Abs. 4), so dass die Regelungen des § 27 keine Anwendung finden; § 762 BGB ist zu beachten.

III. Stationäre Pferdewetten (Abs. 1)

4 a) Die stationäre Veranstaltung und Vermittlung von Pferdewetten setzt eine Erlaubnis nach dem RennwLottG voraus (dynamische Verweisung auf das Gesetz v. 25.6.2021). Für das Merkmal „stationär" ist entscheidend, dass die Wette (nicht das Pferderennen) stationär veranstaltet oder vermittelt wird, dh dass die Gebotsabgabe an einem festen Standort erfolgt / beispielsweise an der Pferderennbahn, bei einem Wettbüro oder an einem anderen Ort, vgl. § 3 Abs. 4). Unerheblich ist, ob das Pferderennen selbst im In- oder Ausland stattfindet (vgl. § 1 Abs. 1, 4 RennwLottG); die Wette muss im Inland stationär veranstaltet oder vermittelt werden.

5 b) **Erlaubnis nach RennwLottG**: Für stationär veranstaltete oder vermittelte Pferdewetten normiert § 27 keine eigene Erlaubnis, sondern verweist insoweit auf die Erlaubnisse nach dem RennwLottG (weitere Einzelheiten in der RennwLottDV, früher „Ausführungsbestimmungen" zum RennwLottG). Dieses zum 1.7.2021 ebenfalls novellierte Gesetz kennt zwei Erlaubnisse: die Erlaubnis nach § 1 RennwLottG zum Betrieb eines Totalisators durch einen Rennverein (dessen Zweck die Förderung der Pferdezucht sein muss, § 2 Abs. 3 RennwLottDV) und die Buchmachererlaubnis nach § 2 RennwLottG, die allerdings zunächst nur stationäre bzw. terrestrische Buchmachertätigkeit (also insbes. nicht solche im Internet) erfasst. Letzteres ergibt sich aufgrund der Anknüpfung von § 2 Abs. 2 S. 1, 2 RennwLottG an die jeweilige „Örtlichkeit", an der die Wette unter Anwesenden abgeschlossen wird.[1]

1 Vgl. BVerwGE 140, 1 Rn. 38; BFHE 269, 370 Rn. 18.

c) Stationäre Vermittlung von Pferdewetten in das **Ausland**: Die einschränkende Regelung des § 27 Abs. 1 S. 2 GlüStV aF[2] ist in Abs. 1 nF nicht aufgenommen worden. Damit umfasst die Buchmachererlaubnis (§ 2 RennwLottG) auch die Erlaubnis zur Vermittlung von Pferdewetten an einen ausländischen Buchmacher, der keine inländische Erlaubnis hat.[3] Dies gilt aber nur für die stationäre Vermittlung von Pferdewetten in das Ausland (§ 4 Abs. 2 S. 2 nicht anwendbar). Die Vermittlung von im Inland unerlaubten Pferdewetten über das Internet ist nicht erlaubt (§ 27 Abs. 2 S. 1 iVm § 4 Abs. 4 S. 1, Abs. 5 iVm Abs. 2 S. 2). Diese Rechtslage bilden die Erläuterungen zum GlüStV leider nur missverständlich ab, wenn es dort heißt: „*Unzulässig bleibt ... die Vermittlung von Wetten an in Deutschland nicht zugelassene Veranstalter.*“.[4] Auch aus der Öffnungsklausel in § 6 Abs. 3 RennwLottG (§ 25 Abs. 3 RennwLottG aF) kann ein Verbot der stationären Vermittlung von Wetten an in Deutschland nicht zugelassene Veranstalter nicht abgeleitet werden. 6

IV. Pferdewetten im Internet (Abs. 2 bis 4)

a) Die Veranstaltung und Vermittlung von Pferdewetten im Internet setzt eine Erlaubnis voraus, die im ländereinheitlichen Verfahren durch die zuständige (§ 9a Abs. 1 Nr. 3, 27f Abs. 1) Gemeinsame Glücksspielbehörde erteilt werden kann. Zusätzlich ist eine Erlaubnis nach RennwLottG erforderlich, da Abs. 2 S. 1 von „nach Abs. 1 erlaubten Pferdewetten“ spricht.[5] 7

b) **Erlaubnisvoraussetzungen:** Die Erlaubnisvoraussetzungen finden sich in Abs. 2 S. 1 und Abs. 4. Für die Erlaubnis sind zunächst die allgemeinen Erlaubnisvoraussetzungen des § 4 Abs. 5 (und Abs. 2) einzuhalten. Zur Spielersperre vgl. die Besonderheiten → Rn. 11. Einzelne der besonderen Erlaubnisvoraussetzungen des § 4a (der nicht unmittelbar gilt, vgl. § 2 Abs. 5) sind gemäß § 27 Abs. 4 anwendbar, nämlich § 4a Abs. 1 Nr. 1 lit. b, d, Nr. 3 lit. a (teilweise), b, c, d, e (jeweils wörtlich übernommen). § 27 Abs. 4 Nr. 6 entspricht § 6e Abs. 3 S. 1. Das Regelungsregime zu Pferdewetten im Internet ist damit etwas liberaler ausgestaltet als bei sonstigen Sportwetten. Begründet wird dies mit der untergeordneten Bedeutung von Pferdewetten und „wegen der historischen und tatsächlichen Besonderheiten des Sektors“.[6] 8

c) **Erlaubnisverfahren:** Für das Erlaubnisverfahren verweist Abs. 2 S. 2 bis 5 auf die wesentlichen Vorschriften von § 4b, 4c, 4d. Nicht erforderlich sind die Offenlegung der Beteiligungsverhältnisse bei dem Antragsteller und die Vorlage eines Wirtschaftlichkeitskonzeptes. Nach Abs. 3 muss der Antragsteller angeben, welche Typen von Pferdewetten angeboten werden sollen (also etwa Sieg, Platz, Zwilling, Zweierwette, etc). Auch wenn die Erlaubnis nicht auf die angegebenen Typen zu beschränken ist, kann dem Antragsteller aufgegeben werden, dass wesentliche Änderungen des Angebots von der Erlaubnisbehörde genehmigt werden müssen. 9

---

2 Vgl. hierzu BayVerfGH NVwZ 2017, 785 Rn. 86.
3 Rechtslage wie vor GlüStV 2012; vgl. OVG Hamburg GewArch 2004, 243; Dietlein/Hecker/Ruttig/*Ennuschat*, GlücksspielR, 2. Aufl., RennwLottG § 2 Rn. 8; *Voßkuhle* GewArch 2001, 177.
4 NRW LT-Drs. 17/11683, 102 f.
5 Vgl. NRW LT-Drs. 17/11683, 196.
6 NRW LT-Drs. 17/11683, 102.

V. Andere Tierwetten

10 **Andere Tierwetten** als Pferdewetten können nicht nach § 27 erlaubt werden und sind als öffentliche Wetten nach § 4 Abs. 1 grds. verboten. Auch die Vermittlung von anderen Tierwetten, die im Ausland stattfinden (zB Hunderennen), ist daher verboten.

VI. Sperrsystem, Spielersperre

11 Nachdem § 27 Abs. 3 aF das Sperrsystem (nur) bei Festquotenwetten für anwendbar erklärte, findet sich in § 27 keine explizite Regelung mehr zum Sperrsystem und zur Spielsperre bei Pferdewetten. Grund hierfür ist § 2 Abs. 5, der für Pferdewetten die gesamten Regelungen der §§ 5 – 9a für anwendbar erklärt. Somit greift das Sperrsystem (§ 8 Abs. 6) und die Spielersperre (§ 8 Abs. 2) nunmehr grds. bei Pferdewetten, unabhängig von der Art der Wette (Festquote, Buchmacher). Eine Ausnahme hiervon regelt § 8 Abs. 2 S. 2 Var. 3. Aus Gründen der Verhältnismäßigkeit und der Praktikabilität[7] gilt die Spielersperre nicht für stationäre Pferdewetten, die auf einer inländischen Pferderennbahn angeboten werden und ebenfalls nicht für stationäre Pferdewetten, die von einem Rennverein angeboten werden, welcher das „Unternehmen eines Totalisatoren" nach § 1 RennwLottG betreibt (§ 8 verweist noch auf den Wortlaut des RennwLottG aF). Bei nicht-stationären Pferdewetten sind Sperrsystem und Spielersperre einzuhalten.

VII. Besteuerung

12 Die Besteuerung von Rennwetten richtet sich nach §§ 8–15 RennwLottG. Der Steuergegenstand ist in § 8 RennwLottG bewusst[8] weit gefasst worden. Besteuert werden nicht nur legale, sondern auch illegale Pferdewetten, für die es an einer Erlaubnis mangelt. Ob das Pferderennen selbst im In- oder Ausland stattfindet ist, ist für die Besteuerung irrelevant; ebenso irrelevant ist, ob die Wette über das Internet oder stationär abgeschlossen oder vermittelt worden ist (vgl. auch § 3 Abs. 2 S. 2 RennwLottG). Maßgeblich ist allein, ob eine im Inland ansässige Person eine Wette aus Anlass öffentlicher Pferderennen und anderer öffentlicher Leistungsprüfungen für Pferde hält. Die auf den Spieler überwälzte Steuer beträgt 5,3 % auf den „geleisteten Wetteinsatz abzüglich der Rennwettsteuer" (dh Wetteinsatz x 0,053 / 1,053, vgl. § 43 RennwLottDV). Der Großteil des Steueraufkommens soll nach § 7 RennwLottG wieder zweckgebunden an Rennvereine ausgekehrt werden. Dies ist angesichts des Non-Affektationsprinzips verfassungsrechtlich bedenklich; der Ansatz einer Rechtfertigung hierfür findet sich in BT-Drs. 19/28400, 51 nicht.

VIII. Altlizenzen / Übergangsregelungen

13 Vgl. hierzu § 29 Abs. 3, 5 (Fortgeltung von Altlizenzen bis Ende 2022) sowie § 27p Abs. 1 Nr. 3 (Zuständigkeit Glücksspielaufsichtsbehörde Hessen bis Ende 2022).

7 NRW LT-Drs. 17/11683, 160.
8 Vgl. BT-Drs. 19/28400, 52.

Neunter Abschnitt Gemeinsame Glücksspielbehörde der Länder

§ 27a GlüStV Errichtung, Rechtsform, Name, Sitz, anzuwendendes Recht, Dienstsiegel

(1) [1]Die Länder errichten zur Wahrnehmung der Aufgaben der Glücksspielaufsicht insbesondere im Bereich des Internets zum 1. Juli 2021 eine rechtsfähige Anstalt des öffentlichen Rechts (Anstalt) mit Sitz in Sachsen-Anhalt (Sitzland). [2]Die Anstalt gilt als Einrichtung des Sitzlandes.

(2) Die Anstalt trägt den Namen „Gemeinsame Glücksspielbehörde der Länder".

(3) Für die Errichtung und den Betrieb der Anstalt findet das Recht des Sitzlandes Anwendung, soweit sich aus diesem Staatsvertrag nichts anderes ergibt.

(4) [1]Soweit dieser Staatsvertrag nichts anderes bestimmt, ist für die Durchführung von Verwaltungsverfahren und für die Verwaltungsvollstreckung das Recht des Sitzlandes anzuwenden. [2]Die Anstalt gilt für die Anwendung des Rechts des Sitzlandes zugleich als dessen Einrichtung.

(5) Die Anstalt führt ein Dienstsiegel.

Literatur: *Brüning/Thomsen*: Das Online-Glücksspiel nach dem Glücksspiel-Staatsvertrag 2021, NVwZ 2021, 11; *Dittmann*, Glücksspielregulierung durch Rechtsverordnungen der Gemeinsamen Glücksspielbehörde der Länder, ZfWG 2020, 302; *Kirchhof*, Das Glücksspielkollegium verletzt das Grundgesetz, ZfWG 2015, 301; *Maunz/Düring*. GG Kommentar, 94. EL (Stand 01/2021); *Maurer/Waldhoff*, Allgemeines Verwaltungsrecht, 20. Aufl. 2020; *Posser/Wolff* [Hrsg.], BeckOK VwGO, 57. Edition (Stand 1.4.2021); *Reeckmann*, Der Glücksspielstaatsvertrag 2021 (GlüStV 2021) – Und sie bewegt sich doch, ZfWG 2020, 345; *Unger*, Die Glücksspielregulierung in der Föderalismusfalle, ZfWG 2021, 1.

I. Genese/Gesetzesentwicklung

1 Der gesamte mit § 27a beginnende Neunte Abschnitt wurde **neu** in den Glücksspielstaatsvertrag **aufgenommen**. Der ehemalige Neunte Abschnitt des Glücksspielstaatsvertrags aF ist nun Abschnitt zehn.

2 Der Neunte Abschnitt umfasst 16 Paragrafen, die sich mit der Errichtung der Gemeinsamen Glücksspielbehörde der Länder befassen und deren Organisation und Aufgaben ausgestalten. Der neue Neunte Abschnitt stellt eine **bedeutende Änderung** der Glücksspielregulierung dar.[1] Inhaltlich ist die Gemeinsame Glücksspielbehörde der Länder wohl als Konsequenz auf die beim Vollzug des vorherigen Glücksspielstaatsvertrages augenscheinlich gewordenen Schwachpunkte zu verstehen.[2]

3 Durch die nach § 27a zu errichtende Gemeinsame Glücksspielbehörde der Länder und die damit im Zusammenhang stehenden Regelungen werden Überlegun-

1 Ebenso *Reeckmann* ZfWG 2020, 345 (349).
2 *Dittmann* ZfWG 2020, 302 (303); wohl auch *Unger* ZfWG 2021, 1.

gen umgesetzt, die im Bereich der Glücksspielregulierung bereits seit geraumer Zeit erörtert wurden. So finden sich etwa im Evaluationsbericht der obersten Glücksspielaufsichtsbehörden aus dem Jahr 2017 Überlegungen zur Gründung einer länderübergreifenden Glücksspielbehörde.[3] Auch finden sich in einigen europäischen Ländern (Belgien, Dänemark, Frankreich, Großbritannien, Spanien und den Niederlanden) vergleichbare Behörden.[4]

II. Erläuterungen

4 **1. Verfassungsrechtliche Zulässigkeit einer Länderkooperation.** Die Kooperation der Bundesländer im Bereich der Glücksspielregulierung, die nicht zuletzt in der Gemeinsamen Glücksspielbehörde der Länder deutlich wird, steht in der Tradition einer seit Jahren gefestigten allgemeinen Praxis.[5] Dabei ist es weit überwiegend anerkannt, dass eine derartige Kooperation der Länder verfassungsrechtlich grundsätzlich möglich ist.[6] Erforderlich ist hierfür jedoch, insbesondere aufgrund des Prinzips der eigenverantwortlichen Aufgabenwahrnehmung, dass enge Voraussetzungen eingehalten werden. Notwendig ist zunächst, dass ein sachlicher Grund für die Übertragung vorliegt. Weiter muss die übertragende Aufgabe eng umrissen und nicht Teil des Kernbestands der Staatlichkeit des übertragenden Landes sein. Auch darf die Übertragung lediglich vorübergehend sein und muss – beispielsweise durch Kündigung – rückholbar sein. Schließlich muss das übertragende Land zur Wahrung des **Demokratieprinzips** auch nach der Übertragung noch an Entscheidungen mitwirken können und es muss für die gemeinsame Einrichtung der Länder eine eindeutige rechtliche Zuständigkeit geben.[7]

5 Ob die Gemeinsame Glücksspielbehörde der Länder diesen Anforderungen gerecht wird, ist eine Frage, über die ein **Meinungsstreit** besteht. Während auf der einen Seite „durchgreifende demokratische Bedenken“ angemeldet werden,[8] heißt es auf der anderen Seite, dass die Gemeinsame Glücksspielbehörde der Länder verfassungsrechtlich nicht zu beanstanden ist.[9]

6 Gemessen an den Voraussetzungen, die an eine länderübergreifende Kooperation in einer gemeinsamen Einrichtung gestellt werden, sprechen gute Argumente dafür, dass die verfassungsrechtlichen Zweifel nicht durchdringen. Gewahrt sein dürften insbesondere die Anforderungen des Demokratieprinzips. Denn die organisatorischen Vorgaben des Neunten Teils des Glücksspielstaatsvertrages stellen sicher, dass die Länder über den Verwaltungsrat Entscheidungsrichtlinien

---

3 Evaluationsbericht der obersten Glücksspielaufsichtsbehörden vom 18.4.2017, abrufbar etwa unter https://www.im.nrw/sites/default/files/media/document/file/gs_Evaluationsbericht%202017.pdf; hierzu auch *Dittmann* ZfWG 2020, 302 (303).

4 NRW LT-Drs. 17/11683, 75.

5 Ebenso *Dittmann* ZfWG 2020, 302 (304). Beispiele für die Praxis finden sich etwa in NRW LT-Drs. 17/11683, 198.

6 Nur BayVerfGH 25.9.2015 – Vf. 9-VII-13, BeckRS 2015, 52905 Rn. 124 ff. mit ausführlicher Darstellung des Meinungsstands.

7 Zu den Voraussetzungen nur NRW LT-Drs. 17/11683, 198 und *Dittmann* ZfWG 2020, 302 (304) jeweils mwN.

8 *Unger* ZfWG 2021, 1; Stellungnahme des Instituts für Glücksspiel und Gesellschaft (GLÜG) der Ruhr-Universität Bochum, die in das Gesetzgebungsverfahren verschiedener Länder zur Zustimmung zum Staatsvertrag eingebracht wurde (bspw. Stellungnahme NRW LT-Drs. 17/3633, 4 ff.). Noch zum Glücksspielkollegium in der Sache, aber wohl auf die Gemeinsame Glücksspielbehörde der Länder übertragbar *Kirchhof* ZfWG 2015, 301 ff.

9 *Dittmann* ZfWG 2020, 302 (304). So auch die Positionen der Landesregierungen, beispielhaft hierfür die Staatskanzlei NRW (Vorlage NRW LT-Drs. 17/4796, 3 ff.).

(→ § 27h Rn. 19) erlassen können und so an den Entscheidungen mitwirken. Auch dass solche Richtlinien im Verwaltungsrat nicht einstimmig beschlossen werden müssen, sondern eine Zweidrittelmehrheit ausreichend ist (→ § 27h Rn. 13), begegnet insoweit keinen durchgreifenden Bedenken.[10] Denn durch diese Vorgabe wird eine Sperrminorität eines Bundeslandes ausgeschlossen, welche gerade die Durchsetzung des Willens der überwiegenden Mehrheit der Parlamente blockieren würde.[11] Weiter ist zu berücksichtigen, dass die hohe Detaildichte des Glücksspielstaatsvertrages sichert, dass die Gemeinsame Glücksspielbehörde der Länder lediglich politische Entscheidungen, die zuvor im Staatsvertrag festgelegt wurden, vollzieht und nicht selbst derartige Entscheidungen trifft.[12] Mit Blick auf die erstmals zum 31.12.2028 und dann jährlich möglich werdende Kündigung des Staatsvertrags (→ § 35 Rn. 4 f.) ist es auch unschädlich, dass der Vertrag unbefristet abgeschlossen wurde. Jedenfalls im Wege der Kündigung haben die Länder die Möglichkeit, die Aufgaben „zurückzuholen". Abzuwarten bleibt, ob die Rechtsprechung ebenfalls von einer **Verfassungsmäßigkeit** der Gemeinsamen Glücksspielbehörde der Länder ausgehen wird. Da der Bereich der Glücksspielregulierung durchaus konfliktträchtig ist, ist zu erwarten, dass relativ zeitnah Entscheidungen zu dieser Frage vorliegen werden.

2. Die Gemeinsame Glücksspielbehörde der Länder. Die Gemeinsame Glücksspielbehörde der Länder hat ihren Sitz in Sachsen-Anhalt, konkret in **Halle/ Saale** im ehemaligen technischen Rathaus. Die formale Errichtung erfolgte mit Inkrafttreten des Staatsvertrages zum 1.7.2021, wobei die Gemeinsame Glücksspielbehörde der Länder ihre Zuständigkeiten (→ § 27f Rn. 9 f.) erst zeitversetzt mit Wirkung zum 1.1.2023 ausüben wird (→ § 27p Rn. 1). Die Übergangsphase dient dem Aufbau.[13] Sofern der Aufbau in diesem Zeitfenster nicht verwirklicht werden können sollte, besteht die Möglichkeit, die **Übergangsphase** gestützt auf § 27p Abs. 12 um bis zu 2 Jahre zu verlängern. Die Gemeinsame Glücksspielbehörde der Länder würde ihre Zuständigkeiten dann entsprechend später aufnehmen. Erforderlich ist hierfür ein einstimmiger Beschluss des Verwaltungsrates (→ § 27h Rn. 14). 7

Einzurichten ist die Gemeinsame Glücksspielbehörde der Länder als rechtsfähige **Anstalt des öffentlichen Rechts** (§ 27a Abs. 1 S. 1). In der Sache handelt es sich bei einer solchen Anstalt um eine rechtsfähige Verwaltungseinheit, die als verselbstständigte Zusammenfassung von Bediensteten und Sachmitteln (zB Gebäude) zur dauerhaften Erfüllung bestimmter Verwaltungsaufgaben (→ § 27e Rn. 2) geschaffen wird.[14] Aufgrund der Organisationsform ist die innere Struktur und das Verhältnis zu den Trägern, also den Ländern (→ § 27c Rn. 2), öffentlich-rechtlich zu beurteilen. Als Anstalt hat die Gemeinsame Glücksspielbehörde der Länder die ihr obliegenden Aufgaben in eigener Verantwortung wahrzunehmen und haftet selbst für ihre Verbindlichkeiten (→ § 27d Rn. 3). Soweit die Organisation und die Aufgaben der Anstalt nicht durch Gesetz abschließend festgesetzt sind oder der Anstalt zur selbstständigen Regelung überlassen sind (→ § 27b 8

10 Ebenso, allerdings noch zum Glücksspielkollegium BayVerfGH 25.9.2015 – Vf. 9-VII-13, BeckRS 2015, 52905 Leitsatz 5; aA *Kirchhof* ZfWG 2015, 301 (306), ebenfalls noch zum Glücksspielkollegium.

11 Staatskanzlei NRW (Vorlage NRW LT-Drs. 17/4796, 3 ff.); im Ergebnis ebenso *Dittmann* ZfWG 2020, 302 (305).

12 Ebenso Staatskanzlei NRW (Vorlage NRW LT-Drs. 17/4796, 5). Jedenfalls partiell wohl aA *Brüning/Thomsen* NVwZ 2021, 11 (15), die bezogen auf den Vollzug im Online-Glücksspiel das Fehlen gesetzlicher Leitlinien bemängeln.

13 NRW LT-Drs. 17/11683, 200. Zweifelnd, ob die vorgesehene Zeit für den Aufbau ausreicht *Reeckmann* ZfWG 2020, 345 (349).

14 Hierzu nur Maunz/Dürig/*Ibler* GG Art. 87 Rn. 258.

Rn. 2), können die Anstaltsträger insoweit Regelungen treffen.[15] Vertreten wird die Anstalt durch ihre Organe (→ § 27g Rn. 2). In Zusammenschau der Regelungen zur Gemeinsamen Glücksspielbehörde der Länder wird es für möglich erachtet, dass sich diese zu einem „Nationalen Kompetenzzentrum in Sachen Glücksspiel" entwickeln kann.[16]

9 In § 27a Abs. 1 S. 2 und Abs. 4 S. 2 wird die Gemeinsame Glücksspielbehörde der Länder mittels **Fiktion** („gilt") dem Land Sachsen-Anhalt zugeordnet.[17] Durch diese Zuordnung wird sichergestellt, dass die Zurechenbarkeit der Aufgabenwahrnehmung im Außenverhältnis deutlich erkennbar ist (zur verfassungsrechtlichen Notwendigkeit → Rn. 3). Dies betrifft insbesondere die eindeutige Bestimmbarkeit des anwendbaren Landesrechts sowie das Einstehen für die getroffenen Entscheidungen im Verhältnis zu Dritten.[18] Konkret bedeutet dies: Für die Gemeinsame Glücksspielbehörde der Länder ist einerseits das Recht des Landes Sachsen-Anhalt durchgängig anwendbar und andererseits sind die Entscheidungen der Gemeinsamen Glücksspielbehörde der Länder stets Sachsen-Anhalt als Sitzland zurechenbar.[19]

10 Die Fiktion in § 27a Abs. 1 S. 2 und Abs. 4 S. 2 bedeutet auch, dass die Gemeinsame Glücksspielbehörde der Länder **landesorganisationsrechtlich** als Einrichtung des Landes Sachsen-Anhalt zu behandeln ist.[20]

11 Ebenfalls bedeutsam ist die rechtliche Anbindung an Sachsen-Anhalt als Sitzland mit Blick auf Klagen gegen die Gemeinsame Glücksspielbehörde der Länder. Denn wenn sich eine Klage gegen eine gemeinsame Behörde mehrerer oder aller Länder richtet, ist nach § 53 Nr. 3 S. 2 VwGO das **Verwaltungsgericht** örtlich zuständig, in dessen Bezirk der Beschwerte (Kläger) seinen Sitz oder Wohnsitz hat. Zweck dieser Regelung ist es, eine Konzentration von Rechtsstreitigkeiten bei dem Gericht zu verhindern, das für den Sitz einer Behörde mit weiträumigem Wirkungsbereich zuständig ist.[21] Demgegenüber hat diese Reglung zur örtlichen Zuständigkeit keine Auswirkung auf das in der Sache anzuwendende Recht. Sofern Verwaltungsgerichte außerhalb des Sitzlandes Sachsen-Anhalt **örtlich zuständig** sind, müssen diese daher das Recht des Sitzlandes anwenden.[22] Ob aus der damit angelegten Pluralität erstinstanzlicher Zuständigkeiten tatsächlich divergierende Entscheidungen resultieren, die wiederrum Rechtsunsicherheit nach sich ziehen, wie vereinzelt prognostiziert,[23] bleibt abzuwarten. Eine gewisse „Bündelung" der Verfahren bei dem für den Sitz der Gemeinsamen Glücksspielbehörde der Länder zuständigen Gericht wird jedenfalls dadurch eintreten, dass dieses Gericht für Klagen zuständig ist, die Kläger ohne Sitz oder Wohnsitz im örtlichen Zuständigkeitsbereich der Gemeinsamen Glücksspielbehörde der Länder (Bundesrepublik Deutschland) erheben; § 53 Nr. 3 S. 3 iVm Nr. 5 VwGO.

15 Zu dem auf Otto Mayer zurückgehenden Begriffsverständnis nur *Maurer/Waldhoff* AllgVerwR § 23 Rn. 48.
16 *Dittmann* ZfWG 2020, 302 (303).
17 Ebenfalls den Begriff „Fiktion" nutzend *Dittmann* ZfWG 2020, 302. In Ergebnis ebenso *Unger* ZfWG 2021, 1.
18 NRW LT-Drs. 17/11683, 200.
19 NRW LT-Drs. 17/11683, 201.
20 NRW LT-Drs. 17/11683, 201.
21 BeckOK VwGO/*Berstermann* § 52 Rn. 12.
22 Ebenso NRW LT-Drs. 17/11683, 201.
23 *Dittmann* ZfWG 2020, 302 (305), der dafür plädiert, die VwGO zu ergänzen und für die Gemeinsame Glücksspielbehörde der Länder eine Regelung einzuführen, die der für die Stiftung für Hochschulzulassung (früher ZVS) geltenden Sonderregelung entspricht (§ 52 Nr. 3 S. 4 VwGO).

§ 27b GlüStV Satzung

[1]Die Anstalt gibt sich nach Maßgabe dieses Staatsvertrages eine Satzung. [2]Die Satzung und deren Änderungen sind im Verkündungsblatt des Sitzlandes zu veröffentlichen.

I. Genese/Gesetzesentwicklung

1 Die Regelung wurde als Teil des vollständig neu geschaffenen Neunten Abschnitts in den Glücksspielstaatsvertrag aufgenommen (→ § 27a Rn. 1).

II. Erläuterungen

2 Nach § 27b muss die Gemeinsame Glücksspielbehörde der Länder ihr **Binnenrecht** zwingend („gibt") per Satzung regeln. Die Satzung ist vom Verwaltungsrat der Anstalt zu beschließen. Der Beschluss muss einstimmig erfolgen (§ 27h Abs. 6 S. 1). Mangels einer speziellen Regelung für die Gründungsphase gilt dieses Verfahren auch für die erste Satzung. Folglich kann die Satzung frühestens bei der ersten Sitzung des Verwaltungsrats nach Errichtung verabschiedet werden. Um dies zu gewährleisten, wurde ein Satzungsentwurf unter Federführung von Sachsen-Anhalt als Sitzland erarbeitet.[1]

3 Inhaltlich soll die Satzung insbesondere Näheres zur Zusammenarbeit und Arbeitsweise der Organe und zur Einrichtung möglicher Beiräte enthalten.[2] Während Regelungen zu einem Beirat (bspw. Sportbeirat)[3] nicht zwingend in der Satzung zu treffen sind, müssen andere Regelungen aufgrund entsprechender Vorgaben des Staatsvertrages durch den Verwaltungsrat **zwingend per Satzung** geregelt werden. Hierzu zählen:

- Nach § 27c Abs. 5 S. 4 sind die Regelungen des Staatsvertrages zur Haushalts- und Wirtschaftsführung per Satzung näher auszugestalten (→ § 27c Rn. 7);
- Nach § 27h Abs. 3 S. 2 Nr. 5 ist in der Satzung zu regeln, ab welcher Leitungsebene der Verwaltungsrat für Einstellungen, Beförderungen und Entlassungen von Beschäftigten zuständig ist;
- Nach § 27h Abs. 3 S. 2 Nr. 9 ist ein Grenzwert für Streitwerte in der Satzung vorzusehen, ab dessen Überschreiten der Verwaltungsrat beschließen muss, ob ein Rechtsstreit geführt werden soll;
- Nach § 27h Abs. 3 S. 2 Nr. 10 ist für die Einleitung der Vergabe von Aufträgen ein Grenzwert vorzusehen, der einen Beschluss des Verwaltungsrates erforderlich macht;
- Nach § 27h Abs. 3 S. 2 Nr. 11 ist in der Satzung für Verträge mit einer Laufzeit von mehr als 2 und weniger als 5 Jahren, die zu einer Verpflichtung der Anstalt führen, ein Grenzwert festzulegen, ab dessen Überschreitung der Verwaltungsrat dem Vertrag zustimmen muss;
- Nach § 27h Abs. 5 sind in der Satzung Regelungen zur Überwachung des Vorstandes durch den Verwaltungsrat festzulegen.

4 Darüber hinaus können vom Verwaltungsrat für sinnvoll erachtete organisationsrechtliche Regelungen zum Vorstand und zum Verwaltungsrat in der Satzung getroffen werden. Sowohl hinsichtlich des Verwaltungsrates (§ 27h Abs. 8) wie auch hinsichtlich des Vorstandes (§ 27i Abs. 5) sind hierzu klarstellende **generalklauselartige Regelungsbefugnisse** im Glücksspielstaatsvertrag enthalten. Mög-

1 Vorlage NRW LT-Drs. 17/4796, 2.
2 NRW LT-Drs. 17/11683, 201.
3 NRW LT-Drs. 17/11683, 204.

lich und sinnvoll ist bspw. eine Regelung in der Satzung, dass der Entwurf des Wirtschaftsplans für den Finanzbedarf der Gemeinsamen Glücksspielbehörde der Länder so rechtzeitig verfügbar sein muss, dass die Anmeldung des Bedarfs in den jeweiligen Aufstellungsverfahren zum Haushalt der Trägerländer möglich ist.[4]

5 Die verabschiedete Satzung ist im **Verkündungsblatt** des Sitzlandes zu veröffentlichen (§ 27b S. 2), derzeit folglich im Verkündungsblatt Sachsen-Anhalts. Existieren im Sitzland wie in Sachsen-Anhalt mehrere Verkündungsblätter (zB Ministerialblatt sowie Gesetz- und Verordnungsblatt), folgt aus § 27a Abs. 3, dass das zutreffende Verkündungsblatt nach den entsprechenden Vorschriften des Sitzlandes zu bestimmen ist. Die Veröffentlichungspflicht der Satzung dient der Transparenz des Verfahrens.[5]

§ 27c GlüStV Trägerschaft und Finanzierung der Anstalt

(1) [1]Träger der Anstalt sind die Länder (Trägerländer). [2]Diese sind gleichzeitig Benutzer der Anstalt.

(2) Die Trägerländer verpflichten sich, eine angemessene Finanzierung der Anstalt sicherzustellen.

(3) [1]Die Trägerländer stellen jährlich die nach dem bestätigten Wirtschaftsplan vorgesehenen finanziellen Mittel anteilig, entsprechend dem für die Anstalt modifizierten Königsteiner Schlüssel, bereit (Finanzierungsbeiträge). [2]Der für die Anstalt modifizierte Königsteiner Schlüssel ist der im Bundesanzeiger veröffentlichte, auf die Trägerländer umgerechnete und auf fünf Nachkommastellen gerundete Königsteiner Schlüssel. [3]Dabei wird der im Bundesanzeiger für jedes Trägerland ausgewiesene prozentuale Anteil durch die Summe der prozentualen Anteile aller Trägerländer dividiert und anschließend mit 100 Prozent multipliziert. [4]Für alle Zahlungen gilt jeweils der aktuelle für die Anstalt modifizierte Königsteiner Schlüssel.

(4) Die Anstalt erhält für das Geschäftsjahr 2021 3 Millionen Euro, die von den Trägerländern nach dem für die Anstalt modifizierten Königsteiner Schlüssel nach Absatz 3 Satz 2 bis 4 getragen werden und der Anstalt bis zum 30. September 2021 zur Verfügung zu stellen sind.

(5) [1]Die Anstalt wird nach kaufmännischen Grundsätzen und wirtschaftlichen Gesichtspunkten unter Berücksichtigung der sich aus den Aufgaben der Anstalt ergebenden Besonderheiten geführt. [2]Das Rechnungswesen der Anstalt ist nach den Grundsätzen der doppelten Buchführung (staatliche Doppik) ausgerichtet. [3]Geschäftsjahr ist das Kalenderjahr. [4]Das Nähere zur Haushalts- und Wirtschaftsführung regelt die Satzung.

(6) Die Einzelheiten der Finanzierung werden in einem Verwaltungsabkommen geregelt.

Literatur: *von Lewinski/Burbat*, Haushaltsgrundsätzegesetz – NomosKommentar, 1. Aufl. (2013); *Maurer/Waldhoff*, Allgemeines Verwaltungsrecht, 20. Aufl. (2020).

---

4 NRW LT-Drs. 17/11683, 202.
5 NRW LT-Drs. 17/11683, 201.

I. Genese/Gesetzesentwicklung

1 Die Regelung wurde als Teil des vollständig neu geschaffenen Neunten Abschnitts in den Glücksspielstaatsvertrag aufgenommen (→ § 27a Rn. 1).

II. Erläuterungen

2 **1. Länder als Träger und Benutzer (Abs. 1).** Nach § 27c Abs. 1 S. 1 sind die Länder **Träger** „ihrer" Gemeinsamen Glücksspielbehörde. Dass für eine Anstalt mehrere Träger vorgesehen werden, ist nicht neu. Das vielleicht bekannteste Beispiel einer von den Ländern getragenen Anstalt ist das ZDF.

3 Zentrale Pflicht der jeweiligen Anstaltsträger ist die Übernahme der Verantwortlichkeit für die **Anstaltslast.** Dies beinhaltet die Verpflichtung, die Anstalt für die gesamte Dauer ihres Bestehens funktionsfähig zu erhalten und etwaige finanzielle Lücken auszugleichen.[1] Bereits aus § 27c Abs. 1 S. 1 folgt mithin, dass die Länder „ihre" Gemeinsame Glücksspielbehörde mit ausreichend finanziellen Mitteln versorgen müssen, um eine reibungslose Erfüllung der jeweiligen Aufgaben zu gewährleisten. Diese Verpflichtung trifft durch die gemeinsame Trägerschaft alle Länder gemeinsam.[2]

4 Charakteristisch für eine öffentlich-rechtliche Anstalt sind deren **Benutzer.**[3] In § 27c Abs. 1 S. 2 wird festgelegt, dass die Trägerländer zugleich auch Benutzer „ihrer" Gemeinsamen Glücksspielbehörde sind. Dies ist eine ungewöhnliche Regelung, da Benutzer für gewöhnlich nicht Träger der Anstalt sind, sondern von außen kommende Dritte.[4] Hintergrund für diese Regelung ist, dass die Gemeinsame Glücksspielbehörde der Länder ausschließlich mit Wirkung für alle Trägerländer staatliche Hoheitsaufgaben wahrnimmt.[5]

5 **2. Finanzierung der Gemeinsamen Glücksspielbehörde der Länder.** Mit Blick auf die von den Trägerländern ohnehin zu tragende Anstaltslast (→ Rn. 3) ist die Bedeutung von § 27c Abs. 2 gering. Hiernach sind die Trägerländer verpflichtet, eine angemessene Finanzierung der Anstalt sicherzustellen. Dass der Glücksspielstaatsvertrag durch den Begriff „**angemessene Finanzierung**" eine finanzielle Ausstattung der Gemeinsamen Glücksspielbehörde der Länder festschreiben will, die weitreichender als die Anstaltslast ist, ist nicht erkennbar. Weder der Wortlaut selbst noch die Begründung des Glücksspielstaatsvertrages liefern für eine solche Auslegung Anhaltspunkte. Ohne konkreten Anhaltspunkt ist § 27c Abs. 2 nicht als eine Erweiterung der Anstaltslast zu verstehen. Es handelt sich bei dieser Regelung vielmehr um eine Art **Programmsatz,** welcher so-

1 *Maurer/Waldhoff* AllgVerwR § 23 Rn. 53.
2 Diese allgemeinen Grundsätze werden auch in der Begründung des Glücksspielstaatsvertrages zutreffend wiedergegeben (bspw. NRW LT-Drs. 17/11683, 201).
3 Nur *Maurer/Waldhoff* AllgVerwR § 23 Rn. 49.
4 *Maurer/Waldhoff* AllgVerwR § 23 Rn. 54.
5 NRW LT-Drs. 17/11683, 201.

wohl die Trägerländer wie auch die Organe der Gemeinsamen Glücksspielbehörde der Länder klarstellend daran erinnert, dass die Finanzierung den zu erfüllenden Aufgaben folgt und nicht „um ihrer selbst willen" besteht.

6 a) **Allgemeine Grundsätze der Finanzierung (Abs. 3 und 6).** Dazu, wie der Finanzbedarf der Gemeinsamen Glückspielbehörde ermittelt und den einzelnen Trägerländern anteilig zugerechnet wird, trifft § 27c in den Abs. 3 und 6 grundlegende Regelungen. Zunächst normiert § 27c Abs. 3 die wesentlichen Grundsätze zur Ermittlung des Finanzbedarfs und der Verteilung selbst. Die Regelung von Einzelheiten der Finanzierung wird sodann auf ein zwischen den Trägerländern zu schließendes Verwaltungsabkommen ausgelagert; § 27c Abs. 6.

7 Gemäß § 27c Abs. 3 S. 1 1. Hs. bestimmt sich der durch die Trägerländer abzudeckende Finanzbedarf anhand des vom Verwaltungsrat beschlossenen **Wirtschaftsplans.** Der Beschluss zur Aufstellung des Wirtschaftsplans ist bis zum 31.10. des jeweiligen Vorjahres zu treffen (§ 27h Abs. 6 S. 1). Da der im Wirtschaftsplan enthaltene Finanzbedarf in den Haushaltsaufstellungsverfahren der Länder anzumelden ist, sollte ein Entwurf des Wirtschaftsplans so frühzeitig verfügbar sein, dass die Anmeldung des Bedarfs in den jeweiligen Aufstellungsverfahren zum Haushalt der Trägerländer möglich ist. Eine entsprechend konkrete (selbstbindende) Vorgabe kann und sollte sich die Gemeinsame Glücksspielbehörde der Länder in ihrer Satzung (→ § 27b Rn. 3) geben. Gestützt auf diesen Entwurf des Wirtschaftsplans können dann die Verfahren zur Aufstellung der Länderhaushalte und des Wirtschaftsplans parallel betrieben werden.[6]

8 Hinsichtlich des von den einzelnen Trägerländern aufzubringenden Anteils an dem Gesamtfinanzbedarf gibt § 27c Abs. 3 S. 1 2. Hs. vor, dass die Verteilung anhand des **modifizierten Königsteiner Schlüssels** erfolgen muss. Die beiden nachfolgenden Sätze erläutern dann, worin die Modifizierung besteht. Im Fall, dass sich nicht alle Bundesländer an der Gemeinsamen Glücksspielbehörde der Länder beteiligen, haben die verbleibenden Trägerländer die auf die nicht beteiligten Länder entfallenden Anteile zu übernehmen. Vorgesehen wurde diese Ergänzung des Verteilungsschlüssels ua, weil nicht absehbar war, ob alle Bundesländer dem Glücksspielstaatsvertrag beitreten würden.[7] Da letztlich aber alle Bundesländer dem Staatsvertrag beigetreten sind, entspricht der modifizierte Königsteiner Schlüssel nach § 27c Abs. 3 derzeit dem im Bundesanzeiger veröffentlichten Königsteiner Schlüssel. Die Regelungen zur Modifizierung sind derzeit ohne Anwendungsbereich und werden erst relevant, sollten ein oder mehrere Trägerländer den Glücksspielstaatsvertrag kündigen (→ § 35 Rn. 4).

9 Die weiteren Einzelheiten zur Finanzierung regelt der Glücksspielstaatsvertrag nicht, sondern legt fest, dass dies einem entsprechenden **Verwaltungsabkommen** vorbehalten ist, § 37c Abs. 6. Aktuell liegt allein ein Entwurf eines Verwaltungsabkommens zur Finanzierung der Gemeinsamen Glücksspielbehörde der Länder (E-GGL-Finanzierungsabkommen) vor.[8] Vorgesehen ist in diesem Entwurf bspw. die halbjährliche Zahlung der Finanzierungsbeiträge zum 15.1 und 15.7 des Geschäftsjahres (§ 1 Abs. 2 E-GGL-Finanzierungsabkommen), der Ausgleich von Über- oder Minderzahlungen nach Jahresabschluss und dass im Wirtschaftsplan dargestellte aufteilbare Kosten (§ 1 Abs. 9 E-GGL-Finanzierungsabkommen), die

---

6 Zu diesen Ausführungen NRW LT-Drs. 17/11683, 202.

7 Vgl. Unterrichtung des Finanzausschusses des Landes SH durch das Innenministerium SH vom 11.6.2021 (Umdruck SH 19/5959, 3).

8 Der Entwurf mit Stand 5.5.2021 ist der etwa der Unterrichtung des Finanzausschusses des Landes SH durch das Innenministerium SH vom 11.6.2021 beigefügt (Umdruck SH 19/5959, 3).

einem Trägerland unmittelbar zugeordnet werden können, durch die Gemeinsame Glücksspielbehörde der Länder gesondert in Rechnung gestellt werden sollen (§ 3 Abs. 1 E-GGL-Finanzierungsabkommen).

b) **Regelung für die Anfangsfinanzierung** (**Abs. 4**). Die Regelung in § 27c Abs. 4 ist eine **Sonderregelung,** die die Anfangsfinanzierung der Gemeinsamen Glücksspielbehörde im Wirtschaftsjahr 2021 sicherstellt. Erforderlich wurde die Regelung, da sich der Finanzbedarf anhand des vom Verwaltungsrat zu beschließenden Wirtschaftsplans (→ Rn. 7) bestimmt. Für das Wirtschaftsjahr 2021 kann ein solcher Wirtschaftsplan noch nicht vorliegen. § 27c Abs. 4 sieht daher eine Anfangsfinanzierung vor und setzt diese auch in der Höhe fest. 10

Abgedeckt werden sollen mit diesem Betrag insbesondere die entstehenden Kosten bzw. eingegangenen Verpflichtungen für den Zeitraum bis zum 31.12.2021.[9] Grundlage für die festgelegte Höhe ist eine frühe Kalkulation, die insbesondere hinsichtlich der Miete der erforderlichen Büroflächen ungenau ist, da die Mietimmobilie im Kalkulationszeitpunkt noch nicht akquiriert war.[10] Trotz der damit bestehenden Unwägbarkeiten der Kalkulation besteht (vereinzelt) die Auffassung, dass der Betrag ein **Pauschalbetrag** sei.[11] Letztlich ist es wohl ohne Belang, ob diese Einschätzung zutreffend ist. Sollten eingegangene Verbindlichkeiten von dem Betrag nicht abgedeckt sein, würden die Trägerländer jedenfalls subsidiär hierfür haften (→ § 27d Rn. 4). 11

3. Kaufmännische Grundsätze und staatliche Doppik (**Abs. 5**). Nach § 27c Abs. 5 S. 1 ist die Gemeinsame Glücksspielbehörde der Länder nach kaufmännischen Grundsätzen und wirtschaftlichen Gesichtspunkten zu führen, soweit dies die Besonderheiten der zu erfüllenden Aufgaben zulassen. Grundsätzlich ist es daher erforderlich, administrative und organisatorische Voraussetzungen zu schaffen, die ein **wirtschaftliches Handeln** ermöglichen. Durchsetzen lassen werden sich Wirtschaftlichkeitserwägungen wohl vor allem im Beschaffungswesen. Denn soweit die Gemeinsame Glücksspielbehörde der Länder hoheitliche Aufgaben wahrnimmt ist zu berücksichtigen, dass diese Aufgaben nicht nach kaufmännischen Grundsätzen und wirtschaftlichen Gesichtspunkten ausgeübt werden.[12] 12

Da aber jedenfalls ein Teilbereich verbleibt (zB Beschaffungswesen) auf den die verlangte Führung nach kaufmännischen Grundsätzen anwendbar ist, dürfte aus der Regelung folgen, dass eine Buchführung vorzuhalten ist, die es erlaubt, die Gemeinsame Glücksspielbehörde der Länder (teilweise) in kaufmännischer Weise zu steuern und zu kontrollieren. In § 27c Abs. 5 S. 2 wird dies aber auch noch einmal ausdrücklich angeordnet und insoweit konkretisiert, als das Rechnungswesen nach den Grundsätzen der doppelten Buchführung (**staatliche Doppik**) auszurichten ist. Welche Prinzipien die staatliche Doppik prägen, ist dem Gesetz über die Grundsätze des Haushaltsrechts des Bundes und der Länder (Haushaltsgrundsätzegesetz – HGrG) zu entnehmen. Nach § 7a HGrG gilt: die staatliche Doppik folgt den Vorschriften des 1. und 2. Abschnitts 1. und 2. Unterabschnitt des 3. Buches des HGB und den Grundsätzen der ordnungsmäßigen Buchführung und Bilanzierung. Die staatliche Doppik übernimmt demnach wesentliche Elemente des kaufmännischen Rechnungswesens, die unter Anpassung 13

9 NRW LT-Drs. 17/11683, 202.

10 Hierzu und auch zur Kalkulation im Übrigen: Antwort der Landesregierung LSA auf die Kleine Anfrage KA7/3895 zur „Neuen Glücksspielbehörde" (LSA LT-Drs. 7/6503, 5 f.).

11 So etwa die Antwort der Landesregierung LSA auf die Kleine Anfrage KA7/3895 zur „Neuen Glücksspielbehörde" (LSA LT-Drs. 7/6503, 5).

12 NRW LT-Drs. 17/11683, 202.

an die Erfordernisse der öffentlichen Hand weiterentwickelt wurden und werden.[13] Nicht gleichzusetzen ist die staatliche Doppik mit der kommunalen Doppik.[14]

§ 27d GlüStV Haftung

[1]Die Trägerländer haften neben der Anstalt für deren Verbindlichkeiten als Gesamtschuldner unbeschränkt, wenn und soweit sich die Verbindlichkeiten nicht aus dem Vermögen der Anstalt befriedigen lassen. [2]Im Innenverhältnis haften die Trägerländer im Verhältnis ihrer Anteile entsprechend dem für die Anstalt modifizierten Königsteiner Schlüssel nach § 27c Absatz 3 Satz 2 bis 4.

Literatur: *Karpenstein/Corzilius*, Staatliche Beihilfe kraft Rechtsform – Gewährt die Gewährträgerhaftung stets einen wirtschaftlichen Vorteil?, EuZW 2016, 654 ff.; *Maurer/Waldhoff*, Allgemeines Verwaltungsrecht, 20. Aufl. 2020.

I. Genese/Gesetzesentwicklung

1 Die Regelung wurde als Teil des vollständig neu geschaffenen Neunten Abschnitts in den Glücksspielstaatsvertrag aufgenommen (→ § 27a Rn. 1).

II. Erläuterungen

2 § 27d trifft bezogen auf die Haftung für Verbindlichkeiten der Gemeinsamen Glücksspielbehörde der Länder **drei Kernaussagen.**

3 Die erste Kernaussage ist, dass Verbindlichkeiten der Gemeinsamen Glücksspielbehörde grundsätzlich und vorrangig aus dem Vermögen der Anstalt zu befriedigen sind. Diese **Eigenhaftung** wird nicht expressis verbis ausgeführt, folgt aber bereits zwingend aus der eigenen Rechtsfähigkeit,[1] die in § 27a Abs. 1 S. 2 angeordnet wird. § 27d S. 1 2. Hs. stellt dies durch die einleitende Formulierung („wenn und soweit") nochmals klar. Da die Gemeinsame Glücksspielbehörde der Länder letztlich eine mit hoheitlichen Aufgaben im Bereich der Glücksspielregulierung betraute „Verwaltungsbehörde" ist, wird sie in der Praxis indes kaum über werthaltiges Vermögen verfügen.

4 Faktisch bedeutsam ist deshalb die in § 27d S. 1 getroffene Anordnung der sog. **Gewährträgerhaftung,** also zur Haftung der Trägerländer für Verbindlichkeiten der Gemeinsamen Glücksspielbehörde der Länder im Außenverhältnis, als zweite Kernaussage. Gewährträgerhaftung bedeutet dabei eine unbeschränkte Haftung der Trägerländer für die Verbindlichkeiten der Gemeinsamen Glücksspielbehörde der Länder, die subsidiär[2] zu der Haftung aus dem eigenen Vermögen der Anstalt besteht. Die Gewährträgerhaftung ist eine mit einer Ausfallbürgschaft vergleichbare Haftung.[3] Kommt die Haftung der Länder (subsidiär) zum Tragen, besteht zwischen diesen im Außenverhältnis **Gesamtschuldnerschaft** (§ 426 BGB).

5 Die Gewährträgerhaftung für Anstalten des öffentlichen Rechts dient grundsätzlich dem Gläubigerschutz, ist aber bei abstrakter Betrachtung mit Blick auf das europarechtliche Beihilfeverbot nicht unbedenklich. Denn durch die Gewährträ-

---

13 Nomos-BR/v. Lewinski/Burbat HGrG/*v. Lewinski/Burbat* HGrG § 7 a Rn. 2.
14 Nomos-BR/v. Lewinski/Burbat HGrG/*v. Lewinski/Burbat* HGrG § 7 a Rn. 3.
1 *Maurer/Waldhoff* AllgVerwR § 23 Rn. 51.
2 So ausdrücklich NRW LT-Drs. 17/11683, 202.
3 Im Ergebnis so auch *Maurer/Waldhoff* AllgVerwR § 23 Rn. 53.

gerhaftung ist eine Insolvenz von öffentlich-rechtlichen Anstalten faktisch ausgeschlossen, was diesen dann einen Vorteil verschafft, wenn sie im wettbewerblichen Umfeld aktiv sind (bspw. Sparkassen).[4] Da die Gemeinsame Glücksspielbehörde der Länder hoheitliche Aufgaben ausübt, stellt sich die Frage nach einem unzulässigen wirtschaftlichen Vorteil durch die Gewährträgerhaftung letztlich nicht, so dass deren Anordnung in § 27d **europarechtlich unbedenklich** ist.

Die dritte Aussage der Norm betrifft den **Innenausgleich** der Trägerländer im Falle einer Beanspruchung der Gewährträgerhaftung. Daraus, dass die Trägerländer im Außenverhältnis als Gesamtschuldner haften, folgt gem. § 426 Abs. 1 S. 1 BGB grundsätzlich ein Innenausgleich zu gleichen Teilen. Dieser Haftungsschlüssel für den Gesamtschuldnerausgleich kann grundsätzlich abbedungen werden. Eine solche zulässige Regelung, die vorrangig zur Grundregel des § 426 Abs. 1 S. 1 BGB anzuwenden ist, trifft § 27d S. 2. Der Gesamtschuldnerausgleich hat demnach anhand des modifizierten Königsteiner Schlüssels (→ § 27c Rn. 8) zu erfolgen. 6

§ 27e GlüStV Aufgaben der Anstalt

(1) Die Anstalt wird als Erlaubnis- und Aufsichtsbehörde für länderübergreifende Glücksspielangebote insbesondere im Internet im Rahmen der nach diesem Staatsvertrag festgelegten Zuständigkeiten tätig.

(2) Die Anstalt beobachtet die Entwicklungen des Glücksspielmarktes und der Forschungen im Zusammenhang mit Glücksspielen.

(3) [1]Die Anstalt soll die wissenschaftliche Forschung im Zusammenhang mit Glücksspielen fördern. [2]Die Anstalt kann hierzu Studien und Gutachten in Auftrag geben.

(4) Die Anstalt unterstützt die Länder bei der Zusammenarbeit ihrer Glücksspielaufsichtsbehörden und bei der Zusammenarbeit der Glücksspielaufsichtsbehörden der Länder mit jenen anderer Staaten.

Literatur: *Dittmann*, Glücksspielregulierung durch Rechtsverordnungen der Gemeinsamen Glücksspielbehörde der Länder, ZfWG 2020, 302 ff.; *Maurer/Waldhoff*, Allgemeines Verwaltungsrecht, 20. Aufl. 2020; *Reeckmann*, Der Glücksspielstaatsvertrag 2021 (GlüStV 2021) – Und sie bewegt sich doch, ZfWG 2020, 345 ff.

I. Genese/Gesetzesentwicklung

Die Regelung wurde als Teil des vollständig neu geschaffenen Neunten Abschnitts in den Glücksspielstaatsvertrag aufgenommen (→ § 27a Rn. 1). 1

4 Zu diesem Aspekt statt aller nur *Karpenstein/Corzilius* EuZW 2016, 654 ff.

II. Erläuterungen

2 Die Gemeinsame Glücksspielbehörde der Länder ist eine Anstalt des öffentlichen Rechts (→ § 27a Rn. 8). Rechtsfähige Anstalten des öffentlichen Rechts werden eingerichtet, um als verselbstständigte Verwaltungseinheiten im Rahmen ihrer Zweckbestimmung Aufgaben wahrzunehmen, insbesondere Leistungen für ihre Benutzer zu erbringen.[1] Benutzer der Gemeinsamen Glücksspielbehörde der Länder sind die Trägerländer (→ § 27c Rn. 4), so dass diese im Bereich der Glücksspielregulierung Aufgaben/Leistungen für die Trägerländer zu erbringen hat. Entsprechend stellen die in § 27e benannten Aufgaben **Verpflichtungen/ Obliegenheiten** der Gemeinsamen Glücksspielbehörde der Länder **gegenüber den Ländern** dar. Dritte können aus den Aufgaben keine Ansprüche ableiten.

3 § 27e enthält dabei eine **„eher weit" gefasste Aufgabenzuweisung,**[2] wobei sich die aufgeführten Aufgaben in zwei Kategorien einteilen lassen. Erstens: Die Tätigkeit als Erlaubnis- und Aufsichtsbehörde (Abs. 1). Zweitens: die Tätigkeiten im Bereich der sog. „gesetzesfreien Verwaltung" (Abs. 2–4).[3] Gemeinsam bestimmen und begrenzen die beiden Kategorien den Handlungsrahmen für Organe der Gemeinsamen Glücksspielbehörde der Länder.[4]

4 **1. Tätigkeit als Erlaubnis- und Aufsichtsbehörde (Abs. 1).** In § 27e Abs. 1 wird der Gemeinsamen Glücksspielbehörde der Länder die Aufgabe als Erlaubnis- und Aufsichtsbehörde für länderübergreifende Glücksspielangebote übertragen. Dies ist die **Kernaufgabe** der Anstalt.[5] Inhaltlich geht es um die Übernahme der Aufgaben der Glücksspielaufsicht bei länderübergreifenden Angeboten (§ 9a Abs. 3), um die Erlaubniserteilung im ländereinheitlichen und im gebündelten Verfahren sowie um die Ausübung der Aufsicht über die Angebote, die die Gemeinsame Glücksspielbehörde selbst erlaubt hat. Dies betrifft überwiegend, aber nicht ausschließlich Angebote im Internet. Neben diesem in der Norm beispielhaft („insbesondere") angeführten Bereich sind dies etwa auch länderübergreifende Soziallotterien oder die Anstalten nach § 10 Abs. 3, welche sowohl terrestrisch als auch im Internet tätig werden.[6]

5 Da die Tätigkeiten als Erlaubnis- und Aufsichtsbehörde zwar Aufgaben/Leistungen für die Trägerländer darstellen, zugleich aber auch ein Tätigwerden im Außenverhältnis gegenüber Dritten beinhalten, ist § 27e Abs. 1 im Zusammenhang mit § 27f zu sehen. Erst durch die dort bestimmten konkreten Sachaufgaben (Zuständigkeiten) erschließt sich, in welchen Grenzen die Gemeinsame Glücksspielbehörde der Länder die Aufgabe als Erlaubnis- und Aufsichtsbehörde wahrnehmen muss (→ § 27f Rn. 4).

6 **2. Tätigkeiten im Bereich der gesetzesfreien Verwaltung (Abs. 2-4).** In Abgrenzung zu der Tätigkeit nach § 27e Abs. 1 (Erlaubnis- und Aufsichtsbehörde) lassen sich die weiteren Aufgaben in § 27e Abs. 2-4 der sog. „gesetzesfreien Verwaltung" zurechnen.[7] Charakteristisch für die „gesetzesfreie Verwaltung" ist, dass das Verwaltungshandeln nicht gesetzlich determiniert ist, sondern die handelnde Stelle **eigeninitiativ** und nach ihren **eigenen Vorstellungen** tätig werden kann. Beschränkungen bestehen allein durch Zuständigkeitsregelungen, Grund-

---

1 Nur *Maurer/Waldhoff* AllgVerwR § 23 Rn. 49.
2 *Reeckmann* ZfWG 2020, 345 (349).
3 Aufteilung so auch bei *Dittmann* ZfWG 2020, 302 (303).
4 NRW LT-Drs. 17/11683, 202.
5 NRW LT-Drs. 17/11683, 202.
6 NRW LT-Drs. 17/11683, 203.
7 Ebenso *Dittmann* ZfWG 2020, 302 (303).

rechte und allgemeine Verwaltungsgrundsätze.[8] Für die Gemeinsame Glücksspielbehörde der Länder bieten die Aufgaben des § 27e Abs. 2-4 die Möglichkeit, auch außerhalb des klassischen Gesetzesvollzugs Aktivitäten im Bereich der Glücksspielregulierung zu entfalten.[9]

Aufgabe der Gemeinsamen Glücksspielbehörde der Länder ist es nach § 27e 7
Abs. 2, die Marktentwicklung und die Forschung im Bereich von Glücksspiel zu beobachten. Die **Beobachtung** von **Glücksspielmarkt und -forschung** erfüllt eine Doppelfunktion. Auf der einen Seite besteht ein unmittelbarer Zusammenhang mit der Tätigkeit als Aufsichts- und Erlaubnisbehörde nach § 27e Abs. 1 iVm § 27f. Dieser Aufgabe kann die Gemeinsame Glücksspielbehörde der Länder nur dann inhaltlich gerecht werden und fundierte Entscheidungen treffen, wenn sie aktuelle Markttendenzen und Forschungen (bspw. zu Suchtgefahren) kennt. Auf der anderen Seite versetzt die Beobachtung von Glücksspielmarkt und -forschung die Gemeinsame Glücksspielbehörde der Länder in die Lage, im Rahmen der Evaluierung der Auswirkungen des Glücksspielstaatsvertrages mitzuwirken; wozu sie nach § 32 verpflichtet ist.[10]

Dazu, auf welche Art und Weise die Beobachtung erfolgen soll, schweigen so- 8
wohl die Norm selbst wie auch die Begründung zum Glücksspielstaatsvertrag. Aus dem allgemeinen Wortverständnis („beobachten") und in Abgrenzung zu den weiteren Aufgaben („fördern", Abs. 3; „unterstützen", Abs. 4) ist jedoch zu folgern, dass es – jedenfalls im Außenverhältnis – darum geht, Bestehendes (bspw. Studien) zu erfassen und zu analysieren.

Sofern die beobachteten Daten zur Überzeugung der Gemeinsamen Glücksspiel- 9
behörde der Länder unzureichend sind, hat sie über § 27e Abs. 3 die Möglichkeit, **wissenschaftliche Forschungen** im Glücksspielbereich zu fördern. Ziel der Förderung wissenschaftlicher Forschung soll vor allem sein, dass unabhängige Erkenntnisse dazu erlangt werden, wie sich die Regulierung im Glücksspielbereich auf die mit dem Glücksspielstaatsvertrag verfolgten Ziele (→ § 1 Rn. 6ff) auswirkt. Durch die Gemeinsame Glücksspielbehörde der Länder förderfähig sind dabei insbesondere Forschungen, die Erkenntnisse zu Bereichen erwarten lassen, die zumindest auch ihre Zuständigkeiten (→ § 27f Rn. 4 ff) betreffen, da sie diese unmittelbar im Rahmen ihrer Aufsichtstätigkeit verwenden kann.[11] Mit Blick auf den weiten Wortlaut ist ein solch unmittelbarer Bezug zu den Zuständigkeiten jedoch nicht zwingend.

Hinsichtlich der Art der Förderung enthält die Norm keine Beschränkung. 10
Durch § 27e Abs. 3 S. 2 wird jedoch ausdrücklich klargestellt, dass die Förderung gerade auch („insbesondere") durch Beauftragung **eigener Studien und Gutachten** erfolgen kann. Auch wenn dies so nicht ausdrücklich adressiert ist, erfasst dies selbstverständlich die Beauftragung entgeltlicher Forschungsvorhaben im Rahmen zur Verfügung stehender Haushaltsmittel.

Nach § 27e Abs. 4 kommt der Gemeinsamen Glücksspielbehörde der Länder 11
ferner die Aufgabe zu, die Länder bei der Zusammenarbeit ihrer jeweiligen Glücksspielaufsichtsbehörden zu unterstützen. Auf eine nähere Ausgestaltung der Unterstützungsleistungen im Glücksspielstaatsvertrag wurde bewusst verzichtet. Die Unterstützungsleistung wurde allein als Aufgabe im Staatsvertrag

8 *Maurer/Waldhoff* AllgVerwR § 1 Rn. 11.
9 *Dittmann* ZfWG 2020, 302 (303) sieht ua mit Blick auf diese weiteren Aufgaben die Möglichkeit, dass sich die Gemeinsame Glücksspielbehörde der Länder zu einem „nationalen Kompetenzzentrum in Sachen Glücksspiel" entwickeln könnte.
10 Zu den Zielrichtungen der Marktbeobachtung NRW LT-Drs. 17/11683, 203.
11 NRW LT-Drs. 17/11683, 203.

angelegt, die als reines Innenrecht durch die Gemeinsame Glücksspielbehörde der Länder in Abstimmung mit den Trägerländern auszugestalten ist. Erfolgen kann die **Unterstützung** beispielsweise durch die Bereitstellung notwendiger Infrastruktur oder die Vermittlung von Erkenntnissen, die die Gemeinsame Glücksspielbehörde der Länder etwa im Rahmen ihrer Marktbeobachtung gewonnen hat.[12]

12 **3. Verhältnis zu Landesbehörden und fehlende Übergangsregelung.** Die Gemeinsame Glücksspielbehörde der Länder ist keine exklusive Behörde zur Regulierung des Glücksspielmarktes. Auf Länderebene können und müssen weiterhin Glücksspielaufsichtsbehörden bestehen. Der Glücksspielstaatsvertrag sieht ein **Nebeneinander der Behörden** vor. Durchbrochen wird das Nebeneinander nur durch die Zuständigkeitsregelungen für die Tätigkeit als Erlaubnis- und Aufsichtsbehörde nach § 27e Abs. 1 iVm § 27f (→ § 27f Rn. 8).

13 Den Aufgaben nach § 27e kommt darüber hinaus **keine Sperrwirkung** zulasten der Landesbehörden zu. Ergänzende Tätigkeiten zur Aufgabenwahrnehmung durch die Gemeinsame Glücksspielbehörde der Länder bleiben nach der Systematik des Glücksspielstaatsvertrages weiterhin erforderlich. Möglich ist daher bspw. weiter die Beobachtung des Glücksspielmarkts durch die Glücksspielaufsichtsbehörden der Länder.[13] Ebenfalls möglich bleibt auch eine Förderung der wissenschaftlichen Forschung im Bereich des Glücksspiels durch die Länder unabhängig von „ihrer" Gemeinsamen Glücksspielbehörde.[14]

14 Vor allem in der Aufbauphase der Gemeinsamen Glücksspielbehörde der Länder ist es sinnvoll, dass die Glücksspielaufsichtsbehörden in den Ländern diese Tätigkeiten weiter ausüben können. Denn anders als für die in § 27f auf die Gemeinsame Glücksspielbehörde der Länder übertragenen Zuständigkeiten ist hinsichtlich der Aufgaben des § 27e im Glücksspielstaatsvertrag **keine Übergangsregelung** vorgesehen. Der Gemeinsamen Glücksspielbehörde der Länder obliegt daher seit dem 1.7.2021 die Erfüllung ihrer Aufgaben.

§ 27f GlüStV Zuständigkeiten der Anstalt

(1) Die Anstalt ist zuständig für die mit Wirkung für alle Länder nach § 9a Absatz 1 zu erteilenden Erlaubnisse.

(2) Die Anstalt ist einheitlich zuständige Behörde in den Fällen des § 9a Absatz 3.

(3) Sie ist zuständige Behörde nach § 9 Absatz 8.

(4) Die Anstalt ist außerdem zuständige Behörde für

1. die Führung der Spielersperrdatei nach §§ 8a bis 8d und 23,

2. die Führung der Limitdatei nach § 6c Absatz 4 (einschließlich der Erlaubnis zur Festsetzung eines abweichenden Höchstbetrags für das Einzahlungslimit in der Glücksspielerlaubnis nach § 6c Absatz 1 Satz 3 und der Festsetzung von bindenden Rahmenregelungen zu den Voraussetzungen der Erlaubnis zur Festsetzung eines abweichenden Höchstbetrags für das Einzahlungslimit nach § 6c Absatz 1 Satz 5),

12 Zur Bedeutung der Unterstützung der Länder gem. § 27e Abs. 4 vgl. NRW LT-Drs. 17/11683, 203.
13 NRW LT-Drs. 17/11683, 202.
14 NRW LT-Drs. 17/11683, 203.

3. die Führung der Datei zur Verhinderung parallelen Spiels im Internet bei mehreren Anbietern nach § 6h Absatz 2 und
4. die Anpassung des Höchsteinsatzes je Spiel nach § 22a Absatz 7 Satz 2.

(5) Die Anstalt ist zentral zuständige Behörde nach § 19 Absatz 2.

Literatur: *Dittmann*, Glücksspielregulierung durch Rechtsverordnungen der Gemeinsamen Glücksspielbehörde der Länder, ZfWG 2020, 302.; *Maurer/Waldhoff*, Allgemeines Verwaltungsrecht, 20. Aufl. 2020; *Reeckmann*, Der Glücksspielstaatsvertrag 2021 (GlüStV 2021) – Und sie bewegt sich doch, ZfWG 2020, 345.

I. Genese/Gesetzesentwicklung

1 Die Regelung wurde als Teil des vollständig neu geschaffenen Neunten Abschnitts in den Glücksspielstaatsvertrag aufgenommen (→ § 27a Rn. 1).

2 Bereits bevor die Gemeinsame Glücksspielbehörde der Länder ihre Zuständigkeiten übernommen hat, zeichnet sich eine **Zuständigkeitsverschiebung** zu ihren Lasten ab, die zeitnah umgesetzt werden könnte. Vorgesehen ist derzeit noch die Zuständigkeit der Gemeinsamen Glücksspielbehörde der Länder für die Führung der Spielersperrdatei. Hinsichtlich dieser Zuständigkeit bestand bei den Verhandlungen des Glücksspielstaatsvertrages zwischen den Trägerländern der Konsens, dass die Gemeinsame Glücksspielbehörde der Länder sich zur Erfüllung dieser Zuständigkeit möglichst der in Hessen bestehenden Glücksspielbehörde bedienen sollte (→ § 27k Rn. 5),[1] da diese Behörde auf Grundlage des Glücksspielstaatsvertrages aF mit der Führung einer entsprechenden Datei bereits vorbefasst ist. Ob sich dieser Ansatz in der Praxis bewähren muss, ist derzeit zweifelhaft, da er als unpraktikabel bemängelt wird. Die Staatskanzlei NRW spricht daher davon, dass beabsichtigt ist, noch im Laufe des Jahres 2022 eine **punktuelle Anpassung** des Glücksspielstaatsvertrages vorzunehmen, die das Ziel hat, insoweit eine spezielle Zuständigkeitszuweisung an das Land Hessen vorzusehen.[2]

II. Erläuterungen

3 Während in § 27e abstrakte Aufgaben der Gemeinsamen Glücksspielbehörde der Länder aufgeführt werden, beinhaltet § 27f **konkrete Zuständigkeiten**. Es handelt sich um klassische Vollzugstätigkeiten.[3] Die Zuständigkeiten stehen im Zusammenhang mit der von der Gemeinsamen Glücksspielbehörde der Länder auszufüllenden Aufgabe einer Erlaubnis- und Aufsichtsbehörde (→ § 27e Rn. 4).

---

1 Wohl schon NRW LT-Drs. 17/11683, 210; ausdrücklich Staatskanzlei NRW (Vorlage NRW LT-Drs. 17/4796, 6).

2 Zur möglichen Zuständigkeitsverschiebung Staatskanzlei NRW (Vorlage NRW LT-Drs. 17/4796, 6).

3 *Dittmann* ZfWG 2020, 302 (307 ff.), der zugleich dafür plädiert, die Gemeinsame Glücksspielbehörde der Länder zum Erlass von Rechtsverordnungen zu ermächtigen, damit diese flexibler und zeitnah auf Neuerungen reagieren kann. Eine solche Ermächtigung hält er verfassungsrechtlich für möglich.

4 **1. Enumerativer Katalog ausschließlicher sachlicher Zuständigkeiten.** Zuständigkeiten bilden den Grund und die Grenze des behördlichen Handelns. Zuständigkeitsregelungen beantworten die Frage, welche Behörde eine **Sachaufgabe** auszuführen hat und nach außen in Erscheinung tritt. Klare Regelungen zu Zuständigkeiten sind daher in doppelter Hinsicht unerlässlich. Einerseits, um die Verwaltung vor Doppelarbeiten zu bewahren und Kompetenzschwierigkeiten vorzubeugen. Andererseits, um gegenüber dem Bürger transparent zu machen, welche Behörde in seinen Angelegenheiten entscheidet.[4]

5 § 27f beinhaltet dabei allein Regelungen zur **sachlichen Zuständigkeit** der Gemeinsamen Glücksspielbehörde der Länder, die **enumerativ** benannt sind. Soweit der Gemeinsamen Glücksspielbehörde der Länder in diesem Staatsvertrag keine Zuständigkeit zugewiesen ist, verbleibt es bei der Zuständigkeit der nach dem jeweiligen Landesrecht zuständigen Glücksspielaufsichtsbehörden.[5]

6 § 27f benennt **ausschließliche Zuständigkeiten** der Gemeinsamen Glücksspielbehörde der Länder, so dass nach Ablauf der Übergangsphase (→ § 27p Rn. 1) die Aufsichtsbehörden in den Ländern ihre insoweit bislang bestehenden Zuständigkeiten verlieren.[6]

7 Regelungen zur örtlichen Zuständigkeit der Gemeinsamen Glücksspielbehörde der Länder sind im Glücksspielstaatsvertrag nicht ausdrücklich getroffen. Die **örtliche Zuständigkeit** folgt jedoch zwingend aus dem Zuständigkeitsbereich der Trägerländer (→ § 27c Rn. 2) und ist mit diesem deckungsgleich. Solange sämtliche Länder Träger der Gemeinsamen Glücksspielbehörde der Länder sind, umfasst deren örtliche Zuständigkeit das Gebiet der Bundesrepublik.

8 **2. Die Zuständigkeiten im Einzelnen.** Entsprechend der gem. § 27e Abs. 1 bestehenden Aufgabe, als Erlaubnis- und Aufsichtsbehörde für länderübergreifende Glücksspielangebote tätig zu sein (→ § 27e Rn. 4 f.), lassen sich die einzelnen Zuständigkeiten des § 27f der Tätigkeit als Erlaubnisbehörde oder als Aufsichtsbehörde zuordnen.

9 **a) Zuständigkeiten als Erlaubnisbehörde.** Dem Tätigkeitsfeld einer Erlaubnisbehörde lassen sich drei Zuständigkeiten des Katalogs zuordnen (Abs. 1; Abs. 4 Nr. 4 und Abs. 5). Nach § 27f Abs. 1 ist die Gemeinsame Glücksspielbehörde der Länder zuständig für die Erteilung sämtlicher im **ländereinheitlichen Verfahren** zu erteilenden Erlaubnisse. Sie wird insoweit für alle Trägerländer tätig und erteilt die Erlaubnis mit Wirkung für alle Trägerländer. Die konkret betroffenen Verfahren ergeben sich aus § 9a Abs. 1 (→ § 9a Rn. 4 ff.) und umfassen die Bereiche, die bisher in § 9a Abs. 1 und 2 Glücksspielstaatsvertrag aF aufgeführt waren.[7] Hierzu zählen die Erlaubnisse nach § 10 Abs. 3, nach § 10 Abs. 2 S. 1 für gemeinsam geführte Anstalten, nach § 12 Abs. 3 sowie Erlaubnisse für die Vermittlung von Sportwetten im Internet, für die Veranstaltung von Sportwetten, Online-Poker und virtuellen Automatenspiele sowie die Erlaubnis nach § 27 Abs. 2 einschließlich der damit jeweils zusammenhängenden Erlaubnisse.

10 Die Gemeinsame Glücksspielbehörde der Länder ist als Erlaubnisbehörde ferner zuständig für die Erteilung von Erlaubnissen für gewerbliche Spielervermittler, sofern diese eine Erlaubnis für alle oder mehrere Trägerländer anstreben (§ 27f Abs. 5). Gem. § 19 Abs. 2 (→ § 19 Rn. 11) werden diese Erlaubnisse in solchen Konstellationen im **gebündelten Verfahren** von der Gemeinsamen Glücksspielbehörde der Länder erteilt. Durch diese Überleitung erlischt nach Ablauf der Über-

---

4 Hierzu und vertiefend *Maurer/Waldhoff* AllgVerwR § 21 Rn. 44 ff.
5 *Reeckmann* ZfWG 2020, 345 (349).
6 NRW LT-Drs. 17/11683, 203; *Reeckmann* ZfWG 2020, 345 (349).
7 NRW LT-Drs. 17/11683, 171.

gangsphase die bisherige zentrale Zuständigkeit der Glücksspielaufsichtsbehörde des Landes Niedersachsen in diesem Bereich.[8]

Abschließend besteht in diesem Kontext die Zuständigkeit, den bei virtuellen Automatenspielen zwingend bestehenden Höchsteinsatz anpassen zu dürfen, § 22a Abs. 7 S. 2. Da hierdurch aber letztlich nur die Möglichkeit geschaffen werden soll, die allgemeine Preissteigerung nachzeichnen zu können,[9] dürfte sich die Bedeutung dieser Zuständigkeit auf wenige **Höchsteinsatzanpassungen** erschöpfen. 11

b) **Zuständigkeit als Aufsichtsbehörde.** In der Funktion als Aufsichtsbehörde ist die Gemeinsame Glücksspielbehörde der Länder zuständig für die in § 27f Abs. 24 aufgezählten Bereiche. Diese Funktion umfasst zunächst die Zuständigkeit, gegen **unerlaubtes Glücksspiel** einzuschreiten, sofern dieses im Internet oder in mehreren Trägerländern angeboten wird. Nach § 27f Abs. 2 iVm § 9a Abs. 3 kann die Gemeinsame Glücksspielbehörde der Länder Maßnahmen ergreifen, um dies zu unterbinden. Ziel der zentralen Zuständigkeit ist ein möglichst effektiver und schlagkräftiger Vollzug gegen unerlaubtes Glücksspiel.[10] 12

Durch die Gemeinsame Glücksspielbehörde der Länder ist gem. § 27f Abs. 3 iVm § 9 Abs. 8 ferner eine sog. **„White-List“**[11] zu erstellen, zu aktualisieren, im Internet zu veröffentlichen und auf Anfrage Auskunft zum Stand der Liste zu erteilen (→ § 9 Rn. 35). Aufzuführen sind in dieser Liste Glücksspielveranstalter und -vermittler mit einer Erlaubnis aus Deutschland. Diese Zuständigkeit entspricht dem Bedürfnis der Praxis an einer solchen Liste.[12] 13

Ferner ist die Gemeinsame Glücksspielbehörde der Länder dafür zuständig, bestimmte Daten zu erfassen und zu verarbeiten (→ § 23 Rn. 1 ff.), die dem aktiven Spielerschutz dienen. Dies betrifft gem. § 27f Abs. 4 Nr. 1 zunächst Daten im Rahmen der **Spielersperrdatei** nach §§ 8a-8d , welche Spielsüchtige oder spielsuchtgefährdete Personen dauerhaft vor den Gefahren des Glücksspiels schützen soll.[13] Weiter besteht gem. § 27f Abs. 4 Nr. 2 die Zuständigkeit, die nach § 6c Abs. 4 vorgesehene **Limitdatei** für Glücksspielangebote im Internet zu führen und die dafür erforderlichen Daten zu verarbeiten (→ § 6c Rn. 7). Daneben besteht gem. § 27f Abs. 4 Nr. 3 die Zuständigkeit hinsichtlich der Führung der sog. **„Aktivitätsdatei“**[14] nach § 6h Abs. 2, die der Durchsetzung der in § 6h Abs. 1 normierten Regelung dient, wonach das parallele Spiel von öffentlichem Glücksspiel durch einen Spieler verboten ist. 14

3. **Übergangsregelung für Aufbauphase.** Der Aufbauphase der Gemeinsamen Glücksspielbehörde der Länder Rechnung tragend sieht der Glücksspielstaatsvertrag vor, dass die Zuständigkeiten des § 27f erst nach einer Übergangsphase wahrgenommen werden müssen. Die Übergangsregelungen sehen dabei überwiegend – aber nicht einheitlich – einen **Zuständigkeitsübergang** auf die Gemeinsame Glücksspielbehörde der Länder zum Jahresende 2022 vor (→ § 27p Rn. 1). Bis zu diesem Zeitpunkt bleibt es bei den bisherigen Zuständigkeiten. 15

8 NRW LT-Drs. 17/11683, 177.
9 NRW LT-Drs. 17/11683, 189.
10 NRW LT-Drs. 17/11683, 172.
11 Begriff nach NRW LT-Drs. 17/11683, 169; den Begriff ebenfalls nutzend *Reeckmann* ZfWG 2020, 345 (349).
12 NRW LT-Drs. 17/11683, 169 f.
13 Zur Zielrichtung der Sperrdatei nur NRW LT-Drs. 17/11683, 158.
14 Begriff nach NRW LT-Drs. 17/11683, 82.

§ 27g GlüStV Organe

Organe der Anstalt sind der Verwaltungsrat und der Vorstand.

Literatur: *Dittmann*, Glücksspielregulierung durch Rechtsverordnungen der Gemeinsamen Glücksspielbehörde der Länder, ZfWG 2020, 302 ff.; *Maurer/Waldhoff*, Allgemeines Verwaltungsrecht, 20. Aufl. 2020; *Reeckmann*, Der Glücksspielstaatsvertrag 2021 (GlüStV 2021) – Und sie bewegt sich doch, ZfWG 2020, 345 ff.

I. Genese/Gesetzesentwicklung

1 Die Regelung wurde als Teil des vollständig neu geschaffenen Neunten Abschnitts in den Glücksspielstaatsvertrag aufgenommen (→ § 27a Rn. 1).

II. Erläuterungen

2 Die gemeinsame Glücksspielbehörde der Länder ist eine öffentlich-rechtliche Anstalt, der Rechtsfähigkeit zuerkannt wird (→ § 27a Rn. 8). Wie alle juristischen Personen ist auch die gemeinsame Glücksspielbehörde der Länder als solche nicht handlungsfähig. Ihre **Handlungsfähigkeit** erlangt sie rechtstechnisch erst durch ihre Organe. Den Organen von juristischen Personen kommt sowohl die Aufgabe der internen Willensbildung („Beschlussorgan") als auch der externen Willensäußerung („Handlungs- bzw. Vollzugsorgan") zu. Organe sind somit rechtlich geschaffene Einrichtung eines Verwaltungsträgers, die dessen Zuständigkeit für diesen wahrnehmen.[1]

3 Organe zeichnen sich dadurch aus, dass sie **institutionalisierte Einrichtungen** der juristischen Person sind, also unabhängig vom Wechsel der jeweils konkreten Person bestehen, die als Organwalter eingesetzt ist. Sie sind insoweit verselbstständigt, ohne rechtlich selbstständig zu sein. Weiteres Wesensmerkmal eines Organs sind dessen Zuständigkeiten. Hierbei handelt es sich um Fremdzuständigkeiten, die das Organ für seinen Verwaltungsträger ausübt.[2]

4 Eine für sämtliche Anstalten des öffentlichen Rechts verbindliche Vorgabe zur **Organstruktur** besteht dabei nicht. Die konkrete Organstruktur einer Anstalt hat sich vielmehr an dem konkreten Anstaltszweck auszurichten, wodurch in der Praxis unterschiedliche Strukturen entstehen. Für die Gemeinsame Glücksspielbehörde der Länder sieht § 27g eine **zweigliedrige** und damit eine „schlanke Organstruktur"[3] vor. Zwingend einzurichten sind ein Verwaltungsrat und ein Vorstand.

5 Bereits der Glücksspielstaatsvertrag selbst enthält detaillierte Vorgaben zur Zuständigkeit, zur Besetzung und zur Willensbildung im Verwaltungsrat (→ § 27h Rn. 2). Ebenfalls enthalten sind Vorgaben zum Vorstand, wenn auch weniger detailliert (→ § 27i Rn. 2). Hinsichtlich der **Beziehung zwischen den Organen** regelt der Glücksspielstaatsvertrag, dass der Verwaltungsrat für den Vorstand Richtlinien und Einzelfallweisungen erteilen kann. Falls der Vorstand die Vorgaben des Verwaltungsrates nicht umsetzt, kann er nach § 27i Abs. 3 S. 3 unverzüglich abberufen werden.[4] Der Verwaltungsrat ist vor diesem Hintergrund das „zentrale Organ"[5] der Gemeinsamen Glücksspielbehörde der Länder, das aufgrund seiner Besetzung (→ § 27h Rn. 10) die verfassungsrechtlich (→ § 27a

---

1 *Maurer/Waldhoff* AllgVerwR § 21 Rn. 19 f.
2 *Maurer/Waldhoff* AllgVerwR § 21 Rn. 23 f.
3 So *Dittmann* ZfWG 2020, 302 (303), aA wohl *Reeckmann* ZfWG 2020, 345 (349), der eine „aufwendige Organisationsstruktur" annimmt.
4 NRW LT-Drs. 17/11683, 205.
5 NRW LT-Drs. 17/11683, 204; *Reeckmann* ZfWG 2020, 345 (349).

Rn. 3) gebotene Mitwirkung der Länder an den Entscheidungen der Gemeinsamen Glücksspielbehörde der Länder sicherstellt. Die über die Besetzung vermittelte „unmittelbare personelle demokratische Legitimation" des Verwaltungsrates rechtfertigt es auch, zu seinen Gunsten ein Hierarchieverhältnis zwischen ihm und dem Vorstand anzunehmen, das nicht zuletzt bei einem Kompetenzkonflikt zum Tragen kommt. Ein **verwaltungsgerichtliches Organstreitverfahren** zwischen den Organen ist daher **unzulässig**.

Eine weitere Ausgestaltung des Verhältnisses der Organe untereinander sowie 6
zur Zusammenarbeit ist als Binnenrecht mittels Satzung möglich (§ 27h Abs. 8; § 27i Abs. 5). Durch Satzung können demgegenüber aber **keine weiteren Organe** geschaffen werden.[6] Möglich ist es aber, Gremien, wie bspw. einen Sportbeirat, per Satzung vorzusehen, die dann als Hilfsgremien die Arbeit eines der Organe unterstützen. Nicht möglich ist es, dass ein solches Hilfsgremium/Beirat die Aufgaben und Kompetenzen eines Organs wahrnimmt. Eine solche unzulässige Kompetenz des Beirates wäre auch dann anzunehmen, wenn dem Beirat ein Veto-recht zuerkannt würde, durch das er Entscheidungen des Organs blockieren könnte.

§ 27h GlüStV Verwaltungsrat

(1) [1]Jedes Trägerland entsendet eine Vertreterin oder einen Vertreter in den Verwaltungsrat. [2]Vertreterinnen oder Vertreter können Amtschefinnen und Amtschefs oder Staatssekretärinnen und Staatssekretäre des für die Glücksspielaufsicht des Trägerlandes zuständigen Ministeriums sein. [3]Sie können nur durch andere Amtschefinnen und Amtschefs oder Staatssekretärinnen und Staatssekretäre desselben Trägerlandes vertreten werden. [4]Die Entsendung nach Satz 1 ist jederzeit widerruflich. [5]Sie endet auch ohne Widerruf, wenn die Voraussetzung des Satzes 2 wegfällt. [6]In den Fällen der Sätze 4 und 5 ist unverzüglich eine neue Vertreterin oder ein neuer Vertreter zu entsenden.

(2) [1]Der Vorsitz im Verwaltungsrat wechselt jährlich in alphabetischer Reihenfolge der Trägerländer, beginnend mit dem Sitzland der Anstalt. [2]Der oder die Vorsitzende bereitet die Sitzungen des Verwaltungsrates vor.

(3) [1]Der Verwaltungsrat gibt sich eine Geschäftsordnung. [2]Er beschließt über die grundsätzlichen Angelegenheiten der Anstalt, insbesondere über

1. die Satzung der Anstalt,
2. bis zum 31. Oktober über den Wirtschaftsplan des Folgejahres,
3. die Bestellung in das und Abberufung aus dem Vorstandsamt sowie die Einstellung und Entlassung der Vorstandsmitglieder,
4. die Entlastung der Vorstandsmitglieder,
5. die Einstellung, Beförderung und Entlassung von Beschäftigten ab einer in der Satzung näher zu bestimmenden Leitungsebene,
6. die Bestellung der Abschlussprüferin oder des Abschlussprüfers und von Prüferinnen und Prüfern für außerordentlichen Prüfungen, die Feststellung des Jahresabschlusses und die Genehmigung des Lageberichts sowie die Verwendung des Jahresergebnisses,
7. allgemeine Vereinbarungen und Maßnahmen zur Regelung der arbeits-, dienst-, besoldungs- und versorgungsrechtlichen Verhältnisse der Beschäftigten im Rahmen der gesetzlichen und tarifvertraglichen Vorgaben,
8. die Aufnahme von Krediten,

6 NRW LT-Drs. 17/11683, 204.

9. die Führung von Rechtsstreitigkeiten, deren Streitwert eine in der Satzung festzulegende Grenze übersteigt,
10. die Einleitung der Vergabe von Aufträgen, deren Höhe im Einzelfall eine in der Satzung festzulegende Grenze übersteigt, und
11. den Abschluss von Verträgen mit einer Laufzeit von mehr als zwei Jahren, sofern die Verpflichtung der Anstalt im Einzelfall eine in der Satzung festzulegende Grenze übersteigt, und den Abschluss von Verträgen mit einer Laufzeit von mehr als fünf Jahren.

(4) [1]Der Verwaltungsrat beschließt in wesentlichen Angelegenheiten für den Vorstand bindende Entscheidungsrichtlinien. [2]Er kann weitere Entscheidungsrichtlinien und Weisungen im Einzelfall beschließen. [3]Die Vertreterin oder der Vertreter jedes Trägerlandes kann den Beschluss beantragen. [4]Der Verwaltungsrat ist verpflichtet, innerhalb einer angemessenen Frist über den Antrag zu entscheiden. [5]Beschlüsse nach Satz 1 und 2 sind zu begründen. [6]In der Begründung sind die wesentlichen tatsächlichen und rechtlichen Gründe mitzuteilen.

(5) [1]Der Verwaltungsrat überwacht den Vorstand. [2]Es bestehen Auskunfts- und Informationspflichten des Vorstands gegenüber dem Verwaltungsrat, auch auf Anforderung einer Vertreterin oder eines Vertreters eines Trägerlandes. [3]Einzelheiten sind in der Satzung zu bestimmen.

(6) [1]Der Verwaltungsrat fasst die Beschlüsse nach Absatz 3 Satz 2 Nummer 1 und 2 einstimmig. [2]Die übrigen Beschlüsse bedürfen einer Mehrheit von zwei Dritteln der Mitglieder des Verwaltungsrats. [3]Jede Vertreterin und jeder Vertreter eines Trägerlandes verfügt über eine Stimme.

(7) [1]Der Verwaltungsrat ist oberste Dienstbehörde der in der Anstalt tätigen Beamtinnen und Beamten. [2]Er bestellt die Mitglieder des Vorstandes und nimmt die Rechte und Pflichten der Anstalt als Arbeitgeberin gegenüber den Vorstandsmitgliedern im Beschäftigtenverhältnis wahr. [3]Der Verwaltungsrat kann seine Zuständigkeiten als oberste Dienstbehörde ganz oder teilweise auf den Vorstand übertragen.

(8) Näheres zum Verwaltungsrat regelt die Satzung.

Literatur: *Benne*, Beamtenrecht Sachsen-Anhalt 2018; *Dittmann*, Glücksspielregulierung durch Rechtsverordnungen der Gemeinsamen Glücksspielbehörde der Länder, ZfWG 2020, 302; *Kirchhof*, Das Glücksspielkollegium verletzt das Grundgesetz, ZfWG 2015, 301; *Maurer/Waldhoff*, Allgemeines Verwaltungsrecht, 20. Aufl. 2020; *Reeckmann*, Der Glücksspielstaatsvertrag 2021 (GlüStV 2021) – Und sie bewegt sich doch, ZfWG 2020, 345.

I. Genese/Gesetzesentwicklung

1 Die Regelung wurde als Teil des vollständig neu geschaffenen Neunten Abschnitts in den Glücksspielstaatsvertrag aufgenommen (→ § 27a Rn. 1).

II. Erläuterungen

Der Verwaltungsrat ist das zentrale Organ der Gemeinsamen Glücksspielbehörde der Länder.[1] Er ist als **intraföderales Beschlussorgan** konzeptioniert, dem die grundlegenden Entscheidungen im Zuständigkeitsbereich der Gemeinsamen Glücksspielbehörde der Länder obliegen. § 27h regelt hinsichtlich des Verwaltungsrates lediglich die Grundzüge. Einzelheiten sind in der Satzung zu beschließen, § 27h Abs. 8. 2

Durch den Verwaltungsrat wird die verfassungsrechtlich (→ § 27a Rn. 3) gebotene Mitwirkung der Länder an den Entscheidungen der Gemeinsamen Glücksspielbehörde der Länder sichergestellt. Der Verwaltungsrat steht aufgrund dieser „Sicherstellungsfunktion" in der **Tradition** des **Glücksspielkollegiums,** das auf Grundlage des Glücksspielstaatsvertrages aF eingerichtet war und übergangsweise auch noch bestehen bleibt, um während der Aufbauphase der Gemeinsamen Glücksspielbehörde kein Zuständigkeitsvakuum entstehen zu lassen. Auch das Glücksspielkollegium sollte die Mitwirkung der Länder an den Entscheidungen im landeseinheitlichen Verfahren sicherstellen und den Entscheidungen der zuständigen (Landes)Behörde die erforderliche demokratische Legitimation der anderen Länder vermitteln.[2] 3

1. Zusammensetzung, Vorsitz und Abstimmungsregelungen (Abs. 1, 2, 6). Der Verwaltungsrat besteht aus **16 Mitgliedern**, solange keines der Trägerländer den Glücksspielstaatsvertrag kündigt. Die Mitglieder werden nicht gewählt, sondern durch die Trägerländer entsandt. Hierbei ist jedes Trägerland berechtigt und verpflichtet, eine Vertreterin oder einen Vertreter zu entsenden. Vorgegeben wird durch § 27h Abs. 1 S. 2 eine hochrangige Besetzung,[3] da lediglich **Amtschefinnen und Amtschefs** oder **Staatssekretärinnen und Staatssekretäre** aus dem für die Glücksspielaufsicht des Trägerlandes zuständigen Ministerium entsandt werden dürfen. Eine Vertretung des entsandten Mitglieds ist nur durch andere Amtschefs, Amtschefinnen, Staatssekretärinnen oder Staatssekretäre desselben Trägerlandes möglich; § 27h Abs. 1 S. 2. Die zur Vertretung des Mitglieds bestimmte Person muss allerdings nicht zwingend demselben Ressort angehören.[4] Andere Personen sind als **Vertreter des Mitglieds** nicht zulässig. Diese Vorgaben zur Besetzung zielen darauf ab, eine möglichst hohe demokratische Legitimation der Entscheidungen des Verwaltungsrats zu gewährleisten. 4

Zentraler Anknüpfungspunkt für die Entsendung als Landesvertreter in den Verwaltungsrat ist die Position der entsandten Person im für die Glücksspielaufsicht des Trägerlandes zuständigen Ministerium, nicht die entsandte Person selbst.[5] Folgerichtig ist die Entsendung **widerruflich** und endet für die konkrete Person des Vertreters automatisch mit dem Verlust der Position. In beiden Fällen ist das Trägerland verpflichtet, unverzüglich, also **ohne schuldhaftes Zögern** (§ 121 BGB), ein neues Mitglied in den Verwaltungsrat zu entsenden. Eine längerfristige oder gar dauerhafte Vakanz einer Position im Verwaltungsrat ist nach dem Glücksspielstaatsvertrag nicht vorgesehen. 5

§ 27 Abs. 2 schreibt für die Binnenorganisation des Verwaltungsrats die Position eines oder einer Vorsitzenden vor. Die bzw. der Vorsitzende stammt aus der Mit- 6

1 NRW LT-Drs. 17/11683, 204; *Reeckmann* ZfWG 2020, 345 (349).
2 Die über das Glücksspielkollegium vermittelte Legitimation als unzureichend ansehend *Kirchhof* ZfWG 2015, 301 ff.
3 *Dittmann* ZfWG 2020, 302 (303); ebenso Forschungsstelle Glücksspiel der Universität Hohenheim (Stellungnahme NRW LT-Drs. 17/3814, 19).
4 NRW LT-Drs. 17/11683, 204.
5 NRW LT-Drs. 17/11683, 204.

te der Mitglieder des Verwaltungsrates und wird nicht gewählt. Die Funktion des **Vorsitzes** wechselt vielmehr regelmäßig zwischen den Mitgliedern des Verwaltungsrates. Hierbei handelt es sich um ein im Föderalismus übliches Prinzip, welches sicherstellt, dass jedes Land gleichermaßen gestaltenden Einfluss auf die Entscheidungen im Verwaltungsrat nehmen kann.[6] Der **Vorsitzwechsel** hat dabei in alphabetischer Reihenfolge der Trägerländer zu erfolgen, beginnend mit Sachsen-Anhalt als Sitzland. Weiter schreibt § 27h Abs. 2 S. 1 den Wechsel im jährlichen Turnus vor. Weder dem Glücksspielstaatsvertrag selbst noch der Begründung ist zu entnehmen, mit welchem Zeitpunkt die Jahresfrist erstmals beginnt. Da § 27c Abs. 5 S. 3 ausdrücklich das Geschäftsjahr der Gemeinsamen Glücksspielbehörde definiert, in § 27h jedoch nicht ausdrücklich an dieses anknüpft, kann nicht unterstellt werden, der Wechsel des Vorsitzes müsse zum Geschäftsjahreswechsel erfolgen. Es ist vielmehr davon auszugehen, dass – vorbehaltlich einer Regelung in der Geschäftsordnung – die Frist mit Einrichtung der Gemeinsamen Glücksspielbehörde der Länder beginnt und daher ein Wechsel zum 30.6. jedes Jahres ansteht.

7 Hinsichtlich der Beschlussfassungen im Verwaltungsrat sieht § 27h Abs. 6 **Abstimmungsregelungen** vor. Hiernach verfügt jedes Trägerland über eine Stimme (§ 27h Abs. 6 S. 3). Eine Gewichtung der Stimmen nach Größe oder Einwohnerzahl des Trägerlandes erfolgt aufgrund der prinzipiellen Gleichheit der Vertragsparteien nicht.[7]

8 Hinsichtlich der zu erreichenden Mehrheitserfordernisse unterscheidet der Glücksspielstaatsvertrag zwei Kategorien. Grundsätzlich trifft der Verwaltungsrat seine Entscheidungen nach **qualifiziertem Mehrheitsprinzip**. Vorgegeben wird durch § 27h Abs. 6 S. 2 eine Zweidrittelmehrheit. Dass damit einzelne Trägerländer kein Vetorecht besitzen, ist verfassungsrechtlich nicht unproblematisch (→ § 27a Rn. 3), begegnet letztlich aber keinen durchgreifenden Bedenken[8] – dies insbesondere deshalb, weil für besonders kritische Bereiche abweichend vom grundsätzlichen Mehrheitsprinzip durch § 27h Abs. 6 S. 1 **Einstimmigkeit** in der Beschlussfassung vorgeschrieben wird. Namentlich betrifft dies Beschlüsse über die Satzung (→ § 27b Rn. 2) und über den Wirtschaftsplan (→ § 27c Rn. 7). Ferner wird die Einstimmigkeit jenseits des § 27h noch bei Beschlüssen zur Mitwirkung an Aufgaben vorgesehen, die in die Länderzuständigkeiten fallen (→ § 27k Rn. 7) und für einen Beschluss nach § 27p Abs. 12 über die Verlängerung der Übergangsphase, falls die Gemeinsame Glücksspielbehörde der Länder an bestimmten Stichtagen nicht in der Lage sein sollte, ihre Aufgaben zu erfüllen. Das ausnahmsweise vorgesehene Einstimmigkeitserfordernis dient dabei gerade der Wahrung der Kernbereiche der Länderautonomie (Haushaltsautonomie und die damit verbundenen Rechte der Länderparlamente).[9]

9 Eine **besondere Abstimmungsregelung** besteht für den Fall, dass sich die Gemeinsame Glücksspielbehörde der Länder der Mitwirkung von Behörden oder Einrichtungen eines Trägerlandes bedienen möchte (→ § 27k Rn. 3). Der hierfür erforderliche Verwaltungsratsbeschluss ist nicht nur mit Zweidrittelmehrheit zu fassen, sondern bedarf gerade auch der **Zustimmung des Trägerlandes**, dessen Behörde/Einrichtung in Anspruch genommen werden soll, § 27k Abs. 1 S. 2.

6 NRW LT-Drs. 17/11683, 205.

7 Zur grundsätzlichen Zulässigkeit dieser Praxis VerfGH München 25.9.2015 – Vf. 9-VII-13, BeckRS 2015, 52905 Rn. 164 mwN.

8 Ebenso, allerdings noch zum Glücksspielkollegium, VerfGH München 25.9.2015 – Vf. 9-VII-13, BeckRS 2015, 52905 Leitsatz 5; aA *Kirchhof* ZfWG 2015, 301 (306), ebenfalls noch zum Glücksspielkollegium.

9 NRW LT-Drs. 17/11683, 205 f.

Hierdurch wird vermieden, dass die anderen Länder sich Einrichtungen eines Landes gegen dessen Willen bedienen können.[10]

2. Zuständigkeiten und Geschäftsordnung (Abs. 3). § 37h Abs. 3 S. 1 ermächtigt den Verwaltungsrat, sich selbst eine Geschäftsordnung zu geben. Bei einer Geschäftsordnung handelt es sich um ein Regelwerk eines Kollegialorgans, welches die Organisation und den Verfahrensablauf innerhalb des Organs betrifft. Die Geschäftsordnung ist organinternes Recht, mit dem sich das Organ selbst an die in der Geschäftsordnung niedergelegten Standards bindet. Der Verwaltungsrat ist verpflichtet, eine Geschäftsordnung zu erlassen („gibt sich"). Ferner obliegt ihm im Rahmen der **Selbstorganisationspflicht** die Aufgabe, die funktionale Zweckmäßigkeit des Regelwerks ständig zu überprüfen und gegebenenfalls sachgerecht anzupassen. Mangels besonderer Regelung ist über die Geschäftsordnung und deren ggf. erforderliche Anpassung mit Zweidrittelmehrheit zu entscheiden, § 27h Abs. 6 S. 2. Zweck der Selbstorganisationspflicht ist es, im Rahmen der übergeordneten Vorgaben (Glücksspielstaatsvertrag, Satzung nach § 27b) die Arbeitsfähigkeit des Verwaltungsrates sicherzustellen. Denkbar erscheint daher – sofern keine entsprechende Regelung in der Satzung vorgesehen wird – eine Regelung, die die Beschlussfähigkeit des Verwaltungsrates gewährleistet, sollte es widerrechtlich (→ Rn. 5) zu einer längerfristigen Vakanz auf einer Position im Verwaltungsrat kommen. Gleiches gilt für eine klarstellende Regelung zum Zeitpunkt des Wechsels des Vorsitzes (→ Rn. 6). 10

Konkrete Organzuständigkeiten werden dem Verwaltungsrat dann in § 27h Abs. 3 S. 2 zugeteilt. Hiernach beschließt der Verwaltungsrat über sämtliche **grundsätzliche Angelegenheiten** der Anstalt. Den Begriff der grundsätzlichen Angelegenheit definiert der Glücksspielstaatsvertrag nicht. Erläutert wird der Begriff allein durch die aufgezählten **Regelbeispiele** der Nummern 1 bis 11. Die in der nicht abschließenden Liste („insbesondere) genannten Angelegenheiten sind folglich jedenfalls grundsätzlicher Art und damit vom Verwaltungsrat wahrzunehmen. Die genannten Zuständigkeiten verstehen sich überwiegend aus sich selbst heraus. Teilweise bedürfen sie aber noch einer näheren Ausgestaltung durch die Satzung nach § 27b. So ist der Verwaltungsrat für Einstellungen, Beförderungen und Entlassungen ab einer in der Satzung zu bestimmenden Leitungsebene zuständig (Nr. 5). Auch hängt die Zuständigkeit in Einzelbereichen von in der Satzung festzulegenden Wertgrenzen ab (Nr. 9 „Führung von Rechtsstreitigkeiten"; Nr. 10 „Auftragsvergabe"; Nr. 11 „Verträge mit 25 jähriger Laufzeit"). 11

Jenseits der Regelbeispiele ist der Verwaltungsrat auch für sämtliche sonstigen grundsätzlichen Angelegenheiten zuständig. Durch die nicht abschließende Aufzählung handelt es sich bei der Zuständigkeitsnorm letztlich um eine **Generalklausel.** Welche Angelegenheiten von dieser umfasst sind, ist noch unklar. Von einer grundsätzlichen Angelegenheit wird beispielsweise dann auszugehen sein, wenn eine **Richtungs- oder Grundsatzentscheidung** zu treffen ist oder Entscheidungen zu treffen sind, die eine bedeutende zeitliche oder finanzielle Reichweite für die gemeinsame Glücksspielbehörde der Länder aufweisen. Durch die weitgefasste Zuständigkeit des Verwaltungsrates werden der Einfluss und die Mitwirkungsbefugnisse der Länder auf die Gemeinsame Glücksspielbehörde der Länder sichergestellt.[11] 12

3. Beschlüsse über Entscheidungsrichtlinien und Weisungen (Abs. 4). Eine weitere Zuständigkeit des Verwaltungsrates liegt darin, dass er gem. § 27h Abs. 4 in 13

10 NRW LT-Drs. 17/11683, 208.
11 NRW LT-Drs. 17/11683, 205.

allen **wesentlichen Angelegenheiten** für den Vorstand Entscheidungsrichtlinien zu beschließen hat. Wesentliche Angelegenheiten sind insbesondere solche, die eine Vielzahl von Verwaltungsverfahren oder grundlegende Fragen bei der Ausübung der Zuständigkeiten der Gemeinsamen Glücksspielbehörde der Länder betreffen.[12] Dieses Begriffsverständnis ist zwingend von dem in § 27 Abs. 3 verwendeten Begriff der grundsätzlichen Angelegenheit zu unterscheiden. Denn ein synonymes Begriffsverständnis würde zu der widersprüchlichen Situation führen, dass der Verwaltungsrat einerseits selbst zuständig ist, andererseits in der gleichen Angelegenheit für den Vorstand Entscheidungsrichtlinien zu beschließen hat.

14 In anderen, im Sinne des § 27 h Abs. 4 **nicht wesentlichen Angelegenheiten** kann der Verwaltungsrat Entscheidungsrichtlinien und Weisungen im Einzelfall beschließen. Ob er solche Richtlinien oder Weisungen beschließt, steht in seinem Ermessen („kann“). In dem eingeräumten **Entschließungsermessen** besteht der wesentliche Unterschied zu den Richtlinien, die in wesentlichen Angelegenheiten zu beschließen sind.

15 Beschlossene Richtlinien und auch Weisungen im Einzelfall sind auf der Rechtsfolgenseite für den Vorstand **gleichermaßen bindend**, unabhängig davon, ob es eine wesentliche Angelegenheit darstellt. Dieser Gleichlauf gilt auch hinsichtlich des Begründungserfordernisses (§ 27h Abs. 4 S. 5 und 6). Denn die Begründung dient der Vollziehbarkeit der Beschlüsse durch den Vorstand.[13] Auch das Recht der Trägerländer, einen Beschluss mittels Antrages herbeizuführen, besteht in beiden Varianten.

16 Bei den durch den Verwaltungsrat beschlossenen Entscheidungsrichtlinien und Weisungen handelt es sich um **Innenrecht** der Gemeinsamen Glücksspielbehörde der Länder. Als solches sind sie nicht nur für den Vorstand unmittelbar bindend, sondern auch für die übrigen Mitarbeiterinnen und Mitarbeiter der Gemeinsamen Glücksspielbehörde der Länder. Im Außenverhältnis zu Dritten entfalten jedoch weder die Entscheidungsrichtlinien noch die Weisungen unmittelbare Wirkung. Sie bedürfen zu ihrer Wirksamkeit im Außenverhältnis zwingend der Umsetzung im Einzelfall durch den Vorstand.[14]

17 Inhaltlich wird dem Verwaltungsrat durch § 27h Abs. 4 die Möglichkeit gegeben, Richtlinien für den Erlass von Verwaltungsakten (zB Mustererlaubnisse) zu beschließen oder Richtlinien für den Vollzug gegen illegale Angebote aufzustellen. Durch die Möglichkeit, Weisungen im Einzelfall erteilen zu können, kann der Verwaltungsrat auch einzelne **Entscheidungen an sich ziehen.** Diese Befugnis entspricht der Bedeutung als zentrales, den Ländereinfluss repräsentierendes Organ.[15]

18 **4. Überwachung des Vorstandes (Abs. 5).** Gem. § 27 h Abs. 5 S. 1 überwacht der Verwaltungsrat den Vorstand. Die Einzelheiten, die sich mit dieser Tätigkeit verbinden, sind nicht im Glücksspielstaatsvertrag geregelt. Vielmehr schreibt dieser zwingend vor, dass die nähere **Ausgestaltung per Satzung** zu erfolgen hat (§ 27h Abs. 5 S. 3). Damit hat der Verwaltungsrat die Überwachungspflicht selbst auszugestalten, wobei der Beschluss hierüber einstimmig zu fassen ist (→ Rn. 8).

19 Überwachen bedeutet, dass der Verwaltungsrat – gleich einem Aufsichtsrat einer Aktiengesellschaft – die **Aufsicht** darüber führt, ob der Vorstand in Ausübung

12 NRW LT-Drs. 17/11683, 205.
13 NRW LT-Drs. 17/11683, 205.
14 NRW LT-Drs. 17/11683, 205.
15 NRW LT-Drs. 17/11683, 205.

seiner Zuständigkeiten ordnungsgemäß, zweckmäßig und wirtschaftlich handelt. Der Verwaltungsrat hat dabei alles zu überwachen, was der Vorstand im Rahmen seiner Zuständigkeit leisten muss. Dies betrifft insbesondere die Tätigkeiten im Bereich der laufenden Angelegenheiten und Verfahren, für den der Vorstand gegenüber dem Verwaltungsrat gerade eine Berichtspflicht hat (§ 27i Abs. 2 S. 2), erschöpft sich aber nicht in diesem Bereich. Es gibt vielmehr grundsätzlich **keine überwachungsfreien Räume**.

Als Mittel für die Überwachung sind in § 27h Abs. 5 S. 2 **Auskunfts- und Informationsrechte** des Verwaltungsrats vorgesehen. Diese sind anders als die Berichtspflicht nicht auf laufende Angelegenheiten und Verfahren limitiert und gelten damit grundsätzlich unbeschränkt für alle Bereiche der Vorstandstätigkeit. Besonders überwachungsbedürftig durch den Verwaltungsrat sind die Bereiche, in denen er dem Vorstand eine Einzelfallweisung (→ Rn. 13 f.) erteilt hat. Denn durch solche Anweisungen wird die Fachaufsicht durch die zuständige oberste Behörde Sachsen-Anhalts (Sitzland) gesperrt (→ § 27l Rn. 7). 20

5. **Aufgabe der obersten Dienstbehörde (Abs. 7).** Die Regelung des § 27h Abs. 7 S. 1 ist im Zusammenhang zu sehen mit der Regelung des § 27j Abs. 1 S. 3, wonach die Gemeinsame Glücksspielbehörde der Länder **Dienstherr** im Sinne des Landesrechts des **Sitzlandes** ist. Auch in der Dienstherreneigenschaft benötigt die Gemeinsame Glücksspielbehörde der Länder Organe, die ihr Handlungsfähigkeit verleihen. Das zentrale Organ ist insoweit die oberste Dienstbehörde. Weiteres Organ ist der Vorstand als Dienstvorgesetzter und höherer Dienstvorgesetzter (§ 27i Abs. 1 S. 3) 21

Bezogen auf die in der Gemeinsamen Glücksspielbehörde der Länder beschäftigten Beamten ist der Verwaltungsrat oberste Dienstbehörde. Als **oberste Dienstbehörde** obliegen dem Verwaltungsrat nach den beamtenrechtlichen Regelungen des Landes Sachsen-Anhalt (Sitzland) verschiedene wichtige Aufgaben (zB in den Bereichen Arbeitszeit, Nebentätigkeiten, Urlaub). Nach § 8 Abs. 3 LBG LSA ist die oberste Dienstbehörde berechtigt, grundsätzlich **jede beamtenrechtliche Entscheidung** selbst zu treffen.[16] Der Verwaltungsrat ist auch berechtigt, die Zuständigkeit als oberste Dienstbehörde ganz oder teilweise auf den Vorstand zu übertragen, § 27h Abs. 7 S. 3. Die Übertragung hat in der Satzung zu erfolgen.[17] 22

Daneben regelt § 27 Abs. 7 S. 2 die Stellung des Vorstandes in der beamtenrechtlichen Struktur der Behörde. Der Verwaltungsrat ist **Dienstvorgesetzter der Vorstandsmitglieder**, sofern diese Beamte sind. Sofern ein Vorstandsmitglied im Angestelltenverhältnis beschäftigt ist, obliegt dem Verwaltungsrat die Wahrnehmung der Rechte und Pflichten der Gemeinsamen Glücksspielbehörde der Länder als Arbeitgeberin gegenüber diesem Vorstandsmitglied. 23

§ 27i GlüStV Vorstand

(1) [1]Der Vorstand besteht aus mindestens zwei Mitgliedern. [2]Er leitet die Anstalt und vertritt sie gerichtlich und außergerichtlich. [3]Der Vorstand ist Dienstvorgesetzter und höherer Dienstvorgesetzter der in der Anstalt tätigen Beamtinnen und Beamten. [4]Er nimmt die Aufgaben der für die Ernennung zuständigen Stelle und die Rechte und Pflichten der Anstalt als Arbeitgeberin gegenüber den

16 *Benne*, Beamtenrecht Sachsen-Anhalt, § 3 Gliederungspunkt 2.
17 Nach NRW LT-Drs. 17/11683, 206 muss die Übertragung nur „in der Regel" mittels Satzung erfolgen.

Beschäftigten der Anstalt wahr, soweit sie nicht durch diesen Staatsvertrag dem Verwaltungsrat zugewiesen sind.

(2) [1]Der Vorstand ist an die Beschlüsse des Verwaltungsrats gebunden. [2]Der Vorstand hat dem Verwaltungsrat überlaufende Angelegenheiten und Verfahren zu berichten. [3]Er kann den Beschluss einer Entscheidungsrichtlinie durch den Verwaltungsrat anregen.

(3) [1]Der Vorstand wird vom Verwaltungsrat für die Dauer von höchstens fünf Jahren bestellt. [2]Erneute Bestellungen sind möglich. [3]Eine vorzeitige Abberufung ist zulässig.

(4) [1]Der Vorstand ist berechtigt, mit beratender Stimme an den Sitzungen des Verwaltungsrates teilzunehmen, soweit der Verwaltungsrat nichts anderes beschließt. [2]Er ist verpflichtet, an den Verwaltungsratssitzungen teilzunehmen, wenn der Verwaltungsrat dies zuvor bestimmt.

(5) Näheres über den Vorstand regelt die Satzung.

Literatur: *Benne*, Beamtenrecht Sachsen-Anhalt, 2018.

I. Genese/Gesetzesentwicklung

1 Die Regelung wurde als Teil des vollständig neu geschaffenen Neunten Abschnitts in den Glücksspielstaatsvertrag aufgenommen (→ § 27a Rn. 1).

II. Erläuterungen

2 Der Vorstand ist neben dem Verwaltungsrat das weitere zwingend vorgeschriebene und damit **notwendige Organ** der Gemeinsamen Glücksspielbehörde der Länder. Auch der Vorstand dient dazu, der Gemeinsamen Glücksspielbehörde der Länder Willens- und Handlungsfähigkeit zu verleihen. § 27i regelt lediglich die Grundzüge in diesem Bereich. Einzelheiten sind in der Satzung zu beschließen, § 27i Abs. 5.

3 **1. Zusammensetzung und Aufgaben (Abs. 1).** Der Vorstand besteht aus mindestens zwei Mitgliedern, § 27i Abs. 1 S. 1. Er ist damit ein **Kollegialorgan**, das die ihm obliegenden Zuständigkeiten gemeinschaftlich ausübt.

4 Der Glücksspielstaatsvertrag gibt allein eine **Mindestanzahl** an Vorstandsmitgliedern vor, jedoch **keine Höchstgrenze.** Es ist daher grundsätzlich möglich, die Zahl der Vorstandsmitglieder zu erhöhen. Eine entsprechende Regelung müsste in der Satzung nach § 27b getroffen werden. Erforderlich ist hierfür ein einstimmiger Beschluss des Verwaltungsrates (→ § 27h Rn. 14). Sachlicher Grund für eine Vergrößerung des Vorstandes können die Arbeitslast des Vorstandsamtes und die Steigerung von Wissen bzw. die Förderung des Meinungsaustausches im Sinne einer ausgewogenen Meinungsbildung im Vorstand sein. Zu beachten ist dabei in jedem Fall, dass die Zusammenarbeit im Vorstand praktikabel bleibt.

5 Aufgabe des Vorstandes ist die **Leitung** der Gemeinsamen Glücksspielbehörde der Länder, § 27i Abs. 1. S. 2 1. Hs. Diese umfasst die Durchführung des gesamten **operativen Geschäfts,** insbesondere die Ausfüllung der Aufgaben der Zustän-

digkeiten und Aufgaben der Gemeinsamen Glücksspielbehörde der Länder,[1] soweit diese nicht vom Verwaltungsrat wahrzunehmen sind.

Der Vorstand ist „**gesetzlicher Vertreter**" der Gemeinsamen Glücksspielbehörde der Länder und vertritt diese in dieser Funktion gerichtlich wie außergerichtlich, § 27i Abs. 1. S. 2 2. Hs. Die Vertretungsbefugnis des Vorstandes ist zum Schutz des Rechtsverkehrs nach außen unbeschränkt. 6

Weiter werden dem Vorstand in § 27i Abs. 1 S. 3 und 4 beamten- bzw. arbeitsrechtliche Zuständigkeiten zugewiesen. In beamtenrechtlicher Hinsicht ist der Vorstand **Dienstvorgesetzter** und **höherer Dienstvorgesetzter**.[2] In dieser Funktion ist er Organ des Dienstherrn (→ § 27h Rn. 26). Die daraus resultierenden Aufgaben bestimmen sich nach den beamtenrechtlichen Regelungen des Landes Sachsen-Anhalt (Sitzland), § 27j Abs. 1 S. 3. Der Vorstand übernimmt hierbei insbesondere die Aufgabe der für die Ernennung zuständigen Stelle. Soweit zu Mitarbeitern der Gemeinsamen Glücksspielbehörde der Länder kein Beamtenverhältnis, sondern ein Beschäftigtenverhältnis besteht, nimmt der Vorstand in diesem Verhältnis die Rechte und Pflichten des Arbeitgebers wahr. Nach § 27h Abs. 7 S. 3 kann dem Vorstand per Satzung auch die Zuständigkeit als oberste Dienstbehörde ganz oder teilweise übertragen werden (→ § 27h Rn. 27). 7

2. Bestellung und Abberufung (Abs. 3). Der Vorstand wird durch den Verwaltungsrat bestellt, § 27h Abs. 3 S. 2 Nr. 3. Hinsichtlich der Frage, welche **fachlichen Voraussetzungen** Vorstandsmitglieder erfüllen müssen, enthalten weder der Glücksspielstaatsvertrag noch dessen Begründung Vorgaben. Dem Verwaltungsrat steht es damit im Rahmen allgemeiner rechtlicher Regelungen frei, welche Personen er als Vorstandsmitglied bestellt. 8

Die Amtszeit des Vorstandes ist nach § 27i Abs. 3 S. 1 auf **höchstens fünf Jahre** begrenzt. Die Dauer der Amtszeit orientiert sich an der überwiegenden Dauer einer Wahlperiode in den Trägerländern. Sie führt dazu, dass durchschnittlich einmal pro Legislaturperiode in den Ländern der Vorstand zu bestellen ist.[3] Dem Glücksspielstaatsvertrag ist nicht zu entnehmen, dass der Fünf-Jahres-Zeitraum neben einer Höchstdauer zugleich auch eine Mindestdauer für die Amtszeit von Vorstandsmitgliedern darstellt. Grundsätzlich ist es daher auch möglich, ein Vorstandsmitglied für einen **kürzeren Zeitraum** zu bestellen. 9

Der für die Bestellung vorgesehene Rahmen von fünf Jahren stellt auch **keine absolute Höchstdauer** dar. Eine erneute Bestellung ist zulässig, § 27i Abs. 3 S. 1. Dem Glücksspielstaatsvertrag ist ferner nicht zu entnehmen, dass die „**Wiederbestellung**" als Vorstandsmitglied nur einmal möglich ist. Ein Vorstandsmitglied kann daher grundsätzlich nach Ablauf seiner jeweiligen Amtszeit **beliebig häufig** wiederbestellt werden. 10

Die Normierung einer zeitlich befristeten Amtszeit, die jedoch grundsätzlich beliebig oft erneuert werden kann, dient der Sicherstellung des **Einflusses der Trägerländer** auf die Personalie der Vorstandsmitglieder. Letztlich dient dieses Verfahren auch der stetigen **demokratischen Legitimation** des Vorstandes. Durch die Beschränkung der Amtszeit kann ein Vorstandsmitglied nur dann über die fünfjährige Amtszeit hinaus im Amt bleiben, wenn der Verwaltungsrat dies mit einer erneuten Zweidrittelmehrheit (→ § 27h Rn. 14) beschließt, also eine qualifizierte Mehrheit im Verwaltungsrat aktiv bestätigt, dass sie mit der Amtsführung einverstanden ist. Dies unterscheidet sich in der Legitimationswirkung 11

1 NRW LT-Drs. 17/11683, 206.
2 Zur den Begriffen im Beamtenrecht des Landes Sachsen-Anhalt nur *Benne*, Beamtenrecht Sachsen-Anhalt, § 3 Gliederungspunkt 3.
3 NRW LT-Drs. 17/11683, 207.

deutlich von einer unbefristeten Amtszeit, die nur durch eine Abberufung beendet werden kann, für die ihrerseits eine Zweidrittelmehrheit erforderlich wäre. Dies könnte dazu führen, dass ein Vorstandsmitglied im Amt bliebe, obwohl eine Mehrheit der Länder mit seiner Amtsführung nicht einverstanden wäre.[4]

12 Der Vorstand kann vor Ablauf der fünfjährigen Amtszeit vorzeitig **abberufen** werden, § 27i Abs. 3 S. 3. Erforderlich ist hierfür – wie für die Bestellung – ein Beschluss des Verwaltungsrates, der mit **Zweidrittelmehrheit** zu fassen ist (→ § 27h Rn. 14). Möglich ist eine unverzügliche Abberufung insbesondere dann, wenn der Vorstand Weisungen nach § 27i Abs. 3 S. 3 nicht befolgt.[5] Aus diesem Beispiel, dass der Begründung zum Glücksspielstaatsvertrag entnommen ist, lässt sich indes nicht folgern, dass die Abberufung nur aus wichtigem Grund möglich ist. Mangels einer ausdrücklichen Regelung ist vielmehr davon auszugehen, dass die Bestellung von Vorstandsmitgliedern durch den Verwaltungsrat jederzeit frei widerrufen werden kann. Auf der anderen Seite erscheint eine Selbstlimitierung des Verwaltungsrates in der Satzung, die Abberufung nur aus wichtigem Grund vorzunehmen, möglich.

13 **3. Verhältnis zum Verwaltungsrat (Abs. 2, 4).** Für das Verhältnis zwischen dem Organ „Vorstand“ einerseits und dem Organ „Verwaltungsrat“ andererseits, sind zunächst **zwei Grundsätze prägend.** Zum einem kann der Verwaltungsrat für den Vorstand bindende Entscheidungsrichtlinien und auch Einzelfallweisungen erlassen (→ § 27h Rn. 18). Zum anderen untersteht der Vorstand der Aufsicht durch den Verwaltungsrat (→ § 27h Rn. 23).

14 Den Grundsatz, dass der Verwaltungsrat verbindliche Richtlinien und Weisungen erteilen kann, greift § 27i Abs. 2 S. 1 nochmals auf. Hiernach ist der **Vorstand** im Rahmen der Ausübung seiner Aufgaben **an Beschlüsse** des Verwaltungsrates – und damit an den Willen der demokratisch legitimierten Vertreter der Trägerländer – **gebunden.** Nach § 27i Abs. 2 S. 3 hat der Vorstand die Möglichkeit, beim Verwaltungsrat den Beschluss einer Entscheidungsrichtlinie anzuregen, wenn er eine solche für sinnvoll erachtet.

15 Der weitere Grundsatz, wonach der Verwaltungsrat den Vorstand beaufsichtigt, wird einerseits durch die in § 27h Abs. 5 S. 2 normierten **Auskunfts- und Informationspflichten** des Vorstands und andererseits durch die **Berichtspflicht** des § 27i Abs. 2 S. 2 erst effektiv umsetzbar. Da die Berichtspflicht der Umsetzung der durch den Verwaltungsrat zu erbringenden Aufsicht über den Vorstand dient, muss der Vorstand dieser Pflicht so rechtzeitig nachkommen, dass der Verwaltungsrat von seinen Aufsichtsbefugnissen wirksam Gebrauch machen kann.[6]

16 Dass das Verhältnis zwischen den beiden Organen der Gemeinsamen Glücksspielbehörde der Länder trotz der in der Aufsichtspflicht zum Ausdruck kommenden Hierarchie auf eine **vertrauensvolle Zusammenarbeit** ausgelegt ist, verdeutlicht § 27i Abs. 4 S. 1. Hiernach hat der Vorstand, sofern nicht ausnahmsweise ein gegenteiliger Beschluss vorliegt, das Recht in beratender Funktion an den Sitzungen des Verwaltungsrates teilzunehmen. Diese Regelung ist konstitutiv. Demgegenüber ist § 27i Abs. 4 S. 2 rein deklaratorisch. Der Vorstand ist an Beschlüsse des Verwaltungsrates gebunden. Dies gilt auch für Beschlüsse, die ihm zur Teilnahme an einer Sitzung des Verwaltungsrates verpflichten.

---

4 NRW LT-Drs. 17/11683, 206.
5 NRW LT-Drs. 17/11683, 205.
6 NRW LT-Drs. 17/11683, 206.

§ 27j GlüStV Dienstherrnfähigkeit, Personalgewinnung

(1) [1]Die Anstalt kann Beschäftigte einstellen und Beamtinnen und Beamte haben. [2]Die Trägerländer können an die Anstalt Beschäftigte abordnen sowie Beamtinnen und Beamte abordnen oder versetzen. [3]Die Anstalt ist Dienstherr im Sinne des Landesrechts des Sitzlandes. [4]Auf die Rechtsverhältnisse der Beamten der Anstalt finden das Beamtenstatusgesetz und die beamtenrechtlichen Vorschriften des Sitzlandes Anwendung, soweit sich aus den Bestimmungen dieses Staatsvertrages nichts anderes ergibt. [5]Für die Beschäftigten und die Auszubildenden der Anstalt gilt der Tarifvertrag für den öffentlichen Dienst der Länder beziehungsweise der Tarifvertrag für Auszubildende der Länder in Ausbildungsberufen nach dem Berufsbildungsgesetz einschließlich der diese Tarifverträge ergänzenden, ändernden und ersetzenden Tarifverträge in der in dem Sitzland jeweils geltenden Fassung. [6]Zur Deckung des Personalbedarfs und zur Bindung von qualifizierten Fachkräften in Bereichen, die für die Erfüllung des Zwecks der Anstalt von besonderer Bedeutung sind und in denen ein besonderer Fachkräftemangel herrscht, kann eine besondere persönliche Zulage gewährt werden. [7]Die Zulage kann befristet werden. [8]Sie ist auch als befristete Zulage widerruflich. [9]Ist im Sitzland der Anstalt der Tarifvertrag für den öffentlichen Dienst der Länder nicht anwendbar, gelten die entsprechenden Vorschriften des für die dortigen Beschäftigten des Landes gültigen Tarifvertrags entsprechend.

(2) [1]Die Trägerländer sind verpflichtet, befähigtes eigenes Personal an die Anstalt abzuordnen, sofern diese selbst nachweislich nicht in ausreichendem Umfang Personal gewinnen konnte. [2]Eine solche Inanspruchnahme der Trägerländer bedarf eines Beschlusses des Verwaltungsrates, der die Belastung der Trägerländer unter besonderer Berücksichtigung der bisherigen Personalzuführungen und des nach § 27c Absatz 3 Satz 2 bis 4 modifizierten Königsteiner Schlüssels bemisst.

(3) [1]Die Versorgungslastenteilung zwischen den Trägerländern und der Anstalt richtet sich nach dem Versorgungslastenteilungs-Staatsvertrag vom 5. September 2010 (BGBl. I S. 1290, 1404) in der jeweils geltenden Fassung. [2]Bei Abordnungen gemäß § 14 des Beamtenstatusgesetzes ist im Rahmen der Personalkostenerstattungen bei Beamten auch die Erhebung eines Versorgungszuschlages in Höhe von 30 Prozent der jeweiligen ruhegehaltfähigen Dienstbezüge nach dem Recht des abordnenden Dienstherrn zu vereinbaren. [3]Dies gilt nicht, sofern es sich um Abordnungen handelt, die mit dem Ziel der Versetzung ausgesprochen werden bzw. in eine Versetzung münden, soweit eine Versorgungslastenteilung nach dem Versorgungslasten-Staatsvertrag stattfindet.

(4) [1]Die Anstalt schafft unverzüglich nach Errichtung die Voraussetzungen für den Abschluss einer Beteiligungsvereinbarung mit der Versorgungsanstalt des Bundes und der Länder. [2]Kommt die Beteiligungsvereinbarung nicht zustande, stellt die Anstalt die rechtlichen Ansprüche der Beschäftigten auf eine betriebliche Altersversorgung entsprechend § 25 des Tarifvertrags für den öffentlichen Dienst der Länder bzw. § 17 des Tarifvertrags für Auszubildende der Länder in Ausbildungsberufen nach dem Berufsbildungsgesetz sicher.

Literatur: *Dittmann*, Glücksspielregulierung durch Rechtsverordnungen der Gemeinsamen Glücksspielbehörde der Länder, ZfWG 2020, 302; *Weiß/Schneider* [Hrsg.], *Gilbert/Hesse*, Die Versorgung der Beschäftigten des öffentlichen Dienstes, 58. EL (01/2020).

I. Genese/Gesetzesentwicklung

1 Die Regelung wurde als Teil des vollständig neu geschaffenen Neunten Abschnitts in den Glücksspielstaatsvertrag aufgenommen (→ § 27a Rn. 1).

II. Erläuterungen

2 Damit die Gemeinsame Glücksspielbehörde der Länder die ihr obliegenden Aufgaben und Zuständigkeiten in der Praxis erfüllen kann, benötigt sie Personal. Der Personalbedarf wird mit **110 Vollzeitmitarbeitern** kalkuliert.[1] Die Regelung des § 27j enthält in diesem Kontext Vorgaben dazu, die einerseits das Verhältnis der Gemeinsamen Glücksspielbehörde der Länder zu den Trägerländern und andererseits zu „ihrem" Personal betreffen. In etwas unstrukturierter Form werden Vorgaben zur Dienstherren- und Arbeitgebereigenschaft der Gemeinsamen Glücksspielbehörde der Länder (Abs. 1), zur Personalbedarfsdeckung (Abs. 1 S. 2, Abs. 2), zur Vorsorgelast (Abs. 3) und betrieblichen Altersvorsorge (Abs. 4) gemacht.

3 **1. Dienstherren- und Arbeitgebereigenschaft (Abs. 1).** Einleitend normiert § 27 Abs. 1 S. 1, dass die Gemeinsame Glücksspielbehörde der Länder Beschäftigte einstellen und Beamte haben kann. Hinsichtlich der Beamten ist die Gemeinsame Glücksspielbehörde der Länder **Dienstherr** im Sinne des Landesrechts Sachsen-Anhalts (Sitzland), § 27 Abs. 1 S. 3. Diese Dienstherrnfähigkeit entspricht der strikten verwaltungsrechtlichen Anbindung der Gemeinsamen Glücksspielbehörde der Länder an das Sitzland (→ § 27a Rn. 9 f.).[2] **Willens- und handlungsfähig** ist die Gemeinsame Glücksspielbehörde in ihrer Dienstherreneigenschaft durch den Verwaltungsrat als oberste Dienstbehörde (→ § 27h Rn. 26 f.) und den Vorstand als Dienstvorgesetzten und höherer Dienstvorgesetzten (→ § 27i Rn. 7). Die konkreten wechselseitigen Rechte und Pflichten aus dem Beamtenverhältnis bestimmen sich für die Beamten und den Dienstherrn nach den beamtenrechtlichen Regelungen Sachsen-Anhalts.

4 Sofern zwischen dem Personal und der Gemeinsamen Glücksspielbehörde der Länder ein **Anstellungsverhältnis** besteht, gelten für diese Anstellungsverhältnisse die im Sitzland geltenden Tarifverträge für Beschäftigte des Landes. Dies ergibt sich aus der umständlich formulierten Normierung der § 27j Abs. 1 S. 5 und S. 9. Hiernach ist auf Anstellungsverhältnisse grundsätzlich der **Tarifvertrag für den öffentlichen Dienst der Länder** in der im Sitzland (Sachsen-Anhalt) geltenden Fassung anzuwenden. Ebenfalls auf das Arbeitsverhältnis anzuwenden sind ggf. ergänzende, ändernde und ersetzende Tarifverträge. Für Beschäftigte, zu denen ein **Ausbildungsverhältnis** besteht, gilt entsprechendes. Anzuwenden ist auf die Ausbildungsverhältnisse der **Tarifvertrag für Auszubildende der Länder.** Sofern im Sitzland der Tarifvertrag für den öffentlichen Dienst der Länder nicht anwendbar ist, gelten die dortigen Tarifverträge für Beschäftigte des Sitzlandes

1 Zum kalkulierten Personalbedarf: Antwort der Landesregierung LSA auf die Kleine Anfrage KA7/3895 zur „Neuen Glücksspielbehörde" (LSA LT-Drs. 7/6503, 5).
2 NRW LT-Drs. 17/11683, 207.

entsprechend für das Personal der Gemeinsamen Glücksspielbehörde der Länder.

5 Gesondert geregelt ist in § 27j Abs. 1 S. 6–8 der Komplex der besonderen **persönlichen Zulagen**. Hiernach kann eine persönliche Zulage aus zwei Gründen gewährt werden, erstens zur Personalgewinnung, zweitens zur Bindung von qualifizierten Fachkräften, wobei die Einschränkung besteht, dass dies nur in Bereichen möglich ist, die für die Erfüllung des Anstaltszwecks besonders relevant sind und zugleich durch einen besonderen Fachkräftemangel gekennzeichnet sind. Die Gewährung einer Zulage kann **befristet** erfolgen und ist widerruflich.

6 Zur Wahrnehmung der kollektiven Interessen der Beschäftigten der Gemeinsamen Glücksspielbehörde der Länder ist die Einrichtung einer **Personalvertretung** vorgesehen. Sachsen-Anhalt als Sitzland hat hierzu das Gesetz zur vorläufigen Sicherstellung der Personalvertretung in der Gemeinsamen Glücksspielbehörde der Länder (LSAGlüPersVGSiG) beschlossen.[3] Hiernach übernimmt der „Personalrat des Ministeriums für Inneres und Sport des Landes Sachsen-Anhalt ohne Abteilung 4" zunächst das Mandat des Übergangspersonalrats. Innerhalb von sechs Monaten nach Errichtung muss dann eine Wahl über den Personalrat stattfinden. Sofern sich das Personal der Gemeinsamen Glücksspielbehörde innerhalb von 18 Monaten, gemessen vom Wahltag, verdreifacht, ist eine neue Personalratswahl durchzuführen.

7 **2. Deckung des Personalbedarfs (Abs. 1 S. 2, Abs. 2).** Um die Erwartungen zu erfüllen, die in die Gemeinsame Glücksspielbehörde der Länder gesetzt werden (→ § 27a Rn. 2 und → § 27a Rn. 8), ist es erforderlich, dass sie das notwendige qualifizierte **Personal gewinnen** kann.[4] Dazu, wie der Personalbedarf der Gemeinsamen Glücksspielbehörde der Länder zu decken ist, enthält der Glücksspielstaatsvertrag zwei Bestimmungen. Die Trägerländer können unter Wahrung der Rechte des Personals Beschäftigte abordnen sowie Beamtinnen und Beamte abordnen oder versetzen, § 27j Abs. 1 S. 2. Diese zunächst als **freiwillige Unterstützungsleistung** angelegte Möglichkeit kann sich nach § 27j Abs. 2 allerdings zu einer Abordnungsverpflichtung verdichten.

8 Die **Abordnungsverpflichtung** nach § 27j Abs. 2 kommt nur auf Grundlage eines Beschlusses des Verwaltungsrates in Betracht. Sie dient der Sicherstellung der Aufgabenwahrnehmung durch die Gemeinsame Glücksspielbehörde der Länder. Die Gemeinsame Glücksspielbehörde der Länder muss nachweisen, dass sie nicht in ausreichendem Maße Personal gewinnen konnte. Entsprechende Bemühungen sind zu dokumentieren. Weiter ist zu beachten, dass Abordnungen nur erfolgen können und dürfen, soweit dies dem abordnenden Land zumutbar ist. Insbesondere darf die Abordnung nicht dazu führen, dass eigene Aufgaben des Landes nicht mehr wahrgenommen werden können. Auch sind die Rechte des Personals bei der Abordnung in besonderem Maße zu wahren.[5]

9 Im Wege eines Umkehrschlusses lässt sich den beiden Regelungen zur Abordnung und/oder Versetzung entnehmen, dass die Personalgewinnung **vorrangige Aufgabe der Gemeinsamen Glücksspielbehörde** der Länder ist.

10 **3. Versorgungslastenteilung und betriebliche Altersvorsorge (Abs. 3 f.).** Die Regelung des § 27j Abs. 3 legt fest, wie die Versorgungslastenteilung zwischen den Trägerländern und der Gemeinsamen Glücksspielbehörde der Länder zu erfolgen hat. Anknüpfungspunkt für diese Regelungen ist dabei der **Dienstherren-**

3 GVBl. LSA 2021 160, 166.
4 Ebenso *Dittmann* ZfWG 2020, 302 (304).
5 Zur Abordnungspflicht NRW LT-Drs. 17/11683, 207.

wechsel eines bei der Gemeinsamen Glücksspielbehörde der Länder beschäftigten Beamten.

11 In der Sache verpflichtet § 27j Abs. 4 die Gemeinsame Glücksspielbehörde der Länder dazu, die **betriebliche Altersversorgung** für ihre Beschäftigten sicherzustellen. Zu erfolgen hat dies grundsätzlich über eine Beteiligung an der Versorgungsanstalt des Bundes und der Länder (VBL). Hierdurch wird ein Gleichlauf zu den überwiegenden Tarifverträgen des Bundes, der Länder sowie der Gemeinden erzielt, die sich in diesen verpflichtet haben, ihre Bediensteten bei der VBL zusätzlich zu versichern.[6] Die VBL selbst ist eine rechtsfähige Anstalt des öffentlichen Rechts, deren Zweck es ist, den Beschäftigten der Beteiligten im Wege privatrechtlicher Versicherung eine zusätzliche Alters-, Erwerbsminderungs- und Hinterbliebenenversorgung zu gewähren, §§ 1, 2 Satzung der VBL. Die für die Beteiligung an der VBL erforderliche Vereinbarung ist ein privatrechtlicher Vertrag,[7] zu deren Abschluss die Gemeinsame Glücksspielbehörde der Länder in § 27j Abs. 4 angehalten wird. Sofern eine **Beteiligungsvereinbarung** nicht zu Stande kommt, ist sie berechtigt und verpflichtet, die betriebliche Altersversorgung auf andere Weise sicherzustellen.

§ 27k GlüStV Mitwirkungen

(1) [1]Die Anstalt kann sich mit Zustimmung des Verwaltungsrates bei der Durchführung ihrer Verwaltungsaufgaben einschließlich einer damit verbundenen automatisierten Verarbeitung personenbezogener Daten sowie der Entscheidung über Rechtsbehelfe im Wege von Verwaltungsvereinbarungen gegen Erstattung der Verwaltungskosten ganz oder teilweise der Mitwirkung von Behörden oder Einrichtungen des Sitzlandes oder eines anderen Trägerlandes bedienen. [2]Für die Zustimmung des Verwaltungsrates ist in diesem Fall die Zustimmung der Vertreterin oder des Vertreters des Sitzlandes oder des anderen Trägerlandes im Verwaltungsrat erforderlich.

(2) Absatz 1 gilt insbesondere für folgende Verwaltungsaufgaben:

1. **die Aufgaben auf dem Gebiet der Besoldung und der sonstigen Geldleistungen nach dem Besoldungsgesetz des Sitzlandes einschließlich der Beihilfen in Krankheits-, Pflege- und Geburtsfällen sowie der Versorgung nach dem Beamtenversorgungsgesetz des Sitzlandes,**
2. **die der Anstalt als Arbeitgeber zustehenden Befugnisse in Bezug auf das Entgelt der Arbeitnehmerinnen und Arbeitnehmer und der zur Ausbildung Beschäftigten (Auszubildende),**
3. **die Berechnung und Anordnung der Reisekostenvergütung, des Trennungsgeldes und der Umzugskostenvergütung,**
4. **die Durchführung von Beschaffungen und Vergabeverfahren,**
5. **die Durchführung von Fortbildungsveranstaltungen sowie**
6. **die Führung der in § 27f Absatz 4 genannten Dateien.**

(3) [1]Jedes Land kann sich der Anstalt mit einstimmiger Zustimmung des Verwaltungsrates gegen Erstattung der Verwaltungskosten bei der Durchführung von Verwaltungsaufgaben im Zusammenhang mit diesem Staatsvertrag bedienen. [2]Das gilt insbesondere für die Überwachung und Auswertung der von dem technischen System nach § 6i Absatz 2 erfassten Daten.

6 Gilbert/Hesse/*Weiß/Schneider* Einleitung Rn. 35.
7 Gilbert/Hesse/*Weiß/Schneider* Einleitung Rn. 44.

Literatur: *Dittmann*, Glücksspielregulierung durch Rechtsverordnungen der Gemeinsamen Glücksspielbehörde der Länder, ZfWG 2020, 302 ff.

I. Genese/Gesetzesentwicklung

Die Regelung wurde als Teil des vollständig neu geschaffenen Neunten Abschnitts in den Glücksspielstaatsvertrag aufgenommen (→ § 27a Rn. 1). 1

II. Erläuterungen

Die wesentliche Bedeutung des § 27k liegt in der Schaffung einer rechtlichen Grundlage für eine **wechselseitige Mitwirkung** bei der Aufgabenerfüllung im Verhältnis der Gemeinsamen Glücksspielbehörde der Länder einerseits und den Behörden und Einrichtungen der Trägerländer andererseits. Die Mitwirkungsregelungen erlauben eine an zukünftigen tatsächlichen Entwicklungen orientierte flexible und effiziente Aufgabenwahrnehmung.[1] 2

Dass und unter welchen Voraussetzungen sich die Gemeinsame Glücksspielbehörde der Länder der **Mitwirkung von Behörden** und Einrichtungen **der Trägerländer** bedienen kann, regeln § 27k Abs. 1, 2. Hierzu stellt § 27 Abs. 1 S. 1 zunächst klar, dass es sich auch dann um eine Aufgabe der Gemeinsamen Glücksspielbehörde der Länder handelt, wenn sich diese bei deren Erfüllung der Hilfe Dritter (Trägerländer) bedient. Verfahrenstechnisch bedarf es, damit Behörden der Trägerländer in einzelnen Bereichen mitwirken können, zunächst eines legitimierenden Verwaltungsratsbeschlusses. Für diesen muss als besondere Abstimmungsregelung (→ § 27 Rn. 15) zwingend der Vertreter des Trägerlandes zustimmen, dessen Behörde mitwirken soll, § 27 Abs. 1 S. 2. Hierdurch wird vermieden, dass sich die anderen Länder Einrichtungen eines Landes gegen dessen Willen bedienen können. Die durch die Mitwirkung entstehenden Kosten sind zu erstatten. Die Erstattung dieser Kosten ist im Wirtschaftsplan zu berücksichtigen und wird daher über § 27c Abs. 3 anteilig von den Trägerländern getragen.[2] 3

In § 27k Abs. 2 werden **Regelbeispiele** („insbesondere") aufgelistet, bei denen ein Rückgriff auf Behörden oder Einrichtungen eines Trägerlandes in Betracht kommt. Hiernach hält es der Glücksspielstaatsvertrag etwa nicht zwingend für erforderlich, dass bestimmte **„interne Angelegenheiten"** unmittelbar von der Gemeinsamen Glücksspielbehörde der Länder erledigt werden. Namentlich handelt es sich etwa um die Erledigung von Besoldungsangelegenheiten des bei ihr beschäftigten Personals oder das Anbieten eigener Fortbildungsveranstaltungen. 4

Jenseits „interner Angelegenheiten" zählt auch die Führung der in § 27f Abs. 4 genannten Dateien zu den Angelegenheiten, die einer Mitwirkung durch Landesbehörden zugänglich sind. Dies soll besonders die Führung der Spielersperrdatei betreffen.[3] Diese war nach dem Glücksspielstaatsvertrag aF dem Land Hessen übertragen. In Hessen ist daher sowohl die technische und personelle Infrastruktur als auch besonderes Wissen zur Führung einer solchen **Spielersperrdatei** vorhanden. Dieses besondere Know-how sollte auch unter dem neuen Glücksspiel- 5

1 NRW LT-Drs. 17/11683, 208. Im Ergebnis so wohl auch *Dittmann* ZfWG 2020, 302 (303), der von einer „atmende(n) Institution" spricht.
2 NRW LT-Drs. 17/11683, 207.
3 NRW LT-Drs. 17/11683, 207 f. und 210.

staatsvertrag möglichst erhalten und genutzt werden.[4] In der Sache handelt es sich gewissermaßen um eine Art der Auftragsverwaltung.[5]

6 § 27k Abs. 3 betrifft den umgekehrten Fall der Mitwirkung. Hiernach können sich die Trägerländer der Mitwirkung der Gemeinsamen Glücksspielbehörde der Länder bei der Durchführung ihrer Aufgaben nach dem Glücksspielstaatsvertrag bedienen. Auch in diesem Fall ist eine Erstattung der Verwaltungskosten erforderlich. Geschaffen wurde die Regelung insbesondere mit Blick auf die technische Unterstützung der Länder bei Angeboten im Internet, insbesondere bei Online-Casinospielen.[6] Weil es um die Durchführung von Aufgaben geht, die grundsätzlich den Ländern selbst obliegen, ist zum Ausschluss möglicher erheblicher Nachteile für die Wahrnehmung der originären Aufgaben der Gemeinsamen Glücksspielbehörde der Länder eine einstimmige Zustimmung des Verwaltungsrates erforderlich.

§ 27l GlüStV Rechts- und Fachaufsicht

(1) [1]Die für die Glücksspielaufsicht zuständige oberste Landesbehörde des Sitzlandes führt die Rechtsaufsicht über die Anstalt im Benehmen mit den für die Glücksspielaufsicht zuständigen obersten Landesbehörden der übrigen Trägerländer, soweit die Eilbedürftigkeit nicht ein unverzügliches Einschreiten gebietet. [2]In diesem Fall sind die für die Glücksspielaufsicht zuständigen obersten Landesbehörden der übrigen Trägerländer unverzüglich zu unterrichten.

(2) Bei der Erfüllung der Aufgaben nach § 27e unterliegt die Anstalt der Fachaufsicht durch die für die Glücksspielaufsicht zuständige oberste Landesbehörde des Sitzlandes, soweit nicht der Verwaltungsrat von seinen Befugnissen gemäß § 27h Absatz 4 Gebrauch macht.

(3) Jede oberste Glücksspielaufsichtsbehörde eines Landes kann die für die Glücksspielaufsicht zuständige oberste Landesbehörde des Sitzlandes um die Prüfung fachaufsichtlicher Maßnahmen nach Absatz 2 ersuchen; das Prüfungsergebnis wird binnen vier Wochen in Textform mitgeteilt.

Literatur: *Dittmann*, Glücksspielregulierung durch Rechtsverordnungen der Gemeinsamen Glücksspielbehörde der Länder, ZfWG 2020, 302; *Unger*, Die Glücksspielregulierung in der Föderalismusfalle, ZfWG 2021, 1.

I. Genese/Gesetzesentwicklung

1 Die Regelung wurde als Teil des vollständig neu geschaffenen Neunten Abschnitts in den Glücksspielstaatsvertrag aufgenommen (→ § 27a Rn. 1).

II. Erläuterungen

2 Die Regelung des § 27l überträgt die Rechts- und Fachaufsicht über die Gemeinsame Glücksspielbehörde der Länder auf die zuständige **oberste Landesbehörde Sachsen-Anhalts** (Sitzland). Hierbei handelt es sich um eine konsequente Fort-

4 Staatskanzlei NRW (Vorlage NRW LT-Drs. 17/4796, 6); ebenso NRW LT-Drs. 17/11683, 208 in der Formulierung jedoch weniger verbindlich.
5 Staatskanzlei NRW (Vorlage NRW LT-Drs. 17/4796, 6).
6 NRW LT-Drs. 17/11683, 208.

schreibung des Umstands,[1] dass die Gemeinsame Glücksspielbehörde der Länder per Fiktion dem Sitzland zugeordnet wird. Der obersten Landesbehörde des Sitzlandes wird jedoch weder die Rechts- noch die Fachaufsicht vorbehaltlos übertragen. Vielmehr sind in beiden Bereichen Besonderheiten zu beachten.

1. Rechtsaufsicht (Abs. 1). Der zuständigen obersten Landesbehörde Sachsen-Anhalts wird in § 27l Abs. 1 die Rechtsaufsicht übertragen. Ihr obliegt es daher zu kontrollieren, ob die Gemeinsame Glücksspielbehörde der Länder ihre Tätigkeiten im Rahmen der geltenden gesetzlichen Bindungen durchgeführt hat. Diese Aufgabe ist in der Sache nicht beschränkt. Verfahrenstechnisch hat sie jedoch die weiteren Trägerländer einzubinden. Differenziert wird dabei, wie die **Einbindung** der zuständigen obersten Landesbehörden der weiteren **Trägerländer** erfolgen muss. Grundsätzlich muss sie ein Benehmen mit diesen Behörden herbeiführen, § 27l Abs. 1 S. 1. Bei Eilbedürftigkeit ist eine unverzügliche Unterrichtung erforderlich und ausreichend. 3

Soweit ein **Benehmen** mit den sonstigen Landesbehörden erforderlich ist, bedeutet dies nach allgemeinem juristischem Verständnis formell weniger als Einvernehmen.[2] Benehmen verlangt, dass den anderen Beteiligten die Gelegenheit zu geben ist, Belange per Stellungnahme geltend zu machen, die in ihre Zuständigkeit fallen. Eine bindende Wirkung kommt der Stellungnahme dabei nicht zu.[3] Die zuständige oberste Landesbehörde Sachsen-Anhalts hat mithin die weiteren zuständigen obersten Landesbehörden der Trägerländer über Art und Umfang ihrer Prüfung zu informieren und, soweit Belange einzelner Trägerländer betroffen sind, der dortigen Behörde die Möglichkeit zu geben, ihre Belange vorzutragen. Dies setzt voraus, dass alle relevanten Informationen weitergegeben werden und eine angemessene Stellungnahmefrist eingeräumt wird. 4

In Eilfällen bedarf es des Benehmens nicht. Ausreichend ist dann, die weiteren zuständigen obersten Landesbehörden der Trägerländer unverzüglich (ohne schuldhaftes Zögern, § 121 BGB) zu unterrichten. Der Unterschied zwischen dieser **Unterrichtungspflicht** und dem außerhalb von Eilfällen erforderlichen Benehmen liegt im Wesentlichen darin, dass keine Frist zur Stellungnahme eingeräumt werden muss, soweit dies sachlich geboten ist. 5

2. Fachaufsicht (Abs. 2 f.). Im Grundsatz ist der zuständigen obersten Landesbehörde Sachsen-Anhalts auch die Fachaufsicht übertragen, § 27l Abs. 2. Ihr obliegt somit das Handeln der Gemeinsamen Glücksspielbehörde der Länder auf **Zweckmäßigkeit** zu prüfen. Anders als im Bereich der Rechtsaufsicht (→ Rn. 5) muss im Bereich der Fachaufsicht **kein Benehmen** mit Behörden der weiteren Trägerländer herbeigeführt werden. 6

In der Sache ist die Fachaufsicht der zuständigen obersten Landesbehörde Sachsen-Anhalts jedoch durch § 27l Abs. 2 2. Hs. erheblich eingeschränkt. Hiernach sind diejenigen Bereiche der Fachaufsicht des Sitzlandes entzogen, für die Entscheidungen des Verwaltungsrates nach § 27h Abs. 4 vorliegen. Die Fachaufsicht ist insoweit **„subsidiär"**[4]. Unmittelbar bedeutet dies, dass die Befugnis zur Fachaufsicht zurücktritt, sobald eine Entscheidung des Verwaltungsrates vorliegt (→ § 27h Rn. 18). Hintergrund für diese Regelung ist die ansonsten theoretisch bestehende „Gefahr", dass sich das Sitzland in Fragen der Fachaufsicht über mit 7

1 Im Ergebnis ebenso NRW LT-Drs. 17/11683, 208, *Dittmann* ZfWG 2020, 302.
2 NRW LT-Drs. 17/11683, 208; beispielhaft für das allgemeine Begriffsverständnis nur BVerwG 31.10.2000 – 11 VR 12/00, NVwZ 2001, 90 (91).
3 Hierzu nur BVerwG 29.4.1993 – 7 A 2/92, NVwZ 1993, 890 (891).
4 NRW LT-Drs. 17/11683, 208. *Unger* ZfWG 2021, 1 spricht von einer „unechten Fachaufsicht durch den Verwaltungsrat".

Zweidrittelmehrheit getroffene Entscheidungen der Vertreter aller Trägerländer hinwegsetzen kann. Durch die Beschränkung der Fachaufsicht wird die Funktion des Verwaltungsrates als internes Aufsichtsorgan der Länder gesichert und gestärkt.[5]

8 Aus der Begründung für diese Beschränkung folgt weiter, dass sich die Fachaufsicht letztlich nicht auf die grundlegenden Angelegenheiten der Gemeinsamen Glücksspielbehörde der Länder erstreckt. Gemäß der Zuständigkeitsverteilung des Glücksspielstaatsvertrages beschließt der Verwaltungsrat über diese Angelegenheiten mit Zweidrittelmehrheit oder in bestimmten Fällen einstimmig (→ § 27h Rn. 16). Auch in diesem Bereich könnte sich das Sitzland daher mit den Mitteln der Fachaufsicht über eine mit qualifizierter Mehrheit der Vertreter aller Trägerländer getroffene Entscheidung hinwegsetzen. Dies in grundlegenden Angelegenheiten zuzulassen, im Übrigen aber auszuschließen, wäre ein Wertungswiderspruch. Der Glücksspielstaatsvertrag sieht somit **keine fachaufsichtliche Kontrolle des Verwaltungsrates** vor.[6]

9 Soweit die Fachaufsicht reicht, berechtigt § 27l Abs. 3 die obersten Glücksspielaufsichtsbehörden der Trägerländer, die zuständige oberste Landesbehörde Sachsen-Anhalts um Prüfung fachaufsichtlicher Maßnahmen zu ersuchen.[7] Die Entscheidung, ob solche Maßnahmen ergriffen werden, obliegt jedoch allein der zuständigen obersten Landesbehörde Sachsen-Anhalts. Ihr ist allein aufgegeben, das **Prüfungsergebnis** binnen vier Wochen in Textform (§ 126b BGB) mitzuteilen.

§ 27m GlüStV Finanzkontrolle

Die Haushalts- und Wirtschaftsführung der Anstalt unterliegt der Prüfung der Rechnungshöfe der Trägerländer.

Literatur: *von Lewinski/Burbat,* Haushaltsgrundsätzegesetz, 1. Aufl. 2013.

I. Genese/Gesetzesentwicklung

1 Die Regelung wurde als Teil des vollständig neu geschaffenen Neunten Abschnitts in den Glücksspielstaatsvertrag aufgenommen (→ § 27a Rn. 1).

II. Erläuterungen

2 Nach § 27m unterliegt die Haushalts- und Wirtschaftsführung der Gemeinsamen Glücksspielbehörde der Länder der Prüfung durch die Rechnungshöfe der Trägerländer. Die damit vorgesehene **Prüfungszuständigkeit mehrerer Landesrechnungshöfe** trägt den Umständen Rechnung, dass die Finanzierung der Gemeinsamen Glücksspielbehörde der Länder einerseits durch anteilige Finanzierungsbeiträge der Trägerländer erfolgt (→ § 27c Rn. 8) und die Trägerländer andererseits für deren Verbindlichkeiten grundsätzlich unbeschränkt, wenn auch

5 Zum Hintergrund der Beschränkung der Fachaufsicht NRW LT-Drs. 17/11683, 208.

6 Im Ergebnis ebenso die Stellungnahme des Instituts für Glücksspiel und Gesellschaft (GLÜG) der Ruhr-Universität Bochum, die in das Gesetzgebungsverfahren verschiedener Länder zur Zustimmung zum Staatsvertrag eingebracht wurde (zB NRW LT-Drs. 17/3644, 6).

7 *Unger* ZfWG 2021, 1 nutzt diesbezüglich die despektierliche Formulierung, dass es sich „bestenfalls“ um eine „Prüfbitte“ handelt.

subsidiär, haften (→ § 27d Rn. 4). Ein Prüfungsinteresse der Rechnungshöfe der Trägerländer ist vor diesem Hintergrund ohne Zweifel gegeben.

Unberührt bleibt durch diese Regelung des Glücksspielstaatsvertrags der § 45 Haushaltsgrundsätzegesetz (HGrG).[1] Hiernach ist eine **gemeinsame Prüfung** durch mehrere Rechnungshöfe grundsätzlich **möglich**. Sie soll erfolgen, wenn für die Prüfung mehrere Rechnungshöfe zuständig sind. Die Vorschrift zielt darauf ab, unwirtschaftliche Doppelprüfungen zu vermeiden.[2] Voraussetzung für eine gemeinsame Prüfung ist, dass deren Vorbereitung und Durchführung abgesprochen wird. Dies wird weitgehend sichergestellt durch § 56 Abs. 3 HGrG. Hiernach haben sich die Rechnungshöfe im Fall der gemeinsamen Prüfung gegenseitig über Arbeitsplanung und Prüfungsergebnisse zu unterrichten. 3

§ 27n GlüStV Anwendbares Datenschutzrecht

Für die Verarbeitung personenbezogener Daten durch die Anstalt gelten die im Sitzland anwendbaren datenschutzrechtlichen Vorschriften.

Die Vorschrift befasst sich mit dem **anwendbaren Datenschutzrecht**. Die gemeinsame Glücksspielbehörde der Länder unterliegt bei der Verarbeitung personenbezogener Daten den datenschutzrechtlichen Vorgaben des Sitzlandes, dh gemäß § 27a Abs. 1 S. 1 denen Sachsen-Anhalts. Der gleiche Regelungsinhalt ergibt sich allerdings bereits aus § 27a Abs. 3. Die Vorschrift hat somit lediglich klarstellenden Charakter. 1

§ 27o GlüStV Informationssicherheit

(1) Die Datenverarbeitung muss so organisiert sein, dass bei der Verarbeitung, der Kenntnisnahme im Rahmen der Aufgabenerfüllung und der Einsichtnahme die Trennung der Daten nach den jeweils verfolgten Zwecken und nach unterschiedlichen betroffenen Personen möglich ist.

(2) Die Anstalt bestellt eine behördliche IT-Sicherheitsbeauftragte oder einen behördlichen IT-Sicherheitsbeauftragten.

I. Abs. 1

Die entsprechende Vorschrift ist angelehnt an das **datenschutzrechtliche Trennungsgebot**, wie es vormals in Anlage 8 zu § 9 S. 1 BDSG-alt und jetzt in Art. 24 DSGVO verankert ist. Dieses Trennungsgebot wird nun hier auf Daten der Informationssicherheit unabhängig von ihrem Personenbezug erweitert. 1

II. Abs. 2

Die gemeinsame Glücksspielbehörde der Länder bestellt einen behördlichen Sicherheitsbeauftragten. Dies ist insbesondere im Hinblick auf die Führung der anbieterübergreifenden Dateien durch die Behörde gemäß § 27f Abs. 4 Nr. 1–3 (Sperrdatei, Limitdatei, Datei zum Verhindern parallelen Spielens) von besonderer Bedeutung, da es dort zu einer Verarbeitung von personenbezogenen Daten von Spielern kommt. 2

1 So ausdrücklich NRW LT-Drs. 17/11683, 209.
2 Nomos-BR/v. Lewinski/Burbat/HGrG/*v. Lewinski/Burbat* HGrG § 45 Rn. 1.

§ 27p GlüStV Übergangsregelungen

(1) Abweichend von § 27f Absatz 1 und 5 ist

1. bis zum 31. Dezember 2022 zuständige Behörde für die Erlaubniserteilung nach § 9a Absatz 1 Nummer 1 die zuständige Glücksspielaufsichtsbehörde des Landes, in dessen Gebiet die Anstalt nach § 10 Absatz 3 ihren Sitz hat (Freie und Hansestadt Hamburg),
2. bis zum 31. Dezember 2022 zuständige Behörde für die Erlaubniserteilung nach § 9a Absatz 1 Nummer 2 die zuständige Glücksspielaufsichtsbehörde des Landes Baden-Württemberg,
3. bis zum 31. Dezember 2022 zuständige Behörde für die Erlaubniserteilung nach § 9a Absatz 1 Nummer 3, soweit sich diese auf Erlaubnisse für die Vermittlung von Sportwetten im Internet, die Veranstaltung von Sportwetten und die Erlaubnis nach § 27 Absatz 2 bezieht, die zuständige Glücksspielaufsichtsbehörde des Landes Hessen und im Übrigen die zuständige Glücksspielaufsichtsbehörde des Landes Sachsen-Anhalt,
4. bis zum 31. Dezember 2022 zuständige Behörde für die Erlaubniserteilung nach § 9a Absatz 1 Nummer 4 die zuständige Glücksspielaufsichtsbehörde des Landes Rheinland-Pfalz und
5. bis zum 31. Dezember 2022 zuständige Behörde für die Erlaubniserteilung nach § 19 Absatz 2 die zuständige Glücksspielaufsichtsbehörde des Landes Niedersachsen.

(2) Abweichend von § 27f Absatz 2 ist bis zum 30. Juni 2022 einheitlich zuständige Behörde in den Fällen des § 9a Absatz 3 Nummer 1 in Verbindung mit § 9 Absatz 1 Satz 3 Nummer 4 die zuständige Glücksspielaufsichtsbehörde des Landes Niedersachsen und für die übrigen Fälle des § 9a Absatz 3 die zuständigen Glücksspielaufsichtsbehörden des Landes Sachsen-Anhalt.

(3) Abweichend von § 27f Absatz 3 ist bis zum 31. Dezember 2022 zuständige Behörde nach § 9 Absatz 8 die zuständige Glücksspielaufsichtsbehörde des Landes Sachsen-Anhalt.

(4) Abweichend von § 27f Absatz 4 ist bis zum 31. Dezember 2022 zuständige Behörde für

1. die Führung der Spielersperrdatei nach §§ 8a bis 8d, 23 die zuständige Glücksspielaufsichtsbehörde des Landes Hessen,
2. die Führung der Limitdatei nach § 6c Absatz 4 die zuständige Glücksspielaufsichtsbehörde des Landes Sachsen-Anhalt und
3. die Führung der Datei zur Verhinderung parallelen Spiels im Internet bei mehreren Anbietern nach § 6h Absatz 2 die zuständige Glücksspielaufsichtsbehörde des Landes Sachsen-Anhalt.

(5) Die nach den Absätzen 1 bis 4 zuständigen Behörden stellen der Anstalt rechtzeitig vor dem Übergang der Zuständigkeit auf die Anstalt sämtliche zur Wahrnehmung der Aufgaben der Anstalt erforderlichen Unterlagen und Informationen zur Verfügung.

(6) [1]Zur Erfüllung der nach den Absätzen 1 bis 4 ländereinheitlich wahrgenommenen Aufgaben besteht bis zum 31. Dezember 2022 das Glücksspielkollegium der Länder. [2]Hierbei dient das Glücksspielkollegium den Ländern zur Umsetzung einer gemeinschaftlich auszuübenden Aufsicht der jeweiligen obersten Glücksspielaufsichtsbehörden.

(7) [1]Das Glücksspielkollegium der Länder besteht aus 16 Mitgliedern. [2]Jedes Land benennt durch seine oberste Glücksspielaufsichtsbehörde je ein Mitglied

sowie dessen Vertreter für den Fall der Verhinderung. [3]Das Glücksspielkollegium gibt sich einvernehmlich eine Geschäftsordnung. [4]§ 9 Absatz 6 gilt entsprechend.

(8) [1]Die Länder bilden für das Glücksspielkollegium eine Geschäftsstelle im Land Hessen. [2]Die Finanzierung des Glücksspielkollegiums und der Geschäftsstelle sowie die Verteilung der Einnahmen aus Verwaltungsgebühren nach § 9a Absatz 4 werden in einer Verwaltungsvereinbarung der Länder geregelt.

(9) [1]Das Glücksspielkollegium fasst seine Beschlüsse mit einer Mehrheit von mindestens zwei Dritteln der Stimmen seiner Mitglieder. [2]Die Beschlüsse sind zu begründen. [3]In der Begründung sind die wesentlichen tatsächlichen und rechtlichen Gründe mitzuteilen. [4]Die Beschlüsse sind für die nach den Absätzen 1 bis 3 zuständigen Behörden und die Geschäftsstelle bindend; sie haben die Beschlüsse innerhalb der von dem Glücksspielkollegium gesetzten Frist zu vollziehen. [5]Ein Beschluss des Glücksspielkollegiums ist innerhalb von drei Monaten nach Eingang des Vorgangs bei der Geschäftsstelle zu fassen.

(10) [1]§ 6c Absatz 1 Satz 3 (Erlaubnis zur Festsetzung eines abweichenden Höchstbetrages für das Einzahlungslimit in der Glücksspielerlaubnis) und § 22a Absatz 7 Satz 2 (Anpassung des Höchsteinsatzes je Spiel) finden keine Anwendung bis zum 31. Dezember 2022; Absatz 11 gilt entsprechend. [2]In diesem Zeitraum findet § 6c Absatz 1 Satz 4 (Erlaubnis zur Festsetzung eines abweichenden Höchstbetrags für das Einzahlungslimit für Anbieter von Online-Casinospielen) mit der Maßgabe Anwendung, dass abweichend von § 6c Absatz 1 Satz 5 und § 27f Absatz 4 Nummer 2 zuständig für die Festsetzung von bindenden Rahmenregelungen die nach Absatz 4 Nummer 2 zuständige Behörde im Einvernehmen mit den zuständigen Glücksspielaufsichtsbehörden der übrigen Vertragsländer ist. [3]In diesem Zeitraum kann zudem die nach Absatz 1 Nummer 3 zuständige Behörde Veranstaltern von Sportwetten und Pferdewetten im Internet zur besseren Erreichung der Ziele des § 1 Ausnahmen im Einzelfall von der Rechtsfolge des § 6c Absatz 1 Satz 8 erlauben; eine Limitierung ist vorzusehen.

(11) Tritt dieser Staatsvertrag in einem der in den Absätzen 1 bis 4 bezeichneten Länder nicht zum 1. Juli 2021 in Kraft, tritt die zuständige Glücksspielaufsichtsbehörde des Sitzlandes an die Stelle der zuständigen Glücksspielaufsichtsbehörde des Landes, in dem der Staatsvertrag keine Anwendung findet.

(12) Die Anstalt kann mit einstimmigem Beschluss des Verwaltungsrats Aufgaben nach den Absätzen 1 bis 3 für einen in dem Beschluss festzulegenden Zeitraum von bis zu zwei Jahren nach den in den Absätzen 1 bis 3 genannten Daten auf die zuständige Glücksspielaufsichtsbehörde des in den Absätzen 1 bis 3 genannten Landes übertragen, wenn der Verwaltungsrat durch einstimmigen Beschluss festgestellt hat, dass die Anstalt zu den in den Absätzen 1 bis 3 genannten Daten noch nicht in der Lage ist, die Aufgabe ordnungsgemäß zu erfüllen.

Literatur: *Dietlein*, Das Glücksspielkollegium im ländereinheitlichen Verfahren – Die mehrheitsgesteuerte Beteiligungsverwaltung als Organisationsform intraföderaler Kooperation, ZfWG 2015, Sonderbeilage 4/2015, 1.

I. Übersicht und Abs. 1 bis 5

Auch wenn die Gemeinsame Glücksspielbehörde der Länder bereits zum 1.7.2021 errichtet wurde (und sich der Verwaltungsrat an diesem Tag auch tatsächlich konstituiert hat), übernimmt die Behörde erst zum 1.1.2023 sämtliche Zuständigkeiten nach § 27f (Abs. 1, 3, 4) und vorgezogen ab 1.7.2022 die Zuständigkeit für die Untersagung unerlaubten Glücksspiels (Abs. 2). Die Übergangsphase dient dem schrittweisen Aufbau der Behörde, die nach Abs. 5 bereits 1 vor Ende 2022 Unterlagen und Informationen zur Einarbeitung erhält. Auch ab 2023 können einzelne Aufgaben im Innenverhältnis durch einzelne Länder übernommen werden (§ 27k). Sollte die Übergangsphase nicht ausreichen, kann sie nach Abs. 12 verlängert werden.

II. Glücksspielkollegium (Abs. 6 bis 9)

2 Das Glücksspielkollegium besteht bis Ende 2022 fort und vermittelt den zuständigen Länderbehörden nach Abs. 1 bis 4 die erforderliche demokratische Legitimation der anderen Länder. Die Regelungen von § 9a Abs. 5 bis 8 GlüStV 2012/2020 werden in § 27p Abs. 6 bis 9 (für die Übergangsphase bis Ende 2022) wörtlich übernommen; in § 27p Abs. 9 S. 5 findet sich eine Ergänzung zur zeitnahen Beschlussfassung des Glücksspielkollegiums.

III. Abs. 10

3 Wie die systematische Stellung von § 27p im Neunten Abschnitt nahelegt, betreffen die Übergangsbestimmungen insbesondere Regelungen zur Zuständigkeit (Abs. 1 bis 9). In Abs. 10 versteckt finden sich **materiellrechtliche Übergangsregelungen,** wonach Sondererlaubnisse nach §§ 6c Abs. 1 S. 3, 22a Abs. 7 S. 2 (Festsetzung eines abweichenden Höchstbetrages für das Einzahlungslimit / eines abweichenden Höchsteinsatzes bei virtuellen Automatenspielen) erst ab 2023 (dann durch die Gemeinsame Glücksspielbehörde) erteilt werden dürfen (S. 1). Erlaubnisse nach §§ 6c Abs. 1 S. 4, S. 8 können auch schon vorher erteilt werden, da die Zuständigkeit hierfür nicht auf die Gemeinsame Glücksspielbehörde übergeht, sondern diese nur bindende Rahmenregelungen aufstellt (Abs. 10 S. 2). Überdies kann das Einzahlungslimit bei Veranstaltern von Sportwetten und Pferdewetten im Internet (limitiert) erhöht werden, bis ab 2023 eine Erhöhung des grundsätzlichen Höchstlimits (§ 6c Abs. 1 S. 3) möglich ist. So soll ein reibungsloser Übergang erlaubter Sport- und Pferdewettenanbieter in das neue Limitsystem ermöglicht werden.

IV. Abs. 11

4 Abs. 11 ist ohne Bedeutung, da sämtliche Länder, insbesondere die in Abs. 1 bis 4 bezeichneten Länder, den GlüStV ratifiziert haben.

Zehnter Abschnitt Übergangs- und Schlussbestimmungen; Inkrafttreten und Kündigung

§ 28 GlüStV Regelungen der Länder

(1) [1]Die Länder erlassen die zur Ausführung dieses Staatsvertrages notwendigen Bestimmungen. [2]Sie können weitergehende Anforderungen insbesondere zu den Voraussetzungen des Veranstaltens und Vermittelns von Glücksspielen festlegen. [3]In ihren Ausführungsgesetzen können sie auch vorsehen, dass Verstöße gegen die Bestimmungen dieses Staatsvertrages mit Geldbuße oder Strafe geahndet werden.

(2) [1]Abweichend von den Vorschriften dieses Staatsvertrages können die Länder in ihren Ausführungsbestimmungen traditionelle Glücksspielturniere außerhalb von Spielbanken zulassen, die nicht gewerbsmäßig mit Gewinnerzielungsabsicht und nur gelegentlich veranstaltet werden und bei denen der Spieleinsatz je Spieler höchstens 20 Euro und die Summe der ausgelobten Geld- oder Sachpreise höchstens 500 Euro beträgt. [2]Dies gilt nicht für Glücksspielformen, die in Spielbanken angeboten werden.

Literatur: *Becker/Hilf/Nolte/Uwer* (Hrsg.) Glücksspielregulierung, 1. Aufl. 2017; *Dietlein/Hecker/Ruttig* (Hrsg.) Glücksspielrecht, 2. Aufl. 2013; *Lüderssen*, Aufhebung der Straflosigkeit gewerblicher Spielvermittler durch den neuen Staatsvertrag zum Glücksspielwesen in Deutschland?, NStZ 2007, 15; *Lüderssen*, Keine Strafandrohung für gewerbliche Spielvermittler, 2006; *Streinz/Liesching/Hambach* (Hrsg.) Glück- und Gewinnspielrecht in den Medien, 1. Aufl. 2014.

A. Genese/Gesetzesentwicklungen

§ 28 Abs. 1 GlüStV 2021 enthält keine Änderungen zu der Vorgängernorm. Im 1
Wesentlichen war der Inhalt der Norm bereits in der in § 15 LottStV geregelten Öffnungsklausel zugunsten der vertragsschließenden Bundesländer enthalten. § 28 **Abs. 2** GlüStV ist hingegen **neu** hinzugefügt worden.

Einzelne Ausführungsgesetze der Länder: LGlüG BW; AG GlüStV Bay; AG GlüStV Bln; BbgGlüAG; BremGlüG; HmbGlüÄndStVAG; HGlüG; GlüStVAG M-V; NGlüSpG; AG GlüStV NRW; LGlüG RhPf; AG GlüStV Saar; SächsGlüStVAG; GlüG LSA; GlüÄndStVSchlH; ThürGlüG.

B. Erläuterungen

I. Umsetzung in Landesrecht, Abs. 1 S. 1

§ 28 Abs. 1 S. 1 GlüStV gibt den einzelnen Ländern die Befugnis zum Erlass der 2
Bestimmungen, die zur Ausführung des Staatsvertrages notwendig sind. Das setzt neben der **Transformation des staatsvertraglichen Regelungsinhalts in Landesrecht** auch ein **Tätigwerden der Länder in legislativer Eigenschaft** voraus, um den Vollzug der normativen Rahmenvorgaben des GlüStV sicherzustellen.[1]

Der **Transformationsakt** ist für die innerstaatliche Verbindlichkeit der im 3
GlüStV geregelten Normen erforderlich. Dazu sind förmliche Gesetze durch die einzelnen Landesgesetzgeber in Form von Ausführungsgesetzen zu erlassen.[2] In Nordrhein-Westfalen wurde der Staatsvertrag durch das Ausführungsgesetz NRW Glücksspielstaatsvertrag (kurz: AG GlüStV NRW) in Landesrecht transformiert, durch das in den einzelnen Vorschriften die jeweilige Ausführung der im GlüStV enthaltenen Normen geregelt wird. Dabei wurde den Landesgesetzgebern ein **Regulierungsrahmen** vorgegeben, der ergänzungs- und ausfüllungsbedürftig ist, was bereits die Formulierung „*notwendige* Bestimmungen" in § 28 Abs. 1 S. 1 zeigt.[3] Es ist mithin Aufgabe der Landesgesetzgeber, sowohl die Vorschriften des Staatsvertrages in die Ausführungsgesetze zu übertragen als auch diese – sofern verfassungsrechtlich geboten – zu ergänzen.[4] Auch zum Zwecke der **Harmonisierung** der Behandlung von Alt- und Neufällen ist das Land durch

1 Vgl. Becker/Hilf/Nolte/Uwer/*Uwer* GlüStV § 28 Rn. 11.
2 Becker/Hilf/Nolte/Uwer/*Uwer* GlüStV § 28 Rn. 11; Streinz/Liesching/Hambach/*Bolay/Pfütze* GlüStV § 28 Rn. 2.
3 Streinz/Liesching/Hambach/*Bolay/Pfütze* GlüStV § 28 Rn. 4.
4 Vgl. Dietlein/Hecker/Ruttig/*Postel* GlüStV § 28 Rn. 9; Streinz/Liesching/Hambach/*Bolay/Pfütze* GlüStV § 28 Rn. 4.

den Landesgesetzgeber befugt, ergänzende Bestimmungen zu erlassen, sofern solche nach Auffassung der Landesgesetzgeber durch die Übergangsregelungen noch nicht ausreichend erfasst und somit erforderlich sind.[5]

4 Die **Zustimmungsakte** der einzelnen Länder sind nicht von der Norm des § 28 Abs. 1 S. 1 erfasst. Zwar finden sich diese oftmals zusammen mit den Ausführungsgesetzen in einem Gesetz, allerdings wird mit den Zustimmungsakten das Einverständnis mit dem bundeseinheitlichen GlüStV gegeben, während die einzelnen Ausführungsgesetze der Länder die staatsvertraglichen Bestimmungen ausgestalten und ergänzen.[6]

II. Notifizierungsbedürftigkeit der Landesgesetze

5 Allerdings sind die einzelnen Ausführungsgesetze der Länder nicht von der Europäischen Kommission notifiziert worden. Durch Notifizierung, bei der eine Kontrolle des Gesetzes durch die Kommission stattfindet, soll der freie Warenverkehr im Binnenmarkt geschützt werden.[7] Art. 5 Abs. 1 der **Richtlinie 2015/1535/EG**[8], die die **Richtlinie 98/34/EG** mit Ablauf des 6.10.2015 aufhob, sieht vor, dass Produkte oder Dienste der Informationsgesellschaft betreffende technische Vorschriften zu notifizieren sind. Fraglich erscheint, ob auch die Ausführungsgesetze notifizierungspflichtig sind. Der GlüStV 2021 selbst wurde durch die Länder im Notifizierungsverfahren 2020/304/D – H10 notifiziert; die einzelnen, schon im Zuge der vorangegangenen Varianten des GlüStV entstandenen Ausführungsgesetze hingegen nicht.

6 Die Landesausführungsgesetze konkretisieren und ergänzen die staatsvertraglichen Vorgaben (s.o. → Rn. 3). Manche Normen des GlüStV richten sich sogar explizit mit einem Konkretisierungsauftrag an die Landesgesetzgeber.[9] Die Ausführungsgesetze lösen somit selbst die potenziellen Marktbeschränkungen aus, was ein Argument für eine **Notifizierungspflicht** ist, sofern der Anwendungsbereich der Richtlinie 2015/1535 durch Vorschriften der Landesausführungsgesetze eröffnet ist.[10]

7 In der deutschen Rechtsprechung wird eine generelle Notifizierungspflicht für Landesausführungsgesetze überwiegend abgelehnt.[11] Als Grund wird die erfolgte Notifizierung des GlüStV angesehen.[12] Jedoch ist für die Notifizierungspflicht bezogen auf die Landesausführungsgesetze gerade nicht entscheidend, dass der GlüStV selbst vor seinem Inkrafttreten notifiziert wurde. Es handelt sich bei den Landesausführungsgesetzen gerade nicht um eine „vollständige Übertragung einer internationalen oder europäischen Norm“ gemäß Art. 5 Abs. 1 UAbs. 1 S. 1 RL 2015/1535/EG, die keiner weiteren Notifizierung bedürfte.

8 Auch die Europäische Kommission nahm bereits zur Notifizierungsfrage bei Landesausführungsgesetzen des GlüStV Stellung. Eine Notifizierungspflicht be-

5 Vgl. Streinz/Liesching/Hambach/*Bolay/Pfütze* GlüStV § 28 Rn. 6.
6 Vgl. Dietlein/Hecker/Ruttig/*Postel* GlüStV § 28 Rn. 4; Streinz/Liesching/Hambach/*Bolay/Pfütze* GlüStV § 28 Rn. 3; Becker/Hilf/Nolte/Uwer/*Uwer* § GlüStV 28 Rn. 9.
7 BGH 28.9.2011 – I ZR 30/10, Rn. 42 mwN; vgl. Streinz/Liesching/Hambach/*Bolay/Pfütze* GlüStV § 28 Rn. 10.
8 Richtlinie (EU) 2015/1535 des Europäischen Parlaments und des Rates v. 9.9.2015 über ein Informationsverfahren auf dem Gebiet der technischen Vorschriften und der Vorschriften für Dienste der Informationsgesellschaft (kodifizierter Text).
9 Beispiele: § 10 Abs. 2, § 17, § 18 GlüStV.
10 Vgl. Streinz/Liesching/Hambach/*Bolay/Pfütze* GlüStV § 28 Rn. 12.
11 VG Berlin 1.3.2013 – 4 K 336.12, juris Rn. 108 ff.; VG Karlsruhe 26.4.2012 – 3 K 330/10, juris Rn. 28; BGH 28.9.2011 – I ZR 30/10, juris Rn. 43 ff.
12 VG Berlin 1.3.2013 – 4 K 336.12, juris Rn. 108 ff.

stehe in jedem Falle bei einer in den Ausführungsgesetzen enthaltenen Erweiterung der auf das Internet bezogenen Regelungen, wozu auch solche gehören, durch die Bußgelder in Verbindung mit dem Internetverbot statuiert werden.[13] Die einzelnen Landesausführungsgesetze enthalten Bußgeldvorschriften, die auch Internetglücksspiel ohne Erlaubnis sanktionieren (s. u.)

Folglich waren die Ausführungsgesetze zumindest teilweise notifizierungspflichtig. Mithin folgt aus der unterlassenen Notifizierung die teilweise **Unanwendbarkeit der notifizierungspflichtigen Regelungen der Landesausführungsgesetze.**[14] 9

III. Festlegung weitergehender Anforderungen, Abs. 1 S. 2

§ 28 Abs. 1 S. 2 befugt die Länder, weitergehende Anforderungen festzulegen, wobei die „Voraussetzungen des Veranstaltens und Vermittelns von Glücksspielen" aufgrund des Worts „insbesondere" nur beispielhaft aufgeführt sind. 10

Von der in Abs. 1 S. 2 eingeräumten Möglichkeit der Festlegung weitergehender Anforderungen sind weiterhin nur solche Bereiche erfasst, in denen keine ländereinheitliche Zuständigkeit besteht. Liegt hingegen eine ländereinheitliche Zuständigkeit vor, ist es den Ländern nicht erlaubt, weitergehende Anforderungen festzulegen. Andernfalls könnte die in diesen Bereichen beabsichtigte **Ländereinheitlichkeit** nicht gewahrt werden.[15] Ziel des GlüStV ist gerade die Schaffung eines bundeseinheitlichen Regelungsrahmens für Glücksspiele. Könnten die Länder unbeschränkt vom Regelungsgehalt des GlüStV durch § 28 Abs. 1 S. 2 abweichen, würde dies die Zielsetzung des Staatsvertrages erheblich in Frage stellen. Insbesondere würden Versuchen Tür und Tor geöffnet, die Harmonisierung des Landesrechts durch fiskalische Zielsetzungen zu erreichen.[16] 11

Teilweise werden sogar erhebliche **Zweifel** an der tatsächlichen Verfolgung ordnungsrechtlicher Ziele mit dem GlüStV durch die Länder geäußert. Es wird angeführt, dass fiskalische Aspekte für die Harmonisierung des Landesrechts im Glücksspielbereich entscheidend sein könnten.[17] 12

IV. Verordnungsermächtigung

In den meisten Landesausführungsgesetzen finden sich **Verordnungsermächtigungen**, durch die den zuständigen Stellen die Konkretisierung der staatsvertraglichen Normen ermöglicht wird.[18] In § 22 AG GlüStV NRW wird das für Inneres zuständige Ministerium beispielsweise zum Erlass von Vorschriften über das Erlaubnisverfahren nach § 4 Abs. 1 GlüStV (§ 22 Abs. 1 Nr. 1), die Art der Begrenzung der Zahl der Wettvermittlungsstellen (§ 22 Abs. 1 Nr. 3), die Mitwirkung an der Sperrdatei (§ 22 Abs. 1 Nr. 4) oder die Errichtung und den Betrieb einer Spielhalle (§ 22 Abs. 1 Nr. 5) ermächtigt. Auch die Verordnungsermächtigungen in den anderen Ländern beinhalten Ausgestaltungen zu diesen oder ähnlichen Bereichen. 13

---

13 Schreiben der EU-Kommission v. 24.9.2007, ENTR/C/3 – FH/eab – D (2007) 30640.

14 Vgl. Becker/Hilf/Nolte/Uwer/*Uwer* GlüStV § 28 Rn. 13; Dietlein/Hecker/Ruttig/*Postel* GlüStV § 28 Rn. 11; ähnlich Streinz/Liesching/Hambach/*Bolay/Pfütze* GlüStV § 28 Rn. 16.

15 Antrag Landesregierung NRW auf Zustimmung zu Staatsvertrag, 2.11.2020, NRW LT-Drs. 17/11683, 213.

16 Becker/Hilf/Nolte/Uwer/*Uwer* GlüStV § 28 Rn. 15.

17 So etwa Becker/Hilf/Nolte/Uwer/*Uwer* GlüStV § 28 Rn. 15.

18 Beispielhaft: § 22 AG GlüStV NRW; vgl. Becker/Hilf/Nolte/Uwer/*Uwer* GlüStV § 28 Rn. 21.

V. Bußgeld- und Strafbewehrung, Abs. 1 S. 3

14 Gemäß § **28 Abs. 1 S. 3** ist es den Ländern auch vorbehalten, durch Regelungen in den einzelnen Ausführungsgesetzen Verstöße gegen die Bestimmungen des Staatsvertrages mit **Geldbuße oder Strafe** zu ahnden. So finden sich in den jeweiligen Ausführungsgesetzen der Länder Kataloge, in denen einzelne Verstöße als ordnungswidrig eingeordnet und mit einer Geldbuße belegt werden. In Nordrhein-Westfalen etwa ist dies in § 23 AG GlüStV NRW geregelt. Unterschiedlich ist die Einordnung einzelner Handlungen als bußgeldrelevante Verstöße.

15 In Sachsen-Anhalt und in Niedersachen sind Verstöße teilweise sogar mit **Kriminalstrafe** bedroht (§ 19 GlüG LSA, § 25 NdsGlüSpG). Diese Möglichkeit ist von § 28 Abs. 1 S. 3 erfasst. Allerdings hat der Bundesgesetzgeber auf dem Gebiet des Strafrechts abschließend gem. Art. 72 Abs. 1 GG von seiner Gesetzgebungskompetenz Gebrauch gemacht. Damit ist es den Ländern versagt, eine Strafbarkeit, die nach §§ 284 ff. StGB nicht besteht, über den Umweg landesrechtlicher Strafvorschriften herbeizuführen.[19] Mithin ist der Meinung zuzustimmen, die davon ausgeht, dass § 19 GlüG LSA und § 25 NdsGlüSpG **verfassungswidrig** sind.

VI. Zulassung traditioneller Glücksspielturniere, Ab. 2

16 Durch den neu eingefügten § **28 Abs. 2** GlüStV ist den Ländern eine **Zulassung traditioneller Glücksspielturniere** außerhalb von Spielbanken unter den im Normtext erläuterten Voraussetzungen möglich. Die Glücksspielturniere dürfen nicht gewerbsmäßig mit Gewinnerzielungsabsicht und nur gelegentlich veranstaltet werden. Der maximale Spieleinsatz pro Spieler beträgt 20 EUR, während die Summe der ausgelobten Geld- oder Sachpreise maximal 500 EUR betragen darf, § 28 Abs. 2 S. 1. Dabei bezieht sich der Gewinnhöchstbetrag von 500 EUR auf das gesamte Turnier, nicht lediglich auf einzelne Turnierrunden. Gleiches gilt bei dem Maximaleinsatz von 20 EUR. Grund hierfür ist neben der Begrenzung auf Traditionsspiele gerade die Eingrenzung der Manipulations- und Suchtgefahren.[20]

17 Zweck des Abs. 2 ist die **Beibehaltung regionaler Bräuche.** So sind beispielsweise in Bayern Kartenspiele wie „Watten“ oder „Schafkopfen“ äußerst beliebt.[21] § 28 Abs. 2 GlüStV ermöglicht somit auch solche Spielformen, obwohl sie nach den vorangegangenen Normen des Glücksspielstaatsvertrages eigentlich nicht erlaubnisfähig wären.

18 Eine Einschränkung erhält die Ausnahmeregelung jedoch durch Abs. 2 S. 2. Danach gilt diese gerade nicht bei stationär in Spielbanken angebotenen Glücksspielen. Denn dabei sei die Nachfrage nach solchen traditionellen Glücksspielen bereits hinreichend durch das Spielbankenangebot befriedigt.[22]

---

19 *Lüderssen* Keine Strafandrohung für gewerbliche Spielvermittler S. 9 ff.; *Lüderssen* NStZ 2007, 15 (18); Becker/Hilf/Nolte/Uwer/*Uwer* GlüStV § 28 Rn. 23.

20 Antrag Landesregierung NRW auf Zustimmung zu Staatsvertrag, 2.11.2020, NRW LT-Drs. 17/11683, 214.

21 Antrag Landesregierung NRW auf Zustimmung zu Staatsvertrag, 2.11.2020, NRW LT-Drs. 17/11683, 214.

22 Antrag Landesregierung NRW auf Zustimmung zu Staatsvertrag, 2.11.2020, NRW LT-Drs. 17/11683, 214.

§ 28a GlüStV Ordnungswidrigkeiten

(1) Ordnungswidrig handelt, wer vorsätzlich oder fahrlässig

1. entgegen § 4 Absatz 1 Satz 1 ohne Erlaubnis ein Glücksspiel veranstaltet oder vermittelt,
2. entgegen § 4 Absatz 1 Satz 2 oder 3 an Zahlungen im Zusammenhang mit unerlaubtem Glücksspiel mitwirkt,
3. entgegen § 4 Absatz 3 Satz 2 oder 3 einen Minderjährigen am Glücksspiel teilnehmen lässt,
4. entgegen § 4 Absatz 4 Satz 1 oder Satz 2 öffentliche Glücksspiele unerlaubt im Internet veranstaltet, vermittelt oder vertreibt,
5. gegen das Kreditverbot in § 4 Absatz 5 Nummer 2 verstößt,
6. entgegen § 4d Absatz 1 die Änderung eines für die Erteilung der Erlaubnis maßgeblichen Umstandes nicht unverzüglich mitteilt,
7. entgegen § 5 Absatz 1 Satz 4 über Telekommunikationsanlagen wirbt,
8. entgegen § 5 Absatz 2 Satz 4 Werbung an Minderjährige richtet,
9. entgegen § 5 Absatz 3 Satz 1 im Rundfunk und Internet für virtuelle Automatenspiele, Online-Poker und Online-Casinospiele wirbt,
10. entgegen § 5 Absatz 3 Satz 2 unmittelbar vor oder während einer Live-Übertragung für Sportwetten auf dieses Sportereignis wirbt,
11. entgegen § 5 Absatz 4 in Sportstätten wirbt,
12. entgegen § 5 Absatz 5 Satz 2 Werbung an gesperrte Spieler persönlich adressiert,
13. entgegen § 5 Absatz 6 Satz 1 für Werbung für Glücksspiele im Internet eine umsatz-, einzahlungs- oder einsatzabhängige Vergütung vereinbart,
14. entgegen § 5 Absatz 6 Satz 2 Werbung für Sportwetten für ein Sportereignis mit Live-Zwischenständen dieses Sportereignisses verbindet,
15. entgegen § 5 Absatz 7 für unerlaubtes Glücksspiel wirbt oder Sponsoring betreibt,
16. entgegen § 6 Absatz 2 Satz 3 Nummer 3, 7 und 10 das Sozialkonzept nicht umsetzt,
17. entgegen § 6 Absatz 3 das leitende Personal in Abhängigkeit vom Umsatz vergütet oder Personal von der Teilnahme am terrestrisch oder im Internet angebotenen Glücksspiel nicht ausschließt,
18. entgegen § 6a Absatz 1 Satz 2 eine Spielteilnahme ohne die Einrichtung eines anbieterbezogenen Spielkontos ermöglicht,
19. entgegen § 6c Absatz 1 Satz 6 eine Spielteilnahme ermöglicht, ohne dass ein anbieterübergreifendes Einzahlungslimit festgelegt ist,
20. entgegen § 6c Absatz 1 Satz 8 eine Einzahlung ermöglicht, wenn das anbieterübergreifende Einzahlungslimit erschöpft ist,
21. eine weitere Spielteilnahme entgegen § 6c Absatz 2 Satz 2 ermöglicht,
22. die erforderlichen Daten entgegen § 6c Absatz 5 und 6 nicht, nicht vollständig oder nicht rechtzeitig an die Limitdatei übermittelt,
23. entgegen § 6e Absatz 5 den Aufklärungspflichten nicht nachkommt,
24. entgegen § 6h Absatz 1 und Absatz 3 Satz 1 ein paralleles Spiel ermöglicht,
25. entgegen § 6h Absatz 7 der Informationspflicht nicht nachkommt,
26. entgegen § 6i Absatz 1 ein System zur Früherkennung von spielsuchtgefährdeten Spielern nicht betreibt oder bei Bedarf nicht aktualisiert,
27. entgegen § 6j Absatz 1 unentgeltliche Unterhaltungsangebote ohne Spielkonto nach § 6a Absatz 1 Satz 1 anbietet oder Minderjährige oder gesperrte Spieler daran teilnehmen lässt,

28. entgegen § 7 Absatz 2 einen erforderlichen Hinweis auf Losen, Spielscheinen oder Spielquittungen nicht anbringt oder nicht zu Hilfeangeboten verlinkt,
29. entgegen § 8 Absatz 3 Satz 1 als Veranstalter oder Vermittler von Glücksspielen, an denen gesperrte Spieler nicht teilnehmen dürfen, spielwillige Personen nicht durch Kontrolle eines amtlichen Ausweises oder einer vergleichbaren Identitätskontrolle identifiziert,
30. entgegen § 8 Absatz 3 Satz 1 als Veranstalter oder Vermittler von Glücksspielen, an denen gesperrte Spieler nicht teilnehmen dürfen, bei spielwilligen Personen keinen Abgleich mit der Sperrdatei durchführt,
31. entgegen § 8 Absatz 3 Satz 3 als Veranstalter oder Vermittler von Glücksspielen nicht sicherstellt, dass gesperrte Spieler nicht an Glücksspielen teilnehmen,
32. entgegen § 8 Absatz 4 Satz 1 als Veranstalter oder Vermittler von Glücksspielen, an denen gesperrte Spieler nicht teilnehmen dürfen, auf einen gesperrten Spieler einwirkt, einen Antrag auf Entsperrung zu stellen,
33. entgegen § 8 Absatz 4 Satz 2 als Veranstalter oder Vermittler von Glücksspielen, an denen gesperrte Spieler nicht teilnehmen dürfen, Vorteile wie Boni oder Rabatte für Spieler, deren Spielersperre aufgehoben worden ist, gewährt,
34. entgegen § 8a Absatz 1 als Veranstalter oder Vermittler von Glücksspielen, an denen gesperrte Spieler nicht teilnehmen dürfen, Personen nicht sperrt, die dies beantragen oder von denen sie aufgrund der Wahrnehmung ihres Personals oder aufgrund von Meldungen Dritter wissen oder aufgrund sonstiger tatsächlicher Anhaltspunkte annehmen müssen, dass sie spielsuchtgefährdet oder überschuldet sind, ihre finanziellen Verpflichtungen nicht nachkommen oder Spieleinsätze riskieren, die in keinem Verhältnis zu ihrem Einkommen oder Vermögen stehen,
35. entgegen § 8a Absatz 4 als Veranstalter oder Vermittler die in § 23 Absatz 1 genannten personenbezogenen Daten nicht in eine Sperrdatei einträgt,
36. entgegen § 8a Absatz 7 Satz 2 als Verpflichteter nach § 8a Absatz 1 bei Geschäftsaufgabe, Fusion, Insolvenz oder dem Vorliegen sonstiger Gründe, die die weitere Aufbewahrung von Unterlagen im Sinne des § 8a Absatz 7 Satz 1 unmöglich machen, nicht sämtliche die Sperre betreffenden Unterlagen der für die Führung der Sperrdatei zuständigen Stelle aushändigt,
37. entgegen § 19 Absatz 1 Nummer 1 Satz 1 als gewerblicher Spielvermittler nicht mindestens zwei Drittel der von den Spielern vereinnahmten Beträge an den Veranstalter weiterleitet,
38. entgegen § 21 Absatz 3 Satz 2 als Beteiligter, der direkt oder indirekt auf den Ausgang eines Wettereignisses Einfluss hat, oder als von diesen Personen beauftragter Dritter, Sportwetten auf den Ausgang oder den Verlauf des Sportereignisses abschließt oder Sportwetten durch andere fördert,
39. entgegen § 21 Absatz 3 Satz 3 als Veranstalter von Sportwetten sich nicht an einem unabhängigen Frühwarnsystem beteiligt, welches der Abwehr von Manipulationen des sportlichen Wettbewerbs dient und geeignet ist, diese frühzeitig zu identifizieren,
40. entgegen § 21 Absatz 3 Satz 4 als Veranstalter die Behörden nicht unverzüglich über Auffälligkeiten unterrichtet, an der Aufklärung mitwirkt oder verfügbare Informationen zur Verfügung stellt,
41. entgegen § 21 Absatz 4 Satz 1 die Übertragung von Sportereignissen in Rundfunk und Telemedien mit der Veranstaltung oder Vermittlung von Sportwetten verknüpft,

42. entgegen § 21a Absatz 4 Satz 1 als Vermittler oder Veranstalter von Sportwetten nicht sicherstellt, dass die in der Wettvermittlungsstelle des Vermittlers getätigten Wetten eines Spielers auf seinem Spielkonto nach § 6a erfasst werden,
43. entgegen § 21a Absatz 4 Satz 2 als Vermittler oder Veranstalter von Sportwetten nicht sicherstellt, dass die für Wetten in der Wettvermittlungsstelle getätigten Zahlungen im Rahmen des anbieterübergreifenden Einzahlungslimits nach § 6c erfasst werden,
44. entgegen § 22a Absatz 3 Satz 2 die Spielregeln und den Gewinnplan nicht leicht aufrufbar bereitstellt und für den Spieler nicht leicht verständlich beschreibt,
45. entgegen § 22a Absatz 4 Satz 1 ein virtuelles Automatenspiel nicht nur infolge einer entsprechenden Erklärung des Spielers beginnen lässt,
46. entgegen § 22a Absatz 4 Satz 1 die Erklärung vor Beendigung des vorherigen Spiels erfolgen lässt,
47. entgegen § 22a Absatz 4 Satz 2 Programmabläufe, die nach dem Ablauf des vorherigen Spiels selbstständig ein weiteres Spiel beginnen lassen und Erklärungen eines Spielers, an mehreren Spielen in Folge teilzunehmen, zulässt,
48. entgegen § 22a Absatz 5 Satz 1 Einsätze und Gewinne nicht nur in Euro und Cent zulässt,
49. entgegen § 22a Absatz 6 Satz 1 ein Spiel anbietet, veranstaltet oder vermittelt, das nicht durchschnittlich mindestens fünf Sekunden dauert,
50. entgegen § 22a Absatz 7 Satz 1 ein Spiel anbietet, veranstaltet oder vermittelt, bei dem der Einsatz einen Euro je Spiel übersteigt,
51. entgegen § 22a Absatz 9 dem Spieler die weitere Teilnahme an virtuellen Automatenspielen nicht erst fünf Minuten nach der Bestätigung des Hinweises ermöglicht,
52. entgegen § 22a Absatz 10 Satz 1 das gleichzeitige Spielen von mehreren virtuellen Automatenspielen ermöglicht,
53. entgegen § 22a Absatz 11 im Zusammenhang mit der Veranstaltung und dem Vertrieb von virtuellen Automatenspielen oder Werbung hierfür die Begriffe „Casino“ oder „Casinospiele“ verwendet,
54. entgegen § 22a Absatz 12 Satz 2 virtuelle Automatenspiele stationär vertreibt,
55. entgegen § 22b Absatz 1 Satz 3 wesentliche Änderungen der Spielregeln nach Erteilung einer Erlaubnis nach § 22 b Absatz 1 Satz 1 ohne die Erlaubnis der zuständigen Behörde anbietet, veranstaltet oder vermittelt,
56. entgegen § 22b Absatz 3 Satz 1 und 2 nicht sicherstellt, dass ausschließlich natürliche Personen gegeneinander spielen,
57. entgegen § 22b Absatz 4 Satz 1 nicht sicherstellt, dass die Zuweisung eines Spielers zu einem von mehreren virtuellen Tischen mit demselben Spielangebot zufällig erfolgt, oder
58. entgegen § 22c Absatz 4 Automatenspiele audiovisuell oder rein visuell überträgt.

(2) Die Ordnungswidrigkeit kann mit einer Geldbuße von bis zu 500 000 Euro geahndet werden.

(3) [1]Ist eine Ordnungswidrigkeit nach Absatz 1 begangen worden, können die Gegenstände,

1. auf die sich die Ordnungswidrigkeit bezieht oder
2. die durch sie hervorgebracht oder zu ihrer Begehung oder Vorbereitung gebraucht worden oder bestimmt gewesen sind,

unter den Voraussetzungen der § 22 Absatz 2, § 23 des Gesetzes über Ordnungswidrigkeiten eingezogen werden. [2]§ 17 Absatz 4 des Gesetzes über Ordnungswidrigkeiten bleibt unberührt.

(4) Zuständige Verwaltungsbehörde im Sinne des § 36 Absatz 1 Nummer 1 des Gesetzes über Ordnungswidrigkeiten ist die nach § 9 zuständige Behörde.

Literatur: *Graf*, BeckOK OWiG, 31. Edition, Stand: 1.7.2021; *Krenberger/Krumm*, Ordnungswidrigkeitengesetz Kommentar, 6. Aufl. 2020; *Mitsch*, Karlsruher Kommentar zum Gesetz über Ordnungswidrigkeiten, 5. Aufl. 2018; *Reeckmann*, Der Glücksspielstaatsvertrag 2021 (GlüStV 2021) – Und sie bewegt sich doch!, ZfWG 2020, 345.

I. Allgemeines

1 Mit Einführung des neuen § 28a GlüStV finden erstmals Ordnungswidrigkeitentatbestände Eingang in einen Glücksspielstaatsvertrag. Bislang waren Ordnungswidrigkeitentatbestände lediglich in den jeweiligen Ausführungsgesetzen der Länder enthalten. Nunmehr können Ordnungswidrigkeiten auch durch die **Gemeinsame Glücksspielbehörde der Länder** einheitlich geahndet werden.[1] Die Schaffung des § 28a GlüStV dient damit auch der einheitlichen Rechtsanwendung und Rechtssicherheit.[2] Von § 28a GlüStV erfasst werden vor diesem Hintergrund nur solche Tatbestände, die im Rahmen der Ausübung der Aufsicht durch die Gemeinsame Glücksspielbehörde der Länder Relevanz erlangen.[3] Unberührt bleibt die Möglichkeit der Länder, weitere Ordnungswidrigkeitentatbestände, insbesondere für das stationäre Angebot, festzulegen.[4]

II. Einzelne Bußgeldtatbestände (Abs. 1)

2 **1. Verstoß gegen § 4 GlüStV (Nr. 1–5).** Unter Bußgeldandrohung stehen diverse Verstöße gegen § 4 GlüStV. So handelt ordnungswidrig, wer gegen das **Verbot des Veranstaltens und Vermittelns unerlaubten Glücksspiels** in § 4 Abs. 1 S. 1 GlüStV verstößt (Nr. 1) (→ § 4 Rn. 7) oder entgegen § 4 Abs. 1 S. 2 oder 3 GlüStV an Zahlungen im Zusammenhang mit unerlaubtem Glücksspiel mitwirkt (Nr. 2) (→ § 4 Rn. 12). Ebenfalls ordnungswidrig handelt, wer entgegen § 4 Abs. 3 S. 2 oder 3 GlüStV einen Minderjährigen am Glücksspiel teilnehmen

1 NRW LT-Drs. 17/11683, 214.
2 NRW LT-Drs. 17/11683, 214.
3 NRW LT-Drs. 17/11683, 214; vgl. auch *Reeckmann* ZfWG 2020, 235 (350).
4 Vgl. *Reeckmann* ZfWG 2020, 345 (350).

lässt (→ § 4 Rn. 19) (Nr. 3) oder entgegen § 4 Abs. 4 S. 1 oder 2 GlüStV öffentliche Glücksspiele unerlaubt im Internet veranstaltet, vermittelt oder vertreibt (→ § 4 Rn. 21) (Nr. 4). Da die unerlaubte Veranstaltung eines Glücksspiels auch den Straftatbestand des § 284 StGB erfüllt, findet in diesen Fällen § 21 OWiG Anwendung.

Einen Ordnungswidrigkeitentatbestand verwirklicht außerdem, wer gegen das in § 4 Abs. 5 Nr. 2 GlüStV enthaltene **Kreditverbot** (→ § 4 Rn. 28) verstößt, indem er als Veranstalter, Vermittler, deren Beschäftigter oder durch diesen beauftragten Dritten einem Spieler ein Darlehen gewährt. Gleiches gilt, wenn auf der Internetdomain des Veranstalters oder Vermittlers für Darlehen geworben, sonst darauf verwiesen oder verlinkt wird. 3

2. Verstoß gegen § 4d GlüStV (Nr. 6). Ordnungswidrig iSv § 28a Abs. 1 Nr. 6 GlüStV handelt, wer als Inhaber einer Erlaubnis für die Veranstaltung von Sportwetten, Online-Poker oder virtuelle Automatenspiele gegen die **Mitteilungspflichten** in § 4d Abs. 1 GlüStV (→ § 4d Rn. 4) verstößt, indem er die Änderung eines für die Erteilung der Erlaubnis maßgeblichen Umstandes nicht unverzüglich mitteilt. 4

3. Verstoß gegen § 5 GlüStV (Nr. 7–15). Unter Bußgeldandrohung stehen auch verschiedene Verstöße gegen die **Werberegulierung** in § 5 GlüStV, auf die in § 28a Abs. 1 Nr. 7–15 GlüStV verwiesen wird. Die in Bezug genommenen Vorschriften dienen der Begrenzung der Werbung für erlaubtes Glücksspiel auf ein erforderliches Maß,[5] um die Verbraucher zu den erlaubten Glücksspielen zu lenken. 5

Eine mit Geldbuße bedrohte Handlung gem. § 28a Abs. 1 Nr. 7–15 GlüStV kann zugleich auch die **Straftatbestände** der §§ 284 Abs. 4, 287 Abs. 2 StGB erfüllen. In diesen Fällen findet § 21 OWiG Anwendung, so dass bei einer gleichzeitigen Erfüllung eines Straftat- und eines Ordnungswidrigkeitentatbestands grundsätzlich nur das Strafgesetz angewendet wird.[6] 6

4. Verstoß gegen § 6 GlüStV (Nr. 16, 17). Die Vorschrift verweist auf die in § 6 GlüStV normierte Pflicht zur Entwicklung und Umsetzung eines Sozialkonzepts. Bußgeldbewehrt sind jedoch nur Verstöße gegen die konkret in Bezug genommenen Nr. 3, 7 und 10 des § 6 GlüStV, die bestimmte Mindestinhalte des **Sozialkonzepts** normieren. Hierzu zählen neben der Durchführung regelmäßiger Personalschulungen (§ 6 Abs. 2 S. 3 Nr. 3 GlüStV), der Frühintervention und Information über regionale Suchtberatungsstellen und ähnliche Hilfsangebote (§ 6 Abs. 2 S. 3 Nr. 7 GlüStV) auch die Pflicht zur regelmäßigen Berichterstattung gegenüber zuständigen Behörden (§ 6 Abs. 2 S. 3 Nr. 10 GlüStV). 7

Bußgeldbewehrt ist gem. § 28a Abs. 1 Nr. 17 GlüStV außerdem der Verstoß gegen das in § 6 Abs. 3 GlüStV normierte **Verbot der umsatzabhängigen Vergütung** leitender Angestellter sowie der Verstoß gegen die Pflicht zum **Spielausschluss des beschäftigten Personals** (→ § 6 Rn. 7). 8

5. Verstoß gegen §§ 6a, 6c, 6e, 6h, 6i, 6j GlüStV (Nr. 18–27). Die in § 28a Abs. 1 Nr. 18–27 GlüStV normierten Bußgeldtatbestände verweisen auf bestimmte Vorschriften für **Glücksspiele im Internet** in §§ 6a bis 6j GlüStV, die neu in den Glücksspielstaatsvertrag aufgenommen wurden. Nach den in Bezug genommenen Vorschriften verpflichtet sind grundsätzlich alle Veranstalter und 9

5 Vgl. NRW LT-Drs. 17/11683, 90.
6 Vgl. NRW Lt-Drs. 17/11683, 214.

Vermittler von Glücksspielen im Internet, unabhängig von der angebotenen Spielform.[7]

10 **6. Verstoß gegen § 7 GlüStV (Nr. 28).** Die Vorschrift nimmt Bezug auf die in § 7 Abs. 2 GlüStV normierten **Aufklärungspflichten** (→ § 7 Rn. 4). Den Ordnungswidrigkeitentatbestand erfüllt, wer gegen die Pflicht zur Anbringung von Hinweisen auf die von dem jeweiligen Glücksspiel ausgehende Suchtgefahr und Hilfsmöglichkeiten auf den in § 28a Abs. 1 Nr. 28 GlüStV genannten Dokumenten verstößt. Eine für das Glücksspiel im Internet entsprechende Regelung ist in § 7 Abs. 2, 2. Hs. GlüStV enthalten, die eine Verlinkung zu entsprechenden Angeboten verlangt.

11 **7. Verstoß gegen §§ 8, 8a GlüStV (Nr. 29–36).** Bußgeldbewehrt sind außerdem verschiedene Verstöße im Zusammenhang mit dem in § 8 GlüStV normierten **Sperrsystem** sowie den Vorgaben in § 8a GlüStV zur Selbst- und Fremdsperre bzw. der in diesem Zusammenhang zu führenden Sperrdatei. Die Vorschriften dienen dem aktiven Spielerschutz und sollen dazu beitragen, dass Spielsüchtige oder spielsuchtgefährdete Personen vor den Gefahren des Glücksspiels bewahrt werden.[8]

12 **8. Verstoß gegen § 19 GlüStV (Nr. 37).** Die Bußgeldvorschrift nimmt Bezug auf § 19 GlüStV, der bestimmte Anforderungen an die Tätigkeit des **gewerblichen Spielvermittlers** stellt. Den Tatbestand verwirklicht, wer gegen die in § 19 Abs. 1 Nr. 1 S. 1 GlüStV enthaltene Verpflichtung, mindestens zwei Drittel der von den Spielern vereinnahmten Beträge an den Veranstalter weiterzuleiten (→ § 19 Rn. 7), verstößt.

13 **9. Verstoß gegen §§ 21, 21a GlüStV (Nr. 38–43).** Die Bußgeldvorschrift verweist auf die in § 21 Abs. 3 GlüStV unter Berücksichtigung des Übereinkommens des Europarats über die Manipulation von Sportwettbewerben neu in den GlüStV 2021 aufgenommene Verpflichtung für Veranstalter, sich an einem unabhängigen **Frühwarnsystem vor Manipulationen** zu beteiligen und bei Auffälligkeiten die zuständigen Behörden zu unterrichten und verfügbare Informationen zur Verfügung zu stellen (→ § 21 Rn. 7).[9]

14 Ebenfalls bußgeldbewehrt ist ein Verstoß gegen das in § 21 Abs. 4 S. 1 GlüStV enthaltene Verbot der **Verknüpfung der Übertragung von Sportereignissen mit der Veranstaltung oder Vermittlung von Sportwetten** , das insoweit das Werbeverbot gem. § 5 Abs. 3 S. 2 GlüStV ergänzt.[10]

15 Die in § 28a Abs. 1 Nr. 42 und 43 GlüStV normierten Bußgeldtatbestände verweisen auf die Vorschrift zu **Wettvermittlungsstellen** in § 21a GlüStV und verpflichten Vermittler und Veranstalter von Sportwetten. Diese haben sicherzustellen, dass die in den Wettvermittlungsstellen getätigten Wetten und Zahlungen erfasst werden.

16 **10. Verstoß gegen § 22a bis 22c GlüStV (Nr. 44–58).** Die Bußgeldtatbestände in § 28a Abs. 1 Nr. 44–54 GlüStV betreffen verschiedene Verpflichtungen im Zusammenhang mit der Ausgestaltung **virtueller Automatenspiele**, die in § 22a GlüStV enthalten sind.

17 Hinsichtlich der in § 22b GlüStV normierten Vorgaben zur Veranstaltung von **Online-Pokerspielen** sind in § 28a Abs. 1 Nr. 55–57 GlüStV entsprechende Bußgeldtatbestände enthalten. Diese betreffen die nachträgliche Änderung von

---

7 Vgl. NRW LT-Drs. 17/11683, 131.
8 Vgl. NRW LT-Drs. 17/11683, 158.
9 Vgl. NRW LT-Drs. 17/11683, 180.
10 Vgl. NRW LT-Drs. 17/11683, 181.

Spielregeln, die Sicherstellung, dass ausschließlich natürliche Personen gegeneinander spielen sowie die zufällige Zuweisung eines Spielers zu einem von mehreren virtuellen Spieltischen. Die Einhaltung der in Bezug genommenen Vorschriften dient der Verhinderung von Manipulationen und betrügerischen Aktivitäten des Anbieters oder von Teilnehmern.[11]

Ebenfalls bußgeldbewehrt ist gem. § 28a Abs. 1 Nr. 58 GlüStV der Verstoß gegen die in § 22c GlüStV normierten Vorgaben zu **Online-Casinospielen** . Gem. Abs. 4 der in Bezug genommenen Vorschrift ist es verboten, audiovisuelle oder rein visuelle Übertragungen von Automatenspielen vorzunehmen. Hierdurch soll verhindert werden, dass durch das Abfilmen insbesondere von Automaten aus Spielbanken die Vorgaben des § 22a GlüStV umgangen werden.[12] 18

III. Geldbuße (Abs. 2)

Verstöße im Sinne des § 28a GlüStV können mit einer **Geldbuße bis zu fünfhunderttausend Euro** geahndet werden. Wurde die Ordnungswidrigkeit nur fahrlässig begangen, halbiert sich die maximale Bußgeldhöhe gem. § 17 Abs. 2 OWiG.[13] 19

IV. Einziehung von Gegenständen (Abs. 3)

§ 28a Abs. 3 GlüStV sieht als **Nebenfolge** die Möglichkeit der Einziehung von Gegenständen vor. Die Einziehung soll wie auch die Geldbuße als Übel treffen, gleichzeitig allerdings auch als Sicherungsmaßnahme dienen.[14] Die Einziehung kann hinsichtlich solcher Gegenstände, auf die sich die Ordnungswidrigkeit bezieht (Nr. 1) oder die durch die Ordnungswidrigkeit hervorgebracht, zu ihrer Begehung oder Vorbereitung gebraucht worden oder bestimmt gewesen sind (Nr. 2), angeordnet werden. Bei § 28a Abs. 3 GlüStV handelt es sich um ein sog. **Androhungsgesetz** iSv § 22 Abs. 1 OWiG.[15] Voraussetzung für die Einziehung ist die Begehung einer Ordnungswidrigkeit im Sinne einer tatbestandsmäßigen und rechtswidrigen Tat.[16] Der Einziehung unterliegen nur sog. Beziehungsgegenstände, die durch die Tat hervorgebracht oder zu ihrer Begehung oder Vorbereitung verwendet wurden oder auf die sich die Ordnungswidrigkeit bezieht.[17] Der einzuziehende Gegenstand muss weiterhin dem Täter zur Zeit der Entscheidung gehören oder zustehen (§ 22 Abs. 2 Nr. 1 OWiG). Die Einziehung gegenüber einem Dritten ist unter den Voraussetzungen des § 22 Abs. 2 Nr. 2 OWiG zulässig. 20

Wegen des ausdrücklichen Verweises in § 28a Abs. 3 GlüStV auf § 23 OWiG ist überdies auch eine Einziehung von Gegenständen zulasten von Personen möglich, die im Zeitpunkt der Entscheidung zwar Eigentümer oder Rechtsinhaber sind, nicht jedoch Täter oder Beteiligter der einer Ordnungswidrigkeit waren und daher nicht gem. § 22 Abs. 2 Nr. 2 OWiG Einziehungsbetroffener sein können.[18] 21

---

11 Vgl. NRW LT-Drs. 17/11683, 192.
12 Vgl. NRW LT-Drs. 17/11683, 194.
13 Vgl. hierzu KK-OWiG/*Mitsch* OWiG § 17 Rn. 24.
14 Vgl. *Krenberger/Krumm* OWiG § 22 Rn. 1; BeckOK OWiG/*Sackreuther* OWiG § 22 Rn. 5.
15 Vgl. hierzu KK-OWiG/*Mitsch* OWiG § 22 Rn. 1.
16 Vgl.BeckOK OWiG/*Sackreuther* OWiG § 22 Rn. 23; *Krenberger/Krumm* OWiG § 22 Rn. 5.
17 Vgl. *Krenberger/Krumm* OWiG § 22 Rn. 6; BeckOK OWiG/*Sackreuther* OWiG § 22 Rn. 11.
18 Vgl. hierzu KK-OWiG/*Mitsch* OWiG § 23 Rn. 1.

V. Zuständige Behörde (Abs. 4)

22 § 28a Abs. 4 GlüStV verweist hinsichtlich der sachlich zuständigen Verwaltungsbehörde im Sinne des § 36 Abs. 1 Nr. 1 OWiG auf die Vorschrift zur Glücksspielaufsicht in § 9 GlüStV. Soweit sich aus dem GlüStV keine anderweitige Zuständigkeit ergibt, bestimmen die Länder in den jeweiligen Ausführungsgesetzen zum GlüStV die iSd § 36 Abs. 1 Nr. 1 OWiG zuständige Behörde.[19]

§ 29 GlüStV Übergangsregelungen

(1) [1]Die bis zum 30. Juni 2021 erteilten Erlaubnisse der Veranstalter im Sinne des § 10 Absatz 2 und 3 und die ihnen nach Landesrecht gleichstehenden Befugnisse gelten, auch wenn im Bescheid eine kürzere Frist festgelegt ist, bis zum 30. Juni 2022 als Erlaubnis mit der Maßgabe fort, dass die Regelungen dieses Staatsvertrages, abgesehen vom Erlaubniserfordernis nach § 4 Absatz 1 Satz 1, Anwendung finden. [2]Die in einer Erlaubnis nach § 5 Absatz 3 Satz 2 des Glücksspielstaatsvertrages vom 15. Dezember 2011 erlassenen Regelungen gelten in diesem Zeitraum als Inhalts- und Nebenbestimmungen im Sinne des § 5 Absatz 1 Satz 3. [3]Die Veranstalter nach § 10 Absatz 2 und 3 haben spätestens zum 1. Juli 2022 eine neue Erlaubnis nach § 4 Absatz 1 einzuholen.

(2) [1]Absatz 1 findet entsprechende Anwendung auf Veranstalter von Lotterien nach dem Dritten Abschnitt und die Vermittler von erlaubten öffentlichen Glücksspielen (einschließlich der Lotterie-Einnehmer der Klassenlotterien und der gewerblichen Spielvermittler). [2]Soweit Vermittler in die Vertriebsorganisation eines Veranstalters eingegliedert sind, stellt der Veranstalter den Antrag auf Erteilung der Erlaubnis nach § 4 Absatz 1 für die für ihn tätigen Vermittler.

(3) [1]Die bis zum Inkrafttreten dieses Staatsvertrages erteilten und am 30. Juni 2021 wirksamen Erlaubnisse für die Veranstaltung von Sportwetten gelten, auch wenn im Bescheid eine kürzere Frist festgelegt ist, bis zum 31. Dezember 2022 als Erlaubnis mit der Maßgabe fort, dass abgesehen vom Erlaubniserfordernis nach § 4 Absatz 1 Satz 1 die Regelungen dieses Staatsvertrages Anwendung finden. [2]Absatz 1 Satz 2 findet entsprechende Anwendung. [3]Spätestens zum 1. Januar 2023 ist eine neue Erlaubnis einzuholen.

(4) [1]Die Länder können in ihren Ausführungsbestimmungen vorsehen, dass für am 1. Januar 2020 bestehende Spielhallen, die in einem baulichen Verbund mit weiteren Spielhallen stehen, für bis zu drei Spielhallen je Gebäude oder Gebäudekomplex auf gemeinsamen Antrag der Betreiber abweichend von § 25 Absatz 2 eine befristete Erlaubnis erteilt werden kann, wenn mindestens alle Spielhallen von einer akkreditierten Prüforganisation zertifiziert worden sind und die Zertifizierung in regelmäßigen Abständen, mindestens alle zwei Jahre, wiederholt wird, die Betreiber über einen aufgrund einer Unterrichtung mit Prüfung erworbenen Sachkundenachweis verfügen und das Personal der Spielhallen besonders geschult wird. [2]Die Übergangsfrist ist landesgesetzlich festzulegen. [3]Das Nähere regeln die Ausführungsbestimmungen der Länder.

(5) Für Erlaubnisse für das Veranstalten von Pferdewetten im Internet gilt Absatz 3 entsprechend.

(6) Die Länder können abweichend von § 21a Absatz 2 zulassen, dass Ergebniswetten bis zum 30. Juni 2024 auch in Annahmestellen, die in die Vertriebsorga-

19 Vgl. hierzu beispielsweise die entsprechende Regelung in § 23 Abs. 5 AG-GlüStV NRW, GV.NRW. 2021 Nr. 46, 780.

nisation von Veranstaltern nach § 10 Absatz 2 eingegliedert sind, vermittelt werden; Wetten während des laufenden Sportereignisses sind unzulässig.

(7) [1]Die bis zum Inkrafttreten dieses Staatsvertrags durch das Innenministerium des Landes Schleswig-Holstein erteilten und am 30. Juni 2021 wirksamen Erlaubnisse für die Veranstaltung und den Vertrieb von Online-Casinospielen gemäß § 4 i.V.m. §§ 19 und 20 des Gesetzes zur Neuordnung des Glücksspiels (Glücksspielgesetz) vom 20.10.2011, GVOBl. S. 280, i.V.m. § 1 des Gesetzes zur Übergangsregelung für Online-Casinospiele vom 11.06.2019, GVOBl. S. 145, gelten für eine Übergangsphase bis zur Erteilung einer Erlaubnis nach diesem Staatsvertrag, längstens bis zum 31. Dezember 2024, als Erlaubnis mit der Maßgabe fort, dass die in der Genehmigung sowie in den ergänzenden Nebenbestimmungen enthaltenen Regelungen Anwendung finden. [2]Sie gelten nur für das Hoheitsgebiet von Schleswig-Holstein. [3]Der Veranstalter kann sich nicht auf diese Übergangsregelung berufen, wenn er nicht spätestens bis zum 1. Juli 2022 einen Antrag auf Erteilung einer Erlaubnis nach diesem Staatsvertrag stellt.

(8) Für die Fortgeltung von im ländereinheitlichen und im gebündelten Verfahren erteilten Erlaubnissen nach Absatz 1 bis 3 gilt § 9a Absatz 4 entsprechend.

(9) Abweichend von § 4 Absatz 4 dürfen Erlaubnisse für öffentliche Glücksspiele im Internet für die Veranstaltung, Vermittlung und den Eigenvertrieb von Sportwetten sowie die Veranstaltung und den Eigenvertrieb von Online-Casinospielen, virtuellen Automatenspielen und Online-Poker, falls im Zeitpunkt der Entscheidung die Spielersperrdatei nach § 23 oder die Limitdatei nach § 6c Absatz 4 noch nicht zur Verfügung stehen, nur erteilt werden

1. unter Befristung längstens bis zum 31. Dezember 2022,
2. im Fall des Fehlens der Spielersperrdatei mit der Auflage, dass der Anbieter unter den Voraussetzungen der §§ 8a, 8b Selbstsperren und Fremdsperren für sämtliche von ihm selbst oder verbundenen Unternehmen angebotenen Glücksspiele vornimmt und die Vorschriften dieses Staatsvertrags für in der Spielersperrdatei nach § 23 gesperrte Spieler entsprechend auf die bei sich gesperrten Spieler anwendet, und
3. im Fall des Fehlens der Limitdatei mit der Auflage, dass der Anbieter die Spieler bei der Registrierung auffordert, ein monatliches Einzahlungslimit entsprechend § 6c mit Wirkung für sämtliche von dem Anbieter selbst oder verbundenen Unternehmen angebotenen Glücksspiele festzusetzen, und die Vorschriften dieses Staatsvertrags für das in der Limitdatei geführte anbieterübergreifende Einzahlungslimit entsprechend auf das bei sich geführte Einzahlungslimit anwendet.

Literatur: *Becker/Hilf/Nolte/Uwer* (Hrsg.) Glücksspielregulierung, 1. Aufl. 2017; *Dietlein/Hecker/Ruttig* (Hrsg.) Glücksspielrecht, 2. Aufl. *2013; Streinz/Liesching/Hambach* (Hrsg.) Glück- und Gewinnspielrecht in den Medien, 1. Auflage, 2014.

I. Genese/Gesetzesentwicklungen

1 Die Norm knüpft an den § 29 GlüStV 2012/2020 an. Auch dort fanden sich in § 29 die Übergangsregelungen. Die Regelung des Abs. 1 S. 1 war mit leicht verändertem Wortlaut und anderen zeitlichen Angaben der Frist, aber vergleichbar, bereits im GlüStV 2012 enthalten. Der Abs. 2 ist sogar identisch mit dem des GlüStV 2012. Auch in § 25 Abs. 1, 2 GlüStV 2008 fanden sich bereits ähnliche Normierungen.

2 Eine Regelung bezüglich der Sperrdatei, wie sie in § 29 Abs. 3 GlüStV 2012 enthalten war, fehlt im GlüStV 2021. Im Zuge des GlüStV 2012 war eine neu zuständige Behörde für die Führung der Sperrdatei errichtet worden. Dabei mussten die Spielersperren von den bis zu diesem Zeitpunkt zuständigen Behörden an die neu geschaffene Behörde übermittelt werden, weswegen es einer Übergangsregelung bedurfte. Eine solche ist mangels zu übertragener Daten im GlüStV 2021 nicht mehr erforderlich.

3 In § 29 Abs. 4 GlüStV 2012/2020 war noch eine Regelung enthalten, die den Übergang auf die 2012 eingeführten Regelungen für Spielhallen in den §§ 24, 25 GlüStV reglementierte. Eine solche dem § 29 Abs. 4 GlüStV 2012/2020 vergleichbare Regelung fehlt im GlüStV 2021.

4 § 29 Abs. 5 GlüStV 2012/2020 regelte den Übergang von Buchmachererlaubnissen nach dem Rennwett- und Lotteriegesetz, während der neue Abs. 5 GlüStV 2021 das Veranstalten von Pferdewetten im Internet betrifft. Die Absätze 6–9 sind im Vergleich zum GlüStV 2012/2020 neu hinzugefügt worden.

II. Erläuterungen

5 **1. Allgemeines.** Durch die Änderung bestehender oder die Errichtung neuer Rechtsvorschriften besteht **allgemein** die Gefahr, dass einmal entstandene subjektive Rechtspositionen Einzelner, wie etwa aus Art. 3 Abs. 1 GG (Gleichheitsrecht), Art. 12 GG (Berufsfreiheit) oder Art. 14 GG (Eigentumsgarantie), gemindert oder sogar entzogen werden.[1] Durch die Übergangsregelungen sind somit einerseits das Interesse des Gesetzgebers der Vermeidung oder zeitlichen Begrenzung einer Parallelität unterschiedlicher Regelungszustände und andererseits das grundrechtliche Interesse des einzelnen Betroffenen in Ausgleich zu bringen.[2]

6 § 29 regelt die auf einen bestimmten, kurzen Zeitraum begrenzte Fortgeltung alter Erlaubnisse. Aufgabe des § 29 GlüStV ist es, den **reibungslosen Übergang in die neue Rechtslage** zu ermöglichen. Viele Erlaubnisse waren aufgrund der begrenzten Geltungsdauer der vorherigen Glücksspielstaatsverträge bis zum 30.6.2021 befristet. Ab dem 1.7.2021 können aber erst neue Erlaubnisse nach dem GlüStV 2021 erteilt werden. Damit auch in der Zeit bis zur Erteilung neuer Erlaubnisse das Glücksspiel in Deutschland nicht zum Erliegen kommt, werden durch § 29 GlüStV 2021 bereits vorher bestehende Erlaubnisse verlängert. Dabei werden diese Erlaubnisse allerdings bereits der neuen Regulierung unterworfen.[3] Es ist demnach für eine bestimmte Dauer kein neuerlicher Antrag erforderlich, da eine aus dem Antrag resultierende Prüfung bereits auf Grundlage der vorherigen Glücksspielstaatsverträge erfolgte. Weiterhin ist es der Glücksspiel-

---

1 Vgl. Streinz/Liesching/Hambach/*Berberich/Pfütze* GlüStV § 29 Rn. 1; Dietlein/Hecker/Ruttig/*Pagenkopf* GlüStV§ 29 Rn. 1 ff.

2 Vgl. Dietlein/Hecker/Ruttig/*Pagenkopf* GlüStV§ 29 Rn. 3; Streinz/Liesching/Hambach/*Berberich/Pfütze* GlüStV § 29 Rn. 2.

3 Antrag Landesregierung NRW auf Zustimmung zu Staatsvertrag, 2.11.2020, NRW LT-Drs. 17/11683, 214.

aufsicht auch möglich, die Erlaubnis etwa bei Verstößen zu widerrufen.[4] Es soll durch das zeitlich begrenzte Fortgelten von Alterlaubnissen ein „genehmigungsfreier“ Zeitraum vermieden werden.[5]

Die Übergangsvorschriften sind auch wegen des Vertrauens der Rechtsunterworfenen in den Bestand verfassungsrechtlich geschützter Rechtspositionen und des Grundsatzes der Verhältnismäßigkeit zwingend notwendig.[6] 7

2. Die Übergangsvorschrift des Abs. 1. Nach **§ 29 Abs. 1** S. 1 GlüStV gelten die bis zum 30.6.2021 an die Veranstalter erteilten Erlaubnisse iSd **§ 10 Abs. 2 und 3** (siehe Kommentierung § 10) und die ihnen nach Landesrecht gleichstehenden Befugnisse bis zum 30.6.2022 fort. Daran ändert auch nichts, dass in einem Bescheid eventuell eine kürzere Frist festgelegt wurde. Die erteilten Erlaubnisse sollen verlängert werden, um einen „erlaubnisfreien“ Zustand zu vermeiden. Dadurch wird ein **Bestands- und Vertrauensschutz** erreicht.[7] Mit Ausnahme des zunächst entbehrlichen Erlaubniserfordernisses nach § 4 Abs. 1 S. 1 finden die Regelungen des GlüStV 2021 Anwendung, mithin sind dessen Anforderungen einzuhalten. Entscheidend ist, dass die Erlaubnis zum 30.6.2021 noch wirksam war, also insbesondere nicht zurückgenommen oder widerrufen wurde.[8] Die Lotterieveranstalter müssen aufgrund der Begrenzung der Fortgeltung der Erlaubnisse auf den 30.6.2022 spätestens zum 1.7.2022 eine neue Erlaubnis nach § 4 Abs. 1 GlüStV 2021 eingeholt haben, § 29 Abs. 1 S. 3. 8

Eine der in § 29 Abs. 1 S. 3 GlüStV 2012 normierte vergleichbare Regelung, dass abweichend von § 10a Abs. 2 und 5 das gemeinsame Sportwettangebot der Veranstalter nach § 10 Abs. 2 und dessen Vermittlung durch Annahmestellen übergangsweise zulässig ist, fehlt im GlüStV 2021 aufgrund der im GlüStV 2021 nicht mehr enthaltenen Regelung des § 10a GlüStV 2012. Dieser hatte in einer „Experimentierklausel“ die Zulassung von maximal 20 Konzessionen für staatliche und private Sportwettanbieter bestimmt. Nunmehr ist jedoch jedem Veranstalter von Sportwetten die Nutzung des Marktes bei Erfüllung der gesetzlichen Voraussetzungen erlaubt, weswegen es der Regelung des § 10a GlüStV 2012 nicht mehr bedarf. 9

Die nun nach § 5 Abs. 1 S. 3 GlüStV 2021 erforderlichen Inhalts- und Nebenbestimmungen für **Werbung** im Fernsehen und Internet sind bei den bereits vorher bestehenden Erlaubnissen noch nicht als solche bezeichnet. Die einzelnen Länder konnten allerdings nach § 5 Abs. 3 S. 2 GlüStV 2012/2020 zur besseren Erreichung der Ziele des § 1 Werbung für Lotterien sowie für Sport- und Pferdewetten im Internet und im Fernsehen erlauben. In den Verwaltungsakten, die diese Erlaubnis erteilt haben, fanden sich ähnliche Bestimmungen, die nach dem GlüStV 2021 nunmehr als Inhalts- und Nebenbestimmungen gemäß § Abs. 1 S. 3 GlüStV zu bezeichnen sind. Diese in der Erlaubnis enthaltenen Regelungen gelten gem. § 29 Abs. 1 S. 2 GlüStV 2021 im Übergangszeitraum bis zum 30.6.2022 als Inhalts- und Nebenbestimmungen im Sinne des § 5 Abs. 1 S. 3 GlüStV 2021.[9] 10

4 Antrag Landesregierung NRW auf Zustimmung zu Staatsvertrag, 2.11.2020, NRW LT-Drs. 17/11683, 214, 215.
5 Vgl. Becker/Hilf/Nolte/Uwer/*Brüning/Bloch* GlüStV § 29 Rn. 1, 9.
6 Vgl. BVerfG 27.2.2007 – 1 BvL 10/00, NJW 2007, 1577 (1578) mwN; BVerfG 4.5.1983 – 1 BvL 46/80, 1 BvL 47/80, NJW 1983, 2869 (2870).
7 Vgl. Streinz/Liesching/Hambach/*Berberich/Pfütze* GlüStV § 29 Rn. 3.
8 Antrag Landesregierung NRW auf Zustimmung zu Staatsvertrag, 2.11.2020, NRW LT-Drs. 17/11683, 215.
9 Vgl. Antrag Landesregierung NRW auf Zustimmung zu Staatsvertrag, 2.11.2020, NRW LT-Drs. 17/11683, 215.

11 **3. Die Übergangsvorschriften der Abs. 2, 3, 5. § 29 Abs. 2 und Abs. 3** GlüStV verweisen auf § 29 Abs. 1 GlüStV. Die in Abs. 1 normierte Regelung der Verlängerung der Geltungsdauer von Erlaubnissen, die am 30.6.2021 wirksam waren, wird auf **Veranstalter von Lotterien** nach dem Dritten Abschnitt sowie **Vermittler von erlaubten öffentlichen Glücksspielen** (Abs. 2) und auf die **Veranstaltung von Sportwetten** (Abs. 3) ausgeweitet. Bei in die Vertriebsorganisation eines Veranstalters eingegliederten Vermittlern trifft die Antragsfrist bezogen auf die Erlaubnis nach § 4 Abs. 1 den jeweiligen Veranstalter, § 29 Abs. 2 S. 2. Dies soll der besseren Ausübung der Aufsicht über diese Vermittler dienen.[10]

12 Grund für die Verlängerung der Geltungsdauer der Erlaubnisse bei Abs. 3 sogar bis zum 31.12.2022 ist, dass diese erst ab dem 1.1.2020 erteilt werden konnten und sich die Erteilungsvoraussetzungen nicht wesentlich geändert haben.[11]

13 **§ 29 Abs. 5** GlüStV stellt den Sportwettererlaubnissen in Abs. 3 die Erlaubnisse von **Pferdewetten im Internet** gleich, wohingegen erteilte Erlaubnisse nach dem Rennwett- und Lotteriegesetz vom Glücksspielstaatsvertrag unberührt bleiben.[12]

14 **4. Die Übergangsvorschrift des Abs. 4.** In **§ 29 Abs. 4** GlüStV ist nun eine **Länderöffnungsklausel** enthalten, durch die den Ländern eine Ausnahme vom Verbot des § 25 Abs. 2 GlüStV ermöglicht wird, sofern die Verbundspielhallen am 1.1.2020 bestanden haben.[13] Dies ändert jedoch nichts daran, dass weiterhin bezweckt wird, Verbundspielhallen zu reduzieren. Das wird durch die lediglich befristet mögliche Erlaubnis, die Begrenzung von maximal drei Spielhallen im selben Gebäude und das Erfordernis eines gemeinsamen Antrags deutlich. Zudem ist ein mindestens alle zwei Jahre zu aktualisierendes Zertifizierungsverfahren erforderlich und ein mit Prüfung abgeschlossener Sachkundenachweis zu erbringen. Daneben muss das Personal der Spielhallen durch die Länder besonders geschult werden.

15 Abs. 4 beinhaltet eine **Bestandsschutzregelung,** nach der es gerade nicht möglich ist, neue Verbundspielhallen zu erlauben. Entscheidend ist mithin, ob am 1.1.2020 bereits solche Verbundspielhallen bestanden haben.[14] Alle übrigen Verbundspielhallen, die nach dem 1.1.2020 entstanden sind oder errichtet werden sollen, sind mangels Vereinbarkeit mit § 25 Abs. 1 und 2 rechtswidrig. Wendet ein Land die Öffnungsklausel des Abs. 4 an und erhält dadurch eine Verbundspielhalle eine Erlaubnis, muss das Abstandsgebot des § 25 Abs. 1 GlüStV auf den Verbund nicht mehr angewendet werden. Zwischen sonstigen Spielhallen und den Verbundspielhallen sind die Abstände aber weiterhin zwingend einzuhalten.[15]

16 Den Landesgesetzgebern kommt im Rahmen des Abs. 4 eine entscheidende Rolle zu. Neben der gem. Abs. 4 S. 2 landesrechtlich festzulegenden Übergangsfrist können die Länder auch ergänzende Voraussetzungen für die Ausnahme von

10 Antrag Landesregierung NRW auf Zustimmung zu Staatsvertrag, 2.11.2020, NRW LT-Drs. 17/11683, 215.

11 Antrag Landesregierung NRW auf Zustimmung zu Staatsvertrag, 2.11.2020, NRW LT-Drs. 17/11683, 215.

12 Antrag Landesregierung NRW auf Zustimmung zu Staatsvertrag, 2.11.2020, NRW LT-Drs. 17/11683, 217.

13 Dieser Stichtag beruht darauf, dass der Entwurf des GlüStV 2021 im Januar 2020 im Rahmen der durchgeführten Verbändeanhörung erstmals der Fachöffentlichkeit bekannt gegeben worden ist.

14 Antrag Landesregierung NRW auf Zustimmung zu Staatsvertrag, 2.11.2020, NRW LT-Drs. 17/11683, 216.

15 Antrag Landesregierung NRW auf Zustimmung zu Staatsvertrag, 2.11.2020, NRW LT-Drs. 17/11683, 217.

§ 25 Abs. 2 treffen, § 29 Abs. 4 S. 3. Auch ist es möglich, dass die Länder vollständig auf den Gebrauch dieser Öffnungsklausel verzichten.[16] Gerade die landesgesetzlich festzulegende Übergangsfrist unterscheidet sich eindeutig von den zuvor geregelten Absätzen. Dabei ist die Geltungsdauer der bereits vor Inkrafttreten des GlüStV 2021 erteilten Erlaubnisse jeweils exakt befristet. Bei Abs. 4 sind nun hingegen Abweichungen zwischen den einzelnen Ländern möglich.

5 Die Übergangsvorschrift des Abs. 6. **§ 29 Abs. 6** GlüStV enthält eine zusätzliche **Länderöffnungsklausel.** Danach können Länder zulassen, dass Ergebniswetten bis zum 30.6.2024 in Annahmestellen, die in die Vertriebsorganisation der staatlichen Lotterieveranstalter nach § 10 Abs. 2 GlüStV eingegliedert sind, vermittelt werden. Es ist nicht erforderlich, dass diese Annahmestellen die Anforderungen an Wettvermittlungsstellen nach § 21a GlüStV erfüllen. Von der Regelung des § 21a Abs. 2, dass der stationäre Vertrieb und die Vermittlung von Sportwetten außerhalb von Wettvermittlungsstellen verboten sind, kann durch die Länder unter den in § 29 Abs. 6 genannten Voraussetzungen abgewichen werden. 17

Live-Wetten (§ 21 Abs. 4) sind aufgrund des hohen Suchtpotenzials jedoch weiterhin nicht zulässig, § 29 Abs. 6 a.E. Die Abfrage der Sperrdatei hat unmittelbar vor dem ersten Spiel während eines Aufenthalts in der Annahmestelle zu erfolgen, § 8 Abs. 3 S. 5, hingegen nicht schon beim Betreten der Annahmestelle, wie dies bei Wettvermittlungsstellen der Fall ist. Voraussetzung ist auch in Annahmestellen, dass die vermittelnden Wettveranstalter über eine Erlaubnis nach § 4 Abs. 1 verfügen. 18

Durch die Übergangsregelung wird den Kunden und Betreibern von Annahmestellen, bei denen bis zum Inkrafttreten des GlüStV 2021 in mehreren Bundesländern die Teilnahme an Sportwetten möglich war, die Möglichkeit gegeben, sich auf die Änderung des Rechts einzustellen. Bisherige Teilnehmer der Sportwette „Oddset“ sollen dadurch von einer Abwanderung in den Schwarzmarkt abgehalten werden.[17] 19

6. Die Übergangsvorschrift des Abs. 7. In **Schleswig-Holstein** waren aufgrund des Gesetzes zur Neuordnung des Glücksspiels (GlücksspielG)[18] vom 20.10.2011 bestimmte Glücksspiele im Internet schon erlaubnisfähig. Zwar wurde das GlücksspielG mit Ablauf des 7.2.2013 mit Ausnahme des § 31 GlücksspielG bereits aufgehoben.[19] Die Aufhebung des Vertrages hatte aber nicht die rückwirkende Aufhebung der einzelnen auf Grundlage des GlücksspielG erteilten Erlaubnisse zur Folge. Gemäß § 4 iVm §§ 19, 20 GlücksspielG iVm § 1 OCSpÜgG[20] gelten Genehmigungen für die Veranstaltung und den Vertrieb von Online-Casinospielen längstens bis zum 30.6.2021 fort. **§ 29 Abs. 7** verlängert diese Befristung unter der Voraussetzung, dass die Erlaubnisse am 30.6.2021 wirksam waren. Durch § 29 Abs. 7 GlüStV können Anbieter, die aufgrund der Regelung in Schleswig-Holstein eine solche Erlaubnis innehaben, ihr bestehendes Angebot auf dem Hoheitsgebiet Schleswig-Holsteins weiter betreiben, bis sie eine Erlaubnis nach dem GlüStV 2021 erhalten. Befristet ist der Übergangszeitraum bis zum 31.12.2024. Ein unvollständiger oder unzureichen- 20

16 Antrag Landesregierung NRW auf Zustimmung zu Staatsvertrag, 2.11.2020, NRW LT-Drs. 17/11683, 216.

17 Antrag Landesregierung NRW auf Zustimmung zu Staatsvertrag, 2.11.2020, NRW LT-Drs. 17/11683, 217, 218.

18 Gesetz zur Neuordnung des Glücksspiels v. 20.10.2011, GVOBl. Schl.-H., S. 280.

19 Gesetz zur Aufhebung des Glücksspielgesetzes v. 1.2.2013, GVOBl. Schl.-H., S. 64.

20 Gesetz zur Übergangsregelung für Online-Casinospiele v. 11.6.2019, GVOBl. Schl.-H., S. 145.

der Antrag auf Erteilung einer Erlaubnis ist zur Wahrung der Antragsfrist (bis zum 1.7.2022) nicht ausreichend.[21]

21 **7. Die Übergangsvorschrift des Abs. 8.** **§ 29 Abs. 8** GlüStV stellt fest, dass die Erlaubnisinhaber bei Fortgeltung ihrer Erlaubnisse weiterhin zur Zahlung von Kosten verpflichtet sind. Grund für die Kostentragung ist unter anderem, dass dadurch ein Ausgleich für die mit der Überwachung erlaubter Angebote entstehenden Verwaltungskosten geschaffen werden soll. Zudem soll ein Teil des für den Erlaubnisinhaber durch die Erlaubnis entstehenden Vorteils ausgeglichen werden. Diese Gründe liegen auch in den Fällen des § 29 Abs. 1–3 GlüStV vor. Häufig wird hierbei eine Ermäßigung für Folgeveranstaltungen, § 9a Abs. 4 S. 4 GlüStV, gegeben sein.[22]

22 **8. Die Übergangsvorschrift des Abs. 9.** **§ 29 Abs. 9** GlüStV erweitert den Rechtsrahmen für den Fall, „dass die notwendige technische Infrastruktur für das anbieter- und spielformübergreifende Spielersperrsystem nach §§ 8 ff. und 23 oder die Limitdatei nach § 6c Abs. 4 unmittelbar nach Inkrafttreten dieses Staatsvertrages noch nicht zur Verfügung stehen."[23] Neben der Gewährleistung, dass kein „genehmigungsfreier" Zeitraum bezüglich bislang bereits erlaubnisfähiger Angebote entsteht, ermöglicht Abs. 9 auch die Erlaubniserteilung für die nach dem GlüStV 2021 erstmals erlaubnisfähigen Spielformen der Online-Casinospiele, der virtuellen Automatenspiele und des Online-Pokers, sogar wenn bestimmte technische Voraussetzungen – namentlich die Spielersperrdatei oder die Limitdatei – für die eigentliche Erlaubniserteilung noch fehlen.[24] Dabei sind die Anbieter jedoch nicht von den mit der Spielersperrdatei und der Limitdatei verbundenen Zielen befreit. Die Erlaubnisse sind nämlich mit **Auflagen** zu erteilen.

23 Bei Fehlen der **Spielersperrdatei** muss der Anbieter unter den Voraussetzungen der §§ 8a, 8b Selbstsperren und Fremdsperren für die von ihm selbst oder verbundenen Unternehmen angebotenen Glücksspiele vornehmen, § 29 Abs. 9 S. 1 Nr. 2. Die spielformübergreifende Selbst- oder Fremdsperre wird mithin durch eine anbieterbezogene Selbst- oder Fremdsperre ersetzt. Zudem sind die Normen des GlüStV für die in der Spielersperrdatei nach § 23 gesperrten Spieler auf die bei den einzelnen Anbietern gesperrten Spielern anzuwenden.

24 Fehlt die **Limitdatei,** hat der Anbieter die einzelnen Spieler bei der Registrierung aufzufordern, entsprechend § 6c ein monatliches Einzahlungslimit festzusetzen, § 29 Abs. 9 S. 1 Nr. 3. Hier wandelt sich in der Übergangsphase die anbieterübergreifende Limitdatei in eine anbieterbezogene Limitierung der Spieleinsätze. Auch sind die übrigen Vorschriften betreffend das anbieterübergreifende Einzahlungslimit entsprechend anzuwenden.

25 Befristet ist eine solche Erteilung gem. Abs. 9 S. 1 Nr. 1 längstens bis zum 31.12.2022. Die zuständigen Behörden sind unbenommen der durch Abs. 9 S. 1 Nr. 2, 3 verpflichtenden Auflagenerteilung auch befugt, weitere Nebenbestimmungen zur Erreichung der Ziele des § 1 GlüStV vorzusehen.[25]

---

21 Antrag Landesregierung NRW auf Zustimmung zu Staatsvertrag, 2.11.2020, NRW LT-Drs. 17/11683, 218.

22 Antrag Landesregierung NRW auf Zustimmung zu Staatsvertrag, 2.11.2020, NRW LT-Drs. 17/11683, 218, 219.

23 „Antrag Landesregierung NRW auf Zustimmung zu Staatsvertrag, 2.11.2020, NRW LT-Drs. 17/11683, 219."

24 Antrag Landesregierung NRW auf Zustimmung zu Staatsvertrag, 2.11.2020, NRW LT-Drs. 17/11683, 219.

25 Antrag Landesregierung NRW auf Zustimmung zu Staatsvertrag, 2.11.2020, NRW LT-Drs. 17/11683, 219.

§ 30 GlüStV Weitere Regelungen

(1) Die zuständige Behörde kann eine Lotterie, die bei Inkrafttreten dieses Vertrages von mehreren Veranstaltern in allen Ländern durchgeführt wird und bei der der Reinertrag ausschließlich zur Erfüllung der in § 10 Absatz 5 genannten Zwecke verwandt wird, abweichend von § 12 Absatz 1 Satz 1 Nummer 3, § 13 Absatz 2, § 14 Absatz 1 Nummer 1 und § 15 Absatz 1 Satz 3 erlauben.

(2) [1]Der Reinertrag von Veranstaltungen in der Form des Gewinnsparens muss mindestens 25 Prozent der Entgelte betragen. [2]Der Reinertrag ist für gemeinnützige, kirchliche oder mildtätige Zwecke zu verwenden. [3]Erlaubnisse können allgemein erteilt werden.

Literatur: *Adams/Tolkemitt*, Verkauf von Hoffnung und Jagd auf die Armen, ZBB 2000, 163; *Becker/Hilf/Nolte/Uwer* (Hrsg.) Glücksspielregulierung, 1. Aufl. 2017; *Dietlein/Hecker/Ruttig* (Hrsg.) Glücksspielrecht, 2. Aufl. 2013; *Ennuschat*, Aktuelle Rechtsfragen des staatlichen Lotteriemonopols in Deutschland, ZfWG 2008, 83; *Schenke*, Das Verbot von Online-Casino- und Pokerspielen im Lichte der neueren Rechtsprechung des BVerwG, ZfWG 2018, Heft 5, Beilage, 21; *Streinz/Liesching/Hambach* (Hrsg.) Glück- und Gewinnspielrecht in den Medien, 1. Aufl. 2014.

I. Genese/Gesetzesentwicklungen

1 § 30 GlüStV 2021 bleibt unverändert im Vergleich zu § 30 GlüStV 2012/2020. Dieser entwickelte sich mit wenigen redaktionellen Änderungen aus dem § 25 Abs. 4, Abs. 5 GlüStV 2008. Die Regelung hat ihren Ursprung bereits in § 16 Abs. 2, Abs. 3 LottStV.

II. Erläuterungen

2 In § 30 GlüStV wird durch Abs. 1 eine privilegierende Ausnahme von den lotterierechtlichen Vorschriften für sog. „Soziallotterien" geregelt, während hingegen Abs. 2 eine Ausnahmeregelung für Lotterien in der Form des sog. „Gewinnsparens" (§ 12 Abs. 1 S. 2) enthält.[1]

3 **1. Soziallotterien (Abs. 1).** Vorausgesetzt ist eine Lotterie, die ausschließlich Zwecke aus § 10 Abs. 5 verfolgt. Eine solche Lotterie wird als **„Soziallotterie"** bezeichnet.[2] Mithin ist gem. § 10 Abs. 5 eine Verwendung der Einnahmen zur Förderung öffentlicher oder gemeinnütziger, kirchlicher oder mildtätiger Zwecke erforderlich. Die Aufwendung nur „eines erheblichen Teils" des Reinertrags, wie dies in § 10 Abs. 5 grundsätzlich vorausgesetzt wird, genügt hier gerade nicht.[3] Es ist eine „ausschließliche" Verwendung erforderlich.

4 Zudem ist erforderlich, dass die Lotterien von mehreren Veranstaltern in allen Ländern durchgeführt werden. Von der Gestaltung her muss die Lotterie somit einheitlich sein, während die Veranstaltung in jedem Land separat zu erfolgen hat. Nur die sog. **„Glücksspirale"** erfüllt diese Voraussetzungen des § 30

1 Dietlein/Hecker/Ruttig/*Postel* GlüStV § 30 Rn. 10, 12; Becker/Hilf/Nolte/Uwer/*Brüning/Bloch* GlüStV § 30 Rn. 2.
2 Vgl. BVerwG 1.6.2011 – 8 C 5/10, NVwZ 2011, 1319 (1322).
3 Becker/Hilf/Nolte/Uwer/*Brüning/Bloch* GlüStV § 30 Rn. 4; Streinz/Liesching/Hambach/*Hambach/Brenner* GlüStV § 30 Rn. 3.

Abs. 1.[4] Nicht den Voraussetzungen des § 30 Abs. 1 entsprechen hingegen solche Lotterien, die zwar beim Inkrafttreten des GlüStV bereits durchgeführt wurden, allerdings gerade nicht von „mehreren" Veranstaltern iSd § 30 Abs. 1 durchgeführt wurden. Dazu zählen etwa die „ARD-Fernsehlotterie" und die „Aktion Mensch".[5] Bei der GKL (Gemeinsame Klassenlotterie), die mit Inkrafttreten des GlüStV 2012 und des GKL-StV aus der NKL und der SKL entstand, handelte es sich mit der NKL und der SKL zwar um „mehrere Veranstalter", jedoch auch um zwei parallel stattfindende, separate und somit nicht um eine eigenständige Lotterie.

5 Die zuständige Behörde kann bei Vorliegen der **Voraussetzungen** nach pflichtgemäßem Ermessen entscheiden, ob solche Lotterien abweichend von den im Normtext genannten Bestimmungen des Dritten Abschnitts (§ 12 Abs. 1 S. 1 Nr. 3, § 13 Abs. 2, § 14 Abs. 1 Nr. 1 und § 15 Abs. 1 S. 3) erlaubt werden.

6 So ist eine Erlaubniserteilung an andere als die in § 10 Abs. 2, 3 Genannten auch möglich, wenn wirtschaftliche Zwecke mit der Veranstaltung verfolgt werden, die über den mit dem Hinweis auf die Bereitstellung von Gewinnen verbundenen Werbeeffekt hinausgehen. Eine solche Erlaubniserteilung ist grundsätzlich nach § 12 Abs. 1 S. 1 Nr. 3 unzulässig. Auch darf entgegen § 13 Abs. 2 im Sonderfall der Soziallotterien eine Erlaubnis erteilt werden, wenn der Spielplan eine mehr als zweimal wöchentlich erfolgende Bekanntgabe der Ziehungsergebnisse vorsieht, der Höchstgewinn drei Millionen Euro übersteigt oder wenn aus Teilen des Geldeinsatzes der Spieler ein planmäßiger Jackpot geschaffen wird (§ 13 Abs. 2 Nr. 1). Zudem hindert auch die Ermöglichung einer interaktiven Teilnahme in Rundfunk und Telemedien mit zeitnaher Gewinnbekanntgabe (§ 13 Abs. 2 Nr. 2) die Erlaubnisfähigkeit einer Soziallotterie nicht. Weiter ist entgegen § 14 Abs. 1 Nr. 1 nicht erforderlich, dass die Voraussetzungen des § 5 Abs. 1 Nr. 9 Körperschaftssteuergesetz erfüllt sind. Dies ergibt sich bei der hier einzig möglichen Soziallotterie der „Glücksspirale" bereits aus § 14 Abs. 1 S. 2. Die in § 30 Abs. 1 erwähnte Befreiung vom Erfordernis des § 14 Abs. 1 Nr. 1 ist mithin **unnötig.**[6] Für den Reinertrag und die Spielsumme im Spielplan müssen abweichend von § 15 Abs. 1 S. 3 auch nicht mindestens 30 Prozent der Entgelte vorgesehen sein.

7 Durch die der „Soziallotterie" eingeräumte **Sonderprivilegierung** entstehen **verfassungsrechtliche Bedenken**. Es fehlen im Gegensatz zu Abs. 2 inhaltliche Begrenzungen der Abweichungsmöglichkeiten, was in sachlicher Hinsicht zu einer unklaren Reichweite der Privilegierung führt. Damit stehen in bedenklicher Weise etwa Reinertrags- oder Gewinnsummenquoten im Spielplan uneingeschränkt zur Disposition der Exekutive.[7] Die „Glücksspirale" als Soziallotterie iSd § 30 Abs. 1 ist beispielsweise als einzige Lotterie nicht an einen Höchstgewinn von drei Millionen Euro gebunden (s. o. → Rn. 6). Eine solche Besserstellung gegenüber anderen, nicht erfassten Lotterien muss gerechtfertigt sein, insbesondere vor dem Hintergrund, dass andere Lotterien ein geringeres Gefährdungspotenzial haben. Durch diese Ungleichbehandlung liegt ein Eingriff in das **Gleichheits-**

4 Streinz/Liesching/Hambach/*Hambach/Brenner* GlüStV § 30 Rn. 2; Becker/Hilf/Nolte/Uwer/*Brüning/Bloch* GlüStV § 30 Rn. 3; Dietlein/Hecker/Ruttig/*Postel* GlüStV § 30 Rn. 2; aA *Ennuschat* ZfWG 2008, 83 (85).

5 Dietlein/Hecker/Ruttig/*Postel* GlüStV § 30 Rn. 3; Streinz/Liesching/Hambach/*Hambach/Brenner* GlüStV § 30 Rn. 2.

6 Vgl. Becker/Hilf/Nolte/Uwer/*Brüning/Bloch* GlüStV § 30 Rn. 7; Streinz/Liesching/Hambach/*Hambach/Brenner* GlüStV § 30 Rn. 4.

7 *Ennuschat* ZfWG 2008, 83 (85); Dietlein/Hecker/Ruttig/*Postel* GlüStV § 30 Rn. 7.

recht nach Art. 3 Abs. 1 GG der nichtprivilegierten Veranstalter von Lotterien vor.

Eine Ungleichbehandlung vergleichbarer Sachverhalte hat aber nicht generell deren Unzulässigkeit zur Folge. Vielmehr kann sie durch einen hinreichend gewichtigen Grund gerechtfertigt sein.[8] Eine Begründung der Länder für die Privilegierung der staatlich beherrschten „Glücksspirale" gegenüber von Privaten veranstalteten Lotterien fehlt in den Gesetzesbegründungen zu dem § 30 Abs. 1 GlüStV 2021 und seinen Vorgängerregelungen. 8

Die Tatsache, dass eine solche Norm bereits im dem GlüStV vorausgehenden LottStV enthalten war, lässt sich nicht als Rechtfertigung für die Ungleichbehandlung anführen. Die Tradition einer Vorschrift ist kein tauglicher Rechtfertigungsgrund.[9] Ein tauglicher Rechtfertigungsgrund kann generell darin gesehen werden, dass von einer Variante der Lotterien eine geringere Gefährdung ausgeht. Allerdings ist dies bei der „Glücksspirale" nicht der Fall. Durch die in § 30 Abs. 1 normierte mögliche Abweichung von § 13 Abs. 2 ist der Höchstgewinn nicht begrenzt, was sogar zu einer erheblichen Steigerung der Suchtgefahr führen kann.[10] Mithin ist die Ungleichbehandlung nicht gerechtfertigt. 9

Auch ein Eingriff in die **Berufsausübungsfreiheit (Art. 12 GG)** der nicht privilegierten Veranstalter von Lotterien scheint nicht gerechtfertigt. 10

Trotz der Tatsache, dass diese Privilegierung in der Literatur mehrfach berechtigterweise kritisiert wurde, kam es auch im GlüStV 2021 zu keiner Änderung der Norm. Es drängt sich der Verdacht auf, dass gerade **fiskalische Aspekte** bei der besonders ertragreichen, staatlich beherrschten „Glücksspirale" Grund für die in § 30 Abs. 1 normierte Privilegierung sind. Insbesondere aus dem für das Glücksspielrecht unionsrechtlich entwickelten **Kohärenzgebot** folgt jedoch, dass fiskalische Aspekte lediglich Nebenaspekt zu einem legitimen Hauptaspekt sein dürfen.[11] Ein solcher fehlt hier allerdings. 11

2. Gewinnsparen (Abs. 2). „Gewinnsparen" definiert eine Lotterieform, in der ein geringer Betrag des Einsatzes für das Glücksspiel aufgewendet und die Restsumme gespart wird.[12] Der Reinertrag muss gem. § 30 Abs. 2 S. 1 mindestens 25 Prozent der Entgelte betragen. Im Normalfall des § 15 Abs. 1 S. 3 muss gerade eine Quote von 30 Prozent erreicht werden, weshalb hier vorliegend durch die 25-Prozentregel eine **Privilegierung der Lotterieform „Gewinnsparen"** vorliegt. Gemäß Abs. 2 S. 2 wird die Verwendung des Reinertrags an gemeinnützige, kirchliche oder mildtätige Zwecke geknüpft. 12

Diese Privilegierung müsste auch **gerechtfertigt** sein. Die Regelung geht auf § 16 Abs. 3 LottStV zurück (s. o.). Dabei wurde in den Erläuterungen zu diesem Absatz auf den Gedanken der Sparförderung, auf den traditionellen Aspekt des „Gewinnsparens" in Deutschland und auf dessen geringe ordnungsrechtliche Relevanz abgestellt.[13] Zweifelhaft erscheint jedoch, ob dadurch die Privilegie- 13

---

8 BVerfG 28.4.1999 – 1 BvL 11/94, 33/95; 1 BvR 1560/97, BVerfGE 100, 138 (174);BVerfGE 100, 138/174; vgl. Jarass/Pieroth/*Jarass* GG Art. 3 Rn. 18; *Huster* JZ 1994, 541 (548).

9 BVerfG NJW 1999, 1535 (1537); BVerfG NJW 1964, 1427 (1428); vgl. Streinz/Liesching/Hambach/*Hambach/Brenner* GlüStV § 30 Rn. 6.

10 Vgl. Streinz/Liesching/Hambach/*Hambach/Brenner* GlüStV § 30 Rn. 5; Becker/Hilf/Nolte/Uwer/*Brüning/Bloch* GlüStV § 30 Rn. 10.

11 *Schenke* ZfWG 2018, Heft 5, Beilage, 21, 22; EuGH 8.9.2010 – C-46/08, Slg 2010, I-8149 Rn. 103 – Carmen Media.

12 Dietlein/Hecker/Ruttig/*Ruttig* GlüStV § 12 Rn. 17.

13 Erläuterungen zum LottStV v. 1.7.2204, S. 28, 29; vgl. Streinz/Liesching/Hambach/*Hambach/Brenner* GlüStV § 30 Rn. 11.

rung – insbesondere vor dem Hintergrund dessen, dass die Tradition einer Vorschrift grundsätzlich nicht als Rechtfertigungsgrund taugt[14] – wirklich gerechtfertigt wird.[15]

14 Die nach Ab. 2 S. 3 beschriebene allgemeine Erlaubniserteilung meint eine solche durch Verwaltungsakt und nicht durch Rechtsnorm. Somit kann die zuständige Behörde eine Allgemeinverfügung erlassen.[16]

§ 31 GlüStV Verhältnis zu weiteren staatsvertraglichen Regelungen für die Klassenlotterien

Soweit die Regelungen des Staatsvertrages zwischen den Ländern Baden-Württemberg, Bayern, Hessen, Rheinland-Pfalz, Sachsen und Thüringen über eine Staatliche Klassenlotterie vom 26. Mai 1992 (SKL-Staatsvertrag) oder die Regelungen des Staatsvertrages zwischen den Ländern Nordrhein-Westfalen, Niedersachsen, Schleswig-Holstein, Freie und Hansestadt Hamburg, Freie Hansestadt Bremen, Saarland, Berlin, Brandenburg, Mecklenburg-Vorpommern und Sachsen-Anhalt über eine Staatliche Klassenlotterie vom 30. Juni/1. September 2008 (NKL-Staatsvertrag) sowie die Regelungen des Staatsvertrages der Länder über die Gemeinsame Klassenlotterie vom 15. Dezember 2011 (GKL-Staatsvertrag) im Widerspruch zu Regelungen dieses Staatsvertrags stehen, sind die Regelungen dieses Staatsvertrags vorrangig anzuwenden.

Literatur: *Adams/Tolkemitt*, Verkauf von Hoffnung und Jagd auf die Armen, ZBB 2000, 163; *Becker/Hilf/Nolte/Uwer* (Hrsg.) Glücksspielregulierung, 1. Aufl. 2017; *Dietlein/Hecker/Ruttig* (Hrsg.) Glücksspielrecht, 2. Aufl. 2013; *Streinz/Liesching/Hambach* (Hrsg.) Glück- und Gewinnspielrecht in den Medien, 1. Aufl. 2014.

I. Genese/Gesetzesentwicklungen

1 § 31 GlüStV 2021 enthält im Gegensatz zum GlüStV 2012/2020 keinen Abs. 2 mehr. Dieser regelte den Übergang der der Süddeutschen Klassenlotterie (SKL) und der Nordwestdeutschen Klassenlotterie (NKL) erteilten Erlaubnisse auf die Gemeinsame Klassenlotterie (GKL), § 31 Abs. 2 S. 1 GlüStV 2012. Da alle Erlaubnisse folglich mit Inkrafttreten des GlüStV 2012 am 1.7.2012 auf die GKL kraft Gesetzes übergegangen sind, bedarf es einer solchen Rechtsnachfolgeregelung im GlüStV 2021 nicht mehr.

2 § 31 GlüStV 2021 bleibt unverändert zu § 31 Abs. 1 GlüStV 2012/2020. Der Regelungsgehalt fand sich mit kleineren Änderungen auch schon in § 26 GlüStV 2008 wieder.

II. Erläuterungen

3 Die **Gemeinsame Klassenlotterie (GKL)** ist durch den von den 16 Bundesländern errichteten und am 1.7.2012 in Kraft getretenen GKL-Staatsvertrag **Rechtsnachfolgerin der SKL und der NKL**. Die GKL ist gemäß § 1 Abs. 1 S. 1 GKL-StV eine rechtsfähige Anstalt des öffentlichen Rechts. Sie hat sowohl einen Sitz in Ham-

14 BVerfG NJW 1999, 1535 (1537); BVerfG NJW 1964, 1427 (1428); vgl. Streinz/Liesching/Hambach/*Hambach/Brenner* GlüStV § 30 Rn. 11.

15 *Adams/Tolkemitt* ZBB 2000, 163; Dietlein/Hecker/Ruttig/*Postel* GlüStV § 30 Rn. 13.

16 Dietlein/Hecker/Ruttig/*Postel* GlüStV § 30 Rn. 13; Becker/Hilf/Nolte/Uwer/*Brüning/Bloch* GlüStV § 30 Rn. 19.

burg als auch in München, § 1 Abs. 2 S. 1 GLK-StV. Gegründet wurde die GKL als Reaktion auf die mit dem GlüStV 2012 einhergehende Änderung des § 10 Abs. 3, wonach Klassenlotterien nur von einer von allen Vertragsländern gemeinsam getragenen Anstalt des öffentlichen Rechts veranstaltet werden dürfen.[1]

Durch § 31 GlüStV 2021 erfährt der **GlüStV** einen **Vorrang** bei der Anwendung gegenüber sowohl den bereits mit Ablauf des 30.6.2012 außer Kraft getretenen SKL- und NKL-Staatsverträgen als auch gegenüber dem Staatsvertrag der Länder über die Gemeinsame Klassenlotterie (GKL-Staatsvertrag), wenn diese im Widerspruch zueinander stehen. Im Fall einer Kollision bleiben die Regelungen des GLK-Staatsvertrags somit unberücksichtigt. Diese sind – ähnlich wie beim unionsrechtlichen Anwendungsvorrang[2] – lediglich in der Konfliktsituation nicht anzuwenden. Aus § 31 GlüStV folgt gerade keine Außerkraftsetzung der im Widerspruch zum GlüStV stehenden Normen des GKL-StV. Es liegt ein **Anwendungs-, kein Geltungsvorrang** vor. 4

§ 32 GlüStV Evaluierung

[1]Die Auswirkungen dieses Staatsvertrages, insbesondere des § 4 Absatz 4 und 5, der §§ 4a bis 4d, 6a bis 6j, 9, 9a, 21, 22a, 22b und 22c auf die Entwicklung und Ausbreitung von unerlaubten Glücksspielen in Schwarzmärkten, sind von den Glücksspielaufsichtsbehörden der Länder unter Mitwirkung der Gemeinsamen Glücksspielbehörde der Länder und des Fachbeirats zu evaluieren. [2]Ein Zwischenbericht soll bis zum 31. Dezember 2023 vorgelegt werden. [3]Ein zusammenfassender Bericht soll bis zum 31. Dezember 2026 und danach alle fünf Jahre vorgelegt werden.

Literatur: *Becker/Hilf/Nolte/Uwer* (Hrsg.) Glücksspielregulierung, 1. Aufl. 2017; *Callies/Ruffert* (Hrsg.) EUV/AEUV, 5. Aufl. 2016; *Dietlein/Hecker/Ruttig* (Hrsg.) Glücksspielrecht, 2. Aufl. 2013; *Streinz/Liesching/Hambach* (Hrsg.) Glück- und Gewinnspielrecht in den Medien, 1. Aufl. 2014.

A. Genese/Gesetzesentwicklungen

Durch § 32 sollen die Regelungen des GlüStV wie bereits bei den Vorgängerregelungen der GlüStV 2008/2012/2020 evaluiert werden. Im dem GlüStV vorangegangenen LottStV fehlte eine solche Vorschrift zur Evaluierung noch. 1

Bei der Evaluierung ist der Fokus gerade auf die neu hinzugefügten oder geänderten Normen zu richten, weshalb sich der Normtext der Evaluierungsvorschrift bei den einzelnen Glücksspieländerungsstaatsverträgen auch unterscheidet. 2

Erstmals obliegt die Aufgabe der Evaluierung neben den Glücksspielaufsichtsbehörden der Länder und dem Fachbeirat nun auch der neu geschaffenen Gemeinsamen Glücksspielbehörde der Länder. 3

1 Vgl. Streinz/Liesching/Hambach/*Hambach/Brenner* GlüStV § 31 Rn. 1.
2 Grabitz/Hilf/Nettesheim/*Nettesheim* EU AEUV Art. 288 Rn. 47 ff.; Callies/Ruffert/*Ruffert* EUV/AEUV Art. 1 AEUV Rn. 16.

B. Erläuterungen

I. Allgemeines

4 Die Auswirkungen des Staatsvertrages sind Prüfungsgegenstand der Evaluierung. Der Gesetzgeber ist grundsätzlich dazu verpflichtet, Gesetze zu überprüfen, wenn neue wissenschaftliche Erkenntnisse vorliegen. Insbesondere ist dabei auf den **Grad der Zielerreichung** einzugehen. Stellt sich heraus, dass manche Regelungen ihren Normzweck verfehlen, sind davon ausgehende Beschränkungen für die einzelnen Normadressaten nicht mehr gerechtfertigt.[1]

5 Mit dem neuen Glücksspielstaatsvertrag sind erhebliche Änderungen des Glücksspielrechts in Deutschland einhergegangen. Dabei ist insbesondere die Möglichkeit der Erlaubniserteilung bei virtuellen Automatenspielen, Online-Poker und Online-Casinospielen zu erwähnen. Um die dadurch entstehenden Auswirkungen auf den Glücksspielmarkt und besonders auf die in § 1 GlüStV niedergeschriebenen Ziele des Vertrages zu ermitteln, soll eine regelmäßige Evaluierung erfolgen. Dadurch sollen **mögliche Fehlentwicklungen** benannt und **etwaiger Änderungsbedarf** erkannt werden. In dessen Folge sollen Maßnahmen ergriffen werden, um die Ziele noch effektiver zu erreichen.[2]

6 Datengrundlage der Evaluierung sind **Informationen aus verschiedenen Quellen.** Dazu zählen etwa Daten, die bei den einzelnen Glücksspielaufsichtsbehörden der Länder, der Gemeinsamen Glücksspielbehörde der Länder oder bei staatlichen und privaten Veranstaltern oder Vermittlern erhoben wurden.[3]

7 Im Besonderen sind die Auswirkungen der §§ 4 Abs. 4 und 5, 4a–4d, 6a–6j, 9, 9a, 21, 22a, 22b, 22c GlüStV auf die Entwicklung und Ausbreitung von unerlaubten Glücksspielen in Schwarzmärkten zu überprüfen, § 32 S. 1 GlüStV. Schwerpunktmäßig sollen folglich die Auswirkungen der mit dem GlüStV 2021 erstmals möglichen Erlaubniserteilung bei virtuellen Automatenspielen (§ 22a), Online-Poker (§ 22b) und Online-Casinospielen (§ 22c) untersucht werden. Daraus können dann **Handlungsvorschläge für die Zukunft** abgeleitet werden. Es ist zu ermitteln, ob sich die Öffnung des Online-Glücksspielmarktes im Hinblick auf die Zielsetzung des Staatsvertrages, insbesondere gem. § 1 S. 1 Nr. 1 das Entstehen von Glücksspielsucht und Wettsucht zu verhindern und die Voraussetzungen für eine wirksame Suchtbekämpfung zu schaffen, bewährt hat. Die in § 1 geregelten Ziele müssten in ausreichender Weise verwirklicht worden sein, wobei den Normadressaten keine unverhältnismäßigen Belastungen drohen dürften. Zwar ist der GlüStV 2021 gem. § 35 Abs. 4 S. 1 auf unbestimmte Zeit geschlossen, jedoch lässt sich daraus gerade nicht schließen, dass eine Evaluierung entbehrlich wäre. Es besteht schließlich weiterhin für die einzelnen Länder die Möglichkeit der Kündigung oder der Schließung eines Aufhebungs- oder Änderungsstaatsvertrages (s. Ausführungen § 35).

II. Evaluierungsbericht

8 Zur Evaluierung soll gem. § 32 S. 3 GlüStV ein **zusammenfassender Bericht** bis Ende 2026 und danach alle fünf Jahre vorgelegt werden. Grund für den späten ersten zusammenfassenden Evaluierungsbericht (5 ½ Jahre nach Inkrafttreten) ist laut Antrag der Landesregierung Nordrhein-Westfalen auf Zustimmung zum

---

1 Vgl. Becker/Hilf/Nolte/Uwer/*Uwer* GlüStV § 32 Rn. 2.
2 Antrag Landesregierung NRW auf Zustimmung zu Staatsvertrag, 2.11.2020, NRW LT-Drs. 17/11683, 220.
3 Vgl. Dietlein/Hecker/Ruttig/*Thiel* § 32 Rn. 4; Becker/Hilf/Nolte/Uwer/*Uwer* GlüStV § 32 Rn. 5.

Glücksspielstaatsvertrag 2021, dass erst mit zeitlichem Abstand verlässlich festgestellt werden könne, inwiefern sich der Anteil pathologischer Spieler und die Glücksspielprävalenzen in der Bevölkerung verändert hat.[4]

Die Zeitspanne des zusammenfassenden Berichts von 5 ½ Jahren nach Inkrafttreten des Staatsvertrages erscheint äußerst lang. Beim GlüStV 2008 erfolgte dieser Bericht noch nach drei Jahren, während der Evaluierungszeitraum im GlüStV 2012 bereits auf fünf Jahre erhöht wurde. Durch die nun erfolgte Verlängerung auf 5 ½ Jahre kann aber in der Tat das Risiko einer potenziellen Verzerrung der Ergebnisse einer Folgenabschätzung wegen einer zu knappen Bemessung des Evaluierungszeitraums verringert werden. Die Frist von drei Jahren im GlüStV 2008 war beispielsweise zu kurz bemessen.[5] 9

Zudem ist bis zum 31.12.2023 bereits ein **Zwischenbericht** vorzulegen, § 32 S. 2 GlüStV. Ein solcher, dem zusammenfassenden Bericht vorgeschalteter Bericht, fehlte in den vorherigen Ausführungen des GlüStV noch. Durch diesen Zwischenbericht sollen vor allem die Auswirkungen der Übergangsregelungen des § 29 GlüStV überprüft werden. Auch könnte darin eine Reaktion auf die von der EU-Kommission im Zuge der Errichtung des GlüStV 2012 angemahnte „Notwendigkeit einer kontinuierlichen Bewertung der Umsetzung und Anwendung des zukünftigen Vertrages" gesehen werden.[6] So ist eine Überprüfung des GlüStV auch vor dem Hintergrund der unionsrechtlichen Anforderungen, dass die Mitgliedsstaaten das Kohärenzerfordernis beachten, bereits früher möglich. Eine erneute Reaktion der EU-Kommission im Hinblick auf den GlüStV 2021 erfolgte nicht. Es ist davon auszugehen, dass die Kommission die Evaluierungsfrist nun nicht mehr als zu lang ansieht. 10

III. Aufsichtsstellen

Die Aufgabe der Evaluierung steht **hauptverantwortlich** den obersten **Glücksspielaufsichtsbehörden der Länder** zu. Dies hat sich auch nicht durch die neu eingerichtete **Gemeinsame Glücksspielbehörde der Länder** geändert. Allerdings soll diese insbesondere für den Beitrag von Daten und Erkenntnissen aus ihrem Tätigkeitsbereich **unterstützend mitwirken.** Auch der Fachbeirat, der gemäß § 10 Abs. 1 S. 3 aus Personen besteht, die im Hinblick auf die Ziele des § 1 über besondere wissenschaftliche oder praktische Erfahrungen verfügen, und eventuell wissenschaftliche Forschungsstellen assistieren bei der Evaluierung.[7] 11

In der Literatur wurden teilweise Zweifel bezüglich der ordnungsgemäßen Umsetzung des Evaluierungsauftrages geäußert. So sei sowohl beim GlüStV 2008 als auch beim GlüStV 2012 eine unabhängige Stelle zur Evaluierung nötig gewesen, die in den Glücksspielaufsichtsbehörden der Länder nicht zu sehen sei.[8] Es liege somit weitestgehende Personenidentität zwischen den Normverfassern, der Normvollzugsebene und der zur Evaluierung erforderlichen Stelle vor.[9] Zwar ist durch den GlüStV 2021 nun auch mit der Gemeinsamen Glücksspielbehörde der Länder eine weitere Stelle neben die obersten Glücksspielaufsichtsbehörden der 12

4 Antrag Landesregierung NRW auf Zustimmung zu Staatsvertrag, 2.11.2020, NRW LT-Drs. 17/11683, 220.
5 Vgl. Streinz/Liesching/Hambach/*Bolay/Pfütze* GlüStV § 33 Rn. 3; Dietlein/Hecker/Ruttig/*Thiel* GlüStV § 32 Rn. 6.
6 Reaktion der Kommission zur Notifizierung 2011/0188/D v. 20.3.2012, SG (2012) D/50777, 4.
7 Antrag Landesregierung NRW auf Zustimmung zu Staatsvertrag, 2.11.2020, NRW LT-Drs. 17/11683, 220.
8 Becker/Hilf/Nolte/Uwer/*Uwer* GlüStV § 32 Rn. 9.
9 Becker/Hilf/Nolte/Uwer/*Uwer* GlüStV § 32 Rn. 9.

Länder getreten. Allerdings ist die Evaluierung weiterhin Hauptaufgabe der obersten Glücksspielaufsichtsbehörden. Zudem ist die Gemeinsame Glücksspielbehörde der Länder aufgrund der Errichtung durch die Länder zur Wahrnehmung der Aufgaben der Glücksspielaufsicht, vgl. § 27a Abs. 1 S. 1, auch keine vom Glücksspielstaatsvertrag getrennte, unabhängige Stelle, weswegen Bedenken bezüglich einer **Selbstevaluierung** nicht von der Hand zu weisen sind.

§ 33 GlüStV Revision zum Bundesverwaltungsgericht

In einem gerichtlichen Verfahren kann die Revision zum Bundesverwaltungsgericht auch darauf gestützt werden, dass das angefochtene Urteil auf der Verletzung der Bestimmungen dieses Staatsvertrages beruhe.

Literatur: *Becker/Hilf/Nolte/Uwer*, Glücksspielregulierung: Glücksspielstaatsvertrag und Nebengesetze – Kommentar, 2016; *Dietlein/Hecker/Ruttig*, Glücksspielrecht, 2. Aufl. 2013; *Pagenkopf*, Der neue Glücksspielstaatsvertrag – Neue Ufer, alte Gewässer, NJW 2012, 2918.

I. Genese/Gesetzesentwicklung[1]

1 § 33 wurde durch den GlüStV 2012 in den GlüStV eingeführt[2] und besteht seither unverändert.[3] Aufgrund seiner Rechtsnatur als materielles Landesrecht war die Auslegung und Anwendung des GlüStV zuvor gem. § 137 Abs. 1 VwGO irrevisibel,[4] da nach der Rechtsprechung des BVerwG allein die bundeseinheitliche Geltung eines Länder-Staatsvertrags keine Revisibilität schafft[5]. Der GlüStV 2012 machte daher von der Ermächtigung des Art. 99 Hs. 2 GG Gebrauch, den obersten Gerichtshöfen letztinstanzlich landesrechtliche Streitigkeiten zuweisen zu können. Der auf Ländereinheitlichkeit ausgerichtete Verwaltungsvollzug des GlüStV spiegelt sich damit in einer bundesweit einheitlichen gerichtlichen Rechtskontrolle wider.[6]

2 Für Altfälle ist jeweils zu prüfen, ob § 33 bereits Anwendung findet und Normen des GlüStV damit revisibel sind.[7]

II. Erläuterungen

3 § 33 zählt zu den verwaltungsprozessualen Bestimmungen des GlüStV wie etwa auch § 9 Abs. 2 S. 1 (Fehlen der aufschiebenden Wirkung von Widerspruch und Klage gegen bestimmte Glücksspielaufsichtsmaßnahmen). Die Norm sichert die einheitliche Rechtsentwicklung, die mit Blick auf die neuerliche Ausweitung des Anwendungsbereichs in § 2 durch den GlüStV 2021 (Online-Poker usw) an Bedeutung nochmals zugenommen hat.[8]

---

1 Die Verfasser bedanken sich bei Frau Chiara A. Träger für ihre Unterstützung.
2 GV NRW 2012, 524 (543); zur Begründung BW LT-Drs. 15/1570, 95.
3 Zum GlüStV 2021 s. GV NRW 2021, 459 (522).
4 Etwa BVerwG 1.6.2011 – 8 C 5/10, BeckRS 2011, 53138 Rn. 10.
5 Becker/Hilf/Nolte/Uwer/*Brüning/Bloch* § 33 Rn. 1 mwN.
6 Dietlein/Hecker/Ruttig/*Pagenkopf* § 33 Rn. 5; Becker/Hilf/Nolte/Uwer/*Brüning/Bloch* § 33 Rn. 6 mwN.
7 Vgl. als Beispiel BVerwG 17.10.2012 – 8 B 51/12, BeckRS 2012, 59406 Rn. 13. Zur Bestimmung des maßgeblichen Zeitpunkts s. BVerwG 9.7.2014 – 8 C 7/13, BeckRS 2014, 55724 Rn. 9; BVerwG 16.10.2013 – 8 C 21/12, BeckRS 2014, 45804 Rn. 20. Zu weiteren Fragen mit Blick auf Altfälle s. Becker/Hilf/Nolte/Uwer/*Brüning/Bloch* § 33 Rn. 4.
8 So bereits zum GlüStV 2012 Dietlein/Hecker/Ruttig/*Pagenkopf* § 33 Rn. 2, 4.

§ 33 statuiert als **Revisionsgrund** die Verletzung von **Bestimmungen des GlüStV**. Der Anwendungsbereich von § 33 wird von der Rechtsprechung dabei eng ausgelegt. So bildet die Verletzung anderer landesrechtlicher Glücksspielvorschriften als der des GlüStV keinen Revisionsgrund. **Kein tauglicher Gegenstand** einer auf § 33 gestützten Revision sind damit bereits nach dem Wortlaut von § 33 die Bestimmungen der **Ausführungsgesetze der Länder zum GlüStV** (§ 28)[9] oder die Spielhallengesetze[10]. Nach allgemeinen verwaltungsprozessualen Grundsätzen bleibt die Anwendung der Ausführungsgesetze usw aber revisibel nach § 137 Abs. 1 Nr. 1 VwGO, wenn die Verletzung von Bundesrecht geltend gemacht wird (wenn zB die Auslegung eines Ausführungsgesetzes die zulässigen Grenzen der Rechtsfortbildung missachtet und damit Art. 20 Abs. 3, Art. 3 Abs. 1 GG verletzt haben soll[11]). 4

Nicht revisibel ist nach der Rechtsprechung eine gerichtliche Entscheidung zu Landesrecht selbst dann, wenn bei der **Auslegung von** (abstrakt betrachtet **nicht revisiblem**) **Landesrecht** revisibles Landesrecht des GlüStV **berücksichtigt** wird. Das Argument: Die revisiblen Vorschriften des Landesrechts eröffnen dem Revisionsgericht keinen generellen Prüfungsraum auf sonstiges Landesrecht, dessen Überprüfbarkeit durch das Bundesverwaltungsgericht nicht gegeben ist.[12] In einer verabsolutierten Form begegnet diese Rechtsprechung Bedenken. Dabei wird nicht verkannt, dass die Rechtsprechung auch in ähnlichen Fällen zur Wahrung der bundesstaatlichen Ordnung ein „einengendes Auslegungsverständnis" anwendet.[13] Allerdings stellt die Rechtsprechung dabei jeweils auf den jeweiligen Normkomplex ab.[14] Der Zweck von § 33 (→ Rn. 1) spricht (ggf. verstärkt durch Aspekte des unionsrechtlichen Kohärenzerfordernisses → § 4a Rn. 5) dafür, im Einzelfall zu prüfen, ob Auslegung und Anwendung von (abstrakt betrachtet) nicht revisiblem Landesrecht unter Einbeziehung des GlüStV doch eine bundeseinheitliche Entscheidung durch das BVerwG (beschränkt auf die Auslegung der Bestimmungen des GlüStV) erfordern. 5

§ 33 erweitert nur die Revisionsgründe gegenüber § 137 Abs. 1 VwGO. Das übrige Revisionsrecht (etwa die Revisionszulassungsvoraussetzungen nach § 132 Abs. 2 VwGO[15]) bleibt von § 33 unberührt. 6

§ 33 steht der Revisibilität des GlüStV durch die **ordentliche Gerichtsbarkeit** (etwa in Fragen des unlauteren Wettbewerbs nach § 4 UWG oder der unerlaubten Veranstaltung eines Glücksspiels nach § 284 StGB) nicht entgegen. Zwar eröffnet § 33 in der Tat nicht die revisionsrechtliche Prüfung durch den BGH.[16] Dies ist für zivil- und strafgerichtliche Revisionen aber auch nicht nötig, da das Zivil- bzw. Strafprozessrecht selbst den GlüStV revisibel macht, ohne dass es einer gesonderten Revisibilitätsklausel bedürfte.[17] Demensprechend liegen auch Revisionsentscheidungen des BGH zu Fragen des GlüStV vor.[18] 7

---

9 S. etwa BVerwG 28.1.2019 – 8 B 37/18, BeckRS 2019, 2659 Rn. 5; BVerwG 2.10.2018 – 8 B 31/18, BeckRS 2018, 25247 Rn. 5; BVerwG 5.4.2017 – 8 C 16/16, BeckRS 2017, 118337 Rn. 17; OVG Münster 28.9.2020 – 4 A 2325/19, BeckRS 2020, 28468 Rn. 43.
10 Dietlein/Hecker/Ruttig/*Pagenkopf* § 33 Rn. 6.
11 Bspw. BVerwG 5.4.2017 – 8 C 16/16, BeckRS 2017, 118337 Rn. 18 f.
12 BVerwG 22.7.2014 – 8 B 86/13, BeckRS 2014, 55401 Rn. 4–6.
13 Vgl. BVerwG 27.4.2005 – 8 C 5/04, NVwZ 2005, 964 (966).
14 Vgl. BVerwG 27.4.2005 – 8 C 5/04, NVwZ 2005, 964 (966).
15 S. nur OVG Münster 10.10.2019 – 4 A 1826/19, BeckRS 2019, 26316 Rn. 60.
16 *Pagenkopf* NJW 2012, 2918 (2919).
17 Näher Becker/Hilf/Nolte/Uwer/*Brüning/Bloch* § 33 Rn. 9 ff.
18 S. nur BGH 7.11.2019 – I ZR 42/19, GRUR 2020, 429 (430 ff. Rn. 26 ff.); BGH 27.2.2020 – 3 StR 327/19, BeckRS 2020, 10600 Rn. 9 ff.

§ 34 GlüStV Sprachliche Gleichstellung

Soweit Personen- und Funktionsbezeichnungen in diesem Staatsvertrag in männlicher Form benannt sind, bezieht sich diese Form auf alle Geschlechter.

Literatur: *von Münch/Kunig* (Hrsg.) Grundgesetz, 7. Aufl. 2021; Nomos-BR, Bundesgleichstellungsgesetz, 1. Aufl. 2012.

I. Genese/Gesetzesentwicklungen

1 Der Wortlaut wurde im Vergleich zum GlüStV 2012 / 2020 redaktionell angepasst. Damit wurde auf den Beschluss des Bundesverfassungsgerichts vom 10.10.2017 reagiert.[1] Mit der Anpassung wurde klargestellt, dass sich im Staatsvertrag 2021 Personen- und Funktionsbezeichnungen auf alle Geschlechter beziehen.[2]

II. Erläuterungen

2 Bei Personen- und Funktionsbezeichnungen, die in dem Staatsvertrag in männlicher Form benannt sind, soll diese Form **alle Geschlechter** umfassen. Erfasst sind mithin neben dem männlichen Geschlecht auch die Geschlechter weiblich und divers. Als verfassungsrechtlicher Ausgangspunkt ist die Staatszielbestimmung des Art. 3 Abs. 2 S. 2 GG anzusehen.

3 Auch § 1 Abs. 2 BGleiG nennt im Rahmen der Zielbestimmung des Gesetzes die sprachliche Gleichbehandlung von Frauen und Männern. Dadurch soll die herkömmliche Verwendung generischer Maskulina abgelöst werden.[3] Regelmäßig genügt eine wie hier in § 34 GlüStV 2021 gewählte Generalklausel, die bestimmt, dass die männliche Form alle Geschlechter umfassen soll, mangels ausreichender Benennung des weiblichen Geschlechts gerade nicht dem § 1 Abs. 2 BGleiG.[4] Jedoch handelt es sich bei § 1 Abs. 2 BGleiG lediglich um eine Soll-Vorschrift. Von einer Verfassungswidrigkeit des GlüStV 2021 ist aus diesem Grunde gerade nicht auszugehen.

4 Durch die redaktionelle Anpassung des Normtextes ist der Tatsache Rechnung getragen worden, dass es nicht nur das männliche und weibliche Geschlecht gibt. Das aus dem allgemeinen Persönlichkeitsrecht (Art. 2 Abs. 1 iVm Art. 1 Abs. 1 GG) abgeleitete **Recht auf sexuelle Identität und Selbstbestimmung** schützt auch das Finden und Erkennen der eigenen geschlechtlichen Identität oder sexuellen Orientierung.[5]

5 Seit dem 22.12.2018 ist es gemäß § 22 Abs. 3 PStG möglich, im Geburtseintrag eines Kindes bei der Geschlechtseintragung **„divers"** anzugeben. Aufgrund der Anknüpfung an die biologisch-genetische Unmöglichkeit einer eindeutigen Zuordnung bei Neugeborenen ist darin allein noch keine Manifestation des allgemeinen Persönlichkeitsrechts zu sehen. Aber sie legt den Grund für das Wiederfinden des Erwachsenen in einer ihm gemäßen Kategorie.[6] Durch bloße Ordnungsvorschriften des Personenstandrechts soll nämlich gerade nicht das Recht

---

1 BVerfG 10.10.2017 – 1 BvR 2019/16.
2 Antrag Landesregierung NRW auf Zustimmung zu Staatsvertrag, 2.11.2020, NRW LT-Drs. 17/11683, 220.
3 Nomos-BR/Schultz/Rudek BGleiG/*Schultz/Rudek* BGleiG § 1 Rn. 8.
4 Nomos-BR/Schultz/Rudek BGleiG/*Schultz/Rudek* BGleiG § 1 Rn. 9.
5 BVerfG 13.6.2007 – 1 BvR 1783/05, BVerfGE 115, 1 (14); BVerfG 6.12.2005 – 1 BvL 3/03, BVerfGE 119, 1 (40); vgl. v. Münch/Kunig/*Kunig/Kämmerer* GG Art. 2 Rn. 61.
6 v. Münch/Kunig/*Kunig/Kämmerer* GG Art. 2 Rn. 62.

auf sexuelle Identität eingeschränkt werden.[7] Daher ist es geboten, auch eine diverse Geschlechtsbezeichnung zu erfassen. Durch die Erweiterung des Normtextes auf alle Geschlechter liegt keine unmittelbare Diskriminierung des diversen Geschlechts mehr vor.

§ 35 GlüStV Inkrafttreten, Kündigung, Neubekanntmachung

(1) [1]Dieser Staatsvertrag tritt am 1. Juli 2021 in Kraft. [2]Sind bis zum 30. April 2021 nicht mindestens 13 Ratifikationsurkunden bei der Staatskanzlei der oder des Vorsitzenden der Ministerpräsidentenkonferenz hinterlegt, wird der Staatsvertrag gegenstandslos. [3]Der Staatsvertrag wird ebenfalls gegenstandslos, wenn bis zum 30. Juni 2021 nicht die Ratifikationsurkunde des Landes Sachsen-Anhalt bei der Staatskanzlei der oder des Vorsitzenden der Ministerpräsidentenkonferenz hinterlegt ist.

(2) Die Staatskanzlei der oder des Vorsitzenden der Ministerpräsidentenkonferenz teilt den Ländern die Hinterlegung der Ratifikationsurkunden mit.

(3) [1]Ein Beitritt zu diesem Staatsvertrag erfolgt durch schriftliche Erklärung des Beitritts gegenüber der Staatskanzlei der oder des jeweiligen Vorsitzenden der Ministerpräsidentenkonferenz und, soweit die Zustimmung der gesetzgebenden Körperschaft des beitretenden Landes erforderlich ist, mit deren Zustimmung. [2]Über den Eingang der Beitrittserklärung unterrichtet die Staatskanzlei der oder des jeweiligen Vorsitzenden der Ministerpräsidentenkonferenz die übrigen vertragschließenden Länder. [3]Die Regelungen dieses Staatsvertrages treten für das beitretende Land am Tage nach dem Eingang der Beitrittserklärung bei der Staatskanzlei der oder des jeweiligen Vorsitzenden der Ministerpräsidentenkonferenz in Kraft. [4]Soweit die Zustimmung der gesetzgebenden Körperschaft des beitretenden Landes erforderlich ist, treten die Regelungen für das beitretende Land am Tag nach dem Eingang der Anzeige dieser Zustimmung bei der Staatskanzlei der oder des jeweiligen Vorsitzenden der Ministerpräsidentenkonferenz in Kraft. [5]Der Beitritt ist auch nach einer Kündigung möglich.

(4) [1]Dieser Staatsvertrag wird auf unbestimmte Zeit geschlossen. [2]Er kann von jedem der Länder mit einer Frist von einem Jahr zum Ende eines Kalenderjahres gekündigt werden, erstmals jedoch zum 31. Dezember 2028. [3]Die Kündigung ist schriftlich gegenüber der oder dem Vorsitzenden der Ministerpräsidentenkonferenz zu erklären. [4]Sie oder er benachrichtigt unverzüglich die übrigen Vertragsländer über die erfolgte Kündigungserklärung. [5]Erfolgt die Kündigung durch das Vertragsland, welches die oder den Vorsitzenden der Ministerpräsidenten stellt oder ist dieses Land kein Vertragsstaat, so ist die Kündigung gegenüber allen anderen Vertragsländern schriftlich zu erklären; die Kündigungsfrist gilt als gewahrt, wenn die Kündigungserklärung vor Ablauf der Kündigungsfrist abgegeben worden und mindestens einem Vertragsland zugegangen ist.

(5) Im Falle der Kündigung besteht dieser Staatsvertrag vorbehaltlich des Absatzes 8 zwischen den übrigen Vertragsländern fort, jedoch kann jedes der übrigen Vertragsländer das Vertragsverhältnis binnen einer Frist von drei Monaten nach Eingang der Benachrichtigung nach Absatz 4 Satz 4 oder nach Zugang der Kündigungserklärung nach Absatz 4 Satz 5 zum selben Zeitpunkt kündigen.

(6) [1]Im Falle der Kündigung besteht die Gemeinsame Glücksspielbehörde der Länder nach § 27a unter Trägerschaft der verbleibenden Vertragsländer fort. [2]Im

7 Vgl. BVerfG 10.10.2017 – 1 BvR 2019/16, BVerfGE 147, 1.

Falle einer Kündigung durch das Sitzland der Gemeinsamen Glücksspielbehörde der Länder findet ab dem Zeitpunkt des Wirksamwerdens der Kündigung § 27l mit der Maßgabe Anwendung, dass an Stelle der für Glücksspielaufsicht zuständigen oberste Landesbehörde des Sitzlandes die für Glücksspielaufsicht zuständige oberste Landesbehörde des Landes tritt, welches zu diesem Zeitpunkt die oder den Vorsitzenden der Ministerpräsidentenkonferenz stellt, oder, wenn dieses Land nicht Vertragsland ist, des Landes, welches ab diesem Zeitpunkt den Vorsitzenden des Verwaltungsrats der Gemeinsamen Glücksspielbehörde der Länder stellt. [3]Ab Wirksamwerden einer Kündigung des Sitzlandes sind Veröffentlichungen nach § 27b Satz 2 in allen Ländern bekannt zu machen. [4]Im Übrigen verbleibt es bis zu einer anderweitigen staatsvertraglichen Regelung bei der Anwendung des Rechts des Sitzlandes.

(7) Im Falle einer Kündigung verpflichten sich die Länder eine Auseinandersetzungsvereinbarung über das Ausscheiden aus der Gemeinsamen Glücksspielbehörde der Länder bis zum 30. September des Jahres zu schließen, zu dessen Ende die Kündigung wirksam werden soll.

(8) [1]Würden nach einer Kündigung weniger als 13 Vertragsländer verbleiben, so tritt dieser Staatsvertrag mit Wirksamwerden der Kündigung außer Kraft. [2]Mit Außerkrafttreten dieses Staatsvertrages wird die Gemeinsame Glücksspielbehörde der Länder mit dem Ziel der Auflösung abgewickelt. [3]Absatz 7 gilt entsprechend. [4]Die Auseinandersetzungsvereinbarung umfasst insbesondere Regelungen über die Verteilung des Anstaltsvermögens, die Übernahme der Kosten bis zur Auflösung und bestehender Verbindlichkeiten sowie den Umgang mit dem Personal.

(9) Absatz 8 ist im Fall der anderweitigen Auflösung der Gemeinsamen Glücksspielbehörde der Länder entsprechend anzuwenden.

Literatur: *Becker/Hilf/Nolte/Uwer* (Hrsg.) Glücksspielregulierung, 1. Aufl. 2017.

A. Genese/Gesetzesentwicklungen

1 Erstmals wird dieser Glücksspielstaatsvertrag auf **unbestimmte Zeit** geschlossen. Zuvor traten die Glücksspielstaatsverträge immer befristet in Kraft. Es handelte sich um temporäre Vertragswerke. Allerdings bestand sowohl beim GlüStV 2008 als auch beim GlüStV 2012/2020 die Möglichkeit, durch Beschluss den Vertrag zu verlängern (vgl. § 28 Abs. 1 S. 1 GlüStV 2008; § 35 Abs. 2 S. 1 GlüStV 2012/2020). Von dieser Möglichkeit wurde allerdings in beiden Fällen kein Gebrauch gemacht. Der LottStV hingegen war in seiner Geltung nicht befristet.

B. Erläuterungen

I. Allgemeines

2 § 35 stellt den letzten Paragrafen des Zehnten Abschnitts und somit den insgesamt finalen Paragrafen des GlüStV dar. Geregelt wird das Inkrafttreten, die Laufzeit, das (mögliche) Außerkrafttreten und Fortgelten sowie die Kündigung des Staatsvertrags. Im Gegensatz zu den Vorgängernormen wird aus § 35

GlüStV 2021 schon durch die im Vergleich zum GlüStV 2012 geänderte Überschrift (damals „Befristung, Fortgelten") deutlich, dass es sich beim GlüStV nicht mehr um ein Werk auf Zeit, sondern gerade um ein **Werk auf unbestimmte Zeit** handelt.

II. Inkrafttreten des Staatsvertrages, Abs. 1–3

Die Absätze 1–3 regeln das **Inkrafttreten** des Staatsvertrages. Dafür waren gem. 3
§ 35 Abs. 1 S. 2 mindestens 13 Ratifikationsurkunden erforderlich. Bei weniger als 13 zustimmenden Ländern wäre das Ziel der Schaffung bundesweiter einheitlicher Rahmenbedingungen für den Glücksspielsektor, das mit dem Staatsvertrag verfolgt wird, nicht zu erreichen. Eine Ratifikation liegt von allen 16 Bundesländern vor.[1]

III. Kündigung, Abs. 4

Der Staatsvertrag ist zum ersten Mal auf unbestimmte Zeit geschlossen, § 35 4
Abs. 4 S. 1. Insbesondere aufgrund dessen, dass die neu geschaffene Gemeinsame Glücksspielbehörde der Länder bei Auslaufen eines befristeten Staatsvertrages ohne Rechtsgrundlage wäre, wurde nun der Staatvertrag ohne Befristung geschlossen.[2]

Allerdings sieht der Staatsvertrag **ordentliche Kündigungsmöglichkeiten** in § 35 5
Ab. 4 S. 2, Abs. 5 vor. Hintergrund ist das Erfordernis der grundsätzlichen Revidierbarkeit der Länderentscheidungen. Nur so kann etwa den Änderungen der parlamentarischen Mehrheitsverhältnisse oder der gesellschaftlichen Anschauungen in den einzelnen Ländern Rechnung getragen werden.[3] Der früheste mögliche Zeitpunkt zur ordentlichen Kündigung ist der 31.12.2028, § 35 Abs. 4 S. 2.

Zweifel bestehen hinsichtlich des **Vertragsschlusses auf unbestimmte Zeit** und 6
hinsichtlich des frühesten möglichen Zeitpunkts der ordentlichen Kündigung zum 31.12.2028, mithin 7 ½ Jahre nach Inkrafttreten des Staatsvertrages. Die vorherigen Glücksspielstaatsverträge waren wegen der Befristung **Vertragswerke auf Zeit**. Dadurch konnte ein Ausgleich zwischen der bundeseinheitlichen Weiterentwicklung des glücksspielrechtlichen Regelungsrahmens und den Länderinteressen an der Wahrung ihrer Gesetzgebungsautonomie hergestellt werden.[4] Ein solches Ausgleichselement fehlt mangels Befristung des Staatsvertrages nun sogar.

Zudem ergeben sich aufgrund der langen Dauer bis zur erstmals möglichen or- 7
dentlichen Kündigung des Vertrages durch die Länder Bedenken bezüglich der Vereinbarkeit mit dem aus Art. 20 Abs. 2 GG abgeleiteten **Demokratieprinzip**. Wegen der Mindestlaufzeit von 7,5 Jahren liegt ein Teilverzicht der demokratisch legitimierten Regelungshoheit vor. Sogar bei einer Änderung der politischen Entscheidungsträger im Land durch Neuwahlen ist es ihnen verwehrt, das Glücksspielrecht im eigenen Land durch parlamentarischen Beschluss vorzeitig zu ändern.[5]

---

1 Siehe Titelblatt Glücksspielstaatsvertrag 2021.
2 Antrag Landesregierung NRW auf Zustimmung zu Staatsvertrag, 2.11.2020, NRW LT-Drs. 17/11683, 221.
3 Vgl. BayVerfGH 25.9.2015 – Vf. 9-VII-13, NJOZ 2015, 1970 unter Bezugnahme auf BVerfG 12.9.2012 – 2 BvR 1390/12; 2 BvR 1421/12; 2 BvR 1438/12; 2 BvR 1439/12; 2 BvR 1440/12; 2 BvE 6/12, BVerfGE 132, 195 Rn. 215.
4 So Becker/Hilf/Nolte/Uwer/*Uwer* GlüStV § 35 Rn. 9.
5 Vgl. Becker/Hilf/Nolte/Uwer/*Uwer* GlüStV § 35 Rn. 9.

8 Die **einjährige Kündigungsfrist** des § 35 Abs. 4 S. 2 dient neben der Abstimmung zwischen den verbleibenden, nicht kündigenden Ländern auch dem Abschluss einer Auseinandersetzungsvereinbarung nach Abs. 7 und der Schaffung neuer Regulierungsrahmen für das Glücksspielwesen in den Ländern für den Fall, dass der Staatsvertrag nach Abs. 8 außer Kraft tritt.[6] Die Kündigung bedarf der Schriftform. Eine Erklärung gegenüber dem Vorsitzenden der Ministerpräsidentenkonferenz genügt, § 35 Abs. 4 S. 3. Dieser hat daraufhin die anderen am Vertrag beteiligten Länder über die erfolgte Kündigungserklärung des kündigenden Landes unverzüglich zu unterrichten, § 35 Abs. 4 S. 4. Eine Ausnahme besteht allerdings für den Fall, dass das Vertragsland kündigt, welches auch den Vorsitzenden der Ministerpräsidenten stellt oder für den Fall, dass das Land des Vorsitzenden kein Vertragsstaat ist. Dann ist gem. § 35 Abs. 4 S. 5.die Kündigung gegenüber allen anderen Vertragsländern schriftlich zu erklären und gerade nicht nur gegenüber dem Vorsitzenden der Ministerpräsidentenkonferenz.

9 In § 35 Abs. 4 S. 2 ist lediglich die ordentliche Kündigungsmöglichkeit geregelt. Die Länder haben aber weiterhin das außerordentliche Recht auf Vertragsanpassung oder vorzeitige Kündigung, sofern das unveränderte Festhalten an dem Vertrag für eine Vertragspartei wegen nachträglich grundlegend geänderter Verhältnisse nicht mehr zumutbar ist („clausula rebus sic stantibus“).[7] Auch sind die Länder weiterhin befugt, einen **Aufhebungs- oder Änderungsstaatsvertrag** abzuschließen.[8]

IV. Fortgeltung; Folgekündigung, Abs. 5

10 In § 35 Abs. 5 wird die **Fortgeltung des Staatsvertrags** unter den verbleibenden Vertragsländern und das Recht der Folgekündigung geregelt. Abs. 5 stellt klar, dass trotz Kündigung eines Landes der Staatsvertrag zwischen den übrigen Vertragsländern fortbesteht, es sei denn, dass nach einer Kündigung weniger als 13 Vertragsparteien verbleiben würden, § 35 Abs. 8 S. 1. Jedes Vertragsland kann gem. § 35 Abs. 5 innerhalb einer dreimonatigen Frist, die mit Eingang der Benachrichtigung der Kündigungserklärung eines Landes durch den Vorsitzenden der Ministerpräsidentenkonferenz (Abs. 4 S. 4) oder mit Zugang der Kündigungserklärung des kündigenden Landes gegenüber den anderen Vertragsländern (Abs. 4 S. 5) zu laufen beginnt, zum selben Zeitpunkt kündigen. Somit wird die **Folgekündigung** zu dem Zeitpunkt wirksam, zu dem auch die erste Kündigung wirksam wird.

11 Erklärt ein Land die Folgekündigung, wird dadurch auch ein Recht auf Folgekündigung für die verbleibenden Vertragspartner ausgelöst. Grund für die Möglichkeit der Folgekündigung ist das berechtigte Interesse der einzelnen Länder, sich nur bei einer ländereinheitlichen Regulierung an den Staatsvertrag binden zu wollen.[9]

---

6 Antrag Landesregierung NRW auf Zustimmung zu Staatsvertrag, 2.11.2020, NRW LT-Drs. 17/11683, 222.

7 Vgl. hierzu BayVerfGH 25.9.2015 – Vf. 9-VII-13, NJOZ 2015, 1970; BVerfG 30.1.1973 – 2 BvH 1/72, BVerfGE 34, 216.

8 Antrag Landesregierung NRW auf Zustimmung zu Staatsvertrag, 2.11.2020, NRW LT-Drs. 17/11683, 222.

9 Antrag Landesregierung NRW auf Zustimmung zu Staatsvertrag, 2.11.2020, NRW LT-Drs. 17/11683, 222.

V. Abs. 6–9

§ **35 Abs. 6** regelt die **Besonderheiten**, die sich durch eine Kündigung eines Vertragslandes für die neu errichtete **Gemeinsame Glücksspielbehörde der Länder** ergeben. Danach bleibt grundsätzlich – solange der Glücksspielstaatsvertrag nicht nach Abs. 8 außer Kraft getreten ist – die Behörde unter Trägerschaft der verbleibenden Vertragsländer bestehen, § 35 Abs. 6 S. 1. Besonderheiten ergeben sich, wenn das Sitzland der Gemeinsamen Glücksspielbehörde kündigt. Gem. § 27a Abs. 1 GlüStV ist Sachsen-Anhalt Sitzland der Behörde. Somit tritt bei einer Kündigung Sachsen-Anhalts an die Stelle der zuständigen obersten Landesbehörde Sachsen-Anhalts die zuständige oberste Landesbehörde des Landes, welches zu dem Zeitpunkt den Vorsitzenden der Ministerpräsidentenkonferenz stellt oder im Falle, dass das Land des Vorsitzenden der Ministerpräsidentenkonferenz nicht Vertragsland ist, die zuständige oberste Landesbehörde des Landes, welches den Vorsitzenden des Verwaltungsrats der Gemeinsamen Glücksspielbehörde der Länder stellt, § 35 Abs. 6 S. 2. Durch die Regelungen des Abs. 6 S. 2–4 wird sichergestellt, dass die Gemeinsame Glücksspielbehörde der Länder weiterhin Bestand hat. 12

Gem. § **35 Abs. 7** sind die Länder im Falle einer Kündigung zur Erstellung einer **Auseinandersetzungsvereinbarung** verpflichtet. 13

§ **35 Abs. 8** knüpft an den Grund für die Möglichkeit einer Folgekündigung an und regelt das **Außerkrafttreten**. Der Vertrag tritt somit außer Kraft, wenn weniger als 13 Vertragsländer verbleiben würden, weil dann eine einheitliche länderübergreifende Regulierung des Glücksspielmarktes nicht mehr gewährleistet ist.[10] Als Folge des Außerkrafttretens wird auch die Gemeinsame Glücksspielbehörde aufgelöst, Abs. 8 S. 2. 14

Gemäß § **35 Abs. 9** wird Abs. 8 bei anderweitiger Auflösung der Gemeinsamen Glücksspielbehörde als durch die mit Außerkrafttreten des GlüStV verbundene Auflösung der Behörde entsprechend angewendet. 15

---

10 Antrag Landesregierung NRW auf Zustimmung zu Staatsvertrag, 2.11.2020, NRW LT-Drs. 17/11683, 223.

2. Medienstaatsvertrag

§ 11 MStV Gewinnspiele

(1) [1]Gewinnspielsendungen und Gewinnspiele sind zulässig. [2]Sie unterliegen dem Gebot der Transparenz und des Teilnehmerschutzes. [3]Sie dürfen nicht irreführen und den Interessen der Teilnehmer nicht schaden. [4]Insbesondere ist im Programm über die Kosten der Teilnahme, die Teilnahmeberechtigung, die Spielgestaltung sowie über die Auflösung der gestellten Aufgabe zu informieren. [5]Die Belange des Jugendschutzes sind zu wahren. [6]Für die Teilnahme darf nur ein Entgelt bis zu 0,50 Euro verlangt werden; § 35 Satz 3 bleibt unberührt.

(2) Der Veranstalter hat der für die Aufsicht zuständigen Stelle auf Verlangen alle Unterlagen vorzulegen und Auskünfte zu erteilen, die zur Überprüfung der ordnungsgemäßen Durchführung der Gewinnspielsendungen und Gewinnspiele erforderlich sind.

(3) Die Absätze 1 und 2 gelten auch für Teleshoppingkanäle.

Literatur: *Gummer,* Gewinnspielaufsicht und Glücksspielrecht aus Sicht der Landesmedienanstalten, ZUM 2011, 105; *Hamacher,* Der Rundfunkbegriff im Wandel des deutschen und europäischen Rechts, 2015; *Hartstein/Ring/Kreile/u. a.*, Heidelberger Kommentar. Medienstaatsvertrag. Jugendmedienschutzstaatsvertrag, Ordner 1, 86. Aktualisierung März 2021; *Hartstein/Ring/Kreile/u. a.*, Rundfunkstaatsvertrag. Kommentar, Ordner 1, Stand: 43. AL Mai 2010; *Leeb/Maisch,* Social-Media-Stars und -Sternchen im rechtsfreien Raum? Aspekte eines »Influencer-Rechts«, ZUM 2019, 29; *Streinz/Liesching/Hambach,* Glücks- und Gewinnspielrecht in den Medien. Kommentar, 2014; *Wimmer,* Spiele ohne Grenzen? – Reformbedarf bei der Aufsicht über TV-Gewinnspiele, MMR 2007, 417.

I. Genese/Gesetzesentwicklungen

1 Die **Regulierung von Rundfunkgewinnspielen** geht auf den 10. Rundfunkänderungsstaatsvertrag vom 19.12.2007[1] zurück (dort § 8a RStV aF), wobei zunächst lediglich die ersten beiden Absätze errichtet worden waren und ein dritter Absatz erst später im Zuge des 12. Rundfunkänderungsstaatsvertrags vom 18.12.2008 ergänzt wurde.[2] Mit der Einführung des früheren § 8a RStV aF haben die damaligen Staatsvertragsparteien auf tatsächliche Entwicklungen in der **Ausbreitung von Gewinnspielen und Gewinnspielsendungen** in diversen Rund-

1 Zur Genese eingehend damals bereits *Hartstein/Ring/Kreile/Dörr/Stettner*, Rundfunkstaatsvertrag, Band 1, Stand: 39. AL 1.1.2009, B 5 RStV § 8a Rn. 1.

2 Vgl. hierzu die prägnanten Ausführungen zur „Normhistorie“ bei Streinz/Liesching/Hambach/*Liesching/Bolay* Glücks- und Gewinnspielrecht in den Medien, 2014, RStV § 8a Rn. 1.

funkangeboten reagiert und einem hieraus entstandenen **Regulierungsbedürfnis** Rechnung getragen.[3]

2 Mit Ausnahme des § 11 Abs. 1 S. 6 Hs. 2 MStV, der anstelle des alten Verweises auf § 13 S. 3 RStV nunmehr auf § 35 S. 3 MStV verweist, ist **§ 11 MStV** mit dem außer Kraft getretenen § 8a RStV **wortlautident.**[4] Somit können auch die alten Ausführungen und Bewertungen in der juristischen Literatur zu § 8a RStV entsprechend herangezogen werden.[5]

II. Einzelkommentierung

3 **1. Zulässigkeit von und allgemeine Anforderungen an „Gewinnspielsendungen und Gewinnspiele" (Abs. 1).** Nach § 11 Abs. 1 S. 1 MStV werden im Staatsvertrag nicht näher definierte[6] **„Gewinnspielsendungen und Gewinnspiele"**[7] zunächst **allgemein für zulässig erklärt.**[8] Definitionen zu beiden Rechtsbegriffen finden sich lediglich in § 2 Abs. 1 Nr. 1 und 2 der Gewinnspielsatzung der Landesmedienanstalten mit Stand vom 6.1.2021.[9] Wegen der systematischen Stellung der Norm im II. Abschnitt 1. Unterabschnitt, der im Medienstaatsvertrag **spezifische Vorgaben für den „Rundfunk"** enthält, beschränkt sich diese allgemeine Zulässigkeit wie auch die nachstehenden Regelungen in § 11 MStV zunächst auf den Rundfunk, der in § 2 Abs. 1 S. 1 und 2 RStV legaldefiniert wird.[10]

---

3 Vgl. ausführlich hierzu *Hartstein/Ring/Kreile/Dörr/Stettner*, Rundfunkstaatsvertrag, Band 1, Stand: 39. AL 1.1.2009, B 5 RStV § 8a Rn. 1; siehe hierzu auch *Gummer* ZUM 2011, 105 (105 f.).

4 Mit Ausnahme des soeben aufgezeigten Unterschieds in der Bezugsnorm der Verweisung ist den Ausführungen bei Hartstein/Ring/Kreile/*Hartstein/Dörr*, Heidelberger Kommentar MStV/JMStV, Ordner 1, Stand: 86. Akt. März 2021, B 5 MStV § 11 S. 1, zuzustimmen, dass es sich hierbei „um eine unveränderte Übernahme von § 8a RStV" handele (ebda.).

5 Vgl. auch den Verweis bei Hartstein/Ring/Kreile/*Hartstein/Dörr*, Heidelberger Kommentar MStV/JMStV, Ordner 1, B 5 MStV § 11 S. 1.

6 Auf die fehlende Legaldefinition weisen Streinz/Liesching/Hambach/*Liesching/Bolay* Glücks- und Gewinnspielrecht in den Medien, RStV § 8a Rn. 5, hin.

7 Zum Bedeutungsgehalt dieser beiden Rechtsbegriffe mit einem etwas komplex geratenen Definitionsansatz Streinz/Liesching/Hambach/*Liesching/Bolay* Glücks- und Gewinnspielrecht in den Medien, 2014, RStV § 8a Rn. 5 f.

8 Zu der technischen Ausgestaltung von sog. „Call-in-Sendungen" bereits *Wimmer* MMR 2007, 417 ff. (417); zum Abgrenzungserfordernis zwischen Gewinn- und Glücksspielen *Hartstein/Ring/Kreile/Dörr/Stettner*, Rundfunkstaatsvertrag, Band 1, Stand: 40. AL Juli 2009, B 5 RStV § 8a Rn. 3, 5; ferner Streinz/Liesching/Hambach/*Liesching/Bolay* Glücks- und Gewinnspielrecht in den Medien, 2014, RStV § 8a Rn. 2, 9 ff.; zu ihrer Zulässigkeit ebda., Rn. 8; zur Abgrenzung von Glücks- und Gewinnspielen jüngst etwa *Leeb/Maisch* ZUM 2019, 29 (39).

9 Vgl. bereits unter Bezugnahme auf § 2 Abs. 2 der Gewinnspielsatzung aF *Hartstein/Ring/Kreile/Dörr/Stettner*, Rundfunkstaatsvertrag, Band 1, Stand: 40. AL Juli 2009, B 5 RStV § 8a Rn. 4.

10 Die Legaldefinition des § 2 Abs. 1 S. 1 und 2 MStV lautet wie folgt: „Rundfunk ist ein linearer Informations- und Kommunikationsdienst; er ist die für die Allgemeinheit und zum zeitgleichen Empfang bestimmte Veranstaltung und Verbreitung von journalistisch-redaktionell gestalteten Angeboten in Bewegtbild oder Ton entlang eines Sendeplans mittels Telekommunikation. Der Begriff schließt Angebote ein, die verschlüsselt verbreitet werden oder gegen besonderes Entgelt empfangbar sind." Ergänzt wird diese Begriffsdefinition durch die Negativdefinition in § 2 Abs. 3 MStV, wonach **kein** Rundfunk bei Angeboten vorliegen soll, „die aus Sendungen

4 § 11 Abs. 1 S. 2 MStV benennt **zwei Gebote,** denen „Gewinnspielsendungen und Gewinnspiele“ unterliegen, namentlich das **„Gebot der Transparenz“**[11] sowie dasjenige des **„Teilnehmerschutzes“**[12]. Ersteres zielt darauf ab, den am Gewinnspiel Teilnehmenden in die Lage zu versetzen, eine **wohl informierte Entscheidung** bzgl. seiner Gewinnspielteilnahme treffen zu können.[13]

5 Ein **Irreführungsverbot** enthält § 11 Abs. 1 S. 3 MStV ebenso wie die Vorgabe, dass „Gewinnspielsendungen und Gewinnspiele“ **„den Interessen der Teilnehmer nicht schaden“** dürfen, wobei insofern insbesondere auch fraglich erscheint, wie sehr Zuschauer durch die inhaltliche Gestaltung der Sendung zu wiederholten Anrufen verleitet werden dürfen.[14]

6 **Spezifische Informationspflichten** sind dem Anordnungsinhalt des § 11 Abs. 1 S. 4 MStV zu entnehmen. Sie beziehen sich „insbesondere“, damit also nicht ausschließlich, auf „die Kosten der Teilnahme, die Teilnahmeberechtigung, die Spielgestaltung“ und schließlich auch auf „die Auflösung der gestellten Aufgabe“. Die Informationspflichten sind „im Programm“ zu erfüllen.

7 Dass auch die **„Belange des Jugendschutzes“** „zu wahren“ sind, folgt – jedenfalls deklaratorisch – aus der entsprechenden Anordnung in § 11 Abs. 1 S. 5 MStV. Dieser Schutz fokussiert im Kern auf einen „Schutz vor Teilnahme“,[15] wobei ein vollständiger Ausschluss von Jugendlichen von Gewinnspielen **nicht** als erforderlich angesehen werden soll.[16] Intentional auf Jugendliche ausgerichtete besondere Teilnahmeanreize, etwa in Gestalt der Art der spielgegenständlichen Gewinne, sind allerdings zu vermeiden.[17] Dabei soll im Wesentlichen auch einer „wirtschaftlichen Ausbeutung des Spieltriebs“[18] bei Kindern und Jugendlichen vorgebeugt werden.[19]

---

bestehen, die jeweils gegen Einzelentgelt freigeschaltet werden“; vgl. hierzu die Anmerkungen bei Hartstein/Ring/Kreile/*Hartstein/Dörr*, Heidelberger Kommentar MStV/JMStV, Ordner 1, 86. Akt. März 2021, B 5 MStV § 2 S. 13 f.; grundlegend zum Rundfunkbegriff im kodifizierten Mehrebenensystem unter Geltung des alten Rundfunkstaatsvertrags *Hamacher*, Der Rundfunkbegriff im Wandel des deutschen und europäischen Rechts, 2015.

11 Zu ihm bereits *Hartstein/Ring/Kreile/Dörr/Stettner*, Rundfunkstaatsvertrag, Band 1, Stand: 40. AL Juli 2009, B 5 RStV § 8a Rn. 6; ferner Streinz/Liesching/Hambach/*Liesching/Bolay* Glücks- und Gewinnspielrecht in den Medien, RStV § 8a Rn. 20.

12 Seine Bedeutung erläutern Streinz/Liesching/Hambach/*Liesching/Bolay* Glücks- und Gewinnspielrecht in den Medien, RStV § 8a Rn. 21.

13 Vgl. zu Einzelheiten der Transparenzanforderungen und zu möglichen wettbewerbsrechtlichen Implikationen *Hartstein/Ring/Kreile/Dörr/Stettner*, Rundfunkstaatsvertrag, Band 1, Stand: 40. AL Juli 2009, B 5 RStV § 8a Rn. 6.

14 Näher hierzu bereits *Hartstein/Ring/Kreile/Dörr/Stettner*, Rundfunkstaatsvertrag, Band 1, Stand: 40. AL Juli 2009, B 5 RStV § 8a Rn. 8 m. einem drastischen Beispiel aus der Rspr.

15 So unter Verweis auf die zugrunde liegenden „rechtssystematischen Erwägungen“ Streinz/Liesching/Hambach/*Liesching/Bolay*, Glücks- und Gewinnspielrecht in den Medien, 2014, RStV § 8a Rn. 23.

16 Vgl. hierzu unter Verweis auf die amtliche Begründung *Hartstein/Ring/Kreile/Dörr/Stettner*, Rundfunkstaatsvertrag, Band 1, Stand: 37. AL Januar 2009, B 5 RStV § 8a Rn. 9.

17 Vgl. hierzu *Hartstein/Ring/Kreile/Dörr/Stettner*, Rundfunkstaatsvertrag, Band 1, Stand: 37. AL Januar 2009, B 5 RStV § 8a Rn. 4.

18 So Streinz/Liesching/Hambach/*Liesching/Bolay* Glücks- und Gewinnspielrecht in den Medien, RStV § 8a Rn. 23 (Hervorhebungen durch Verfasser entfernt).

19 Vgl. hierzu nochmals Streinz/Liesching/Hambach/*Liesching/Bolay* Glücks- und Gewinnspielrecht in den Medien, RStV § 8a Rn. 23.

Schließlich ergibt sich aus § 11 Abs. 1 S. 6 MStV, dass lediglich „**ein Entgelt bis zu 0,50 Euro verlangt werden**“ darf[20] und dass **§ 35 S. 3 „unberührt“** bleibt, der es dem öffentlich-rechtlichen Rundfunk verbietet, „**Einnahmen aus dem Angebot von Telefonmehrwertdiensten“ zu erzielen.**[21] Der Glücksspielbegriff des § 3 Abs. 1 S. 1 GlüStV ist nach der **hM** im Dienste eines „**einheitlichen“ Verständnisses** dieses Rechtsbegriffs im Falle von Gewinnspielen in den Grenzen des § 11 Abs. 1 S. 6 MStV (0,50 EUR) **nicht** erfüllt.[22] Hierzu passt der in § 2 Abs. 11 GlüStV aufgenommene **Anwendungsausschluss des GlüStV** für solche Gewinnspiele unter Verweis auf die **ausschließliche Geltung des § 11 MStV** für diese Spielformen.[23] Unabhängig hiervon wird im Hinblick auf solche Gewinnspiele in der juristischen Literatur – begrifflich unscharf – teilweise der Begriff „Bagatell-Glücksspiel“[24] verwendet. 8

2. Pflicht zur Vorlage von Unterlagen und zur Erteilung von Auskünften (Abs. 2). § 11 Abs. 2 MStV verpflichtet den „Veranstalter“ einer Gewinnspielsendung oder eines Gewinnspiels dazu, „der für die Aufsicht zuständigen Stelle“[25] „alle **Unterlagen vorzulegen und Auskünfte zu erteilen**, die zur **Überprüfung der ordnungsgemäßen Durchführung**“ entsprechender Angebote „**erforderlich**“ sind. Die Vorlage der betreffenden Unterlagen braucht dabei durch den Veranstalter **nicht** eigeninitiativ zu erfolgen, sondern ist vielmehr an das **ausdrückliche „Verlangen“** der zuständigen Behörde geknüpft. 9

3. Entsprechende Anwendung auf Teleshoppingkanäle (Abs. 3). Auf der Grundlage der aus § 11 Abs. 3 MStV folgenden Anordnung gelten die auf den Rundfunk abzielenden Vorgaben aus § 11 Abs. 1 und 2 MStV ausdrücklich auch für sog. „**Teleshoppingkanäle**“.[26] 10

4. Satzungs- und Richtlinienkompetenz der Landesmedienanstalten. Zu Zwecken der „**Durchführung“** des **§ 11 MStV** ordnet § 72 MStV ergänzend an, dass es den **Landesmedienanstalten** obliegt, insoweit entsprechende „**Satzungen oder** 11

---

20 Zur rechtlichen Verbindlichkeit dieser „Entgeltgrenze“ mit Darstellung des maßgeblichen Streitstandes in der Rechtsprechung und der juristischen Literatur Streinz/Liesching/Hambach/*Liesching/Bolay* Glücks- und Gewinnspielrecht in den Medien, RStV § 8a Rn. 25 ff.

21 Bereits im Hinblick auf die Vorgängerfassung haben Streinz/Liesching/Hambach/*Liesching/Bolay* Glücks- und Gewinnspielrecht in den Medien, RStV § 8a Rn. 35, zu Recht darauf hingewiesen, dass der Bedeutungsgehalt der Norm „rein deklaratorisch“ ist.

22 Vgl. hierzu treffend Streinz/Liesching/Hambach/*Liesching/Bolay* Glücks- und Gewinnspielrecht in den Medien, RStV § 8a Rn. 10 m. umfangreichen Nachweisen in der Rechtsprechung.

23 Vgl. hierzu bereits unter Bezugnahme auf § 2 Abs. 6 GlüStV aF und den dortigen Verweis auf § 8a RStV aF Streinz/Liesching/Hambach/*Liesching/Bolay* Glücks- und Gewinnspielrecht in den Medien, RStV § 8a Rn. 16 f.

24 So *Hartstein/Ring/Kreile/Dörr/Stettner*, Rundfunkstaatsvertrag, Band 1, Stand: 40. AL Juli 2009, B 5 RStV § 8a Rn. 5.

25 Näher zur Bestimmung der „zuständigen Stelle“ im Einzelnen *Hartstein/Ring/Kreile/Dörr/Stettner*, Rundfunkstaatsvertrag, Band 1, Stand: 37. AL Januar 2009, B 5 RStV § 8a Rn. 12 f.

26 Der Begriff des „Teleshoppings“ wird in § 2 Abs. 2 Nr. 11 MStV definiert als „die Sendung direkter Angebote an die Öffentlichkeit für den Absatz von Waren oder die Erbringung von Dienstleistungen, einschließlich unbeweglicher Sachen, Rechte und Verpflichtungen, gegen Entgelt in Form von Teleshoppingkanälen, -fenstern und -spots“; siehe hierzu auch die näheren Darlegungen bei Streinz/Liesching/Hambach/*Liesching/Bolay* Glücks- und Gwinnspielrecht in den Medien, RStV § 8a Rn. 38; zur Abgrenzung einer Qualifizierung von Gewinnspielen als „Werbung“ oder als „Teleshopping“ *Hartstein/Ring/Kreile/Dörr/Stettner*, Rundfunkstaatsvertrag, Band 1, Stand: 37. AL Januar 2009, B 5 RStV § 8a Rn. 15.

Richtlinien" zu erlassen. Nach Maßgabe des § 72 S. 1 Hs. 2 MStV sind „in der Satzung oder Richtlinie zu § 11" „insbesondere die Ahndung von Verstößen und die Bedingungen zur Teilnahme Minderjähriger näher zu bestimmen". Nach § 72 S. 2 MStV ist zu diesem Zwecke seitens der Landesmedienanstalten „das Benehmen" und ein gemeinsamer Erfahrungsaustausch „mit den in der ARD zusammengeschlossenen Landesrundfunkanstalten und dem ZDF" herbeizuführen.

§ 22 MStV Werbung, Sponsoring, Gewinnspiele

(1) [1]Werbung muss als solche klar erkennbar und vom übrigen Inhalt der Angebote eindeutig getrennt sein. [2]In der Werbung dürfen keine unterschwelligen Techniken eingesetzt werden. [3]Bei Werbung politischer, weltanschaulicher oder religiöser Art muss auf den Werbetreibenden oder Auftraggeber in angemessener Weise deutlich hingewiesen werden; § 10 Abs. 1 Satz 2 gilt entsprechend.

(2) Für Sponsoring bei Fernsehtext gilt § 10 entsprechend.

(3) Für Gewinnspiele in Telemedien nach § 19 Abs. 1 gilt § 11 entsprechend.

Literatur: *Fiedler,* Zunehmende Einschränkungen der Pressefreiheit. Verbraucherschutz, Persönlichkeitsrecht, Datenschutz und Sicherheitsrecht, Rundfunkregulierung und unzulängliches Urheberrecht gefährden die Freiheit der Presse, ZUM 2010, 18; *Gerecke/Stark,* Ein neues Medienrecht für Deutschland, GRUR 2021, 816; *Gerhardt,* Presseähnliche Angebote nach dem 12. Rundfunkänderungsstaatsvertrag, AfP 2010, 16; *Hamacher,* Der Rundfunkbegriff im Wandel des deutschen und europäischen Rechts, 2015; *Heins/Lefeldt,* Medienstaatsvertrag: Journalistische Sorgfaltspflichten für Influencer*innen. Macht im Netz IV: Zwischen Selbstregulierung und Aufsicht – Die Regelungen des RStV und MStV, MMR 2021, 126; *Holznagel,* Konvergenz der Medien – Herausforderungen an das Recht, NJW 2002, 2351; *Wessels/Liebhaber,* Der Rundfunkbegriff im Zeitalter der Medienkonvergenz, K&R 2017, 544.

I. Genese/Gesetzesentwicklungen

1 **§ 22 Abs. 3 MStV** normiert eine spezifische Vorgabe für **„Gewinnspiele in Telemedien"** und setzt im Wesentlichen die Regelung aus § 58 Abs. 4 RStV aF fort, enthält jedoch eine **inhaltliche Präzisierung.**[1] Nunmehr werden die **rundfunkspezifischen Gewinnspielregelungen** nicht mehr unter Bezugnahme auf „Gewinnspiele für vergleichbare Telemedien" für „entsprechend" anwendbar erklärt, sondern vielmehr für „Gewinnspiele in Telemedien nach § 19 Abs. 1 [MStV]". Änderungen inhaltlicher Art sind insoweit im Übrigen **nicht** festzustellen.[2]

II. Erläuterungen

2 Von **glücksspielrechtlicher Relevanz** ist im Rahmen des § 22 MStV einzig dessen **Abs. 3.** Nach dieser Vorschrift **gilt** für **„Gewinnspiele in Telemedien** nach § 19 Abs. 1" **§ 11 MStV „entsprechend"** (vgl. im Einzelnen die Kommentierung zu § 11 MStV).

1 Vgl. hierzu die amtliche Begründung, Bay. LT-Drs. 18/7640, 91.
2 Vgl. die amtliche Begründung, Bay. LT-Drs. 18/7640, 91.

Bei „**Telemedien**[3] **nach § 19 Abs. 1**" handelt es sich zunächst nach dem dortigen S. 1 um „Telemedien mit **journalistisch-redaktionell gestalteten Angeboten**, in denen insbesondere vollständig oder teilweise **Inhalte periodischer Druckerzeugnisse in Text oder Bild** wiedergegeben werden". Diese nunmehr **gesonderte Telemedienart** wurde im Zuge der Digitalisierung der Medienlandschaft häufig auch schlicht als „Online-Presse"[4] bezeichnet. 3

Allerdings erschöpft sich § 19 Abs. 1 MStV hierin nicht, sondern erfasst nach dessen S. 2 vielmehr auch „**andere geschäftsmäßig angebotene, journalistisch-redaktionell gestaltete Telemedien**, in denen **regelmäßig Nachrichten oder politische Informationen** enthalten sind und die nicht unter S. 1 fallen". 4

Dass in inhaltlicher Hinsicht **keine Abmilderung oder Modifizierung des Geltungsanspruchs** des § 11 MStV im Hinblick auf Telemedien gilt, erweist sich als **sachgerecht** und führt – auch unter Würdigung der zunehmenden **Medienkonvergenz**[5] – insoweit zu einem **konsistenten Regulierungsrahmen** an der **Schnittstelle zwischen Medien- und Glücksspielrecht**. 5

§ 74 MStV Werbung, Gewinnspiele

[1]Für rundfunkähnliche Telemedien gelten die §§ 8, 10, 11 und 72 entsprechend. [2]Für Angebote nach § 2 Abs. 3 und sonstige linear verbreitete fernsehähnliche Telemedien gelten die §§ 3 bis 16 und § 72 entsprechend.

Literatur: *Hamacher,* Der Rundfunkbegriff im Wandel des deutschen und europäischen Rechts, 2015; *Holznagel,* Grünbuch Konvergenz der Medien 2013. Verpasste Chance oder gangbarer Weg aus dem Globalisierungsdilemma?, MMR 2014, 18; *Michel,* Senden als konstitutiver Bestandteil des Rundfunkbegriffs? – Der Rundfunkbegriff im Lichte neuerer europarechtlicher Entwicklungen, ZUM 2009, 453; *Schladebach/Simantiras,* Grundstrukturen des unionalen Rundfunkrechts, EuR 2011, 784; *Schönke/Schröder,* Strafgesetzbuch. Kommentar, 30. Aufl., 2019.

I. Genese/Gesetzesentwicklungen

Neben § 22 MStV ist auch § 74 MStV aus dem ehemaligen § 58 MStV hervorgegangen. Während § 22 MStV Telemedien im Allgemeinen in den Blick nimmt, fokussiert **§ 74 MStV eine besondere Gruppe spezifischer Telemedien** und ordnet auch insofern die **entsprechende Geltung bestimmter** für den Rundfunk geschaffener **Regulierungsvorgaben** für diese Telemedien an. Der Verweis erfasst insofern auch die **Gewinnspielregelungen in § 11 MStV**. 1

3 Der Begriff der Telemedien wird durch § 2 Abs. 1 S. 3 MStV wie folgt definiert: „Telemedien sind alle elektronischen Informations- und Kommunikationsdienste, soweit sie nicht Telekommunikationsdienste nach § 3 Nr. 24 des Telekommunikationsgesetzes sind, die ganz in der Übertragung von Signalen über Telekommunikationsnetze bestehen, oder telekommunikationsgestützte Dienste nach § 3 Nr. 25 des Telekommunikationsgesetzes oder Rundfunk nach S. 1 und 2 sind."

4 Zu diesem Begriff stv. für viele *Fiedler* ZUM 2010, 18 (18); *Gerhardt* AfP 2010, 16 (16); hierzu jüngst etwa *Heins/Lefeldt* MMR 2021, 126 (129); zu den Herausforderungen einer verfassungsrechtlichen Einordnung der „Online-Presse" *Hamacher* Der Rundfunkbegriff im Wandel des deutschen und europäischen Rechts S. 271 ff.; unter Verweis auf die Erfassung der „Online-Presse" durch die „(Medien-)Plattformregulierung" *Gerecke/Stark* GRUR 2021, 816 (816).

5 Grundlegend zur „Konvergenz der Medien" *Holznagel* NJW 2002, 2351 ff.; *E.-M. Michel* MMR 2005, 284 ff.; *Wessels/Liebhaber* K&R 2017, 544 ff.; zu ihrer Bedeutung im Bereich der sog. „neuen Medien" *Hamacher* Der Rundfunkbegriff im Wandel des deutschen und europäischen Rechts S. 256 f.

II. Erläuterungen

2 Bei § 74 MStV handelt es sich um eine **Spezialvorschrift**, die Regelungen für sog. **„rundfunkähnliche Telemedien"**, **Pay-per-view-Angebote** (Telemedien nach § 2 Abs. 3 MStV) und **„sonstige linear verbreitete fernsehähnliche Telemedien"** enthält. Für alle drei ausdrücklich benannten Arten von Telemedien wird die entsprechende Geltung ua von § 11 MStV angeordnet, der spezifische Vorgaben für Gewinnspiele im Rundfunk enthält (siehe die Einzelkommentierung zu § 11 MStV).

3 Der **Begriff des rundfunkähnlichen Telemediums** hat eine **Legaldefinition** in § 2 Abs. 2 Nr. 13 MStV erhalten. Hiernach handelt es sich insofern um „ein Telemedium mit Inhalten, die nach Form und Gestaltung hörfunk- oder fernsehähnlich sind und die aus einem von einem Anbieter festgelegten Katalog zum individuellen Abruf zu einem vom Nutzer gewählten Zeitpunkt bereitgestellt werden (**Audio- und audiovisuelle Mediendienste auf Abruf**); Inhalte sind insbesondere Hörspiele, Spielfilme, Serien, Reportagen, Dokumentationen, Unterhaltungs-, Informations- und Kindersendungen". Hierbei handelt es sich also um **Video-on-Demand-Angebote (VoD)**.[1]

4 Von den in der zweiten Variante einbezogenen, vom Rundfunkbegriff gem. § 2 Abs. 3 MStV exkludierten linearen[2] **„Pay-per-view"-Angeboten** können neben klassischerweise fortlaufenden Fernsehprogrammen insbesondere auch **Near-Video-on-Demand-Angebote (NVoD)** erfasst sein, deren Kennzeichen wiederkehrende Sende- bzw. Programmschleifen sind,[3] wobei „der Startzeitpunkt vom Anbieter bestimmt wird".[4]

5 Vom **Rechtsbegriff der „sonstigen linear verbreiteten fernsehähnlichen Telemedien"** nach § 74 Var. 3 MStV soll ergänzend ua auch § 11 MStV für solche **(fernsehähnlichen) Telemedien** gelten, „die entweder aufgrund gesetzlicher Regelungen (§ 2 Abs. 3) oder aufgrund anderer Umstände (bspw. das Fehlen eines Sendeplans) den Rundfunkbegriff nicht erfüllen, allein aufgrund ihrer Linearität aber auch nicht unter die Definition nach § 2 Abs. 2 Nr. 13 gefasst werden können".[5]

6 Die **Ratio des Staatsvertrags** zielt in diesem Rahmen darauf ab, dass für Rundfunk, Telemedien und auch für die von § 74 MStV erfassten „besonderen Telemedien" „im Wesentlichen gleiche Wettbewerbsbedingungen" geschaffen werden.[6] Dieser Anspruch wird zusätzlich durch den Verweis auf § 72 MStV verstärkt, woraus sich ergibt, „dass die Satzungen und Richtlinien der Landesmedienanstalten zur Durchführung" ua des § 11 MStV „auch für den Bereich der besonderen Telemedien im Sinne des § 74 gelten".[7]

1 Ausführlich hierzu *Hamacher* Der Rundfunkbegriff im Wandel des deutschen und europäischen Rechts S. 305 ff. m. zahlreichen weit. Nachw.
2 Vgl. zum Merkmal der Linearität VG Berlin 19.10.2018 – VG 27 L 364.18, ZUM-RD 2020, 106 (109); zum Merkmal der „Linearität" auch *Michel* ZUM 2009, 453 (457); siehe auch die näheren Erläuterungen bei *Schladebach/Simantiras* EuR 2011, 784 (805); Zweifel an der Eignung des Merkmals der „Linearität" zur Bewertung der Regulierungsbedürftigkeit meldete 2014 bereits *Holznagel* MMR 2014, 18(21), an.
3 Zu ihrer bisherigen Einordnung in der Genese der Regulierung der sog. „neuen Medien" EuGH 2.6.2005 – Rs. 89/04, ECLI:EU:C:2005:348, MMR 2005, 517 ff. – Mediakabel BV./.Commissariaat voor de Media; ausführlich hierzu *Hamacher* Der Rundfunkbegriff im Wandel des deutschen und europäischen Rechts S. 310 ff.
4 So treffend Schönke/Schröder/*Eisele* StGB, 30. Aufl. 2019, § 184d Rn. 6.
5 So die amtliche Begründung in Bay LT-Drs. 18/7640, 100.
6 So und hierzu die amtliche Begründung in Bay. LT-Drs. 18/7640, 100.
7 So die amtliche Begründung in Bay. LT-Drs. 18/7640, 100.

III. Länderspezifische Umsetzungsgesetzgebung am Beispiel des Bundeslandes Nordrhein-Westfalen

1. Ausführungsgesetz zum GlüStV 2021

Teil 1 Umsetzung der Ziele des Glücksspielstaatsvertrags 2021

§ 1 AG GlüStV NRW Ziele, Glücksspiel als öffentliche Aufgabe

(1) Ziele des Gesetzes sind gleichrangig

1. das Entstehen von Glücksspielsucht und Wettsucht zu verhindern und die Voraussetzungen für eine wirksame Spielsuchtbekämpfung zu schaffen,
2. durch ein begrenztes, eine geeignete Alternative zum nicht erlaubten Glücksspiel darstellendes Glücksspielangebot den natürlichen Spieltrieb der Bevölkerung in geordnete und überwachte Bahnen zu lenken sowie der Entwicklung und Ausbreitung von unerlaubten Glücksspielen in Schwarzmärkten entgegenzuwirken,
3. den Jugend- und den Spielerschutz zu gewährleisten,
4. sicherzustellen, dass Glücksspiele ordnungsgemäß durchgeführt, die Spieler vor betrügerischen Machenschaften geschützt und die mit Glücksspielen verbundene Folge- und Begleitkriminalität einschließlich der Geldwäsche abgewehrt werden,
5. den Gefahren für die Integrität des sportlichen Wettbewerbs bei der Veranstaltung und dem Vertrieb von Sportwetten vorzubeugen sowie
6. einen sicheren und transparenten Spielbetrieb zu gewährleisten.

(2) Zur Erreichung der in Absatz 1 genannten Ziele nimmt das Land Nordrhein-Westfalen die Sicherstellung eines ausreichenden Glücksspielangebots, die Sicherstellung der wissenschaftlichen Forschung zur Vermeidung und Abwehr von Suchtgefahren durch Glücksspiele, die Suchtprävention und -hilfe sowie die Glücksspielaufsicht als öffentliche Aufgaben wahr.

§ 2 AG GlüStV NRW Organisation des staatlichen Glücksspielangebots

(1) Das Land Nordrhein-Westfalen ist zur Sicherstellung eines ausreichenden Glücksspielangebots befugt, innerhalb seines Staatsgebietes Lotterien und Sportwetten gemäß § 10 Absatz 1 des Glücksspielstaatsvertrags 2021 vom 29. Oktober 2020 (GV. NRW. 2021 S. 459) zu veranstalten und durchzuführen.

(2) [1]Die Glücksspielaufsicht überwacht die Erfüllung der nach dem Glücksspielstaatsvertrag 2021 oder auf Grund dieses Gesetzes begründeten öffentlich-rechtlichen Verpflichtungen. [2]Sie unterstützt die nach den § 9a Absatz 1 bis 3, § 19 Absatz 2, §§ 27f und 27p des Glücksspielstaatsvertrags 2021 zuständigen Glücksspielaufsichtsbehörden bei der Erfüllung ihrer Aufgaben. [3]Die für die Glücksspielaufsicht zuständigen Behörden sind verpflichtet, erlangte Kenntnisse über unerlaubtes Glücksspiel den Finanzbehörden mitzuteilen, soweit die Kenntnisse der Durchführung eines Verfahrens in Steuersachen dienen.

§ 3 AG GlüStV NRW Veranstaltung, Durchführung und Vermittlung

(1) [1]Das Land erfüllt die ordnungsrechtliche Aufgabe nach § 10 Absatz 1 Satz 1 des Glücksspielstaatsvertrags 2021, ein ausreichendes Glücksspielangebot sicherzustellen, durch einen Rechtsträger im Sinne des § 10 Absatz 2 des Glücksspielstaatsvertrags 2021, dessen Aufgabenumfang sich aus der ihm nach § 4 erteilten Erlaubnis ergibt. [2]Anderweitige Betätigungen und die Gründung von Tochterunternehmen bedürfen der Erlaubnis, die nur erteilt werden darf, wenn sichergestellt ist, dass hierdurch die Aufgabenerfüllung nach Satz 1 nicht beeinträchtigt wird.

(2) In Bezug auf Klassenlotterien und ähnliche Spielangebote wird die ordnungsrechtliche Aufgabe nach Absatz 1 durch die Anstalt „GKL Gemeinsame Klassenlotterie der Länder" auf der Grundlage des Staatsvertrages über die Gründung der GKL Gemeinsame Klassenlotterie der Länder vom 15. Dezember 2011 und vom 19. Januar 2012 (GV. NRW. 2012 S. 223) erfüllt.

(3) Annahmestellen gemäß § 5, Lotterieeinnehmer gemäß § 6 Absatz 2, gewerbliche Spielvermittler gemäß § 7 und Wettvermittlungsstellen gemäß § 13 bedürfen nach § 4 des Glücksspielstaatsvertrags 2021 für die Vermittlung von Glücksspielen der Erlaubnis der zuständigen Behörde.

§ 4 AG GlüStV NRW Erlaubnis

(1) [1]Die Erlaubnis zum Veranstalten, Durchführen und Vermitteln von Glücksspielen setzt voraus, dass

1. die Ziele des § 1 nicht entgegenstehen,
2. die Einhaltung
   a) der Jugendschutzanforderungen nach § 4 Absatz 3 des Glücksspielstaatsvertrags 2021,
   b) der Werbebeschränkungen nach § 5 des Glücksspielstaatsvertrags 2021,
   c) der Anforderungen an die Aufklärung nach § 7 des Glücksspielstaatsvertrags 2021 und
   d) die Teilnahme am Sperrsystem für die Verpflichteten nach den §§ 8 bis 8c und 23 des Glücksspielstaatsvertrags 2021

   sichergestellt ist,
3. die Anforderungen des § 6 des Glücksspielstaatsvertrags 2021 erfüllt sind,
4. Veranstalter und Vermittler zuverlässig sind, insbesondere die Gewähr dafür bieten, dass die Veranstaltung und die Vermittlung ordnungsgemäß und für die Spielteilnehmer nachvollziehbar durchgeführt werden,
5. bei der Einführung neuer Glücksspielangebote und bei der Einführung neuer oder der erheblichen Erweiterung bestehender Vertriebswege der Veranstalterinnen oder der Veranstalter nach § 3 Absatz 1 die Anforderungen des § 9 Absatz 5 des Glücksspielstaatsvertrags 2021 erfüllt sind,[1]

[2]Die Nachweise sind von der den Antrag stellenden Person durch Vorlage geeigneter Konzepte, Darstellungen und Bescheinigungen zu führen. [3]Die Erlaubnisbehörde ist ohne derartige Unterlagen nicht zu eigenen Ermittlungen verpflichtet. [4]Konzepte und Darstellungen sind, soweit erforderlich, vor Antragstellung zu entwickeln und zusammen mit eingeholten Bescheinigungen mit dem Antrag

1 Zeichensetzung amtlich.

vorzulegen. [5]Sind die Voraussetzungen des Satzes 1 erfüllt, soll die Erlaubnis erteilt werden.

(2) [1]Die Erlaubnis ist widerruflich und befristet zu erteilen. [2]Sie kann, auch nachträglich, mit Inhalts- und Nebenbestimmungen verbunden werden. [3]Daneben sind in der Erlaubnis

1. der Veranstalter und der Vermittler einschließlich eingeschalteter dritter Personen,
2. das veranstaltete oder vermittelte Glücksspiel,
3. die Form des Vertriebs oder der Vermittlung,
4. Art, Ort oder Gebiet sowie Beginn und Dauer der Veranstaltung und Vermittlung,
5. bei Lotterieveranstaltungen der Spielplan,
6. bei Vermittlungen der Veranstalter und
7. Inhalts- und Nebenbestimmungen für die erlaubte Werbung

festzulegen.

(3) [1]Die Erlaubnis umfasst auch die Teilnahmebedingungen. [2]In diesen sind insbesondere Bestimmungen zu treffen über die

1. Voraussetzungen, unter denen ein Spiel- oder Wettvertrag zustande kommt,
2. Gewinnpläne und Ausschüttungsquoten,
3. Frist, innerhalb der ein Gewinnanspruch geltend gemacht werden kann und
4. Bekanntmachung der Gewinnzahlen und der Ergebnisse der Sportwetten sowie die Auszahlung der Gewinne.

(4) Die Erlaubnis darf nicht für das Vermitteln von Glücksspielen erteilt werden, die nach dem Glücksspielstaatsvertrag 2021 nicht erlaubt sind.

(5) Die Erlaubnis für Spielhallen richtet sich nach § 16.

§ 5 AG GlüStV NRW Annahmestellen

(1) [1]Der Betrieb einer Annahmestelle bedarf der behördlichen Erlaubnis. [2]In ihr werden stationär Lotterieprodukte der staatlichen Veranstalterin oder des staatlichen Veranstalters nach § 3 Absatz 1 vermittelt. [3]Der Antrag kann nur von der Veranstalterin oder dem Veranstalter gestellt werden und setzt einen privatrechtlichen Vertrag zwischen der Annahmestellenbetreiberin oder dem Annahmestellenbetreiber und der Veranstalterin oder dem Veranstalter voraus. [4]§ 13b bleibt unberührt.

(2) In einer Annahmestelle dürfen auch Lotterien mit geringerem Gefährdungspotential (§§ 12 ff. des Glücksspielstaatsvertrags 2021) vertrieben werden, sofern die jeweilige Erlaubnis dies zulässt.

(3) [1]Die Erlaubnis für den Betrieb einer Annahmestelle darf nur erteilt werden, wenn die Räumlichkeiten nach ihrer Lage, Beschaffenheit, Ausstattung und Einteilung den Zielen des Glücksspielstaatsvertrags 2021 gemäß § 1 nicht entgegenstehen. [2]In Spielbanken, Wettvermittlungsstellen, Spielhallen und allen dazu gehörenden Flächen oder in ähnlichen Unternehmen, die ausschließlich oder überwiegend der Aufstellung von Spielgeräten oder der Veranstaltung von anderen Spielen im Sinne des § 33c Absatz 1 Satz 1 oder des § 33d Absatz 1 Satz 1 der Gewerbeordnung in der Fassung der Bekanntmachung vom 22. Februar 1999 (BGBl. I S. 202), die zuletzt durch Artikel 5 Absatz 4 des Gesetzes vom 9. März 2021 (BGBl. I S. 327) geändert worden ist, dienen, sowie in Gaststätten darf eine Annahmestelle nicht betrieben werden. [3]Gleiches gilt für andere Räumlich-

keiten, in denen Geld- oder Warenspielgeräte mit Gewinnmöglichkeit bereitgehalten werden. [4]In einer Annahmestelle dürfen keine Geld- oder Warenspielgeräte mit Gewinnmöglichkeit und keine Wettterminals betrieben werden.

(4) [1]Zahl und Einzugsgebiet der Annahmestellen sind an den Zielen des § 1 auszurichten. [2]Es dürfen nicht mehr Annahmestellen unterhalten werden, als zur Sicherstellung eines ausreichenden Glücksspielangebotes im Sinne von § 10 Absatz 1 des Glücksspielstaatsvertrags 2021 erforderlich sind.

(5) [1]Annahmestellen sollen zueinander einen Mindestabstand von 200 Metern nicht unterschreiten. [2]Im Falle einer Unterschreitung ist für die Erteilung einer Erlaubnis der Nachweis der Erforderlichkeit anhand der prognostizierten Kundenströme und der übrigen Versorgung des Einzugsgebietes mit öffentlichem Glücksspiel zu erbringen. [3]Im Fall von Unterschreitungen des Mindestabstands zu öffentlichen Schulen und Einrichtungen der Kinder- und Jugendhilfe von 200 Metern sind zusätzlich Vorkehrungen zur Vermeidung von Anreizwirkungen auf Kinder- und Jugendliche zu treffen.

(6) [1]Maßgeblich für die Berechnung des Mindestabstands ist die Luftlinie zwischen dem Eingang der Annahmestelle und dem Eingang der anderen Annahmestelle oder Einrichtung. [2]Abweichend davon ist bei Schulen und Einrichtungen der Kinder- und Jugendhilfe die Grenze des Grundstücks maßgeblich. [3]Sind mehrere Eingänge vorhanden, ist jener Eingang maßgeblich, bei dessen Berücksichtigung sich die geringste Entfernung ergibt. [4]Außer Betracht bleiben solche Eingänge, die bestimmungsgemäß nicht durch die Kundinnen und Kunden der Annahmestelle beziehungsweise die Benutzerinnen und Benutzer der anderen Einrichtung zu nutzen sind. [5]Mindestabstände zu öffentlichen Schulen und Einrichtungen der Kinder- und Jugendhilfe hindern nicht die Neuansiedlung solcher Einrichtungen. [6]Im Fall der Neuansiedlung von öffentlichen Schulen und Einrichtungen der Kinder- und Jugendhilfe innerhalb des Mindestabstands genießen erlaubte Annahmestellen Bestandsschutz für die Dauer der Wirksamkeit der zum Zeitpunkt der Neuansiedlung wirksamen Erlaubnis.

§ 6 AG GlüStV NRW Klassenlotterien und Lotterieeinnehmer

(1) Über Anträge der GKL Gemeinsamen Klassenlotterie der Länder auf Veranstaltung der Lotterien und Anträge ihrer Lotterieeinnehmer in Nordrhein-Westfalen entscheidet die nach § 9a Absatz 1 Nummer 1 des Glücksspielstaatsvertrags 2021 zuständige Behörde.

(2) Für Verkaufsstellen der GKL Gemeinsamen Klassenlotterie der Länder, die zugleich Annahmestellen sind, kann der Antrag im Sinn des § 29 Absatz 2 Satz 2 des Glücksspielstaatsvertrags 2021 im Auftrag der GKL Gemeinsamen Klassenlotterie der Länder auch von dem Veranstalter von Glücksspielen in Nordrhein-Westfalen (§ 3 Absatz 1) gestellt werden.

§ 7 AG GlüStV NRW Gewerbliche Spielvermittlung

(1) [1]Wer sich im Land Nordrhein-Westfalen als gewerblicher Spielvermittler betätigen will, bedarf unbeschadet sonstiger Anzeigepflichten einer Erlaubnis nach § 4. [2]§ 19 des Glücksspielstaatsvertrags 2021 bleibt unberührt.

(2) Darüber hinaus findet § 5 Absätze 2 und 3 entsprechende Anwendung.

(3) Es kann auch das Vermitteln solcher öffentlicher Glücksspiele erlaubt werden, die von Veranstaltern anderer Länder im Sinne des § 10 Absatz 2 Glücksspielstaatsvertrag[1] veranstaltet werden und die in der Rechtsverordnung nach § 22 Absatz 2 festgelegt sind.

Teil 2 Suchtprävention und Suchtforschung, Zweckabgaben

§ 8 AG GlüStV NRW Suchtprävention und Suchthilfe

Das Land beteiligt sich an der Finanzierung von Beratungsstellen und Projekten zur Vermeidung und Bekämpfung der Glücksspielsucht und zur fachlichen Beratung und Unterstützung der Glücksspielaufsicht.

§ 9 AG GlüStV NRW Förderung der Glücksspielforschung

(1) [1]Das Land finanziert Projekte zur Erforschung der Glücksspielsucht und der Auswirkungen der zum 1. Juli 2021 eingetretenen Rechtsänderungen. [2]Zur Erfüllung dieser Aufgabe kann das Land mit anderen Ländern gemeinsame Projekte fördern.

(2) Der in § 3 Absatz 1 genannte Veranstalter von Glücksspielen in Nordrhein-Westfalen, die GKL Gemeinsame Klassenlotterie der Länder nach § 3 Absatz 2 sowie die Sportwettvermittlerinnen und Sportwettvermittler nach § 13 sind verpflichtet, Daten im Sinne des § 23 des Glücksspielstaatsvertrags 2021 vorzuhalten und auf Verlangen der Glücksspielaufsichtsbehörde in anonymisierter Form für Zwecke der Glücksspielforschung zur Verfügung zu stellen.

§ 10 AG GlüStV NRW Zweckabgaben

(1) [1]Zweckabgaben aus den staatlich veranstalteten Glücksspielen sind zur Erfüllung sozialer, kultureller und sonstiger gemeinnütziger Aufgaben an das Land abzuführen. [2]Die Zweckabgaben dienen insbesondere auch der Finanzierung der Aufgaben nach §§ 8 und 9.

(2) Zweckabgaben aus Sportwetten, die staatlich veranstaltet werden, sind ausschließlich für sportliche und kulturelle Zwecke, für Zwecke des Umweltschutzes und der Entwicklungszusammenarbeit, für Zwecke der Jugendhilfe und für Zwecke der Wohlfahrtspflege nach § 29 Absatz 2 des Spielbankgesetzes NRW vom 29. Mai 2020 (GV. NRW. S. 363) in der jeweils geltenden Fassung sowie für Hilfeeinrichtungen für Glücksspielsüchtige zu verwenden.

Teil 3 Jugendschutz

§ 11 AG GlüStV NRW Jugendschutz

[1]Das Veranstalten und das Vermitteln von öffentlichen Glücksspielen dürfen den Erfordernissen des Jugendschutzes nicht zuwiderlaufen. [2]Die Teilnahme von Minderjährigen ist, soweit nicht eine Ausnahme nach § 4 Absatz 3 Satz 4 des Glücksspielstaatsvertrags 2021 gegeben ist, unzulässig. [3]Die Veranstalter und die

1 Richtig wohl: „§ 10 Absatz 2 des Glücksspielstaatsvertrags 2021“.

Vermittler haben sicher zu stellen, dass Minderjährige von der Teilnahme ausgeschlossen sind. [4]Testkäufe oder Testspiele mit minderjährigen Personen dürfen nur durch die Glücksspielaufsichtsbehörden in Erfüllung ihrer Aufsichtsaufgaben selbst oder durch einen von ihnen beauftragten Dritten durchgeführt werden.

§ 12 AG GlüStV NRW *[aufgehoben]*

Teil 4 Sportwetten

§ 13 AG GlüStV NRW Erlaubnis von Wettvermittlungsstellen

(1) [1]Die Vermittlung von Sportwetten im Sinne von § 3 Absatz 1 Satz 4 des Glücksspielstaatsvertrags 2021 in einer stationären Vertriebsstelle im Sinne des § 3 Absatz 6 des Glücksspielstaatsvertrags 2021 (Betreiben einer Wettvermittlungsstelle) bedarf der Erlaubnis nach § 4 Absatz 1 des Glücksspielstaatsvertrags 2021 sowie nach § 4 und der weiteren Vorschriften dieses Gesetzes. [2]§ 21a des Glücksspielstaatsvertrags 2021 bleibt unberührt. [3]Unerheblich für die Einordnung als Wettvermittlungsstelle ist, ob die Räumlichkeiten Sitz- oder Stehgelegenheiten anbieten, die zum längeren Verweilen einladen, und ob Monitore oder Fernsehgeräte angebracht sind.

(2) [1]Die Erlaubnis zum Betreiben einer Wettvermittlungsstelle durch eine Vermittlerin oder einen Vermittler wird der Inhaberin oder dem Inhaber der Veranstaltererlaubnis für Sportwetten und der Vermittlerin oder dem Vermittler erteilt. [2]Den Erlaubnisantrag kann nur die Veranstalterin oder der Veranstalter stellen. [3]Die Veranstalterin oder der Veranstalter trägt die Gewähr dafür, dass die Vermittlerin oder der Vermittler die im Antragsverfahren zu berücksichtigenden gesetzlichen Anforderungen für das Betreiben einer Wettvermittlungsstelle erfüllt. [4]Die Erlaubnis berechtigt nur zum Betrieb der Wettvermittlungsstelle durch die im Antrag genannte Vermittlerin oder den im Antrag genannten Vermittler. [5]Ist die Vermittlerin eine juristische Person, berechtigt die Erlaubnis zudem nur zum Betreiben der Wettvermittlungsstelle durch die im Antrag genannte Geschäftsführung, es sei denn, die für die Erlaubniserteilung zuständige Behörde stimmt dem Betreiben durch die neue Geschäftsführung zu. [6]Die Zustimmung ist zu erteilen, wenn alle neuen Mitglieder der Geschäftsführung die Voraussetzungen des § 4 Absatz 1 Satz 1 Nummer 4 erfüllen. [7]Die Erlaubnis erlischt im Fall einer Beendigung der Veranstaltererlaubnis. [8]Sie darf nicht übertragen werden. [9]Ihre Verpachtung und Unterverpachtung sind unzulässig.

(3) [1]Die Erlaubnis darf nur für die Vermittlung im Hauptgeschäft erteilt werden. [2]Eine Vermittlung im Nebengeschäft ist unzulässig. [3]Die Erlaubnis darf nur erteilt werden, wenn die Geschäftsräume nach ihrer Lage, Beschaffenheit und Ausstattung den Zielen des § 1 des Glücksspielstaatsvertrags 2021 nicht entgegenstehen. [4]Die Erlaubnis ist längstens auf sieben Jahre zu befristen.

(4) [1]In einer Wettvermittlungsstelle und allen dazu gehörenden Flächen dürfen ausschließlich die in der Veranstaltererlaubnis zugelassenen Sportwetten an diejenige Veranstalterin beziehungsweise denjenigen Veranstalter vermittelt werden, der oder dem die Erlaubnis zum Betreiben der Wettvermittlungsstelle erteilt worden ist. [2]Die Vermittlung oder Veranstaltung sonstiger öffentlicher Glücksspiele ist nicht zulässig. [3]Davon ausgenommen sind der Abschluss und die Vermittlung von Pferdewetten unter Einhaltung der gesetzlichen Voraussetzungen für den Abschluss und die Vermittlung von Pferdewetten.

(5) [1]Als nach § 21a Absatz 2 des Glücksspielstaatsvertrags 2021 außerhalb von Wettvermittlungsstellen verbotene Vermittlungstätigkeit gilt auch jede Tätigkeit, die darauf gerichtet ist, eine Wettkontoeröffnung zu bewirken, insbesondere, wenn Kundendaten erhoben werden, sowie das Aufstellen von Wettterminals und jede Form des Duldens des Aufstellens von Wettterminals. [2]Der Betrieb von Wettvermittlungsstellen ist unzulässig in

1. Spielbanken, Spielhallen und allen dazu gehörenden Flächen oder in ähnlichen Unternehmen, die ausschließlich oder überwiegend der Aufstellung von Spielgeräten oder der Veranstaltung von anderen Spielen im Sinne des § 33c Absatz 1 Satz 1 oder des § 33d Absatz 1 Satz 1 der Gewerbeordnung dienen,
2. Gaststätten und gastronomieähnlichen Räumen sowie
3. anderen Räumlichkeiten, in denen Geld- oder Warenspielgeräte mit Gewinnmöglichkeit bereitgehalten werden.

(6) Zur Einhaltung der Jugendschutzanforderungen nach § 4 Absatz 3 des Glücksspielstaatsvertrags 2021 und zum Ausschluss gesperrter Spieler ist eine lückenlose und ständige Zutrittskontrolle sicherzustellen.

(7) [1]Die Erlaubnisbehörde kann im Rahmen ihrer Aufsichtstätigkeit nach § 9 Absatz 1 Satz 3 Nummer 1 des Glücksspielstaatsvertrags 2021 alle Unterlagen einsehen, die im Rahmen der Wettvermittlung in der Wettvermittlungsstelle erstellt wurden, soweit dies zur Aufgabenerfüllung erforderlich ist. [2]Hierzu zählen insbesondere Unterlagen einschließlich elektronischer Dokumente über getätigte Spieleinsätze, ausgezahlte Gewinne, Belege über Ein- und Auszahlungen, Bewegungen auf den Spielerkonten und Wettscheine. [3]Diese Unterlagen sind zwei Jahre aufzubewahren. [4]Aufbewahrungsvorschriften nach anderen Gesetzen bleiben unberührt.

(8) [1]Eine anonyme Wettabgabe ist verboten. [2]Vermittlerinnen und Vermittler sind verpflichtet, ein von der Inhaberin oder dem Inhaber der Veranstaltererlaubnis vorgehaltenes spielerbezogenes Konto zu nutzen, um einen medienbruchfreien Austausch der Daten, die die Spielerin oder den Spieler betreffen, zu gewährleisten. [3]Auf dem spielerbezogenen Konto sind sämtliche von der Spielerin oder dem Spieler, auf deren beziehungsweise dessen Namen das spielerbezogene Konto geführt wird, getätigten Wetten zu erfassen. [4]Von anderen Personen getätigte Wetten dürfen nicht erfasst werden. [5]Bei dem spielerbezogenen Konto kann es sich um ein bei der Erlaubnisinhaberin oder dem Erlaubnisinhaber nach den §§ 4 und 4a des Glücksspielstaatsvertrags 2021 eingerichtetes Spielkonto gemäß § 6a des Glücksspielstaatsvertrages 2021 oder um ein stationäres Spielerkonto nach den folgenden Bestimmungen handeln, welches nur für stationäre Wetten genutzt werden darf. [6]Erlaubnisinhaberinnen oder Erlaubnisinhaber nach den §§ 4, 4a des Glücksspielstaatsvertrags 2021 dürfen für jede Spielerin und jeden Spieler nur ein einziges stationäres Spielerkonto führen. [7]§ 21a Absatz 4 des Glücksspielstaatsvertrags 2021 bleibt auch im Fall der Nutzung eines stationären Spielerkontos unberührt. [8]Bei Einrichtung eines stationären Spielerkontos hat eine eindeutige Identifizierung und eine Authentifizierung der Spielerin oder des Spielers zu erfolgen. [9]Auf Verlangen der Spielerin oder des Spielers müssen Ausdrucke über die auf dem stationären Spielerkonto erfassten Zahlungsvorgänge, die abgeschlossenen Wetten und die Gewinne zur Verfügung gestellt oder in elektronischer Form übermittelt werden. [10]Dies gilt für ein Spielkonto nach § 6a des Glücksspielstaatsvertrags 2021 entsprechend, wenn dieses für die Erfassung der stationären Wetten genutzt wird. [11]§ 6d des Glücksspielstaatsvertrags 2021 bleibt unberührt. [12]Spielerbezogene Konten und Software, die im Rahmen der geldwäscherechtlichen Verpflichtungen erstellt und genutzt

werden, können gleichzeitig zur glücksspielrechtlichen Aufgabenerfüllung verwandt werden, soweit die Anforderungen deckungsgleich sind.

(9) [1]Die Vermittlerin oder der Vermittler ist verpflichtet, ein Sozialkonzept nach § 6 des Glücksspielstaatsvertrags 2021 zu entwickeln und regelmäßig zu überarbeiten. [2]Das Personal ist regelmäßig zu schulen.

(10) Die Vermittlerin oder derVermittler trägt die Gewähr dafür, dass in Wettvermittlungsstellen in Aufgabenbereichen, die in direktem Zusammenhang mit dem Spielbetrieb stehen, nur Personen beschäftigt werden, die zuverlässig und geschult im Sinne des Glücksspielrechts und des Gewerberechts sind.

(11) Die Vorschriften dieses Gesetzes sind entsprechend auf Inhaberinnen oder Inhaber von Veranstaltererlaubnissen für Sportwetten anzuwenden, die ohne Zwischenschaltung einer Wettvermittlerin oder eines Wettvermittlers erlaubte Wetten ortsgebunden eigenständig anbieten.

(12) [1]Die Vermittlung von Sportwetten auf oder im Umkreis von 100 Metern um Sportanlagen, auf denen zulässigerweise bewettbare Ereignisse stattfinden, ist verboten. [2]Davon ausgenommen sind Sportanlagen, die ausschließlich dem Pferderennsport dienen. [3]§ 5 Absatz 6 gilt entsprechend. [4]Die für die Erlaubnis zuständige Behörde darf unter Berücksichtigung der örtlichen Verhältnisse im Umfeld des jeweiligen Standortes im Einzelfall von der Vorgabe zum Umkreis in Satz 1 abweichen.

(13) [1]Zu anderen Wettvermittlungsstellen soll ein Mindestabstand von 100 Metern nicht unterschritten werden. [2]Die Wettvermittlungsstelle soll nicht in räumlicher Nähe zu öffentlichen Schulen und zu Einrichtungen der Kinder- und Jugendhilfe betrieben werden, dabei soll regelmäßig ein Mindestabstand von 350 Metern zu Grunde gelegt werden. [3]§ 5 Absatz 6 gilt entsprechend. [4]Die für die Erlaubnis zuständige Behörde darf unter Berücksichtigung der örtlichen Verhältnisse im Umfeld des jeweiligen Standortes im Einzelfall von der Maßgabe zum Mindestabstand abweichen. [5]Bauplanungsrechtliche Anforderungen bleiben unberührt.

(14) [1]Über alle innerhalb desselben Kalendermonats vollständig eingegangenen Erlaubnisanträge hat die Erlaubnisbehörde gemeinsam zu entscheiden, wenn die Einhaltung des Mindestabstands nach Absatz 13 Satz 1 nur dadurch zu erreichen ist, dass mindestens eine konkurrierende Antragstellerin oder ein konkurrierender Antragsteller seine Standortauswahl ändert. [2]In diesen Fällen ist zur Auflösung der Konkurrenzsituation eine Auswahlentscheidung zu treffen, wenn die konkurrierenden Antragstellerinnen oder Antragsteller keine Einigung erzielen. [3]Dasselbe gilt, wenn alle konkurrierenden Wettvermittlungsstellen Wetten an dieselbe Antragstellerin beziehungsweise denselben Antragsteller vermitteln und diese beziehungsweise dieser keine Entscheidung trifft, welcher Antrag zurückgezogen wird. [4]Die Erlaubnisbehörde darf die Auswahl durch Losentscheid vornehmen, sofern keine zwingenden rechtlichen Gründe eine andere Auswahlentscheidung gebieten. [5]Das für Inneres zuständige Ministerium wird ermächtigt, die näheren Einzelheiten zur Auswahlentscheidung durch Rechtsverordnung zu regeln.

(15) [1]Wettvermittlungsstellen, die am 22. Mai 2019 bestanden und zu diesem Zeitpunkt über eine bestandskräftige Baugenehmigung verfügt haben, gelten als mit dem Mindestabstand zu anderen Wettvermittlungsstellen des Absatzes 13 Satz 1 übergangsweise bis zum 30. Juni 2022 und für die Dauer der Wirksamkeit einer bis zu diesem Datum erteilten Erlaubnis für das Betreiben einer Wettvermittlungsstelle vereinbar. [2]Für diese Wettvermittlungsstellen findet Absatz 13

Satz 2 mit der Maßgabe Anwendung, dass regelmäßig ein Mindestabstand von 100 Metern zu Grunde gelegt werden soll.

§ 13a AG GlüStV NRW Gestaltung, Einrichtung und Betrieb von Wettvermittlungsstellen

(1) [1]Zur Kriminalitäts- und Suchtprävention ist die Wettvermittlungsstelle so zu gestalten, dass sie gut einsehbar ist. [2]Das Anbringen oder Aufstellen von Sichtschutz ist verboten; das Verkleben und das Bekleben von Glasscheiben gilt als Sichtschutz, soweit dadurch die Einsehbarkeit nicht nur unwesentlich erschwert wird. [3]Von der äußeren Gestaltung der Wettvermittlungsstelle darf keine Werbung für den Wettbetrieb oder die angebotenen Wetten ausgehen. [4]Es darf kein zusätzlicher Anreiz für den Wettbetrieb durch eine besonders auffällige äußere Gestaltung geschaffen werden.

(2) In allen zu einer Wettvermittlungsstelle gehörenden Flächen, über die die Betreiberin oder der Betreiber die unmittelbare Verfügungsgewalt ausübt, einschließlich des Eingangsbereichs, sind verboten

1. das Aufstellen, Bereithalten oder die Duldung von technischen Geräten zur Bargeldabhebung, insbesondere EC- oder Kreditkartenautomaten,
2. Zahlungsdienste nach § 1 Absatz 1 Satz 2 und Zahlungsvorgänge im Sinne des § 2 Absatz 1 Nummer 4, 6 und 10 des Zahlungsdiensteaufsichtsgesetzes vom 17. Juli 2017 (BGBl. I S. 2446), das zuletzt durch Artikel 9 Absatz 8 des Gesetzes vom 9. Dezember 2020 (BGBl. I S. 2773) geändert worden ist,
3. Selbstbedienungsterminals, bei denen ein Wettvorgang anonym durch direkte Zahlung am Terminal abgeschlossen werden kann, ohne dass es einer Kontrolle durch die Vermittlerin oder den Vermittler oder deren oder dessen Personals bedarf oder ohne dass die Wette durch Nutzung einer Spielerkarte unmittelbar auf einem Spielerkonto registriert wird, sowie das Aufstellen von Geld- oder Warenspielgeräten mit Gewinnmöglichkeit,
4. der Vertrieb von Waren und die Erbringung von anderen Dienstleistungen, sofern der Vertrieb oder die Erbringung dem Zweck dient, einen Anreiz zur Abgabe von Wetten in der Wettvermittlungsstelle zu schaffen, unter Ausnahme der Einräumung der Möglichkeit, Bild- oder Tonübertragungen von Sportereignissen in der Wettvermittlungsstelle zu verfolgen,
5. jegliche Art von Vergünstigungen, die einen Anreiz zum Wetten bieten sollen, insbesondere die unentgeltliche Abgabe von Speisen und Getränken oder die Abgabe unter dem Einkaufspreis,
6. der Ausschank, Konsum oder Verkauf von alkoholischen Getränken und
7. die Gewährung von Krediten, Stundungen oder vergleichbaren Zahlungserleichterungen durch die Konzessionsnehmerin oder den Konzessionsnehmer, die Vermittlerin oder den Vermittler oder deren oder dessen Bedienstete an Spielerinnen oder Spieler.

(3) [1]Vermittlerinnen, Vermittlern und deren Personal ist es verboten, Spielerinnen und Spieler dazu zu animieren, Wetten abzuschließen oder bestehende spielerbezogene Konten nicht zu kündigen. [2]Vermittlerinnen und Vermittler sind verpflichtet, die Einhaltung des Verbots durch geeignete Maßnahmen zu überwachen.

§ 13b AG GlüStV NRW Übergangsregelung für Wettvermittlung in Annahmestellen

(1) [1]Bis zum 30. Juni 2024 dürfen aufgrund einer besonderen Erlaubnis in Annahmestellen nach § 5 im Nebengeschäft Sportwetten vermittelt werden, die von der Veranstalterin oder dem Veranstalter nach § 3 Absatz 1 oder einer juristischen Person, an der ausschließlich Personen im Sinne des § 10 Absatz 2 des Glücksspielstaatsvertrags 2021 beteiligt sind, veranstaltet werden. [2]Die Vermittlung von Ergebniswetten während des laufenden Sportereignisses sowie die Vermittlung von Ereigniswetten sind in Annahmestellen unzulässig nach § 29 Absatz 6 des Glücksspielstaatsvertrags 2021.

(2) [1]Die Erlaubnis nach Absatz 1 Satz 1 darf nur erteilt werden, wenn eine Erlaubnis nach § 5 vorliegt. [2]Die Erlaubnis wird befristet erteilt, längstens bis zum 30. Juni 2024. [3]Sie erlischt, wenn die Erlaubnis nach § 5 aufgehoben wird oder erlischt. [4]Die Regelungen zum Betrieb der Annahmestellen in der Erlaubnis nach § 5 gelten, einschließlich der erhöhten Anforderungen an den Spieler- und Jugendschutz bei der Vermittlung von Sportwetten entsprechend. [5]Die äußere Gestaltung, die Einrichtung und der Betrieb der Annahmestelle dürfen durch die Sportwettvermittlung nach ihrem Wesen und Gesamtbild nicht verändert werden. [6]Insbesondere dürfen keine Monitore angebracht werden, mit deren Hilfe Wettveranstaltungen verfolgt werden können oder Sitz- oder Stehgelegenheiten geschaffen werden, die zum längeren Verweilen in der Annahmestelle einladen. [7]Die Aufstellung von Wettterminals ist untersagt. [8]Zulässig sind Spielvorbereitungsterminals, mit deren Hilfe Spielscheine lediglich vorausgefüllt werden können.

Teil 5 Lotterien mit geringerem Gefährdungspotential

§ 14 AG GlüStV NRW Kleine Lotterien

(1) Die Erlaubnis für die Veranstaltung einer Kleinen Lotterie/Ausspielung im Sinne von § 18 des Glücksspielstaatsvertrags 2021 kann für solche Veranstaltungen allgemein erteilt werden,

1. die sich nicht über das Gebiet einer kreisfreien Stadt oder eines Kreises hinaus erstrecken,
2. bei denen der Gesamtpreis der Lose den Wert von 40 000 Euro nicht übersteigt und
3. bei denen der Losverkauf die Dauer von drei Monaten nicht überschreitet.

(2) In der allgemeinen Erlaubnis ist zu bestimmen, dass bei den Veranstaltungen, bei denen Lose ausgegeben werden sollen, die den sofortigen Gewinnentscheid enthalten, Prämien- oder Schlussziehungen nicht vorgesehen werden dürfen.

(3) [1]Die allgemeine Erlaubnis ist zu befristen. [2]Sie begründet die Pflicht, die vorgesehene Veranstaltung mindestens zwei Wochen vor Beginn der zuständigen Behörde und dem für den Veranstalter zuständigen Finanzamt schriftlich anzuzeigen.

(4) [1]Der Reinertrag und die Gewinnsumme müssen jeweils mindestens ein Drittel der Entgelte betragen. [2]Der Reinertrag ist ausschließlich und unmittelbar für gemeinnützige, kirchliche oder mildtätige Zwecke zu verwenden.

(5) Die allgemeine Erlaubnis nach Absatz 1 und eine Erlaubnis nach § 4 für die Veranstaltung einer Kleinen Lotterie/Ausspielung im Sinne von § 18 des Glücksspielstaatsvertrags 2021 kann abweichend von den §§ 4 bis 8, § 12 Absatz 1,

§§ 13, 14 Absatz 1 Satz 1 Nummer 1, §§ 15 bis 17 des Glücksspielstaatsvertrags 2021 erteilt werden.

§ 15 AG GlüStV NRW Maßnahmen bei allgemein erlaubten Veranstaltungen

(1) Für allgemein erlaubte Veranstaltungen können von der zuständigen Ordnungsbehörde im Einzelfall Auflagen erlassen werden.

(2) Im Einzelfall kann eine allgemein erlaubte Veranstaltung untersagt werden, wenn

1. gegen die Vorschriften dieses Gesetzes oder des Glücksspielstaatsvertrags 2021 oder gegen wesentliche Bestimmungen der allgemeinen Erlaubnis verstoßen wird,
2. durch die Verwendung des Reinertrages die öffentliche Sicherheit oder Ordnung gefährdet wird oder
3. keine Gewähr für die ordnungsgemäße Durchführung der Veranstaltung oder für die zweckentsprechende Verwendung des Reinertrages gegeben ist.

Teil 6 Spielhallen

§ 16 AG GlüStV NRW Spielhallen

(1) [1]Eine Spielhalle im Sinne dieses Gesetzes ist ein Unternehmen oder Teil eines Unternehmens, das ausschließlich oder überwiegend der Aufstellung von Spielgeräten oder der Veranstaltung anderer Spiele im Sinne des § 33c Absatz 1 Satz 1 oder des § 33d Absatz 1 Satz 1 der Gewerbeordnung dient; Schank- und Speisewirtschaften sind keine Spielhallen. [2]Ein Unternehmen ist trotz anderslautender Anzeige nach § 14 Absatz 1 Satz 1 der Gewerbeordnung und Bestätigung nach § 33c Absatz 3 Satz 1 der Gewerbeordnung auch dann als Spielhalle im Sinne des Satzes 1 anzusehen, wenn auf Grund einer Gesamtschau der objektiven Betriebsmerkmale folgende äußerlich erkennbare Merkmale vorliegen:

1. die Art und der Umfang der angebotenen Nebenleistung spielen im Vergleich zum Umfang des angebotenen Spielbetriebes und im Hinblick auf die Ausgestaltung und Größe der Betriebsstätte eine erkennbar untergeordnete Rolle oder
2. Umsätze werden ausschließlich oder überwiegend aus der Aufstellung von Geldspielgeräten generiert.

(2) [1]Die Errichtung und der Betrieb einer Spielhalle bedürfen der Erlaubnis nach § 24 Absatz 1 des Glücksspielstaatsvertrags 2021 und nach diesem Gesetz. [2]Genehmigungserfordernisse nach anderen Rechtsvorschriften bleiben unberührt. [3]Die Erlaubnis ist zu versagen, wenn

1. die Errichtung oder der Betrieb den Zielen des Glücksspielstaatsvertrags 2021 gemäß § 1 des Glücksspielstaatsvertrags 2021 zuwiderläuft,
2. die in § 33c Absatz 2 Nummer 1 oder § 33d Absatz 3 der Gewerbeordnung genannten Voraussetzungen vorliegen,
3. die zum Betrieb des Gewerbes bestimmten Räume wegen ihrer Beschaffenheit oder Lage den polizeilichen Anforderungen nicht genügen,
4. der Betrieb des Gewerbes eine Gefährdung der Jugend, eine übermäßige Ausnutzung des Spieltriebs, schädliche Umwelteinwirkungen im Sinne des Bundes-Immissionsschutzgesetzes oder sonst eine nicht zumutbare Belästi-

gung der Allgemeinheit, der Nachbarn oder einer im öffentlichen Interesse bestehenden Einrichtung befürchten lässt,

5. die Betreiberin oder der Betreiber oder die Spielhallenleiterin oder der Spielhallenleiter unzuverlässig ist, insbesondere nicht die Gewähr dafür bietet, dass die Spielteilnahme ordnungsgemäß und für die Spielteilnehmer nachvollziehbar durchgeführt wird,
6. die Einhaltung
   a) der Jugendschutzanforderungen nach § 4 Absatz 3 des Glücksspielstaatsvertrags 2021,
   b) der Beschränkungen für öffentliche Glücksspiele im Internet nach § 4 Absatz 4 des Glücksspielstaatsvertrags 2021,
   c) der Werbebeschränkungen nach § 5 des Glücksspielstaatsvertrags 2021,
   d) der Anforderungen an das Sozialkonzept nach § 6 des Glücksspielstaatsvertrags 2021,
   e) der Anforderungen an die Aufklärung über Suchtrisiken nach § 7 des Glücksspielstaatsvertrags 2021 oder
   f) die Teilnahme am Sperrsystem nach den §§ 8 bis 8c des Glücksspielstaatsvertrags 2021

   nicht sichergestellt ist oder
7. nicht sichergestellt ist, dass während der gesamten Öffnungszeiten der Spielhalle eine Aufsichtsperson anwesend ist.

[4]Die Erlaubnis ist widerruflich zu erteilen und auf eine Dauer von längstens sieben Jahren zu befristen. [5]Sie kann mit Inhalts- und Nebenbestimmungen versehen werden.

(3) [1]Ein Mindestabstand von 350 Metern zu einer anderen Spielhalle soll nicht unterschritten werden. [2]Die Spielhalle soll nicht in räumlicher Nähe zu öffentlichen Schulen und Einrichtungen der Kinder- und Jugendhilfe betrieben werden; dabei soll regelmäßig der Mindestabstand nach Satz 1 zu Grunde gelegt werden. [3]§ 5 Absatz 6 gilt entsprechend. [4]Die für die Erlaubnis zuständige Behörde darf unter Berücksichtigung der Verhältnisse im Umfeld des jeweiligen Standortes und der Lage des Einzelfalls von der Maßgabe zum Mindestabstand abweichen. [5]Bauplanungsrechtliche Anforderungen bleiben unberührt.

(4) [1]Zwischen Spielhallen findet ein von Absatz 3 Satz 1 abweichender geringerer Mindestabstand von 100 Metern (geringerer Mindestabstand) Anwendung, wenn sowohl die Spielhalle, für die die Erlaubnis beantragt wird (Antragsspielhalle), als auch alle erlaubten Spielhallen, die sich innerhalb des Mindestabstands nach Absatz 3 Satz 1 zu ihr befinden (Nachbarspielhallen), die folgenden Voraussetzungen erfüllen:

1. die Spielgeräte sind einzeln aufgestellt in entweder einem Abstand von mindestens 2 Metern oder, wenn sie durch eine Sichtblende in einer Tiefe von mindestens 0,8 Metern, gemessen von der Gerätefront in Höhe mindestens der Geräteoberkante, getrennt sind, in einem Abstand von mindestens 1 Meter,
2. durch die Betreiberin oder den Betreiber oder auf deren oder dessen Veranlassung wird mindestens zweimal täglich, davon einmal bei der Öffnung der Spielhalle und einmal mindestens sechs Stunden nach diesem Zeitpunkt, überprüft, ob die vorzuhaltenden Informationsmaterialien in ausreichender Anzahl vorhanden sind, und die erfolgte Überprüfung protokolliert,
3. es werden Informationen über das Suchtrisiko und mögliche negative Folgen des Glücksspiels, die Möglichkeit der Selbst- und Fremdsperre und mindestens eine Suchthilfeeinrichtung einschließlich deren Kontaktdaten von

außerhalb der Spielhalle gut sichtbar und lesbar in unmittelbarer Nähe des Eingangs der Spielhalle angebracht,
4. die Betreiberinnen oder Betreiber und die Spielhallenleitungen verfügen über einen aufgrund einer Unterrichtung mit Prüfung erworbenen Sachkundenachweis im Sinne der Rechtsverordnung nach § 22 Absatz 1 Nummer 10,
5. das Personal der Spielhallen ist im Sinne der Rechtsverordnung nach § 22 Absatz 1 Nummer 10 besonders geschult und
6. die Spielhallen sind nach § 16a zertifiziert.

[2]§ 5 Absatz 6 gilt für den geringeren Mindestabstand entsprechend.

(5) [1]Darüber hinaus ist für die Erlaubniserteilung unter Anwendung des geringeren Mindestabstands nach Absatz 4 erforderlich, dass der Erlaubnisbehörde im Zeitpunkt der Entscheidung über den Erlaubnisantrag der Antragsspielhalle für alle Nachbarspielhallen eine schriftliche Erklärung der Erlaubnisinhaberinnen beziehungsweise Erlaubnisinhaber vorliegt, nach der sie sich für den Fall der Erteilung der Erlaubnis für die Antragsspielhalle zur Einhaltung der Voraussetzungen des Absatzes 4 Satz 1 Nummer 1 bis 6 für die gesamte restliche Laufzeit ihrer Erlaubnisse verpflichten und bestätigen, die Widerrufsvorschrift des Absatzes 7 zur Kenntnis genommen zu haben. [2]Die Erklärung ist entbehrlich, wenn bereits eine Verpflichtung besteht, die Voraussetzungen des Absatzes 4 Satz 1 Nummer 1 bis 6 für die gesamte restliche Laufzeit der Erlaubnis einzuhalten. [3]Zu erlaubten Spielhallen, welche die Voraussetzungen des Satzes 1 und des Absatzes 4 Satz 1 Nummer 1 bis 6 nicht erfüllen, ist der Mindestabstand nach Absatz 3 Satz 1 auch dann einzuhalten, wenn die Antragsspielhalle die Voraussetzungen des Absatzes 4 Satz 1 Nummer 1 bis 6 erfüllt.

(6) Eine unter Anwendung des geringeren Mindestabstands erteilte Erlaubnis ist zu widerrufen, wenn in Bezug auf diese Spielhalle eine der Voraussetzungen des Absatzes 4 Satz 1 Nummer 1 bis 6 wegfällt, es sei denn, die Spielhalle hält im Zeitpunkt der Entscheidung über den Widerruf zu jeder anderen erlaubten Spielhalle den Mindestabstand nach Absatz 3 Satz 1 ein.

(7) Die Erlaubnis einer Nachbarspielhalle, für die die Erklärung nach Absatz 5 Satz 1 im Zeitpunkt der Erlaubniserteilung für die Antragsspielhalle vorlag, ist zu widerrufen, wenn in Bezug auf diese Spielhalle eine der Voraussetzungen nach Absatz 4 Satz 1 Nummer 1 bis 6 wegfällt, es sei denn, die Spielhalle hält im Zeitpunkt der Entscheidung über den Widerruf zu jeder anderen erlaubten Spielhalle den Mindestabstand nach Absatz 3 Satz 1 ein.

(8) Als Bezeichnung des Unternehmens im Sinne des Absatzes 1 ist lediglich das Wort „Spielhalle“ zulässig.

(9) In einer Spielhalle im Sinne des Absatzes 1, einschließlich des Eingangsbereichs und aller zu ihr gehörenden Flächen, über die die Betreiberin oder der Betreiber die unmittelbare Verfügungsgewalt ausübt, sind
1. der Abschluss von Lotterien und Wetten sowie das Aufstellen von Wettterminals und jede Duldung des Aufstellens von Wettterminals,
2. das Aufstellen, Bereithalten oder die Duldung von technischen Geräten zur Bargeldabhebung, insbesondere EC- oder Kreditkartenautomaten,
3. Zahlungsdienste im Sinne von § 1 Absatz 1 Satz 2 und Zahlungsvorgänge im Sinne des § 2 Absatz 1 Nummer 4, 6 und 10 des Zahlungsdiensteaufsichtsgesetzes und
4. die kostenlose Abgabe von Speisen und Getränken sowie die Abgabe von Speisen und Getränken zu Preisen, die unter dem Einkaufspreis liegen,

unzulässig.

(10) In einem Gebäude oder Gebäudekomplex, in dem sich bereits eine erlaubte Wettvermittlungsstelle befindet, darf keine Spielhalle betrieben werden.

§ 16a AG GlüStV NRW Zertifizierung

(1) [1]Eine Zertifizierung ist nur erforderlich, soweit dies durch dieses Gesetz ausdrücklich vorgeschrieben wird. [2]Die Zertifizierung erfolgt ausschließlich durch nach Absatz 2 akkreditierte Prüforganisationen. [3]Zertifizierungen, die vor dem 1. Juli 2021 erteilt worden sind, entsprechen nicht den Anforderungen nach diesem Gesetz.

(2) [1]Prüforganisationen sind zur Zertifizierung nach diesem Gesetz berechtigt, wenn sie hinsichtlich der hierzu erforderlichen Sachkunde und ihrer organisatorischen, personellen und finanziellen Unabhängigkeit von Spielhallenbetreiberinnen und Spielhallenbetreibern, Automatenaufstellerinnen und Automatenaufstellern und deren Interessenverbänden bei der nationalen Akkreditierungsstelle gemäß DIN ISO/IEC 17065 Ausgabe Januar 2013 akkreditiert sind. [2]Die Akkreditierung darf einer Prüforganisation nur erteilt werden, wenn

1. die Prüforganisation, deren Leitung sowie das von ihr zur Prüfung eingesetzte Personal zuverlässig sind und die Gewähr dafür bieten, dass die Zertifizierung ordnungsgemäß durchgeführt wird, insbesondere die hierfür erforderliche Sachkunde vorliegt,
2. die Prüforganisation und deren leitendes Personal sowie nahe Angehörige des leitenden Personals keine Spielhallen betreiben, nicht als Automatenaufstellerinnen oder Automatenaufsteller oder Herstellerinnen oder Hersteller von Geldspielgeräten tätig sind und keine ähnlichen Tätigkeiten ausüben,
3. an der Prüforganisation keine Person unmittelbar oder mittelbar mit mehr als 5 Prozent der Anteile oder der Stimmrechte beteiligt ist, welche eine Tätigkeit im Sinne der Nummer 2 ausübt oder ihrerseits mit mehr als 5 Prozent der Anteile oder der Stimmrechte an einem Unternehmen unmittelbar oder mittelbar beteiligt ist, welches eine Tätigkeit im Sinne der Nummer 2 ausübt,
4. mit dem Antrag ein Zertifizierungsprogramm vorgelegt wird oder nachgewiesen wird, dass ein bereits akkreditiertes Zertifizierungsprogramm einer Dritten oder eines Dritten, das Konformitätszeichen, genutzt wird und
5. nachgewiesen wird, dass das vorgelegte Zertifizierungsprogramm für Prüfungen nach den Absätzen 3 und 4 geeignet ist, insbesondere also gewährleistet wird, dass regelmäßig nur solche Spielhallen über eine Zertifizierung verfügen, die mindestens die Voraussetzungen des Absatzes 3 erfüllen.

[3]Die Akkreditierung ist widerruflich und auf längstens fünf Jahre befristet zu erteilen und kann unter Auflagen erteilt werden. [4]Sie ist zu widerrufen, wenn tatsächliche Anhaltspunkte die Annahme rechtfertigen, dass die Voraussetzungen des Satzes 2 nicht mehr gegeben sind.

(3) Die Zertifizierung darf nur erteilt werden, wenn die Anforderungen dieses Gesetzes und der Spielverordnung in der Fassung der Bekanntmachung vom 27. Januar 2006 (BGBl. I S. 280) in der jeweils geltenden Fassung eingehalten werden.

(4) [1]Die Zertifizierung wird für die Dauer von zwei Jahren erteilt. [2]Danach ist eine neue Zertifizierung zu beantragen. [3]Während der Laufzeit der Zertifizierung hat die Prüforganisation jährlich mindestens zwei stichprobenartige Überprüfungen durchzuführen, ob die Voraussetzungen der Zertifizierung weiter vor-

liegen. [4]Mindestens eine dieser Überprüfungen muss unangekündigt erfolgen und darf nicht als Überprüfung erkennbar sein. [5]Wird bei der Überprüfung festgestellt, dass die Voraussetzungen einer Zertifizierung nicht vorliegen, ist die Zertifizierung zu entziehen, es sei denn, es handelt sich um einen Mangel, der bei einer vorherigen Überprüfung nicht vorhanden war und der unverzüglich behoben wird.

(5) Alle zur Führung einer zertifizierten Spielhalle notwendigen Bescheinigungen müssen zusammengefasst und zur jederzeitigen Kontrolle durch die Aufsichtsbehörde während der Offnungszeiten vorgehalten werden.

(6) [1]Die Zuständigkeiten und Befugnisse der Aufsichtsbehörden bleiben unberührt. [2]Die Aufsichtsbehörde ist berechtigt, Erkenntnisse, die gegen eine Zertifizierung einer Spielhalle sprechen könnten, der Zertifizierungsstelle mitzuteilen.

§ 17 AG GlüStV NRW Sperr- und Spielverbotszeiten

[1]Die Sperrzeit für Spielhallen und Wettvermittlungsstellen beginnt täglich um 1 Uhr und endet um 6 Uhr. [2]Im Übrigen gelten die Regelungen des Feiertagsgesetzes NW vom 23. April 1989 (GV. NRW. S. 222) in der jeweils geltenden Fassung.

§ 17a AG GlüStV NRW Übergangsregelung für Verbundspielhallen

(1) [1]Für bis zu drei Spielhallen, die in einem baulichen Verbund stehen und mindestens seit dem 1. Januar 2020 ohne Unterbrechung bestanden haben, können die Betreiberinnen und Betreiber durch einen gemeinsamen Antrag, in dem sie eine der antragstellenden Spielhallen zur primären Spielhalle bestimmen, Erlaubnisse nach § 16 beantragen. [2]Über den Antrag ist nach Maßgabe der folgenden Absätze zu entscheiden. [3]Dies gilt nicht für Spielhallen, deren Betrieb untersagt oder für die ein Erlaubnisantrag abgelehnt worden ist, falls die Untersagung beziehungsweise die Ablehnung vor dem Inkrafttreten des Glücksspielstaatsvertrags 2021 bestandskräftig geworden ist.

(2) [1]Auf den gemeinsamen Antrag nach Absatz 1 Satz 1 ist zunächst über die Erlaubnis für die zur primären Spielhalle bestimmte Spielhalle zu entscheiden. [2]Insoweit richtet sich das Erlaubnisverfahren nur nach den allgemeinen Bestimmungen.

(3) [1]Für die mitantragstellende Spielhalle beziehungsweise die beiden mitantragstellenden Spielhallen einer nach Absatz 2 erlaubten Spielhalle steht § 25 Absatz 2 des Glücksspielstaatsvertrags 2021 der Erteilung einer bis längstens zum 31. Dezember 2028 zu befristenden Erlaubnis nach § 16 nicht entgegen, wenn sowohl für die nach Absatz 2 erlaubte Spielhalle als auch für alle mitantragstellenden Spielhallen die nachfolgenden Voraussetzungen erfüllt sind:

1. die Betreiberinnen, Betreiber und Spielhallenleitungen verfügen über einen aufgrund einer Unterrichtung mit Prüfung erworbenen Sachkundenachweis im Sinne der Rechtsverordnung nach § 22 Absatz 1 Nummer 10,
2. das Personal der Spielhallen ist im Sinne der Rechtsverordnung nach § 22 Absatz 1 Nummer 10 besonders geschult und
3. die Spielhallen sind nach § 16a zertifiziert.

[2]Zwischen der nach Absatz 2 erlaubten Spielhalle und den mitantragstellenden Spielhallen sowie zwischen den mitantragstellenden Spielhallen ist kein Mindest-

abstand nach § 25 Absatz 1 des Glücksspielstaatsvertrags 2021 und nach § 16 Absatz 3 Satz 1 beziehungsweise Absatz 4 einzuhalten, das Erfordernis eines Mindestabstands zu anderen Spielhallen bleibt unberührt.

(4) [1]Fällt für die nach Absatz 2 erlaubte Spielhalle eine der Voraussetzungen des Absatzes 3 Satz 1 Nummer 1 bis 3 vor dem 31. Dezember 2028 weg, sind die Erlaubnisse für alle mitantragstellen Spielhallen zu widerrufen. [2]Fällt für eine mitantragstellende Spielhalle eine der Voraussetzungen des Absatzes 3 Satz 1 Nummer 1 bis 3 vor dem 31. Dezember 2028 weg, ist die Erlaubnis für diese Spielhalle zu widerrufen.

(5) [1]Die Erlaubnisse nach § 16 für die mitantragstellenden Spielhallen erlöschen mit Ablauf des 31. Dezember 2028 und bei Wegfall der Erlaubnis der nach Absatz 2 erlaubten Spielhalle. [2]Dies gilt auch, wenn die Erlaubnisse für die mitantragstellenden Spielhallen auf einen späteren Zeitpunkt befristet sind.

§ 18 AG GlüStV NRW Übergangsregelung

(1) Die Abstandsregelung nach § 16 Absatz 3 Satz 2 gilt nicht für zum Zeitpunkt des Inkrafttretens dieses Gesetzes bestehende Spielhallen, für die eine Erlaubnis nach § 33i Gewerbeordnung erteilt worden ist.

(2) Die bis zum 30. Juni 2021 befristeten und bis zu diesem Tag nicht aufgehobenen Erlaubnisse für die Errichtung und den Betrieb von Spielhallen gelten bis zur Erteilung einer neuen Erlaubnis nach § 16 Absatz 2 oder bis zur Ablehnung eines Antrags auf Erteilung einer Erlaubnis, längstens aber bis zum 30. Juni 2022, fort, sofern die Betreiberin oder der Betreiber der Spielhalle bis zum 31. Juli 2021 einen Antrag auf Erteilung der Erlaubnis bei der zuständigen Erlaubnisbehörde stellt.

(3) Eis zum 31. Dezember 2022 sind im Fall des § 17a die Entscheidungen über die Erlaubnisse für die mitantragstellenden Spielhallen der nach § 17a Absatz 2 erlaubten Spielhalle zurückzustellen und die mitantragstellenden Spielhallen zu dulden,

1. wenn der gemeinsame Antrag nach § 17a Absatz 1 Satz 1 spätestens am 31. Juli 2021 bei der zuständigen Erlaubnisbehörde eingegangen ist sowie
2. wenn und solange der Erteilung der Erlaubnisse für die mitantragstellenden Spielhallen ausschließlich die Nichterfüllung der Voraussetzungen nach § 17a Absatz 3 Satz 1 Nummer 1 bis 3 entgegensteht und die Erfüllung dieser Voraussetzungen unmöglich oder unzumutbar ist.

Teil 7 Zuständigkeiten

§ 19 AG GlüStV NRW Erlaubnisbehörden

(1) [1]Die Erlaubnisse nach § 4 werden vom für Inneres zuständigen Ministerium erteilt, soweit die §§ 9a und 27f des Glücksspielstaatsvertrags 2021 oder dieses Gesetz die Zuständigkeit nicht anders regeln. [2]Das für Inneres zuständige Ministerium ist auch zuständig für Erlaubnisse zur Einführung neuer Glücksspielangebote im Sinne von § 9 Absatz 5 Satz 1 des Glücksspielstaatsvertrags 2021, zur Einführung neuer Vertriebswege oder zur erheblichen Erweiterung bestehender Vertriebswege im Sinne von § 9 Absatz 5 Satz 2 des Glücksspielstaatsvertrags 2021 in Nordrhein-Westfalen. [3]Es kann die Zuständigkeiten durch Rechtsverordnung auf andere Behörden übertragen.

(2) [1]Das für Inneres zuständige Ministerium ist weiter für solche Veranstaltungen zuständig, die zugleich im Gebiet eines anderen Bundeslandes durchgeführt werden, sowie für Veranstaltungen, die über den Zuständigkeitsbereich einer Bezirksregierung hinausgehen. [2]Das für Inneres zuständige Ministerium kann die zuständige Behörde eines anderen Bundeslandes ermächtigen, eine Erlaubnis mit Wirkung für das Land Nordrhein-Westfalen zu erteilen, wenn der Sitz der Veranstalterin oder des Veranstalters in dem betreffenden Bundesland oder im Ausland liegt und die Veranstaltung sich auf das Gebiet des Landes Nordrhein-Westfalen erstrecken soll. [3]Es kann die Befugnis zur Ermächtigung auch auf andere Behörden übertragen.

(3) Die Bezirksregierungen sind zuständig für

1. die Erteilung von Erlaubnissen für die Veranstaltung von Lotterien und Ausspielungen innerhalb ihres Bezirks,
2. die Erteilung von Erlaubnissen für die Vermittlung von Glücksspielen durch Annahmestellen im Sinne von § 5 einschließlich der Erlaubnis nach § 13b sowie
3. die Erteilung von Erlaubnissen für die Vermittlung von Wetten durch Wettvermittlungsstellen im Sinne von § 13.

(4) Die Bezirksregierung Düsseldorf ist zuständig für die Erteilung von Erlaubnissen

1. für gewerbliche Spielvermittlerinnen und Spielvermittler, die ausschließlich in Nordrhein-Westfalen tätig werden, und
2. für den Losverkauf durch Verkaufsstellen der GKL Gemeinsame Klassenlotterie der Länder und durch Losverkäuferinnen oder Losverkäufer.

(5) Die örtlichen Ordnungsbehörden sind zuständig für die Erlaubnis nach § 24 Absatz 1 des Glücksspielstaatsvertrags 2021 in Verbindung mit § 16.

(6) Eine Erlaubniserteilung im ländereinheitlichen Verfahren nach § 9a des Glücksspielstaatsvertrags 2021 und im gebündelten Verfahren nach § 19 Absatz 2 des Glücksspielstaatsvertrags 2021 steht der Erlaubniserteilung durch die zuständige Behörde des Landes Nordrhein-Westfalen gleich.

§ 20 AG GlüStV NRW Aufsichtsbehörden

(1) Die nach § 19 zuständigen Behörden üben gegenüber den Erlaubnis- und Konzessionsinhaberinnen und -inhabern ab dem Zeitpunkt der Erlaubnis- und Konzessionserteilung auch die Aufgaben der Glücksspielaufsicht nach § 9 Absatz 1 des Glücksspielstaatsvertrags 2021 aus.

(2) [1]Zur Erfüllung ihrer Aufgaben kann die zuständige Aufsichtsbehörde Testkäufe oder Testspiele nach § 9 Absatz 2a des Glücksspielstaatsvertrags 2021 selbst oder durch eine von ihr beauftragte Dritte oder einen von ihr beauftragten Dritten durchführen. [2]Die Nutzung einer Legende nach § 9 Absatz 2a Satz 2 und 3 des Glücksspielstaatsvertrags 2021 ist nur zulässig, soweit dies zur Erfüllung der Aufgaben der Aufsichtsbehörde zwingend erforderlich ist.

(3) [1]Die nach Absatz 1 zuständige Behörde kann alle Maßnahmen ergreifen, um sicherzustellen, dass alle durch sie aufgrund dieses Gesetzes erlaubten Glücksspiele ordnungsgemäß veranstaltet oder durchgeführt, Abgaben abgeführt und die in der Erlaubnis enthaltenen Inhalts- und Nebenbestimmungen eingehalten werden. [2]Sie kann insbesondere

1. die Erlaubnis widerrufen, nachträglich beschränken oder mit Auflagen versehen,
2. die Kosten der Veranstaltung oder Durchführung durch einen Sachverständigen prüfen lassen,
3. jederzeit Auskunft über den gesamten Geschäfts- und Spielbetrieb verlangen und die Geschäftsunterlagen des Erlaubnisnehmers einsehen, soweit dies zur Aufgabenerfüllung erforderlich ist, und
4. durch Beauftragte an Sitzungen und Besprechungen entscheidungsbefugter Gremien der Veranstalterin oder des Veranstalters nach § 3 Absatz 1 teilnehmen.

[3]§ 9 Absatz 1 des Glücksspielstaatsvertrags 2021 bleibt unberührt. [4]Das Grundrecht der Unverletzlichkeit der Wohnung gemäß Artikel 13 des Grundgesetzes wird insoweit eingeschränkt.

(4) [1]Die Bezirksregierung Düsseldorf ist landesweit zuständige Aufsichtsbehörde für die Überwachung und Untersagung von unerlaubten Glücksspielen und der Werbung hierfür, soweit diese im Gebiet des Landes Nordrhein-Westfalen veranstaltet, vermittelt oder beworben werden und keine einheitliche Zuständigkeit nach § 9a Absatz 3 des Glücksspielstaatsvertrags 2021 besteht,

1. im Rundfunk,
2. soweit die Veranstalterin oder der Veranstalter des Glücksspiels weder einen Sitz noch eine Betriebsstätte in Nordrhein-Westfalen hat und sich die Maßnahme gegen den Veranstalter richtet oder
3. soweit die unerlaubten Glücksspiele oder die Werbung hierfür über Telekommunikationsanlagen übermittelt werden.

[2]Zuständigkeiten, die sich aus dem Medienstaatsvertrag vom 14. bis zum 28. April 2020 (GV. NRW. S. 524) in der jeweils geltenden Fassung, dem Landesmediengesetz Nordrhein-Westfalen vom 2. Juli 2002 (GV. NRW. S. 334) in der jeweils geltenden Fassung oder dem WDR-Gesetz in der Fassung der Bekanntmachung vom 25. April 1998 (GV. NRW. S. 265) in der jeweils geltenden Fassung ergeben, bleiben hiervon unberührt. [3]Maßnahmen der nach Satz 1 zuständigen Aufsichtsbehörde, die sich gegen Rundfunkveranstalterinnen oder Rundfunkveranstalter richten, können nur im Einvernehmen mit der jeweils für den privaten Rundfunk zuständigen Zulassungsbehörde beziehungsweise der für den öffentlich-rechtlichen Rundfunk zuständigen Rechtsaufsicht erfolgen.

(5) [1]Das für Inneres zuständige Ministerium ist ausschließlich zuständig für Maßnahmen nach § 9 Absatz 1 Satz 3 Nummer 4 und 5 des Glücksspielstaatsvertrags 2021, soweit keine ländereinheitliche Zuständigkeit nach § 9a Absatz 3 Satz 1 Nummer 1 des Glücksspielstaatsvertrags 2021 besteht. [2]Es kann die Zuständigkeit durch Rechtsverordnung auf eine andere Behörde übertragen.

(6) [1]Das für Inneres zuständige Ministerium ist zuständig für die Erteilung einer Ermächtigung nach § 9 Absatz 1a des Glücksspielstaatsvertrags 2021. [2]Es kann die Befugnis zur Ermächtigung durch Rechtsverordnung auch auf andere Behörden übertragen.

(7) [1]Im Übrigen sind die örtlichen Ordnungsbehörden für die Überwachung und Untersagung von unerlaubten Glücksspielen und der Werbung hierfür einschließlich der Maßnahmen nach § 15 zuständig, soweit nicht im Glücksspielstaatsvertrag 2021 etwas anderes geregelt ist. [2]Des Weiteren sind sie zuständig für die Aufsicht über die Einhaltung der Verpflichtung zum Abgleich mit der Sperrdatei nach § 8 Absatz 3 in Verbindung mit § 2 Absatz 4 des Glücksspielstaatsvertrags 2021 einschließlich der diesbezüglichen Ordnungswidrigkeiten nach § 28a Absatz 1 Nummer 29 bis 36 des Glücksspielstaatsvertrags 2021 im

Hinblick auf in Gaststätten bereitgehaltene Geld- oder Warenspielgeräte mit Gewinnmöglichkeit.

(8) Die zuständigen Glücksspielaufsichtsbehörden arbeiten im Rahmen der Erfüllung ihrer Aufgaben mit anderen Glücksspielaufsichtsbehörden des Landes Nordrhein-Westfalen oder anderer Bundesländer zusammen.

Teil 8 Schlussbestimmungen

§ 21 AG GlüStV NRW Überleitungsvorschrift, Anwendung von Bundesrecht, Einschränkung von Grundrechten

(1) [1]Dieses Gesetz ersetzt im Land NordrheinWestfalen § 33i der Gewerbeordnung. [2]Im Übrigen finden die Gewerbeordnung und die auf Grundlage der Gewerbeordnung erlassenen Vorschriften in der jeweils geltenden Fassung weiterhin Anwendung, soweit nicht in diesem Gesetz abweichende Bestimmungen getroffen worden sind.

(2) Durch dieses Gesetz oder auf Grund dieses Gesetzes können die Grundrechte auf Berufsfreiheit (Artikel 12 des Grundgesetzes), auf Unverletzlichkeit der Wohnung (Artikel 13 des Grundgesetzes) und auf Gewährleistung des Eigentums (Artikel 14 des Grundgesetzes) eingeschränkt werden.

§ 22 AG GlüStV NRW Verordnungsermächtigung

(1) Das für Inneres zuständige Ministerium wird ermächtigt, im Einvernehmen mit den fachlich betroffenen Ressorts durch Rechtsverordnung Vorschriften zu erlassen über

1. das Erlaubnisverfahren nach § 4 Absatz 1 des Glücksspielstaatsvertrags 2021 in Verbindung mit § 4 dieses Gesetzes, insbesondere zu Umfang, Inhalt und Zahl der erforderlichen Anträge, Anzeigen, Nachweise und Bescheinigungen,
2. die die[1] Art und Umfang und das Einzugsgebiet der Annahmestellen nach § 5 Absatz 4 unter Berücksichtigung der Einwohnerzahlen im Umkreis des jeweiligen Geschäftsraumes, das Erlaubnisverfahren, die Befristung und das Erlöschen der Erlaubnis,
3. die Art der Begrenzung der Zahl der Wettvermittlungsstellen,
4. die Mitwirkung an der Sperrdatei nach §§ 8, 23 des Glücksspielstaatsvertrags 2021,
5. die Errichtung und den Betrieb einer Spielhalle nach § 24 Absatz 2 Satz 1 des Glücksspielstaatsvertrags 2021,
6. die zur Durchführung dieses Gesetzes notwendigen Regelungen hinsichtlich der nach §§ 13, 13a und 13b zulässigen Wettvermittlungsstellen, einschließlich der räumlichen Beschaffenheit und der Nutzung in den zur Wettannahme bestimmten Geschäftsräumen, dem Erlaubnisverfahren, der Erlaubnisvoraussetzungen zum Betrieb der Wettvermittlungsstelle, besonders im Hinblick auf das räumliche zusammentreffen mit anderen gewerblichen Einrichtungen, sowie Anforderungen an ein Sozialkonzept, die zu nutzende Software, an das zu beschäftigende Personal, die Schulungen und die Infor-

1 Wortlaut amtlich.

mationsmaterialien zur Vermeidung von Spielsucht und nähere Vorgaben für zulässige Wettterminals und Spielvorbereitungsterminals,
7. die Anforderungen an die Eröffnung, den Betrieb, die Sperre und die Rückabwicklung von Spielerkonten, die zu verwendende Software, die zu speichernden Daten, die Speicherdauer und die Datenschutzvorgaben,
8. die Voraussetzungen, die Art und Weise und die Rechtsfolgen der nach § 9 Absatz 2a des Glücksspielstaatsvertrags 2021 und §§ 11, 20 Absatz 2 zulässigen Testkäufe und Testspiele, soweit diese durch Glücksspielaufsichtsbehörden oder in deren Auftrag durchgeführt werden, deren Zuständigkeit sich aus § 20 dieses Gesetzes ergibt,
9. die Voraussetzungen, den Ablauf und das Verfahren des nach § 13 Absatz 14 erforderlichen Losentscheids,
10. die Anforderungen an die Unterrichtungen mit Prüfung sowie den Erwerb des Sachkundenachweises nach § 16 Absatz 4 Satz 1 Nummer 4 und § 17a Absatz 3 Satz 1 Nummer 1 und an die Schulungen nach § 16 Absatz 4 Satz 1 Nummer 5 und § 17a Absatz 3 Satz 1 Nummer 2 einschließlich der näheren Bestimmung, welche Teile des Personals zu schulen sind und welche Vorgaben zur Anwesenheit des geschulten Personals in den Spielhallen bestehen und
11. das Nähere zu den Voraussetzungen der Zertifizierung nach § 16a Absatz 3 und 4 und zur Daten- und Informationsweitergabe zwischen Akkreditierungsstelle, zertifizierter Prüforganisation und der Glücksspielaufsicht.

(2) Die Landesregierung wird ermächtigt, durch Rechtsverordnung Vorschriften zu erlassen über die Glücksspiele der Veranstalter anderer Länder nach § 10 Absatz 2 des Glücksspielstaatsvertrags 2021, deren Vermittlung ohne eine Veranstaltungserlaubnis der zuständigen nordrhein-westfälischen Behörde auch im Hinblick auf die Ziele des § 1 erlaubt werden kann (§ 7 Absatz 3).

§ 23 AG GlüStV NRW Ordnungswidrigkeiten

(1) Ordnungswidrig handelt, wer vorsätzlich oder fahrlässig
1. entgegen § 9 Absatz 1 Satz 3 Nummer 1 des Glücksspielstaatsvertrags 2021 die erforderlichen Auskünfte nicht oder nicht vollständig erteilt oder verlangte Unterlagen und Nachweise nicht vorlegt,
2. entgegen § 9 Absatz 1 Satz 3 Nummer 4 des Glücksspielstaatsvertrags 2021 als Kredit- oder Finanzdienstleistungsinstitut vollziehbaren Untersagungsverfügungen der Glücksspielaufsichtsbehörde nicht nachkommt,
3. entgegen § 14 Absatz 1 eine Kleine Lotterie veranstaltet oder eine gemäß § 15 Absatz 2 untersagte Veranstaltung durchführt,
4. entgegen § 14 Absatz 3 die Veranstaltung einer Kleinen Lotterie den zuständigen Behörden nicht oder nicht rechtzeitig schriftlich anzeigt oder gegen erteilte Auflagen (§ 15 Absatz 1) verstößt,
5. gegen Bestimmungen oder Nebenbestimmungen einer behördlichen Erlaubnis nach § 17 des Glücksspielstaatsvertrags 2021 verstößt,
6. entgegen § 19 Absatz 1 Nummer 2 des Glücksspielstaatsvertrags 2021 als gewerbliche Spielvermittlerin oder gewerblicher Spielvermittler nicht bei jeder Spielteilnahme der Veranstalterin oder dem Veranstalter die Vermittlung offenlegt,
7. entgegen § 16 Absatz 2 eine Spielhalle ohne die erforderliche Erlaubnis betreibt,
8. entgegen § 16 Absatz 8 das Unternehmen anders bezeichnet,

9. entgegen § 16 Absatz 9 den Abschluss von Wetten und Lotterien, das Aufstellen von Wettterminals, das Aufstellen, Bereithalten oder die Duldung von technischen Geräten zur Bargeldabhebung, insbesondere EC- oder Kreditkartenautomaten sowie Zahlungsdienste nach § 1 Absatz 1 Satz 2 und Zahlungsvorgänge im Sinne des § 2 Absatz 1 Nummer 4, 6 und 10 des Zahlungsdiensteaufsichtsgesetzes zulässt,
10. entgegen § 17 die Sperrzeiten nicht einhält,
11. eine Wettvermittlungsstelle ohne die erforderliche Erlaubnis betreibt,
12. entgegen § 13 Absatz 2 die Wettvermittlungsstelle verpachtet oder unterverpachtet oder entgegen § 13 Absatz 4 für mehr als eine Inhaberin oder einen Inhaber einer Veranstaltererlaubnis Wetten vermittelt,
13. entgegen § 13 Absatz 3 die Wettvermittlung als Nebengeschäft betreibt,
14. entgegen § 21a Absatz 2 des Glücksspielstaatsvertrags 2021 außerhalb von Wettvermittlungsstellen Sportwetten vertreibt oder vermittelt,
15. entgegen § 13 Absatz 6 keine lückenlose und ständige Zutrittskontrolle sicherstellt,
16. die Vorgaben aus § 13b Absatz 2 nicht beachtet,
17. entgegen § 13a Absatz 1 gegen die Vorgaben zur äußeren Gestaltung der Wettvermittlungsstelle verstößt,
18. entgegen § 13a Absatz 2 Nummer 1 und 2 das Aufstellen, Bereithalten oder die Duldung von technischen Geräten zur Bargeldabhebung, insbesondere EC- oder Kreditkartenautomaten sowie Zahlungsdienste nach § 1 Absatz 1 Satz 2 und Zahlungsvorgänge im Sinne des § 2 Absatz 1 Nummer 4, 6 und 10 des Zahlungsdiensteaufsichtsgesetzes zulässt,
19. entgegen § 13a Absatz 2 Nummer 3 Selbstbedienungsterminals, bei denen ein Wettvorgang anonym durch direkte Zahlung am Terminal abgeschlossen werden kann, ohne dass es einer Kontrolle durch die Vermittlerin oder den Vermittler oder deren oder dessen Personals bedarf, aufstellt oder betreibt,
20. entgegen § 13a Absatz 2 Nummer 4 Waren vertreibt oder andere Dienstleistungen erbringt, die dem Zweck dienen, einen Anreiz zur Abgabe von Wetten in der Wettvermittlungsstelle zu schaffen,
21. entgegen dem Verbot aus § 13a Absatz 2 Nummer 5 Speisen und Getränke unentgeltlich oder weit unter dem Einkaufspreis abgibt oder sonstige Vergünstigungen an Spielerinnen und Spieler gewährt,
22. entgegen dem Verbot des § 13a Absatz 2 Nummer 6 alkoholhaltige Getränke ausschenkt oder verkauft,
23. entgegen § 13a Absatz 2 Nummer 7 Kredite, Stundungen oder vergleichbare Zahlungserleichterungen an Spielerinnen oder Spieler vergibt,
24. entgegen der Vorgaben nach diesem Gesetz oder nach den aufgrund dieses Gesetzes ergangenen Rechtsverordnungen Personen beschäftigt, die nicht die zur Tätigkeit in einer Wettvermittlungsstelle erforderliche Zuverlässigkeit oder vorgeschriebene Schulungen besitzen,
25. gegen das Verbot aus § 13a Absatz 3 verstößt,
26. gegen eine Auflage oder Nebenbestimmung einer Erlaubnis nach den §§ 4, 5, 13, 13b oder 16 verstößt oder
27. entgegen § 16 Absatz 9 Nummer 4 Speisen und Getränke kostenlos oder zu Preisen, die unter dem Einkaufspreis liegen, abgibt.

(2) Die Ordnungswidrigkeit kann mit einer Geldbuße bis zu 500 000 Euro geahndet werden.

(3) [1]Ist eine Ordnungswidrigkeit nach Absatz 1 begangen worden, so können die Gegenstände,

1. auf die sich die Ordnungswidrigkeit bezieht oder
2. die durch sie hervorgebracht oder zu ihrer Begehung oder Vorbereitung gebraucht worden oder bestimmt gewesen sind,

eingezogen werden unter den Voraussetzungen der § 22 Absatz 2 und 3, § 23 des Gesetzes über Ordnungswidrigkeiten in der Fassung der Bekanntmachung vom 19. Februar 1987 (BGBl. I S. 602), das zuletzt durch Artikel 9a des Gesetzes vom 30. März 2021 (BGBl. I S. 448) geändert worden ist,.[1] [2]§ 17 Absatz 4 und § 29a des Gesetzes über Ordnungswidrigkeiten bleiben unberührt.

(4) Zuständige Verwaltungsbehörde im Sinne des § 36 Absatz 1 Nummer 1 des Gesetzes über Ordnungswidrigkeiten ist in den Fällen des Absatzes 1

1. Nummer 1, 4 bis 10, 12 bis 27 bei Verstößen der Erlaubnisinhaberinnen und Erlaubnisinhaber die jeweils zuständige Erlaubnisbehörde,
2. Nummer 2 das für Inneres zuständige Ministerium oder
3. Nummer 3, 4, 7, 8, 9, 10, 11 und 14 bei unerlaubtem Glücksspiel die örtliche Ordnungsbehörde, auch in den Fällen, in denen ein Erlaubnisantrag bei der zuständigen Behörde gestellt, aber noch nicht beschieden wurde.

(5) Zuständige Verwaltungsbehörde im Sinne des § 36 Absatz 1 Nummer 1 des Gesetzes über Ordnungswidrigkeiten ist in den Fällen des § 28a Absatz 1 des Glücksspielstaatsvertrags 2021, soweit sich aus dem Glücksspielstaatsvertrag 2021 keine andere Zuständigkeit ergibt,

1. bei unerlaubtem Glücksspiel im Sinne des § 20 Absatz 4 die Bezirksregierung Düsseldorf,
2. bei Verstößen der Erlaubnisinhaberinnen und Erlaubnisinhaber die jeweils zuständige Erlaubnisbehörde oder
3. bei unerlaubtem Glücksspiel die örtliche Ordnungsbehörde, auch in den Fällen, in denen ein Erlaubnisantrag bei der zuständigen Behörde gestellt, aber noch nicht beschieden wurde.

§ 24 AG GlüStV NRW Inkrafttreten, Außerkrafttreten, Berichtspflicht[1]

(1) Dieses Gesetz tritt am 1. Dezember 2012 in Kraft.

(2) Mit Inkrafttreten dieses Gesetzes wird das Glücksspielstaatsvertrag Ausführungsgesetz NRW vom 30. Oktober 2007 (GV. NRW. S. 445) aufgehoben.

[nicht kommentiert]

1 Zeichensetzung amtlich.
1 Wortlaut amtlich.

2. Gesetz über die Zulassung öffentlicher Spielbanken im Land Nordrhein-Westfalen (Spielbankgesetz NRW – SpielbG NRW) vom 23.6.2021

Teil 1 Grundlagen des Betriebs öffentlicher Spielbanken

§ 1 SpielbG NRW Ziele des Gesetzes

Ziele des Gesetzes sind gleichrangig

1. das Entstehen von Glücksspielsucht und Wettsucht zu verhindern und die Voraussetzungen für eine wirksame Spielsuchtbekämpfung zu schaffen,
2. durch ein begrenztes, eine geeignete Alternative zum nicht erlaubten Glücksspiel darstellendes Glücksspielangebot den natürlichen Spieltrieb der Bevölkerung in geordnete und überwachte Bahnen zu lenken (öffentlicher Kanalisierungsauftrag) sowie der Entwicklung und Ausbreitung von unerlaubten Glücksspielen in Schwarzmärkten entgegenzuwirken,
3. den Jugend- und den Spielerschutz zu gewährleisten,
4. sicherzustellen, dass Glücksspiele in Spielbanken ordnungsgemäß durchgeführt, die Spieler vor betrügerischen Machenschaften geschützt und die mit Glücksspielen verbundene Folge- und Begleitkriminalität einschließlich der Geldwäsche abgewehrt werden und
5. einen sicheren und transparenten Spielbetrieb zu gewährleisten.

In § 1 SpielbG NRW werden die Ziele des Glücksspielstaatsvertrags 2021 wiederholt (vgl. § 1 GlüStV 2021) und damit verdeutlicht, dass diese auch für Glücksspiele gelten, die in Spielbanken veranstaltet werden. Die genannten Ziele stehen nach dem ausdrücklichen Wortlaut der Vorschrift gleichranging nebeneinander. Im Spielbankenwesen ist dabei jedoch der Schutz vor betrügerischen Machenschaften, der Jugend- und Spielerschutz, die Spielsuchtbekämpfung und die Abwehr von Gefahren aus mit dem Spiel verbundener Folge- und Begleitkriminalität von besonderer Bedeutung.[1] Im Vergleich zu § 1 GlüStV 2021 wurde § 1 SpielbG NRW redaktionell um die Legaldefinition des öffentlichen Kanalisierungsauftrags ergänzt (vgl. § 1 Nr. 2 SpielbG NRW). 1

§ 2 SpielbG NRW Zulassung von öffentlichen Spielbanken

(1) [1]Die Errichtung und der Betrieb von öffentlichen Spielbanken bedürfen der Konzessionierung nach diesem Gesetz. [2]Genehmigungspflichten nach anderen Rechtsvorschriften bleiben unberührt.

(2) [1]Im Land Nordrhein-Westfalen werden unter Berücksichtigung des öffentlichen Kanalisierungsauftrags gemäß § 1 Nummer 2 vier Spielbanken zugelassen, zwei weitere Spielbanken können zugelassen werden. [2]Für alle Spielbanken erfolgt die Konzessionierung ausschließlich an eine Konzessionsinhaberin oder einen Konzessionsinhaber, wobei die Verpflichtung besteht, mindestens vier Spielbanken zu betreiben. [3]Die Standorte der Spielbanken werden durch das für die Glücksspielaufsicht zuständige Ministerium im Einvernehmen mit dem für Finanzen zuständigen Ministerium durch Rechtsverordnung festgelegt.

1 Vgl. die Gesetzesbegründung zum SpielbG NRW LT-Drs. 17/8796, 37.

(3) Spielbanken haben an jedem Standort das Klassische Spiel und das Automatenspiel gemäß der nach § 14 Absatz 2 zu erlassenden Spielordnung anzubieten.

1 § 2 SpielbG NRW beinhaltet Regelungen zur Zulassung öffentlicher Spielbanken in Nordrhein-Westfalen. Ursprünglich sah das Gesetz ein Monopol des Landes NRW zum Betrieb der Spielbanken vor. Da die Landesregierung am 8.5.2018 jedoch beschlossen hatte, die WestSpiel-Gruppe zu veräußern und damit die Spielbanken in Nordrhein-Westfalen zu privatisieren, musste § 2 Abs. 1 SpielbG NRW geändert werden. Die Vorschrift sieht nunmehr vor, dass die Errichtung und der Betrieb von öffentlichen Spielbanken eine Konzessionierung benötigen, die im Weg eines Konzessionsvergabeverfahrens erteilt wird. Nach dem Willen des Gesetzgebers stehen bei der Konzessionierung und dem Betrieb der Spielbanken die Erreichung der Ziele des § 1 SpielbG NRW im Vordergrund.[1] Mit der Begrenzung des Spielbankangebotes in NRW soll sichergestellt werden, dass der natürliche Spieltrieb der Bevölkerung flächendeckend kanalisiert wird. Zudem stellt § 2 Abs. 1 S. 2 SpielbG NRW klar, dass die Spielbankkonzession nicht etwaige Genehmigungen nach anderen Gesetzen ersetzt.

2 Der Gesetzgeber hat sich mit der Privatisierung dazu entschieden, vom bisherigen Staatsmonopol für Spielbanken auf ein Konzessionsmodell umzusteigen. Dieses stellt sich als staatlich verliehenes Privatmonopol dar, da alle Spielbanken in NRW bei einem einzigen Betreiber zusammengeführt werden sollen.[2] Die Entscheidung zu der Privatisierung hat mit Blick auf die in § 1 SpielbG NRW definierten Ziele und die Aspekte der Gefahrenabwehr (Spielsucht, Begleitkriminalität) Kritik ausgelöst, da mit der Aufgabe des staatlichen Monopols zwangsläufig der Verlust von Einwirkungsmöglichkeiten einhergeht.[3] Ob es im Hinblick auf den Erfolg von Kanalisierung und Gefahrenabwehr signifikante Unterschiede zwischen den Ländern mit Staatsmonopol und solchen mit einem Konzessionsmodell gibt, lässt sich jedoch bezweifeln.[4] In jedem Fall zieht die Umstellung auf ein Konzessionsmodell aber einen erhöhten Regulierungsaufwand nach sich, da ein transparentes und diskriminierungsfreies Auswahlverfahren mit ausreichenden Rechtsschutzmöglichkeiten gewährleistet werden muss.[5]

3 Um den öffentlichen Kanalisierungsauftrag (vgl. § 1 Nr. 2 SpielbG NRW) erfüllen zu können, sieht § 2 Abs. 2 S. 2 SpielbG NRW eine Betriebspflicht für mindestens vier Spielbanken vor.[6] Dabei dürfen sämtliche Spielbanken nur von einer Konzessionsinhaberin oder einem Konzessionsinhaber betrieben werden, um die Gefahren einzudämmen, die von dem Betrieb der Spielbanken ausgehen.[7] Eine dem § 28 Abs. 5 LGlüG BW vergleichbare Regelung, die für den Fall, dass sich kein geeigneter Interessent findet oder dieser kein Gesamtkonzept für alle Standorte hat, ausnahmsweise die Erteilung einer Erlaubnis für nur einen einzelnen Standort ermöglicht, findet sich indes im Gesetz nicht. Der Gesetzgeber hat da-

1 Vgl. die Gesetzesbegründung zum SpielbG NRW LT-Drs. 17/8796, 37.
2 Vgl. die Stellungnahme von *Ennuschat*, Ruhr-Universität Bochum, 17/2514, 1.
3 Vgl. die Stellungnahmen von *Lehmann* DSTG, 17/2548, 1, und *Becker*, Universität Hohenheim, 17/2585, 2.
4 Vgl. die Stellungnahme von *Ennuschat*, Ruhr-Universität Bochum, 17/2514, 1; s. auch Stellungnahme von *Haucap*, Heinrich-Heine-Universität APr 17/983 vom 7.5.20, 9 sowie die Stellungnahme von *Kursawe*, Kölner Fachstelle Glücksspielsucht, 17/2502.
5 Vgl. die Stellungnahme von *Ennuschat*, Ruhr-Universität Bochum, 17/2514, 1; Kritisch daher *Lehmann* DSTG, 17/2548, 2, der erhebliches Streitpotenzial und eine Verkomplizierung der Aufsicht durch die Privatisierung befürchtet.
6 Vgl. die Gesetzesbegründung zu § 2 SpielbG NRW LT-Drs. 17/8796, 37.
7 Vgl. die Begründung zu § 2 SpielbG NRW LT-Drs. 17/8796, 37.

rüber hinaus die Möglichkeit eröffnet, über die vier Spielbanken hinaus noch zwei weitere Spielbanken zuzulassen.

Die Anordnung der Betriebspflicht in § 2 Abs. 2 S. 2 SpielbG NRW hat eine Einordnung der Konzession als Dienstleistungskonzession im Sinne des § 105 Abs. 1 Nr. 2 GWB zur Folge. Rechtsprechung und Literatur sind sich einig, dass das Erfordernis eines „entgeltlichen Vertrages" im Sinne des § 105 Abs. 1 Nr. 2 GWB mit Blick auf den unionsrechtlichen Hintergrund der Vorschrift funktional zu verstehen und weit auszulegen ist.[8] Ein entgeltlicher Vertrag ist danach anzunehmen, wenn jedenfalls wechselseitige Verpflichtungen zwischen den Parteien bestehen.[9] Die Einräumung des Rechts zur Verwertung der Dienstleistungen durch den Konzessionsgeber muss daher mit einer einklagbaren Verpflichtung des Konzessionsnehmers oder der Konzessionsnehmerin zur Leistungserbringung korrespondieren. Eine solche einklagbare Verpflichtung stellt die Betriebspflicht in § 2 Abs. 2 S. 2 SpielbG NRW dar. 4

Die Standorte der Spielbanken werden gemäß § 2 Abs. 2 S. 3 SpielbG NRW durch das für die Glücksspielaufsicht zuständige Ministerium im Einvernehmen mit dem für Finanzen zuständigen Ministerium durch Rechtsverordnung festgelegt. Die entsprechende Spielbankstandortverordnung NRW (SpStVO NRW) ist am 19.11.2020 in Kraft getreten. Ausweislich des § 1 SpStVO NRW werden als Standorte für den Betrieb der im Land Nordrhein-Westfalen zugelassenen öffentlichen Spielbanken bestimmt: Die Stadt Bad Oeynhausen (Nr. 1), die Stadt Dortmund (Nr. 2), die Stadt Duisburg (Nr. 3) und die Stadt Aachen (Nr. 4). Der Verordnungsgeber hat damit die bereits bestehenden Standorte in die Verordnung übernommen. 5

§ 2 Abs. 3 SpielbG NRW wurde lediglich redaktionell angepasst.[10] Danach haben Spielbanken an jedem Standort das Klassische Spiel und das Automatenspiel gem. der nach § 14 Abs. 2 zu erlassenden Spielordnung anzubieten.[11] 6

§ 3 SpielbG NRW Konzessionsinhaberin oder Konzessionsinhaber

Konzessionsinhaberin oder Konzessionsinhaber können natürliche oder juristische Personen, Personengesellschaften oder sonstige Vereinigungen sein, die Träger von Rechten und Pflichten sein können.

§ 3 SpielbG NRW normiert die Anforderungen an die Rechtspersönlichkeit der Konzessionsinhaberin bzw. des Konzessionsinhabers. Ursprünglich sah das SpielbG NRW vor, dass die Gesellschafter einer Spielbank nur juristische Personen des öffentlichen Rechts sein durften oder solche juristischen Personen des privaten Rechts, deren Anteile überwiegend dem Land NRW gehörten. Da der Staatsvorbehalt für den Betrieb öffentlicher Spielbanken nunmehr entfallen ist, kann auch ein privatrechtliches Unternehmen Konzessionsinhaberin bzw. Konzessionsinhaber sein. § 3 SpielbG NRW normiert insofern ausdrücklich, dass Konzessionsinhaberin oder Konzessionsinhaber natürliche oder juristische Personen, Personengesellschaften oder sonstige Vereinigungen sein können. Die Beschränkung der Rechtsformen auf juristische Personen des öffentlichen Rechts wurde damit aufgehoben. § 3 SpielbG NRW schließt jedoch den Betrieb durch 1

8 Vgl. BeckOK VergabeR/*Hüttinger*, 3. Aufl. 2017, GWB § 103 Rn. 72.
9 Vgl. nur Beschluss vom OLG Düsseldorf 23.1.2019 – VII-Verg 22/18, juris Rn. 58.
10 Vgl. die Begründung zu § 2 SpielbG NRW LT-Drs. 17/8796, 37.
11 Was im Einzelnen hierunter fällt, ist in § 4 der Spielordnung NRW näher geregelt.

ein öffentliches Unternehmen nicht aus. Fällt eine Konzessionsinhaberin oder ein Konzessionsinhaber aus, so ist gewährleistet, dass einem öffentlichen Unternehmen der Betrieb der Spielbanken ermöglicht werden kann, um auf diese Weise den öffentlichen Kanalisierungsauftrag zu erfüllen. § 3 SpielbG steht im Übrigen in Einklang mit § 24 KonzVgV.[1]

§ 4 SpielbG NRW Konzession

(1) [1]Über die Erteilung der Konzession für den Betrieb öffentlicher Spielbanken in Nordrhein-Westfalen entscheidet das für die Glücksspielaufsicht zuständige Ministerium. [2]Im Rahmen eines Konzessionsverfahrens sind die Bewerberinnen und Bewerber verpflichtet, auf Verlangen des Ministeriums alle von ihr angeforderten Unterlagen, die zur Entscheidung über einen Konzessionsantrag erforderlich sind, einzureichen.

(2) Die Konzession darf nur erteilt werden, wenn

1. der Betrieb der Spielbanken den Zielen des § 1 nicht zuwiderläuft,
2. die Bewerberin oder der Bewerber ein schlüssiges Gesamtbetriebskonzept für die von der Konzession erfassten Spielbanken vorlegt, wonach unter Berücksichtigung der Abgaben und zusätzlichen Leistungen nach den §§ 19 bis 21 ein wirtschaftlicher Betrieb der Spielbank zu erwarten ist,
3. die eingesetzten Spielgeräte, Spieltische, Automaten, technischen Hilfsmittel und Programme einen ordnungsgemäßen Spielverlauf gewährleisten,
4. durch den Betrieb der Spielbanken weder die öffentliche Sicherheit oder Ordnung gefährdet noch sonstige öffentliche Belange beeinträchtigt werden,
5. die Bewerberin oder der Bewerber einen Sitz in einem Mitgliedstaat der Europäischen Union oder einem Vertragsstaat des Abkommens über den Europäischen Wirtschaftsraum hat,
6. die Bewerberin oder der Bewerber, sofern sie oder er über keinen Sitz im Inland verfügt, dem für die Glücksspielaufsicht zuständigen Ministerium eine für alle Zustellungen bevollmächtigte empfangs- und vertretungsbevollmächtigte Person im Inland benennt, die die Zuverlässigkeitsvoraussetzungen nach Nummer 7 erfüllt und die der deutschen Sprache mächtig ist,
7. die Bewerberin oder der Bewerber und die an dieser oder diesem unmittelbar und mittelbar beteiligten Personen sowie die für die Bewerberin oder den Bewerber in verantwortlicher Position tätigen Personen im Sinne des § 7 Absatz 2 Satz 3 die für die ordnungsrechtlich und wirtschaftlich einwandfreie Durchführung des Spielbankbetriebs erforderliche Zuverlässigkeit besitzen; diese sind insbesondere dann nicht zuverlässig, wenn ein Grund des § 7 Absatz 2 Satz 1 oder 2 vorliegt und
8. die Bewerberin oder der Bewerber weder selbst noch durch verbundene Unternehmen unerlaubtes Glücksspiel in Deutschland veranstaltet oder vermittelt.

(3) [1]Jede Änderung der für die Zuverlässigkeit und die Befähigung zum Betrieb von Spielbanken maßgeblichen Umstände während der Konzessionslaufzeit ist dem für die Glücksspielaufsicht zuständigen Ministerium unverzüglich schriftlich anzuzeigen. [2]Die Anzeigepflicht setzt voraus, dass bei juristischen Personen

1 Vgl. die Gesetzesbegründung zum SpielbG NRW LT-Drs. 17/8796, 38; dass sich auch ein Landesunternehmen mit Erfolg um eine Spielbankenkonzession bemühen kann, zeigt das Beispiel Baden-Württemberg, vgl. Stellungnahme von *Ennuschat*, Ruhr-Universität Bochum, 17/2514, 2.

des Privatrechts die Änderung diejenigen Beteiligungen oder Gesellschafterzusammensetzungen betrifft, die mehr als 5 Prozent des Grundkapitals halten oder mehr als 5 Prozent der Stimmrechte ausüben. [3]Dies gilt insbesondere für:

1. beabsichtigte oder erfolgte Veränderungen der unmittelbaren und mittelbaren Beteiligungen an der Konzessionsinhaberin oder dem Konzessionsinhaber,
2. beabsichtigte oder erfolgte Änderungen der Mitglieder des Geschäftsführungsorgans der Konzessionsinhaberin oder des Konzessionsinhabers,
3. beabsichtigte oder erfolgte Änderungen der Gesellschaftsform oder der Gesellschafterzusammensetzung,
4. Verurteilungen und Festsetzungen einer Geldbuße im Sinne des § 7 Absatz 2 oder
5. Umstände, die unter § 7 Absatz 3 Nummer 1, 2 oder 3 fallen.

[4]Die Verpflichtungen aus Satz 1 und 2 gelten entsprechend für den Zeitraum zwischen Antragstellung und Konzessionsvergabe.

(4) [1]Eine Änderung der Gesellschaftsform, Änderungen der mittelbaren Gesellschafter oder der Gesellschafterzusammensetzung, Umwandlungen nach dem Umwandlungsgesetz, die vollständige oder teilweise Veräußerung des die Spielbank betreibenden Unternehmens, Vermögensübertragungen, die Einfluss auf die Struktur der Konzessionsinhaberin oder des Konzessionsinhabers haben, sowie die Einräumung einer stillen Beteiligung oder einer Unterbeteiligung jeglicher Art bedürfen der vorherigen Zustimmung des für die Glücksspielaufsicht zuständigen Ministeriums. [2]Die Zustimmung ist zu erteilen, wenn zu erwarten ist, dass die glücksspielrechtlichen Anforderungen des Absatzes 2 auch nach Vollzug der in Satz 1 genannten Maßnahmen erfüllt bleiben.

(5) Führt der Vollzug der beabsichtigten Maßnahme nach Absatz 4 Satz 1 zu einem Gesellschafterwechsel bei der Konzessionsinhaberin oder dem Konzessionsinhaber, darf die Zustimmung nach Absatz 4 zudem nur erteilt werden, wenn die neue Gesellschafterin oder der neue Gesellschafter angemessene Sicherheit für die Erfüllung der Verpflichtungen der Konzessionsinhaberin oder des Konzessionsinhabers nach diesem Gesetz leistet.

(6) [1]Die Konzession wird befristet für einen Zeitraum von höchstens 15 Jahren erteilt. [2]Zur Erreichung der in § 1 genannten Ziele kann die Konzession Nebenbestimmungen enthalten, insbesondere über

1. besondere Pflichten bezüglich der Errichtung und Einrichtung der Spielbanken (Mindeststandards),
2. die technische Beschaffenheit der Spielgeräte, Spieltische, Automaten, technischen Hilfsmittel und Programme, deren Inbetriebnahme und Betrieb in den Spielbanken,
3. allgemeine Anforderungen zu Art und Umfang des Glücksspielangebotes an allen Standorten einschließlich der hierfür erforderlichen Spielregeln und Teilnahmebedingungen,
4. die Aufklärungspflicht über Auszahlungsquoten am Gerät, die Suchtrisiken der von den Spielbanken angebotenen Glücksspiele sowie die Möglichkeiten der Beratung und Therapie von Spielsüchtigen,
5. die Zulässigkeit der Vernetzung der Glücksspiele innerhalb einer Spielbank oder der Spielbanken untereinander,
6. die allgemeinen Beschränkungen der Werbung für alle Spielbanken,
7. die Abwicklung der finanziellen Verpflichtungen aller Spielbanken,
8. allgemeine, standortunabhängige Sicherheitsvorkehrungen, einschließlich visueller Überwachungsmaßnahmen zur Sicherstellung des ordnungsgemä-

ßen Spielablaufs, zur Erfassung des Bruttospielertrags und der Tronceinnahmen und zum Schutz der Spielbankbesucher; Kontrollmechanismen zur Erkennung möglicher Manipulationen des Gerätes beziehungsweise der hinterlegten Software,

9. Pflichten gegenüber der Steuerverwaltung, der Glücksspielaufsicht, und der Finanzaufsicht,
10. die Auswahl, die Qualifikation und die Schulung des Personals der Spielbank einschließlich der Spielbankleitung, insbesondere, dass sie der deutschen Sprache mächtig sein müssen,
11. die Verpflichtung zur Bildung eines Risikofonds zur Gewährleistung eines geordneten Geschäftsbetriebs, insbesondere zur Abdeckung nicht zu versichernder Spiel- und Betriebsrisiken, und
12. sonstige Pflichten, die bei Errichtung, Einrichtung und Betrieb der Spielbanken zu beachten sind, wie zum Beispiel die Genehmigungspflicht von Sonderveranstaltungen oder Umbaumaßnahmen.

[3]Zur Sicherung des ordnungsrechtlich einwandfreien Betriebs der Spielbanken können die Nebenbestimmungen während der Laufzeit ergänzt oder geändert werden. [4]Die Nebenbestimmungen enthalten grundsätzliche Vorgaben, die für alle Spielbanken gleichermaßen gelten.

(7) Die Konzessionsinhaberin oder der Konzessionsinhaber, die an ihr oder ihm unmittelbar und mittelbar beteiligten Personen und die verantwortlichen Personen im Sinne des § 7 Absatz 2 Satz 3 haben sicherzustellen, dass

1. die Geschäftstätigkeit der Konzessionsinhaberin oder des Konzessionsinhabers entsprechend der handelsrechtlichen Aufbewahrungs- und Dokumentationspflichten offengelegt wird,
2. keine Personen am Spiel teilnehmen, denen dies nach § 9 Absatz 2 oder 3 verboten ist,
3. die Einhaltung der Jugendschutzanforderungen, der Werbebeschränkungen und die Anforderungen an die Aufklärung über Suchtrisiken nach § 4 Absatz 3 und den §§ 5 und 7 des Glücksspielstaatsvertrags 2021 vom 29. Oktober 2020 (GV. NRW. 2021 S. 459) gewährleistet werden,
4. ein Sozialkonzept gemäß § 6 des Glücksspielstaatsvertrags 2021 vom 29. Oktober 2020 (GV. NRW. 2021 S. 459) vorliegt, das regelmäßig evaluiert, umgesetzt, weiterentwickelt und unternehmensunabhängig überprüft wird, die weiteren Anforderungen des § 6 des Glücksspielstaatsvertrags 2021 vom 29. Oktober 2020 (GV. NRW. 2021 S. 459) erfüllt werden und regelmäßig, mindestens alle zwei Jahre, ein Bericht über die Umsetzung und Fortentwicklung des Sozialkonzepts der Aufsichtsbehörde vorgelegt wird,
5. weder durch sie selbst noch durch verbundene Unternehmen unerlaubtes Glücksspiel in Deutschland veranstaltet oder vermittelt wird,
6. in der Spielbank ausschließlich zugelassene Glücksspiele unter Einsatz der vorgeschriebenen Überwachungssysteme veranstaltet werden,
7. insbesondere hinsichtlich des Spielbankbetriebes eine transparente und strukturierte Unternehmensorganisation vorgehalten wird, die eine effektive und jederzeitige aufsichtsrechtliche Überwachung durch die zuständige Aufsichtsbehörde gewährleistet,
8. die Teilnahme am Sperrsystem nach den §§ 8 und 23 des Glücksspielstaatsvertrags 2021 vom 29. Oktober 2020 (GV. NRW. 2021 S. 459) und der Ausschluss gesperrter Spielerinnen und Spieler nach den Bestimmungen des Glücksspielstaatsvertrags sichergestellt ist,
9. der Betrieb der Spielbank ordnungsgemäß und für die Spielerinnen und Spieler sowie für die Aufsichtsbehörden nachvollziehbar durchgeführt wird,

10. der Finanzaufsicht und der Glücksspielaufsicht jederzeit Zutritt zu allen Räumen der Spielbank gewährt wird,
11. der Finanzaufsicht jederzeit Einblick in alle für die Wahrnehmung der Aufgaben der Finanzaufsicht erforderlichen Unterlagen und Aufzeichnungen, insbesondere Geschäftsbücher, Bankunterlagen, Videoaufzeichnungen, Aufzeichnungen der Gerätesoftware und der Kontrollmechanismen gewährt wird und ihr ein eigener und von der Konzessionsinhaberin oder dem Konzessionsinhaber unabhängiger Videoauswertungsplatz zur Verfügung gestellt wird,
12. alle von der Glücksspielaufsicht oder der Finanzaufsicht geforderten Sicherungsmaßnahmen für das ordnungsgemäße Spiel, wie zum Beispiel Aufzeichnungssysteme, Kartenmischmaschinen oder Geldscheinakzeptoren, angeschafft und betrieben werden,
13. das Personal, das direkt oder indirekt Bezug zu den von der Spielbank angebotenen Glücksspielen oder direkten Kontakt zu den Spielerinnen und Spielern hat, die glücksspielrechtliche Zuverlässigkeit besitzt,
14. für das Spielbankunternehmen in verantwortlicher Position Beauftragte für die Suchtprävention und -bekämpfung, den Jugend- und Spielerschutz, die Spielbank- und Spielbetriebssicherheit und die Innenrevision bestellt werden, die die jeweils erforderliche Qualifikation besitzen und laufend fortgebildet werden,
15. ein ordnungspolitischer Beirat nach Maßgabe des § 8 bestellt wird sowie
16. der Spielbetrieb unverzüglich nach Konzessionserteilung aufgenommen wird.

I. Einleitung

§ 4 SpielbG NRW enthält den **ordnungsrechtlichen Rahmen** für die Erteilung der Spielbankkonzession. Bereits die Vorschrift im SpielbG NRW 2012 sah Regelungen für die Erlaubnis zum Betrieb der Spielbanken vor. Teilweise konnten diese übernommen werden, einige mussten jedoch aufgrund der angestrebten Privatisierung der Spielbanken angepasst werden.[1] So sieht zum Beispiel § 4 Abs. 2 Nr. 2 SpielbG NRW vor, dass die Bewerberin oder der Bewerber ein **schlüssiges Gesamtbetriebskonzept** für die von der Konzession erfassten Spielbanken vorlegen muss, was in Zeiten des staatlichen Spielbankenmonopols nicht notwendig war. Der Gesetzgeber war bei der Neufassung des § 4 SpielbG bemüht, die Voraussetzungen für die Erteilung einer Spielbankkonzession möglichst verständlich aufzuführen, damit für jede potenzielle Bewerberin und jeden potenziellen Bewerber klar erkennbar ist, welche Anforderungen an sie oder ihn gestellt werden. 1

1 Vgl. die Gesetzesbegründung zum SpielbG NRW LT-Drs. 17/8796, 38.

II. Zuständigkeit für die Konzessionserteilung (Abs. 1)

2 § 4 Abs. 1 SpielbG regelt die Zuständigkeit für die Erteilung der Konzession. Demnach entscheidet **das für die Glücksspielaufsicht zuständige Ministerium** über die Erteilung der Konzession. Dies ist derzeit das Ministerium des Innern des Landes Nordrhein-Westfalen.

3 Anders als die Vorgängervorschrift im SpielbG NRW 2012 enthält § 4 Abs. 1 SpielbG NRW keine ausdrücklichen Vorgaben hinsichtlich der zusätzlich möglichen zwei Spielbankstandorte. Nach dem Willen des Gesetzgebers kann die Konzessionsinhaberin bzw. der Konzessionsinhaber im Rahmen ihrer oder seiner unternehmerischen Entscheidungsfreiheit wählen, ob und wo sie oder er die Spielbanken betreiben will.[2] Das zuständige Ministerium prüft lediglich, ob durch den Betrieb einer Spielbank an dem gewünschten Standort der öffentliche Kanalisierungsauftrag erfüllt werden kann und ob die sonstigen ordnungsrechtlichen Voraussetzungen erfüllt sind.[3] Das wirtschaftliche Risiko für den Betrieb einer Spielhalle an einem bestimmten Standort trägt allein die Konzessionsinhaberin bzw. der Konzessionsinhaber.[4]

III. Voraussetzungen für die Konzessionserteilung (Abs. 2)

4 § 4 Abs. 2 SpielbG NRW nennt die einzelnen Voraussetzungen für die Erteilung einer Konzession. Hierzu zählen die Einhaltung der Ziele des § 1 SpielbG NRW (Nr. 1), ein schlüssiges Gesamtbetriebskonzept (Nr. 2), die Gewährleistung eines ordnungsgemäßen Spielverlaufs (Nr. 3), die Nichtgefährdung der öffentlichen Sicherheit und Ordnung (Nr. 4), der Sitz der Bewerberin oder des Bewerbers in einem Mitgliedstaat der Europäischen Union oder einem Vertragsstaat des Abkommens über den Europäischen Wirtschaftsraum (Nr. 5), die Benennung einer empfangs- und vertretungsberechtigten Person für den Fall, dass die Bewerberin oder der Bewerber über keinen Sitz im Inland verfügt (Nr. 6), die erforderliche Zuverlässigkeit der Bewerberin oder des Bewerbers (Nr. 7) sowie die Tatsache, dass die Bewerberin oder der Bewerber weder selbst, noch durch verbundene Unternehmen unerlaubtes Glücksspiel in Deutschland veranstaltet oder vermittelt (Nr. 8).

5 Die Einhaltung der Ziele des § 1 SpielbG NRW wurde auch schon in der Vorgängerregelung des SpielbG NRW 2012 als erste Voraussetzung für die damalige Erlaubniserteilung genannt.

6 Die Vorlage eines **schlüssigen Gesamtbetriebskonzepts** gemäß § 4 Abs. 2 Nr. 2 SpielbG NRW wurde hingegen als Voraussetzung neu in das SpielbG NRW 2020 eingeführt. Die Vorschrift ermöglicht der Genehmigungsbehörde die Prüfung, ob die Bewerberin oder der Bewerber in der Lage ist, den Betrieb der Spielbanken über einen längeren Zeitraum aufrecht zu halten. Nur wenn dies der Fall ist, kann der öffentliche Kanalisierungsauftrag erfüllt werden.[5] Zudem ist der Gesetzgeber der Auffassung, dass die Gefahr der **Manipulation** und anderer **krimineller Betätigungen** in der Spielbank erheblich steigen würde, wenn absehbar wäre, dass die Bewerberin oder der Bewerber wirtschaftlich nicht in der Lage wäre, den Betrieb bis zum Ende der Konzessionslaufzeit aufrecht zu erhalten.[6] Die Vorlage des schlüssigen Gesamtbetriebskonzepts soll auf der anderen

---

2 Vgl. die Gesetzesbegründung zum SpielbG NRW LT-Drs. 17/8796, 38.
3 Vgl. die Gesetzesbegründung zum SpielbG NRW LT-Drs. 17/8796, 38.
4 Vgl. die Gesetzesbegründung zum SpielbG NRW LT-Drs. 17/8796, 38.
5 Vgl. die Gesetzesbegründung zum SpielbG NRW LT-Drs. 17/8796, 39.
6 Vgl. die Gesetzesbegründung zum SpielbG NRW LT-Drs. 17/8796, 39.

Seite auch die Bewerberinnen und Bewerber bereits im Vorfeld dazu zwingen, zu berechnen, ob sich der Betrieb der Spielbanken für sie **lohnt**.[7]

Die Gewährleistung eines ordnungsgemäßen Spielverlaufs gemäß § 4 Abs. 2 Nr. 3 SpielbG NRW bezieht sich auf alle eingesetzten Spielgeräte, Spieltische, Automaten, technische Hilfsmittel und Programme. Dazu gehören beispielsweise Spielautomaten, Pokertische, Roulettetische, Black-Jack-Tische, Kartenmischmaschinen, Turnierverwaltungssoftware, Software zur Automatenprotokollierung, Kesselüberwachungssysteme und Geldscheinakzeptoren.[8] 7

Dass die Bewerberin oder der Bewerber gemäß § 4 Abs. 2 Nr. 4 SpielbG NRW durch den Betrieb der Spielbank die öffentliche Sicherheit oder Ordnung nicht gefährden darf, wurde bereits in der Vorgängerregelung des SpielbG NRW 2012 ausdrücklich hervorgehoben. 8

Die Regelungen in den Nr. 5 und 6 wurden aufgrund des Wegfalls des staatlichen Spielbankenmonopols neu in das SpielbG NRW aufgenommen. Durch Nr. 6 soll die **Erreichbarkeit** der Konzessionsinhaberin oder des Konzessionsinhabers sichergestellt und damit gewährleistet werden, dass der ordnungsrechtliche Rahmen durchgesetzt werden kann. 9

Gemäß § 4 Abs. 2 Nr. 7 SpielbG NRW muss die Bewerberin oder der Bewerber die für die rechtlich und wirtschaftlich einwandfreie Durchführung des Spielbankbetriebs erforderliche **Zuverlässigkeit** besitzen. Das Erfordernis der Zuverlässigkeit bezieht sich auf die Bewerberin oder den Bewerber, die an dieser oder diesem unmittelbar und mittelbar beteiligten Personen, und die für die Bewerberin oder den Bewerber in verantwortlicher Position handelnden Personen. Unzuverlässig ist eine Person insbesondere dann, wenn die Voraussetzungen des § 7 Abs. 2 S. 1 oder 2 SpielbG NRW vorliegen. 10

Die Voraussetzung in Nr. 8, nach der die Bewerberin oder der Bewerber in Deutschland kein unerlaubtes Glücksspiel veranstalten oder vermitteln darf, wurde neu in § 4 Abs. 2 SpielbG NRW aufgenommen. Bemängelt wird, dass **nicht eindeutig** sei, welche Konsequenzen sich aus einem Verstoß der Konzessionsinhaberin oder des Konzessionsinhabers gegen diese Voraussetzung ergeben.[9] Eine solche Festlegung ist jedoch nicht erforderlich. So kann auf die allgemeinen ordnungsrechtlichen Grundsätze zurückgegriffen werden. Danach wäre hier zunächst die Erteilung einer Ermahnung und sodann der Entzug der Konzession bei einem neuerlichen Verstoß denkbar.[10] 11

Das in der Vorgängervorschrift des § 4 Abs. 2 SpielbG NRW 2012 enthaltene Verbot, im Internet eine Spielbank zu betreiben, wurde im Zuge der Reform aus dem Gesetz gestrichen, da ihm gegenüber § 4 Abs. 4 GlüStV kein eigenständiger Regelungsgehalt zukam.[11] 12

IV. Mitteilungspflicht bei Änderungen (Abs. 3)

Nach § 4 Abs. 3 S. 1 SpielbG NRW sind Konzessionsinhaberinnen oder Konzessionsinhaber verpflichtet, jede Änderung der Gesellschafter und der Beteiligungsverhältnisse dem für die Glücksspielaufsicht zuständigen Ministerium **mitzuteilen**. Mit dieser Vorschrift soll sichergestellt werden, dass die Zuverlässigkeit der neuen Gesellschafter anhand der einschlägigen glücksspielrechtlichen Vor- 13

7 Vgl. die Gesetzesbegründung zum SpielbG NRW LT-Drs. 17/8796, 38.
8 Vgl. die Gesetzesbegründung zum SpielbG NRW LT-Drs. 17/8796, 39.
9 Vgl. die Stellungnahme von *Becker*, Universität Hohenheim, 17/2585, 2.
10 So auch die Stellungnahme von *Becker*, Universität Hohenheim, 17/2585, 2.
11 Vgl. die Gesetzesbegründung zum SpielbG NRW LT-Drs. 17/8796, 38.

schriften geprüft werden kann.[12] Dabei ist gemäß § 4 Abs. 3 S. 2 SpielbG NRW bei juristischen Personen des Privatrechts lediglich die Änderung derjenigen Beteiligungen oder Gesellschafterzusammensetzungen erfasst, die mehr als 5 % des Grundkapitals halten oder mehr als 5 % der Stimmrechte ausüben. Änderungen, die diese Schwellenwerte nicht erreichen, müssen der Aufsichtsbehörde hingegen **nicht** mitgeteilt werden. Der Schwellenwert in § 4 Abs. 3 S. 2 SpielbG NRW wurde in Anlehnung an § 33 des Wertpapierhandelsgesetzes in der Fassung der Bekanntmachung vom 9.9.1998,[13] zuletzt geändert durch Gesetz vom 12.12.2019,[14] geschaffen.[15] § 33 WpHG ist die zentrale Vorschrift über Mitteilungs- und Veröffentlichungspflichten für börsennotierte Aktiengesellschaften, nach der ein Aktionär das Über- oder Unterschreiten bestimmter Schwellenwerte der Gesellschaft und der BaFin unverzüglich anzuzeigen hat.[16]

14 Nach dem ausdrücklichen Wortlaut des § 4 Abs. 3 S. 1 SpielbG NRW müssen Änderungen **„unverzüglich"**, d.h. ohne schuldhaftes Zögern, angezeigt werden. Hinsichtlich der Form ordnet die Vorschrift die **Schriftform** an. Aufgrund von § 3a Abs. 2 VwVfG NRW kann die Schriftform jedoch auch durch die elektronische Form ersetzt werden. Für die elektronische Form genügt ein elektronisches Dokument, das mit einer qualifizierten elektronischen Signatur versehen ist.

V. Zustimmungsvorbehalt bei bestimmten Änderungen (Abs. 4 und 5)

15 Bei bestimmten gesellschaftsbezogenen Änderungen verlangt § 4 Abs. 4 SpielbG NRW zusätzlich zu einer Mitteilung nach § 4 Abs. 3 SpielbG NRW die vorherige **Zustimmung** des für die Glücksspielaufsicht zuständigen Ministeriums. Das betrifft die Änderung der Gesellschaftsform, Änderungen der mittelbaren Gesellschafter oder der Gesellschafterzusammensetzung, Umwandlungen nach dem Umwandlungsgesetz, die vollständige oder teilweise Veräußerung des die Spielbank betreibenden Unternehmens, Vermögensübertragungen, die Einfluss auf die Struktur der Konzessionsinhaberin oder des Konzessionsinhabers haben, sowie die Einräumung einer stillen Beteiligung oder einer Unterbeteiligung jeglicher Art. Zudem sieht § 4 Abs. 5 SpielbG vor, dass die Zustimmung bei einem Gesellschafterwechsel nur dann erteilt werden darf, wenn die neue Gesellschafterin oder der neue Gesellschafter eine angemessene Sicherheit für die Erfüllung der Verpflichtungen der Konzessionsinhaberin oder des Konzessionsinhabers nach dem SpielbG NRW leistet.

16 Der Zustimmungsvorbehalt ermöglicht es der Glücksspielaufsicht zu prüfen, ob bei der Konzessionsinhaberin oder dem Konzessionsinhaber aufgrund der gesellschaftlichen Verknüpfung **Zweifel** an der Zuverlässigkeit bestehen.[17] Der Gesetzgeber will verhindern, dass die Konzession an eine unzuverlässige Person oder Gesellschaft übertragen wird, oder sog. „Strohmänner" zwischengeschaltet werden.[18] Die genannten Änderungen können erst dann wirksam werden, wenn die Zustimmung des für die Glücksspielaufsicht zuständigen Ministeriums vorliegt.

17 Aufgrund des Zustimmungsvorbehalts wird zwar in die Eigentumsgarantie aus Art. 14 GG eingegriffen, jedoch ist dieser Eingriff verfassungsrechtlich **gerecht-**

12 Vgl. die Gesetzesbegründung zum SpielbG NRW LT-Drs. 17/8796, 39.
13 BGBl. 1998 I 2708.
14 BGBl. 2019 I 2637.
15 Vgl. die Gesetzesbegründung zum SpielbG NRW LT-Drs. 17/8796, 39.
16 Vgl. MüKoAktG/*Bayer,* 5. Aufl. 2019, WpHG § 33 Rn. 1.
17 Vgl. die Gesetzesbegründung zum SpielbG NRW LT-Drs. 17/8796, 39.
18 Vgl. die Gesetzesbegründung zum SpielbG NRW LT-Drs. 17/8796, 40.

fertigt.[19] Der Zustimmungsvorbehalt stellt eine zulässige Inhalts- und Schrankenbestimmung i.S.d. Art. 14 Abs. 1 S. 2 GG dar. Dabei ist der Zustimmungsvorbehalt im Vergleich zu einem etwaigen Widerruf der Konzession ein gleich geeignetes, aber milderes Mittel. Die Überprüfung der Zuverlässigkeit der Konzessionsinhaberin oder des Konzessionsinhabers dient dem überragenden Gemeinwohlinteresse der Bevölkerung auf Schutz vor Manipulation, der Kriminalitätsprävention und der Bekämpfung der Glücksspielsucht.[20]

VII. Befristung und Nebenbestimmungen (Abs. 6)

Die Konzession ist gemäß § 4 Abs. 6 S. 1 SpielbG NRW für einen Zeitraum von 18
höchstens 15 Jahren zu erteilen. Anders als noch unter der alten Rechtslage, die eine Befristung der Erlaubnis auf 10 Jahre vorsah (vgl. § 4 Abs. 3 SpielbG NRW 2012), erhält die Konzessionsinhaberin oder der Konzessionsinhaber durch die 15-jährige Konzessionslaufzeit eine **größere Planungssicherheit**.[21] Dies ist notwendig, da der Betrieb einer Spielbank mit erheblichen Investitionen verbunden ist, die nicht zuletzt dazu geeignet sein müssen, ein hinreichend **attraktives Spielangebot** zu schaffen, um den öffentlichen Kanalisierungsauftrag des § 1 Nr. 2 SpielbG NRW zu erfüllen.[22] Nicht unerhebliche Investitionen sind zudem nötig, um die Einhaltung des Jugend- und Spielerschutzes sicherzustellen.

§ 4 Abs. 6 S. 2 SpielbG NRW enthält eine nichtabschließende Liste ordnungs- 19
rechtlicher Nebenbestimmungen, die zur Erreichung der Ziele des § 1 SpielbG in der Konzession enthalten sein können. Die genannten Nebenbestimmungen betreffen räumliche und technische Voraussetzungen für einen ordnungsgemäßen Spielbankbetrieb.[23]

VIII. Pflichten der Konzessionsinhaberin bzw. des Konzessionsinhabers (Abs. 7)

Die Konzessionsinhaberin oder der Konzessionsinhaber muss die in § 4 Abs. 7 20
SpielbG genannten Pflichten einhalten. Dazu zählen im Einzelnen handelsrechtliche Aufbewahrungs- und Dokumentationspflichten (Nr. 1), Spieler- und Jugendschutzmaßnahmen (Nr. 2 und 3), die Vorlage und Fortentwicklung eines Sozialkonzepts (Nr. 4), das Verbot der Veranstaltung und Vermittlung unerlaubten Glücksspiels (Nr. 5), die Veranstaltung ausschließlich zugelassener Glücksspiele (Nr. 6), eine transparente und strukturierte Unternehmensorganisation (Nr. 7), die Teilnahme am Sperrsystem nach §§ 8 und 23 GlüStV 2021 (Nr. 8), der ordnungsgemäße und nachvollziehbare Betrieb der Spielbank (Nr. 9), die Gewährung des jederzeitigen Zutritts zugunsten der Finanz- und Glücksspielaufsicht (Nr. 10), die Gewährung von Einsicht in erforderliche Unterlagen und Aufzeichnungen durch die Finanzaufsicht (Nr. 11), die Bestellung von Beauftragten für die Suchtprävention und -bekämpfung, den Jugend- und Spielerschutz, die Spielbank- und Spielbetriebssicherheit und die Innenrevision (Nr. 12), die Bestellung eines ordnungspolitischen Beirats (Nr. 13) und die unverzügliche Aufnahme des Spielbetriebs nach Konzessionserteilung (Nr. 14).

Aus der Formulierung zum Sozialkonzept geht dabei hervor, dass die Evaluie- 21
rung, Umsetzung und Weiterentwicklung des Sozialkonzeptes der Konzessions-

19 Vgl. die Gesetzesbegründung zum SpielbG NRW LT-Drs. 17/8796, 40.
20 Vgl. die Gesetzesbegründung zum SpielbG NRW LT-Drs. 17/8796, 40.
21 Vgl. die Gesetzesbegründung zum SpielbG NRW LT-Drs. 17/8796, 40.
22 Vgl. die Gesetzesbegründung zum SpielbG NRW LT-Drs. 17/8796, 41; vgl. auch Stellungnahme von *Ennuschat*, Ruhr-Universität Bochum, 17/2514, 1–2.
23 Vgl. die Gesetzesbegründung zum SpielbG NRW LT-Drs. 17/8796, 41.

inhaberin bzw. dem Konzessionsinhaber selbst obliegt und **nur die Überprüfung** dieses Konzepts **unternehmensunabhängig** erfolgen soll. Dies ist im Gesetzgebungsverfahren kritisiert worden: Anstatt einem privaten, gewinnorientierten Anbieter die Aufgabe zu erteilen, sein eigenes Sozialkonzept zu evaluieren und weiterzuentwickeln, sei die Pflicht zu einer wissenschaftlichen Evaluation, wie es der Glücksspielstaatsvertrag für die mit weniger Suchtgefahr behafteten Soziallotterien und das Gewinnsparen im Internet erfordert (§ 4 Abs. 5 S. 2 GlüStV 2021), vorzugswürdig.[24]

22 Der Gesetzgeber misst dabei insbesondere dem Verbot der Veranstaltung und Vermittlung unerlaubten Glücksspiels besondere Bedeutung bei.[25] Eine Konzessionsinhaberin oder ein Konzessionsinhaber, die oder der gleichzeitig Glücksspiele ohne Erlaubnis anbietet, zeige, dass sie oder er nicht bereit sei, die deutsche Glücksspielregulierung und das damit verbundene **Verbraucherschutzniveau** anzuerkennen. Dies gelte unabhängig davon, ob der Sitz der Glücksspielanbieterin oder des Glücksspielanbieters in Deutschland oder im (europäischen) Ausland liege.[26] Zu Recht sind in einem solchen Fall erhebliche Zweifel an der Zuverlässigkeit der Konzessionsinhaberin oder des Konzessionsinhabers begründet, die im Regelfall zu einem Widerruf der Konzession führen müssen.[27]

23 Die Nr. 9 bis 11 sollen eine wirksame Aufsicht über den Betrieb der Spielbanken sicherstellen.[28] Das Ziel des Gesetzgebers war es insbesondere, den potenziellen Bewerberinnen und Bewerbern bereits im Vorfeld den **Umfang der Aufsichtsrechte** und die damit verbundenen Einschränkungen ihrer Grundrechte vor Augen zu führen.[29]

§ 5 SpielbG NRW Betriebserlaubnisse

(1) [1]Zusätzlich zu der Konzession bedarf die Konzessionsinhaberin oder der Konzessionsinhaber für jede Spielbank einer Betriebserlaubnis, über deren Erteilung ebenfalls das für die Glücksspielaufsicht zuständige Ministerium entscheidet. [2]Die Betriebserlaubnis wird auf der Grundlage der Konzession erteilt. [3]Sie enthält alle Regelungen, die zur Umsetzung der Konzession für den Betrieb am einzelnen Standort unter Berücksichtigung der örtlichen Besonderheiten erforderlich sind. [4]Hierzu zählen insbesondere die Ortsangabe der Spielbank, die dort zugelassenen Glücksspiele und die dort zugelassene Höchstzahl an Spielgeräten, Spieltischen und Automaten. [5]Sie endet spätestens mit dem Auslaufen der Konzession, im Falle eines Widerrufs der Konzession nach § 7 mit dem Widerruf. [6]Die Betriebserlaubnis darf nur erteilt werden, wenn

1. **der Betrieb den Zielen des § 1 nicht zuwiderläuft,**
2. **die Bewerberin oder der Bewerber ein schlüssiges örtliches Betriebskonzept für die einzelne Spielbank vorlegt, wonach unter Berücksichtigung der Abgaben und zusätzlichen Leistungen nach den §§ 19 bis 21 ein wirtschaftlicher Betrieb der Spielbank zu erwarten ist,**

---

24 Vgl. Stellungnahme von *Becker*, Universität Hohenheim, 17/2585, 2.
25 Vgl. die Gesetzesbegründung zum SpielbG NRW LT-Drs. 17/8796, 41.
26 Vgl. die Gesetzesbegründung zum SpielbG NRW LT-Drs. 17/8796, 41.
27 Vgl. dazu auch *Dünchheim* ZfWG 2018, 82; *Dünchheim/Bringmann* ZfWG 2018, 502.
28 Vgl. die Gesetzesbegründung zum SpielbG NRW LT-Drs. 17/8796, 41.
29 Vgl. die Gesetzesbegründung zum SpielbG NRW LT-Drs. 17/8796, 41.

3. die vor Ort eingesetzten Spielgeräte, Spieltische, Automaten, technischen Hilfsmittel und Programme einen ordnungsgemäßen Spielverlauf gewährleisten,
4. durch den Betrieb der einzelnen Spielbank weder die öffentliche Sicherheit oder Ordnung gefährdet noch sonstige öffentliche Belange vor Ort beeinträchtigt werden,
5. die für die Bewerberin oder den Bewerber in verantwortlicher Position tätigen Personen im Sinne des § 7 Absatz 2 Satz 3 die für die ordnungsrechtlich und wirtschaftlich einwandfreie Durchführung des Spielbankbetriebs erforderliche Zuverlässigkeit besitzen; diese sind insbesondere dann nicht zuverlässig, wenn ein Grund des § 7 Absatz 2 Satz 1 oder 2 vorliegt und
6. ein Sozialkonzept nach § 4 Absatz 7 Nummer 4 vorliegt, in das gegebenenfalls Besonderheiten des jeweiligen Spielbankstandortes eingearbeitet sind.

(2) [1]Zur Erreichung der in § 1 genannten Ziele kann die Betriebserlaubnis Nebenbestimmungen enthalten, die über die Bestimmungen in der Konzession hinausgehen und diese, auf den Standort bezogen, näher konkretisieren, insbesondere über

1. besondere Pflichten bezüglich der Errichtung und Einrichtung der Spielbank am Standort, zum Beispiel deren Räumlichkeiten,
2. die technische Beschaffenheit der Spielgeräte, Spieltische, Automaten, technischen Hilfsmittel und Programme, deren Inbetriebnahme und Betrieb, sofern dies nicht bereits in der Konzession abschließend festgelegt wird,
3. Art und Umfang des örtlichen Glücksspielangebotes, einschließlich der hierfür erforderlichen Spielregeln und Teilnahmebedingungen,
4. die Mindest- und Höchstzahl der in der Spielbank zulässigen Spielgeräte, Spieltische und Spielautomaten,
5. die Zulässigkeit der Vernetzung der Glücksspiele innerhalb der Spielbank oder der Spielbanken untereinander, sofern nicht abschließend in § 4 Absatz 6 Nummer 5 bestimmt, und
6. sonstige Pflichten, die bei Errichtung, Einrichtung und Betrieb der Spielbank am jeweiligen Standort zu beachten sind.

[2]Zur Sicherung des ordnungsrechtlich einwandfreien Betriebs der Spielbank können die Nebenbestimmungen während der Laufzeit der Betriebserlaubnis ergänzt oder geändert werden.

I. Einleitung

§ 5 SpielbG NRW sieht vor, dass die Konzessionsinhaberin oder der Konzessionsinhaber zusätzlich zu der Konzession für jede Spielbank eine **Betriebserlaubnis** benötigt. Während die Konzession ihrem Wesen und Inhalt nach eine umfassende Grund- bzw. Rahmenerlaubnis zum Betrieb der Spielbanken in NRW ist, enthält die Betriebserlaubnis ergänzende Vorgaben für den Spielbankbetrieb an einem **bestimmten Standort**. Die Betriebserlaubnis wird auf der Grundlage der Konzession erteilt und ist insofern von den Festlegungen der Konzession abhängig.[1] Die Betriebserlaubnis wird daher nicht schon im Vergabeverfahren ausgeschrieben, sondern allein im Rahmen des allgemeinen Verwaltungsverfahrens erteilt. Die Abhängigkeit der Betriebserlaubnis von der Konzession kommt insbesondere in § 5 Abs. 1 S. 5 SpielbG NRW zum Ausdruck, wonach die Laufzeit der Betriebserlaubnisse von der Laufzeit der Konzession abhängt. Die Betriebserlaubnis erlischt immer dann, wenn die Laufzeit der Konzession endet. 1

1 Vgl. die Gesetzesbegründung zum SpielbG NRW LT-Drs. 17/8796, 42.

II. Inhalt und Voraussetzungen für die Erteilung der Betriebserlaubnis (Abs. 1)

2 Der Inhalt der Betriebserlaubnis wird durch § 5 Abs. 1 S. 3 und 4 SpielbG NRW festgelegt. Demnach enthält die Betriebserlaubnis alle Regelungen, die zur Umsetzung der Konzession für den Betrieb am einzelnen Standort erforderlich sind. Die örtlichen Besonderheiten sind zu berücksichtigen. In der Betriebserlaubnis sind insbesondere der Ort der Spielbank, die dort zugelassenen Glücksspiele und die Höchstzahl an Spielgeräten, Spieltischen und Automaten festzulegen. Da die Aufzählung in § 5 Abs. 1 S. 4 SpielbG NRW nicht abschließend ist, können weitere Regelungen getroffen werden, um den ordnungsgemäßen Betrieb am jeweiligen Standort zu gewährleisten.

3 Die Voraussetzungen für die Erteilung der Betriebserlaubnis sind in § 5 Abs. 1 S. 6 SpielbG NRW normiert. Inhaltlich ähnelt die Vorschrift zwar § 4 Abs. 2 SpielbG NRW. Auch die Erteilung der Betriebserlaubnis verlangt beispielsweise, dass der Betrieb der Spielbank den Zielen des § 1 SpielbG nicht zuwiderläuft (Nr. 1). Anders als in § 4 Abs. 2 SpielbG NRW sind die Voraussetzungen in § 5 Abs. 1 S. 6 SpielbG jedoch auf den jeweiligen Standort zugeschnitten. So muss die Bewerberin oder der Bewerber ein schlüssiges *örtliches* Betriebskonzept vorlegen (Nr. 2), einen ordnungsgemäßen Spielverlauf *vor Ort* gewährleisten (Nr. 3) und sie oder er darf durch den Betrieb der einzelnen Spielbank *vor Ort* nicht die öffentliche Sicherheit oder Ordnung gefährden (Nr. 4). Zudem müssen die für die Bewerberin oder den Bewerber in verantwortlicher Position tätigen Personen die erforderliche Zuverlässigkeit besitzen (Nr. 5) und die Konzessionsinhaberin oder der Konzessionsinhaber muss ein Sozialkonzept vorlegen, in das die Besonderheiten des jeweiligen Spielhallenstandortes eingearbeitet sind (Nr. 6).

III. Nebenbestimmungen (Abs. 2)

4 Gemäß § 5 Abs. 2 SpielbG NRW kann die Betriebserlaubnis mit Nebenbestimmungen versehen werden. Die Nebenbestimmungen können dabei über die Bestimmungen in der Konzession hinausgehen und die Bestimmungen der Konzession bezogen auf den jeweiligen Standort näher konkretisieren. Obwohl § 5 Abs. 2 SpielbG teils wörtlich mit § 4 Abs. 6 SpielbG übereinstimmt, enthalten die beiden Vorschriften unterschiedliche Regelungen, da sie jeweils einen **anderen Bezugspunkt** haben.[2] Während die Nebenbestimmungen der Konzession gemäß § 4 Abs. 6 SpielbG Vorgaben für alle Spielbanken enthalten, regeln die Nebenbestimmungen der Betriebserlaubnis gemäß § 5 Abs. 2 SpielbG die Umsetzung der Vorgaben der Konzession in der Spielbank vor Ort unter Berücksichtigung der örtlichen Besonderheiten.

5 Nebenbestimmungen der Betriebserlaubnis können insbesondere Pflichten bezüglich der Errichtung und Einrichtung der Spielbank am Standort (Nr. 1.) und technische Vorgaben für die Glücksspielgeräte (Nr. 2.) enthalten. Zudem können Art und Umfang des örtlichen Glücksspielangebotes (Nr. 3.) und die Mindest- und Höchstzahl der in der Spielbank zulässigen Spielgeräte, Spieltische und Spielautomaten festgelegt werden (Nr. 4). Die Mindest- bzw. Höchstzahl bezieht sich dabei auf die Zahl der vorzuhaltenden und nicht auf die Zahl der jeweils im Betrieb befindlichen Geräte.[3] Wie viele der genehmigten Geräte in der Praxis in Betrieb genommen werden, entscheidet die Spielbankleitung. In diesem Zusammenhang muss § 2 Abs. 3 SpielbG NRW beachtet werden, wonach an jedem Standort das **Klassische Spiel** und das **Automatenspiel** anzubieten sind. Das An-

2 Vgl. die Gesetzesbegründung zum SpielbG NRW LT-Drs. 17/8796, 42.
3 Vgl. die Gesetzesbegründung zum SpielbG NRW LT-Drs. 17/8796, 42.

gebot dieser beiden Glücksspiele ist das **Wesensmerkmal** der Spielbanken und gibt diesen in Abgrenzung zum gewerblichen Automatenspiel ihre spielbanktypische Prägung.[4] Die Nebenbestimmungen der Betriebserlaubnis können zudem gemäß § 5 Abs. 2 SpielbG NRW die Zulässigkeit der Vernetzung der Glücksspiele innerhalb der Spielbank oder der Spielbanken untereinander regeln (Nr. 5) und sonstige Pflichten für die Errichtung, Einrichtung und den Betrieb der Spielbank am jeweiligen Standort festlegen (Nr. 6).

§ 6 SpielbG NRW Genehmigungspflicht von Schließungen

[1]Die Schließung einer Spielbank oder die mehr als einen Monat während Unterbrechung des Spielbetriebs oder die Nichtaufnahme des Spielbetriebs unverzüglich nach Konzessionserteilung bedarf der Genehmigung durch das für die Glücksspielaufsicht zuständige Ministerium. [2]Die Genehmigung ist zu erteilen, wenn die verbleibenden von der Konzessionsinhaberin oder dem Konzessionsinhaber betriebenen Spielbanken geeignet sind, den öffentlichen Kanalisierungsauftrag im Sinne von § 1 Nummer 2 zu erfüllen. [3]Die Erfüllung des öffentlichen Kanalisierungsauftrages erfordert den Betrieb von vier Spielbanken.

§ 6 SpielbG NRW normiert einen **Genehmigungsvorbehalt** für die Schließung einer Spielbank, die mehr als einen Monat während Unterbrechung des Spielbetriebs und die Nichtaufnahme des Spielbetriebs unverzüglich nach Konzessionserteilung. Die drei genannten Sachverhalte sind im Lichte des öffentlichen Kanalisierungsauftrags gemäß § 1 Nr. 2 SpielbG NRW zu sehen.[1] Um den **natürlichen Spieltrieb** der Bevölkerung in geordnete und überwachte Bahnen zu lenken, ist das Land verpflichtet, ein ausreichendes Glücksspielangebot sicherzustellen. Die Nichtaufnahme und Unterbrechung des Spielbetriebs sowie die Schließung einer Spielbank wirken sich aber unmittelbar auf das Glücksspielangebot in NRW aus und können im äußersten Fall dazu führen, dass der öffentliche Kanalisierungsauftrag nicht erfüllt wird. Der Genehmigungsvorbehalt des § 6 SpielbG führt dazu, dass sich die Konzessionsinhaberin oder der Konzessionsinhaber nicht frei entscheiden kann, lediglich die wirtschaftlich rentablen Spielbanken zu eröffnen und zu betreiben und die nicht rentablen Spielbanken geschlossen zu halten oder aufzugeben. Dies stellt zwar einen **Eingriff in die Berufsfreiheit** der Konzessionsinhaberin oder des Konzessionsinhabers gemäß Art. 12 Abs. 1 GG dar. Dieser Eingriff ist jedoch **gerechtfertigt**, da die Nichtaufnahme und Unterbrechung des Spielbetriebs sowie die Schließung der Spielbank nicht pauschal verboten sind, sondern lediglich einer Genehmigung durch das zuständige Ministerium bedürfen. So ist es beispielsweise möglich, auf unvorhersehbare, unverschuldete Ereignisse einzelfallbezogen zu reagieren. Beispielhaft nennt die Gesetzesbegründung größere Wasserschäden oder sonstige Schäden an oder in den Räumlichkeiten der Spielbank.[2] In solchen Fällen kann der Spielbetrieb auf der Grundlage einer Genehmigung nach § 6 SpielbG unterbrochen werden. Keinem Genehmigungsvorbehalt unterliegen dagegen **gesetzlich angeordnete Schließungen** wie beispielsweise während der Corona-Pandemie im Jahr 2020/2021. 1

4 Vgl. die Gesetzesbegründung zum SpielbG NRW LT-Drs. 17/8796, 42.
1 Vgl. die Gesetzesbegründung zum SpielbG NRW LT-Drs. 17/8796, 42.
2 Vgl. die Gesetzesbegründung zum SpielbG NRW LT-Drs. 17/8796, 42.

§ 7 SpielbG NRW Übertragbarkeit und Widerruf der Konzession

(1) [1]Die Konzession und die Betriebserlaubnisse sind nicht übertragbar. [2]Sie dürfen nicht, auch nicht teilweise, Dritten zur Ausübung überlassen werden. [3]Eine Übertragung der Konzession kann auf Antrag der Konzessionsinhaberin oder des Konzessionsinhabers ausnahmsweise durch das für die Glücksspielaufsicht zuständige Ministerium zugelassen werden, wenn im Zuge einer Unternehmensumstrukturierung innerhalb der mit der Konzessionsinhaberin oder dem Konzessionsinhaber verbundenen Unternehmen im Sinne der §§ 15 bis 19 des Aktiengesetzes vom 6. September 1965 (BGBl. I S. 1089), das zuletzt durch Artikel 1 des Gesetzes vom 12. Dezember 2019 (BGBl. I S. 2637) geändert worden ist, ein anderes Unternehmen an die Stelle der bisherigen Konzessionsinhaberin oder des Konzessionsinhabers treten soll und dieses andere, die Konzession übernehmende Unternehmen die Voraussetzungen des § 4 Absatz 2 und die ursprünglich festgelegten Anforderungen an die Eignung erfüllt. [4]Eine Überlassung einzelner Betriebserlaubnisse zur Ausübung an Dritte kann auf Antrag der Konzessionsinhaberin oder des Konzessionsinhabers ausnahmsweise durch das für die Glücksspielaufsicht zuständige Ministerium zugelassen werden, wenn diese an eine Gesellschaft erfolgt, an deren Kapital- oder Gesellschaftsvermögen die Konzessionsinhaberin oder der Konzessionsinhaber ausschließlich beteiligt ist.

(2) [1]Die Konzession soll von dem für die Glücksspielaufsicht zuständigen Ministerium widerrufen werden, wenn die Konzessionsinhaberin oder der Konzessionsinhaber oder eine Person, deren Verhalten nach Satz 3 dem Unternehmen der Konzessionsinhaberin oder des Konzessionsinhabers zuzurechnen ist, rechtskräftig verurteilt oder eine Geldbuße gemäß § 30 des Gesetzes über Ordnungswidrigkeiten in der Fassung der Bekanntmachung vom 19. Februar 1987 (BGBl. I S. 602), das zuletzt durch Artikel 3 des Gesetzes vom 30. November 2020 (BGBl. I S. 2600) geändert worden ist, rechtskräftig festgesetzt worden ist, wegen einer Straftat nach:

1. § 129 des Strafgesetzbuchs (Bildung krimineller Vereinigungen), § 129a des Strafgesetzbuchs (Bildung terroristischer Vereinigungen) oder § 129b des Strafgesetzbuchs (Kriminelle und terroristische Vereinigungen im Ausland, Einziehung),
2. § 89c des Strafgesetzbuchs (Terrorismusfinanzierung) oder wegen der Teilnahme an einer solchen Tat oder wegen der Bereitstellung oder Sammlung finanzieller Mittel in Kenntnis dessen, dass diese finanziellen Mittel ganz oder teilweise dazu verwendet werden oder verwendet werden sollen, eine Tat nach § 89a Absatz 2 Nummer 2 des Strafgesetzbuchs (Vorbereitung einer schweren staatsgefährdenden Gewalttat) zu begehen,
3. § 261 des Strafgesetzbuchs (Geldwäsche, Verschleierung unrechtmäßig erlangter Vermögenswerte),
4. § 263 des Strafgesetzbuchs (Betrug),
5. § 264 des Strafgesetzbuchs (Subventionsbetrug), soweit sich die Straftat gegen den Haushalt der Europäischen Union oder gegen Haushalte richtet, die von der Europäischen Union oder in ihrem Auftrag verwaltet werden,
6. § 266 des Strafgesetzbuchs (Untreue),
7. § 299 des Strafgesetzbuchs (Bestechlichkeit und Bestechung im geschäftlichen Verkehr), §§ 299a (Bestechlichkeit im Gesundheitswesen) und 299b des Strafgesetzbuchs (Bestechung im Gesundheitswesen),
8. § 108e des Strafgesetzbuchs (Bestechlichkeit und Bestechung von Mandatsträgern),

9. den §§ 333 (Vorteilsgewährung) und 334 des Strafgesetzbuchs (Bestechung), jeweils auch in Verbindung mit § 335a des Strafgesetzbuchs (Ausländische und internationale Bedienstete),
10. Artikel 2 § 2 des Gesetzes zur Bekämpfung internationaler Bestechung vom 10. September 1998 (BGBl. 1998 II S. 2327), das durch Artikel 5 des Gesetzes vom 20. November 2015 (BGBl. I S. 2025) geändert worden ist, (Bestechung ausländischer Abgeordneter im Zusammenhang mit internationalem geschäftlichen Verkehr),
11. den §§ 232, 232a Absatz 1 bis 5, den §§ 232b bis 233a des Strafgesetzbuchs (Menschenhandel, Zwangsprostitution, Zwangsarbeit, Ausbeutung der Arbeitskraft, Ausbeutung unter Ausnutzung einer Freiheitsberaubung),
12. den §§ 146, 147 des Strafgesetzbuchs (Geldfälschung, Inverkehrbringen von Falschgeld),
13. den §§ 284, 287 des Strafgesetzbuchs (unerlaubte Veranstaltung eines Glücksspiels, unerlaubte Veranstaltung einer Lotterie oder einer Ausspielung) oder
14. den § 370 der Abgabenordnung in der Fassung der Bekanntmachung vom 1. Oktober 2002 (BGBl. I S. 3866; 2003 I S. 61) in der jeweils geltenden Fassung, soweit die Straftat die Hinterziehung von Steuern betrifft, die in Ausübung der Konzession entstanden sind.

[2]Einer Verurteilung oder der Festsetzung einer Geldbuße im Sinne des Satzes 1 stehen eine Verurteilung oder die Festsetzung einer Geldbuße nach den vergleichbaren Vorschriften anderer Staaten gleich. [3]Das Verhalten einer rechtskräftig verurteilten Person ist dem Unternehmen der Konzessionsinhaberin oder des Konzessionsinhabers zuzurechnen, wenn diese Person als für die Leitung des Unternehmens verantwortlich gehandelt hat, dazu gehört auch die Überwachung der Geschäftsführung oder die sonstige Ausübung von Kontrollbefugnissen in leitender Stellung. [4]Von einem Widerruf nach Satz 1 darf nur dann abgesehen werden, wenn dies aus Gründen zwingenden öffentlichen Interesses geboten ist oder ein Widerruf unverhältnismäßig wäre.

(3) Die Konzession kann von dem für die Glücksspielaufsicht zuständigen Ministerium widerrufen werden, insbesondere wenn

1. die Konzessionsinhaberin oder der Konzessionsinhaber den Verpflichtungen zur Zahlung von Steuern, Abgaben oder Beiträgen zur Sozialversicherung nicht nachgekommen ist und dies durch eine rechtskräftige Gerichts- oder bestandskräftige Verwaltungsentscheidung festgestellt wurde,
2. die Konzessionsinhaberin oder der Konzessionsinhaber nachweislich gegen geltende umwelt-, sozial- oder arbeitsrechtliche Verpflichtungen verstoßen hat,
3. die Konzessionsinhaberin oder der Konzessionsinhaber zahlungsunfähig ist, über das Vermögen des Unternehmens ein Insolvenzverfahren oder ein vergleichbares Verfahren beantragt oder eröffnet worden ist, die Eröffnung eines solchen Verfahrens mangels Masse abgelehnt worden ist, sich das Unternehmen im Verfahren der Liquidation befindet oder seine Tätigkeit eingestellt hat,
4. die Konzessionsinhaberin oder der Konzessionsinhaber im Rahmen der beruflichen Tätigkeit nachweislich eine schwere Verfehlung begangen hat, durch die die Integrität des Unternehmens infrage gestellt wird,
5. die Konzessionsinhaberin oder der Konzessionsinhaber eine Anforderung der Konzessionen nicht erfüllt hat,

6. die Konzessionsinhaberin oder der Konzessionsinhaber über wesentliche, für die Konzessionierung maßgebliche Tatsachen getäuscht oder Auskünfte zurückgehalten hat oder
7. die Gründe des Absatzes 2 oder der Nummern 1 bis 4 bei einem mit der Konzessionsinhaberin oder dem Konzessionsinhaber verbundenen Unternehmen im Sinne des § 36 Absatz 2 Satz 1 des Gesetzes gegen Wettbewerbsbeschränkungen in der Fassung der Bekanntmachung vom 26. Juni 2013 (BGBl. I S. 1750, 3245), das zuletzt durch Artikel 1 des Gesetzes vom 18. Januar 2021 (BGBl. I S. 2s)[1] geändert worden ist, vorliegen.

(4) [1]Liegen die Voraussetzungen des Absatz 2 oder 3 hinsichtlich der Personen vor, die von der Konzessionsinhaberin oder dem Konzessionsinhaber in verantwortlicher Position entsprechend Absatz 2 Satz 3 zur Leitung einer Spielbank eingesetzt worden sind, ist die Konzessionsinhaberin oder der Konzessionsinhaber verpflichtet, die Beschäftigungsverhältnisse zu beenden. [2]Bei einem Verstoß gegen diese Verpflichtung kann das für die Glücksspielaufsicht zuständige Ministerium die Betriebserlaubnis für diese Spielbank widerrufen. [3]In besonders gravierenden Fällen kann der Widerruf auf die Konzession erstreckt werden.

I. Einleitung

1 § 7 SpielbG NRW regelt entgegen seiner Überschrift nicht nur die Übertragbarkeit und den Widerruf der Konzession iSd § 4 SpielbG, sondern enthält auch entsprechende Regelungen für die Betriebserlaubnis iSd § 5 SpielbG. Die Regelung ist insbesondere vor dem Hintergrund der **Privatisierung der Spielbanken in NRW** und der Notwendigkeit eines ordnungsgemäßen Spielbankenbetriebs durch ordnungsrechtlich zuverlässige Konzessionsinhaberinnen oder Konzessionsinhaber zu sehen.

II. Übertragbarkeit der Konzession und der Betriebserlaubnisse (Abs. 1)

2 § 7 Abs. 1 S. 1 SpielbG normiert den Grundsatz, dass Konzession und Betriebserlaubnisse **nicht übertragbar** sind. Die Spielbankkonzession ist eine gemischte Personen- und Sachkonzession, wobei der personenbezogene Aspekt der Zuverlässigkeit der Konzessionsinhaberin oder des Konzessionsinhabers überwiegt.[2] Aus diesem Grund ist eine Übertragung der Konzession auf eine andere natürliche oder juristische Person weder vollständig noch teilweise möglich. Von dem Grundsatz der Unübertragbarkeit ermöglicht § 7 Abs. 1 S. 3 SpielbG jedoch eine (eng begrenzte) **Ausnahme**. Danach kann das für die Glücksspielaufsicht zuständige Ministerium unter bestimmten Voraussetzungen eine Übertragung der Konzession im Zuge einer Unternehmensumstrukturierung zulassen. Dies soll nach dem Willen des Gesetzgebers dazu führen, dass die Konzessionsinhaberin oder der Konzessionsinhaber ihr oder sein verfassungsrechtlich garantiertes Eigentumsrecht weiterhin ausüben kann.[3] Auch eine Überlassung einzelner Betriebserlaubnisse ist unter den in § 7 Abs. 1 S. 5 SpielbG NRW genannten Voraussetzungen möglich.

III. Widerruf der Konzession (Abs. 2 und 3)

3 § 7 Abs. 2 und 3 SpielbG NRW regeln die Voraussetzungen für den **Widerruf** der Spielbankkonzession. Zu diesem Zweck werden in Abs. 2 einzelne vermögensrechtliche Straftatbestände aufgezählt, die Anlass zu einem Widerruf der Er-

1 Richtig wohl: „(BGBl. I S. 2)".
2 Vgl. die Gesetzesbegründung zum SpielbG NRW LT-Drs. 17/8796, 43.
3 Vgl. die Gesetzesbegründung zum SpielbG NRW LT-Drs. 17/8796, 43.

laubnis geben. Der Gesetzgeber hat die Vorschrift in Anlehnung an § 123 GWB geschaffen.[4] § 7 Abs. 3 SpielbG NRW ergänzt § 7 Abs. 2 SpielbG NRW um weitere Gründe, die zu einem Widerruf der Konzession führen können.

Die Rahmenbedingungen für den Widerruf der Konzession werden dabei auch von der **Rechtsprechung des EuGH** beeinflusst. Demnach ist der Ausschluss eines Wirtschaftsteilnehmers im Glücksspielbereich aufgrund einer Straftat durch das Ziel der Kriminalitätsbekämpfung gerechtfertigt.[5] Da der Widerruf der Konzession für die Konzessionsnehmerin oder den Konzessionsnehmer eine besonders einschneidende Maßnahme darstellt, muss sie oder er das Sanktionsrisiko allerdings sicher abschätzen können. Es muss daher **klar, genau und eindeutig** bestimmt sein, unter welchen Umständen die Sanktion zur Anwendung kommt.[6] Dies ist in § 7 Abs. 2 SpielbG NRW gewährleistet, da die einzelnen strafrechtlichen Vorschriften genannt werden, bei denen ein Widerruf erfolgen „soll“, sofern nicht nach § 7 Abs. 2 S. 4 SpielbG NRW aus zwingenden Gründen des öffentlichen Interesses von einem Widerruf abgesehen wird. 4

Die in § 7 Abs. 3 SpielbG NRW genannten Gründe beziehen sich auf die Unzuverlässigkeit der Konzessionsinhaberin bzw. des Konzessionsinhabers. Nach Nr. 2 der Vorschrift kann die Konzession widerrufen werden, wenn die Konzessionsinhaberin oder der Konzessionsinhaber „nachweislich gegen geltende umwelt-, sozial oder arbeitsrechtliche Verpflichtungen verstoßen hat“. Entgegen den Empfehlungen im Rahmen des Gesetzgebungsverfahrens hat der Gesetzgeber darauf verzichtet, einen **qualifizierten** Verstoß gegen diese Verpflichtungen zu fordern, so dass bereits ein einmaliger Bagatellverstoß einen Widerrufsgrund begründet. Die fehlende Schwere bzw. Einmaligkeit eines Verstoßes ist jedoch auf der Ermessensebene entsprechend zu berücksichtigen.[7] Von besonderer Bedeutung ist nach Ansicht des Gesetzgebers zudem der in Nr. 7 normierte Tatbestand, mit welchem die Zwischenschaltung eines „Strohmanns“ oder einer „Strohgesellschaft“ verhindert werden soll.[8] 5

IV. Widerruf der Konzession und der Betriebserlaubnis wegen der glücksspielrechtlichen Unzuverlässigkeit bestimmten Personals (Abs. 4)

§ 7 Abs. 4 SpielbG NRW regelt das Verhältnis von Konzession und Betriebserlaubnis im Hinblick auf die Unzuverlässigkeit von Personal. Die Konzessionsinhaberin oder der Konzessionsinhaber muss sich grundsätzlich eine fehlende Zuverlässigkeit von Personen, welche in verantwortlicher Position eingesetzt worden sind, **zurechnen** lassen. Liegen demnach die Voraussetzungen des Abs. 2 oder 3 beim genannten Personal vor, ist die Konzessionsinhaberin oder der Konzessionsinhaber gemäß § 7 Abs. 4 S. 1 SpielbG NRW verpflichtet, das Beschäftigungsverhältnis zu beenden. Kommt die Konzessionsinhaberin oder der Konzessionsinhaber dieser Verpflichtung nicht nach, kann die Betriebserlaubnis für die betroffene Spielbank widerrufen werden. In besonders gravierenden Fällen kommt, auch ohne einen Verstoß gegen S. 1, ein Widerruf der Konzession in Betracht. Dies kann unter anderem dann der Fall sein, wenn man aus den Gesamtumständen auf eine Unzuverlässigkeit der Konzessionsinhaberin oder des Kon- 6

4 Vgl. die Gesetzesbegründung zum SpielbG NRW LT-Drs. 17/8796, 43.
5 EuGH 19.12.2018 – C-375/17, Rn. 71; s. auch die Gesetzesbegründung zum SpielbG NRW LT-Drs. 17/8796, 43.
6 EuGH 19.12.2018 – C- 375/17, Rn. 72; s. auch die Gesetzesbegründung zum SpielbG NRW LT-Drs. 17/8796, 43.
7 Vgl. *Ennuschat*, Ruhr-Universität Bochum, 17/2514, 3.
8 Vgl. die Gesetzesbegründung zum SpielbG NRW LT-Drs. 17/8796, 43.

zessionsinhabers schließen kann. Die §§ 48, 49 des Verwaltungsverfahrensgesetzes bleiben hinsichtlich der Betriebserlaubnisse unberührt.[9]

§ 8 SpielbG NRW Ordnungspolitischer Beirat

(1) Zur sachverständigen Beratung der Konzessionsinhaberin oder des Konzessionsinhabers in Fragen der Einhaltung der Ziele nach § 1 bildet die Konzessionsinhaberin oder der Konzessionsinhaber einen Beirat.

(2) Der Beirat besteht aus

1. je einem Mitglied jeder Fraktion des Landtags Nordrhein-Westfalen, die vom Landtag für die Dauer der Wahlperiode entsendet werden; die Mitgliedschaft im Beirat endet mit der Wahlperiode oder der Entsendung neuer Mitglieder,
2. drei Personen als Vertretung der Landesregierung Nordrhein-Westfalen, die von dem für die Glücksspielaufsicht, dem für Finanzen und dem für Gesundheit zuständigen Ministerium entsendet werden,
3. zwei von der Konzessionsinhaberin oder dem Konzessionsinhaber entsandten Mitgliedern,
4. der oder dem Konzernbetriebsratsvorsitzenden der Konzessionsinhaberin oder des Konzessionsinhabers oder, sofern kein Konzernbetriebsrat besteht, einer Vertreterin oder einem Vertreter der Arbeitnehmerinnen und Arbeitnehmer, und
5. je einer Expertin oder einem Experten auf dem Gebiet der Suchtprävention, der polizeilichen Kriminalprävention und des Kinder- und Jugendschutzes, die von dem für die Glücksspielaufsicht zuständigen Ministerium benannt und entsendet werden. Finden sich keine geeigneten Kandidatinnen oder Kandidaten, ist der Beirat gleichwohl ordnungsgemäß besetzt.

(3) Die Geschäftsführung der Konzessionsinhaberin oder des Konzessionsinhabers sowie der oder die Spielerschutzbeauftragte nehmen an den Sitzungen des Beirats teil.

(4) Der Beirat gibt sich selbst eine Geschäftsordnung und benennt seine Vorsitzende oder seinen Vorsitzenden sowie die Vertretung.

(5) [1]Der Beirat wird mindestens einmal im Jahr von der Vorsitzenden oder dem Vorsitzenden einberufen. [2]Einzelheiten regelt die Geschäftsordnung.

(6) [1]Die Mitgliedschaft im Beirat wird nicht vergütet. [2]Die Konzessionsinhaberin oder der Konzessionsinhaber kann die notwendigen Auslagen einschließlich des Verdienstausfalls ersetzen.

(7) [1]Die Mitglieder des Beirats sind berechtigt, gegenüber den sie entsendenden Stellen über ihre Tätigkeit zu berichten. [2]Für vertrauliche Angaben und Geheimnisse der Gesellschaft, namentlich Betriebs- und Geschäftsgeheimnisse, gilt dies nicht, wenn ihre Kenntnis für die Zwecke der Berichte nicht von Bedeutung ist. [3]Im Übrigen sind die Mitglieder des Beirates zur Verschwiegenheit verpflichtet.

(8) [1]Berichte gegenüber den entsendenden Stellen erfolgen nichtöffentlich. [2]Die Adressaten der Berichte haben über vertrauliche Angaben und Geheimnisse der Gesellschaft, namentlich Betriebs- und Geschäftsgeheimnisse, die ihnen aus den Berichten bekanntgeworden sind, Stillschweigen zu bewahren.

9 Vgl. die Gesetzesbegründung zum SpielbG NRW LT-Drs. 17/8796, 43.

I. Einleitung

§ 8 SpielbG NRW sieht die Bildung eines Beirats vor, der die Konzessionsinhaberin bzw. den Konzessionsinhaber im Hinblick auf die Einhaltung der Ziele des § 1 SpielbG NRW berät. Die Vorschrift war im SpielbG NRW 2012 nicht vorgesehen und wurde **neu eingeführt.** Bislang enthielt lediglich der Gesellschaftsvertrag der Komplementärgesellschaft der WestSpiel Regelungen zur Bildung eines ordnungspolitischen Beirats.[1] Durch § 8 SpielbG NRW erhält der Beirat nun eine gesetzliche Grundlage. 1

II. Aufgaben und Zusammensetzung des ordnungspolitischen Beirats (Abs. 1 und 2)

Der ordnungspolitische Beirat hat gemäß § 8 Abs. 1 SpielbG NRW die Aufgabe, die Konzessionsinhaberin oder den Konzessionsinhaber in Fragen der Einhaltung der Ziele nach § 1 SpielbG NRW sachverständig zu beraten. Eine über diese Beratungsfunktion hinausgehende Aufgabe oder Befugnis hat der ordnungspolitische Beirat nicht. Dem Beirat kommen insbesondere keine Befugnisse eines (Gesellschafts-) Organs der Konzessionsinhaberin bzw. des Konzessionsinhabers zu.[2] In die Organisationsstruktur des Spielbankunternehmens wird insofern nicht eingegriffen. 2

Um der sachverständigen Beratungsaufgabe gerecht zu werden, legt § 8 Abs. 2 SpielbG fest, aus welchen Mitgliedern der Beirat besteht. Dazu zählen je ein Mitglied jeder Fraktion des Landtags NRW (Nr. 1), drei Personen als Vertretung der Landesregierung (Nr. 2), zwei von der Konzessionsinhaberin oder dem Konzessionsinhaber entsandte Mitglieder (Nr. 3), der Konzernbetriebsratsvorsitzende der Konzessionsinhaberin bzw. des Konzessionsinhabers und je ein Experte auf dem Gebiet der Suchtprävention, der polizeilichen Kriminalprävention und des Kinder- und Jugendschutzes, die von dem für die Glücksspielaufsicht zuständigen Ministerium benannt und entsendet werden (Nr. 5). 3

III. Sitzungen des ordnungspolitischen Beirats (Abs. 3 bis 5)

§ 8 Abs. 3 bis 5 SpielbG NRW enthalten einzelne gesetzliche Vorgaben für die Sitzungen des ordnungspolitischen Beirats. Allerdings ist der Beirat aufgrund von § 8 Abs. 4 SpielbG NRW verpflichtet, sich selbst eine Geschäftsordnung zu geben, die weitere Regelungen zur Arbeitsweise und zum Ablauf der Sitzungen enthält. Das Gesetz gibt insoweit lediglich vor, dass die oder der Vorsitzende des ordnungspolitischen Beirats sowie die Vertretung durch den Beirat benannt werden. Einberufen wird der ordnungspolitische Beirat gemäß § 8 Abs. 5 SpielbG NRW mindestens einmal pro Jahr. An den Sitzungen des Beirats nimmt die Geschäftsführung der Konzessionsinhaberin bzw. des Konzessionsinhabers und der/die Spielerschutzbeauftragte gemäß § 8 Abs. 3 SpielbG NRW teil. 4

IV. Rechte und Pflichten der Mitglieder des ordnungspolitischen Beirats (Abs. 6 bis 8)

Die Mitglieder des ordnungspolitischen Beirats nehmen ihre Aufgaben unabhängig wahr. Um diese Unabhängigkeit zu gewährleisten, wird die Mitgliedschaft im Beirat gemäß § 8 Abs. 6 S. 1 SpielbG NRW nicht vergütet.[3] Allerdings kann 5

1 Vgl. die Gesetzesbegründung zum SpielbG NRW LT-Drs. 17/8796, 44.
2 Vgl. die Gesetzesbegründung zum SpielbG NRW LT-Drs. 17/8796, 44.
3 Vgl. die Gesetzesbegründung zum SpielbG NRW LT-Drs. 17/8796, 44.

die Konzessionsinhaberin bzw. der Konzessionsinhaber die notwendigen Auslagen einschließlich des Verdienstausfalls ersetzen.

6 Des Weiteren sind die Mitglieder des ordnungspolitischen Beirats zur Verschwiegenheit verpflichtet (vgl. § 8 Abs. 7 S. 3 SpielbG NRW). Daher dürfen sie zwar gegenüber den entsendenden Institutionen über ihre Tätigkeiten berichten, dies gilt im Grundsatz jedoch nicht für Informationen, die Betriebs- und Geschäftsgeheimnisse der Konzessionsinhaberin bzw. des Konzessionsinhabers betreffen (vgl. § 8 Abs. 7 S. 2 SpielbG NRW). Soweit vertrauliche Angaben an die entsendenden Institutionen weitergegeben werden, sieht § 8 Abs. 8 S. 2 SpielbG NRW vor, dass über diese Angaben Stillschweigen zu bewahren ist. Im Übrigen sind Berichte gegenüber den entsendenden Institutionen gemäß § 8 Abs. 8 SpielbG NRW nichtöffentlich.

§ 9 SpielbG NRW Zugangskontrolle, Jugend- und Spielerschutz, Spielverbote, Öffnungszeiten, Besucherdatei

(1) [1]Die Spielbanken überprüfen die Identität und das Alter der Besucherinnen und Besucher, bevor sie ihnen Zutritt gewähren. [2]Die Einlasskontrolle ist bei jedem Einlass erneut durchzuführen, auch wenn die betreffende Person an diesem Tag die jeweilige Spielbank bereits betreten hatte. [3]Zur Einlasskontrolle wird in jeder Spielbank eine Besucherdatei geführt. [4]In dieser werden die Daten der Besucherinnen und Besucher gespeichert. [5]Zusätzlich werden die Daten der vom Spiel ausgeschlossenen Personen des Absatzes 3 Satz 1 Nummer 1 bis 5 gespeichert.

(2) Der Aufenthalt in den Spielbanken und die Teilnahme am Spiel ist minderjährigen Personen und den nach § 10 Absatz 2 oder 3 gesperrten Spielerinnen oder Spielern nicht gestattet.

(3) [1]Von der Teilnahme am Spiel sind darüber hinaus ausgeschlossen:

1. Personen, die der Konzessionsinhaberin oder dem Konzessionsinhaber als Gesellschafterin oder Gesellschafter, Mitglied eines Organs oder der Geschäftsführung angehören oder sonstige verantwortliche Personen der Konzessionsinhaberin oder des Konzessionsinhabers im Sinne des § 7 Absatz 2 Satz 3,
2. Personen, die in einem Arbeits- oder Arbeitnehmerüberlassungsverhältnis zu der Konzessionsinhaberin oder dem Konzessionsinhaber stehen,
3. die Inhaberinnen oder Inhaber von Wirtschaftsbetrieben in den Spielbanken und die dort beschäftigten Personen,
4. die mit der Aufsicht über eine der Spielbanken beauftragten Bediensteten und
5. die Ehegattinnen und Ehegatten sowie die eingetragenen Lebenspartnerinnen und Lebenspartner der in den Nummern 1 bis 3 genannten Personen.

[2]Die Personen nach Nummer 1 bis 3 sind verpflichtet, Änderungen hinsichtlich der für den Ausschluss ursächlichen Tatsachen unverzüglich der Konzessionsinhaberin oder dem Konzessionsinhaber mitzuteilen. [3]Die Konzessionsinhaberin oder der Konzessionsinhaber ist verpflichtet, insoweit für eine permanente Aktualisierung der Besucherdatei nach Absatz 1 in der Spielbank zu sorgen und angezeigte Änderungen unverzüglich einzuarbeiten. [4]Die Aufsichtsbehörden sind berechtigt, zur Überprüfung der ordnungsgemäßen Durchführung der Einlasskontrolle Tests mit minderjährigen Personen durch eigenes Personal oder durch

einen von ihnen beauftragten Dritten durchzuführen. [5]Die Kosten sind von der Konzessionsinhaberin oder dem Konzessionsinhaber zu tragen.

(4) [1]Die Durchsetzung der Verbote nach den Absätzen 2 und 3 ist durch geeignete Maßnahmen, beispielsweise durch eine automatisierte Kontrolle des Ausweises oder eine vergleichbare Identitätskontrolle und Abgleich mit der Sperrdatei nach § 10 Absatz 1 Satz 2 und der Besucherdatei nach Absatz 1 zu gewährleisten. [2]Zur Verwirklichung der Durchsetzung der Verbote nach den Absätzen 2 und 3 dürfen personenbezogene Daten in dem für die Feststellung der Zugehörigkeit zu einer der dort genannten Gruppen erforderlichen Umfang unter Beachtung der datenschutzrechtlichen Anforderungen verarbeitet werden.

(5) [1]Zur Vermeidung von Manipulationen muss bei jedem Vorgang an der Kasse, bei dem Wechselungen erfolgen, eine Kontrolle der Identität der Besucherin oder des Besuchers anhand von offiziellen Legitimationspapieren erfolgen. [2]Die Vorlage allein der Eintrittskarte ist nicht ausreichend.

(6) Das Aufstellen, Bereithalten oder die Duldung von technischen Geräten zur Bargeldabhebung, insbesondere EC- oder Kreditkartenautomaten in den Spiel- und Automatensälen und allen sonstigen Flächen und Räumlichkeiten, die sich hinter der Einlasskontrolle befinden, sind nicht gestattet.

(7) [1]Bedienstete der Spielbank und Bedienstete der Wirtschaftsbetriebe der Konzessionsinhaberin oder des Konzessionsinhabers in den jeweiligen Spielbanken dürfen Besucherinnen oder Besuchern der Spielbank zum Zweck der Teilnahme an Glücksspielen keinen Kredit gewähren oder durch Beauftragte gewähren lassen. [2]Gleiches gilt für die Konzessionsinhaberin oder den Konzessionsinhaber und deren oder dessen vertretungsbefugte Personen. [3]Eine unentgeltliche Spielteilnahme ist, mit Ausnahme an Sonderveranstaltungen, verboten. [4]Sonderveranstaltungen bedürfen eines rechtzeitig zuvor gestellten schriftlichen Antrags und einer Genehmigung durch das für die Glücksspielaufsicht zuständige Ministerium. [5]Sie sind der Finanzaufsicht rechtzeitig, mindestens jedoch vier Wochen vor Veranstaltungsbeginn, schriftlich mitzuteilen. [6]Jetons, Spielmarken und andere, zur Teilnahme an Glücksspielen ausgegebene Guthabenkarten, dürfen nur auf den ausgewiesenen Gegenwert ausgegeben werden. [7]Das kostenlose oder verbilligte Wechseln von Bargeld in Jetons, Spielmarken oder Guthabenkarten ist verboten. [8]Rabatt- und Boni-Aktionen bedürfen der Genehmigung. [9]Die Spielbanken sind nicht berechtigt, Auszahlungen aufgrund des Lastschriftverfahrens oder sonstiger Formen der Kreditierung zu leisten.

(8) [1]Die Spielbanken bleiben geschlossen am Karfreitag (bis einschließlich 6 Uhr des Folgetags), am Volkstrauertag, an Allerheiligen und am Totensonntag jeweils von 5 bis 24 Uhr sowie am 24. und 25. Dezember. [2]Darüber hinaus legt die Spielbankleitung die Öffnungszeiten fest. [3]Diese sind an den Zielen des § 1 auszurichten und beziehen sich auf das Klassische Spiel und das Automatenspiel, wobei gestaffelte Öffnungszeiten zwischen Klassischem Spiel und Automatenspiel grundsätzlich zulässig sind, soweit und solange die Verpflichtung nach § 2 Absatz 3 eingehalten wird. [4]Die Öffnungszeiten sind an den Eingängen bekannt zu geben. [5]Änderungen der Öffnungszeiten sind der Genehmigungsbehörde schriftlich anzuzeigen und der Finanzaufsicht rechtzeitig, mindestens jedoch zwei Monate vorher, schriftlich mitzuteilen. [6]Für tageweise Änderungen ist eine schriftliche Mitteilung einen Monat vorher ausreichend.

Literatur: *Becker/Banz*, Glücksspielsucht in Deutschland: Häufigkeit und Bedeutung bei den einzelnen Glücksspielformen, ZfWG 2019, 212; *Meyer*, Glücksspiel – Zahlen und Fakten, in: Deutsche Hauptstelle für Suchtfragen eV, Jahrbuch Sucht 2020, 129; *Peters*, Die „Eigensperre“ des Glücksspielers, ZfWG 2007, 321.

I. Genese/Entstehungsgeschichte

1 Im Rahmen der ausschließlichen Gesetzgebungskompetenz der Länder in Bezug auf das Ordnungs- und Gefahrenabwehrrecht nach Art. 70 GG hat Nordrhein-Westfalen erstmalig mit dem **Gesetz über die Zulassung öffentlicher Spielbanken aus dem Jahr 1974** von seiner Kompetenz zur Regelung des Spielbankwesens Gebrauch gemacht.[1] Das zuvor bestehende Spielbankverbot war bereits in einigen anderen Bundesländern aufgehoben worden mit der Folge, dass am 18.5.1971 auch der erste Gesetzentwurf über die Errichtung von Spielbanken dem nordrhein-westfälischen Landtag vorgelegt worden war.[2] Bestimmungen zum Spieler- und Jugendschutz spielten zu dieser Zeit noch eine untergeordnete Rolle.[3]

2 Mit der **Novelle des Spielbankgesetzes vom 13.8.2007** reagierte der nordrhein-westfälische Gesetzgeber auf den Glücksspielstaatsvertrag (GlüStV) vom 31.7.2007 und konkretisierte dabei insbesondere die Ziele, die Gewährleistung des Jugend- und Spielerschutzes als wesentliches Element der Suchtbekämpfung in § 5 sowie über die Spielordnung nach § 10 einen sicheren und transparenten Spielablauf in den Spielbanken zu garantieren.[4] Daneben wurden weitere ordnungsrechtliche Erfordernisse für den Betrieb von Spielbanken wie bspw. eine Einführung von Teilnehmersperren, eine Besucherdatei und die damit verbundenen Datenerfassungen über die Spielordnung präzisiert.[5] Im Zuge des ersten Staatsvertrags zur **Änderung des GlüStV vom 15.12.2011** ergaben sich hinsichtlich der Regelungen zum Spieler- und Jugendschutz sowie bezüglich der Zugangskontrollen im Spielbankgesetz NRW lediglich redaktionelle Änderungen.[6] Die darauf folgende Ergänzung des Spielbankgesetzes beinhaltete – abgesehen von der Neuregelung der datenschutzrechtlichen Verantwortlichkeit für Spielersperren – ebenso wenig Neues.[7]

3 Nachdem schon nach § 3 von 1974 die Spielbankkonzessionen nur an juristische Personen des öffentlichen Rechts oder an juristische Personen des Privatrechts, deren Anteile ausschließlich juristischen Personen des öffentlichen Rechts gehörten, vergeben werden konnten, beschloss die Landesregierung Nordrhein-Westfalens im Jahr 2018 mit der **Privatisierung** der landeseigenen West-Spielgruppe einen Paradigmenwechsel. Daraufhin wurde das Spielbankgesetz umfassend novelliert und ua der bisherige § 5 zusammen mit Regelungen zu den Öffnungszeiten, der Einlasskontrolle und den Spielverboten aus der Glücksspielver-

1 GV. NRW. 1974, 93 f.
2 NRW LT-Drs. 7/766.
3 Vgl. etwa Ausschussprotokoll Innere Verwaltung Ltg. NRW APr 7/766 und APr 7/1179.
4 NRW LT-Drs. 14/4849, 49.
5 NRW LT-Drs. 14/4849, 23.
6 NRW LT-Drs. 16/17, 21 f.
7 NRW LT-Drs. 17/1981, 84.

ordnung NRW (GlüSpVO NRW) herausgenommen und in einem neuen § 9[8] gebündelt. Gleichzeitig wurde damit die **Regelungsdichte** bezüglich der Zugangskontrolle, Jugend- und Spielerschutz, Spielverbote, Öffnungszeiten und der Besucherdatei wesentlich erhöht.[9] Im Vergleich zu den Regelungen im bisherigen Spielbankgesetz wie auch in der Glücksspielverordnung sind hinsichtlich der Öffnungszeiten, den Regelungen zur Einlasskontrolle und den Spielverboten hauptsächlich redaktionelle Anpassungen erfolgt. Erwähnenswert ist, dass § 9 von der Implementierung des GlüStV 2021 unberührt bleibt.[10]

II. Erläuterungen

1. Einlasskontrolle, Abs. 1. Abs. 1 der Norm verlangt eine Überprüfung der Identität und des Alters der Besuchenden durch die Spielbank, und zwar unabhängig davon, ob die betreffende Person am selben Tag bereits registriert worden ist. Insbesondere bei einem Schichtwechsel der am Empfang tätigen Bediensteten könnte dies anderenfalls dazu führen, dass eine Person mit dem Hinweis, sie oder er habe die Spielbank bereits betreten, ohne Kontrolle Einlass erhalten könnte.[11] Die gesetzliche Fixierung der **Verpflichtung zur erneuten Identifizierung** liefert dem Personal die Berechtigung zur Kontrolle. Weiter enthält der Abs. 1 die Verpflichtung zur Führung einer Besucherdatei, in der die Daten der Besuchenden und der nach Abs. 3 Nr. 1 bis 5 gesperrten Personen gespeichert werden. Die dort zu speichernden Daten werden in einer Rechtsverordnung konkretisiert. So werden eine möglichst lückenlose Überprüfung und Kanalisierung des Personenverkehrs in der Spielbank sichergestellt. 4

2. Aufenthaltsverbot für minderjährige und gesperrte Personen, Abs. 2. Abs. 2 der Vorschrift spricht das Verbot des Aufenthaltes von minderjährigen oder gesperrten Personen aus. Der Ausschluss minderjähriger und gesperrter Spieler und die Durchsetzung dieses Verbots gewährleisten treffenderweise **grundlegende Anforderungen an den Spieler- und Jugendschutz** in Spielbanken. Schließlich zählen Glücksspielautomaten als „kleines Spiel“ neben dem „großen Spiel“ wie Roulette-Spielen zu den Glücksspielarten mit dem höchsten Suchtpotential im analogen Bereich.[12] 5

3. Spielverbote, Abs. 3. Abs. 3 der Norm listet alle Personengruppen auf, denen per Gesetz eine Teilnahme am Spiel in der Spielbank verboten ist. Diese Spielverbote waren bislang in der GlüSpVO NRW aufgeführt. An dieser Stelle zeigt sich die Detailtiefe der Regelung gerade im Vergleich zu den Vorgängerbestimmungen. Dogmatisch sauberer wäre sicherlich eine Beibehaltung der Regelungsdichte über die GlüSpVO NRW gewesen, da der abstrakt-generelle Normcharakter hier zumindest überprüfungswürdig ist. Andererseits sind Suchtbekämpfung sowie Jugend- und Spielerschutz als gleichrangige Ziele im Sinne von § 1 parallel zur Zweckbestimmung des GlüStV 2021 aufzufassen. Damit gehen besondere Anforderungen an den **Bestimmtheitsgrundsatz** einher, welcher eine Übertragung von Rechtsverordnungsebene auf die Ebene der Rechtsnorm durchaus rechtfertigt. So besteht nun Transparenz für die Spielenden und es wird auch Ausweichbewegungen der inzwischen privaten Spielbankbetreibern aufgrund angeblicher unklarer gesetzlicher Vorgaben vorgebeugt. 6

---

8 GlüSpVO NRW vom 11.12.2008, GV. NRW, 860, 879.
9 NRW LT-Drs. 17/8796, 14.
10 NRW LT-Drs. 17/12978,14 .
11 NRW LT-Drs. 17/8796, 45.
12 *Meyer* Jahrbuch Sucht 2020, 129 ff.; vgl. auch *Becker/Banz* ZfWG 2019, 212 (222).

7 Konkret bezwecken die Verbote in Abs. 3, jeglichen Anschein einer Beeinflussung von Personen, die mit Aufsichts- oder Leitungsbefugnissen gegenüber der Spielbank betraut sind, auszuschließen.[13] Die Aufsichtspersonen, die dem Spielbankpersonal angehören, sollen darüber hinaus nicht in Situationen geraten können, in denen die Gefahr bestände, dass durch die Konzessionsinhaberin oder den Konzessionsinhaber oder durch für diese verantwortlich handelnden Personen Druck auf sie ausgeübt werden könnte.[14] Eine Verleitung zum Spiel wird gerade für diejenigen ausgeschlossen, die beruflich mit dem Spielbetrieb in Berührung kommen. Die weitreichende **Ausdehnung der Teilnahmeverbote** auf Ehegattinnen und Ehegatten sowie Lebenspartnerinnen oder -partner reduziert in vertretbarer Weise Manipulationsgefahren und stärkt zugleich die Integrität der Spielbank nach außen.

8 Die Verpflichtung der Konzessionsinhaberin oder des Konzessionsinhabers **zur permanenten Aktualisierung der Besucherdatei** nach Abs. 1 dient hier erneut dem Spielerschutz. So können sinnvollerweise Sperranträge sofort in die Datei eingearbeitet werden. Die für die Datenverarbeitung einschlägige Norm ist der § 26 Abs. 1 des Bundesdatenschutzgesetzes.[15] Ebenfalls dem Spieler- und Jugendschutz dient die Berechtigung zu Kontrollen und Tests durch Personal der Aufsichtsbehörde oder durch von ihr beauftragte Dritte. Dabei ist die Kostenregelung bei Inanspruchnahme von dritten Personen im Rahmen von Aufsichtsmaßnahmen neu aufgenommen worden. Wünschenswert wäre die Einführung einer Kontroll- und Testpflicht durch die Aufsichtsbehörde gewesen.

9 **4. Durchsetzung der Spielverbote, Abs. 4.** In Abs. 4 wird die Pflicht zur Durchsetzung der Spielverbote aus Abs. 2 und 3 festgeschrieben, indem bspw. durch eine automatisierte Kontrolle des Ausweises oder eine vergleichbare Identitätskontrolle ein Abgleich mit der Sperrdatei nach § 10 Abs. 1 S. 2 und der Besucherdatei nach Abs. 1 erfolgt. Laut Gesetzesbegründung enthält der Text bewusst den unbestimmten Begriff **„vergleichbare Identitätskontrolle“**, um der Spielbank einen Beurteilungsspielraum einzuräumen. Unter den Begriff können danach Reisepässe, vorläufige Ausweispapiere oder andere amtliche Papiere subsumiert werden, die eine eindeutige Identifizierung einer Person zulassen. Die Begründung irritiert angesichts des Wortlauts der Norm. Schließlich setzt die Durchsetzung der Teilnahmeverbote naheliegend an der Identitätskontrolle der Spielwilligen an, deren Überprüfung automatisiert oder als „vergleichbare Identitätskontrolle“ erfolgen soll. Damit ist die Frage des „Wie“ der Verbotskontrolle, also die Art der Durchführung, berührt. Die Begründung lässt hingegen den Rückschluss zu, es gehe nur um das „Womit“, dh mit welchen Unterlagen der Spielwillige sich identifizieren kann. Problematisch ist vor dem Hintergrund des Spielerschutzes im letzten Fall, dass die weitgehende **Zulassung verschiedenster Identifikationspapiere** ins Ermessen der Spielbankbetreiber gestellt wird und damit eine Missbrauchsgefahr verknüpft ist. Im Zweifel wird die Spielbank nämlich demjenigen Zutritt gewähren, der sich mit irgendeinem angeblich amtlichen Papier ausweisen kann. Ein Abgleich von Normtext und Normbegründung erscheint an dieser Stelle wünschenswert.

Darüber hinaus enthält Abs. 4 die datenschutzrechtliche Genehmigung zur Verarbeitung der dabei erhobenen Daten.

10 **5. Vermeidung von Manipulationen beim Zahlungsvorgang, Abs. 5.** Bei jedem mit dem Wechsel von Geld zusammenhängenden Kassenvorgang ist eine Identi-

13 NRW LT-Drs. 17/8796, 45.
14 NRW LT-Drs. 17/8796, 45.
15 NRW LT-Drs. 17/8796, 45.

tätskontrolle anhand offizieller Legitimationspapiere der Spielbankbesucher zwingend nach Abs. 5. Ein Vorzeigen der Eintrittskarte reicht nicht aus. Hintergrund ist richtigerweise die Vorbeugung und Verhinderung von **Geldwäsche.**

6. Technische Geräte zur Bargeldabhebung, Abs. 6. Abs. 6 der Vorschrift stellt klar, dass im gesamten Bereich, der sich hinter der Einlasskontrolle befindet, keine Geldautomaten aufgestellt werden dürfen. Diese Vorschrift bezweckt, dass eine Spielerin oder ein Spieler gezwungen ist, den Spielbankbereich zu verlassen und sich danach erneut zu identifizieren, so dass eine gewisse **„Abkühlung“** stattfinden kann.[16] Diese Regelung ist besonders zu begrüßen, da sie nun parallel zu § 8 Abs. 2 SpielbG-Saar und § 10 Abs. 1 SpielbG Sachsen-Anhalt läuft, was aus Sicht der Suchtforschung auch geboten war.[17] 11

7. Kreditvergabeverbot und unentgeltliche Spielteilnahme, Abs. 7. Vergleichbar mit § 10 SpielbG Sachsen-Anhalt[18] wurde § 9 Abs. 7 neu aufgenommen, in dem es einerseits um das Verbot von Kreditvergabe oder sonstigen Vergünstigungen an Besucherinnen und Besucher durch Bedienstete oder Beauftragte der Spielbank zwecks Teilnahme an Glücksspielen geht und andererseits das grundsätzliche Verbot der unentgeltlichen Spielteilnahme festgeschrieben ist. Eine Ausnahme besteht für das Verbot der unentgeltlichen Spielteilnahme laut Gesetzesbegründung für Sonderveranstaltungen, da die Teilnahme an diesen durch noch nicht ausgezahlte, aber bereits erwirtschaftete Gelder in den Automaten finanziert würden und die Veranstaltung zuvor jedenfalls einer Genehmigung durch das für die Glücksspielaufsicht zuständige Ministerium unterworfen sei.[19] Unabhängig von dem erklärungsbedürftigen Begriff der „Sonderveranstaltung“ lässt die Gesetzesbegründung darauf schließen, dass ein Zusammenhang zwischen dem Verbot der Kreditvergabe oder sonstiger Vergünstigung und einer Ausnahme davon bei Sonderveranstaltungen besteht. Der Wortlaut der Vorschrift trennt hier jedoch klar zwei unterschiedliche Bereiche, nämlich das Kreditvergabeverbot und die unentgeltliche Spielteilnahme. Aus Spielerschutzaspekten heraus ist die Verknüpfung des grundsätzlichen Kreditvergabeverbots mit einer ausnahmsweise anderen Regelung im Rahmen von Sonderveranstaltungen auch nicht vereinbar. Die Förderung des Spieltriebs verbunden mit den entsprechenden Gefahren kann im Regelbetrieb der Spielbank nicht anders bewertet werden als bei Sonderveranstaltungen. Insofern wäre auch hier ein Abgleich von Gesetzesbegründung und -text zur **Vermeidung missverständlicher Auslegung** wünschenswert gewesen. Die Genehmigungsbedürftigkeit von Rabatt- und Boni-Aktionen trägt im Gegensatz dazu zu einem kohärenten und systematischen Spielerschutz unter Wahrung der Interessen der Spielbankbetreiber bei. 12

8. Öffnungszeiten, Abs. 8. Der neue Abs. 8 enthält die Regelungen zu den Öffnungszeiten, die bisher in der Glücksspielverordnung des Landes Nordrhein-Westfalen zu finden gewesen waren. Dabei betont Abs. 8 die Zulässigkeit **gestaffelter Öffnungszeiten** zwischen Klassischem Spiel (**großes Spiel**) und Automatenspiel (**kleines Spiel**), was angesichts der Ziele nach § 1 eine sinnvolle Möglichkeit zur Eindämmung des Spieltriebs darstellen kann. Neu ist die gesetzliche Verpflichtung, Änderungen der Öffnungszeiten der Aufsichtsbehörde anzuzeigen und auch der Finanzaufsicht mitzuteilen. Diese Verpflichtung ist erforderlich, damit die Aufsichtsbehörde prüfen kann, ob mit den angestrebten Öffnungszeiten der öffentliche Kanalisierungsauftrag der Spielbanken erfüllbar ist. Außer- 13

16 NRW LT-Drs. 17/8796, 46.
17 Vgl. *Peters* ZfWG 2007, 321 (322).
18 IÜ bestehen vergleichbare Regelungen bspw. in § 10 Spielbankordnung Bayern.
19 NRW LT-Drs. 17/8796, 46.

dem ist laut Gesetzesbegründung die Mitteilung an die Finanzaufsicht zwingend erforderlich, damit diese im Hinblick auf das zur Aufsicht einzusetzende Personal rechtzeitig Dienstpläne anpassen kann.[20]

§ 10 SpielbG NRW Störersperre

(1) [1]Die Konzessionsinhaberin oder der Konzessionsinhaber kann Personen sperren, die gegen die Spielordnung gemäß § 14 Absatz 2 oder die Spielregeln verstoßen, gegen die ein begründeter Verdacht eines solchen Verstoßes besteht oder denen auf Grund des Hausrechts der Zutritt zur Spielbank untersagt wurde. [2]Es muss von der Konzessionsinhaberin oder dem Konzessionsinhaber eine spielbankübergreifende Störerdatei errichtet werden, in der im Fall einer Störersperre nach Satz 1 die Daten von den betroffenen Personen, die Dauer der Sperre und die Tatsachen, die zur Sperre geführt haben, gespeichert werden.

(2) Nach Einrichtung der Störersperre teilt die Spielbank der betroffenen Spielerin oder dem betroffenen Spieler Art und Dauer der Sperre unverzüglich schriftlich mit.

(3) [1]Die Konzessionsinhaberin oder der Konzessionsinhaber entscheidet auf schriftlichen Antrag der gesperrten Person nach Ablauf der Sperrfrist über die Aufhebung der Störersperre. [2]Die gesperrte Spielerin oder der gesperrte Spieler hat einen Anspruch auf Löschung der Spielersperre, wenn die Gründe, die zur Eintragung in die Sperrdatei geführt haben, nachweislich nicht mehr gegeben sind.

Literatur: *Dietlein/Hecker/Ruttig*, Glücksspielrecht, 2. Aufl. 2013; *Hayer/Meyer*, Sportwetten im Internet – Eine Herausforderung für suchtpräventive Handlungsstrategien, Suchtmagazin 2004, 33; *Peters*, Die Sperre des Glücksspielers nach dem Glücksspielstaatsvertrag der Länder, NJOZ 2010, 1197; *Streinz/Liesching/Hambach*, Glücks- und Gewinnspielrecht in den Medien, 1. Aufl. 2014; *Wejbera/Quack*, Die Aufhebung der Spielersperre – Erfahrungen und Implikationen aus der Praxis, ZfWG 2017, 1.

I. Allgemeines

1 Die Norm regelt zunächst ein **Teilnahmeverbot für gesperrte Spieler am Spielbetrieb in Spielbanken**. Der Verweis auf § 20 Abs. 2 GlüStV in § 10 Abs. 1 ist dabei nach Außerkrafttreten des GlüStV 2012 jedoch nicht mehr aktuell. Hier muss eine Anpassung auf den aktuellen GlüStV, konkret auf dessen § 8 Abs. 1 S. 1 GlüStV erfolgen. Darüber hinaus wird die Verpflichtung der Spielbanken zum **Anschluss an das zentrale spielformübergreifende Sperrsystem** nach Maßgabe des § 23 Abs. 1 S. 1 GlüStV geregelt . Dies beinhaltet auch die Pflicht zur Vornahme eines Abgleichs mit der Sperrdatei durch die Spielbanken bei jeder

20 NRW LT-Drs. 17/8796, 46.

Einlasskontrolle nach § 9 Abs. 1. Die Konzessionsinhaber werden zudem zur Sperrung von Personen verpflichtet, die dies entweder selbst beantragen (**Selbstsperre**) oder aber bei denen mindestens einer der in § 10 Abs. 2 genannten gesetzlichen Sperrgründe vorliegt (**Fremdsperre**). Daneben ist auch die Möglichkeit zur Aussprache einer **Störersperre** nach § 10 Abs. 3 möglich.

Die § 10 Abs. 4–7 beinhalten Pflichten der Konzessionsinhaber zur Übermittlung von Änderungen bzw. Aufhebungen von Spielersperren nach § 10 Abs. 2 an die zur Aufnahme in die Sperrdatei zuständige Behörde, Anhörungspflichten der betroffenen Spieler im Falle einer Fremdsperre, Regelungen betreffend die Dauer der Spielersperren sowie das Verfahren zur Aufhebung der Sperren. § 10 Abs. 8–9 verweisen auf die datenschutzrechtlichen Vorgaben in Bezug auf die Daten der gesperrten Spieler in der Sperrdatei sowie auf das Fortbestehen der gesetzlichen Auskunftsrechte gesperrter Spieler auch im Falle einer Selbst-, Fremd- oder Störersperre. 2

II. Normadressat

§ 10 richtet sich an **Spielbanken bzw. die betreffenden Konzessionsinhaber.** Nach § 3 können Konzessionsinhaber nur natürliche oder juristische Personen, Personengesellschaften oder sonstige Vereinigungen sein, die Träger von Rechten und Pflichten sein können. Der Betrieb einer öffentlichen Spielbank in Nordrhein-Westfalen ist gemäß § 4 lediglich nach Erteilung einer entsprechenden Konzession durch das für die Glücksspielaufsicht zuständige Ministerium möglich. Zusätzlich zu der Konzession bedarf der Konzessionsinhaber für jede Spielbank einer Betriebserlaubnis, über deren Erteilung ebenfalls das für die Glücksspielaufsicht zuständige Ministerium entscheidet. Liegen diese Voraussetzungen vor, so sind die in § 10 geregelten Verpflichtungen auf die jeweiligen Spielbanken bzw. Konzessionsinhaber anzuwenden. 3

III. Einzelkommentierung

1. Abs. 1. Das **Teilnahmeverbot gesperrter Spieler am Spielbetrieb in Spielbanken** dient der Verwirklichung der gleichrangigen Ziele des § 1. Das Instrument der Spielersperre dient dabei dazu, die Effektivität des Spielerschutzes zu verbessern, insbesondere um das Entstehen von Glücksspiel- und Wettsucht zu verhindern und die Voraussetzungen für eine wirksame Spielsuchtbekämpfung zu schaffen. Anders als dies etwa in § 8 Abs. 2 GlüStV vorgesehen ist (→ GlüStV § 8 Rn. 4 f.), sieht § 10 Abs. 1 **keine Ausnahmetatbestände** von diesem Teilnahmeverbot für bestimmte Formen von Glücksspielen vor. Dies ist auch folgerichtig, da die in Spielbanken angebotenen Glücksspiele eine hohe Ereignisfrequenz aufweisen und dort auch stets verfügbar sind. Unter Suchtpräventionsaspekten wären Ausnahmeregelungen für bestimmte Spielarten und -formen daher nicht gerechtfertigt. Die Spielbanken sind zur Feststellung einer Spielersperre dazu verpflichtet, sich dem **zentralen, anbieter- und spielformübergreifenden Sperrsystem** nach § 23 Abs. 1 S. 1 GlüStV anzuschließen und bei jeder Einlasskontrolle nach § 9 Abs. 1 einen Abgleich mit der Sperrdatei vorzunehmen. Geführt wird diese Sperrdatei nach § 23 Abs. 1 S. 1 GlüStV von der jeweils zuständigen Ordnungsbehörde. Sinn und Zweck des Sperrsystems ist der Schutz von pathologischen Spielern, bei denen sich bereits ein manifestes Suchtverhalten herausgebildet hat.[1] Die Sperrdatei soll zudem zur Stabilisierung des Zustands betroffener Spieler beitragen, deren Wiedereingliederung in das gesellschaftliche, soziale sowie berufliche Leben, sofern erforderlich, fördern und Rückfällen vorbeugen. 4

1 Vgl. *Wejbera/Quack* ZfWG 2017, Sonderbeilage 3/2017, 18 ff.

Der Anschluss an die Sperrdatei ermöglicht es den Spielbanken zudem, ihrer Verpflichtung zur **Durchführung von Einlasskontrollen nach § 9 Abs. 1** nachkommen zu können. Danach sind die Spielbanken verpflichtet, Identität und Alter der betreffenden Personen zu überprüfen, bevor sie ihnen Zutritt gewähren. Die Einlasskontrolle und die damit zwingend verbundene Abfrage der Sperrdatei ist zudem bei jedem Einlass erneut durchzuführen, auch wenn die betreffende Person an diesem Tag die jeweilige Spielbank bereits betreten hatte. Nur so kann sichergestellt werden, dass den nach § 10 Abs. 2–3 gesperrten Spielern die Teilnahme am Glücksspiel verwehrt bleibt (§ 9 Abs. 2). Hintergrund ist, dass es nicht auszuschließen ist, dass zwischenzeitlich eine Eintragung des Spielers in der Sperrdatei erfolgt ist.

5 **2. Abs. 2. a) Selbstsperre.** Der Konzessionsinhaber wird zunächst verpflichtet, Personen, die dies beantragen (Selbstsperre), vom Zugang zu einem Glücksspiel auszuschließen. Das Instrument der Selbstsperre ist dabei ein zentrales Element zum Schutz von Spielern bei Glücksspielen mit erhöhtem Suchtpotenzial.[2] Im Zuge eines effektiven Spielerschutzes sind derartige Maßnahmen, die über das bloße Bereithalten von Informationsmaterialien hinausgehen, auch angezeigt.[3] Der Antrag des Spielers ist von dem Konzessionsinhaber ohne Wenn und Aber zu akzeptieren. Nachfragen bzw. jegliches Bestehen auf nähere Begründungen ist unzulässig.[4] Ebenso wenig ist es erforderlich, dass der Spieler den Antrag in persönlicher Anwesenheit in der Spielbank stellt. Ein solches Erfordernis könnte den Moment der kritischen Selbsterkenntnis des Spielers verstreichen lassen und wäre mit einer idR gesteigerten Selbstüberwindung verbunden, was zu einer faktisch höheren Hemmschwelle auf Seiten des Spielers führen dürfte.[5] Die Selbstsperre führt auf Seiten des Konzessionsinhabers damit faktisch zu einer Pflicht, das Vermögen des Spielers zu schützen und ihn insbesondere vor den aufgrund seiner Spielsucht zu befürchtenden wirtschaftlichen Schäden zu bewahren.[6]

6 **b) Fremdsperre.** Der Konzessionsinhaber hat zudem die Möglichkeit, gegen den Willen des betroffenen Spielers eine Fremdsperre zu verhängen, sofern die Voraussetzungen eines gesetzlichen Sperrtatbestandes vorliegen. Nach den **materiellen Voraussetzungen** der Norm soll dies dann der Fall sein, wenn er aufgrund der Wahrnehmung seines Personals oder aufgrund von Meldungen Dritter weiß oder aufgrund sonstiger tatsächlicher Anhaltspunkte (zB eine frisch abgelaufene Sperre aber auch ergänzende Begründungen und Informationen aus einem Antrag auf Selbstsperre sowie dessen Begleitumstände[7]) annehmen muss, dass diese Person spielsuchtgefährdet, spielsüchtig oder überschuldet ist, ihren finanziellen Verpflichtungen nicht nachkommt oder Spieleinsätze riskiert, die in keinem Verhältnis zu seinem Einkommen oder Vermögen stehen (→ GlüStV § 8a Rn. 11).

7 **c) Gesetzliche Sperrgründe.** Anders als in § 8a Abs. 1 GlüStV ist der Begriff der Spielsucht ebenfalls explizit aufgeführt. Angesichts der Eingriffsintensität einer Fremdsperre in das allgemeine Persönlichkeitsrecht bzw. die allgemeine Handlungsfreiheit des Spielers, erscheinen die aufgezählten Sperrgründe in ihrer Formulierung jedoch äußert vage und weitreichend. Vor diesem Hintergrund ist

---

2 Vgl. *Peters* NJOZ 2010, 1197.
3 Vgl. BVerfG 28.3.2006 – 1 BvR 1054/01, NJW 2006, 1261 Rn. 152; vgl. *Hayer/Meyer* Suchtmagazin 2004, 33 (40).
4 Vgl. Streinz/Liesching/Hambach/*Liesching* GlüStV § 8 Rn. 31.
5 Vgl. Dietlein/Hecker/Ruttig/*Schmitt* GlüStV § 8 Rn. 10.
6 Vgl. BGH 15.12.2005 – III ZR 65/05, NJW 2006, 362 ff.; BGH 22.11.2007 – III ZR 9/07, NJW 2008, 840 ff.
7 Vgl. BGH 20.10.2011 – III ZR 251/10, NJW 2012, 48 Rn. 13.

eine möglichst restriktive Auslegung der Sperrgründe angezeigt, um Bedenken in Bezug auf die verfassungsrechtliche Verhältnismäßigkeit hinsichtlich des Spannungsverhältnisses zwischen dem Schutz der Spieler und deren Grundrechtspositionen zu begegnen. Der Wortlaut der Norm lässt dabei erkennen, dass ausschließlich subjektive Eindrücke und Wertungen, nicht näher begründete Vorbehalte oder generalisierende bzw. pauschale Verdächtigungen für die Verhängung einer Fremdsperre nicht ausreichend sind.[8] Das Erscheinungsbild eines Spielers, Alkoholkonsum am Spielort oder *„ungebührliches"* Verhalten sind ebenfalls keine relevanten Kriterien. Bei Meldungen Dritter dürfte es sich in der Regel um glaubhafte Benachrichtigungen aus dem näheren Umfeld des Spielers handeln. Möglich sind beispielsweise auch Eingaben von Arbeitgebern, Behörden, Therapeuten sowie Suchtberatern des betroffenen Spielers. Insbesondere bei Letzteren sind jedoch bestehende gesetzliche bzw. (ggf. darüber auch hinausgehende) vertragliche Verschwiegenheitsverpflichtungen zu beachten.[9]

Für die gesetzlichen Sperrgründe müssen jedenfalls mit **hinreichender Sicherheit** 8
Anhaltspunkte bestehen, die keine plausiblen alternativen Interpretationen und Sachverhaltskonstellationen denkbar erscheinen lassen dürfen. Dass dem betroffenen Spieler nach § 10 Abs. 5 S. 1 Gelegenheit zur Stellungnahme gegeben werden muss, ist vor diesem Hintergrund folgerichtig. Abschließend sei noch erwähnt, dass ein Antrag auf Selbstsperre nicht die Verhängung einer Fremdsperre ausschließt. Der Konzessionsinhaber darf jedoch ebenso wenig aus dem bloßen Umstand, dass ein Spieler eine Selbstsperre wünscht, den Rückschluss ziehen, dass bereits einer der vorgenannten gesetzlichen Gründe für eine Fremdsperre ebenfalls erfüllt ist.

3. Abs. 3. Neben der Selbst- bzw. Fremdsperre eröffnet § 10 Abs. 3 zudem die 9
Möglichkeit für den Konzessionsinhaber, eine sog. Störersperre gegen einen Spieler auszusprechen. Eine solche Sperre kann erfolgen, wenn entweder gegen die Spielordnung iSd § 14 Abs. 2 oder die Spielregeln seitens des Spielers verstoßen wird, ein jedenfalls begründeter Verdacht eines solchen Verstoßes besteht oder dem Spieler aufgrund des Hausrechts der Zutritt zur Spielbank gänzlich untersagt wurde.

Die Störersperre ist somit ein Instrument, mit dem insbesondere dem Ziel dieses 10
Gesetzes Rechnung getragen wird, die ordnungsgemäße Durchführung der Glücksspiele sicherzustellen. Sie ist hingegen nicht Teil des anbieter- und spielformübergreifenden Spielersperrsystems, weil die Störersperre mithin ein anderes Ziel verfolgt als die Selbst- bzw. Fremdsperre (GlüStV § 23 Abs. 1 zum Umfang der gespeicherten Spielerdaten). Die S. 2 und 3 des § 10 Abs. 3 sollen schließlich gewährleisten, dass die Entscheidung der Spielbank hinreichend überprüft und dokumentiert wird und den betroffenen Spielern keine Rechte verwehrt werden.

4. Abs. 4. Die Konzessionsinhaber haben die Pflicht, die Informationen bezüg- 11
lich einer Selbst- bzw. Fremdsperre sowie diesbezügliche Änderungen und Aufhebungen ohne schuldhaftes Zögern an die nach § 23 Abs. 1 S. 1 GlüStV zuständige Behörde zur Aufnahme in die Sperrdatei zu übermitteln. Das Erfordernis, die Sperrdatei stets aktuell zu halten und dabei keinen zeitlichen Verzug zuzulassen, ergibt sich dabei letztlich auch aus dem Umstand, das Spannungsverhältnis zwischen dem Schutz der betroffenen Spieler und deren Grundrechtspositionen verhältnismäßig auszugestalten.

8 Vgl. Dietlein/Hecker/Ruttig/*Schmitt* GlüStV § 8 Rn. 14.
9 Vgl. Streinz/Liesching/Hambach/*Liesching* GlüStV § 8 Rn. 35; vgl. BGH 21.10.2010 – V ZB 210/09, NJW-RR 2011, 136 Rn. 7.

12 **5. Abs. 5.** Bevor eine Fremdsperre verhängt werden kann, ist dem betroffenen Spieler **Gelegenheit zur Stellungnahme** zu geben. Aufgrund der bereits angesprochenen Eingriffsintensität der Fremdsperre und den vergleichsweise weit formulierten Sperrgründen ist dies auch geboten. § 10 Abs. 5 S. 2 dient zudem dazu, der nicht von der Hand zu weisenden Gefahr fehlerhafter Fremdsperren zu begegnen.

13 **6. Abs. 6.** Sowohl die Selbst- als auch die Fremdsperre weisen nach § 10 Abs. 6 S. 1 eine **Mindestsperrdauer von einem Jahr** auf. Möglich sind damit allerdings auch längere Sperrzeiträume. Insbesondere kann ein Spieler im Falle einer Selbstsperre in seinem Antrag auch einen entsprechend längeren Zeitraum angeben. Wird ein solcher längerer Zeitraum im Rahmen einer Selbstsperre beantragt, so dürfte dieser als verbindliche Mindestsperrdauer gegenüber dem betroffenen Spieler gelten. Die Spielbank ist nach § 10 Abs. 6 S. 2 nach Einrichtung der Sperre verpflichtet, dem betroffenen Spieler die Art und die Dauer der Sperre unverzüglich schriftlich mitzuteilen.

14 **7. Abs. 7.** Die Norm stellt ausdrücklich klar, dass eine automatische Aufhebung der Selbst- bzw. Fremdsperre nicht vorgesehen ist. Der Konzessionsinhaber entscheidet ausschließlich auf schriftlichen Antrag des gesperrten Spielers nach Ablauf der in § 10 Abs. 6 S. 1 bestimmten Frist über die Aufhebung der eingetragenen Sperre.

15 **8. Abs. 8.** Die datenschutzrechtliche Verantwortung in Bezug auf die erhobenen Daten der gesperrten Personen in der Sperrdatei liegt bei der nach § 23 Abs. 1 S. 1 GlüStV zuständigen Behörde. In der zentral geführten Sperrdatei dürfen etwa folgende Daten des Spielers verarbeitet werden: Familiennamen, Vornamen, Geburtsnamen, Aliasnamen, verwendete Falschnamen, Geburtsdatum und -ort, Anschrift, Lichtbilder, Grund und Dauer der Sperre sowie die meldende Stelle. Dokumente, die zur Sperrung des betroffenen Spielers geführt haben, dürfen nach § 23 Abs. 1 S. 3 GlüStV ebenfalls in diesem Zusammenhang verarbeitet werden. So sollen eine möglichst eindeutige Identifizierung des Spielers sichergestellt werden und Fehleintragungen vorgebeugt werden.

16 **9. Abs. 9.** Schließlich wird klargestellt, dass die Eintragung einer Sperre, ganz gleich ob es sich dabei um eine Selbst-, Fremd- oder aber auch Störersperre handelt, keinerlei Auswirkungen auf etwaig bestehende gesetzliche Auskunftsrechte von gesperrten Personen hat. Dies gilt sowohl gegenüber der betreffenden Spielbank als auch gegenüber der zuständigen, die Sperrdatei führenden Behörde.

§ 11 SpielbG NRW Suchtforschung

Die Konzessionsinhaberin oder der Konzessionsinhaber ist berechtigt und auf Verlangen des für die Glücksspielaufsicht zuständigen Ministeriums verpflichtet, Daten im Sinne des § 23 des Glücksspielstaatsvertrags 2021 in anonymisierter Form für Zwecke der Glücksspielforschung zur Verfügung zu stellen.

I. Genese/Entstehungsgeschichte

1 Im Gesetz über die Zulassung öffentlicher Spielbanken aus dem Jahr 1974, in dem das Spielbankwesen in Nordrhein-Westfalen erstmalig kodifiziert wurde, waren noch keinerlei Regelungen zur Suchtforschung enthalten. Dies änderte sich erst im Zusammenhang des ersten Glücksspielstaatsvertrags (GlüStV) vom 31.7.2007, mit dem die Einführung des **Ausführungsgesetzes zum Glücksspielstaatsvertrag** (AG GlüStV NRW) und eine **Änderung des Spielbankgesetzes**

NRW (SpielbG NRW) einhergingen. In § 7 wurde die Übermittlung von zur Erforschung der Glücksspielsucht erforderlichen Daten geregelt, um die Forschung zum Entstehen von Glücksspielsucht und zu ihrer Verbreitung voranzutreiben. Gleichlaufend damit sind die Erläuterungen zur Suchtforschung nach § 9 AG GlüStV 2008. Nach den Novellen des SpielbG NRW vom 4.3.2020 und vom 12.3.2021 wurde aus § 7 in der Zwischenzeit § 11, welcher wortlautgleich ist.

II. Erläuterungen

2 Die Vorschrift ist das rechtliche Einfallstor für eine **evidenzbasierte Glücksspielsuchtforschung** im Bereich der Spielbanken in Nordrhein-Westfalen, die rechtliche Anpassungen nach fortlaufenden wissenschaftlichen Erkenntnissen ermöglichen kann. In Anbetracht des bisherigen Forschungsstands scheint eine solche Normierung auch geboten, da Glücksspielautomaten als „kleines Spiel“ neben dem „großen Spiel“ wie Roulette-Spielen zu den Glücksspielarten mit dem **höchsten Suchtpotential** im analogen Bereich zu zählen sind. Dennoch ist festzuhalten, dass die bisherige Förderung der wissenschaftlichen Glücksspielsuchtforschung in Nordrhein-Westfalen nur eine geringfügige Bedeutung gehabt hat.[1] Um die Glücksspielsuchtforschung künftig gezielter zu fördern, kann es sinnvoll sein, gesetzlich festzuhalten, einen gewissen Teil der Einnahmen aus Steuern und Abgaben von Spielbanken **unabhängigen wissenschaftlichen Einrichtungen** zukommen zu lassen, die dann nicht nur für den Bereich der Glücksspielsuchtforschung, sondern auch für die Glücksspielsuchtprävention und -beratung vorgesehen sein könnten. Positiv anzumerken ist schließlich die Tatsache, dass es überhaupt eine Regelung zur Glücksspielsuchtforschung in Nordrhein-Westfalen gibt, da in den übrigen Bundesländern eine vergleichbare Regelung nur im brandenburgischen Spielbankgesetz, nämlich in § 7 SpielbG Brandenburg, existiert.

§ 12 SpielbG NRW Videoüberwachung

(1) [1]Zur Zugangskontrolle, zur Verhinderung, Aufdeckung und Verfolgung von Straftaten oder Ordnungswidrigkeiten, zur Sicherung des Vertrauens der Öffentlichkeit in ein ordnungsgemäßes Spiel und zum Zweck der Finanzaufsicht sind die Ein- und Ausgänge, die Kassenbereiche, die Abrechnungsräume, die Spielräume der Spielbank (Raumüberwachung), die Spielgeräte, die Spieltische und die Spielautomaten (Spielüberwachung) mit optisch-elektronischen Einrichtungen zu überwachen (Videoüberwachung). [2]Soweit der Umfang der Videoüberwachung nicht in diesem Gesetz, der Spielordnung gemäß § 14 Absatz 2, der Konzession oder in aufsichtsbehördlichen Anordnungen festgesetzt ist, kann er von der Konzessionsinhaberin oder dem Konzessionsinhaber nach den Vorschriften der Datenschutz-Grundverordnung bestimmt werden. [3]Die Absätze 2 und 3 gelten entsprechend. [4]Der Finanzaufsicht ist zur Aufgabenerfüllung nach § 13 Absatz 9 jederzeit die unabhängige Einsichtnahme in die laufenden und gespeicherten Videoaufzeichnungen (insbesondere zum Spielbetrieb und zu den Zählvorgängen) zu gewähren. [5]Der Zugriff der Konzessionsinhaberin oder des Konzessionsinhabers, des Spielbankunternehmens und aller für diese tätigen Personen auf Daten, aus denen sich ergibt, auf welche Aufzeichnungen die Finanzaufsicht zugreift oder zugegriffen hat, ist unzulässig.

1 *Becker*, Stellungnahme der Forschungsstelle Glücksspiel, Universität Hohenheim (17/3814) zu NRW LT-Drs. 17/12978.

(2) Die nach Absatz 1 zu verarbeitenden personenbezogenen Daten sind spätestens zwei Wochen nach der Erhebung zu löschen, es sei denn, es liegen Anhaltspunkte vor, die ein Tätigwerden des für die Glücksspielaufsicht zuständigen Ministeriums, der Steueraufsicht, der Polizei oder der Staatsanwaltschaft erforderlich machen könnten.

(3) Weitergehende gesetzliche Anforderungen an die Verarbeitung von personenbezogenen Daten im Zusammenhang mit der Videoüberwachung bleiben unberührt.

I. Entstehungsgeschichte

1 Während das Spielbankgesetz vom 19.3.1974[1] noch keine Bestimmungen über die Videoüberwachung kannte, wurde erstmals mit § 8 SpielbG NRW vom 30.10.2007[2] eine gesetzliche Regelung geschaffen, die dem **Spielbankbetreiber** ermöglichen sollte, sowohl den Zugang als auch den Spielbetrieb per Video zu überwachen. Der Zweck der **Videoüberwachung** reichte weiter, als der Wortlaut der Bestimmung auf den ersten Blick nahelegte. Der Verweis in § 8 Abs. 1 S. 3 SpielbG NRW 2007 auf die aufsichtsrechtlichen Befugnisse bezog sich offenbar nicht nur auf die Überwachung der Einhaltung der **Löschungsfrist** für die Aufzeichnungen von seinerzeit sechs Monaten durch die Aufsichtsbehörde. Dafür spricht auch, dass gemäß § 8 der Glücksspielverordnung des Landes Nordrhein-Westfalen vom 11.12.2008[3] die Einsichtnahme in die Bildaufzeichnung der **Videoüberwachung** durch die Aufsichtsbehörde und die Finanzaufsicht anlassbezogen vorgesehen war (§ 8 Abs. 5 Nr. 3 GlücksspielVO NRW 2008). Ein gewisser Wertungswiderspruch ergab sich insoweit schon aus der inhaltlich weiteren Regelung in § 9 Abs. 5 SpielbG NRW 2007, der die gesetzliche Grundlage für den – ansonsten voraussetzungslosen und damit anlassunabhängigen – Zugriff der **Finanzaufsicht** auf die Videoaufzeichnungen durch die Finanzaufsicht enthielt.

2 Der im SpielbG NRW 2012[4] unverändert gebliebene § 9 wurde im SpielbG NRW 2020[5] mit Wirkung zum 3.6.2020 umfangreich geändert. Die **Videoüberwachung** soll nunmehr auch der Verhinderung, Aufdeckung und Verfolgung von Ordnungswidrigkeiten neben den bisher schon benannten Straftaten dienen (§ 12 Abs. 1). Ausdrücklich gesetzlich bestimmt wird auch, dass die laufende Videoüberwachung den Zwecken der **Finanzaufsicht** dient. Der Katalog der zu überwachenden Bereiche wurde um die Abrechnungsräume erweitert. Ausdrücklich genannt wird nunmehr auch die Überwachung der Spielgeräte, der Spieltische und der Spielautomaten in Ergänzung zu der bisher vorgesehenen

1 Gesetz über die Zulassung öffentlicher Spielbanken im Land Nordrhein-Westfalen vom 19.3.1974, GV. NRW. 1974, 93.

2 Gesetz über die Zulassung öffentlicher Spielbanken im Land Nordrhein-Westfalen vom 30.10.2007, GV. NRW. 2007, 445.

3 GV. NRW. 2008, 860, in Kraft getreten zum 1.1.2009.

4 GV. NRW. 2012, 524.

5 Gesetz über die Zulassung öffentlicher Spielbanken im Land Nordrhein-Westfalen vom 29.5.2020, GV. NRW. 2020, 363.

Raumüberwachung. Ebenfalls aufgenommen wurde ein Verweis auf die **Datenschutz-Grundverordnung.** Ergänzt wurde schließlich der unabhängige Zugriff der Finanzaufsicht auf die laufenden und gespeicherten **Videoaufzeichnungen** unter Ausschluss des Rechts des Betreibers, auf Daten zuzugreifen, aus denen sich ergibt, auf welche Aufzeichnungen die Finanzaufsicht zugreift oder zugegriffen hat (§ 12 Abs. 1 S. 4). Die Löschungsfrist wurde auf zwei Wochen verkürzt, dies allerdings nur für den Fall, dass keine Anhaltspunkte vorliegen, *die ein Tätigwerden des für die Glücksspielaufsicht zuständigen Ministeriums, der Steueraufsicht, der Polizei oder Staatsanwaltschaft erforderlich machen könnten* (§ 12 Abs. 2). In § 12 Abs. 3 wurde des Weiteren ein allgemeiner Hinweis auf weitergehende gesetzliche Anforderungen an die Verarbeitung von personenbezogenen Daten aufgenommen.

Die historische Entwicklung zeigt, dass die nunmehr in § 12 geregelte Video- 3
überwachung sich zunehmend zu einem Instrument der **Aufsicht** entwickelt hat, die systematisch nicht überzeugend, aber historisch konsequent nach dem spezielleren Instrument der Videoüberwachung in § 13 geregelt ist.

II. Systematik

§ 12 ist – wie gezeigt – eng verzahnt mit den Regelungen zur Aufsicht (§ 13), in- 4
folge der aufgezeigten Entwicklung mittlerweile sogar ein besonderes Instrument der Aufsicht. Der Gesetzgeber hat zudem die Aufnahme von Nebenbestimmungen in die Konzession in § 4 Abs. 6 vorgesehen, die sich hinsichtlich der *visuellen Überwachungsmaßnahmen* (§ 4 Abs. 6 Nr. 8) überschneiden können. Weiterhin hat der Gesetzgeber in § 4 Abs. 7 Nr. 11 allgemeine Pflichten *der Konzessionsinhaberin oder des Konzessionsinhabers* vorgesehen, die sich auch auf die Videoüberwachung und -aufzeichnung beziehen. Ergänzt werden diese Regelungen durch die Befugnisse der Finanzaufsicht in § 13 Abs. 9.

III. Verfassungsrechtliche Vorgaben

Eine landesrechtliche Bestimmung, die schon nach dem Wortlaut auch der Straf- 5
verfolgung dienen soll, wirft zunächst die Frage nach der Kompetenz auf. Art. 74 Abs. 1 Nr. 1 Alt. 4 GG weist dem Bund die konkurrierende **Gesetzgebungskompetenz** für das gerichtliche Verfahren zu. Diese Kompetenz ist weit zu verstehen. Sie erfasst auch das polizeiliche und staatsanwaltliche Ermittlungsverfahren,[6] somit auch das Strafverfahrensrecht als das Recht der Aufklärung und Aburteilung von Straftaten, mit anderen Worten die repressive Polizeitätigkeit.[7] Nach der Rechtsprechung des BVerfG zählt hierzu auch die sog. **Strafverfolgungsvorsorge,** somit Maßnahmen, die eine Ahndung von Straftaten ermöglichen oder erleichtern sollen. Nach der eingängigen Formulierung des BVerfG erfolgt die Strafverfolgungsvorsorge in zeitlicher Hinsicht präventiv, während sie gegenständlich das repressiv ausgerichtete Strafverfahren betrifft.[8] Diese ist nach der ständigen Rechtsprechung des BVerfG abzugrenzen von der **Straftatenverhütung,** die als Unterfall der Gefahrenvorsorge kompetenzrechtlich den Ländern zugewiesen sei.[9]

6 BVerfG 15.12.1970 – 2 BvR 629/68, BVerfGE 30, 1 (29).
7 BVerfG 18.12.2018 – 1 BvR 142/15, NJW 2019, 826.
8 BVerfG, 18.12.2018 – 1 BvR 142/15, NJW 2019, 826; BVerfG 27.7.2005 – 1 BvR 668/04, BVerfGE 113, 348 (370).
9 BVerfG 18.12.2018 – 1 BvR 142/15, NJW 2019, 827; BVerwG 25.1.2012 – 6 C 9.11, BVerwGE 141, 329 (335).

6 Das Bundesverfassungsgericht hatte zuletzt im Zusammenhang mit der nach dem Bayerischen Polizeiaufgabengesetz vorgesehenen anlassunabhängigen Kennzeichenkontrolle Gelegenheit, diese Abgrenzung vorzunehmen.[10] Da **Gefahrenvorsorge** und Strafverfolgungsvorsorge oft nahe beieinander lägen, sich die Regelungsbefugnisse von Bund und Ländern sogar überschneiden könnten, komme es für die Bestimmung der landesrechtlichen Kompetenz auf den *objektivierten* Zweck der Regelung an.[11] Bei *doppelfunktionalen* Regelungen, bei denen nicht einmal ein eindeutiger Schwerpunkt feststellbar sei, stehe dem Gesetzgeber auch ein gewisser Entscheidungsspielraum für die Zuordnung zu, so dass bundesrechtliche Regelungen nicht zwangsläufig landesrechtliche Bestimmungen sperren.[12] Unter Anwendung dieser Maßstäbe sah das BVerfG in der zu überprüfenden Regelung des Bayerischen Polizeiaufgabengesetzes keinen Verstoß gegen die **Kompetenzordnung** des Grundgesetzes und bestätigte damit die Rechtsprechung des BVerwG zur offenen Videoüberwachung der Reeperbahn auf der Grundlage des Hamburger Polizeirechts, das eine Speicherung der Videoaufzeichnungen zum Zwecke der Auswertung zur Strafverfolgung für die Dauer von einem Monat ausdrücklich vorsah.[13]

7 Gemessen hieran dürften sich durchgreifende Bedenken gegen die **Kompetenz** des Landesgesetzgebers im Hinblick auf § 12 Abs. 1 auch insoweit nicht ergeben, als die Aufdeckung und Verfolgung von Straftaten oder Ordnungswidrigkeiten als Zwecke der **Videoüberwachung** hervorgehoben werden. Die mit der Videoüberwachung verbundene Erhebung auch zum Zwecke der Ahndung und Verfolgung von Straftaten stellt sich deshalb nicht als kompetenzwidrig dar, weil die Aufzeichnungen zunächst dem Zweck der Gefahrenvorsorge dienen, die der Regelungskompetenz des **Landesgesetzgebers** unterliegt. Dass die erhobenen Daten dann auch für Zwecke der Entdeckung und Verfolgung von Straftaten genutzt werden, lässt die Kompetenz des Landesgesetzgebers trotz der Überschneidungen zu den Regelungen der StPO (§§ 81b, 410h StPO) nicht entfallen.

8 Materiell sind die Regelungen an dem verfassungsrechtlich verbürgten Recht auf **informationelle Selbstbestimmung** zu messen, das ungeachtet der Herleitung aus dem allgemeinen Persönlichkeitsrecht grundsätzlich auch juristische Personen des Privatrechts[14] erfasst und somit den vom nordrhein-westfälischen Gesetzgeber als Konzessionsinhaberin oder Konzessionsinhaber umschriebenen Betreiber der Spielbank. Diesem ist durch § 12 Abs. 1 nicht etwa freigestellt, die Besucherinnen und Besucher der Spielbank per Video zu überwachen. Er hat die gesetzliche Pflicht, die im einzelnen genannten Bereiche zu überwachen, dieses verbunden mit der Verpflichtung, der Finanzaufsicht jederzeit uneingeschränkte Einsicht zu gewähren. Es stellt sich somit nicht die Frage nach der **Drittwirkung** bzw. der rechtlichen Zulässigkeit der **Videoaufzeichnung** im Verhältnis von Betreiber zu Mitarbeitern[15] oder den Besuchern der Spielbank. Es liegt vielmehr durch die gesetzliche Anordnung der laufenden Videoüberwachung und -aufzeichnung ein unmittelbarer Eingriff in das Recht auf informationelle Selbstbestimmung sowohl des Betreibers als auch der Mitarbeiter und Gäste vor.

9 Eingangsvoraussetzung für die **verfassungsrechtliche Rechtfertigung** eines solchen Eingriffes in das Recht auf informationelle Selbstbestimmung ist die **Be-**

10 BVerfG 18.12.2018 – 1 BvR 142/15, NJW 2019, 827.
11 BVerfG, 18.12.2018 – 1 BvR 142/15, NJW 2019, 827.
12 BVerfG, 18.12.2018 – 1 BvR 142/15, NJW 2019, 827.
13 BVerwG 25.1.2012 – 6 C 9.11, BVerwGE 141, 329 (335).
14 OVG NRW 12.12.2016 – 13 A 939/15, juris Rn. 46 = DVBl 2017, 445; im Ergebnis ebenso: BVerfG 13.6.2007 – 1 BvR 1550/03, NJW 2007, 2464 ff.
15 Vgl. LAG Berlin-Brandenburg 9.9.2011 – 6 TaBV 851/11, BeckRS 2011, 76074.

stimmtheit der Norm. Der Gesetzgeber hat in der Diktion des BVerfG den Zweck einer Informationserhebung „bereichsspezifisch und präzise zu bestimmen".[16] Nach der ständigen Rechtsprechung des BVerfG ist insoweit die Verwendung **unbestimmter Rechtsbegriffe** nicht ausgeschlossen. Sie müssen sich allerdings durch Auslegung der betreffenden Norm hinreichend konkretisieren lassen. Es dürfen mit anderen Worten die verbleibenden *Ungewissheiten nicht so weit gehen, dass die Vorhersehbarkeit und Justiziabilität des Handelns der durch die Norm ermächtigten staatlichen Stellen gefährdet sind.*[17] Diesen Maßstäben genügt § 12 Abs. 1 nur zum Teil. Soweit die Videoüberwachung *zur Sicherung des Vertrauens der Öffentlichkeit in ein ordnungsgemäßes Spiel* erfolgen soll, wird eine verfassungsrechtliche Rechtfertigung des Eingriffs in die grundrechtlich geschützte Position schon aus Gründen der **Bestimmtheit** nicht in Betracht kommen. Entsprechendes gilt, soweit der Gesetzgeber in § 12 Abs. 1 S. 2 hinsichtlich des Umfangs der Videoüberwachung auf die Spielordnung, die Konzession oder aufsichtsbehördliche Anordnungen verweist. Diese Regelung darf nicht als Erweiterung der Befugnisse zur Videoüberwachung missverstanden werden, da die legitimierenden Zwecke und der Umfang sich unmittelbar aus dem Gesetz ergeben müssen und nicht durch die Konzession oder aufsichtsbehördliche Anordnungen beliebig erweitert werden können. Der Verweis auf diese Instrumente kann daher **verfassungskonform** nur so verstanden werden, dass die Spielordnung gem. § 14 Abs. 2, die Konzession oder aufsichtsbehördliche Anordnung Konkretisierungen der im Gesetz vorgesehenen Zwecke sowie des Umfangs vornehmen, keinesfalls aber weitergehende Regelung treffen können.

Soweit auf den Zweck der **Finanzaufsicht** verwiesen wird, ergibt sich dieser Zweck, richtigerweise diese Zwecke, nicht aus § 12 Abs. 1 S. 1, sondern aus § 13 Abs. 9–11 sowie der auf Grundlage des § 14 Abs. 1 erlassenen Verordnung zu den Aufgaben der Finanzaufsicht und Sicherungsmaßnahmen des Konzessionsinhabers oder der Konzessionsinhaberin in den Spielbanken Nordrhein-Westfalen vom 18.11.2020.[18] Bedenken in Bezug auf die Bestimmtheit ergeben sich insoweit nicht.

Die für die Prüfung der **verfassungsrechtlichen Rechtfertigung** des Eingriffs we- 10
sentliche Eingriffsintensität bemisst sich nach verschiedenen Kriterien: so ist zunächst danach zu differenzieren, ob die Videoüberwachung den öffentlichen oder privaten Bereich betrifft und ob sie dem Zweck dient, die Identifizierung einzelner Personen zu ermöglichen.[19] Wesentlich ist des Weiteren, ob die Videoaufzeichnung offen oder verdeckt erfolgt, wobei naturgemäß eine verdeckte Überwachung eine wesentlich höhere **Eingriffsintensität** aufweist.[20] Schließlich ist für die Bestimmung der Eingriffsintensität wesentlich, ob der Betroffene selbst Anlass für die Maßnahme gegeben hat, wobei es dem Gesetzgeber unbenommen sei, bestimmte besondere Gefahrenlagen abstrakt zu definieren, somit an ein *strukturell erhöhtes Gefahrenpotenzial* bestimmter Orte anzuknüpfen.[21] Je weniger der Betroffene selbst Anlass zu der Überwachung gegeben hat, desto eher setzt sich das subjektive **Abwehrrecht** gegenüber dem Eingriffszweck durch.[22] An die Bestimmung der Eingriffsintensität schließt sich die Prüfung an

16 BVerfG 13.6.2007 – 1 BvR 1550/03, NJW 2007, 2467.
17 BVerfG, 13.6.2007 – 1 BvR 1550/03, NJW 2007, 2467 mwN.
18 GV. NRW. 2020, 1056a.
19 Vgl. Tegtmeyer/Vahle PolG NRW § 15a Rn. 6 ff.
20 BVerfG 13.6.2007 – 1 BvR 1550/03, NJW 2007, 2464.
21 BVerfG 18.12.2018 – 1 BvR 142/15, NJW 2019, 836 f.
22 Vgl. BVerfG 4.4.2006 – 1 BvR 518/02, BVerfGE 115, 320 (354); EuGH 21.12.2016 – C-203/15 ua, juris Rn. 112.

dem Grundsatz der Verhältnismäßigkeit an. Der Grundrechtseingriff muss somit einem legitimen Zweck dienen, geeignet, erforderlich und angemessen sein.[23]

11 Die **Eingriffsintensität** der in das Recht auf informationelle Selbstbestimmung eingreifenden, in § 12 Abs. 1 gesetzlich vorgeschriebenen Videoüberwachung und -aufzeichnung ist einerseits dadurch geprägt, dass die **Identifizierung** der erfassten Personen möglich sein muss, was sich aus den gesetzgeberischen Zielen zwangsläufig ergibt. Die Videoüberwachung hat schon im Hinblick auf Art. 12 DSGVO offen zu erfolgen. Sie findet – mit Ausnahme der Zählräume – in öffentlich zugänglichen Bereichen statt. Der Gesetzgeber sieht auch ausweislich der amtlichen Begründung[24] eine abstrakte Gefährdungslage durch den Betrieb der Spielbank, also ein nach der Diktion des BVerfG in seinem Beschluss vom 18.12.2018[25] *strukturell erhöhtes Gefahrenpotential,* wenngleich Gäste und Mitarbeiter der Spielbank individuell in der Regel keine Veranlassung zu einer weitreichenden Überwachung geben, der Eingriff also eine denkbar weite **Streubreite** hat.

12 Dass der Gesetzgeber mit der Kontrolle des Zugangs, der Verhinderung, Aufdeckung und Verfolgung von Straftaten oder Ordnungswidrigkeiten und der Kontrolle durch die Finanzaufsicht durchaus legitime Zwecke verfolgt, steht außer Frage. Ob die vollständige und lückenlose **Überwachung** der in § 12 Abs. 1 S. 1 genannten Bereiche tatsächlich **erforderlich** ist, um die jeweiligen Zwecke zu erreichen, erscheint demgegenüber ebenso fraglich wie die **Angemessenheit** des Eingriffs.

13 Die **Schwäche der gesetzlichen Regelung** zeigt sich daran, dass nicht hinreichend danach differenziert wird, für welche Bereiche die Konzessionsinhaberin oder der Konzessionsinhaber selbst zulässigerweise eine Videoüberwachung einrichten könnte und in welchen Bereichen sie bzw. er das nach Maßgabe des § 12 Abs. 1 mit unmittelbarer **Zugriffsmöglichkeit** der Finanzaufsicht muss. Die Konzessionsinhaberin oder der Konzessionsinhaber selbst wird sich angesichts des Bargeldbestandes, der hohen Umsätze und der notwendigen Kontrolle des Zutritts und des Spielbetriebes auf ein berechtigtes Interesse iSd Art. 6 Abs. 1 lit. f DSGVO berufen können. Der von der Rechtsprechung geforderte „gute Grund" für eine solche Videoüberwachung[26] wird ebenso wie zB bei einer Bankfiliale bestehen. Das reicht wie gezeigt verfassungsrechtlich nicht, um den staatlichen Eingriff zu rechtfertigen. Bei diesem ist in Abhängigkeit von dem gesetzlich definierten Zweck für jeden der genannten Bereiche zu prüfen, ob die Videoüberwachung und -aufzeichnung erforderlich iSd **Verhältnismäßigkeitsprinzips** ist. Soweit § 12 Abs. 1 S. 1 beispielsweise die laufende Überwachung der Ein- und Ausgänge vorschreibt, ist anhand der Gesetzesbegründung[27] nicht auszumachen, aus welchem Grunde zusätzlich eine Videoüberwachung notwendig ist, um die ohnehin schon detailliert in der Spielordnung NRW in § 1 geregelte **Zugangskontrolle** und deren Beaufsichtigung zu verbessern. Anhand der dort ausgegebenen Gästekarten und der elektronischen Erfassung im Rahmen der Besucherdatei lässt sich jederzeit lückenlos nachvollziehen, wer zu welchem Zeitpunkt die Spielbank betreten und verlassen hat. Warum zusätzlich eine Videoüberwachung und -aufzeichnung der **Ein- und Ausgänge** zwingend erfolgen muss, erschließt sich bislang jedenfalls nicht. Entsprechendes gilt für die Überwachung der **Abrechnungsräume**, bei denen ohnehin nach § 25 FinASVO NRW

23 StRspr BVerfGE 109, 279 (335 ff.); BVerfGE 115, 320 (345).
24 NRW LT-Drs. 17/8796, 46 f.
25 BVerfG 18.12.2018 – 1 BvR 142/15, NJW 2019, 836 f.
26 Vgl. BVerwG 27.3.2019 – 6 C 2.18, NJW 2019, 2556 (2559).
27 LT-Drs. 17/12978.

die Anwesenheit der Finanzaufsicht vorgeschrieben ist. Bei den ebenfalls von der Videoüberwachung und -aufzeichnung erfassten Spielgeräten und Spielautomaten erschließt sich angesichts der ohnehin schon vorgesehenen technischen Kontrollmöglichkeiten (zB §§ 4, 5 FinASVO NRW) nicht, dass Zwecke der Finanzaufsicht oder auch die Vermeidung von Straftaten oder Ordnungswidrigkeiten die zusätzliche Videoüberwachung erforderlich iSd Verhältnismäßigkeitsprinzips machen. Den Gesetzgebungsmaterialien lassen sich insoweit keine Anhaltspunkte dafür entnehmen, dass die verfassungsrechtlich gebotene **Erforderlichkeit der Videoüberwachung** und -aufzeichnung für die genannten Bereiche hinreichend geprüft worden wäre. Selbst das für die Rechtfertigung polizeilicher Videoüberwachungen im öffentlichen Raum angeführte Argument, dass durch die Videoüberwachung mit weniger Personal eine ähnlich effektive Kontrolle wie bei der Präsenz vor Ort sichergestellt werden kann, also letztlich auch Kostenaspekte eine Rolle spielen können,[28] dürfte im Zusammenhang mit der Überwachung gem. § 12 nicht greifen, zumal § 6 Abs. 3 FinASVO NRW ausdrücklich darlegt, dass die Überwachung parallel zu der persönlichen Aufsicht in den **Spielsälen** erfolgt.

Vieles spricht dafür, dass die Erforderlichkeit der Videoüberwachung und -aufzeichnung im Bereich der Spieltische (§§ 6 ff. FinASVO NRW) für bejaht werden kann, da zum einen schnelle und unübersichtliche Vorgänge mit dem bloßen Auge und ohne Möglichkeit der Wiederholung schwer zu beurteilen sind, zum anderen bei Differenzen die Videoaufzeichnung jedenfalls geeignet ist, jedweden Verdacht der Manipulation oder Unregelmäßigkeit aufzuklären. 14

Ob der weitere Zweck der **Finanzaufsicht** – die ordnungsgemäße Ermittlung der Grundlagen der Berechnung der Abgaben des Teil 3 (§§ 19 ff.) – eine Videoüberwachung erforderlich macht, ist ebenso ungeklärt. Aus den Gesetzgebungsmaterialien[29] lässt sich jedenfalls nicht entnehmen, warum die engmaschigen Kontrollen gem. FinASVO NRW insoweit nicht ausreichen sollen. Es ist daher auch hier nicht erkennbar, welcher zusätzliche Nutzen für die Kontrolle der Feststellung der Abgaben durch die **Videoüberwachung** entstehen soll, die auch ohne den Eingriff in das Recht auf informationelle Selbstbestimmung erreicht werden kann. 15

Dem Verhältnismäßigkeitsgrundsatz im engeren Sinne als Übermaßverbot genügen die mit § 12 Abs. 1 S. 1 verbundenen Grundrechtseingriffe nur dann, wenn der mit ihnen verfolgte Zweck zu dem **Eingriffsgewicht** nicht außer Verhältnis steht.[30] Legt man zugrunde, dass die Videoüberwachung und -aufzeichnung offen erfolgt, diese im Wesentlichen öffentlich zugängliche Bereiche betrifft, die Spielbanken aufgrund der Art des Betriebes und der umgesetzten Beträge ein potenziell höheres Risiko für Vermögensdelikte mit sich bringen, so verbleibt gleichwohl eine erhöhte Eingriffsintensität unter dem Gesichtspunkt, dass alle Betroffenen von der **Videoüberwachung** erfasst werden, unabhängig davon, ob sie selbst Veranlassung für eine solche Maßnahme gegeben haben. Setzt man diesen Eingriff ins Verhältnis zu den Zwecken, die nicht schon mangels Bestimmtheit ungeeignet sind, den Eingriff zu rechtfertigen, so fällt insbesondere ins Auge, dass der Gesetzgeber auch die Aufdeckung und Verfolgung von **Ordnungswidrigkeiten** für einen legitimen, dem Übermaßverbot entsprechenden Zweck zu halten scheint. Das dürfte nicht zutreffen. Eine **anlasslose Videoüber-** 16

28 Vgl. VGH Mannheim 21.7.2003 – 1 S 377/02, NVwZ 2004, 504.
29 LT-Drs. 17/12978.
30 Vgl. BVerfG 18.12.2018 – 1 BvR 142/15, NJW 2019, 836; BVerfG 13.6.2007 – 1 BvR 1550/03, NJW 2007, 2469.

wachung zur Verhinderung oder Aufdeckung von Ordnungswidrigkeiten mag im Interesse höchstmöglicher Sicherheit wünschenswert sein, dürfte aber, wie auch der Vergleich zu den polizeirechtlichen Eingriffsnormen (§ 15 PolG NRW) zeigt, von vornherein nicht geeignet sein, eine solche anlasslose Dauerüberwachung zu rechtfertigen.

IV. Befugnisse des Konzessionsinhabers

17 Sowohl § 12 Abs. 1 S. 2 als auch § 12 Abs. 2 stellen klar, dass für die von dem Betreiber veranlasste sowie die gesetzlich vorgesehene Videoüberwachung und -aufzeichnung die allgemeinen, **datenschutzrechtlichen Bestimmungen**, namentlich die der DSGVO, gelten. Das stellt eine Selbstverständlichkeit dar, zumal es nicht in der Kompetenz des Landesgesetzgebers liegt, diese höherrangigen Vorgaben einzuschränken und zu modifizieren. Hierauf weist auch die amtliche Begründung zutreffend hin.[31]

V. Unmittelbarer Zugriff auf die Videoüberwachung

18 § 12 Abs. 1 S. 4 verankert das Recht der Finanzaufsicht, jederzeit unabhängig in die laufenden und gespeicherten **Videoaufzeichnungen** Einsicht zu nehmen. Diese Befugnis überschneidet sich mit der aus § 13 Abs. 9 S. 2. Systematisch wird man die Regelung so verstehen können, dass § 12 Abs. 1 S. 4 den Zugriff auf die vom Betreiber angefertigten laufenden und aufgezeichneten **Videoaufnahmen** ermöglicht, § 13 Abs. 9 S. 2 und 3 demgegenüber einen davon unabhängigen eigenständigen Zugriff auf das **Videosystem** ermöglichen soll. Die Befugnisse gem. § 13 Abs. 9 beschränken sich also nicht auf die Auswertung und Aufzeichnung des vom Betreiber erhobenen Bildmaterials, sondern ermöglichen der Finanzaufsicht, eigenständig Bildmaterial zu erheben, was im Hinblick auf die Wahl der Bildwechsel, der jeweiligen Ausschnitte oder auch Vergrößerungen über den Zugriff auf das ohnehin entstehende Bildmaterial hinausgeht.

VI. Ausschluss der Rückverfolgung (Abs. 1 S. 5)

19 Unzulässig soll nach dieser Bestimmung der Zugriff der Konzessionsinhaberin oder des Konzessionsinhabers (§ 3), der Verantwortlichen (§ 7 Abs. 2 S. 3) sowie *aller für diese tätigen Personen* auf die **Zugriffsdaten** sein. Es soll damit ausgeschlossen werden, dass die für den Betrieb der Spielbank Verantwortlichen und deren Mitarbeiter nachvollziehen können, wann die Finanzaufsicht auf die laufende Videoüberwachung oder die Videoaufzeichnungen in welchem Umfange zugreift oder zugegriffen hat. Man möchte offenbar verhindern, dass bestimmte **Kontrollmuster** erkannt und damit Zeitpunkt und Umfang der Kontrollen vorhergesagt werden können oder das **Kontrollverhalten** von Mitarbeitern der Finanzaufsicht in zulässiger oder unzulässiger Weise beeinflusst wird. Ebenso möchte man verhindern, dass in dem Videosystem des Betreibers der Zugriff auf die laufende Überwachung angezeigt und auf diese Weise vorgewarnt wird. Der Anwendungsbereich dieser Bestimmung ist auf die laufende Ausübung der aufsichtsrechtlichen Befugnisse beschränkt. Dem **Auskunftsanspruch** der betroffenen Mitarbeiter und der Gäste der Spielbank nach Art. 15 DSGVO[32] kann die Bestimmung ebenso wenig entgegengehalten werden wie den **Akteneinsichtsrechten** in gerichtlichen Verfahren, die der Überprüfung der Rechtmäßigkeit aufsichtsbehördlicher Maßnahmen dienen (§§ 100, 99 VwGO). Insoweit fehlt es dem Landesgesetzgeber schlicht an einer Regelungskompetenz. Werden Maß-

31 NRW LT-Drs. 17/8796, 47.
32 Zur Reichweite des Anspruchs: BGH 15.6.2021 – VI ZR 576/19, WM 2021, 1376.

nahmen der Aufsicht auf den Zugriff gem. § 12 Abs. 1 S. 4 gestützt, so sind Zeitpunkt und Umfang des Zugriffes selbstverständlich in dem gerichtlichen Verfahren offenzulegen.

VII. Löschungsfrist

§ 12 Abs. 2 verkürzt die bisherige **Löschungsfrist** von sechs Monaten auf zwei Wochen. Hintergrund seien *Datenschutzerwägungen.*[33] Durchbrochen werden kann die Löschungsfrist, wenn Anhaltspunkte dafür vorliegen, dass ein *Tätigwerden* der Glücksspielaufsicht, *der Steueraufsicht, der Polizei oder der Staatsanwaltschaft* dieses erforderlich machen könnte. Mit den Begriffen „Polizei" und „Staatsanwaltschaft" wollte der Gesetzgeber offenbar zum Ausdruck bringen, dass Anhaltspunkte für **strafbares Verhalten** einer Löschung entgegenstehen können. Mit der Bezugnahme auf die Glücksspielaufsicht und die Steueraufsicht sind die in § 13 Abs. 1 u. § 13 Abs. 10 genannten obersten Landesbehörden adressiert. Damit ist nicht etwa die Finanzverwaltung bzw. Finanzaufsicht gem. § 13 Abs. 9 ausgenommen. Offenbar sollte klargestellt werden, dass die Löschungsfrist sowohl zu dem Zweck durchbrochen werden kann, konkreten Anhaltspunkten für Verstöße im **Spielbetrieb** als auch solchen für eine unzutreffende Ermittlung der **Abgaben** gem. Teil 3 nachzugehen. Der Begriff „Steueraufsicht" bezeichnet somit entsprechend seiner Herkunft aus der Abgabenordnung (6. Abschnitt, §§ 209 ff. AO) nicht die konkrete Behörde, sondern die von der Finanzverwaltung ausgeübte Funktion, so dass sich kein Widerspruch zur Bezeichnung in § 13 Abs. 9 als Finanzverwaltung bzw. Finanzaufsicht ergibt. 20

Im Hinblick auf den mit der Dauer der Speicherung verbundenen Eingriff in die Rechte der Betroffenen wird man verlangen müssen, dass die Anhaltspunkte sich mit zunehmender Dauer der Speicherung konkretisieren müssen. Während also zB bei einer anonymen Anzeige die Löschung zunächst unterbleiben darf, um den Wahrheitsgehalt dieser Anzeige zu überprüfen, müssen sich bei einer deutlichen Überschreitung der **Löschungsfrist** die Anhaltspunkte so weit verdichtet haben, dass ein hinreichend konkreter Verdacht vorliegt. 21

§ 13 SpielbG NRW Aufsicht

(1) [1]Das für die Glücksspielaufsicht zuständige Ministerium übt die Aufsicht über die Spielbanken aus, soweit die Absätze 9 bis 11 nichts anderes bestimmen. [2]Die Aufsicht hat den Schutz der öffentlichen Sicherheit und Ordnung vor Gefahren, die vom Spielbankbetrieb ausgehen, zu gewährleisten und sicherzustellen, dass die für den Betrieb der Spielbank geltenden Rechtsvorschriften und die in der Spielordnung und den Konzessionen enthaltenen Bestimmungen eingehalten werden.

(2) [1]Das für die Glücksspielaufsicht zuständige Ministerium trifft seine Maßnahmen nach pflichtgemäßem Ermessen. [2]Es ist insbesondere berechtigt,

1. **den gesamten Betrieb der Spielbank zu überwachen und zu überprüfen und sich hierbei auch Dritter zu bedienen,**
2. **alle dem Betrieb der Spielbanken dienenden Räume zu betreten, Prüfungen und Besichtigungen vorzunehmen und die geschäftlichen Unterlagen der Konzessionsinhaberin oder des Konzessionsinhabers einzusehen und**

33 NRW LT-Drs. 17/8796, 47.

3. die erstmalige Inbetriebnahme, die Wiederinbetriebnahme nach Änderung der Spiel- oder Sicherheitstechnik, insbesondere nach Hard- oder Software-Upgrades, und die Löschung wesentlicher Betriebsdaten der Spielautomaten und gegebenenfalls der Spieltische von seiner Zustimmung und gegebenenfalls von einem Gutachten einer unabhängigen Prüfstelle, auf Kosten der Konzessionsinhaberin oder des Konzessionsinhabers, abhängig zu machen.

[3]Das Grundrecht der Unverletzlichkeit der Wohnung (Artikel 13 des Grundgesetzes) wird insoweit eingeschränkt.

(3) Das für die Glücksspielaufsicht zuständige Ministerium kann ferner jederzeit

1. unverzügliche Auskunft über den gesamten Betrieb der Spielbank verlangen,
2. den Spielbetrieb ganz oder teilweise untersagen und
3. Spielgeräte, Spieltische, Spielautomaten, technische Anlagen und Teile hiervon außer Betrieb nehmen, versiegeln sowie Geräte und Hilfsmittel sicherstellen, soweit dies zur Vollstreckung von Anordnungen erforderlich ist, insbesondere wenn der begründete Verdacht besteht, dass die Geräte nicht ordnungsgemäß funktionieren.

(4) [1]Widerspruch und Klage gegen Verwaltungsakte nach den Absätzen 2 und 3 haben keine aufschiebende Wirkung. [2]Die Kosten für die Inanspruchnahme Dritter im Rahmen von Aufsichtsmaßnahmen sind von der Konzessionsinhaberin oder dem Konzessionsinhaber zu tragen.

(5) Das für die Glücksspielaufsicht zuständige Ministerium kann einzelne Aufsichtsbefugnisse auf andere Behörden übertragen.

(6) Die Konzessionsinhaberin oder der Konzessionsinhaber ist verpflichtet, dem für die Glücksspielaufsicht zuständigen Ministerium innerhalb von sechs Monaten nach Ende eines jeden Kalenderjahres einen von einem Wirtschaftsprüfer geprüften Jahresabschluss nebst Lagebericht und den Prüfungsbericht des Wirtschaftsprüfers vorzulegen.

(7) Die Konzessionsinhaberin oder der Konzessionsinhaber unterwirft sich einem im Rechtsverkehr anerkannten Corporate Governance Kodex, zeigt diesen dem für die Glücksspielaufsicht zuständigen Ministerium an und macht ihn öffentlich zugänglich.

(8) Für die eingesetzten Überwachungssysteme ist auf Verlangen des für die Glücksspielaufsicht zuständigen Ministeriums der Nachweis zu erbringen, dass die Bestimmungen dieses Gesetzes, der Spielordnung, der Spielbankkonzession, der Betriebserlaubnisse sowie der zu diesem Gesetz ergangenen Rechtsverordnungen eingehalten werden.

(9) [1]Der Spielbetrieb sowie die Ermittlung des Bruttospielertrags werden durch die Finanzverwaltung in entsprechender Anwendung des § 147 Absatz 6 und der §§ 210 und 211 der Abgabenordnung sowie durch Einsichtnahme in Videoaufzeichnungen, Automaten- und Spieltischdaten, Kontrollmechanismen sowie Dokumentationen zu den Hinweismitteilungen aus dem Table Management System am Spielort laufend überwacht (Finanzaufsicht). [2]Der Finanzaufsicht sind zur Aufgabenerfüllung von der Konzessionsinhaberin oder dem Konzessionsinhaber der Zugriff auf das Videoaufzeichnungssystem, Monitore und ein Bedienpult für die Videoüberwachung nach Maßgabe des § 12 Absatz 1 in den ihr zur Verfügung zu stellenden Räumen einzurichten. [3]Die Finanzaufsicht hat dadurch einen uneingeschränkten und von der Konzessionsinhaberin oder dem Konzessionsinhaber unabhängigen Zugriff auf Tischkameras, die das Spielgeschehen der Spiele des Klassischen Spiels vollständig aufzeichnen, sowie auf die Kameras im Zählraum, die die Zähl- und Abrechnungsvorgänge vollständig aufzeichnen. [4]§ 12

Absatz 1 Satz 4 bleibt unberührt. [5]Das Table Management System muss der Finanzaufsicht insbesondere Meldung geben können über Wechselungen zwischen Spieltisch und Pitkasse, über die Zuführung von Jetons aus der Zentralkasse an den Spieltisch, über die Rückführung von Jetons vom Spieltisch zur Zentralkasse, über Bargeldwechselungen am Spieltisch, die den Betrag von 2000 Euro übersteigen sowie über Gewinnmitnahmen und Spielverluste am Spieltisch, die den Betrag von 5000 Euro übersteigen. [6]Die Finanzverwaltung kann sich dabei auch Dritter bedienen. [7]Der Finanzaufsicht sind zur Gewährleistung einer ordnungsgemäßen Durchführung der Aufsicht angemessene Räume zur alleinigen Nutzung zur Verfügung zu stellen, die nur mit Zustimmung der Finanzaufsicht betreten werden dürfen. [8]Die Absätze 2 bis 4 gelten entsprechend. [9]Das Grundrecht der Unverletzlichkeit der Wohnung (Artikel 13 des Grundgesetzes) wird insoweit eingeschränkt.

(10) [1]Das für Finanzen zuständige Ministerium übt die Steueraufsicht und die Aufsicht über die zusätzlichen Leistungen aus und erlässt die hierfür erforderlichen Regelungen. [2]Es kann insbesondere die Maßnahmen treffen, die zur Sicherung der Spielbankabgabe und der zusätzlichen Leistungen erforderlich sind.

(11) Der Spielbetrieb darf nur bei Anwesenheit der Finanzaufsicht eröffnet und durchgeführt werden.

(12) [1]Für den Informationsaustausch zwischen den für die Finanz- und Glücksspielaufsicht zuständigen Stellen gilt § 30 der Abgabenordnung mit der nachfolgenden Maßgabe. [2]Die Landesfinanzbehörden im Sinne von § 2 Absatz 1 des Finanzverwaltungsgesetzes in der Fassung der Bekanntmachung vom 4. April 2006 (BGBl. I S. 846, 1202) in der jeweils geltenden Fassung sind berechtigt, das für die Glücksspielaufsicht zuständige Ministerium über im Rahmen der Finanzaufsicht erlangte Kenntnisse zu unterrichten, die auch für die Wahrnehmung der Aufsichtspflichten der Glücksspielaufsicht erforderlich sind. [3]Das für die Glücksspielaufsicht zuständige Ministerium ist berechtigt, erlangte Kenntnisse gegenüber den Landesfinanzbehörden nach Satz 2 zu offenbaren, soweit die Offenbarung der Durchführung eines abgabenrechtlichen Verfahrens dient. [4]Das für die Glücksspielaufsicht zuständige Ministerium und die Landesfinanzbehörden nach Satz 2 sind ferner berechtigt, erlangte Kenntnisse den Strafverfolgungsbehörden mitzuteilen, soweit die Offenbarung der Durchführung von Straf- oder Ordnungswidrigkeitenverfahren dient.

I. Entstehungsgeschichte

Gegenüber § 5 SpielbG NRW 1974[1] sowie den Regelungen in § 9 SpielbG NRW 2007[2] bzw. 2012[3] wurde der Umfang der Bestimmungen deutlich erweitert. Im 1

1 GV. NRW. 1974, 93.
2 GV. NRW. 2007, 445.
3 GV. NRW. 2012, 524.

Vorgriff auf die Privatisierung wurde mit Abs. 4 eine Bestimmung eingefügt, wonach Widerspruch und Anfechtungsklage keine aufschiebende Wirkung haben. Zusätzlich zu dem Jahresabschluss nebst Lagebericht und Prüfungsbericht muss sich der Betreiber nunmehr auch einem *im Rechtsverkehr anerkannten Corporate Governance Kodex* unterwerfen und diesen veröffentlichen. Aufgenommen wurden Nachweispflichten sowie in Abs. 9 ausführliche Regelungen zu den Zugriffsrechten und -möglichkeiten der Finanzaufsicht. Schließlich wurde eine Regelung zum **Informationsaustausch** zwischen den für die Finanz- und Glücksspielaufsicht zuständigen Stellen unter Bezugnahme auf § 30 AO aufgenommen. Die am 3.6.2020 in Kraft getretene Fassung des SpielbG NRW wurde bereits durch Art. 2 des Gesetzes vom 23.6.2021[4] anlässlich des Gesetzes zur Umsetzung des **Glücksspielstaatsvertrages 2021** geändert. In § 13 Abs. 9 wurden Regelungen zum eigenständigen Zugriff der Finanzaufsicht auf das **Videosystem** ergänzt. Parallel dazu wurde in § 34 eine Umsetzungsfrist bis zum 31.12.2022 eingefügt. Die eher spärliche Begründung[5] deutet daraufhin, dass es sich in der Tat um eine redaktionelle Klarstellung im Sinne einer Korrektur handelt.

II. Aufsichtsbehörden

2 Die gesetzliche Regelung unterscheidet zwischen der **Glücksspielaufsicht** (Abs. 1), die dem Ministerium des Innern obliegt, sowie der **Steueraufsicht**, die dem Ministerium für Finanzen obliegt (Abs. 10). Die **Finanzaufsicht** erfüllt die Aufgaben der Glücksspielaufsicht sowie der Steueraufsicht auf der Grundlage der insbesondere in Abs. 9 sowie der in der Finanzaufsichts- und Sicherungsverordnung NRW vom 18.11.2020[6] verankerten Befugnisse und Instrumente. Schließlich ergibt sich etwas versteckt aus § 11 der SpielbkVO NRW vom 18.11.2020[7] die Zuständigkeit der für den Sitz der Spielbank zuständigen Bezirksregierung für die Aufgaben nach dem **Geldwäschegesetz**.

3 Zu der **Aufgabenverteilung** zwischen Glücksspielaufsicht und Finanzverwaltung sieht § 13 Abs. 1 S. 1 Hs. 2 die grundsätzliche Zuständigkeit der Glücksspielaufsicht mit Ausnahme der in Abs. 9–11 genannten Aufgaben vor. Dazu zählen die Beaufsichtigung des Spielbetriebes sowie die Ermittlung des Bruttospielertrages zur Ermittlung der in §§ 19 ff. festgeschriebenen Abgaben. Vereinfacht lässt sich die Aufgabenverteilung so beschreiben, dass die auch für die Erteilung der Konzession und Betriebserlaubnis (§§ 4, 5) zuständige Glücksspielaufsicht die Aufgaben einer **Sonderordnungsbehörde** in Bezug auf die Einhaltung der glücksspielrechtlichen Vorgaben ausübt, während die **Finanzverwaltung** für die Aufsicht über den laufenden Spielbetrieb einschließlich der ordnungsgemäßen Ermittlung der Grundlagen für die Abgaben nach §§ 19 ff. zuständig ist.

III. Befugnisse der Glücksspielaufsicht

4 § 13 Abs. 1 S. 2 enthält eine **Generalklausel** für aufsichtsrechtliche Maßnahmen der Glücksspielaufsicht, die an § 14 OBG NRW[8] erinnert. Der nach der gängigen Definition von dem Begriff der öffentlichen Sicherheit umfasste Schutz der

4 GV. NRW. 2021, 772.
5 NRW LT-Drs. 17/12978, 99.
6 GV. NRW. 2020, 1056a.
7 GV. NRW. 2020, 1056a.
8 Gesetz über Aufbau und Befugnisse der Ordnungsbehörden – Ordnungsbehördengesetz NRW vom 13.5.1980, GV. NRW. 1980, 234.

objektiven Rechtsordnung[9] dürfte im Bereich des Glücksspielrechts aufgrund der hohen Normdichte alle Konstellationen erfassen, die ein Einschreiten der Glücksspielaufsicht als **Sonderordnungsbehörde** erforderlich machen können. Auf die ebenfalls in der Generalklausel enthaltene *öffentliche Ordnung* als Gesamtheit der ungeschriebenen Regeln, deren Befolgung nach der jeweils herrschenden sozialen und ethischen Anschauung als unerlässliche Voraussetzung für ein gedeihliches Zusammenleben innerhalb eines Gebietes angesehen wird,[10] wird es im Rahmen des Glücksspielrecht regelmäßig nicht ankommen.

Abs. 2 S. 1 stellt klar, dass die Maßnahmen der Glücksspielaufsicht im **Ermessen** 5
der Behörde liegen. Für die Ausübung des Ermessens gilt § 40 VwVfG NRW. Die für die Glücksspielaufsicht zuständige Behörde entscheidet damit nach pflichtgemäßem Ermessen, ob (Entschließungsermessen), gegen wen (Auswahlermessen) und wie (Ausübungsermessen) sie einschreitet.

§ 13 Abs. 2 S. 1 enthält einen **Katalog von Maßnahmen,** zu denen die Glücks- 6
spielaufsicht insbesondere berechtigt ist. Nr. 1 betrifft die Überwachung und Überprüfung der Spielbank und enthält die rechtlich nicht gebotene Klarstellung, dass sich die **Glücksspielaufsicht** hierbei auch Dritter bedienen kann. Ein eigenständiger Regelungsgehalt der Nr. 1. ist nicht erkennbar. Weitergehende Eingriffsrechte werden hierdurch nicht vermittelt. Dass die Glücksspielaufsicht den Betrieb der Spielbank überwachen und überprüfen darf, stellt vielmehr eine Selbstverständlichkeit dar.

Problematisch ist demgegenüber § 13 Abs. 2 S. 2 Nr. 2. Danach darf die Spiel- 7
bankaufsicht *alle dem Betrieb der Spielbank dienenden Räume* betreten, *Prüfungen und Besichtigungen* vornehmen und *die geschäftlichen Unterlagen der Konzessionsinhaberin oder des Konzessionsinhabers* einsehen.

Das Betretungsrecht greift in das Grundrecht der Unverletzlichkeit der Wohnung (Art. 13 GG) ein, was auch dem Zitiergebot entsprechend in Abs. 2. S. 3 benannt wird.

Seit dem Beschluss des BVerfG vom 13.10.1971[11] ist geklärt, dass auch **Ge-** 8
schäftsräume dem Schutzbereich des Art. 13 GG unterliegen. Grundrechtsträger sind auch juristische Personen des Privatrechts.[12]

Betretungs- und Kontrollrechte, wie sie für das Recht der Gefahrenabwehr ty- 9
pisch sind, unterliegen in der Regel auch nicht dem **Richtvorbehalt** des Art. 13 Abs. 2 GG.[13] Nach der gängigen Definition liegt eine Durchsuchung immer erst dann vor, wenn staatliche Organe ziel- und zweckgerichtet nach Personen, Informationen oder Sachen suchen, die der Inhaber der Wohnung von sich aus nicht offenlegen oder herausgeben will.[14] Das Betreten der Räume, die dem Betrieb der Spielbank dienen, zum Zwecke der Berichtigung und Prüfung gem. § 13 Abs. 2 S. 2 Nr. 2 1. Alt. unterliegt daher nicht dem Richtervorbehalt.

Ob bei ordnungsrechtlichen Betretungsrechten an Geschäftsräumen auch die 10
qualifizierten Voraussetzungen des Art. 13 Abs. 7 GG vorliegen müssen, insbe-

9 BeckOK PolR NRW/*Worms/Gusy* PolG NRW § 1 Rn. 51 ff.; BeckOK PolR NRW/*Worms/Gusy* PolG NRW § 8 Rn. 77 mwN; BVerwGE 69, 315 (352); 111, 147 (155 f.).
10 BVerfG 14.5.1985 – 1 BvR 341/81, BVerfGE 69, 315 (352).
11 BVerfG 13.10.1971 – 1 BvR 280/66, BVerfGE 32, 54.
12 BVerfG 26.5.1976 – 2 BvR 294/76, BVerfGE 42, 212 (219); BVerfG 16.6.1987 – 1 BvR 1202/84, BVerfGE 76, 83 (88).
13 BVerfG 13.10.1971 – 1 BvR 280/66, BVerfGE 32, 54 (73); BVerfG 5.5.1987 – 1 BvR 1113/85, BVerfGE 75, 318 (327).
14 BVerfG 16.6.1987 – 1 BvR 1202/84, BVerfGE 76, 83 (89).

sondere eine dringende Gefahr, ist nicht unumstritten. Die Rechtsprechung sieht im Wesentlichen in den Einschränkungen des Art. 13 Abs. 7 GG besondere Bestimmungen, die dem Schutz von Wohnräumen dienen sollen und auf den Schutz von Geschäftsräumen nicht unmittelbar übertragbar sind.[15]

11 Nach Maßgabe des § 13 Abs. 2 S. 2 Nr. 2 2. Alt. soll der Glücksspielaufsicht die Befugnis zustehen, die *geschäftlichen Unterlagen der Konzessionsinhaberin oder des Konzessionsinhabers einzusehen*. Diese Regelung ist durchgreifenden verfassungsrechtlichen Bedenken ausgesetzt. Nach der gesetzlichen Formulierung soll dieses Recht anlasslos und schrankenlos bestehen. Ein solcher Eingriff ist zwar nicht an Art. 13 Abs. 1 GG zu messen, da die Geschäftsunterlagen selbst nicht in den sachlichen Schutzbereich des Grundrechts fallen.[16] Allerdings ist der mit einem solchen uneingeschränkten **Einsichtsrecht** verbundene Eingriff in das Recht auf **informationelle Selbstbestimmung**, das auch juristische Personen des Privatrechts schützt,[17] verfassungsrechtlich nicht zu rechtfertigen. Bei wortnahem Verständnis der Norm wird dieser Schutz durch das anlasslose und unbeschränkte Einsichtsrecht vollständig aufgehoben, was im Hinblick auf die Erforderlichkeit und Angemessenheit keine Spielräume zugunsten einer verfassungskonformen Auslegung der Norm mehr eröffnet. Die Regelung ist schlicht **verfassungswidrig.**

12 § 13 Abs. 2 S. 2 Nr. 3 sieht die Befugnis der Glücksspielaufsicht vor, die erstmalige Inbetriebnahme sowie Änderungen an den **Spielautomaten** und ggf. der **Spieltische** von der Zustimmung und einem Gutachten einer unabhängigen **Prüfstelle** abhängig zu machen. Diese inhaltlich hinreichend bestimmte Regelung macht die Ausübung des Ermessens im Einzelfall vor Erlass einer derartigen Anordnung nicht entbehrlich.

13 Abs. 3 enthält weitere Beispiele möglicher aufsichtsrechtlicher Maßnahmen. In Nr. 1 ist ein **Auskunftsrecht** verankert, das bei ermessensgerechter Ausübung rechtlich ebenso unproblematisch sein wird, wie die eher klarstellend benannten Maßnahmen der Nrn. 2 und 3. Das Recht, den Spielbetrieb ganz oder teilweise zu untersagen, ergibt sich bereits aus der **Generalklausel** des § 13 Abs. 1.

14 Abs. 3 Nr. 3 vermengt die **Vollziehung** der Anordnung mit der Frage, welche Anordnung die Glücksspielaufsicht zu treffen hat. Die Regelung wird man nicht als abschließende Bestimmung der zulässigen **Zwangsmittel** zur Durchsetzung der Anordnungen der Glücksspielaufsicht verstehen können. Vielmehr ist bezüglich der weiteren Voraussetzungen der Sicherstellung und der Durchführung auf § 24 Abs. 1 Nr. 12 OBG NRW iVm § 43 PolG NRW sowie wegen der weiteren Vollstreckungsmaßnahmen in Ermangelung einer in sich abgeschlossenen Regelung zur **Verwaltungsvollstreckung** im SpielbG NRW auf die §§ 55 ff. VwVG NRW zurückzugreifen.

IV. Entfall der aufschiebenden Wirkung/ Kostenregelung (Abs. 4)

15 Nach dieser Bestimmung entfällt bei Anordnungen der Glücksspielaufsicht nach den Abs. 2 und 3 die **aufschiebende Wirkung** von Widerspruch und Klage gem. § 80 Abs. 1 VwGO. Während der Widerspruch gem. § 110 JustizG NRW in NRW grundsätzlich nicht mehr vorgesehen ist, bei Anordnungen des Ministeri-

15 BVerfG 13.10.1971 – 1 BvR 280/66, BVerfGE 32, 54 (75); BVerwG 5.11.1987 – 3 C 52.85, BVerwGE 78, 251 (254); BVerwG 25.8.2004 – 6 C 26.03, BVerwGE 121, 345 (351); zum Meinungsstand: BeckOK GG/*Kluckert* GG Art. 13 Rn. 6.1 f.
16 BVerfG 12.4.2005 – 2 BvR 1027/02, BVerfGE 113, 29 (45).
17 OVG NRW 12.12.2016 – 13 A 939/15, juris Rn. 46 = DVBl 2017, 445; im Ergebnis ebenso: BVerfG 13.6.2007 – 1 BvR 1550/03 u.a., NJW 2007, 2464 ff.

ums als Glücksspielaufsicht gem. § 68 Abs. 1 S. 2 Nr. 1 VwGO ohnehin entbehrlich wäre, bedeutet diese Regelung für den Adressaten einer Anordnung, dass er jeweils im Einzelfall **einstweiligen Rechtsschutz** gem. § 80 Abs. 5 VwGO nachsuchen muss, um die aufschiebende Wirkung seiner Klage auf Antrag durch das Gericht wiederherstellen zu lassen. Mit dem Verweis auf *Verwaltungsakte nach den Abs. 2 und 3* wollte der Gesetzgeber die Generalklausel nach Abs. 1 S. 2 erkennbar nicht ausnehmen, sondern zum Ausdruck bringen, dass der Entfall der aufschiebenden Wirkung für **alle Anordnungen** der Glücksspielaufsicht gilt.

Die weitere Regelung in Abs. 4, wonach die *Kosten für die Inanspruchnahme Dritter* bei Aufsichtsmaßnahmen von dem Konzessionsinhaber oder der Konzessionsinhaberin zu tragen sind, ist einschränkend dahin gehend zu verstehen, dass zum einen nur Maßnahmen gemeint sein können, die sich dann auch gegen den Konzessionsinhaber richten. Ergehen Verfügungen gegen Dritte, so ergibt sich keine Pflicht zur **Kostentragung** aus Abs. 4 S. 2. Weiterhin entsteht die Verpflichtung zur Kostenübernahme nur dann, wenn die Aufsichtsmaßnahme rechtmäßig und die Beauftragung des Dritten erforderlich war. Dieses ist im Streitfall durch die Verwaltungsgerichte zu überprüfen. 16

V. Vorlage Jahresabschluss (Abs. 6)

In der Theorie wird man einen Widerspruch dieser Bestimmung zu § 3 erkennen können, wonach auch natürliche Personen Inhaber der Konzession sein können. Praktisch wird die Konzessionsinhaberin eine juristische Person in Form einer **Kapitalgesellschaft** sein, die aufgrund der zu erwartenden Bilanzsumme, Umsatzerlöse und Mitarbeiterzahlen gem. § 316 Abs. 1 HGB der Pflicht zur Prüfung unterliegt. Warum die Bestimmung demgegenüber an das Kalenderjahr anknüpft und nicht an das **Geschäftsjahr**, das nicht notwendigerweise deckungsgleich mit dem Kalenderjahr sein muss, ist nicht recht nachvollziehbar. Endet das Geschäftsjahr zB am 30.6., so wäre bei wortgetreuem Verständnis die Vorlage des Jahresabschlusses jeweils um sechs Monate verzögert, wofür aufsichtsrechtlich nichts spricht. Es dürfte deshalb näherliegen, die Frist von sechs Monaten an das Ende des jeweiligen Geschäftsjahres anzuknüpfen. 17

VI. Corporate Governance Kodex (Abs. 7)

Gesetzliche Pflichten, einen **Corporate-Governance Kodex** anzuwenden und zu veröffentlichen, sind für börsennotierte Aktiengesellschaften und Kommanditgesellschaften auf Aktien in § 161 AktG bzw. § 289f Abs. 2 Nr. 1, Abs. 3 HGB verankert. Laut Gesetzesbegründung wollte der Gesetzgeber mit der Regelung in Abs. 7 den für börsennotierte Unternehmen geltenden Standard nicht für verbindlich erklären, sondern auch andere Standards zulassen. Die Regelung soll den Konzessionsinhaber dazu veranlassen, sich den *Standards einer guten und verantwortungsvollen Unternehmensführung* zu verpflichten.[18] Aus welchem Grunde eine solche Verpflichtung geeignet oder erforderlich sein soll, um die in § 13 Abs. 1 genannten Ziele zu fördern, lässt sich der Gesetzesbegründung nicht entnehmen. Unabhängig davon, ob sich die Norm durch die ungeklärte Bezugnahme auf einen *im Rechtsverkehr anerkannten Corporate Governance Kodex* als hinreichend bestimmt erweist, dienen derartige Instrumente dem Schutz der Anleger, nicht dem Schutz der Einhaltung der rechtlichen Vorgaben des Spielbankenrechts. Es ist daher nicht nachvollziehbar, welchem hinreichend konkreten, öffentlichen Zweck diese Vorgabe dienen soll. Die Bestimmung hinterlässt 18

18 NRW LT-Drs. 17/8796, 48.

eher den Eindruck, dass eine gewisse **Überregulierung** im Gesetzgebungsverfahren nicht rechtzeitig unterbunden wurde.

VII. Nachweis Eignung Überwachungssysteme (Abs. 8)

19 Entgegen der gesetzlichen Begründung vermittelt die Vorschrift nicht die Befugnis der Aufsichtsbehörde, *vollumfänglich alle eingesetzten Überwachungssysteme überprüfen zu lassen.*[19] Die Glücksspielaufsicht kann nach dem Wortlaut vielmehr dem verantwortlichen Betreiber aufgeben, den **Nachweis** zu erbringen, dass die von ihm eingesetzten **Überwachungssysteme** den rechtlichen Vorgaben entsprechen. Dieses gilt zum einen für die in § 12 vorgesehene Videoüberwachung, aber auch für die in der SpielbkVO NRW und der FinASVO NRW vorgesehenen Überwachungssysteme.

20 Abs. 8 enthält keine Festlegungen bezüglich der Art des Nachweises. Es ist daher Aufgabe der Glücksspielaufsicht, im Rahmen des ihr eingeräumten **Ermessens** (Abs. 2) Art, Intervall und Umfang des Nachweises festzulegen. Es kann daher je nach Überwachungssystem eine entsprechende Darlegung und Dokumentation durch den Betreiber ausreichen. Bei komplexeren Systemen kann auch erforderlich sein, dass ein solcher Nachweis durch einen technischen **Sachverständigen** erfolgen muss. Hier hat die Glücksspielaufsicht in Ausübung ihres Ermessens jeweils festzulegen, welche Form des Nachweises im Einzelfall erforderlich ist, um die Erreichung der Ziele des § 13 Abs. 1 sicherzustellen.

VIII. Befugnisse der Finanzaufsicht (Abs. 9, 11)

21 Die laufende Überwachung des Spielbetriebes erfolgt nach Maßgabe der Abs. 9 und 11 sowie der FinASVO NRW. Gem. Abs. 9 S. 1 erfolgt die laufende Überwachung durch die Finanzaufsicht durch Einsichtnahme in die Videoaufzeichnungen, Daten, Mitteilungen des Table-Management-Systems sowie die Kontrollmechanismen. Der Verweis auf § 147 Abs. 6 sowie die §§ 210, 211 AO wird insoweit keine weitergehenden, nicht bereits im Rahmen des § 13 Abs. 9 bzw. der FinASVO NRW geregelten Befugnisse mit sich bringen.

22 Die Regelung ergänzt zunächst die Zugriffsrechte der Finanzaufsicht auf die laufende Videoüberwachung gem. § 12 Abs. 1 S. 4 (→ § 12 Rn. 18). Neben dem Zugriff auf das Videoaufzeichnungssystem des Betreibers enthalten die S. 2 und 3 die Verpflichtung, der Finanzaufsicht ein **Bedienpult** für die Überwachung und den *uneingeschränkten und von der Konzessionsinhaberin oder dem Konzessionsinhaber unabhängigen Zugriff auf die Tischkameras* einzurichten. Dasselbe soll für die Kameras im Zählraum gelten. Die hierfür erforderlichen **Räumlichkeiten** sind ebenso wie die technische Ausrüstung zur alleinigen Nutzung vom Betreiber zur Verfügung zu stellen. Nicht ausdrücklich geregelt, allerdings wohl vorausgesetzt, ist die kostenfreie Überlassung dieser Räume und Einrichtungen durch den Betreiber an die Finanzaufsicht. Aus den gesetzlichen Anforderungen der **Anwesenheit** der Finanzaufsicht vor Ort während des gesamten Spielbetriebes (Abs. 11) ergibt sich des Weiteren, dass die Räumlichkeiten im Gebäude der Spielbank einzurichten sind, auch wenn die technische Möglichkeit bestehen würde, den Zugriff auf das Aufzeichnungssystem von einem anderen Ort ebenso effektiv durchzuführen.

23 S. 4 definiert Mindestanforderungen an das Table-Management-System. Weitere Details sind in §§ 6 Abs. 4, 9 Abs. 3, 10 Abs. 1, 10 Abs. 2, 11 Abs. 1, 18 Abs. 7, 18 Abs. 8, 25 Abs. 15, 35 Abs. 6 FinASVO NRW festgelegt.

---

19 NRW LT-Drs. 17/8796, 48.

Die systematisch nicht ganz eindeutig zuordenbare Bestimmung des S. 5, wonach sich die Finanzverwaltung „*dabei auch Dritter bedienen*" kann, bezieht sich auf den gesamten Katalog der in S. 1 genannten Maßnahmen, also sowohl auf den Zugriff auf das vorhandene Bildmaterial als auch die Nutzung des eigenen **Bedienpults** sowie die Auswertung der Daten des Table-Management-Systems. Notwendig ist die Klarstellung nicht, wie der Verweis in S. 7 auf die Abs. 2 und 4 und damit auch auf Abs. 2 S. 2 Nr. 1 zeigt. Die Formulierung, wonach sich die Finanzaufsicht Dritter *bedienen* kann, spricht gegen eine vollständige oder teilweise Übertragung hoheitlicher Aufgaben im Sinne einer **Beleihung**. Hierfür wird es bereits an einer entsprechend eindeutigen gesetzlichen Grundlage fehlen. Gemeint ist die Einschaltung unselbständiger Hilfspersonen im verwaltungsverfahrensrechtlichen Sinne, also die Hinzuziehung von privaten Dritten zB für die technische Betreuung der Einrichtungen. 24

IX. Steueraufsicht (Abs. 10)

Diese Bestimmung stellt klar, dass mit der Aufsicht auch die Befugnis verbunden ist, die zutreffende Ermittlung der Abgaben gem. §§ 19 ff. zu überwachen und zu prüfen. Hier zeigt sich die **Doppelfunktion** der bei der **Steuerverwaltung** verankerten Aufsicht über den Spielbetrieb einerseits und der damit eng verbundenen Aufsicht über die Ermittlung der Abgaben andererseits. 25

X. Informationsaustausch (Abs. 12)

Der Gesetzgeber erklärt zunächst § 30 AO (Steuergeheimnis) ähnlich § 12 Abs. 1 Nr. 1c KAG NRW für anwendbar. Gleichzeitig werden die Voraussetzungen für die Weitergabe der dem **Steuergeheimnis** unterliegenden Daten deutlich weiter gefasst als in § 30 Abs. 4 AO. 26

Nach § 30 Abs. 4 Nr. 2 AO ist Landesrecht prinzipiell ungeeignet, die Vorgaben des § 30 Abs. 4 AO zu modifizieren oder zu dispensieren.[20] Allerdings ist die Abgabenordnung auf die hier maßgeblichen landesrechtlichen Abgaben gem. § 19 ff. nicht originär anwendbar, da es sich weder um eine bundes- oder europarechtliche Steuer noch um eine Realsteuer handelt, deren Verwaltung an die Gemeinden übertragen worden ist (vgl. § 1 AO). Damit kommt es nach der zutreffenden Rechtsprechung des OVG für das Land Nordrhein-Westfalen darauf an, ob das Landesrecht, das § 30 AO für anwendbar erklärt, die **Offenbarungsbefugnisse** ausdrücklich gesetzlich regelt.[21] Eine solche ausdrückliche und hinreichend bestimmte Entwicklung enthält Abs. 12. Mit der Regelung werden Glücksspielaufsicht und Steueraufsicht wechselseitig ermächtigt, die für die Zwecke der jeweils anderen Behörde erforderlichen Informationen weiterzugeben. Weiterhin enthält S. 3 die Befugnis, Kenntnisse den **Strafverfolgungsbehörden** mitzuteilen. Warum die Strafverfolgungsbehörden auch in Bezug auf Ordnungswidrigkeiten adressiert werden, erscheint im Hinblick auf die originäre Zuständigkeit der Verwaltungsbehörde für die Verfolgung und Ahndung der **Ordnungswidrigkeit** gem. §§ 35, 36 OWiG nicht einleuchtend, zumal die Mitverfolgung der Ordnungswidrigkeit durch die Staatsanwaltschaft gem. § 40 OWiG bzw. gem. § 42 OWiG regelmäßig keiner eigenständigen Übermittlung von Daten bedarf. 27

---

20 OVG NRW 6.11.2018 – 15 A 2638/17, KommJur 2019, 11, zitiert nach NRWE Rn. 78.

21 OVG NRW, 6.11.2018 – 15 A 2638/17, KommJur 2019, 11, zitiert nach NRWE Rn. 78.

§ 14 SpielbG NRW Verordnungsermächtigungen, Spielordnung

(1) Das für die Glücksspielaufsicht zuständige Ministerium wird ermächtigt, im Einvernehmen mit den für Gesundheit und für Finanzen zuständigen Ministerien durch Rechtsverordnung Vorschriften zu erlassen darüber,

1. welche Daten in der Automatenprotokollierung zu erfassen sind und wie diese Daten der Finanzaufsicht zur Verfügung gestellt werden müssen,
2. welche Anforderungen aus Spielerschutz-Gründen an die Spielautomaten und die Spieltische zu stellen sind, insbesondere hinsichtlich der Kontrolle durch das Personal und der Angabe von Auszahlungsquoten der einzelnen Automaten sowie eines ausreichenden Personaleinsatzes und wie die erste Inbetriebnahme von Spielautomaten oder von Spielsoftware durchgeführt wird,
3. welche Daten in der Störerdatei im Sinne des § 10 Absatz 1 zu speichern sind, welche Löschungsfristen gelten und unter welchen Voraussetzungen diese Daten an Spielbanken in einem anderen Mitgliedstaat der Europäischen Union oder in einem anderen Vertragsstaat des Abkommens über den Europäischen Wirtschaftsraum sowie der Schweiz übermittelt werden dürfen,
4. welche Aufgaben die Finanzaufsicht vor, während und nach dem Spielbetrieb hat, insbesondere die Sicherstellung des regelgerechten Spielablaufs, die zutreffende Gewinnauszahlung im Automaten- und Klassischen Spiel, die Kontrolle von Geldbewegungen, die Überwachung der Abrechnungen, die Ermittlung des Bruttospielertrags, bei Spielautomaten auch die Außerbetriebnahme,
5. welche Sicherungsmaßnahmen erforderlich sind, insbesondere wie und wo die Spielmarkenbestände aufzubewahren sind, welche technischen Hilfsmittel im Automatenspiel und im Klassischen Spiel eingesetzt werden müssen und wie der Bargeldbestand im Automatenspiel und an den Spieltischen zu sichern ist,
6. welche Qualifikation für die Personen nach § 4 Absatz 6 Nummer 10 erforderlich ist und wie diese Qualifikation und die erforderliche Zuverlässigkeit nachzuweisen sind,
7. welche Qualifikation für die Personen nach § 4 Absatz 7 Nummer 12 erforderlich ist, wie diese nachzuweisen ist und wie und wie oft sie zu schulen sind, welche Rechte und Pflichten diese haben sollen und
8. welche Mindestanforderungen die Sozialkonzepte nach § 4 Absatz 7 Nummer 4 erfüllen müssen und wie oft sie evaluiert und überprüft werden müssen.

(2) [1]Das für die Glücksspielaufsicht zuständige Ministerium wird ermächtigt, im Einvernehmen mit den für Gesundheit und für Finanzen zuständigen Ministerien durch Rechtsverordnung eine Spielordnung zu erlassen. [2]In ihr kann insbesondere bestimmt werden,

1. welche allgemeinen Zutrittsvoraussetzungen für den Spielbankbesuch bestehen, insbesondere, dass sich die Besuchenden auszuweisen und welche Personalien sie anzugeben haben,
2. welche Spiele nach welchen Spielregeln gespielt werden dürfen, welche Pflichten der Konzessionsinhaberin oder des Konzessionsinhabers bei Sonderveranstaltungen bestehen,
3. wie und in welcher Höhe (Mindest- und Höchstbeträge) die Spieleinsätze zu erbringen sind,
4. wie Spielmarken in geeigneter Form kontrolliert werden,
5. welche Pflichten die Spielerinnen und Spieler hinsichtlich des Setzens von Spielmarken und der Geltendmachung von Einsätzen und Gewinnansprüchen haben,

6. welche Pflichten die Spielerinnen und Spieler im Rahmen der Spielteilnahme und bei Verlassen der Spielbank haben,
7. welche Verhaltensregeln innerhalb der Spielbank für die Spielerinnen und Spieler gelten,
8. wie die konkrete Gewinnentwicklung festgestellt wird und Gewinne ausgezahlt werden,
9. wie die Datenerfassung zu erfolgen hat, welche Daten in der Besucherdatei zu speichern sind und wann sie zu löschen sind,
10. die Dauer der Sperren und die Mitteilungspflichten bei Sperren und
11. welche Daten an Sperrsysteme und an ausländische Spielbanken übermittelt werden dürfen.

(3) Die Spielordnung ist im Eingangsbereich vor der Einlasskontrolle und in den Spielsälen deutlich sichtbar auszuhängen.

I. Abs. 1

Aufgrund der Verordnungsermächtigung in Abs. 1 ist ua die **Spielbankverordnung NRW** v. 18.11.2020 erlassen worden. Diese enthält ua Regelungen über die Auswahl, die Qualifikation und die Schulung des Spielbanken-Personals, insbes. der Beauftragten für die Suchtprävention und -bekämpfung, den Jugend- und Spielerschutz, die Spielbank- und Spielbetriebssicherheit und die Innenrevision (§§ 1–8 SpielbVO NRW). Ebenfalls in der SpielbVO geregelt ist die Zulassung von Spielautomaten und Spieltischen (§ 10 SpielbVO), auch wenn diese Regelungen systematisch besser in die SpielO nach § 14 Abs. 2 gepasst hätten. Ein Erfordernis für diese Regelung besteht, da die SpielV (Bund) nicht für Spielgeräte in Spielbanken gilt. Das Zulassungsverfahren nach § 10 Abs. 3 SpielbVO unterscheidet sich deutlich von der Zulassung durch die PTB nach der SpielV. Die Zulassungsprüfung erfolgt nicht durch die Glücksspielbehörde selbst, sondern auf Grundlage eines Zertifikates nach GLI-Standard und der Überprüfung durch einen externen Gutachter. 1

Weiterhin auf Abs. 1 gestützt wurden die **Finanzaufsichts- und SicherungsVO NRW** (Aufgaben der Finanzaufsicht) und die **AutomatenprotokollierungsVO NRW**. Die frühere GlücksspielVO NRW ist außer Kraft getreten. 2

II. Abs. 2

In der Verordnung nach Abs. 2 (**Spielordnung NRW** v. 18.11.2020) werden ua die zugelassenen Spiele, deren Spielregeln sowie die Spieleinsätze festgelegt (§§ 4, 5 SpielO NRW). Zur Umsetzung von Spielersperren (§ 3 SpielO) und des Jugendschutzes (§ 9 Abs. 2) ist eine Anmeldung erforderlich (§ 1 SpielO) und wird eine Besucherdatei geführt (§ 2 SpielO; zur Störerdatei vgl. § 9 SpielbVO). 3

§ 15 SpielbG NRW Ordnungswidrigkeiten

(1) Ordnungswidrig handelt, wer vorsätzlich oder fahrlässig
1. entgegen § 4 Absatz 3 die für die Zuverlässigkeit maßgeblichen Umstände gemäß § 4 Absatz 3 Satz 2 Nummer 1 bis 5 nicht unverzüglich schriftlich anzeigt,
2. entgegen § 4 Absatz 4 eine der dort aufgeführten Änderungen ohne Zustimmung durchgeführt hat,
3. entgegen § 4 Absatz 6 Nummer 10 in Verbindung mit der Konzession nicht ausreichend qualifiziertes Personal einsetzt,

4. entgegen der Vorgaben aus § 4 Absatz 7 Nummer 4 ein Sozialkonzept nicht vorlegt, nicht umsetzt oder nicht evaluiert, weiterentwickelt oder unternehmensunabhängig überprüfen lässt,
5. nicht zugelassene Glücksspiele nach § 4 Absatz 7 Nummer 6 in der Spielbank veranstaltet,
6. entgegen § 4 Absatz 7 Nummer 8 die Teilnahme am Sperrsystem nach den §§ 8 und 23 des Glücksspielstaatsvertrags nicht sicherstellt,
7. entgegen § 4 Absatz 7 Nummer 10 der Finanzaufsicht und der Glücksspielaufsicht nicht jederzeit Zutritt zu allen Räumen der Spielbank gewährt hat,
8. entgegen § 4 Absatz 7 Nummer 11 der Finanzaufsicht keinen Einblick in alle für die Aufgaben erforderlichen Unterlagen und Aufzeichnungen gewährt hat,
9. entgegen § 4 Absatz 7 Nummer 14 den Spielbetrieb nach Konzessionserteilung nicht aufgenommen oder entgegen § 6 den Spielbetrieb ohne Genehmigung länger als einen Monat unterbrochen hat,
10. entgegen § 9 Absatz 2 oder 3 gesperrte Spielerinnen oder Spieler am Spielbetrieb in einer Spielbank teilnehmen lässt oder ließ,
11. entgegen § 9 Absatz 3 keine permanente Aktualisierung der Besucherdatei vorgenommen hat,
12. entgegen § 9 Absatz 5 nicht bei jeder Wechselung die Identität kontrollieren lässt,
13. entgegen § 9 Absatz 6 technische Geräte zur Bargeldabhebung in dafür nicht vorgesehenen Räumen aufstellt, bereithält oder duldet,
14. entgegen § 9 Absatz 7 Spielerinnen oder Spielern Kredite gewährt, hinsichtlich der Höhe der Entgelte Vergünstigungen oder Nachlässe oder sonstige Vergünstigungen gewährt hat,
15. entgegen § 9 Absatz 7 Auszahlungen aufgrund des Lastschriftverfahrens oder sonstiger Formen der Kreditierung geleistet hat,
16. entgegen § 9 Absatz 8 die Sperrzeiten nicht eingehalten oder Änderungen der Öffnungszeiten nicht rechtzeitig angezeigt hat,
17. entgegen § 12 Absatz 1 Satz 4 der Finanzaufsicht keinen unabhängigen Zugriff auf sämtliche laufenden und gespeicherten Videoaufzeichnungen des Spielgeschehens und der Zählvorgänge eingeräumt hat,
18. entgegen § 12 Absatz 1 Satz 5 unzulässig Einsicht in die Nutzungsdaten der Videokontrolle genommen hat und
19. entgegen § 13 Absatz 11 ohne anwesende Finanzaufsicht den Spielbetrieb eröffnet oder weitergeführt hat.

(2) Die Ordnungswidrigkeit kann mit einer Geldbuße bis zu fünfhunderttausend Euro geahndet werden.

(3) Zuständige Verwaltungsbehörde im Sinne des § 36 Absatz 1 Nummer 1 des Gesetzes über Ordnungswidrigkeiten ist das für die Glücksspielaufsicht zuständige Ministerium.

Literatur: *Graf*, BeckOK OWiG, 31. Edition, Stand: 1.7.2021; *Krenberger/Krumm*, Ordnungswidrigkeitengesetz Kommentar, 6. Aufl. 2020; *Mitsch*, Karlsruher Kommentar zum Gesetz über Ordnungswidrigkeiten, 5. Aufl. 2018.

I. Allgemeines und Gesetzeshistorie

Im Vergleich zu der Vorgängerregelung in § 11 SpielbG NRW aF wurde der Katalog von Ordnungswidrigkeiten in § 15 SpielbG NRW nF erweitert, um den Konzessionsinhaber zur Einhaltung der rechtlichen Vorgaben anzuhalten.[1] Die Höhe des angedrohten Bußgeldes wurde beibehalten. 1

II. Die einzelnen Bußgeldtatbestände

Die gemäß § 15 bußgeldbewehrten Verstöße können **sowohl vorsätzlich als auch fahrlässig** begangen werden. Demnach handelt auch derjenige ordnungswidrig, der pflichtwidrig die nach seinen subjektiven Möglichkeiten vorhersehbare Verwirklichung des Tatbestands nicht vermeidet.[2] 2

1. Verstoß gegen § 4 Abs. 3 (Nr. 1). Der Tatbestand stellt einen Verstoß gegen die **Anzeigepflicht** in § 4 Abs. 3 (→ § 4 Rn. 13) unter Bußgeldandrohung. **Adressat** der Anzeigepflicht sind sowohl Konzessionsinhaber als auch alle Bewerber bis zur Konzessionserteilung.[3] Ordnungswidrig handelt, wer nicht jede **wesentliche Veränderung** hinsichtlich der Beteiligungsverhältnisse oder der Gesellschafter dem für die Glücksspielaufsicht zuständigen Ministerium unverzüglich mitteilt.[4] Da die Anzeigepflicht jedoch erst ab einem Schwellenwert von 5 Prozent bei juristischen Personen des Privatrechtes gilt, führt nicht bereits jede unterlassene Anzeige einer lediglich geringfügigen Änderung zu der Verwirklichung des Bußgeldtatbestands.[5] 3

2. Verstoß gegen § 4 Abs. 4 (Nr. 2). Ordnungswidrig iSv § 15 Abs. 1 Nr. 2 handelt, wer eine gem. § 4 Abs. 4 **zustimmungspflichtige Änderung der Gesellschaftsform oder der Gesellschafterzusammensetzung** durchführt, ohne die notwendige Zustimmung des für die Glücksspielaufsicht zuständigen Ministeriums einzuholen (→ § 4 Rn. 15). Durch diese Verpflichtung soll gewährleistet werden, dass jederzeit ein unmittelbarer Zugriff auf die aus der Konzession verpflichteten Personen möglich ist. Gleichzeitig soll verhindert werden, dass die Konzession an eine unzuverlässige Person oder Gesellschaft weitergegeben oder eine solche beteiligt wird.[6] 4

3. Verstoß gegen § 4 Abs. 6 Nr. 10 (Nr. 3). Unter Bußgeldandrohung steht auch ein Verstoß gegen § 4 Abs. 6 Nr. 10 in Verbindung mit der jeweiligen Konzessi- 5

1 NRW LT-Drs. 17/8796, 49.
2 Vgl. KK-OWiG/*Rengier* OWiG § 10 Rn. 15.
3 NRW LT-Drs. 17/8796, 39.
4 Vgl. NRW LT-Drs. 17/8796, 39.
5 Vgl. hierzu auch NRW LT-Drs. 17/8796, 39.
6 NRW LT-Drs. 17/8796, 39 f.

on. Die in Bezug genommene Vorschrift besagt lediglich, dass die Konzession Nebenbestimmungen hinsichtlich der notwendigen Qualifikation des Personals enthalten kann. Eine Verpflichtung zum Einsatz von geschultem und hinreichend qualifiziertem Personal enthält die Vorschrift jedoch nicht. Die Verwirklichung des Ordnungswidrigkeitentatbestands setzt daher zwingend eine entsprechende **Nebenbestimmung in der Konzession** voraus.

6 **4. Verstoß gegen § 4 Abs. 7 Nr. 4 (Nr. 4).** Ordnungswidrig iSv § 15 Abs. 1 Nr. 4 handeln auch die in § 4 Abs. 7 genannten Personen, wenn sie ein **Sozialkonzept** nicht vorlegen, nicht umsetzen oder nicht evaluieren, weiterentwickeln oder unternehmensunabhängig überprüfen lassen (→ § 4 Rn. 20). Hinsichtlich der an das Sozialkonzept zu stellenden Anforderungen verweist die in Bezug genommene Vorschrift auf § 6 GlüStV. Mit Inkrafttreten des GlüStV 2021 wurden die im Anhang des GlüStV 2012/2020 als „Richtlinien zur Vermeidung und Bekämpfung von Glücksspielsucht" teilweise bereits enthaltenen Mindestanforderungen an Sozialkonzepte modifiziert und in die Vorschrift des § 6 GlüStV integriert.[7]

7 **5. Verstoß gegen § 4 Abs. 7 Nr. 6 (Nr. 5).** Bußgeldbewehrt ist gem. § 15 Abs. 1 Nr. 5 auch die Veranstaltung nicht zugelassener Glücksspiele in einer Spielbank gem. § 4 Abs. 7 Nr. 6. Werden öffentliche Glücksspiele ohne behördliche Erlaubnis veranstaltet, kann außerdem der Straftatbestand des § 284 StGB erfüllt sein.

8 **6. Verstoß gegen § 4 Abs. 7 Nr. 8 (Nr. 6).** Unter Verweis auf § 4 Abs. 7 Nr. 8 stellt die Vorschrift die fehlende Teilnahme am Sperrsystem gem. §§ 8 und 23 GlüStV unter Bußgeldandrohung. Mit Inkrafttreten des GlüStV 2021 wurde die bisherige Beschränkung des Sperrsystems auf einzelne Spielformen aufgehoben und somit der Kreis der Verpflichteten entsprechend erweitert.[8]

9 **7. Verstoß gegen § 4 Abs. 7 Nr. 10 und 11 (Nr. 7 und Nr. 8).** Ordnungswidrig handelt auch, wer der Finanzaufsicht oder der Glücksspielaufsicht entgegen § 4 Abs. 7 Nr. 10 nicht jederzeit Zutritt zu allen Räumen der Spielbank gewährt oder der Finanzaufsicht entgegen § 4 Abs. 7 Nr. 11 keinen Einblick in alle für die Aufgaben erforderlichen Unterlagen und Aufzeichnungen gewährt . Zu diesen Unterlagen und Aufzeichnungen zählen insbesondere Geschäftsbücher, Bankunterlagen, Videoaufzeichnungen sowie Aufzeichnungen der Gerätesoftware und der Kontrollmechanismen (§ 4 Abs. 7 Nr. 11). Die Aufzählung in Nr. 11 ist jedoch nicht abschließend, so dass ein bußgeldbewehrter Verstoß auch dann vorliegen kann, wenn der Finanzaufsicht anderweitig dokumentierte, notwendige Informationen vorenthalten werden.[9] Nicht eingesehen werden darf die Besucherdatei, da diese keine Informationen enthalten kann, die für die Aufgabenerledigung der Finanzaufsicht erforderlich sind.[10]

10 **8. Verstoß gegen § 4 Abs. 7 Nr. 14 (Nr. 9).** Ordnungswidrig iSv § 15 Abs. 1 Nr. 9 handelt auch derjenige, der den Spielbetrieb entgegen § 4 Abs. 7 Nr. 14 nach Konzessionserteilung nicht unverzüglich aufgenommen oder den Spielbetrieb unter Verstoß gegen § 6 ohne Genehmigung länger als einen Monat unterbrochen hat . Diese Vorgaben dienen der Erfüllung des **öffentlichen Kanalisierungsauftrags** (§ 1 Nr. 2). Danach hat das Land in den Fällen, in denen es nicht selbst ein ausreichendes Glücksspielangebot zur Verfügung stellt, durch gesetzliche Regelungen sicherzustellen, dass die privaten Anbieter diesen Auftrag wirksam erfüllen.[11]

---

7 Vgl. hierzu auch NRW LT-Drs. 17/11683, 127.
8 Vgl. NRW LT-Drs. 17/11683, 158.
9 Vgl. NRW LT-Drs. 17/8796, 41.
10 NRW LT-Drs. 17/8796, 41.
11 NRW LT-Drs. 17/8796, 42.

9. Verstoß gegen § 9 Abs. 2 oder 3 (Nr. 10 und Nr. 11). Als Ordnungswidrigkeit gilt gem. § 15 Abs. 1 Nr. 10 auch ein Verstoß gegen das in § 9 Abs. 2 oder 3 enthaltene Verbot, **gesperrte Spieler** am Spielbetrieb in einer Spielbank teilnehmen zu lassen (→ § 9 Rn. 6). Die Vorschrift dient dem Schutz der von dem jeweiligen Verbot betroffenen Personen und soll sicherstellen, dass jeglicher Anschein einer Beeinflussung von Personen, die mit Aufsichts- oder Leitungsbefugnissen gegenüber der Spielbank betraut sind, ausgeschlossen wird.[12] 11

Gem. § 15 Abs. 1 Nr. 11 handelt außerdem ordnungswidrig, wer entgegen § 9 Abs. 3 keine permanente **Aktualisierung der Besucherdatei** vorgenommen hat (→ § 9 Rn. 8). Verpflichtet ist insoweit der Konzessionsinhaber, der sicherzustellen hat, dass Sperranträge sofort in die Datei eingearbeitet werden. Auch diese Verpflichtung dient dem Spielerschutz.[13] 12

10. Verstoß gegen § 9 Abs. 5 (Nr. 12). § 15 Abs. 1 Nr. 12 stellt auch den Verstoß gegen die in § 9 Abs. 5 enthaltene Verpflichtung, bei jeder Wechselung die **Identität kontrollieren** zu lassen (→ § 9 Rn. 10), unter Bußgeldandrohung. Die Vorschrift dient der Vermeidung von Manipulationen, insbesondere im Rahmen der Geldwäscheprävention, und verlangt eine Kontrolle anhand offizieller Legitimationspapiere. Allein die Vorlage der Eintrittskarte ist dabei nicht ausreichend, da diese an Dritte weitergegeben werden kann und die Identität daher nicht zweifelsfrei festgestellt werden kann (§ 9 Abs. 5).[14] 13

11. Verstoß gegen § 9 Abs. 6 (Nr. 13). Ordnungswidrig iSv § 15 Abs. 1 Nr. 13 handelt, wer entgegen § 9 Abs. 6 **technische Geräte zur Bargeldabhebung** in dafür nicht vorgesehenen Räumen aufstellt, bereithält oder duldet (→ § 9 Rn. 11). Tatbestandsmäßig ist insbesondere das Aufstellen von EC- oder Kreditkartenautomaten im gesamten Bereich hinter der Einlasskontrolle. Auf diesem Wege werden die Spieler dazu gezwungen, den Spielbankbereich zu verlassen und sich danach erneut zu identifizieren, so dass eine gewisse „Abkühlung" stattfinden kann.[15] 14

Der Tatbestand ist auch erfüllt, wenn der nach § 9 Abs. 6 Verantwortliche die technischen Geräte zur Bargeldabhebung nicht selbst aufstellt, sondern diese bloß nicht entfernt und damit iSv § 15 Abs. 1 Nr. 13 **duldet**. 15

12. Verstoß gegen § 9 Abs. 7 (Nr. 14 und 15). Mit einem Bußgeld bedroht ist auch ein Verstoß der Bediensteten der Spielbank oder des Konzessionsinhabers gegen § 9 Abs. 7, der ein **Verbot der Krediterteilung** an Spieler enthält (→ § 9 Rn. 12). Neben der Kreditgewährung ist auch die Gewährung von Vergünstigungen oder Nachlässen hinsichtlich der Höhe der Entgelte oder die Gewährung sonstiger Vergünstigungen tatbestandsmäßig. 16

Ausgenommen von diesem Verbot sind **Sonderveranstaltungen**, weil die Teilnahme an diesen durch noch nicht ausgezahlte, aber bereits erwirtschaftete Gelder in den Automaten finanziert wird und die Veranstaltung zuvor einer Genehmigung unterworfen ist.[16] Ebenfalls nicht von dem Verbot erfasst und damit auch nicht tatbestandsmäßig sind **Getränkeeinladungen in geringem Umfang.**[17] 17

13. Verstoß gegen § 9 Abs. 8 (Nr. 16). Ordnungswidrig iSv § 15 Abs. 1 Nr. 16 handelt, wer die in § 9 Abs. 8 festgelegten **Sperrzeiten** nicht eingehalten oder Änderungen der Öffnungszeiten nicht rechtzeitig angezeigt hat (→ § 9 Rn. 13). 18

12 NRW LT-Drs. 17/8796, 45.
13 NRW LT-Drs. 17/8796, 45.
14 Vgl. NRW LT-Drs. 17/8796, 45 f.
15 Vgl. NRW LT-Drs. 17/8796, 46.
16 NRW LT-Drs. 17/8796, 46.
17 Vgl. NRW LT-Drs. 17/8796, 46.

Ebenfalls bußgeldbewehrt ist ein Verstoß gegen die gesetzliche Verpflichtung, Änderungen der Öffnungszeiten der Aufsichtsbehörde anzuzeigen und auch der Finanzaufsicht mitzuteilen. Auf diesem Wege soll seitens der Aufsichtsbehörde kontrolliert werden, ob mit den angestrebten Öffnungszeiten der **öffentliche Kanalisierungsauftrag** der Spielbanken erfüllt werden kann.[18]

19 **14. Verstoß gegen § 12 Abs. 1 S. 4 und 5 (Nr. 17 und Nr. 18).** Ein bußgeldbewehrter Verstoß liegt vor, wenn gegen die Pflichten aus § 12 Abs. 1 S. 4 (→ § 12 Rn. 18) verstoßen wird. Dies ist der Fall, wenn der Finanzaufsicht zur Wahrnehmung der ihr nach § 13 Abs. 9 obliegenden Aufgaben kein unabhängiger Zugriff auf sämtliche laufenden und gespeicherten **Videoaufzeichnungen** des Spielgeschehens und der Zählvorgänge eingeräumt wird. Mit der in § 12 Abs. 1 S. 4 normierten Pflicht soll den spielbankspezifischen Gefahren der Manipulation, der Geldwäsche, des Betruges und der Unterschlagung begegnet werden.[19]

20 § 15 Abs. 1 Nr. 18 in Verbindung mit § 12 Abs. 1 S. 5 untersagt sowohl dem Konzessionsinhaber als auch dem Spielbankunternehmen sowie aller für diese tätigen Personen den **Zugriff auf Daten**, aus denen sich ergibt, auf welche Aufzeichnungen die Finanzaufsicht zugreift oder zugegriffen hat (→ § 12 Rn. 19).

21 **15. Verstoß gegen § 13 Abs. 11 (Nr. 19).** Der Tatbestand des § 15 Abs. 1 Nr. 19 ist erfüllt, wenn entgegen § 13 Abs. 11 ohne anwesende Finanzaufsicht der **Spielbetrieb eröffnet oder weitergeführt** wird (→ § 13 Rn. 21). Die Anwesenheit der Finanzaufsicht ist zwingend erforderlich, da diese für die Ermittlung des Bruttospielertrages zuständig ist und in diesem Zusammenhang auch das ordnungsgemäße Spiel überwacht.[20]

III. Rechtsfolgen

22 Verstöße im Sinne des § 15 Abs. 1 können mit einer **Geldbuße bis zu fünfhunderttausend Euro** geahndet werden. Wurde die Ordnungswidrigkeit nur fahrlässig begangen, halbiert sich die maximale Bußgeldhöhe gem. § 17 Abs. 2 OWiG.[21]

23 Möglich ist auch die Verhängung einer **Geldbuße gegen juristische Personen und Personenvereinigungen** gem. § 30 OWiG, wenn Ordnungswidrigkeiten durch die in § 30 Abs. 1 OWiG genannten Leitungspersonen begangen und dadurch die Pflichten der juristischen Person oder Personenvereinigung verletzt wurden.[22]

24 Als Nebenfolge kann außerdem die **Einziehung des Wertes von Taterträgen** gem. § 29a OWiG gegenüber dem Täter angeordnet werden, wenn gegen ihn eine Geldbuße nicht festgesetzt wird.[23]

---

18 Vgl. NRW LT-Drs. 17/8796, 46.
19 Vgl. NRW LT-Drs. 17/8796, 47.
20 Vgl. NRW LT-Drs. 17/8796, 49.
21 Vgl. hierzu KK-OWiG/*Mitsch* OWiG § 17 Rn. 24.
22 Vgl. Krenberger/Krumm OWiG § 30 Rn. 5; BeckOK OWiG/*Meyberg* OWiG § 30 Rn. 47 ff.
23 Vgl. hierzu auch Krenberger/Krumm OWiG § 29a Rn. 2 f.

Teil 2 Konzessionsvergabeverfahren

§ 16 SpielbG NRW Konzessionsausschreibung

(1) [1]Für die Vergabe der Konzession gelten die Bestimmungen des Vierten Teils des Gesetzes gegen Wettbewerbsbeschränkungen sowie die auf der Grundlage von § 113 des Gesetzes gegen Wettbewerbsbeschränkungen ergangene Verordnung über die Vergabe von Konzessionen. [2]Einer gesonderten Ausschreibung der Betriebserlaubnisse bedarf es nicht. [3]Der Zuschlag wird an diejenige Bieterin oder denjenigen Bieter erteilt, deren oder dessen Angebot auf Basis der vorgegebenen Kriterien für die vorgesehene Laufzeit der Konzession die Verwirklichung der Ziele des § 1 am besten erfüllt und einen wirtschaftlichen Gesamtvorteil ergibt.

(2) Das für die Glücksspielaufsicht zuständige Ministerium macht spätestens zwei Jahre vor Ablauf der Konzession deren erneute Ausschreibung im Amtsblatt der Europäischen Union bekannt.

(3) Bewerberinnen oder Bewerber um die Konzession haben der Vergabestelle zum Nachweis ihrer Eignung die unmittelbaren und mittelbaren Beteiligungen ihres Unternehmens sowie dessen verbundene Unternehmen im Sinne des § 36 Absatz 2 Satz 1 des Gesetzes gegen Wettbewerbsbeschränkungen als Unternehmensgruppe sowie die jeweiligen Kapital- und Stimmrechtsverhältnisse darzustellen.

(4) [1]Ferner sind der Vergabestelle von den Bewerberinnen oder den Bewerbern die Namen ihrer Angehörigen gemäß § 15 der Abgabenordnung offenzulegen. [2]Gleiches gilt für Vertreterinnen und Vertreter der Person oder Personengesellschaft oder des Mitglieds eines Organs einer juristischen Person.

(5) Daneben haben Personengesellschaften und juristische Personen den Gesellschaftsvertrag und die satzungsrechtlichen Bestimmungen der Bewerberinnen oder der Bewerber sowie Vereinbarungen vorzulegen, die zwischen der Bewerberin oder dem Bewerber und unmittelbar oder mittelbar Beteiligten bestehen und sich auf die Veranstaltung von Glücksspielen beziehen.

(6) [1]Das für die Glücksspielaufsicht zuständige Ministerium ist befugt,

1. zur Überprüfung der Identität der Bewerberin oder des Bewerbers und deren oder dessen Zuverlässigkeit Anfragen nach den für die Prüfung der Geeignetheit erforderlichen Informationen bei den Polizeivollzugs- und Verfassungsschutzbehörden der Länder sowie, soweit im Einzelfall erforderlich, den Ausländerbehörden, den Insolvenzgerichten, dem Bundeskriminalamt, dem Zollkriminalamt, dem Bundesamt für Verfassungsschutz, dem Bundesnachrichtendienst, dem Militärischen Abschirmdienst und dem Bundesbeauftragten für die Unterlagen des Staatssicherheitsdienstes der ehemaligen Deutschen Demokratischen Republik zu stellen und
2. unbeschränkte Auskünfte aus dem Bundeszentralregister einzuholen.

[2]Soweit die Auskünfte bei den genannten Behörden Anhaltspunkte für Zweifel an der Eignung der Bewerberin oder des Bewerbers begründen, darf das für die Glücksspielaufsicht zuständige Ministerium zur weiteren Überprüfung der Geeignetheit Auskünfte von Strafverfolgungsbehörden einholen.

Vorbemerkungen

1 Die Regelungen zur Konzessionsvergabe ergänzen die umfänglichen Bestimmungen zur Konzession in § 4. Während § 4 – im Rahmen der Konzessionsvergabe zu beachtende und sicherzustellende – zwingende Anforderungen an den Konzessionär, dessen Konzept und Pflichten des Konzessionärs sowie die Laufzeit der Konzession und Nebenbestimmungen zum Konzessionsbescheid enthält, regelt § 16 die rechtlichen Rahmenbedingungen für das eigentliche Konzessionsvergabeverfahren. Als wesentliche Rahmenvorgabe sieht § 2 Abs. 2 vor, dass mit Blick auf den Kanalisierungsauftrag nur eine Konzession im Lande für alle Spielbanken kumuliert erteilt wird. Die Vorschriften des § 16 beziehen sich daher auf die zentralisierte Vergabe einer einzigen Konzession im Land Nordrhein-Westfalen für bis zu jeweils 15 Jahre.

I. Geltung des GWB-Vergaberechts (Abs. 1)

2 **1. Anwendung des Konzessionsvergaberechts.** In § 16 Abs. 1 wird zunächst deklaratorisch festgehalten, dass für die Vergabe der Konzessionen einschließlich der Betriebserlaubnisse die Bestimmungen des GWB-Vergaberechts sowie der Konzessionsvergabeverordnung (KonzVgV) gelten.

3 Da die Zuordnung zum Vergaberegime des GWB-Vergaberechts nicht der Regelungskompetenz des Landesgesetzgebers unterliegt, handelt es sich hier nach der Gesetzesbegründung ausdrücklich um eine „Klarstellung".[1] Dass Erlaubnisse zum Betrieb von Spielbanken regelmäßig eine Dienstleistungskonzession darstellen, ist in der Judikatur bereits festgestellt worden.[2] Denn angesichts der öffentlichen Aufgabe zur Begrenzung und zur Kanalisierung des Spieltriebs stellt die Erlaubnis zum Betrieb von öffentlichen Spielbanken – anders als Konzessionen für Spielhallen[3] – einen Beschaffungsvorgang der öffentlichen Hand dar, welcher aufgrund des in aller Regel deutlich überschrittenen Schwellenwertes dem GWB-Vergaberecht unterliegt.

4 Die Einordnung als Konzession ist so lange vergaberechtlich zutreffend, wie eine Konzession iSd § 105 GWB vorliegt und nicht ein öffentlicher (Dienstleistungs-)Auftrag, welcher der Vergabeverordnung (VgV) unterläge. Entscheidend für die Abgrenzung ist insoweit, dass ein **echtes Betriebsrisiko** beim Konzessionsnehmer liegen muss, da anderenfalls ein öffentlicher Auftrag vorliegen würde.[4]

5 An einer hinreichenden Übertragung des Betriebsrisikos kann es insbesondere etwa dann fehlen, wenn dieses durch Zuschüsse oder Konkurrenzschutz weitgehend reduziert wird.[5] Die Abgrenzung ist eine Einzelfallentscheidung.[6] Maßgebend ist, ob der Auftragnehmer das Betriebsrisiko **vollständig oder zumindest zu einem wesentlichen Teil** trägt.

1 NRW LT-Drs. 17/8796, 50.
2 Vgl. OLG Hamburg 1.11.2017 – 1 Verg 2/17; VK Hamburg 31.7.2017 – VgK 3/17.
3 Vgl. hierzu OLG Düsseldorf 23.1.2019 – VII-Verg 22/18; VK Rheinland 12.3.2018 – VK K 2/18.
4 Vgl. zur Abgrenzung von Dienstleistungsauftrag und Dienstleistungskonzession etwa, OLG Düsseldorf 4.3.2020 – Verg 11/18; BGH 8.2.2011 – X ZB 4/10.
5 Vgl. zur Relevanz von Zuschüssen, OLG Düsseldorf 4.3.2020 – Verg 11/18.
6 EuGH 10.3.2011 – C-274/09; BGH 8.2.2011 – X ZB 4/10.

Unter dem Betriebsrisiko ist das Risiko zu verstehen, den Unwägbarkeiten des Marktes ausgesetzt zu sein, was sich im Risiko der Konkurrenz durch andere Wirtschaftsteilnehmer, dem Risiko eines Ungleichgewichts zwischen Angebot und Nachfrage, dem Risiko der Zahlungsunfähigkeit derjenigen, die die Bezahlung der erbrachten Dienstleistungen schulden, dem Risiko einer nicht vollständigen Deckung der Betriebsausgaben durch die Einnahmen oder dem Risiko der Haftung für einen Schaden im Zusammenhang mit einem Fehlverhalten bei der Erbringung der Dienstleistung äußern kann. Hingegen sind Risiken, die sich aus einer mangelhaften Betriebsführung oder aus Beurteilungsfehlern des Wirtschaftsteilnehmers ergeben, für die Einordnung eines Vertrags als öffentlicher Dienstleistungsauftrag oder als Dienstleistungskonzession nicht entscheidend, da diese Risiken jedem Vertrag immanent sind, gleichgültig ob es sich dabei um einen öffentlichen Dienstleistungsauftrag oder um eine Dienstleistungskonzession handelt. 6

Soll neben dem Recht zur Nutzung der Dienstleistung zusätzlich durch die konzessionierende Stelle ein Preis gezahlt werden, kann der Vertrag jedenfalls dann nicht als Dienstleistungskonzession angesehen werden, wenn die zusätzliche Vergütung ein solches Gewicht hat, dass ihr bei wertender Betrachtung kein bloßer Zuschusscharakter mehr beigemessen werden kann, sondern sich darin zeigt, dass die aus der Erbringung der Dienstleistung möglichen Einkünfte allein ein Entgelt darstellen würden, das weitab von einer äquivalenten Gegenleistung läge.[7] 7

Im Rahmen der Konzessionsausschreibung dürfen zudem keine Konditionen seitens des Landes gewährt werden, welche dem Konzessionsnehmer das Betriebsrisiko weitgehend abnehmen. Insoweit ist zu vergegenwärtigen, dass durch die Kumulierung aller Spielbankenerlaubnisse in der Hand eines Konzessionärs der Wettbewerb bereits nachhaltig begrenzt ist und daher jedwede Zuschüsse oder sonstigen Vergünstigungen besonders kritisch zu betrachten wären. 8

2. Zuschlagsvorgaben. Nach § 16 Abs. 1 S. 3 wird der Zuschlag an den Bieter erteilt, dessen Angebot auf „Basis der vorgegebenen Kriterien“ die Verwirklichung der Ziele des § 1 – welche identisch sind mit den Zielen des § 1 GlüStV – am besten erfüllt und einen wirtschaftlichen Gesamtvorteil ergibt. 9

Da das Spielbankengesetz selbst keine Zuschlagskriterien im Detail vorgibt, ist aus dieser Vorgabe zu schließen, dass die Konzessions-Vergabestelle Kriterien entwickeln muss, welche die Ziele des § 1 konkretisieren[8] und auf dieser Grundlage sodann eine den Vorgaben des § 152 GWB entsprechende Zuschlagsentscheidung erfolgen kann. 10

§ 152 Abs. 3 GWB verlangt zunächst, dass objektive Kriterien aufzustellen sind, die sicherstellen, dass die Angebote unter wirksamen Wettbewerbsbedingungen bewertet werden können, so dass ein wirtschaftlicher Gesamtvorteil für den Konzessionsgeber ermittelt werden kann. Die Zuschlagskriterien müssen mit dem Konzessionsgegenstand in Verbindung stehen und dürfen dem Konzessionsgeber keine uneingeschränkte Wahlfreiheit eröffnen. Die Zuschlagskriterien müssen mit einer Beschreibung einhergehen, die eine wirksame Überprüfung der von den Bietern übermittelten Informationen gestatten, damit bewertet werden kann, ob und inwieweit die Angebote den Zuschlagskriterien entsprechen. 11

7 OLG Düsseldorf 19.2.2020 – Verg 1/19.
8 Vgl. für die ähnlich geregelte Vergabe von Sportwettkonzessionen im GlüStV, Dietlein/Hecker/Ruttig/*Hertwig* GlüStV § 4b Rn. 52.

12 Die Regelungen des § 16 S. 3 konkretisieren diese allgemeinen Vorgaben des GWB für die Vergabe der Spielbankenkonzession. Der „wirtschaftliche Gesamtvorteil“ stellt insoweit kein eigenständiges Kriterium dar, sondern ist anhand der Auswahlkriterien zu ermitteln.

13 Die Kriterien sind ausdrücklich inhaltlich an die Ziele des § 1 gebunden, so dass der Sache nach keine darüberhinausgehenden Aspekte in die Auswahl einfließen dürfen. Im Rahmen der Konzessionsvergabe ist die Vergabestelle daher darauf beschränkt, a) Kriterien zu entwickeln, welche die Zielsetzungen des § 1 konkretisieren und eine effektive Überprüfung der Angebote auf die Zielerfüllung hin ermöglichen sowie b) die Kriterien angemessen zu gewichten. Hinsichtlich der Gewichtung ist freilich zu berücksichtigen, dass die Zielsetzungen nach § 1 allesamt ausdrücklich gleichrangig sind; Gewichtungsfragen stellen sich daher letztlich nur im Rahmen von Unterkriterien der fünf vorgegebenen Hauptkriterien.

14 Für die Konzessionsvergabe sind daher zunächst einmal die inhaltlichen Mindestvorgaben des Spielbankgengesetzes – namentlich der §§ 4–7 – in den Vergabeunterlagen angemessen abzubilden und darauf aufbauend Kriterien vorzusehen, die eine besonders gute Erfüllung der Zielsetzungen des § 1 ermöglichen. Am ehesten bietet sich insoweit die Abfrage von Konzepten zur Erfüllung der fünf Zielsetzungen des § 1 und deren Bewertung anhand von Schulnoten an.

II. Frühzeitige Bekanntmachung der erneuten Ausschreibung (Abs. 2)

15 Mindestens zwei Jahre vor Ablauf der Konzession ist die erneute Ausschreibung nach § 16 Abs. 2 im Europäischen Amtsblatt bekanntzugeben. Hiermit soll sichergestellt werden, dass das neue Ausschreibungsverfahren rechtzeitig vor Ablauf der jeweils laufenden Konzession abgeschlossen werden kann.[9] Der Zeitraum ist als angemessen zu beurteilen, da ein komplexes Konzessionsvergabeverfahren mit mehreren Verhandlungsrunden durchaus 9 Monate oder länger währen kann und auch ausreichend Zeit bleiben muss, um a) etwaige Nachprüfungsverfahren abzuwickeln, und b) ein angemessener Vorlauf zwischen Zuschlag und Betriebsaufnahme verbleiben muss, um eine reibungslose Betriebsfortführung im Falle eines Konzessionärs-Wechsels zu gewährleisten. Sollte dieser Zeitraum im Einzelfall nicht ausreichend sein, was etwa bei einer Vorlage an den EuGH der Fall sein kann, kann im Wege der Interimsvergabe nach § 18 reagiert werden.

III. Beteiligungen (Abs. 3)

16 Die Verpflichtung zur weitgehenden Offenlegung von Beteiligungen dient der Transparenz der gesellschaftsrechtlichen Verknüpfungen der Bewerber und soll es so dem für die Glücksspielaufsicht zuständigen Ministerium ermöglichen, zu prüfen, ob Gründe gegen eine Zuverlässigkeit sprechen können.[10] Eine solche gleichsam erweiterte Zuverlässigkeitsprüfung soll insbesondere offenlegen, wer in welchem Umfang Einfluss auf die Ausgestaltung des Glücksspiels nehmen kann.[11] Der Gesetzgeber hat für den Bereich des Glücksspiels insoweit Anlass für eine besonders weitreichende Überprüfung gesehen. Das Spielbankengesetz wendet hier die bereits in § 4b Abs. 2 Nr. 1 GlüStV für die Vergabe von Sportwettkonzessionen vorgesehenen Sicherheitsinstrumente an.

---

9 Vgl. die Gesetzesbegründung zu § 16 Abs. 2, NRW LT-Drs. 17/8796, 50.
10 Vgl. die Gesetzesbegründung zu § 16 Abs. 3, NRW LT-Drs. 17/8796, 50.
11 Vgl. zur gleichgelagerten Vorgabe in § 4a Abs. 4 Nr. 1 GlüStV, Dietlein/Hecker/Ruttig/*Ruttig* GlüStV § 4a Rn. 19.

IV. Angehörige (Abs. 4)

17 In die gleiche Richtung zielt die Vorgabe zur Offenlegung der Angehörigen nach § 15 AO, die bei natürlichen Personen auf den Bewerber und bei Gesellschaften auf die vertretungsberechtigten Personen bzw. Organmitglieder bezogen ist. Auch hiermit soll eine angesichts der besonderen Herausforderungen im Glücksspielbereich erweiterte Überprüfung der Zuverlässigkeit ermöglicht werden. Auch insoweit entsprechen die Vorgaben denen des GlüStV zur Vergabe von Sportwettkonzessionen.

V. Gesellschaftsvertrag / Satzungen (Abs. 5)

18 Über die Offenlegung der Beteiligungsverhältnisse und die Verpflichtung zur Angabe der Angehörigen hinaus sind schließlich – ebenfalls § 4b Abs. 1 Nr. 2 GlüStV für die Vergabe von Sportwettkonzessionen entsprechend – der Gesellschaftsvertrag sowie alle satzungsrechtlichen Bestimmungen der sich bewerbenden Gesellschaften sowie alle Vereinbarungen offenzulegen, die zwischen dem Bewerber sowie unmittelbar oder mittelbar Beteiligten bestehen und die sich auf die Veranstaltung von Glücksspielen beziehen. Hiermit soll den zuständigen Behörden die Prüfung ermöglicht werden, ob der Bewerber auch gesellschaftsrechtlich in der Lage ist, sich an die geltenden glücksspielrechtlichen Vorgaben zu halten.[12]

19 Die Einschränkung, wonach sich die weiteren Vereinbarungen auf die Veranstaltung von Glücksspiel beziehen, ist nach ihrem Sinn und Zweck nicht so zu verstehen, dass die Vereinbarungen konkrete Vorgaben zur Durchführung von Glücksspielen im Allgemeinen bzw. von spezifischen Glücksspielen durch die Bewerberin erfassen müssen. Da die Regelung eine Verifizierung ermöglichen soll, ob sich der Bewerber an die glücksspielrechtlichen Vorgaben halten kann, müssen von der Vorlagepflicht alle Vereinbarungen erfasst sein, die sich – ggf. auch nur mittelbar – auf die Durchführung von Glücksspielen beziehen. Hierzu können etwa auch Personalgestellungsvereinbarungen, Vereinbarungen zu Weisungsmöglichkeiten durch Dritte oder ähnliches gehören. Überall dort, wo ein Dritter Einfluss auf den Geschäftsbetrieb nehmen kann und hierdurch – sei es mittelbar oder unmittelbar – die Glücksspielveranstaltung berührt sein kann, besteht daher eine Offenlegungspflicht.

VI. Überprüfung durch die Glücksspielaufsicht (Abs. 6)

20 In Ergänzung zu den Vorgaben der Absätze 3–5 sieht § 16 Abs. 6 ein umfassendes Erkundigungsrecht seitens des für die Glücksspielaufsicht zuständigen Ministeriums vor. Dies kann regelhaft die notwendigen Informationen zur Überprüfung der Identität bzw. Zuverlässigkeit des Bewerbers bei den Polizeivollzugs- und Verfassungsschutzbehörden der Länder einholen. Soweit im Einzelfall erforderlich können auch Anfragen bei weiteren Behörden wie u.a. dem Bundeskriminalamt, Insolvenzgerichten, Ausländerbehörden oder Sicherheitsbehörden wie dem Bundesnachrichtendienst gestellt werden. Weiterhin können unbeschränkte Auskünfte aus dem Bundeszentralregister eingeholt werden.

21 Hiermit soll im Sinne der gebotenen erweiterten Zuverlässigkeitsprüfung insbesondere die Prüfung ermöglicht werden, ob straf- oder verfassungsschutzrechtliche Bedenken gegen die Konzessionserteilung an den Bewerber bestehen.[13] Angesichts der Besonderheiten des Glücksspielsektors und der in der Praxis in

12 Vgl. die Gesetzesbegründung zu § 16 Abs. 5, NRW LT-Drs. 17/8796, 50.
13 Vgl. die Gesetzesbegründung zu § 16 Abs. 6, NRW LT-Drs. 17/8796, 50.

der Vergangenheit etwa im Bereich der Sportwetten vielfach abweichend von den Vorgaben des GlüStV durchgeführten Veranstaltungen ist eine hohe Sensibilität und große Prüfungstiefe hier unentbehrlich, um eine Zuverlässigkeit des Bewerbers nachhaltig zu verifizieren.

22 Soweit die Auskünfte Anhaltspunkte für Zweifel an der Eignung des Bewerbers begründen, dürfen zur weiteren Überprüfung der Eignung Auskünfte der Strafverfolgungsbehörden eingeholt werden. Insoweit ist nach Sinn und Zweck davon auszugehen, dass ein weiter Ermessensspielraum dahin gehend besteht, welche Auskünfte eingeholt werden und dass ein Bewerber hier mit einer sehr tiefgehenden Überprüfung rechnen muss.

§ 17 SpielbG NRW Vergütungspflicht für den Konzessionsgegenstand

[1]Wird die Konzession widerrufen, nach ihrem Ablauf nicht verlängert, endet auf sonstige Weise oder wird nicht erneut an die bisherige Konzessionsinhaberin oder den bisherigen Konzessionsinhaber vergeben, so ist die neue Konzessionsinhaberin oder der neue Konzessionsinhaber berechtigt und auf Verlangen der bisherigen Inhaberin oder des bisherigen Inhabers der Konzession verpflichtet, die für den Betrieb der Spielbanken notwendigen Sachmittel gegen Zahlung einer wirtschaftlich angemessenen Vergütung zu erwerben, die sich nach dem Sachzeitwert bemisst. [2]Der Sachzeitwert wird auf der Grundlage des Wiederbeschaffungswertes der Sachmittel unter Berücksichtigung von Alter und Zustand ermittelt. [3]Von diesem Betrag ist der Wert der Verpflichtungen abzuziehen, die die neue Konzessionsinhaberin oder der neue Konzessionsinhaber aufgrund gesetzlicher Regelung, insbesondere nach § 613a des Bürgerlichen Gesetzbuches, oder aufgrund vertraglicher Vereinbarung im Innenverhältnis beider Parteien übernimmt. [4]Der Wert dieser Verpflichtungen ist der nach § 253 des Handelsgesetzbuches in der im Bundesgesetzblatt Teil III, Gliederungsnummer 4100-1, veröffentlichten bereinigten Fassung in der jeweils geltenden Fassung unter Beachtung der Grundsätze ordnungsmäßiger Buchführung relevante Wert, abzüglich des Zeitwertes mitübertragener bedeckender Aktiva. [5]Sofern der abzuziehende Wert der Verpflichtungen (gegebenenfalls gekürzt um den Zeitwert mitübertragener bedeckender Aktiva) den Sachzeitwert der notwendigen Sachmittel übersteigt, hat die bisherige Inhaberin oder der bisherige Inhaber der Konzession diesen übersteigenden Betrag der neuen Konzessionsinhaberin oder dem neuen Konzessionsinhaber zu erstatten. [6]Die bisherige Inhaberin oder der bisherige Inhaber der Konzession und die neue Konzessionsinhaberin oder der neue Konzessionsinhaber können eine anderweitige Vereinbarung über die angemessene Vergütung treffen.

Vorbemerkungen

1 Für jeden Fall eines Auslaufens der Konzession sieht § 17 das Recht – und bei Verlangen des bisherigen Konzessionärs auch die Verpflichtung – des neuen

Konzessionärs vor, die für den Betrieb der Spielbanken notwendigen Sachmittel gegen Zahlung einer wirtschaftlich angemessenen Vergütung zu erwerben, die sich nach dem Sachzeitwert bemisst. Für die Ermittlung des Sachzeitwerts ist nach § 17 S. 2 der Wiederbeschaffungswert der Sachmittel unter Berücksichtigung von Alter und Zustand maßgebend. Von diesem Saldo sind die Verpflichtungen abzuziehen, die der neue Konzessionsinhaber aufgrund gesetzlicher Regelung – namentlich den Bestimmungen des § 613a BGB zum Betriebsübergang – oder aufgrund einer vertraglichen Regelung zwischen den beiden Beteiligten übernimmt. Für die Bemessung sind die Bewertungsvorgaben des § 253 HGB unter Beachtung der Grundsätze ordnungsgemäßer Buchführung maßgebend. Sofern dieser Wert den Wert der zu übertragenden Sachmittel übersteigt, ist der überschießende Betrag vom bisherigen Konzessionsinhaber an den neuen Konzessionär zu übertragen. Der bisherige und der neue Konzessionsinhaber können eine anderslautende Vereinbarung treffen.

Diese Vorgaben tragen dem Umstand Rechnung, dass es bei Spielbanken – anders als etwa bei Sportwetten – ohne Übernahme von Sachmitteln wie insbesondere den Casinogebäuden nebst dem zur Glücksspieldurchführung notwendigen Inventar keine nahtlose Fortsetzung des Angebots geben könnte. Da das Spielbankengesetz von der zentralen Erwägung getragen ist, dass es ein staatlich kontrolliertes Angebot geben muss, um den Spieltrieb in geordnete Bahnen zu lenken und einer Schwarzmarktaktivität entgegenzuwirken (§ 1 Nr. 2), ist jedoch ein durchgängiges Angebot an Spielbanken für den gesetzlichen Auftrag der Gewährleistung eines entsprechenden Angebots von grundlegender Bedeutung. Daher sieht das Spielbankengesetz mit den Maßgaben zur Übernahme der Sachmittel einen geeigneten Weg vor, eine ungehinderte Fortsetzung des Angebots im Falle eines Konzessionärswechsels zu erreichen und so den Kanalisierungsauftrag zu erfüllen.[1] 2

I. Zulässigkeit einer Übereignungsverpflichtung

Eine Übereignungspflicht bei Neuvergabe von Konzessionen, die zu ihrer Ausübung die Nutzung vorhandener Infrastrukturen erfordern, ist beispielsweise bei der Vergabe von Konzessionsverträgen nach § 46 EnWG bereits vorgesehen und von der Rechtsprechung umfassend rezeptioniert worden. Ohne eine solche Übereignungspflicht könnte kein **wirksamer Wettbewerb** geschaffen und könnte zudem die Umsetzung der Bereitstellung eines entsprechenden Angebots ohne Perpetuierung einer einmal geschaffenen Konzessionärsstellung nicht gewährleistet werden. Daher ist eine entsprechende Übereignungspflicht selbst in Fällen des § 46 EnWG verfassungsrechtlich zulässig, wo die Infrastrukturen von dem ursprünglichen Konzessionsinhaber selbst und ohne Kenntnis einer späteren Übereignungspflicht geschaffen wurden.[2] Vorliegend wurden die vorhandenen Casinos in die früher landeseigene Gesellschaft vom Land Nordrhein-Westfalen eingebracht und wurden etwaige neue Casinogebäude durch den neuen Inhaber der Gesellschaft in Kenntnis einer späteren Übereignungspflicht errichtet. Daher sowie mit Blick auf die Wahrung der Interessen des Alt-Konzessionärs durch Gewährleistung einer angemessenen Vergütung bestehen keine durchgreifenden Bedenken an der Zulässigkeit einer Übereignungspflicht. 3

1 Vgl. die Gesetzesbegründung zu § 17, NRW LT-Drs. 17/8796, 50.
2 Vgl. BGH 3.6.2014 – EnVR 10/13.

II. Notwendige Sachmittel

4 Erfasst von dem Übernahmerecht bzw. der Übernahmepflicht sind die für den Betrieb der Spielbanken „notwendigen Sachmittel". Was von dieser Regelung erfasst ist, kann durchaus Gegenstand unterschiedlicher Interpretation sein:

5 **1. Betrieb „der Spielbanken".** Sind zum Zeitpunkt des Konzessionärswechsels mehr als vier Spielbanken im Betrieb, sieht das Konzept des neuen Konzessionärs indes nur den Betrieb der Mindestanzahl von vier Spielbanken vor, so fragt sich, ob der bisherige Konzessionär auch die Übernahme der **überschießenden Spielbankengebäude** nebst Inventar verlangen kann. Die Formulierung „Betrieb der Spielbanken" nimmt insoweit keinen konkreten Bezug zu den „im Konzept des neuen Konzessionärs vorgesehenen" oder aber den „im Bestand des bisherigen Konzessionärs betriebenen" Spielbanken vor.

6 Da es Sinn und Zweck der Vorschrift ist, dem neuen Konzessionär die Aufnahme seines Spielbankenbetriebes zu ermöglichen und keinen Bruch im Angebot zu erzeugen, ist bei sachgerechter Bewertung davon auszugehen, dass sich die Vorschrift nur auf diejenigen Spielbanken bezieht, welche der neue Konzessionär nach seinem im Konzessionsvergabeverfahren eingereichten Konzept auch weiterhin betreiben möchte. Der Altkonzessionär muss daher damit rechnen, dass nicht rentable Spielbanken nicht mit übernommen werden und er die entsprechenden Werte anderweitig aktivieren muss.

7 **2. Notwendigkeit des Inventars.** Welches Inventar zum Betrieb der Spielbanken „notwendig" ist, bedarf einer näheren Betrachtung im Einzelfall. Hierunter fallen sicherlich diejenigen Ausstattungen, die zum ordnungsgemäßen Betrieb einer Spielbank unabhängig von der konkreten Konzeption erforderlich sind, namentlich also die Spieltische nebst Zubehör, Bar, Beleuchtung, Garderobe, Sitzgelegenheiten und hinsichtlich des Automatenspiels die Automaten. Der neue Konzessionär wird insoweit kein „Cherry-Picking" betreiben können und nur bestimmte Teile übernehmen können. Anders dürfte nur vom Alters- und Gebrauchszustand nicht mehr zum Betrieb einer Spielbank taugliches Inventar zu bewerten sein.

8 Demgegenüber dürften rein dekorative Elemente, namentlich Kunstwerke, nicht betriebsnotwendig sein, so dass der neue Konzessionär die Übereignung solchen Inventars nicht verlangen kann und hierzu auch nicht verpflichtet ist. Sind also Kunstwerke beträchtlichen Werts im Casino vorhanden, so erstrecken sich die Regelungen des § 17 bei zweckorientierter Auslegung hieran nicht.

III. Übernahme des Personals

9 Eingehend betont die Gesetzesbegründung die Bedeutung der Übernahme qualifizierten Personals.[3] Insoweit knüpft die Gesetzesbegründung an eine Entscheidung des OLG Hamburg an, in welcher das Gericht nachdrücklich die notwendige hohe Qualifikation eines nicht zuletzt auch glücksspielrechtlich kenntnisreichen Personals hervorgehoben hatte.[4]

10 Mit Blick auf die umfassenden Regelungen hierzu in § 613a BGB hat der Gesetzgeber von einer eigenen Regelung abgesehen.

---

3 Vgl. die Gesetzesbegründung zu § 17, NRW LT-Drs. 17/8796, 51.
4 Vgl. OLG Hamburg 1.9.2017 – 1 Verg 2/17.

IV. Bewertung der Verpflichtungen

Den Sachwerten können die Verpflichtungen gegenübergestellt werden, welche nach Maßgabe des § 253 HGB passiviert wurden. Die Gesetzesbegründung betont insoweit, dass nur die in der Bilanz als Verbindlichkeit oder Rückstellung ausgewiesenen Verbindlichkeiten zu berücksichtigen sind und sonstige Verpflichtungen nicht abgezogen und damit wirtschaftlich nicht von dem bisherigen Konzessionär getragen werden dürfen bzw. müssen.[5] Zur **Vermeidung von missbräuchlichen Gestaltungen** ist allerdings zu berücksichtigten, dass die Bewertung nach § 17 S. 3 „unter Beachtung der Grundsätze ordnungsgemäßer Buchführung" erfolgen muss, so dass der bisherige Konzessionär nicht durch unzulässige Gestaltung einen für ihn höheren Zahlungsbetrag generieren kann. 11

V. Regelungen im Rahmen der Konzessionserteilung

Der Gesetzgeber geht davon aus, dass mit der Aufnahme der Möglichkeiten bzw. Pflichten zur Übernahme der Infrastrukturen ausreichende Vorsorge für ein unterbrechungsfreies Spielangebot geschaffen sind. Dies setzt neben einem zeitgerechten Abschluss des Konzessionsvergabeverfahrens mit ausreichendem Vorlauf vor Konzessionsende zudem allerdings eine Einigung des alten und des neuen Konzessionärs voraus. Indes bieten vor allem die Fragen der Bewertung der Sachwerte sowie der Erforderlichkeit des Inventars erhebliches Streitpotential, so dass – unter Umständen langjährige – Streitverfahren zwischen altem und neuem Konzessionär nicht ausgeschlossen sind. Von daher bietet es sich an, in den Bestimmungen der Konzession eine **schnell durchsetzbare** und möglichst **dinglich gesicherte** Nutzungsmöglichkeit aufzunehmen, damit unabhängig von etwaigen Streitverfahren zu den Details ab dem Beginn des neuen Konzessionszeitraums eine Nutzungsmöglichkeit der Räumlichkeiten einschließlich des betriebsnotwendigen Inventars gewährleistet ist. 12

§ 18 SpielbG NRW Interimskonzession

[1]Wird die Konzession widerrufen, endet sie auf sonstige Weise oder kann eine neue Konzession nicht vor Ablauf der bestehenden vergeben werden, können unter Beachtung der Vorgaben des Gesetzes gegen Wettbewerbsbeschränkungen und der Konzessionsvergabeverordnung für einen Zeitraum von bis zu 24 Monaten Interimskonzessionen von dem für das Glücksspiel zuständigen Ministerium erteilt werden, wenn der bisherige Spielbankbetrieb anderenfalls nicht fortgeführt und damit der öffentliche Kanalisierungsauftrag gemäß § 1 Nummer 2 nicht erfüllt werden könnte. [2]Voraussetzung ist, dass die Bewerberin oder der Bewerber die Anforderungen des § 4 Absatz 2 erfüllt.

5 Vgl. die Gesetzesbegründung zu § 17, NRW LT-Drs. 17/8796, 51.

1 Sofern eine Konzession widerrufen wird, sie auf sonstige Weise endet oder – etwa aufgrund eines noch laufenden Nachprüfungsverfahrens – eine neue Konzession nicht vor Ablauf der alten Konzession erteilt werden kann, besteht nach § 18 die Möglichkeit, unter Beachtung der Vorgaben des GWB sowie der KonzVgV Interimskonzessionen für einen Zeitraum von bis zu 24 Monaten zu erteilen, wenn anders der bisherige Spielbetrieb nicht fortgeführt werden könnte. Hierbei müssen die Voraussetzungen des § 4 Abs. 2 erfüllt sein.

I. Anforderungen an die Vergabe von Interimskonzessionen

2 **1. Allgemeines.** Das Spielbankengesetz stellt keine eigenen Anforderungen an die Interimsvergabe einer Konzession auf, sondern beschränkt sich auf den Hinweis, dass die Vorgaben des GWB und der KonzVgV zu beachten sind. Voraussetzung für die Zulässigkeit einer Interimsvergabe ist, dass der bisherige Spielbankenbetrieb anderenfalls nicht fortgeführt und damit der **Kanalisierungsauftrag** nicht fortgeführt werden könnte; zudem muss der Bewerber die Anforderungen des § 4 Abs. 2 erfüllen.

3 Die detaillierten Anforderungen des § 16 an die Konzessionsausschreibung müssen damit nicht beachtet werden; zur Wahrung des § 4 Abs. 2 muss allerdings eine Konzeption für den Casinobetrieb eingeholt werden, damit geprüft werden kann, ob der Betrieb iSd § 4 Abs. 2 Nr. 1 den Zielen des § 1 zuwiderläuft. Eine solche Ausarbeitung ist auch für die Prüfung des einen wirtschaftlichen Geschäftsbetrieb erwarten lassenden Gesamtkonzepts erforderlich. Insgesamt müssen zu allen Inhalten und Anforderungen des § 4 Abs. 2 eine tragfähige Darstellung eingeholt und auch die (erweiterte) Eignungsprüfung durchgeführt werden.

4 **2. In aller Regel europaweite Ausschreibung mit Bekanntmachung erforderlich.** Wenn nicht – wie etwa im Falle eines noch nicht abgeschlossenen Nachprüfungsverfahrens denkbar – der bestehende Konzessionär interimsweise weiterhin mandatiert werden soll, ist daher ein binnen weniger Wochen abschließbares Verfahren kaum denkbar. Nach § 2 Abs. 3 KonzVgV ist für die Berechnung des Auftragswerts von Konzessionen der voraussichtliche Gesamtumsatz des Konzessionsnehmers netto während der Vertragslaufzeit zugrunde zu legen, wozu neben den Einnahmen durch die Kunden/Nutzer auch alle Zahlungen des Konzessionsgebers sowie der Wert aller Bereitstellungen durch den Konzessionsgeber einzubeziehen sind. Schon bei mindestens zu betreibenden vier Casinos dürfte dieser Wert schon für kurze Interimsvergaben schnell den europäischen Schwellenwert von aktuell 5.382.000 EUR netto übersteigen, so dass im Zweifel ein **europaweites Verfahren mit Bekanntmachung im Europäischen Amtsblatt** notwendig sein wird.

5 Für eine Vergabe ohne Bekanntmachung wird in diesem Rahmen zumeist kein Raum bestehen:

Bei eingeleitetem Insolvenzverfahren bezogen auf den bisherigen Betreiber steht der Widerruf im Ermessen der Behörde. Die Behörde muss sich daher einen Überblick über die konkrete Situation verschaffen und anhand insbesondere der Fortsetzungsprognose des Insolvenzverwalters entscheiden, ob überhaupt ein Widerruf erfolgt und wenn ja mit welcher Frist. Während dieser Prüfung kann eine Interimsvergabe bereits inhaltlich vorbereitet werden, wozu der Konzessionsgeber auch zur Rechtfertigung einer Vergabe ohne oder mit eingeschränktem Wettbewerb verpflichtet wäre. Da die Mindestfristen für die Angebotseinreichung mit 30 Kalendertagen bei einem einstufigen Verfahren (vgl. § 27 Abs. 3 KonzVgV) kurz sind und bislang nicht befasste Unternehmen auch außerhalb eines solchen Verfahrens eine gewisse Zeit für eine Konzepterarbeitung benötigen würden, ist eine Verzögerung durch ein Verfahren mit Bekanntmachung in aller Regel nicht zu erkennen.

Bei einem Konzessionswiderruf kann der Grund zwar plötzlicher vorliegen und damit Vorbereitungszeit vor Erreichung eines konzessionslosen Zeitraums gegenüber dem Fall der Insolvenz fehlen, jedoch müsste auch hier eine Konzeption eingeholt werden, die ein bislang nicht tätiges Unternehmen ohne Sichtung der Gebäulichkeiten und aussagekräftiger Vergabeunterlagen nicht wird erstellen können und dies auch nicht in deutlich schnellerem Zeitlauf als dem Mindestzeitlauf bei einer europaweiten Bekanntmachung. Aber auch unabhängig davon würde zur Darlegung einer – geringen – Beschleunigungsmöglichkeit bei einem Verfahren ohne Bekanntmachung auch das Argument einer vorübergehenden Schließung der Casinos nicht verfangen. Denn ausdrücklich ist es erforderlich, dass durch eine Nichtfortführung der erteilten Konzession der Kanalisierungsauftrag nicht erfüllt werden könnte. Die Erfüllung des Kanalisierungsauftrages ist indes nach Sinn und Zweck der Norm nicht tagesaktuell, sondern unter einem generellen Blickwinkel zu betrachten, so dass eine Schließung für einige Wochen mangels relevanter Auswirkung auf den Kanalisierungsauftrag nicht sogleich eine Vergabe ohne Wettbewerb rechtfertigen könnte. 6

Eine Vergabe ohne Wettbewerb kann letztlich nur dann in Betracht kommen, wenn sich die Konzessionsentscheidung aufgrund eines Nachprüfungsverfahrens verzögert und die Interimskonzession dem bisherigen Konzessionär gegenüber erteilt werden soll. Eine solche Entscheidung ließe sich jedenfalls bei einem kurzen Interimszeitraum von einigen Wochen oder Monaten im Hinblick auf die mit einem Konzessionswechsel verbundenen Folgen eines Betriebsübergangs sowie der Übernahme der notwendigen Infrastruktur einerseits und andererseits im Hinblick auf die angestrebte Vermeidung eines allzu häufigen Konzessionärswechsels voraussichtlich gut begründen. Die Vergabejudikatur sieht zwar Verzögerungen aufgrund eines Nachprüfungsverfahrens als vorhersehbar an, weshalb solchen Hindernissen durch eine „großzügige Zeitplanung“ zu begegnen ist.[1] Vorliegend ist eine solche großzügige Zeitplanung mit dem 2-Jahres-Zeitraum des § 16 Abs. 2 indes bestimmt. Das zuständige Ministerium sollte die Ausschreibung allerdings ohne vermeidbare Verzögerungen stringent durchführen, damit nicht einer Interimsvergabe an den bisherigen Konzessionär der Einwand nicht zeitgerechter Durchführung des Vergabeverfahrens entgegengehalten werden kann. 7

II. Wiederholte Interimsvergabe

Die Interimsvergabe ist für einen Zeitraum von „bis zu 24 Monaten“ zulässig. Das zuständige Ministerium ist aufgrund des Ausnahmecharakters einer Interimsvergabe gehalten, den Interimszeitraum so knapp wie möglich zu bemessen. Es ist daher der notwendige Zeitraum bis zum Beginn eines neuen langfristigen Konzessionsvertrages zu bestimmen. Insoweit kann mit Blick auf die 2-Jahres-Frist des § 16 Abs. 2 ein solcher Zeitraum im Falle der unerwarteten Beendigung des Konzessionsvertrages durch Widerruf zugrunde gelegt werden. Bei Verzögerungen der Konzessionsvergabe aufgrund eines Nachprüfungsverfahrens ist einerseits die erwartbare Restverfahrensdauer in den Blick zu nehmen und sind andererseits alle Beschleunigungsmittel wie etwa ein Antrag auf vorzeitige Zuschlagsgestattung in Erwägung zu ziehen, so dass hier je nach dem konkret zu erwartenden Zeitlauf auch ein deutlich kürzerer Übergangszeitraum notwendig und damit maximal zulässig sein kann. 8

1 Vgl. OLG Karlsruhe 27.3.2015 – 15 Verg 9/14.

9 Stellt sich heraus, dass der einmal festgelegte Interimszeitraum nicht ausreichend ist, stellt die Beschränkung auf zwei Jahre keine Sperre für eine etwa notwendige wiederholte Interimsvergabe dar. Wird eine Interimsvergabe etwa wegen eines Konzessionswiderrufs notwendig und verzögert sich die Neuvergabe währenddessen aufgrund eines Nachprüfungsverfahrens, kann so zB nach einer ursprünglich 2-jährigen Interimsvergabe auch eine **nochmalige** Vergabe für einen angemessenen und erforderlichen Zeitraum erfolgen.

III. Wahrung des Konzessionscharakters

10 Soll die Interimsvergabe nach Maßgabe der KonzVgV erfolgen, so muss gewährleistet sein, dass das **Betriebsrisiko** auch für den Interimszeitraum beim Konzessionär liegt, da anderenfalls keine Konzession, sondern ein der VgV unterliegender Dienstleistungsauftrag vorläge. Insoweit kann es am Markt schwer sein, Betreiber zu finden, die sich für einen nur kurzen Konzessionszeitraum die notwendigen erheblichen Risiken aufbürden möchten. Wenn der Auftraggeber dem mit Zusatzzahlungen zur Erreichung eines fortgesetzten Glücksspielangebots entgegenwirken möchte, endet schnell der Konzessionscharakter und steht uU die Vergabe eines nach Maßgabe der VgV zu vergebenden Dienstleistungsauftrages in Rede. Im Zweifelsfall kann daher das Land gut beraten sein, bei Interimsvergaben mit notwendig erscheinenden Zusatzzahlungen oder Garantien das strengere Vergaberecht der VgV anzuwenden.

Teil 3 Abgaben und Steuern

§ 19 SpielbG NRW Spielbankabgabe

(1) [1]Die Spielbankunternehmerin oder der Spielbankunternehmer ist verpflichtet, an das Land eine Spielbankabgabe zu entrichten. [2]Spielbankunternehmerin oder Spielbankunternehmer im Sinne dieses Gesetzes und der auf Grund dieses Gesetzes erlassenen Rechtsverordnungen ist diejenige oder derjenige, die oder der eine Spielbank tatsächlich betreibt. [3]Die Spielbankabgabe ist nach Maßgabe des Haushaltsplans für öffentliche oder gemeinnützige Zwecke zu verwenden. [4]Die §§ 8 und 9 des Ausführungsgesetzes NRW Glücksspielstaatsvertrag vom 13. November 2012 (GV. NRW. S. 524), das zuletzt durch Artikel 2 des Gesetzes vom 3. Dezember 2019 (GV. NRW. S. 911) geändert worden ist, bleiben unberührt.

(2) [1]Bemessungsgrundlage für die Spielbankabgabe sind die Bruttospielerträge. [2]Die Spielbankabgabe beträgt 30 Prozent und sie erhöht sich für Bruttospielerträge, die je Spielbank 15 Millionen Euro im Kalenderjahr übersteigen, um weitere 10 Prozent der Bruttospielerträge. [3]Bei Eröffnung einer Spielbank kann das für die Glücksspielaufsicht zuständige Ministerium im Einvernehmen mit dem für Finanzen zuständigen Ministerium die Spielbankabgabe für einen Zeitraum von höchstens drei Jahren einheitlich auf 25 Prozent der Bruttospielerträge ermäßigen.

(3) [1]Bruttospielertrag eines Spieltages ist

1. bei den Glücksspielen, bei denen die Spielbank ein Spielrisiko trägt, der Betrag, um den die täglichen Spieleinsätze die Gewinne der Spielenden übersteigen, die diesen nach den Spielregeln zustehen (Bruttogewinn), abzüglich der noch nicht verrechneten Verluste vergangener Spieltage und
2. bei den Glücksspielen, bei denen die Spielbank kein Spielrisiko trägt, der Betrag, der der Spielbank zufließt.

[2]Der Bruttospielertrag wird im Einzelnen nach den Absätzen 4 bis 14 ermittelt.

(4) Nicht abgeholte Einsätze und Gewinne sowie Beträge, die nach dem Ende der Einsatzmöglichkeit gesetzt, von den Spielenden aber nicht zurückgenommen werden und der Spielbank verbleiben, werden dem Bruttospielertrag zugerechnet.

(5) [1]Falsche Spielmarken, falsche Geldscheine und falsche Münzen, sowie Spielmarken anderer Spielbanken an den Spieltischen und im Automatenspiel mindern den Bruttospielertrag nicht, sie sind mit dem Wert zu berücksichtigen, mit dem sie am Glücksspiel teilgenommen haben. [2]Fremdwährungen sind mit ihrem Rückkaufswert dem Bruttospielertrag zuzurechnen.

(6) [1]Kulanzzahlungen mindern den Bruttospielertrag. [2]Eine Kulanzzahlung ist eine von der Spielbankunternehmerin oder dem Spielbankunternehmer beabsichtigte Auszahlung, die sich nicht zwangsläufig aus dem Spielbetrieb ergibt, bei der aber die Möglichkeit eines zu Recht bestehenden Anspruchs nicht ausgeschlossen werden kann. [3]Zahlungen aus anderen Gründen führen nicht zur Minderung des Bruttospielertrags. [4]Die Entscheidung über Kulanzzahlungen obliegt der Finanzaufsicht.

(7) [1]Verluste und Schäden der Spielbankunternehmerin oder des Spielbankunternehmers, die auf ein ersatzpflichtiges Verhalten ihrer oder seiner Beschäftigten zurückzuführen ist, mindern den Bruttospielertrag nicht. [2]Ein ersatzpflichtiges Verhalten ist grundsätzlich dann anzunehmen, wenn es auf einer vorsätzlichen oder grob fahrlässigen Pflichtverletzung beruht. [3]Die Verpflichtung zur Korrek-

tur des Bruttospielertrags besteht für die Spielbankunternehmerin oder den Spielbankunternehmer unabhängig davon, ob sie oder er einen Schadenersatzanspruch gegen ihre oder seine Beschäftigten geltend macht oder realisiert, gegebenenfalls ist der Erhöhungsbetrag von der Spielbankunternehmerin oder dem Spielbankunternehmer zunächst im Schätzungswege zu ermitteln und im Rahmen der nächstfolgenden Steueranmeldung über die Spielbankabgabe und die zusätzlichen Leistungen zu erfassen. [4]Die endgültige Besteuerung in Höhe des im rechtskräftigen Urteil festgestellten Betrages erfolgt im Rahmen der auf den Eintritt der Rechtskraft des Urteils folgenden Steueranmeldung.

(8) [1]Verluste und Schäden der Spielbankunternehmerin oder des Spielbankunternehmers, die auf ein Verhalten ihrer oder seiner Gäste oder auf nicht ersatzpflichtiges Verhalten ihrer oder seiner Beschäftigten zurückzuführen sind, mindern den Bruttospielertrag. [2]Gleicht ein Gast den der Spielbankunternehmerin oder dem Spielbankunternehmer zugefügten Schaden oder Verlust später ganz oder teilweise aus, ist der Bruttospielertrag in diesem Zeitpunkt um den Rückzahlungsbetrag zu erhöhen und in der nächsten Steueranmeldung zu erfassen.

(9) [1]Richtigstellungen sind bei der Ermittlung des Bruttospielertrags zu berücksichtigen. [2]Eine Richtigstellung liegt vor, wenn der nach den Spielregeln zutreffende Gewinn oder Spielverlauf beziehungsweise Gewinn- und Spielverlauf nachträglich korrigiert wird. [3]An der Entscheidungsfindung über Richtigstellungen ist die Finanzaufsicht unverzüglich zu beteiligen.

(10) [1]Sachpreise mindern den Bruttospielertrag um die für Leistungen Dritter erbrachten Beträge. [2]Eigenkosten der Spielbankunternehmerin oder des Spielbankunternehmers mindern den Bruttospielertrag grundsätzlich nicht. [3]Im Rahmen von Turnierserien, bei denen der Wert der in den Vorrunden ausgespielten Finalkarten das Turnierergebnis der Vorrunde verringert, ist der Bruttospielertrag um den Wert der ausgespielten Finalkarten zu mindern. [4]Die Minderung ist erst im Zeitpunkt der Preisausspielung und unter Vorlage der Rechnung in Höhe des tatsächlich entstandenen Aufwands (brutto) zulässig.

(11) [1]Werden thesaurierte Beträge in Form von Geld- oder Sachpreisen auch im Rahmen einer Veranstaltung ausgespielt, die zugelassene und nicht zugelassene Spiele beinhaltet, darf eine Minderung des Bruttospielertrags nur in Höhe der im Rahmen der zugelassenen Spiele ausgespielten Beträge erfolgen. [2]Eine unentgeltliche Spielteilnahme ist unschädlich. [3]§ 4 Absatz 1 des Glücksspielstaatsvertrags 2021 bleibt unberührt. [4]Werden im Rahmen einer Veranstaltung in Vorrunden Teilnahmeberechtigungen an den Spielen der Hauptrunde ausgespielt, sind diese Teilnahmeberechtigungen mangels Fremdeinkauf kein Sachpreis und daher nicht bruttospielertragsmindernd zu berücksichtigen. [5]Die Kosten für ein eventuelles Rahmenprogramm dürfen weder den Bestand der thesaurierten Beträge noch den Bruttospielertrag mindern.

(12) [1]Spieltag ist der Zeitraum von der Öffnung der Spielbank bis zur Schließung. [2]An Tagen, an denen die Spielbank geschlossen ist, gilt der Kalendertag als Spieltag.

(13) [1]Spielverluste eines Spieltags werden für jede Spielbank mit den im laufenden Monat erzielten Bruttospielerträgen, getrennt nach Klassischem Spiel und Automatenspiel, verrechnet, ein verbleibender Verlust kann mit den Bruttospielerträgen der folgenden Monate verrechnet werden. [2]Dabei werden die Erträge sämtlicher in der Spielbank veranstalteter Glücksspiele berücksichtigt.

(14) [1]Auf die für den jeweiligen Standort zu entrichtende Spielbankabgabe ist die auf den Spielbetrieb entfallende Umsatzsteuer in ihrer tatsächlichen und endgültig zu entrichtenden Höhe anzurechnen. [2]Die Anrechnung von Umsatz-

steuerbeträgen auf die Spielbankabgabe kann nicht zu einer Erstattung führen. [3]Zu einem Anmeldetermin nicht verbrauchte Anrechnungsbeträge sowie angefallene Vorsteuerüberhänge sind mit den Anrechnungsbeträgen des nachfolgenden Anmeldezeitraums beziehungsweise der nachfolgenden Anmeldezeiträume zu verrechnen. [4]Änderungen der Anrechnungsbeträge, die sich zum Beispiel auf Grund einer Außenprüfung ergeben, sind im Rahmen der nächstfolgenden Steueranmeldung zu berücksichtigen.

Literatur: *Gosch/Offerhaus/Heide*, EU-Beihilferecht: Steuervorteile für Spielbanken in Deutschland? – Eröffnung des förmlichen Prüfverfahrens durch die Europäische Kommission, DStR 2020, 2457; *Reeckmann*, Die Entwicklung des Spielbankenrechts in Deutschland von 2017 bis 2018, ZfWG 2019, 122; *Schmittmann*, BFH: Spielbankenabgabe Mecklenburg-Vorpommern auf dem Prüfstand – sie schränkt weder Berufs- noch Eigentumsfreiheit ein und erdrosselt nicht, ZfWG 2019, 44.

Die Literaturangaben beziehen sich auf die §§ 19 ff. SpielbankG NRW.

I. Abgabenpflichtiger

Abgabenpflichtig ist der **Spielbankunternehmer**. Das ist derjenige, der die Spielbank **tatsächlich betreibt** (Abs. 1 S. 2). Der Spielbankunternehmer ist nicht zwangsläufig identisch mit dem Inhaber der Konzession;[1] so kann der Inhaber der Konzession nach § 7 Abs. 1 S. 4 die Betriebserlaubnis auf eine Gesellschaft übertragen, an der ausschließlich er beteiligt ist, wenn das für die Glücksspielaufsicht zuständige Ministerium zustimmt. 1

II. Höhe der Spielbankabgabe

Die **Höhe der Spielbankabgabe** wurde von 50 % (aF von 2007) **auf 30 %** (Abs. 2 S. 2) **gesenkt**. Bei Bruttospielerträgen, die je Spielbank 15 Millionen EUR je Kalenderjahr übersteigen, beträgt die Spielbankabgabe **40 %**. Zu der Frage, ob der Spielbankabgabe eine unzulässige erdrosselnde Wirkung zukommt (→ § 20 Rn. 2). 2

Abs. 2 S. 3 eröffnet dem für die Glücksspielaufsicht zuständigen Ministerium im Einvernehmen mit dem für Finanzen zuständigen Ministerium die Möglichkeit, im Fall der **Eröffnung einer Spielbank** die Spielbankabgabe für höchstens drei Jahre auf **25 %** der Bruttospielerträge zu ermäßigen. Unklar ist, nach welchen Kriterien das hierdurch gegebene **Ermessen** („kann") auszuüben ist. Auch stellt sich die Frage, ob eine temporäre Absenkung der Spielbankabgabe eine **unzulässige Beihilfe** darstellen würde. So hat die Europäische Kommission entsprechende Zweifel bezüglich „Ad-hoc-Beschlüssen der Behörden zur Senkung der von bestimmten Spielbankunternehmern für bestimmte Steuerjahre zu entrichtenden besonderen Steuern" geäußert (→ § 25 Rn. 6).[2] 3

III. Bemessungsgrundlage

Bemessungsgrundlage für die Spielbankabgabe sind die Bruttospielerträge, die nach näherer Maßgabe der Absätze 3 bis 14 ermittelt werden. 4

IV. Anrechnung der Umsatzsteuer

Auf die Spielbankabgabe ist die **Umsatzsteuer**, die auf den Spielbetrieb des jeweiligen Standorts zu entrichten ist, in ihrer **tatsächlich zu zahlenden Höhe anzurechnen** (Abs. 14 S. 1). Die Umsatzsteueranrechnung dient der **Vermeidung** 5

1 NRW LT-Drs. 17/8796, 52.
2 ABl. 2020 C 187/80, 81.

einer **Doppelbelastung** mit Spielbankabgabe und Umsatzsteuer.[3] Daher kann es zwar rechnerisch zu negativen Beträgen kommen; dennoch findet **keine Erstattung** statt (Abs. 14 S. 2). **Nicht verbrauchte Beträge** sind vielmehr in den **nachfolgenden Anmeldezeiträumen** zu verrechnen (Abs. 14 S. 3), ebenso wie Änderungen, die sich zB aufgrund einer **Außenprüfung** ergeben (Abs. 14 S. 4).

6 Die Anrechnung der Umsatzsteuer ist ein **wesentlicher Streitpunkt** bei der Spielbankabgabe.[4] Seitens der Betreiber von Spielhallen wird insbesondere gerügt, dass bei diesen eine Anrechnung der Umsatzsteuer auf die Vergnügungssteuer nicht erfolgt – das verstößt jedoch weder gegen europäisches Recht noch gegen Verfassungsrecht.[5]

§ 20 SpielbG NRW Zusätzliche Leistungen

Neben der Spielbankabgabe gemäß § 19 sind von den Bruttospielerträgen 15 Prozent zusätzliche Leistungen an das Land durch die Spielbankunternehmerin oder den Spielbankunternehmer zu entrichten.

I. Zusätzliche Leistungen

1 Neben der Spielbankabgabe sind noch 15 % der Bruttospielerträge als zusätzliche Leistungen an das Land zu entrichten.

II. Erdrosselnde Wirkung

2 Der Spielbankabgabe kommt auch in der Kombination mit den zusätzlichen Leistungen **keine verfassungsrechtlich zu beanstandende erdrosselnde Wirkung** zu.[1] Zwar wird mit den Abgaben in den Schutzbereich des Art. 12 Abs. 1 GG eingegriffen. Dieser Eingriff ist jedoch mit dem gesetzgeberischen Interesse und dem verfolgten Zweck (insbesondere Bekämpfung der Spiel- und Wettsucht sowie weitgehende Abschöpfung der Einnahmen zur Förderung öffentlicher Zwecke) abzuwägen. Im Ergebnis überwiege das hohe Gewicht der Suchtprävention gegenüber dem wirtschaftlichen Interesse des Spielbankbetreibers.[2]

3 Diese Entscheidung des BFH wird in der Literatur auch kritisch gesehen. Reeckmann[3] wirft dem BFH vor, jahrzehntealte Wertvorstellungen des BVerfG ungeprüft zu übernehmen und die zwischenzeitlichen Marktentwicklungen und verfügbaren Forschungsergebnisse zu ignorieren. Er schränkt diese Kritik jedoch dann insoweit ein, als man eine Befassung des BFH mit derartigen Erwägungen nur erwarten könne, wenn diese auch nachvollziehbar im Verfahren vorgetragen würden.

§ 21 SpielbG NRW Gewinnabgabe

(1) [1]Neben der Spielbankabgabe nach § 19 und den zusätzlichen Leistungen nach § 20 unterliegt der Betrieb einer Spielbank der Gewinnabgabe. [2]Die Ge-

3 NRW LT-Drs. 17/8796, 53.
4 *Schmitt* ZfWG 2019, 47.
5 *Schmitt* ZfWG 2019, 47 unter Verweis auf FG Münster 18.1.2013 – 5 V 3800/12, EFG 2013, 556 und FG Hamburg 27.8.2014 – 2 K 257/13, EFG 2014, 2098.
1 BFH 20.7.2018 – IX R 39/16, ZfWG 2019, 39.
2 BFH 20.7.2018 – IX R 39/16, ZfWG 2019, 39.
3 *Reeckmann* ZfWG 2019, 125.

winnabgabe beträgt 35 Prozent der nach Absatz 2 ermittelten kumulierten positiven und negativen Bemessungsgrundlagen aller Spielbankunternehmen der Konzessionsinhaberin oder des Konzessionsinhabers im Geltungsbereich dieses Gesetzes. [3]Die Gewinnabgabe darf die Bemessungsgrundlagen oder deren Saldo nicht mindern.

(2) Die Bemessungsgrundlage ist das nach dem Handelsgesetzbuch zu ermittelnde Jahresergebnis des Spielbankunternehmens nach Bereinigung der Zuführungen und Auflösungen des nach Vorgaben der Konzession zu bildenden Risikofonds sowie den Hinzurechnungen nach Absatz 3 und den Minderungen nach Absatz 4.

(3) Bei der Berechnung der Bemessungsgrundlage sind die folgenden Aufwendungen hinzuzurechnen, soweit sie das Jahresergebnis gemindert haben:

1. Aufwendungen gegenüber Gesellschafterinnen oder Gesellschaftern und verbundenen Unternehmen des Spielbankunternehmens, die bei diesen nicht der Ertragsbesteuerung unterliegen,
2. Aufwendungen, soweit diese oder die zugrundeliegenden Vereinbarungen nach allgemeiner Verkehrsauffassung als unangemessen anzusehen sind und
3. Aufwendungen aus Beteiligungen an Spielbankunternehmen.

(4) Bei der Berechnung der Bemessungsgrundlage sind die folgenden Posten abzuziehen:

1. der vortragsfähige Fehlbetrag der Vorjahre nach Absatz 5 und
2. Erträge im Sinne des Absatzes 3 Nummer 3.

(5) [1]Ist der Saldo der nach Absatz 2 ermittelten Bemessungsgrundlagen aller Spielbankunternehmen der Konzessionsinhaberin oder des Konzessionsinhabers negativ, ist dieser als vortragsfähiger Fehlbetrag gesondert festzustellen. [2]Die gesonderte Feststellung gilt für die nachfolgende Feststellung als Grundlagenbescheid im Sinne des § 171 Absatz 10 der Abgabenordnung. [3]Der festgestellte vortragsfähige Fehlbetrag der Vorjahre erhöht sich jeweils um Fehlbeträge im Sinne des Satzes 1. [4]Fehlbeträge, die nach Absatz 4 Nummer 1 abgezogen wurden, sind von dem festzustellenden Betrag abzusetzen. [5]Fehlbeträge, die vor dem 1. Januar [Jahr des Inkrafttretens dieses Gesetzes] entstanden sind, bleiben unberücksichtigt.

(6) Schuldnerin oder Schuldner der Gewinnabgabe ist die Konzessionsinhaberin oder der Konzessionsinhaber.

I. Höhe der Gewinnabgabe

1 Verbleibt nach Abführung der Spielbankabgabe (§ 19) und der zusätzlichen Leistungen (§ 20) noch ein Gewinn, sind hiervon noch einmal 35 % als Gewinnabgabe zu entrichten.

II. Ermittlung des maßgeblichen Gewinns

2 Grundlage der Berechnung des für die Gewinnabgabe maßgeblichen Gewinns bildet nach Abs. 2 zunächst das **handelsrechtliche Jahresergebnis** aller Spielbankunternehmen des Konzessionsinhabers. Durch die Anknüpfung an das Ge-

samtergebnis aller Spielbanken wird der wirtschaftlichen Leistungsfähigkeit des Spielbankunternehmers Rechnung getragen.[1]

3 Das handelsrechtliche Jahresergebnis ist um die Zuführungen und Auflösungen zum **Risikofonds** zu bereinigen. Außerdem sind die in **Abs. 3** genannten **Aufwendungen** wieder **hinzuzurechnen,** soweit sie das Jahresergebnis gemindert haben, und die in **Abs. 4** genannten **Posten abzuziehen.**

III. Hinzurechnung unangemessener Aufwendungen

4 Nach Abs. 3 Nr. 2 sind **Aufwendungen hinzuzurechnen,** die nach allgemeiner Verkehrsauffassung als **„unangemessen"** anzusehen sind. Hiermit will der Gesetzgeber ein umfängliches Prüfungsrecht auf Angemessenheit sämtlicher Aufwendungen und deren zu Grunde liegender Vereinbarungen gewähren.[2]

5 Bei der Auslegung des unbestimmten Rechtsbegriffs „unangemessen" kann ggf. auf die **Rechtsprechung zu § 42 Abs. 2 AO** zurückgegriffen werden. Danach liegt ein Missbrauch rechtlicher Gestaltungsmöglichkeiten vor, wenn eine „unangemessene" rechtliche Gestaltung gewählt wird, die beim Steuerpflichtigen oder einem Dritten im Vergleich zu einer angemessenen Gestaltung zu einem gesetzlich nicht vorgesehenen Steuervorteil führt.

6 Ergänzend könnten auch die Grundsätze der **verdeckten Gewinnausschüttung** (vGA) bei Kapitalgesellschaften herangezogen werden, wobei der Begriff der Unangemessenheit nach Abs. 3 Nr. 2 einen weitergehenderen Anwendungsbereich haben dürfte, als die Grundsätze der vGA.

IV. Vortragsfähiger Fehlbetrag

7 Ist der **Saldo** der so ermittelten Bemessungsgrundlagen aller Spielbankunternehmen des Konzessionsinhabers **negativ,** wird dieser gesondert festgestellt (**vortragsfähiger Fehlbetrag**). Fehlbeträge der Folgejahre erhöhen den gesondert festzustellenden vortragsfähigen Fehlbetrag. Entstehen in den Folgejahren Gewinne, sind hiervon die zum Ende des vorangegangenen Wirtschaftsjahres festgestellten vortragsfähigen Fehlbeträge abzuziehen (Abs. 3 Nr. 1). Hiermit soll dem Gedanken der Besteuerung nach der Leistungsfähigkeit Rechnung getragen werden.[3]

V. Erdrosselnde Wirkung

8 Die Höhe der Gewinnabgabe ist so gewählt, dass die kumulierte Belastung mit Spielbankabgabe, zusätzlichen Leistungen und Gewinnabgabe oberhalb der Belastung durch die Regelbesteuerung eines Einzelunternehmers, einer Personengesellschaft oder einer Kapitalgesellschaft liegt. Hierdurch wird dem das Spielbankmonopol rechtfertigenden Kanalisierungsauftrag Rechnung getragen. Es wird jedoch nach Ansicht des Gesetzgebers genug Raum für eine angemessene Rendite des Spielbankunternehmers geboten, um das unternehmerische Risiko abzugelten.[4]

9 Dies bedeutet einen Wandel von der vorherigen den Gewinn nahezu vollständig abschöpfenden Regelung, hin zu einer Abgabe, die die Besteuerung nach der Leistungsfähigkeit berücksichtigt.[5]

---

1 NRW LT-Drs. 17/8796, 54.
2 NRW LT-Drs. 17/8796, 55.
3 NRW LT-Drs. 17/8796, 55.
4 NRW LT-Drs. 17/8796, 54.
5 NRW LT-Drs. 17/8796, 55.

Zu der Frage, ob der Besteuerung der Spielbanken eine unzulässige erdrosselnde 10
Wirkung zukommt (→ § 20 Rn. 2).

§ 22 SpielbG NRW Zuwendung, Tronc

[1]Den einzelnen bei der Spielbank beschäftigten Personen ist die Annahme von Geschenken oder ähnlichen Zuwendungen, die ihnen mit Rücksicht auf ihre Tätigkeit gemacht werden, insbesondere die Annahme von sogenannten Trinkgeldern, verboten. [2]Zuwendungen der Besucherinnen und Besucher an die Konzessionsinhaberin oder den Konzessionsinhaber oder an die bei dieser oder diesem beschäftigte Personen sind ohne Rücksicht auf einen etwaigen anderweitigen Willen der Spenderin oder des Spenders unverzüglich den in der Spielbank aufgestellten Behältern (Tronc) zuzuführen. [3]Elektronische Zuwendungen sind gesondert zu erfassen, sie sind Bestandteil des Bruttospielertrages. [4]Die Spielbankunternehmerin oder der Spielbankunternehmer fertigt am Ende eines jeden Spieltages, spätestens vor Eröffnung des Klassischen Spiels am folgenden Spieltag, Aufzeichnungen über die Tronceinnahmen an.

Im Vergleich zur vorherigen Gesetzesfassung wurden die bisherigen Absätze 2 1
und 3 des ehemaligen § 15 gestrichen. Darin war vorgeschrieben, dass der Spielbankunternehmer von den Tronceinnahmen eine Troncabgabe, deren Höhe das Innenministerium im Einvernehmen mit dem Finanzministerium zu bestimmen hatte, an den Landeshaushalt zu leisten hatte. Den verbleibenden Teil hatte er für die bei der Spielbank beschäftigten Personen zu verwalten und zu verwenden.

Auf die Troncabgabe hat der Gesetzgeber verzichtet, weil es in den letzten Jahren zu keinen Troncabgaben gekommen ist.[1]

Die Tronceinnahmen stellen für die bei der Spielbank beschäftigten Personen 2
keine steuerfreien „Trinkgelder" im Sinne des § 3 Nr. 51 EStG dar; sie unterliegen daher als Bestandteil des vom Arbeitgeber gezahlten Lohns der Einkommensteuer.[2] Der BFH begründet das in einem Urteil zum Berliner SpielbankG damit, dass es den bei der Spielbank beschäftigten Personen verboten sei, Trinkgelder anzunehmen (so auch § 22 Satz 1) und der Spielbankunternehmer die Tronceinnahmen zu verwalten und zur Deckung der Personalkosten zu verwenden habe (so auch der bisherige § 15 Abs. 2).[3]

Es stellt sich die Frage, ob der nordrhein-westfälische Gesetzgeber mit der Streichung des bisherigen § 15 Abs. 2 Einfluss auf die lohnsteuerliche Behandlung der Tronceinnahmen bei den Beschäftigten der Spielbank nehmen wollte. Hiervon ist aber angesichts des Wortlauts der Gesetzesbegründung nicht auszugehen. Die Streichung der bisherigen Absätze 2 und 3 des alten § 15 erfolgte, weil es in den letzten Jahren zu keinen Troncabgaben gekommen war (→ Rn. 1). Außerdem wären die Urteilsgründe des BFH im o.g. Urteil wohl auch dann tragend, wenn der Spielbankunternehmer im dortigen Fall nicht gesetzlich verpflichtet gewesen wäre, die Tronceinnahmen zur Deckung der Personalkosten zu verwenden. Entscheidend war nach Ansicht des BFH bereits, dass die Tronceinnahmen

1 NRW LT-Drs. 17/8796, 56.
2 BFH 18.12.2008 – VI R 49/06, BStBl. 2009 II 820 und BFH 18.12.2008 – VI R 8/06, BFH/NV 2009, 382; die hiergegen eingelegten Verfassungsbeschwerden wurden nicht zur Entscheidung angenommen: BVerfG 13.10.2010 – 2 BvR 1399/09 und 1493/09.
3 BFH 18.12.2008 – VI R 49/06, BStBl. 2009 II 820.

zwingend an den Arbeitgeber zu leiten waren und diese somit zunächst in sein Vermögen übergingen.[4]

3 Nach dem bisherigen § 15 Abs. 2 war der Spielbankunternehmer verpflichtet, die Tronceinnahmen zugunsten der bei der Spielbank beschäftigten Personen zu verwalten und zu verwenden. Nach der Streichung dieses Absatzes fehlt es nunmehr an einer vergleichbaren Vorschrift. Dennoch ist davon auszugehen, dass der Konzessionsinhaber die Tronceinnahmen jetzt nicht für sich behalten darf, sondern auch weiterhin verpflichtet ist, die Tronceinnahmen an die Beschäftigten zu verteilen. Dies entspricht dem allgemeinen Verständnis des Tronc. Die Spielbankbesucher wollen mit den Zuwendungen in den Tronc die Beschäftigten der Spielbank begünstigen und nicht den Konzessionsinhaber.

4 Die Verpflichtung zur Verteilung der Tronceinnahmen gilt aber nicht für elektronische Zuwendungen. Diese sind Bestandteil des Bruttospielertrages und unterliegen daher der Spielbankabgabe (§ 19).

§ 23 SpielbG NRW Abgabenrechtliche Pflichten, Entstehung und Fälligkeit der Abgaben

(1) [1]Das Spielbankunternehmen ist verpflichtet, getrennt für jede Spielbank Aufzeichnungen über den Betrieb zu führen. [2]Insbesondere hat es den im Klassischen Spiel erzielten Bruttospielertrag täglich nach Ende des Spielgeschehens, spätestens vor Eröffnung des Klassischen Spiels am folgenden Spieltag, und den im Automatenspiel erzielten Bruttospielertrag am Tag der Abrechnung, spätestens ebenfalls vor Eröffnung des Klassischen Spiels am folgenden Spieltag, mindestens jedoch einmal wöchentlich, zu ermitteln.

(2) [1]Über geplante Turniere und Veranstaltungen ist die Finanzaufsicht unter Vorlage des Konzepts inklusive der Finanzierung mindestens vier Wochen vor Veranstaltungsbeginn schriftlich zu unterrichten. [2]Eine Abschrift der Abrechnung ist der Finanzaufsicht spätestens zehn Tage nach dem Turnier oder der Veranstaltung schriftlich vorzulegen.

(3) [1]Die Spielbankabgabe und die zusätzlichen Leistungen entstehen beim Klassischen Spiel mit dem Ende des Spielgeschehens an dem jeweiligen Spieltag und beim Automatenspiel am Tag der Abrechnung. [2]Die Gewinnabgabe entsteht mit Ablauf des Geschäftsjahres.

(4) Das Spielbankunternehmen hat die Spielbankabgabe sowie die zusätzlichen Leistungen jeweils für jede Spielbank spätestens am sechsten Tag des Monats für den vorangegangenen Monat zu berechnen, eine schriftliche Anmeldung nach amtlichem Vordruck abzugeben und die Spielbankabgabe sowie die zusätzlichen Leistungen zu entrichten (Fälligkeit).

(5) [1]Die Höhe der Gewinnabgabe ist von der Konzessionsinhaberin oder vom Konzessionsinhaber selbst zu berechnen, beim Finanzamt bis zum 30. Juni des Folgejahres anzumelden und am zehnten Tag nach Abgabe der Anmeldung an das Land abzuführen (Fälligkeit). [2]Der Jahresanmeldung sind sämtliche Unterlagen beizufügen, die für die Berechnung der Gewinnabgabe von Bedeutung sind.

(6) [1]Die Anmeldungen sind von einer zur Vertretung des Spielbankunternehmens beziehungsweise der Konzessionsinhaberin oder des Konzessionsinhabers berechtigten Person eigenhändig zu unterschreiben. [2]Sie gelten als Steueranmel-

4 BFH 18.12.2008 – VI R 49/06, BStBl. 2009 II 820 und BFH 18.12.2008 – VI R 8/06, BFH/NV 2009, 382.

dung im Sinne des § 168 der Abgabenordnung. [3]Wird die Anmeldung nicht oder nicht rechtzeitig abgegeben oder ist die Anmeldung unzutreffend, setzt das Finanzamt die Spielbankabgabe, die zusätzlichen Leistungen sowie die Gewinnabgabe fest.

(7) [1]Hat das Spielbankunternehmen, die Konzessionsinhaberin oder der Konzessionsinhaber seinen Ort der Geschäftsleitung, Sitz, Wohnsitz oder gewöhnlichen Aufenthalt nicht im Inland, hat es, sie oder er der zuständigen Finanzbehörde zur Erfüllung der steuerlichen Pflichten eine Person im Inland zu benennen. [2]Diese muss ihren Ort der Geschäftsleitung, Sitz, Wohnsitz oder gewöhnlichen Aufenthalt im Inland haben und der deutschen Sprache mächtig sein. [3]Gegen ihre steuerliche Zuverlässigkeit dürfen keine Bedenken bestehen und sie muss ordnungsmäßig kaufmännische Bücher führen und rechtzeitig Jahresabschlüsse aufstellen, soweit sie nach dem Handelsgesetzbuch oder der Abgabenordnung dazu verpflichtet ist. [4]Sie hat die abgabenrechtlichen Pflichten ihres Auftraggebers als eigene zu erfüllen, sie gilt als Empfangsbevollmächtigte und schuldet die Spielbankabgabe, die zusätzlichen Leistungen und die Gewinnabgabe neben der Steuerschuldnerin oder dem Steuerschuldner als Gesamtschuldnerin.

Die Vorschrift regelt die abgabenrechtlichen Pflichten der Spielbankunternehmer 1
und die Fälligkeit der Abgaben.

Während für die Spielbankabgabe und die zusätzlichen Leistungen eine monatli- 2
che Anmeldung abzugeben ist, muss für die Gewinnabgabe als Jahresabgabe die Anmeldung bis zum 30. Juni des Folgejahres abgegeben werden.

Neu eingefügt wurde Abs. 2. Durch die frühzeitige Informationspflicht über ge- 3
plante Turniere und Veranstaltungen soll die Finanzaufsicht die Möglichkeit erhalten, den – gegenüber dem normalen Spielbetrieb erhöhten – Personalbedarf rechtzeitig einzuplanen.[1]

§ 24 SpielbG NRW Verwaltung der Abgaben

[1]Für die Spielbankabgabe, die zusätzlichen Leistungen und die Gewinnabgabe gelten, soweit sich aus diesem Gesetz nichts Abweichendes ergibt, sinngemäß die Vorschriften der Abgabenordnung und der Rechtsvorschriften, die zur Durchführung der Abgabenordnung erlassen sind, in der jeweils geltenden Fassung. [2]Die örtlich zuständigen Finanzämter werden vom für Finanzen zuständigen Ministerium bestimmt.

Für die Verwaltung der von den Spielbankunternehmern abzuführenden Abga- 1
ben ist das Finanzamt Aachen-Stadt hinsichtlich der Spielbank Aachen, das Finanzamt Dortmund-Hörde hinsichtlich der Spielbank Hohensyburg, das Finanzamt Duisburg-Süd hinsichtlich der Spielbank Duisburg und das Finanzamt Minden hinsichtlich der Spielbank Bad Oeynhausen zuständig. Für die im Jahr 2022 voraussichtlich eröffnende Spielbank in Monheim am Rhein wird das Finanzamt Hilden zuständig sein.

1 NRW LT-Drs. 17/8796, 56.

§ 25 SpielbG NRW Steuerbefreiung

Durch die Entrichtung der Spielbankabgabe und der zusätzlichen Leistungen ist das Spielbankunternehmen von der Zahlung derjenigen Landes- und Gemeindesteuern befreit, die in unmittelbarem Zusammenhang mit dem Spielbetrieb einer Spielbank stehen.

I. Befreiung von Landes- und Gemeindesteuern

1 Da die Spielbankunternehmen die Spielbankabgabe und die zusätzlichen Leistungen entrichten müssen, sind sie zur Vermeidung einer Doppelbesteuerung von anderen Landes- und Gemeindesteuern befreit, die in unmittelbarem Zusammenhang mit dem Spielbetrieb einer Spielbank stehen.

II. Befreiung von bundesgesetzlich geregelten Steuern

2 Für die bundesgesetzlich geregelten Steuern ergibt sich eine entsprechende Steuerbefreiung für die **Körperschaft- und Einkommensteuer** aus dem gem. Art. 125 GG als Bundesrecht fortgeltenden § 6 Abs. 1 der Verordnung über öffentliche Spielbanken vom 27.7.1938[1] und für die **Gewerbesteuer** aus § 3 Nr. 1 des Gewerbesteuergesetzes.

3 Die Befreiung gilt nur für die **der Spielbankenabgabe unterliegenden Tätigkeiten** (so die Formulierung in § 3 Nr. 1 GewStG) bzw. den Betrieb der Spielbank (so die Formulierung in § 6 Abs. 1 der Verordnung über öffentliche Spielbanken vom 27.7.1938). Vermietet der Spielbankunternehmer zugleich Räume in der Spielbank zum Betrieb einer Bar, sind die hiermit erzielten Einnahmen nicht mit der Spielbankabgabe abgegolten – sie sind daher gewerbesteuerpflichtig[2] und unterliegen auch der Einkommen- bzw. Körperschaftsteuer.

4 Mit Schreiben vom 3.8.1993 an die OFD Münster hat das Finanzministerium NRW mitgeteilt, dass Einkünfte aus dem Betrieb einer Bar oder der Vermietung von Flächen zum Betrieb einer Bar als von der Spielbankabgabe abgegolten anzusehen seien. Damit wären diese Einkünfte auch von der Gewerbesteuer und Einkommen-/Körperschaftsteuer befreit. Es stellt sich allerdings die Frage, ob eine solche verwaltungsinterne Anweisung vor der Finanzgerichtsbarkeit Bestand haben würde. Denn die Bemessungsgrundlage für die Spielbankabgabe knüpft an die Bruttospielerträge an, zu denen die Einkünfte aus dem Betrieb einer Bar oder der Vermietung entsprechender Flächen nicht dazuzählen. Insofern sind sie de facto nicht in der Bemessungsgrundlage der Spielbankabgabe erfasst. An diesem System hat der Gesetzgeber bei der Neufassung des Spielbankgesetzes auch nichts geändert. Daraus lässt sich der Wille des Gesetzgebers ableiten, entsprechende Einkünfte nicht unter die Spielbankabgabe zu fassen.

5 Die ursprünglich in § 4 Nr. 9 lit. b UStG enthaltene Befreiung von der **Umsatzsteuer** wurde inzwischen **aufgehoben**.

Zur Anrechnung der Umsatzsteuer auf die Spielbankabgabe siehe § 19 Rn. 5 f.

III. Verstoß gegen Beihilferecht?

6 Aufgrund mehrerer Beschwerden bei der Europäischen Kommission hat diese gegen Deutschland ein förmliches Prüfverfahren eingeleitet, um zu untersuchen, ob die steuerliche Sonderbehandlung der Spielbanken in Deutschland mit dem

1 RGBl. 1938 I 955.
2 BFH 30.10.2014 – IV R 2/11, ZfWG 2015, 39.

EU-Beihilferecht vereinbar ist.[3] Gosch/Offerhaus/Heide[4] sind der Ansicht, dass gute Argumente gegen einen Beihilfecharakter des besonderen Besteuerungssystems für Spielbanken sprechen.

§ 26 SpielbG NRW Gemeindeanteil

Das für die Glücksspielaufsicht zuständige Ministerium wird ermächtigt, im Einvernehmen mit dem für Finanzen zuständigen Ministerium durch Rechtsverordnung zu regeln, welchen Anteil die Spielbankgemeinden an den Einnahmen aus dem Betrieb der Spielbanken erhalten.

Der Anteil der (bisher) vier Spielbankgemeinden an der Spielbankabgabe wurde durch die Verordnung zur Bestimmung der Spielbankstandorte des Landes Nordrhein-Westfalen und zur Aufteilung der Spielbankabgabe vom 18.11.2020[1] auf 12 % der Bruttospielerträge festgelegt. 1

§ 27 SpielbG NRW Abführung an die Stiftung Wohlfahrtspflege NRW

Soweit die Einnahmen aus dem Betrieb der Spielbanken dem Land verbleiben, ist der im Haushaltsplan jeweils festgelegte Betrag an die in Teil 4 genannte Stiftung abzuführen.

Da die von den Spielbanken zu zahlenden Abgaben dem Gemeinwohl dienen sollen, wird der im Haushaltsplan des Landes festzulegende Betrag an die Stiftung Wohlfahrtspflege NRW abgeführt. Zum Zweck der Stiftung s. § 29. 1

3 ABl. EU 2020 C 187/80.
4 *Gosch/Offerhaus/Heide* DStR 2020, 2457.
1 GV. NRW. 2020, 1056a.

Teil 4 Stiftung Wohlfahrtspflege NRW

§ 28 SpielbG NRW Sitz der Stiftung

(1) Die mit dem Spielbankgesetz NW vom 19. März 1974 (GV. NRW. S. 93) errichtete rechtsfähige Stiftung des öffentlichen Rechts „Stiftung des Landes Nordrhein-Westfalen für Wohlfahrtspflege" wird unter dem Namen „Stiftung Wohlfahrtspflege NRW" fortgeführt.

(2) Die Stiftung hat ihren Sitz in Düsseldorf.

§ 29 SpielbG NRW Stiftungszweck, Fördergrundsätze

(1) [1]Zweck der Stiftung ist die Förderung der gemeinnützigen Arbeit der Freien Wohlfahrtspflege durch die Verwendung der nach § 27 der Stiftung zufließenden Mittel, der nach Maßgabe des Haushaltsplans aus dem sonstigen Aufkommen aus Glücksspielen zufließenden Mittel sowie weiterer Mittel von Seiten privater Dritter. [2]Die Mittel, die nach § 27 oder nach Maßgabe des Haushaltsplanes der Stiftung zufließen, sind öffentliche Mittel. [3]Für ihre Verwendung gilt das Landeshaushaltsrecht, soweit dieses Gesetz nichts anderes bestimmt.

(2) [1]Die Stiftung hat die ihr zufließenden Mittel ausschließlich für die Förderung von Projekten, Investitionsvorhaben und Maßnahmen (Förderprojekte) der im Sinne des Steuerrechts gemeinnützig anerkannten Verbände der Freien Wohlfahrtspflege, ihrer rechtlich selbstständigen oder unselbstständigen Untergliederungen und ihrer angeschlossenen Einrichtungen (Zuwendungsempfänger) zu vergeben. [2]Daneben kann der Stiftungsrat im Einzelfall auch andere juristische Personen des Privatrechts als Zuwendungsempfänger zulassen, wenn diese im Sinne des Steuerrechts gemeinnützige Zwecke verfolgen und nicht mehrheitlich in öffentlicher Hand sind; die Satzung kann hierzu weitere Regelungen treffen. [3]Die Mittel sollen dabei so verwendet werden, dass durch sie die Lebenssituation der Nutzerinnen und Nutzer von Angeboten der Trägerinnen und Träger der freien Wohlfahrtspflege unmittelbar oder mittelbar verbessert wird. [4]Daneben können die Mittel dazu eingesetzt werden, die Handlungsmöglichkeiten der Zuwendungsempfänger zur Umsetzung von Vorhaben zugunsten unterstützungsbedürftiger Menschen zu erweitern. [5]Die spitzenverbandliche Arbeit sowie die allgemeine Verwaltung der Trägerinnen und Träger der freien Wohlfahrtspflege sind nicht Gegenstand der Förderung durch die Stiftung.

(3) [1]Die Förderung erfolgt grundsätzlich zur Ermöglichung einer ansonsten nicht sichergestellten Finanzierung der Förderprojekte, sie kann aber auch als Anreiz zur Entwicklung oder Umsetzung von Förderprojekten eingesetzt werden, an denen fachlich aus Sicht der Stiftung ein besonderes Interesse besteht. [2]Ein Rechtsanspruch auf eine Förderung besteht nicht.

(4) [1]Die Förderung erfolgt stets bezogen auf ein konkretes Förderprojekt. [2]Sie soll vorrangig für solche Förderprojekte oder Teile von Förderprojekten gewährt werden, für die eine gesetzlich geregelte Finanzierung durch eigene Finanzierungsbeiträge von Nutzerinnen und Nutzern, anderen privatrechtlichen Kostenträgerinnen und Kostenträgern oder durch öffentliche Trägerinnen und Träger (Regelfinanzierung) nicht vorgesehen ist. [3]Eine Förderung ist außerdem möglich, wenn trotz Regelfinanzierung die Förderung des Förderprojektes besonders geeignet ist, fachliche Förderschwerpunkte der Stiftung zu verfolgen. [4]In diesem Fall entscheidet der Stiftungsrat nach Ermessen, inwieweit bei einer Regelfinanzierung für die von der Stiftung geförderten Teile der Förderprojekte

1. die Stiftungsförderung zu einer Reduzierung der von Dritten zu leistenden Finanzierungsbeiträge führen soll oder
2. die dem Zuwendungsempfänger gewährte Stiftungsförderung nach erfolgter Refinanzierung durch eine Regelfinanzierung im Eigenkapital des Zuwendungsempfängers verbleiben soll.

[5]Gleiches gilt, wenn eine Regelfinanzierung nachträglich geschaffen wird. [6]Hier kann der Stiftungsrat auch entscheiden, dass die dem Zuwendungsempfänger gewährte oder zustehende Regelfinanzierung zu einer nachträglichen Reduzierung der Stiftungsförderung führt sowie inwieweit ein entsprechender Erstattungsanspruch der Verzinsung unterliegen soll. [7]In den Fällen des Satzes 4, Ziffer 2 kann die Förderung darlehensweise gewährt werden. [8]Ein Rechtsanspruch auf eine bestimmte Entscheidung nach den Sätzen 3 bis 7 besteht nicht. [9]Ebenso wenig können aus Entscheidungen nach den Sätzen 3 bis 7 Ansprüche auf künftige gleichgerichtete Entscheidungen hergeleitet werden.

(5) Bei der Förderung von Investitionsvorhaben ist eine angemessene Zweckbindungsfrist vorzusehen, bei der Förderung eines Grundstückserwerbes ist eine dauerhafte Zweckbindung des erworbenen Grundstücks grundbuchlich abzusichern.

(6) [1]Etwaige mit dem Stiftungsvermögen erwirtschaftete Erträge dürfen nur für die satzungsmäßigen Zwecke verwendet werden. [2]Es darf keine Person durch Verwaltungsausgaben, die den Zwecken der Stiftung fremd sind, oder durch unverhältnismäßig hohe Vergütungen begünstigt werden.

§ 30 SpielbG NRW Stiftungsorgane, Satzung

(1) Organe der Stiftung sind:
1. der Stiftungsrat und
2. der Stiftungsvorstand.

(2) [1]Die Stiftung gibt sich eine Satzung, die der Genehmigung des für die Rechtsaufsicht zuständigen Landesministeriums bedarf. [2]Die Satzung kann insbesondere Regelungen treffen über
1. Grundsätze zu den Zielsetzungen der Förderung sowie
2. Grundsätze zum Verfahren der Förderung.

[3]Die Stiftung kann daneben durch Förderrichtlinien allgemeine Regelungen für die von ihr gewährten Förderungen erlassen.

§ 31 SpielbG NRW Stiftungsrat

(1) [1]Der Stiftungsrat besteht aus zehn Mitgliedern. [2]Der Landtag entsendet fünf aus seiner Mitte gewählte Mitglieder. [3]Je ein Mitglied wird von den für die Glücksspielaufsicht, für die Stiftung Wohlfahrtspflege und für die Finanzen zuständigen Ministerien benannt. [4]Zwei Mitglieder benennt die Landesarbeitsgemeinschaft der Spitzenverbände der Freien Wohlfahrtspflege. [5]Die Mitglieder des Stiftungsrates können sich im Einzelfall vertreten lassen.

(2) Der Stiftungsrat wählt seine Vorsitzende oder seinen Vorsitzenden und deren Stellvertreterin oder dessen Stellvertreter.

(3) [1]Die Mitglieder des Stiftungsrates sind ehrenamtlich tätig. [2]Sie haben Anspruch auf Ersatz ihrer notwendigen Auslagen.

(4) Der Stiftungsrat gibt sich eine Geschäftsordnung.

(5) [1]Der Stiftungsrat beschließt die Satzung und etwaige Förderrichtlinien der Stiftung. [2]Er beschließt im Übrigen über alle grundsätzlichen Fragen, die zum Aufgabenbereich der Stiftung gehören und kann insbesondere allgemeine Festlegungen zu fachlichen Förderschwerpunkten treffen. [3]Er entscheidet zudem über die Verwendung der Mittel im Einzelfall und überwacht die Tätigkeit des Stiftungsvorstandes.

§ 32 SpielbG NRW Stiftungsvorstand

(1) Der Stiftungsvorstand besteht aus zwei Mitgliedern, die das für die Stiftung Wohlfahrtspflege zuständige Ministerium benennt.

(2) [1]Der Stiftungsvorstand führt die Beschlüsse des Stiftungsrates aus und führt die Geschäfte der Stiftung. [2]Er vertritt die Stiftung gerichtlich und außergerichtlich.

§ 33 SpielbG NRW Rechtsaufsicht

Die Stiftung untersteht der Rechtsaufsicht des für die Stiftung Wohlfahrtspflege zuständigen Ministeriums.

Literatur: *Helm/Haaf*, Das BFH-Urteil vom 27.11.2013 – ein Impuls zur Auslegung des Zweckbetriebs der Wohlfahrtspflege, DStR 2014, 200; *Igl/Welti*, Gesundheitsrecht; 3. Aufl. 2018; *Schönig/Baumann*, Görres-Gesellschaft Staatslexikon, 8. Aufl. 2021, Bd. 6 Wohlfahrtspflege; *Schönig/Hoyer/Potratz*, Lehrbuch Ökonomie in der Sozialen Arbeit, 2018; *Winheller/Geibel/Jachmann-Michel*, Gesamtes Gemeinnützigkeitsrecht, 2. Aufl. 2020.

I. Genese/Gesetzesentwicklung[1]

1 Rechtsgrundlage für die Stiftung des Landes für Wohlfahrtspflege ist das Gesetz über die Zulassung öffentlicher Spielbanken aus dem Jahr 1974.[2]

2 Zu dieser Zeit war das vormals bestehende Spielbankverbot bereits in einigen anderen Bundesländern aufgehoben worden und so lag am 18.5.1971 der erste Gesetzentwurf dem Landtag vor.[3] Intendiert war von Anfang an, die Spielbankgewinne einer gemeinnützigen Verwendung zuzuführen, wobei zunächst eine gemeinnützige Gesellschaft als Träger der Spielbankenkonzessionen vorgesehen war.[4] Im weiteren Verlauf des Gesetzgebungsverfahrens entwickelte sich der Gedanke, die Spielbanken durch eine juristische Person des öffentlichen oder priva-

1 Dank gebührt wiss. Mit. Yannick Neuhaus für die Unterstützung bei der Kommentierung.
2 GV. NRW. 1974, 93 f.
3 NRW LT-Drs. 7/766.
4 NRW LT-Drs. 7/766.

ten Rechts zu betreiben.[5] Auch wurde erwogen, die Zweckbindung der Mittel lediglich im Haushaltsplan oder im Haushaltsgesetz zu regeln, um so zusätzlichen Verwaltungsaufwand und Kosten zu sparen.[6] Im Ergebnis entschied sich der Landtag für die **Gründung einer Stiftung öffentlichen Rechts**, die durch Inkrafttreten des Gesetzes nach § 9 Abs. 2 in der ersten Fassung vom 19.3.1974 entstand.

Der Stiftungszweck war nach § 10 Abs. 1 und 2 der damaligen Fassung die ausschließliche Verwendung der Mittel für Zwecke der „Wohlstandspflege, die gemeinnützig oder mildtätig im Sinne des Steuerrechts sind, insbesondere für Einrichtungen zugunsten behinderter Kinder und der Altenpflege". Konkretisiert wird dieser durch eine Satzung[7], die auf Grundlage der Ermächtigung in § 30 Abs. 2 erlassen wurde. Dokumentiert ist, dass sich der Fokus der Förderung alsbald auf die genannten Zwecke beschränkt hat.[8] 3

Eine nicht sonderlich weitgreifende Änderung erfuhr die Wohlfahrtspflege durch die Änderung des Stiftungsnamens zu „Stiftung Wohlfahrtspflege NRW" durch das Gesetz des Landes Nordrhein-Westfalen zum Staatsvertrag zum Glücksspielwesen in Deutschland. Inhaltlich wurden keine wesentlichen Änderungen vorgenommen.[9] 4

An dieser Fassung aus dem Jahre 2007 orientieren sich auch die Regelungen zur Stiftung Wohlfahrtspflege NRW für die aktuelle Fassung. So wurde mehrheitlich auf die **Regelungen der Vorgängerregelung** Bezug genommen.[10] Im weiteren Verlauf der Beratung setzte sich jedoch die Anregung eines Änderungsantrages der CDU und FDP durch, infolgedessen der Stiftungszweck und die Förderungsgrundsätze im Vergleich zur bis dahin geltenden Fassung, die weitestgehend der Urfassung entsprach, deutlich konkreter und detaillierter gesetzlich normiert wurden.[11] Damit soll fortan vermieden werden, dass die konkrete Ausgestaltung der Mittelverwendung untergesetzlich geregelt werden kann. Gleichzeitig wird so die Bandbreite der möglichen Förderungszwecke erweitert.[12] 5

Insgesamt sind die gesetzliche Ausgestaltung der Mittelverwendung und ebenso die Organisation der Stiftung Wohlfahrtspflege seit der ersten Fassung der Verbotsaufhebung der Spielbanken von hoher Kontinuität geprägt. 6

II. Erläuterungen

1. Aufbau der Stiftung. Der Sitz der Stiftung ist Düsseldorf (§ 28 Abs. 2). Die Organe der Stiftung sind der Stiftungsrat sowie der Stiftungsvorstand (§ 30 Abs. 1). Die Stiftung gibt sich nach § 30 Abs. 2 eine Satzung, die der Genehmigung des für die Rechtsaufsicht zuständigen Landesministeriums bedarf. Dabei soll die Satzung nach § 30 Abs. 2 S. 2 insbesondere Regelungen über Grundsätze zu den Zielsetzungen der Förderung (1.) sowie Grundsätze zum Verfahren der Förderung (2.) treffen. Daneben können durch **Förderrichtlinien** noch allgemeine Regelungen erlassen werden. Eine solche Satzung wurde im Jahr 2004 erlas- 7

5 NRW LT-Drs. 7/850.
6 Vgl. etwa Ltg. Vorlage 7/1135, 1 f.
7 Satzung der „Stiftung des Landes Nordrhein-Westfalen für Wohlfahrtspflege": Bek. d. Ministeriums für Gesundheit, Soziales, Frauen und Familie v. 15.11.2004 -V 8–4460–64.1.
8 Antwort der Landesregierung auf die Kleine Anfrage 534: NRW LT-Drs. 10/1345, 17.
9 NRW LT-Drs. 14/4849 vom 13.8.2007.
10 Gesetzentwurf in der NRW LT-Drs. 17/8796 vom 4.3.2020.
11 Vgl. dazu Änderungsantrag NRW LT-Drs. 17/9391 vom 19.5.2020.
12 NRW LT-Drs. 17/9391.

sen.[13] Sie knüpft weitgehend an die Regelungen des SpielbankG an. Das betrifft vor allem den Aufbau der Stiftung in ihren Organen und die rechtlichen Rahmenbedingungen wie etwa den Stiftungszweck.

8 Die Zusammensetzung des Stiftungsrates richtet sich nach § 31, der in § 4 der Satzung konkretisiert wird. Danach besteht dieser aus zehn Mitgliedern. Davon entsendet der Landtag fünf aus seiner Mitte gewählte Mitglieder. Weiterhin wird je ein Mitglied von den für die Glücksspielaufsicht, für die Stiftung Wohlfahrtspflege und für die Finanzen zuständigen Ministerien benannt. Dies betrifft das Ministerium des Innern, das Ministerium für Arbeit, Gesundheit und Soziales sowie das Finanzministerium des Landes Nordrhein-Westfalen).

9 Weitere zwei Mitglieder benennt die Landesarbeitsgemeinschaft der Spitzenverbände der Freien Wohlfahrtspflege.

10 Zulässig ist nach § 31 Abs. 1 S. 5, dass sich die Mitglieder des Stiftungsrates im Einzelfall vertreten lassen können.

Nach § 31 Abs. 2 wählt der Stiftungsrat seine Vorsitzende oder seinen Vorsitzenden und deren Stellvertreterin oder dessen Stellvertreter.

11 Zu erwähnen ist in diesem Zusammenhang, dass die Mitglieder des Stiftungsrates nach § 31 Abs. 3 ehrenamtlich tätig sind. Sie haben lediglich Anspruch auf Ersatz ihrer notwendigen Auslagen.

12 Weiterhin gibt sich der Stiftungsrat eine **Geschäftsordnung** nach § 31 Abs. 4 und beschließt gleichermaßen die Satzung und etwaige Förderrichtlinien der Stiftung. Über jedwede grundsätzliche Frage, die zum Aufgabenbereich der Stiftung gehört, ist durch Beschluss zu entscheiden (§ 31 Abs. 5 S. 2). Darüber hinaus kann der Stiftungsrat allgemeine Festlegungen zu fachlichen Förderschwerpunkten treffen.

13 Seine Hauptaufgabe ist es, über die Verwendung der Mittel im Einzelfall zu entscheiden sowie die Tätigkeit des Stiftungsvorstandes zu überwachen, so auch in § 5 Abs. 1 Nr. 1 und 4 der Satzung.

14 Der Vorstand ist in § 32 und §§ 7 und 8 der Satzung gesetzlich normiert. Er besteht nach § 32 Abs. 1 aus zwei Mitgliedern, die das für die Stiftung Wohlfahrtspflege zuständige Ministerium benennt. Er führt die Beschlüsse des Stiftungsrates aus und ist für die Geschäftsführung zuständig. Seine Aufgabe ist es, die Stiftung gerichtlich und außergerichtlich zu vertreten.

15 Die Beschlussfassung des Stiftungsvorstandes richtet sich nach § 6 der Satzung. Er ist beschlussfähig, wenn nach Geschäftsordnung ordnungsgemäß geladen wurde und mehr als die Hälfte seiner Mitglieder anwesend sind. Beschlüsse über die Abwahl des Vorsitzenden und seines Stellvertreters sowie den Entzug des Vertrauens bei Vorstandsmitgliedern bedürfen einer qualifizierten Mehrheit (§ 6 Abs. 2 der Satzung). In allen anderen Fällen reicht eine einfache Mehrheit aus. Dabei ist es gestattet, sich im Einzelfall nach § 6 Abs. 3 der Satzung vertreten zu lassen.

16 **2. Stiftungszweck, Verwendung und Förderungsgrundsätze. a) Der Stiftungszweck.** Der Stiftungszweck ist in § 29 und § 2 der Satzung geregelt. Der Zweck der Stiftung ist nach § 29 Abs. 1 „die Förderung der gemeinnützigen Arbeit der Freien Wohlfahrtspflege durch die Verwendung der nach § 27 der Stiftung zufließenden Mittel, der nach Maßgabe des Haushaltsplans aus dem sonstigen

13 Satzung der „Stiftung des Landes Nordrhein-Westfalen für Wohlfahrtspflege" Bek. d. Ministeriums für Gesundheit, Soziales, Frauen und Familie v. 15.11.2004 -V 8–4460–64.1.

Aufkommen aus Glücksspielen zufließenden Mittel sowie weiterer Mittel von Seiten privater Dritter." Dabei handelt es sich um öffentliche Mittel, die der Stiftung nach Maßgabe des § 27 (→ Rn. 1) zugutekommen, wobei es sich um Einnahmen des Spielbankbetriebs handelt. Konkretisiert wird der Zweck durch die Satzung der Stiftung.[14] Demnach ist ausschließlicher Zweck die Verwendung der ihr nach dem Spielbankgesetz zufließenden Mittel. Sie bestimmt auch, dass, soweit die Spielbankabgabe dem Land verbleibt, diese an die Stiftung abzuführen ist (§ 4 Abs. 2). Außerdem kann der Innenminister demnach in der Tronc-Verordnung vorsehen, dass ein bestimmter Anteil des Tronc-Aufkommens – dem Opferstock beim Roulette – an die Stiftung abzuführen ist (§ 7 Abs. 2).

b) **Die Mittelverwendung.** Der formale Rahmen der **Verwendung** richtet sich, da es sich um **öffentliche Mittel** handelt, grundsätzlich nach dem Landeshaushaltsrecht. Dazu ergeht durch den Stiftungsvorstand ein Zuwendungsbescheid, dem als Bestandteil die Allgemeinen Nebenbestimmungen für Zuwendungen zur Projektförderung durch die Stiftung Wohlfahrtspflege NRW (ANBest-P SW) beigefügt sind. Zu beachten sind hierdurch im Rahmen der Verwendung regelmäßig nicht nur die Vorgaben und Grenzen des Zuwendungsbescheids an sich, sondern durch die regelmäßige Inbezugnahme auf vergaberechtliche Bestimmungen auch das nationale und ggf. europäische Vergaberecht. Damit wird auch den Haushaltsgrundsätzen zum sparsamen und wirtschaftlichen Mitteleinsatz entsprochen. Die Mittelvergabe hat dabei die strengen Maßstäbe des § 29 Abs. 2 im Blick zu behalten, der die förderfähigen Projekte benennt und damit definiert, was als „Förderprojekt" gelten kann. 17

Konkretisiert wird diese gesetzliche Vorgabe wiederum durch die Satzung und eine weitergehende, konkretisierende Richtlinie (vgl. §§ 10 Abs. 4, 11 Abs. 4 der Satzung). Diese regeln vor allem die Art und Weise der Mittelverwendung. Es dürfen nach § 10 Abs. 1 der Satzung Mittel nur für Zwecke der Wohlfahrtspflege verwendet werden, die gemeinnützig oder mildtätig im Sinne des Steuerrechts sind. Es besteht weiterhin ein ausdrückliches Verbot der Begünstigung von beschäftigten Personen nach § 10 Abs. 2 der Satzung. 18

Vorgesehene Verwendungszwecke der Mittel sind nach § 11 Abs. 1 der Satzung im Wesentlichen zweckgebundene Zuschüsse und Darlehen an steuerrechtlich als gemeinnützig oder mildtätig einzuordnende Einrichtungen. 19

Dabei gilt, dass Verbände der Freien Wohlfahrtspflege regelmäßig im Sozial- und Gesundheitswesen gemeinnützig tätig sind[15]. Ihr Ursprung ist sehr unterschiedlich: Selbsthilfe, karitatives Engagement oder auch religiöse oder weltanschauliche Gründe haben zu Ihrer Entstehung geführt. Organisatorisch verfolgen sie ihre Zwecke mit hauptamtlichem Personal und bürgerlichem Engagement von Mitgliedern. Soi ist die Freie Wohlfahrtspflege vielfach selbst Träger von Krankenhäusern, Pflegeeinrichtungen, Diensten und Einrichtungen der Rehabilitation, der Prävention oder des Rettungsdienstes. In dieser Rolle sind sie im Sozialrecht anerkannt und zum Teil im Verhältnis zu staatlichen und privatgewerblichen Leistungserbringern privilegiert, mindestens jedoch gleichgestellt (§ 17 Abs. 3 SGB I; § 4 Abs. 2 SGB VIII, § 36 Abs. 2 S. 2 SGB IX, § 11 Abs. 2 SGB XI, § 5 SGB XII). Die Träger der freien Wohlfahrtspflege und ihre Verbände auf der Ebene der Länder und des Bundes sind somit auch vielfach nicht nur Empfänger von Leistungen, sondern auch Vertragspartner der Sozialleistungsträger.

14 Vgl. etwa Ltg. Vorlage 7/1135, 1 f.
15 Igl/Welti Gesundheitsrecht, 3. Aufl. 2018, § 28 Rn. 60 f.

Besonders wichtige Spitzenverbände der freien Wohlfahrtspflege sind die Arbeiterwohlfahrt (demokratisch-sozialistisch), das Deutsche Rote Kreuz, die Caritas (römisch-katholisch), das Diakonische Werk (evangelisch) und Der Paritätische Wohlfahrtsverband als Dachverband vieler kleinerer Verbände.

20 c) **Fördergrundsätze.** Diese online veröffentlichten „**Fördergrundsätze** der Stiftung Wohlfahrtspflege NRW“[16] vom 10.3.2020 enthalten nähere Vorgaben insbesondere zu den Zuwendungsvoraussetzungen und den Details der Förderung (dort Nr. 1 und 2). Gleichzeitig wird definiert, wer als **Zuwendungsempfänger** in Frage kommt, insbesondere auch Verbände oder private Organisationen (Nr. 3). Die Prämisse dabei ist, dass die Lebenssituation der jeweiligen Personen verbessert werden soll. Gefördert werden grundsätzlich freie gemeinnützige und/oder mildtätige Träger von Einrichtungen oder Projekten, die entweder selbst der Arbeitsgemeinschaft der Spitzenverbände der Freien Wohlfahrtspflege des Landes NRW angehören oder Mitglied eines Spitzenverbandes der Freien Wohlfahrtspflege bzw. einem solchen angeschlossen sind. Träger im vorstehenden Sinne ist, wer die konzeptionelle, personelle und betriebswirtschaftliche Verantwortung trägt. Diese bzw. die Einrichtungen müssen ihren Sitz in NRW haben. Diese **Landesklausel** gilt auch für die durchzuführenden Projekte.

21 Die Zuwendungsvoraussetzungen (4.) sehen vor, dass ausschließlich Träger mit Sitz in Nordrhein-Westfalen oder Einrichtungen, die in diesem Bundesland liegen, gefördert werden. Die Inanspruchnahme kann weiter nur erfolgen, wenn alle anderen öffentlich-rechtlichen Finanzierungsmöglichkeiten ausgeschöpft worden sind.

22 Dabei soll die Förderung im Regelfall Projekte realisierbar machen, bei denen die Finanzierung ansonsten nicht gewährleistet wäre, und muss stets projektbezogen sein. Für regelfinanzierte Projekte kann eine Förderung im Rahmen der Ausnahmeregelung des § 29 Abs. 4 S. 3 ermöglicht werden, worüber der Stiftungsrat nach eigenem Ermessen entscheidet. Die Fördermittel werden als nichtrückzahlbare Zuschüsse bewilligt, wobei regelmäßig eine Anteilfinanzierung iHv bis zu 50 %, bei Modellmaßnahmen bis zu 90 % der zuwendungsfähigen Ausgaben erfolgt. Die Bagatellgrenze der Förderung je Projekt beträgt 10.000 EUR, bei Kfz 5.100 EUR. Der Zuschuss beträgt maximal 700.000 EUR je Projekt. Bei Vorhaben von herausragendem Stiftungsinteresse kann ein höherer Zuwendungsbetrag gewährt werden.

23 Die Nachfinanzierung von Mehrausgaben ist ausgeschlossen.

24 Demnach werden die **Zuwendungen** in Form zweckgebundener Zuschüsse für Investitionsmaßnahmen (Erwerb, Neu- und Umbau von stationären, teilstationären, ambulanten und offenen integrativen Einrichtungen sowie die Anschaffung von Inventar für diese Einrichtungen und die Anschaffung von Kraftfahrzeugen), aber auch Betriebsausgaben (Personal- und/oder Sachausgaben als Starthilfe einer Einrichtung oder Maßnahme) und mit mehr Freiraum für zukunftsorientierte, innovative Projekte im Sinne von Modellprojekten gewährt.

25 **3. Rechtsaufsicht.** Die Stiftung untersteht der **Rechtsaufsicht** des für die Stiftung Wohlfahrtspflege zuständigen Ministeriums. Dies betrifft das Ministerium, das für Soziales zuständig ist.[17] Dies ist derzeit das **Ministerium für Arbeit, Gesundheit und Soziales.**

---

16 Vgl. https://www.sw-nrw.de/fileadmin/user_upload/Redakteure/pdf/foerderung/130_Foerdergrundsaetze_Stand_10.3.2020.pdf – besucht am 22.7.2021.

17 So schon in NRW LT-Drs. 14/4849 vom 13.8.2007.

Teil 5 Schlussbestimmungen

§ 34 SpielbG NRW Übergangsregelung, Berichts- und Evaluationspflicht

(1) Die aufgrund bisherigen Rechts erteilten Erlaubnisse bleiben bis zu einer Konzessionierung und bis zu einer Erteilung der Betriebserlaubnisse durch das für die Glücksspielaufsicht zuständige Ministerium in Kraft.

(2) Die Landesregierung berichtet dem Landtag bis zum 31. Dezember 2026 über die Notwendigkeit des Fortbestehens dieses Gesetzes.

(3) [1]Das Gesetz ist in seinen wesentlichen Inhalten von dem für die Glücksspielaufsicht zuständigen Ministerium im Einvernehmen mit dem für Finanzen zuständigen Ministerium fortlaufend zu evaluieren. [2]Dem Landtag ist hierüber in der Regel alle fünf Jahre, mindestens aber einmal in jeder Legislaturperiode Bericht zu erstatten.

(4) Die Verpflichtungen zur Einrichtung eines eigenen Videoauswertungsplatzes aus § 4 Absatz 7 Nummer 11 und des Zugriffs auf das Videoaufzeichnungssystem nach § 13 Absatz 9 Satz 2 sind bis zum 31. Dezember 2022 umzusetzen.

I. Genese/Gesetzesentwicklungen

Bereits die Vorgängerregelung, das Spielbankgesetz NRW 2012 enthielt in § 26 1
Abs. 3 Festlegungen für den Umgang mit erteilten Erlaubnissen. Demnach blieben die nach vorherigem Recht, also dem Spielbankgesetz NRW 2007 (Artikel 3 des Gesetzes des Landes Nordrhein-Westfalen zum Staatsvertrag zum Glücksspielwesen in Deutschland vom 30. Oktober 2007[1] erteilten Erlaubnisse bis zum 31. Dezember 2012 in Kraft. Der Absatz 2 entspricht dem bisherigen § 26 Absatz 4 Spielbankgesetz NRW 2012. Die Verpflichtung zur Einrichtung eines eigenen Videoauswertungsplatzes und des Zugriffs auf das Videoaufzeichnungssystems nach Abs. 4 wurde mit Wirkung vom 1.7.2021 durch Gesetz zur Umsetzung des Glücksspielstaatsvertrags 2021 vom 23.6.2021[2] eingefügt.

II. Erläuterungen

1. Allgemeines

Abs. 1 enthält eine Regelung zur Weitergeltung der Erlaubnisse, die bis zum In- 2
krafttreten des Gesetzes erteilt wurden. Der Abs. 2 normiert die bekannte Berichtspflicht gegenüber dem Landtag. Daneben wird dem für Glückspielaufsicht zuständigen Ministerium, namentlich das Ministerium für Arbeit, Gesundheit und Soziales, im Einvernehmen mit dem Finanzministerium eine Evaluierungspflicht zugewiesen. Dem Landtag ist hierüber regelmäßig alle fünf Jahre, mindestens aber einmal in jeder Legislaturperiode Bericht zu erstatten. Nach Abs. 4 sind die die Verpflichtungen zur Einrichtung eines eigenen Videoauswertungsplatzes (vgl. § 4 Abs. 7 Nr. 11) und des Zugriffs auf das Videoaufzeichnungssystem (§ 13 Abs. 9 S. 2) bis zum 31. Dezember 2022 umzusetzen.

2. Umgang mit Erlaubnissen, Abs. 1

Zur Vermeidung von Misverständnissen und Unsicherheiten wird deklaratorisch 3
klargestellt, dass bestehende Erlaubnisse bis zum Inkrafttreten dieses Gesetzes weitergelten.

1 GV. NRW. S. 445.
2 GV. NRW. S. 772.

3. Berichtspflicht und Evaluierungspflicht, Abs. 2, 3

4 Das Gesetz ist unbefristet, jedoch gibt es eine Berichtspflicht der Landesregierung gegenüber dem Landtag, nach der bis zum 31.12.2026 über die Notwendigkeit des Fortbestehens dieses Gesetzes zu berichten ist. Die Geltung des Gesetzes ist daran allerdings nicht gekoppelt. Eine Verletzung der Berichtspflicht in zeitlicher Hinsicht dürfte daher eine Obliegenheit der Exekutive gegenüber der Legislative darstellen, die ohne Folgen für das Gesetz und dessen Anwendung bleibt. Hinsichtlich der Länge der Zeiträume – ab Zeitpunkt des Inkrafttretens bis 2026 – ist die vorgesehene Berichtspflicht zunächst recht großzügig bemessen. Zu bedenken ist jedoch, dass qualitativ hochwertige Berichte mit dem Ziel, den Gesetzgeber in die Lage zu versetzen, zu entscheiden, ob die Fortgeltung des Gesetzes notwendig ist, eine Betrachtung langer Zeiträume erfordern, um hinreichende Erfahrungen im Umgang mit dem Gesetz sammeln zu können. Ferner brauchen auch die Einholung und Auswertung von Daten sowie Berichten und Stellungnahmen Dritter selbst Zeit, weshalb der eingeräumte Zeitraum am Ende sicherlich erforderlich ist. Verhindert wird so jedenfalls, dass die Regelungsentscheidung uneingeschränkt dauerhaft ist, sondern zumindest einer verbindlichen Überprüfung unterliegt.

Ferner ist eine Evaluierungspflicht des für die Glücksspielaufsicht zuständigen Ministeriums zusammen mit dem Finanzministerium vorgesehen, Somit ist die Wirkung der Regelungen zu überprüfen. Dem Landtag ist hierüber in der Regel alle fünf Jahre, mindestens aber einmal in jeder Legislaturperiode, Bericht zu erstatten. Im Hinblick auf die nunmehr eingetretenen Änderungen sieht es der Gesetzgeber[3] als notwendig an, zu prüfen, ob es sachliche Gründe gibt, die eine Änderung der gesetzlichen Vorgaben sinnvoll erscheinen lassen oder gar zwingend erfordern. Hierzu verweist der Gesetzgeber auf die Tatsache, dass das Land Nordrhein-Westfalen hiermit erstmals die Voraussetzungen dafür schafft, dass Spielbanken auch von privaten Personen oder Gesellschaften betrieben werden können. Es fehlen damit einfach praktische Erfahrungen mit dem neuen Regelungssystem, weshalb der Gesetzgeber eine gesetzliche Überprüfungspflicht eingeführt hat, um etwaigen Änderungsbedarf feststellen zu können. Dieser kann dann später in etwaigen Änderungen des Gesetzes münden.

5 4. Umsetzungsfrist Videoauswertungsplatz und Videoaufzeichnungssystem, Abs. 4. Die Änderungen in Folge des Gesetzes zur Umsetzung des Glücksspielstaatsvertrags 2021 vom 23.6.2021[4] in § 4 und § 13 machten die Aufnahme eine Übergangsfrist erforderlich[5] und führten zur Ergänzung des § 34 um den Abs. 4. Die Ergänzung soll es der Konzessionsinhaberin bzw. dem Konzessionsinhaber ermöglichen, die neuen Anforderungen im Bereich Videoauswertung und Videoaufzeichnung umzusetzen. Die Übergangszeit endet am 31.12.2022. Eine rechtzeitige Abstimmung mit den zuständigen Behörden ist hierzu bei der Umsetzung empfehlenswert.

§ 35 SpielbG NRW Inkrafttreten, Außerkrafttreten

(1) Dieses Gesetz tritt am Tag nach der Verkündung[1] in Kraft.

3 NRW LT-Drs. 17/8796, 57, 58.
4 GV. NRW. S. 772.
5 Vgl. LT-Drs. 17/12978, S. 100.
1 Verkündet am 2.6.2020.

(2) Gleichzeitig tritt das Spielbankgesetz NRW vom 13. November 2012 (GV. NRW. S. 524), das zuletzt durch Artikel 3 des Gesetzes vom 18. Dezember 2018 (GV. NRW. S. 803) geändert worden ist, außer Kraft.

(3) [1]Im Jahr des Inkrafttretens dieses Gesetzes wird die Gewinnabgabe nach § 21 dieses Gesetzes für das gesamte Kalenderjahr erhoben. [2]Die Regelung zur Gewinnabschöpfung nach § 14 des Spielbankgesetzes NRW kommt nicht mehr zur Anwendung.

I. Genese/Gesetzesentwicklungen

Unter Bezugnahme auf die Vorgängerregelung, dem Spielbankgesetz NRW vom 13.11.2012,[2] das zuletzt durch Artikel 3 des Gesetzes vom 18.12.2018[3] geändert worden war, tritt diese nach der Verkündigung des neuen Spielbankgesetzes NRW am 2.6.2020 außer Kraft. Gleiche Regelungen fanden sich auch in allen vorangehenden Bestimmungen. 1

II. Erläuterungen

1. Allgemeines. § 35 normiert als letzter, finaler Paragraf des 5.Teils das Inkrafttreten des Gesetzes am Tag nach der Verkündigung am 2.6.2020. Geregelt wird das Inkrafttreten, das Außerkrafttreten und bestimmt für das Jahr des Inkrafttretens dieses Gesetzes den Umgang mit der Gewinnabgabe nach § 21 dieses Gesetzes für das gesamte Kalenderjahr, 2

2. Inkrafttreten und Außerkrafttreten des Spielbankgesetzes NRW, Abs. 1, 2. Die Abs. 1 und 2 regeln das **Inkrafttreten** des Spielbankgesetzes NRW **bzw. Außerkrafttreten** der Vorgängerregelung des Spielbankgesetzes NRW. Demnach ist das Spielbankgesetz NRW 2012 gleichzeitig mit dem Inkrafttreten der Neuregelung am 3.6.2020 außer Kraft getreten. 3

3. Regelung zur Gewinnabgabe, Abs. 3 S. 1. Ferner stellt Absatz 3 klar, dass im Jahr des Inkrafttretens dieses Gesetzes, also im Jahr 2020, die **Gewinnabgabe** nach § 21 dieses Gesetzes für das gesamte **Kalenderjahr** erhoben. wird. Die Gewinnabgabe ist gemäß § 21 die 35%, die vom Gewinn nach Abführung der Spielbankabgabe (§ 19) und der zusätzlichen Leistungen (§ 20) als Abgabe zu entrichten sind. Grundlage der Berechnung des für die Gewinnabgabe maßgeblichen Gewinns bildet nach § 21 Abs. 2 zunächst das handelsrechtliche Jahresergebnis aller Spielbankunternehmen des Konzessionsinhabers. 4

4. Regelung zur Gewinnabschöpfung, Abs. 3 S. 2. Abs. 3 S. 2 regelt ferner klarstellend, dass die Regelung zur **Gewinnabschöpfung** nach der Vorgängerregelung gemäß § 14 **Spielbankgesetz NRW 2012** nicht mehr zur Anwendung kommt. § 14 der Vorgängerregelung, also des Spielbankgesetz NRW vom 13.11.2012[4] lautete: 5

§ 14

Gewinnabschöpfung

(1) Die ausgewiesenen Jahresüberschüsse der Spielbankunternehmen sind zu 75 Prozent an das Land abzuführen. Sofern das restliche Viertel dieser Überschüsse 7

2 GV. NRW. S. 524.
3 GV. NRW. S. 803.
4 GV. NRW. S. 524.

Prozent der Summe aus den Anteilen des Gesellschaftskapitals, den Rücklagen und den Risikofonds übersteigt, sind diese in voller Höhe an des Land abzuführen.

(2) Die Spielbankunternehmen haben ein Viertel der nicht an das Land abzuführenden Jahresüberschüsse einer Stabilisierungsrücklage zuzuführen, die nicht ausgeschüttet und nur mit Zustimmung des für Inneres zuständigen Ministeriums und des Finanzministeriums aufgelöst werden darf.

(3) Dem Landtag ist über die Berechnung der Gewinnabschöpfung und die Verwendung der Stabilisierungsrücklage jährlich Bericht zu erstatten.

Demnach waren Jahresüberschüsse der Spielbankunternehmen zu 75% an das Land im Sinne einer Gewinnabschöpfung abzuführen. An dessen Stelle sind die Regelungen zur Gewinnabgabe, § 21, getreten. Durch die Regelung in Abs. 3 S. 1 bleibt kein Anwendungsbereich für § 14 a.F., weshalb dieser hier klarstellend mit in Kraft treten der Neuregelung nicht mehr anzuwenden ist. Die Regelung zielt[5] auf einen konsequenten und einheitlichen Wechsel der Abgabensystematik ab. Der Stichtagsgedanke ist bereits bei der Möglichkeit des Verlustvortrags nach § 21 Abs. 5 dieses Gesetzes angelegt. Insofern ist es nachvollziehbar, den Wechsel der Abgabensystematik mit Beginn des Kalenderjahres zu regeln.

5 NRW LT-Drs. 17/8796, S. 57, 58.

Stichwortverzeichnis

Fette Zahlen bezeichnen die Paragrafen, magere die Randnummern.